日本の物語・お話絵本
登場人物索引

An Index

Of

The characters

In

Japanese Story Picturebooks

Compiled by DB-Japan Co., Ltd.

© 2007 by DB-Japan Co., Ltd.
Printed in Japan

刊行にあたって

　日本の絵本は、明治・大正期の絵雑誌の創刊からはじまり、昭和にはいって絵本が創刊され、戦後数多くの出版社が創作絵本を刊行するに至り、優れた作品が生み出されて海外でも高い評価を受けるまでになった。近年においては出版点数の増加とともに様々な内容・形態の絵本が刊行され、芸術・思想表現の媒体として絵本が一ジャンルの地位を確立するとともに新しい作家が続出し、さらなる創作の進展を見せている。昨今では、各地の小学校、幼稚園・保育所、図書館、児童館、書店などにおいて絵本の読み聞かせやお話会が頻繁に行われており、子育てにおける絵本に対する評価もとても高まっている。

　小社は先に「日本の児童文学登場人物索引」の各篇、「世界の児童文学登場人物索引」の各篇を刊行したが、本書はその姉妹版にあたるものである。国内で刊行された様々な日本の絵本(赤ちゃん絵本、もじ・かずを学ぶ絵本、遊びの絵本、詩・うたの絵本、食べ物絵本、しかけ絵本、科学絵本、ナンセンス絵本、テレビ・アニメキャラクター絵本など)の中から名作や昔話、家族や子どもたちの生活を描いたお話、クリスマスのお話、いぬ、ねこ、くまなど絵本では子どもたちの生活を親しみやすく描くために数多く登場する擬人化された動物たちのお話など物語・お話絵本を選択・収集してそれらの作品に登場する主な登場人物(動物)を採録した人物索引である。

　本書はある特定の人物が登場する日本の絵本を知りたい、あるいはお話の名前を忘れたが、「ともちゃん」という少女が登場する絵本があったが、そのお話をもう一度読んでみたいなどという読者の要求に答えるための索引である。採録の対象は日本の絵本全般の中の物語・お話絵本として、1987年(昭和62年)～2006年(平成18年)の20年間に国内で刊行された日本の物語・お話絵本3,988点に登場する主な登場人物のべ6,169人を採録した。児童文学ファンの読書案内としてだけでなく、図書館員のレファレンスツールや絵本の読み聞かせやお話会などの参考資料としても大いにご活用頂ければうれしい限りです。

　不十分な点もあるかと思われますが、お気付きの点などご教示頂ければ幸いです。

2007年8月

ＤＢジャパン

凡　例

1. 本書の内容
　　本書は国内で刊行された日本の物語・お話絵本に登場する主な登場人物を採録した人物索引である。

2. 採録の対象
　1987年(昭和62年)～2006年(平成18年)の20年間に刊行された日本国内の物語・お話絵本3,988点に登場する主な登場人物のべ6,169人を採録した。その中には作品の中で主要と思われる人物である男、女の子、お父さん、おばあちゃんなどの呼び名やいぬ、ねこ、くま、きつね、ねずみなど絵本では子どもたちの生活を親しみやすく描くために数多く登場する擬人化された動物名、また人形、植物名なども採録した。

3. 記載項目
登場人物名見出し / 人物名のよみ
身分・特長・肩書・職業 / 登場する絵本名/ 作者名；画家名 / 出版者(叢書名) / 刊行年月
(例)
大迫　健一(ケンちゃん)　おおさこ・けんいち(けんちゃん)
太平洋戦争がおわって一年がすぎた山のなかの小学校で戦争犯罪人をこらしめるねんど細工の神さまをつくった少年　「ねんどの神さま」　那須正幹作；武田美穂絵　ポプラ社(えほんはともだち27)　1992年12月

1) 登場人物に別名がある場合は( )に別名を付し、見出しに副出した。また、いぬ、ねこ、くま、きつね、ねずみなど絵本では見出し数の頻度数が多い動物名については名前を( )に付し、見出しに副出した。
   (例)　いぬ(アップル)
2) 人物名のよみ方が不明のものについては末尾に＊(アステリスク)を付した。
3) 同絵本名が複数刊行されている場合は、出版者(叢書名) / 刊行年月を列記した。

4. 排列
1) 登場人物名の姓名よみ下しの五十音順とした。「ヴァ」「ヴィ」「ヴォ」はそれぞれ「バ」「ビ」「ボ」とみなし、「ヲ」は「オ」、「ヂ」「ヅ」は「ジ」「ズ」とみなして排列した。

２）濁音・半濁音は清音、促音・拗音はそれぞれ一字とみなして排列し、長音符は無視した。

5．名前から引く登場人物名索引
人物名の名前からも登場人物名見出しを引けるように索引を付した。
(例)
　みずほ→あだち　みずほ

1)排列はよみの五十音順とした。
2)→(矢印)を介して登場人物名見出しを示した。

登場人物名目次

【あ】

アイ	1
あいこ	1
あいちゃん	1
アイデル	1
アイヌ	1
アイヌの酋長と妻　あいぬのしゅうちょうとつま	1
アイリス	1
アウドゥーおやかた	2
アオ	2
アオウミガメ（カメキチくん）	2
あおおに	2
青おに　あおおに	2
あおくん	2
アオさん	2
あおぞう	3
あおどん	3
あおばひめ	3
青むし　あおむし	3
あおむし（チムリ）	3
あおむし（ラブリン）	3
あおむしくん	3
あかありちゃん	3
あかいネクタイのおとこのひと	3
あかいはっぱ	3
あかいろくん	3
あかおに	4
赤おに　あかおに	4
赤鬼　あかおに	4
あかがり　あかがり	4
あかざばんば	4
アカさん	4
アカさん	5
あかちゃん	5
あかちゃんおばけ	5
あかちゃんまん	5
あかどん	5
アカネちゃん	5
赤ひげ　あかひげ	6
赤帽　あかぼう	6
あかまるちゃん	6
アカン	6
あき	6
アキオ	6
晶夫　あきお	6
あきくん	6
あきこ	6
あき子（女の子）　あきこ（おんなのこ）	6
あきちゃん	7
あきら	7
アキラさん	7
あくろう	7
明美　あけみ	7
あこ	7
あこ	8
あこちゃん	8
あさこねえさん	8
あさたろう	8
あさみ	8
麻美　あさみ	9
あざらし	9
あさりちゃん	9
あしか（プカー）	9
アジザとサラ	9
あしなが	9
アスカ	9
あずさ	9
あづみ	9
アーダ	9
アーダじいさん	10
あだち　みずほ	10
あちゃらさん	10
アーちゃん	10
アーちゃんとレーちゃんとマーちゃん	10
あっかんソケット（ソケット）	10
あっくん	10
あつこ	10
アッコちゃん	10
あっ子ちゃん　あっこちゃん	10
あつし	10
あっちゃん	11
アップル	11
アップルおばさん	11
あつぼう	11
アドロ	11
アナグマ	11
あなぐま（メルくん）	11
あなぐまおばさん	12

あなぐまさん	12	あり(セッセかぞく)	16
あな忍者　あなにんじゃ	12	あり(チッチ)	16
アニー	12	ありくろくん	17
兄とおとうと　あにとおとうと	12	ありこちゃん	17
アヌーラ	12	アリス	17
あねさ	12	ありすちゃん	17
アパトザウルス	12	アール	17
アピさん	12	アルゴス	17
アヒル	12	アルパッサン	17
アヒル	13	アルフレッド	17
あひる(アレックス)	13	アルマジロ	17
あひる(かいちゃん)	13	アルル	18
あひる(ガガーリン)	13	アレックス	18
あひる(がーこちゃん)	13	アロッピー	18
あひる(ダギー)	13	アロハ	18
あひる(ダグちゃん)	13	あわぶき	18
あひる(ダッくん)	13	アン	18
あひるくん	13	アンキロ	18
あーふぁ　あーふぁ	13	あんぐり	18
アブアアとアブブブ	13	アンクルイエロースター(おじさん)	18
あぶくちゃん	13	あんこ	18
アプルおうじ	14	あんこ	19
安倍の保名　あべの・やすな	14	あんこちゃん	19
あまがえるくん	14	安寿　あんじゅ	19
天照大御神　あまてらすおおみかみ	14	アンソフ	19
あまのじゃく	14	アンチェ	19
あまんじゃく	14	あんちゃん	19
あみちゃん	14	あんどうくん	19
アメちゃん	14	アンドレ	19
あめふりおに	14	アンドレ	20
あや	14	アントン	20
あやこ	15	アンナ	20
アヤちゃん	15	あんにゃ	20
あゆとあみ	15	アンパンマン	20
あらいぐま	15	アンパンマン	21
あらいぐま(ちゃっぷん)	15	アンパンマン	22
あらいぐま(ナナン)	15	アンパンマン	23
あらいぐま(ブラウニー)	15	アンパンマン	24
アラシ	15	アンパンマン	25
あらたちゃん	15	アンリ	25
アラマせんせい	16	アンリー	25
あり	16	あんりちゃん	25
アリー	16		
あり(あかありちゃん)	16	【い】	
あり(ギータ)	16		
あり(くろすけ)	16	いいよおばあちゃん	25

イエスさま	25
イエスさま	26
イエス	26
イカ	26
イカタコさん	26
イカン	26
イケメン	26
イゴール	26
いざなぎ	26
伊邪那岐　いざなぎ	26
イザナギノミコト	26
いざなみ	26
伊邪那美　いざなみ	27
イザナミノミコト	27
石　いし	27
石川 大輝くん　いしかわ・だいきくん	27
いしこたろう	27
いじちゃん	27
いしまるくん	27
医者　いしゃ	27
いす	27
いずみ	27
イゾウ	27
いそきち	27
イソポカムイ（ウサギの神さま）　いそぽかむい（うさぎのかみさま）	28
イタチ	28
いたち（アンドレ）	28
いたち（タンチ）	28
いたち（ちい）	28
いたち（チョロ）	28
いたち（にい）	28
1　いち	29
イチ	29
いちご	29
一太郎　いちたろう	29
イチョウ	29
イチョウの木　いちょうのき	29
いちろう	29
一郎　いちろう	29
いつか	29
一休　いっきゅう	29
いっきゅうさん	29
一休さん　いっきゅうさん	30
いっすんぼうし	30
一寸法師　いっすんぼうし	30
いっちゃん（いずみ）	30
いつもんさん	30
伊藤　いとう	30
イトちゃん	30
いぬ	30
いぬ	31
犬　いぬ	31
いぬ（あしなが）	31
いぬ（アップル）	31
いぬ（アニー）	31
犬（アルゴス）　いぬ（あるごす）	31
犬（犬丸左近）　いぬ（いぬまるさこん）	31
いぬ（イワン）	32
いぬ（うめ吉）　いぬ（うめきち）	32
いぬ（エス）	32
いぬ（おび）	32
犬（ガク）　いぬ（がく）	32
いぬ（カヤ）	32
いぬ（ガルシア）	32
いぬ（かんた）	32
いぬ（キキ）	32
いぬ（グー）	32
いぬ（クッキー）	32
いぬ（クマ）	32
いぬ（グレイス）	32
いぬ（クロ）	33
いぬ（クンタン）	33
いぬ（ケン）	33
いぬ（こちび）	33
いぬ（こはる）	33
いぬ（コラ）	33
いぬ（コロ）	33
いぬ（ゴロ）	33
いぬ（ゴロウ）	33
いぬ（ごろべえ）	33
いぬ（ころわん）	33
いぬ（ころわん）	34
いぬ（ころわん）	35
いぬ（コロン）	35
犬（ごん）　いぬ（ごん）	35
いぬ（ごんちゃん）	35
犬（さくら）　いぬ（さくら）	36
犬（サン）　いぬ（さん）	36
いぬ（サンタ）	36
いぬ（ジェイク）	36

いぬ(しっぺいたろう)	36	いぬ(バム)	40
いぬ(じゅんぺい)	36	いぬ(バム)	41
いぬ(じょん)	36	いぬ(はやたろう)	41
いぬ(ジョン)	37	犬(バンボ) いぬ(ばんぼ)	41
いぬ(しろ)	37	いぬ(ピーコ)	41
いぬ(ジロ)	37	犬(ピーコ) いぬ(ぴーこ)	41
いぬ(ジロー)	37	いぬ(ピッピ)	41
いぬ(じろう)	37	いぬ(ひな)	41
犬(次郎) いぬ(じろう)	37	いぬ(ビモ)	41
いぬ(シロちゃん)	37	いぬ(ビリー)	41
いぬ(じろちょうけん)	37	犬(富士号) いぬ(ふじごう)	42
犬(シンちゃん) いぬ(しんちゃん)	37	犬(プーチン) いぬ(ぷーちん)	42
いぬ(スキップ)	37	いぬ(ブッチ)	42
いぬ(セブン)	38	犬(ブラックの親分) いぬ(ぶらっくのおやぶん)	42
犬(ソニア) いぬ(そにあ)	38	犬(ブル) いぬ(ぶる)	42
いぬ(ダグちゃん)	38	いぬ(ブルくん)	42
いぬ(タロ)	38	犬(ブル太さん) いぬ(ぶるたさん)	42
犬(タロウ) いぬ(たろう)	38	いぬ(フレーミー)	42
いぬ(タンクル)	38	いぬ(ペス)	42
いぬ(チーズ)	38	いぬ(ベッツ)	42
いぬ(チップ)	38	犬(ペペ) いぬ(ぺぺ)	42
いぬ(チップとチョコ)	38	いぬ(ペロ)	42
いぬ(ちび)	38	いぬ(ポイントさん)	43
犬(チビ) いぬ(ちび)	39	犬(ボク) いぬ(ぼく)	43
いぬ(チビクロ)	39	いぬ(ポク)	43
いぬ(チャチャ)	39	いぬ(ポチ)	43
犬(チャチャ) いぬ(ちゃちゃ)	39	いぬ(ポチポチ)	43
犬(チャンス) いぬ(ちゃんす)	39	いぬ(ぽっけちゃん)	43
いぬ(チョコ)	39	いぬ(ぽっぽ)	43
いぬ(チョビコ)	39	犬(ボビー) いぬ(ぼびー)	43
いぬ(ちりん)	39	いぬ(ボロ)	43
いぬ(チロ)	39	いぬ(ポンス)	43
犬(チロ) いぬ(ちろ)	39	いぬ(ぽんち)	44
いぬ(チワオ)	39	犬(マイケル) いぬ(まいける)	44
いぬ(テン)	39	いぬ(マイロ)	44
いぬ(デン)	40	いぬ(マダラ)	44
いぬ(どっちーぬくん)	40	犬(マリモ) いぬ(まりも)	44
いぬ(トト)	40	犬(まんだらの安) いぬ(まんだらのやす)	44
いぬ(トビー)	40	いぬ(ムク)	44
いぬ(トラン)	40	いぬ(ムクムク)	44
いぬ(トルテ)	40	いぬ(むさし)	44
いぬ(ナスビ)	40	犬(ムサシ) いぬ(むさし)	44
いぬ(ナッツ)	40	いぬ(ムーバウ)	44
いぬ(ナミ)	40	犬(ムンシー) いぬ(むんしー)	44
いぬ(ニッキー)	40		
犬(ハチ) いぬ(はち)	40		

いぬ(モップ)	45	イワナ(スノーじいさん)	49
犬(ラビ) いぬ(らび)	45	イワミサ	49
いぬ(リュック)	45	イワン	49
いぬ(リリ)	45	インコ(パム)	49
犬(ルーカス) いぬ(るーかす)	45	インコ(ピピちゃん)	49
犬(ロビン) いぬ(ろびん)	45		
いぬ(わんたくん)	45	【う】	
いぬとねこ	45		
いぬのにんじゃ	45	ウィリー	50
いぬのにんじゃ	46	ウォットちゃん	50
犬丸左近 いぬまるさこん	46	うかぎ	50
イネオ	46	うぐいす	50
いねさん(かあさん)	46	うさぎ	50
いねむりおじさん	46	うさぎ	51
井上博士 いのうえはくし	46	うさぎ	52
イノシシ	46	うさぎ	53
いのしし(ウリくん)	46	うさぎ(アイ)	53
イノシシ(ウリ坊) いのしし(うりぼう)	46	うさぎ(アドロ)	54
いのしし(ノッシー)	46	うさぎ(うさこ)	54
いのしし(ラッタちゃん)	46	うさぎ(うさたろう)	54
いのししくん	47	うさぎ(うさんごろ)	54
いのししのこ	47	うさぎ(うーちゃん)	54
いのはなぼうず	47	うさぎ(うっちゃん)	54
イノブタくん	47	うさぎ(ウララちゃん)	54
イプー	47	うさぎ(エリカ)	54
イボンヌ	47	うさぎ(えるなちゃん)	54
いもうと	47	うさぎ(キック)	55
いもむし	48	うさぎ(ぎっちゃん)	55
いもむし(パピ)	48	ウサギ(キャロ)	55
いもむし(フローラ)	48	うさぎ(グッド)	55
イルカ(Kちゃん) いるか(けーちゃん)	48	うさぎ(くにさん)	55
イルカ(ネイル)	48	うさぎ(くるりくら)	55
いるか(ピューイ)	48	うさぎ(けんた)	55
イルカ(ラッキー)	48	ウサギ(けんちゃん)	55
いるか(ルーくん)	48	うさぎ(ここ)	55
いろごん	48	うさぎ(さっちゃん)	55
いろのまほうつかい	48	うさぎ(さなえさん)	55
いわ	48	うさぎ(さなえさん)	56
岩 いわ	48	うさぎ(サニー)	56
岩 いわ	49	うさぎ(シーム)	56
いわおとこ	49	うさぎ(ジャンプ)	56
岩おとこ いわおとこ	49	うさぎ(じんたくん)	56
いわし(ジョニー)	49	うさぎ(タップ)	56
いわちゃん	49	うさぎ(ダールン)	56
イワナ(銀平) いわな(ぎんぺい)	49	うさぎ(ダールン)	57
		うさぎ(タロー)	57

うさぎ（タンタ）	57
うさぎ（チェック）	57
うさぎ（チューロチュ）	57
うさぎ（ちょっぺいじいちゃん）	57
うさぎ（トト）	57
うさぎ（トミー）	57
うさぎ（トムくん）	57
ウサギ（花草さん）　うさぎ（はなくささん）	57
うさぎ（はねこ）	58
うさぎ（はねーる）	58
うさぎ（ハンネリおじさん）	58
うさぎ（ピート）	58
ウサギ（ピピとミミ）	58
うさぎ（ひょんくん）	58
うさぎ（ぴょんこ）	58
うさぎ（ぴょんこちゃん）	59
うさぎ（ぴょんた）	59
ウサギ（ピョンちゃん）	59
うさぎ（ぴょんハ）　うさぎ（ぴょんはち）	59
うさぎ（ピョンピョン）	59
うさぎ（ファンファ）	59
うさぎ（フウフウ）	59
うさぎ（プリン）	59
うさぎ（プリンちゃん）	59
うさぎ（プリンちゃん）	60
ウサギ（ベイツ）	60
ウサギ（ペンペン）	60
うさぎ（星うさぎ）　うさぎ（ほしうさぎ）	60
うさぎ（ほっぷとすてっぷ）	60
うさぎ（ほっぷとすてっぷ）	60
うさぎ（ポッポ）	60
うさぎ（ポッポ）	61
うさぎ（ポリー）	61
うさぎ（マーシィ）	61
うさぎ（ミィ）	61
うさぎ（みいみ）	61
うさぎ（みいみい）	61
うさぎ（ミト）	61
うさぎ（みみ）	61
うさぎ（みみこ）	62
うさぎ（みみこちゃん）	62
うさぎ（みみた）	62
うさぎ（みみたん）	62
うさぎ（ミミちゃん）	62
うさぎ（ミミヨッポ）	62
うさぎ（みんみちゃん）	62
うさぎ（モグモグ）	62
うさぎ（モコ）	62
うさぎ（モコ）	63
うさぎ（もこちゃん）	63
うさぎ（ももちゃん）	63
うさぎ（モモッチ）	63
うさぎ（ゆうびんうさぎ）	63
ウサギ（ラジ）	63
ウサギ（ラスコちゃん）	63
うさぎ（ラビ）	63
うさぎ（ラビコ）	63
うさぎ（ラビせんせい）	63
うさぎ（ララ・ローズ）	63
うさぎ（ラン）	63
うさぎ（ルーとミー）	63
うさぎ（ロップ）	64
うさぎ（ロロ）	64
うさぎ（ロン）	64
うさぎ（ロンロン）	64
うさぎおばさん	64
うさぎくん	64
ウサギ君　うさぎくん	64
うさぎさん	64
うさぎちゃん	65
うさぎどん	65
うさぎのおばあさん	65
ウサギの神さま　うさぎのかみさま	65
うさこ	65
うさこ	66
うさたろう	66
うさんごろ	66
うし	66
うし（クロ）	66
牛（モウサー）　うし（もうさー）	66
牛女　うしおんな	66
うじ きんたろう	67
牛若　うしわか	67
牛若丸（源 義経）　うしわかまる（みなもとの・よしつね）	67
うずまきまん	67
うずらちゃん	67
ウータくん	67
ウータン	67
宇知 しょうた　うち・しょうた	67

ウーちゃん	67
うちゅうじん	68
うっちゃん	68
ウド	68
うにばぁば　うにばぁば	68
ウババ	68
うま	68
馬　うま	68
うま（あお）	68
馬（アオ）　うま（あお）	68
ウマ（アオさん）	68
ウマ（一太郎）　うま（いちたろう）	68
ウマ（カイリ）	69
馬（スズカ）　うま（すずか）	69
馬（ダライフレグ）　うま（だらいふれぐ）	69
うま（チェリー）	69
うま（ツルイワタケ）	69
うま（はなじろう）	69
馬（ハルウララ）　うま（はるうらら）	69
うま（みねこさん）	69
うま（レッド）	69
うまかた	69
ウマさん	69
右馬之助　うまのすけ	70
うみ（みずたまり）	70
うみがめ	70
うみキリン	70
海幸（火照の命）　うみさち（ほでりのみこと）	70
海幸彦（ホデリノミコト）　うみさちびこ（ほでりのみこと）	70
うみちゃん	70
うみどり	70
うみの　うみこ	70
うみのおばけ	70
うみのかみさま	70
うみの　はじめ	70
うみひこ	70
海蛇　うみへび	71
うみぼうず	71
うみぼたる	71
うめ	71
うめ吉　うめきち	71
ウメさん（すずき　ウメ）	71
うめだ　えつこ（えっちゃん）	71
うめたろう	71
うめばあちゃん	71
うらしまたろう	71
占い師　うらないし	72
うらら	72
ウララちゃん	72
ウーリー	72
ウーリィ	72
ウリくん	72
うりこひめ	72
瓜子姫っこ　うりこひめっこ	72
ウリ坊　うりぼう	72
ウル	72
ウルトラセブン	73
ウルトラマン	73
うんたろさん	73
うんてんしゅさん	73
海野　光彦　うんの・みつひこ	73

【え】

えいこ	73
H-ロボット　えいちろぼっと	73
絵かき　えかき	73
えかきのおじいさん（おじいさん）	73
エゴちゃん	73
エス	74
えぞしか	74
えぞふくろう	74
えぞももんが	74
エゾリス	74
えつこ	74
H　えっち	74
えっちゃん	74
えっちゃん	75
エト	75
エトピリカ	75
エドモンかあさん	75
えびすさん	75
海老之丞　えびのじょう	75
えほん	75
エマおばあさん	76
エミコ	76
えみちゃん	76
エミリオ	76
エーメさん	76
エラスモサウルス	76

エリカ	76	おおかみ	83
えりちゃん	76	おおかみ	84
エル	76	狼　おおかみ	84
エルタン	77	おおかみ（ウル）	84
えるなちゃん	77	オオカミ（ガブ）	84
エルフ	77	オオカミ（ガブ）	85
エルンスト	77	おおかみ（ガブリ）	85
エレナ	77	おおかみ（ガルー）	85
エレベーター	77	おおかみ（ガロ）	85
エンジェルちゃん	77	おおかみ（じろりくん）	85
エンソくん	77	おおかみ（そろり）	85
円ちゃん　えんちゃん	77	おおかみ（ちいかみちゃん）	85
えんちょうせんせい	77	おおかみ（ぱっくんおおかみ）	85
エンデ	78	おおかみ（ふうふう）	85
園丁　えんてい	78	おおかみ（ペコペコ）	85
えんどうまめ	78	オオカミ（マリウド）	86
えんぴつ（ちびたやま）	78	おおかみ（ループッチ）	86
えんぴつ（はかせ）	78	おおかみくん	86
えんぴつまん	78	おおきなき（き）	86
えんま	78	おおきなて（て）	86
えんまさま	78	おおくにぬし	86
		オオクニヌシ（オオナムチ）	86
		オオクニヌシノミコト	86
【お】		大国主の命　おおくにぬしのみこと	86
		オオくん	86
おいしゃさん	78	大迫 健一（ケンちゃん）　おおさこ・けんいち（けんちゃん）	86
お医者さん　おいしゃさん	78		
おいなりさん	79	おおさむ	87
狼森　おいのもり	79	大島 史子　おおしま・ちかこ	87
おいも	79	おおすけ	87
おうさま	79	大田さん　おおたさん	87
王さま　おうさま	80	おおた りょうくん	87
王様　おうさま	80	オオナムチ	87
おうさま（おとこのこ）	80	おおはくちょう	87
王子　おうじ	80	おおばけおじさん	87
おうじさま	80	大林 哲也　おおばやし・てつや	87
ヲウスノミコト	80	おおぶたちゃん	87
オウム（イズウ）	81	おおぼーぬー	88
オウムガイ	81	オオムギジージ	88
おうめばあさん	81	おおやぎさん	88
大石 良雄　おおいし・よしお	81	おかあさん	88
おおおとこ	81	お母さん　おかあさん	88
巨男　おおおとこ	81	おかあちゃん	88
大おとこ　おおおとこ	81	おかまばあちゃん	88
大男　おおおとこ	81	おかよ	88
おおかみ	81	オキクルミ	88
オオカミ	82		

(8)

おきゃく	88	お月さま おつきさま	96
おきよ	88	おっきょちゃん	96
オキルダ	89	オッサン	96
おぎん	89	オッタ	96
オクトくん	89	おっちゃん	96
オーケストラのき（き）	89	オットー	96
おけら（ギーさん）	89	おっとせい	96
オコジョ（タッチィ）	89	オツベル	96
おこじょ（ユキ）	89	オッペル	96
尾崎 正義　おざき・まさよし	89	おてつ	97
おさくん	89	おでっちょさん	97
おさじさん	89	おてる	97
オザール	90	おとうさん	97
おさんぎつね	90	おとうと	97
オジー	90	おとこ	97
おじい	90	男　おとこ	97
オーじいさん	90	男　おとこ	98
おじいさん	90	おとこのこ	98
おじいさん	91	男の子　おとこのこ	98
おじいさん	92	おとこの子（けやき）　おとこのこ（けやき）	98
おじいさんとおばあさん	92		
おじいちゃん	92	オトゴン	98
おじいちゃん	93	おとしぶみ（ツツミさん）	99
おじいちゃん	93	おとぼけぎつね	99
おシカ	93	おなべちゃん	99
おしげばあさん	93	おに	99
おしげばばさ	93	おに	100
おじさん	93	鬼　おに	100
おじさん	94	おに（あおおに）	100
おじぞうさま	94	おに（青おに）　おに（あおおに）	100
おじぞうさん	94	おに（青おに）　おに（あおおに）	101
おしゃかさま	94	おに（あかおに）	101
おじろ	94	おに（赤おに）　おに（あかおに）	101
おじろわし	94	おに（龍介）　おに（りゅうすけ）	101
オスカ	94	オニイタイジ	101
おだぎりしんのすけ	95	おにいちゃん	101
おたこさん	95	オニオオハシ（トコ）	102
おたね	95	おにぎり	102
おたまさん（たまこ）	95	おにのくび	102
おたまじゃくし	95	おにのこ	102
おだんご	95	おにのこ（こづな）	102
おちあいくん	95	鬼ばば　おにばば	102
お茶目　おちゃめ	95	おにまる	102
おちょん	95	おにろく	102
おつきさま	95	おにんぎょうさん（ボタンちゃん）	102
おつきさま	96	おねしょん	102

(9)

オバア	103
おばあさん	103
おばあさん	104
おばあさん	105
おばあさん（ぼうしやさん）	105
おばあちゃん	105
おばあちゃん	106
おばあちゃん	107
おばけ	107
おばけ	108
お化け　おばけ	109
おばけいしゃ	109
おばけのこ	109
おばさん	109
オーパーさん	109
おばちゃん	109
おはな	109
お花　おはな	109
おはなちゃん	109
おばば	109
おばば	110
おはる	110
お春　おはる	110
オバンバー	110
おび	110
おひさま	110
お日さま　おひさま	110
おひなさま	110
おひめさま	110
おふく	110
おふく	111
おふじ	111
おふろやさん	111
おぼうさん	111
おぼうさん（弘法大師）　おぼうさん（こうぼうだいし）	111
お坊さん（風来坊）　おぼうさん（ふうらいぼう）	111
おほしさま	111
オーポンとチーポン	111
お光　おみつ	112
オムくん	112
おむすびまん	112
おやじさん	112
オヤブン	112
おやゆびたろう	112
オラウーちゃん（ウーちゃん）	112
オランウータン（トト）	113
オリバー	113
おりひめ	113
おりぼんちゃん	113
オリンちゃん	113
オルノじいさん	113
オーレ	113
おれんさま	113
オロロイ	113
おんなのこ	113
おんなのこ	114
女の子　おんなのこ	114
女の子　おんなのこ	115
女の子（けやこ）　おんなのこ（けやこ）	115
女の人　おんなのひと	115
オンロック	115

【か】

が（パタパタさんいちぞく）	115
か（プゥーンさんいちぞく）	115
カアコさん	115
かあさん	115
かあちゃん	116
かいくん	116
海くん　かいくん	116
かいじゅう	116
かいじゅうさん	116
かいちゃん	116
カーイチ郎　かーいちろう	116
海部　俊樹　かいふ・としき	116
カイリ	116
かえる	116
かえる	117
かえる	118
かえる	119
かえる（あまがえるくん）	119
かえる（オッタ）	119
かえる（がまおじさん）	119
かえる（がまくん）	119
かえる（かろくん）	120
かえる（ケケちゃん）	120
かえる（ゲゲロ）	120
かえる（ケロ）	120

カエル（ケロケロがえる）	120	風間 森介　かざま・しんすけ	125
カエル（ケロケロセブン）	120	かさまつ ゆいこ	126
かえる（ケロちゃん）	120	かざみどり	126
かえる（ケロロちゃん）	120	かしのき	126
かえる（コッキュウボウ）	121	嘉十　かじゅう	126
かえる（ごん）	121	かしわ	126
カエル（シュレーゲル）	121	柏田 明穂　かしわだ・あきほ	126
かえる（つちがえるくん）	121	かしわもちまん	126
かえる（ピョン）	121	カズ	126
かえる（ヘンリー）	121	かずお	126
カエル（みどりちゃん）	121	カズくん	126
かえる（みどりのみどり）	121	かずくん	127
かえる（モーじいさん）	121	ガスパ	127
かえる（ルー）	121	かずや	127
かえるくん	121	かずよちゃん	127
力えるくん	122	かぜのこ	127
カエルさん	122	かぜの少年　かぜのしょうねん	127
かえるちゃん	122	かぜひきキン	127
かえるのかさやさん	122	かぜひきこぞう（ボン・ゴホン）	127
かおりちゃん	122	がたくん	127
かおる	122	カタツムリ	127
かおる	123	かたつむり（キララさん）	127
かおるちゃん	123	かたつむり（キララさん）	128
カカシ	123	かたつむり（すたすたかたつむり）	128
かがみもち	123	カタツムリ（ノロリ）	128
ガガーリン	123	かたつむり（のんちゃん）	128
カーきち	123	ガータロ	128
カグー	123	ガチャコ	128
ガク	123	がちょう（ガーとグー）	128
カクサ	123	がっき	128
がくしゃヌー	123	カッコー	128
がくしゃヌー	124	嘉ッコ　かっこ	128
角兵ェ　かくべえ	124	カッコウ	129
かぐやひめ	124	カッタくん	129
かぐや姫　かぐやひめ	124	かっちゃん	129
かくればね	124	がっちゃん	129
かくれんぼおに	124	かっぱ	129
かけす（かっちゃん）	124	かっぱ	130
かげぼうし	124	かっぱ（ガータロ）	130
カゲロウ	125	かっぱ（カッピー）	130
カコちゃん	125	かっぱ（かっぺい）	130
がーこちゃん	125	かっぱ（かなこちゃん）	130
かさ	125	カッパ（カワタロ）	130
かさおばけ	125	かっぱ（かんすけ）	130
カサゴン	125	かっぱ（キュウ）	130
かざたろう	125	かっぱ（はなかっぱ）	130

かっぱくん	131	カブトムシ（カブトくん）	137
かっぱじいさん	131	かぶとむし（かぶへい）	138
かっぱちゃん	131	かぶとむし（ザッカ）	138
カッピー	131	かぶとむし（ブル）	138
かっぺい	131	かぶとむし（ブン）	138
ガーとグー	131	かぶとむし（ぶんちゃん）	138
ガドルフ	131	かぶへい	138
かな	131	ガブリ	138
かなえちゃん	131	ガブリとカプリ	138
かなこ	131	カボちゃん	138
可奈子　かなこ	131	ガボンバ	138
かなこちゃん	131	ガマ	138
かなちゃん	132	釜右ェ門　かまえもん	139
かなもりくん	132	がまおじさん	139
かに	132	カマカニ	139
蟹　かに	132	カマキリ	139
蟹　かに	133	かまきり（かまくん）	139
カニオ	133	かまきり（キリリ）	139
かにどん	133	かまきり（ぺこかま）	139
金子さん　かねこさん	133	かまきり（マンティス）	139
かのこ	133	カマキリくん	139
かのこちゃん	133	かまくん	139
カノン	133	がまくん	139
かば	133	かま猫　かまねこ	139
かば	134	かみさま	140
カバ（じゃぶじゃぶパパ）	134	神さま　かみさま	140
かば（ちびかばくん）	134	神様　かみさま	140
カバ（ヒッポ・ヒッポ・ルー）	134	紙さん　かみさん	140
カバ（ヒポポくん）	134	カミナリ	140
カバ（プルプル）	134	カムロ	140
カバ（ムー）	135	かめ	140
カバ（モモ）	135	かめ	141
かば（ヤンダヤンダ）	135	カメ（カメ吉）　かめ（かめきち）	141
かばおじさん	135	かめ（かめぞうさん）	141
かばおばさん	135	カメ（ゾウガメどん）	141
かばくん	136	かめ（たーとる）	141
樺の木　かばのき	136	かめ（ヘンリー）	141
ガハハ	136	カメ吉　かめきち	141
カパラペポンス　かぱらぺぽんす	136	カメキチくん	141
カピー	136	カメくん	141
ガピタン	136	かめぞうさん	141
ガブ	136	かめちゃん	142
ガブ	137	かめのさん	142
かぶたむし	137	カメムシ	142
カブトくん	137	かめやくん	142
カブトムシ	137	かめやまさん	142

カメレオン（キキ）	142	ガロ	147
かめれおん（なめれおんくん）	142	かろくん	147
カメレくん	142	カロン	147
かめれよん	142	かわうそ	147
カモ（ホーリー）	142	かわうそ（パッチ）	147
かもめ（はちろう）	142	かわうそ（ヨーヨ）	147
かや	143	カワカワ	147
かやねずみ	143	カワタロ	147
かややさん	143	カンガルウ（テラシマくん）	147
カーラ	143	かん子　かんこ	147
ガラ	143	かん子　かんこ	148
ガラコ	143	かんごふさん	148
からす	143	かんすけ	148
からす	144	カンタ	148
カラス（カーイチ郎）からす（かーいちろう）	144	かんた	149
カラス（カーきち）	144	寛太　かんた	149
からす（カラッポ）	144	カンダタ	149
からす（かんた）	144	犍陀多　かんだた	149
からす（スケロウ）	144	かんたろう	149
カラス（フリーダ）	144	かんちゃん	149
からす（ぺちゃくちゃ）	145	かんとりぃ・へび	149
カラスさん	145	カンナカムイ	149
カラッポ	145	鉋太郎　かんなたろう	149
カララ	145	ガンバリルおじさん	149
ガランゴン	145	カンペ	150
カリ	145		
ガリ	145	【き】	
カリカリさん	145		
カリタ	145	きき	150
雁の童子　かりのどうじ	145	木　き	150
ガリピー	145	キイコ	150
かりん	145	きいちゃん	150
カリン	146	きいちゃん	151
カリンコ	146	きいどん	151
カル	146	きいろちゃん	151
ガルー	146	キウイじいさん	151
かるがも（フィフィ）	146	祇王　ぎおう	151
かるがも（リリ）	146	きかんしゃくん	151
ガルシア	146	キキ	151
かるわざ師　かるわざし	146	きき	152
ガレジ	146	キク	152
カレーせんにん	146	菊三郎　きくさぶろう	152
かれはのしょうじょ（しょうじょ）	146	きくち　まりか（しっこさん）	152
カレーパンマン	146	きくちゃん	152
カレン	146	きーこくん	152
		ギーさん	152

技師　ぎし	152
鬼子母神　きしぼじん	152
キジムナー	152
キジムナー	153
キスタルはかせ	153
ギータ	153
きたかぜのぼうや	153
きたきつね	153
キタキツネ（コロくん）	153
キッキ	154
キック	154
キッコ	154
ぎっちゃん	154
きっちょむさん	154
キッチン	155
きつね	155
きつね	156
きつね	157
きつね	158
きつね	159
狐　きつね	159
キツネ（アラシ）	159
きつね（いちろう）	160
きつね（おさんぎつね）	160
きつね（おとぼけぎつね）	160
きつね（カンペ）	160
きつね（キイコ）	160
きつね（キク）	160
きつね（キッコ）	160
きつね（きんた）	160
きつね（きんた）	161
きつね（くずのは）	161
きつね（グルル）	161
きつね（けん）	161
きつね（こうきち）	161
きつね（こうた）	161
きつね（ごろったぎつね）	161
きつね（ゴロベ）	161
きつね（コーン）	161
きつね（こん）	161
きつね（ごん）	162
きつね（コンキチくん）	162
きつね（コンくん）	162
きつね（こんこ）	162
きつね（コンコンマン）	162
きつね（紺三郎）きつね（こんざぶろう）	162
狐（紺三郎）きつね（こんざぶろう）	162
きつね（コンソメ）	162
きつね（こんた）	162
きつね（こんた）	163
きつね（こんたくん）	163
きつね（コンタとコンコ）	163
きつね（コンタン）	163
きつね（コンちゃん）	163
きつね（しちどぎつね）	163
きつね（じろろっぷ）	163
きつね（ぜいあん）	163
きつね（ダイダイ）	163
きつね（タック）	163
きつね（たろうとじろう）	163
きつね（つねきち）	164
きつね（つねこ）	164
狐（ツネ子）きつね（つねこ）	164
きつね（ひげはち）	164
きつね（伏見 コン助）きつね（ふしみ・こんすけ）	164
きつね（ブン）	164
きつね（ぺっこん）	164
きつね（へらこいぎつね）	164
きつね（ヘレン）	164
きつね（ラン）	164
きつねくん	164
きつねさん	165
きつねどん	165
きつねのおめん	165
きつねのこ	165
きつねはかせ	166
キティちゃん	166
キヌちゃん	166
きのこ	166
きのこママ	166
キバーラ	166
キフちゃん	166
ぎへいさん	166
キーボデー	166
きみこ	166
きみちゃん	166
公麻呂　きみまろ	166
木村さん　きむらさん	166
きむら ようこ（よっこ）	167

鬼面法師　きめんほうし	167
ギャバンじいさん	167
キャベツ	167
キャベツおうじ	167
キャベツくん	167
キャラコ	167
キャロ	167
キャロライン	168
キャンドルちゃん	168
キュウ	168
九助　きゅうすけ	168
ぎゅうにゅうやのおばさん	168
久平さん（たのきゅう）　きゅうべいさん（たのきゅう）	168
きゅうりくん	168
きゅうりさん	168
きゅうりじじい	168
きょうだい	168
兄弟　きょうだい	168
兄弟　きょうだい	169
きょうりゅう	169
恐竜　きょうりゅう	169
きょうりゅう（アパトザウルス）	169
きょうりゅう（アロッピー）	169
きょうりゅう（アンキロ）	169
きょうりゅう（エドモンかあさん）	169
きょうりゅう（エラスモサウルス）	170
きょうりゅう（クー）	170
きょうりゅう（ステゴザウルス）	170
きょうりゅう（ステゴッチー）	170
恐竜（ステゴぼうや）　きょうりゅう（すてごぼうや）	170
恐竜（ステゴぼうや）　きょうりゅう（すとごぼうや）	170
きょうりゅう（ちびっこザウルス）	170
きょうりゅう（ティラノサウルス）	170
きょうりゅう（ティラノサウルス）	171
恐竜（ティラノ大王）　きょうりゅう（てぃらのだいおう）	171
恐竜（ティラン）　きょうりゅう（てぃらん）	171
きょうりゅう（トプス）	171
きょうりゅう（トリケ）	171
きょうりゅう（トリケラトプス）	171
きょうりゅう（トリプ）	171
きょうりゅう（ハート）	171
きょうりゅう（ピコラザウルス）	171
恐竜（ビッグホーン）　きょうりゅう（びっぐほーん）	171
恐竜（ビッグホーン）　きょうりゅう（びっぐほーん）	172
きょうりゅう（プテラノドン）	172
きょうりょう（プテラノドン）	172
恐竜（プレト）　きょうりゅう（ぷれと）	173
きょうりゅう（ペペ）	173
きょうりゅう（ポドケザウルス）	173
きょうりゅう（マメンチザウルス）	173
恐竜（ミニホーン）　きょうりゅう（みにほーん）	173
きょうりゅう（ムスサウルス）	174
きょうりゅう（ライト）	174
恐竜（リトルホーン）　きょうりゅう（りとるほーん）	174
恐竜（リトルホーン）　きょうりゅう（りとるほーん）	175
恐竜（リュータ）　きょうりゅう（りゅーた）	175
きょうりゅう（りんりん）	175
きょうりゅう（レックスぼうや）	175
キヨシ	175
キラキラ	175
キララさん	175
きらり	175
きりかぶ	175
きりかぶ	176
キリギリス（キリちゃん）	176
キリちゃん	176
桐壺の更衣　きりつぼのこうい	176
キリリ	176
キリン	176
キリン（うみキリン）	176
きりん（ジリーちゃん）	176
キリン（たかお）	176
キン	177
ぎんいろまん	177
きんぎょ（アカさん）	177
ギンギロはん	177
銀行ごうとう　ぎんこうごうとう	177
きんさ	177
金七　きんしち	177
キンジロウ	177
きんぞうさん	177
きんた	178
きんたろう	178

金太郎（坂田 金時）きんたろう（さかたの・きんとき）	178
金太郎さん　きんたろうさん	178
キンちゃん	178
ギンちゃん	178
きんちゃんとぎんちゃん	178
銀平　ぎんぺい	178
金坊　きんぼう	179

【く】

クー	179
グー	179
くいしんぼう	179
クウ	179
グウ	179
空気さん　くうきさん	179
グウさん	179
くうた	179
くうちゃん	180
クーク	180
クークー	180
グーグー	180
ググ	180
くーこ	180
くさかげろう（ミドリさん）	180
くじゃく（エミコ）	180
くじら	180
くじら	181
くじら（だいすけ）	181
くじら（どんぶらちゃん）	181
くじら（バレーナ）	181
くじら（プワプワ）	181
くじら（ボー）	181
クジラ（ボン）	181
くじら（まんねんくじら）	181
クジラ（ユメミンクジラ）	181
クジラちゃん	181
くーすけ	181
クスノキ	182
くずのは	182
クータ	182
グチャットン	182
クーちゃん	182
クッキー	182
クック	182
グッド	182
グッドバイ	183
クッピ	183
クッピー	183
くにさん	183
ぐにゃぐにゃのせん	183
くぬぎのおじさん	183
くねり	183
クプ	183
くま	183
くま	184
くま	185
熊　くま	185
くま（あっちゃん）	185
クマ（アニー）	185
クマ（アルフレッド）	185
クマ（アルフレッド）	186
クマ（ウーちゃん）	186
くま（ウーリー）	186
くま（エンデ）	186
くま（カンタ）	186
くま（クー）	186
くま（くうた）	186
くま（くうちゃん）	186
くま（クーク）	186
くま（くーこ）	186
くま（くーすけ）	186
くま（クータ）	186
くま（クッキー）	187
くま（くまきち）	187
くま（くまごろう）	187
くま（くまたろう）	187
くま（くまやとくまふ）	187
くま（クンタ）	187
くま（こぐまくん）	187
くま（ゴン）	187
くま（ゴンさん）	187
くま（ゴンタ）	188
くま（ジャッキー）	188
くま（スノーク）	188
クマ（太郎）くま（たろう）	188
くま（タローくん）	188
くま（ちいくまちゃん）	189
くま（ちびくまちゃん）	189
くま（ちびすけ）	189
くま（チビチビ）	189

くま(チャイブス)	189	くまさん	195
くま(トト)	189	くまさん	196
くま(トムトム)	190	くまさん	197
くま(ともちゃん)	190	クマじいさん	197
くま(どんくまさん)	190	くまじいちゃん	197
くま(なあくん)	190	くませんせい	197
くま(ナッツ)	190	クマタロ	197
くま(パグ)	190	くまたろう	197
くま(ピンチョス)	190	くまたん	197
くま(フー)	190	くまたん	198
くま(ふうせんくまくん)	190	くまちゃん	198
くま(ブウちゃん)	190	くまちゃん(べべちゃん)	198
くま(ブックン)	190	くまとうさん	198
くま(ブラウンさん)	190	くまどん	198
くま(プンちゃん)	190	くまのおじいさん	198
くま(ペーター)	191	くまのかあさん	198
くま(べんおじさん)	191	くまのこ	198
くま(ホイップ)	191	くまのこ	199
くま(ホッタ)	191	くまの子 くまのこ	199
くま(ポッタ)	191	くまのさん	199
くま(マーくん)	192	くまやとくまふ	199
くま(マリコ)	192	くみ	199
くま(マリリン)	192	くみ	200
くま(ミシュカ)	192	クモ	200
くま(ミルク)	192	くも(セカセカさん)	200
くま(ミン)	192	くも(ニイド)	200
くま(ムクバク)	192	くも(もすけ)	200
くま(メルくん)	192	くもかいじゅう	200
クマ(モモ)	192	くもくん	200
くま(モリタ)	193	雲の子 くものこ	200
くま(ヤノシュ)	193	くものすおやぶん	201
くま(ララ)	193	クラウド	201
くま(ルウ)	193	くらげ	201
くま(ルル)	193	くらげくん	201
くま(ルルとララ)	193	クラリ	201
くまおじさん	193	くりじいじ	201
くまおやじ	193	クリスチナ	201
熊神 くまがみ	193	グリたろう	201
くまきち	193	くりちゃん	201
くまくまさん	193	ぐりちゃん	202
くまくまちゃん	194	ぐりとぐら	202
くまくん	194	くりのき	202
くまくん	195	くりん	202
くまげら	195	グリーン=グリはかせ	202
くまこうちょうせんせい	195	グルー	203
くまごろう	195	クルクル	203

グルグル	203	けいこ	208
クルト	203	ケイゾウ	208
くるりくら	203	けいた	208
くるりーに	203	けいたくん	208
くるりん	203	けいちゃん	208
グルリンポン	203	けいとだま	208
クルル	203	ケイトちゃん	208
グルル	203	ケーキ	208
グレ	204	ケケちゃん	208
グレー	204	けけまる	208
グレイス	204	ゲゲロ	208
グレッチン	204	けしゴムおばけ	208
クレモンティーヌ	204	けしごむくん	209
くれよん	204	ケチャップせんせい	209
クレヨンぐみ	204	Kちゃん　けーちゃん	209
クレヨンまる	204	ケチルさん	209
くろ	204	けっことこっこ	209
クロ	205	ケトケト	209
クロアシ	205	ケナゲナ	209
くろいマントのおじさん（おじさん）	205	ゲボネ	209
くろくん	205	けむりのこ	209
くろすけ	205	けむりのまじょ	209
くろずみ小太郎　くろずみこたろう	205	けやき	209
くろずみ小太郎　くろずみこたろう	206	けやき	210
くろぞう	206	けやこ	210
クロちゃん	206	けろ	210
クロード	206	ケロケ郎　けろけろう	210
黒猫　くろねこ	206	ケロケロがえる	210
くろひげ	206	ケロケロセブン	210
くろひげしょうぐん	206	ケロちゃん	210
黒ぶし山　くろぶしやま	206	ケロロちゃん	210
くろべえ	206	けん	211
くろぼーぬー	206	ケン	212
くろまるちゃん	207	ゲンキくん	212
くろゆきひめ	207	げんくん	212
グロリア	207	けんご	212
くわがた（がたくん）	207	げんごろう	212
くわがたうし	207	げんごろうさん	212
クンタ	207	げんさ	213
クンタン	207	けんさん	213
クンちゃん	207	げんさん	213
		けんじ	213
【け】		ケンジ（ケンちゃん）	213
		げんじいさん	213
けいがくおしょう	207	虔十　けんじゅう	214
けいくん	207	けんすけとたか子　けんすけとたかこ	214

げんぞうじいさま	214
けんた	214
けんた	215
けん太　けんた	215
げんた	215
源太　げんた	215
けんたとまゆちゃん	215
ケンタロウ	215
けんちゃん	215
けんちゃん	216
けんちゃん	217

【こ】

コア	217
コイ	217
ゴイサギ	217
吾一郎　ごいちろう	217
ごいんきょさん	217
公一　こういち	217
こうきち	217
コウくん	217
ごうけつ	217
コウスケくん	217
幸助さん　こうすけさん	218
こうた	218
こうたろうくん	218
こうちゃん	218
校長先生　こうちょうせんせい	218
校長先生　こうちょうせんせい	219
コウノトリ（レオン）	219
こうへい	219
弘法大師　こうぼうだいし	219
こうもり（こもりくん）	219
こうもり（ホラキュラ）	219
洋傘直し　こうもりなおし	219
ゴエモンぐんだん	219
コオロギくん	219
こがねまる	219
こがねむし（ブンブンさん）	219
コキヘ・フカシーモ3世　こきへふかしーもさんせい	219
コキンちゃん	220
こぐま	220
こぐまくん	220
ごくらく鳥（コッコ）　ごくらくちょう（こっこ）	220
ごーくん	220
こけしめいじん（おじいさん）	220
コケタン	220
ココ	220
ココウモリくん	221
ココちゃん	221
ココモドオオトカゲくん	221
ゴゴール	221
コゴロウ	221
こさむ	221
コジさん	221
こじっこ	221
ゴーシュ	221
コースケ	222
こづな	222
こせき ゆうた	222
こぞう	222
小ぞう　こぞう	222
こぞうさん	222
小ぞうさん　こぞうさん	222
こぞっこ	222
コータ	223
ゴータくん	223
コーダじいさん	223
こたつ	223
こたろう	223
こちび	223
こちゃらさん	223
ごーちゃん	223
コッキュウボウ	223
コック	223
コック	224
コッコ	224
コッコさん	224
ゴッシ	224
コッテリ	224
ゴットンくん	224
こつぶひめ	224
こっぺくん	224
ことちゃん	225
琴姫　ことひめ	225
子ども　こども	225
こどももちゃん	225
ことろのばんば	225

五人衆（若者）　ごにんしゅう（わかもの）	225	ゴリラ（タム）	230
コネル	225	ゴリラ（デカタン）	230
こはる	225	ゴリラ（トム）	230
こはる（むかごのこはる）	225	ゴリラ（ドンドコ）	230
コバンザメ	226	ごりら（ぱぱごりたん）	230
コバンちゃん	226	ゴリラ（武蔵）　ごりら（むさし）	230
こびと	226	ゴリラ（ムトト）	231
五分次郎　ごぶじろう	226	ゴリラ（モモタロウ）	231
昆布助　こぶすけ	226	ゴリラくん	231
こぶた	226	こりん	231
ゴブリン	226	ごるり	231
こへいた	226	コロ	231
ごぼう	226	ゴロ	231
ごぼうさん	226	ゴロウ	231
コーボくん	226	ごろうじいちゃん	231
こみこ	227	ゴロウ太　ごろうた	231
ゴミラ	227	コロくん	232
こむすび	227	ごろくん	232
こむすびまん	227	ゴロゴロ	232
こめぶき	227	コロコロさん	232
こもも	227	ゴロゴロせんせい	232
こもりくん	227	ごろぞう	232
こもり まさや	227	ころた	232
こやぎくん	227	ころちゃん	232
ゴーヤーマン	227	ごろったぎつね	232
ゴーヤーマン	228	五郎八　ごろはち	233
コユキちゃん	228	ごろぴかさん	233
コヨーテ（キュウ）	228	ゴロべ	233
コラ	228	ごろべえ	233
こらら	228	ゴロリとピカリ	233
コリ	228	コロロ	233
コリオ	228	ころわん	233
こりす	228	ころわん	234
ゴリタ	228	コロン	235
ゴリタン	228	ゴロンゴラ	235
ゴリタン	229	コロンタ	235
コリちゃん	229	ころんちゃん	235
ゴリラ	229	ゴロンちゃん	235
ゴリラ（ゴリタ）	229	コーン	235
ゴリラ（ゴリタン）	229	こん	235
ゴリラ（ごんた）	229	こん	236
ごりら（ごんちゃん）	229	ごん	236
ごりら（ごんちゃん）	230	コンキチくん	237
ゴリラ（ジャングルジム）	230	こんくん	237
ゴリラ（じゃんけんゴリラ）	230	こんこ	237
		コンコンマン	237

紺三郎　こんざぶろう	237	魚（フロルちゃん）　さかな（ふろるちゃん）	242
ゴンさん	237	さき	243
ごんじい	237	さきち	243
こんぞ	237	さきちゃん	243
ごんぞうおじ	237	作　さく	243
コンソメ	238	さくじいちゃん	243
こんた	238	さくべえさん	243
ごんた	238	サクラ	243
権太　ごんた	238	さくらこ	243
こんたくん	238	さくら子　さくらこ	244
コンタとコンコ	238	さくらさひめ（さひめ）	244
コンタン	238	さくらさん	244
コンチキ	238	さくらちゃん	244
こんちゃん	238	さくらっこウララ	244
こんちゃん	239	さくらのき	244
ごんちゃん	239	さくらの木　さくらのき	244
コンニャク先生　こんにゃくせんせい	239	さくらんぼ	244
ごんのすけ	239	サーくん	244
こんぴたろう	239	さけ（おおすけ）	244
コンブータ	239	さごじょう	244
ごんべ	239	サシバ（ピルバ）	245
ごんべえ	240	サジマ	245
ごんべえさん	240	サーシャ	245
ごんべえだぬき	240	さだおばさん	245
		さだきちとかめきち	245
【さ】		さだこ	245
		さだ子　さだこ	245
さあちゃん	240	サチ	245
サイ	240	さちこ	245
さい（ゴン）	240	ザッカ	245
さい（つのたくん）	240	さつき	245
さい（つのたくん）	241	ざっく	245
ザイテック	241	サッサ	246
サイドリ	241	サッサさん	246
最明寺どの（修行僧）　さいみょうじどの（しゅぎょうそう）	241	さっちゃん	246
さえこちゃん	241	さつまのおいも（おいも）	246
さかぐち　かつおさん	241	サト	246
さかさまじん	241	さとうくん	246
坂田　金時　さかたの・きんとき	241	ざとうぼうさま	247
さかな	241	さとこ	247
さかな	242	さとし	247
さかな（クークー）	242	さとしくん	247
魚（さんま）　さかな（さんま）	242	さとみさん	247
さかな（とっぺくん）	242	さとりくん	247
		サトル	247

さとるくん	247	さる（もんた）	255
サナ	248	さる（モンチーせんせい）	255
さなえさん	248	さる（モンちゃん）	255
サニー	248	さる（ルサちゃん）	255
サニー	249	猿神　さるがみ	255
佐野 源左衛門常世（常世）　さの・げんざえもんつねよ（つねよ）	249	サルサ	255
		さるせんせい	255
サバイ	249	さるどん	255
さばうりどん	249	さるのこ	255
サバリコビレ	249	さるのせんせい	256
さひめ	249	笊森　ざるもり	256
サーブ	249	さわだ さわ	256
さぶ	250	サン	256
三郎　さぶろう	250	さんかく	256
三郎次　さぶろうじ	250	サンカクスキー	256
三郎じっちゃん　さぶろうじっちゃん	250	さんきち	256
三郎太　さぶろうた	250	さんきちくん	256
さぼてんくん	250	サンサンマン	256
ざぼんじいさん	250	さんしょっ子　さんしょっこ	256
サミエル	250	三四郎　さんしろう	256
サム	250	さんぞうほうし	256
サムくん	251	サンタ	257
さむらい	251	三太　さんた	257
さめ（ガリピー）	251	サンタおじいさん	257
サメジマせんちょう	251	サンタ・クロース	257
さめ人　さめびと	251	サンタクロース	257
さやかさん	251	サンタクロース	258
サーラ	251	サンタクーロスのおばあさんとおじいさん	258
サラ	251		
サラ	252	サンタさん	258
サラレ	253	サンタさん	259
さらんくん	253	さんたのおじいさん	259
サリー	253	三太夫　さんだゆう	259
さる	253	さんたろう	259
さる	254	三太郎　さんたろう	259
サル（エゴちゃん）	254	三太郎　さんたろう	260
サル（カミナリ）	254	サンディ	260
さる（きき）	254	サンディーさん	260
さる（きんた）	254	サンドイッチ	260
さる（サブ）	254	サンナン	260
さる（サルサ）	254	3人兄弟（兄弟）　さんにんきょうだい（きょうだい）	260
さる（てじ）	254		
サル（ポイ）	254	3人姉妹（姉妹）　さんにんしまい（しまい）	260
さる（もんきち）	254		
さる（モンキチくん）	254	サンポくん	260
さる（モンキチくん）	255	さんま	260
		さんもと ごろうざえもん	260

三りん車　さんりんしゃ	260	ししゅうねずみ	266
		しずく	266
【し】		しずくぼうや	266
		しずちゃん	266
じい	260	じぞうさま	266
じい	261	じぞうさん	267
じいさとばあさ	261	舌ながばあさん　したながばあさん	267
じいさま	261	ジタン	267
じいさま	262	7　しち	267
じいさまとばあさま	262	しちどぎつね	267
じいさん	262	七ふくじん　しちふくじん	267
じいじ	262	七べえさん　しちべえさん	267
じいじ	262	じっくりおまめさん	267
じいじいちゃん	262	しっこさん	268
しいちゃん	262	じっちゃ	268
じいちゃん	262	しっぺいたろう	268
じいちゃん	263	しっぽ	268
ジェイ	263	自転車　じてんしゃ	268
ジェイク	263	シド	268
ジェイムズ	263	ジーナ	268
シオマネキ(カニオ)	263	しにがみ	268
しおり	263	しのちゃん	268
しおんさん	263	しほちゃん	268
しか	264	姉妹　しまい	269
鹿　しか	264	しまうま	269
しか(カリンコ)	264	しまうま(ストライプス)	269
しか(こじっこ)	264	しまうま(ゼブくん)	269
しか(ブルーバック)	264	しまうま(プンダ)	269
しか(ローベル)	264	しまうまくん	269
しかく	264	シマシマ	269
シグナル	264	しましまちゃん	269
シグナレス	264	シマちゃん	269
ジーくん	264	しまふくろう	269
しげ	264	しまぶくろさん	269
しげちゃん	265	シーム	269
しげる	265	シモーヌ	270
ジーコ	265	シャインおうじ	270
じーご	265	シャチラさま	270
じさ	265	ジャッキー	270
じさとばさ	265	ジャック	270
じさま	265	ジャック	271
じさまとばさま	265	ジャーニー	271
シシー	265	じゃぶじゃぶパパ	271
ジジ	266	ジャマスルマン	271
シジミ	266	しゃみさま	271
ししゃも	266	ジャミジャミ	271

シャム	271	ジョジョさん	276
ジャム	271	ジョジョニ	276
ジャリおじさん	271	ジョニー	277
ジャングルジム	271	ジョン	277
じゃんけんゴリラ	272	白菊　しらぎく	277
シャンデリアひめ	272	白瀬 のぶ　しらせ・のぶ	277
ジャンプ	272	次良長老　じらーちょうろう	277
ジャンボ	272	シランさん	277
じゅうべえ	272	ジリーちゃん	277
シュガーちゃん	272	しろ	277
修行僧　しゅぎょうそう	272	シロ	278
ジュゴン（セレナ）	272	ジロ	278
シュシナーナ	272	ジロー	278
ジュゼッペさん	273	白い馬(馬)　しろいうま(うま)	278
しゅてんどうじ	273	しろう	278
酒呑童子　しゅてんどうじ	273	四郎　しろう	278
ジュニア	273	じろう	278
朱のばん　しゅのばん	273	次郎　じろう	278
しゅみくん	273	次郎　じろう	279
シュレーゲル	273	しろくま	279
じゅん	273	しろくま（おうじさま）	279
しゅんくん	273	しろくま（ボーボ）	279
じゅんくん	274	しろくまくん	279
しゅんたろう	274	しろくまパパ	279
しゅんちゃん	274	シロちゃん	279
じゅんぺい	274	ジロちゃん	279
しゅんぺいじいさん	274	ジロちゃん	280
ジョー	274	じろちょうけん	280
ジョイ	274	しろとくろとしろくろ	280
しょうくん	274	しろながぐつじら	281
しょうじょ	274	しろふくろう	281
少女　しょうじょ	274	じろりくん	281
しょうた	275	じろろっぷ	281
ショウタちゃん	275	伸一　しんいち	281
しょうちゃん	275	しんくん	281
少年　しょうねん	275	新伍　しんご	281
常念御坊　じょうねんごぼう	275	ジンゴ	281
しょうへい	275	しんさん(たが屋さん)　しんさん(たがやさん)	282
小兵衛さん　しょうべえさん	275	紳士　しんし	282
しょうやさん	275	しんじ	282
しょうゆくん	275	真二　しんじ	282
ジョーカー	276	ジンジャー	282
ショコマル	276	しんじゅひめ	282
ショコラシビリ	276	しんた	282
ショコラちゃん	276	しん太　しんた	282
ジョジーナ	276		

じんたくん	282
しんたろう	282
しんちゃん	282
シンちゃん	283
しんばあちゃん	283
しんぺい	283
しんぺいくん	283
しんや	283

【す】

スイカ	283
すいかまる	283
すいこみどり	283
水しょう山　すいしょうざん	283
スイッピ	284
ずいとん	284
ずいとん先生　ずいとんせんせい	284
すいようびくん	284
すえ	284
すえ吉　すえきち	284
スーおばさん	284
スキップ	284
すーくん	284
助　すけ	284
スケロウ	284
スーザ	284
すさのお	285
須佐之男の命　すさのおのみこと	285
スザンナ	285
厨子王　ずしおう	285
スースー	285
スズカ	285
すずき ウメ	285
すずな	285
すずのすけ	285
すすむ	285
すすむ	286
すずむし（ケンゴ）	286
すすむせんせい	286
すずめ	286
すずめ（おちょん）	286
すずめ（チュン）	286
すずめ（ちょん）	286
すずめ（ちょん）	287
スセリヒメ	287

須勢理姫　すせりひめ	287
ズー先生　ずーせんせい	287
すたすたかたつむり	287
すーちゃん	287
スップ	287
すっぽんぽのすけ	287
すっぽんぽんのすけ	287
すっぽんぽんのすけ	288
ステゴザウルス	288
ステゴッチー	288
ステゴぼうや	288
すてまる	288
ステゴぼうや	288
すとーぶ	288
ストライプス	288
ストローこうもり	288
すなつぶ	288
スニ	288
スノーウィー	289
スノーク	289
スノーじいさん	289
スノーマン	289
スパゲティーおばけ	289
ズーフ	289
図夫六　ずぶろく	289
スポッキー	289
すみ	289
すみれちゃん	289
すみれひめ	289
スモウマン	290
須利耶さま　すりやさま	290
スワニー	290
ズングリ	290

【せ】

ぜいあん	290
静一　せいいち	290
セイウチ	290
清吉　せいきち	290
星魚　せいぎょ	290
清空　せいくう	290
せいくん	290
清さん（そば清）　せいさん（そばせい）	290
清次郎　せいじろう	291

せいちゃん	291
生徒(子ども) せいと(こども)	291
青年 せいねん	291
セカセカさん	291
セツコ	291
セッセかぞく	292
ゼブくん	292
セブン	292
セミくん	292
せみの子 せみのこ	292
世良 せらー	292
セレナ	292
善コ ぜんこ	292
センシュちゃん	292
先生(やたべ こうさく) せんせい(やたべ・こうさく)	292
せんたくおばけ(おばけ)	293
仙ちゃん せんちゃん	293
船長さん せんちょうさん	293
せんにん	293
せんめんきとはぶらしとせっけん	293
善六 ぜんろく	293

【そ】

ぞう	293
ぞう	294
ぞう	295
象 ぞう	295
ぞう(あおぞう)	295
ゾウ(アジザとサラ)	295
ゾウ(アヌーラ)	295
ぞう(ウータン)	295
ぞう(エル)	295
象(エレナ) ぞう(えれな)	295
ゾウ(ガチャコ)	295
ゾウ(ガチャコ)	296
ぞう(くろぞう)	296
ぞう(こがねまる)	296
ゾウ(ジャンボ)	296
ゾウ(タカコ)	296
ぞう(ターくん)	296
ぞう(ちびぞうさん)	296
ゾウ(チビタ)	296
ゾウ(パオ)	296
ぞう(パオちゃん)	296
ぞう(パオちゃん)	297
ぞう(パオパオ)	297
ゾウ(パオン)	297
ゾウ(パズー)	298
ぞう(はちぞう)	298
ぞう(はな子) ぞう(はなこ)	298
ぞう(プリン)	298
ゾウ(ものしり博士) ぞう(ものしりはかせ)	298
ぞう(モモとタンタ)	298
ぞう(レニ)	298
ゾウガメどん	298
ぞうくん	298
ぞうさま	298
ぞうさん	299
ぞうさんパパ	299
そうすけ	299
ぞうのこ	299
ぞうのはな	299
そうべえ	299
そうべえ	300
そうべえさん	300
ぞうむし	300
ソウルくん	300
曾我兄弟 そがきょうだい	300
ソケット	300
ソニア	300
そばがきげんえもん	300
そば清 そばせい	300
ソマリーコ	300
ソメコ	300
そめごろう	300
そよそよさん	301
ソラ	301
ソラジロウ	301
そらまめ	301
そらまめくん	301
そろり	301
ゾロリ	301
そんごくう	301
孫悟空 そんごくう	301
そんしたくん	301
ゾンタ	301
ゾンタ	302

【た】

たあくん	302
タアタちゃん	302
たあちゃん	302
たい	302
鯛　たい	302
鯛（ギンギロはん）　たい（ぎんぎろはん）	302
タイ（たいこさん）	302
タイ（たいこさん）	303
鯛（ロク）　たい（ろく）	303
大応さま　だいおうさま	303
だいく	303
だいこくちゃん	303
たいこさん	303
第五福竜丸　だいごふくりゅうまる	303
だいこん	303
だいこんさん	303
大作　だいさく	304
だいじゃ	304
だいすけ	304
大介　だいすけ	304
大輔　だいすけ	304
だいすけくん	304
たいぞう	304
ダイダイ	304
ダイタラボッチ	304
だいだらぼっち	305
大太郎　だいたろう	305
タイチ	305
太一　たいち	305
だいちゃん	305
ダイナ	305
タイニィ・トゥインクル	305
だいふく	305
だいぶつさん	305
太陽さまとお月さま　たいようさまとおつきさま	306
平 清盛　たいらの・きよもり	306
大力童子　だいりきどうじ	306
たえこ	306
たか	306
たか（はいたか）	306
鷹（緑丸）　たか（みどりまる）	306
たかお	306
高岡 正明　たかおか・まさあき	306
たかぎ けん	306
タカくん	306
タカコ	307
タカサキさん	307
タカさん	307
たかし	307
たかしくん	307
タカちゃん	307
タカちゃん	308
たが屋さん　たがやさん	308
高山 七蔵さん　たかやま・しちぞうさん	308
ダギー	308
タキワロ	308
タクじい	308
タクちゃん	308
ダグちゃん	308
たぐぼーと	308
タグボート（とーとー）	309
たくみ	309
たくや	309
ターくん	309
タケ	309
たけし	309
たけしくん	309
たけちゃん	309
たける	309
たけるおじさん	309
たこ	310
タコ（オクトくん）	310
たこ（おたこさん）	310
たこ（コータ）	310
たこ（たこきち）	310
たこ（ななちゃん）	310
タコ（8ちゃん）　たこ（はっちゃん）	310
たこ（マストン）	310
たこきち	311
タコくん	311
タコぞう	311
タコベエ	311
たこやきマントマン	311
たこやきマントマン	312
タゴリヒメ	312
たこるくん	312

太三郎じさ(じさ) たさぶろうじさ(じさ)	312
タタ	312
忠 ただ	312
だだっこ	312
タータン	312
橘さん たちばなさん	312
ダーチャ	312
ターちゃん	313
だちょう(エルフ)	313
だちょう(クルクル)	313
だちょう(プーイ)	313
タツオ	313
たつおくん	313
タック	313
ダックス	313
たっくん	313
たっくん	314
たつくん	314
ダックん	314
たつ子 たつこ	314
だっこちゃん	314
タッタちゃん	314
たっち	314
タッチィ	314
タッチィ	315
たっちゃん	315
たつのおとしご	315
タツノオトシゴ(たっちゃん)	315
タップ	315
たつや	315
達也 たつや	315
タテゴトアザラシ	315
たーとる	316
ダナ	316
タナカ サブロー	316
田中さん たなかさん	316
たなか ハナ	316
ダニエルじいさん	316
たにし	316
谷村くん たにむらくん	316
たぬき	316
たぬき	317
たぬき	318
たぬき	319
狸 たぬき	319
たぬき(いつもんさん)	319
たぬき(オーポンとチーポン)	319
たぬき(コロンタ)	319
たぬき(ごんべえだぬき)	319
たぬき(たぬきち)	319
たぬき(タベタ)	319
タヌキ(タンきち)	319
たぬき(タンゴ)	320
たぬき(たんた)	320
たぬき(たんたん)	320
たぬき(たんちとたんこ)	320
たぬき(ドロンマン)	320
タヌキ(どんばらタヌキ)	320
たぬき(ぬくぬく)	320
たぬき(ぱふぱふ)	320
たぬき(はるさん)	320
たぬき(ぽこぽこ)	321
タヌキ(ポリン)	321
たぬき(ポン)	321
たぬき(ポンコ)	321
たぬき(ぽんこちゃん)	321
たぬき(ポンジュー)	321
たぬき(ぽんぞう)	321
たぬき(ぽんた)	321
たぬき(ポン太) たぬき(ぽんた)	321
タヌキ(ポンちゃん)	321
たぬき(マンプクジン)	321
たぬきくん	321
たぬきくん	322
たぬきち	322
たぬきちゃん	322
たぬきのおじさん	322
タネゴロウ	322
たのきゅう	322
タビ	322
旅人 たびびと	322
旅人(六部) たびびと(ろくぶ)	322
ターブー	322
タプ	323
ダフニ	323
タフル	323
タフル	324
太平 たへい	324
タベタ	324
ダボちゃん	324
ダボラ	324

(28)

タマ	324	タンガ	331
タマ	325	タンきち	331
たまこ	325	タンクル	331
たまご	325	タンクロウ	331
たまごぞう	325	タンゲくん	331
たまこさん	325	タンゴ	331
たまごにいちゃん	325	だんご3兄弟　だんごさんきょうだい	331
たまごにいちゃん（ごーくん）	325	だんごむし	331
たまごにいちゃん（たっくん）	326	ダンゴムシ	332
たまごにいちゃん（まーくん）	326	だんごむし（コロコロさん）	332
たまごねえちゃん	326	だんごむし（ころちゃん）	332
たまごやき	326	たんた	332
たまちゃん	326	タンタラばあさん	332
たまな	326	たんたん	332
たまねぎこぞう	326	タンチ	332
タマネギぼうや	326	たんちとたんこ	332
タマリン	326	タンチョウ	333
タミエちゃん	326	たんちょうづる	333
たみぞうとごさく	327	だんつう	333
民谷 伊右衛門　たみや・いえもん	327	だんでぃ・へび	333
タム	327	タント	333
タムタイム	327	だんなさん	333
タメトモ	327	だんぶりちょうじゃ	333
ダヤン	327	たんぽぽ	333
ダヤン	328		
ダライフレグ	328	【ち】	
タルタ	328		
タルトくん	328	ちい	333
だるまちゃん	328	ちいかみちゃん	333
ダールン	328	ちいくまちゃん	333
ダールン	329	ちいくまちゃん	334
タロ	329	小さなサンタ　ちいさなさんた	334
タロー	329	ちいちゃん	334
たろう	329	チイばあちゃん	334
たろう	330	ちいぶたちゃん	334
太郎　たろう	330	ちいぶたちゃん	335
たろう（ねしょんべんたろう）	330	ちいぼーぬー	335
太郎（ものくさ太郎）たろう（ものくさたろう）	330	ちえちゃん	335
		チェック	335
たろう（わらしべ王子）たろう（わらじおうじ）	330	チェリー	335
		チェロくん	335
たろうちゃん	330	チカチカひめ（女の子）ちかちかひめ（おんなのこ）	335
たろうとじろう	331		
タローくん	331	ちかちゃん	335
たろすけ	331	ちからたろう	335
たろせんせい	331	ちからたろう（こんびたろう）	335

チキンマスク	336	チャック	342
ちくあんせんせい	336	チャッピー	342
ちくあん先生　ちくあんせんせい	336	チャップ	342
チクチク	336	チャップ	343
チークリファミリー	336	ちゃっぷん	343
ちくりん	336	チャニング	343
チコ	336	ちゃーぼ	343
チコタン	336	ちゃみ	343
チコちゃん	337	チャーリー	343
チーズ	337	チャンス	343
ちづこさん	337	チャンタラ	343
チーチ	337	チュウ	343
父　ちち	337	チュウタちゃん	343
ちちぶ長者　ちちぶちょうじゃ	337	ちゅうのすけ	343
チチャねこ	337	ちゅうぶたちゃん	344
ちっさいちゃん	337	ちゅうべえ	344
チッチ	337	チュチュ	344
チッチ	338	チュッチュ	344
ちっちゃなおほしさま（おほしさま）	338	チューリップさん	344
チップ	338	ちゅるり	344
チップとチョコ	338	チュローチュ	344
ちどり	338	チュン	344
チーばあさん	338	ちよ	345
ちばせんせい（まじょせんせい）	339	千代　ちよ	345
千春　ちはる	339	ちょう	345
ちび	339	ちょう（フウ）	345
ちびうさぎ（うさぎ）	339	長者さま　ちょうじゃさま	345
ちびかばくん	339	ちょうじゃさん	345
ちびくまちゃん	339	鳥人　ちょうじん	345
チビクロ	339	長助　ちょうすけ	345
ちびすけ	339	ちょうた	345
ちびぞうくん	340	ちょうちょ	345
ちびぞうさん	340	ちょうちょ（しろちゃん）	345
チビタ	340	ちょうちょ（ナナ）	345
ちびたやま	340	ちょうちょう	345
チビチビ	340	ちょうべい	346
ちびっこザウルス	340	チョキチョキきょうだい	346
チビノリ	340	チョコ	346
チフル	340	チョッキーノ	346
チフル	341	チョッキリさん	346
チーボデー	341	ちょっぴー	346
チミ	341	ちょっぺいじいちゃん	346
チム	341	チョニル	346
チムリ	341	ちょはっかい	346
チャイブス	342	チョビコ	346
チャチャ	342	チョロ	346

ちょろりん	346	つばめ	351
ちょろりん	347	ツバメ(ビジュー)	351
チョロリンポン	347	ツバメ(フルール)	351
ちょん	347	ツピティ	351
ちょんまげとのさま	347	つぶ	351
チリとチリリ	347	つぶたくん	351
ちりん	347	つぶら	351
チル	348	つぼみ	352
チロ	348	つぼみちゃん	352
チワオ	348	つや	352
ちんちん	348	つる	352
ちんとんさん	348	ツル(カララ)	352
チンパンジー(ジャーニー)	348	ツル(クルル)	353
チンパンジー(ブブディ)	348	つる(たんちょうづる)	353
		ツルイワタケ	353
【つ】		つるちゃん	353
		つんつくせんせい	353
つき	348		
月 つき	348	【て】	
つきおか たいぞう(ニカぞう)	349		
月のかけら つきのかけら	349	て て	353
月のこ	349	ディアギレフ	353
月の番人 つきのばんにん	349	ティコ(少女) ていこ(しょうじょ)	354
月の姫(姫) つきのひめ(ひめ)	349	デイジー	354
月のみはりばん つきのみはりばん	349	ティム	354
ツグミくん	349	ティモシー	354
つちがえるくん	349	ティモシー	355
土神 つちがみ	349	ティラノサウルス	355
つちぶた	349	ティラノ大王 ていらのだいおう	356
ツチブタくん	349	ティラン	356
土ん子さま つちんこさま	349	ティン	356
ツッチー	349	デカタン	356
ツツミさん	350	でこちゃん	356
ツーテイ	350	テコリンちゃん	356
ツトム	350	てじ	356
ツトム君 つとむくん	350	てじなし(おじさん)	356
ツトムちゃん	350	デジャ・ヴ	356
ツートン	350	鉄 てつ	356
常雄さん つねおさん	350	てっちゃん	356
つねきち	350	てっちゃん	357
つねこ	350	てつなべじいちゃん	357
ツネ子 つねこ	350	デップおじさん	357
つねさん	351	テテ	357
常世 つねよ	351	ててっこうじ	357
つのたくん	351	テト	357
つばきひめ	351	てぶくろくん	357

テムテム	357	とうきち	362
テラシマくん	357	とうさん	362
照子さん　てるこさん	357	とうさん（くまとうさん）	362
テルテル大王　てるてるだいおう	357	藤十郎　とうじゅうろう	362
てるり	358	とうすけさん	362
テルル	358	藤造　とうぞう	362
テレビさん	358	藤太　とうた	362
テン	358	とうたろう	362
デン	358	とうちゃん	362
でんきがまちゃん	358	とうちゃん	363
でんきちおじさん	358	とうふこぞう	363
てんぐ	358	どうぶつ	363
てんぐ	359	遠山　進之介　とおやま・しんのすけ	363
てんぐ（たろう）	359	とおるくん	363
てんぐ（のっぽとちび）	359	とおるちゃん	363
てんぐちゃん	359	トカゲ	364
天鼓　てんこ	359	とかげ（ちょろりん）	364
でんごろう	359	とかげ（テン）	364
てんし	359	とかげ（とっけー）	364
天使　てんし	359	とかげ（とっぺん）	364
てんしちゃん	359	トカゲ（ニニロ）	364
でんしゃ	360	トキ	364
天神さん　てんじんさん	360	トキ（キン）	364
電信柱　でんしんばしら	360	トキ（キンちゃん）	364
てんちゃん	360	トキ（ユウユウ）	364
でんでん	360	ドギマギ	364
てんてんちゃん	360	ドキン	365
てんとうむし	360	ドキンちゃん	365
てんとうむし（スポッキー）	360	ドク	365
てんとうむし（テテ）	360	ドクター・ジョン	365
てんとうむし（てんてんちゃん）	360	ドクター・ヒヤリ	366
てんとうむし（とん）	360	とくべえ	366
てんとうむし（ナナ）	360	とけいくん	366
テントウムシ（マルメロ）	360	トゲトゲぼうや	366
天女　てんにょ	361	トコ	366
てんにん	361	トコちゃん	366
てんにんにょうぼう	361	トシ	366
天王屋図夫六（図夫六）　てんのうや ずぶろく（ずぶろく）	361	としくん	367
		杜子春　とししゅん	367
【と】		どじょう	367
		トス	367
ドゥ	361	ドチドチ	367
トゥイ	361	とちのみこぞう	367
トゥインクル	361	とっけー	367
とうがん太郎　とうがんたろう	361	トッチ	367
		とっちー	367

(32)

トッチオ	367	友江　ともえ	373
どっちーぬくん	368	ともくん	374
とっぺくん	368	とも子　ともこ	374
とっぺん	368	ともさ	374
トーテンくん	368	ともちゃん	374
とーとー	368	ともちゃん	375
トト	368	とものりくん	375
トト	369	ともや	375
トド	369	ともゆき(ともちゃん)	375
ドード	369	とら	375
ドードー	369	どら	375
ドド	369	とら(とらた)	375
ドド・ガルガル	369	とら(とらたくん)	375
ととさ	369	トラ(トラリーヌ)	375
ドドちゃん	369	トラ(トラリーヌ)	376
トナカイ	369	とら(トランプ)	376
トナカイ(グッドバイ)	369	トラ(はがね)	376
トナカイ(クッピ)	369	とら(ぴっぴ)	376
トナカイ(ハロー)	370	とらおばさん	376
トナカイさん	370	とらきちさん	376
ドーナッちゃん	370	とらくん	376
トニー	370	とらこちゃん	376
とのさま	370	ドラゴン	377
殿さま　とのさま	370	トラジ	377
トービー	370	とらすけ	377
トビー	370	どらせんせい	377
トビー	371	とらた	377
トビイせんちょう	371	とらたくん	377
トビハネさん	371	とらちび	377
とびまる	371	とらちゃん	377
トプス	371	ドラちゃんとミーちゃん	378
とべないほたる(ほたる)	371	トラトラちゃん	378
とべないほたる(ほたる)	372	とらねこ	378
トホくん	372	とらねこパパ	378
トーマ	372	とらのこちゃん	378
トーマス	372	とらやん	378
とまと	372	トラリーヌ	378
トマトひめ	372	トラン	378
トマトン	372	ドラン	378
トミー	373	トランプ	378
トム	373	トランプ	379
トムくん	373	とり	379
トムサおじいさん	373	鳥　とり	379
トムトム	373	とり(赤がり)　とり(あかがり)	379
とむとむじいさん	373	とり(イゴール)	379
トムベエ	373	とり(カグー)	379

とり（クック）	379	トンボ	383
とり（さとりくん）	379	とんぼ（あかねちゃん）	383
とり（チル）	379	トンボ（ミツビシトンボ）	383
とり（ドード）	379	トンマ	383
とり（ピー）	380		
とり（ピーちゃん）	380	【な】	
とり（ピッチ）	380		
とり（ピッツ）	380	なあくん	384
とり（モピ）	380	ナイタン	384
とり（ワゾー）	380	なおと	384
トリケ	380	ナオミ	384
トリケラトプス	380	ながきち	384
トリゴラス	380	ナガネギマン（ネギーおじさん）	384
とりちゃん	380	中原 崇明　なかはら・たかあき	384
トリプ	380	なかゆびひめ	384
トルテ	380	ながれぼし	384
ドレ	380	なぎさ	384
どろちゃん	381	ナコちゃん	384
どろぼう	381	ナスビ	385
ドロンじいさん	381	ナゾボー	385
どろんちゅうのすけ（ちゅうのすけ）	381	なだれおに	385
どろんどろん	381	ナッくん	385
ドロンはかせ	381	ナッチ	385
ドロンマン	381	なっちゃん	385
ドワーフじいさん	381	ナッツ	385
とん	381	ナッツ	386
ドン	381	ナッティ	386
トンガ	382	なつみかん	386
トンカチぼうや	382	ナナ	386
トンガリ	382	七重ちゃん　ななえちゃん	386
トンガリさん	382	ナナお嬢さん　ななおじょうさん	386
ドンギャー	382	ナナさん	386
どんくまさん	382	ななちゃん	386
どんぐり（ケーキ）	382	ナナばあさん	386
飛子姫　とんこひめ	382	ナナばあさん	387
トン助　とんすけ	382	ななふし（ノッポさん）	387
とんちゃん	382	ななみちゃん	387
どんちゃん	382	ナナン	387
ドンドコ	382	ナマ	387
トントン	383	なまけもの	387
とんとんみー	383	ナマケモノ（グーグー）	387
どんばらタヌキ	383	なまず	387
どんぶらちゃん	383	なまず（ボンちゃん）	388
トンペイ	383	ナマズくん	388
トン平　とんぺい	383	なまずのおばさん	388
どんべえさん	383	ナミ	388

(34)

なみちゃん	388
ナミとナギ	388
なめかわ くにお	388
ナメクジ	388
なめれおんくん	388
楢やん ならやん	388
なりちゃん	388
ナン	388
ナン	389
ナンナノヨ	389
ナンニモとナンデモ	389

【に】

にい	389
ニイド	389
ニイナちゃん	389
におくん	389
ニカぞう	389
ニケ	389
ニコラス	389
ニコラス(ニッキー)	389
ニコラスさん	390
にこりん	390
虹 にじ	390
にじのこ	390
ニジンスキー	390
ニッキー	390
にっこりおまめさん	390
ニーナ	390
ニーニャ	390
ニニロ	390
ニビー	390
にゃあジロ	391
ニャアニャア	391
にゃお	391
ニャッピー	391
ニヤニヤ	391
にゃんきちとうさん	391
にゃんごろおうさま	391
ニャンタ	391
にわとり	391
にわとり	392
にわとり(けっことこっこ)	392
にわとり(ココ)	392
にわとり(コースケ)	392
ニワトリ(ちゃーぼ)	392
にわとり(ノンコ)	392
ニワトリ(ピー太) にわとり(ぴーた)	392
にんぎょう	392
にんぎょう(デイジー)	392
にんげん	392
にんじゃ(いぬのにんじゃ)	392
にんじゃ(いぬのにんじゃ)	393
にんじん	393
にんじんさん	393
にんにくのにきち	393
にんにく丸 にんにくまる	393

【ぬ】

ヌー	393
ヌー(がくしゃヌー)	394
ぬいばあちゃん	394
ぬくぬく	394
ぬさ	394
ぬさばあさま	394
盗森 ぬすともり	394
盗人 ぬすびと	394
盗人のかしら ぬすびとのかしら	394
ヌバ	394
ヌマ	395
ヌラ	395

【ね】

ネイル	395
ネギ	395
ネギーおじさん	395
ねこ	395
ねこ	396
ねこ	397
ねこ	398
ねこ	399
ねこ	400
猫 ねこ	400
ねこ(あき)	400
ネコ(あんこ)	400
ネコ(あんこ)	401
ねこ(イボンヌ)	401
ねこ(おじろ)	401
猫(お茶目) ねこ(おちゃめ)	401

ねこ（ガブ）	401
猫（ガラ）　ねこ（がら）	401
ねこ（ガリ）	401
ねこ（カンタ）	401
ねこ（キャラコ）	401
ネコ（キンジロウ）	401
ねこ（グルグル）	401
ねこ（グルグル）	402
ねこ（グレ）	402
ねこ（くろ）	402
猫（クロ）　ねこ（くろ）	402
ねこ（くろくん）	402
猫（黒猫）　ねこ（くろねこ）	402
猫（昆布助）　ねこ（こぶすけ）	402
ねこ（こへいた）	402
ねこ（ゴロゴロ）	402
ネコ（ごん）	403
ねこ（ごんのすけ）	403
ねこ（サーシャ）	403
猫（三郎）　ねこ（さぶろう）	403
ねこ（サム）	403
猫（サーラ）　ねこ（さーら）	403
ネコ（サリー）	403
ねこ（さんきち）	403
ねこ（じーご）	403
ねこ（シジミ）	403
猫（ジタン）　ねこ（じたん）	403
猫（ジタン）　ねこ（じたん）	404
ねこ（しましまちゃん）	404
ねこ（シャム）	404
ねこ（ジャム）	404
ねこ（シュガーちゃん）	404
ねこ（ジロー）	404
ねこ（しろくま）	404
ねこ（しろちゃん）	404
ねこ（ジロちゃん）	404
ねこ（ジロちゃん）	405
ねこ（しろとくろとしろくろ）	405
ねこ（ジンジャー）	405
ねこ（すずのすけ）	406
ねこ（すてまる）	406
ねこ（ゾンタ）	406
ねこ（ダイナ）	406
ねこ（たっち）	406
ねこ（タマ）	406
猫（タマリン）　ねこ（たまりん）	406
ねこ（ダヤン）	406
ねこ（ダヤン）	407
猫（ダヤン）　ねこ（だやん）	407
ねこ（タロ）	407
ねこ（タンゲくん）	407
猫（だんつう）　ねこ（だんつう）	407
ねこ（チップ）	408
ねこ（チミ）	408
ねこ（チャック）	408
ねこ（チャップ）	408
ねこ（チャーリー）	408
ねこ（チュチュ）	408
ネコ（ツートン）	408
猫（デジャ・ヴ）　ねこ（でじゃぶ）	408
猫（トビー）　ねこ（とびー）	408
ねこ（トム）	408
ねこ（トムベエ）	409
ねこ（とら）	409
ねこ（どら）	409
ねこ（とらおばさん）	409
ねこ（とらくん）	409
ネコ（トラジ）	409
ねこ（どらせんせい）	409
ねこ（とらた）	409
ねこ（とらちび）	409
ねこ（とらちゃん）	409
ねこ（ドラちゃんとミーちゃん）	410
ねこ（とらねこ）	410
ねこ（とらねこパパ）	410
猫（ニケ）　ねこ（にけ）	410
ねこ（ニーナ）	410
ネコ（にゃあジロ）	410
ねこ（ニャアニャア）	410
ねこ（にゃお）	410
ねこ（ニャッピー）	410
ねこ（ニヤニヤ）	410
ねこ（にゃんきちとうさん）	410
ねこ（にゃんごろおうさま）	410
ねこ（ニャンタ）	410
ネコ（ヌバ）	411
ねこ（ネギ）	411
猫（猫吉）　ねこ（ねこきち）	411
ねこ（ねこた）	411
ねこ（ねねこちゃん）	411
ねこ（ネロくん）	411
ねこ（ノーラ）	411

ねこ(のら)	411	ねこ(ミューン)	416
ねこ(バジル)	411	ネコ(ミルク)	416
猫(ハスカップ) ねこ(はすかっぷ)	411	ねこ(ミント)	416
ねこ(ハチ)	411	ねこ(ムーン)	416
ネコ(ハル)	412	ねこ(メイティ)	417
猫(ビータ) ねこ(びーた)	412	ねこ(めんどうじゃん)	417
ねこ(ピッケ)	412	猫(モー) ねこ(もー)	417
ねこ(ヒミコ)	412	ねこ(ヤマト)	417
ねこ(ブー)	412	猫(山猫博士) ねこ(やまねこはかせ)	417
ねこ(プー)	412	ねこ(よも)	417
ねこ(ふうた)	412	猫(夜猫又衛門) ねこ(よるねこまたえもん)	417
猫(フーガ) ねこ(ふーが)	412	ねこ(ラッキー)	417
ねこ(フーシカ)	412	ねこ(ラーラ)	417
ネコ(ブーツ)	412	猫(ルイ・ルイ) ねこ(るいるい)	417
ねこ(ブーツ)	413	ねこ(ルウ)	417
ねこ(フニャラ)	413	ねこ(ルル)	417
ねこ(ふゆ)	413	ねこ(レイモン)	418
ねこ(ブリ)	413	ねこ(レオ)	418
ねこ(フロラ)	413	ネコ(レオナルド)	418
ねこ(ブン)	413	猫吉 ねこきち	418
ねこ(ペッパー)	413	ねこここちゃん	418
ねこ(ベル)	413	ねこさん	418
ねこ(ポカリナ)	413	ねこた	418
ねこ(ポッケ)	413	ねこたつ	418
ねこ(ボッチ)	413	ネコダルマン	418
ねこ(ボビン)	414	ねこちゃん	418
ねこ(ポポ)	414	ねしょんべんたろう	418
ネコ(ホルス)	414	ねずみ	418
ねこ(マァ)	414	ねずみ	419
ねこ(マイティ)	414	ねずみ	420
ねこ(マルテ)	414	ねずみ	421
ねこ(マロン)	414	ねずみ	422
ねこ(みー)	414	ネズミ(アントン)	422
ねこ(ミイ)	414	ねずみ(エト)	422
ねこ(ミイ)	415	ねずみ(カリカリさん)	422
ねこ(ミイさん)	415	ねずみ(ぐりとぐら)	422
ねこ(みけ)	415	ネズミ(クルト)	422
ねこ(ミーコ)	415	ねずみ(クンちゃん)	422
ねこ(ミーシャ)	415	ねずみ(ザイテック)	422
ねこ(ミーちゃん)	415	ねずみ(サラ)	423
ねこ(ミドリ)	415	ネズミ(サラ)	424
ねこ(ミドリちゃん)	415	ねずみ(ししゅうねずみ)	424
ねこ(ミーニャ)	415	ねずみ(タビ)	424
ねこ(ミーノ)	415	ねずみ(チェリー)	424
ねこ(ミャゴネリア)	416		
ねこ(ミュウ)	416		

ねずみ(チクチク)	424	のあさん	433
ねずみ(チッチ)	424	ノイジーひめ	434
ねずみ(チップ)	424	ノエ	434
ねずみ(チュウ)	425	ノコギリザメ	434
ねずみ(チュウタちゃん)	425	のこちゃん	434
ねずみ(チュチュ)	425	のぞみ	434
ねずみ(チロ)	425	のぞみちゃん	434
ねずみ(ちんちん)	425	ノッシー	434
ねずみ(ティモシー)	425	ノッポさん	434
ねずみ(ティモシー)	426	のっぽとちび	434
ねずみ(トービー)	426	のねずみくん	434
ねずみ(トンガ)	426	のねずみくん	435
ねずみ(ネミーさん)	427	のねみちゃん	435
ねずみ(ねみちゃん)	427	ののちゃん	435
ねずみ(のねずみくん)	427	のはら うさぎ	435
ねずみ(のねずみくん)	428	のぶ	435
ねずみ(のねみちゃん)	428	のぶお	435
ねずみ(ハリー)	428	のぶくん	435
ねずみ(ぴっぴ)	428	のぶこ(のこちゃん)	435
ねずみ(プッチ)	428	のぼさん	435
ねずみ(プッチ)	429	ノボル	435
ねずみ(マット)	429	ノーラ	436
ネズミ(ヨハンナ)	429	のら	436
ねずみ(ラリー)	429	のりお	436
ねずみくん	429	のりちゃん	437
ねずみくん	430	ノロリ	437
ねずみくん	431	ノンコ	437
ねずみさん	431	のんちゃん	437
ねずみちゃん	431		
ねずみのきょうだい	431	【は】	
ねずみばあさん	431		
ねねこちゃん	432	ばあさま	438
ねねり	432	ばあさん	438
ネポ	432	ハイエナ	438
ネミーさん	432	ハイエナ(ロク)	438
ねみちゃん	432	はいおに	438
ねみちゃん	433	ばいきんまん	438
ネルおじさん	433	ばいきんまん	439
ネルダ	433	ばいきんまん	440
ネルダとオキルダ	433	ばいきんまん	441
ネロくん	433	バイキンロボット	441
ンネネ	433	はいたか	441
		ハウエル	441
【の】		バウバウ	441
		パウル	441
ノアおじさん	433	パオ	441

パオちゃん	441
パオちゃん	442
パオパオ	442
パオン	442
はかせ	443
はがね	443
はかまだれ	443
ばかんばかんぶー	443
バク	443
パグ	443
ばく(てんぐちゃん)	443
バク(ムー)	443
バクくん	443
ぱくちゃん	444
はくちょう	444
はくちょう(バーボー)	444
パクンちゃん	444
パクンパクン	444
ばけもの	444
箱さん はこさん	444
バーコさん	444
はこ忍者 はこにんじゃ	444
ハコフグ(プクプク)	444
はさみ(チョキチョキきょうだい)	445
はさみむし(チョッキリさん)	445
はしごくん	445
ー はじめ	445
馬車別当 ばしゃべっとう	445
バシュラム	445
パシュラル先生 ぱしゅらるせんせい	445
バジル	445
バス	445
バス	446
パズー	446
ハスカップ	446
ばすくん	446
長谷川くん はせがわくん	446
バズー	446
パタパタさんいちぞく	446
ハチ	446
はち(チークリファミリー)	446
ハチ(ブルー・ビー)	446
蜂(ブルー・ビー) はち(ぶるーびー)	446
鉢かづき はちかずき	447
はちかつぎひめ	447
鉢かつぎ姫 はちかつぎひめ	447
はちぞう	447
はちべえ	447
はちろう	447
八郎太 はちろうた	447
はつえさん	447
ぱっくんおおかみ	447
ハッサン	447
パッサン	448
バッタ	448
バッタ(キック)	448
ばった(トビハネさん)	448
ばった(ぴょんこちゃん)	448
ハッチ	448
パッチ	449
はっちぇもん	449
バッチくん	449
8ちゃん はっちゃん	449
はっぱ	449
はっぴぃさん	449
ハテナ	449
ハテナひめ	449
ハート	449
はと	449
ハト(ポッポ)	450
はと(ポポおばさん)	450
はと(ミチル号) はと(みちるごう)	450
パトくん	450
ハナ	450
はな(ひるがお)	450
はなかっぱ	450
はなかっぱくん	450
花草さん はなくささん	450
ハナグマ(ツーテイ)	450
はな子 はなこ	450
はなこちゃん	451
はなさかじい	451
花さかじい(おじいさん) はなさかじい(おじいさん)	451
はなさかじい(じい)	451
花さかじい(じい) はなさかじい(じい)	451
はなさかじいさん(おじいさん)	451
ハナさん(たなか ハナ)	451
はなじろう	451
はなづくりのまろ(まろ)	451
はなたれこぞうさま	451

ばなな	451	ハヤミさん	456
バナナマン	452	パヨカカムイ	457
はなねこ	452	ばら	457
はなはなみんみ	452	はらぺこゆうれい（ゆうれい）	457
はなまる	452	ハラ・ヘリオさん（ヘリオさん）	457
ハナマン（H）　はなまん（えっち）	452	原 ゆうき（ハカセ）　はら・ゆうき（はかせ）	457
はなめんちゃん	452	バラランサ	457
花守 信吉　はなもり・しんきち	452	パラリンポン	457
花代おばさん　はなよおばさん	452	ハリー	457
パナンペ	452	ハリー	458
ハニー	453	はりこ	458
はねこ	453	はりっこ	458
はねーる	453	はりねずみ	458
ばば	453	ハリネズミ	459
パパ	453	ハリネズミ（くるりーに）	459
ぱぱごりたん	453	ハリネズミ（くるりん）	459
ばばちゃん	453	はりねずみ（チクチク）	459
ババッチ	453	はりねずみ（トゲトゲぼうや）	459
ばばばあちゃん	453	ハリネズミ（ハリー）	459
ばばばあちゃん	454	はりねずみ（はりこ）	459
ババロワ・サンダラボッチ	454	はりねずみ（はりっこ）	459
パピ	454	はりねずみ（ピックル）	460
バビちゃん	454	はりねずみ（ポーちゃん）	460
ぱぴぷぺぽい	454	ハリネズミさん	460
ハーブおばさん	454	ハル	460
ぱふぱふ	455	バルー	460
バーボー	455	パール	460
パポ	455	ハルウララ	460
浜口 五兵衛　はまぐち・ごへえ	455	ハルおばあさん	460
はみがきまん	455	はるか	460
バム	455	はるか	461
パム	455	はるかちゃん	461
ハムスター（カリ）	455	はるくん	461
ハムスター（くりちゃん）	455	はるさん	461
ハムスター（くりちゃん）	456	パルーシャ	461
ハムスター（コリ）	456	バルタン星人　ばるたんせいじん	461
ハムスター（ハモ）	456	はるちゃん	461
ハムスター（ムーくん）	456	バルードン	461
ハモ	456	ハルナさん	461
パーヤ	456	バルボンさん	461
はやおきくん	456	バルボンさん	462
林 てつお（てっちゃん）　はやし・てつお（てっちゃん）	456	バレーナ	462
林 大貴くん　はやし・ひろたかくん	456	ハロー	462
はやし まこと（まことくん）	456	ぱろ	462
はやたろう	456	パンがし	462

パンケーキ	462	ピーすけ	466
ハンター	462	ピスケ	466
パンタ	462	ピソカ	466
パンダ（ジュニア）	462	ピータ	466
パンダ（パンちゃん）	462	ピー太　ぴーた	466
バンダさん	462	ぴちゃり	467
バンダさん	463	ピーちゃん	467
パンちゃん	463	ピッカリ王子　ぴっかりおうじ	467
パンナ	463	ピッカリさん	467
ハンネリおじさん	463	ピッカル	467
パンプルちゃん	463	ピック	467
バンボ	463	ビッグホーン	467
はんみょう（あまのじゃく）	463	ビッグホーン	468
		ピックル	468
【ひ】		ピッケ	468
		ピッケ	469
ピー	463	ピッコイ	469
ぴいこ	463	ひつじ（ウーリィ）	469
ぴいだまん	463	ひつじ（オットー）	469
ひいひいおじいちゃん	463	ひつじ（ゴゴール）	469
ひいらぎ少年　ひいらぎしょうねん	464	ひつじ（ジョジーナ）	469
ひいらぎはかせ	464	ひつじ（トト）	469
ピエル	464	ひつじ（ヒュー）	469
ピエロ	464	ひつじ（ベンジー）	469
東山さん　ひがしやまさん	464	ひつじ（ポー）	469
ピカタカムイ	464	ひつじ（ポー）	470
ピカドン	464	ひつじ（マニマニさん）	470
ピカピカ	464	ひつじ（メイ）	470
ピカリ	464	ひつじ（めえこせんせい）	470
ひかりひめ	465	ひつじ（メメール）	470
ヒー・ガルガル	465	ひつじ（メリー）	470
光源氏　ひかるげんじ	465	ひつじ（メリーさん）	470
ヒグマ	465	ひつじ（モクモク）	470
ぴーくん	465	ひつじ（モコモコちゃん）	471
ひげ	465	ひつじ（リント）	471
ヒゲおじさん	465	ひつじおばさん	471
ひげはち	465	ヒツジくん	471
ピーコ	465	ひつじちゃん	471
ぴこ	465	ピッチ	471
ひこいち	465	ビッチィ	471
彦市じいさん　ひこいちじいさん	466	ピッツ	471
ひこうき	466	ピッピ	471
ひこぼし	466	ぴっぴ	472
ピコラザウルス	466	ぴっぴかりん	472
ひさ	466	ヒッポ・ヒッポ・ルー	472
ビジュー	466	ひでお	472

ひでき	472	兵十　ひょうじゅう	477
ひでくん	472	ひよこ	477
ひでちゃん	472	ひよこ（ツピティ）	477
ピート	472	ひよこ（ぴーくん）	477
ピート	473	ひよこ（ピリィ）	477
一つ目小娘　ひとつめこむすめ	473	ひよこ（ぺーくん）	477
ピートリィ	473	ひよこ3きょうだい　ひよこさんきょうだい	477
ひな	473		
ひなこ（おばさん）	473	ひよこちゃん	478
ピーナッくん	473	ひよちゃん	478
ピーナッちゃん	473	ヒヨドリ（ピーコ）	478
ピーナツどり（ジジ）	473	ヒヨドリ（ピピ）	478
ピーナツどり（ターブー）	473	ひよどり（ピーヨ）	478
ピーナツどり（ブーオ）	474	ひよみったちゃん	478
ピナリ	474	ピョン	478
ピノ	474	ひょんくん	478
ビーバー（ジャック）	474	ぴょんこ	478
ビーバー（ムーくん）	474	ぴょんこちゃん	478
ビーバーくん	474	ぴょんた	479
ひばりのこ	474	ピョンちゃん	479
ビビ	474	ぴょんハ　ぴょんはち	479
ピピ	474	ピョンピョン	479
ピピちゃん	474	ひらた　おでん	479
ピピとミミ	474	ピラニアちゃん	479
ヒピラくん	474	ビリー	479
ピペ	475	ピリィ	479
ピーボデー	475	ひるがお	479
ヒポヒポ	475	ヒルダさん	480
ヒポポくん	475	ビル人間　びるにんげん	480
ひまわに	475	ひるねむし	480
ピーマン王　ぴーまんおう	475	ピルバ	480
ピーマンマン	475	ヒロ	480
ピーマンマン	476	ひろいちゃん	480
ヒミコ	476	ヒロくん	480
ひめ	476	ひろこさん	481
姫　ひめ	476	ひろし	481
ひめうしちゃん	476	ひろし	482
姫ぎみ　ひめぎみ	476	ひろしくん	482
ひめこちゃん	476	広瀬　はつよさん　ひろせ・はつよさん	482
ビモ	476	ひろ　たかなり（えんちょうせんせい）	482
ヒヤシンスちゃん	476	ひろみせんせい	482
ヒュー	476	ひろむ	482
ピューイ	476	ひろる	482
ピーヨ	477	ピンク	482
ひょう	477	ピンク	483
兵治　ひょうじ	477	ぴんちゃん	483

ピンチョス	483	福ジロー　ふくじろー	487
ピンピキ	483	福留 美奈子　ふくとめ・みなこ	487
びんぼうがみ	483	ぶくぶく	488
びんぼう神　びんぼうがみ	483	プクプク	488
		ふくろう	488
【ふ】		ふくろう(クロ)	488
		フクロウ(クロード)	488
フー	483	ふくろう(しまぶくろさん)	488
ブー	483	ふくろう(しろふくろう)	488
プー	484	フクロウ(フォーラボー)	489
ブーア	484	ふくろう(福ジロー)　ふくろう(ふくじろー)	489
ファービー	484		
ファンファ	484	ふくろう(ホロン)	489
プイ	484	ふくろう(ヤン)	489
プーイ	484	フクロウじいさん	489
フィフィ	484	フーシカ	489
フィンフィン	484	富士号　ふじごう	489
ふう	484	伏見 コン助　ふしみ・こんすけ	489
風　ふう	485	ぶた	489
ぶう	485	ぶた	490
ぷう	485	ブタ(イノブタくん)	490
ぶうくん	485	ぶた(おおぶたちゃん)	490
ふうこ	485	ブタ(カマカニ)	490
ふうせんおに	485	ぶた(コック)	490
ふうせんくまくん	485	ぶた(コック)	491
ふうた	485	ぶた(ころた)	491
ぶうた	485	ぶた(コンブータ)	491
ブウタくん	485	ぶた(サンナン)	491
ぷうたくん	485	ぶた(ジーくん)	491
ふうちゃん	485	ぶた(ズーフ)	491
ふうちゃん	486	ぶた(ちいぶたちゃん)	491
ブウちゃん	486	ぶた(チェリー)	492
ブウとトンとヤン	486	ぶた(ちゃっぷ)	492
夫婦　ふうふ	486	ぶた(ちゅうぶたちゃん)	492
ぶうぶ	486	豚(トン助)　ぶた(とんすけ)	492
フウフウ	486	ぶた(トントン)	492
ぶうぶさん	486	豚(トン平)　ぶた(とんぺい)	492
風来坊　ふうらいぼう	486	ぶた(ピック)	492
風来坊　ふうらいぼう	487	ぶた(ピック)	493
プゥーンさんいちぞく	487	ぶた(プイ)	493
ブーオ	487	ぶた(ぷう)	493
フォーラボー	487	ぶた(ぷう)	493
フーガ	487	ぶた(ぶうくん)	493
プカー	487	ぶた(ぶうた)	493
ふき	487	ぶた(ブウタくん)	493
プキプキ	487	ぶた(ぷうたくん)	493

ぶた（ブウとトンとヤン）	493	ブッチ	499
ぶた（ぶうぶ）	493	プッチ	499
ぶた（ぶたぬきくん）	493	ぷっちん	499
ぶた（ぶたぬきくん）	494	ふでこぞう	499
ぶた（ブタノくん）	494	プテラノドン	499
ブタ（ブタヤマさん）	494	プトゥ	499
ぶた（フータロー）	494	ブトーおばさん	500
ぶた（ぶーぶー）	494	フトッチーニ	500
ぶた（ブブコさん）	494	ふな	500
ぶた（プリンくん）	495	フニャラ	500
ぶた（ブルトン）	495	ふね	500
ぶた（ブン）	495	ぶーぶー	500
ぶた（フンガくん）	495	ブブコさん	500
ぶた（ポーくん）	495	ブブディ	500
ぶた（ぽこぽん）	495	ブブノワさん	500
ぶた（ポリーとポリー）	495	ブーブール	500
ぶた（ホルモ）	495	文ちゃん　ふみちゃん	500
ぶた（まきおとはなとぶんた）	496	ふみや	500
ぶた（みっぷ）	496	フムフム	500
ぶた（モモコ）	496	ふゆ	501
ぶた（やっぷ）	496	ふよこちゃん	501
ぶたくん	496	フライパン	501
ぶたさん	496	ブラウニー	501
ぶたさんいっか	496	ブラウンさん	501
ブタちゃん	496	ブラックの親分　ぶらっくのおやぶん	501
ぶたぬきくん	496	フラップ	501
ぶたぬきくん	497	ぶらぶらばあさん	501
ブタノくん	497	ブラリ	501
ぶたのこ	497	フランシスコ	501
ぶたのとのさま	497	フランツ	502
ぶたぶたさん	497	ブリ	502
ブタヤマさん	497	フリオ・フトッチーニ（フトッチーニ）	502
ブターラとクマーラ	497	フリオ・ホソッチーニ（ホソッチーニ）	502
ブターラとクマーラ	498	フリーダ	502
二人の若い紳士（紳士）　ふたりのわかいしんし（しんし）	498	フリル	502
		プリン	502
フータロー	498	プリンくん	502
プチキュー	498	プリンちゃん	502
淵沢 小十郎　ふちざわ・こじゅうろう	498	プリンちゃん	503
プチファン	498	ブル	503
フーちゃん	498	ブルくん	503
プーチン	498	ブル太さん　ぶるたさん	503
ブーツ	498	ブルッチ	503
ふっかい	499	ブルトン	503
プック	499	ブルトン	504
プックン	499	ブルーバック	504

ブルー・ビー	504	ペーター	508	
ブルブル	504	ペタラ	509	
プルプル	504	ペダルくん	509	
フルール	504	ぺちゃくちゃ	509	
プレト	504	へっこきあねさ（あねさ）	509	
フレーミー	504	へっこきよめさん（よめさん）	509	
プレーリー	504	ぺっこん	509	
フロストマン	504	ベッシー	509	
ブロッ子　ぶろっこ	504	ベッツ	509	
フローラ	504	ペッパー	509	
フロラ	505	へっぷりむすこ	509	
フロルちゃん	505	ベト	509	
フロレンチン	505	ペトロ	509	
プワプワ	505	ペナンペ	510	
フワリちゃん	505	ヘビ	510	
ブン	505	ヘビ（おふじ）	510	
ブンガ	505	へび（かんとりぃ・へび）	510	
フンガくん	505	へび（だんでぃ・へび）	510	
ふんころがし	505	ヘビくん	510	
プンダ	506	へびのかんごふさん	510	
ブンタくん	506	ペペ	510	
フンたろう	506	ペペ	511	
ぶんちゃん	506	べべちゃん	511	
プンちゃん	506	ベム	511	
ぶんぶん	506	へらこいぎつね	511	
ブンブンさん	506	ベラドンナ	511	
プンプンペリーニョ	506	ヘリオさん	511	
フンリイ	506	ペリカン（カッタくん）	511	
文六ちゃん　ぶんろくちゃん	507	ベル	511	
		ベルナ	511	
【へ】		ベルナ	512	
		ベルナール	512	
ヘイザくん	507	ベルン	512	
兵士　へいし	507	ヘレン	512	
平二　へいじ	507	ぺろ	512	
へいたい	507	ペロちゃん	512	
へいたろう	507	べろべろりん	512	
ベイツ	507	ぺろりんライオン	512	
ベイナスおじさん	507	ベロン	512	
ベイビー王子　べいびーおうじ	507	ペロン	512	
ベイビー王子　べいびーおうじ	508	べんおじさん	512	
ペーくん	508	ペンキマン	512	
ぺこかま	508	ぺんぎん	512	
ペコペコ	508	ペンギン	513	
ペス	508	ペンギン（ギンちゃん）	513	
ベソ	508	ペンギン（クーちゃん）	513	

(45)

ペンギン（ジェイ）	513	ポクさん	518
ペンギン（ジェイムズ）	513	ポーくん	518
ペンギン（ジャック）	513	ぽこぽこ	518
ペンギン（スイッピ）	513	ぽこぽん	518
ペンギン（ドゥ）	513	ぽこ・るり・みよ	518
ペンギン（ペンちゃん）	513	ポサム（ジョー）	518
ペンギンくん	513	星　ほし	518
ペンギンくん	514	星うさぎ　ほしうさぎ	518
ペンギン博士　ぺんぎんはかせ	514	星砂のぼうや　ほしすなのぼうや	518
へんぐり	514	ほしの　げんき	518
弁慶　べんけい	514	ほしのこ	519
ベンジー	514	星の子　ほしのこ	519
ヘンダ	514	ほしべソくん	519
ペンタ	514	ホース	519
ペンちゃん	514	ぽーすけ	519
へんてこむしさん	514	ポストマン	519
ペンペン	515	ホセファおばあさん	519
ヘンリー	515	ホセ・マツオ	519
		ホソッチーニ	519
【ほ】		ほたる	519
		ほたる	520
ボー	515	ほたる（ピッカリさん）	520
ポー	515	ボタンちゃん	520
ポイ	516	ポチ	520
ポイすてかいじゅう	516	ポチ	521
ホイップ	516	ポチポチ	521
ポイポイ	516	ポーちゃん	521
ポイントさん	516	ポチョ	521
芳一（耳なし芳一）　ほういち（みみなしほういち）	516	ポッケ	521
		ぽっけちゃん	521
ほういんさま	516	ぽっこらんらん	521
ぼうさま	516	ぽっころん	521
ぼうさま（ざとうぼうさま）	516	ホッタ	521
ぼうさん	516	ホッタ	522
ぽゥさん	517	ポッタ	522
ぼうし	517	ボッチ	522
ぼうしや	517	ポットくん	522
ぼうしやさん	517	ポットちゃん	522
ほうすけ	517	ほっぷとすてっぷ	522
ボウルさん	517	ほっぷとすてっぷ	522
ホオリノミコト	517	ポッポ	522
火遠理の命　ほおりのみこと	517	ポッポ	523
ポカリナ	517	ポッポちゃん	523
ポク	517	ホデリノミコト	523
ポク	518	火照の命　ほでりのみこと	523
ポクくん	518	仏　ほとけ	523

ポドケザウルス	524	ポンジュー	528
ボトル	524	ポンス	528
ポニー	524	ぽんぞう	528
ホネホネさん	524	ぽんた	528
ほのおのライオン	524	ポン太　ぽんた	529
ぼのぼの	524	ポンたろう	529
ボビー	524	ぽんち	529
ボビン	524	ボンちゃん	529
ボビン	525	ポンちゃん	529
ボブル	525		
ボーボ	525	【ま】	
ボーボー	525		
ぽぽ	525	マァ	529
ポポおばさん	525	まあくん	529
ポポちゃん	525	まあちゃん	530
ポポロさん	526	まあばあさん	530
ポム	526	マイケル	530
ボムちゃん	526	マイケルさん	530
ホラキュラ	526	まいちゃん	530
ホーリー	526	マイちゃん	531
ホリー	526	マイティ	531
ポリー	526	マイネ	531
ポリーとポリー	526	マイロ	531
ポリン	526	まえだ　うめすけ	531
ボール	526	マエちゃんとマキちゃん	531
ポルカちゃん	526	まおう	531
ホルス	527	まおちゃん	531
ボルス	527	マキ	531
ホルモ	527	まきおとはなことぶんた	531
ボレル	527	まきずし	531
ボロ	527	まきちゃん	532
ぽろ	527	マキマキマン	532
ボロド	527	マーくん	532
ポロポロ	527	マコくん	532
ホロン	527	孫七　まごしち	532
ポロン	527	まこちゃん	532
ほわほわちゃん	527	マコちん	533
ポワリちゃん	528	まこと	533
ボン	528	まことくん	533
ポン	528	まことちゃん	533
ポンコ	528	孫兵衛さん　まごべえさん	533
ぽんこちゃん	528	まさお	533
ボン・ゴホン	528	まさこせんせい	533
ぼんさいじいさま(じいさま)	528	マザー・テレサ	534
ぼんさん(しゃみさま)	528	マサヒコ	534
ボンシイク	528	まさぼう	534

マサ坊　まさぼう	534	まみちゃん	539
まさる	534	間宮 林蔵　まみや・りんぞう	539
まさるくんとまもるくん	534	まめ	539
マーシィ	534	まめうし	539
マシオ	534	まめうし	540
マジさん	534	まめじいちゃん	540
マジムン	535	まめぞう（はなさかじい）	540
まじょ	535	まめばあ	540
魔女　まじょ	535	マメンチザウルス	540
まじょおばさん	535	まもたん	540
マジョさん	535	マーヤ	540
まじょせんせい	535	マヤ	540
魔女ばあさん　まじょばあさん	535	まゆ	540
マジョマジョ	535	まゆちゃん	540
まじょまじょせんせい	535	まゆみ	540
ますだくん	535	まよなかさん	540
ますだくん	536	まり	541
マストン	536	マリー	541
又野 末春　またの・すえはる	536	万里　まり	541
マダラ	536	マリアさま	541
まちこ	536	マリアンナ	541
マチャー	536	マリウド	541
まつ	536	まりこ	542
まっくらさん	536	マリーさん	542
マツさん	536	マリちゃん	542
まっすぐなせん	536	マリモ	542
まつだくん	536	まりもくん	542
松つぁん　まっつぁん	537	まりもちゃん	542
マット	537	マリヤ	542
まつのき	537	マリリン	542
まつぼっちゃん	537	マリン	542
まどかちゃん	537	丸木 スマ　まるき・すま	543
マトリョーナ	537	マルくん	543
マナティ（ナッティ）	537	マルタン	543
まなぶ	537	まるちゃん	543
マニマニさん	537	マルテ	543
マヌエル	537	マルティ	543
マーバジ	537	マルティ	544
まーふぁ　まーふぁ	537	マルヒゲさん	544
マープルさん	538	まるみちゃん	544
まほうおばば	538	マルメロ	544
まほうつかい	538	マルルおばさん	544
魔法使い　まほうつかい	538	まろ	544
まほうのもくば	538	まろりんさん	544
ママ	538	マロン	544
まみ	538	まんだらの安　まんだらのやす	544

マンティス	544
まんねんくじら	544
マンプクジン	544
まんぼう	545
まんまる	545
マンモス	545

【み】

みー	545
ミアネック	545
ミィ	545
ミイ	545
ミイコ	545
ミイさん	546
みいみ	546
みいみい	546
ミイラくん	546
ミエル	546
ミオ	546
ミカ	546
ミカエル	546
みかづきまん	546
みかる	547
みかん	547
みかんちゃん	547
ミキ	547
ミキオくん	547
みきたくん	547
みきちゃん	547
ミクちゃん	547
みけ	548
ミケノロスじいさん	548
みーこ	548
みさき	548
みさちゃん	548
ミーシャ	548
ミシュカ	548
みずおに	548
みずたまり	548
水の子　みずのこ	548
ミズラ	549
ミセス・クロース	549
みちおねえちゃん	549
みちこ	549
みち子　みちこ	549
みちこちゃん	549
ミーちゃん	549
みちる	549
ミチル号　みちるごう	550
みっくん	550
みつこ	550
ミッシャ	550
みっちゃん	550
みっちゃん	551
みつばち（ぴいこ）	551
みつばちのおうじょ	551
ミツビシトンボ	551
みっぷ	551
ミト	551
みどうっこたろう	551
三戸　サツヱさん　みと・さつえさん	551
ミドリ	551
ミドリオバケ	551
みどりがめ（ゆうゆう）	551
みどりさん	551
みどりジャイアント	552
みどりちゃん	552
みどりのホース（ホース）	552
みどりのみどり	552
緑丸　みどりまる	552
ミナ	552
みなちゃん	552
ミナとリナ	552
みなみちゃん	552
源　義経　みなもとの・よしつね	552
源　義経　みなもとの・よしつね	553
源　義経（牛若）みなもとの・よしつね（うしわか）	553
源　頼光　みなもとの・よりみつ	553
源　頼光　みなもとの・らいこう	553
ミニホーン	553
ミーニャ	553
みねこさん	553
ミーノ	554
みのきち	554
ミーファ	554
みふで	554
みほ	554
みほちゃん	554
ミミ	554
ミミ	555

ミミィちゃん	555	むくどり	560
みみこ	555	むく鳥　むくどり	560
みみこちゃん	555	ムクバク	560
みみさん	555	ムクムク	560
ミミズ	555	ムーくん	560
みみず（ウド）	555	ムササビ（グルー）	560
ミミズ（オッサン）	555	むさし	560
みみず（かんたろう）	555	武蔵　むさし	560
みみず（たっくん）	555	ムサじい	561
ミミズク（キスタルはかせ）	555	むし	561
みみずくおばちゃん（おばちゃん）	555	むじな	561
みみせんせい	555	むしばきんおう	561
みみた	556	虫めづる姫（姫ぎみ）　むしめずるひめ（ひめぎみ）	561
みみたん	556	武者　むしゃ	561
ミミちゃん	556	むすこ	561
ミミッチ	556	ムスサウルス	561
耳なし芳一　みみなしほういち	556	むーちゃん	561
みみみ	556	むつ	561
ミミヨッポ	556	ムックリ	561
ミャゴネリア	556	ムツゴロウ（むっちゃん）	562
宮本　武蔵　みやもと・むさし	557	ムッシュ・ムニエル	562
ミュウ	557	むっちゃん	562
ミューン	557	ムッピ	562
美代　みよ	557	ムトト	562
妙な男（男）　みょうなおとこ（おとこ）	557	ムニムニ	562
ミラ	557	ムニュ	562
ミラドー	558	むーにょ	562
ミルカちゃん	558	ムーバウ	562
ミルク	558	むーやん	562
ミレ	558	村の人　むらのひと	562
ミン	558	むらびと	562
ミンク（チム）	558	村びと　むらびと	563
ミント	558	村人　むらびと	563
ミントくん	558	ムーン	563
みんみちゃん	559	ムンシー	563
		ムンバ星人　むんばせいじん	563

【む】

ムー	559	【め】	
むかごのこはる	559		
ムガタ	559	メイ	563
むかで	559	メイ	564
ムカデ（モジャとモジョ）	559	めいこ	564
ムギッポ	559	メイティ	564
むぎわら	559	めえこせんせい	564
ムク	559	メエメエさん	564

(50)

めおちゃん	564	モクモク	569
メガネヤマネくん	564	もぐもぐ	569
めぐちゃん	564	もくもくおじさん	569
めくらぶどう	565	もぐら	569
めざましくん	565	もぐら（こもも）	569
メジロ（チーチ）	565	もぐら（ざっく）	569
めだか	565	もぐら（サンディ）	569
メダカ（さんたろう）	565	もぐら（ポゥさん）	569
メダカくん	565	もぐら（ポゥさん）	570
めちゃくちゃひめ	565	もぐら（ホリー）	570
メト	565	もぐら（ムックリ）	570
メープルひめ	565	もぐら（モイラ）	570
めめめんたま	565	モグラ（モグ）	570
メメール	565	もぐら（もぐおばさん）	570
メリー	565	もぐら（もぐくん）	570
メリー	566	モグラ（モグさん）	570
メリーさん	566	もぐら（もぐちゃん）	571
メリーちゃん	566	モグラ（モグちゃん）	571
メルくん	566	もぐら（もぐもぐ）	571
メルちゃん	566	モグラ（モグル）	571
めろりん	566	もぐらいも	571
メロンパンナちゃん	566	もぐらくん	571
めんどうじゃん	566	もぐらぐんだん	571
		モグラさん	571
【も】		もぐらちゃん	571
		もぐらのおじいちゃん	571
モー	567	もぐらのおじさん	571
モイラ	567	もぐりん	572
モウサー	567	モグル	572
もうどう犬（サーブ）　もうどうけん（さーぶ）	567	モコ	572
		もこちゃん	572
もうどうけん（ベルナ）	567	モコモコちゃん	572
もうふくん	567	モーじいさん	572
もえこ	567	モシャおばさん	573
モーガン船長　もーがんせんちょう	567	モジャとモジョ	573
		もず	573
モク	567	もすけ	573
モグ	568	茂助　もすけ	573
もぐおばさん	568	もちづきくん	573
もぐくん	568	モック	573
モグさん	568	もっくん	573
木人　もくじん	568	モットしゃちょう	573
もくちゃん	568	モップ	573
モグちゃん	568	ものくさ太郎　ものくさたろう	573
もくば	568	ものぐさ太郎　ものぐさたろう	573
もくべえ	568	ものしりねこ	574
もくべえどんとおはなさん	568		

ものしり博士　ものしりはかせ	574		モンちゃん	581
モピ	574		モンド	581
もへえ	574		モンブラリン	581
もみちゃん	574			
もみのき	574		【や】	
もみの木　もみのき	574			
モモ	574		八重　やえ	581
ももか	575		やかた	581
ももかちゃん	575		ヤギ	581
ももこ	575		ヤギ（アロハ）	581
もも子　ももこ	575		やぎ（エーメさん）	582
モモゴン（ももか）	575		やぎ（おおやぎさん）	582
モモゴン（ももかちゃん）	575		やぎ（こやぎくん）	582
ももたろう	575		やぎ（さんきちくん）	582
ももたろう	576		やぎ（スザンナ）	582
桃太郎　ももたろう	576		ヤギ（タメトモ）	582
ももちゃん	576		やぎ（ムッシュ・ムニエル）	582
モモちゃん	577		ヤギ（メイ）	582
モモちゃん	578		ヤギ（メイ）	583
モモッチ	578		やぎ（めいこ）	583
モモとタンタ	578		やぎ（メエメエさん）	583
もものすけ	578		ヤギ（ヨシツネ）	583
ももみちゃん	578		やぎさん	583
ももんが（モンちゃん）	578		やきそばかすちゃん	583
ももんちゃん	578		やきそばパンマン	583
ももんちゃん	579		やぎのさん	583
モーリ	579		やくしまるせんせい	584
もりおとこ	579		ヤーコポ	584
もりさん	579		やさい	584
モリタ	579		やさいたち	584
もりた さちえ（さっちゃん）	579		ヤシノミ	585
森田 三郎　もりた・さぶろう	579		夜叉の女（鬼子母神）やしゃのおんな（きしぼじん）	585
もりのおうさま	579		安　やす	585
もり八　もりはち	579		やすおくん	585
モリバーバ	579		やすけ	585
モリンさん	580		やすべえまる	585
モル	580		ヤーダひめ	585
モルチン	580		やたべ こうさく	585
モルモット（モルチン）	580		やつがしらのごんべえ	585
もんきち	580		やっくん	585
モンキチくん	580		やっちゃん	586
モンスター	580		やっぷ	586
モンスター・ムッシュ	580		ヤドカリ	586
もんた	580		やなぎざわさんのおじいちゃん	586
モンチーせんせい	580		ヤノシュ	586
モンちゃん	580			

弥平　やへい	586
やまいぬ	586
やまぐち　よしはる	586
山幸（火遠理の命）　やまさち（ほおりのみこと）	586
山幸彦（ホオリノミコト）　やまさちびこ（ほおりのみこと）	586
ヤマセミ	586
やまださん	587
山田さん　やまださん	587
やまたのおろち	587
ヤマト	587
ヤマトタケル（ヲウスノミコト）	587
やまね	587
ヤマネ（クロアシ）	587
やまね（ネンネ）	587
ヤマネくん	587
やまねこ	588
山ネコ　やまねこ	588
山猫　やまねこ	588
山ネコ（ピートリィ）　やまねこ（ぴーとりぃ）	588
山ねこ（ボンシイク）　やまねこ（ぼんしいく）	588
やまねこせんせい	588
山猫博士　やまねこはかせ	588
やまねこぼうや	588
やまのおばけ	588
やまのすけ	589
やまの　やまこ	589
山鳩（ぽこ・るり・みよ）　やまばと（ぽこるりみよ）	589
やまひこ	589
やまびこ	589
山辺　安之助　やまべ・やすのすけ	589
ヤマメ（パール）	589
ヤマメ（ピンク）	589
山本さん　やまもとさん	589
やまんじい	589
やまんじい	590
やまんば	590
山んば　やまんば	590
山んば（よめさん）　やまんば（よめさん）	591
ヤメタン	591
ヤモ	591
やもり（ペーター）	591
ヤン	591
ヤンダヤンダ	591
ヤンプン	591
ヤンプン	592
ヤンポ	592

【ゆ】

ゆい	592
ゆい子　ゆいこ	592
ゆういち	592
勇一　ゆういち	592
ゆうき	592
ゆうきくん	592
ユウキチ	592
ゆうくん	592
ゆうくん	593
ゆうこちゃん	593
ゆうじ	593
ゆうじさん	593
ゆうすけ	593
ユウタ	593
ゆうた	594
ゆう太　ゆうた	594
ゆうたくん	594
ゆうたん	594
ゆうちゃん	594
ゆうちゃん	595
ゆうちゃん	596
ゆうびんうさぎ	596
ゆうびんやさん	596
ユウユウ	596
ゆうれい	596
ゆうれい（男の子）　ゆうれい（おとこのこ）	597
ユカ	597
ゆかちゃん	597
ゆかりちゃん	597
ゆき	597
ゆきうさぎ	597
ゆきえ	597
ゆきえもん	597
雪狼　ゆきおいの	597
雪狼　ゆきおいの	598
ゆきおとこ	598
ゆきおんな	598

ゆきだるま	598	ヨーサクさん	602
ゆきだるまくん	598	吉岡 公子　よしおか・きみこ	603
ゆきだるまさん	598	よしくん	603
ゆきだるまん	598	よしさん	603
ゆきちゃん	598	よしだ くるみさん	603
ゆきちゃん	599	ヨシツネ	603
ゆきとくん	599	よしのり（のりちゃん）	603
雪ばと　ゆきばと	599	良兵衛さん　よしべえさん	603
雪婆んご　ゆきばんご	599	よしみ	603
雪姫　ゆきひめ	599	よしみちゃん	603
ゆきむすめ	599	ヨセフ	603
雪童子　ゆきわらす	599	ヨセフさま	603
ゆーくん	599	四十右エ門　よそうえもん	604
ゆずちゃん	600	余曽田 けん　よそだ・けん	604
ユタカ	600	よだか	604
ゆーたん	600	ヨック	604
ユックリ	600	よっこ	604
ゆっくりむし	600	よっちゃん	604
ゆっくん	600	よっちん	604
ユミ	600	ヨネ	604
ゆみこ	600	ヨハン	604
ゆみちゃん	600	ヨハンソン	604
ユメ（くま）	601	ヨハンナ	605
ゆめどろぼう（どろぼう）	601	ヨヘイ	605
夢のひとみ　ゆめのひとみ	601	与平　よへい	605
ユメミンクジラ	601	与兵衛さん　よへえさん	605
ユーリー	601	ヨーマ	605
ユリア	601	よめご	605
ユリカメ	601	よめさん	605
ゆりちゃん	601	よも	605
百合若　ゆりわか	601	よもだバア	605
		ヨーヨ	605
【よ】		よよちゃん	605
		よるくま	606
よあけの星　よあけのほし	601	よるくん	606
洋一　よいち	601	夜猫又衛門　よるねこまたえもん	606
妖怪　ようかい	601	4864くん　よわむしくん	606
ようこちゃん	602		
ようすけ	602	**【ら】**	
ようせい	602		
妖精　ようせい	602	ライオン	606
ようちゃん	602	ライオン	607
ようへい	602	ライオン	608
ヨーコさん	602	ライオン（ウィリー）	608
ヨゴスンダー	602	ライオン（オーレ）	608
よさく	602	ライオン（クラリ）	609

ライオン（タンガ）	609	リカオン	613
ライオン（ブルブル）	609	りく	613
ライオン（ぺろりんライオン）	609	りこ	613
ライオン（ほのおのライオン）	609	リコちゃん	613
ライオン（むーにょ）	609	りす	613
ライオン（ラララ）	609	リズ	613
ライオンさん	609	りす（えぞりす）	614
ライオンのこ	609	りす（かりん）	614
ライギョ	609	りす（キキ）	614
らいたち	609	リス（キッキ）	614
ライチョウ	610	りす（ケチャップせんせい）	614
ライト	610	リス（コリちゃん）	614
ライラおばあちゃん	610	りす（こりん）	614
ラクダ	610	リス（しんくん）	614
ラクダ（タムタイム）	610	リス（しんくん）	615
ラジ	610	りす（チップ）	615
ラージャ	610	りす（ちび）	615
ラズー	610	りす（ちゃみ）	615
ラスコちゃん	610	りす（ちゅるり）	615
らすたくん	610	りす（ちょっぴー）	615
ラッキー	610	りす（チリン）	615
らっこ	611	りす（トト）	615
ラッコ（プック）	611	リス（のんちゃん）	615
ラッコ（ぼのぼの）	611	リス（のんちゃん）	616
ラッコ（モック）	611	リス（パム）	616
ラッコ（ろっこちゃん）	611	りす（ぱろ）	616
ラッタちゃん	611	りす（ぴこ）	616
ラビ	611	りす（ぷっちん）	616
ラビコ	611	リス（ポム）	616
ラビせんせい	611	りす（ぽろ）	616
ラブリン	611	りす（リンタ）	616
ラムチャプッチャ	611	りすちゃん	616
ラーラ	612	りすのおばあさん	617
ララ	612	リセル	617
ラララ	612	りっちゃん	617
ララ・ローズ	612	リトラ	617
ラリー	612	リトルホーン	617
ラン	612	リトルホーン	618
ランコ	612	リナ	618
ランスロット	612	リモ	618
ランちゃん	612	りゅう	618
		竜　りゅう	618
【り】		りゅう（ころんちゃん）	618
		龍（三太郎）　りゅう（さんたろう）	619
りえちゃん	613	りゅう（つぶら）	619
りえぽん	613	りゅう（ドギマギ）	619

龍介　りゅうすけ	619	ルビー	624
りゅうちゃん	619	ループッチ	624
りゅうのむすめ	619	ルフラン	624
リュータ	619	ルミさん	624
リュック	619	ルミヤ	624
りょう	619	ルラルさん	624
遼　りょう	620	ルル	624
りょうくん	620	ルル	625
りょうし	620	ルルカ	625
亮二　りょうじ	620	るるこ	625
りょうた	620	るるださんいっか	625
稜太　りょうた	620	るるちゃん	625
良太くん　りょうたくん	621	ルルとララ	625
りょうへい	621	るん	625
りょうへいくん	621		
リリ	621	【れ】	
リリィ	621		
リリカ	621	れいちゃん	625
りりこ	621	れいちゃん	626
リリ子　りりこ	621	レイモン	626
リン	621	レインボーおうじ	626
りんご	621	レオ	626
りんごちゃん	622	レオナルド	626
りんごの木　りんごのき	622	レオン	626
りんごの木(木)　りんごのき(き)	622	レタス姫　れたすひめ	626
リンタ	622	レックスぼうや	626
リント	622	レッド	626
リンペイ	622	レニ	626
りんりん	622	レプトぼうや	626
		れみ	626
【る】		れん(おれんさま)	626
		蓮如さま　れんにょさま	627
ルー	622		
ルイ	622	【ろ】	
ルイ・ルイ	622		
ルウ	623	老人　ろうじん	627
ルーカス	623	ロカ	627
るかちゃん	623	ロク	627
ルーくん	623	ろくざえもん	627
ルサちゃん	623	ろくちゃん	627
ルーズベ	623	六部　ろくぶ	627
ルーとミー	623	ろしありす(リリカ)	627
ルナ	623	ろしありす(ルルカ)	627
ルネくん	623	ろしありす(ロロカ)	627
ルネくん	624	ローズ	627
るーぱくん	624	ローズ	628

ロッコくん	628
ろっこちゃん	628
ロットさん	628
ロップ	628
ろっぺいちゃん	628
ロバ	628
ろば（そめごろう）	628
ロバ（タタ）	628
ロバ（ポチョ）	628
ろばさん	628
ろばさん	629
ロビン	629
ロペスおじさん	629
ローベル	629
ロベルタ	629
ロボットおに	629
ロボット灯台　ろぼっととうだい	629
ロマン	629
ロモ	629
ローラ	629
ロルさん	629
ロールパンナ	629
ロールパンナ	630
ロロ	630
ロロカ	630
ロロちゃん	630
ロン	630
ロング先生　ろんぐせんせい	630
ロンロン	630

【わ】

ワイワイさん	630
わかもの	630
わかもの	631
若者　わかもの	631
ワクさん	631
ワゾー	631
わたげちゃん	631
わたる	631
ワタル	632
ワタルくん	632
ワニ	632
ワニ（イワン）	632
ワニ（ガブリ）	632
ワニ（クロベエ）	632
ワニ（さくらさん）	632
わに（サバイ）	632
わに（スワニー）	633
ワニ（テムテム）	633
ワニ（バルボンさん）	633
わに（ワニタ）	633
ワニ（ワニタン王）　わに（わにたんおう）	633
ワニ夫　わにお	633
ワニくん	633
ワニくん	634
わにさん	634
ワニタ	634
ワニタン王　わにたんおう	635
わにのこ	635
ワニぼう	635
わにわに	635
わら	635
わらしべ王子　わらじおうじ	635
わらしべちょうじゃ（あんちゃん）	635
ワレタン	635
わんたくん	635
わんちゃん	636
189くん　わんぱくくん	636

【あ】

アイ
耳の聞こえにくいこどもたちの学校の幼稚園にやってきた小さなうさぎの女の子 「アイのことばのコップ」 つちだよしはる作・絵 PHP研究所(PHPにこにこえほん) 2005年7月

あい
おきなわけんにあるリュウキュウアユセンターでおとうさんがリュウキュウアユをそだてるしごとをしているようちえんせいのおんなのこ 「リュウキュウアユ、かえってきてね」 真鍋和子文 ; 土田義晴絵 教育画劇(絵本・ほんとうにあった動物のおはなし) 2002年3月

あい
やまがたけんのやまのなかにあるたらのきだい分校の1年生で2年生のさつきのなかよし 「いちばんまちどおしい日 たらのきだい分校の収穫祭」 土田義晴作・絵 ポプラ社(えほんはともだち36) 1994年11月

アイ
道でずぶぬれになっていたすてねこをうちでかってもらえることになったふたりのむすめのひとり 「こねこのラッキー物語」 みなみらんぼう作 ; 磯田和一絵 PHP研究所(PHPわたしのえほんシリーズ) 1996年11月

あいこ
こどもたちのあそびば「あそび島」のせんせい 「ぜっこう」 柴田愛子文 ; 伊藤秀男絵 ポプラ社(からだとこころのえほん3) 2002年7月

あいちゃん
おかあさんとやってきた山の家のちかくで子てんぐのたろうにあった女の子 「子てんぐたろう」 松田もとこ作 ; ふりやかよこ絵 文研出版(えほんのもり) 1997年7月

アイデル
おとこのこがまちへりにいってもひとりもかってくれないもみのきをかってくれたうえきや 「ふしぎなもみのき」 河村員子文 ; 拓新太朗絵 いのちのことば社シーアール企画 1991年10月

アイヌ
アイヌにむかってシャケはアイヌだけがたべるものではないといっぴきのキツネがチャランケ(だんぱん)をしているのを目にした村のアイヌ 「アイヌとキツネ」 かやのしげる文 ; いしくらきんじ絵 小峰書店(アイヌの絵本) 2001年11月

アイヌ
かりはへただったが少年英雄物語ユカラをかたるるのが村のだれよりもじょうずだったアイヌ 「パヨカカムイーユカラで村をすくったアイヌのはなし」 かやのしげる文 ; いしくらきんじ絵 小峰書店(アイヌの絵本) 2000年12月

アイヌの酋長と妻　あいぬのしゅうちょうとつま
平和なコタンに悪い病気がはやり食料も底をつきかけて危険な岬へ魚を獲りに行ったアイヌの酋長と妻 「神さまのびょうぶ」 門山幸恵再話 ; 神谷京絵 新世研 2003年11月

アイリス
はやおきでせっかちではたらきもののおんなのこ 「ローズとアイリス」 メグ・ホソキ文・絵 文渓堂 2003年9月

あうど

アウドゥーおやかた
西アフリカのナイジェリアのアバディのパンやのおやかた 「アバディのパン」 木葉井悦子作 ほるぷ出版 2005年8月

あお
村のはたらきもののごろべえのうま 「かっぱどっくり」 萩坂昇文;村上豊絵;鳥越信;松谷みよ子監修 童心社(ぼくとわたしのみんわ絵本) 2000年7月

アオ
雪のみちをマサルをのせたそりをひいて山のなかの家から町までいった馬 「はるふぶき」 加藤多一文;小林豊絵 童心社 1999年3月

アオウミガメ(カメキチくん)
すいぞくかんにすんでいてジュゴンのセレナととってもなかよしのアオウミガメ 「ふたりはいつもともだち」 もいちくみこ作;つちだよしはる絵 金の星社(絵本のおくりもの) 1999年4月

あおおに
こころのやさしいわかいあかおにのともだちのあおおに 「ないたあかおに」 浜田広介文;岩本康之亮絵 世界文化社(ワンダーおはなし絵本) 2003年2月

あおおに
こころのやさしいわかいあかおにのともだちのあおおに 「ないた あかおに」 浜田広介文;若菜珪絵 フレーベル館(キンダーおはなしえほん) 1987年5月

青おに あおおに
心のやさしいわかものの赤おにのしたしいなかまの青おに 「ないた赤おに」 浜田広介作;いもとようこ絵 金の星社(大人になっても忘れたくない いもとようこ名作絵本) 2005年5月

青おに あおおに
心のやさしいわかものの赤おにのしたしいなかまの青おに 「ないた赤おに」 浜田広介作;nakaban絵 集英社(ひろすけ童話絵本) 2005年3月

青おに あおおに
春がちかくなると秋田の北のはずれのだいば山にやってきて山をあらすでんでろ山の青おに 「ふき」 斎藤隆介作;滝平二郎絵 岩崎書店(えほん・ハートランド) 1998年11月

青おに あおおに
心のやさしいわか者の赤おにのしたしいなかまの青おに 「泣いた赤おに」 浜田広介作;梶山俊夫絵 偕成社(日本の童話名作選) 1993年1月

青おに あおおに
心のやさしいわかものの赤おにのしたしいなかまの青おに 「ないた赤おに」 浜田広介作;いもとようこ絵 白泉社(いもとようこの名作絵本) 1988年8月

あおくん
うまれたてのいろのたまごからとびだしたあおくん 「うみがだいすきさ」 ほんままゆみ著;みちいずみ絵 小峰書店 2006年6月

アオさん
森のなかでくらしていた大きくてあたたかくて底抜けに人の好いウマ 「ぶどう畑のアオさん」 馬場のぼる文・絵 こぐま社 2001年5月

あかい

あおぞう
くろぞうとすんでいたちいさすぎるもりをでてみなみのさばくにいったぞう 「くろぞうとあおぞう」 石倉ヒロユキ作・絵　ひさかたチャイルド　2006年12月

あおどん
むかしむかしのそのまたむかしおやまになかよくすんどった3にんのちっさなおにのひとりのなきむしのおに 「あかどん　あおどん　きいどん」 みやじまともみ作　アスラン書房(心の絵本)　2002年4月

あおばひめ
みどりのゆびをもつひめ 「アンパンマンとあおばひめ」 やなせたかし作・絵　フレーベル館(アンパンマンのおはなしでてこい2)　1994年7月

青むし　あおむし
雪ぐにに春がきてなべ山の雪がとけたころにあらわれた一匹の巨大な青むし 「雪ぐにの巨大な青むし」 とだこうしろう作・絵　戸田デザイン研究室　2005年2月

あおむし(チムリ)
かまきりがついてきてもげんきにおさんぽしているあおむしのこ 「あおむし　チムリの　おさんぽ」 得田之久作　童心社(とびだす虫のえほん)　2003年6月

あおむし(ラブリン)
虫たちの森でたったいまたまごのなかから生まれてお日さまに「ラブリン」というかわいい名前をつけてもらったあおむし 「ないものねだりのあおむしラブリン」 つかさじゅん作;かわくぼみさと絵　グリーンキャット　2006年12月

あおむしくん
まさおがみつけたそらとおなじいろをしたなんでもかんでもたべちゃうほうとうにくいしんぼうなむし 「くいしんぼうのあおむしくん」 槇ひろし作;前川欣三画　福音館書店(こどものとも傑作集)　2000年9月

あおむしくん
まいにちながめていたかわのむこうがわへいってみようとしたちいさなあおむし 「むこうへいきたいあおむしくん」 ふじたようこ作・絵　PHP研究所(わたしのえほん)　1997年2月

あかありちゃん
やまのぼりにでかけることにしたあかありちゃんたち 「あかありちゃんの　やまのぼり」 かこさとし作　偕成社　1988年11月

あかいネクタイのおとこのひと
ひとりでおふろにはいった「ぼく」をまっていたあかいネクタイのおとこのひと 「おふろ」 出久根育作　学習研究社(学研おはなしセレクションシリーズ)　1996年11月

あかいはっぱ
おかあさんどりにくわえられてうみべのいわでちいさなたまごのおふとんになりそっとたまごをだいたあかいはっぱ 「あかいはっぱのおくりもの」 西本鶏介作;いもとようこ絵　教育画劇(スピカのおはなしえほん38)　1988年8月

あかいろくん
しんごうきからとびだしてあかいろのなかまたちとぼうけんにいったあかいろくん 「あかいろくん　とびだす」 矢部光徳作　童心社(絵本・ちいさななかまたち)　1994年3月

あかお

あかおに
やまのがけのところにあったいっけんのいえにすんでいたこころのやさしいわかいあかおに「ないたあかおに」浜田広介文;岩本康之亮絵 世界文化社(ワンダーおはなし絵本) 2003年2月

あかおに
やまのがけのところにたっていたいっけんのいえにひとりですんでいたこころのやさしいわかいあかおに「ないた あかおに」浜田広介文;若菜珪絵 フレーベル館(キンダーおはなしえほん) 1987年5月

赤おに あかおに
山のがけのところにたっていた一けんの家にひとりですんでいたほかのおにとはちがう心のやさしいわかもののおに「ないた赤おに」浜田広介作;いもとようこ絵 金の星社(大人になっても忘れたくない いもとようこ名作絵本) 2005年5月

赤おに あかおに
山のがけのところにたっていた一けんの家にひとりですんでいたほかのおにとはちがう心のやさしいわかもののおに「ないた赤おに」浜田広介作;nakaban絵 集英社(ひろすけ童話絵本) 2005年3月

赤おに あかおに
山のがけのところにたっていた一けんの家にたったひとりですまっていたほかのおにとはちがう心のやさしいわか者の赤おに「泣いた赤おに」浜田広介作;梶山俊夫絵 偕成社(日本の童話名作選) 1993年1月

赤おに あかおに
山のがけのところにたっていた一けんの家にひとりですんでいたほかのおにとはちがう心のやさしいわかもののおに「ないた赤おに」浜田広介作;いもとようこ絵 白泉社(いもとようこの名作絵本) 1988年8月

赤鬼 あかおに
山じゅうのけものたちをあつめてたいこをきかせたたいこのすきな赤鬼「たいこのすきな赤鬼」松谷みよ子作;石倉欣二絵 にっけん教育出版社 2005年7月

赤がり あかがり
たねの神さくらさひめのともだちでひかりのようにはやくとぶことができるとり「さくらさひめの大しごと」古田足日文;福田岩緒絵 童心社(絵本・だいすきおはなし) 2001年9月

あかざばんば
ちょうふくやまのやまんばがこどもをうんだのでもうみきむらからもちをもっていったばあさま「やまんばとがら」長谷川摂子文;沼野正子絵 岩波書店(てのひらむかしばなし) 2004年11月

アカさん
フーちゃんのうちのきんぎょばちでくらしているあかいきんぎょ「きんぎょのおうち」高部晴市作 フレーベル館 2005年7月

アカさん
フーちゃんのうちのきんぎょばちでくらしているあかいきんぎょ「きんぎょのえんそく」高部晴市作 フレーベル館 2004年9月

アカさん
フーちゃんのうちのきんぎょばちでくらしているあかいきんぎょ「きんぎょのうんどうかい」高部晴市著 フレーベル館(フレーベル館の秀作絵本29) 2001年6月

アカさん
フーちゃんのうちのきんぎょばちでくらしているあかいきんぎょ 「きんぎょのおまつり」 高部晴市作 フレーベル館 2000年6月

あかさん
フーちゃんのうちのきんぎょばちでくらしているあかいきんぎょ 「きんぎょのかいすいよく」 高部晴市著 フレーベル館 1999年6月

あかちゃん
うまれてすぐにおうさまになってそれがあたりまえだとおもっていたおうさま 「あかちゃんおうさま」 のぶみ文・絵 草炎社(そうえんしゃ・日本のえほん2) 2005年11月

あかちゃん
「ぼく」のおかあさんのおなかのなかでなくなった小さな小さなおとうとだったあかちゃん 「小さな小さなおとうとだったけど。」 高橋妙子作;山本まつ子絵 あかね書房 2005年10月

あかちゃん
おじいさんとおばあさんばかりがすんでいる星きらら村にひっこしてきたわかいてんもんがくしゃのふうふにうまれたあかちゃん 「あかちゃんからのおくりもの－星きらら村ものがたり」 わたなべリオ作・絵 ポプラ社(えほんとなかよし19) 1992年11月

あかちゃん
みんながたんじょうをまっているあかちゃん 「おたんじょうびに」 竹下文子文;牧野鈴子絵 文研出版(えほんのもり13) 1989年7月

あかちゃん
いまはまだおかあさんのおなかのなかだけどおかあさんのおへそのあなからみえるちいさなあかちゃん 「おへそのあな」 長谷川義史作 BL出版 2006年9月

あかちゃんおばけ
ふわふわとんでまちにいってやおやさんのにんじんにへんしんしたおばけのこ 「あかちゃんおばけまちにいく」 しらかたみお作・絵 新風舎 2003年8月

あかちゃんまん
アンパンマンのなかま、うまれたばかりのあかちゃんだがとてもつよいあかちゃん 「アンパンマンとナガネギマン」 やなせたかし作・絵 フレーベル館(アンパンマンのおはなしわくわく4) 2001年12月

あかどん
むかしむかしのそのまたむかしおやまになかよくすんどった3にんのちっさなおにのひとりのちからもちのおに 「あかどん あおどん きいどん」 みやじまともみ作 アスラン書房(心の絵本) 2002年4月

アカネちゃん
びょうきになっておんもにでられなくなったちいさなおんなのこ 「ちょうちょホテル」 松谷みよ子作;しのとおすみこ絵 にっけん教育出版社 2006年8月

あかねちゃん
やごからとんぼになったあきあかねのこ 「とんぼのあかねちゃん」 高家博成;仲川道子作 童心社(かわいいむしのえほん) 2002年5月

あかねちゃん
こころないくるまのじこにまきこまれてなくなったわずか10さいのしょうがっこう5ねんせいのおんなのこ 「星になったあかねちゃん」 ひょうごきたみ文;よしのえんりゅう絵 ルネッサンスブックス 2006年5月

あかひ

赤ひげ　あかひげ
ベーリング行きの最大急行に乗った旅客の一人でやせた赤ひげの男「氷河ねずみの毛皮」宮沢賢治文;木内達朗画　冨山房　1993年11月

赤帽　あかぼう
40年もの間駅で汽車を乗り降りするお客の荷物を運んできた一人の赤帽「赤帽、最後の日」宮川健二作;鈴木周作絵　新世研　2003年7月

あかまるちゃん
へんしんごっこしてあそんだまるのきょうだいのあかまるちゃん「あかまるちゃんとくろまるちゃん」上野与志作;村松カツ絵　ひさかたチャイルド　1996年9月

アカン
いえでしてたびをしたなかよしさんにんのひとり「となりのイカン」中山千夏文;長谷川義史絵　自由国民社　2004年10月

あき
おばあちゃんのたんじょうかいにかぞくでがっきのえんそうをすることになったねこのおんなのこ「たんじょうかいがはじまるよ」みやざきこうへい作・絵　PHP研究所（わたしのえほんシリーズ）1995年3月

あき
きつねのぬいぐるみのこんがさきゅうまちのおばあちゃんからおもりをたのまれたあかちゃん「こんとあき」林明子作　福音館書店（日本傑作絵本シリーズ）1989年6月

アキオ
「おじぞうさまのあたまをなでるとよいことがあるよ」とおばあちゃんにいわれたとおりおじぞうさまのあたまをなでたおとこのこ「どんぐりどらや」どうめきともこ作;かべやふよう絵　佼成出版社　2005年9月

アキオ
盲学校にかよう目のみえない子「雨のにおい　星の声」赤座憲久文;鈴木義治絵　小峰書店（えほん・こどもとともに）1987年12月

晶夫　あきお
水晶マニアのじいちゃんと父ちゃんと三人で水晶とりに山へいった小学生の男の子「水晶さがしにいこう　ひけつとこころえ」関屋敏隆作　童心社（絵本・ふしぎはたのしい）1999年7月

あきくん
しょうがいをもっているおとうさんといっしょにいなかのおばあちゃんのうちへかけたおとこのこ「おとうさんといっしょに－おばあちゃんのうちへ」白石清春作;いまきみち;西村繁男絵　福音館書店（こどものとも傑作集96）1993年12月

あきこ
じぶんですきなようにおはなしをつくっていく「たらたらにっき」をつけてカレーのしまのおひめさまになったおんなのこ「カレーのしまのおひめさま」岡田ゆたか作;宮崎耕平絵　ポプラ社（絵本・子どものくに34）1988年3月

あき子（女の子）　あきこ（おんなのこ）
はるの大川のほとりでその年のさいごのおきなぐさの花をみつけた女の子「おきなぐさ」今村葦子作;長谷川知子絵　文研出版（えほんのもり29）1995年11月

アキちゃん
のはらをはしっておうちへかえるときにころんでバッグからちいさなゾウのぬいぐるみをおとしてしまったおんなのこ 「あいたいきもち」 本間正樹文;渡辺あきお絵 佼成出版社(しつけ絵本シリーズ4) 2004年9月

あきちゃん
きょうが七・五・三のなかよしきょうだいの三さいのいもうと 「七・五・三きょうだい」 なかえよしを作;上野紀子絵 教育画劇(行事のえほん9) 1992年9月

あきちゃん
ねるじかんがとっくにすぎているのにちっともねむくないおんなのこ 「ちっとも ねむくないの」 花之内雅吉作・絵 フレーベル館 1987年11月

アキラ
田舎で暮らす幸助さんとバイクで権助山にいってタヌキに化かされ山の中のレストランにはいった工場長の息子 「峠の狸レストラン」 桂三枝文;黒田征太郎絵 アートン(桂三枝の落語絵本シリーズ8) 2006年12月

あきら
1945年8月6日原爆がおとされた直後の広島の町の空を1わのはとがひっしにとんでさがしたかいぬしの少年 「アニメ版 はとよひろしまの空を」 大川悦生原作;大川弘子;大川富美文 ポプラ社 1999年7月

あきら
ようちえんのクラスのみんなと「こいのぼり」をうたっているおとこのこ 「げんきにおよげこいのぼり」 今関信子作;福田岩緒絵 教育画劇(行事の由来えほん) 2001年3月

あきら
「わたし」のびょうきのおにいちゃんをいじめるらんぼうなおとこのこ 「おにいちゃん」 浜田桂子作 童心社(絵本・ちいさなかまたち) 1993年6月

アキラさん
エリちゃんのおとなりにぜんぜん目が見えない妻のルミさんとすんでいるすこしは目が見える男の人 「いのちは見えるよ」 及川和男作;長野ヒデ子絵 岩崎書店(いのちのえほん11) 2002年2月

あくろう
むかしむらにいた顔がくろくてひげをのばしているからだのでっかい男 「なまずの石-鹿島七不思議ものがたり」 関沢紀作;坂本陽三絵 新泉社 1994年10月

明美 あけみ
沖縄の小学校の5年生で同級生の友だちがアメリカ軍の基地の兵隊につれさられて乱暴された女の子 「ゆい子のゆうき」 宮里きみよ文;米田晴彦絵 汐文社(沖縄平和絵本シリーズ5) 1998年3月

あこ
おもちゃのピアノをかってもらったおんなのこ 「ピアノをひくのはだれ？」 やすいすえこ作;いもとようこ絵 佼成出版社 1987年12月

あこ
おかあさんがきゅうにびょうきになってとなりのまちのびょういんににゅういんしてしまったおんなのこ 「おかあさんのひがさ」 みねかわなおみ作;狩野富貴子絵 PHP研究所(PHPにこにこえほん) 1998年7月

あこ

あこ
ようちえんのプールにはいるのがこわいおんなのこ 「いっしょに およごう おつきさま」 立原えりか作；こうのこのみ絵　佼成出版社(園児のすくすく絵本3)　1987年6月

あこちゃん
もうすぐあかちゃんがうまれてくるかぞくのおんなのこ 「おとうさんがおとうさんになった日」 長野ヒデ子作　童心社(絵本・こどものひろば)　2002年5月

アコちゃん
まいにちおどろきがいっぱいのげんきなおんなのこ 「おひさまアコちゃん まいにちまいにち」 角野栄子作；黒井健絵　小学館(おひさまのほん)　1996年4月

あこちゃん
かがみをのぞきこむとゆげといっしょにかがみにすいこまれてしまったおんなのこ 「あこちゃんの かがみのむこう」 佐藤ひろこ作・絵　PHP研究所(PHPわたしのえほんシリーズ)　1993年4月

アコちゃん
とってもげんきなおんなのこ 「おひさまアコちゃん あそびましょ」 角野栄子作；黒井健絵　小学館　1999年1月

あさこねえさん
おしょうがつにゆうたといっしょにちかくのてんじさまにはつもうでにいったおねえさん 「ふくねずみ すごろくばなし」 わたりむつこ作；ましませつこ絵　福音館書店　1999年4月

あさたろう
ねぎばたけをとびだしてたびにでたねぎぼうず 「ねぎぼうずのあさたろう その5」 飯野和好作　福音館書店(日本傑作絵本シリーズ)　2005年6月

あさたろう
ねぎばたけをとびだしてたびにでたねぎぼうず 「ねぎぼうずのあさたろう その4 火の玉おてつのあだうち」 飯野和好作　福音館書店(日本傑作絵本シリーズ)　2003年3月

あさたろう
ねぎばたけをとびだしてたびにでたねぎぼうず 「ねぎぼうずのあさたろう その3」 飯野和好著　福音館書店(日本傑作絵本シリーズ)　2001年3月

あさたろう
ねぎばたけをとびだしてたびにでたねぎぼうず 「ねぎぼうずのあさたろう その2」 飯野和好作　福音館書店(日本傑作絵本シリーズ)　2000年4月

あさたろう
ねぎばたけをとびだしてたびにでたねぎぼうず 「ねぎぼうずのあさたろう その1 とうげのまちぶせ」 飯野和好作　福音館書店(日本傑作絵本シリーズ)　1999年11月

あさたろう
ねぎばたけをとびだしてたびにでたねぎぼうず 「ねぎぼうずのあさたろう その6」 飯野和好作　福音館書店(日本傑作絵本シリーズ)　2006年11月

あさみ
おとうさんとおかあさんとおじいちゃんとおばあちゃんのいるうちに養子にもらわれてきた女の子 「ほんとうにかぞく-このいえに養子にきてよかった」 のぐちふみこ作・絵　明石書店　2005年6月

麻美　あさみ
いなくなったかい猫の三郎をいちょうの木がしげる古いやしきの前でみつけた女の子「いちょうやしきの三郎猫」成田雅子作・絵　講談社　1996年10月

アザラシ
たくさんのなかまたちとひろいひろいこおりのしまでくらしていたアザラシのリーダー「アザラシマンション」にしまきかな作　こぐま社　1999年6月

あざらし
いちがつにきたのくにからほっかいどうのオホーツクかいにやってくるりゅうひょうにのってやってきたあざらし「あざらしのはる」手島圭三郎作・絵　リブリオ出版（北に生きるかしこい動物たち）2005年9月

あさりちゃん
いさはやの海にすむあさり「海をかえして！」丘修三；長野ヒデ子作　童心社（絵本・こどものひろば）1997年8月

あしか（プカー）
コックさんのスタイルででてくるシーパラダイスのあしか「ノッポさんのえほん11　あしかのコックさん」高見ノッポ作；冬野いちこ絵　世界文化社　2001年10月

アジザとサラ
湾岸戦争でおなかをすかせてカメラを食べたクウェートの動物園のゾウ「カメラを食べたゾウ　もうひとつのかわいそうなゾウの物語」鎌田俊三文；大石容子絵　新日本出版社　2006年7月

あしなが
のらいぬたちからきらわれていたすらりとしたうつくしいいぬ「あしなが」あきやまただし作・絵　講談社　1999年9月

アスカ
おおきなじしんでパパとママが死んで神戸から東京のおばあちゃんのいえにやってきたおんなのこ「アスカ」司修作　ポプラ社（絵本カーニバル5）2004年1月

あずさ
あおぞらえんのりすぐみのおんなのこ「あおぞらえんのおとまりかい」斉藤栄美作；土田義晴絵　ポプラ社（あおぞらえんシリーズ3）2001年3月

あずさ
あおぞらえんのりすぐみのおんなのこ「あおぞらえんのおんがくかい」斉藤栄美作；土田義晴絵　ポプラ社（あおぞらえんシリーズ2）2000年10月

あずさ
ひっこしをしてきてあおぞらえんにはいったおんなのこ「どんなともだちできるかな」斉藤栄美作；土田義晴絵　ポプラ社（あおぞらえんシリーズ1）2000年5月

あづみ
教室に行けなくて保健室登校をしている五年生の女の子「あづみのひみつ基地」田中すみ子作；夏目尚吾絵　汐文社（登校拒否を考える絵本2）1998年3月

アーダ
世界のはてのハルカ森から世界中へクリスマスのおくりものをとどける旅に出発した7人のサンタの1人の長老サンタ「七人のサンタの物語」なかもとはじめ文；たかはしあきら絵　ポプラ社　2000年11月

あだじ

アーダじいさん
おしゃべりがだいすきでコーダじいさんとふたりでとくいのほらふきばなしをあーだこーだおしゃべりしているおじいさん 「アーダじいさんとコーダじいさん」 たたらなおき作 佼成出版社(創作絵本シリーズ) 1995年10月

あだち みずほ
学校にいたのらいぬのボロを体育館のうらのひみつの場所につれていってあげた女の子 「ボロ」 いそみゆき作;長新太絵 ポプラ社(えほんとなかよし) 1998年11月

あちゃらさん
ひあたりおかに二けんならんでいるおうちの一けんのおしろいばなやしきのこちゃらさんにはまけてはいられないもう一けんのあさがおやしきのあちゃらさん 「あちゃらさんとこちゃらさん」 すとうあさえ作;前田まゆみ絵 岩崎書店(のびのび・えほん) 2002年7月

あーちゃん
夏のある夜に空からおちてきたピンク色のふしぎな生きものの子にいじけむしのいじちゃんと名まえをつけた女の子 「いじけむし あーちゃんとの出会い編」 KAZUKI作;きたむらえ画お絵 JDC出版 2005年5月

アーちゃん
なつやすみのさいしょのひにまちでいちにちじゅうみんなとあそんだ「ぼく」のおとうと 「まち-ぼくたちのいちにち」 小林豊作・絵 ポプラ社(えほんはともだち50) 1997年11月

アーちゃんとレーちゃんとマーちゃん
みつごだらけのびっくりさんちのさんさいのみつごちゃんたち 「びっくりさんちのみつごちゃん」 角野栄子文;西巻かな絵 童心社 2003年5月

あっかんソケット(ソケット)
イモリのからあげがすきならんぼうもののあっかん 「ピッカリ王子とあっかんソケット」 宮本忠夫著 ほるぷ出版 1987年11月

あっくん
けがをしたたぬきの子をじてん車で山へおくってあげたおとこの子 「たぬきのちかみち」 武鹿悦子作;つちだよしはる絵 ひさかたチャイルド 1990年3月

あっくん
ぬいぐるみのポニーのちからでよごれた地球をみにいった男の子 「きっと、まにあうよ-Akkun & Pony」 山本多夏詩作;はらひ絵 EH出版 2006年10月

あつこ
うまれてすぐに高熱のため左の手がうごかなくなったが3年生なってクラスのみんなととびばこのれんしゅうをつづけて7だんをとべるようになったおんなのこ 「みんなで7だんね」 宮川ひろ作;長谷川知子絵 ポプラ社(絵本のおもちゃばこ1) 2004年5月

アッコちゃん
一九四五年の長崎の原爆を体験した小学五年生の女の子 「ゆめくい雲とアッコちゃん」 黒崎美千子作・絵 汐文社(長崎平和絵本シリーズ5) 1992年2月

あっ子ちゃん あっこちゃん
二年生の体育の時間にうでの骨をおってしまって入院してしゅじゅつをうけた女の子 「かんごふさんて すてきだな」 加藤秀文;田中槇子絵 偕成社 1987年9月

あつし
みんなからハカセって呼ばれてる3年生の原ゆうきに古い磁石を貸してくれた親友 「こわれたガラス箱」 小林時子絵・文;松井智原案 新風舎 2001年4月

あっちゃん
おとうとのともちゃんとおばあちゃんのいえにケーキをやいてもらいにいくこぐまのおにいちゃん 「こぐまのともちゃん」 いまいみこ作 福音館書店(日本傑作絵本シリーズ) 2002年7月

あっちゃん
三りんしゃにのっていたらおしゃべりをするかえるにあったおとこのこ 「かえるのアパート」 佐藤さとる作;林静一画 講談社(りとる3) 1994年11月

あっちゃん
おかあさんのおむかえがおそいのでようちえんからだまってひとりでかえったおんなのこ 「びっくりばこびっくり」 大西ひろみ作 リブロポート(リブロの絵本) 1988年7月

あっちゃん
あまいものがだいすきではみがきがだいきらいなようちえんじ 「あっちゃんとむしばきんおう」 こわせたまみ作;わたなべあきお絵 佼成出版社(園児のすくすく絵本1) 1987年5月

あっちゃん
赤ちゃんのころ日光浴をさせてもらいながらおばあちゃんのひざの上で「ええてんきやな」と何度も何度も話しかけられた女の子 「ええてんきやな」 大西ひろみ作・絵 リブロポート 1993年8月

アップル
はるやすみになると「ぼく」がいくいなかのおばあちゃんのいえのいぬ 「白い風とりんごの花」 熊谷まちこ作・絵 PHP研究所(PHPにこにこえほん) 1997年3月

アップルおばさん
ちいさなにわにあったちいさなりんごのきにひとつだけなったりんごでアップルパイをつくったおばさん 「アップルおばさんのアップルパイ」 竹下文子作;上條滝子絵 フレーベル館(げんきわくわくえほん8) 1995年11月

あつぼう
ハナ岬の小さな家で子犬のチャンスと暮らしている小さな哲学者 「あつぼうのゆめ 名犬チャンス物語2」 岡花見著 学習研究社 2001年11月

あつぼう
ハナ岬の小さな家で子犬のチャンスと暮らしている小さな哲学者 「信じるきもち」 岡花見著 学習研究社(名犬チャンス物語1) 2001年11月

アドロ
もりのたんけんにむちゅうになってはなばたけにおいてきぼりにしたちいさなおとうとのことをわすれてしまったもりうさぎ 「もうひとりのアドロ」 成田雅子作・絵 講談社(講談社の創作絵本) 2001年6月

アナグマ
はるのさいてんで森のまもりがみさまにささげるうたをうたうためにえらばれた四ひきの合唱団の団員のアナグマのこ 「もりのがっしょうだん」 たかどのほうこ作;飯野和好絵 教育画劇 2003年5月

あなぐま(メルくん)
うちにあかちゃんがうまれておにいさんになったあなぐまのおとこのこ 「あなぐまメルくん」 おおともやすお作・絵 福音館書店(日本傑作絵本シリーズ) 1999年3月

あなぐ

あなぐまおばさん
ふゆのあいだにこどもが12ひきうまれたもりのねずみのいえにまねかれたあなぐまのおばさん 「はれぎをきた12ひきのちびねずみ」白井三香子作;黒井健絵 学習研究社(学研fanfanファンタジー) 1988年10月

あなぐまさん
むらでたったいっけんのうでのよいクリーニングやさん 「あなぐまのクリーニングやさん」正岡慧子文;三井小夜子絵 PHP研究所(PHPにこにこえほん) 2001年8月

あな忍者 あなにんじゃ
忍者しけんのとっくん中のライバルふたりのひとりであなの中にすんでいる忍者こぞう 「はこ忍者あな忍者」うえずめぐみ;まつださちこ作 ARTBOXインターナショナル(ARTBOX GALLERYシリーズ) 2004年1月

アニー
パパみたいな森の汽車の車掌さんになりたいこぐまのおとこのこ 「アニーのちいさな汽車」colobockle作・絵 学習研究社 2004年7月

アニー
スイスのアルプスのゆきやまでひとのいのちをたすけるしごとをしているセントバーナードけんのおやこのおかあさん 「セントバーナードとたびびと-アニーとコラ」やなせたかし作・絵 フレーベル館(やなせたかしの愛と勇気の絵本3) 1999年12月

兄とおとうと あにとおとうと
りょうしのとうちゃんがきょねんの8月にとつぜんしんだ兄とおとうとのふたり 「まんげつの海」梅田俊作;梅田佳子作・絵 佼成出版社(大型絵本シリーズ) 1991年3月

アヌーラ
びょうきになったがなかまの2とうのゾウにたすけられたたまどうぶつこうえんのインドゾウ 「ともだちをたすけたゾウたち」わしおとしこ文;遠山繁年絵 教育画劇(絵本・ほんとうにあった動物のおはなし) 2002年5月

アヌーラ
たまどうぶつこうえんにいる3とうのインドゾウの1とうでびょうきになったゾウ 「ともだちをたすけたゾウたち」わしおとしこ文;遠山繁年絵 教育画劇(絵本・ほんとうにあった動物のおはなし) 2002年5月

あねさ
ばあさがふっとばされててんじょうまでまいあがってしまうほどでっかいへをこいたよめのあねさ 「へっこきあねさ」長谷川摂子作;荒井良二絵 岩波書店(てのひらむかしばなし) 2004年9月

アパトザウルス
地めんの底にアパートをつくって人間にもしょうかいするしごとをやっていたきょうりゅう 「アパトザウルスにまかせなさい」舟崎克彦作;スズキコージ絵 くもん出版(きょうりゅうがやってきた5) 1991年4月

アピさん
10歳の夏にひとりで南太平洋のフィジーをおとずれたりょうがあったさめといっしょにおよぐという人 「ディロの樹の下で アピのいた海」尾崎真澄文;川上越子絵 架空社 2001年2月

アヒル
「とべないトリなんか、トリじゃないわ」とハトにからかわれたアヒル 「そらとぶアヒル」内田麟太郎文;長新太絵 童心社(絵本・ちいさななかまたち) 1995年5月

あぶく

アヒル
トラックではこばれているとちゅうでにげだした3わのアヒル 「3わのアヒル」 椎名誠文;垂見健吾写真 講談社(ちいさなたんけんたい8) 1994年10月

あひる(アレックス)
たまごのときにかるがものリリにあたためてもらってうまれてきたあひるのこ 「あひるのアレックス」 三浦貞子;森喜朗作;藤本四郎絵 フレーベル館 2005年2月

あひる(かいちゃん)
とてもさむいひバムとケロちゃんがいけといっしょにこおりついていたのをたすけてやったあひる 「バムとケロのさむいあさ」 島田ゆか作・絵 文渓堂 1996年12月

あひる(ガガーリン)
ゆうえんちのあひるいけにひとりですんでいるあひる 「あひるのガガーリン」 二宮由紀子文;いちかわなつこ絵 学習研究社(学研おはなし絵本) 2005年9月

あひる(ガーコちゃん)
いもうとたちにいつもあとからついてこられてまねばかりされているあひるのおんなのこ 「ガーコちゃんといもうと」 国松エリカ作 学習研究社(学研おはなし絵本) 2006年2月

あひる(がーこちゃん)
こねこのしましまちゃんのおともだちのあひるのこ 「しましまちゃんは おにいちゃん」 白井三香子作;黒井健絵 学習研究社(学研fanfanファンタジー) 1988年10月

あひる(ダギー)
もりのうさぎのタップのともだちのあひる 「ノッポさんのえほん3 ダギーとタップとぶちねこガブ」 高見ノッポ文;中村景児絵 世界文化社 2001年1月

あひる(ダグちゃん)
ちいさないけにすんでいたあひるのこ 「ノッポさんのえほん10 ダグちゃんのおいけ」 高見ノッポ作;片桐慶子絵 世界文化社 2001年8月

あひる(ダックん)
いろいろなしゅるいのお花がさいているお花ばたけにいったあひるのこ 「ダックんお花ばたけへいく」 なかえよしを作;山崎ゆきこ絵 ポプラ社(絵本のぼうけん6) 2002年6月

あひるくん
はじめてまちへでかけたやまのおいけのあひるくん 「あひるくん あぶないよ」 松岡節文;伊東美貴絵 ひかりのくに(こうつうあんぜんえほん) 1992年10月

あーふぁ あーふぁ
村のはたおりむすめのまーふぁがすきになったおとこ 「まーふぁのはたおりうた」 小野かおる文・絵 福音館書店(日本傑作絵本シリーズ) 1988年10月

アブアアとアブブブ
いつもかみをぶらさげてとんでいてだれかさんのかおのまえにかみをパラリとさげてしまうのがとてもすきなアブのきょうだい 「アブアアとアブブブ」 長新太文・絵 ビリケン出版 2006年6月

あぶくちゃん
しゃべるとくちからあぶくがでるふしぎなおんなのこ 「あぶくちゃんとみずおに」 やなせたかし作・絵 フレーベル館(おむすびまんたびにっき3) 1990年4月

あぷる

アプルおうじ
りんごのくにのおうじ 「アンパンマンとりんごのくに」 やなせたかし作・絵 フレーベル館(アンパンマンのふしぎなくに8) 1990年12月

安倍の 保名　あべの・やすな
泉州の信太の森でたすけた狐が化けたうつくしい女と夫婦になりむすこをさずかった若者 「信太の狐」 さねとうあきら文;宇野亜喜良絵 ポプラ社(日本の物語絵本7) 2004年2月

アマガエルくん
みずたまりにひとりぼっちのメダカくんをみつけたアマガエルくん 「みずたまりのメダカくん-アマガエルくんとなかまたち」 ふくざわゆみこ作・絵　PHP研究所(PHPにこにこえほん) 1998年4月

あまがえるくん
きれいでめずらしいものをつちがえるくんとどうじにみつけてひっぱりはじめたあまがえるくん 「はなすもんか！」 宮西達也作・絵　鈴木出版(チューリップえほんシリーズ) 1997年11月

天照大御神　あまてらすおおみかみ
伊邪那岐の神の末の子であばれ者の須佐之男の命の姉、高天の原を治める日の神 「あまのいわと」 赤羽末吉絵;舟崎克彦文　あかね書房(日本の神話 第二巻) 1995年10月

あまのじゃく
地面のあないっぱいにふしぎな顔を出す「あまのじゃく」ってみんな呼ぶはんみょうという虫の幼虫 「あまのじゃく」 青井芳美作・絵　ブックローン出版　1987年11月

あまんじゃく
おじいさんとおばあさんがるすのあいだにとのすきまからはいってきてうりこひめをさそったあまんじゃく 「うりこひめとあまんじゃく」 木島始文;朝倉摂絵　岩崎書店(復刊・日本の名作絵本4) 2002年4月

あみちゃん
やさいのでんしゃにのったおんなのこ 「あみちゃんとやさいのでんしゃ」 高木さんご作;ひこねのりお絵　PHP研究所(PHPわたしのえほん) 2000年11月

アメちゃん
にじのほしのおんなのこ、あめふりおにのまご 「にじのピラミッド」 やなせたかし作・絵　フレーベル館(アンパンマン プチシアター) 2006年7月;フレーベル館(それいけ！アンパンマン) 1997年7月

あめふりおに
にじのほしのあめふりおに 「にじのピラミッド」 やなせたかし作・絵　フレーベル館(アンパンマン プチシアター) 2006年7月;フレーベル館(それいけ！アンパンマン) 1997年7月

あや
山に山菜をとりにいってあった山ンばから花さき山のはなしをきいたおなゴわらし 「花さき山」 斎藤隆介作;滝平二郎絵　岩崎書店　2003年3月

あや
いぬがだいすきなおんなのこ 「あやのいぬ」 たきざわさおり作　アスラン書房(心の絵本) 2002年3月

あや
琵琶湖のほとり山梨子村の子ども、源太のいもうと 「やまなし村の風の音」 鈴木靖将画;谷口ミサヲ文　トモ企画　1987年6月

アヤコ
一九四五年八月六日ヒロシマに原爆がおとされたときにいきのこった人 「ヒロシマに原爆がおとされたとき」 大道あや著 ポプラ社 2002年7月

あやこ
おにいちゃんがあそびにいくのでついていこうとしたおんなのこ 「おいていかないで」 筒井頼子作;林明子絵 福音館書店(幼児絵本シリーズ) 1988年1月

あやちゃん
おたすけにんじゃのいぬのごろべえがぱっとへんしんしていつもたすけるおんなのこ 「にんじゃ ごろべえ－うみへいく ぱっ！」 矢崎節夫作;島田コージ絵 フレーベル館(げんきわくわくえほん29) 1997年8月

あやちゃん
ぬいぐるみのくまくんがおきにいりのおんなのこ 「おかえりくまくん」 森山京作;柿本幸造絵 佼成出版社 1993年5月

アヤちゃん
くらいよみちをあるいていたときにおばけにおいかけられたおんなのこ 「おばけのきもち」 きむらゆういち作;のぶみ絵 ソニー・マガジンズ(にいるぶっくす) 2006年6月

あゆとあみ
どうぶつがだいすきできょうもえをかきにどうぶつえんにやってきたふたりのきょうだい 「どうぶつえんにいったらね…」 みぞぶちまさる作・絵 講談社(講談社の創作絵本) 2003年11月

あらいぐま
ひるでもくらいまっくら森にひっこしてきてせんたくやのみせをひらいたあらいぐま 「あらいぐまとまほうつかいのせんたくや」 さくらともこ作;中村景児絵 ポプラ社(えほんとなかよし26) 1994年4月

あらいぐま(ちゃっぷん)
いつもなかよしのしまりすのぷっちんとはさみとわりばしとむしとりあみをもってふうせんりょうにしゅっぱつしたあらいぐま 「ぷっちんとちゃっぷん－ふうせんりょう」 藤城清治絵;舟崎克彦文 講談社(講談社の幼児えほん) 2001年4月

あらいぐま(ナナン)
やさしいおにいちゃんがいるあらいぐまのおんなのこ 「ナナンの いっぱい たのしいこと」 岡田名奈子原作・絵 ポプラ社(えほんとなかよし50) 1997年9月

あらいぐま(ナナン)
やさしいおにいちゃんがいるちいさいあらいぐまのおんなのこ 「ナナンの いっぱい たのしいこと」 岡田名奈子原作・絵 ポプラ社(えほんとなかよし50) 1997年9月

あらいぐま(ブラウニー)
よごれているものをみるとなんでもあらいたくなってしまうせんたくやさんのあらいぐま 「せんたくやのブラウニー」 とりごえまり作・絵 偕成社 1999年10月

アラシ
父をりょう銃でうたれ母にも死なれて独立した原野のキツネ 「きたぎつね嵐」 志茂田景樹作;早瀬賢絵 KIBA BOOk 2002年9月

あらたちゃん
うちのそばにひっこしてきたおしゃべりしない男の子しげちゃんとあそんだ女の子 「となりのしげちゃん」 星川ひろ子写真・文 小学館 1999年9月

あらま

アラマせんせい
げんごろうのおくさん 「かばがおこった」 谷川俊太郎文;桑原伸之絵 国土社(やってきたアラマせんせい1) 1988年4月

アラマせんせい
いっしょにたびをしているげんごろうのおくさん 「あいうえおがすき」 谷川俊太郎文;桑原伸之絵 国土社(やってきたアラマせんせい3) 1988年11月

アラマせんせい
いっしょにたびをしているげんごろうのおくさん 「げんごろうをさがせ」 谷川俊太郎文;桑原伸之絵 国土社(やってきたアラマせんせい2) 1988年5月

あり
あるあついなつのごごすいかをみつけてすにはこぼうということになったありたち 「ありとすいか」 たむらしげる作・絵 ポプラ社(ポプラ社のよみきかせ大型絵本) 2004年4月;ポプラ社(名作絵本復刊シリーズ5) 2002年3月

あり
あるなつの日おかのうえでとおくのうみをみていたきりんにのぼらせてもらった一ぴきのあり 「ゆうひのしずく」 あまんきみこ文;しのとおすみこ絵 小峰書店 2005年7月

アリー
ひょうたんじまのアリスにふしぎなたねをおくってもらったアリのこ 「アリーとふしぎなきのみ」 米山氷一作・絵 フレーベル館(げんきわくわくえほん16) 1996年7月

あり(あかありちゃん)
やまのぼりにでかけることにしたあかありちゃんたち 「あかありちゃんの やまのぼり」 かこさとし作 偕成社 1988年11月

あり(ギータ)
やなぎざわさんのおじいちゃんのうちのにわのむくげの木のしたにすんでいるありの子 「ありの子ギータ」 渡辺一枝文;杉浦範茂絵 クレヨンハウス(おはなし広場) 1993年12月

あり(くろすけ)
ささぶねにのりこんでいけのなかのこじまにいったはたらきあり 「ありのたからじま」 志茂田景樹作;早瀬賢絵 KIBA BOOK(よい子に読み聞かせ隊の絵本11) 2002年1月

あり(セッセかぞく)
おおきなおおきなやなぎのきのしたにあったやなぎむらにむしさんたちみんなとすんでいたありのかぞく 「きんいろあらし」 カズコ・G.ストーン作 福音館書店(こどものとも傑作集) 1998年11月

あり(セッセかぞく)
おおきなおおきなやなぎのきのしたにあったやなぎむらにむしさんたちみんなとすんでいたありのかぞく 「ほたるホテル」 カズコ・G.ストーン作 福音館書店(こどものとも傑作集) 1998年10月

あり(セッセかぞく)
おおきなおおきなやなぎのきのしたにあったやなぎむらにむしさんたちみんなとすんでいたありのかぞく 「ふわふわふとん」 カズコ・G.ストーン作 福音館書店(こどものとも傑作集) 1998年12月

あり(チッチ)
おおきなごちそうをみつけたありのこ 「ありの ごちそう なーに?」 得田之久作 童心社(とびだす虫のえほん) 2004年5月

ありくろくん
ちいさなサジマといっしょにかわのどてまでぴくにっくにいくことにしたありのこ 「ちいさなサジマのぴくにっく」 にしざとせんこ作；にしざとせい絵 燦葉出版社 1987年10月

ありこちゃん
うまれてはじめてすのそとへでかけたおてつだいがだいすきなありのおんなのこ 「ありこちゃんのおてつだい」 高家博成；仲川道子作 童心社 1998年6月

アリス
アリのこアリーのともだちでひょうたんじまにすむアリのおんなのこ 「アリーとふしぎなきのみ」 米山氷一作・絵 フレーベル館（げんきわくわくえほん16） 1996年7月

ありすちゃん
まめうしのおともだちのありみたいなちいさなりす 「まめうしとありす」 あきやまただし作・絵 PHP研究所（PHPわたしのえほんシリーズ） 1998年2月

アール
いわになろうとおもいつづけてちきゅうのからだのいちぶになった少年 「ちきゅうになった少年」 みやざきひろかず作・絵 フレーベル館（リーヴル・リーブル1） 1994年2月

アルゴス
目がふじゆうなご主人のおともをする名犬 「アルゴス、お正月の買い物」 みやかわけんじ作；なかじまけいか絵 新世研 2002年10月

アルゴス
名犬、ぼうけんが大すきな犬 「アルゴス、まち犬のぼうけん」 みやかわけんじ作；なかじまけいか絵 新世研 2001年11月

アルゴス
サンタさんをてつだった名犬 「アルゴス、サンタのおてつだい」 みやかわけんじ作；なかじまけいか絵 新世研 2002年10月

アルパッサン
コンスタンチノープルのまちにおりました魔法の羊をかっていた三人の兄弟のいちばん下のちび 「ふしぎな三人兄弟」 高橋真理子絵；さいとう陽子文 リブロポート（リブロの絵本） 1991年6月

アルフレッド
ある年のクリスマスの夜にスコットランドのローモンド地方のラス村に生まれた小さなクマの赤ちゃん 「はじめての おくりもの」 藤岡恭子文；前田奈月絵 パールネスコ・ジャパン（ベリーベアシリーズ） 1998年12月

アルフレッド
スコットランドのラス村に生まれたげんきな子グマ 「アルフレッドとまいごの子ひつじ-ベリーベアシリーズ」 ふじおかきょうこ文；まえだなつき絵 パールネスコ・ジャパン 2000年5月

アルフレッド
スコットランドのラス村で去年生まれたクマの子 「はじめてのぼうけん」 ふじおかきょうこ文；まえだなつき絵 パールネスコ・ジャパン 1999年7月

アルマジロ
きょうはついてないアルマジロ 「プーワ島のそらのした」 高畠純作・絵 ブックローン出版 1992年7月

あるる

アルル
生まれてから一度も笑ったことがない海ぞくの少年 「星のベイビーサーカス フルーツ島のわんぱくパイレーツ」 きのひなた文;yaku絵 星の環会 2006年3月

アレックス
たまごのときにかるがものリリにあたためてもらってうまれてきたあひるのこ 「あひるのアレックス」 三浦貞子;森喜朗作;藤本四郎絵 フレーベル館 2005年2月

アレックス
フィリピン・パヤタスでゴミをひろってお金にかえる仕事をして生きている水頭症の男の子 「神の子たち－パヤタスに吹く風」 葉祥明絵・文 中央法規出版 2002年3月

アロッピー
くいしんぼうのきょうりゅうステゴッチーとともだちになったきょうりゅうアロサウルスのおんなのこ 「くいしんぼうのステゴッチー」 間所ひさこ作;秋里信子絵;冨田幸光監修 教育画劇 (きょうりゅうだいすき！) 1999年9月

アロハ
ハワイの小さな島でブタのカマカニとウマのカイリとずっといっしょにくらしていたヤギ 「ハワイの3にんぐみ」 笹尾俊一画・文 講談社 1997年6月

あわぶき
二人のきょうだいのいまのかあさんのつれてきたこでだいじにされてくらしていたむすめ 「こめぶき あわぶき」 川村たかし文;梶山俊夫画 教育画劇(日本の民話えほん) 2000年5月

アン
フランスのもりのおくでくらしていたフロレンチンのかわいいなかま 「フロレンチンともりのなかま」 かながわさちこ文;なかむらゆき絵 中央出版社 1991年11月

アンキロ
きょうりゅうのこどもトプスのともだちのきょうりゅう 「きょうりゅうトプスのだいぼうけん」 にしかわおさむ文・絵 教育画劇(みんなのえほん) 1998年5月

あんぐり
がんばりやのごみせいそうしゃ 「あんぐりとへんぐり」 なかのひろたか作 童心社(のりものシリーズ) 1989年6月

アンクルイエロースター（おじさん）
すすむがおるすばんをしているとひかりのようにやってきたいままでみたこともないおじさん 「きいろいほしからきた おじさん」 おぼまこと作 くもん出版(くもんの創作絵本) 1993年12月

あんこ
飼い主のマリにつれられていなかのしんせきの家に行くことになった子ネコ 「あんこ4 子ネコの「あんこ」里山でびっくり」 清水達也文;松下優子絵 星の環会 2002年5月

あんこ
飼い主のマリにいなかのしんせきの家につれて来られた子ネコ 「あんこ5 子ネコの「あんこ」里山の森」 清水達也文;松下優子絵 星の環会 2002年5月

あんこ
飼い主のマリにいなかのしんせきの家につれて来られた子ネコ 「あんこ6 子ネコの「あんこ」里山の蔵」 清水達也文;松下優子絵 星の環会 2002年5月

あんこ
マリというおねえさんに飼われることになっていっしょにいなかの家へいった子ネコ 「あんこ1 子ネコの「あんこ」里山へ」 清水達也文;松下優子絵 星の環会 2001年10月

あんこ
飼い主のマリに街からいなかの家につれて来られた子ネコ 「あんこ3 子ネコの「あんこ」里山の朝」 清水達也文;松下優子絵 星の環会 2001年12月

あんこ
飼い主のマリに街からいなかの家につれて来られた子ネコ 「あんこ2 子ネコの「あんこ」里山の夜」 清水達也文;松下優子絵 星の環会 2001年11月

あんこちゃん
おそれだきのおばけうおにさらわれたふたごのおねえちゃんをさがしにきたおんなのこ 「おそれだきのひみつ」 やなせたかし作・絵 フレーベル館(おむすびまんたびにっき1) 1990年1月

安寿　あんじゅ
筑紫国においやられた父に会うために旅にでた母親とふたりの子どもの姉で旅のとちゅうで人買いの手にかかり生き別れとなった女の子 「安寿姫と厨子王丸」 須藤重画;千葉幹夫文　講談社(新・講談社の絵本12) 2002年3月

安寿　あんじゅ
父のために京へ母と旅立ったふたりのきょうだいの姉で人売りの船に乗せられてしまい母とひきさかれた女の子 「安寿と厨子王」 堀泰明絵;森忠明文 「京の絵本」刊行委員会 1999年10月

アンソフ
ちょっと変わったサーカス団ベイビーサーカスのマジックハットにお説教の何でも物知り 「星のベイビーサーカス フルーツ島のわんぱくパイレーツ」 きのひなた文;yaku絵 星の環会 2006年3月

アンチェ
おしろにすんでいた100ぴきのねこたちのなかよしのむらのおんなのこ、コネルのいもうと 「100ぴきねことまほうつかい」 間瀬なおかた作・絵 ひさかたチャイルド(ひさかた絵本ランド) 1989年1月

あんちゃん
わら一本をもとでに大金もうけをしてちょうじゃのむすめをよめにもらってちょうじゃどんになったあんちゃん 「わらしべちょうじゃ」 かたおかしろう文;水沢研絵 ひかりのくに(名作・昔話絵本) 1993年2月

あんどうくん
たかいビルのまどガラスをみがくのがしごとのまどふきやさん 「あんどうくん」 のぞえ咲作・絵 ポプラ社(絵本の時間) 2003年10月

アンドレ
こぶたのブルトンのともだちのいたち 「こぶたのブルトン あきはうんどうかい」 中川ひろたか作;市居みか絵 アリス館 2006年9月

アンドレ
こぶたのブルトンのともだちのいたち 「こぶたのブルトン はるはおはなみ」 中川ひろたか作;市居みか絵 アリス館 2006年3月

あんと

アンドレ
こぶたのブルトンのともだちのいたち 「こぶたのブルトン なつはプール」 中川ひろたか作;市居みか絵 アリス館 2005年6月

アンドレ
こぶたのブルトンのともだちのいたち 「こぶたのブルトン ふゆはスキー」 中川ひろたか作;市居みか絵 アリス館 2004年11月

アントン
アルプスの美しい山里にある小さな小さな教会にひとりぼっちで住んでいた教会ネズミ 「ひとりぼっちの気がする」 まつもとまちこ著 マルチモード 2005年11月;清流出版 2000年12月

アンナ
ある日まずしい村にやってきたひとにおかねでかわれて性的虐待をうけたおんなのこ 「じゆうのつばさ-こどもたちの心と身体をまもるために」 葉祥明文・絵 国土社 2001年12月

アンナ
もりのなかのまずしかったけれどえがおがいっぱいあふれていたいえにすんでいたおんなのこ 「てんしのはな」 丸山明子絵・文 サンパウロ 1996年11月

アンナ
ゆきのふるクリスマスのまちにでてあちこちのおうちのまどのなかをのぞいていったおんなのこ 「それぞれのメリークリスマス!」 磯田和一作・絵 PHP研究所(PHPわたしのえほんシリーズ) 1992年11月

あんにゃ
うみでつりあげたたいとほしいものがなんでもでてくるひきうすをこびとのかみさまたちととりかえたあんにゃ 「うみにしずんだうす」 水谷章三文;赤坂三好絵 フレーベル館(むかしむかしばなし8) 1989年5月

あんにゃ
むかしすんでおったいそうのんきなあんにゃ 「あたまにかきのき」 望月新三郎文;赤坂三好絵 フレーベル館(むかしむかしばなし2) 1988年9月

アンパンマン
あんぱんのかおをしたせいぎのヒーロー 「にじのピラミッド」 やなせたかし作・絵 フレーベル館(アンパンマン プチシアター) 2006年7月;フレーベル館(それいけ!アンパンマン) 1997年7月

アンパンマン
あんぱんのかおをしたせいぎのヒーロー 「そらとぶえほんとガラスのくつ」 やなせたかし作・絵 フレーベル館(アンパンマン プチシアター) 2006年5月;フレーベル館(それいけ!アンパンマン) 1996年7月

アンパンマン
あんぱんのかおをしたせいぎのヒーロー 「アンパンマンとポットちゃん」 やなせたかし作・絵 フレーベル館(アンパンマンのぼうけん3) 1987年9月

アンパンマン
あんぱんのかおをしたせいぎのヒーロー 「アンパンマンとタータン」 やなせたかし作・絵 フレーベル館(アンパンマンのぼうけん12) 1989年4月

アンパンマン
あんぱんのかおをしたせいぎのヒーロー 「アンパンマンとカレンのもり」 やなせたかし作・絵 フレーベル館(アンパンマンのぼうけん14) 1989年9月

アンパンマン
あんぱんのかおをしたせいぎのヒーロー 「アンパンマンとちくりん」 やなせたかし作・絵 フレーベル館(アンパンマンのぼうけん10) 1988年10月

アンパンマン
あんぱんのかおをしたせいぎのヒーロー 「アンパンマンとみかづきまん」 やなせたかし作・絵 フレーベル館(アンパンマンのぼうけん13) 1989年5月

アンパンマン
あんぱんのかおをしたせいぎのヒーロー 「アンパンマンとぴいちくもり」 やなせたかし作・絵 フレーベル館(アンパンマンのぼうけん2) 1987年9月

アンパンマン
あんぱんのかおをしたせいぎのヒーロー 「アンパンマンとぽんぽんじま」 やなせたかし作・絵 フレーベル館(アンパンマンのぼうけん8) 1988年6月

アンパンマン
あんぱんのかおをしたせいぎのヒーロー 「アンパンマンのクリスマス」 やなせたかし作・絵 フレーベル館 1988年11月

アンパンマン
あんぱんのかおをしたせいぎのヒーロー 「アンパンマンとつみきのしろ」 やなせたかし作・絵 フレーベル館(アンパンマンのぼうけん5) 1988年1月

アンパンマン
あんぱんのかおをしたせいぎのヒーロー 「アンパンマンとすいこみどり」 やなせたかし作・絵 フレーベル館(アンパンマンメルヘン4) 1991年10月

アンパンマン
あんぱんのかおをしたせいぎのヒーロー 「アンパンマンともえるほし」 やなせたかし作・絵 フレーベル館 1989年10月

アンパンマン
あんぱんのかおをしたせいぎのヒーロー 「アンパンマンとドキン」 やなせたかし作・絵 フレーベル館(アンパンマンのぼうけん6) 1988年2月

アンパンマン
あんぱんのかおをしたせいぎのヒーロー 「ルビーのねがい」 やなせたかし作・絵 フレーベル館(それいけ!アンパンマン) 2003年7月

アンパンマン
あんぱんのかおをしたせいぎのヒーロー 「にんぎょひめのなみだ」 やなせたかし作・絵 フレーベル館(アンパンマンプチシアター) 2006年9月;フレーベル館(それいけ!アンパンマン) 2000年7月

アンパンマン
あんぱんのかおをしたせいぎのヒーロー 「アンパンマンとみえないまん」 やなせたかし作・絵 フレーベル館(アンパンマンのぼうけん9) 1988年7月

あんぱ

アンパンマン
あんぱんのかおをしたせいぎのヒーロー 「アンパンマンとちびぞうくん」 やなせたかし作・絵 フレーベル館(アンパンマンのおはなしでてこい12) 1997年1月

アンパンマン
あんぱんのかおをしたせいぎのヒーロー 「アンパンマンとはいおに」 やなせたかし作・絵 フレーベル館(アンパンマンのふしぎなくに12) 1991年4月

アンパンマン
あんぱんのかおをしたせいぎのヒーロー 「アンパンマンとびいだまん」 やなせたかし作・絵 フレーベル館(アンパンマンのおはなしでてこい8) 1996年1月

アンパンマン
あんぱんのかおをしたせいぎのヒーロー 「アンパンマンとロールパンナ」 やなせたかし作・絵 フレーベル館(アンパンマンのおはなしでてこい4) 1995年1月

アンパンマン
あんぱんのかおをしたせいぎのヒーロー 「アンパンマンとゆめのくに」 やなせたかし作・絵 フレーベル館(アンパンマンのおはなしでてこい7) 1995年11月

アンパンマン
あんぱんのかおをしたせいぎのヒーロー 「アンパンマンとはみがきやま」 やなせたかし作・絵 フレーベル館(アンパンマンのおはなしでてこい5) 1995年4月

アンパンマン
あんぱんのかおをしたせいぎのヒーロー 「アンパンマンとゆうきりんりん」 やなせたかし作・絵 フレーベル館(アンパンマンメルヘン5) 1991年12月

アンパンマン
あんぱんのかおをしたせいぎのヒーロー 「アンパンマンとみずのしろ」 やなせたかし作・絵 フレーベル館(アンパンマンのおはなしでてこい1) 1994年4月

アンパンマン
あんぱんのかおをしたせいぎのヒーロー 「アンパンマンとまほうのもくば」 やなせたかし作・絵 フレーベル館(アンパンマンのおはなしでてこい3) 1994年10月

アンパンマン
あんぱんのかおをしたせいぎのヒーロー 「アンパンマンとぱしぱしぱしーん」 やなせたかし作・絵 フレーベル館(アンパンマンのおはなしでてこい9) 1996年4月

アンパンマン
あんぱんのかおをしたせいぎのヒーロー 「アンパンマンとあおばひめ」 やなせたかし作・絵 フレーベル館(アンパンマンのおはなしでてこい2) 1994年7月

アンパンマン
あんぱんのかおをしたせいぎのヒーロー 「リリカル☆マジカルまほうのがっこう」 やなせたかし作・絵 フレーベル館(それいけ！アンパンマン) 1994年7月

アンパンマン
あんぱんのかおをしたせいぎのヒーロー 「きょうりゅうノッシーのだいぼうけん」 やなせたかし作・絵 フレーベル館(それいけ！アンパンマン) 1993年6月

アンパンマン
あんぱんのかおをしたせいぎのヒーロー 「アンパンマンとぶんぶんぶん」 やなせたかし作・絵 フレーベル館(アンパンマンメルヘン12) 1993年1月

アンパンマン
　あんぱんのかおをしたせいぎのヒーロー　「アンパンマンとペンキマン」　やなせたかし作・絵
　フレーベル館（アンパンマンメルヘン7）　1992年4月

アンパンマン
　あんぱんのかおをしたせいぎのヒーロー　「アンパンマンとえんぴつじま」　やなせたかし作・絵　フレーベル館（アンパンマンメルヘン11）　1992年12月

アンパンマン
　あんぱんのかおをしたせいぎのヒーロー　「アンパンマンとゆきだるまん」　やなせたかし作・絵　フレーベル館（アンパンマンのふしぎなくに11）　1991年3月

アンパンマン
　あんぱんのかおをしたせいぎのヒーロー　「アンパンマンとみみせんせい」　やなせたかし作・絵　フレーベル館（アンパンマンメルヘン1）　1991年4月

アンパンマン
　あんぱんのかおをしたせいぎのヒーロー　「アンパンマンとりんごのくに」　やなせたかし作・絵　フレーベル館（アンパンマンのふしぎなくに8）　1990年12月

アンパンマン
　あんぱんのかおをしたせいぎのヒーロー　「アンパンマンとバナナマン」　やなせたかし作・絵　フレーベル館（アンパンマンのふしぎなくに4）　1990年8月

アンパンマン
　あんぱんのかおをしたせいぎのヒーロー　「アンパンマンといわおとこ」　やなせたかし作・絵
　フレーベル館（アンパンマンのふしぎなくに10）　1991年2月

アンパンマン
　あんぱんのかおをしたせいぎのヒーロー　「アンパンマンとなかゆびひめ」　やなせたかし作・絵　フレーベル館（アンパンマンのふしぎなくに7）　1990年11月

アンパンマン
　あんぱんのかおをしたせいぎのヒーロー　「アンパンマンとつばきひめ」　やなせたかし作・絵　フレーベル館（アンパンマンのふしぎなくに2）　1990年6月

アンパンマン
　あんぱんのかおをしたせいぎのヒーロー　「アンパンマンとうずまきまん」　やなせたかし作・絵　フレーベル館（アンパンマンのふしぎなくに5）　1990年9月

アンパンマン
　あんぱんのかおをしたせいぎのヒーロー　「アンパンマンとぎんいろまん」　やなせたかし作・絵　フレーベル館（アンパンマンのふしぎなくに6）　1990年10月

アンパンマン
　あんぱんのかおをしたせいぎのヒーロー　「アンパンマンとドド」　やなせたかし作・絵　フレーベル館（アンパンマンのぼうけん11）　1989年4月

アンパンマン
　あんぱんのかおをしたせいぎのヒーロー　「アンパンマンともぐりん」　やなせたかし作・絵　フレーベル館（アンパンマンのぼうけん4）　1987年12月

アンパンマン
　あんぱんのかおをしたせいぎのヒーロー　「アンパンマンとナガネギマン」　やなせたかし作・絵　フレーベル館（アンパンマンのおはなしわくわく4）　2001年12月

あんぱ

アンパンマン
あんぱんのかおをしたせいぎのヒーロー 「アンパンマンのひみつ」 やなせたかし作・絵 フレーベル館(アンパンマンのおはなしわくわく1) 1999年7月

アンパンマン
あんぱんのかおをしたせいぎのヒーロー 「アンパンマンとにじおばけ」 やなせたかし作・絵 フレーベル館(アンパンマンのおはなしわくわく2) 1999年12月

アンパンマン
あんぱんのかおをしたせいぎのヒーロー 「アンパンマンにはないしょ」 やなせたかし作・絵 フレーベル館(アンパンマンのおはなしわくわく3) 2000年2月

アンパンマン
あんぱんのかおをしたせいぎのヒーロー 「アンパンマンとドキンちゃんのゆめ」 やなせたかし作・絵 フレーベル館(アンパンマンのおはなしわくわく5) 2002年7月

アンパンマン
あんぱんのかおをしたせいぎのヒーロー 「アンパンマンとさばくのたから」 やなせたかし作・絵 フレーベル館(アンパンマンのおはなしわくわく6) 2004年3月

アンパンマン
あんぱんのかおをしたせいぎのヒーロー 「アンパンマンとくろゆきひめ」 やなせたかし作・絵 フレーベル館(アンパンマンのおはなしわくわく7) 2004年11月

アンパンマン
あんぱんのかおをしたせいぎのヒーロー 「アンパンマンとあおいなみだ」 やなせたかし作・絵 フレーベル館(アンパンマンのおはなしわくわく8) 2005年10月

アンパンマン
あんぱんのかおをしたせいぎのヒーロー 「アンパンマンとハテナのとう」 やなせたかし作・絵 フレーベル館(アンパンマンのおはなしわくわく9) 2006年4月

アンパンマン
あんぱんのかおをしたせいぎのヒーロー 「アンパンマンとそらとぶうめのみ」 やなせたかし作・絵 フレーベル館(アンパンマンのおはなしわくわく10) 2006年9月

アンパンマン
あんぱんのかおをしたせいぎのヒーロー 「アンパンマンのクリスマス・イブ」 やなせたかし作・絵 フレーベル館 2004年11月

アンパンマン
あんぱんのかおをしたせいぎのヒーロー 「アンパンマンとまりもくん」 やなせたかし作・絵 フレーベル館(アンパンマンのおはなしでてこい6) 1995年7月

アンパンマン
あんぱんのかおをしたせいぎのヒーロー 「ゴミラのほし」 やなせたかし作・絵 フレーベル館(アンパンマン プチシアター) 2006年11月;フレーベル館(それいけ！アンパンマン) 2001年7月

アンパンマン
あんぱんのかおをしたせいぎのヒーロー 「ロールとローラ うきぐもじょうのひみつ」 やなせたかし作・絵 フレーベル館(アンパンマンプチシアター) 2006年11月

いえす

アンパンマン
あんぱんのかおをしたせいぎのヒーロー 「アンパンマンとまほうのふで」 やなせたかし作・絵 フレーベル館(アンパンマンのおはなしでてこい11) 1996年10月

アンパンマン
あんぱんのかおをしたせいぎのヒーロー 「てのひらをたいように」 やなせたかし作・絵 フレーベル館(アンパンマンプチシアター) 2006年7月;フレーベル館(それいけ!アンパンマン) 1998年7月

アンパンマン
あんぱんのかおをしたせいぎのヒーロー 「アンパンマンとかっぱのみず」 やなせたかし作・絵 フレーベル館(アンパンマンメルヘン3) 1991年8月

アンリ
山のふもとの村でクリスマスをまっている男の子 「クリスマスの花」 立原えりか文;江口あさ子絵 サンリオ(サンリオ創作絵本シリーズ) 1990年10月

アンリー
鳥のように空を飛ぶことをこころざした村の男の子 「飛びアンリー 沖縄の鳥人」 儀間比呂志作 海風社(南島叢書81) 2000年4月

あんりちゃん
おかしがだいすきだからおおきくなったらこっくさんになるおんなのこ 「おおきくなったらね」 菊地清作 大日本絵画(かわりんこえほん) 1989年12月

【い】

いいよおばあちゃん
すずしそうなこかげでほんをよんでいるとつぎつぎにどうぶつたちがやってきて「ちょっといれて」といわれたおばあちゃん 「ちょっといれて」 さとうわきこ作 偕成社(はじめてよむ絵本6) 1987年5月

イエスさま
タイムマシンにのってベツレヘムのうまやにやってきたふたりのこどもからインタビューをうけたイエスさま 「クリスマスのインタビュー」 土屋富士夫絵;吉池好高文 女子パウロ会 2003年10月

イエスさま
ガリラヤのまちにおいでになってあつまってきたたくさんのひとにかみさまのおはなしをしてくださったひと 「ふしぎなたいりょう」 河村員子文;小野かおる絵 女子パウロ会 1993年10月

イエスさま
おむかえするにはなにもないただしろいっぱいのふゆのくににおうまれになったイエスさま 「イエスさまが かざった ふゆ」 永田萌絵;いわはしじゅんいち文 女子パウロ会 1988年9月

イエスさま
カナというまちであったけっこんしきでぶどうしゅがなくなってしまってふしぎなことをしてくださったイエスさま 「カナのけっこんしき」 村上博子文;河井ノア絵 女子パウロ会 1987年7月

いえす

イエスさま
ベツレヘムでマリアさまからうまれたかみさまのこのおとこのこ 「クリスマスがきたよ」 森津和嘉子絵;山元眞文 女子パウロ会 2002年10月

イエスさま
まっくらなよぞらにおおきなほしがひかったばんにうまごやのなかでおうまれになったあかちゃん 「クリスマスおめでとう」 ひぐちみちこ作 こぐま社 1997年11月

イエス
マリアさまからうまれたかみさまのこども 「かぜがはこんだクリスマス」 つるみゆき文・絵 サンパウロ 2003年10月

イカ
おみせにやってきてラーメンをたべたイカ 「イカタコつるつる」 長新太作・絵 講談社(講談社の創作絵本) 2004年1月

イカタコさん
「ブーブー」とやってきたイカタコさん 「イカタコさんの ブーブーじどうしゃ」 長新太作 佼成出版社 1993年5月

イカン
いえでしてたびをしたなかよしさんにんのひとり 「となりのイカン」 中山千夏文;長谷川義史絵 自由国民社 2004年10月

イケメン
おつかいのかえりみちに「ぼく」がはいったみせものごやにいたいじめっこのおとこのこ 「十三夜はおそろしい」 梅田俊作;梅田佳子作 童心社(絵本・ちいさななかまたち) 1995年10月

イゴール
おんちなのでだれもいないだれもうたわないところへとびつづけていってすをつくったとり 「おんちのイゴール」 きたむらさとし文・絵 小峰書店(世界の絵本コレクション) 2006年5

いざなぎ
そらのかみさまからじめんをひとがひとがすめるようにしてみなさいとめいれいされたふたりのかみさまのおとこかみさま 「にほんたんじょう」 岸田衿子文;渡辺学絵 岩崎書店(復刊・日本の名作絵本3) 2002年4月

伊邪那岐 いざなぎ
はるか天のかなたにある神の国をおさめていた天之御中主の神から下界の国作りを命じられた二人の子孫の男神 「くにのはじまり」 赤羽末吉絵;舟崎克彦文 あかね書房(日本の神話 第一巻) 1995年10月

イザナギノミコト
死んだつまの女神イザナミノミコトをむかえに死者のすむ黄泉のくにへいった男神 「黄泉のくに」 谷真介文;赤坂三好絵;西本鶏介監修 ポプラ社(日本の物語絵本4) 2003年10月

いざなみ
そらのかみさまからじめんをひとがひとがすめるようにしてみなさいとめいれいされたふたりのかみさまのおんなのかみさま 「にほんたんじょう」 岸田衿子文;渡辺学絵 岩崎書店(復刊・日本の名作絵本3) 2002年4月

伊邪那美　いざなみ
はるか天のかなたにある神の国をおさめていた天之御中主の神から下界の国作りを命じられた二人の子孫の女神「くにのはじまり」赤羽末吉絵；舟崎克彦文　あかね書房（日本の神話 第一巻）1995年10月

イザナミノミコト
火の神をうんだとき大やけどをしてしまい死者のすむ黄泉のくにへたびだってしまった女神「黄泉のくに」谷真介文；赤坂三好絵；西本鶏介監修　ポプラ社（日本の物語絵本4）2003年10月

石　いし
川の中でひさしぶりに目をさましたらたくさんの小さなまるいつぶにかこまれていた石「川の中で」石渡みお文；宮本忠夫絵　くもん出版　2002年7月

石川 大輝くん　いしかわ・だいきくん
ボランティア組織メイク・ア・ウィッシュの応援でディズニーランドのホテルの一日社長になった難病の子ども「大輝くんのくじら」清水久美子文；笹尾俊一絵　講談社（講談社のノンフィクション絵本）2002年11月

いしこたろう
ちからたろうといっしょにたびをした大いしをころがすちからもち「ちからたろう」いまえよしとも文；たしませいぞう絵　ポプラ社（ポプラ社のよみきかせ大型絵本）2004年11月

いじちゃん
夏のある夜に空からおちてきたピンク色のふしぎな生きものであーちゃんが名まえをつけたいじけむしの子「いじけむし あーちゃんとの出会い編」KAZUKI作；きたむらえ画お絵　JDC出版　2005年5月

いしまるくん
組でいちばんけんかが強かった子で大きくなってらくごの人気ものになった人「ともだち」太田大八作・絵　講談社（講談社の創作絵本Best Selection）2004年10月

医者　いしゃ
おなじ日にぽっくりとしんでえんまさまのまえへやってきた大のなかよしの三人のひとり「えんまさまのしっぱい」おざわとしお；こばやししょうき文；ささめやゆき絵　くもん出版（子どもとよむ日本の昔ばなし8）2005年11月

いす
もちぬしのおとこのことなかよしになりいつもいっしょだったちいさいいす「ちいさいすのはなし」竹下文子文；鈴木まもる絵　ハッピーオウル社（おはなしのほん）2006年12月

いずみ
ゆきのやまをそりですべるのがこわくてできないおんなのこ「だんだんやまのそりすべり」あまんきみこ作；西村繁男絵　福音館書店（日本傑作絵本シリーズ）2002年11月

イゾウ
両親が離婚してお父さんと別々に暮らすことになった二人の姉弟の家のオウム「あしたてんきになあれ」薩摩菜々作；永松美穂子絵　未知谷　2005年6月

いそきち
海辺の小さな村にいたとてもつりはうまいがなかのいい友だちがひとりもいなかった少年「海からきたカサゴン」いとうじゅんいち作・絵　徳間書店　1998年7月

いそぽ

イソポカムイ(ウサギの神さま) いそぽかむい(うさぎのかみさま)
目の悪くなった年おいたウサギの神さま「イソポカムイ」四宅ヤエ語り;藤村久和文;手島圭三郎絵 福武書店 1988年3月

いたち
がちょうのたんじょうびによばれておならをがまんしていたのできぜつしてしまったいたち「がちょうのたんじょうび」新美南吉作;黒井健絵 にっけん教育出版社 2005年2月

イタチ
やまのどんばらタヌキのこぶんのイタチ「やまのむにゃむにゃ」内田麟太郎作;伊藤秀男絵 佼成出版社 2002年11月

いたち
たかいきのてっぺんにひっかかったたまごみたいなくもをたべてふわりとそらにうきあがったいたちのこども「みんなでそらをとびました」山下明生作;梶山俊夫絵 ポプラ社(えほんはともだち14) 1991年5月

いたち
ねずみとねことにわとりとみんなしてあそんでいるうちに二かいにかざってあるおそなえもちをたべようということになったいたち「ねずみ にわとり ねこ いたち」望月新三郎作;二俣英五郎絵 ポプラ社(絵本・子どものくに32) 1988年2月

いたち(アンドレ)
こぶたのブルトンのともだちのいたち「こぶたのブルトン あきはうんどうかい」中川ひろたか作;市居みか絵 アリス館 2006年9月

いたち(アンドレ)
こぶたのブルトンのともだちのいたち「こぶたのブルトン はるはおはなみ」中川ひろたか作;市居みか絵 アリス館 2006年3月

いたち(アンドレ)
こぶたのブルトンのともだちのいたち「こぶたのブルトン なつはプール」中川ひろたか作;市居みか絵 アリス館 2005年6月

いたち(アンドレ)
こぶたのブルトンのともだちのいたち「こぶたのブルトン ふゆはスキー」中川ひろたか作;市居みか絵 アリス館 2004年11月

いたち(タンチ)
うさぎのモモッチのおともだちでおしゃべりだいすきないたちのおとこのこ「たんじょうびのおきゃくさま」松岡節作;いもとようこ絵 ひかりのくに 2002年10月

いたち(ちい)
ゆきのひにきつねのきっことそりあそびにでかけたいたち「おおさむこさむ」こいでやすこ作 福音館書店(こどものとも傑作集) 2005年10月

いたち(チョロ)
たぬきのポンが山道でなくしたしっぽをひろったいたち「しっぽ5まんえん」清水敏伯作;岡本颯子絵 ポプラ社 2001年6月

いたち(にい)
ゆきのひにきつねのきっことそりあそびにでかけたいたち「おおさむこさむ」こいでやすこ作 福音館書店(こどものとも傑作集) 2005年10月

1　いち
すうじの7に「ぼくにそっくりななまえして。まねしんぼ」といってけんかをしたすうじの1　「1と7」二宮由紀子作；高畠純絵　ひかりのくに　2004年4月

イチ
山ふたつむこうにあるぶっかけ寺のおしょうさまにあずけられたこども　「花のくる道」筒井敬介文；太田大八絵　小峰書店（えほん・こどもとともに）1992年3月

いちご
くだものむらにすんでいたおおきないちごとちいさないちご　「いちごでなかよし」じゃんぼかめ作・絵　国土社（えほん・くだものむら3）1990年10月

一太郎　いちたろう
おばあさんがスイカうりにうりつけられたスイカからでてきたたいへんはたらきもののウマ　「たまごから生まれたウマ」谷真介文；赤坂三好絵　佼成出版社（十二支むかしむかしシリーズ）2006年12月

イチョウ
戦争でくろこげになったのにまたみどりの葉をつけた東京押上の飛木稲荷神社の七本のイチョウの木　「七本の焼けイチョウ」日野多香子文；さいとうりな絵　くもん出版　2001年10月

イチョウの木　いちょうのき
広島の平和こうえんのちかくになかよくならんで立っている二本の大きなイチョウの木　「雲のむこうに」毛利まさみち作・絵　汐文社　1996年2月

いちろう
ゆきのやまをそりですべるのがこわくてできないこぎつね　「だんだんやまのそりすべり」あまんきみこ作；西村繁男絵　福音館書店（日本傑作絵本シリーズ）2002年11月

一郎　いちろう
山猫からめんどうな裁判の手助けをたのまれた少年　「どんぐりと山猫」宮沢賢治文；佐藤国男絵　福武書店　1989年4月

一郎　いちろう
山猫からめんどうな裁判の手助けをたのまれた少年　「どんぐりと山猫」宮沢賢治作；高野玲子絵　偕成社（日本の童話名作選）1989年2月

一郎　いちろう
山猫からめんどうな裁判の手助けをたのまれた少年　「どんぐりと山猫」宮沢賢治作；田島征三絵　三起商行　2006年10月

いつか
阪神・淡路大震災でいもうとをうしなった女の子　「あの日をわすれない　はるかのひまわり」指田和子作；鈴木びんこ絵　PHP研究所（PHPにこにこえほん）2005年1月

一休　いっきゅう
「とんちの一休さん」として知られる名僧　「一休」大野俊明絵；高田桂子文　「京の絵本」刊行委員会　1999年10月

いっきゅうさん
あるおてらにいたあたまのいいこぞうさん　「いっきゅうさんのとんちばなし」岡本一郎文；塩田守男絵　世界文化社（ワンダー民話館）2005年11月

一休さん　いっきゅうさん
むかしあるお寺にいたかしこい小僧さん　「一休さん」宮尾しげを画；千葉幹夫文　講談社（新・講談社の絵本15）2002年5月

いっすんぼうし
おじいさんとおばあさんが村の氏神さまからさずかった小ゆびよりも小さな子である日おわんのふねにのってみやこへいった男の子　「いっすんぼうし」おざわとしお；もちづきみどり文；たしろさんぜん絵　くもん出版（子どもとよむ日本の昔ばなし2）2005年11月

いっすんぼうし
こどものいないじいさまとばあさまがさずかったこゆびくらいのこどもでおわんをふねにしてはしをかいにしてみやこへいったおとこのこ　「いっすんぼうし」松谷みよ子文；赤坂三好絵　フレーベル館（むかしむかしばなし10）1989年6月

一寸法師　いっすんぼうし
大阪にいた夫婦が住吉の明神におまいりしてさずかったせたけが三センチしかない子どもで十三さいになっておわんを舟にしてはしでこぎ都へのぼった男の子　「一寸法師」笠松紫浪絵；千葉幹夫文　講談社（新・講談社の絵本2）2001年4月

一寸法師　いっすんぼうし
むかし子どもがいないおじいさんとおばあさんが神さまからさずかったせのたかさが一寸しかない子で十二になったときおわんをふねにはしをかいにして都へいった男の子　「一寸法師」三輪良平絵；斉藤洋文　「京の絵本」刊行委員会　1999年10月

いっちゃん（いずみ）
ゆきのやまをそりですべるのがこわくてできないおんなのこ　「だんだんやまのそりすべり」あまんきみこ作；西村繁男絵　福音館書店（日本傑作絵本シリーズ）2002年11月

いつもんさん
おくさんとふたりでちいさなもりのちいさなゆうびんきょくをやっているたぬき　「いつもんさんのたんじょうび」すとうあさえ文；くまがいあつこ絵　ひくまの出版　1995年7月

いつもんさん
おくさんのはるさんとちいさなもりのちいさなゆうびんきょくをやっているたぬき　「いつもんさんのいちばんうれしい日」すとうあさえ文；くまがいあつこ絵　ひくまの出版　1995年11月

いつもんさん
おくさんのはるさんとちいさなもりのちいさなゆうびんきょくをやっているたぬき　「いつもんさんのおつきみ」すとうあさえ文；くまがいあつこ絵　ひくまの出版（たぬきのいつもんさんシリーズ）1995年10月

伊藤　いとう
北上山地のまん中にある種山ケ原の片隅で冬は木炭を焼いて暮らしていた人　「種山ケ原の夜」宮沢賢治原作；男鹿和雄翻案（絵と文）スタジオジブリ　2006年6月

イトちゃん
しんまちほいくえんのうさぎぐみのなかでいちばんせがひくいおんなのこ　「うさぎぐみとこぐまぐみ」かこさとし絵・文　ポプラ社（かこさとし こころのほん1）2005年10月

いぬ
めがまわって「きてよきてよはやくきてー」とよんだこいぬ　「きてよ きてよ はやくきてー」かこさとし作・絵　ポプラ社（350シリーズ おはなしえほん17）2002年4月

いぬ
なかよしのねことこわれないようにそーっとしゃぼんだまをおおきくしたいぬ 「なかよし」 さとうわきこ作・絵 PHP研究所(わたしのえほん) 2003年11月

いぬ
サンタさんがぷれぜんとをくばるのをてつだったこいぬ 「サンタさんとこいぬ」 長尾玲子作 福音館書店(日本傑作絵本シリーズ) 2001年10月

いぬ
まちのこうえんにいたひとりぼっちのいっぴきのこいぬ 「こいぬとてぶくろ」 矢部美智代作;義平雅夫絵 PHP研究所(PHPにこにこえほん) 1999年1月

いぬ
みんなにはおおきすぎてみっけられなくてずーっとひとりぼっでさみしかったこいぬ 「ともだちがほしかったこいぬ」 奈良美智絵・文 マガジンハウス 1999年11月

犬 いぬ
となり村から和尚さんの常念御坊についてきたやせこけたのら犬 「のら犬」 新美南吉作;鶴田陽子絵 大日本図書(絵本・新美南吉の世界) 2005年2月

犬 いぬ
名前もない捨て犬 「いぬとハナマン」 濱口優作・絵 主婦と生活社 2005年8月

犬 いぬ
デリーの街で野良犬として捕えられたのを法王さまが引き取った老犬 「ワンダーガーデン-老犬と仔ウサギの物語」 藤田理麻絵・文 扶桑社 2005年10月

いぬ(あしなが)
のらいぬたちからきらわれていたすらりとしたうつくしいいぬ 「あしなが」 あきやまただし作・絵 講談社 1999年9月

いぬ(アップル)
はるやすみになると「ぼく」がいくいなかのおばあちゃんのいえのいぬ 「白い風とりんごの花」 熊谷まちこ作・絵 PHP研究所(PHPにこにこえほん) 1997年3月

いぬ(アニー)
スイスのアルプスのゆきやまでひとのいのちをたすけるしごとをしているセントバーナードけんのおやこのおかあさん 「セントバーナードとたびびと-アニーとコラ」 やなせたかし作・絵 フレーベル館(やなせたかしの愛と勇気の絵本3) 1999年12月

犬(アルゴス) いぬ(あるごす)
目がふじゆうなご主人のおともをする名犬 「アルゴス、お正月の買い物」 みやかわけんじ作;なかじまけいか絵 新世研 2002年10月

犬(アルゴス) いぬ(あるごす)
名犬、ぼうけんが大すきな犬 「アルゴス、まち犬のぼうけん」 みやかわけんじ作;なかじまけいか絵 新世研 2001年11月

犬(アルゴス) いぬ(あるごす)
サンタさんをてつだった名犬 「アルゴス、サンタのおてつだい」 みやかわけんじ作;なかじまけいか絵 新世研 2002年10月

犬(犬丸左近) いぬ(いぬまるさこん)
花も盛りの上野の山であだうちを演じた犬 「花ふぶき江戸のあだうち」 舟崎克彦文;橋本淳子絵 文渓堂(絵本のひろば7) 1994年4月

いぬ

いぬ（イワン）
いきたいところへいけるふしぎなテーブルにのってきのこちゃんとそらをとんだいぬ「そらとぶテーブル」佐々木マキ作　福音館書店（日本傑作絵本シリーズ）2002年9月

いぬ（うめ吉）　いぬ（うめきち）
さくらちゃんとじんじゃへでかけたいぬ「うめ吉わん」ゆざわなつき文；なかしまきよし絵　KABA書房（シリーズ・うめ吉ものがたり）1987年1月

いぬ（エス）
うれしいときひとりでにゆれるしっぽがいやだとおもっているけんちゃんのともだちのいぬ「しっぽのうた」やなせたかし作・絵　金の星社（こどものくに傑作絵本）2000年2月

いぬ（おび）
だれかによばれたいぬ「だれかがよんだ」瀬川康男作　福音館書店　1992年6月

犬（ガク）　いぬ（がく）
人間のとうちゃんといっしょにカヌーで旅をしている犬「ガクの絵本」和田誠文・絵　ほるぷ出版　1999年5月

犬（ガク）　いぬ（がく）
人といっしょにカヌーに乗って旅をした犬「笹舟のカヌー」野田知佑文；藤岡牧夫絵　小学館　1999年4月

いぬ（カヤ）
チコちゃんとおにいちゃんといっしょにつみきであそんだいぬ「おうちをつくろう」角野栄子作；おざきえみ絵　学習研究社（学研おはなし絵本）2006年6月

いぬ（ガルシア）
「僕」といっしょに不思議な生きものコビトを探しにいったいぬ「こびとづかん」なばたとしたか作　長崎出版　2006年5月

いぬ（かんた）
まちのしょうぼうだんのしゃこのそばにあるいえにかわれていてしょうぼうしゃがとおるとおおきなこえでとおぼえをはじめるいぬ「ウーウーかんた」中村まさあき作　文化出版局　1998年2月

いぬ（キキ）
ふるいはこのなかからたからの地図をみつけたノラといっしょにたからさがしにでかけたともだちのいぬ「たからさがし」市川里美作・絵　徳間書店　2000年10月

いぬ（グー）
「ぼく」のだいすきなさみしがりやでわがままですごーくあまえんぼうのいぬ「だいすきなグー」ごとうやすゆき文；いもとようこ絵　PHP研究所　2005年3月

いぬ（クッキー）
いぬがだいすきなあやのうちにきたほんもののいぬ「あやのいぬ」たきざわさおり作　アスラン書房（心の絵本）2002年3月

いぬ（クマ）
じめんにころがっていたぬいぐるみのくまをいえにつれていったしろいいぬ「くまとクマ」松成真理子作　童心社　2005年10月

いぬ（グレイス）
いぬのジェイクがこうえんではじめてあったいぬのおんなのこ「しあわせってなあに？ JAKE'S FRIENDS」葉祥明絵・文；スネル博子英訳　自由国民社　2002年1月

いぬ

いぬ(クロ)
むれのボスのジロのなかまのくろいいぬ 「ジロがなく」 山下ケンジ作・絵 講談社 1996年8月

いぬ(クロ)
もうずいぶんとしをとっているけれどだいすけのうちのだいじないぬ 「クロは ぼくのいぬ」 宮川ひろ文;鈴木まもる絵 にっけん教育出版社 1998年7月

いぬ(クンタン)
ちいさいしょうぼうじどうしゃのウータくんとなかよしのいぬ 「ちいさいしょうぼうじどうしゃウータくん」 なすだじゅん作;かさはらりえ絵 ひくまの出版 1992年6月

いぬ(ケン)
うまれたときからのらいぬだったいぬ 「あしなが」 あきやまただし作・絵 講談社 1999年9月

いぬ(こちび)
「ぼく」のいもうとのおてんばでいたずらなこいぬ 「ぼくのいもうと」 木村泰子絵・文 至光社(至光社ブッククラブ国際版絵本) 1987年6月

いぬ(こはる)
いえでをしたしんちゃんにつれられていったいぬ 「ぼくきょうだけいえでする！」 福田岩緒作 童心社(絵本・ちいさななかまたち) 1995年7月

いぬ(コラ)
スイスのアルプスのゆきやまでひとのいのちをたすけるしごとをしているセントバーナードけんのおやこのこども 「セントバーナードとたびびと-アニーとコラ」 やなせたかし作・絵 フレーベル館(やなせたかしの愛と勇気の絵本3) 1999年12月

いぬ(コロ)
あかちゃんのときにししょうがっこうにきてからずっといるみんなのいぬ 「コロにとどけみんなのこえ」 今関信子文;夏目尚吾絵 教育画劇(絵本・ほんとうにあった動物のおはなし) 2002年4月

いぬ(ゴロ)
ターちゃんちのいちにちじゅうねているおじいさんのいぬ 「ターちゃんのてぶくろ」 おおしまたえこ作 ポプラ社(絵本のおもちゃばこ5) 2004年12月

いぬ(ゴロ)
ケンちゃんがおじさんからもらってだいじにそだてているこいぬ 「でていったゴロタ」 かこさとし絵・文 ポプラ社(かこさとし こころのほん3) 2005年10月

いぬ(ゴロウ)
たくやのうちにいるとしとった大きないぬ 「がんばれゴロウ！」 福田岩緒作 文研出版(えほんのもり14) 1989年9月

いぬ(ごろべえ)
ぱっとへんしんしていつもあやちゃんをたすけるおたすけにんじゃのいぬ 「にんじゃ ごろべえ-うみへいく ぱっ！」 矢崎節夫作;島田コージ絵 フレーベル館(げんきわくわくえほん29) 1997年8月

いぬ(ころわん)
おうちのむこうのそらにおさかなみたいなしろいくもをみつけたこいぬ 「ころわんとしろいくも」 間所ひさこ作;黒井健絵 チャイルド本社(大きな大きな絵本5) 2005年5月;ひさかたチャイルド 1998年5月

いぬ

いぬ（ころわん）
はやしのなかでどんぐりをいっぱいみつけたこいぬ「ころわんところころ」間所ひさこ作；黒井健絵　ひさかたチャイルド　2005年8月

いぬ（ころわん）
くさむらをはねまわっていたらくさのたねのちくちくもじょっていうものがいっぱいくっついたこいぬ「ころわんとちくちくもじょ」間所ひさこ作；黒井健絵　ひさかたチャイルド　2004年9月

いぬ（ころわん）
おともだちとみずたまりをひろげてプールにしてあそんだこいぬ「ころわんちゃぷちゃぷ」間所ひさこ作；黒井健絵　ひさかたチャイルド　2004年6月

いぬ（ころわん）
おかあさんがおうちのひととおでかけしたのでおるすばんをしたこいぬ「ころわんのおるすばん」間所ひさこ作；黒井健絵　ひさかたチャイルド　2003年3月

いぬ（ころわん）
おともだちのちょろわんとのはらじゅうのわたげをおもいっきりとばしてあそんだこいぬ「ころわんとふわふわ」間所ひさこ作；黒井健絵　ひさかたチャイルド　2003年4月

いぬ（ころわん）
クリスマスのよるにまっかなとんがりぼうしをひろったこいぬ「クリスマスのころわん」間所ひさこ作；黒井健絵　ひさかたチャイルド　2003年11月

いぬ（ころわん）
まんげつのよるにこうえんでこおろぎさんにあったこいぬ「ころわんとリーリー」間所ひさこ作；黒井健絵　ひさかたチャイルド　2003年9月

いぬ（ころわん）
おともだちとかくれんぼをしてなかなかみつけられなかったこいぬ「かくれんぼころわん」間所ひさこ作；黒井健絵　ひさかたチャイルド　2001年1月

いぬ（ころわん）
おともだちのちょろわんとどんぐりばやしでおじいさんいぬのたからさがしをてつだったこいぬ「ころわんのたからさがし」間所ひさこ作；黒井健絵　ひさかたチャイルド　2001年9月

いぬ（ころわん）
かぜをひいておいしゃさんにちゅうしゃをされたこいぬ「かぜひきころわん」間所ひさこ作；黒井健絵　ひさかたチャイルド（プチころわん）　1999年1月

いぬ（ころわん）
こうえんでみつけたみさちゃんというおにんぎょうをおうちへつれてかえったこいぬ「ころわんとおにんぎょう」間所ひさこ作；黒井健絵　ひさかたチャイルド　1999年9月

いぬ（ころわん）
こうえんでまいごになったあかちゃんねこをみつけたこいぬ「ころわんはおにいちゃん」間所ひさこ作；黒井健絵　ひさかたチャイルド（プチころわん）　1999年1月

いぬ（ころわん）
かぜのつよいひにかけっこをしておちばといっしょにはしったこいぬ「かぜのひのころわん」間所ひさこ作；黒井健絵　ひさかたチャイルド（プチころわん）　1998年8月

いぬ

いぬ(ころわん)
ふゆのひにやっこだこをもったこのあとをついていってまいごになったこいぬ「まいごのころわん」 間所ひさこ作；黒井健絵 ひさかたチャイルド 1996年10月

いぬ(ころわん)
おともだちとがががたんけんたいになってこうえんのこうじのくるまをみにいったこいぬ「ころわんと がががが」 間所ひさこ作；黒井健絵 ひさかたチャイルド(ころわんシリーズ) 1995年8月

いぬ(ころわん)
こいのぼりのあるおうちにみにいったこいぬ「ころわんとこいのぼり」 間所ひさこ作；黒井健絵 ひさかたチャイルド 1994年3月

いぬ(ころわん)
なつのよるにめがさめてちょっとだけよなかのおさんぽをしたこいぬ「よなかのころわん」 間所ひさこ作；黒井健絵 ひさかたチャイルド 1991年8月

いぬ(ころわん)
ごろごろかみなりがやってきてにげおくれたちょうちょうをおなかのしたにいれてあげたこいぬ「ころわんとごろごろ」 間所ひさこ作；黒井健絵 ひさかたチャイルド 1989年8月

いぬ(コロン)
くりんのさんぽにはいつでもいっしょの子いぬ「もりのおくりもの」 小比賀優子文；高林麻里絵 ほるぷ出版(くりんとコロンのおはなし) 1991年11月

いぬ(コロン)
くりんのさんぽにはいつでもいっしょの子いぬ「うみのひまわり」 小比賀優子文；高林麻里絵 ほるぷ出版(くりんとコロンのおはなし) 1991年6月

いぬ(コロン)
くりんのさんぽにはいつでもいっしょの子いぬ「ぎんいろのしゃぼんだま」 おびかゆうこ文；たかばやしまり絵 ほるぷ出版(くりんとコロンのおはなし) 1991年4月

いぬ(コロン)
くりんのさんぽにはいつでもいっしょの子いぬ「はっぱのおちゃかい」 小比賀優子文；高林麻里絵 ほるぷ出版(くりんとコロンのおはなし) 1991年9月

犬(ごん) いぬ(ごん)
漁師のおじいさんのかわりに讃岐のこんぴらさんへおまいりにいった犬「走れゴン-こんぴら狗物語」 湯村輝彦絵；多田とし子文 フレーベル館 1994年1月

いぬ(ごんちゃん)
みっちゃんのうちのいぬ「こっちむいて」 宮本忠夫作 新日本出版社(宮本忠夫 みっちゃんのえほん3) 1988年3月

いぬ(ごんちゃん)
みっちゃんのうちのいぬ「みっちゃんのくつはどこ」 宮本忠夫作 新日本出版社(宮本忠夫 みっちゃんのえほん1) 1988年3月

いぬ(ごんちゃん)
みっちゃんのうちのいぬ「ゆらゆらぶらんこ」 宮本忠夫作 新日本出版社(宮本忠夫 みっちゃんのえほん2) 1988年3月

いぬ

犬（さくら）　いぬ（さくら）
お父さんがごみの回収の仕事をしている遼とおなじ団地に住んでいるおじいさんの犬「行こさくら」西田英二文；荒川のり子絵　解放出版社　2001年3月

犬（サン）　いぬ（さん）
夕日が丘で夕日をみていた「ぼく」のそばにすわっていたのを家につれかえってかうことになった白い小犬「夕日が丘のサン」鈴木ゆき江作；末崎茂樹絵　ひくまの出版　2003年10月

いぬ（サンタ）
かずよちゃんちでかわいがられているまほういぬ「まほういぬサンタ」なすだじゅん作；こんどうりえ絵　ひくまの出版　1998年11月

いぬ（ジェイク）
ちょうちょさんといっしょにそらをとんだいぬ「ジェイクそらをとぶ」葉祥明絵・文　日本航空文化事業センター　1993年11月

いぬ（ジェイク）
サンタさんになってせかいじゅうのこどもたちのところにいったいぬ「ジェイクのクリスマス」葉祥明絵・文；リッキー・ニノミヤ英訳　自由国民社　1997年12月

いぬ（ジェイク）
りすのキキといっしょにあそんだいぬ「ジェイクのむぎわらぼうし」葉祥明絵・文；リッキー・ニノミヤ英訳　自由国民社　1997年6月

いぬ（ジェイク）
風の風船にのって大空の空気さんたちの国に案内してもらったいぬ「空気はだれのもの？ジェイクのメッセージ」葉祥明絵・文；リッキー・ニノミヤ英訳　自由国民社　1997年12月

いぬ（ジェイク）
青い海に潜ってみたいぬ「ジェイクと海のなかまたち　ジェイクのメッセージ」葉祥明絵・文；リッキー・ニノミヤ英訳　自由国民社　1998年12月

いぬ（ジェイク）
きょうもだいすきなこうえんのべんちにおひるねしにいくいぬ「しあわせってなあに？ JAKE'S FRIENDS」葉祥明絵・文；スネル博子英訳　自由国民社　2002年1月

いぬ（しっぺいたろう）
たんばのくににいたこうしのようなしろいおおきないぬ「しっぺいたろう」香山美子文；太田大八画　教育画劇（日本の民話えほん）　2000年3月

いぬ（じゅんぺい）
栃木県小山市のこうえんですてられてめをせっちゃくざいでふさがれたいぬ「えほん　めをふさがれたいぬ　じゅんぺい」関朝之作；日高康志画　ハート出版　2002年6月

いぬ（ジョン）
だいすきだったかいぬしのゆうくんに頭にきて町のなかに走りでたいぬ「あめあがり」きむらゆういち文；梶山俊夫絵　小峰書店（えほん・こどもとともに）　1998年6月

いぬ（じょん）
たんぽぽようちえんのいぬ「ちいさいみちこちゃん」なかがわりえこ作；やまわきゆりこ絵　福音館書店　1994年1月

いぬ（ジョン）
ある日あたたかなひかりにみちたやさしい世界へふしぎなたびをしたいぬ 「ジョンのふしぎなたび」 葉祥明文・絵 国土社 1999年12月

いぬ（しろ）
おじいちゃんがいなくなって「ぼく」とあさのさんぽにいったいぬ 「しろがはしる」 おぐらひろかず作・絵 ポプラ社(絵本カーニバル2) 2003年7月

いぬ（シロ）
だいすきだったかいぬしのみきちゃんがしんでしまったいぬ 「いつでも会える」 菊田まりこ著 学習研究社 1998年12月

いぬ（シロ）
しせつでせなかのしんけいをきられたじっけんようのいぬ 「星空のシロ」 井上夕香文；葉祥明絵 国土社 1998年7月

いぬ（ジロ）
けっしてなかないつよいいぬとしてむれのボスになったのらいぬ 「ジロがなく」 山下ケンジ作・絵 講談社 1996年8月

いぬ（ジロー）
「ぼく」がひろったこいぬでいつもいっしょにねていたけれどどんどんでっかくなったいぬ 「ジローとぼく」 大島妙子作・絵 偕成社 1999年6月

いぬ（ジロー）
2ねんかんのさすらいのたびのはてにじぶんをあいしてくれたひとたちのもとにかえってきたいぬ 「えほん かえってきたジロー」 綾野まさる作；サンク画 ハート出版 2003年1月

いぬ（じろう）
たろうのうちのいぬ 「いつもとちがうさんぽみち」 間所ひさこ作；なかのひろたか絵 国土社(えほん横町シリーズ1) 1994年4月

犬（次郎） いぬ（じろう）
村のどえ寺にいたはたらきものの犬 「どえ寺の次郎」 宮川大助文；宮川花子絵 京都書院(大助・花子の日本昔ばなし) 1989年11月

いぬ（シロちゃん）
ミケねこのミーちゃんのだいじなおともだちだったとなりのうちのいぬ 「ありがとうシロちゃん」 関屋敏隆作 文研出版(えほんのもり26) 1994年2月

いぬ（じろちょうけん）
静岡県清水市のにほんだいらのやまでたった一ぴきだけいきのこったやけんのボス 「ひとのこころをもったいぬ」 遠藤初江作；日高康志画 ハート出版 2001年9月

犬（シンちゃん） いぬ（しんちゃん）
体のふじゆうな木村さんのおてつだいをしている介助犬 「ありがとうシンシア 介助犬シンちゃんのおはなし」 小田哲明写真；山本由花文；太田朋絵 講談社(どうぶつノンフィクションえほん) 1999年6月

いぬ（スキップ）
おとこのこタックのいえのいぬ 「タックそらをゆく」 たむらしげる作 ブッキング 2006年10月

いぬ

いぬ(セブン)
こうえんにすてられていたのを「ぼく」たちみんなでそだてたいぬ「おばあちゃんとセブン」
山崎陽子文;鈴木まもる絵　女子パウロ会　1989年7月

犬(ソニア)　いぬ(そにあ)
いつもさんぽにつれていってくれたおとうさんがしんでしまってからげんきがなくなりぜんしんがまっしろになった黒毛のラブラドール犬「白いソニア」渕上サトリーノ作;さわたりしげお絵　自由国民社　2006年7月

いぬ(ダグちゃん)
もりのパトロールたいになったこいぬ「もりのパトロール」のっぽさん作;山本省三絵　小学館(心を育てるメッセージ絵本シリーズ)　1996年8月

いぬ(タロ)
たつおくんがかっているいぬ「おかあさんのおとしもの」佐藤さとる文;しんしょうけん画　童心社(絵本・こどものひろば)　1993年5月

犬(タロウ)　いぬ(たろう)
川原で黄色いボールをおっているあいだにケンちゃんとパパにおいていかれてしまった犬「黄色いボール」立松和平文;長新太絵　河出書房新社(立松和平との絵本集1)　1996年5月

いぬ(タンクル)
おかあさんのベッツといっしょにどうぶつびょういんでかんごふさんのしごとをしているラブラドルレトリーバーといういぬ「いぬのかんごふさん ベッツとタンクル」井上こみち文;広野多珂子絵　教育画劇(絵本・ほんとうにあった動物のおはなし)　2002年3月

いぬ(チーズ)
アンパンマンたちせいぎのなかまのおてつだいをするいぬ「アンパンマンとつみきのしろ」やなせたかし作・絵　フレーベル館(アンパンマンのぼうけん5)　1988年1月

いぬ(チーズ)
アンパンマンたちせいぎのなかまをたすけるいぬ「アンパンマンとみえないまん」やなせたかし作・絵　フレーベル館(アンパンマンのぼうけん9)　1988年7月

いぬ(チップ)
こいぬのきょうだいのおにいさん「チップとチョコのおでかけ」どいかや作・絵　文渓堂　1996年4月

いぬ(チップとチョコ)
おかあさんにおるすばをたのまれたこいぬのきょうだい「チップとチョコのおるすばん」どいかや文・絵　文渓堂　2002年4月

いぬ(チップとチョコ)
おかあさんにおつかいをたのまれておみせにいったこいぬのきょうだい「チップとチョコのおつかい」どいかや文・絵　文渓堂　1999年4月

いぬ(チップとチョコ)
おばあちゃんがくれたマフラーをしておでかけしたこいぬのきょうだい「チップとチョコのおでかけ」どいかや作・絵　文渓堂　1996年4月

いぬ(ちび)
やっくんがつれてるいぬ「やっくんとこいぬ」間所ひさこ作;福田岩緒絵　PHP研究所(PHPのえほん)　1987年6月

いぬ

犬（チビ）　いぬ（ちび）
7匹のみなしごの動物たちと毎日オリの中で暮らしていた仔犬「こころの森」はせがわゆうじ作・絵　ウオカーズカンパニー　1990年4月

いぬ（チビクロ）
おかあさんがつくったクロワッサンでおなかがいっぱいになったのでおひるねをすることにしたいぬのこ「チビクロひるね」森まりも絵・文　北大路書房　1998年7月

いぬ（チャチャ）
「ぼく」をまもろうとしてトラックにひかれてしんでじどうしゃになったいぬ「ぶぶチャチャ」lku；アミノテツロー作；にしだかんじ絵　講談社　1999年1月

犬（チャチャ）　いぬ（ちゃちゃ）
飼い主の子を守ろうとしてトラックにひかれて死んだ犬「そばにいるよ－ぶぶチャチャより」おけやあきら文；おちしんじ絵　PHP研究所　2000年5月

犬（チャンス）　いぬ（ちゃんす）
ハナ岬の小さな家で小さな哲学者あつぼうと暮らしている盲導犬に憧れる子犬「あつぼうのゆめ　名犬チャンス物語2」岡花見著　学習研究社　2001年11月

犬（チャンス）　いぬ（ちゃんす）
ハナ岬の小さな家で暮らしている盲導犬に憧れる子犬「信じるきもち」岡花見著　学習研究社（名犬チャンス物語1）　2001年11月

いぬ（チョコ）
こいぬのきょうだいのいもうと「チップとチョコのおでかけ」どいかや作・絵　文渓堂　1996年4月

いぬ（チョビコ）
キヨシのうちにもらわれてきたちいさくてチョビっとしているメスのこいぬ「おれんちのいぬチョビコ」那須田淳文；渡辺洋二絵　小峰書店（絵童話・しぜんのいのち6）　1994年9月

いぬ（ちりん）
あかいやねとみどりのしばふがきれいなうちにかわれている六さいのぷーどる「ぽんちとちりん」志茂田景樹作；柴崎るり子絵　KIBA BOOK（よい子に読み聞かせ隊の絵本5）　2000年10月

いぬ（チロ）
にちようびにだいすけのママがママをおやすみにしてかわりにママになったいぬ「とりかえっこのにちようび」いそみゆき作・絵　ひさかたチャイルド　1997年8月

犬（チロ）　いぬ（ちろ）
おしろではたらくらんぼうもののブルとなかまたちにいじめられる小さい犬「いじめられっこチロ」武鹿悦子文；いそけんじ絵　ひかりのくに（思いやり絵本シリーズ2）　1994年3月

いぬ（チワオ）
「ぼくがあかんぼうのときからそばにいて14さいのおじいちゃんになったチワワ「さよならチワオ」なりゆきわかこ作；津金愛子絵　ポプラ社（絵本カーニバル9）　2006年5月

いぬ（テン）
きょうりゅうがだいすきなベイナスおじさんとタマネギぼうやにつれられてきょうりゅうのくにへやってきたいぬ「きょうりゅうチャンピオンはだあれ？」多田ヒロシ作；冨田幸光監修　教育画劇（きょうりゅうだいすき！）　1999年7月

いぬ

いぬ(デン)
たかしがこうえんからつれてきていえでかってもいいことになったすていぬ「げんこのキモチ」礒みゆき作・絵 ポプラ社(絵本のおもちゃばこ8) 2005年6月

いぬ(どっちーぬくん)
みんなとあそぼうとおもってくまくんややぎさんやかばくんのところへいったいぬのおとこのこ「どっちーぬくん」あきやまただし作・絵 鈴木出版(ひまわりえほんシリーズ) 2002年9月

いぬ(トト)
子いぬのときからミカのうちに飼われていた年よりのいぬ「秋空のトト」那須正幹作；永田萠絵 ポプラ社(絵本の時間14) 2002年9月

いぬ(トビー)
サンサンマンのなかまのはねのあるいぬ「サンサンマンとジャマスルマン もぐもぐもくばでリサイクル」櫻田のりこ文；やなせたかし絵 フレーベル館 2002年4月

いぬ(トラン)
みなみのしまののんきなむらにいた2ひきのこいぬのしましまもようのねえさんいぬ「トランとブッチのぼうけん」もとしたいづみ文；あべ弘士絵 ポプラ社(みんなで絵本6) 2002年11月

いぬ(トルテ)
おちゃがのめるおみせをひらいたプードル「トルテのピンクケーキ」やまだうたこ作 学習研究社(学研おはなし絵本) 2006年6月

いぬ(ナスビ)
ただのいぬじゃないいぬ「ナスビだよーん」舟崎克彦作・絵 ポプラ社(絵本のぼうけん10) 2003年1月

いぬ(ナッツ)
りっちゃんのうちのいぬ「やきいもの日」村上康成作・絵 徳間書店 2006年9月

いぬ(ナミ)
うみのみえるおかのまんなかに「わたし」のうちができたおいわいにともだちがもってきてくれたこいぬ「わたしのかわいいナミちゃん」加古里子写真・文 ポプラ社(かこさとし こころのほん10) 1987年2月

いぬ(ニッキー)
リリィのいえのこいぬ「リリィのさんぽ」きたむらさとし作・絵 平凡社 2005年7月；大日本絵画 1989年7月

犬(ハチ) いぬ(はち)
しんでしまったごしゅじんのせんせいを渋谷のえきでまちつづけた秋田犬「えほん ほんとうのハチこうものがたり—も・い・ち・ど・あ・い・た・い」あやのまさる作；ひだかやすし画 ハート出版 2002年10月

いぬ(バム)
おかいもののひにケロちゃんとくるまにのっていちばにでかけたいぬ「バムとケロのおかいもの」島田ゆか作・絵 文溪堂 1999年2月

いぬ(バム)
とてもさむいひケロちゃんとスケートぐつをもってうらのいけにいってみたいぬ「バムとケロのさむいあさ」島田ゆか作・絵 文溪堂 1996年12月

いぬ

いぬ（バム）
ケロちゃんといっしょにひこうきにのっておじいちゃんちにあそびにいったいぬ「バムとケロのそらのたび」島田ゆか作・絵　文渓堂　1995年10月

いぬ（バム）
あめのにちようびにケロちゃんとほんをよむことにしたいぬ「バムとケロのにちようび」島田ゆか作・絵　文渓堂　1994年9月

いぬ（はやたろう）
まいとしむらのまつりのよるにむすめをさらっていくばけものをたいじしたえちごたかだのいぬ「はやたろう」松谷みよ子監修；小沢清子文；太田大八絵　小学館（松谷みよ子の子どもに伝えたい日本昔話）2001年8月

犬（バンボ）　いぬ（ばんぼ）
人間の国で犬生をおえてから犬の国へ行ったフレンチドッグの男の子「犬の国ピタワン」松井雄功絵；田中マルコ絵　ブロンズ新社　2006年6月

いぬ（ピーコ）
ぼくんちからにげだしておおきなにわのあるいえでポンチャンとよばれていたいぬ「ピーコポンチャン」ねじめ正一作；あべ弘士絵　鈴木出版（ひまわりえほんシリーズ）2001年10月

犬（ピーコ）　いぬ（ぴーこ）
しんで人間もどうぶつも虫も魚もみんないる光のせかいにいる犬「ピーコ　光の地図」濱井千恵文；久条めぐ絵　エフエー出版　2002年7月

いぬ（ピッピ）
きいちゃんのあいぼうのこいぬ「きいちゃんのひまわり」おおしまたえこ作；かわかみたかこ絵　ポプラ社（きいちゃんのたからもの絵本4）2001年7月

いぬ（ピッピ）
にわにトンネルをほってきいちゃんにいろんなプレゼントをはこんできてくれたこいぬ「きいちゃんとどろんこピッピ」おおしまたえこ作；かわかみたかこ絵　ポプラ社（きいちゃんのたからもの絵本2）2000年3月

いぬ（ピッピ）
きいちゃんのあいぼうのこいぬ「きいちゃんとドロンじいさん」おおしまたえこ作；かわかみたかこ絵　ポプラ社（きいちゃんのたからもの絵本5）2004年7月

いぬ（ひな）
てんぐとあそんだこいぬ「ひなとてんぐ」瀬川康男作　童心社（こいぬのひな1）2004年10月

いぬ（ひな）
なんでもしりたいこいぬ「ひな」瀬川康男作　童心社（こいぬのひな1）2004年10月

いぬ（ビモ）
ワタルの家のいぬ「よわむしワタル」川滝かおり作；林静一絵　ウオカーズカンパニー（創作絵本シリーズ）1989年9月

いぬ（ビリー）
12さいのにんげんでいうと70さいくらいのいぬ「ビリーは12さい」相馬公平作；梶山俊夫絵　佼成出版社（創作絵本シリーズ）2001年4月

いぬ

犬（富士号） いぬ（ふじごう）
山の中にすてられて首輪のクサリを木にまきつけられてちゅうづりのようになっていたところをたすけられた犬 「いのち輝け 富士号」 角谷智恵子文；滝波明生画 河合楽器製作所・出版事業部 1995年1月

犬（プーチン） いぬ（ぷーちん）
「ぼく」が学校へいくと家を脱出してしまって車にはねられてた子犬 「がんばれプーチン」 おぼまこと作・絵 カワイ出版 1998年6月

いぬ（ブッチ）
みなみのしまののんきなむらにいた2ひきのこいぬのしろくろもようのおとうといぬ 「トランとブッチのぼうけん」 もとしたいづみ文；あべ弘士絵 ポプラ社（みんなで絵本6） 2002年11月

犬（ブラックの親分） いぬ（ぶらっくのおやぶん）
大阪の繁華街キタで生きる野良犬のボス 「悲しい犬やねん」 桂三枝文；黒田征太郎絵 アートン（桂三枝の落語絵本シリーズ3） 2005年11月

犬（ブル） いぬ（ぶる）
おしろで小さい犬のチロをいじめるらんぼうものの犬 「いじめられっこ チロ」 武鹿悦子文；いそけんじ絵 ひかりのくに（思いやり絵本シリーズ2） 1994年3月

いぬ（ブルくん）
ママがおでかけでひとりでおるすばんをしたばんけん 「ばんけんブルくん」 うちべけい作・絵 PHP研究所（PHPにこにこえほんシリーズ） 1994年8月

犬（ブル太さん） いぬ（ぶるたさん）
おませな女の子なりちゃんのボディガードのパグ犬 「なりちゃんのブル太さん」 高橋三千綱作；宮崎博和絵 サンリオ（サンリオ創作絵本シリーズ） 1988年7月

いぬ（フレーミー）
そうじきにはなをすいこまれてしまったいぬ 「フレーミーとそうじき」 ユーフラテス；うちのますみ作 ポプラ社（ピタゴラブック2） 2006年11月

いぬ（ペス）
ツトムちゃんのうちのいぬ 「ぼくがパジャマにきがえていると」 にしかわおさむ作・絵 PHP研究所（PHPわたしのえほんシリーズ） 1999年11月

いぬ（ペス）
ツトムのうちのいぬ 「ミイラくんあそぼうよ」 にしかわおさむ作・絵 PHP研究所（わたしのえほん） 2006年12月

いぬ（ベッツ）
むすめのタンクルといっしょにどうぶつびょういんでかんごふさんのしごとをしているラブラドルレトリーバーといういぬ 「いぬのかんごふさん ベッツとタンクル」 井上こみち文；広野多珂子絵 教育画劇（絵本・ほんとうにあった動物のおはなし） 2002年3月

犬（ペペ） いぬ（ぺぺ）
だめロボット犬とっちーのライバルのほんものの犬 「ロボット犬とっちーとライバル犬ペペ」 山下友弘作・絵 文渓堂 2002年5月

いぬ（ペロ）
まことどろんこあそびをしたいいぬ 「まことは どろんこぶた」 おおともやすお作 偕成社（げんきなまこと2） 1989年10月

いぬ(ポイントさん)
どうぶつまちのめいたんていのいぬ「ポイントさんは めいたんてい」多田ヒロシ作・絵 PHP研究所(PHPわたしのえほんシリーズ) 1987年8月

犬(ボク)　いぬ(ぼく)
たけちゃんがいえもしごともないおじさんがくらすかわのよこにあった青いテントごやのまえにひろってまたすてた犬 「青いひこうせん」宮本忠夫作・絵　ポプラ社(絵本の時間6) 2001年8月

いぬ(ポク)
三びききょうだいのうさぎがもらわれてきたおにいさんのアーボさんのうちのいぬ「月夜の子うさぎ」いわむらかずお作　クレヨンハウス　1996年9月

いぬ(ポチ)
主人公「ぼく」のうちのいぬ「12カ月のおてつだい」きたやまようこ作　理論社(ぼくとポチのシリーズ)　2005年3月

いぬ(ポチ)
「ぼく」んちにいるくいしんぼうでさんぽがすきないぬ「ぼくんちのポチ」長崎さゆり作・絵　講談社　1988年9月

いぬ(ポチ)
主人公「ぼく」のうちのいぬ「ぼくとポチのたんてい手帳」きたやまようこ作　理論社　2001年4月

いぬ(ポチポチ)
ドアのむこうのどうぶつのレストランに「わたし」をつれていってくれたこいぬ「ポチポチのレストラン」井川ゆり子文・絵　文溪堂　2005年12月

いぬ(ポチポチ)
もりのおくのどうぶつのとしょかんに「ぼく」をつれていってくれたこいぬ「ポチポチのとしょかん」井川ゆり子文・絵　文溪堂　2003年11月

いぬ(ぽっけちゃん)
おはなをつんでおばあちゃんのおうちにいったいぬのおとこのこ「ぽっけちゃんのおでかけ」那須田淳作;黒井健絵　ひくまの出版　2003年3月

いぬ(ぽっぽ)
かっちゃんのおばあちゃんちのいぬ「うみにあいに」いわさゆうこ著　アリス館　2003年5月

犬(ボビー)　いぬ(ぼびー)
スコットランドのエディンバラで巡査をしていた主人のグレーの死後14年間その墓を守りつづけた献身的な犬「エディンバラのボビー」鷲塚貞長作;祖父江博史画　KTC中央出版　2002年4月

いぬ(ボロ)
学校にいたはいいろのモップのような大きなのらいぬ「ボロ」いそみゆき作;長新太絵　ポプラ社(えほんとなかよし)　1998年11月

いぬ(ポンス)
もりのそばにあったながいことあきやだったふるいいえにすみついていたいぬ「ノックがとんとん」にしかわおさむ作・絵　PHP研究所(PHPわたしのえほんシリーズ)　1988年10月

いぬ

いぬ(ぽんち)
あかいやねとみどりのしばふがきれいなうちにかわれている十六さいになるせんとばーなーどけん「ぽんちとちりん」志茂田景樹作；柴崎るり子絵　KIBA BOOK(よい子に読み聞かせ隊の絵本5)　2000年10月

犬(マイケル)　いぬ(まいける)
クリスマスイブにママがやいたクッキーをおばあちゃんのうちにとどけることになったジョイといっしょの仲よしの犬「クッキークリスマス−クリスマスイブのふしぎなおはなし」うすいのりこ作；きたやまようこ絵　偕成社　1991年11月

いぬ(マイロ)
ベンジャミンこのほとりにすむミーシャおばさんのいえのいぬがうんだ7ひきのこいぬのなかでいちばんちいさいこわがりのいぬ「まいごのマイロ」大島妙子作　あかね書房(あかね・新えほんシリーズ24)　2005年10月

いぬ(マダラ)
ジロがひきいるむれになかまいりしたちいさなマダラもようのいぬ「ジロがなく」山下ケンジ作・絵　講談社　1996年8月

犬(マリモ)　いぬ(まりも)
みかちゃんが飼っていた犬「ねえ、マリモ」やまだけいた文；さかざきちはる絵　講談社　2005年3月

犬(まんだらの安)　いぬ(まんだらのやす)
大阪の繁華街ミナミで生きる野良犬のボス「悲しい犬やねん」桂三枝文；黒田征太郎絵　アートン(桂三枝の落語絵本シリーズ3)　2005年11月

いぬ(ムク)
ひろくんとのはらにいってくまさんのまくらでおひるねしたいぬ「おひるね いっぱい」いしなべふさこ作　偕成社(はじめてよむ絵本8)　1988年7月

いぬ(ムクムク)
どうぶつえんにいたみなしごのライオンのブルブルをおかあさんのかわりをしてそだてためすいぬ「やさしいライオン」やなせたかし作・絵　フレーベル館(フレーベル館の大型えほん)　2006年4月

いぬ(むさし)
いぬのがっこうにいってじぶんもなにかやくにたちたいなとおもったのんびりけん「もしもぼくがいぬのがっこうにいったら」きたやまようこ作　小学館　1995年1月

犬(ムサシ)　いぬ(むさし)
グレーのねこのマルテがかわれることになったいえにいたせんぱいの紀州犬「マルテの冒険」おざきたけひろ作；おざきゆきこ絵　ARTBOXインターナショナル(ART/GALLERYシリーズ)　2006年6月

いぬ(ムーバウ)
ひっこしをしたくなってふどうさんやさんにでかけたいぬ「いぬのムーバウ いいねいいね」高畠那生作・絵　講談社(講談社の創作絵本)　2004年9月

犬(ムンシー)　いぬ(むんしー)
こどもたちがたくさんいる止揚学園にもらわれてきた一ぴきの子犬「はしれムンシー！」福井達雨編；止揚学園園生絵　偕成社　1989年9月

いぬ(モップ)
みーちゃんとおさんぽにいってまいごになってしまったいぬ「まいごになったモップ」鹿目佳代子作　福武書店　1989年2月

犬(ラビ)　いぬ(らび)
サッちゃんの家の近くの原っぱに住んでいてこどもを産んだのら犬「ラビと9匹の小犬たち。」小田桐昭文・絵　フジテレビ出版　2001年5月

いぬ(リュック)
パンやのジーナさんのいぬ「リュック、コンクールへいく」いちかわなつこ作・絵　ポプラ社(絵本の時間42)　2005年2月

いぬ(リュック)
パンやのジーナさんのいぬ「リュックのおしごと」いちかわなつこ作・絵　ポプラ社(絵本の時間16)　2002年10月

いぬ(リュック)
パンやのジーナさんのいぬ「リュックのピクニック」いちかわなつこ作・絵　ポプラ社(絵本の時間30)　2003年9月

いぬ(リリ)
あるうちにやってきたまっくろのこいぬ「リリ」はらだゆうこ作・絵　BL出版　1998年11月

犬(ルーカス)　いぬ(るーかす)
「わたし」とパートナー氏の海辺の家で飼われることになったきつねのような小犬「犬のルーカス」山本容子作　ほるぷ出版(イメージの森)　1994年4月

犬(ロビン)　いぬ(ろびん)
かいぬしにすてられてじどうこうえんにいた犬「だいじょうぶロビン」おぼまこと作・絵　カワイ出版　1999年10月

いぬ(わんたくん)
ふじみちょう6ちょうめするめだんちにすんでいるいぬ「わんたくんとカラス」いたやゆきえ作　アスラン書房(心の絵本)　2002年1月

いぬ(わんたくん)
ふじみちょう6ちょうめするめだんちにすんでいるいぬ「6ちょうめのわんたくん」いたやゆきえ作　アスラン書房　2001年10月

いぬとねこ
ほとけさまをとられてびんぼうになったちょうじゃさんのためにほとけさまをとりかえしにいったいぬとねこ「いぬとねこのおんがえし」太田大八絵　鈴木出版(チューリップえほんシリーズ)　2002年10月

いぬとねこ
むかしびんぼうなじいさまにだいじにかわいがられていたいぬとねこ「いぬとねこと ふしぎな玉」鶴見正夫文;村上豊絵　佼成出版社(民話こころのふるさとシリーズ)　1993年3月

いぬのにんじゃ
すっぽんぽんのすけのてきのわるもののいぬのにんじゃ「すっぽんぽんのすけ せんとうへいくのまき」もとしたいづみ作;荒井良二絵　鈴木出版(たんぽぽえほんシリーズ)　2002年1月

いぬの

いぬのにんじゃ
すっぽんぽんのすけのてきのわるもののいぬのにんじゃ 「すっぽんぽんのすけ デパートへいく」もとしたいづみ作；荒井良二絵　鈴木出版（たんぽぽえほんシリーズ）　2004年2月

いぬのにんじゃ
はだかのヒーローすっぽんぽんのすけのてきのわるもののいぬのにんじゃ 「すっぽんぽんのすけ」もとしたいづみ作；荒井良二絵　鈴木出版（たんぽぽえほんシリーズ）　1999年11月

犬丸左近　いぬまるさこん
花も盛りの上野の山であだうちを演じた犬 「花ふぶき江戸のあだうち」舟崎克彦文；橋本淳子絵　文渓堂（絵本のひろば7）　1994年4月

イネオ
村の小学校の一年生の男の子 「村のお医者さん」三芳悌吉作　福音館書店（日本傑作絵本シリーズ）　1989年11月

いねさん（かあさん）
ある日とつぜん大切なむすこたちが戦地につれていかれたかあさん 「ただいま、かあさん」水野寿美子作；梅田俊作絵　ポプラ社（えほんとなかよし59）　1999年7月

いねむりおじさん
いつもいねむりばかりしているまんが家 「アップクプ島のぼうけん-いねむりおじさんとボクくん」やなせたかし作・絵　ウオカーズカンパニー（創作絵本シリーズ）　1989年7月

井上博士　いのうえはくし
地球からロケットにのってビス・ビス・ビス星にやってきた博士 「ビス・ビス・ビス星ものがたり」手塚治虫著　河出書房新社（手塚治虫のえほん館 別巻2）　1990年6月

イノシシ
十五夜のお月さまに見せるだしものですもうをとろうとおもいついたイノシシのきょうだい 「イノシシとお月さま」谷真介文；赤坂三好絵　佼成出版社（十二支むかしむかしシリーズ）　2006年11月

いのしし
村のおひゃくしょうのさくべえさんとはたけの土もりをしたらむすめをよめにもらうやくそくをしたいのしし 「いのこのまつり」谷真介文；赤坂三好絵　佼成出版社（行事むかしむかし 10月 収穫、感謝のはなし）　1991年9月

いのしし（ウリくん）
もりのかけっこたいかいにでたいのしし 「はしれ！ウリくん」きむらゆういち作；せべまさゆき絵　金の星社（新しいえほん）　2003年7月

イノシシ（ウリ坊）　いのしし（うりぼう）
シャボン玉の中にはいって雲の上にあるサツマイモ王国へいったイノシシの末っ子 「ウリ坊、サツマイモ王国へいく」溝江玲子作；青羽空絵　東京経済　1997年10月

いのしし（ノッシー）
ひなたむらいちばんのちからもちのいのしし 「きてきて！ノッシー」やすいすえこ作；みやもとただお絵　PHP研究所（PHPのえほん）　1992年3月

いのしし（ラッタちゃん）
ひなたむらにひっこしてきたいのししのおんなのこ 「きてきて！ノッシー」やすいすえこ作；みやもとただお絵　PHP研究所（PHPのえほん）　1992年3月

いのししくん
あるひこころはっぱのきのしたで「ああ、ともだち、ほしいなあ」といったいのししくん 「こころはっぱ」 やすいすえこ作；黒井健絵 佼成出版社 2003年6月

いのししのこ
かばのなんでもやになりたいとかばのなんでもやにやってきたいのししのこ 「ぼくだよ ぼくだよ」 佐野洋子作；広瀬弦絵 リブロポート（かばのなんでもや4） 1990年8月

いのはなぼうず
おばあちゃんとはじめてきのことりにいったみほのまえにやぶからちゅうがえりをしながらでてきたおとこのこ 「みほといのはなぼうず」 筒井頼子作；山内ふじ江絵 福音館書店 2001年4月

イノブタくん
きたのまちのぼくじょうにいたイノシシのようなかたいけがせなかいちめんにはえていたのでイノブタくんとよばれていた子ブタ 「イノブタくんの父さんさがし」 牧島敏乃作；中原陽子絵 ほるぷ出版 1988年6月

イプー
ゆめみるひとのこころのなかにいるいろんなものにへんしんできるいきもの 「イプーとまほうのトンネル」 片岡道子作；ふじしま青年絵 旺文社（イプーファンタジーワールド） 2000年4月

イプー
ゆめみるひとのこころのなかにいるいろんなものにへんしんできるいきもの 「イプーと空とぶじてんしゃ」 片岡道子作；ふじしま青年絵 旺文社（イプーファンタジーワールド） 1999年3月

イプー
ゆめみるひとのこころのなかにいるいろんなものにへんしんできるいきもの 「イプーとイルカの海」 片岡道子作；ふじしま青年絵 旺文社（イプーファンタジーワールド） 1998年12月

イプー
ゆめみるひとのこころのなかにいるいろんなものにへんしんできるいきもの 「イプーとにじの森」 片岡道子作；ふじしま青年絵 旺文社（イプーファンタジーワールド） 1998年12月

イプー
ゆめみるひとのこころのなかにいるいろんなものにへんしんできるいきもの 「イプーとまいごのサンタクロース」 片岡道子作；ふじしま青年絵 旺文社（イプーファンタジーワールド） 2000年4月

イボンヌ
としよりの大工さん夫婦とすんでいたねこのさんきちがあった大使館の白いかわいいねこ 「イボンヌとさんきち」 小沢良吉作 小峰書店 1999年11月

いもうと
てんこうした学校でいじめにあいやがて学校へいかなくなった「わたし」のいもうと 「わたしの いもうと」 松谷みよ子文；味戸ケイコ絵 偕成社（新編・絵本平和のために5） 1987年12月

いもうと
なんでも「ぼく」とおなじことをするまねしんぼうのいもうと 「まねしんぼう」 みやにしたつや作・絵 岩崎書店（わくわくえほん9） 1999年6月

いもむ

イモムシ
モミの木の森でようせいとふたりでさみしクリスマスイブをいわっていたイモムシ 「サンタクロースのさいごのプレゼント」 鈴木純子作・絵 ブックローン出版 1989年11月

いもむし
おなかがすいてうごけなくてみちばたでくるしんでいた一ぴきのいもむし 「こびといもむし」 肥塚彰原作;黒崎義介文・絵 フレーベル館（おはなしえほん13） 1987年3月

いもむし（パピ）
ようふくをつくるのがしごとのしたてやさんのいもむし 「いもむしパピはしたてやさん」 前田まゆみ作・絵 PHP研究所（PHPにこにこえほん） 1998年3月

いもむし（フローラ）
はりねずみのピックルとなかのよいともだちになったいもむしのおんなのこ 「はりねずみのピックル」 山崎陽子文;いもとようこ絵 女子パウロ会 1988年10月

イルカ（Kちゃん）　いるか（けーちゃん）
お腹に「K」の形をした傷があって尾びれにつり糸がからまった海のイルカ 「イルカのKちゃん」 田口周一;DOLPHIN CLUB文;大島良子絵 教育出版 2004年6月

イルカ（ネイル）
イルカプールでいちばんのスターの女の子のバンドウイルカ 「ぼく、イルカのラッキー」 越水利江子作;福武忍絵 毎日新聞社 2006年12月

いるか（ピューイ）
なつやすみにうみにでかけたけんたがあさせにまよいこんでうごけなくなっているのをたすけてやったいるか 「いるかのうみ」 菅瞭三作 福音館書店（日本傑作絵本シリーズ） 1997年9月

イルカ（ラッキー）
イルカプールでジャンプを見せる男の子のカマイルカ 「ぼく、イルカのラッキー」 越水利江子作;福武忍絵 毎日新聞社 2006年12月

いるか（ルーくん）
ウルトラねこのジロちゃんがあったまいごになったいるかのこ 「ジロちゃんといるかのルーくん」 やすいすえこ作;田中四郎絵 フレーベル館（ウルトラジロちゃんシリーズ2） 1993年4月

いろごん
まちにあらわれたきれいないろをひとりじめするいたずらかいじゅう 「かいじゅう いろごん」 高畠ひろき作・絵 フレーベル館（げんきわくわくえほん4） 1995年7月

いろのまほうつかい
じゆうじざいにいろをあやつることができるこどものまほうつかい 「まほうつかいのいろ」 ユカリ作;シミズチハル絵 新風舎 2006年12月

いわ
ぽつんといつもひとりでさみしかったおかのうえのいわ 「ともだちふやそ」 熊谷まちこ作・絵 PHP研究所（PHPわたしのえほんシリーズ） 1998年3月

岩　いわ
江戸の雑司が谷四ッ谷町にすんでおった播州塩冶家の浪人者民谷伊右衛門の女房 「四谷怪談」 さねとうあきら文;岡田嘉夫絵 ポプラ社（日本の物語絵本14） 2005年8月

岩　いわ
海辺の小さな岩「月のかけら」かんのゆうこ作;みやざきひろかず絵　佼成出版社　2000年4月

いわおとこ
いわがつながってできたおおきないわのかいぶつ「アンパンマンといわおとこ」やなせたかし作・絵　フレーベル館(アンパンマンのふしぎなくに10)　1991年2月

岩おとこ　いわおとこ
マグマから作られた岩の巨人「銀河の魚」たむらしげる著　メディアファクトリー　1998年11月

いわし(ジョニー)
うみからひきあげられてめざしにされてやかれたけれどたべられずにすてられたいわしのこ「めざしのジョニー」福角幸子作;かわぐちいつこ絵　学習研究社　2001年9月

いわちゃん
おとうさんが山でみつけてきたけがしたふくろうにクロというなまえをつけてかっていた男の子「おとうさんの木」最上一平作;長新太絵　教育画劇　2003年8月

イワナ(銀平)　いわな(ぎんぺい)
北の海からおよめさんをつれてうまれた山の谷の川にかえってきたイワナ「イワナの銀平　山へかえる」村田千晴文;金子健治絵　農山漁村文化協会　1991年5月

イワナ(銀平)　いわな(ぎんぺい)
川のいちばんじょうりゅうのすみかから海へいくけっしんをした銀色のイワナの子「イワナの銀平　海へゆく」村田千晴文;金子建治絵　農山漁村文化協会　1990年8月

イワナ(スノーじいさん)
イタチにおそわれそうになったヤマメのピンクをたすけた大イワナのじいさん「ピンクとスノーじいさん」村上康成作・絵　徳間書店　2000年9月

イワミサ
サザエ採りに海に入った嫁さんのユリカメが死んでしまった若い男「タキワロ」岩崎千夏作　長崎出版(cub label)　2006年11月

イワン
エバーストーンの森に住むきこりのワニ「イワン、はじめてのたび」池田あきこ　ほるぷ出版(DAYAN'S COLLECTION BOOKS)　1993年9月

イワン
いきたいところへいけるふしぎなテーブルにのってきのこちゃんとそらをとんだいぬ「そらとぶテーブル」佐々木マキ作　福音館書店(日本傑作絵本シリーズ)　2002年9月

インコ(パム)
海につづくさかみちにあったちいさなペットのお店にきて町のにんきものになったインコ「きたかぜにのって」はるなまき文;いしくらきんじ絵　小峰書店(えほんひろば)　2005年5

インコ(ピピちゃん)
かんたろうがきょねんかってもらったインコ「いぬかって!」のぶみ作・絵　岩崎書店(レインボーえほん5)　2006年11月

【う】

うぃり

ウィリー
どうすればおとなになれるかみんなにききにいったライオンのこ 「ライオンのこ ウィリー」 浅沼とおる作・絵 鈴木出版（チューリップえほんシリーズ） 1993年9月

ウォットちゃん
ちょっぴりよくばりでとってもくいしんぼうのセンシュちゃんとなかよくくらしているこ 「センシュちゃんとウオットちゃん」 工藤ノリコ作 小学館（おひさまのほん） 2001年12月

うかぎ
うさぎとかぎがくっついたふしぎないきもののどうぐつ 「まうてんばいぬ2」 ながたのぶやす作 自由国民社 1998年11月

うぐいす
やまのおくへまよいこんでしまったわかものをおおきなやしきであねさまのすがたになってもてなしたうぐいす 「みるなのくら」 おざわとしお再話；赤羽末吉画 福音館書店（日本傑作絵本シリーズ） 1989年3月

うぐいす
おひゃくしょうがはたらくことになった山の中の一けんやにいたうつくしいおんなのひとのすがたになったうぐいす 「うぐいすのいちもんせん」 たかしよいち文；野村邦夫絵 佼成出版社（民話こころのふるさとシリーズ） 1993年10月

うぐいす
むかしちゅうごくの王さまがいたごてんのにわのずっとおくの森にすんでいたうたのじょうずなうぐいす 「おうさまとうぐいす」 中村美佐子文；徳田秀雄絵 ひかりのくに（名作・昔話絵本） 1993年4月

うぐいす
やまのなかの十三のくらがたっているやしきにきたわかものとむすめのすがたでめおとになったうぐいす 「うぐいすのよめさま」 松谷みよ子文；赤坂三好絵 フレーベル館（むかしむかしばなし9） 1989年7月

うぐいす
やまのおくできをきりたおそうとしたわかいきこりをうつくしいあねさまのすがたでおおきなやしきにまねいたうぐいす 「うぐいすひめ」 望月新三郎文；牧野鈴子絵 世界文化社（ワンダー民話館） 2006年2月

うさぎ
おおきなさくらの木のなかにある山のくつやのうさぎ 「うさぎのくれたバレエシューズ」 安房直子作；南塚直子絵 小峰書店（よみきかせ大型絵本） 2005年1月；小峰書店（えほん・こどもとともに） 1989年10月

ウサギ
ふるさとにかえりたくてサメたちをだましてふみ石にしてうみをわたろうとくわだてたウサギ 「いなばの白ウサギ」 谷真介文；赤坂三好絵 佼成出版社（十二支むかしむかしシリーズ） 2006年10月

うさぎ
ともだちが生まれてくるというたまごをからすにもらったうさぎのおんなのこ 「ともだちのたまご」 さえぐさひろこ文；石井勉絵 童心社（絵本・だいすきおはなし） 2005年7月

うさぎ
いつもよるになるとお月さまにでんきをつけるしごとをしてる月うさぎ 「月うさぎ」 奥田瑛二絵；安藤和津文 あすなろ書房 1988年4月

うさぎ
もりにすむうさぎのかぞくのうさぎたち 「もりのうさぎのうたえほん4 のいちごはらのあさのうた」 ひろかわさえこ作・絵 あかね書房 2005年5月

ウサギ
法王さまのお庭に迷い込んできた一匹の仔ウサギ 「ワンダーガーデン−老犬と仔ウサギの物語」 藤田理麻絵・文 扶桑社 2005年10月

うさぎ
わるいたぬきにだまされてきねをたたきつけられてころされたばあさまのかたきをとったうさぎ 「かちかち山」 水谷章三文;村上勉絵 世界文化社(ワンダー民話館) 2005年11月

うさぎ
ばあさまをころしてくってしまったやまのわるだぬきをじいさまのかわりにやっつけてやったうさぎ 「かちかちやま」 長谷川摂子文;ささめやゆき絵 岩波書店(てのひらむかしばなし) 2004年7月

うさぎ
まいにちはしってくるいちりょうだけのディーゼルしゃをみるのがだいすきでいつもてをふっていたのうさぎ 「ゴットンくんだいすき」 おぼまこと作 学習研究社(学研おはなし絵本) 2006年10月

うさぎ
もりにすむうさぎのかぞくのうさぎたち 「もりのうさぎのうたえほん3 ゆきだるまのかぞえうた」 ひろかわさえこ作・絵 あかね書房 2004年11月

うさぎ
ごちそうをたくさんたべておもくなったのでじめんにしずんでちきゅうのはんたいがわまでいってしまったうさぎ 「くいしんぼうさぎ」 せなけいこ作・絵 ポプラ社(せなけいのえ・ほ・ん2) 2004年11月

うさぎ
たろうちゃんはたけのキャベツをのこらずたべた9ひきのうさぎ 「9ひきのうさぎ」 せなけいこ作・絵 ポプラ社(せなけいこのえ・ほ・ん1) 2004年6月

うさぎ
もりにすむうさぎのかぞくのうさぎたち 「もりのうさぎのうたえほん1 こぶしのいえのこもりうた」 ひろかわさえこ作・絵 あかね書房 2003年3月

うさぎ
もりすむうさぎのかぞくのうさぎたち 「もりのうさぎのうたえほん2 どんぐりざかのあそびうた」 ひろかわさえこ作・絵 あかね書房 2003年11月

うさぎ
わるいたぬきにだまされてばあさまをころされたじいさまのかたきをとってやったうさぎ 「かちかちやま」 瀬川康男絵;松谷みよ子文 フレーベル館(日本むかし話3) 2002年12月

うさぎ
クリスマスのまえのばんにひとりぼっちでくらしていたおばあさんのいえにとびこんできたたくさんのうさぎ 「うさぎのそり」 武鹿悦子作;宮本忠夫絵 ひかりのくに 2002年11月

ウサギ
ひとりぼっちのタヌキにいっしょにあそぼうとこえをかけたウサギ 「さびしいは さびしくない」 内田麟太郎作;田頭よしたか絵 教育画劇(みんなのえほん) 2002年8月

うさぎ

うさぎ
ふるさとをはなれてあこがれのまちにすむことにしたちいさなうさぎ 「ひとりじゃないよ。」 ようふゆか作・絵 ポプラ社(絵本・いつでもいっしょ6) 2002年9月

うさぎ
わるい古だぬきにだまされてきねでなぐりころされたおばあさんのかたきをとったうさぎ 「かちかち山」 尾竹国観画;千葉幹夫文 講談社(新・講談社の絵本4) 2001年5月

うさぎ
おつきみのひにこどもたちがえんにつれてきたひかっているきれいなうさぎ 「おつきみうさぎ」 中川ひろたか文;村上康成絵 童心社(ピーマン村の絵本たち) 2001年6月

うさぎ
おかのうえのちいさないえでくまとなかよくくらしていたうさぎ 「シチューはさめたけど…」 きむらゆういち作;黒田征太郎絵 フレーベル館 2001年5月

うさぎ
うみにもぐってほんとのさかなをみたうさぎ 「さかなってなにさ」 せなけいこ作・絵 金の星社(こどものくに傑作絵本) 2000年2月

うさぎ
すなはまで「おおなみ、こなみ」のなわとびをしていたまっ白なうさぎたち 「海うさぎのきた日」 あまんきみこ文;南塚直子絵 小峰書店 1998年6月

ウサギ
広く世の中を見ようとおもって「なんでもわかるシリーズ第3巻動物大百科」をもってたびしているウサギ 「テムテムとなまえのないウサギ」 坂本のこ作;山田真奈未絵 ブックローン出版 1996年12月

うさぎ
たまねぎやにんじんやおにくがきらいといったのでカレーライスににげだされたこうさぎたち 「カレーライスがにげだした」 しばはらち作・絵 教育画劇(ゆかいなたべものえほん2) 1995年5月

うさぎ
ある満月の夜にあやまって地球の森に落ちてきた月にすむ金色のうさぎ 「月からきたうさぎ」 みなみらんぼう作;黒井健絵 学習研究社(fanfanファンタジー) 1993年7月

うさぎ
てじなしのおじさんのまじっくのほんをよんでべんきょうしたうさぎ 「うさぎのマジック」 せなけいこ作・絵 鈴木出版(チューリップえほんシリーズ) 1993年9月

ウサギ
キッベツ畑をつくってたくさんできたらおまつりをしようとおもったウサギ 「ウサギの畑」 ながいももこ作 講談社 1993年3月

うさぎ
こんどうまれかわるときはにんげんになりたいといっていた森のどうぶつたちのなかのうさぎ 「月へいったうさぎ」 谷真介文;赤坂三好絵 佼成出版社(行事むかしむかし 9月 十五夜のはなし) 1991年8月

うさぎ
たびたびうそをつくのでおかあさんにくちおおきなマスクをかけられたこうさぎ 「うそっこうさぎ」 森山京文;広瀬弦絵 文化出版局 1992年1月

うさぎ

ウサギ
いっぽんのバオバブの木のちかくにあったうちでるすばんをしていたこどものヤンポのところへやってきたたびのウサギ 「ふしぎな ふしぎな バオバブの木」 妹尾猶文；ユノセイイチ絵 童心社（絵本・ちいさななかまたち） 1989年5月

うさぎ
おおかみにおわれていたところを宋のくにから日本へかえるぼうさまにたすけられてふねにのせてもらった白うさぎ 「白うさぎのおんがえし」 たかしよいち文；高田勲絵 佼成出版社 1989年8月

うさぎ
たぬきにばあさまをうちころされたじいさまのかたきをとってやったうさぎ 「かちかちやま」 おざわとしお再話；赤羽末吉画 福音館書店（日本傑作絵本シリーズ） 1988年4月

うさぎ
ほわほわちゃんといつもいっしょのうさぎ 「ほわほわちゃんの"ひとりじゃないよ"」 原琴乃絵・文；水戸岡鋭治色のデザイン 福武書店（ほわほわちゃん絵本2） 1988年12月

うさぎ
ほわほわちゃんがだいすきなうさぎ 「ほわほわちゃんのみどりはんかち」 原琴乃絵・文；水戸岡鋭治色のデザイン 福武書店（ほわほわちゃん絵本3） 1988年12月

うさぎ
ほわほわちゃんがきたうちのうさぎ 「まねする まねする ほわほわちゃん」 原琴乃絵・文；水戸岡鋭治色のデザイン 福武書店（ほわほわちゃん絵本1） 1988年12月

うさぎ
きつねにおいかけられてきてどてからはずれたまるたのはしのうえできつねにひきうごけなくなったうさぎ 「ゆらゆらばしのうえで」 きむらゆういち文；はたこうしろう絵 福音館書店 2003年10月

うさぎ
となりのたぬきがだいきらいなうさぎ 「となりのたぬき」 せなけいこ作・絵 鈴木出版（チューリップえほん） 1996年9月

うさぎ
海のさめたちをだましておきの島からりくへわたろうとして皮をはぎとられたうさぎ 「いなばのしろうさぎ」 赤羽末吉絵；舟崎克彦文 あかね書房（日本の神話 第四巻） 1995年10月

うさぎ
まあるいみずうみのほとりにあったきもちのよいのはらにかあさんといっしょにすんでいたにひきのこうさぎ 「つきとこうさぎ」 伊佐見育代絵・文 福武書店 1990年5月

うさぎ
じいさまとばあさまがすんでいた山のなかのいっけんやにきておみやげをくびにむすんでもらった白うさぎ 「うさぎのくびかざり」 黒河松代作；赤坂三好絵 佼成出版社（創作民話絵本） 1988年10月

うさぎ
のにいきるおや子のうさぎのおかあさんうさぎ 「のうさぎのおかあさん」 椋鳩十文；たかはしきよし絵 ポプラ社（絵本・おはなしのひろば22） 1987年6月

うさぎ（アイ）
耳の聞こえにくいこどもたちの学校の幼稚園にやってきた小さなうさぎの女の子 「アイのことばのコップ」 つちだよしはる作・絵 PHP研究所（PHPにこにこえほん） 2005年7月

うさぎ

うさぎ(アドロ)
もりのたんけんにむちゅうになってはなばたけにおいてきぼりにしたちいさなおとうとのことをわすれてしまったもりうさぎ 「もうひとりのアドロ」 成田雅子作・絵 講談社(講談社の創作絵本) 2001年6月

うさぎ(うさこ)
めがねをはずしててんぷらをあげていたたべることがだいすきなうさぎ 「おばけのてんぷら」 せなけいこ作・絵 ポプラ社(めがねうさぎの小さな絵本2) 2005年11月;ポプラ社(ポプラ社のよみきかせ大型絵本) 2004年4月

うさぎ(うさこ)
よるのやまへめがねをさがしにいったうさぎ 「めがねうさぎ」 せなけいこ作・絵 ポプラ社(めがねうさぎの小さな絵本1) 2005年11月

うさぎ(うさこ)
サンタさんがくるのをまっていたクリスマスがだーいすきなうさぎ 「めがねうさぎのクリスマスったらクリスマス」 せなけいこ作・絵 ポプラ社 2002年11月

うさぎ(うさこ)
うみへいってうみぼうずにあったうさぎ 「めがねうさぎのうみぼうずがでる!!」 せなけいこ作・絵 ポプラ社 2005年5月

うさぎ(うさたろう)
ちいさくてもゆうきがあるさむらいの子 「うさたろうのばけもの日記」 せなけいこ作 童心社 1995年12月

うさぎ(うさんごろ)
かあさんうさぎがうさぎのまもりがみのうさはちまんにがんかけしてうまれたからだがでっかいうさぎ 「うさんごろとへんなつき」 せなけいこ作・絵 PHP研究所(わたしのえほん) 2004年9月

うさぎ(うーちゃん)
さいのつのたくんとなかよしのうさぎのおんなのこ 「つのたくんのなかなおり」 なかがわみちこ作 童心社 2005年9月

うさぎ(うっちゃん)
おにいさんのアーボさんのうちにもらわれてきた三びききょうだいのうさぎの一ぴき 「月夜の子うさぎ」 いわむらかずお作 クレヨンハウス 1996年9月

うさぎ(ウララちゃん)
たんじょうびにひとりでいえにいたうさぎのこ 「ウララちゃんのたんじょうび」 山本なおこ作;黒井健絵 ポプラ社(えほんとなかよし47) 1997年5月

うさぎ(エリカ)
お花がさくころになるととざんしゃたちが谷にやってくるのがまちどおしくてしかたがないうさぎのきょうだいのいもうと 「エリカのお花ばたけ」 丸橋賢作;下田智美絵 ストーク 2005年2月

うさぎ(えるなちゃん)
やまのうえのおおきなぶなのきにかくれがをつくったうさぎのおんなのこ 「うさぎのえるなちゃん ひみつのおうち」 小林裕児作・絵 福武書店 1988年10月

うさぎ

うさぎ（キック）
ともだちのくまのクークがはるまでふゆごもりするのでいっしょにあそべなくなったうさぎ 「ふゆごもりのくまのクークへ」やすいすえこ作；岡本颯子絵　教育画劇（みんなのえほん）2000年11月

うさぎ（ぎっちゃん）
おにいさんのアーボさんのうちにもらわれてきた三びきょうだいのうさぎの一ぴき 「月夜の子うさぎ」いわむらかずお作　クレヨンハウス　1996年9月

ウサギ（キャロ）
マオの森の百年にいちどのまつりのために虹のほのおをさがすやくめをになったネコのブリがつれていくことにしたあまえんぼうのウサギ 「ブリと虹のほのお　猫の森のブリ」阿部行夫作・絵　文渓堂　2004年12月

うさぎ（グッド）
どうぶつたちをつかまえにもりにやってきたおそろしいハンターをなかまたちとこらしめたこうさぎ 「トントコトンが あいずだよ」柴田晋吾作；津田櫓冬絵　金の星社　2002年6月

うさぎ（くにさん）
ひなたむらこうばんのしんまいおまわりさんのうさぎ 「ひなたむらのしんまいおまわりさん」すとうあさえ作；上條滝子絵　PHP研究所（PHPにこにこえほん）　2004年9月

うさぎ（くるりくら）
のねずみのぐりとぐらをたかいきのてっぺんやそらのくもにのせてくれたてながうさぎ 「ぐりとぐらとくるりくら」なかがわりえこ作；やまわきゆりこ絵　福音館書店（こどものとも傑作集91）1992年10月

うさぎ（けんた）
びょうきじゃないのにようちえんをおやすみしたひにへんそうしておばあちゃんのうちにいったうさぎのおとこのこ 「こうさぎけんたのへんそう」松野正子文；かまたのぶこ絵　童心社　2006年4月

うさぎ（けんた）
おかあさんにぬってもらったたからぶくろをもってたからさがしにでかけたこうさぎ 「こうさぎけんたのたからさがし」松野正子文；かまたのぶこ絵　童心社（絵本・ともだちあつまれ）2002年6月

ウサギ（けんちゃん）
にんじんパイプをふくのがだいすきなウサギのおとこのこ 「けんちゃんとにんじんパイプ」柴田晋吾作；垂石真子絵　偕成社　1995年5月

うさぎ（ここ）
まいにちはなたばをもってどこかへいくかめのたーとるのあとをつけたうさぎ 「なかに いるの だあれ」飯島敏子作；水野二郎絵　ひさかたチャイルド　1987年6月

うさぎ（さっちゃん）
おにいさんのアーボさんのうちにもらわれてきた三びきょうだいのうさぎの一ぴき 「月夜の子うさぎ」いわむらかずお作　クレヨンハウス　1996年9月

うさぎ（さなえさん）
もりのくませんせいのしっかりもののかんごふのうさぎ 「くませんせいいそげいそげ」おぐらひろかず作・絵　ひさかたチャイルド　1999年1月

うさぎ

うさぎ（さなえさん）
もりのおいしゃさんのくませんせいのしっかりもののかんごふのうさぎ 「くませんせい−あらしのもりへ」 おぐらひろかず作・絵　ひさかたチャイルド　1998年7月

うさぎ（サニー）
ずっと戦争がつづいてたくさんの地雷が埋められたままになっているアフガニスタンへいったサニーちゃん 「サニーアフガニスタンへ　心をこめて　地雷ではなく花をください」 葉祥明絵；柳瀬房子文　自由国民社　2002年5月

うさぎ（サニー）
地球上に残った最後の対人地雷をこわす記念の日にスイッチを押したサニーちゃん 「サニーのゆめ　ありがとう　地雷ではなく花をください」 葉祥明絵；柳瀬房子文　自由国民社　1999年7月

うさぎ（サニー）
ボスニア・ヘルツェゴビナにあるボスニア盲学校での地雷撤去を手伝ったサニーちゃん 「サニー　ボスニア・ヘルツェゴビナへ　続々・地雷ではなく花をください」 葉祥明絵；柳瀬房子文　自由国民社　1998年9月

うさぎ（サニー）
紛争が終わってもいたるところに地雷が埋められているカンボジアにいったサニーちゃん 「サニー、カンボジアへ　続・地雷ではなく花をください」 葉祥明絵；柳瀬房子文　自由国民社　1997年7月

うさぎ（サニー）
世界について考えるうさぎ 「サニーのおねがい　地雷ではなく花をください」 葉祥明絵；柳瀬房子文　自由国民社　1996年9月

うさぎ（シーム）
不思議の国わちふぃーるどに住むうさぎのぼうや 「ダヤン、シームはどこ？」 池田あきこ著　ほるぷ出版　2000年7月

うさぎ（ジャンプ）
羽にけがをしたちょうちょうをたすけてくださいとおおきな木におねがいしたうさぎのこ 「おおきな木さん　おねがい」 立原えりか作；松永禎郎絵　ウオーカーズカンパニー　1989年11月

うさぎ（じんたくん）
くまのこマーくんのおともだちのうさぎのこ 「ぼくはマーくん　くまのこです！」 岩井田治行作・絵　ポプラ社（えへんごほんえほん7）　1998年2月

うさぎ（タップ）
もりのあひるのダギーのともだちのうさぎ 「ノッポさんのえほん3　ダギーとタップとぶちねこガブ」 高見ノッポ文；中村景児絵　世界文化社　2001年1月

うさぎ（ダールン）
夢は虹を渡ることでリュックサックをしょって旅に出たうさぎ 「ダールンの虹」 青島美幸作・絵　パロディ社　2006年6月；パロディ社　1990年11月

うさぎ（ダールン）
リュックサックをしょって旅を続けるうさぎ 「ダールンの雲」 青島美幸作・絵　パロディ社　2006年6月；パロディ社　1992年11月

うさぎ（ダールン）
リュックサックをしょって旅を続けるうさぎ 「ダールンの風」 青島美幸作・絵　パロディ社　2006年6月；パロディ社　1994年11月

うさぎ（ダールン）
リュックサックをしょって旅を続けるうさぎ 「ダールンの波」 青島美幸作・絵 パロディ社 2006年6月；パロディ社 1996年10月

うさぎ（タロー）
お花がさくころになるととざんしゃたちが谷にやってくるのがまちどおしくてしかたがないうさぎのきょうだいのおにいちゃん 「エリカのお花ばたけ」 丸橋賢作；下田智美絵 ストーク 2005年2月

うさぎ（タンタ）
いなかのおじいさんうさぎのいえにとまりがけであそびにいくことになったうさぎのきょうだいのしたのおとこのこ 「うさぎのゆきだるま」 佐藤さとる作；しんしょうけん絵 にっけん教育出版社 2002年11月

うさぎ（チェック）
とうさんのしごとでひっこしばかりしているうさぎのこ 「いっぱいなかよし」 かさいまり著 岩崎書店（カラフルえほん10） 2005年7月

うさぎ（チュローチュ）
カンボジアのむらにすんでいたいたずらもののうさぎ 「いたずらうさぎチュローチュ」 たじまゆきひこ著 童心社（絵本・こどものひろば） 1999年10月

うさぎ（ちょっぺいじいちゃん）
もりのおくでひとりしずかにくらしていたがうさぎマガジンにしゃしんがのったためつぎつぎにひとがたずねてくるようになったうさぎのおじいさん 「ちょっぺいじいちゃん」 すとうあさえ作；アンヴィル奈宝子絵 文研出版（えほんのもり） 2003年10月

うさぎ（トト）
もりうさぎのアドロのちいさなおとうとでいつもうしろをついてあるくかわいいこ 「もうひとりのアドロ」 成田雅子作・絵 講談社（講談社の創作絵本） 2001年6月

うさぎ（トト）
イースターにたまごをなかまにとどけにいったうさぎのかぞくのおとうとうさぎ 「トトちゃんとたまご－イースターのおくりもの」 本間ナナ絵・文 中央出版社 1992年3月

うさぎ（トミー）
ゆきあそびをしたふたごのこうさぎ 「きっとあしたもいいひなの－ふたごのこうさぎポリーとトミー3」 ふじおかきょうこ文；まえだなつき絵 パールネスコ・ジャパン 2000年5月

うさぎ（トミー）
けっこんしきにいったふたごのこうさぎ 「どうしてきょうはすてきなの－ふたごのこうさぎポリーとトミー」 ふじおかきょうこ文；まえだなつき絵 パールネスコ・ジャパン 1999年7月

うさぎ（トミー）
いちごのジャムがだいすきなふたごのこうさぎ 「きょうはとくべついいひなの－ふたごのこうさぎポリーとトミー」 ふじおかきょうこ文；まえだなつき絵 パールネスコ・ジャパン 1998年12月

うさぎ（トムくん）
まじょまじょせんせいといっしょにとぶれんしゅうをしたはいいろうさぎ 「まじょまじょせんせいとんでみる！」 鶴岡千代子作；長谷川知子絵 カワイ出版 1995年7月

ウサギ（花草さん）　うさぎ（はなくささん）
素敵な家にベイツという従僕と住んでいるたいした物識りの生意気ウサギ 「生意気ウサギ」 高柳佐知子作・絵 ウオカーズカンパニー 1990年5月

うさぎ

うさぎ(はねこ)
うさぎのおとこのこはねーるのいもうと 「はねーるのたんじょうび」村山桂子作;柿本幸造絵 フレーベル館(おはなしえほんシリーズ4) 2006年11月

うさぎ(はねーる)
きょうがたんじょうびだがケーキをかいにいったおかあさんをまつあいだにたいへんなことがおこってしまったうさぎのおとこのこ 「はねーるのたんじょうび」村山桂子作;柿本幸造絵 フレーベル館(おはなしえほんシリーズ4) 2006年11月

うさぎ(ハンネリおじさん)
子うさぎのミトがだいすきな目がみえず耳もひとつしかないうさぎのおじさん 「ハンネリおじさん」きどのりこ文;鈴木靖将絵 日本基督教団出版局 1994年4月

うさぎ(ピート)
もりのみんながクリスマス・プレゼントになにをおねがいしたかしりたくてみてまわっていたきつねのコーンとともだちになったうさぎのこ 「クリスマスに ほしいもの」星野はしる作;入山さとし絵 ひさかたチャイルド 2001年10月

うさぎ(ピート)
はなさかうさぎのポッポがともだちになったやさしいうさぎ 「はなさかうさぎのポッポ」はまちゆりこ作・絵 ポプラ社(ポッポのえほん1) 2002年1月

うさぎ(ピート)
はなさかうさぎのポッポがともだちになったやさしいうさぎ 「はなさかうさぎのポッポ きみがいなくちゃ」はまちゆりこ作・絵 ポプラ社(ポッポのえほん2) 2002年7月

うさぎ(ピート)
はなさかうさぎのポッポがともだちになったやさしいうさぎ 「はなさかうさぎのポッポ おばあちゃんのひみつ」はまちゆりこ作・絵 ポプラ社(ポッポのえほん3) 2002年11月

うさぎ(ピート)
はなさかうさぎのポッポがともだちになったやさしいうさぎ 「はなさかうさぎのポッポ ママみててね」はまちゆりこ作・絵 ポプラ社(ポッポのえほん4) 2003年7月

うさぎ(ピート)
はなさかうさぎのポッポがいっしょにくらしているなかよしのうさぎ 「はなさかうさぎのポッポ あえてよかった」はまちゆりこ作・絵 ポプラ社(ポッポのえほん5) 2004年1月

ウサギ(ピピとミミ)
からだのおおきさもみみのながさもけのいろもそっくりなふたごのウサギ 「ピピとミミとミドリオバケ」しげつらまさよし文・絵 キャロットステージ 2006年10月

うさぎ(ぴょんくん)
おばあちゃんからクリスマスをまつカレンダーをもらったこうさぎ 「ゆきの日のさがしもの」薫くみこ作;さとうゆうこ絵 ポプラ社(えほんとなかよし30) 1994年10月

うさぎ(ぴょんこ)
まんまるやまにパパとママとくらしていてともだちがいないこうさぎ 「あしたも あそぼうね」あまんきみこ作;いもとようこ絵 金の星社(こどものくに傑作絵本) 1987年5月

うさぎ(ぴょんこ)
いたずらこぶたのぶうぶのなかよしこうさぎ 「こぶたのぶうぶは こぶたのぶうぶ」あまんきみこ文;福田岩緒絵 童心社 1987年3月

うさぎ（ぴょんこちゃん）
まいごのふくろうのおうちをさがしてあげたうさぎのこ 「まいごのふくろうくん」 しのざきみつお作・絵 ぎょうせい（そうさくえほん館14 やさしさをもって） 1992年5月

うさぎ（ぴょんた）
あおのやまほいくしょにきたうさぎでけがをしてこしもうしろのあしもうごかなくなってしまったうさぎ 「がんばれ！くるまいすのうさぎぴょんた」 岩崎京子文；渡辺有一絵 教育画劇（絵本・ほんとうにあった動物のおはなし） 2002年5月

うさぎ（ぴょんた）
しあわせむらへこづつみをとどけにいったうさぎのゆうびんやさん 「あかいリボンのおくりもの」 藤田良子作；末崎茂樹絵 金の星社（新しいえほん） 1991年7月

うさぎ（ぴょんちゃん）
おばあちゃんからクリスマスをまつカレンダーをもらったこうさぎ 「ゆきの日のさがしもの」 薫くみこ作；さとうゆうこ絵 ポプラ社（えほんとなかよし30） 1994年10月

ウサギ（ピョンちゃん）
もりのみんなとでんしゃごっこをしてあそんだウサギ 「クマさんのトラック」 篠塚かをり作；いしいじゅね絵 けやき書房（けやきの絵本） 2004年10月

うさぎ（ぴょんハ）　うさぎ（ぴょんはち）
ちいさくてもさむらいの子うさたろうのともだち 「うさたろうのばけもの日記」 せなけいこ作 童心社 1995年12月

うさぎ（ピョンピョン）
じぶんのレストランにおんなのこがやってきてほしのブローチをなくしたとなきだしたのでこまってしまったうさぎ 「きらきらぼしのふるよるは」 山口みねやす作 小峰書店（こみねのえほん13） 1987年4月

うさぎ（ファンファ）
はなさかうさぎのポッポとなかよしのピートがたずねていったやさしいおんなのこのうさぎ 「はなさかうさぎのポッポ あえてよかった」 はまちゆりこ作・絵 ポプラ社（ポッポのえほん5） 2004年1月

うさぎ（フウフウ）
はたはたぱたぱたシーツがゆれてゆれてシーツからとびだしたシーツうさぎ 「シーツうさぎフウフウ」 やすいすえこ作；長野ひろかず絵 佼成出版社 2002年11月

うさぎ（プリン）
どんぐりむらにすむうさぎ 「うさぎさんのたんじょうび」 若山雪江作・絵 ポプラ社（どんぐりむらのおはなし1） 1995年11月

うさぎ（プリンちゃん）
はらっぱにいたへびのぼうやをうんちだとおもったうさぎのおんなのこ 「プリンちゃんのにげだしたうんち」 ささきようこ作・絵 ポプラ社（プリンちゃんシリーズ5） 2001年11月

うさぎ（プリンちゃん）
おともだちとパンづくりをしたうさぎのおんなのこ 「プリンちゃんのかいじゅうパンだよっ」 ささきようこ作・絵 ポプラ社（プリンちゃんシリーズ） 2001年4月

うさぎ（プリンちゃん）
またおねしょしちゃったうさぎのおんなのこ 「プリンちゃんのおねしょおばけ」 ささきようこ作・絵 ポプラ社（プリンちゃんシリーズ3） 2001年2月

うさぎ

うさぎ（プリンちゃん）
おかあさんによそゆきのワンピースをつくってもらったうさぎのおんなのこ 「プリンちゃんのワンピース」ささきようこ作・絵 ポプラ社（プリンちゃんシリーズ1） 2000年11月

うさぎ（プリンちゃん）
おともだちとかくれんぼしてあそんだうさぎのおんなのこ 「プリンちゃんのかくれんぼ」ささきようこ作・絵 ポプラ社（プリンちゃんシリーズ2） 2000年11月

ウサギ（ベイツ）
生意気ウサギの花草さんの家の従僕のウサギ 「生意気ウサギ」高柳佐知子作・絵 ウオーカーズカンパニー 1990年5月

うさぎ（ペンペン）
うさぎの町にお父さんとお母さんとなかよく暮らしていたちょっぴりへんてこな顔をした男のこ 「ペンペンのなやみごと」オオサワチカ作・画 フーコー 1999年11月

うさぎ（星うさぎ） うさぎ（ほしうさぎ）
星の国で星たちをみがくしごとをしているうさぎ 「星うさぎと月のふね」かんのゆうこ文；田中鮎子絵 講談社 2003年10月

うさぎ（ほっぷとすてっぷ）
ぽかぽかとあたたかいひのはらへでかけたのうさぎ2ひき 「かくれんぼおに」こいでやすこ作・絵 ぎょうせい（そうさくえほん館5-なかまっていいな） 1992年7月

うさぎ（ほっぷとすてっぷ）
いたずらもののはるかぜにふきとばされたはなづくりのまろのぼうしをひろったのうさぎ2ひき 「はなづくりのまろ」小出保子文・絵 ぎょうせい（そうさくえほん館11-空想の世界であそぼう） 1992年10月

うさぎ（ポッポ）
つきからやってきたすてきなはなをさかせるのがしごとのようせいのはなさかうさぎ 「はなさかうさぎのポッポ いちばんのたからもの」はまちゆりこ作・絵 ポプラ社（ポッポのえほん7） 2005年11月

うさぎ（ポッポ）
つきからやってきたすてきなはなをさかせるのがしごとのようせいのはなさかうさぎ 「はなさかうさぎのポッポ」はまちゆりこ作・絵 ポプラ社（ポッポのえほん1） 2002年1月

うさぎ（ポッポ）
つきからやってきたすてきなはなをさかせるのがしごとのようせいのはなさかうさぎ 「はなさかうさぎのポッポ きみがいなくちゃ」はまちゆりこ作・絵 ポプラ社（ポッポのえほん2） 2002年7月

うさぎ（ポッポ）
つきからやってきたすてきなはなをさかせるのがしごとのようせいのはなさかうさぎ 「はなさかうさぎのポッポ おばあちゃんのひみつ」はまちゆりこ作・絵 ポプラ社（ポッポのえほん3） 2002年11月

うさぎ（ポッポ）
つきからやってきたすてきなはなをさかせるのがしごとのようせいのはなさかうさぎ 「はなさかうさぎのポッポ ママみててね」はまちゆりこ作・絵 ポプラ社（ポッポのえほん4） 2003年7月

うさぎ（ポッポ）
つきからやってきたすてきなはなをさかせるのがしごとのようせいのはなさかうさぎ「はなさかうさぎのポッポ あえてよかった」はまちゆりこ作・絵 ポプラ社（ポッポのえほん5） 2004年1月

うさぎ（ポッポ）
つきからやってきたすてきなはなをさかせるのがしごとのようせいのはなさかうさぎ「はなさかうさぎのポッポ うれしいゆきのひ」はまちゆりこ作・絵 ポプラ社（ポッポのえほん6） 2004年12月

うさぎ（ポリー）
ゆきあそびをしたふたごのこうさぎ「きっとあしたもいいひなの−ふたごのこうさぎポリーとトミー3」ふじおかきょうこ文；まえだなつき絵 パールネスコ・ジャパン 2000年5月

うさぎ（ポリー）
けっこんしきにいったふたごのこうさぎ「どうしてきょうはすてきなの−ふたごのこうさぎポリーとトミー」ふじおかきょうこ文；まえだなつき絵 パールネスコ・ジャパン 1999年7月

うさぎ（ポリー）
いちごのジャムがだいすきなふたごのこうさぎ「きょうはとくべついいひなの−ふたごのこうさぎポリーとトミー」ふじおかきょうこ文；まえだなつき絵 パールネスコ・ジャパン 1998年12月

うさぎ（マーシィ）
不思議の国わちふぃーるどに住むねこのダヤンの友だちのうさぎの女の子「ダヤン、ふたたび赤ちゃんになる」池田あきこ著 ほるぷ出版（DAYAN'S COLLECTION BOOKS） 1997年11月

うさぎ（マーシィ）
不思議の国わちふぃーるどに住むしっかり者のうさぎの女の子「マーシィとおとうさん」池田あきこ著 ほるぷ出版（DAYAN'S COLLECTION BOOKS） 1993年10月

うさぎ（ミィ）
いなかのおじいさんうさぎのいえにとまりがけであそびにいくことになったうさぎのきょうだいのおねえちゃん「うさぎのゆきだるま」佐藤さとる作；しんしょうけん絵 にっけん教育出版社 2002年11月

うさぎ（みいみ）
ゆきのふるばんきつねのこんたがプレゼントがほしくてばけたくつしたのなかにもぐりこんできたうさぎのおんなのこ「きつねいろのくつした」こわせたまみ作；いもとようこ絵 ひかりのくに 1996年12月

うさぎ（みいみい）
こぶたのとんとんのともだちのうさぎ「こぶたのハーモニカ」こわせたまみ文；奥田怜子絵 ひかりのくに（思いやり絵本シリーズ3） 1995年7月

うさぎ（ミト）
目がみえず耳もひとつしかないうさぎのハンネリおじさんがだいすきな子うさぎ「ハンネリおじさん」きどのりこ文；鈴木靖将絵 日本基督教団出版局 1994年4月

うさぎ（みみ）
きつねのこんがしんせつにしてあげたうさぎ「あしたはてんき」小春久一郎作；杉浦範茂絵 ひかりのくに（ひかりのくに傑作絵本集22） 2003年2月

うさぎ

うさぎ（みみこ）
かあさんがだいじにしているおさらをわってしまったうさぎのおんなのこ 「ないしょにしといて」 間所ひさこ作；田沢梨枝子絵 PHP研究所（わたしのえほん） 2003年7月

うさぎ（みみこちゃん）
きつねのコンタンがあこがれるうさぎのおんなのこ 「コンタンと みみこちゃん」 鈴木ひろ子作；岩本康之亮絵 ひさかたチャイルド 1987年2月

うさぎ（みみた）
あるひいちわのことりに「どうしておつきさまはちいさくかけていくの？」とたずねたうさぎ 「うそ・つき」 木曽秀夫作・絵 フレーベル館（げんきわくわくえほん19） 1996年10月

うさぎ（みみたん）
のんびりやまのおせっかいうさぎ 「のんびりやまのひげはちぎつね」 木暮正夫作；柿本幸造絵 教育画劇（スピカのおはなしえほん31） 1987年10月

うさぎ（ミミちゃん）
こりすのトトのガールフレンドのうさぎ 「こりすのトトの へんしんだいすき」 あすかけん作 偕成社（こりすのトトの本） 1988年7月

うさぎ（みみちゃん）
うちにあかちゃんがうまれてからおかあさんとちっともあそんでもらえないうさぎのおんなのこ 「みみちゃんといもうと」 貴志真理作 福武書店 1988年4月

うさぎ（みみちゃん）
おとうさんとおるすばんしたうさぎのこ、ももちゃんのおねえちゃん 「おとうさんとおるすばん」 きしまり作・絵 福武書店 1989年4月

うさぎ（ミミヨッポ）
水をくみにいった古いいどのそこにおちて海へいったうさぎ 「ミミヨッポ」 広井法子作・絵 BL出版 2002年12月

うさぎ（みんみちゃん）
まいごになったうさぎのおんなのこ 「ひなたむらのしんまいおまわりさん」 すとうあさえ作；上條滝子絵 PHP研究所（PHPにこにこえほん） 2004年9月

うさぎ（モグモグ）
チゴユリのさくもりへはるのパーティーにゆくとちゅうであかちゃんのこねこをみつけたうさぎ 「チゴユリのこねこちゃん」 森津和嘉子作・絵 PHP研究所（PHPのえほん） 1991年3月

うさぎ（モコ）
ミミちゃんちのはたけのいちごがうれたのでいっしょにいちごつみにいったうさぎのおとこのこ 「いちごがうれた」 神沢利子作；渡辺洋二絵 新日本出版社（うさぎのモコのおはなし4） 1994年3月

うさぎ（モコ）
川原でこちどりのたまごをみつけたしりたがりやの子うさぎ 「うさぎのたまごは夕やけいろ」 神沢利子作；渡辺洋二絵 新日本出版社（うさぎのモコのおはなし3） 1993年7月

うさぎ（モコ）
夜ひとりで森にいったうさぎのおとこのこ 「つかまらない つかまらない」 神沢利子作；渡辺洋二絵 新日本出版社（うさぎのモコのおはなし1） 1992年10月

うさぎ（モコ）
とつぜんむねがとっくたっくとっくたっくなりだしたうさぎのこ 「とっくたっく とっくたっく」 神沢利子作；渡辺洋二絵　新日本出版社（うさぎのモコのおはなし2）　1993年4月

うさぎ（もこちゃん）
はじめてのようちえんでもぐらのもくちゃんとおともだちになったうさぎのおんなのこ 「もくちゃん もこちゃんの はじめてのようちえん」 神沢利子作；多田ヒロシ絵　PHP研究所（PHPにこにこえほん）　2005年3月

うさぎ（ももちゃん）
おとうさんとおるすばんしたうさぎのこ、みみちゃんのいもうと 「おとうさんとおるすばん」 きしまり作・絵　福武書店　1989年4月

うさぎ（モモッチ）
たんじょうびパーティーのしょうたいじょうをおともだちにかくことにしたうさぎのおんなのこ 「たんじょうびのおきゃくさま」 松岡節作；いもとようこ絵　ひかりのくに　2002年10月

うさぎ（ゆうびんうさぎ）
ふたつやまゆうびんきょくのきょくちょうさんのはやあしじまんのうさぎ 「ゆうびんやさん うみへいく」 木暮正夫作；黒井健絵　ひさかたチャイルド（ひさかた傑作集22）　1987年5月

ウサギ（ラジ）
クリスマスの日にこひつじのポーとメリーのところに月からとばされてきたウサギ 「ポーとメリーのクリスマス」 野村辰寿著　主婦と生活社（ね～ね～絵本）　2001年11月

ウサギ（ラスコちゃん）
クリスマスがとってもたのしみなウサギのこ 「ラスコちゃんの クリスマス」 まきむらけいこ作　ひさかたチャイルド　2004年11月

うさぎ（ラビ）
ふしぎなおじいさんにしっぽをあげたかわりに空をとべるようにしてもらった森の小うさぎ 「空とぶラビ」 手塚治虫著　河出書房新社（手塚治虫のえほん館3）　1988年12月

うさぎ（ラビコ）
ぺろりんライオンにのみこまれてしまったでたらめうたがだいすきなうさぎ 「うたっておどっておなかでラビコ」 やすいすえこ作；なかのひろたか絵　フレーベル館（げんきわくわくえほん17）　1996年8月

うさぎ（ラビせんせい）
モグラのモグさんのともだちでもりのおいしゃさんのうさぎ 「モグさんとそらとぶえんばん」 八木信治作・絵　岩崎書店（えほん・おもしろランド11）　1988年12月

うさぎ（ララ・ローズ）
こうえんのなかでもちぬしのおんなのことはぐれてひとりぼっちになったうさぎのぬいぐるみ 「うさぎのララ・ローズ」 市川里美作　講談社（世界の絵本）　2005年6月

うさぎ（ラン）
うさぎのおんなのこロロのおにいちゃん 「うさぎのロロ かぜとびごっこ」 正道かほる作；渡辺洋二絵　PHP研究所（PHPわたしのえほんシリーズ）　2000年3月

うさぎ（ルーとミー）
くすくすもりにすむよわむしのうさぎのきょうだい 「よわむしルーとミーのあらしの ひって たのしいな」 あべはじめ作　くもん出版（くすくすもりのなかまたち2）　1992年4月

うさぎ

うさぎ（ロップ）
るすばんをしていてソファーのうえでねむってしまったおんなのこをぬいぐるみの森へつれていったぬいぐるみたちのうさぎ 「ソファーのうえで」 川端誠作・絵 講談社（講談社の創作絵本） 1991年7月

うさぎ（ロロ）
うさぎのおんなのこ 「うさぎのロロ かぜとびごっこ」 正道かほる作；渡辺洋二絵 PHP研究所（わたしのえほん） 2000年3月

うさぎ（ロロ）
つきまつりのよるにのはらにあそびにいったうさぎのおんなのこ 「うさぎのロロ つきまつりのよる」 正道かほる作；渡辺洋二絵 PHP研究所（PHPわたしのえほんシリーズ） 2002年8月

うさぎ（ロロ）
みんなでおはなみにいって「かぜとびごっこ」をしたうさぎのおんなのこ 「うさぎのロロ かぜとびごっこ」 正道かほる作；渡辺洋二絵 PHP研究所（PHPわたしのえほんシリーズ） 2000年3月

うさぎ（ロン）
しんじゃった「ぼく」のうちのうさぎ 「はじめてのおわかれ」 河原まり子作 佼成出版社 2003年5月

うさぎ（ロンロン）
うさぎの男のこペンペンのともだち 「ペンペンのなやみごと」 オオサワチカ作・画 フーコー 1999年11月

うさぎおばさん
もりのなかでちいさなレストラン「にんじんてい」をひらいているうさぎおばさん 「うさぎおばさんのとくべつりょうり」 おぼまこと文・絵 ぎょうせい（そうさくえほん館3-なかまっていいな） 1992年6月

うさぎくん
やまのくまくんにおたんじょうびにきてくださいとてがみをかいたうさぎくん 「おたんじょうびにきてください」 竹下文子作；田中四郎絵 フレーベル館（げんきわくわくえほん13） 1996年4月

ウサギ君　うさぎくん
ハナ岬で農場経営に余念がないおシャレなウサギ 「信じるきもち」 岡花見著 学習研究社（名犬チャンス物語1） 2001年11月

うさぎさん
ゆきのなかでおんせんをみつけたうさぎさん 「あったまろう」 もろはらじろう作・絵 鈴木出版（たんぽぽえほんシリーズ） 2001年1月

うさぎさん
ひっこしてしまったなかよしのくまさんがまだとなりにいるようなきがしているうさぎさん 「くまさんじゃなくてきつねさん」 戸田和代作；三井小夜子絵 鈴木出版（ひまわりえほんシリーズ） 1997年9月

うさぎさん
ゆきがこんこんふってきてよろこんだうさぎさん 「ゆき こんこん あめ こんこん」 かこさとし；なかじままり作 偕成社 1987年12月

うさぎちゃん
スカートよりもズボンがすきなげんきなおんなのこ 「ズボンだいすき」 もりやまみやこ作；ふくだいわお絵　ポプラ社（いろいろえほん3）　1999年9月

うさぎちゃん
みんなのこころのこえがきこえるこころはっぱのきがだいすきなうさぎちゃん 「こころはっぱ」 やすいすえこ作；黒井健絵　佼成出版社　2003年6月

うさぎちゃん
じゅうごやにうちゅうじんにつきへつれていってもらったうさぎ 「うさぎちゃんつきへいく」 せなけいこ作・絵　金の星社（せなけいこのうさぎちゃんえほん2）　2002年8月

うさぎちゃん
クリスマス・イブにもりのおばあさんのちいさないえにきつねどんくまくんと三びきでやってきたうさぎちゃん 「おばあさんの メリークリスマス」 もりやまみやこ作；つちだよしはる絵　国土社（そよかぜ絵本シリーズ1）　1990年10月

うさぎちゃん
ゆきやまでのうさぎにスキーをおしえてもらったうさぎ 「うさぎちゃんスキーへいく」 せなけいこ作・絵　金の星社（せなけいこのうさぎちゃんえほん3）　2002年10月

うさぎちゃん
うみのなかへあそびにいったうさぎ 「うさぎちゃんうみへいく」 せなけいこ作・絵　金の星社（せなけいこのうさぎちゃんえほん1）　2002年6月

うさぎちゃん
おかのうえのおうちにすむパンプルちゃんのもりのともだち 「ふむふむふーん」 ふなこしゆり文；坂口知香絵　風涛社　2006年4月

うさぎちゃん
たぬきちゃんとたからもののみせっこをしたうさぎちゃん 「たからばこ」 もりやまみやこ作；ふくだいわお絵　ポプラ社（いろいろえほん5）　1999年11月

うさぎどん
ばさまをころしてじさまにばさまじるをくわせたたぬきのかたきをとってやったうさぎどん 「かちかちやま－日本昔話より」 川崎洋文；梶山俊夫絵　フレーベル館（日本むかしばなしライブラリー）　1998年1月

うさぎのおばあさん
おおきなテーブルにむかい1ぴきだけでばんごはんをたべているうさぎのおばあさん 「おおきなテーブル」 森山京作；広瀬弦絵　ポプラ社（絵本・いつでもいっしょ4）　2001年6月

ウサギの神さま　うさぎのかみさま
目の悪くなった年おいたウサギの神さま 「イソポカムイ」 四宅ヤエ語り；藤村久和文；手島圭三郎絵　福武書店　1988年3月

うさこ
めがねをはずしててんぷらをあげていたたべることがだいすきなうさぎ 「おばけのてんぷら」 せなけいこ作・絵　ポプラ社（めがねうさぎの小さな絵本2）　2005年11月；ポプラ社（ポプラ社のよみきかせ大型絵本）　2004年4月

うさこ
よるのやまへめがねをさがしにいったうさぎ 「めがねうさぎ」 せなけいこ作・絵　ポプラ社（めがねうさぎの小さな絵本1）　2005年11月

うさこ

うさこ
サンタさんがくるのをまっていたクリスマスがだーいすきなうさぎ 「めがねうさぎのクリスマスったらクリスマス」 せなけいこ作・絵 ポプラ社 2002年11月

うさこ
うみへいってうみぼうずにあったうさぎ 「めがねうさぎのうみぼうずがでる!!」 せなけいこ作・絵 ポプラ社 2005年5月

うさこ
とつぜんあめがふってこうえんのすなばにパトカーのおもちゃのピーすけとふたりおいてけぼりにされたぬいぐるみ 「パトカーのピーすけ」 相良敦子文;柳生弦一郎絵 福音館書店(日本傑作絵本シリーズ) 1992年11月

うさたろう
ちいさくてもゆうきがあるさむらいの子 「うさたろうのばけもの日記」 せなけいこ作 童心社 1995年12月

うさんごろ
かあさんうさぎがうさぎのまもりがみのうさはちまんにがんかけしてうまれたからだがでっかいうさぎ 「うさんごろとへんなつき」 せなけいこ作・絵 PHP研究所(わたしのえほん) 2004年9月

うし
しんぺいくんのうちのうしにうまれた子うし 「子うしのはなし」 花岡大学作;井口文秀絵 PHP研究所(PHPのえほん) 1987年1月

うし
まきばのぎゅうにゅうやさんのうし 「うしさん おっぱい しぼりましょ」 穂高順也作;竹内通雅絵 ポプラ社(絵本のおもちゃばこ17) 2006年2月

うし
ぼくじょうのそとへでたきんがんのこうし 「こうしのぼうけん」 志茂田景樹文・絵 KIBA BOOK(よい子に読み聞かせ隊の絵本12) 2003年2月

ウシ
子ウシをおそってきたオオカミをツノではさみーばん中こやのかべにおしつけていた母ウシ 「子ウシをすくった母ウシ」 谷真介文;赤坂三好絵 佼成出版社(十二支むかしむかしシリーズ) 2006年9月

うし(クロ)
おさくんのうちでかわれていてあかちゃんをうんだうし 「うし」 井戸田修作 評論社(児童図書館・絵本の部屋) 1990年11月

牛(モウサー) うし(もうさー)
村のわかものマチャーがごうつくばりなかいぬしからたすけた年とったものをいう赤牛 「赤牛モウサ 沖縄の絵本」 儀間比呂志作・絵 岩崎書店(絵本の泉1) 1991年11月

牛女 うしおんな
村の人から大女でやさしいところから「牛女」と名づけられたよくひとりの子どもをかわいがったおしの女 「牛女(うしおんな)」 小川未明作;戸田幸四郎画 戸田デザイン研究室(名作絵本シリーズ) 1988年8月

牛女 うしおんな
村の人から大女でやさしいところから「牛女」と名づけられたよく一人の子供をかわいがったおしの女 「牛女」 小川未明作;高野玲子絵 偕成社(日本の童話名作選) 1999年10月

うじ きんたろう
さどがしまのたんぼにまよいでたトキのこどもキンをほごするまでみはってやったとりのすきなおとこのひと 「トキよおおぞらへ」 国松俊英文;鈴木まもる絵 金の星社(絵本のおくりもの) 2000年6月

牛若　うしわか
源氏の若君、平治の乱で平家と天下をあらそってやぶれた源義朝の子 「義経と弁慶」 谷真介文;赤坂三好絵 ポプラ社(日本の物語絵本11) 2005年5月

牛若丸(源 義経)　うしわかまる(みなもとの・よしつね)
平家にやぶれた源氏の大将源義朝の若君 「牛若丸」 近藤紫雲画;千葉幹夫文 講談社(新・講談社の絵本11) 2002年3月

牛若丸(源 義経)　うしわかまる(みなもとの・よしつね)
都の北のはずれ鞍馬山の寺にあずけられた源氏の大将源義朝の子 「牛若丸」 箱崎睦昌絵;牧村則村文 「京の絵本」刊行委員会 1999年10月

うずまきまん
きたないものをすいこんでうみをそうじしているおとこのこ 「アンパンマンとうずまきまん」 やなせたかし作・絵 フレーベル館(アンパンマンのふしぎなくに5) 1990年9月

うずらちゃん
ひよこちゃんとかくれんぼをはじめたうずらちゃん 「うずらちゃんのかくれんぼ」 きもとももこ作 福音館書店(幼児絵本シリーズ) 1994年2月

ウータくん
ようちえんやしょうがっこうにでかけてこどもたちとしょうぼうくんれんをするのがしごとのちいさいしょうぼうじどうしゃ 「ちいさいしょうぼうじどうしゃウータくん」 なすだじゅん作;かさはらりえ絵 ひくまの出版 1992年6月

ウータン
ひろいのはらをおもいきりかけまわったりおおきなかわでおもいきりみずあびをしたくてサーカスをにげだしたぞう 「ぞうのウータン」 おぼまこと作・絵 佼成出版社 1988年10月

宇知 しょうた　うち・しょうた
いなかでもなくとかいでもないのんびりした町にあるふつうのかぞくのちょっぴりあまえっ子の小学3年生のおとうと 「しょうたのケンカ」 柴門ふみ作 主婦と生活社(宇知んちものがたり1) 1995年10月

うーちゃん
さいのつのたくんとなかよしのうさぎのおんなのこ 「つのたくんのなかなおり」 なかがわみちこ作 童心社 2005年9月

ウーちゃん
もりのみんなとでんしゃごっこをしてあそんだクマ 「クマさんのトラック」 篠塚かをり作;いしいじゅね絵 けやき書房(けやきの絵本) 2004年10月

ウーちゃん
オランウータンのおうじさま 「オウラーちゃん」 工藤ノリコ著 文渓堂 2000年2月

ウーちゃん
オランウータンのおうじさま 「オラウーちゃんとまほうのやかた」 工藤ノリコ作 文渓堂 2001年3月

うちゅ

うちゅうじん
よるのうちにちきゅうをかこんでいてこうげきをはじめたうちゅうじん 「でたーっ」 内田麟太郎文;メグ・ホソキ絵 国土社(絵本といっしょ4) 1997年7月

うっちゃん
おにいさんのアーボさんのうちにもらわれてきた三びきのきょうだいのうさぎの一ぴき 「月夜の子うさぎ」 いわむらかずお作 クレヨンハウス 1996年9月

ウド
みんな黒いぼうしをかぶっていたぼうし族の村に住んでいたハウエルの友だちのみみず 「ハウエルのぼうし」 新月紫紺大作・絵 講談社(講談社の創作絵本) 2003年3月

うにばぁば　うにばぁば
くりじいじがうみからつれてきたともだち 「くりじいじとうにばぁばのこと」 MAJODE MAJORA 作・絵 ポプラ社(えほん村みんな物語2) 2001年10月

ウババ
世界のはてのハルカ森から世界中へクリスマスのおくりものをとどける旅に出発した7人のサンタの1人の天才赤ちゃんサンタ 「七人のサンタの物語」 なかもとはじめ文;たかはしあきら絵 ポプラ社 2000年11月

うま
はながだいすきではなをふんづけそうになるたびにぴょんぴょんはねるこうま 「ノッポさんのえほん1 はしれこうま」 高見ノッポ作;米山永一絵 世界文化社 2000年11月

うま
ほっかいどうのやまのなかにまだおおかみのすんでいたころにうまれたやせいのどさんこうまのこうま 「どさんこうまのはる」 本田哲也作 福武書店 1991年2月

うま
なたねの花たちにこえをかけたやさしいうまのおばさん 「うまやのそばのなたね」 新美南吉作;かみやしん絵;保坂重政編 にっけん教育出版社 2001年12月

馬　うま
モンゴル大草原の男の子がとおいとおい旅にでてさがした母親の白い馬 「モンゴルの白い馬」 原子修作;たかたのりこ絵 柏艪舎 2006年7月

うま(あお)
村のはたらきもののごろべえのうま 「かっぱどっくり」 荻坂昇文;村上豊絵;鳥越信;松谷みよ子監修 童心社(ぼくとわたしのみんわ絵本) 2000年7月

馬(アオ)　うま(あお)
雪のみちをマサルをのせたそりをひいて山のなかの家から町までいった馬 「はるふぶき」 加藤多一文;小林豊絵 童心社 1999年3月

ウマ(アオさん)
森のなかでくらしていた大きくてあたたかくて底抜けに人の好いウマ 「ぶどう畑のアオさん」 馬場のぼる文・絵 こぐま社 2001年5月

ウマ(一太郎)　うま(いちたろう)
おばあさんがスイカうりにうりつけられたスイカからでてきたたいへんはたらきもののウマ 「たまごから生まれたウマ」 谷真介文;赤坂三好絵 佼成出版社(十二支むかしむかしシリーズ) 2006年12月

うまさ

ウマ(カイリ)
ハワイの小さな島でヤギのアロハとブタのカマカニとずっといっしょにくらしていたウマ 「ハワイの3にんぐみ」 笹尾俊一画・文 講談社 1997年6月

馬(スズカ)　うま(すずか)
大好きなママから離されて競走馬になったサラブレッド 「どこへ行くのーあるサラブレッドの物語」 安西美穂子文;山田梨絵絵 エムエイオフィス 2002年8月

馬(ダライフレグ)　うま(だらいふれぐ)
元内閣総理大臣の海部俊樹さんがモンゴルをおとずれたときに首相からプレゼントされたモンゴル競馬の優勝馬 「モンゴル馬ダライフレグの奇跡」 海部俊樹作;志茂田景樹作;笹森識絵 KIBA BOOK 2006年7月

うま(チェリー)
こどもをうんだようちえんでかっているうま 「こうまがうまれたよ」 長崎源之助文;夏目尚吾絵 童心社(絵本・ちいさななかまたち) 1997年11月

うま(ツルイワタケ)
ほっかいどうのつるいむらにあるたなかぼくじょうでこうまをうんですぐにかじでやけしんだうま 「なくな!ツルイワカタケ」 長谷川知子絵;ひろたみを文 講談社(どうぶつノンフィクションえほん) 2001年3月

うま(はなじろう)
やまのなかのちいさなぼくじょうにおじいさんとすんでいたはながしろいじゃめうま(だだっこうま) 「じゃめうまはなじろう」 井上正治作・絵 岩崎書店(えほん・おもしろランド14) 1989年9月

馬(ハルウララ)　うま(はるうらら)
高知競馬場の競走馬で負けても負けてもいっしょうけんめいずっと走り続けた馬 「ハルウララ」 那須田稔文;小坂茂絵 ひくまの出版 2004年5月

うま(みねこさん)
やぎのさんきちくんとやまのいっぽんすぎにオープンしたディスコにいったしろうま 「やまのディスコ」 スズキコージ作 架空社 1989年2月

うま(レッド)
サンサンマンのなかまのゆうひのいろのうま 「サンサンマンとジャマスルマン もぐもぐもくばでリサイクル」 櫻田のりこ文;やなせたかし絵 フレーベル館 2002年4月

うまかた
むらのこどもらにいじめられていたこだぬきをたすけておんがえしをされたひとりのうまかた 「うまかたとこだぬき」 香山美子文;野村たかあき画 教育画劇(日本の民話えほん) 2003年3月

うまかた
とうげのやまみちでぬうっとでてきたやまんばにうまのせにつけたさかなをぜんぶくわれてうまもくわれてしまったうまかた 「うまかたやまんば」 おざわとしお再話;赤羽末吉画 福音館書店(日本傑作絵本シリーズ) 1988年10月

ウマさん
おしゃれしてまちまでおかいものにでかけたウマさん 「ウマさんおしゃれしておかいもの」 立岡佐智央文;立岡月英絵 福武書店 1991年4月

うまの

右馬之助　うまのすけ
なによりも虫がすきな大納言の姫ぎみをからかうためにつくりもののへびをとどけたわかい公達「虫めづる姫ぎみ（むしめづるひめぎみ）」森山京文;村上豊絵　ポプラ社（日本の物語絵本2）2003年5月

うみ（みずたまり）
うまれてはじめてうみをみたおじいさんについてきたみずたまりのうみのぼうや「おじいさんとうみ」赤川明作・絵　ひさかたチャイルド　2006年6月

うみがめ
九州の沖の女神の島にちかづいて百年間も岩にされていた年よりのうみがめ「はるかな島のものがたり」山下明生文;宇野亜喜良絵　童心社　2004年9月

うみキリン
ふかいうみにすんでいてあたまだけうみのうえにだしてたっているキリン「うみキリン」あきやまただし作・絵　金の星社　1996年10月

海幸（火照の命）　うみさち（ほでりのみこと）
日の神の御子で海の魚を釣る仕事をしていた若者、山幸の兄「うみさち やまさち」赤羽末吉絵;舟崎克彦文　あかね書房（日本の神話 第六巻）1995年10月

海幸彦（ホデリノミコト）　うみさちびこ（ほでりのみこと）
はるかにとおい昔にいたきょうだいの神さまの兄で海のさかなをとる男「海幸彦 山幸彦」西本鶏介文;藤川秀之絵　ポプラ社（日本の物語絵本10）2004年9月

うみちゃん
まどからはいってきたひこうきにのっていろいろなくにへいったおんなのこ「うみちゃんのまど」中川ひろたか文;長新太絵　偕成社　1997年7月

うみどり
沖の島にすむ女神さまをおなぐさめしようとひろい海にとびたったうみどり「はるかな島のものがたり」山下明生文;宇野亜喜良絵　童心社　2004年9月

うみの　うみこ
にこにこほいくえんにかよっている21にんのこどもたちのせわをしているせんせい「おおきくなったら なりたいなあ」かこさとし絵・文　ポプラ社（かこさとし こころのほん5）2005年10月

うみのおばけ
うみのそこからでてきてやまのおばけとけんかをはじめたうみのおばけ「おばけじま」長新太著　あかね書房（あかねピクチャーブックス3）1995年6月

うみのかみさま
ともだちのけいたくんとうみへさかなつりにいったくろべえがつったおじいさん「くろべえのさかなつり」おおすみまさこ作・絵　ひかり出版　1996年5月

うみの はじめ
うみからあがってきたたこのコータといっしょにくらすことになったおとこのこ「たこのコータ」星野はしる作;西川おさむ絵　ひさかたチャイルド　2000年11月

うみひこ
むかしむかしいたふたりのきょうだいのうみでさかなをとってくらしたあに「うみひこやまひこ」与田準一文;渡辺学絵　岩崎書店（復刊・日本の名作絵本8）2002年4月

海蛇　うみへび
盆の魂送りの日の夜に海に入ってきた新伍という若者をほしいといった海神さまの姫の海蛇「海神の姫」岡本敏子文;塩沢文男絵・原案　佼成出版社　2003年7月

うみぼうず
おぼんはりょうはしないきまりなのにうみにでていったむらのわかものたちのふねにちかづいてきたまっくろいのっぺらぼうのうみぼうず「うみぼうず」岩崎京子文;村上豊画　教育画劇(日本の民話えほん)　2000年4月

うみぼたる
しんでかわをながれてうみのうみぼたるになったほたる「とべないほたる5」小沢昭巳原作;関重信画　ハート出版　1999年11月

うめ
とうさんになしの木をもたせられて糀谷のすえ吉のところへおよめにいったむすめ「むこうさまでも　しあわせに」野村昇司作;阿部公洋絵　ぬぷん児童図書出版(ぬぷん　ふるさと絵本シリーズ19)　1992年7月

うめ吉　うめきち
さくらちゃんとじんじゃへでかけたいぬ「うめ吉わん」ゆざわなつき文;なかしまきよし絵　KABA書房(シリーズ・うめ吉ものがたり)　1987年1月

ウメさん(すずき　ウメ)
おうちにあしがはえてみはらしのいいおかのうえまではこばれてハナさんというおばあさんのおとなりになったおばあさん「たなかさんちのだいぼうけん」大島妙子作　あかね書房(あかね・新えほんシリーズ16)　2003年9月

うめだ　えつこ(えっちゃん)
もうすぐクリスマスなのでサンタさんにねがいごとをかいたてがみをだすことにしたおんなのこ「サンタさんといっしょに」あまんきみこ作;秋里信子絵　教育画劇(行事のえほん10)　1992年10月

うめたろう
アンパンマンのなかま、うめからうまれたぼうや「アンパンマンとそらとぶうめのみ」やなせたかし作・絵　フレーベル館(アンパンマンのおはなしわくわく10)　2006年9月

うめばあちゃん
小学生のかずおのおばあちゃん「ゆびきりげんまん－うめばあちゃんのはなし」富田ききとり絵本製作実行委員会文;岡島礼子絵　解放出版社　2000年12月

うらしまたろう
はまべでこどもたちにいじめられていたかめをたすけてやったおれいにうみのなかのりゅうぐうじょうへあんないされたわかもの「うらしま」平岩弓枝文;新井勝利絵　岩崎書店(復刊・日本の名作絵本5)　2002年4月

うらしまたろう
はまべでかめをたすけたおれいにかめのせなかにのせられてうみのなかのりゅうぐうじょうへあんないされたわかもの「うらしまたろう」いもとようこ文・絵　岩崎書店(はじめてのめいさくえほん7)　2000年9月

うらしまたろう
あるうみべのむらのちょうじゃさまのひとりむすこではまべでかめをたすけてやったおれいにかめのせなかにのせられてうみのなかのりゅうぐうへつれていかれたわかもの「うらしまたろう」渋谷勲文;高田勲絵　学習研究社(学研えほん館　日本むかしむかし4)　1996年7月

占い師　うらないし
おなじ日にぽっくりとしんでえんまさまのまえへやってきた大のなかよしの三人のひとり「えんまさまのしっぱい」おざわとしお；こばやししょうき文；ささめやゆき絵　くもん出版（子どもとよむ日本の昔ばなし8）　2005年11月

うらら
マンションがたつことになった福岡市のふくろうの森をおばあちゃんのハルさんや「ふくろうの森を守る会」のメンバーみんなで守ろうとはたらきかけをした女の子「ふくろうの森」金子章作；土田義晴絵　PHP研究所　2001年4月

うららちゃん
どうぶつたちがのってくるでんしゃにひとりでのっていったおんなのこ「でんしゃにのって」とよたかずひこ作・絵　アリス館　1997年6月

ウララちゃん
たんじょうびにひとりでいえにいたうさぎのこ「ウララちゃんのたんじょうび」山本なおこ作；黒井健絵　ポプラ社（えほんとなかよし47）　1997年5月

ウーリー
くまのウーリー一家の5人の子どもたちの男の子「ウーリー家のすてきなバースデー」西村玲子文・絵　あすなろ書房（あすなろ書房 新しい絵本シリーズ）　1987年4月

ウーリィ
あるばんのことちっともねむれないのでさんぽをすることにしてのはらをぶらぶらあるきはじめたひつじ「ねむれないひつじのよる　かずのほん」きたむらさとし文・絵　小峰書店（世界の絵本コレクション）　2003年5月

ウリくん
もりのかけっこたいかいにでたいのしし「はしれ！ウリくん」きむらゆういち作；せべまさゆき絵　金の星社（新しいえほん）　2003年7月

うりこひめ
おばあさんがかわでせんたくをしているとながれてきたうりからうまれてきたおんなのこでおおきくなってみごとなぬのをおったむすめ「うりこひめとあまんじゃく」木島始文；朝倉摂絵　岩崎書店（復刊・日本の名作絵本3）　2002年4月

うりこひめ
あるひばあがかわへせんたくにいくとかわかみからながれてきたうりからうまれたかわいらしいおんなのこ「うりこひめ」松谷みよ子作；司修絵　童心社（新絵本シリーズ 松谷みよ子むかしばなし）　1994年11月

瓜子姫っこ　うりこひめっこ
あるとき川さ洗れえものさ行った婆が拾ってきた瓜っこから生まれた美すう女童子（おなごわらす）こ「瓜子姫っこ」鈴木サツ語り；飯野和好絵　瑞雲舎（読み聞かせ絵本シリーズ5 日本の昔ばなし）　2005年6月

ウリ坊　うりぼう
シャボン玉の中にはいって雲の上にあるサツマイモ王国へいったイノシシの末っ子「ウリ坊、サツマイモ王国へいく」溝江玲子作；青羽空絵　東京経済　1997年10月

ウル
おひるねもりでたくさんのひるねちゅうのこぶたをはっけんしたおおかみ「きょうはなんてうんがいいんだろう」宮西達也作・絵　鈴木出版（ひまわりえほんシリーズ）　1998年11月

ウルトラセブン
かぞくためにしごとをしてたたかっているウルトラセブンのパパ 「パパはウルトラセブン」 みやにしたつや作・絵　学習研究社　1999年11月

ウルトラマン
ちからいっぱいかいじゅうとたたかうつよいウルトラマンのおとうさん 「おとうさんはウルトラマン－おとうさんの休日」 みやにしたつや作・絵　学習研究社　1999年6月

ウルトラマン
いつもたたかっているウルトラマンのおとうさん 「帰ってきたおとうさんはウルトラマン」 みやにしたつや作・絵　学習研究社　1997年6月

ウルトラマン
ちからいっぱいかいじゅうとたたかうつよいウルトラマンのおとうさん 「おとうさんはウルトラマン」 みやにしたつや作・絵　学習研究社　1996年6月

うんたろさん
どうぶつのうんちやトイレをけんきゅうしているおとこのひと 「うんたろさん」 山脇恭作；はたこうしろう絵　フレーベル館（えほんあらかると4）　2001年5月

うんてんしゅさん
えきまえのバスていからはっしゃしていろんな人がのっておりていくバスのうんてんしゅさん 「ピン・ポン・バス」 竹下文子作；鈴木まもる絵　偕成社　1996年10月

海野 光彦　うんの・みつひこ
戦争中に佐賀県の鳥栖の小学校にきて出撃前にピアノをひかせてほしいと先生にたのんだふたりの特攻隊員のひとり 「ピアノは知っている 月光の夏」 毛利恒之原作・文；山本静護絵　自由国民社　2004年8月

【え】

えいこ
お正月がくるまえにびょうきでしんでしまったえつこの二つちがいのいもうと 「あたしのいもうと」 武鹿悦子作；樋口千登世絵　佼成出版社　2000年3月

H-ロボット　えいちろぼっと
にんげんがたロボットの「ぼく」となにをするのもいつもいっしょのロボットがたにんげん 「きみとぼく」 みやもとただお作・絵　PHP研究所（PHPにこにこえほん）　2003年2月

絵かき　えかき
ぱったりといい絵がかけなくなってあてのない旅にでてインドにあるちいさな村でチベット人の子どもにであった絵かき 「碧空のかけら チベットの子どもからのおくりもの」 かんのゆうこ文；たなか鮎子絵；大久保ひろし英訳　エイト社　2005年12月

えかきのおじいさん（おじいさん）
もりのどうぶつたちにえをかいてあげたやさしいえかきのおじいさん 「のっぽさんのえほん8 やまのえかきさん」 高見ノッポ作；朝倉めぐみ絵　世界文化社　2001年5月

エゴちゃん
エゴのはながすきなおかあさんになまえをつけてもらった幸島のサル 「エゴちゃんのいちにち」 井川ゆり子絵・文　汐文社（絵本 幸島のサル3）　1998年10月

えす

エス
うれしいときひとりでにゆれるしっぽがいやだとおもっているけんちゃんのともだちのいぬ 「しっぽのうた」 やなせたかし作・絵 金の星社(こどものくに傑作絵本) 2000年2月

えぞしか
ほっかいどうにすむえぞしかのおやこ 「えぞしかのたび」 手島圭三郎作・絵 リブリオ出版(北に生きるかしこい動物たち) 2004年3月

えぞふくろう
ほっかいどうのふかいやまのなかでこそだてをするえぞふくろう 「えぞふくろうのみみ」 手島圭三郎作・絵 リブリオ出版(極寒に生きる生きものたち) 2001年7月

えぞももんが
ほっかいどうにすむちいさなからだのりすのなかまでよるになるとすあなからでてきからきへととびうつるえぞももんが 「えぞももんがのよる」 手島圭三郎作・絵 リブリオ出版(北に生きるかしこい動物たち) 2004年10月

えぞりす
ほっかいどうのおくふかいやまのなかでいきるえぞりすのこどもたち 「えぞりすのあさ」 手島圭三郎作・絵 リブリオ出版(北に生きるかしこい動物たち) 2002年10月

エゾリス
ほっかいどうのもりにすむクルミがだいすきなエゾリス 「エゾリス」 瀬戸波たいら文;浅野俊一絵 くもん出版(えほん 森のちいさないきもの1) 1998年3月

えつこ
お正月がくるまえに二つちがいのいもうとがびょうきでしんでしまった女の子 「あたしのいもうと」 武鹿悦子作;樋口千登世絵 佼成出版社 2000年3月

H　えっち
捨て犬の「ボク」のところに突然迷い込んできたヤツ 「いぬとハナマン」 濱口優作・絵 主婦と生活社 2005年8月

えっちゃん
まいにちゆびにんぎょうたちとあそんでいるおんなのこ 「こいぬのこん」 松成真理子著 学習研究社(学研おはなし絵本) 2005年7月

えっちゃん
白いちょうちょがしんじゃってないたときにできたなみだの川をつたって林のなかへいった女の子 「ねんねんねん」 あまんきみこ文;南塚直子絵 小峰書店 2001年9月

えっちゃん
イプーと森のまんなかへいったおんなのこ 「イプーとにじの森」 片岡道子作;ふじしま青年絵 旺文社(イプーファンタジーワールド) 1998年12月

えっちゃん
ねこのミュウをかっているおんなのこ 「ストーブのまえで」 あまんきみこ作;鈴木まもる絵 フレーベル館(こねこのミュウ4) 1990年4月

えっちゃん
いたずらこぶたのぶうぶのなかよしのおんなのこ 「こぶたのぶうぶは こぶたのぶうぶ」 あまんきみこ文;福田岩緒絵 童心社 1987年3月

えっちゃん
もうすぐクリスマスなのでサンタさんにねがいごとをかいたてがみをだすことにしたおんなのこ 「サンタさんといっしょに」 あまんきみこ作;秋里信子絵 教育画劇(行事のえほん10) 1992年10月

えっちゃん
かぜがさらっていったあかいぼうしをおいかけていったおんなのこ 「なまえをみてちょうだい」 あまんきみこ作;鈴木まもる絵 フレーベル館(こねこのミュウ1) 1989年5月

えっちゃん
みずいろのあきばこでこねこのミュウのいえをつくったおんなのこ 「ミュウのいえ」 あまんきみこ作;鈴木まもる絵 フレーベル館(こねこのミュウ2) 1989年5月

えっちゃん
スキップができるようになったおんなのこ 「スキップスキップ」 あまんきみこ作;鈴木まもる絵 フレーベル館(こねこのミュウ3) 1989年5月

えっちゃん
ねこのミュウをかっているおんなのこ 「はるのよるのおきゃくさん」 あまんきみこ作;鈴木まもる絵 フレーベル館(こねこのミュウ5) 1990年5月

えっちゃん
こねこのミュウのようちえんのせんせいになったおんなのこ 「シャムねこせんせい おげんき?」 あまんきみこ作;鈴木まもる絵 フレーベル館(こねこのミュウ6) 1990年6月

エト
つくづくねずみがいやになってまほうのあかいみをかじってうまれかわったねずみ 「ねずみのエトとまほうのあかいみ」 志茂田景樹文;藤井智子絵 KIBA BOOK(よい子に読み聞かせ隊の絵本スペシャル) 2004年1月

エトピリカ
きたのうみのちいさなしまにすんでいたうみどりのエトピリカ 「うみのきらきら やまのきらきら」 花之内雅吉作・絵 鈴木出版(チューリップえほんシリーズ) 2006年11月

エトピリカ
北の海の小さなしまにすむうまれたばかりの海鳥のエトピリカ 「エトピリカの海」 本田哲也作 偕成社 1998年6月

エドモンかあさん
たまごのときにまいごになったきょうりゅうティラノサウルスのぼうやをそだてたエドモントサウルスのおかあさん 「まいごのたまごはだれだろうな」 山脇恭作;藤本四郎絵;冨田幸光監修 教育画劇(きょうりゅうだいすき!) 1999年7月

えびすさん
おおきなたいをおともにたからぶねでたびにでて6人のなかまたちをふねにのせたえびすさん 「えびすさんと6人のなかまたち」 中川ひろたか作;井上洋介絵 佼成出版社(七福神ものがたり1) 2004年11月

海老之丞　えびのじょう
花のき村にやってきた五人組の盗人の一人できのうまで錠前屋だった新米の盗人 「花のき村と盗人たち」 新美南吉作;さいとうよしみ絵 小学館(新美南吉名作絵本) 2005年7月

えほん
ほんやにならべられておきゃくさんをまちかまえていたえほん 「きみのえほん」 山岡ひかる作・絵 文渓堂 2005年5月

えまお

エマおばあさん
アルザスの町はずれのなだらかな丘に暮らしているおばあさん 「エマおばあさんとモミの木―アルザスのファンタジー」 こやま峰子作；花房葉子絵 平凡社 2005年11月

エミコ
かぜのつよいひにはねがひらいてしまってぶたのフータローといっしょにそらへまいあがったくじゃく 「やせたぶた」 木島始作；本田克己絵 リブロポート(リブロの絵本) 1991年7月

えみちゃん
なつまつりの日にそらからたからぶねにのってじんじゃにきた七ふくじんにあったおんなのこ 「七ふくじんとなつまつり」 山末やすえ作；伊東美貴絵 教育画劇 2002年6月

えみちゃん
おおきくなったらかいじゅうになるといったおんなのこ 「おーきくなったら」 あきやまただし作・絵 ポプラ社(えへんごほんえほん1) 1996年6月

エミリオ
かたつむりがだいこうぶつのかいぞく 「ひよみったちゃん」 ひよみこ作・画 ABC出版 2002年4月

エーメさん
ハムスターのくりちゃんのおとなりさんでやさいづくりのめいじんのやぎさん 「くりちゃんとおとなりのエーメさん」 どいかや作 ポプラ社(くりちゃんのえほん3) 2006年3月

エラスモサウルス
うみにしずんだティラノサウルスをたすけてあげたやさしいうみのきょうりゅう 「きみはほんとうにステキだね」 宮西達也作・絵 ポプラ社(絵本の時間41) 2004年9月

エラスモサウルス
よくりゅうプテラノドンのこどもたち三きょうだいのようにそらをとびたいとおもっていたくびながりゅうのきょうりゅうのこども 「そらをとびたいエラスモサウルス」 木暮正夫作；赤坂三好絵；冨田幸光監修 教育画劇(きょうりゅうだいすき！) 1999年9月

エリカ
お花がさくころになるととざんしゃたちが谷にやってくるのがまちどおしくてしかたがないうさぎのきょうだいのいもうと 「エリカのお花ばたけ」 丸橋賢作；下田智美絵 ストーク 2005年2月

エリちゃん
おとなりにぜんぜん目が見えないルミさんとすこしは目が見えるアキラさん夫妻がすんでいる女の子 「いのちは見えるよ」 及川和男作；長野ヒデ子絵 岩崎書店(いのちのえほん11) 2002年2月

えりちゃん
おにいちゃんののぶくんとさんたさんになってどうぶつたちにぷれぜんとをくばったおんなのこ 「ちいさな さんた」 丸山明子絵・文 中央出版社 1992年11月

えりちゃん
たなばたまつりに「ねこのみーやがきっとかえってきますように」とたんざくにかいたおんなのこ 「ほしにおねがい」 武鹿悦子作；新野めぐみ絵 教育画劇(行事のえほん6) 1993年6月

エル
ひとりぼっちでさびしかったからともだちをさがしにきたぞう 「おおきくなりすぎたエルくん」 立原えりか作；薄久保友司絵 佼成出版社 1990年9月

エルタン
ながい旅をして「ぼく」たち一家がやってきたまちのまどからみなとがみえるへやで生まれた「ぼく」の弟 「ぼくの家から海がみえた」小林豊作・絵 岩崎書店(カラフル絵本6) 2005年4月

エルタン
せんそうが近づいてきたので高原の村からバスにのっておじいちゃんのすむまちまでいった「ぼく」の弟 「ぼくは弟とあるいた」小林豊作・絵 岩崎書店(絵本の泉12) 2002年5月

えるなちゃん
やまのうえのおおきなぶなのきにかくれがをつくったうさぎのおんなのこ 「うさぎのえるなちゃん ひみつのおうち」小林裕児作・絵 福武書店 1988年10月

エルフ
ライオンとたたかってたいせつなあしのいっぽんをくいちぎられてしまっただちょう 「かたあしだちょうのエルフ」おのきがく文・絵 ポプラ社(ポプラ社のよみきかせ大型絵本) 2004年11月

エルンスト
ともだちのピンクのぞうのレニとうみへかいすいよくにいったおおおとこ 「おおおとこエルンストーうみにいく」寮美千子作;篠崎正喜絵 小学館 1996年7月

エレナ
密猟者たちにお母さん象を殺されて孤児になったアフリカ象の子象 「エレナとダフニ」葉祥明絵;佐藤一優文;JWC英訳 自由国民社 2000年7月

エレベーター
5かいへいきたくないといってひでくんをのせてうちゅうやハワイによりみちをしたマンションのエレベーター 「よりみちエレベーター」土屋富士夫作・絵 徳間書店 2000年12月

エンジェルちゃん
ひろばにあったクリスマスツリーからおりてきてマリちゃんといっしょにさんぽしたエンジェルのにんぎょう 「サンタクロースの くるひ」西巻茅子作・絵 福音館書店(日本傑作絵本シリーズ) 1990年10月

エンソくん
はじめてひとりできしゃにのるおとこのこ 「エンソくん きしゃにのる」スズキコージ作 福音館書店(こどものとも傑作集) 1990年9月

円ちゃん　えんちゃん
空からふってきたタマゴから生まれたエンエンなく一円玉 「おかねのタマゴ」岩間就暁作・絵 新風舎 2006年3月

えんちょうせんせい
えんにきたおばあちゃんのこどもだったえんちょうせんせい 「おばあちゃんすごい！」中川ひろたか文;村上康成絵 童心社(ピーマン村のおともだち) 2002年6月

えんちょうせんせい
えんのみんなときもだめしをしたえんちょうせんせい 「おばけなんてこわくない」中川ひろたか文;村上康成絵 童心社(ピーマン村の絵本たち) 1999年5月

えんちょうせんせい
ねぼうしてえんそくにちこくしたえんちょうせんせい 「えんそくバス」中川ひろたか文;村上康成絵 童心社(ピーマン村の絵本たち) 1998年3月

えんて

エンデ
りすのうちのせんたくものをみてじぶんもせんたくをやってみることにしたこぐま 「こぐまのエンデ みんなでドボーン」 さとうわきこ作;岩井田治行絵 ポプラ社(絵本・子どものくに29) 1987年9月

園丁　えんてい
チュウリップが一めんに咲いている農園の青い上着の園丁 「チュウリップの幻術」 宮沢賢治作;田原田鶴子絵　偕成社(宮沢賢治の傑作童話絵本) 2003年4月

えんどうまめ
いちわのとりがえんどうのさやをつつきさやがはじけてころがりおちたひとつぶのまめ 「ひとつぶのえんどうまめ」 こうみょうなおみ作・絵　BL出版 1998年11月

えんぴつ(ちびたやま)
だあれもいないつくえのうえのぶんぼうぐたちの国でおすもうたいかいをしたえんぴつたちのなかでいちばんちいさいえんぴつ 「えんぴつのおすもう」 かとうまふみ作・絵　偕成社 2004年11月

えんぴつ(はかせ)
まさるが手にとるとかってにうごいてこたえをかいてしゅくだいをやってくれるはかせというなまえのえんぴつ 「えんぴつはかせ」 山岡ひかる作　偕成社 2004年7月

えんぴつまん
えんぴつじまにすむえんぴつまんたち 「アンパンマンとえんぴつじま」 やなせたかし作・絵　フレーベル館(アンパンマンメルヘン11) 1992年12月

えんま
おにどもにひったてられてきたばあさんをおっかさんにそっくりだとおもったえんま 「えんまとおっかさん」 内田麟太郎作;山本孝絵　岩崎書店(カラフルえほん9) 2005年7月

えんまさま
おなじ日にぽっくりとしんだ占い師とかるわざ師と医者の三人を地獄いきにしたえんまさま 「えんまさまのしっぱい」 おざわとしお;こばやししょうき文;ささめやゆき絵　くもん出版(子どもとよむ日本の昔ばなし8) 2005年11月

【お】

おいしゃさん
むかしむかし沖縄県のある村にいたどうぶつたちとはなしができるおいしゃさん 「リュウのむすめとおいしゃさん」 谷真介文;赤坂三好絵　佼成出版社(十二支むかしむかしシリーズ) 2006年11月

おいしゃさん
むらはずれにすんでいたとしをとったおいしゃさんでいちにちのしごとがおわるとだいすきなハーモニカをふくおいしゃさん 「おいしゃさんとハーモニカ」 さくらともこ作;いもとようこ絵　MOE出版 1989年11月

お医者さん　おいしゃさん
小学一年生のイネオの村のお医者さん 「村のお医者さん」 三芳悌吉作　福音館書店(日本傑作絵本シリーズ) 1989年11月

おいなりさん
おにぎりとまきずしとサンドイッチとえんそくにいったおいなりさん 「おべんとうのえんそく」 矢玉四郎作・絵 教育画劇(ユーモアえほん) 1995年5月

狼森　おいのもり
小岩井農場の北にある四つの黒い松の森の一人 「狼森と笊森、盗森」 宮沢賢治作;村上勉絵 偕成社(日本の童話名作選) 1996年11月

狼森　おいのもり
小岩井農場の北にある四つの黒い松の森の一人 「狼森と笊森、盗森」 宮沢賢治文;津田櫓冬絵 ほるぷ出版 1992年12月

おいも
こどもたちとつなひきをしたさつまのおいもたち 「さつまのおいも」 中川ひろたか文;村上康成絵 童心社 1995年6月

おうさま
むかしむかしちいさいくににおりましたハートのだいすきなはなののびるおうさま 「こびとのおくりもの はなののびるおうさま」 横田稔絵・文 梧桐書院 2001年4月

おうさま
むかしむかしちいさいくににおりましたハートのかたちがだいすきなはなののびるおうさま 「しゃぼんだまのうらがえし－はなののびるおうさま その2」 横田稔絵・文 梧桐書院 2001年4月

おうさま
なんでもしりとりのじゅんばんになっていないときがすまなくてけらいたちをこまらせていたおうさま 「しりとりのだいすきなおうさま」 中村翔子作;はたこうしろう絵 鈴木出版(チューリップえほんシリーズ) 2001年6月

おうさま
むかしむかしちいさいくににおりましたひものようにはなののびるおうさま 「てまわしオルガン－はなののびるおうさま」 横田稔絵・文 梧桐書院 2001年4月

おうさま
むかしむかしちいさいくにいおりましたゴムのようにはなののびるおうさま 「はなののびるおうさま」 横田稔絵・文 梧桐書院 2001年2月

おうさま
むかしむかしあるところにいたぺこぺことおじぎをしてちっともいばらなかったおうさま 「ぺこぺこ」 佐野洋子作 文化出版局 1993年8月

おうさま
あるあさおかのうえにのっていたおおきなたまごにおしろをこわされたちいさなくにのおうさま 「おおきなおおきなたまご」 篠崎三朗文・絵 ぎょうせい(そうさくえほん館8－空想の世界であそぼう) 1992年10月

おうさま
ちからがつよくてやさしいがときどきおなかのなかでわがままむしがさわぎだすおうさま 「とんでけとんでけ わがままむし」 さくらともこ作;若菜珪絵 金の星社(新しいえほん) 1987年7月

おうさま
にじいろたまごでつくったオムレツをたべたおうさま 「にじいろたまご」 すずきあゆみ作・絵 新風舎 2005年11月

おうさ

王さま　おうさま
朝から晩までぷかぷかとたばこをふかしてばかりいるそれはそれはヘビースモーカーな王さま「王さまがたばこをやめた日」こばやしあつこ絵・文　遊タイム出版　2000年9月

王さま　おうさま
あいさつがきらいで「あいさつをしたものはみんなろうやへぶちこんでしまえ!!」とめいれいした王さま「あいさつがきらいな王さま」はやしたかし文;あべはじめ絵　ひかりのくに(思いやり絵本シリーズ1)　1994年3月

王さま　おうさま
むかしちゅうごくにいた上とうなものをあつめるのがとてもすきな王さま「おうさまとうぐいす」中村美佐子文;徳田秀雄絵　ひかりのくに(名作・昔話絵本)　1993年4月

王さま　おうさま
まほうつかいのミズラにだまされてこうのとりになった王さま「こうのとりに なった おうさま」香山美子文;井江栄絵　ひかりのくに(名作・昔話絵本)　1993年2月

王さま　おうさま
きつねをおってもりにはいっていつのまにかけらいたちとはぐれてしまった王さま「そのとき王さまは」おぼまこと作・絵　ぎょうせい(そうさくえほん館15-やさしさをもって)　1992年12月

王さま　おうさま
いつもおこってばかりいた王さま「おこりんぼうの王さま」山室和子作;松村太三郎絵　ひさかたチャイルド(ひさかた傑作集25)　1988年6月

王さま　おうさま
ねこずきの王さまでねこみたいなふくをきてねこみたいなヒゲをつけた王さま「王さまのねこ」宇野亜喜良作　文化出版局　1988年3月

王様　おうさま
バイオリンを弾くピエロを王宮へ招いた生まれてこのかた笑ったことのない怖い王様「ピエロになった王様」おかべぶんめい文・絵　小学館　2003年11月

おうさま(おとこのこ)
むかしこどものみでおしろのおうさまになったおとこのこ「おばけとこどものおうさま」にしかわおさむ作・絵　PHP研究所(PHPにこにこえほん)　2005年7月

王子　おうじ
六人のけらいをつれておそろしい女王のうつくしいむすめにけっこんをもうしこみにいった王子「六にんの ごうけつ」川村たかし文;井江栄絵　ひかりのくに(名作・昔話絵本)　1993年1月

おうじさま
ちいさなしまのちいさなおしろにすむちいさなしろくまのおうじ「だいすきのたね」礒みゆき作・絵　ポプラ社(ちいさなしろくまおうじ1)　2003年5月

おうじさま
ちいさなしまのちいさなおしろにすむちいさなしろくまのおうじ「しあわせないえで」礒みゆき作・絵　ポプラ社(ちいさなしろくまおうじ3)　2004年8月

ヲウスノミコト
大和の国纏向(まきむく)の日代宮(ひしろのみや)で政治をおこなっていたオホタラシヒコオシロワケ天皇の太子「ヤマトタケル」那須正幹文;清水耕蔵絵　ポプラ社(日本の物語絵本13)　2005年7月

オウム(イゾウ)
両親が離婚してお父さんと別々に暮らすことになった二人の姉弟の家のオウム「あしたてんきになあれ」薩摩菜々作；永松美穂子絵 未知谷 2005年6月

オウムガイ
アンモナイトのなかまでいまも深海で生き続けているのんびりやのオウムガイ「のんびりオウムガイとせっかちアンモナイト」三輪一雄作・絵 偕成社 2006年11月

おうめばあさん
たうえのきせつに村にわるいびょうきがはやってねつをだしてたおれてしまったおばあさん「どろだらけのじぞうさん」谷真介文；赤坂三好絵 佼成出版社(行事むかしむかし 6月 田植えのはなし) 1991年6月

おうめばあさん
まごのじろっぺのねしょんべんなおりますようにとおじぞうさんにがんかけたおばあさん「おじぞうさん」田島征三著 福音館書店(こどものとも傑作集) 1988年9月

大石 良雄　おおいし・よしお
播州赤穂の家老で赤穂浪士の先頭に立って殿さま浅野内匠頭のあだうちのため吉良上野介の屋敷にうち入った武士「四十七士」神保朋世画；千葉幹夫文・構成 講談社(新・講談社の絵本18) 2002年12月

おおおとこ
もりのばんにんのおおおとこ「つきよにごようじん」斎藤浩誠文；本橋靖昭絵 福武書店 1987年7月

おおおとこ
ふぶきのよるにさみしがりやのサンタさんのいえにとびこんできたおおおとこ「さみしがりやのサンタさん」内田麟太郎作；沢田としき絵 岩崎書店(カラフルえほん1) 2004年11月

巨男　おおおとこ
おそろしい魔女だったお母さんが魔法でお姫様をかえた白鳥を飼ってやることにした心の美しい巨男「巨男(おおおとこ)の話」新美南吉作；津田真帆絵 大日本図書(絵本・新美南吉の世界) 2005年2月

大おとこ　おおおとこ
よぼうちゅうしゃがこわくてにげだした大おとこ「大おとことちゅうしゃ」深見春夫作 福武書店 1991年2月

大おとこ　おおおとこ
おへそがなくてなつみかんにおへそになってもらった大おとこ「なつみかんのおへそ」深見春夫作 福武書店 1988年8月

大男　おおおとこ
山すその原っぱにとびこんだ紙ひこうきをさがしておくへおくへとすすんでいったさとしを大きな手の中にかかえた山のような大男「かぐら山の大男」富安陽子作；村上勉絵 あかね書房(あかね・新えほんシリーズ6) 2000年7月

おおかみ
いつでもおなかがペッコペコな森のおおかみ「いつでもおなかがペッコペコ」岡本颯子作・絵 ポプラ社(絵本のおもちゃばこ9) 2005年6月

おおかみ
きつねどんにいわれてせいぎのみかたになったおおかみ「おおかみかめんときつねどん」のぶみ絵・文 教育画劇 2005年1月

おおかみ
ひつじのメリーさんにこいをしたネクタイをしめたおおかみ 「おおかみのネクタイ」 ふじはらなるみ著 RTBOXインターナショナル 2005年7月

おおかみ
うみべでみつけたにくをおとこのこたちにわけてやらなかったけちんぼおおかみ 「けちんぼおおかみ」 神沢利子文;赤羽末吉絵 偕成社(日本のむかし話4) 1987年10月

オオカミ
キツネとともだちになったオオカミ 「あいつもともだち」 内田麟太郎作;降矢なな絵 偕成社 2004年10月

オオカミ
キツネとともだちになったオオカミ 「ありがとうともだち」 内田麟太郎作;降矢なな絵 偕成社 2003年6月

オオカミ
ちいさなシャクトリムシがにがてなのをひみつにしているオオカミ 「オオカミのひみつ」 きむらゆういち文;田島征三絵 偕成社(日本の絵本) 2003年5月

オオカミ
ともだちのキツネといらないともだちをひきとるともだちひきとりやをはじめたオオカミ 「ともだちひきとりや」 内田麟太郎作;降矢なな絵 偕成社(「おれたち、ともだち!」絵本) 2002年2月

おおかみ
おかあさんのるすにでんわのじゅわきからとびだしてきたおおかみのこども 「おおかみのでんわ」 せなけいこ作・絵 金の星社(こどものくに傑作絵本) 2001年3月

オオカミ
いきなりめのまえにあらわれたおかしなクマとともだちになったオオカミ 「オオカミのともだち」 きむらゆういち文;田島征三絵 偕成社 2001年10月

オオカミ
キツネとともだちになったオオカミ 「ごめんねともだち」 内田麟太郎作;降矢なな絵 偕成社 2001年3月

オオカミ
キツネとともだちになったオオカミ 「あしたもともだち」 内田麟太郎作;降矢なな絵 偕成社 2000年10月

オオカミ
あめをふらせるケロケロがえるのうたをあみでつかまえてふくろにいれたオオカミ 「ケロケロがえるがなくときは」 浅沼とおる作・絵 鈴木出版(チューリップえほんシリーズ) 2000年5月

おおかみ
さむいふゆのひもりのいけにしっぽをたらしていればさかながつれるときつねにおしえられたいじわるおおかみ 「しっぽのつり」 せなけいこ文・絵 鈴木出版(チューリップえほんシリーズ) 1999年11月

おおかみ
はしってきてこおりのうえでつるんところんだちいさなおおかみのこ 「おおかみのこがはしってきて」 寮美千子文;小林敏也画 パロル舎(北の大地の物語) 1999年3月

オオカミ
にがしたコブタがどうしてもたべたくなってつかまえにいったオオカミ「オオカミのごちそう」
　木村裕一文；田島征三絵　偕成社　1999年4月

オオカミ
キツネとともだちになったオオカミ「ともだちくるかな」内田麟太郎作；降矢なな絵　偕成社
　1999年2月

オオカミ
まいばんのように家をおそってきたクマから女のひとと子どもをまもった木ぼりのオオカミ
「木ぼりのオオカミ」萱野茂文・斎藤博之絵　小峰書店(アイヌの民話絵本)　1998年10月

オオカミ
ともだちやをはじめたキツネとほんとうのともだちになったオオカミ「ともだちや」内田麟太
郎作；降矢なな絵　偕成社　1998年1月

おおかみ
はしるのがぶたよりもおそくてまだいちどもぶたをつかまえたことがないおおかみ「また　ぶ
たのたね」佐々木マキ作　絵本館　2005年12月

おおかみ
にわとりをふとらせてチキンシチューにしようとおもったおおかみ「おおかみのチキンシ
チュー」カザ敬子文・絵　西村書店　1995年4月

おおかみ
のはらのまんなかにあったぶたのまちにはいっていったはらぺこおおかみ「はらぺこおお
かみとぶたのまち」宮西達也作・絵　鈴木出版(ひまわりえほんシリーズ)　1994年10月

おおかみ
もりのなかからとびだしてきていっぴきのぶたくんをとりかこんだ100ぴきのおおかみ「ぶた
くんと100ぴきのおおかみ」宮西達也作・絵　鈴木出版(チューリップえほんシリーズ)
1991年10月

おおかみ
まいにちいっぽんばしのうえでまちかまえてみんなをわたらせなかったおおかみ「はしのう
えのおおかみ」奈街三郎作；花之内雅吉絵　鈴木出版(チューリップえほんシリーズ)
1991年11月

おおかみ
まちのちかくのもりにすみついていつもおなかをすかせせんそうでのはらやもりをめちゃめ
ちゃにしたにんげんをすごくにくんでいたおおかみ「フランシスコとおおかみ」かすや昌
宏絵；石井健吾文　至光社(ブッククラブ　国際版絵本1994)

おおかみ
むらはずれのおいしゃさんにぼうやがびょうきでくるしんでいるのでいっしょにきてくださいと
たのみにきたおおかみ「おいしゃさんとハーモニカ」さくらともこ作；いもとようこ絵　MOE
出版　1989年11月

おおかみ
はしるのがとてもおそくてまだいちどもぶたをつかまえたことがないおおかみ「ぶたのたね」
　佐々木マキ作　絵本館　1989年10月

おおか

おおかみ
あしたはクリスマスというひにたのしそうにうたをうたっていた12ひきのこぶたたちをくってやろうとしたはらぺこおおかみ 「メリークリスマスおおかみさん」 宮西達也作・絵 女子パウロ会 2000年10月

おおかみ
ぶたに恋したおおかみのおとこのこ 「どきっ！恋するってこんなこと」 みやにしたつや作・絵 岩崎書店(フレンド・ブック3) 1998年9月

狼　おおかみ
あるとこにあった貧乏な家の馬っこ食いてもんだと思って馬屋の隅っこさ隠れていた山の狼 「ふるやのもり」 鈴木サツ語り；堀越千秋絵 瑞雲舎(読み聞かせ絵本シリーズ4) 1996年8月

おおかみ(ウル)
おひるねもりでたくさんのひるねちゅうのこぶたをはっけんしたおおかみ 「きょうはなんてうんがいいんだろう」 宮西達也作・絵 鈴木出版(ひまわりえほんシリーズ) 1998年11月

オオカミ(ガブ)
ふぶきのよるにともだちのヤギのメイといっしょにゆきのあなにとじこめられていままでのことをおもいだしていたオオカミ 「しろいやみのはてで－あらしのよるに特別編」 きむらゆういち作；あべ弘士絵 講談社 2004年10月

オオカミ(ガブ)
ヤギのメイのともだちのオオカミ 「ふぶきのあした」 きむらゆういち作；あべ弘士絵 講談社(大型版あらしのよるにシリーズ6) 2003年1月；講談社(ちいさな絵童話 りとる27) 2002年2月

オオカミ(ガブ)
ヤギのメイのともだちのオオカミ 「きりのなかで」 きむらゆういち作；あべ弘士絵 講談社(大型版あらしのよるにシリーズ4) 2002年12月；講談社(ちいさな絵童話 りとる25) 1999年3月

オオカミ(ガブ)
ヤギのメイのともだちのオオカミ 「くものきれまに」 きむらゆういち作；あべ弘士絵 講談社(大型版あらしのよるにシリーズ3) 2002年12月；講談社(ちいさな絵童話 りとる24) 1997年10月

オオカミ(ガブ)
ヤギのメイのともだちのオオカミ 「あるはれたひに」 きむらゆういち作；あべ弘士絵 講談社(大型版あらしのよるにシリーズ2) 2003年1月；講談社(ちいさな絵童話 りとる20) 1996年6月

オオカミ(ガブ)
ヤギのメイのともだちのオオカミ 「どしゃぶりのひに」 木村裕一作；あべ弘士絵 講談社(大型版あらしのよるにシリーズ) 2003年1月；講談社(ちいさな絵童話 りとる26) 2000年5

オオカミ(ガブ)
あらしのよるにちいさなこやでヤギのメイにあってともだちになったオオカミ 「あらしのよるに」 木村裕一作；あべ弘士絵 講談社(大型版あらしのよるにシリーズ1) 2003年1月；講談社(ちいさな絵童話 りとる2) 1994年10月

オオカミ(ガブ)
ふぶきのよるにわかれてしまったともだちのヤギのメイとミドリがはらであったオオカミ「まんげつのよるに」きむらゆういち作;あべ弘士絵　講談社(大型版 あらしのよるにシリーズ7) 2006年2月;講談社(シリーズあらしのよるに7) 2005年11月

おおかみ(ガブリ)
こぶたのポーくんをたべようとするおおかみ「こぶたのポーくん1 おやつがいっぱい」きむらゆういち作・絵　講談社　2000年2月

おおかみ(ガブリ)
こぶのポーくんをたべようとするおおかみ「こぶたのポーくん2 おおかみがでた！」きむらゆういち作・絵　講談社　2000年2月

おおかみ(ガルー)
ちょっとどじだけどとってもきのいいおおかみでもりのおいしゃさんのロットさんのいちばんのかんじゃさん「ガルーからのおくりもの」葉月きらら作・絵　サン パウロ　1997年11月

おおかみ(ガロ)
もりにやってきたぶたのこをつかまえてうちのにわにはなのたねをまかせたおおかみ「ノッポさんのえほん5 おおかみガロとあさがお」高見ノッポ作;赤坂三好絵　世界文化社　2001年3月

おおかみ(じろりくん)
のんびりやまのふもとをひとまわりするおやこマラソンたいかいにでたいじわるなおおかみのこども「のんびりやまの マラソンたいかい」木暮正夫作;夏目尚吾絵　フレーベル館(キンダーおはなしえほん) 1993年5月

おおかみ(そろり)
ひとりぼっちのふゆはとてもさむいのでぬくもりをさがしにでかけることにしたいっぴきおおかみ「いっぴきおおかみのそろり」福田岩緒作・画　教育画劇(スピカみんなのえほん13) 1990年12月

おおかみ(ちいかみちゃん)
3びきのこぶたがあずかることになったとなりのおおかみさんのあかちゃん「3びきのこぶたとちいかみちゃん」あさのななみ作;長浜宏絵　PHP研究所(わたしのえほん) 1999年7月

おおかみ(ぱっくんおおかみ)
あなのなかにころがっていったにわとりさんのたまごをおいかけて大むかしのきょうりゅうたちのくにへいったおおかみのおとこのこ「ぱっくんのおおかみときょうりゅうたち」木村泰子作・絵　ポプラ社(ポプラ社のよみきかせ大型絵本) 2005年11月

おおかみ(ぱっくんおおかみ)
おとうさんのおおかみににてるといわれたおおかみのおとこのこ「ぱっくんおおかみ おとうさんににてる」木村泰子作・絵　ポプラ社(えほんはともだち2) 1989年9月

おおかみ(ふうふう)
こぶたのとんとんのハーモニカをとりあげたおおかみ「こぶたのハーモニカ」こわせたまみ文;奥田怜子絵　ひかりのくに(思いやり絵本シリーズ3) 1995年7月

おおかみ(ペコペコ)
はらぺこになってだいこんばたけにやってきてだいこんをたべながらうさぎとかにわとりをたべてみたいとおもったおおかみ「おおかみペコペコ」宮西達也作・絵　学習研究社(学研おはなしセレクションシリーズ) 1996年11月

おおか

オオカミ（マリウド）
谷川にちょきん箱を落としたオオカミの子ども「かわうそがひろったちょきん箱」みなみらんぼう作；黒井健絵　学習研究社(fanfanファンタジー)　1997年7月

おおかみ（ループッチ）
ちょうちょがうつくしくひかりかがやいているわけをしりたくてキャベツばたけにいったおおかみ「おおかみとキャベツばたけ」ひだきょうこ作・絵　教育画劇　2006年4月

おおかみくん
こぶたのぶうくんのなかよしのおおかみくん「おふろの きらいな ぶうくん」小沢正作；いもとようこ絵　ひかりのくに(ひかりのくに傑作絵本集11)　2000年5月

おおきなき（き）
きこりたちがきろうとしてもたおされなかったやまおくにあるななせんねんのたいぼく「おおきなき」遊子作・絵　鈴木出版(ひまわりえほんシリーズ)　1993年10月

おおきなて（て）
ずっとずっとずうっとむかしせかいがすなとつちばかりだったときくもをつきぬけてあらわれたおおきなおおきなおおきなて「おおきな おおきな おおきなて」藤森久士作；中村英良撮影　福武書店　1987年2月

おおくにぬし
いずものくにのかみさま「おおくにぬしのぼうけん」福永武彦文；片岡球子絵　岩崎書店（復刊・日本の名作絵本7）　2002年4月

オオクニヌシ（オオナムチ）
黄泉国へ旅立っていったスサノオを引き継いで出雲の国を治めていた子孫たちのひとりの若者「オオクニヌシの宝」川北亮司作；いそけんじ画　アスラン書房　1997年12月

オオクニヌシノミコト
「カミさんはー、出雲へ全員集合！」とにほんじゅうにひびきわたるこえでさけばれたカミさま「カミさま全員集合！」内田麟太郎作；山本孝絵　岩崎書店(レインボーえほん4)　2006年10月

大国主の命　おおくにぬしのみこと
黄泉の国にすむあらくれものの須佐之男の命の子孫でこよなく気立てのよい神「すさのおとおおくにぬし」赤羽末吉文；舟崎克彦文　あかね書房(日本の神話 第五巻)　1995年10月

大国主の命　おおくにぬしのみこと
黄泉の国にすむ須佐之男の命の子孫でこよなく気立てのよい神「いなばのしろうさぎ」赤羽末吉絵；舟崎克彦文　あかね書房(日本の神話 第四巻)　1995年10月

オオくん
おとうさんとゆきのたまをにぎってないしょのおねがいをしながらゆきだるまをつくったおとこのこ「ないしょのゆきだるま」角野栄子作；大島妙子絵　あかね書房(あかね創作えほん39)　1998年1月

大迫 健一（ケンちゃん）　おおさこ・けんいち（けんちゃん）
太平洋戦争がおわって一年がすぎた山のなかの小学校で戦争犯罪人をこらしめるねんど細工の神さまをつくった少年「ねんどの神さま」那須正幹作；武田美穂絵　ポプラ社(えほんはともだち27)　1992年12月

おおさむ
ゆきのひにそりあそびにでかけたきつねのきっこたちのまえにでてきたゆきぼうず 「おおさむこさむ」 こいでやすこ作 福音館書店(こどものとも傑作集) 2005年10月

大島 史子　おおしま・ちかこ
一九四五年八月九日の長崎の原爆で死んで晴着を着せられて火葬された二人の少女の一人 「ふりそでの少女」 松添博作・絵 汐文社(長崎平和絵本シリーズ6) 1992年2月

おおすけ
わしにさらわれたはっちぇもんというおとこをせなかにのせてやまがたのおぐにのむらにつれてってやったさけ 「さけの おおすけ」 水谷章三文;佐川美代太郎絵 フレーベル館(むかしむかしばなし18) 1992年11月

大田さん　おおたさん
クリスマスの前の夜にふしぎなサンタクロースにであったバスの運転手 「ほしがりやのサンタさん」 福永令三作;松井しのぶ絵 サンリオ(サンリオ創作絵本シリーズ) 1988年11月

おおた りょうくん
ようちえんのにわにあるおおきなドングリのきにいるハトのことがいちばんすきなこ 「りょうくん」 清水道尾作;山内ふじ江絵 教育画劇(スピカ絵本の森) 1996年4月

オオナムチ
黄泉国へ旅立っていったスサノオを引き継いで出雲の国を治めていた子孫たちのひとりの若者 「オオクニヌシの宝」 川北亮司作;いそけんじ画 アスラン書房 1997年12月

おおはくちょう
ほっかいどうのみずうみにふゆをすごしにきているおおはくちょうのかぞく 「おおはくちょうのそら」 手島圭三郎絵・文 リブリオ出版(北の森から) 2001年1月

おおばけおじさん
ちっちゃなおばけのきょうだいのおじさん 「おばけやしきのなぞ」 木村泰子作・絵 講談社 1987年12月

大林 哲也　おおばやし・てつや
夏になると北海道の羅臼町の子どもたちが知床半島の探検にでかける「ふるさと少年探検隊」にさんかした小学校6年生の男の子 「ぼくらは知床探検隊」 関屋敏隆文・型染版画 岩崎書店(絵本の泉11) 2000年7月

おおぶたちゃん
そとでおみせやさんごっこをすることになった3びきのこぶたの1ぴき 「3びきのこぶたのおみせやさんごっこ」 あさのななみ作;長浜宏絵 PHP研究所(PHPわたしのえほんシリーズ) 2002年7月

おおぶたちゃん
あめふりのにちようびにおとうさんにおはなしをしてもらった3びきのこぶたの1ぴき 「3びきのこぶたとちいさなおうち」 あさのななみ作;長浜宏絵 PHP研究所(PHPわたしのえほんシリーズ) 2000年7月

おおぶたちゃん
となりのおおかみさんのあかちゃんをあずかることになった3びきのこぶたの1ぴき 「3びきのこぶたとちいかみちゃん」 あさのななみ作;長浜宏絵 PHP研究所(わたしのえほん) 1999年7月

おおぼ

おおぼーぬー
ぼーぬーやまにすむふしぎないきもの 「おおぼーぬーとちぃぼーぬー」 冨樫義博絵;武内直子文　講談社　2005年10月

オオムギジージ
「レストラン・ムギ」のコックのムギッポにおりょうりをおしえてくれるおじいさん 「いっしょにコーボくん！ムギッポのまんぷくクレープ」 やすいすえこ作;わたなべゆういち絵　岩崎書店(のびのび・えほん13)　2002年7月

おおやぎさん
こやぎくんのうちのとなりのおおやぎさん 「あしたまほうになあれ」 小野寺悦子作;黒井健絵　学習研究社(fanfanファンタジー)　1989年7月

おかあさん
小さないのちをおなかにやどしてとってもつよくなったおかあさん 「おかあさんはね、」 村上淳子文;森谷明子絵　ポプラ社　2002年7月

お母さん　おかあさん
戦争中によく話してくれた物語に出てくる「ひらけゴマ！」ということばで男の子の閉ざされた心を開いてくれたたお母さん 「お母さん、ひらけゴマ！」 西本鶏介作;狩野富貴子絵　ポプラ社(えほんとなかよし49)　1997年8月

おかあちゃん
「ぼく」の町の駅にいるみんなのおかあちゃんみたいなおばさん 「駅のおかあちゃん」 まえだまさえ文;鈴木博子絵　講談社(講談社の創作絵本)　2003年4月

おかまばあちゃん
でんきがまちゃんのおばあちゃん 「でんきがまちゃんとおなべちゃん」 長野ヒデ子著　学習研究社(学研おはなし絵本)　2006年7月

おかよ
あるむらにいたにんぎょうあそびがだいすきなおんなのこ 「ながしびなのねがいごと ひなまつりに読む絵本」 岡信子文;廣川沙映子絵　世界文化社　1987年6月

オキクルミ
この世に人間がうまれたばかりのころ神の国からアイヌの国へいってみたわかい神 「オキクルミのぼうけん」 萱野茂文;斎藤博之絵　小峰書店(アイヌの民話絵本)　1998年10月

オキクルミ
神の国からアイヌの国へいったつよいつよいちえのあるわかもの 「風の神とオキクルミ」 萱野茂文;斎藤博之絵　小峰書店(アイヌの民話)　2002年4月

おきゃく
ラーメンのおいしいおみせ「とんちんけん」にまいにちやってきてひとくちだけたべてかえっていくふしぎなおきゃく 「ふしぎなおきゃく」 肥田美代子作;岡本颯子絵　ひさかたチャイルド　2006年12月

おきよ
びょうきのおぼうさんをたすけるためむらびとからたべものをかりておれいに田うえをてつだうやくそくをしたむすめ 「おきよのかんのんさま」 岡本文良文;井上洋介絵　佼成出版社(民話こころのふるさとシリーズ)　1989年4月

オキルダ
まほうつかいのパパのバンダさんがゆりかごをなおしてスキーをつけたそりにみんなとのってすべりにいったふたご 「まほうつかいの そりあそび」 西山直樹作・絵 福武書店 1990年11月

オキルダ
まほうつかいのバンダさんのふたごのこども 「まほうつかいのにちようび」 西山直樹作・絵 福武書店 1989年11月

おぎん
むかし九州は小倉のさとにいたはやわざむすめで木地師のもり八というはやわざじまんのおとことはやわざくらべをしたむすめ 「はやわざむこどん」 竹崎有斐文；赤坂三好絵 佼成出版社 (民話こころのふるさとシリーズ) 1993年9月

オクトくん
タコとうさんとタコかあさんがむかしたべておいしかったというナスのみをとりにナスばたけをめざしてぼうけんにしゅっぱつしたタコのぼうや 「タコのオクトくん」 富安陽子文；高畠純絵 ポプラ社 (みんなで絵本4) 2002年6月

オーケストラのき(き)
おんがくがすきでがっきをひくとそれにあわせてしろいはなをさかせるき 「おかのうえのふしぎなき」 山本省三作・絵 教育画劇 (スピカのおはなしえほん36) 1988年5月

おけら(ギーさん)
ひろいのはらのたけやぶのなかにあったしのだけむらにむしさんたちみんなとすんでいたおけら 「しのだけむらのやぶがっこう」 カズコ・G・ストーン作 福音館書店 (こどものとも傑作集) 2006年6月

オコジョ(タッチィ)
山のいえにひとりでくらしているトムサおじいさんにクリスマスにしょうたいされたオコジョ 「ねんにいちどのおきゃくさま」 亀岡亜希子作・絵 文渓堂 2000年10月

オコジョ(タッチィ)
山をおりてきしゃにのって南のほうへはるをさがしにいったオコジョ 「はるをさがしに」 亀岡亜希子作・絵 文渓堂 2004年2月

オコジョ(タッチィ)
毛をかられるのがいやで小屋からにげだしたいっぴきのひつじとともだちになったオコジョ 「なつのやくそく」 亀岡亜希子作・絵 文渓堂 2006年6月

おこじょ(ユキ)
おかあさんから「もうひとりでいきていきなさい」といわれひとりぼっちになったまだちいさいおこじょ 「おこじょの ユキ」 あんびるやすこ作；藤本四郎絵 鈴木出版 2004年11月

尾崎 正義　おざき・まさよし
一九四五年八月九日の長崎の原爆のとき山で作業をしていて生き残った少年 「ぼくは生きている」 尾崎正義作・絵 汐文社 (長崎平和絵本シリーズ4) 1992年2月

おさくん
うしのクロがあかちゃんをうむのをみていたおとこのこ 「うし」 井戸田修作 評論社 (児童図書館・絵本の部屋) 1990年11月

おさじさん
ガラスケースからにげだして女の子をさがすたびにでかけたぎんざいくの小さなおさじさん 「おさじさんのたび」 松谷みよ子作；ささめやゆき画 にっけん教育出版社 1997年12月

おざる

オザール
サーカスのだんちょう「なんでもやのブラリ」片平直樹作;山口マオ絵 教育画劇 2006年7月

おさんぎつね
ある秋の夜に子どもがやまいにくるしんでいるのでわかい女にばけて村のお医者のずいとん先生をよびにきたきつね「ずいとん先生と化けの玉」那須正幹文;長谷川義史絵 童心社(絵本・だいすきおはなし) 2003年12月

オジー
「グッド・ドッグ・ファクトリー」でつくられただめロボット犬「ロボット犬とっちー」山下友弘作・絵 文渓堂 2001年3月

おじい
うみべのむらにすんでいたえのすきなおじい「てんにのぼったなまず」たじまゆきひこ作 福音館書店(日本傑作絵本シリーズ) 2002年9月

オーじいさん
森のはずれの小さな家にとても小さいチーばあさんとすんでいたとても大きいおじいさん「オーじいさんとチーばあさんの春・夏・秋・冬」松居スーザン作;杉田比呂美絵 ひさかたチャイルド 2004年9月

おじいさん
山でころがったおむすびをおって穴の中へ入っていきおむすびを食べたおじぞうさんからかわりにほしいものがなんでもでるかなぼうをもらってかえったおじいさん「おむすびまてまて」おざわとしお;まつむらまさこ文;せきやとしか絵 くもん出版(子どもとよむ日本の昔ばなし4) 2005年11月

おじいさん
山へ木をきりにいってばけものたちの酒もりでおどったらほっぺたの大きなこぶをとってもらったおじいさん「こぶとりじい」おざわとしお;きくちあやこ文;くまだいさむ絵 くもん出版(子どもとよむ日本の昔ばなし7) 2005年11月

おじいさん
やまでおむすびころんだあなっこにおっこちてついたねずみのくにのねずみたちからおみやげもらったおじいさん「おむすびころりん」香山美子文;高見八重子絵 鈴木出版(たんぽぽえほんシリーズ) 2004年9月

おじいさん
みちのまんなかにできたあなぼこにこううんきがおちてとびはねたときにかかしをおっことしたおじいさん「ノッポさんのえほん7 くるまがごっとん」高見ノッポ作;西川おさむ絵 世界文化社 2001年5月

おじいさん
やまでおむすびころんだあなっこにおっこちてついたねずみのくにのねずみたちからおみやげもらったおじいさん「おむすびころりん」香山美子文;小林与志絵 チャイルド本社(みんなでよもう!日本の昔話2-7) 2003年10月

おじいさん
もうすぐクリスマスなのにまっくらおやしきにひとりですんでいたおじいさん「もうすぐクリスマス」立原えりか作;門田俊明絵 佼成出版社 1991年11月

おじいさん
ひとりぼっちでま冬のこうえんにすてられた子ネコのにゃあジロにやさしくしてくれたおじいさん「にゃあジロとおじいさん」門山幸恵再話;鈴木周作絵 新世研 2003年12月

おじい

おじいさん
あしがおれたつばめをたすけてやったおんがえしにすいかのたねをおとしてもらったおじいさん 「つばめのおんがえし」 かわだあゆこ再話;きづきすみよし絵 アスラン書房(心の絵本) 2002年11月

おじいさん
おばあさんのつくったおべんとうのおむすびをおにのこにたべられたおじいさん 「おむすびとおに」 あおきとおる作・絵 らくだ出版 2002年2月

おじいさん
さくらの木にのぼってはいをまきかれ木に花をさかせてとのさまからごほうびをもらったおじいさん 「花咲爺」 鰭崎英朋画;千葉幹夫文 講談社(新・講談社の絵本6) 2001年6月

おじいさん
あるところにいたこけしづくりのめいじんの80さいのおじいさん 「こけしめいじん」 みやかわけんじ作;むらおかみか絵 新世研 2001年8月

おじいさん
もりのどうぶつたちにえをかいてあげたやさしいえかきのおじいさん 「のっぽさんのえほん8 やまのえかきさん」 高見ノッポ作;朝倉めぐみ絵 世界文化社 2001年5月

おじいさん
かれきにはいをかけてはなをさかせてとのさまからほうびをもらったおじいさん 「はなさかじいさん」 いもとようこ文・絵 岩崎書店(はじめてのめいさくえほん8) 2000年9月

おじいさん
やまでおむすびをおとしてやったあなにおっこちておれいにねずみにおもちをごちそうになったおじいさん 「おむすびころりん」 せなけいこ絵・文 小学館(ふぁーすとぶっく 名作シリーズ3) 1999年4月

おじいさん
石がきと石だんでつくられていた町にひっこしてきて土があるところに花のたねをまきはじめたおじいさん 「こころの花たば」 城谷英男作・絵 PHP研究所(PHPにこにこえほん) 1998年2月

おじいさん
おばあさんがしんでひとりぼっちになってはじめてひとりでおだんごスープをつくったおじいさん 「おだんごスープ」 角野栄子文;市川里美絵 偕成社 1997年11月

おじいさん
なんきょくのペンギンのぼうやからかかってくるふしぎなけいたいでんわをかったおじいさん 「ふしぎなけいたいでんわ」 岡本颯子作・絵 PHP研究所(PHPわたしのえほんシリーズ) 1997年9月

おじいさん
かがみもちをねずみにわけてやったおれいにふくのかみのふくのみちの山みちをおしえてもらったおじいさん 「ふっくらふしぎなおくりもの」 佐藤さとる作;岡本順絵 ポプラ社(えほんはともだち) 1997年3月

おじいさん
あるひふるいいすをひろってペンキをぬってきれいにしたおじいさん 「おじいさんの ふしぎないす」 米山永一作・絵 PHP研究所(PHPわたしのえほんシリーズ) 1992年9月

おじい

おじいさん
ほしのきれいなよるにさんぽにでかけたみちでほしをひろったおじいさん 「ほしをひろった」 深見春夫作 福武書店 1991年9月

おじいさん
百年にいちどだけさくちりりんちりりんと音のするふしぎな花をながいあいだまっていたおじいさん 「ちりりん」 藤川秀之著 くもん出版 1989年12月

おじいさん
ちいさなもりのまんなかにあった1けんのいえにすんでいたくつやのおじいさん 「プチプチパンパン100のくつ」 板倉美代子作;谷川五男絵 金の星社(絵本のおくりもの) 1989年8月

おじいさん
もりのそばにあったながいことあきやだったふるいいえにやってきたひとりのおじいさん 「ノックがとんとん」 にしかわおさむ作・絵 PHP研究所(PHPわたしのえほんシリーズ) 1988年10月

おじいさん
クリスマスにヨットにのって絵をプレゼントしに行ったおじいさん 「プレゼント」 長谷川集平文;村上康成絵 ブックローン出版 1987年12月

おじいさん
うまれてはじめてうみをみたおじいさん 「おじいさんとうみ」 赤川明作・絵 ひさかたチャイルド 2006年6月

おじいさん
うっかりごくんとことりをのみこんでしまったらへんてこなおならがとびだしたおじいさん 「とりのみじいさん」 小沢正文;長谷川知子画 教育画劇(日本の民話えほん) 1998年7月

おじいさんとおばあさん
もりでふしぎなわかがえりのみずをのんでわかものになったおじいさんとよくばってのみつづけてあかんぼうになってしまったおばあさん 「わかがえりのみず-日本昔話より」 木暮正夫文;岡村好文絵 フレーベル館(日本むかしばなしライブラリー1) 1995年4月

おじいさんとおばあさん
むかしほうらいじ山のふもとの村はずれにあったやどのおじいさんとおばあさん 「ことしさいごのおきゃくさま-ほうらい寺のおはなし4」 なつめりちこ作;なぐらなちこ絵 評論社(児童図書館・絵本の部屋-手づくり絵本の本棚) 1989年12月

おじいちゃん
まちはずれのちいさなうちにひとりですんでいておばあちゃんからもらったアコーディオンをまいにちひいてくらしていたおじいちゃん 「おじいちゃんのアコーディオン」 おぼまこと作 佼成出版社 2003年12月

おじいちゃん
かいしゃをやめていなかにひっこしたくさんのどうぶつたちにかこまれてくらす「ぼく」のおじいちゃん 「おじいちゃんの どうぶつえん」 浅野庸子文;浅野輝雄絵 文化出版局 2002年9月

おじいちゃん
「ぼく」がはじめてひとりでいえにとまりにきたあまりよくしらないおじいちゃん 「おじいちゃんちで おとまり」 なかがわちひろ作・絵 ポプラ社(絵本・いつでもいっしょ18) 2006年8月

おじいちゃん
うちにもうすぐあかちゃんがうまれるふみやをいえにあずかったおじいちゃん 「うみのひかり」 緒島英二作；土田義晴絵 教育画劇（みんなのえほん） 1997年6月

おじいちゃん
いつも「ぼく」におまじないのように「だいじょうぶ だいじょうぶ」といってたすけてくれたおじいちゃん 「だいじょぶ だいじょうぶ」 いとうひろし作・絵 講談社（ちいさな絵童話りとる13） 1995年10月

おじいちゃん
たろうのわかいころがいこくへいくふねのせんちょうだったおじいちゃん 「たろうとおじいちゃん」 としまさひろ作・絵 PHP研究所（PHPのえほん31） 1988年5月

おじいちゃん
かみなりがなったゆうがたにやってきたかみなりのおやこにおへそをとられても「いいからいいから」といっていたおじいちゃん 「いいからいいから」 長谷川義史作 絵本館 2006年10月

おじいちゃん
おふろにつかるときくちぐせみたいに「ごくらくごくらく」というゆうたのだいすきなおじいちゃん 「おじいちゃんの ごくらく ごくらく」 西本鶏介作；長谷川義史絵 鈴木出版（ひまわりえほんシリーズ） 2006年2月

おシカ
あたまのまんなかにちいさいツノが一本はえていたかみなりの子 「かみなりむすめ」 斎藤隆介作；滝平二郎絵 岩崎書店（岩崎創作絵本13） 1988年7月

おしげばあさん
ヨーサクさんがはるにひろわれてずっとほおずきばたけのてつだいをしているうちのおばあさん 「ほおずき ならそ」 おおつかのぶゆき作 童心社 1987年6月

おしげばばさ
とがくし山の鬼からむすこの鬼の子ダボラをあずかったばばさ 「鬼の子ダボラ」 高橋忠治作；村上勉絵 佼成出版社（創作民話絵本） 1992年11月

おじさん
かわのよこにあった青いテントごやにくらすいえもしごともないおじさん 「青いひこうせん」 宮本忠夫作・絵 ポプラ社（絵本の時間6） 2001年8月

おじさん
あさからばんまでおとがとなりやまないにぎやかなまちでがっきをつくっていた「おとなり こうぼう」というがっきやのおじさん 「おんがくのまち」 青山邦彦作・画 パロル舎 1997年6月

おじさん
こうえんにいたふたりにてじなをみせてくれたふしぎなおじさん 「ふしぎなおじさん」 谷内こうた絵・文 講談社（講談社の創作絵本） 1997年9月

おじさん
すすむがおるすばんをしているとひかりのようにやってきたいままでみたこともないおじさん 「きいろいほしからきた おじさん」 おぼまこと作 くもん出版（くもんの創作絵本） 1993年12月

おじさん
ぴかぴかひかったつえのようなとってもりっぱなかさをもっていたおじさん 「おじさんのかさ」 佐野洋子作・絵 講談社 1992年5月

おじさ

おじさん
あるひおおきなカバンとちいさなカバンをてにもってまちのひろばにやってきたくろいマントのおじさん 「くろいマントのおじさん」 金森宰司作 福音館書店 (日本傑作絵本シリーズ) 2000年6月

おじぞうさま
その年もおわりの日ゆきをかぶったあたまにじいさまにかさをかぶせてもらったおれいにもちがはいったたわらをうちののき下においてくれたおじぞうさま 「かさじぞう」 中島和子文；倉石琢也絵 ひかりのくに (名作・昔話絵本) 1993年1月

おじぞうさん
たうえのきせつに村にわるいびょうきがはやってねつをだしてねていたおひゃくしょうたちをたすけてくれたおじぞうさん 「どろだらけのじぞうさん」 谷真介文；赤坂三好絵 佼成出版社 (行事むかしむかし 6月 田植えのはなし) 1991年6月

おじぞうさん
川でこどもたちといっしょにあそぶのがだいすきな村のおじぞうさん 「わっしょいおじぞうさん」 鶴見正夫文；田代三善絵 佼成出版社 (民話こころのふるさとシリーズ) 1990年11月

おじぞうさん
あったかなずきんをぬってくれようとしたおばあさんにふしぎなはさみをあげたとうげのおじぞうさん 「じぞうのふしぎなはさみ」 竹崎有斐作；清水耕蔵絵 佼成出版社 (民話 こころのふるさとシリーズ) 1988年5月

おじぞうさん
おうめばあさんにおそなえにもらっただいふくもちがあんまりうまそうでよだれこたらかしたおじぞうさん 「おじぞうさん」 田島征三著 福音館書店 (こどものとも傑作集) 1988年9月

おしゃかさま
ある日極楽のはす池のふちを一人でお歩きになっていたおしゃかさま 「くもの糸」 芥川龍之介作；藤川秀之絵 新世研 2003年6月

おしゃかさま
ルンビニーのうつくしいにわでおうまれになって大きくなっておぼうさんになられた王子さま 「おしゃかさまのたんじょう日」 谷真介文；赤坂三好絵 佼成出版社 (行事むかしむかし 4月 花祭りのはなし) 1992年3月

おじろ
おばあちゃんとはじめてきのことりにいったみほといっしょにいったねこ 「みほといのはなぼうず」 筒井頼子作；山内ふじ江絵 福音館書店 2001年4月

おじろわし
くるとしもくるとしもはいいろにおおわれたりゅうひょうのうみといっしょにいきていくふうふのおじろわし 「おじろわしのうみ」 手島圭三郎作・絵 リブリオ出版 (極寒に生きる生きものたち) 1999年5月

オスカ
地のかみオロムさまのつかい 「オスカがいえにやってきた」 土田勇作 フレーベル館 (リトルツインズ12) 1994年10月

オスカ
地のかみオロムさまのつかい 「まつりのよるオスカがよぶ」 土田勇作 フレーベル館 (リトルツインズ8) 1993年7月

おだぎりしんのすけ
なつ休みにおばあちゃんからせんそう中におばあちゃんがついたひとつのうそのおはなしをきいた小学1年生のおとこのこ「キャラメルの木」上條さなえ作;小泉るみ子絵 講談社(講談社の創作絵本) 2004年8月

おたこさん
おたこまつりのひにすくいぬしになってうみからたすけにやってくるたこ「おたこまつり」吉村竹彦作・絵 草炎社(そうえんしゃ・日本のえほん5) 2006年8月

おたね
いえにいるどうぶつやはたけのものにも名まえをつけていたかわりもののむすめ「どうしてもたべたい」高田桂子作;宮本忠夫絵 PHP研究所(PHPわたしのえほんシリーズ) 1990年12月

おたまさん(たまこ)
日之出の町にまごと三人くらしてるからだはちっちゃいけど肝っ玉はでっかいおばん「おたまさんのおかいさん」日之出の絵本制作実行委員会文;長谷川義史絵 解放出版社 2002年12月

おたまじゃくし
いけのそばにできたようふくやさんにようふくをつくってもらった七ひきのおたまじゃくしのきょうだい「おしゃれなおたまじゃくし」塩田守男絵;さくらともこ文 PHP研究所(PHPわたしのえほんシリーズ) 1987年3月

おだんご
おさらのうえにのこっていてあそびにでかけていった1ぽんのおだんご「あるくおだんごくん」深見春夫作・絵 PHP研究所(PHPにこにこえほん) 2005年4月

おちあいくん
いじわるいじめはうるとらきゅうのえんりょしらずのおとこのこ「あいうえ おちあいくん」武田美穂作・絵 ポプラ社(えほんとなかよし29) 1994年10月

お茶目 おちゃめ
きれをうるのがしごとの猫吉一家のおかあさん「猫吉一家物語 秋冬」大島妙子作 金の星社 2003年9月

おちょうじ
しょうじのはりかえをするのりをたべてしまっておばあさんにはさみでしたをちょんときられてしまったこすずめ「したきりすずめ」木暮正夫文;村上豊絵 世界文化社(ワンダー民話館) 2005年11月

おちょん
せんたくをするのりを食べてしまってばあにしたをきられておいだされたすずめ「したきりすずめ」小澤俊夫;小野佳子文;平きょうこ絵 くもん出版(子どもとよむ日本の昔ばなし6) 2005年11月

おちょん
ばあさまがこしらえたせんたくのりをなめてしまってしたをはさみできられてしまったすずめ「したきりすずめ」岩崎京子作;井上洋介絵 にっけん教育出版社 2003年4月

おつきさま
うさぎさんにあみものをおしえてもらったおつきさま「あみものおつきさま」しばはらち作・絵 鈴木出版(チューリップえほんシリーズ) 2004年11月

おっき

おつきさま
はじまりはちいさなことだったのにおひさまとせんそうしたおつきさま 「おひさまとおつきさまのけんか」 せなけいこ作・絵 ポプラ社 2003年7月

おつきさま
そらにのぼっておいかけっこをしていたにひきのこぎつねをみていたおつきさま 「おつきさまのとおるみち」 香山美子作;末崎茂樹絵 教育画劇(行事のえほん8) 1993年8月

お月さま おつきさま
あらしの夜に海辺の酒場「金の魚」にワインをのみにきたお月さま 「お月さまにげた」 谷川晃一作・絵 毎日新聞社 2005年8月

お月さま おつきさま
森のみんなにきいろいセーターをあんであげたお月さま 「きいろいセーター」 本多豊国著 清流出版 1998年3月

おっきょちゃん
かっぱのガータロにまつりによばれていっしょにかわのなかにはいっていったちいさなおんなのこ 「おっきょちゃんとかっぱ」 長谷川摂子文;降矢奈々絵 福音館書店(「こどものとも」傑作集) 1997年8月

オッサン
ぼくはつしたこうじょうからでてきたペンキとえのぐとクレヨンをどんどんたべてきれいなどろにしてだしたミミズ 「みみずのオッサン」 長新太作 童心社 2003年9月

オッタ
やまのてっぺんのじんじゃにつづくいしだんをのぼったはすいけのかえる 「だんだんのぼれば」 多田ヒロシ作・絵 教育画劇(スピカみんなのえほん2) 1989年5月

おっちゃん
北海道の大草原をはしって本をとどけてまわるとしょかんバスのおっちゃん 「大草原のとしょかんバス-としょかんバス・シリーズ2」 岸田純一作;梅田俊作絵 岩崎書店(絵本の泉6) 1996年9月

オットー
ひつじのジョジーナのいとこでまちでたんていじむしょをやっているひつじ 「ひつじのコートはどこいった」 きたむらさとし絵・文 評論社(児童図書館・絵本の部屋) 1997年6月

おっとせい
なつがきたたのしまにやってきたたびからたびのおっとせい 「おっとせいおんど」 神沢利子文;あべ弘士絵 福音館書店(こどものとも傑作集104) 1995年8月

オツベル
六台の稲扱器械と十六人の百姓どもを使うやり手の地主 「オツベルと象」 宮沢賢治作;遠山繁年絵 偕成社(日本の童話名作選シリーズ) 1997年9月

オッペル
六台の稲扱器械と十六人の百姓どもを使う主人 「オッペルと象」 宮沢賢治文;本橋英正画 源流社 1991年10月

オッペル
六台の稲扱器械と十六人の百姓どもを使う主人 「オッペルと象」 宮沢賢治文;木村昭平絵 福武書店 1991年11月

おてつ
むろあな村の火の玉一家のあとをついだむすめ 「ねぎぼうずのあさたろう その4 火の玉おてつのあだうち」 飯野和好作 福音館書店(日本傑作絵本シリーズ) 2003年3月

おでっちょさん
さんぽがだいすきなせかいいいちちからもちのおんなのこ 「おでっちょさん」 まつしたきのこ文;伊藤秀男絵 学習研究社(学研おはなし絵本) 2005年7月

おてる
たびたび船がしずむ九州と本州のさかいの海でおとうもおかあもなくした小さな女の子 「みさきのかがり火」 清水達也作;狩野富貴子絵 佼成出版社(創作民話絵本) 1991年11月

おとうさん
どうぶつえんにいくやくそくをやぶってしごとにいっちゃったおとうさん 「ライオンとうさん」 しらきのぶあき作 佼成出版社 2006年3月

おとうさん
もうすぐあかちゃんがうまれてくるかぞくのおとうさん 「おとうさんがおとうさんになった日」 長野ヒデ子作 童心社(絵本・こどものひろば) 2002年5月

おとうさん
おしごとしているときはいえとはちがうよびかたをされているおとうさん 「おとうさん・パパ・おとうちゃん」 みやにしたつや作・絵 鈴木出版 1996年2月

おとうさん
きょうから一しゅうかん「ぼく」とふたりきりでなにをやってもしっぱいばかりのおとうさん 「おとうさんといっしょ」 つちだよしはる作 ポプラ社 1990年7月

おとうと
あるとしのあすはおしょうがつというひにむぎまんじゅうとひきかえにこびとからふしぎないしのひきうすをもらったまずしいおとうと 「しおふきうす」 香山美子文;太田大八画 教育画劇(日本の民話えほん) 1998年3月

おとこ
ふみにじられたお花ばたけでひろったらっぱをふいてせんそうでてがらをたてようとしたおとこ 「ひろったらっぱ」 新美南吉作;葉祥明絵;保坂重政編 にっけん教育出版社 2003年8月

おとこ
ゆきのふかいやまおくでたにそこにおちてしまってくまにたすけられたおとこ 「くまにたすけられたおとこ-北越雪譜より」 伊藤秀男絵 鈴木出版(ひまわりえほんシリーズ) 1998年11月

男　おとこ
信濃の国の更科というところにいたひとりの男でじぶんをそだててくれた姨母を山へすてにいった男 「姨捨山」 西本鶏介文;狩野富貴子絵 ポプラ社(日本の物語絵本) 2005年6月

男　おとこ
夜になって町の中を独りでぶらぶら外を歩くのが好きな一人の妙な男 「電信柱と妙な男」 小川未明作;石井聖岳絵 架空社 2004年7月

男　おとこ
食いつめていなかから都にやってきた男 「羅生門」 竹内浩一絵;小沢章友文 「京の絵本」刊行委員会 1999年10月

おとこ

男　おとこ
長い長いはしごをつくって月をもって帰った男　「ぬすまれた月」　和田誠著　岩崎書店
2006年10月

おとこのこ
むかしこどものみでおしろのおうさまになったおとこのこ　「おばけとこどものおうさま」　にしかわおさむ作・絵　PHP研究所（PHPにこにこえほん）　2005年7月

おとこのこ
おんがくがすきでぶとうかいがあるおやしきにはいりこんだくつのやぶけたおとこのこ　「ふたりのぶとうかい―ウェーバー音楽より」　いわさきちひろ絵；筒井敬介文　講談社（いわさきちひろ・名作えほん）　2005年7月

おとこのこ
さむいかぜのなかもみのきをうりにまちへでていったおとこのこ　「ふしぎなもみのき」　河村員子文；拓新太朗絵　いのちのことば社シーアール企画　1991年10月

おとこのこ
まちのスーパーマーケットのみせさきにおかれたひとりぼっちのくろいもくばのまえにあらわれた足がわるいおとこのこ　「ぼく、いってくるよ！」　江崎雪子作；永田治子絵　ポプラ社（絵本の時間15）　2002年10月

おとこのこ
やまのこぎつねがはやしのなかであったひとりでないていたおとこのこ　「やまのリコーダー」　武鹿悦子作；宮本忠夫絵　佼成出版社（創作絵本シリーズ）　1997年9月

おとこのこ
ひろいのはらをかいじゅうさんとカラスさんといっしょにおさんぽしたおとこのこ　「でっかいさんぽ」　とよたかずひこ作・絵　ポプラ社（えほんはともだち43）　1996年5月

おとこのこ
古いきんいろのとけいを森でおとしたおとこのこ　「きんいろのとけい」　片山令子文；柳生まち子絵　クレヨンハウス（おはなし広場）　1993年12月

男の子　おとこのこ
町のはずれのがけのうえにたっていた洋館にひとりぼっちですんでいたゆうれいの男の子　「サンタさんにあっちゃった」　薫くみこ作；colobockle絵　ポプラ社（絵本・いつでもいっしょ11）　2004年10月

男の子　おとこのこ
戦争中にお母さんがよく話してくれた物語に出てくる「ひらけゴマ！」ということばで閉ざされた心を開いてもらった男の子　「お母さん、ひらけゴマ！」　西本鶏介作；狩野富貴子絵　ポプラ社（えほんとなかよし49）　1997年8月

おとこの子（けやき）　おとこのこ（けやき）
二かいのどっちのまどからもけやきの木がみえるむかいあったアパートの子でむかいのおんなの子から「けやき」とよばれるおとこの子　「けやきとけやこ」　阪田寛夫文；織茂恭子絵　童心社（絵本・ちいさななかまたち）　1988年11月

オトゴン
モンゴルの大草原にくらす遊牧民のむすめ　「ラクダのなみだ―モンゴルに伝わるいのちの物語」　宮田修文；タブハイン・スフバートル絵　KIBA BOOK　2001年8月

おとしぶみ（ツツミさん）
ひろいのはらのいいかおりのするしげみのなかにあったしげみむらにむしさんたちみんなとすんでいたおとしぶみ 「しげみむら おいしいむら」 カズコ・G・ストーン作 福音館書店（こどものとも傑作集） 2004年3月

おとぼけぎつね
まちへかいものにいってゆうえんちのジェット・コースターにのってみておとぼけ山にゆうえんちをつくったきつね 「おとぼけ山のジェット・コースター」 木暮正夫作；おぼまこと絵 佼成出版社 1987年10月

おなべちゃん
でんきがまちゃんととってもなかよしのおなべちゃん 「でんきがまちゃんとおなべちゃん」 長野ヒデ子著 学習研究社（学研おはなし絵本） 2006年7月

おに
だれかいるといばっていてもだれもいないとすぐにタヌキとイタチをかたぐるましてくれたやさしいおに 「こんにちはおにさん」 内田麟太郎作；広野多珂子絵 教育画劇 2004年12月

おに
あるひむらにやってきておふくというううつくしいむすめをさらっていったおに 「おにばらいのまめまき」 鶴見正夫文；つぼのひでお絵 世界文化社（節分に読む絵本） 1988年2月

おに
ももたろうにやっつけられてからすっかりおとなしくなったおにがしまのおにたち 「それからのおにがしま」 川崎洋作；国松エリカ絵 岩崎書店（えほんのマーチ4） 2004年2月

おに
おじいさんのおむすびをたべたおやまのおにのこのおやでこわいかおをしたおおきなおに 「おむすびとおに」 あおきとおる作・絵 らくだ出版 2002年2月

おに
一んち百りあるくわらじはいて一んち千りはしるふねさのってくるおにぬまのひとくいおに 「へっぷりむすこ」 梶山俊夫絵；ふじかおる文 童心社（ぼくとわたしのみんわ絵本） 2000年6月；第一法規出版（日本の民話絵本8） 1981年6月

おに
せつぶんのまめまきたいかいでこどもたちにかつためにロボットおにをつくったおにたち 「ロボットおに」 浅沼とおる作・絵 フレーベル館（げんきわくわくえほん23） 1997年2月

おに
ひろいうみのまんなかにあった小さな島にひとりぼっちですんでいたおに 「島ひきおに」 山下明生文；梶山俊夫絵 偕成社（ミニエディション） 1995年8月

おに
むらのこどもたちにひとあしでせんりをかけるせんりのくつをとられたおに 「せんりのくつ−日本昔話より」 西本鶏介文；塩田守男絵 フレーベル館（日本むかしばなしライブラリー10） 1996年1月

おに
京のみやこのはずれにたっていたらしょうもんという大きなもんのやねうらにすんでいたおに 「らしょうもんのおに」 馬場のぼる作・絵 こぐま社 1994年12月

おに

おに
あるひやまんばのむすめのまゆがぞうきばやしのおくであったとんでもなくおおきなおに 「まゆとおに-やまんばのむすめ まゆのおはなし」 富安陽子文；降矢なな絵 福音館書店 (こどものとも傑作集) 2004年3月

おに
じいさんがたべようとしたらころがっていっただごをおいかけてあなのなかへはいっていったばあさんがであったあかおに 「だごだご ころころ」 石黒渼子；梶山俊夫再話；梶山俊夫絵 福音館書店 1993年9月

おに
ひでりのときむらのおひゃくしょうさんにあめをふらせてやったかわりにむすめをよめにもらったおに 「おふくと おに-日本の昔話」 西本鶏介文；塩田守男絵 ひかりのくに (おはなし絵本) 1992年6月

オニ
ひでりがつづいたたんぼに雨をふらせてやったかわりに村のむすめをよめにもらった山のオニ 「鬼といりまめ」 谷真介文；赤坂三好絵 佼成出版社 (行事むかしむかし 2月 節分のはなし) 1991年1月

おに
やまおくのいわあなにひとりですんでいたがさみしくなってふもとのむらへとでかけていったおに 「おにと あかんぼう」 西本鶏介作；梅田俊作絵 すずき出版；金の星社 (こどものくに傑作絵本) 1987年12月

オニ
村の子どものソメコをさらって岩屋につれていったオニ 「ソメコとオニ」 斎藤隆介作；滝平二郎絵 岩崎書店 (岩崎創作絵本11) 1987年7月

鬼　おに
村人がつくってくれるおむすびがたべたくて村のたんぼに水をひいてやった山の鬼たち 「おむすびたべたい！」 黒河松代作；赤坂三好絵 佼成出版社 (創作民話絵本) 1992年11月

鬼　おに
あらしがおそったうみべのむらのはまべにうちあげられて千代というむすめがめんどうをみた鬼 「鬼まつり」 峠兵太作；高田勲絵 佼成出版社 (創作民話絵本) 1990年10月

おに(あおおに)
こころのやさしいわかいあかおにのともだちのあおおに 「ないたあかおに」 浜田広介文；岩本康之亮絵 世界文化社 (ワンダーおはなし絵本) 2003年2月

おに(あおおに)
こころのやさしいわかいあかおにのともだちのあおおに 「ないた あかおに」 浜田広介文；若菜珪絵 フレーベル館 (キンダーおはなしえほん) 1987年5月

おに(青おに)　おに(あおおに)
心のやさしいわかものの赤おにのしたしいなかまの青おに 「ないた赤おに」 浜田広介作；いもとようこ絵 金の星社 (大人になっても忘れたくない いもとようこ名作絵本) 2005年5月

おに(青おに)　おに(あおおに)
心のやさしいわかものの赤おにのしたしいなかまの青おに 「ないた赤おに」 浜田広介作；nakaban絵 集英社 (ひろすけ童話絵本) 2005年3月

おに（青おに）　おに（あおおに）
心のやさしいわか者の赤おにのしたしいなかまの青おに　「泣いた赤おに」　浜田広介作;梶山俊夫絵　偕成社（日本の童話名作選）　1993年1月

おに（青おに）　おに（あおおに）
心のやさしいわかものの赤おにのしたしいなかまの青おに　「ないた赤おに」　浜田広介作;いもとようこ絵　白泉社（いもとようこの名作絵本）　1988年8月

おに（あかおに）
やまのがけのところにあったいっけんのいえにすんでいたこころのやさしいわかいあかおに　「ないたあかおに」　浜田広介文;岩本康之亮絵　世界文化社（ワンダーおはなし絵本）　2003年2月

おに（あかおに）
やまのがけのところにたっていたいっけんのいえにひとりですんでいたこころのやさしいわかいあかおに　「ないた あかおに」　浜田広介文;若菜珪絵　フレーベル館（キンダーおはなしえほん）　1987年5月

おに（赤おに）　おに（あかおに）
山のがけのところにたっていた一けんの家にひとりですんでいたほかのおにとはちがう心のやさしいわかもののおに　「ないた赤おに」　浜田広介作;いもとようこ絵　金の星社（大人になっても忘れたくない いもとようこ名作絵本）　2005年5月

おに（赤おに）　おに（あかおに）
山のがけのところにたっていた一けんの家にひとりですんでいたほかのおにとはちがう心のやさしいわかもののおに　「ないた赤おに」　浜田広介作;nakaban絵　集英社（ひろすけ童話絵本）　2005年3月

おに（赤おに）　おに（あかおに）
山のがけのところにたっていた一けんの家にたったひとりですまっていたほかのおにとはちがう心のやさしいわか者の赤おに　「泣いた赤おに」　浜田広介作;梶山俊夫絵　偕成社（日本の童話名作選）　1993年1月

おに（赤おに）　おに（あかおに）
山のがけのところにたっていた一けんの家にひとりですんでいたほかのおにとはちがう心のやさしいわかもののおに　「ないた赤おに」　浜田広介作;いもとようこ絵　白泉社（いもとようこの名作絵本）　1988年8月

おに（龍介）　おに（りゅうすけ）
こどものときにくものかいだんをふみはずしてそらからおちてむらのきぬおねえさんと太郎のいえでそだったあかおに　「あかおにのつのかざり」　蛍大介作;わしづかただよし絵　エフエー出版　1990年12月

オニイタイジ
おにいちゃんとかいじゅうごっこをしてなかされつづけた「ぼく」がなったほんもののかいじゅう　「だいかいじゅうオニイタイジ」　いとうひろし作　ポプラ社（いとうひろしの本3）　2001年2月

おにいちゃん
「わたし」のびょうきでいつもねているしょうがっこう二ねんせいのおにいちゃん　「おにいちゃん」　浜田桂子作　童心社（絵本・ちいさななかまたち）　1993年6月

おにいちゃん
とつぜん病気になった「ぼく」のおにいちゃん　「おにいちゃんが病気になったその日から」　佐川奈津子文;黒井健絵　小学館　2001年8月

おにお

オニオオハシ(トコ)
みなみのくにのもりにすむおおきなくちばしのオニオオハシ「トコとグーグーとキキ」村山亜土作;柚木沙弥郎絵 福音館書店(日本傑作絵本シリーズ) 2004年10月

おにぎり
おいなりさんとまきずしとサンドイッチとえんそくにいったおにぎり「おべんとうのえんそく」矢玉四郎作・絵 教育画劇(ユーモアえほん) 1995年5月

おにのくび
おとうがやまがたなできりつけてすっとんだとおもったらかたにかっぷとかみついたおにのくび「おにのくび」水谷章三文;矢野徳絵 フレーベル館(むかしむかしばなし12) 1991年7月

おにのこ
むらのやしろのおまつりをてんぐちゃんといっしょにみたふたりのおにのこ「てんぐちゃんのおまつり」もりやまみやこ作;かわかみたかこ絵 理論社 2006年11月

おにのこ(こづな)
おににさらわれたむすめとおにとのあいだにうまれたこでおおきくなるにつれひとがたべたくなってじぶんをかめにいれてうめてくれるようにたのんだこども「おにの子こづな」松居直再話;安藤徳香絵 岩崎書店(絵本の泉3) 1993年11月

鬼ばば おにばば
山道にまよってしまったお寺のこぞうをひとばん家にとめてやってくおうとした鬼ばば「三まいのおふだ」おざわとしお;まつもとなおこ文;たけとみまさえ絵 くもん出版(子どもとよむ日本の昔ばなし9) 2005年11月

鬼ばば おにばば
山をのぼってきた旅のこぞっこをきれいな娘っこにばけて泊めてやって食おうとした鬼ばば「こぞっこまだだが」きたしょうすけ作;やまぐちせいおん絵 新世研 2001年8月

おにまる
ヘリコプターにももこをのせてうみへいったおにのこ「おにまるとももこうみへ」岸田衿子作;堀内誠一絵 文化出版局 1987年7月

おにまる
そらからちいさなヘリコプターにのっておりてきたおにのこ「おにまるの ヘリコプター」岸田衿子作;堀内誠一絵 文化出版局 1987年7月

おにろく
ふたつのめんたまをくれるならかわりにかわにはしをかけてやってもいいとだいくとやくそくしたおに「だいくと おにろく」小川洋文;井上洋介絵 鈴木出版(チューリップえほんシリーズ) 1993年2月

おにんぎょうさん(ボタンちゃん)
あるうちにあったやねうらべやにずいぶんむかしからひとりでじっとすわっていたおにんぎょうさん「やねうらべやの おにんぎょうさん」柳生まち子作 福音館書店(日本傑作絵本シリーズ) 2003年1月

おねしょん
おねしょをさせるめいじん「おねしょんが やってきた」わらべきみか作 ひさかたチャイルド(あかちゃんからのステップアップえほん) 2000年11月

オバア
りょうりのせんせい「ゴーヤーマン オバアはめいたんてい」浜野えつひろ文;荒木慎司絵;岡田恵和原案 長崎出版 2003年5月

おばあさん
ある夜更けに訪ねてきた母娘の狐に花嫁衣裳を仕立ててほしいと頼まれた山んどの一軒屋の仕立屋のおばあさん「狐の振袖」山本ふさこ文;ワイルズ一美絵 アスラン書房 2005年11月

おばあさん
ひかるものがだいすきで「きらきらやさん」というおみせをひらいたおばあさん「きらきらやさん」中村翔子作;新野めぐみ絵 PHP研究所(PHPにこにこえほん) 2005年10月

おばあさん
おつきみのばんにかっぱたちがうちにくるのでかっぱのためのごちそうをつくったおばあさん「おおきな おおきな ねこ」せなけいこ作・絵 金の星社(こどものくに傑作絵本) 2004年9月

おばあさん
おえかききょうしつにかようみなちゃんのともだちのあいだでまほうつかいとうわさのおばあさん「おばあちゃんの ありがとう」ふりやかよこ作 文研出版(えほんのもり16) 1990年4月

おばあさん
あかいきれであったかそうなマントをつくったおばあさん「おばあさんのクリスマス」香山美子作;岡本颯子絵 ひさかたチャイルド 1991年11月

おばあさん
山のなかの池のそばにあった家にひとりですんでいてばくをかったおばあさん「てんぐちゃん」今江祥智文;宇野亜喜良絵 偕成社(日本の絵本) 2003年1月

おばあさん
まちはずれのいえにだれからもわすれられてひとりぼっちでくらしていたおばあさん「うさぎのそり」武鹿悦子作;宮本忠夫絵 ひかりのくに 2002年11月

おばあさん
もりにすんでいてどうぶつたちとなかよしのおばあさん「おやすみなさいのプレゼント」原京子作・絵 ポプラ社(えほんとなかよし) 1998年10月

おばあさん
はいいろねこのブンがどろぼうにはいったいえのおばあさん「おばあさんのねこになったねこ」岡本一郎作;いもとようこ絵 金の星社(新しいえほん) 1997年7月

おばあさん
丘のうえの白い家にひとりぼっちですんでいたピアノをひくのがじょうずなおばあさん「今夜の招待状」福永真由美文;渡辺あきお絵 PHP研究所(PHPにこにこえほん) 1997年12月

おばあさん
島のはまの木かげで海がこわれないようにおいのりをしていたおばあさん「天とくっついた島」立松和平文;スズキコージ絵 河出書房新社(立松和平との絵本集2) 1997年2月

おばあさん
町からはなれたざわざわ森にたってる一けん家に住んでるふたごのおばあさん「ひとりぼっちじゃないよ」武鹿悦子文;黒井健絵 ひかりのくに(思いやり絵本シリーズ8) 1996年9月

おばあ

おばあさん
おれんじいろのながいしっぽのねこといっしょにくらしていたはなのすきなおばあさん 「ねこのき」 長田弘作;大橋歩絵　クレヨンハウス　1996年6月

おばあさん
むかしあるむらにすんでいたくらしはまずしくてもいつもほがらかなひとりのおばあさん 「うんのいいおばあさん」 もきかずこ文;おぼまこと絵　フレーベル館(げんきわくわくえほん10)　1996年1月

おばあさん
ちいさなふるいいえにひとりですんでいてくちもきかずにあさからばんまでくつしたをあんでいるおばあさん 「くつしたあみのおばあさん」 おそのえけいこ作;スズキコージ絵　PHP研究所(PHPわたしのえほんシリーズ)　1995年2月

おばあさん
町の切られることになったけやきの大木の下にある家に50年間くらしてずっとけやきをみつづけてきたおばあさん 「けやきの木の下で」 三輪裕子作;鈴木まもる絵　PHP研究所　1994年5月

おばあさん
むかしあるところにいたたいそう心やさしいおばあさんでほねをおったすずめのめんどうをみてはなしてやったおばあさん 「腰おれすずめ」 清水達也文;村上幸一絵　佼成出版社(民話こころのふるさとシリーズ)　1993年2月

おばあさん
うちにあるふるいどうぐがすきなおばあさん 「どうぐのおばけ」 瀬名恵子著　童心社(せなけいこ・おばけえほん)　1993年6月

おばあさん
くらいもりでおんぶしてーっていうおんぶおばけをおんぶしてかえってきたおばあさん 「おんぶおばけ」 松谷みよ子文;ひらやまえいぞう絵　童心社(あかちゃんのむかしむかし)　1990年2月

おばあさん
ビルのたにまにぽっつんとたっているいっけんのふるぼけたちいさないえのおおやさんのおばあさん 「おばあさんの青い空」 片山健作・絵　偕成社　1994年1月

おばあさん
あったかなずきんをぬってあげようとしたとうげのおじぞうさんからふしぎなはさみをもらったおばあさん 「じぞうのふしぎなはさみ」 竹崎有斐作;清水耕蔵絵　佼成出版社(民話 こころのふるさとシリーズ)　1988年5月

おばあさん
まちのはずれできのあうねことのんびりくらしていたおばあさん 「のんびりおばあさんといねむりぼうや」 にしかわはるこ作;にしかわおさむ絵　フレーベル館(フレーベル館の新秀作絵本1)　1988年12月

おばあさん
はるになってどてのうえにはえたよもぎをつみにいってよもぎもちをつくったおばあさん 「つみくさにいったら」 松竹いね子作;山崎匠絵　福音館書店　1999年4月

おばあさん
クリスマス・イブにもりのちいさないえにうさぎちゃんときつねどんとくまくんの三びきのおきゃくをむかえたおばあさん 「おばあさんの メリークリスマス」 もりやまみやこ作;つちだよしはる絵　国土社(そよかぜ絵本シリーズ1)　1990年10月

おばあ

おばあさん
田舎の小さな町にひとりぼっちで暮らしていた編み物がとてもじょうずなおばあさん 「おばあさんの飛行機」佐藤さとる作;村上勉絵 偕成社(日本の童話名作選) 1999年5月

おばあさん
かみさまがはりがみをだしてぼしゅうしたサンタクロースになったおばあさん 「サンタクロースはおばあさん」佐野洋子作・絵 フレーベル館 1988年11月

おばあさん(ぼうしやさん)
ことし70のげんきにわらうぼうしやさんのおばあさん 「わたしはおしゃれなぼうしやさん」山下夕美子作;北田卓史絵 教育画劇(スピカのおはなしえほん35) 1988年4月

おばあちゃん
こうつうじこでにゅういんしてしまったナコちゃんのママのかわりにいえにきたおばあちゃん 「ばあちゃんママのなつやすみ」ふりやかよこ作・絵 ポプラ社(絵本・子どものくに25) 1987年5月

おばあちゃん
えんにきたおばあちゃんでえんちょうせんせいのおかあさん 「おばあちゃんすごい!」中川ひろたか文;村上康成絵 童心社(ピーマン村のおともだち) 2002年6月

おばあちゃん
となりの町からバスにのってむつたちのうちにやってくることになったおばあちゃん 「おばあちゃんの日」くりたさおり作 偕成社(日本の絵本) 2002年3月

おばあちゃん
うまれてくるよっちゃんをとろうとまいにちまいにちコツコツとためたおかねでカメラを買ったおばあちゃん 「おばあちゃんのカメラ」ひろせよしこ文;かみたにひろこ絵 遊タイム出版 2001年5月

おばあちゃん
ユキのおばあちゃんのおかあさんでとおい北のはずれにある村に住んでいる大きいおばあちゃん 「ほろづき－月になった大きいおばあちゃん」沢田としき作・絵 岩崎書店 2001年8月

おばあちゃん
ペチュニアのはなかげのいれものにビールをついでビヤホールをかいてんしたおばあちゃん 「おばあちゃんのビヤホールはこわいよ」松谷みよ子作;宮本忠夫絵 ポプラ社(絵本の時間1) 2000年8月

おばあちゃん
小さいころからいってみたかったごうら山へまごのひろくんといったおばあちゃん 「もうあきたなんていわないよ」松田もとこ作;織茂恭子絵 ポプラ社(絵本の時間3) 2000年11月

おばあちゃん
とも子の痴呆になってしまったおばあちゃん 「おばあちゃんのさがしもの」おちとよこ文;ひがしなな絵 岩崎書店(いのちのえほん8) 2000年3月

おばあちゃん
いなかのくらしをつづったてがみをさとるくんにかいたおばあちゃん 「はいけいさとるくん」大森真貴乃作 ベネッセコーポレーション(ベネッセのえほん) 1997年11月

おばあちゃん
ちいさな川のながれる山すそのまちにうまれたさきちゃんのおばあちゃん 「さきちゃんとおばあちゃん」松田素子作;瀬戸口昌子絵 ポプラ社(えほんはともだち17) 1991年12月

おばあ

おばあちゃん
とおるくんのころんでにゅういんをしてしまったおばあちゃん 「だいすきな おばあちゃん」 香山美子文;福田岩緒絵 女子パウロ会 1991年4月

おばあちゃん
にわがない「わたし」のいえのものほしだいのむこうにあったどてにはたけをつくったおばあちゃん 「おばあちゃんの はたけ」 大西ひろみ作 リブロポート(リブロの絵本) 1989年8月

おばあちゃん
あかちゃんのときからタミエちゃんにうたやあやとりなどをおしえてくれたおばあちゃん 「ねんねしたおばあちゃん」 かこさとし絵・文 ポプラ社(かこさとし こころのほん2) 2005年10月

おばあちゃん
あるひてんじんさまでころんでけがをしてからげんきがなくなったおばあちゃん 「おばあちゃん」 大森真貴乃作 ほるぷ出版(ほるぷ創作絵本) 1987年11月

おばあちゃん
クリスマスのことを"ナタラのまつり"といったこどものころのクリスマスのはなしをはじめたおばあちゃん 「小さなぎんのほし」 たにしんすけ作;あかさかみよし絵 ポプラ社(絵本の時間34) 2003年11月

おばあちゃん
おかのふもとにすんでいてそらをながめるのがだいすきなおばあちゃん 「おばあちゃんのえほん」 まろい洋子絵;谷川俊太郎文 リブロポート 1987年1月

おばあちゃん
頭のなかの血かんが切れて手術して入院することになったおばあちゃん 「おばあちゃんの病気」 森たかこ作;高田勲絵 岩崎書店(社会とくらしの絵本12) 1987年12月

おばあちゃん
「ぼく」とこうえんでなかよしになったおばあちゃんでともだちのみいちゃんのおばあちゃん 「おばあちゃんとセブン」 山崎陽子文;鈴木まもる絵 女子パウロ会 1989年7月

おばあちゃん
おとうさんのせっけいした山のペンションにマエちゃんとマキちゃん一家とりょこうにいくことになったおばあちゃん 「みんなでりょこうにいきました」 いせひでこ作 偕成社(おばあちゃん だいすき2) 1992年4月

おばあちゃん
ドイツのくにのあるむらにあったもりのはずれのちいさないえにグレッチンというおんなのことなかよくくらしていたおばあちゃん 「おばあちゃんのきぐつ」 金川幸子文;中村有希絵 中央出版社 1988年11月

おばあちゃん
いえのなかにいるといい「ぼく」のしんでしまったおばあちゃん 「おばあちゃんがいるといいのにな」 松田素子作;石倉欣二絵 ポプラ社(えほんとなかよし32) 1994年11月

おばあちゃん
いろんなことをわすれてしまうアルツハイマーっていうあたまのびょうきになってしまったさっちゃんのおばあちゃん 「おばあちゃん どこいくの」 本間昭監修;やまとせいすい作;よりくにさとし絵 ワールドプランニング 1992年10月

おばけ

おばあちゃん
なかよしきょうだいのマエちゃんとマキちゃんのおばあちゃん 「ふたりで るすばん できるかな」 いせひでこ作 偕成社 (おばあちゃんだいすき1) 1990年9月

おばあちゃん
あるひたおれてびょういんににゅういんしたたあちゃんいっかのおばあちゃん 「おばあちゃんと いつも いっしょ」 池見宏子作;池見民子絵 岩崎書店 (いのちのえほん4) 1997年9月

おばけ
150ねんもおしろのてっぺんのたいほうのなかでねむりこんでいたおばけ 「おばけとこどものおうさま」 にしかわおさむ作・絵 PHP研究所 (PHPにこにこえほん) 2005年7月

おばけ
うさぎのうさこのうちにはいってきててんぷらのつまみぐいをしていたおばけ 「おばけのてんぷら」 せなけいこ作・絵 ポプラ社 (めがねうさぎの小さな絵本2) 2005年11月;ポプラ社 (ポプラ社のよみきかせ大型絵本) 2004年4月

おばけ
「ぼく」がせかいいっしゅうおばけツアーにいってともだちになったおばけ 「せかいいっしゅうおばけツアー」 星川遙作;長野ヒデ子絵 小学館 (おひさまのほん) 2005年7月

おばけ
もりにでるばいきんみたいなかたちをしてやりみたいなものをもってるはいたのおばけ 「だるまのマーくんとはいたのおばけ」 小沢正作;片山健絵 ポプラ社 (絵本カーニバル8) 2005年11月

おばけ
おさんぽをしていておうちにかえれなくなったちいさなおばけ 「ちいさなおばけ」 すどうめぐみ作;スドウピウ絵 学習研究社 (学研おはなし絵本) 2005年8月

おばけ
よるのやまにめがねをさがしにきたうさぎのうさこをおどかそうとしたおばけ 「めがねうさぎ」 せなけいこ作・絵 ポプラ社 (めがねうさぎの小さな絵本1) 2005年11月

おばけ
いろいろなむらからやまのおくにつれてこられてどんどんふえていったおばけたち 「おばけむら」 南部和也文;田島征三絵 教育画劇 2004年6月

おばけ
らくがきからぬけだして「ぼく」をおばけのくにへつれていってくれたおばけ 「ふゆのおばけ」 せなけいこ作・絵 金の星社 (こどものくに傑作絵本) 2003年3月

おばけ
もりのそばのふるいいえにひとりぼっちですんでいたおじいさんがプレゼントにもらった10ぴきのおばけ 「おじいさんと10ぴきのおばけ」 にしかわおさむ作・絵 ひかりのくに (10ぴきのおばけシリーズ1) 2002年6月

おばけ
どんなものでもあらってしまうせんたくだいすきのせんたくおばけ 「せんたくおばけ」 左近蘭子作;島田コージ絵 フレーベル館 (おひざのうえで) 2002年3月

おばけ
うさぎのうさこがもりからとってきたもみのきにちいさくなってひるねをしていたおばけ 「めがねうさぎのクリスマスったらクリスマス」 せなけいこ作・絵 ポプラ社 2002年11月

おばけ

おばけ
「ぼく」のへやのつくえのしたにすんでるちいさなおばけ 「すみっこのおばけ」武田美穂作・絵 ポプラ社(絵本・いつでもいっしょ1) 2000年7月

おばけ
もりのそばのちいさないえにおじいさんとすんでいた10ぴきのおばけ 「10ぴきのおばけとおとこのこ」にしかわおさむ作・絵 ひかりのくに(10ぴきのおばけシリーズ2) 2003年8月

おばけ
もりのそばのちいさないえにおじいさんとすんでいた10ぴきのおばけ 「こいぬと10ぴきのおばけ」中川ひろたか文;村上康成絵 ひかりのくに(10ぴきのおばけシリーズ3) 2005年6月

オバケ
ノコギリザメのおじいさんのボロボロになったノコギリをなおしてやるといったうみのオバケ 「ノコギリザメのなみだ」長新太著 フレーベル館(リーヴル・リーブル3) 1999年5月

おばけ
まちはずれのだあれもすんでいないおんぼろやしきでおばけりょうりをだすレストランをかいてんした5ひきのおばけ 「おばけのレストラン」山本省三作;菅谷暁美絵 PHP研究所(PHPにこにこえほん) 1996年3月

おばけ
うみへいってうみぼうずにばけてうさぎのうさこたちをこわがらせようとしたおばけ 「めがねうさぎのうみぼうずがでる!!」せなけいこ作・絵 ポプラ社 2005年5月

おばけ
まちなかのおんぼろビルからまちはずれのおんぼろやしきにひっこしてきた5ひきのおばけ 「おばけのおひっこし」山本省三作;菅谷暁美絵 PHP研究所(PHPにこにこえほん) 1995年5月

おばけ
おばあさんのうちのふるいどうぐのおばけたち 「どうぐのおばけ」瀬名恵子著 童心社(せなけいこ・おばけえほん) 1993年6月

おばけ
かわいいおんなのこもおまわりさんもみんなおばけ 「きょうはすてきなおばけの日!」武田美穂作・絵 ポプラ社(えほんとなかよし15) 1992年5月

おばけ
おどかすのがだーいすきなおばけのきょうだい 「よわむしとらちび」木村泰子作・絵 講談社 1991年10月

おばけ
おおばけおじさんのうちにあそびにいったちっちゃなおばけのきょうだい 「おばけやしきのなぞ」木村泰子作・絵 講談社 1987年12月

おばけ
ならんでたっていたがっこうとようちえんにすみついたふたごのおばけ 「ふたごのおばけ」大川悦生作;藤本四郎絵 ポプラ社(絵本・子どものくに28) 1987年9月

おばけ
もりのそばのちいさないえにおじいさんとすんでいた10ぴきのおばけ 「10ぴきのおばけのかいすいよく」にしかわおさむ作・絵 ひかりのくに(10ぴきのおばけシリーズ4) 2006年6月

お化け　おばけ
雪がつもった屋敷のなかで春までとうぶん冬ごもりするお化けたち「お化けの冬ごもり」川端誠作　BL出版　2003年12月

お化け　おばけ
真夏日を涼しげにすごすお化け屋敷のお化けたち「お化けの真夏日」川端誠作　BL出版　2001年8月

お化け　おばけ
縁日にいったお化けたち「お化けの縁日」川端誠作　リブロポート(リブロの絵本)　1988年6月

おばけいしゃ
おばけせんもんのおいしゃさん「おばけいしゃ」瀬名恵子著　童心社(せなけいこ・おばけえほん)　1992年6月

おばけのこ
チコとおにいちゃんといっしょにはこでんしゃにのってあそんだおばけのこ「ぼくはおばけのおにいちゃん」あまんきみこ作;武田美穂絵　教育画劇　2005年7月

おばさん
「ぼく」のだいすきなとてもやさしいふとっちょおばさん「ぼくの おばさん」椿宗介作;さとうわきこ絵　フレーベル館(キンダーおはなしえほん)　1988年11月

オーパーさん
にわにジュワッとあまくてみつもたっぷーりのおいしいりんごがいっぱいみのったひと「オーパーさんのおいしいりんご」みおちづる作;にしむらあつこ絵　金の星社　2003年9月

おばちゃん
鬼子母神さまの近くにすんでいて戦争でふたごの息子をなくしてからくる日もくる日もススキのみみずくをつくりつづけたおばちゃん「ほっほっほー」長崎源之助作;高田勲絵　佼成出版社(大型絵本シリーズ)　1994年5月

おはな
むらのちいさないえに三人のきょうだいとくらしていたおさないいもうとで木のにんぎょうをかわいがっていたおんなの子「ひなまつりにおひなさまをかざるわけ」瀬尾七重作;岡本順絵　教育画劇(行事の由来えほん)　2001年5月

おはな
こうじや村のはたけでたまねぎをつくる百姓のはたらきもののむすめ「なきなきたまねぎ」野村昇司作;阿部公洋絵　ぬぷん児童図書出版(ぬぷん ふるさと絵本シリーズ10)　1987年11月

お花　おはな
昔花咲き村と呼ばれる里にいた桜の花が大好きな女の子「花と風と子どもたち」宮川大助文;宮川花子絵　京都書院(大助・花子の日本昔ばなし)　1990年11月

おはなちゃん
くびがどこまでものびるろくろっくびのおんなのこ「ろくろっくび」せなけいこ作　童心社(せなけいこ・おばけえほん)　1995年6月

おばば
うら山にくりひろいにきたお寺のこぞうを食おうとしておいかけたおばば「あおい玉 あかい玉 しろい玉」稲田和子再話;太田大八絵　童話館出版　2006年4月

おばば

おばば
いくさからかえってこないわがこをまちつづけた村のおばば 「にじをわたった おばば」 浜野卓也作;梅田俊作絵 佼成出版社(創作民話絵本) 1989年1月

おはる
下袋村のとうふ屋の太一の店にいつも川むこうの堀内から橋をわたってきらず(おから)をかいにくる女の子 「ぽてふり物語」 野村昇司作;阿部公洋絵 ぬぷん児童図書出版(ぬぷん ふるさと絵本シリーズ17) 1991年4月

お春　おはる
田舎から大きなお店に奉公にでてしごとのあいまにおかんにそっくりなおめんをみてはさびしさをまぎらわしていた女の子 「落語絵本 おにのめん」 川端誠作 クレヨンハウス 2001年4月

オバンバー
山の主と人々に恐れられたばけもの 「与兵衛とオバンバー」 宮川大助文;宮川花子絵 京都書院(大助・花子の日本昔ばなし) 1988年12月

おび
だれかによばれたいぬ 「だれかがよんだ」 瀬川康男作 福音館書店 1992年6月

おひさま
はじまりはちいさなことだったのにおつきさまとせんそうしたおひさま 「おひさまとおつきさまのけんか」 せなけいこ作・絵 ポプラ社 2003年7月

お日さま　おひさま
ある日雪がつもった山におちてきておおきなおおきな木のえだにひっかかったお日さま 「お日さまがおちてきて」 志茂田景樹作;早瀬賢絵 KIBA BOOK(よい子に読み聞かせ隊の絵本10) 2001年11月

おひなさま
くらにすむねずみばあさんにつれられてのねずみこどもかいのひなまつりにいったおひなさま 「もりのひなまつり」 こいでやすこ作 福音館書店(こどものとも傑作集) 2000年2月

おひめさま
みんなをおたんじょうパーティーによんだパンのくにのおしろのおひめさま 「たのしいパンのくに」 深見春夫作・絵 PHP研究所(PHPにこにこえほん) 2005年11月

おひめさま
おおきなおしろにひとりですんでいておせわをするおてつだいさんが13にんもいるちいさなおひめさま 「ちいさなおひめさま」 かどのえいこ文;にしまきかやこ絵 ポプラ社(みんなで絵本1) 2001年11月

おふく
あるひむらにやってきたおににさらわれたうつくしいむすめ 「おにばらいの まめまき」 鶴見正夫文;つぼのひでお絵 世界文化社(節分に読む絵本) 1988年2月

おふく
ひでりのときむらのおひゃくしょうさんがおににあめをふらせてもらったかわりにおにのよめになったすえむすめ 「おふくと おに-日本の昔話」 西本鶏介文;塩田守男絵 ひかりのくに(おはなし絵本) 1992年6月

おふく
山のオニにひでりがつづいたたんぼに雨をふらせてもらったかわりにオニのよめにいった村のむすめ 「鬼といりまめ」 谷真介文;赤坂三好絵 佼成出版社(行事むかしむかし 2月 節分のはなし) 1991年1月

おふじ
村人にきらわれたのでおじいさんとおばあさんがなくなく山へすてたおふじと名づけた大きなヘビ 「おもちのすきなヘビのおふじ」 谷真介文;赤坂三好絵 佼成出版社(十二支むかしむかしシリーズ) 2006年12月

おふろやさん
やまからやまへでかけていったどうぶつたちをおゆにいれてあげているおふろ 「やまのおふろやさん」 とよたかずひこ著 ひさかたチャイルド(ぽかぽかおふろシリーズ) 2006年11月

おぼうさん
いたずらがだいすきなくろぎつねをだましてばけてぬぐいをとりあげたやまのおぼうさん 「ばけずきん」 川村たかし文;梶山俊夫画 教育画劇(日本の民話えほん) 2003年9月

おぼうさん(弘法大師)　おぼうさん(こうぼうだいし)
まずしいいえにひとばんとめてくれて大きないえのはたけからだいこんをもってきてたべさせてくれたやさしいおばあさんのあしあとをかくしてやったおぼうさん 「あとかくしの雪」 谷真介文;赤坂三好絵 佼成出版社(行事むかしむかし 11月 大師講のはなし) 1991年10月

お坊さん(風来坊)　おぼうさん(ふうらいぼう)
かってきままなひとり旅をつづけているが木彫りにかけては天下一品で「木彫りの風来坊」とよばれるお坊さん 「風来坊」 川端誠作・絵 BL出版 1998年6月

お坊さん(風来坊)　おぼうさん(ふうらいぼう)
かってきままな旅をつづけているが木彫りにかけては天下一品で「木彫りの風来坊」とよばれるお坊さん 「さくらの里の風来坊」 川端誠作・絵 ブックローン出版(時代活劇絵本「風来坊しりーず」) 1997年4月

お坊さん(風来坊)　おぼうさん(ふうらいぼう)
かってきままなひとり旅をつづけているが木彫りにかけては天下一品で「木彫りの風来坊」とよばれるお坊さん 「風来坊 危機一髪」 川端誠作・絵 ブックローン出版 1996年12月

お坊さん(風来坊)　おぼうさん(ふうらいぼう)
かってきままなひとり旅をつづけているが木ぼりにかけては天下一品で「木ぼりの風来坊」とよばれるお坊さん 「風来坊の子守歌がきこえる」 川端誠作 教育画劇(スピカ絵本の森5) 1991年11月

お坊さん(風来坊)　おぼうさん(ふうらいぼう)
かってきままなひとり旅をつづけているが木ぼりにかけては天下一品で「木ぼりの風来坊」とよばれるお坊さん 「かえってきた風来坊」 川端誠作・絵 教育画劇(スピカ絵本の森1) 1989年9月

おほしさま
おともだちみんながじぶんよりおおきいいちばんちっちゃなおほしさま 「ちっちゃなおほしさま」 たたらいみさこ文・絵 らくだ出版 2003年5月

オーポンとチーポン
にんげんのこどもとあそんでみたいとおもったたぬきのきょうだい 「たぬきのきょうだいオーポンとチーポン」 にしかわおさむ作 ベネッセコーポレーション(ベネッセのえほん) 1997年12月

お光　おみつ
ふぶきの山でりょうしの父親を助けてくれた金色のキツネとのやくそくをまもってキツネのよめにいった三番目のむすめ 「キツネとのやくそく」 立松和平文；黒井健絵　河出書房新社 (立松和平との絵本集4) 1998年3月

オムくん
学校のトイレがきらいな一年生 「トイレにいっていいですか」 寺村輝夫作；和歌山静子絵　あかね書房　2002年8月

おむすびまん
あるひおむすびからうまれていつもたびをしていてよわいひとをたすけるおむすびまん 「くらやみだにと ひかりひめ」 やなせたかし作・絵　フレーベル館 (おむすびまんたびにっき5) 1991年9月

おむすびまん
あるひおむすびからうまれていつもたびをしていてよわいひとをたすけるおむすびまん 「こむすびまんとすみれひめ」 やなせたかし作・絵　フレーベル館 (おむすびまんたびにっき4) 1991年1月

おむすびまん
あるひおむすびからうまれていつもたびをしていてよわいひとをたすけるおむすびまん 「あぶくちゃんとみずおに」 やなせたかし作・絵　フレーベル館 (おむすびまんたびにっき3) 1990年4月

おむすびまん
あるひおむすびからうまれたいつもたびをしていてよわいひとをたすけるおむすびまん 「こつぶひめとふうせんおに」 やなせたかし作・絵　フレーベル館 (おむすびまんたびにっき2) 1990年2月

おむすびまん
おむすびやまのてっぺんのおむすびめいじんおむすびおじさんのころげておちたおむすびからひょっこりうまれたおむすびまん 「おそれだきのひみつ」 やなせたかし作・絵　フレーベル館 (おむすびまんたびにっき1) 1990年1月

おやじさん
山のふもとの村で「雪窓」という名のおでんの屋台を出しているおやじさん 「雪窓」 安房直子作；山本孝絵　偕成社　2006年2月

オヤブン
なつまつりのこどもザイレンのじゅんびをするこどもたちのなかで「オヤブン」とよばれていばっているいちばん年上のこども 「こどもザイレン ひみつのなつまつり」 伊藤秀男作・絵　ポプラ社 (名作絵本復刊シリーズ4) 2002年2月

おやゆびたろう
こどものないじいさまとばあさまがかみさまにおねがいしてばあさまのおやゆびからうまれたまめつぶみたいにちいさなおとこのこ 「おやゆびたろう」 水谷章三文；長浜宏絵　世界文化社 (ワンダー民話館) 2005年11月

オラウーちゃん(ウーちゃん)
オランウータンのおうじさま 「オウラーちゃん」 工藤ノリコ著　文渓堂　2000年2月

オラウーちゃん(ウーちゃん)
オランウータンのおうじさま 「オラウーちゃんとまほうのやかた」 工藤ノリコ作　文渓堂　2001年3月

オランウータン(トト)
みなみのもりにつきがでてさんぽにやってきたオランウータンのおんなのこ 「つきよにさんぽ」みやもとただお作・絵 佼成出版社(創作絵本シリーズ) 1992年4月

オリバー
ひとりぼっちで大きなおやしきにすんでいるおばけ 「ともだちみつけた おばけのオリバー」 おおともやすお作・絵 偕成社 1996年10月

おりひめ
一ねんに一どだけたなばたにあまのがわであいしあうひこぼしとあえるむすめ 「ねがいぼし かなえぼし」 内田麟太郎作;山本孝絵 岩崎書店(えほんのマーチ14) 2004年6月

おりひめ
あまのがわのかわぎしでうしかいのひこぼしといっしょにすごすたのしさにしごとをわすれててんていのいかりにふれはなればなれにされたまごむすめ 「おりひめとひこぼし」 矢部美智代文;新野めぐみ絵 世界文化社(七夕に読む絵本) 1987年5月

おりぼんちゃん
りぼんがだいすきだけどひとりではむすべないおんなのこ 「おりぼんちゃん」 まえをけいこ作 佼成出版社 2005年9月

オリンちゃん
ベッドでずーっとねている90さいのおおばあちゃんとなかよしのおしゃべりなおんなのこ 「みんなにあげる」 みやもとただお作・絵 草炎社(そうえんしゃ・日本のえほん6) 2006年12月

オルノじいさん
ぎんいろのじてんしゃをかってダックスというなまえをつけたかさやのおじいさん 「ぎんいろのじてんしゃ」 広野多珂子作 PHP研究所(PHPにこにこえほん) 1999年11月

オーレ
どうぶつのサーカスだんにはいることになっただめライオン 「おかしなおかしなライオンのオーレ」 山本省三作;塩田守男絵 金の星社 1996年7月

おれんさま
近江の国林村の長吏頭の娘で蓮如さまをうんだ人 「おれんさま」 遠藤幸子文;早川和子絵 明石書店 1988年8月

オロロイ
むかしポリネシアの東にあった小さな島の年おいたかしら 「大きな石のモアイ」 木村昭平絵・文 福武書店 1989年4月

おんなのこ
おどりがじょうずになりたいとねがっていたおんなのこ 「うさぎのくれたバレエシューズ」 安房直子作;南塚直子絵 小峰書店(よみきかせ大型絵本) 2005年1月;小峰書店(えほん・こどもとともに) 1989年10月

おんなのこ
セイウチがまよいこんできたおやしきのにわしのむすめのおんなのこ 「あそぼうよセイウチ」 佐々木マキ作 絵本館 1993年5月

おんなのこ
おんがくがすきなくつのやぶけたおとこのこがはいりこんだぶとうかいがあるおやしきのにわにいたしろいふくのおんなのこ 「ふたりのぶとうかい―ウェーバー音楽より」 いわさきちひろ絵;筒井敬介文 講談社(いわさきちひろ・名作えほん) 2005年7月

おんな

おんなのこ
ふうせんがとんでしまって「きてよきてよはやくきてー」とよんだちいさいおんなのこ 「きてよきてよ はやくきてー」 かこさとし作・絵 ポプラ社(350シリーズ おはなしえほん17) 2002年4月

おんなのこ
ずーっとひとりぼっちさみしかったおっきなこいぬとともだちになったおんなのこ 「ともだちがほしかったこいぬ」 奈良美智絵・文 マガジンハウス 1999年11月

おんなのこ
わるいまじょにまほうでかんづめにされたおんなのこ 「まじょのかんづめ」 佐々木マキ作 福音館書店(こどものとも傑作集) 1999年4月

おんなのこ
すすきのはらでほしのブローチをおとしたおんなのこ 「ほしのブローチ」 武鹿悦子作;宮本忠夫絵 佼成出版社(創作絵本シリーズ) 1993年6月

おんなのこ
うさぎのピョンピョンのレストランにやってきてほしのブローチをなくしたとなきだしたおんなのこ 「きらきらぼしのふるよるは」 山口みねやす作 小峰書店(こみねのえほん13) 1987年4月

おんなのこ
サーカスのテントがたっていたひろばにいたおんなのこ 「ほたるのよる」 梅田俊作;梅田佳子作・絵 文研出版(えほんのもり10) 1987年6月

おんなのこ
もりにきのみがなるころなかよしのこねこといっしょにあかいいちごをさがしにでかけたおんなのこ 「まっかないちごがまってるよ」 森津和嘉子作・絵 金の星社(絵本のおくりもの) 1987年9月

女の子 おんなのこ
ゆうれいの男の子がひとりぼっちですんでいた洋館におやこでこしてきた女の子 「サンタさんにあっちゃった」 薫くみこ作;colobockle絵 ポプラ社(絵本・いつでもいっしょ11) 2004年10月

女の子 おんなのこ
はくいきもこおるほどさむいよるにふくろうのてんもんだいにやってきたチカチカ星のおひめさま 「とおい星からのおきゃくさま」 もいちくみこ作;こみねゆら絵 岩崎書店(のびのび・えほん20) 2002年11月

女の子 おんなのこ
たにまの村からおいだされた大男のボルスとともだちになった小さな女の子 「大男ボルス」 松居スーザン文;佐藤国男絵 北水 2001年4月

女の子 おんなのこ
おじいさんといっしょに町に花のたねをまいた女の子 「こころの花たば」 城谷英男作・絵 PHP研究所(PHPにこにこえほん) 1998年2月

女の子 おんなのこ
はるの大川のほとりでその年のさいごのおきなぐさの花をみつけた女の子 「おきなぐさ」 今村葦子作;長谷川知子絵 文研出版(えほんのもり29) 1995年11月

女の子　おんなのこ
子どものないわかいふうふが川でひろった五十このたまごからうまれた五十人の女の子
「たまごからうまれた女の子」谷真介文;赤坂三好絵　佼成出版社(行事むかしむかし 3月
ひな祭りのはなし)　1991年3月

女の子　おんなのこ
おともだちにあ・そ・ぼといいたいのにおはなしのできない女の子　「だあいすき」岸川悦子
作;味戸ケイコ絵　教育画劇(スピカ絵本の森4)　1991年5月

女の子　おんなのこ
「サンタクロースなんていやしない」と信じる心とゆめをうしなってしまった町のひとたちのな
かでゆめを信じつづける女の子　「サンタクロースはきっとくる」薫くみこ作;小松咲子絵　ポ
プラ社(絵本・いつでもいっしょ8)　2003年11月

おんなの子(けやこ)　おんなのこ(けやこ)
二かいのどっちのまどからもけやきの木がみえるむかいあったアパートの子でむかいのおと
この子から「けやこ」とよばれるおんなの子　「けやきとけやこ」阪田寛夫文;織茂恭子絵
童心社(絵本・ちいさななかまたち)　1988年11月

女の人　おんなのひと
思い出の中にいる人たちが暮らす星アーカイブ星にいたひとりのさびしい女の人　「おぼえ
ていてね　アーカイブ星ものがたり」市川拓司作;こじまさとみ絵　小学館　2004年11月

女の人　おんなのひと
ほそいみかづきをみつけて月でたてごとをこしらえた女の人　「ぬすまれた月」和田誠著
岩崎書店　2006年10月

オンロック
しまのもりのおくにすんでいてよるになるとでてきてはいたずらっこやわるいこをさがしてた
べるまもの　「オンロックがやってくる」小野かおる文・絵　福音館書店(日本傑作絵本シ
リーズ)　1995年9月

【か】

が(パタパタさんいちぞく)
ひろいのはらのたけやぶのなかにあったしのだけむらにむしさんたちみんなとすんでいた
がのいちぞく　「しのだけむらのやぶがっこう」カズコ・G・ストーン作　福音館書店(こどもの
とも傑作集)　2006年6月

か(プゥーンさんいちぞく)
ひろいのはらのたけやぶのなかにあったしのだけむらにむしさんたちみんなとすんでいた
かのいちぞく　「しのだけむらのやぶがっこう」カズコ・G・ストーン作　福音館書店(こども
のとも傑作集)　2006年6月

カアコさん
ヘイザくんのガールフレンド　「おばけドライブ」スズキコージ作　ビリケン出版　2003年8月

かあさん
ある日とつぜん大切なむすこたちが戦地につれていかれたかあさん　「ただいま、かあさん」
水野寿美子作;梅田俊作絵　ポプラ社(えほんとなかよし59)　1999年7月

かあち

かあちゃん
どんなおんぼろせんたくきやテレビでもきあいいっぱつでなおすかあちゃん 「かあちゃんのせんたくキック」 平田昌広文；井上洋介絵　文化出版局　2003年4月

かあちゃん
りょうのそそっかしいかあちゃん 「これが、ぼくのかあちゃん」 長谷川知子作　童心社（絵本・ちいさななかまたち）　1995年11月

かあちゃん
せんたくのだいのだいのだいすきなかあちゃん 「くもりのちはれ せんたくかあちゃん」 さとうわきこ作・絵　福音館書店（こどものとも傑作集）　2006年6月

かいくん
おさんぽしていたおとこのこ 「かいくんのおさんぽ」 中川ひろたか作；荒井良二絵　岩崎書店（えほん・ハートランド21）　1998年4月

海くん　かいくん
ほいくしょでじこにあって自分でのむことも食べることもできなくなった西原さんちの男の子 「ぼくは海くんちのテーブル」 西原敬治文；福田岩緒絵　新日本出版社　2002年10月

かいじゅう
「わたし」のうちにいるちっちゃいけどつよいかいじゅう 「わたしのかいじゅう」 もとしたいづみ作；長野ヒデ子絵　すずき出版（たんぽぽえほんシリーズ）　2005年11月

かいじゅう
海にいたかいじゅう 「かいじゅうのうろこ」 長谷川集平文；村上康成絵　ブックローン出版　1987年4月

かいじゅうさん
ひろいのはらをおとこのことカラスさんといっしょにおさんぽしたかいじゅうさん 「でっかいさんぽ」 とよたかずひこ作・絵　ポプラ社（えほんはともだち43）　1996年5月

かいちゃん
とてもさむいひバムとケロちゃんがいけといっしょにこおりついていたのをたすけてやったあひる 「バムとケロのさむいあさ」 島田ゆか作・絵　文渓堂　1996年12月

カーイチ郎　かーいちろう
わるさばっかりしているカラスのバカ息子 「カラス」 桂三枝文；黒田征太郎絵　アートン（桂三枝の落語絵本シリーズ6）　2006年6月

海部　俊樹　かいふ・としき
モンゴルをおとずれたときに首相からモンゴル競馬の優勝馬をプレゼントされた日本の元内閣総理大臣 「モンゴル馬ダライフレグの奇跡」 海部俊樹；志茂田景樹作；笹森識絵　KIBA BOOK　2006年7月

カイリ
ハワイの小さな島でヤギのアロハとブタのカマカニとずっといっしょにくらしていたウマ 「ハワイの3にんぐみ」 笹尾俊一画・文　講談社　1997年6月

かえる
あめがふらなくてこまったのはらやおやまのどうぶつたちのためにだいかつやくしたかえるたち 「ぴょんぴょこがえる」 高橋宏一作　新日本出版社（新日本えほんのひろば2）　1987年5月

かえる
ひょうたんぬまにすんでいる10ぴきのかえる 「10ぴきのかえるのおくりもの」 間所ひさこ作；仲川道子絵　PHP研究所（PHPにこにこえほん）　2005年5月

かえる
げんじぬまのかえるをいじめてあそぶへいけのもりのわるいねことたたかったいちまんびきのかえるのさむらい 「かえるの平家ものがたり」 日野十成文；斎藤隆夫絵　福音館書店（日本傑作絵本シリーズ）　2002年11月

かえる
まんまるいけチームとひょうたんいけチームでつなひきたいかいをすることになったかえるむらのかえるたち 「かえるのつなひき」 さくらともこ作；せべまさゆき絵　PHP研究所　2001年6月

かえる
かわのなかのうんどうかいにあつまったかえる 「かわのなかのうんどうかい」 今井鑑三作；山戸亮子絵　文渓堂　2001年8月

かえる
ひょうたんぬまにすんでいる10ぴきのかえる 「10ぴきのかえるのたなばたまつり」 間所ひさこ作；仲川道子絵　PHP研究所（PHPにこにこえほん）　2001年6月

かえる
よぼうちゅうしゃをうけることになったかえるむらのかえるたち 「かえるのよぼうちゅうしゃ」 さくらともこ作；せべまさゆき絵　PHP研究所（PHPわたしのえほんシリーズ）　1999年5月

カエル
ワタルくんのかぜでもりにとばされたあおいバスタオルをみてはなしていた二ひきのカエルのきょうだい 「うみをあげるよ」 山下明生作；村上勉絵　偕成社　1999年6月

かえる
かぞくでぴくにっくにでかけてみんなにごあいさつしたかえるのこどもたち 「ごあいさつごあいさつ」 渡辺有一作・絵　あかね書房（あかね・新えほんシリーズ2）　1999年9月

かえる
ひょうたんぬまにすんでいる10ぴきのかえる 「10ぴきのかえるのうんどうかい」 間所ひさこ作；仲川道子絵　PHP研究所（PHPにこにこえほん）　1999年9月

かえる
こうようをみにいったかえるむらのかえるたち 「かえるのこうつうあんぜん」 さくらともこ作；せべまさゆき絵　PHP研究所（PHPわたしのえほんシリーズ）　1998年4月

かえる
のどじまんたいかいをひらいたかえるむらのかえるたち 「かえるののどじまん」 さくらともこ作；せべまさゆき絵　PHP研究所（わたしのえほん）　1998年4月

かえる
あめがふったあとだけおみせがひらくのどあめやさんのかえる 「かえるののどあめやさん」 戸田和代作；よしおかひろこ絵　岩崎書店（えほんのマーチ13）　2004年6月

かえる
あるひどうしてだかとつぜんそらのうえにとんだかえる 「そらとぶかえる」 東君平文；石原均絵　くもん出版　1997年11月

かえる

かえる
ひょうたんぬまにすんでいる10ぴきのかえる 「10ぴきのかえるののどじまん」 間所ひさこ作;仲川道子絵 PHP研究所(PHPにこにこえほん) 1995年3月

かえる
三りんしゃにのっていたあっちゃんがあったおしゃべりをするかえる 「かえるのアパート」 佐藤さとる作;林静一画 講談社(りとる3) 1994年11月

かえる
いくにちもかけてつくったひこうせんにのってそらへとぼうとしたかえる 「かえるのひこうせん」 長新太作・絵 佼成出版社 1992年4月

かえる
むかしおやまのおくのまたおくにあったちいさなおいけにすんでいたりっぱなおへそがあったかえるたち 「かえるのおへそ－ほうらい寺のおはなし6」 なつめりちこ文;なぐらなちこ絵 評論社(児童図書館・絵本の部屋－手づくり絵本の本棚) 1992年7月

かえる
うちのなかにはいってきたサンタさんをしらなかったかえるたち 「サンタさんだよかえるくん」 塩田守男絵・さくらともこ文 PHP研究所(PHPわたしのえほんシリーズ) 1988年12月

かえる
ちいさいけからおとうさんとおかあさんとひっこしをする999ひきのかえるのきょうだい 「999ひきのきょうだいのおひっこし」 木村研文;村上康成絵 ひさかたチャイルド 2004年3月

かえる
すずしそうにおよいでいるかえるがうらやましくていけにとびこんだ木のはっぱをたすけたとのさまがえる 「あだなは かっぱ かっぱっぱ」 こやま峰子文;渡辺あきお絵 アリス館 1988年7月

かえる
もりのみんなにうたをきかせるおんがくかいをしようとした七ひきのかえるのきょうだい 「うたってうたってかえるくん」 塩田守男絵;さくらともこ文 PHP研究所(PHPわたしのえほんシリーズ) 1988年12月

かえる
みんなおへそがあるのでつるつるのおなかがはずかしくなったかえるたち 「おへそはどこかなかえるくん」 塩田守男絵;さくらともこ文 PHP研究所(PHPわたしのえほんシリーズ) 1988年6月

かえる
ひょうたんぬまにすんでいる10ぴきのかえる 「10ぴきのかえるのピクニック」 間所ひさこ作;仲川道子絵 PHP研究所(PHPにこにこえほん) 2006年3月

かえる
ひょうたんぬまにすんでいる10ぴきのかえる 「10ぴきのかえるうみへいく」 間所ひさこ作;仲川道子絵 PHP研究所(PHPにこにこえほん) 2004年6月

かえる
ひょうたんぬまにすんでいる10ぴきのかえる 「10ぴきのかえるざんざんやまへ」 間所ひさこ作;仲川道子絵 PHP研究所(PHPにこにこえほん) 2003年3月

かえる
ひょうたんぬまにすんでいる10ぴきのかえる 「はるだはるだよ！10ぴきのかえる」 間所ひさこ作；仲川道子絵　PHP研究所（PHPにこにこえほん）　1997年2月

かえる
ひょうたんぬまにすんでいる10ぴきのかえる 「10ぴきのかえるのおしょうがつ」 間所ひさこ作；仲川道子絵　PHP研究所（PHPにこにこえほん）　1992年11月

かえる
ひょうたんぬまにすんでいる10ぴきのかえる 「10ぴきのかえるのふゆごもり」 間所ひさこ作；仲川道子絵　PHP研究所（PHPのえほん）　1990年11月

かえる
ひょうたんぬまにすんでいる10ぴきのかえる 「10ぴきのかえるのなつまつり」 間所ひさこ作；仲川道子絵　PHP研究所（PHPのえほん）　1988年6月

カエル
月にむかってジャンプして月のうえでうたいだしたカエル 「それで どうした そのカエル!?」 遠山繁年作・絵　偕成社（おもしろおかしえほん2）　1987年4月

かえる
ふゆになってもとうみんしないでゆきをみるまではおきていようとしたかえる 「ねむっちゃだめだよかえるくん」 塩田守男絵；さくらともこ文　PHP研究所（PHPわたしのえほんシリーズ）　1987年12月

カエル
ふるい池にすんでいたが池がうめられておいたてられた2匹のカエル 「おいたてられた2匹のカエル」 とだこうしろう作・絵　戸田デザイン研究室　1996年9月

かえる
グリンピースのかんづめをじめんのしたのいえのげんかんにしているかえる 「グリンピースのいえ」 及川賢治；竹内繭子作・絵　教育画劇　2006年11月

カエル（アマガエルくん）
みずたまりにひとりぼっちのメダカくんをみつけたアマガエルくん 「みずたまりのメダカくん－アマガエルくんとなかまたち」 ふくざわゆみこ作・絵　PHP研究所（PHPにこにこえほん）　1998年4月

かえる（あまがえるくん）
きれいでめずらしいものをつちがえるくんとどうじにみつけてひっぱりはじめたあまがえるくん 「はなすもんか！」 宮西達也作・絵　鈴木出版（チューリップえほんシリーズ）　1997年11月

かえる（オッタ）
やまのてっぺんのじんじゃにつづくいしだんをのぼったはすいけのかえる 「だんだんのぼれば」 多田ヒロシ作・絵　教育画劇（スピカみんなのえほん2）　1989年5月

かえる（がまおじさん）
4ひきのかえるたちのこたちのサンタクロースになろうとおもったがまがえるのゆうびんやさん 「がまがえるのサンタさん」 しのざきみつお絵・文　PHP研究所（PHPにこにこえほん）　2004年11月

かえる（がまくん）
かえるのかろくんのともだちのおよげないかえるのこ 「がまくんかろくん」 馬場のぼる作　こぐま社　2000年7月

かえる

かえる(かろくん)
かえるのがまくんのともだちのかえるのこ 「がまくんかろくん」馬場のぼる作 こぐま社 2000年7月

かえる(ケケちゃん)
おてつだいがだいすきなかえるのこ 「ケロちゃん ケケちゃん ケロロちゃん おてつだいおてつだい」長野ヒデ子作・絵 ひさかたチャイルド 2005年6月

かえる(ゲゲロ)
田んぼの中の小さな池の家からはじめてのひとりたびにでた元気な子がえる 「川をこえて山をこえて 子がえるゲゲロのぼうけん」清水達也作;小沢良吉絵 あかね書房(あかね創作えほん33) 1994年10月

かえる(けろ)
おかあさんがびょうきになってくすりをさがしにでかけたあおがえる 「はなのしずく」椿宗介作;高畠純絵 フレーベル館(ペーパーバックえほん3) 2002年1月

かえる(ケロ)
バムといっしょにひこうきにのっておじいちゃんちにあそびにいったかえる 「バムとケロのそらのたび」島田ゆか作・絵 文渓堂 1995年10月

かえる(ケロ)
あめのにちようびにバムとほんをよむことにしたかえる 「バムとケロのにちようび」島田ゆか作・絵 文渓堂 1994年9月

カエル(ケロケロがえる)
うたったうたがどんどんそらへのぼっていってあめをふらせるカエル 「ケロケロがえるがなくときは」浅沼とおる作・絵 鈴木出版(チューリップえほんシリーズ) 2000年5月

カエル(ケロケロセブン)
オランウータンのおうじさまオラウーちゃんをまもる7にんのゆうかんなカエル 「オウラーちゃん」工藤ノリコ著 文渓堂 2000年2月

カエル(ケロケロセブン)
オランウータンのおうじさまオラウーちゃんをまもる7にんのゆうかんなカエル 「オラウーちゃんとまほうのやかた」工藤ノリコ作 文渓堂 2001年3月

かえる(ケロちゃん)
おてつだいがだいすきなかえるのこ 「ケロちゃん ケケちゃん ケロロちゃん おてつだいおてつだい」長野ヒデ子作・絵 ひさかたチャイルド 2005年6月

かえる(ケロちゃん)
おかいもののひにパムとくるまにのっていちばにでかけたかえる 「バムとケロのおかいもの」島田ゆか作・絵 文渓堂 1999年2月

かえる(ケロちゃん)
とてもさむいひバムとスケートぐつをもってうらのいけにいってみたかえる 「バムとケロのさむいあさ」島田ゆか作・絵 文渓堂 1996年12月

かえる(ケロロちゃん)
おてつだいがだいすきなかえるのこ 「ケロちゃん ケケちゃん ケロロちゃん おてつだいおてつだい」長野ヒデ子作・絵 ひさかたチャイルド 2005年6月

かえる(コッキュウボウ)
やまのさるどもがうらないをたのんだとしよりがえる 「てんにがんがん ちにどうどう」 松谷みよ子文；北島新平絵 フレーベル館(むかしむかしばなし19) 1993年8月

かえる(ごん)
おしボタンみたいなおへそがあるかえる 「おへそがえる・ごん―ぽんこつやまのぽんたとこんたの巻」 赤羽末吉作・絵 小学館(ちひろ美術館コレクション絵本4) 2001年3月

カエル(シュレーゲル)
もぐらのモグルにはるをみせてあげようとおもったカエルのおとこのこ 「シュレーゲルのプレゼント」 うめもとやすこ作・絵 新風舎 2005年11月

かえる(つちがえるくん)
きれいでめずらしいものをあまがえるくんとどうじにみつけてひっぱりはじめたつちがえるくん 「はなすもんか！」 宮西達也作・絵 鈴木出版(チューリップえほんシリーズ) 1997年11月

かえる(ピョン)
おたまじゃくしからかえるになったばかりちいさなかえる 「ちいさなピョン」 串井てつお作・絵 講談社(講談社の創作絵本) 2002年5月

かえる(ヘンリー)
カーニバルの見せものになっていたマナティをたすけて海へかえしてやったひきがえる 「海のかいぶつをたすけだせ！」 おおともやすお作 ベネッセコーポレーション 1997年8

かえる(ヘンリー)
のねずみのハリーに車をなおしてもらったひきがえるのヘンリービッキー3せい 「とうぞくかわうそだん―ヘンリーとハリーの大冒険1」 おおともやすお作 ベネッセコーポレーション 1996年10月

かえる(ヘンリー)
クリスマスにのねずみのハリーのおばさんにケーキを届けようとしたひきがえる 「ぼくはあったよサンタクロース―ヘンリーとハリーの大冒険2」 おおともやすお作 ベネッセコーポレーション 1996年10月

カエル(みどりちゃん)
えんでかうことになったアマガエル 「かえってきたカエル」 中川ひろたか文；村上康成絵 童心社(ピーマン村の絵本たち) 2000年4月

かえる(みどりのみどり)
3じのおちゃにけーきをつくってみんなをまっていたかえる 「3じのおちゃにきてください」 こだまともこ作；なかのひろたか絵 福音館書店 2006年1月

かえる(モーじいさん)
おかあさんたちとはぐれてしまったかるがものあかちゃんのフィフィをみまもるうしがえる 「フィフィのそら」 村上康成作 ひさかたチャイルド 2005年3月

かえる(ルー)
ちいさないけでちいさなレストランをひらいているかえる 「かえるのレストラン」 松岡節作；いもとようこ絵 ひかりのくに 2001年7月

かえるくん
へんしんマラソンたいかいではしったかえる 「へんしんマラソン」 あきやまただし作・絵 金の星社 2005年9月

かえる

カエルくん
おひるねをはじめてなにがでてきてもぜんぜんおきなかったカエルくん 「カエルくんのおひるね」宮西達也作・絵　鈴木出版(チューリップえほんシリーズ)　2000年5月

カえるくん
池の中で拾った携帯電話を届けにいく途中でたくさんのたからものをみつけた小さなアマガエル 「カえるくんのたからもの」田中章義作;とりごえまり絵　東京新聞出版局　2000年4月

かえるさん
ぬまからそうとおくないところにあるしょくどうのおもてめしやさんのかえるさん 「かえるのうらめしやさん」戸田和代作;よしおかひろこ絵　岩崎書店(カラフルえほん8)　2005年5月

カエルさん
モグラさんとなんでもかんでもはんたいだがトランプあそびがだいすきなことだけがいっしょのカエルさん 「モグラさんとカエルさんのおはなしです」舟崎靖子作;かみやしん絵　小峰書店(プチえほん8)　1988年11月

かえるちゃん
かばおばさんとおおきなおおきなホットケーキをたべたらからだがぷくぷくとふくれてきたかえるちゃん 「かえるちゃんとかばおばさん」わたなべゆういち作・絵　PHP研究所(PHPわたしのえほんシリーズ)　1987年9月

かえるちゃん
のんきむらのかばおばさんといっしょにてがみをかいてポストにだしにいったかえるちゃん 「かえるちゃんの ゆうびん」わたなべゆういち作・絵　PHP研究所(PHPわたしのえほんシリーズ)　1987年2月

かえるちゃん
おつきみかいにかばおばさんやねずみくんたちをよんだかえるちゃん 「かえるちゃんのおつきみ」わたなべゆういち作・絵　PHP研究所(PHPわたしのえほんシリーズ)　1989年8月

かえるちゃん
かばおばさんとちいかばさんのいえにとまりにいくことになったかえるちゃん 「かえるちゃんのおねしょ」わたなべゆういち作・絵　PHP研究所(PHPわたしのえほんシリーズ)　1987年8月

かえるちゃん
きんじょのかばおばさんにさそわれていっしょにおかのうえでおべんとうをたべたかえるちゃん 「かえるちゃんのあくび」わたなべゆういち作・絵　PHP研究所(PHPわたしのえほんシリーズ)　1999年3月

かえるのかさやさん
あめのひがだーいすきなかえるのかさやさん 「かえるのかさやさん」戸田和代作;よしおかひろこ絵　岩崎書店(えほんのマーチ3)　2003年5月

かおりちゃん
ひわさでじいちゃんとふたりぐらしのるかちゃんといっしょにあそんだ三人しまいのすえっこ「るかちゃんとなみちゃんゆきちゃんかおりちゃん」梅田俊作;梅田佳子;山内満豊作・絵　佼成出版社　1994年11月

かおる
げんきなおとこのこ 「かおるとみんな ときときとき」竹下文子文;鈴木まもる絵　小峰書店(えほんひろば)　2004年9月

かおる
げんきなおとこのこ 「かおるとみんな くりんくりん」 竹下文子文;鈴木まもる絵 小峰書店（えほんひろば） 2004年10月

かおるちゃん
鳥のかいじゅうトリゴラスがさらっていくおんなのこ 「トリゴラス」 長谷川集平作 文研出版（みるみる絵本-ぽっぽライブラリ） 1995年1月

カカシ
「このまんまじゃいけないな。」と思って刈り入れのとっくに終わった麦畑から歩きだしたカカシ 「カカシのアタシ」 舟崎克彦文;鈴木ほたる絵 ひさかたチャイルド(Heart Oasis) 1997年11月

かがみもち
とこのまにかざられていたけれどたべられるのがおそろしくてにげだしたかがみもち 「おもちのきもち」 かがくいひろし作・絵 講談社（講談社の創作絵本） 2005年12月

ガガーリン
ゆうえんちのあひるいけにひとりですんでいるあひる 「あひるのガガーリン」 二宮由紀子文;いちかわなつこ絵 学習研究社（学研おはなし絵本） 2005年9月

カーきち
おかのうえにあったおおきなおおきないちょうの木のしたでみんなとかくれんぼをしてあそんでいたろっぺいちゃんにこえをかけたカラス 「いちょうかくれんぼ」 久野陽子文;梶山俊夫絵 童心社（絵本・ちいさななかまたち） 1999年11月

カグー
まるみちゃんのうちのさくらのきのえだにひっかかっていたのをたすけてもらったまほうをつかえるしろいとり 「えほん まるみちゃんの冒険」 しかたしん文;高桑敏子絵 ささら書房 1987年5月

がく
こどもたちのあそびば「あそび島」でまいにちあそんでいるしゅんたろうとぜっこうしたおとこのこ 「ぜっこう」 柴田愛子文;伊藤秀男絵 ポプラ社（からだとこころのえほん3） 2002年7月

ガク
人間のとうちゃんといっしょにカヌーで旅をしている犬 「ガクの絵本」 和田誠文・絵 ほるぷ出版 1999年5月

ガク
人といっしょにカヌーに乗って旅をした犬 「笹舟のカヌー」 野田知佑文;藤岡牧夫絵 小学館 1999年4月

カクサ
世界のはてのハルカ森から世界中へクリスマスのおくりものをとどける旅に出発した7人のサンタの1人の世話役のサンタ 「七人のサンタの物語」 なかもとはじめ文;たかはしあきら絵 ポプラ社 2000年11月

がくしゃヌー
30ぴきのヌーのむれのせんとうにたちチーターにくいつかれためすのヌーをたすけたヌー 「あたらしいいのち」 吉田遠志絵・文 リブリオ出版（絵本アフリカのどうぶつたち第3集・草原のなかま） 2002年1月

がくし

がくしゃヌー
ヌーのおおきなむれのせんとうをあるくむずかしいかおのがくしゃのようなヌー 「いなびかり」 吉田遠志絵・文 リブリオ出版（絵本アフリカのどうぶつたち第3集・草原のなかま） 2002年1月

角兵ェ　かくべえ
花のき村にやってきた五人組の盗人の一人できのうまで角兵ェ獅子だった新米の少年の盗人 「花のき村と盗人たち」 新美南吉作;さいとうよしみ絵　小学館（新美南吉名作絵本） 2005年7月

かぐやひめ
おじいさんが竹をきると出てきた女の子ですくすくそだってまるでかぐわしいほどうつくしいのでかぐやひめとよばれるようになったむすめさん 「かぐやひめ」 西本鶏介文;狩野富貴子絵　ひかりのくに（子どもと読みたいおはなし2） 2002年10月

かぐやひめ
むかしむかしおじいさんがやまへたけをきりにいってきんいろにかがやいていたたけをきってみるとなかにすわっていたちいさなおんなのこ 「かぐやひめ」 いもとようこ文・絵　岩崎書店（はじめてのめいさくえほん13） 2001年4月

かぐや姫　かぐやひめ
竹取りのおきなとよばれるおじいさんがきった竹のなかにはいっていたかわいい女の子 「かぐや姫」 織田観潮絵;千葉幹夫文　講談社（新・講談社の絵本1） 2001年4月

かぐや姫　かぐやひめ
むかし竹取の翁というおじいさんが竹やぶの中のきらきら光る竹を切ってみると中から顔をのぞかせた可愛い女の子 「竹取物語」 入江酉一郎絵;太田治子文 「京の絵本」刊行委員会　1999年10月

かぐや姫　かぐやひめ
むかしのこと竹取のおきなが根もとのひかる竹をきってみるとつつのなかにいた子どもでうつくしいむすめに成長した女の子 「竹取物語」 森山京文;宇野亜喜良絵　ポプラ社（日本の物語絵本19） 2006年7月

かくればね
むしのまちにきたさんびきのがのぬすっと 「くものすおやぶん とりものちょう」 秋山あゆ子作　福音館書店（こどものとも傑作集） 2005年10月;福音館書店（こどものとも 563号） 2003年2月

かくれんぼおに
かくれんぼのだいすきなふしぎなこ 「かくれんぼおに」 こいでやすこ作・絵　ぎょうせい（そうさくえほん館5-なかまっていいな） 1992年7月

かくれんぼおに
かくれんぼのだいすきなふしぎなこ 「はなづくりのまろ」 小出保子文・絵　ぎょうせい（そうさくえほん館11-空想の世界であそぼう） 1992年10月

かけす（かっちゃん）
のんびりやまのおしゃべりかけす 「のんびりやまのひげはちぎつね」 木暮正夫作;柿本幸造絵　教育画劇（スピカのおはなしえほん31） 1987年10月

かげぼうし
おばあさんのマープルさんを元気にしてあげるために自分だけでうごきだしたかげぼうし 「おばあさんとかげぼうし」 正岡慧子作;横川ジョアンナ絵　PHP研究所（わたしのえほん） 1997年7月

カゲロウ
たったいちにちだけはねをつけていきてしんでいったカゲロウたち 「とべないほたる11」 小沢昭巳原作;関重信絵 ハート出版 2002年11月

カコちゃん
あたらしいベビーシッターさんのくまのさんにいっぱいあそんでもらったおんなのこ 「くいしんぼ くまのさん」 かしわばさちこ作;しもだともみ絵 偕成社(またきてね。1) 2005年9月

カコちゃん
なきむしのベビーシッターのやぎのさんにきてもらったおんなのこ 「なきむし やぎのさん」 かしわばさちこ作;しもだともみ絵 偕成社(またきてね2) 2005年9月

カコちゃん
あたらしいベビーシッターさんのかめのさんととこやへでかけたおんなのこ 「ゆっくり かめのさん」 かしわばさちこ作;しもだともみ絵 偕成社(またきてね3) 2005年9月

かこちゃん
うちはやまのりんごえんでかぞくのみんなにおひなさまをつくってもらったおんなのこ 「かこちゃんのおひなさま」 高橋昭作;長野ヒデ子絵 ポプラ社(えほんとなかよし54) 1998年1月

カコちゃん
おかあさんのるすのあいだにだいどころのおてつだいをしてあげたおんなのこ 「カコちゃんのおてつだい」 山中恒文;樋泉雪子絵 偕成社 1990年6月

ガーコちゃん
いもうとたちにいつもあとからついてこられてまねばかりされているあひるのおんなのこ 「ガーコちゃんといもうと」 国松エリカ作 学習研究社(学研おはなし絵本) 2006年2月

がーこちゃん
こねこのしましまちゃんのおともだちのあひるのこ 「しましまちゃんは おにいちゃん」 白井三香子作;黒井健絵 学習研究社(学研fanfanファンタジー) 1988年10月

かさ
たろうちゃんがマジックでかおをかいてやったおきにいりのかさ 「ぼくはかさ」 せなけいこ作・絵 ポプラ社(せなけいこのえ・ほ・ん3) 2005年11月

かさおばけ
よいどれざむらいがきろうとしていたかさおばけのこども 「おでんさむらい—こぶまきのまき」 内田麟太郎文;西村繁男絵 くもん出版 2006年1月

カサゴン
友だちがいなくてひとりぼっちのいそきち少年がつりあげた海のかいぶつ 「海からきたカサゴン」 いとうじゅんいち作・絵 徳間書店 1998年7月

かざたろう
むすめのまゆがとついだとなりむらのりょうし 「てんさらばさら てんさらばさら」 わたりむつこ作;ましませつこ絵 福音館書店(こどものとも傑作集80) 1988年9月

風間 森介　かざま・しんすけ
戦争中に佐賀県の鳥栖の小学校にきて出撃前にピアノをひかせてほしいと先生にたのんだふたりの特攻隊員のひとり 「ピアノは知っている 月光の夏」 毛利恒之原作・文;山本静護絵 自由国民社 2004年8月

かさま

かさまつ ゆいこ
うしろのせきにいるしっこさんをちっともすきじゃなかったのにすきになったおんなの子「あのときすきになったよ」薫くみこ作;飯野和好絵 教育画劇(みんなのえほん) 1998年4月

かざみどり
海につづくさかみちにあったちいさなペットの店のやねのうえでまいにちかぜのむきをしらせるたいせつなしごとをしていたかざみどり「きたかぜにのって」はるなまき文;いしくらきんじ絵 小峰書店(えほんひろば) 2005年5月

かしのき
いろんなとりやむしたちがきてとまっているもりのホテルのおおきなかしのき「かしのきホテル」久保喬作;駒宮録郎絵 フレーベル館(おはなしえほん19) 2002年9月

嘉十　かじゅう
おじいさんたちと北上川の東から移ってきて小さな畑を開いて粟や稗をつくっていた男「鹿踊りのはじまり」宮沢賢治作;たかしたかこ絵 偕成社(日本の童話名作選) 1994年2

かしわ
マリのいなかのしんせきの家の中学生、かのこの弟「あんこ5 子ネコの「あんこ」里山の森」清水達也文;松下優子絵 星の環会 2002年5月

かしわ
マリのいなかのしんせきの家の中学生、かのこの弟「あんこ6 子ネコの「あんこ」里山の蔵」清水達也文;松下優子絵 星の環会 2002年5月

柏田　明穂　かしわだ・あきほ
転校が多くて友だちができない小学4年生の中原崇明が出会った中学生ぐらいの女の子「ひみつのリレー」鈴木久美子文;長野ヒデ子絵 アイキューブ 1996年11月

かしわもちまん
もりにすみかしわのはっぱにのってきたかしわもちのきょうだい「アンパンマンとつばきひめ」やなせたかし作・絵 フレーベル館(アンパンマンのふしぎなくに2) 1990年6月

カズ
イプーの大のなかよしのからだがよわくてにゅういんしているおとこのこ「イプーとイルカの海」片岡道子作;ふじしま青年絵 旺文社(イプーファンタジーワールド) 1998年12月

かずお
うめばあちゃんの小学生のまご「ゆびきりげんまん-うめばあちゃんのはなし」富田ききとり絵本製作実行委員会文;岡島礼子絵 解放出版社 2000年12月

かずくん
まちにやってきたさかさまじんがであったおとこのこ「さかさまじん」赤川明作・絵 らくだ出版 2000年9月

カズくん
はくぶつかんではじめてきょうりゅうのかせきをみておとうさんのせなかでウトウトするうちにきょうりゅうのせかいにはいってしまったおとこのこ「はしれきょうりゅうぼくをのせて!」おおはらひでき作;たくのだいすけ絵 PHP研究所(PHPにこにこえほん) 2000年8月

かずくん
まめまきたいかいのオニのやくにくじびきであたったときどきおこりんぼのおとこのこ「がったいオニだぞ つよいんだい」さくらともこ作;二本柳泉絵 佼成出版社(園児のすくすく絵本7) 1988年1月

かずくん
がっこうとようちえんにすみついたふたごのおばけをみつけてけらいにしたこども 「ふたごのおばけ」 大川悦生作;藤本四郎絵 ポプラ社(絵本・子どものくに28) 1987年9月

かずくん
ママにはいしゃさんにつれてこられたがこわくてないてかえったおとこのこ 「あのねかずくん はいしゃさんはこわくない」 あまんきみこ作;渡辺有一絵 ポプラ社(えほんはともだち22) 1992年7月

ガスパ
おいしいマンゴーを見つけるためにチンパンジーの子どもブブディといっしょに森をさがしにいった西アフリカ生まれの男の子 「森は、どこにあるの？」 バンチハル作 くもん出版 2001年12月

かずや
このまえかってもらったばかりのおもちゃのダーナマンをすてたおとこのこ 「ぼくのダーナマン」 本間正樹文;末崎茂樹絵 佼成出版社(しつけ絵本シリーズ9) 2004年11月

かずよちゃん
まほういぬのサンタがかわいがられているうちのおんなのこ 「まほういぬサンタ」 なすだじゅん作;こんどうりえ絵 ひくまの出版 1998年11月

かぜのこ
じぶんをさがすまじょのむすめローズとへんてこながくたいとともにたびをしたかぜのこ 「あかい さばくの まじょ」 山口節子作;おぼまこと絵 佼成出版社 2002年11月

かぜの少年　かぜのしょうねん
南のしまでうまれてひろい空をとんでそちこちの町や村をたびしていた少年 「たんぽぽ ふわり」 須田貢正文;津田櫓冬絵 ほるぷ出版 1990年7月

かぜひきキン
かぜひきキンをまきちらしてやさいたちにかぜをひかせたバイキンたち 「ピーマンマンとかぜひきキン」 さくらともこ作;中村景児絵 岩崎書店(えほん・ハートランド5) 1994年7月

かぜひきこぞう(ボン・ゴホン)
にぎやかもりのどうぶつさんたちにかぜをうつしたかぜひきこぞう 「たこやきマントマン-にぎやかもりのぼうけんのまき」 高田ひろお作;中村泰敏絵 金の星社(新しいえほん) 1994年2月

がたくん
よるになってのこぎりくわがたくんたちとちからくらべをしたくわがたのおとこのこ 「くわがたのがたくん」 高家博成;仲川道子作 童心社 2001年6月

カタツムリ
もりにいっぽんだけのこった木にいきものたちがあらそってあつまりその実をたべたがひとくちもたべられないカタツムリ 「木のきもち カタツムリのきもち」 菅原たくや著 文化出版局 1993年4月

かたつむり(キララさん)
おおきなおおきなやなぎのきのしたにあったやなぎむらにむしさんたちみんなとすんでいたかたつむり 「きんいろあらし」 カズコ・G.ストーン作 福音館書店(こどものとも傑作集) 1998年11月

かたつ

かたつむり（キララさん）
おおきなおおきなやなぎのきのしたにあったやなぎむらにむしさんたちみんなとすんでいたかたつむり「ほたるホテル」カズコ・G.ストーン作 福音館書店（こどものとも傑作集）1998年10月

かたつむり（キララさん）
おおきなおおきなやなぎのきのしたにあったやなぎむらにむしさんたちみんなとすんでいたかたつむり「ふわふわふとん」カズコ・G・ストーン作 福音館書店（こどものとも傑作集）1998年12月

かたつむり（すたすたかたつむり）
あるひニョキッとあしがはえてきてすたすたあるくようになったかたつむり「すたすたかたつむり」あきやまただし作・絵 岩崎書店（えほん・ハートランド18）1998年1月

カタツムリ（ノロリ）
カエルのシュレーゲルのともだちのカタツムリのこ「シュレーゲルのプレゼント」うめもとやすこ作・絵 新風舎 2005年11月

かたつむり（のんちゃん）
あめがふってきたのでげんきにおさんぽにいったかたつむり「かたつむりののんちゃん」高家博成;仲川道子作 童心社 1999年6月

ガータロ
おっきょちゃんというちいさなおんなのこをまつりによんでかわのなかにつれていったかっぱ「おっきょちゃんとかっぱ」長谷川摂子文;降矢奈々絵 福音館書店（「こどものとも」傑作集）1997年8月

ガチャコ
びょうきになったなかまのゾウをたすけたたまどうぶつこうえんの2とうのインドゾウの1とう「ともだちをたすけたゾウたち」わしおとしこ文;遠山繁年絵 教育画劇（絵本・ほんとうにあった動物のおはなし）2002年5月

ガチャコ
たまどうぶつこうえんにいる3とうのインドゾウの1とうでびょうきになったなかまをたすけたゾウ「ともだちをたすけたゾウたち」わしおとしこ文;遠山繁年絵 教育画劇（絵本・ほんとうにあった動物のおはなし）2002年5月

がちょう（ガーとグー）
ふるいはこのなかからたからの地図をみつけたノラといっしょにたからさがしにでかけたともだちのがちょう「たからさがし」市川里美作・絵 徳間書店 2000年10月

がっき
おおきなまちのかたすみにあったがっきそうこにねむっていたこわれてつかえなくなったがっきたち「こわれた1000のがっき」野呂昶作;渡辺あきお画 カワイ出版 1993年3月

カッコー
山のむこうにすんでいて海にもぐってすいすいおよいでみたいとり「ゴックン ゴクリコ」やぎさとみ作;すぎもとかをり絵 太田出版 1989年6月

嘉ッコ　かっこ
東北の厳しい自然の中でくらす農家の子ども「十月の末」宮沢賢治原作;児玉房子絵 草の根出版会（ガラス絵の宮沢賢治6）2006年4月

カッコウ
山の畑におちていたたまごをひろったりすがそだててカッコウと名をつけたひな「よぶこどり」浜田広介作;いもとようこ絵 金の星社(大人になっても忘れたくない いもとようこ名作絵本) 2005年11月

カッタくん
にほんではじめてひとのてでうまれてそだてられたペリカンのこ「よかったねカッタくん」白須田道徳文;長野博一絵 らくだ出版 1990年12月

かっちゃん
のんびりやまのおしゃべりかけす「のんびりやまのひげはちぎつね」木暮正夫作;柿本幸造絵 教育画劇(スピカのおはなしえほん31) 1987年10月

かっちゃん
もういちどはやしのずっとむこうのまつばやしのそのさきにあるうみをみたいとおもったおとこのこ「うみにあいに」いわさゆうこ著 アリス館 2003年5月

かっちゃん
ワニごっこしてあそんだおとこのこ「かっちゃん ワニになる」あかさかひろこ作・絵 解放出版社 1997年11月

がっちゃん
たっくんとなかよしのあひるのおまる「おまるのがっちゃん」しらいちか作・絵 ポプラ社(絵本のぼうけん3) 2002年3月

かっぱ
おつきみのばんにおばあさんのうちにやってきてのんだりたべたりおおさわぎするかっぱたち「おおきな おおきな ねこ」せなけいこ作・絵 金の星社(こどものくに傑作絵本) 2004年9月

かっぱ
おじいさんのきゅうりばたけをめちゃめちゃにあらしてもりのあきちですもうをとっていたかっぱたち「かっぱのすもう」小沢正文;太田大八画 教育画劇(日本の民話えほん) 2003年8月

かっぱ
村のはたらきもののごろべえにつかまってなわをといてもらったおれいにたからもののとっくりをさしあげたかっぱ「かっぱどっくり」萩坂昇文;村上豊絵;鳥越信;松谷みよ子監修 童心社(ぼくとわたしのみんわ絵本) 2000年7月

かっぱ
りょうしのぎへいさんにてがみをあずけたかっぱ「かっぱのてがみ」さねとうあきら文;かたやまけん画 教育画劇(日本の民話えほん) 1998年8月

カッパ
キフちゃんとトホくんといっしょに川エビをつったカッパ「川はたまげたことだらけ」田島征三著 学習研究社 1997年10月

かっぱ
かわになまずをとりにきたむらのげんさんとすもうをとったかっぱたち「げんさんと100がっぱ」さねとうあきら文;いしくらきんじ絵 佼成出版社(創作民話絵本) 1994年3月

かっぱ
こどもをかえしてもらったおれいにつりのすきなさむらいにさかなのあつまるふえをあげたかっぱ「ひゅるひゅる」せなけいこ作 童心社(せなけいこ・おばけえほん) 1993年6月

かっぱ

かっぱ
昔ほうきの国の竹ノ内村を流れていたさぶ川に住んでおった一匹のかっぱで漁師に助けられた恩がえしに村をすくったかっぱ 「かっぱの恩がえし」 宮川大助文；宮川花子絵 京都書院（大助・花子の日本昔ばなし） 1989年2月

かっぱ
おとっつぁんのひでりつづきでかわいたたんぼにみずをかけてやってむすめをよめにもらったかっぱ 「かっぱのむこどの」 水谷章三文；赤坂三好絵 フレーベル館（むかしむかしばなし4） 1988年11月

かっぱ
門に「か」のシールがはられた家のおじいさんのペットになったかっぱ 「○かってなんだ？」 おのやすこ作；あべまれこ絵 BL出版 2002年12月

カッパ
かわのすきなおんなのこのともだちになったカッパ 「カッパがついてる」 村上康成作 ポプラ社（絵本のおもちゃばこ18） 2006年3月

かっぱ（ガータロ）
おっきょちゃんというちいさなおんなのこをまつりによんでかわのなかにつれていったかっぱ 「おっきょちゃんとかっぱ」 長谷川摂子文；降矢奈々絵 福音館書店（「こどものとも」傑作集） 1997年8月

かっぱ（カッピー）
ひとりでたびにでることになったかっぱのすえっこ 「カッピーのぼうけん」 わしみよしえ；あべじゅんいちろう点字；ひまたまさみ絵；わたなべひろこ文 創栄出版 2000年1月

かっぱ（かっぺい）
おおきなきゅうりをはこぶふしぎなおじいさんをみてあとをおいかけていったかっぱのこども 「かっぱのかっぺいとおおきなきゅうり」 田中友佳子作・絵 徳間書店 2006年6月

かっぱ（かなこちゃん）
びょうきのかっぱのおんなのこ 「わたしのおひなさま」 内田麟太郎作；山本孝絵 岩崎書店（カラフルえほん2） 2005年1月

カッパ（カワタロ）
みかづきいけにさいごにのこったカッパいちぞくのこども 「みかづきいけのカッパ」 かわだあゆこ文；みやじまともみ絵 アスラン書房（心の絵本） 2002年11月

かっぱ（かんすけ）
まいにちあたまのおさらにげんきとゆうきがわくわくわくみずをいれているおつきみいけのかっぱ 「かっぱわくわく」 やすいすえこ作；高見八重子絵 金の星社（新しいえほん） 2000年7月

かっぱ（キュウ）
はたけですいかをつくってかっぱむらのみんなにごちそうしたかっぱ 「かっぱのすいか」 三輪映子作・絵 福武書店 1989年8月

かっぱ（はなかっぱ）
やまびこむらのかっぱいけにすみあたまのうえにはおさらのかわりにきれいなおはながさいているかっぱのおとこのこ 「はなかっぱ」 あきやまただし著 メディアファクトリー 2006年7月

かっぱくん
どうぶつでしりとりをしようとおもったものしりのかっぱのおとこのこ 「かっぱくんのしりとりどうぶつずかん」 あきやまただし作・絵 ポプラ社（えへんごほんえほん3） 1996年10月

かっぱじいさん
みならい天使のみっちゃんの「なんでもそうだんじょ」にそうだんにやってきたかっぱじいさん 「かっぱのすいえいれんしゅう」 みくりみゆう作 日本テレビ放送網（みならい天使みっちゃんの冒険2） 2002年6月

かっぱちゃん
なつやすみをいなかのおばあちゃんのうちですごしたおんなのこじてんしゃにのったかっぱ 「かっぱちゃん」 やすいすえこ作；梅田俊作絵 すずき出版；金の星社（こどものくに傑作絵本） 1988年9月

カッピー
ひとりでたびにでることになったかっぱのすえっこ 「カッピーのぼうけん」 わしみよしえ；あべじゅんいちろう点字；ひまたまさみ絵；わたなべひろこ文 創栄出版 2000年1月

かっぺい
おおきなきゅうりをはこぶふしぎなおじいさんをみてあとをおいかけていったかっぱのこども 「かっぱのかっぺいとおおきなきゅうり」 田中友佳子作・絵 徳間書店 2006年6月

ガーとグー
ふるいはこのなかからたからの地図をみつけたノラといっしょにたからさがしにでかけたともだちのがちょう 「たからさがし」 市川里美作・絵 徳間書店 2000年10月

ガドルフ
俄かの雷雨の中で街道の左側に建っていた巨きなまっ黒な家にかけ込んだ旅のもの 「ガドルフの百合」 宮沢賢治作；ささめやゆき絵 偕成社 1996年12月

かな
おばあちゃんとだいこんをつけたおんなのこ 「かなとだいこん」 彦一彦作 福武書店 1990年6月

カナエちゃん
キヨシのどうきゅうせいでクラスいちのびじんのおんなのこ 「おれんちのいぬ チョビコ」 那須田淳文；渡辺洋二絵 小峰書店（絵童話・しぜんのいのち6） 1994年9月

かなえちゃん
おとうさんからまだチビだからいっぺんにいろんなことをしようとしちゃいけないといわれたおんなのこ 「かなえちゃんへーおとうさんからのてがみ」 原田宗典文；西巻茅子絵 福音館書店（日本傑作絵本シリーズ） 1996年3月

かなこ
海でさかなをとるふねのせんちょうさんのおとうさんから足を一本なくしたたこの子をおみやげにもらったおんなの子 「たこのななちゃん」 中川千尋作 徳間書店 1997年4月

可奈子　かなこ
沖縄の戦争で死んだ絵をかいたり人形をつくるのが大すきだった女の子 「可奈子のお人形」 宮良瑛子文・絵 汐文社（沖縄平和絵本シリーズ2） 1998年3月

かなこちゃん
びょうきのかっぱのおんなのこ 「わたしのおひなさま」 内田麟太郎作；山本孝絵 岩崎書店（カラフルえほん2） 2005年1月

かなち

かなちゃん
かんたのいもうと 「ようかいオジジあらわれる」 よなはかんた文；山口みねやす絵 くもん出版 2004年7月

かなちゃん
まようたびにそっくりおんなじのこがふえていったおんなのこ 「かなちゃんがいっぱい」 竹下文子作；新野めぐみ絵 教育画劇（みんなのえほん） 1999年11月

かなちゃん
くいしんぼうのグウとよるのいけにピクニックにいったおんなのこ 「くいしんぼうのグウ」 梅田千鶴作・絵 フレーベル館（げんきわくわくえほん） 1998年1月

かなちゃん
おばあちゃんのところにケーキをもっていくとちゅうでおねだりグウにあったおんなのこ 「おねだりグウ」 梅田千鶴作・絵 フレーベル館（げきわくわくえほん20） 1996年11月

かなもりくん
組でいちばんのっぽだった子で大きくなって大がたのちょうきょりトラックのうんてんしゅをしている人 「ともだち」 太田大八作・絵 講談社（講談社の創作絵本Best Selection） 2004年10月

かに
じさが山へ柴かりにいってさわでみつけてうちへもってかえった小さいかに 「かにかにではれ」 おざわとしお；ふじいいづみ文；なつめしょうご絵 くもん出版（子どもとよむ日本の昔ばなし5） 2005年11月

かに
だいじにそだてたかきをとってやるといったさるにおいしい実を食べられて青いかきをなげつけられてしんでしまったかに 「さるかにかっせん」 おざわとしお；むとうきよこ文；くすはらじゅんこ絵 くもん出版（子どもとよむ日本の昔ばなし11） 2005年11月

かに
じぶんがそだてたかきのきにのぼったさるにあかいみをたらふくくわれてあおいかきをせなかになげつけられたかに 「さるかにがっせん」 常光徹文；瀧原愛治絵 世界文化社（ワンダー民話館） 2005年11月

かに
じぶんがそだてたかきの木のあまい実をさるにぜんぶ食べられてかたい青い実をなげつけられて大けがをしたかに 「猿蟹合戦」 井川洗涯画；千葉幹夫文 講談社（新・講談社の絵本5） 2001年6月

かに
じぶんがそだてたかきのきのみをさるにたべられてかたいみをなげつけられおおけがをさせられてしかえしにでかけたかに 「さるかにかっせん」 木暮正夫文；二俣英五郎絵 フレーベル館（日本むかしばなしライブラリー2） 1995年5月

かに
青白い水のそこで話していた二ひきのかにのこどもら 「やまなし」 宮沢賢治作；葉祥明絵 サンリオ（サンリオ名作童話館） 1988年9月

蟹　かに
青じろい水の底で話していた二疋の蟹の子供ら 「やまなし」 宮沢賢治作；遠山繁年絵 偕成社（日本の童話名作選） 1987年11月

蟹　かに
青じろい水の底で話していた二疋の蟹の子供ら　「やまなし」　宮沢賢治作；川上和生絵　三起商行　2006年10月

カニオ
いさはやの海にすむシオマネキ　「海をかえして！」　丘修三；長野ヒデ子作　童心社（絵本・こどものひろば）1997年8月

かにどん
さるどんともちのはいったうすをやまのてっぺんからころがしてさきにひろったものがくうことにしたかにどん　「さるとかにのもちあらそい」　松谷みよ子監修；水谷章三文；二俣英五郎絵　小学館（松谷みよ子の子どもに伝えたい日本昔話）2001年4月

金子さん　かねこさん
にいがたけんのさどにあるトキほごセンターでぜつめつがしんぱいされているとりのトキをまもろうとがんばっているじゅういさん　「とべとべトキたち！」　わしおとしこ文；藤本四郎絵　教育画劇（絵本・ほんとうにあった動物のおはなし）2002年1月

かのこ
マリのいなかのしんせきの家の大学生、かしわの姉　「あんこ5　子ネコの「あんこ」里山の森」　清水達也文；松下優子絵　星の環会　2002年5月

かのこ
マリのいなかのしんせきの家の大学生、かしわの姉　「あんこ6　子ネコの「あんこ」里山の蔵」　清水達也文；松下優子絵　星の環会　2002年5月

かのこちゃん
おそれだきのおばけうおにさらわれたふたごのおんなのこ、あんこちゃんのおねえちゃん　「おそれだきのひみつ」　やなせたかし作・絵　フレーベル館（おむすびまんたびにっき1）1990年1月

カノン
家出してしまったオルゴールの住人　「カノン」　かんのゆうこ文；北見葉胡絵　講談社（講談社の創作絵本）2006年2月

カバ
うれしいときにとてもこわいかおになってしまうカバ　「ぼく、どこにでもいるカバです」　みやざきひろかず作・絵　ブッククローン出版　1988年11月

かば
もりのおくのおおきなきのしたでなんでもやをやっていたかば　「すぅすぅすぅ」　佐野洋子作；広瀬弦絵　リブロポート（かばのなんでもや1）1990年1月

かば
もりのおくのおおきなきのしたでなんでもやをやっていたかば　「ふぁあぁん」　佐野洋子作；広瀬弦絵　リブロポート（かばのなんでもや2）1990年1月

かば
もりのおくのおおきなきのしたでなんでもやをやっていたかば　「それでね それでね」　佐野洋子作；広瀬弦絵　リブロポート（かばのなんでもや3）1990年8月

かば
もりのおくのおおきなきのしたでなんでもやをやっていたかば　「ぼくだよ ぼくだよ」　佐野洋子作；広瀬弦絵　リブロポート（かばのなんでもや4）1990年8月

かば

かば
もりのおくのおおきなきのしたでなんでもやをやっていたかば 「うみ を みた」 佐野洋子
作;広瀬弦絵 リブロポート(かばのなんでもや5) 1991年4月

かば
おおきなきのしたでうとうとねむってゆめをみたなんでもやのかば 「ゆめ を みた」 佐野
洋子作;広瀬弦絵 リブロポート(かばのなんでもや6) 1991年4月

カバ(じゃぶじゃぶパパ)
ひとりでゆっくりあたたかいおふろのおゆにつかるのがなによりすきなカバのパパ 「じゃぶ
じゃぶパパ」 よこやまみなこ作・絵 偕成社 1998年1月

かば(ちびかばくん)
しょうぼうしになったかばのおとこのこ 「ちびかばくんしょうぼうしになる」 正岡慧子文;山口
みねやす絵 PHP研究所(PHPにこにこえほん) 2002年2月

かば(ちびかばくん)
かばくんのおとうとのかばのこ 「たんじょうびだねちびかばくん」 ひろかわさえこ作・絵 あ
かね書房(かばくんとちびかばくん3) 1999年11月

かば(ちびかばくん)
おにいちゃんのかばくんをおいかけてばかりいるかばのこ 「ぼくのおとうとちびかばくん」
ひろかわさえこ作・絵 あかね書房(かばくんとちびかばくん1) 1998年5月

かば(ヒッポ・ヒッポ・ルー)
やんちゃなおとうとが7人いるかばのおんなのこ 「みずぼうそうだよヤンダヤンダ」 おのりえ
ん作;国松エリカ絵 偕成社(偕成社の創作絵本) 1999年7月

かば(ヒッポ・ヒッポ・ルー)
あるひのことおとうとのひとりヤンダヤンダをつれておばあちゃんちにいくことになったおしゃ
れなかば 「おしゃれなかばのヒッポ・ヒッポ・ルー」 おのりえん作;国松エリカ絵 偕成社
1998年3月

かば(ヒッポ・ヒッポ・ルー)
かおもこえもそっくりなやんちゃなおとうとが7人いるかば 「むしばがいたいヤンダヤンダ」
おのりえん作;国松エリカ絵 偕成社 1998年12月

カバ(ヒポポくん)
どうぶつえんのカバンになれるふしぎなカバ 「やっぱりカバのヒポポくん」 わしおとしこ作;
岡本颯子絵 ひさかたチャイルド(ひさかた絵本傑作集) 1990年10月

カバ(ヒポポくん)
どうぶつえんのカバンになれる赤ちゃんカバ 「カバのヒポポくん」 わしおとしこ作;岡本颯
子絵 ひさかたチャイルド(ひさかた傑作集26) 1988年8月

カバ(ヒポポくん)
どうぶつえんのカバンのなれるふしぎなカバ 「カバでカバンのヒポポくん」 わしおとしこ作;
岡本颯子絵 ひさかたチャイルド(ひさかた絵本傑作集) 1989年4月

かば(プルプル)
ころがってきたたまごをじぶんがうんだのだとおもいこんでくちのなかであたためたかば
「プルプルのたまご」 塩田守男作・絵 教育画劇(スピカみんなのえほん11) 1990年9月

カバ（ムー）
おとしごろのももちゃんとけっこんすることになったカバ 「モモとムー」 あいしずか文；ますだちさこ絵　北水　2000年6月

カバ（モモ）
2さいとししたのムーくんとけっこんすることになったカバ 「モモとムー」 あいしずか文；ますだちさこ絵　北水　2000年6月

カバ（モモ）
ながさきにあるどうぶつえんバイオパークでうまれてしいくがかりにそだてられておおきくなったカバ 「カバのモモがママになった！」 中村翔子文；塩田守男絵　教育画劇（絵本・ほんとうにあった動物のおはなし）　2002年4月

かば（ヤンダヤンダ）
かばのヒッポ・ヒッポ・ルーの7人いるやんちゃなおとうとのひとり 「みずぼうそうだよヤンダヤンダ」 おのりえん作；国松エリカ絵　偕成社（偕成社の創作絵本）　1999年7月

かば（ヤンダヤンダ）
おしゃれなかばのヒッポ・ヒッポ・ルーの7人いるやんちゃなおとうとのひとり 「おしゃれなかばのヒッポ・ヒッポ・ルー」 おのりえん作；国松エリカ絵　偕成社　1998年3月

かば（ヤンダヤンダ）
かばのヒッポ・ヒッポ・ルーの7人いるかおもこえもそっくりなやんちゃなおとうとのひとり 「むしばがいたいヤンダヤンダ」 おのりえん作；国松エリカ絵　偕成社　1998年12月

かばおじさん
ものすごいくしゃみをしてこぶたのプイをあっというまにいけのほうにふきとばしたかばおじさん 「こぶたくんにキスキスキス」 わたなべゆういち文・絵　ぎょうせい（そうさくえほん館18）　1993年1月

かばおばさん
ぞうのパオパオのもりのおともだち 「はい、こちらぞうのパオパオ ゆうえんちはぼくです」 木村裕一作・絵　ポプラ社（木村裕一のもしもしえほん4）　1990年6月

かばおばさん
かえるちゃんとおおきなおおきなホットケーキをたべたらからだがぷくぷくとふくれてきたかばおばさん 「かえるちゃんとかばおばさん」 わたなべゆういち作・絵　PHP研究所（PHPわたしのえほんシリーズ）　1987年9月

かばおばさん
のんきむらのかえるちゃんのいえのきんじょのかばおばさん 「かえるちゃんの ゆうびん」 わたなべゆういち作・絵　PHP研究所（PHPわたしのえほんシリーズ）　1987年2月

かばおばさん
のんきむらのかえるちゃんのいえのきんじょのかばおばさん 「かえるちゃんのおつきみ」 わたなべゆういち作・絵　PHP研究所（PHPわたしのえほんシリーズ）　1989年8月

かばおばさん
のんきむらのかえるちゃんのいえのきんじょのかばおばさん 「かえるちゃんのおねしょ」 わたなべゆういち作・絵　PHP研究所（PHPわたしのえほんシリーズ）　1987年8月

かばおばさん
きんじょのかえるちゃんをさそっていっしょにおかのうえでおべんとうをたべたかばおばさん 「かえるちゃんのあくび」 わたなべゆういち作・絵　PHP研究所（PHPわたしのえほんシリーズ）　1999年3月

かばく

かばくん
おおきなくしゃみをするたびにみんなふきとんでしまってすっかりおちこんだかばくん
「はっくしょんしてよ かばくん」矢崎節夫文；岡村好文絵　小峰書店(こみねのえほん)
1987年10月

カバくん
いつもひとりでいけにかくれていたはずかしがりやのカバくん「はずかしがりやのカバくん」
肥田美代子作；藤本四郎絵　教育画劇(スピカのおはなしえほん32)　1987年3月

かばくん
おともだちとおばけやしきのたんけんにやってきたかばくん「おばけやしきはこわいぞ」さ
さきようこ作・絵　ポプラ社(ぱちぱちシリーズ10)　2002年4月

カバくん
おいしいサンドイッチを公園に売りにいってちょっとひと休みしてタバコを吸いはじめたカバ
くん「タバコをやめた カバくんのサンドイッチやさん」小林知佳子絵・文　遊タイム出版
2004年4月

かばくん
おとうとのちびかばくんにプレゼントをあげようとおもったかばのこ「たんじようびだねちび
かばくん」ひろかわさえこ作・絵　あかね書房(かばくんとちびかばくん3)　1999年11月

かばくん
はがいたくてまちのはいしゃさんへいったもりのかばくん「もりのはみがき」村山桂子作；
山口みねやす絵　教育画劇(行事のえほん5)　1993年5月

樺の木　かばのき
粗野で乱暴な土神と気取り屋のやさしい狐の二人が心を惹かれていた一本木の野原に立
つきれいな女の樺の木「土神と狐」宮沢賢治作；中村道雄絵　偕成社(日本の童話名作
選)　1994年12月

ガハハ
こわーいかおをしているので1000ねんもみんなにきらわれてきたもりのかいじゅう「つきよ
にさんぽ」みやもとただお作・絵　佼成出版社(創作絵本シリーズ)　1992年4月

カパラペポンス　かぱらぺぽんす
なべの神「熊神とカパラペポンス」かやのしげる文；いしくらきんじ絵　小峰書店　2002年
11月

カピー
かっぱいけにすんでいるかっぱ「アンパンマンとかっぱのみず」やなせたかし作・絵　フ
レーベル館(アンパンマンメルヘン3)　1991年8月

ガピタン
未来の機械の国のすみっこにあるたくさんの小鳥たちがあつまる「樹の広場」にいるおてつ
だい用ロボット「ガピタンの森」黒田勇樹文；夢ら丘実果絵　自由国民社　2000年8月

ガブ
もりのあひるのダギーとうさぎのタップのふたりをつかまえようとするぶちねこ「ノッポさんの
えほん3 ダギーとタップとぶちねこガブ」高見ノッポ文；中村景児絵　世界文化社　2001年
1月

ガブ
ふぶきのよるにともだちのヤギのメイといっしょにゆきのあなにとじこめられていままでのことをおもいだしていたオオカミ 「しろいやみのはてで－あらしのよるに特別編」 きむらゆういち作;あべ弘士絵 講談社 2004年10月

ガブ
ヤギのメイのともだちのオオカミ 「ふぶきのあした」 きむらゆういち作;あべ弘士絵 講談社(大型版あらしのよるにシリーズ6) 2003年1月;講談社(ちいさな絵童話 りとる27) 2002年2月

ガブ
ヤギのメイのともだちのオオカミ 「きりのなかで」 きむらゆういち作;あべ弘士絵 講談社(大型版あらしのよるにシリーズ4) 2002年12月;講談社(ちいさな絵童話 りとる25) 1999年3月

ガブ
ヤギのメイのともだちのオオカミ 「くものきれまに」 きむらゆういち作;あべ弘士絵 講談社(大型版あらしのよるにシリーズ3) 2002年12月;講談社(ちいさな絵童話 りとる24) 1997年10月

ガブ
ヤギのメイのともだちのオオカミ 「あるはれたひに」 きむらゆういち作;あべ弘士絵 講談社(大型版あらしのよるにシリーズ2) 2003年1月;講談社(ちいさな絵童話 りとる20) 1996年6月

ガブ
ヤギのメイのともだちのオオカミ 「どしゃぶりのひに」 木村裕一作;あべ弘士絵 講談社(大型版あらしのよるにシリーズ) 2003年1月;講談社(ちいさな絵童話 りとる26) 2000年5

ガブ
あらしのよるにちいさなこやでヤギのメイにあってともだちになったオオカミ 「あらしのよるに」 木村裕一作;あべ弘士絵 講談社(大型版あらしのよるにシリーズ1) 2003年1月;講談社(ちいさな絵童話 りとる2) 1994年10月

ガブ
ふぶきのよるにわかれてしまったともだちのヤギのメイとミドリがはらであったオオカミ 「まんげつのよるに」 きむらゆういち作;あべ弘士絵 講談社(大型版 あらしのよるにシリーズ7) 2006年2月;講談社(シリーズあらしのよるに7) 2005年11月

かぶたむし
まめうしがあったかぶとむしみたいなちいさなぶた 「まめうしのあついなつ」 あきやまただし作・絵 PHP研究所(PHPわたしのえほんシリーズ) 2005年7月

カブトくん
むしがだいすきなこんちゃんがもりでおおきなようちゅうをみつけていえにもってかえってそだてたカブトムシ 「カブトくん」 タダサトシ作 こぐま社 1999年7月

カブトムシ
まっくらながっこうのきゅうしょくしつでヤサイのしるをすっていたカブトムシのたいぐん 「カブトムシ シャワシャワ」 服部真六作;増田晴風絵 文渓堂 1996年7月

カブトムシ(カブトくん)
むしがだいすきなこんちゃんがもりでおおきなようちゅうをみつけていえにもってかえってそだてたカブトムシ 「カブトくん」 タダサトシ作 こぐま社 1999年7月

かぶと

かぶとむし（かぶへい）
ひとよんでへんてこざむらい ひらた・おでんのおとも 「おでんさむらい－こぶまきのまき」 内田麟太郎文；西村繁男絵 くもん出版 2006年1月

かぶとむし（ザッカ）
夏休みにリョウが真っ黒なえんび服を着た男の人からもらったかぶとむしの卵からかえったようちゅうがかぶとむしになったにひきめの2号 「リョウのかぶとむし旅行」 花村カナ文；荒井良二絵；三輪誠之原案 ゼネラル・エンタテイメント 1994年9月

かぶとむし（ブル）
夏休みにリョウが真っ黒なえんび服を着た男の人からもらったかぶとしむしの卵からかえったようちゅうがかぶとむしになったいっぴきめの1号 「リョウのかぶとむし旅行」 花村カナ文；荒井良二絵；三輪誠之原案 ゼネラル・エンタテイメント 1994年9月

かぶとむし（ブン）
くぬぎのきのじゅえきをのみにやってきたかぶとむし 「かぶとむしのブン」 得田之久作 童心社（得田之久こん虫アルバム） 1988年5月

かぶとむし（ぶんちゃん）
よるになるとつちのなかからでてきてきのみつをのみにいくおすのかぶとむし 「かぶとむしのぶんちゃん」 高家博成；仲川道子作 童心社 2000年6月

かぶへい
ひとよんでへんてこざむらい ひらた・おでんのおとも 「おでんさむらい－こぶまきのまき」 内田麟太郎文；西村繁男絵 くもん出版 2006年1月

ガブリ
達也がスケッチブックにかいたワニでスケッチブックのほかの絵を食べてしまうくいしんぼうのワニ 「ぼくのスケッチブック」 山下奈美作；ひろいのりこ絵 BL出版 2005年12月

ガブリ
こぶたのポーくんをたべようとするおおかみ 「こぶたのポーくん1 おやつがいっぱい」 きむらゆういち作・絵 講談社 2000年2月

ガブリ
こぶのポーくんをたべようとするおおかみ 「こぶたのポーくん2 おおかみがでた！」 きむらゆういち作・絵 講談社 2000年2月

ガブリとカプリ
らんぼうもののにひきのオオカミ 「ポリンはポリン」 本間正樹文；たかすかずみ絵 佼成出版社（しつけ絵本シリーズ5） 2004年10月

カボちゃん
かぼちゃのかおをしたおんなのこ 「そらとぶえほんとガラスのくつ」 やなせたかし作・絵 フレーベル館（アンパンマン プチシアター） 2006年5月；フレーベル館（それいけ！アンパンマン） 1996年7月

ガボンバ
たくさんホームランを打つエレファンツの4番バッター 「ガボンバのバット」 牛窪良太作・絵 講談社 2000年4月

ガマ
こじかのハリーがおちたアクマのたににいるガマガエルのあくま 「もりのヒーロー ハリーとマルタン1 アクマのたにのまき」 やなせたかし作・絵 新日本出版社 2005年3月

釜右ェ門　かまえもん
花のき村にやってきた五人組の盗人の一人できのうまで旅歩きの釜師だった新米の盗人「花のき村と盗人たち」新美南吉作;さいとうよしみ絵　小学館(新美南吉名作絵本)　2005年7月

がまおじさん
4ひきのかえるたちのこたちのサンタクロースになろうとおもったがまがえるのゆうびんやさん「がまがえるのサンタさん」しのざきみつお絵・文　PHP研究所(PHPにこにこえほん)　2004年11月

カマカニ
ハワイの小さな島でヤギのアロハとウマのカイリとずっといっしょにくらしていたブタ「ハワイの3にんぐみ」笹尾俊一画・文　講談社　1997年6月

かまきり
だれにでもかまをふりあげていばっているかまきり「かまきりさまの おとおり」小春久一郎原作;村上康成作・絵　ひかりのくに　1994年5月

カマキリ
なつのよるにこどもべやのあかりにむかってやってきたカマキリ「なつのかいじゅう」いしいつとむ作・絵　ポプラ社(絵本のおもちゃばこ20)　2006年6月

かまきり(かまくん)
のはらでうまれてきてたくさんたべておおきくなったかまきり「かまきりのかまくん」高家博成;仲川道子作　童心社(かわいいむしのえほん)　2002年5月

かまきり(キリリ)
うまれたばかりのいたずらっこのかまきりのこ「いたずら かまきり キリリ」得田之久作　童心社(とびだす虫のえほん)　2003年6月

かまきり(ぺこかま)
あざやかな赤紫の花の上でじっと虫を待っていたいつもお腹がぺこぺこのかまきり「ずっと、らりるるれれ-花になったかまきり」美原紀華作;サリエ・マーシャ絵　芳賀書店　2000年7月

かまきり(マンティス)
しろいらんのはなにあうからだになりたいとねがったらんぼうもののかまきり「あした花になる」いもとようこ作・絵　岩崎書店(のびのびえほん9)　2002年9月

カマキリくん
むしがだいすきなこんちゃんがうちへつれてかえっていっしょにあそんだカマキリ「カマキリくん」タダサトシ作　こぐま社　2002年6月

かまくん
のはらでうまれてきてたくさんたべておおきくなったかまきり「かまきりのかまくん」高家博成;仲川道子作　童心社(かわいいむしのえほん)　2002年5月

がまくん
かえるのかろくんのともだちのおよげないかえるのこ「がまくんかろくん」馬場のぼる作　こぐま社　2000年7月

かま猫　かまねこ
猫の事務所の書記「猫の事務所」宮沢賢治作;黒井健絵　偕成社(日本の童話名作選)　1994年10月

かみさ

かみさま
ときどきもりのなかからむらへでてきてこどもたちとあそぶこどものすきなちいさいかみさま 「コロボックル こどものすきなかみさまー人形絵本」 猪股美喜子人形製作・構成；尾崎三朗写真；新美南吉原作　講談社　2003年4月

かみさま
にんげんがしあわせにくらせるように五つのおくりものをくださったかみさま 「5つのおくりもの」香山美子文；江口まひろ絵　女子パウロ会　1987年3月

神さま　かみさま
森の中からときどき人のすんでいる村へ出てきてすきな子どもたちと遊ぶすがたのみえない小さい神さま 「子どものすきな神さまー新美南吉ようねん童話絵本」 新美南吉作；渡辺洋二絵；保坂重政編　にっけん教育出版社　2004年5月

神様　かみさま
むかしむかし海と空がつづいていたころ地上におりてきた天界の三人の釣り好きの神様 「空飛ぶ魚」宮川大助文；宮川花子絵　東方出版（「大助・花子」絵本むかしばなし）　1993年9月

紙さん　かみさん
サーくんと庭の動物たちとじぶんの生まれたアフリカのケニアへ旅にでた一枚の紙さん 「サーくんと紙さんと11ぴきの旅」たにけいこ文・画　グリーン購入ネットワーク鹿児島　2001年11月

カミナリ
九州・宮崎にある幸島のサルの群れをまとめるボスザル 「ボス猿カミナリ」二宮勝憲絵・文　汐文社（絵本　幸島のサル）　2004年1月

カミナリ
うみにさかなつりにでかけたとらねこをさかなといっしょにそらにまきあげたカミナリのおやこ 「とらねこのしましまパンツ」高木さんご作；渡辺有一絵　PHP研究所（PHPにこにこえほん）　1998年10月

かみなり
ごろごろぴかぴかしにいくときにこどももいっしょにつれていったかみなりのおやじ 「かみなりのおやこ」せなけいこ作　童心社（せなけいこ・おばけえほん）　1994年5月

カムロ
森のむこうに高くそびえたっている岩山にのぼろうとした男の子 「森の地図」阿部夏丸文；あべ弘士絵　ブロンズ新社　2005年4月

カムロ
貝がらの中から聞こえてくる波の音の秘密がしりたくて海にむかって歩いている男の子 「波の白馬」阿部夏丸文；あべ弘士絵　ブロンズ新社　2006年4月

カメ
ほかのどうぶつたちとポケットくらべをしたカメ 「ぽけっとくらべ」今江祥智文；和田誠絵　文研出版（えほんのもり）　2005年12月

かめ
ひっくりかえって「きてよきてよはやくきてー」とよんだこどものかめ 「きてよ きてよ はやくきてー」かこさとし作・絵　ポプラ社（350シリーズ　おはなしえほん17）　2002年4月

かめぞ

かめ
おかあさんをさがしにうみのなかにとびこんだねぼすけぼうやのこがめ 「うみのえほん ぼく、うまれたよ」 みうらし〜まる作 教育画劇 2005年7月

かめ
さんぽのとちゅうでみつけたこかげでこうらをぬいでちょっとやすんだかめ 「やっぱりこうらはかめのもの」 森町長子作・絵 鈴木出版(たんぽぽえほんシリーズ) 2000年6月

かめ
おとひめさまのびょうきがなおるというさるのいきぎもをとるためにさるをだましてりゅうぐうじょうにつれてきたかめ 「くらげの おつかい-日本昔話より」 矢崎節夫文;島田コージ絵 フレーベル館(日本むかしばなしライブラリー4) 1995年7月

かめ
つるのせなかにのせてもらってそらをとんだかめ 「つるとかめ 日本民話」 梶山俊夫絵 鈴木出版(たんぽぽえほんシリーズ) 1989年5月

カメ(カメ吉) かめ(かめきち)
大阪でいちばんにぎやかな街ミナミを流れる道頓堀川にすむカメの子供 「美しく青き道頓堀川」 桂三枝文;黒田征太郎絵 アートン(桂三枝の落語絵本シリーズ1) 2005年8月

かめ(かめぞうさん)
かゆいせなかをたこのたこきちにかいてもらったうみがめ 「せなかがかゆいの」 浅沼とおる作・絵 鈴木出版(チューリップえほんシリーズ) 2002年6月

カメ(ゾウガメどん)
ゆっくりおっとりしているのでなかなかじぶんのすみかがみつけられないみなみのしまのゾウガメどん 「あおいしまの ゾウガメどん」 かこさとし作 偕成社 1989年10月

かめ(たーとる)
まいにちまいにちはなたばをもってどこかへいくかめ 「なかに いるの だあれ」 飯島敏子作;水野二郎絵 ひさかたチャイルド 1987年6月

かめ(ヘンリー)
ものおきべやにいれられたぬいぐるみのかめ 「かめのヘンリー」 ゆもとかずみ作;ほりかわりまこ絵 福音館書店 2003年4月

カメ吉 かめきち
大阪でいちばんにぎやかな街ミナミを流れる道頓堀川にすむカメの子供 「美しく青き道頓堀川」 桂三枝文;黒田征太郎絵 アートン(桂三枝の落語絵本シリーズ1) 2005年8月

カメキチくん
すいぞくかんにすんでいてジュゴンのセレナととってもなかよしのアオウミガメ 「ふたりはいつもともだち」 もいちくみこ作;つちだよしはる絵 金の星社(絵本のおくりもの) 1999年4月

カメくん
さむくなるとねむくなるのでゆきをみたことがないカメくん 「ねんころカメのこもりうた」 さくらともこ作;にしうちとしお絵 PHP研究所(わたしのえほん) 2001年7月

かめぞうさん
かゆいせなかをたこのたこきちにかいてもらったうみがめ 「せなかがかゆいの」 浅沼とおる作・絵 鈴木出版(チューリップえほんシリーズ) 2002年6月

かめち

かめちゃん
おとうさんのまねをしたかめのおんなのこ 「まねっこ かめちゃん」 ひろかわさえこ作 PHP研究所 1993年3月

かめちゃん
きょうはじめてようちえんにいったかめのおんなのこ 「おはよう かめちゃん」 ひろかわさえこ作 PHP研究所 1993年3月

かめちゃん
かめやくんになかされたかめのおんなのこ 「なかよし かめちゃん」 ひろかわさえこ作 PHP研究所 1994年2月

かめのさん
カコちゃんのいえにきたあたらしいベビーシッターさん 「ゆっくり かめのさん」 かしわばさちこ作;しもだともみ絵 偕成社(またきてね3) 2005年9月

カメムシ
くさいにおいがするのでみんなからジョロピンとよばれていやがられているムシ 「とべないほたる8」 小沢昭巳原作;関重信絵 ハート出版 2001年5月

かめやくん
かめちゃんをなかしたかめのおとこのこ 「なかよし かめちゃん」 ひろかわさえこ作 PHP研究所 1994年2月

かめやまさん
もうどう犬サーブのしゅじんになったマッサージし 「えらいぞサーブ！ 主人をたすけた盲導犬」 手島悠介文;徳田秀雄絵 講談社(どうぶつノンフィクションえほん) 2000年4月

カメレオン(キキ)
どうぶつサーカスのひこうきからオニオオハシのトコやナマケモノのグーグーがいるもりにおちてきたカメレオン 「トコとグーグーとキキ」 村山亜土作;柚木沙弥郎絵 福音館書店(日本傑作絵本シリーズ) 2004年10月

かめれおん(なめれおんくん)
なんでもなめちゃうかめれおん 「なめれおん」 あきやまただし作 佼成出版社 2002年11月

カメレくん
せんせいのいうことをきかずにかってにきからおりていったカメレオン 「カメレオンのカメレくん」 いなつぐかつら作;ミノオカリョウスケ絵 鈴木出版(チューリップえほんシリーズ) 2005年5月

かめれよん
かめれおんとくれよんがくっついたふしぎないきもののどうぐつ 「まうてんばいぬ2」 ながたのぶやす作 自由国民社 1998年11月

カモ(ホーリー)
まいごのフクロウのクロードとなかよしになったカモのこども 「まいごのクロード」 ふくもとともお作 ほるぷ出版 1989年3月

かもめ(はちろう)
かにさされてかゆいせなかをたこのたこきちにかいてもらったかもめ 「せなかがかゆいの」 浅沼とおる作・絵 鈴木出版(チューリップえほんシリーズ) 2002年6月

カヤ
じぶんはひとくちもくわねえで山おくのいえからごちそうをはこんでくれたやさしいねえちゃをほうちょうでさしてしまったいもうと 「ほうちょかけたか」 さねとうあきら文;井上洋介絵 文渓堂(ぶんけい 絵本のひろば5) 1993年6月

かや
おおさこのムラの少女、学校で初めて差別の体験をしたかや 「おおさこの灯」 かとうよういち文;木村かよこ絵 海鳥社(おおさこのかや3) 1992年9月

かや
おおさこのムラの少女、中学を卒業して就職するかや 「四月の坂道」 かとうよういち文;木村かよこ絵 海鳥社(おおさこのかや4) 1992年11月

かや
おおさこのムラの少女、とうちゃんの死をのりこえて生きるかや 「とうちゃんのひざし」 かとうよういち文;木村かよこ絵 海鳥社(おおさこのかや2) 1992年4月

かや
おおさこのムラの少女 「おおさこのかや」 かとうよういち文;木村かよこ絵 海鳥社 1991年10月

カヤ
チコちゃんとおにいちゃんといっしょにつみきであそんだいぬ 「おうちをつくろう」 角野栄子作;おざきえみ絵 学習研究社(学研おはなし絵本) 2006年6月

かやねずみ
はらっぱでこどもたちにいろんなことをおしえたかやねずみのおかあさん 「かやねずみのおかあさん」 つちだいさむ作・絵 フレーベル館(げんきわくわくえほん32) 1997年11月

かややさん
おおきなもりのなかでひとりぽっちでくらしているおんなのひと 「もりのオンステージ」 角野栄子作;ひだきょうこ絵 文渓堂 2005年3月

カーラ
たちあがってじぶんであるいたそのひからカーラになったたまごのカラ 「たまごのカーラ」 風木一人文;あべ弘士絵 小峰書店(えほんひろば) 2003年6月

がら
ちょうふくやまのやまんばがうんだこども 「やまんばとがら」 長谷川摂子文;沼野正子絵 岩波書店(てのひらむかしばなし) 2004年11月

ガラ
今は空き家になったホテルの客のカラス猫 「夜猫ホテル」 舟崎克彦文;落田洋子画 ウオーカーズカンパニー 1989年12月

ガラコ
おきゃくさんがほしいかばんをいつでもどこでもだしてうるたびするかばんやのどうぶつ 「かばんうりのガラゴ」 島田ゆか作・絵 文渓堂 1997年11月

からす
からす山のくろいからすたちにとまり木からつきおとされて村の子どものげんたにたすけられた白いからす 「みさきがらす」 武田英子文;清水耕蔵絵 講談社 1987年10月

からす

からす
ひとりぼっちのろばのこのそめごろうとともだちになったからす 「そめごろうと からす」 河原まり子絵;藤田圭雄文 至光社(ブッククラブ 国際版絵本) 1989年6月

カラス
山や森や里にすむたくさんのどうぶつたちに手紙をはこんだゆうびんがかりのカラス 「やまからのてがみ」 千世繭子作;高野紀子絵;富田京一監修 フレーベル館(みのりのえほん1) 2003年11月

からす
むかしはまっしろなとりだったがふくろうのそめものやにまっくろけのからだにされたからす 「ふくろうのそめものや」 山口マオ絵 鈴木出版(たんぽぽえほんシリーズ) 2001年1月

カラス
ある日山の木がきりたおされてしまってとうきょうにむかってとんできた1羽のカラス 「カラス」 とだこうしろう作・絵 戸田デザイン研究室 2001年9月

からす
むらのわかいふうふのよさくにこどもをとられてよさくのこをさらっていった2わのからすたち 「からすじぞう」 田島征彦作 くもん出版 1996年5月

からす
どうぶつたちのゆうびんきょくのからす 「からすのゆうびんきょく」 いなつぐかつら作;むかいながまさ絵 金の星社(こどものくに傑作絵本) 1995年11月

カラス(カーイチ郎) からす(かーいちろう)
わるさばっかりしているカラスのバカ息子 「カラス」 桂三枝文;黒田征太郎絵 アートン(桂三枝の落語絵本シリーズ6) 2006年6月

カラス(カーきち)
おかのうえにあったおおきなおおきないちょうの木のしたでみんなとかくれんぼをしてあそんでいたろっぺいちゃんにこえをかけたカラス 「いちょうかくれんぼ」 久野陽子文;梶山俊夫絵 童心社(絵本・ちいさななかまたち) 1999年11月

からす(カラッポ)
いつだってはらぺこでごちそうをさがしまわっているからす 「からすの カラッポ」 舟崎克彦作;黒井健絵 ひさかたチャイルド 1991年7月

からす(カラッポ)
いつもおなかがからっぽでごちそうをさがしまわっているからす 「からすのカラッポ」 舟崎克彦作;黒井健絵 ひさかたチャイルド(ひさかた絵本ランド) 1991年7月

からす(かんた)
こうえんにすんでいるのらねこのにゃおがいちばんすきなからす 「かんたはつよい!」 おりもきょうこ作 童心社(絵本・ちいさななかまたち) 1987年7月

からす(スケロウ)
はねをむしりとられてとべなくなりからすたちにうたをきかせてえさをもらうようになったうたのすきなからす 「ぼくのうたをきいとくれ」 山下ケンジ作・絵 講談社(講談社の創作絵本) 2001年7月

カラス(フリーダ)
空を飛ぼうとして高い木からおちた猫のトビーをたすけてくれたカラス 「空飛ぶ猫」 森本和子作;木下純子絵 アースメディア 2004年2月

からす（ぺちゃくちゃ）
たぬきのぬくぬくがのーんびりとひなたぼっこをしているところをじゃましたからす 「ぽかぽかひなたぼっこ」 中沢正人作・絵 すずき出版；金の星社（こどものくに傑作絵本） 1989年6月

カラスさん
ひろいのはらをおとこのことかいじゅうさんといっしょにおさんぽしたカラスさん 「でっかいさんぽ」 とよたかずひこ作・絵 ポプラ社（えほんはともだち43） 1996年5月

カラッポ
いつだってはらぺこでごちそうをさがしまわっているからす 「からすの カラッポ」 舟崎克彦作；黒井健絵 ひさかたチャイルド 1991年7月

カラッポ
いつもおなかがからっぽでごちそうをさがしまわっているからす 「からすのカラッポ」 舟崎克彦作；黒井健絵 ひさかたチャイルド（ひさかた絵本ランド） 1991年7月

カララ
モンゴルの草原でキツネにおそわれた若いアネハヅルの群れの一羽 「風切る翼」 木村裕一作；黒田征太郎絵 講談社 2002年9月

ガランゴン
なつやすみにふるさとのかいじゅうじまにかえってきたかいじゅう 「かいじゅうじまのなつやすみ」 風木一人作；早川純子絵 ポプラ社（絵本カーニバル10） 2006年7月

カリ
コリやモルチンたちとサッカーたいかいにでたハムスターのこ 「カリ・コリ・モルチンの1・2・3サッカー」 瀧原愛治作・絵 偕成社 1998年4月

ガリ
にわのあるいえにひっこしてきたしのちゃんのともだちになったのらねこ 「しのちゃんと4ひきのともだち」 織茂恭子作・絵 岩崎書店（のびのび・えほん2） 2000年3月

カリカリさん
どんなあたまのかたちをしたおきゃくさまにでもぴったりのてづくりのぼうしをつくるはりねずみのぼうしやさん 「カリカリのぼうしやさん」 つちだのぶこ作・絵 偕成社 1998年1月

カリタ
もりのおいしゃさんのロットさんのまごむすめ 「ガルーからのおくりもの」 葉月きらら作・絵 サン パウロ 1997年11月

雁の童子　かりのどうじ
天から降りてきた子供で沙車の須利耶さまという人が自分の子にして育てた童子 「雁の童子」 宮沢賢治作；司修絵 偕成社（日本の童話名作選） 2004年9月

ガリピー
ももいろさんごをかじっていたのこぎりざめ 「のこぎりざめガリピー」 高田ひろお作；中村泰敏絵 金の星社（たこやきマントマン・ミニえほん3） 1991年11月

かりん
もりのなかにおちていたぼうしをみつけた2ひきのこりすの1ぴき 「けんたのぼうし」 やすいすえこ作；田頭よしたか絵 偕成社 1991年6月

かりん

カリン
えんそくのひにひとりででんしゃにのってどうぶつえんにもどったどうようがだいすきなおんなのこ 「カリンどうぶつえんへ いく」 相馬ゆみ作 こぐま社 1991年11月

カリンコ
うさぎのモモッチのおともだちでとってもやさしいしかのおんなのこ 「たんじょうびのおきゃくさま」 松岡節作;いもとようこ絵 ひかりのくに 2002年10月

カル
あるむらにあったまものがすむという森のぬしのはねのはえたおとこのこ 「いずみの森のカル」 いしいつとむ作 佑学社 1990年12月

ガルー
ちょっとどじだけどとってもきのいいおおかみでもりのおいしゃさんのロットさんのいちばんのかんじゃさん 「ガルーからのおくりもの」 葉月きらら作・絵 サン パウロ 1997年11月

かるがも(フィフィ)
おかあさんたちとはぐれてひとりぼっちになってしまったかるがものあかちゃん 「フィフィのそら」 村上康成作 ひさかたチャイルド 2005年3月

かるがも(リリ)
おかあさんのいないあひるのたまごをほかのたまごといっしょにあたためてくれたかるがものおかあさん 「あひるのアレックス」 三浦貞子;森喜朗作;藤本四郎絵 フレーベル館 2005年2月

ガルシア
「僕」といっしょに不思議な生きものコビトを探しにいったいぬ 「こびとづかん」 なばたとしたか作 長崎出版 2006年5月

かるわざ師　かるわざし
おなじ日にぽっくりとしんでえんまさまのまえへやってきた犬のなかよしの三人のひとり 「えんまさまのしっぱい」 おざわとしお;こばやししょうき文;ささめやゆき絵 くもん出版(子どもとよむ日本の昔ばなし8) 2005年11月

ガレジ
ちょっと変わったサーカス団ベイビーサーカスの何でも作れる天才ロボット 「星のベイビーサーカス フルーツ島のわんぱくパイレーツ」 きのひなた文;yaku絵 星の環会 2006年3月

カレーせんにん
ジャングルのおくにすむとびきりおいしいカレーをつくるせんにん 「カレーせんにんをさがせ」 山本省三文;マスカワサエコ絵 PHP研究所(ペッパーとゆかいななかまたち) 1995年4月

かれはのしょうじょ(しょうじょ)
あきのおわりのおどりをおどりながらふゆのうまのくるのをまっているかれはのしょうじょ 「ふゆのうま」 手島圭三郎絵・文 福武書店 1987年10月

カレーパンマン
カレーパンでできているせいぎのなかま 「アンパンマンとぴいちくもり」 やなせたかし作・絵 フレーベル館(アンパンマンのぼうけん2) 1987年9月

カレン
カレンのもりのちょう 「アンパンマンとカレンのもり」 やなせたかし作・絵 フレーベル館(アンパンマンのぼうけん14) 1989年9月

ガロ
もりにやってきたぶたのこをつかまえてうちのにわにはなのたねをまかせたおおかみ 「ノッポさんのえほん5 おおかみガロとあさがお」 高見ノッポ作；赤坂三好絵 世界文化社 2001年3月

かろくん
かえるのがまくんのともだちのかえるのこ 「がまくんかろくん」 馬場のぼる作 こぐま社 2000年7月

カロン
もりのなかにあるおうちにふたりなかよくくらしているふたごのうさぎのいっぴき 「カロンとコロン はるなつあきふゆ4つのおはなし」 どいかや著 主婦と生活社 2005年7月

かわうそ
うーんと寒み晩げに川さ行って尾っぺ川の中さ入れておけば雑魚がとれると狐に言ったかわうそ 「狐とかわうその知恵くらべ」 鈴木サツ語り；太田大八絵 瑞雲舎 (読み聞かせ絵本シリーズ2 日本の昔ばなし) 1995年5月

かわうそ（パッチ）
滝つぼでひろったオオカミのちょきん箱をオオカミのすむ森にとどけにいったかわうその子ども 「かわうそがひろったちょきん箱」 みなみらんぼう作；黒井健絵 学習研究社 (fanfanファンタジー) 1997年7月

かわうそ（ヨーヨ）
滝つぼでひろったオオカミのちょきん箱をオオカミのすむ森にとどけにいったかわうその子ども 「かわうそがひろったちょきん箱」 みなみらんぼう作；黒井健絵 学習研究社 (fanfanファンタジー) 1997年7月

カワカワ
むかしむかしポリネシアというところにあった小さな島のかしら 「鳥にんげん カワカワ」 木村昭平絵・文 福武書店 1988年4月

カワタロ
みかづきいけにさいごにのこったカッパいちぞくのこども 「みかづきいけのカッパ」 かわだあゆこ文；みやじまともみ絵 アスラン書房 (心の絵本) 2002年11月

カンガルウ（テラシマくん）
ひょんなことで小さな池にすんでいるナマズくんと知りあったカンガルウ 「テラシマくんのやさしい失敗」 所ジョージ絵・文 シンコー・ミュージック 1989年6月

カンガルウ（テラシマくん）
ちょっぴり好奇心が強いからいつでもちょっと勇み足のカンガルウ 「テラシマくんはカンガルウ」 所ジョージ絵・文 シンコー・ミュージック 1988年3月

カンガルウ（テラシマくん）
今日もブラブラ歩いていたこれといったしごとはないカンガルウ 「はたらくテラシマくん」 所ジョージ絵・文 シンコー・ミュージック (テラシマくんはカンガルウ2) 1988年12月

かん子　かんこ
子ぎつねの紺三郎にまねかれてきつねの学校の幻灯会に兄さんの四郎ともちを持って遊びに行った村の子ども 「雪わたり」 宮沢賢治作；いもとようこ絵 金の星社 (大人になっても忘れたくない いもとようこ名作絵本) 2005年11月

かんこ

かん子　かんこ
雪ぐつをはいて野原に出かけた子ども 「雪わたり」 宮沢賢治作;いもとようこ絵　白泉社　2003年11月

かん子　かんこ
雪ぐつをはいて野原に出かけた子供 「雪渡り」 宮沢賢治作;たかしたかこ絵　偕成社(日本の童話名作選) 1990年6月

かんごふさん
うでの骨をおり入院してしゅじゅつをうけたあっ子ちゃんがはたらくすがたを見てじぶんもなりたいなと思うようになったかんごふさん 「かんごふさんて すてきだな」 加藤秀文;田中槇子絵　偕成社　1987年9月

かんすけ
まいにちあたまのおさらにげんきとゆうきがわくわくわくみずをいれているおつきみいけのかっぱ 「かっぱわくわく」 やすいすえこ作;高見八重子絵　金の星社(新しいえほん) 2000年7月

カンスケ
のやまがあかくいろづくといつもものがなしいきぶんになるきかんしゃ 「カンスケとあかいはっぱ」 東田直樹作;唐沢睦子絵　交通新聞社　2006年12月

カンスケ
はしることがだいすきだけれどかみなりがだいきらいなきかんしゃ 「きかんしゃカンスケ」 東田直樹作;唐沢睦子絵　交通新聞社　2006年9月

カンタ
もりのなかのいっけんやにすんでいた3びきのこねこたちの1ぴき 「3びきのこねこ はじめてのゆき」 もりつわかこ作　文化出版局　1987年11月

カンタ
耳の聞こえにくいこどもたちの学校へかよっているゴンタというにいちゃんがいる小学校2年生のくまの男の子 「ゴンタとカンター14の心をきいて」 つちだよしはる作　PHP研究所(PHPにこにこえほん) 2004年4月

カンタ
月夜にあき地にずらりとねこの夜店が出ているひみつのねこ市にいったおとこのこ 「月夜のねこいち」 越水利江子文;はたよしこ絵　毎日新聞社　2004年11月

かんた
おうちにひげじょりじょりこうげきとチューこうげきがあるようかいオジジがあらわれるおとこのこ 「ようかいオジジあらわれる」 よなはかんた文;山口みねやす絵　くもん出版　2004年7月

かんた
まちのしょうぼうだんのしゃこのそばにあるいえにかわれていてしょうぼうしゃがとおるとおおきなこえでとおぼえをはじめるいぬ 「ウーウーかんた」 中村まさあき作　文化出版局　1998年2月

かんた
じんじゃのきのあなからすいこまれていったよるのやまで3にんのばけものとあそんだおとこのこ 「めっきらもっきらどおんどん」 長谷川摂子作;ふりやなな画　福音館書店(こどものとも傑作集) 1990年3月

かんた
こうえんにすんでいるのらねこのにゃおがいちばんすきなからす 「かんたはつよい!」 おりもきょうこ作 童心社(絵本・ちいさななかまたち) 1987年7月

カンタ
みちおねえちゃんとひろいちゃんについてはるをさがしにでかけた3びきのこねこの1ぴき 「3びきのこねこ はるをさがしに」 もりつわかこ作 文化出版局 1988年3月

寛太　かんた
おとうさんのしごとのつごうで小さな村から大とかいにやってきたおとこの子 「おじいさんの机」 立松和平文;鈴木まもる絵 河出書房新社(立松和平と絵本集3) 1997年3月

カンダタ
おしゃかさまがのぞいて見た地獄の底にいた大どろぼう 「くもの糸」 芥川龍之介作;藤川秀之絵 新世研 2003年6月

犍陀多　かんだた
悪業の限りをつくし地獄へ落とされた大泥坊だがたった一つ小さな蜘蛛を殺さずに助けてやった善い事をした男 「蜘蛛の糸」 芥川龍之介作;遠山繁年絵 偕成社(日本の童話名作選) 1994年10月

かんたろう
ペット・ショップでみつけたいぬがほしくてたまらないおとこのこ 「いぬかって!」 のぶみ作・絵 岩崎書店(レインボーえほん5) 2006年11月

かんたろう
おちばのなかからはいだしてともだちにあいにでかけたやまみみず 「みみずの かんたろう」 田島征彦作 くもん出版 1992年6月

かんちゃん
まだちいさなこ 「ばかんばかんぶー」 のぶみ作 絵本館 2006年6月

かんとりぃ・へび
じまんすることがなにもないのがじまんのへび 「へびじまんのこと」 MAJODE MAJORA作・絵 ポプラ社(えほん村みんな物語・1) 2001年10月

カンナカムイ
アイヌの村が見たくて神ののりものシンタにのって下界におりてきた竜の神 「火の雨 氷の雨-カムイユカラ・アイヌの神さまが話したこと」 かやのしげる文;いしくらきんじ絵 小峰書店(アイヌの絵本) 2000年7月

鉋太郎　かんなたろう
花のき村にやってきた五人組の盗人の一人できのうまで大工の修業をしていた新米の盗人 「花のき村と盗人たち」 新美南吉作;さいとうよしみ絵 小学館(新美南吉名作絵本) 2005年7月

ガンバリルおじさん
ガンバリルやまにすんでいるどうぶつをたすけるのがしごとのおじさん 「ガンバリルおじさんとぎんいろまん」 やなせたかし作・絵 フレーベル館(ガンバリルおじさんシリーズ2) 2001年10月

ガンバリルおじさん
ガンバリやまのとうげのいっけんやにすんでいてゆきのなかでたおれているたびびとをたすけているおじさん 「ガンバリルおじさんのまめスープ」 やなせたかし作・絵 フレーベル館(ガンバリルおじさんシリーズ1) 2001年10月

かんぺ

カンペ
おてらのこんぞにだまされてたからもののほうしゅのたまをとられたごじょうがわらのきつね 「カンペぎつねのたからもの」 渡辺節子文;赤坂三好絵 フレーベル館(むかしむかしばなし5) 1989年2月

【き】

き き
きこりたちがきろうとしてもたおされなかったやまおくにあるななせんねんのたいぼく 「おおきなき」 遊子作・絵 鈴木出版(ひまわりえほんシリーズ) 1993年10月

き き
もうすぐクリスマスなのでどうぶつたちにセーターをあんでくださいとはっぱのてがみをだしたもりのき 「あたたかいおくりもの」 たるいしまこ作 福音館書店(もりのおくりもの3) 1992年10月

き き
おつきさんがうえたいっぽんのき 「おつきさんのき」 長新太作・絵 教育画劇(スピカみんなのえほん4) 1989年9月

き き
おんがくがすきでがっきをひくとそれにあわせてしろいはなをさかせるき 「おかのうえのふしぎなき」 山本省三作・絵 教育画劇(スピカのおはなしえほん36) 1988年5月

木 き
おおきなあながあいていたおおきなおおきな木 「おおきなおおきな木」 よこたきよし作;いもとようこ絵 金の星社 2005年6月

木 き
森の中にあった百さいになるというのにいつもどうどうと立っているとってもかっこいい木 「百年たってわらった木」 中野美咲文;おぼまこと絵 くもん出版 2003年10月

木 き
じぶんが何の木なのかわからないりんごのこどもの木 「りんご」 三木卓文;スーザン・バーレイ絵・訳 かまくら春夏社 2000年10月

木 き
卒業する看護学生さんたちに植えられてからいろいろな患者さんをみまもってきたびょういんの木 「びょういんの木」 岡村理作・絵 汐文社 1996年2月

木 き
もりの木や草がすべてかれていっぽんだけがのこった木 「木のきもち カタツムリのきもち」 菅原たくや著 文化出版局 1993年4月

キイコ
もりへあそびにでかけたおにいちゃんのダイダイがうらやましくてそっとあとをおったいもうとのこぎつね 「こぎつねダイダイのおはなし ゆきゆきどんどん」 西内ミナミ作;和歌山静子絵 ポプラ社(絵本の時間22) 2003年2月

きいちゃん
おにわでひまわりのたねをうえてだいじにだいじにそだてたおんなのこ 「きいちゃんのひまわり」 おおしまたえこ作;かわかみたかこ絵 ポプラ社(きいちゃんのたからもの絵本4) 2001年7月

きいちゃん
こいぬのピッピといつもいっしょにあそんでいるおんなのこ 「きいちゃんとどろんこピッピ」 おおしまたえこ作;かわかみたかこ絵 ポプラ社(きいちゃんのたからもの絵本2) 2000年3月

きいちゃん
ゆきがどーんとつもったひにうらのはやしでかわいいゆきだるまをつくってあそんだおんなのこ 「きいちゃんとゆきだるまちゃん」 おおしまたえこ作;かわかみたかこ絵 ポプラ社(きいちゃんのたからもの絵本3) 2000年11月

きいちゃん
うらのはやしへどんぐりをひろいにいってどんぐりたちのカーニバルにまよいこんでしまったおんなのこ 「きいちゃんのどんぐり」 おおしまたえこ作;かわかみたかこ絵 ポプラ社(きいちゃんのたからもの絵本1) 1999年10月

きいちゃん
あめのひにこいぬのピッピとうらのはやしにあそびにいったおんなのこ 「きいちゃんとドロンじいさん」 おおしまたえこ作;かわかみたかこ絵 ポプラ社(きいちゃんのたからもの絵本5) 2004年7月

きいどん
むかしむかしのそのまたむかしおやまになかよくすんどった3にんのちっさなおにのひとりのくいしんぼのおに 「あかどん あおどん きいどん」 みやじまともみ作 アスラン書房(心の絵本) 2002年4月

きいろちゃん
ねずみさんがさんぽをしていてみつけたどこのこかわからないきいろいこ 「きいろちゃん」 塩田守男作・絵 ひかりのくに(ひかりのくにお話絵本) 1988年1月

キウイじいさん
キウイのなえをいっぽんかってにわにうえたキウイのすきなじいさん 「キウイじいさん」 渡辺茂男文;長新太絵 クレヨンハウス 2005年11月

祇王　ぎおう
天下をおさめる平清盛のものとなった美しい白びょうしの女 「祇王・仏」 丹羽貴子絵;村中李衣文 京の絵本刊行委員会 1994年5月

きかんしゃくん
ごみぶくろのパクンちゃんがひとりぼっちでいたごみあつめのかこいのなかにはいってきたすてられたきかんしゃくん 「ノッポさんのえほん12 ごみぶくろのパクンちゃん」 高見ノッポ作;枝常弘絵 世界文化社 2001年10月

キキ
どうぶつサーカスのひこうきからオニオオハシのトコやナマケモノのグーグーがいるもりにおちてきたカメレオン 「トコとグーグーとキキ」 村山亜土作;柚木沙弥郎絵 福音館書店(日本傑作絵本シリーズ) 2004年10月

キキ
ふるいはこのなかからたからの地図をみつけたノラといっしょにたからさがしにでかけたともだちのいぬ 「たからさがし」 市川里美作・絵 徳間書店 2000年10月

キキ
いぬのジェイクといっしょにあそんだりす 「ジェイクのむぎわらぼうし」 葉祥明絵・文;リッキー・ニノミヤ英訳 自由国民社 1997年6月

きき

きき
きつねのけんのうちにまちがってとどいたにもつにかいてある「くまぞうさん」をさがしにけんといっしょにでかけたさる 「くまぞうさあ～ん」 たかはしとおる文・絵 ぎょうせい(そうさくえほん館16) 1992年9月

キク
かあさんきつねとすんでいる山のふもとのみちを学校にかようじぶんとおなじなまえの一年生の女の子がすきなこぎつね 「キクときくちゃん」 松野正子文;広野多珂子絵 童心社(絵本・こどものひろば) 1995年11月

菊三郎 きくさぶろう
むかし山里にあった古くからさかえた家のあるじでのらりくらりとあそんでおるうちに山や畑も売りつくしてしもうた男 「かじかびょうぶ－川崎大治民話絵本」 川崎大治文;太田大八絵 童心社 2004年5月

きくち まりか(しっこさん)
かさまつゆいこのうしろのせきにいる子でおしっこもらしてばっかりいるから「しっこ」ってなまえにされちゃったおんなの子 「あのときすきになったよ」 薫くみこ作;飯野和好絵 教育画劇(みんなのえほん) 1998年4月

きくちゃん
キクという名のこぎつねがすきなじぶんとおなじなまえのちいさい子で山のふもとのみちを学校にかよう一年生の女の子 「キクときくちゃん」 松野正子文;広野多珂子絵 童心社(絵本・こどものひろば) 1995年11月

きーこくん
さざなみえきとにしはまえきのあいだをいったりきたりしているかいがんでんしゃ 「かいがんでんしゃは おおいそがし」 杉山径一作;高橋透絵 PHP研究所(PHPのりものえほん) 1992年9月

ギーさん
ひろいのはらのたけやぶのなかにあったしのだけむらにむしさんたちみんなとすんでいたおけら 「しのだけむらのやぶがっこう」 カズコ・G・ストーン作 福音館書店(こどものとも傑作集) 2006年6月

技師 ぎし
知事にたのまれ島のくらしをよくする計画をたてるために島にきた技師 「天とくっついた島」 立松和平文;スズキコージ絵 河出書房新社(立松和平との絵本集2) 1997年2月

鬼子母神 きしぼじん
毎日町の子をさらって食ってきたがその後おしゃかさまの教えにしたがい「鬼子母神」とよばれるようになった女 「絵本 鬼子母神のはなし」 中村真男文;貝原浩絵 風涛社 1988年5月

キジムナー
ゴーヤーマンのともだちのようかい 「ゴーヤーマン オバアはめいたんてい」 浜野えつひろ文;荒木慎司絵;岡田恵和原案 長崎出版 2003年5月

キジムナー
ようかい 「ゴーヤーマン」 浜野えつひろ文;荒木慎司絵 インターメディア出版 2001年7月

キジムナー
ようかい 「ゴーヤーマン 東京へ行く」 浜野えつひろ文;荒木慎司絵 インターメディア出版 2001年9月

キジムナー
沖縄の小さな村にあった大きなガジマルの木に棲むようになった男の子と女の子のキジムナー(木の精)「いきていたキジムナー」島袋あさこ文;野原マキ絵 汐文社(沖縄平和絵本シリーズ3) 1998年3月

キジムナー
ゴーヤーマンのともだちのようかい「ゴーヤーマン ちゅらうみのたから」浜野えつひろ文;荒木慎司絵;岡田惠和原案 長崎出版 2003年4月

きじむなー
おきなわのちいさなしまのおかにたっていたガジュマルのきにすんでいたきじむなー「とんとんみーときじむなー」田島征彦作 童心社(絵本・ちいさななかまたち) 1987年3月

キスタルはかせ
森のまんまるめがねをかけたなんでもわかる大ミミズク「キリンのキリコ」いのうえゆみこ文;さとうゆみ絵 構造社出版 1998年5月

ギータ
やなぎざわさんのおじいちゃんのうちのにわのむくげの木のしたにすんでいるありの子「ありの子ギータ」渡辺一枝文;杉浦範茂絵 クレヨンハウス(おはなし広場) 1993年12月

きたかぜのぼうや
クリスマスイブのひにかいぶつにすがたをかえてまちじゅうのツリーをたべてしまったいじわるなきたかぜのぼうや「せかいいち おおきな クリスマスツリー」おおはらひでき作 PHP研究所(PHPにこにこえほん) 2000年11月

きたきつね
ほっかいどうのもりにいきるきたきつね「きたきつねのゆめ」手島圭三郎絵・文 リブリオ出版(北の森から) 2001年1月

きたきつね
はまなすのさくうみべのおかでえさをさがしにでかけたおとうさんとおかあさんのかえりをまちわびるきたきつねのこどもたち「はまなすのおかのきたきつね」手島圭三郎作 偕成社 1995年6月

キタキツネ(コロくん)
はるがやってきたきたのうみにうかぶこおりのうえにちょっとだけのってみたらおきにながされてしまったキタキツネ「あぶなかったコロくん」高橋揆一郎作;高見八重子絵 サンリオ(サンリオ創作絵本シリーズ) 1988年7月

キッキ
ぶな森にやってきた木の実のみのらない「からっぽの秋」に長老リスによばれたリス「ぶな森のなかまたち」今村葦子作;遠藤てるよ絵 童心社(絵本・ちいさななかまたち) 1995年9月

キッキ
大あらしのつぎの日ぶな森のなかまのリスたちがはなしかけてもぷっとふくれたようにだまりこんでいたリス「ぶな森のキッキ」今村葦子作;遠藤てるよ絵 童心社(絵本・ちいさななかまたち) 1991年5月

キッキ
ぶな森の長老リスとのやくそくで小枝をくわえて森のおくへすすんでいったリス「ぶな森の子」今村葦子作;遠藤てるよ絵;西尾誠写真 童心社(絵本・ちいさななかまたち) 1997年6月

きっく

キック
ぼうけんのたびをするふね「ドラゴンまる」にのっているとのさまバッタのこどもでてんきあてのめいじん 「かいていかいぞくむら」 永井郁子作・絵 岩崎書店(ドラゴンまるのぼうけん2) 2005年2月

キック
ともだちのくまのクークがはるまでふゆごもりするのでいっしょにあそべなくなったうさぎ 「ふゆごもりのくまのクークへ」 やすいすえこ作；岡本颯子絵 教育画劇(みんなのえほん) 2000年11月

キック
ぼうけんのたびをするふね「ドラゴンまる」にのっているとのさまバッタのこどもでてんきあてのめいじん 「ひがしのムーンのティンカーベル」 永井郁子著 岩崎書店(ドラゴンまるのぼうけん4) 2006年9月

キック
ぼうけんのたびをするふね「ドラゴンまる」にのっているとのさまバッタのこどもでてんきあてのめいじん 「ブォーン！くじらじま」 永井郁子作・絵 岩崎書店(ドラゴンまるのぼうけん1) 2003年6月

キック
ぼうけんのたびをするふね「ドラゴンまる」にのっているとのさまバッタのこどもでてんきあてのめいじん 「レストランドラゴンまる」 永井郁子作・絵 岩崎書店(ドラゴンまるのぼうけん3) 2005年7月

きっこ
ゆきのひにいたちのちいとにいとそりあそびにでかけたきつね 「おおさむこさむ」 こいでやすこ作 福音館書店(こどものとも傑作集) 2005年10月

キッコ
あめふりのひこどもたちがかさをさしてようちえんにいくのをみてあかいかさがほしくなったこぎつね 「こぎつねキッコ あめふりのまき」 松野正子文；梶山俊夫絵 童心社(キッコシリーズ) 1993年6月

キッコ
やまのようちえんのこどもたちのえんそくについていったこぎつね 「こぎつねキッコ えんそくのまき」 松野正子文；梶山俊夫絵 童心社(キッコシリーズ) 1988年4月

キッコ
やまのようちえんのうんどうかいにかあさんぎつねにおんぶしていったこぎつね 「こぎつねキッコ うんどうかいのまき」 松野正子文；梶山俊夫絵 童心社(キッコシリーズ) 1989年7月

キッコ
かあさんとやまでくらしていたきつねのおんなのこ 「こぎつねキッコ」 本間正樹文；みやもとただお絵 佼成出版社(しつけ絵本シリーズ3) 2004年9月

ぎっちゃん
おにいさんのアーボさんのうちにもらわれてきた三びききょうだいのうさぎの一ぴき 「月夜の子うさぎ」 いわむらかずお作 クレヨンハウス 1996年9月

きっちょむさん
むかしおったとてもとんちのあるひと 「とんちのきっちょむさん」 望月新三郎文；ナメ川コーイチ絵 フレーベル館(むかしむかしばなし16) 1992年3月

キッチン
おうちのだいどころにすんでいるこびと 「キッチン ぱっちん」 木曾秀夫作 サンリード(えほんランド4) 1987年4月

きつね
おなかがすいてないているこぎつねのために村へ行ってぶどうを一ふさとってこようと一生けんめいかけていったおやぎつね 「きつねとぶどう」 坪田譲治作;いもとようこ絵 金の星社(大人になっても忘れたくない いもとようこ名作絵本) 2005年12月

きつね
町のぼうし屋にてぶくろを買いにいった子ぎつね 「てぶくろをかいに」 新美南吉作;いもとようこ絵 金の星社(大人になっても忘れたくない いもとようこ名作絵本) 2005年7月

きつね
町の帽子屋にてぶくろを買いにいった子ぎつね 「てぶくろを買いに」 新美南吉作;ひろのみずえ絵 大日本図書(絵本・新美南吉の世界) 2005年2月

きつね
田んぼのつぶとはしりっこしたいばりんぼうのでっかい赤ぎつね 「つぶときつねのはしりっこ」 いしだとしこ文;みやじまともみ絵 アスラン書房 2005年4月

きつね
ちびうさぎとなかよしになったこぎつね 「ともだちのたまご」 さえぐさひろこ文;石井勉絵 童心社(絵本・だいすきおはなし) 2005年7月

キツネ
ほかのどうぶつたちとポケットくらべをしたキツネ 「ぽけっとくらべ」 今江祥智文;和田誠絵 文研出版(えほんのもり) 2005年12月

きつね
あひるのダグちゃんをたべちゃおうとするくいしんぼうのきつね 「ノッポさんのえほん10 ダグちゃんのおいけ」 高見ノッポ作;片桐慶子絵 世界文化社 2001年8月

キツネ
オオカミとともだちになったキツネ 「あいつもともだち」 内田麟太郎作;降矢なな絵 偕成社 2004年10月

きつね
一人で町へ毛糸の手ぶくろを買いに行った森の子ぎつね 「手ぶくろを買いに」 新美南吉文;牧野鈴子絵 フレーベル館 2003年9月

きつね
やまのおぼうさんにだまされてばけてぬぐいをとりあげられたいたずらがだいすきなくろぎつね 「ばけずきん」 川村たかし文;梶山俊夫画 教育画劇(日本の民話えほん) 2003年9月

キツネ
オオカミとともだちになったキツネ 「ありがとともだち」 内田麟太郎作;降矢なな絵 偕成社 2003年6月

きつね
たべものをさがしにいったままかえってこないおかあさんにあえますようにとたなばたさまにおいのりをしたこぎつね 「きつねのたなばたさま」 正岡慧子文;松永禎郎絵 世界文化社(ワンダーおはなし絵本) 2003年6月

きつね

きつね
りえちゃんとおとうとのけんちゃんとみんなでなわとびをしてあそんだきつねのこたち 「きつねのかみさま」 あまんきみこ作;酒井駒子絵 ポプラ社(絵本・いつでもいっしょ9) 2003年12月

きつね
みかんのきのしたでひろったみかんがあまいかすっぱいかしりたくてねこにたべさせたきつね 「きつねの しっぱい」 小沢正作;井上洋介絵 鈴木出版(ひまわりえほんシリーズ) 1991年10月

キツネ
はるのさいてんで森のまもりがみさまにささげるうたをうたうためにえらばれた四ひきの合唱団の団員のキツネのこ 「もりのがっしょうだん」 たかどのほうこ作;飯野和好絵 教育画劇 2003年5月

きつね
おばけにへんしんしてもりのなかまをおどかしたきつね 「おばけのムニムニ」 古内ヨシ作 あかね書房(えほん、よんで!3) 2002年6月

きつね
ははきのはらでナナとまりつきをしてあそんだこぎつね 「てまりのき」 あまんきみこ文;大島妙子絵 講談社 2002年10月

キツネ
ともだちのオオカミといらないともだちをひきとるともだちひきとりやをはじめたキツネ 「ともだちひきとりや」 内田麟太郎作;降矢なな絵 偕成社(「おれたち、ともだち!」絵本) 2002年2月

キツネ
村のアイヌにむかってシャケはアイヌだけがたべるものではないとチャランケ(だんぱん)をしたいっぴきのキツネ 「アイヌとキツネ」 かやのしげる文;いしくらきんじ絵 小峰書店(アイヌの絵本) 2001年11月

キツネ
オオカミとともだちになったキツネ 「ごめんねともだち」 内田麟太郎作;降矢なな絵 偕成社 2001年3月

きつね
むらのおひゃくしょうさんのそうべえさんをだましてあたまのかみのけをのこらずむしってしまったきつね 「かみそりぎつね」 小沢正文;野村たかあき画 教育画劇(日本の民話えほん) 2000年2月

キツネ
オオカミとともだちになったキツネ 「あしたもともだち」 内田麟太郎作;降矢なな絵 偕成社 2000年10月

きつね
おぼんにくろい森のはらっぱでぼんおどりをおどっていたきつねたち 「きつねのぼんおどり」 山下明生文;宇野亜喜良画 解放出版社(エルくらぶ) 2000年6月

きつね
きたのくにのたらたらやまになかよしのくまとすんでいたきつね 「さみしくなかったよ」 つちだよしはる作 PHP研究所(PHPにこにこえほん) 2000年5月

きつね

きつね
さむいふゆのひもりのいけにしっぽをたらしていればさかながつれるといじわるおおかみにおしえてあげたきつね 「しっぽのつり」 せなけいこ文・絵 鈴木出版(チューリップえほんシリーズ) 1999年11月

きつね
あおいクレヨンをおとしたいじわるきつね 「がたごとごーごー」 戸田和代文;三井小夜子絵 文化出版局 1999年5月

キツネ
大きな海のまんなかにあった小さな島にそれぞれ五つの山にわかれて暮らしていた赤・青・黒・黄・白の五色のキツネ 「白い月の笑う夜」 仁科幸子作・絵 偕成社 1999年6月

キツネ
オオカミとともだちになったキツネ 「ともだちくるかな」 内田麟太郎作;降矢なな絵 偕成社 1999年2月

キツネ
ふぶきの山で助けてやったりょうしの弥平と三人のむすめのひとりをよめにもらうやくそくをした金色のキツネ 「キツネとのやくそく」 立松和平文;黒井健絵 河出書房新社(立松和平との絵本集4) 1998年3月

キツネ
いちじかんひゃくえんでともだちやさんをはじめたキツネ 「ともだちや」 内田麟太郎作;降矢なな絵 偕成社 1998年1月

きつね
わかい女にばけてびんぼうな男のにょうぼうになり男の子をうんだ山のきつね 「きつねにょうぼう」 長谷川摂子再話;片山健絵 福音館書店(日本傑作絵本シリーズ) 1997年12月

きつね
はやしのなかでひとりでないていたおとこのこにあったやまのこぎつね 「やまのリコーダー」 武鹿悦子作;宮本忠夫絵 佼成出版社(創作絵本シリーズ) 1997年9月

きつね
ねこのぱんやのほうがおいしいときいてしんしにばけてねこのぱんやへいってぱんをたべてみたきつねのぱんや 「きつねのぱんとねこのぱん」 小沢正文;藤枝リュウジ絵 国土社(絵本といっしょ2) 1996年12月

きつね
だいくのつねさんのいえにひのようじんのよまわりをすることになったのでひょうしぎをつくってもらえないかとたのみにやってきたこぎつね 「こぎつねのおねがい」 鈴木清子作;ふりやかよこ絵 文研出版(えほんのもり31) 1996年9月

キツネ
北海道の大草原をあるいていてとしょかんバスのおっちゃんに声をかけられてむりやりバスにひっぱりこまれたキツネの子 「大草原のとしょかんバス-としょかんバス・シリーズ2」 岸田純一作;梅田俊作絵 岩崎書店(絵本の泉6) 1996年9月

きつね
パンやさんをかいてんしたどんぐりむらのきつねさん 「きつねのパンやさん-どんぐりむらのおはなし3」 若山雪江作・絵 ポプラ社 1996年3月

きつね

きつね
うさぎやとりをだましておびきよせるために大きなふろおけにおゆをわかしてまっていたきつね 「きつねのおふろ」国松エリカ作・絵 偕成社 1995年11月

キツネ
とうもろこしがたべたいけれどつくるのはめんどうだとおもったきつね 「とんだトウモロコシ」田沢梨枝子作・絵 岩崎書店(わくわくえほん2) 1995年1月

きつね
校長先生におまじないをかけて学校で字をおしえてもらったきつねのおとうさんとこどもたち 「おまじないは ききますか」藤田勝治作 童心社(絵本・ちいさななかまたち) 1994年9月

きつね
山田さんの美容院に青年のすがたでやってきて結婚のやくそくをした恋人におくる美しいかんむりを考えてほしいとたのんだきつね 「春のかんむり」門林真由美作;岡本万里子絵 ブックローン出版 1993年11月

きつね
すすきのはらでまちのおんなのこがおとしたほしのブローチをさがしてあげたこぎつね 「ほしのブローチ」武鹿悦子作;宮本忠夫絵 佼成出版社(創作絵本シリーズ) 1993年6月

きつね
おしろのなかでくらしていたが王さまにおわれてもりにはいったきつね 「そのとき王さまは」おぼまこと作・絵 ぎょうせい(そうさくえほん館15-やさしさをもって) 1992年12月

きつね
ながあめがつづき中州にとりのこされて羽田にかえることができなくなった三びきの子ぎつねたち 「羽田のわたし」野村昇司作;阿部公洋絵 ぬぷん児童図書出版(ぬぷん ふるさと絵本シリーズ18) 1992年7月

きつね
食べるものにこまって女性にばけてお百姓の良兵衛さんの家をたずねてきたきつね 「良兵衛と日本きつね」宮川大助文;宮川花子絵 京都書院(大助・花子の日本昔ばなし) 1991年4月

きつね
わなにしっぽをはさまれたところをじいさまとばあさまにたすけてもらったおれいにけっこんしきによんだきつね 「きりのきむらへおよめいり」津谷タズ子作;梶山俊夫絵 佼成出版社(創作民話絵本) 1990年9月

きつね
仲のわるいたぬき村のたぬきとどちらが化けるのがうまいか勝負することになったきつね村のきつね 「きつね村とたぬき村」宮川大助文;宮川花子絵 京都書院(大助・花子の日本昔ばなし) 1989年11月

きつね
とうげのみちでねていたところをほらがいをふいておどかしたほういんさまにかたきをうったきつね 「ほういんさまときつね」樋口淳文;赤坂三好絵 フレーベル館(むかしむかしばなし7) 1989年4月

きつね
むこうのやまのたぬきにばけくらべをしようといったこっちのやまのきつね 「きつねとたぬきのばけくらべ」松谷みよ子文;ひらやまえいぞう絵 童心社(あかねちゃんのむかしむかし) 1989年1月

キツネ
山すそのしゅんぺいじいさんの一けんやにきて戸をたたいておじいさんのなまえをよぶキツネ 「キツネとしゅんぺいじいさん」 森はな作;梶山俊夫絵 教育画劇(スピカのおはなしえほん40) 1988年11月

きつね
うさぎをおいかけてきてどてからはずれたまるたのはしのうえでうさぎとにひきうごけなくなったきつね 「ゆらゆらばしのうえで」 きむらゆういち文;はたこうしろう絵 福音館書店 2003年10月

きつね
あるひのことちっちゃないえからぞろぞろあらわれたねずみをたべようとしたきつね 「ようじんようじん きつねに ようじん」 中沢正人作・絵 すずき出版;金の星社(こどものくに傑作絵本) 1987年1月

きつね
たべものをさがしにいっててたおれたかあさんのためにのはらのまんなかにたっていたゆきだるまからマフラーをかりてきたきつねのこ 「しろいおじさん」 やすいすえこ文;いもとようこ絵 サンリオ 1991年11月

きつね
はるののはらゆきのでんしゃをうんてんしているこぎつね 「こぎつねでんしゃはのはらゆき」 南塚直子文・絵 小峰書店(えほん・こどもとともに) 1987年3月

きつね
おんなのこがおとしたおりがみのオルガンをひろっておんなのこととだちになったこぎつね 「こぎつねとオルガン」 矢崎節夫文;福原ゆきお絵 フレーベル館(キンダーおはなしえほん) 1988年4月

きつね
中国地方にあるてんじん山のふもとにかあさんぎつねとしあわせにくらしておった子ぎつね 「てんじん山の子ぎつね」 井口文秀絵;宮脇瑞枝文 PHP研究所(PHPわたしのえほんシリーズ) 1988年3月

狐　きつね
泉州の信太の森で安倍の保名という若者にたすけられた恩返しにうつくしい女に化けて夫婦になり子どもを生んだ狐 「信太の狐」 さねとうあきら文;宇野亜喜良絵 ポプラ社(日本の物語絵本7) 2004年2月

狐　きつね
一本木の野原に立つきれいな女の樺の木に心惹かれていた二人の友達の一人の気取り屋でやさしい狐 「土神と狐」 宮沢賢治作;中村道雄絵 偕成社(日本の童話名作選) 1994年12月

狐　きつね
うーんと寒み晩げに川さ行って尾っぺ川の中さ入れておけば雑魚が取れるとかわうそから言われた狐 「狐とかわうその知恵くらべ」 鈴木サツ語り;太田大八絵 瑞雲舎(読み聞かせ絵本シリーズ2 日本の昔ばなし) 1995年5月

キツネ(アラシ)
父をりょう銃でうたれ母にも死なれて独立した原野のキツネ 「きたぎつね嵐」 志茂田景樹作;早瀬賢絵 KIBA BOOk 2002年9月

きつね

きつね(いちろう)
ゆきのやまをそりですべるのがこわくてできないこぎつね 「だんだんやまのそりすべり」 あまんきみこ作;西村繁男絵 福音館書店(日本傑作絵本シリーズ) 2002年11月

きつね(おさんぎつね)
ある秋の夜に子どもがやまいにくるしんでいるのでわかい女にばけて村のお医者のずいとん先生をよびにきたきつね 「ずいとん先生と化けの玉」 那須正幹文;長谷川義史絵 童心社(絵本・だいすきおはなし) 2003年12月

きつね(おとぼけぎつね)
まちへかいものにいってゆうえんちのジェット・コースターにのってみておとぼけ山にゆうえんちをつくったきつね 「おとぼけ山のジェット・コースター」 木暮正夫作;おぼまこと絵 佼成出版社 1987年10月

きつね(カンペ)
おてらのこんぞにだまされてたからもののほうしゅのたまをとられたごじょうがわらのきつね 「カンペぎつねのたからもの」 渡辺節子文;赤坂三好絵 フレーベル館(むかしむかしばなし5) 1989年2月

きつね(キイコ)
もりへあそびにでかけたおにいちゃんのダイダイがうらやましくてそっとあとをおったいもうとのこぎつね 「こぎつねダイダイのおはなし ゆきゆきどんどん」 西内ミナミ作;和歌山静子絵 ポプラ社(絵本の時間22) 2003年2月

きつね(キク)
かあさんきつねとすんでいる山のふもとのみちを学校にかようじぶんとおなじなまえの一年生の女の子がすきなこぎつね 「キクときくちゃん」 松野正子文;広野多珂子絵 童心社(絵本・こどものひろば) 1995年11月

きつね(きっこ)
ゆきのひにいたちのちいとにいとそりあそびにでかけたきつね 「おおさむこさむ」 こいでやすこ作 福音館書店(こどものとも傑作集) 2005年10月

きつね(キッコ)
あめふりのひこどもたちがかさをさしてようちえんにいくのをみてあかいかさがほしくなったこぎつね 「こぎつねキッコ あめふりのまき」 松野正子文;梶山俊夫絵 童心社(キッコシリーズ) 1993年6月

きつね(キッコ)
やまのようちえんのこどもたちのえんそくについていったこぎつね 「こぎつねキッコ えんそくのまき」 松野正子文;梶山俊夫絵 童心社(キッコシリーズ) 1988年4月

きつね(キッコ)
やまのようちえんのうんどうかいにかあさんぎつねにおんぶしていったこぎつね 「こぎつねキッコ うんどうかいのまき」 松野正子文;梶山俊夫絵 童心社(キッコシリーズ) 1989年7月

きつね(キッコ)
かあさんとやまでくらしていたきつねのおんなのこ 「こぎつねキッコ」 本間正樹文;みやもとただお絵 佼成出版社(しつけ絵本シリーズ3) 2004年9月

きつね(きんた)
お父さんもお母さんもいないひとりぼっちのきんいろきつね 「きつねのきんた」 かこさとし作;いもとようこ絵 金の星社(大人になっても忘れたくない いもとようこ名作絵本) 2005年12月

きつね(きんた)
おとうさんもおかあさんもいないひとりぼっちのきんいろきつね 「きんいろきつねのきんた
ちゃん」 かこさとし作 ブッキング 2005年12月

きつね(くずのは)
もりのなかでらんぼうものからたすけてくれたわかもののうちにむすめのすがたになってた
ずねてきておよめさんになったきつね 「しのだの くずのは」 矢部美智代文;和歌山静子
絵 世界文化社(母の日に読む絵本) 1988年5月

きつね(グルル)
うさぎのモモッチのおともだちでマイペースなきつねのおとこのこ 「たんじょうびのおきゃくさ
ま」 松岡節作;いもとようこ絵 ひかりのくに 2002年10月

きつね(けん)
うちにまちがってとどいたにもつにかいてある「くまぞうさん」をさがしになかまたちとでかけた
きつね 「くまぞうさあ～ん」 たかはしとおる文・絵 ぎょうせい(そうさくえほん館16) 1992年
9月

きつね(こうきち)
ほうらいじ山のふもとの村はずれにあったおじいさんとおばあさんのやどにおかあさんととま
りにきたきつねのぼうや 「ことしさいごのおきゃくさま-ほうらい寺のおはなし4」 なつめりち
こ作;なぐらなちこ絵 評論社(児童図書館・絵本の部屋-手づくり絵本の本棚) 1989年12
月

きつね(こうた)
にんげんのこどもにばけておもちゃやのごんじいといっしょにむらのおまつりにいったきつ
ねのこ 「きつねをつれてむらまつり」 こわせたまみ作;二俣英五郎絵 教育画劇(スピカみ
んなのえほん10) 1990年6月

きつね(ごろったぎつね)
いつももっくりやまにかわったものをもちこんできてはさわぎをおこすいたずらぎつね 「もっ
くりやまのごろったぎつね」 征矢清作;小沢良吉絵 小峰書店 2002年3月

きつね(ゴロベ)
やまおくのおじぞうさんがたっているはらっぱにやってきたいじわるぎつね 「きつねはらっ
ぱの おじぞうさん」 清水達也作;石倉欣二絵 佼成出版社 1987年11月

きつね(コーン)
もりのみんながクリスマス・プレゼントになにをおねがいしたかしりたくてみてまわったきつね
のこ 「クリスマスに ほしいもの」 星野はしる作;入山さとし絵 ひさかたチャイルド 2001年
10月

きつね(こん)
みんなにしんせつにしてあげてもよろこんでもらえないきつね 「あしたはてんき」 小春久一
郎作;杉浦範茂絵 ひかりのくに(ひかりのくに傑作絵本集22) 2003年2月

きつね(こん)
こぶたのぶうのつりざおをつかおうとしたこぎつね 「ぶうとこんのさかなつり」 吉本宗作・絵
PHP研究所(PHPわたしのえほんシリーズ) 1997年9月

きつね(こん)
おばあちゃんにあかちゃんのおもりをたのまれてさきゅうまちからきたきつねのぬいぐるみ
「こんとあき」 林明子作 福音館書店(日本傑作絵本シリーズ) 1989年6月

きつね

きつね（ごん）
山の中にひとりぼっちですんでいてあたりの村へ出てきていたずらばかりした小ぎつね 「ごんぎつね」 新美南吉作；いもとようこ絵　金の星社（大人になっても忘れたくない いもとようこ名作絵本） 2005年5月

きつね（ごん）
山の中にひとりぼっちで住んでいてあたりの村へ出てきていたずらばかりした小ぎつね 「ごんぎつね」 新美南吉作；遠藤てるよ絵　大日本図書（絵本・新美南吉の世界） 2005年2月

きつね（ごん）
山の中にひとりぼっちですんでいてあたりの村へ出てきていたずらばかりした小ぎつね 「えほん ごんぎつね」 新美南吉文；金沢佑光絵　ささら書房 1987年6月

きつね（コンキチくん）
やまのふもとのようちえんにおとこのこにばけてやってきたきつねさん 「きつねさんがあそびにきた」 なかのひろたか作；二俣英五郎絵　PHP研究所（PHPにこにこえほん） 1994年8月

きつね（こんくん）
こぎつねたちがばけかたのけいこをするがっこうににゅうがくしたばかりでまだじょうずにばけることができないせいと 「ぴょーんととんでくるくるりん」 織茂恭子作・絵　教育画劇（スピカのおはなしえほん37） 1988年6月

きつね（コンくん）
うさぎのモコのなかよしのきつねのこ 「とっくたっく とっくたっく」 神沢利子作；渡辺洋二絵　新日本出版社（うさぎのモコのおはなし2） 1993年4月

きつね（こんこ）
てっぽううちがへたなりょうしのこぶたのぶうたをすきになったきつねのおんなのこ 「きつねのたんこぶ」 小沢正作；井上洋介絵　鈴木出版 1992年9月

きつね（コンコンマン）
どんぐりむらのたぬきのドロンマンとかぼちゃをたかくつみあげるきょうそうをしたどんぐりむらのきつね 「ドロンマン2 かぼちゃたいけつのまき」 古内ヨシ作　小学館 2000年8月

きつね（紺三郎）　きつね（こんざぶろう）
村の子どもの四郎とかん子の兄妹をきつねの学校の幻灯会にまねいた森の子ぎつね 「雪わたり」 宮沢賢治作；いもとようこ絵　金の星社（大人になっても忘れたくない いもとようこ名作絵本） 2005年11月

きつね（紺三郎）　きつね（こんざぶろう）
白い小さなきつねの子 「雪わたり」 宮沢賢治作；いもとようこ絵　白泉社 2003年11月

狐（紺三郎）　きつね（こんざぶろう）
白い小さな狐の子 「雪渡り」 宮沢賢治作；たかしたかこ絵　偕成社（日本の童話名作選） 1990年6月

きつね（コンソメ）
カンタラむらにすんでいるこぶたのコンブータのともだちのこぎつね 「コンブーターみみだけぞうになる」 加藤圭子文；いしいじゅね絵　けやき書房（けやきの絵本） 2002年3月

きつね（こんた）
ぽんこつやまのきつね 「おへそがえる・ごん―ぽんこつやまのぽんたとこんたの巻」 赤羽末吉作・絵　小学館（ちひろ美術館コレクション絵本4） 2001年3月

きつね（こんた）
山かじをけそうとしょうぼうしゃにばけたちびっこのこぎつね「きつねのしょうぼうしゃ」しぶやいさお文；みやもとただお絵　にっけん教育出版社　1998年4月

きつね（こんた）
ゆきのふるばんにんげんのこどものようにプレゼントがほしくてくつしたにばけたきつねのこ「きつねいろの くつした」こわせたまみ作；いもとようこ絵　ひかりのくに　1996年12月

きつね（こんたくん）
おかあさんのおつかいでろばさんたちのところへおはなをとどけにでかけたきつねのこ「こんたくんの えーと えーと」香山美子作；末崎茂樹絵　すずき出版；金の星社（こどものくに傑作絵本）　1995年5月

きつね（コンタとコンコ）
やまおくのおじぞうさんがたっていたはらっぱであそんでいたなかよしぎつね「きつねはらっぱの おじぞうさん」清水達也作；石倉欣二絵　佼成出版社　1987年11月

きつね（コンタン）
うさぎのみみこちゃんにあこがれるきつね「コンタンと みみこちゃん」鈴木ひろ子作；岩本康之亮絵　ひさかたチャイルド　1987年2月

きつね（コンちゃん）
くりくりやまのくりのきのねもとのあなにすんでいたきつねのこ「そっくりのくりのき」やなせたかし作・絵　フレーベル館（やなせたかしの愛と勇気の絵本1）　1999年5月

きつね（しちどぎつね）
むらでひょうばんのしちどぎつねというあだなの一どやられると七かいしかえしをするというきつね「しちどぎつね」岩崎京子文；二俣英五郎画　教育画劇（日本の民話えほん）　2003年6月

きつね（じろろっぷ）
ざっくざっくのおちばのやまでうまれそだったとてもよくばりなきつね「よくばりぎつねのじろろっぷ」おのりえん作；たるいしまこ絵　福音館書店（日本傑作絵本シリーズ）　1997年5月

きつね（ぜいあん）
おさない日々をともにすごした若君のいるという寺へわかいぼうさまに化けていっしんにかけていった白ぎつね「きつねのぼうさま」松谷みよ子文；宮本忠夫絵　ポプラ社（えほんはともだち54）　1999年10月

きつね（ダイダイ）
ゆきがふったあくるあさいつものようにもりへあそびにでかけたこぎつね「こぎつねダイダイのおはなし ゆきゆきどんどん」西内ミナミ作；和歌山静子絵　ポプラ社（絵本の時間22）　2003年2月

きつね（タック）
くすくすもりのおまつりでなかまたちとするげきをやめてしまったいじっぱりのきつね「いじっぱりタックのほんとう？ぼくがいちばんなの？」あべはじめ作・絵　くもん出版（くすくすもりのなかまたち3）　1992年4月

きつね（たろうとじろう）
いたずらこぶたのぶうぶのなかよしのこぎつねきょうだい「こぶたのぶうぶは こぶたのぶうぶ」あまんきみこ文；福田岩緒絵　童心社　1987年3月

きつね

きつね(つねきち)
けがをしたごんべえさんのためににじにばけたきつね 「にじのきつね」 さくらともこ作;島田コージ絵 ポプラ社(えほんとなかよし9) 1991年7月

きつね(つねこ)
きつねがばけたたっきゅうびんやさんのばけかたみならい 「うみねこいわてのたっきゅうびん」 関根榮一文;横溝英一絵 小峰書店(のりものえほん) 1990年10月

狐(ツネ子) きつね(つねこ)
ある夜更けに山んどの一軒屋の仕立屋のおばあさんを訪ねてきて花嫁衣裳を仕立ててほしいと頼んだ母娘の狐の娘の狐 「狐の振袖」 山本ふさこ文;ワイルズー美絵 アスラン書房 2005年11月

きつね(ひげはち)
まちへおりてケーキやパイづくりのべんきょうをしてのんびりやまにもどっておかしのみせをひらいたきつね 「のんびりやまのひげはちぎつね」 木暮正夫作;柿本幸造絵 教育画劇(スピカのおはなしえほん31) 1987年10月

きつね(伏見 コン助) きつね(ふしみ・こんすけ)
妖術つかい鬼面法師につづみにかえられたおとうはんをさがすため人形づくりの名人に化けてお城にやってきたきつねの子 「あっぱれ！コン助」 藤川智子作・絵 講談社(講談社の創作絵本) 2005年4月

きつね(ブン)
おぼれているこびとのおじいさんをたすけたおれいにすてきなまほうをもらったしっぽじまんのきつね 「ブンの はなしっぽ」 南里たい子作;水野二郎絵 ひさかたチャイルド 1987年1月

きつね(ぺっこん)
おなかがぺこぺこなのでおさらにばけたこぎつね 「はらぺこぺっこん」 織茂恭子作 あかね書房(あかね創作えほん35) 1995年3月

きつね(へらこいぎつね)
むかしごんべえだぬきとばけくらべをしたきつね 「ばけくらべ」 松谷みよ子作;瀬川康男絵 福音館書店(こどものとも傑作集) 1989年9月

きつね(ヘレン)
車にはねられて目も耳も不自由になった子ぎつね 「子ぎつねヘレンの10のおくりもの」 いまいまさこ作;田中伸介画 文芸社 2006年3月

きつね(ラン)
まほうつかいのジョジョさんのつくるスープをのみにやってくるきつねのこ 「まほうよりもすごいもの」 さえぐさひろこ作;狩野富貴子絵 金の星社(新しいえほん) 2002年7月

きつねくん
みんなのこころのこえがきこえるこころはっぱのきがだいすきなきつねくん 「こころはっぱ」 やすいすえこ作;黒井健絵 佼成出版社 2003年6月

きつねくん
ふゆのはじめにたったひとりであたらしいいえにひっこしてきてみんなにクリスマス・カードをおくったきつねくん 「1ねんでいちばんうれしい夜」 岡本颯子作・絵 ポプラ社(えほんはともだち4) 1989年11月

きつねさん
やねにのぼってペンキぬりをしたやさしむらのきつねさん 「やさしむらのはやがってん」 土屋富士夫文・絵 女子パウロ会 2005年10月

きつねさん
あるひどこからかとても大きなプレゼントのはこがとどいたどうぶつたちのなかのきつねさん 「すてきなプレゼント」 またのあつこ作・絵 文渓堂 2004年11月

きつねさん
こんなつかれるしごとはもういやだとおもっていたコックさんのきつね 「かえってきたゆうれいコックさん」 正岡慧子文;篠崎三朗絵 PHP研究所(PHPにこにこえほん) 2003年6月

きつねさん
ゆきがふったりやんだりするひにクッキーをもってろばさんのいえにいったきつねさん 「ちょうど そのころ ろばさんは？」 香山美子作、夏目尚吾絵 鈴木出版(チューリップえほんシリーズ) 2001年10月

きつねさん
うさぎさんのとなりのいえにひっこしてきたきつねさん 「くまさんじゃなくてきつねさん」 戸田和代作;三井小夜子絵 鈴木出版(ひまわりえほんシリーズ) 1997年9月

きつねさん
とってもとってもいいところをみつけてきょうはそこでほんをよむつもりのきつねさん 「とっても とっても いいところ」 香山美子作;末崎茂樹絵 金の星社(こどものくに傑作絵本) 1994年5月

きつねさん
くまさんといっしょにみつばちのすをさがしたきつねさん 「はちみつ だいすき(くまさんときつねさんの絵本)」 なかのひろたか作;二俣英五郎絵 童心社 1991年2月

きつねどん
おおかみにたべられそうになっておおかみをせいぎのみかたにしたきつねどん 「おおかみかめんときつねどん」 のぶみ絵・文 教育画劇 2005年1月

きつねどん
くまどんととってもなかよしのきつねどん 「くまどんときつねどん」 さくらともこ作;にしうちとしお絵 PHP研究所(PHPわたしのえほんシリーズ) 2000年6月

きつねどん
なにかおいしいものがたべたくてまちにでかけていったきつねどん 「まちへいったきつねどん」 さとうわきこ作・絵 フレーベル館(ペーパーバックえほん2) 2002年1月

きつねどん
クリスマス・イブにもりのおばあさんのちいさないえにうさぎちゃんとくまくんと三びきでやってきたきつねどん 「おばあさんの メリークリスマス」 もりやまみやこ作;つちだよしはる絵 国土社(そよかぜ絵本シリーズ1) 1990年10月

きつねのおめん
ネコのタマにかぶせたとたんタマのからだをもらってわるさをはじめたふるいきつねのおめん 「まてまて！きつねのおめん」 しらかたみお作・絵 新風舎 2006年1月

きつねのこ
みずがほしいといってかばのなんでもやにやってきたきつねのこ 「うみ を みた」 佐野洋子作;広瀬弦絵 リブロポート(かばのなんでもや5) 1991年4月

きつね

きつねはかせ
はしるのがおそくてまだいちどもぶたをつかまえたことがないおおかみにはつめいしたぶたのたねをくれたきつねのはかせ 「ぶたのたね」 佐々木マキ作 絵本館 1989年10月

キティちゃん
サンタおじいさんのためにクッキーをつくったふたごのおんなの子の一人 「サンタさんへのおくりもの」 ひろせまさよ文・絵 サンリオ 1989年11月

キヌちゃん
花代おばさんが子どものときにいっしょに集団疎開にいっていた女の子 「お手玉いくつ」 長崎源之助作;山中冬児絵 教育画劇(みんなのえほん) 1996年12月

きのこ
いきたいところへいけるふしぎなテーブルにのっていぬのイワンとそらをとんだおんなのこ 「そらとぶテーブル」 佐々木マキ作 福音館書店(日本傑作絵本シリーズ) 2002年9月

きのこママ
きのこのじゅっつごちゃんのママ 「ドーナッツちゃんとモンブラリン」 つつみあれい作 小峰書店(世界の絵本コレクション) 2002年6月

キバーラ
なつやすみにふるさとのかいじゅうじまにかえってきたかいじゅう 「かいじゅうじまのなつやすみ」 風木一人作;早川純子絵 ポプラ社(絵本カーニバル10) 2006年7月

キフちゃん
おとうさんといっしょに川へさかなつりに出かけた女の子 「川はたまげたことだらけ」 田島征三著 学習研究社 1997年10月

ぎへいさん
かっぱからてがみをあずかったりょうし 「かっぱのてがみ」 さねとうあきら文;かたやまけん画 教育画劇(日本の民話えほん) 1998年8月

キーボデー
モントン村の西にある丘にポツンと一軒建っていた《人殺しの家》に住んでいた人殺し3人兄弟のひとり 「丘の上の人殺しの家」 別役実作;スズキコージ画 ブッキング 2005年9月

きみこ
まいにちかあさんとじてんしゃでほいくえんにかようおんなのこ 「かあさんとじてんしゃにのって」 長谷川知子文・絵 新日本出版社 2004年1月

きみちゃん
ひろしまのまちに原爆がおちた日に伸ちゃんとふたりいっしょにしんだなかよしの女の子 「伸ちゃんのさんりんしゃ」 児玉辰春作;おぼまこと絵 童心社 1992年6月

公麻呂　きみまろ
奈良の都に日本一の大仏をつくることにした天子さまから仏師さがしをたのまれたおとこがさがしあてたこどものようなわかもの 「こがねの仏鉢」 西本鶏介作;清水耕蔵絵 佼成出版社 1993年7月

木村さん　きむらさん
介助犬のシンちゃんがおてつだいをしている体のふじゆうな人 「ありがとうシンシア 介助犬シンちゃんのおはなし」 小田哲明写真;山本由花文;太田朋絵 講談社(どうぶつノンフィクションえほん) 1999年6月

きむら ようこ（よっこ）
生まれてすぐに脳性小児麻痺という病気にかかってしまい小学校へ入学できなくてお勉強はお母さんからぜんぶ教えてもらうことになった女の子 「おかあさん先生」 竹村陽子作；じゅうりかおり絵　メリー出版　1998年10月

鬼面法師　きめんほうし
伏見コン助のおとうはんの九尾のきつねをつづみにかえてお城のとのさまにおさめた妖術つかい 「あっぱれ！コン助」 藤川智子作・絵　講談社（講談社の創作絵本）　2005年4月

ギャバンじいさん
山のかりうど 「ギャバンじいさん」 舟崎克彦作；井上洋介絵　パロル舎　2006年10月

キャベツ
あそびにきたこどもたちをはっぱにまきこんだキャベツばたけのおおきなキャベツ 「おおきなキャベツ」 岡信子作；中村景児絵　金の星社（新しいえほん）　2001年11月

キャベツおうじ
はたけのむこうのうみへかいすいよくにいったやさいのくにのおうじ 「やさいのかいいすいよくおおさわぎ」 さくらともこ作；吉村司絵　PHP研究所（PHPわたしのえほんシリーズ）　1989年7月

キャベツおうじ
やさいばたけのまんなかにあるやさいのくにのちいさなおしろでくらすおうじ 「やさいのパーティーおおさわぎ」 さくらともこ作；吉村司絵　PHP研究所（PHPわたしのえほんシリーズ）　1988年7月

キャベツくん
あるいていてブタがまるごとトンカツにされたおおきなトンカツにあったキャベツのおとこのこ 「つきよのキャベツくん」 長新太作　文研出版（えほんのもり）　2003年8月

キャベツくん
やさいたちのなかでとなりむらであるやさいコンテストにでることにしたキャベツくん 「キャベツくんの おもいで」 村上純子作；童きみか絵　フレーベル館（げんきわくわくえほん）　1996年5月

キャベツくん
ブタヤマさんといっしょに「おいしいものがありますよー」とてまねきする大きなネコたちについていったキャベツのおとこのこ 「キャベツくんのにちようび」 長新太作　文研出版（えほんのもり21）　1992年5月

キャベツくん
やまのなかのたかいつりばしのうえでしたのかわからかおをだしたおおきなサカナにたべられそうになったキャベツのおとこのこ 「キャベツくんとブタヤマさん」 長新太作　文研出版（えほんのもり17）　1990年7月

キャラコ
みけねこのおんなのこ 「みけねこキャラコ」 土井香弥作・絵　偕成社　1998年11月

キャロ
マオの森の百年にいちどのまつりのために虹のほのおをさがすやくめになったネコのブリがつれていくことにしたあまえんぼうのウサギ 「ブリと虹のほのお 猫の森のブリ」 阿部行夫作・絵　文渓堂　2004年12月

キャロライン
お野菜ステーションのとっても甘いにんじん娘「お野菜戦争」デハラユキノリ作　長崎出版　2006年7月

キャンドルちゃん
アンパンマンのなかま、あたまにもえるローソクのぼうしをかぶったおんなのこ「アンパンマンのクリスマス・イブ」やなせたかし作・絵　フレーベル館　2004年11月

キュウ
いじわるでいたずらでもりのこまりもののコヨーテ「いたずらコヨーテ キュウ」どいかや作　BL出版　1999年1月

キュウ
はたけですいかをつくってかっぱむらのみんなにごちそうしたかっぱ「かっぱのすいか」三輪映子作・絵　福武書店　1989年8月

九助　きゅうすけ
大金もちのだんなさんにはつゆめをかってやるといわれてもはなさなかったこぞうさん「はつゆめはひみつ」谷真介文;赤坂三好絵　佼成出版社(行事むかしむかし一月 初夢のはなし)　1991年1月

ぎゅうにゅうやのおばさん
いつもとびきりおいしいぎゅうにゅうをしぼってくれるまきばのぎゅうにゅうやのおばさん「うしさん おっぱい しぼりましょ」穂高順也作;竹内通雅絵　ポプラ社(絵本のおもちゃばこ17)　2006年2月

久平さん(たのきゅう)　きゅうべいさん(たのきゅう)
阿波の田能村めざして旅にでて夜の山でうわばみにでられた芝居のとくいな人「たのきゅう」川端誠作　クレヨンハウス(落語絵本シリーズ7)　2003年6月

きゅうりくん
きゅうりのきらいなれいちゃんのおかあさんにスーパーでかわれたきゅうり「やさいのおしゃべり」泉なほ作;いもとようこ絵　金の星社　2005年5月

きゅうりさん
かわをながれてきたくつのふねにのったきゅうり「きゅうりさんととまとさんとたまごさん」松谷みよ子文;ひらやまえいぞう絵　童心社(あかちゃんのおいしい本)　1999年10月

きゅうりさん
そっちへいったらねずみがでるからあぶないきゅうりさん「きゅうりさんあぶないよ」スズキコージ作　福音館書店(幼児絵本シリーズ)　1998年11月

きゅうりじじい
かっぱのかっぺいがとばされていったそらのうえのはたけでおおきなきゅうりをつくっていたおじいさん「かっぱのかっぺいとおおきなきゅうり」田中友佳子作・絵　徳間書店　2006年6月

きょうだい
えきのひろばでかあさんから「ここでまっててね」といわれたおねえちゃんとおとうとのふたりのきょうだい「ここでまっててね」牧島敏乃作・絵　佼成出版社(創作絵本シリーズ)　1989年9月

兄弟　きょうだい
とうちゃんが新しい現場にうつるのでひっこしがきまったひとところにすみつくことのできない兄弟「ぼくの町」岡田ゆたか作・絵　ポプラ社(名作絵本復刊シリーズ3)　2002年1月

兄弟　きょうだい
夏のとうげみちをみちくさしながらのぼっていく3人兄弟の男の子たち「カッコー　すず風　とうげみち」梅田俊作;梅田佳子作・絵　岩崎書店(絵本の泉4) 1995年8月

兄弟　きょうだい
北国でりんご畑をやっている農家のおにいちゃんと「ぼく」と妹の三人兄弟「りんご畑の九月」後藤竜二文;長谷川知子絵　新日本出版社　1995年12月

兄弟　きょうだい
北国でりんご畑をやっている農家のおにいちゃんと「ぼく」と妹の三人兄弟「りんごの花」後藤竜二文;長谷川知子絵　新日本出版社　1993年12月

きょうりゅう
「ぼく」といっしょにずーっとむかしになくしたまいごのたまごをさがしにでかけたきょうりゅう「きょうりゅうのたまご」なかがわちひろ作・絵　徳間書店　2000年4月

きょうりゅう
ラーメンやさんをつくったきょうりゅうのおやこ「きょうりゅうのラーメン」しばはらち作・絵　教育画劇(ユーモアえほん) 1995年9月

きょうりゅう
夏のしずかな夜にひとりで公園にいた「ぼく」の目のまえにあらわれた首のながいきょうりゅう「ぼくのきょうりゅう」しらとりあき子作・絵　講談社　1991年5月

きょうりゅう
ひろいさばくのまんなかのすなのなかでもう1おくねんもねむったままの1とうのきょうりゅう「さばくのきょうりゅう」康禹鉉絵;田島伸二文　講談社　1988年8月

きょうりゅう
あかちゃんがうまれたきょうりゅう「うまれるようまれるよ」かさいまり絵;うしろよしあき文　アリス館(きょうりゅうのあかちゃん1) 2006年5月

恐竜　きょうりゅう
スペースシャトル打ち上げの轟音にびっくりしてながーい眠りから目をさました地底の恐竜たち「こんな恐竜知ってる?」大垣有紀恵作・絵　汐文社　1996年3月

きょうりゅう(アパトザウルス)
地めんの底にアパートをつくって人間にもしょうかいするしごとをやっていたきょうりゅう「アパトザウルスにまかせなさい」舟崎克彦作;スズキコージ絵　くもん出版(きょうりゅうがやってきた5) 1991年4月

きょうりゅう(アロッピー)
くいしんぼうのきょうりゅうステゴッチーとともだちになったきょうりゅうアロサウルスのおんなのこ「くいしんぼうのステゴッチー」間所ひさこ作;秋里信子絵;冨田幸光監修　教育画劇(きょうりゅうだいすき！) 1999年9月

きょうりゅう(アンキロ)
きょうりゅうのこどもトプスのともだちのきょうりゅう「きょうりゅうトプスのだいぼうけん」にしかわおさむ文・絵　教育画劇(みんなのえほん) 1998年5月

きょうりゅう(エドモンかあさん)
たまごのときにまいごになったきょうりゅうティラノサウルスのぼうやをそだてたエドモントサウルスのおかあさん「まいごのたまごはだれだろうな」山脇恭作;藤本四郎絵;冨田幸光監修　教育画劇(きょうりゅうだいすき！) 1999年7月

きょうりゅう（エラスモサウルス）
うみにしずんだティラノサウルスをたすけてあげたやさしいうみのきょうりゅう「きみはほんとうにステキだね」宮西達也作・絵　ポプラ社（絵本の時間41）2004年9月

きょうりゅう（エラスモサウルス）
よくりゅうプテラノドンのこどもたち三きょうだいのようにそらをとびたいとおもっていたくびながりゅうのきょうりゅうのこども「そらをとびたいエラスモサウルス」木暮正夫作；赤坂三好絵；冨田幸光監修　教育画劇（きょうりゅうだいすき！）1999年9月

きょうりゅう（クー）
パゴパゴとうのうみでようすけがみつけたプレシオザウルスのあかちゃん「きょうりゅうぼうやCoo（クー）」立原えりか文；松井しのぶ絵　角川書店（角川の絵本）1993年11月

きょうりゅう（ステゴザウルス）
ずっとたまごのまんまでねむっててかあさんをさがしに地面の下からでてきたまいごのきょうりゅう「ステゴザウルスはまいごです」舟崎克彦作；スズキコージ絵　くもん出版（きょうりゅうがやってきた2）1991年6月

きょうりゅう（ステゴッチー）
きょうりゅうステゴサウルスのくいしんぼうのおとこのこ「くいしんぼうのステゴッチー」間所ひさこ作；秋里信子絵；冨田幸光監修　教育画劇（きょうりゅうだいすき！）1999年9月

恐竜（ステゴぼうや）　きょうりゅう（すてごぼうや）
ジュラ紀クレーターにいる恐竜ステゴサウルスのこども「恐竜トリケラトプスのジュラ紀めいろ」黒川みつひろ作・絵　小峰書店（たたかう恐竜たち 別巻）2005年11月

恐竜（ステゴぼうや）　きょうりゅう（すてごぼうや）
ジュラ紀の森でママとはぐれた恐竜ステゴサウルスのこども「恐竜 トリケラトプスジュラ紀にいく 驚異のジュラ紀で大活躍の巻」黒川みつひろ作・絵　小峰書店（恐竜の大陸）1997年6月

恐竜（ステゴぼうや）　きょうりゅう（すとごぼうや）
ジュラ紀クレーターにいる恐竜ステゴサウルスのこども「恐竜トリケラトプスとアロサウルス－再びジュラ紀へ行く巻」黒川みつひろ作・絵　小峰書店（たたかう恐竜たち）2003年7月

きょうりゅう（ちびっこザウルス）
やぶのなかにあったおおきなたまごからでてきたきょうりゅう「くいしんぼうのちびっこザウルス」さくらともこ作；川野隆司絵　ポプラ社（えほんとなかよし21）1993年7月

きょうりゅう（ティラノサウルス）
うみにしずんだときにたすけてくれたエラスモサウルスとともだちになったティラノサウルス「きみはほんとうにステキだね」宮西達也作・絵　ポプラ社（絵本の時間41）2004年9月

きょうりゅう（ティラノサウルス）
けがをしてきょうりゅうプテラノドンのこにたすけてもらったあばれんぼうのティラノサウルス「おれはティラノサウルスだ」宮西達也作・絵　ポプラ社（絵本の時間36）2004年1月

きょうりゅう（ティラノサウルス）
マイアサウラのおかあさんにそだてられたティラノサウルスのこどものハートがはやしであったティラノサウルスのおじさん「あなたをずっとずっとあいしてる」宮西達也作・絵　ポプラ社（絵本の時間44）2006年1月

きょうりゅう（ティラノサウルス）
ひとりぼっちであるいていたアンキロサウルスのあかちゃんにとびかかろうとしたティラノサウルス「おまえうまそうだな」宮西達也作・絵　ポプラ社（ポプラ社のよみきかせ大型絵本）2006年4月；ポプラ社（絵本の時間23）2003年3月

きょうりゅう（ティラノサウルス）
としをとってしっぽをかまれるけがをしたときにトリケラトプスのこどもにあったティラノサウルス「ぼくにもそのあいをください」宮西達也作・絵　ポプラ社（絵本の時間）2006年10月

恐竜（ティラノ大王）　きょうりゅう（てぃらのだいおう）
新天地にやってきた巨大な恐竜ティラノサウルスのティラノ軍団をひきいる大王「恐竜トリケラトプスと恐怖の大王　ティラノ軍団とたたかう巻」黒川みつひろ作・絵　小峰書店（たたかう恐竜たち）2002年3月

恐竜（ティラン）　きょうりゅう（てぃらん）
今から6500万年前のアメリカ大陸で生活していた肉食恐竜ティラノサウルスの家族のやんちゃな男の子「ティラノサウルス物語」五来徹絵・文　新風舎　2003年8月

きょうりゅう（トプス）
きょうりゅうのトリケラトプスのこども「きょうりゅうトプスのだいぼうけん」にしかわおさむ文・絵　教育画劇（みんなのえほん）1998年5月

きょうりゅう（トリケ）
くさがだいすきなきょうりゅうトリケラトプスのきょうだいのやさしいおにいちゃん「なかよしきょうだいトリケとトリプ」こわせたまみ作；伊東章夫絵；冨田幸光監修　教育画劇（きょうりゅうだいすき！）1999年8月

きょうりゅう（トリケラトプス）
としをとったティラノサウルスにあってきずついたしっぽをさすってあげたトリケラトプスのこども「ぼくにもそのあいをください」宮西達也作・絵　ポプラ社（絵本の時間）2006年10月

きょうりゅう（トリプ）
くさがだいすきなきょうりゅうトリケラトプスのきょうだいのやんちゃなちいさいおとうと「なかよしきょうだいトリケとトリプ」こわせたまみ作；伊東章夫絵；冨田幸光監修　教育画劇（きょうりゅうだいすき！）1999年8月

きょうりゅう（ハート）
こころのやさしいマイアサウラのおかあさんにひろわれてそだてられたたまごからうまれたティラノサウルスのこども「あなたをずっとずっとあいしてる」宮西達也作・絵　ポプラ社（絵本の時間44）2006年1月

きょうりゅう（ピコラザウルス）
ふかいおとしあなにおちて6500まんねんまえからずっとたすけをよんでいたきょうりゅう「ジロちゃんとピコラザウルス」やすいすえこ作；田中四郎絵　フレーベル館（ウルトラジロちゃんシリーズ41）1994年1月

恐竜（ビッグホーン）　きょうりゅう（びっぐほーん）
病気で動けなくなった草食恐竜ブラキオサウルスをたすけるためジュラ紀クレーターにきたトリケラトプスのリーダー「恐竜トリケラトプスのジュラ紀めいろ」黒川みつひろ作・絵　小峰書店（たたかう恐竜たち　別巻）2005年11月

恐竜（ビッグホーン）　きょうりゅう（びっぐほーん）
あたたかい南へ新天地をもとめて長い旅に出る恐竜トリケラトプスのリーダー「たたかえ恐竜トリケラトプス　旅立ち前夜の巻」黒川みつひろ作・絵　小峰書店（恐竜の大陸）1992年6月

きょう

恐竜（ビッグホーン）　きょうりゅう（びっぐほーん）
新天地をあとにしてジュラ紀クレーターへと旅だった恐竜トリケラトプスのリーダー「恐竜トリケラトプスとアロサウルス-再びジュラ紀へ行く巻」黒川みつひろ作・絵　小峰書店（たたかう恐竜たち）2003年7月

恐竜（ビッグホーン）　きょうりゅう（びっぐほーん）
冒険の旅をつづけたのちようやく新天地にたどりついたトリケラトプスのリーダー「恐竜トリケラトプスの大逆襲-再び肉食恐竜軍団とたたかう巻」黒川みつひろ作・絵　小峰書店（たたかう恐竜たち）2000年7月

恐竜（ビッグホーン）　きょうりゅう（びっぐほーん）
みどりゆたかな新天地をもとめて南へ長い旅をつづけている恐竜トリケラトプスのリーダー「恐竜 トリケラトプスの大決戦 肉食恐竜軍団と戦う巻」黒川みつひろ作・絵　小峰書店（恐竜の大陸）1998年3月

恐竜（ビッグホーン）　きょうりゅう（びっぐほーん）
みどりゆたかな新天地をもとめて南へ長い旅をつづけている恐竜トリケラトプスのリーダー「恐竜 トリケラトプスジュラ紀にいく 驚異のジュラ紀で大活躍の巻」黒川みつひろ作・絵　小峰書店（恐竜の大陸）1997年6月

恐竜（ビッグホーン）　きょうりゅう（びっぐほーん）
みどりゆたかな新天地をもとめて南へ長い旅をつづけている恐竜トリケラトプスのリーダー「恐竜トリケラトプスと巨大ガメ アーケロンの海岸の巻」黒川みつひろ作・絵　小峰書店（恐竜の大陸）1996年10月

恐竜（ビッグホーン）　きょうりゅう（びっぐほーん）
みどりゆたかな新天地をもとめて南へ長い旅をつづけている恐竜トリケラトプスのリーダー「恐竜トリケラトプスとティラノサウルス 最大の敵現れるの巻」黒川みつひろ作・絵　小峰書店（恐竜の大陸）1995年12月

恐竜（ビッグホーン）　きょうりゅう（びっぐほーん）
みどりゆたかな新天地をもとめて南へ長い旅をつづけている恐竜トリケラトプスのリーダー「恐竜トリケラトプスと巨大ワニ 危険な川を渡る巻」黒川みつひろ作・絵　小峰書店（恐竜の大陸）1993年6月

恐竜（ビッグホーン）　きょうりゅう（びっぐほーん）
冒険の旅をつづけて新天地にたどりついた恐竜トリケラトプスのリーダー「恐竜トリケラトプスと恐怖の大王 ティラノ軍団とたたかう巻」黒川みつひろ作・絵　小峰書店（たたかう恐竜たち）2002年3月

恐竜（ビッグホーン）　きょうりゅう（びっぐほーん）
冒険の旅をつづけたのちようやく新天地にたどりついた恐竜トリケラトプスのリーダー「恐竜トリケラトプスと大空の敵 プテラノドンとたたかう巻」黒川みつひろ作・絵　小峰書店（たたかう恐竜たち）2001年4月

きょうりゅう（プテラノドン）
けがをしたらんぼうもののきょうりゅうティラノサウルスをたすけてあげたプテラノドンのこ「おれはティラノサウルスだ」宮西達也作・絵　ポプラ社（絵本の時間36）2004年1月

きょうりょう（プテラノドン）
そらとぶタクシーをはじめたきょうりゅうのプテラノドン「ぷてらのタクシー」斉藤洋作；森田みちよ絵　講談社　1994年3月

恐竜(プレト)　きょうりゅう(ぷれと)
みどり豊かな新天地にすんでいた肉食恐竜ダスプレトサウルスのこども「恐竜トリケラトプスとひみつの湖 水生恐竜とたたかう巻」黒川みつひろ作・絵　小峰書店(たたかう恐竜たち)　2006年7月

きょうりゅう(ペペ)
おかあさんとおとうさんについてとおくのもりへたびをするきょうりゅうのこども「なかまとであう」ヒサクニヒコ作・絵　草炎社(きょうりゅうぺぺのぼうけん3)　2006年3月

きょうりゅう(ペペ)
7匹きょうだいのすえっこのきょうりゅうのあかちゃん「おなかがすいた」ヒサクニヒコ作・絵　草炎社(きょうりゅうぺぺのぼうけん1)　2006年1月

きょうりゅう(ペペ)
おかあさんにつれられてすからそとに出られるようになったきょうりゅうのこども「もりにでかける」ヒサクニヒコ作・絵　草炎社(きょうりゅうぺぺのぼうけん2)　2006年1月

きょうりゅう(ペペ)
おかあさんとおとうさんについてとおくのもりへたびをするきょうりゅうのこども「川をわたるペペ」ヒサクニヒコ作・絵　草炎社(きょうりゅうぺぺのぼうけん4)　2006年6月

きょうりゅう(ペペ)
川をわたってあたらしいもりについたきょうりゅうたちのリーダー「ペペがたたかう」ヒサクニヒコ作・絵　草炎社(きょうりゅうぺぺのぼうけん5)　2006年10月

きょうりゅう(ポドケザウルス)
ぼちの地下で水ばっかりのんでてふやけてしまいはか石をもちあげてあらわれたきょうりゅう「ポドケザウルスなんまいだ」舟崎克彦作;スズキコージ絵　くもん出版(きょうりゅうがやってきた3)　1991年10月

きょうりゅう(マメンチザウルス)
なかまがいるっていううわさをきいてマメ畑にやってきたきょうりゅう「マメンチザウルスはわたしんち」舟崎克彦作;スズキコージ絵　くもん出版(きょうりゅうがやってきた4)　1991年10月

恐竜(ミニホーン)　きょうりゅう(みにほーん)
恐竜トリケラトプスのリーダーのビッグホーンのむすめでリトルホーンのいもうと「恐竜トリケラトプスのジュラ紀めいろ」黒川みつひろ作・絵　小峰書店(たたかう恐竜たち 別巻)　2005年11月

恐竜(ミニホーン)　きょうりゅう(みにほーん)
恐竜トリケラトプスのリーダーのビッグホーンのむすめでリトルホーンのいもうと「恐竜トリケラトプスとアロサウルス－再びジュラ紀へ行く巻」黒川みつひろ作・絵　小峰書店(たたかう恐竜たち)　2003年7月

恐竜(ミニホーン)　きょうりゅう(みにほーん)
恐竜トリケラトプスのリーダーのビッグホーンのむすめでリトルホーンのいもうと「恐竜トリケラトプスの大逆襲－再び肉食恐竜軍団とたたかう巻」黒川みつひろ作・絵　小峰書店(たたかう恐竜たち)　2000年7月

恐竜(ミニホーン)　きょうりゅう(みにほーん)
恐竜トリケラトプスのリーダーのビッグホーンのむすめでリトルホーンのいもうと「恐竜トリケラトプスと大空の敵 プテラノドンとたたかう巻」黒川みつひろ作・絵　小峰書店(たたかう恐竜たち)　2001年4月

きょう

きょうりゅう（ムスサウルス）
たあくんのおもちゃのかいじゅうでとつぜん「ぼくはかいじゅうじゃない」としゃべりだしたきょうりゅうのこども 「ぼくのともだちきょうりゅうムスサウルス」 やすいすえこ作；篠崎三朗絵；冨田幸光監修 教育画劇（きょうりゅうだいすき！） 1999年9月

きょうりゅう（ライト）
こころのやさしいマイアサウラのおかあさんがひろったティラノサウルスのたまごといっしょにうまれたマイアサウラのこども 「あなたをずっとずっとあいしてる」 宮西達也作・絵 ポプラ社（絵本の時間44） 2006年1月

恐竜（リトルホーン） きょうりゅう（りとるほーん）
恐竜トリケラトプスのリーダーのビッグホーンのむすこ 「恐竜トリケラトプスのジュラ紀めいろ」 黒川みつひろ作・絵 小峰書店（たたかう恐竜たち 別巻） 2005年11月

恐竜（リトルホーン） きょうりゅう（りとるほーん）
みどり豊かな新天地にすんでいた恐竜トリケラトプスのこども 「恐竜トリケラトプスとひみつの湖 水生恐竜とたたかう巻」 黒川みつひろ作・絵 小峰書店（たたかう恐竜たち） 2006年7月

恐竜（リトルホーン） きょうりゅう（りとるほーん）
恐竜トリケラトプスのリーダーのビッグホーンのむすこ 「たたかえ恐竜トリケラトプス 旅立ち前夜の巻」 黒川みつひろ作・絵 小峰書店（恐竜の大陸） 1992年6月

恐竜（リトルホーン） きょうりゅう（りとるほーん）
恐竜トリケラトプスのリーダーのビッグホーンのむすこ 「恐竜トリケラトプスとアロサウルス－再びジュラ紀へ行く巻」 黒川みつひろ作・絵 小峰書店（たたかう恐竜たち） 2003年7月

恐竜（リトルホーン） きょうりゅう（りとるほーん）
恐竜トリケラトプスのリーダーのビッグホーンのむすこ 「恐竜トリケラトプスの大逆襲－再び肉食恐竜軍団とたたかう巻」 黒川みつひろ作・絵 小峰書店（たたかう恐竜たち） 2000年7月

恐竜（リトルホーン） きょうりゅう（りとるほーん）
恐竜トリケラトプスのリーダーのビッグホーンのむすこ 「恐竜 トリケラトプスの大決戦 肉食恐竜軍団と戦う巻」 黒川みつひろ作・絵 小峰書店（恐竜の大陸） 1998年3月

恐竜（リトルホーン） きょうりゅう（りとるほーん）
恐竜トリケラトプスのリーダーのビッグホーンのむすこ 「恐竜 トリケラトプスジュラ紀にいく 驚異のジュラ紀で大活躍の巻」 黒川みつひろ作・絵 小峰書店（恐竜の大陸） 1997年6月

恐竜（リトルホーン） きょうりゅう（りとるほーん）
恐竜トリケラトプスのリーダーのビッグホーンのむすこ 「恐竜トリケラトプスと巨大ガメ アーケロンの海岸の巻」 黒川みつひろ作・絵 小峰書店（恐竜の大陸） 1996年10月

恐竜（リトルホーン） きょうりゅう（りとるほーん）
恐竜トリケラトプスのリーダーのビッグホーンのむすこ 「恐竜トリケラトプスとティラノサウルス 最大の敵現れるの巻」 黒川みつひろ作・絵 小峰書店（恐竜の大陸） 1995年12月

恐竜（リトルホーン） きょうりゅう（りとるほーん）
恐竜トリケラトプスのリーダーのビッグホーンのむすこ 「恐竜トリケラトプスと巨大ワニ 危険な川を渡る巻」 黒川みつひろ作・絵 小峰書店（恐竜の大陸） 1993年6月

恐竜（リトルホーン） きょうりゅう（りとるほーん）
恐竜トリケラトプスのリーダーのビッグホーンのむすこ 「恐竜トリケラトプスと恐怖の大王 ティラノ軍団とたたかう巻」 黒川みつひろ作・絵 小峰書店（たたかう恐竜たち） 2002年3月

恐竜（リトルホーン）　きょうりゅう（りとるほーん）
恐竜トリケラトプスのリーダーのビッグホーンのむすこ「恐竜トリケラトプスと大空の敵 プテラノドンとたたかう巻」黒川みつひろ作・絵　小峰書店（たたかう恐竜たち）2001年4月

恐竜（リュータ）　きょうりゅう（りゅーた）
目立つことがとてもすきな恐竜ミエハリザウルスのこども「ミエハリザウルスのリュータ」そだふみこ作　汐文社　2001年8月

きょうりゅう（りんりん）
きょうりゅうのとうさんとかあさんにうまれたあかちゃん「なまえはなあに？」かさいまり文・絵　アリス館（きょうりゅうのあかちゃん2）2006年8月

きょうりゅう（レックスぼうや）
たまごのときにまいごになってきょうりゅうエドモントサウルスのおかあさんにそだてられたティラノサウルスのぼうや「まいごのたまごはだれだろうな」山脇恭作；藤本四郎絵；富田幸光監修　教育画劇（きょうりゅうだいすき！）1999年7月

キヨシ
じぶんちにもらわれてきたちいさくてチョビっとしているメスのこいぬにチョビコというなまえをつけたおとこのこ「おれんちのいぬ チョビコ」那須田淳文；渡辺洋二絵　小峰書店（絵童話・しぜんのいのち6）1994年9月

キラキラ
高い空のてっぺんにすんでいて空からぬけだしてとんでもっと近くにいって見たいほし「ゴックン ゴクリコ」やぎさとみ作；すぎもとかをり絵　太田出版　1989年6月

キララさん
おおきなおおきなやなぎのきのしたにあったやなぎむらにむしさんたちみんなとすんでいたかたつむり「きんいろあらし」カズコ・G.ストーン作　福音館書店（こどものとも傑作集）1998年11月

キララさん
おおきなおおきなやなぎのきのしたにあったやなぎむらにむしさんたちみんなとすんでいたかたつむり「ほたるホテル」カズコ・G.ストーン作　福音館書店（こどものとも傑作集）1998年10月

キララさん
おおきなおおきなやなぎのきのしたにあったやなぎむらにむしさんたちみんなとすんでいたかたつむり「ふわふわふとん」カズコ・G・ストーン作　福音館書店（こどものとも傑作集）1998年12月

きらり
みんなのねがいごとをかなえるためにまいばんそらをとびまわっていたちいさなながれぼし「ながれぼしきらり」すまいるママ著　ソニー・マガジンズ（にいるぶっくす）2004年6月

きりかぶ
きょうはたんじょうびだがなんさいになったのかわからないのでみんなにあたまのうえのわっかのかずをかぞえてもらったきりかぶ「きりかぶのたんじょうび」なかやみわ作　偕成社　2003年10月

きりかぶ
そばにさいたにくまれぐちばかりのたんぽぽとまいにちけんかをしていたきりかぶ「きりかぶのともだち」なかやみわ作　偕成社　2003年10月

きりか

きりかぶ
としをとってきられたいっぽんのきのきりかぶ 「きりかぶ」 なかやみわ作 偕成社 2003年10月

キリギリス(キリちゃん)
北国の小さな町にたったひとりネコとくらしているおじいさんとともだちになったキリギリス 「キリちゃん」 山村輝夫作 小学館 1992年8月

キリちゃん
北国の小さな町にたったひとりネコとくらしているおじいさんとともだちになったキリギリス 「キリちゃん」 山村輝夫作 小学館 1992年8月

桐壺の更衣　きりつぼのこうい
皇子・光源氏のおかあさん 「桐壺-「源氏物語」より」 畠中光享絵;石井睦美文 「京の絵本」刊行委員会 1999年10月

キリリ
うまれたばかりのいたずらっこのかまきりのこ 「いたずら かまきり キリリ」 得田之久作 童心社(とびだす虫のえほん) 2003年6月

キリン
りょうへいのほいくえんにおもちゃやのおじさんがとどけてくれたぬいぐるみのキリン 「おかえりなさい キリンさん」 遠藤邦夫作;近藤理恵絵 ポプラ社(絵本の時間19) 2002年12月

キリン
もりのなかでうまれてみんなとなかよくあそんでおおきくなってキリンらしくなったキリン 「あのころ」 ふくだすぐる作・絵 岩崎書店(えほん・ハートランド25) 1999年9月

きりん
あるなつの日なだらかなおかをかけあがってとおくのうみをみていたひとりぼっちのきりん 「ゆうひのしずく」 あまんきみこ文;しのとおすみこ絵 小峰書店 2005年7月

キリン(うみキリン)
ふかいうみにすんでいてあたまだけうみのうえにだしてたっているキリン 「うみキリン」 あきやまただし作・絵 金の星社 1996年10月

きりん(ジリーちゃん)
ちょうちょのあかちゃんのすきなハートのはっぱをたくさんみつけてあげたきりんのおんなのこ 「ジリーちゃんとちょうちょのあかちゃん」 ロコ・まえだ作・絵 金の星社 2002年1月

きりん(ジリーちゃん)
おたんじょうびにもらったおにんぎょうにトトというなまえをつけてみんなでおようふくやおうちをつくったきりんのおんなのこ 「ジリーちゃんとトト」 ロコ・まえだ作・絵 金の星社 2002年1月

きりん(ジリーちゃん)
ちょっとのんきなきりんのおんなのこ 「ジリーちゃんのおたんじょうび」 ロコ・まえだ作・絵 金の星社 2001年8月

キリン(たかお)
こうべのおうじどうぶつえんからふねでとおいちゅうごくのどうぶつえんへいくことになったきりんのこども 「うみをわたったキリン」 亀井一成文;福田岩緒絵 PHP研究所(亀井一成のどうぶつえん日記5) 1996年9月

キン
さどがしまのたんぼにまよいでてトキほごセンターにうつされたトキ 「トキよおおぞらへ」 国松俊英文;鈴木まもる絵 金の星社(絵本のおくりもの) 2000年6月

ぎんいろまん
ぎんいろにひかるせいぎのなかま 「アンパンマンとぎんいろまん」 やなせたかし作・絵 フレーベル館(アンパンマンのふしぎなくに6) 1990年10月

きんぎょ(アカさん)
フーちゃんのうちのきんぎょばちでくらしているあかいきんぎょ 「きんぎょのおうち」 高部晴市作 フレーベル館 2005年7月

きんぎょ(アカさん)
フーちゃんのうちのきんぎょばちでくらしているあかいきんぎょ 「きんぎょのえんそく」 高部晴市作 フレーベル館 2004年9月

きんぎょ(アカさん)
フーちゃんのうちのきんぎょばちでくらしているあかいきんぎょ 「きんぎょのうんどうかい」 高部晴市著 フレーベル館(フレーベル館の秀作絵本29) 2001年6月

きんぎょ(アカさん)
フーちゃんのうちのきんぎょばちでくらしているあかいきんぎょ 「きんぎょのおまつり」 高部晴市作 フレーベル館 2000年6月

きんぎょ(あかさん)
フーちゃんのうちのきんぎょばちでくらしているあかいきんぎょ 「きんぎょのかいすいよく」 高部晴市著 フレーベル館 1999年6月

ギンギロはん
お客さんの目のまえでいけすからすくった魚を料理してだすお店のいけすの主の鯛 「鯛(たい)」 桂三枝文;黒田征太郎絵 アートン(桂三枝の落語絵本シリーズ2) 2005年9月

銀行ごうとう　ぎんこうごうとう
さつたばのつまったワニ皮のもようのかばんをさげてジャングルににげてきた銀行ごうとう 「ワニとごうとう」 藤本たか子作;みやざきひろかず絵 ブックローン出版 1991年11月

きんさ
かがみのにばけてでるたぬきにばかされたさとのおとこ 「かがみのの おおだぬき」 赤座憲久文;石倉欣二絵 小峰書店(えほん・こどもとともに) 1991年4月

金七　きんしち
清水観音に七日七ばんのおこもりをした正直者のおじいさんがひろったひょうたんの中からとびだしてきた二人の男の子のひとり 「宝ふくべ」 長崎源之助文;石倉欣二絵 佼成出版社(民話こころのふるさとシリーズ) 1992年11月

キンジロウ
とこやさんのうちのひるまはねてばかりいるネコ 「ネコのとこやさん」 いもとようこ絵;多田朋子作 金の星社 1999年2月

きんぞうさん
へんしんマラソンたいかいではしったいちばんとしうえのおじいさん 「へんしんマラソン」 あきやまただし作・絵 金の星社 2005年9月

きんた

きんた
お父さんもお母さんもいないひとりぼっちのきんいろきつね 「きつねのきんた」 かこさとし作;いもとようこ絵　金の星社(大人になっても忘れたくない いもとようこ名作絵本) 2005年12月

きんた
おとうさんもおかあさんもいないひとりぼっちのきんいろきつね 「きんいろきつねのきんたちゃん」 かこさとし作　ブッキング 2005年12月

きんた
もりのゆうじゃぐみとつなひきをしたやまのいなずまぐみのさる 「つなひき」 たかはしとおる文・絵　ぎょうせい(そうさくえほん館4-なかまっていいな) 1992年6月

きんたろう
むかしあしがらやまのやまおくにいたうまれたときからちからもちのとてもげんきなおとこのこ 「きんたろう」 いもとようこ文・絵　岩崎書店(はじめてのめいさくえほん4) 2000年5月

きんたろう
むかしあしがらやまにおったおとうはてんのかみなりでおっかあはやまんばだったおとこのこ 「きんたろう」 さねとうあきら文;田島征三画　教育画劇(日本の民話えほん) 1996年8月

金太郎(坂田 金時)　きんたろう(さかたの・きんとき)
むかし足柄山の山おくにいたげんきな子どもで森へいってはまさかりをふりまわし大きな木をきってあそんでいた男の子 「金太郎」 米内穂豊画;千葉幹夫文・構成　講談社(新・講談社の絵本9) 2002年2月

金太郎さん　きんたろうさん
田んぼにあらわれたトキのこを捕獲するまでのあいだ守る仕事をした宇治金太郎さんという人 「トキのキンちゃん」 いもとようこ作・絵　岩崎書店(レインボーえほん1) 2006年8月

キンちゃん
ひとりぼっちで田んぼにあらわれて金太郎さんという人からどじょうをもらうようになったトキのこども 「トキのキンちゃん」 いもとようこ作・絵　岩崎書店(レインボーえほん1) 2006年8月

ギンちゃん
とってもなかよしでなにをするのもいつもふたりのペンギンのきいろいぼうしのこ 「ペンちゃんギンちゃん おおきいのをつりたいね!」 宮西達也作　ポプラ社(絵本のおもちゃばこ7) 2005年4月

きんちゃんとぎんちゃん
ゆうたくんとみなちゃんにいつも楽しいお話をしてくれるおばあちゃんたち 「きんちゃんとぎんちゃん-くじらのボーのはなし」 松本礼児作;大久保としひこ絵　扶桑社 1992年4月

銀平　ぎんぺい
北の海からおよめさんをつれてうまれた山の谷の川にかえってきたイワナ 「イワナの銀平 山へかえる」 村田千晴文;金子健治絵　農山漁村文化協会 1991年5月

銀平　ぎんぺい
川のいちばんじょうりゅうのすみかから海へいくけっしんをした銀色のイワナの子 「イワナの銀平 海へゆく」 村田千晴文;金子建治絵　農山漁村文化協会 1990年8月

金坊　きんぼう
おとうさんに新年になって天満宮にはじめておまいりにいくはつてんじんにつれていってもらったこども「落語絵本　はつてんじん」川端誠作　クレヨンハウス　1996年12月

【く】

クー
くすくすもりでいちばんのあさねぼうのこぐま「ねぼすけクーのぼく きょうは いそがしいんだ」あべはじめ作　くもん出版（くすくすもりのなかまたち1）　1992年4月

クー
どんぐりやまのおともだちとわかれてとおくのやまにひっこしするこぐま「ほんとにさよなら？」中島和子作；田中四郎絵　フレーベル館（げんきわくわくえほん）　1998年3月

クー
パゴパゴとうのうみでようすけがみつけたプレシオザウルスのあかちゃん「きょうりゅうぼうやCoo（クー）」立原えりか文；松井しのぶ絵　角川書店（角川の絵本）　1993年11月

グー
「ぼく」のだいすきなさみしがりやでわがままですごーくあまえんぼうのいぬ「だいすきなグー」ごとうやすゆき文；いもとようこ絵　PHP研究所　2005年3月

くいしんぼう
きょうもげんきにおやつをたべはじめたおかしのほしのくいしんぼう「おかしのほしのくいしんぼう」さくらともこ作；米山永一絵　PHP研究所（PHPわたしのえほんシリーズ）　1988年7月

クウ
クリスマスはおとうさんとおかあさんがくつしたをあむしごとでてんてこまいでいちどもプレゼントをもらったことがないきょうだいのあね「クウとポーのクリスマス」松井雪子著　平凡社　2004年11月

グウ
くいしんぼうでおねだりじょうずないきもの「くいしんぼうのグウ」梅田千鶴作・絵　フレーベル館（げんきわくわくえほん）　1998年1月

グウ
おいしいものをみつけるとしつこくおねだりしてくるどうぶつ「おねだりグウ」梅田千鶴作・絵　フレーベル館（げきわくわくえほん20）　1996年11月

空気さん　くうきさん
風の風船にのっていぬのジェイクを大空のじぶんたちの国に案内した空気さん「空気はだれのもの？ジェイクのメッセージ」葉祥明絵・文；リッキー・ニノミヤ英訳　自由国民社　1997年12月

グウさん
小学二年生のたっくんのともだちでとなりの家にすんでる黒いスミで絵をかくゲージツ家「まっくろけ」北村想作；荒井良二絵　小峰書店（えほんひろば）　2004年11月

くうた
とんがりやまにパパとママとくらしていてともだちがいないこぐま「あしたも あそぼうね」あまんきみこ作；いもとようこ絵　金の星社（こどものくに傑作絵本）　1987年5月

くうち

くうちゃん
おばあちゃんにおんぶされていつもいっしょのおとこのこ 「くうちゃんは いいな」 いのうえようすけ作 ほるぷ出版(いのうえようすけのちいさなエホン) 1992年3月

くうちゃん
はちみつをかいにみつばちさんのおうちまでおつかいへいったこぐま 「おつかい くうちゃん」 こわせたまみ作；鈴木幸枝絵 ひさかたチャイルド 1987年3月

クーク
はるまでふゆごもりするのでともだちのうさぎのキックといっしょにあそべなくなったくま 「ふゆごもりのくまのクークへ」 やすいすえこ作；岡本颯子絵 教育画劇(みんなのえほん) 2000年11月

クークー
そらのほしをプランクトンだとおもってたべたさかな 「いねむりさかなクークー」 よこたみのる作 理論社 2001年7月

クークー
くじらのふいたしおにふきあげられてそらのずっとむこうまでとんでいったさかな 「クークーとおおきなともだち」 よこたみのる作 理論社 2002年7月

グーグー
みなみのくにのもりにすすむナマケモノ 「トコとグーグーとキキ」 村山亜土作；柚木沙弥郎絵 福音館書店(日本傑作絵本シリーズ) 2004年10月

ググ
みどりのようふくよくにあうとてもおしゃれないわやま 「ググとともだち」 礒部晴樹絵・文 福武書店 1987年9月

くーこ
おひさまもりにひっこしてきたくまのかぞくのこぐまのおんなのこ 「おひさまもりでよろしくね」 やすいすえこ作；秋里信子絵 フレーベル館(げんきわくわくえほん1) 1995年4月

くさかげろう(ミドリさん)
ひろいのはらのいいかおりのするしげみのなかにあったしげみむらにむしさんたちみんなとすんでいたくさかげろう 「しげみむら おいしいむら」 カズコ・G・ストーン作 福音館書店(こどものとも傑作集) 2004年3月

くじゃく(エミコ)
かぜのつよいひにはねがひらいてしまってぶたのフータローといっしょにそらへまいあがったくじゃく 「やせたぶた」 木島始作；本田克己絵 リブロポート(リブロの絵本) 1991年7月

クジラ
おでこにクモをのせて南へ南へとたびをつづけたおじいさんクジラ 「海のやくそく」 山下明生作；しまだしほ絵 佼成出版社 2002年6月

くじら
羽を作って空にとびだしたけれど力つきてしんだくじらたち 「空とぶくじら」 みなみらんぼう作；篠崎三朗絵 学習研究社 2002年1月

くじら
シャチにくいつかれたままうみのそこにしずんでいったとうさんをさがしにひろいうみへでていったくじらのぼうや 「つきよのくじら」 戸田和代作；沢田としき絵 鈴木出版(ひまわりえほんシリーズ) 1999年9月

くじら
海のいわのうえでひるねをはじめたがしおがひいたためいわのうえにとりのこされた母くじら 「くじらをたすけたじぞうさん」 谷真介文；赤坂三好絵 佼成出版社(民話こころのふるさとシリーズ) 1988年7月

くじら
ひとりぼっちでうみにぽっかりういていたとしをとったくじら 「うみにぽっかり くじらじま」 さくらともこ作；若菜珪絵 金の星社(新しいえほん) 1988年7月

くじら(だいすけ)
むかしむかしくじらがまだやまにいたころあるやまにどうぶつたちみんなとすんでいたおおきなくじら 「くじらのだいすけ」 天野祐吉作；梶山俊夫絵 福音館書店 1998年3月

くじら(どんぶらちゃん)
みっちゃんのくつをはいてっちゃったくじら 「みっちゃんのくつはどこ」 宮本忠夫作 新日本出版社(宮本忠夫 みっちゃんのえほん1) 1988年3月

くじら(どんぶらちゃん)
みっちゃんたちみんなとぶらんこにのってあそんだくじら 「ゆらゆらぶらんこ」 宮本忠夫作 新日本出版社(宮本忠夫 みっちゃんのえほん2) 1988年3月

くじら(バレーナ)
さかなのクークーをせなかにのせてそらのさんぽをしたくじら 「クークーとおおきなともだち」 よこたみのる作 理論社 2002年7月

くじら(プワプワ)
ゆうくんとなかよくなったおかあさんにしなれたあかちゃんくじら 「くじらのプワプワ」 わしおとしこ作；しのざきみつお絵 佼成出版社(創作絵本シリーズ) 1991年7月

くじら(ボー)
きんちゃんとぎんちゃんのふたりのおばあちゃんが小さかったころ新海の池におったくじら 「きんちゃんとぎんちゃん-くじらのボーのはなし」 松本礼児作；大久保としひこ絵 扶桑社 1992年4月

クジラ(ボン)
おまつりのふうせんをつぎつぎにのみこんでおなかがふくれてそらにうかんだクジラのこ 「ふうせんクジラ」 わたなべゆういち作・絵 佼成出版社 1989年7月

くじら(まんねんくじら)
なん万年も生きるそれは大きな大きなあらあらしいくじら 「まんねんくじら」 志茂田景樹作・絵 KIBA BOOk 2002年6月

クジラ(ユメミンクジラ)
そらをとぶことがゆめのクジラ 「マルルおばさんのとんだいちにち」 久我通世作・絵 講談社 1994年4月

クジラちゃん
コバンツアーかぶしきがいしゃのしゃちょうのコバンザメのコバンちゃんのパートナーのクジラ 「コバンツアーかぶしきがいしゃ」 工藤ノリコ作・絵 偕成社 1999年3月

くーすけ
おひさまもりにひっこしてきたくまのかぞくのこぐまのおとこのこ 「おひさまもりでよろしくね」 やすいすえこ作；秋里信子絵 フレーベル館(げんきわくわくえほん1) 1995年4月

くすの

くすのき
とのさまがしろをなおすことになってきりたおされたいっぽんのおおきなくすのき 「きりたおされたき」 武井武雄絵;吉田絃二郎原作;宮脇紀雄再話　フレーベル館(武井武雄絵本美術館)　1998年4月

クスノキ
みきやウロにすみついた草や木といっしょに生きている七百歳のクスノキ 「大きなクスノキ」 甲斐信枝作・絵　金の星社(絵本のおくりもの)　1991年3月

くずのは
もりのなかでらんぼうものからたすけてくれたわかもののうちにむすめのすがたになってたずねてきておよめさんになったきつね 「しのだの くずのは」 矢部美智代文;和歌山静子絵　世界文化社(母の日に読む絵本)　1988年5月

クータ
おおきなあらしにおそわれただいすきななんじゃもんじゃのきをもりのなかまとすくおうとしたくま 「なんじゃもんじゃのいのち」 山本省三作;高見八重子絵　金の星社(新しいえほん)　2005年7月

クータ
くもを見るのが大すきな男の子 「クータのくも」 はとりきみひろ作・絵　日本放送出版協会　1999年4月

グチャットン
はなかっぱくんのあたまにさいたはなのにおいにさそわれてやまびこむらにきたぐちゃぐちゃのごみからうまれたかいじゅう 「はなかっぱとグチャットン」 あきやまただし著　メディアファクトリー　2006年10月

クーちゃん
おるすばんをたのまれてちいさいおかあさんになったペンギンのこ 「ちいさい おかあさん」 矢崎節夫文;高畠純絵　小峰書店(こみねのえほん16)　1988年5月

クッキー
あたらしいまちにひっこしてきたばかりでともだちがいないこぐま 「あえたら いいな」 かさいまり作・絵　ひさかたチャイルド　2005年11月

クッキー
いぬがだいすきなあやのうちにきたほんもののいぬ 「あやのいぬ」 たきざわさおり作　アスラン書房(心の絵本)　2002年3月

クッキー
「ぼく」ととってもなかよしなのにおひっこししてしまうくまのおとこのこ 「さよならまたね-ぼくとクッキー」 かさいまり作・絵　ひさかたチャイルド　2000年1月

クック
おとこのこのタックにけがをなおしてもらっておおきくなったしろいとり 「タックそらをゆく」 たむらしげる作　ブッキング　2006年10月

グッド
どうぶつたちをつかまえにもりにやってきたおそろしいハンターをなかまたちとこらしめたこうさぎ 「トントコトンが あいずだよ」 柴田晋吾作;津田櫓冬絵　金の星社　2002年6月

グッドバイ
ほしがりやのサンタさんの二とうのトナカイの一とう「ほしがりやのサンタさん2 サンタさんのふしぎなふくろ」福永令三文；松井しのぶ絵　サンリオ(サンリオ創作絵本シリーズ)　1991年11月

クッピ
サンタさんのクリスマスのソリをひきたくてトナカイたちのレースにでたこどものトナカイ「サンタさんとトナカイクッピ」ひろせまさよ文・絵　サンリオ(サンリオファンタジー絵本)　1990年11月

クッピー
交通事故でバラバラになったが十二月九日の"しょうがいしゃの日"のためにうまれかわった子「それゆけクッピー」はらみちを作・絵　岩崎書店(えほん・ワンダーランド23)　1992年6月

くにさん
ひなたむらこうばんのしんまいおまわりさんのうさぎ「ひなたむらのしんまいおまわりさん」すとうあさえ作；上條滝子絵　PHP研究所(PHPにこにこえほん)　2004年9月

ぐにゃぐにゃのせん
まっすぐなせんといっしょにすんでいたぐにゃぐにゃのせん「まるで てんで すみません」佐野洋子文；長新太絵　偕成社　2006年9月

くぬぎのおじさん
まちはずれにあるほがらか森のどうぶつたちがだいすきな一ぽんのふるいくぬぎの木「ほがらか森のくぬぎの木」すずきみゆき作；鈴木まもる絵　金の星社(新しいえほん)　1990年7月

くねり
おばけかぼちゃからうまれたふたりのおばけのひとり「おばけのくねりと おばけのねねり」三浦園子作　福武書店　1992年9月

クプ
ようせい、タプのおにいさん「トウインクルと森のまおう」岩田直己著　角川書店(星くずぼうやのぼうけんりょこう)　1994年8月

クマ
三月のはじめに森のおくでうまれて巣あなをでて歩きはじめた男の子と女の子の二とうの子グマ「くまいちご」木暮正夫作；梅田俊作絵　くもん出版　2005年6月

くま
じめんにころがっていたのをしろいいぬのクマにひろってもらったぬいぐるみのくま「くまとクマ」松成真理子作　童心社　2005年10月

クマ
じめんにころがっていたぬいぐるみのくまをいえにつれていったしろいいぬ「くまとクマ」松成真理子作　童心社　2005年10月

くま
かあさんぐまと妹ぐまからひとりはなされてしまって森の中をさまよい歩くこぐま「こぐまの森」本田ちえこ作；本田哲也絵　偕成社　2005年7月

くま
ふたりともそれぞれのいろがいちばんすてきだとおもっていたみどりのくまとあかいくま「みどりのくまとあかいくま」いりやまさとし作・絵　ジャイブ　2005年7月

くま

くま
ブナの木やまににんげんのこがわすれていったバンダナをひろったこぐま「1000000ぼんのブナの木」塩野米松文；村上康成絵　ひかりのくに　2005年7月

くま
たびにでた二ひきのまものがにんげんたちとたたかってまもったこぐま「こぐまと二ひきのまもの」西川おさむ作　童心社　2004年9月

くま
どうぶつのこどもたちがあそんでいるとなんでもひとりじめしてしまうこぐま「ひとりじめ」本間正樹文；いもとようこ絵　佼成出版社　2004年9月

クマ
はるのさいてんで森のまもりがみさまにささげるうたをうたうためにえらばれた四ひきの合唱団の団員のクマのこ「もりのがっしょうだん」たかどのほうこ作；飯野和好絵　教育画劇　2003年5月

クマ
ひとりぼっちのタヌキにいっしょにあそぼうとこえをかけたクマ「さびしいは さびしくない」内田麟太郎作；田頭よしたか絵　教育画劇（みんなのえほん）2002年8月

くま
フルフルってなんのことだかしっていたこぐま「フルフル」金井直作；柿本幸造絵　ひさかたチャイルド　2002年4月

クマ
いきなりオオカミのめのまえにあらわれたおかしなクマ「オオカミのともだち」きむらゆういち文；田島征三絵　偕成社　2001年10月

くま
おかのうえのちいさないえでうさぎとなかよくくらしていたくま「シチューはさめたけど…」きむらゆういち作；黒田征太郎絵　フレーベル館　2001年5月

くま
あるいいてんきのあさにかってにはたけをたがやしはじめたくま「かってなくま」佐野洋子文；広瀬弦絵　偕成社　2000年11月

くま
きたのくにのたらたらやまになかよしのきつねとすんでいたくま「さみしくなかったよ」つちだよしはる作　PHP研究所（PHPにこにこえほん）2000年5月

くま
にわのあるいえにひっこしてきたしのちゃんちのくまになろうとしたもりのくま「しのちゃんと4ひきのともだち」織茂恭子作・絵　岩崎書店（のびのび・えほん2）2000年3月

くま
ゆきのふかいやまおくでたにそこにおちてしまったおとこをたすけたくま「くまにたすけられたおとこ－北越雪譜より」伊藤秀男絵　鈴木出版（ひまわりえほんシリーズ）1998年11月

くま
おかあさんといっしょにふゆごもりのよういをしたこぐま「たのしい ふゆごもり」片山令子作；片山健絵　福音館書店（日本傑作絵本シリーズ）1991年10月

くま
ともだちのペンギンときたのくににすむしろくまとあざらしにあそびにくるようにてがみをかいたくま 「パーティーはこれから」 高畠純作 佼成出版社 1991年11月

クマ
もりにすんでいたさんびきのとてもなかのよいクマのいっぴきのちいさーいクマ 「ニビーとちいさなクマ」 大鹿知子作・絵 ポプラ社(絵本のおもちゃばこ3) 2004年8月

くま
まちへポップコーンをかいにきたくまのとうさんとくまのこども 「えいっ」 三木卓作;新野めぐみ絵 サンリオ(サンリオ創作絵本シリーズ) 1988年7月

くま
ハートのはなのたねをとどけてくれたユミというおんなのこにあうためにはなのたねをもってたびにでることにしたこぐま 「ハートのはな」 TakiTaro作・絵 キッズネット 2005年8月

くま
はちみつとりにやってきたおかあさんぐまとこぐま 「ぼくとおかあさん」 宮本忠夫作・絵 くもん出版(くもんの絵童話) 1996年8月

くま
ようちえんのあきのえんそくにいったまみをたからさがしにあんないしたくま 「あきのえんそくはたからさがし」 立原えりか作;薄久保友司絵 佼成出版社(園児のすくすく絵本5) 1987年7月

くま
冬しょうぐんとともに山をおとずれて王者ぜんとして歩きまわる大ぐま 「ふゆやまの王者」 みやかわけんじ作;むらおかみか絵 新世研 2001年12月

くま
ふもとの村のなかよしの男の子と女の子におたんじょうびをさがしてもらった山の子ぐま 「くまさんおたんじょうびおめでとう」 矢部美智代作;岡村好文絵 ひさかたチャイルド(ひさかた絵本傑作集) 1989年9月

熊　くま
山へ狩りにいったアイヌの男の子のとうさんがふところにいれてつれてきたちいさな子熊 「イオマンテ めぐるいのちの贈り物」 寮美千子文;小林敏也画 パロル舎 2005年2月

くま(あっちゃん)
おとうとのともちゃんとおばあちゃんのいえにケーキをやいてもらいにいくこぐまのおにいちゃん 「こぐまのともちゃん」 いまいみこ作 福音館書店(日本傑作絵本シリーズ) 2002年7月

クマ(アニー)
パパみたいな森の汽車の車掌さんになりたいこぐまのおとこのこ 「アニーのちいさな汽車」 colobockle作・絵 学習研究社 2004年7月

クマ(アルフレッド)
ある年のクリスマスの夜にスコットランドのローモンド地方のラス村に生まれた小さなクマの赤ちゃん 「はじめての おくりもの」 藤岡恭子文;前田奈月絵 パールネスコ・ジャパン(ベリーベアシリーズ) 1998年12月

クマ(アルフレッド)
スコットランドのラス村に生まれたげんきな子グマ 「アルフレッドとまいごの子ひつじ–ベリーベアシリーズ」 ふじおかきょうこ文;まえだなつき絵 パールネスコ・ジャパン 2000年5月

くま

クマ（アルフレッド）
スコットランドのラス村で去年生まれたクマの子 「はじめてのぼうけん」 ふじおかきょうこ文；まえだなつき絵 パールネスコ・ジャパン 1999年7月

クマ（ウーちゃん）
もりのみんなとでんしゃごっこをしてあそんだクマ 「クマさんのトラック」 篠塚かをり作；いしいじゅね絵 けやき書房（けやきの絵本） 2004年10月

くま（ウーリー）
くまのウーリー一家の5人の子どもたちの男の子 「ウーリー家のすてきなバースデー」 西村玲子文・絵 あすなろ書房（あすなろ書房 新しい絵本シリーズ） 1987年4月

くま（エンデ）
りすのうちのせんたくものをみてじぶんもせんたくをやってみることにしたこぐま 「こぐまのエンデ みんなでドボーン」 さとうわきこ作；岩井田治行絵 ポプラ社（絵本・子どものくに29） 1987年9月

くま（カンタ）
耳の聞こえにくいこどもたちの学校へかよっているゴンタというにいちゃんがいる小学校2年生のくまの男の子 「ゴンタとカンター14の心をきいて」 つちだよしはる作 PHP研究所（PHPにこにこえほん） 2004年4月

くま（クー）
くすくすもりでいちばんのあさねぼうのこぐま 「ねぼすけクーのぼく きょうは いそがしいんだ」 あべはじめ作 くもん出版（くすくすもりのなかまたち1） 1992年4月

くま（クー）
どんぐりやまのおともだちとわかれてとおくのやまにひっこしするこぐま 「ほんとにさよなら？」 中島和子作；田中四郎絵 フレーベル館（げんきわくわくえほん） 1998年3月

くま（くうた）
とんがりやまにパパとママとくらしていてともだちがいないこぐま 「あしたも あそぼうね」 あまんきみこ作；いもとようこ絵 金の星社（こどものくに傑作絵本） 1987年5月

くま（くうちゃん）
はちみつをかいにみつばちさんのおうちまでおつかいへいったこぐま 「おつかい くうちゃん」 こわせたまみ作；鈴木幸枝絵 ひさかたチャイルド 1987年3月

くま（クーク）
はるまでふゆごもりするのでともだちのうさぎのキックといっしょにあそべなくなったくま 「ふゆごもりのくまのクークへ」 やすいすえこ作；岡本颯子絵 教育画劇（みんなのえほん） 2000年11月

くま（くーこ）
おひさまもりにひっこしてきたくまのかぞくのこぐまのおんなのこ 「おひさまもりでよろしくね」 やすいすえこ作；秋里信子絵 フレーベル館（げんきわくわくえほん1） 1995年4月

くま（くーすけ）
おひさまもりにひっこしてきたくまのかぞくのこぐまのおとこのこ 「おひさまもりでよろしくね」 やすいすえこ作；秋里信子絵 フレーベル館（げんきわくわくえほん1） 1995年4月

くま（クータ）
おおきなあらしにおそわれただいすきななんじゃもんじゃのきをもりのなかまとすくおうとしたくま 「なんじゃもんじゃのいのち」 山本省三作；高見八重子絵 金の星社（新しいえほん） 2005年7月

くま（クッキー）
あたらしいまちにひっこしてきたばかりでともだちがいないこぐま 「あえたら いいな」 かさい
まり作・絵　ひさかたチャイルド　2005年11月

くま（クッキー）
「ぼく」ととってもなかよしなのにおひっこししてしまうくまのおとこのこ 「さよならまたね-ぼく
とクッキー」 かさいまり作・絵　ひさかたチャイルド　2000年1月

くま（くまきち）
くいしんぼうでうたがすきなちいさなくまのこ 「くまのこくまきち」 中川李枝子作；柿本幸造
絵　ひさかたチャイルド　2002年9月

くま（くまごろう）
やまのてつどうのせんろのうえにびょうきでふるえていたところをきかんしゃのうんてんしと
しゃしょうさんにたすけられたくまのこ 「4ばんめのえきはくまごろうえき」 野本淳一文；田中
秀幸絵　小峰書店（のりものえほん）　1999年9月

くま（くまたろう）
なかまたちとさかなつりにいったくまのこ 「くまのこくまたろうのさかなつり」 鶴見正夫作；
黒井健絵　PHP研究所（PHPのえほん）　1989年6月

くま（くまやとくまふ）
かおもせなかもそっくりなのにいつもけんかばかりしているふたごのこぐま 「なかよしこぐ
ま まんなかに」 おのりえん作；はたこうしろう絵　ポプラ社（絵本の時間21）　2003年2月

くま（くまやとくまふ）
かおもせなかもそっくりなのにいつもけんかばかりしているふたごのこぐま 「なかよしこぐま
わけっこするのだいきらい」 おのりえん作；はたこうしろう絵　ポプラ社（絵本の時間29）
2003年8月

くま（クンタ）
うさぎのモモッチのおともだちでおもいやりいっぱいのくまのおとこのこ 「たんじょうびのお
きゃくさま」 松岡節作；いもとようこ絵　ひかりのくに　2002年10月

くま（こぐまくん）
はやしにかこまれたはやしようちえんのうんどうかいにいったこぐま 「ともちゃんとこぐまくん
の うんどうかい」 あまんきみこ作；西巻茅子絵　福音館書店（日本傑作絵本シリーズ）
1992年6月

くま（こぐまくん）
クリスマス・イブにりすのぬいぐるみのディディをポケットにいれそとにとびだしたこぐまくん
「ふしぎなゆきの日」 薫くみこ作；さとうゆうこ絵　ポプラ社（えほんとなかよし25）　1993年12

くま（こぐまくん）
ともちゃんのなかよし 「ようちえんにいった ともちゃんとこぐまくん」 あまんきみこ作；西巻
茅子絵　福音館書店（日本傑作絵本シリーズ）　1988年3月

くま（ゴン）
まほうつかいのジョジョさんのつくるスープをのみにやってくるくまのこ 「まほうよりもすごい
もの」 さえぐさひろこ作；狩野富貴子絵　金の星社（新しいえほん）　2002年7月

くま（ゴンさん）
たんじょうびのミイさんにすきなさかなりょうりをつくってあげようとモンキチくんとりょうにでた
ゴンさん 「うみべでいただきます」 つちだよしはる作　小峰書店（ごちそうえほん）　1998年
3月

くま

くま(ゴンタ)
小学校2年生のカンタのにいちゃんで耳の聞こえにくいこどもたちの学校へかよっているくまの男の子 「ゴンタとカンター14の心をきいて」 つちだよしはる作 PHP研究所(PHPにこにこえほん) 2004年4月

くま(ゴンタ)
耳の聞こえにくいこどもたちの学校に転校してきたくまの男の子 「14の心をきいて」 つちだよしはる作・絵 PHP研究所(PHPにこにこえほん) 2002年1月

くま(ジャッキー)
くまのがっこうで11ひきのにいさんたちとくらすいちばんしたのおんなのこのくま 「ジャッキーのうんどうかい」 あだちなみ絵;あいはらひろゆき文 ブロンズ新社(くまのがっこうシリーズ) 2006年8月

くま(ジャッキー)
くまのがっこうで11ひきのにいさんたちとくらすいちばんしたのおんなのこのくま 「ジャッキーのおたんじょうび」 あだちなみ絵;あいはらひろゆき文 ブロンズ新社(くまのがっこうシリーズ) 2005年7月

くま(ジャッキー)
くまのがっこうで11ひきのにいさんたちとくらすいちばんしたのおんなのこのくま 「ジャッキーのおせんたく」 あだちなみ絵;あいはらひろゆき文 ブロンズ新社(くまのがっこうシリーズ) 2004年2月

くま(ジャッキー)
くまのがっこうで11ひきのにいさんたちとくらすいちばんしたのおんなのこのくま 「ジャッキーのパンやさん」 あだちなみ絵;あいはらひろゆき文 ブロンズ新社(くまのがっこうシリーズ) 2003年2月

くま(ジャッキー)
くまのがっこうで11ひきのにいさんたちとくらすいちばんしたのおんなのこ 「ジャッキーのじてんしゃりょこう」 あだちなみ絵;あいはらひろゆき文 ブロンズ新社(くまのがっこうシリーズ) 2003年7月

くま(ジャッキー)
くまのがっこうで11ひきのにいさんたちとくらすいちばんしたのおんなのこのくま 「くまのがっこう」 あだちなみ絵;あいはらひろゆき文 ブロンズ新社(くまのがっこうシリーズ) 2002年8月

くま(スノーク)
るすばんをしていてソファーのうえでねむってしまったおんなのこをぬいぐるみの森へつれていったぬいぐるみたちのくま 「ソファーのうえで」 川端誠作・絵 講談社(講談社の創作絵本) 1991年7月

クマ(太郎)　くま(たろう)
りょうじゅうでうたれたツキノワグマの子であかちゃんのときから鳥獣保護員の東山さんにそだてられたクマ 「クマの子太郎」 今関信子作;岡本順絵 佼成出版社(ノンフィクション絵本いのちのゆりかごシリーズ) 1998年4月

くま(タローくん)
はる・なつ・あきのいちねんに3かいいちにちずつ「カラクリずし」をかいてんするくまのおとうさんのこども 「くまのおすしやさん」 やまもとたかし作 佼成出版社 2003年4月

くま（ちいくまちゃん）
3びきのくまのきょうだいのちっちゃなくま 「ちいくまちゃんのキャンプ」 しまだけんじろう作
　ベネッセコーポレーション（ちいくまちゃんシリーズ）　1998年6月

くま（ちいくまちゃん）
3びきのくまのきょうだいのちっちゃなくま 「ちいくまちゃんのケーキづくり」 しまだけんじろう
作　ベネッセコーポレーション（ちいくまちゃんシリーズ）　1997年7月

くま（ちいくまちゃん）
3びきのくまのきょうだいのちっちゃなくま 「ちいくまちゃんのようちえん」 しまだけんじろう
作　ベネッセコーポレーション（ちいくまちゃんシリーズ）　1997年2月

くま（ちいくまちゃん）
おとうさんのおたんじょうびなのでおおきなさかなをつろうとしたちっちゃなくまのおとこのこ
「ちいくまちゃんのさかなつり」 嶋田健二郎作　ベネッセコーポレーション　1997年10月

くま（ちいくまちゃん）
きつねのコンちゃんにてぶくろをかしてあげたちっちゃなくまのおとこのこ 「ちいくまちゃ
んのてぶくろ」 嶋田健二郎作　ベネッセコーポレーション　1997年11月

くま（ちいくまちゃん）
もりできいちごをいっぱいつんでもってかえったちっちゃなくまのおとこのこ 「ちいくまちゃ
んのきいちごつみ」 嶋田健二郎作　ベネッセコーポレーション　1998年3月

くま（ちいくまちゃん）
えんのみんなとなつのキャンプにいったちっちゃなくまのおとこのこ 「ちいくまちゃんのキャ
ンプ」 嶋田健二郎作　ベネッセコーポレーション　1998年6月

くま（ちいくまちゃん）
3びきのくまのきょうだいのちっちゃなくま 「ちいくまちゃんのきいちごつみ」 しまだけんじろ
う作　ベネッセコーポレーション（ちいくまちゃんシリーズ）　1998年3月

くま（ちびくまちゃん）
くまのかぞくのこどもたちのちびちゃん 「ちびくまちゃんちの さんたさんは だあれ」 黒柳
徹子文；紙谷元子人形・構成　ケイエス企画　1987年12月

くま（ちびすけ）
小さなみつばちをおともにしてドラゴンたいじにいったちびすけのくま 「ドラゴンたいじ」 津
田直美作・絵　PHP研究所（PHPわたしのえほんシリーズ）　2005年9月

くま（チビチビ）
おかあさんからはなれてひとりでいきていくことになったおこじょのユキとともだちになったお
おきなくま 「おこじょの ユキ」 あんびるやすこ作；藤本四郎絵　鈴木出版　2004年11月

くま（チャイブス）
りんごパーティーのひにりんごのおかしをつくったこぐま 「チャイブスとりんごパーティー–
CHIVES' STORY2」 高野紀子作・絵　講談社　1999年2月

くま（チャイブス）
かあさんのたんじょうびにケーキをつくったこぐま 「チャイブスのとくせいケーキ–いっしょに
つくれるよ」 高野紀子作・絵　講談社（CHIVES' STORY1）　1997年5月

くま（トト）
もりのなかのひみつのばしょにはなばたけをつくったこぐま 「ぼくの はな さいたけど…」
山崎陽子作；末崎茂樹絵　金の星社（こどものくに傑作絵本）　1990年6月

くま

くま(トムトム)
おかあさんにあんでもらったふわふわセーターをきてあそびにいったこぐま 「ぼくのあき」 葉祥明作・絵 金の星社(こぐまのトムトム4) 1987年9月

くま(ともちゃん)
おにいちゃんのあっちゃんとおばあちゃんのいえにケーキをやいてもらいにいくこぐまのおとうと 「こぐまのともちゃん」 いまいみこ作 福音館書店(日本傑作絵本シリーズ) 2002年7月

くま(どんくまさん)
まちにやってきたうさぎのサーカスのぎょうれつのあとからついていったくまさん 「どんくまさんのらっぱ」 武市八十雄案;柿本幸造絵;蔵冨千鶴子文 至光社(ブッククラブ 国際版絵本) 2006年2月

くま(なあくん)
りんごのきをそだてているあなぐまのこ 「なあくんとりんごのき」 神沢利子作;山内ふじ江絵 あかね書房(あかね創作えほん29) 1990年4月

くま(ナッツ)
くまのウーリー一家の5人の子どもたちの一番お兄さん 「ウーリー家のすてきなバースデー」 西村玲子文・絵 あすなろ書房(あすなろ書房 新しい絵本シリーズ) 1987年4月

くま(パグ)
かわいいいもうとがうまれておにいちゃんになったこぐま 「こぐまのパグはおにいちゃん」 沢井いづみ作;新野めぐみ絵 PHP研究所(わたしのえほんシリーズ) 1995年11月

くま(ピンチョス)
まちをまもるほあんかんヨハンソンのあいぼうのこぐま 「ここだよ」 西村博子作・絵 タリーズコーヒージャパン 2006年1月

くま(フー)
とんがりやまのもりのなかにずっとひとりぼっちでくらしていておともだちがいないくま 「おともだちに なってね」 岡本一郎作;つちだよしはる絵 金の星社(新しいえほん) 1999年7月

くま(ふうせんくまくん)
びっくりしたりおこったりするとふうせんみたいにふくれてしまうくまのこ 「ふうせんくまくん」 あきやまただし作・絵 金の星社(新しいえほん) 2000年4月

くま(ブウちゃん)
なかまたちとペコタンじまをいっしゅうするハイキングにでかけたくまのこ 「ペコタンじまはきょうもはれ」 関屋敏隆作・絵 PHP研究所(PHPわたしのえほんシリーズ) 1989年5月

くま(プックン)
まいごになってしまったこぐま 「まいごのプックン」 おおともやすおみ作 あかね書房(こぐまのプックン1) 1993年11月

くま(ブラウンさん)
けっこんゆびわをなくしたこなひきごやのくま 「ポイントさんは めいたんてい」 多田ヒロシ作・絵 PHP研究所(PHPわたしのえほんシリーズ) 1987年8月

くま(プンちゃん)
ともだちとピクニックにいっただだっ子こぐま 「だから おむすび だいすき!!」 浅野知寿子作・絵 偕成社(だだっ子プンちゃん1) 1987年6月

くま(ペーター)
みなみのくにへいったしろくまのこ 「しろくまのペーター」 にしかわおさむ文・絵 教育画劇 2003年7月

くま(べんおじさん)
きつねのこんがしんせつにしてあげたくま 「あしたはてんき」 小春久一郎作;杉浦範茂絵 ひかりのくに(ひかりのくに傑作絵本集22) 2003年2月

くま(ホイップ)
ひなげし村のみんなときいちごつみにでかけたくまのこ 「ホイップベアーときいちご」 ロコ・まえだ絵・文 柳原出版 2006年7月

くま(ホイップ)
ひなげし村のふゆがすぐそこまできていてふゆじたくをはじめたくまのこ 「ホイップベアーのふゆじたく」 ロコ・まえだ絵・文 柳原出版 2006年12月

くま(ホイップ)
ひなげし村のくまさんのおうちに生まれたまるでホイップクリームのようなかわいい赤ちゃんぐま 「ホイップベアー」 ロコ・まえだ絵・文 柳原出版 2005年6月

くま(ホイップ)
なつがはじまったひなげし村でとうさんとかあさんのかえりをまつひとりぼっちのこぐま 「ホイップベアーのおせんたく」 ロコ・まえだ絵・文 柳原出版 2005年12月

くま(ホッタ)
くまのこミンのものしりのちっちゃいおにいちゃん 「くまのこミンのおうち」 あいはらひろゆき文;あだちなみ絵 ソニー・マガジンズ(にいるぶっくす) 2004年4月

くま(ホッタ)
くまのこミンのものしりのちっちゃいおにいちゃん 「くまのこミンのふゆじたく」 あいはらひろゆき文;あだちなみ絵 ソニー・マガジンズ(にいるぶっくす) 2004年11月

くま(ホッタ)
くまのこミンのものしりのちっちゃいおにいちゃん 「くまのこミンのおはなばたけ」 あいはらひろゆき文;あだちなみ絵 ソニー・マガジンズ(にいるぶっくす) 2005年4月

くま(ホッタ)
くまのこミンのものしりのちっちゃいおにいちゃん 「くまのこミンのクリスマス」 あいはらひろゆき文;あだちなみ絵 ソニー・マガジンズ(にいるぶっくす) 2005年10月

くま(ポッタ)
くまのこミンのちからもちのおっきいおにいちゃん 「くまのこミンのおうち」 あいはらひろゆき文;あだちなみ絵 ソニー・マガジンズ(にいるぶっくす) 2004年4月

くま(ポッタ)
くまのこミンのちからもちのおっきいおにいちゃん 「くまのこミンのふゆじたく」 あいはらひろゆき文;あだちなみ絵 ソニー・マガジンズ(にいるぶっくす) 2004年11月

くま(ポッタ)
くまのこミンのちからもちのおっきいおにいちゃん 「くまのこミンのおはなばたけ」 あいはらひろゆき文;あだちなみ絵 ソニー・マガジンズ(にいるぶっくす) 2005年4月

くま(ポッタ)
くまのこミンのちからもちのおっきいおにいちゃん 「くまのこミンのクリスマス」 あいはらひろゆき文;あだちなみ絵 ソニー・マガジンズ(にいるぶっくす) 2005年10月

くま

くま（マーくん）
くまのこ 「ぼくはマーくん くまのこです！」 岩井田治行作・絵 ポプラ社（えへんごほんえほん7） 1998年2月

くま（マリコ）
よくふとったげんきなくまの女の子 「となりのモリタ」 神沢利子文；片山健絵 クレヨンハウス（おはなし広場） 1993年9月

くま（マリリン）
くまのウーリー一家の5人の子どもたちの女の子 「ウーリー家のすてきなバースデー」 西村玲子文・絵 あすなろ書房（あすなろ書房 新しい絵本シリーズ） 1987年4月

くま（ミシュカ）
大好きな家族がある日じぶんの目の前から突然いなくなったこぐまのぬいぐるみ 「ずっとつながってるよ こぐまのミシュカのおはなし」 入江杏絵・文 くもん出版 2006年5月

くま（ミルク）
くまのウーリー一家の5人の子どもたちの女の子 「ウーリー家のすてきなバースデー」 西村玲子文・絵 あすなろ書房（あすなろ書房 新しい絵本シリーズ） 1987年4月

くま（ミン）
おにいちゃんのポッタとホッタと3にんでくらしているくまのおんなのこ 「くまのこミンのおうち」 あいはらひろゆき文；あだちなみ絵 ソニー・マガジンズ（にいるぶっくす） 2004年4月

くま（ミン）
おにいちゃんのポッタとホッタと3にんでくらしているくまのおんなのこ 「くまのこミンのふゆじたく」 あいはらひろゆき文；あだちなみ絵 ソニー・マガジンズ（にいるぶっくす） 2004年11月

くま（ミン）
おにいちゃんのポッタとホッタと3にんでくらしているくまのおんなのこ 「くまのこミンのおはなばたけ」 あいはらひろゆき文；あだちなみ絵 ソニー・マガジンズ（にいるぶっくす） 2005年4月

くま（ミン）
おにいちゃんのポッタとホッタと3にんでくらしているくまのおんなのこ 「くまのこミンのクリスマス」 あいはらひろゆき文；あだちなみ絵 ソニー・マガジンズ（にいるぶっくす） 2005年10月

くま（ムクバク）
はりねずみのハリーがすんでいるもりのなかにいたあばれんぼうのくま 「つきよのメロディー-はりねずみハリー」 木村泰子作・絵 世界文化社（ワンダーおはなし絵本） 2005年10月

くま（ムクバク）
はりねずみのハリーがすんでるもりのなかにいたあばれんぼうのくま 「つきよのばんのものがたり」 木村泰子作・絵 世界文化社（はりねずみハリーのものがたり） 1991年5月

くま（メルくん）
ぬいぐるみのくまのツキハギをつれてようちえんにいったあなぐまのこ 「メルくんようちえんにいく」 おおともやすお作 福音館書店（日本傑作絵本シリーズ） 2000年3月

クマ（モモ）
中国山地のクマのちょうさをしているはるくんのおじいちゃんがワナにかかったのをたすけて山にかえしたクマ 「クマはどこへいくの」 松田もとこ作；ふりやかよこ絵 ポプラ社（絵本のおもちゃばこ6） 2005年9月

くま（モリタ）
くまの女の子マリコのうちのむこうにうちをたててこしてきた小さなくまの男の子 「となりのモリタ」 神沢利子文；片山健絵 クレヨンハウス（おはなし広場） 1993年9月

くま（ヤノシュ）
いつもミンクのチムをさそいにやってくるさんにんのうちのくま 「ミンクのチム」 なかのてるし作；ながしまよういち絵 フレーベル館 1987年9月

くま（ララ）
はちみつがだいすきなふたごのこぐま 「はちみつだいすき」 片山令子作；ましませつこ絵 PHP研究所（PHPにこにこえほん） 2005年2月

くま（ルウ）
こぐまのパグのはいはいができるようになったばかりのいもうと 「こぐまのパグはおにいちゃん」 沢井いづみ作；新野めぐみ絵 PHP研究所（わたしのえほんシリーズ） 1995年11月

くま（ルル）
はちみつがだいすきなふたごのこぐま 「はちみつだいすき」 片山令子作；ましませつこ絵 PHP研究所（PHPにこにこえほん） 2005年2月

くま（ルルとララ）
はだかんぼのきのためにセーターをあんであげることにしたもりのふたごのこぐま 「もりのセーター」 片山令子作；ましませつこ絵 PHP研究所（PHPにこにこえほん） 2000年10月

クマおじさん
もりにくりひろいにきたおんなのこおにいちゃんにたくさんおちているひみつのばしょをおしえてあげたいとおもったクマおじさん 「クマおじさんのもり」 香山美子文；末崎茂樹絵 新日本出版社（新日本えほんのひろば4） 1988年10月

くまおじさん
もりのともだちみんなとはなびをみたくまおじさん 「ひかりのはなびら」 福田庄助作 文研出版（えほんのもり15） 1989年10月

クマおじさん
としょかんバスあすなろ号にのって北海道の根室半島のノサップみさきをめぐるふとっちょの司書のおじさん 「みさきめぐりのとしょかんバス」 松永伊知子作；梅田俊作絵 岩崎書店（絵本の泉5） 1996年6月

くまおやじ
まいとしはるになるとじぶんでつくった飛行機でそらをとぶフーフー村の大工 「サンナンこぶたとごごのそら」 立野恵子作 ブックローン出版 1996年4月

熊神　くまがみ
ユペッ川のいちばん高い山をまもる神 「熊神とカパラペポンス」 かやのしげる文；いしくらきんじ絵 小峰書店 2002年11月

くまきち
くいしんぼうでうたがすきなちいさなくまのこ 「くまのこくまきち」 中川李枝子作；柿本幸造絵 ひさかたチャイルド 2002年9月

くまくまさん
みんなでがいこくりょこうにいくことになったくまのおとうさんとおかあさんとこどもたち 「くまくまさんのがいこくりょこう」 中川ひろたか文；はたこうしろう絵 ポプラ社（みんなで絵本3） 2002年2月

くまく

くまくまちゃん
山奥の小さな一軒家に住んでいるくま 「くまくまちゃんのいえ」 高橋和枝作 ポプラ社(のほほん絵本館4) 2001年11月

くまくまちゃん
山奥の小さな一軒家に住んでいるくま 「くまくまちゃん」 高橋和枝作 ポプラ社(のほほん絵本館1) 2001年3月

くまくん
へんしんマラソンたいかいではしったくま 「へんしんマラソン」 あきやまただし作・絵 金の星社 2005年9月

くまくん
うさぎくんのおたんじょうびによばれたやまのくまくん 「おたんじょうびに きてください」 竹下文子作;田中四郎絵 フレーベル館(げんきわくわくえほん13) 1996年4月

くまくん
おやまのむこうにいっちゃったおひさまをいっこひろってこようとおもったくまくん 「きのうのおひさま、どこにいったの?」 薫くみこ作;いもとようこ絵 ポプラ社(絵本いつでもいっしょ15) 2006年6月

くまくん
さかだちをしているときにいまば"くま"じゃなくて"まく"なんじゃない?とかんがえたくまくん 「くまくん」 二宮由紀子作;あべ弘士絵 ひかりのくに 2004年5月

くまくん
みずたまりがなくなったのはらでさかなをみつけたくまくん 「どうしたの おさかなくん?」 檀晴子文;高瀬のぶえ絵 あすなろ書房(新しい絵本シリーズ) 1989年8月

くまくん
うさぎくんとけんかしちゃってなかなおりしたいけれど「ごめんね」なんていいたくないくまくん 「いいたくない」 かさいまり作・絵 ひさかたチャイルド 1998年2月

クマくん
おばあちゃんのたんじょうびにみんなにてつだってもらってクッキーをつくったクマのおとこのこ 「クマくんのおめでとうクッキー」 柳生まち子作 福音館書店(日本傑作絵本シリーズ) 1998年4月

くまくん
どんぐりをいっぱいひろったくまのおとこのこ 「どんぐりひろいーくまくんのあき」 なとりちづ文;おおともやすお絵 福音館書店(日本傑作絵本シリーズ) 2005年4月

くまくん
はたけでとうもろこしをそだてたくまのおとこのこ 「はたけづくりーくまくんのなつ」 なとりちづ文;おおともやすお絵 福音館書店(日本傑作絵本シリーズ) 2005年4月

くまくん
ゆきでおおきなおやまのおうちをつくったくまのおとこのこ 「ゆきあそびーくまくんのふゆ」 なとりちづ文;おおともやすお絵 福音館書店(日本傑作絵本シリーズ) 2005年4月

くまくん
あやちゃんがおきにいりのぬいぐるみのくまくん 「おかえり くまくん」 森山京作;柿本幸造絵 佼成出版社 1993年5月

くまくん
このごろくしゃみがでてしょうがないくまくん 「くまくんのくしゃみ」 角野栄子文;佐々木洋子絵 ポプラ社(ぴょんぴょんえほん5) 1987年4月

くまくん
みんなでのはらにいってさあおえかきをしようとおもったらいなくなったくまくん 「くまくんだったら どうしたとおもう？」 香山美子作;むかいながまさ絵 すずき出版;金の星社(こどものくに傑作絵本) 1989年5月

くまくん
あるひおおきなバスケットをだしてきてピクニックにでかけたもりのくまくん 「すてきな バスケット」 森山京作;鈴木幸枝絵 フレーベル館(げんきわくわくえほん28) 1997年7月

くまくん
クリスマス・イブにもりのおばあさんのちいさないえにうさぎちゃんときつねどんと三びきでやってきたくまくん 「おばあさんの メリークリスマス」 もりやまみやこ作;つちだよしはる絵 国土社(そよかぜ絵本シリーズ1) 1990年10月

くまくん
おかのうえのおうちにすむパンプルちゃんのもりのともだち 「ふむふむふーん」 ふなこしゆり文;坂口知香絵 風涛社 2006年4月

くまげら
きたぐにのもりにすむからすほどのおおきさのきつつき 「くまげらのはる」 手島圭三郎作・絵 リブリオ出版(極寒に生きる生きものたち) 1999年12月

くまこうちょうせんせい
にゅういんしたくまこうちょうせんせい 「くまのこうちょうせんせい」 こんのひとみ作;いもとようこ絵 金の星社 2004年6月

くまごろう
やまのてつどうのせんろのうえにびょうきでふるえていたところをきかんしゃのうんてんとしゃしょうさんにたすけられたくまのこ 「4ばんめのえきはくまごろうえき」 野本淳一文;田中秀幸絵 小峰書店(のりものえほん) 1999年9月

クマさん
ちいさなヤマネくんともりでいちばんなかよしのおおきなクマさん 「あめのもりのおくりもの」 ふくざわゆみこ作 福音館書店(日本傑作絵本シリーズ) 2006年4月

くまさん
はたけでおいもがどっさりとれたのでとなりさんにもわけてあげたくまさん 「おいもを どうぞ！」 柴野民三原作;いもとようこ文・絵 ひかりのくに 2005年9月

くまさん
さんぽにいってかぜにまいちるおちばとかけっこをしたくまさん 「くまさんのたのしいまいにち くまさんとおちば」 森山京作;Yokococo絵 ポプラ社(こんにちは！えほん9) 2005年10月

くまさん
かぜをひいたくまさん 「くまさんのたのしいまいにち くまさんのびょうき」 森山京作;Yokococo絵 ポプラ社(こんにちは！えほん10) 2005年11月

くまさん
あるひどこからかとても大きなプレゼントのはこがとどいたどうぶつたちのなかのくまさん 「すてきなプレゼント」 またのあつこ作・絵 文溪堂 2004年11月

くまさ

くまさん
あたらしいいすをつくろうともりへきをきりにでかけていったくまさん 「くまさんのいす」 森山京文;西巻茅子絵 講談社(講談社の創作絵本) 2002年6月

クマさん
ちいさなヤマネくんともりでいちばんのなかよしのおおきなクマ 「もりいちばんのおともだちーおおきなクマさんとちいさなヤマネくん」 ふくざわゆみこ作 福音館書店(日本傑作絵本シリーズ) 2002年10月

くまさん
ふかふかしてきもちよさそうなおなかをしたぬいぐるみのくまさん 「くまさんの おなか」 長新太作・絵 学習研究社 1999年7月

くまさん
もりのはずれのいっけんやにすんでいたくまさんのかぞく 「ゆきのひのくまさん」 いなつぐかつら作;宮本忠夫絵 鈴木出版(ひまわりえほんシリーズ) 1993年10月

くまさん
まちで宝石をぬすみだしにげてきた大どろぼう 「大どろぼう」 ふりやかよこ作・絵 教育画劇(スピカみんなのえほん20) 1993年6月

くまさん
おひるねでおばけのゆめをみたもりのくまさん 「おばけだゾー!!」 川上尚子作・絵 PHP研究所(わたしのえほんシリーズ) 1992年10月

くまさん
ふゆごもりのまえに森ののはらにたてたいえにゆきみちにまよったみんなをとめてあげたくまさん 「あったかなゆきのよる」 やすいすえこ文;いがわひろこ絵 サンリオ(サンリオ創作絵本シリーズ) 1990年10月

クマさん
もりでいちばんちからがあるおおきなクマさん 「めざめのもりのいちだいじ おおきなクマさんとちいさなヤマネくん」 ふくざわゆみこ作 福音館書店(日本傑作絵本シリーズ) 2005年1月

くまさん
きつねさんといっしょにみつばちのすをさがしたくまさん 「はちみつ だいすき(くまさんときつねさんの絵本)」 なかのひろたか作;二俣英五郎絵 童心社 1991年2月

くまさん
はずかしがりやでなかなかおともだちができないくまさん 「た、たん」 かさいまり作・絵 ひさかたチャイルド 1996年3月

くまさん
やまにいたえをかくのがだいすきなくまさん 「くまさんのえ、ください」 西村祐見子作;土田義晴絵 フレーベル館(げんきわくわくえほん18) 1996年9月

くまさん
てがみをくれたしんちゃんのプレゼントにサンタさんがつくったおしゃべりするおもちゃのくまさん 「サンタさん ありがとう-ちいさなクリスマスのものがたり」 長尾玲子作 福音館書店(日本傑作絵本シリーズ) 1998年10月

くまさん
まっくらなほらあなでふゆのあいだねむりつづけてめがさめたくまさん 「おめめがさめた」 もりやまみやこ作;ふくだいわお絵 ポプラ社(いろいろえほん2) 1999年9月

くまさん
のはらにたつきのそばでポケットからてぶくろをおとしたくまさん 「ありがとうのき」 矢崎節夫作；新野めぐみ絵 教育画劇（みんなのえほん17） 1992年10月

クマじいさん
十五夜のお月さまに見せるだしものでどうぶつたちのおんどをとるクマじいさん 「イノシシとお月さま」 谷真介文；赤坂三好絵 佼成出版社（十二支むかしむかしシリーズ） 2006年11月

くまじいちゃん
なかよしのうさぎさんかぞくから「クリスマスにあそびにきてください」とてがみがとどいたくまじいちゃん 「くまじいちゃんのクリスマス」 やすいすえこ作；いもとようこ絵 女子パウロ会 1997年10月

くませんせい
もりのたのしいくまのおいしゃさん 「くませんせいはおいしゃさん」 正岡慧子文；末崎茂樹絵 PHP研究所（PHPにこにこえほん） 2001年12月

くませんせい
ゆくえふめいなったつよいくすりのはいったはこをだいついせきしたもりのおいしゃさん 「くませんせいいそげいそげ」 おぐらひろかず作・絵 ひさかたチャイルド 1999年1月

くませんせい
めんどうくさがりやでのんびりやのもりのおいしゃさん 「くませんせい－あらしのもりへ」 おぐらひろかず作・絵 ひさかたチャイルド 1998年7月

クマタロ
タヌキのタンきちのなかまのちからもちのクマ 「こおりはじめます」 しみずみちを作；梶山俊夫絵 佼成出版社（創作絵本シリーズ） 1989年8月

くまたろう
なかまたちとさかなつりにいったくまのこ 「くまのこ くまたろうのさかなつり」 鶴見正夫作；黒井健絵 PHP研究所（PHPのえほん） 1989年6月

くまたん
おともだちとゆきあそびをしたこぐま 「ゆきゆきこんこんゆきあそび」 長野博一作 小峰書店（くまたんのはじめてシリーズ10） 1991年1月

くまたん
あめのなかをたのしそうにあるいていったこぐま 「みんなみんなあめがすき」 長野博一；長野静香作 小峰書店（くまたんのはじめてシリーズ11） 1991年6月

くまたん
あきのどんぐりやまであそんだこぐま 「おいでよおいでよやまのあき」 長野博一；長野静香作 小峰書店（くまたんのはじめてシリーズ12） 1991年10月

くまたん
ふくろうおじさんにだれとでもはなしができるでんわきをかしてもらったこぐま 「もしもしはいはいでんわです」 長野博一作 小峰書店（くまたんのはじめてシリーズ9） 1990年7月

くまたん
かいすいよくにつれていってもらったこぐま 「いこうよいこうよかいすいよく」 長野博一作 小峰書店（くまたんのはじめてシリーズ7） 1989年7月

くまた

くまたん
きゃんぷにいったこぐま「たのしいたのしいキャンプ」長野博一作 小峰書店（くまたんのはじめてシリーズ4）1988年6月

くまたん
サンタさんのしろくまさんのおうちへいったこぐま「うれしいうれしいクリスマス」長野博一作 小峰書店（くまたんはじめてシリーズ5）1988年11月

くまちゃん
だいすきなおじさんとカヌーにのってぼうけんをしたくまのおとこのこ「くまちゃんとおじさん、かわをゆく」ほりかわりまこ絵・文 ハッピーオウル社（おはなしのほん）2006年8月

くまちゃん
げんきなアコちゃんのあそびあいてのぬいぐるみ「おひさまアコちゃん まいにちまいにち」角野栄子作;黒井健絵 小学館（おひさまのほん）1996年4月

くまちゃん
かぜをひいてモモちゃんのベッドにはいってきたぬいぐるみのくまちゃん「ぽんぽのいたいくまさん」松谷みよ子文;武田美穂絵 講談社（ちいさいモモちゃんえほん8）1996年5月

くまちゃん
アコちゃんとなかよしのくまのぬいぐるみ「おひさまアコちゃん あそびましょ」角野栄子作;黒井健絵 小学館 1999年1月

くまちゃん
けがわのふくをぬいだりきたりのきせかえくまちゃん「きせかえくまちゃん」末吉暁子作;藤田三歩絵 偕成社 1987年2月

くまちゃん（ベベちゃん）
けがわのふくをぬいだりきたりのきせかえくまちゃん「おしゃれなベベちゃん」末吉暁子作;藤田三歩絵 偕成社 1988年11月

くまとうさん
ゆきの山の中でダウンジャケットをきこんでふくれあがっておしごとをしていたえいがかんとくのとうさん「くまとうさん」今江祥智文;村上康成絵 ひくまの出版 1991年11月

くまどん
きつねどんととってもなかよしのくまどん「くまどんときつねどん」さくらともこ作;にしうちとしお絵 PHP研究所（PHPわたしのえほんシリーズ）2000年6月

くまのおじいさん
ふるいおもちゃをもっているくまのおじいさん「おもいでがいっぱい」いもとようこ絵;新井真弓作 小学館（ビーバーのムーくん1）1998年8月

くまのかあさん
まきちゃんがいった森の中であかちゃんをあらってやっていたくまのかあさん「こぐまをあらう雨」松居友作;土田義晴絵 国土社（そよかぜ絵本シリーズ5）1992年2月

くまのこ
はやしのなかできをきっているおとうさんにおべんともっていったくまのこ「おべんともって」森山京文;片山健絵 偕成社 2004年9月

くまのこ
いじわるきつねがおとしたあおいクレヨンででんしゃのえをかいたくまのこ 「がたごとごーごー」 戸田和代文;三井小夜子絵 文化出版局 1999年5月

くまのこ
川のふちでまいごになったひばりのこにあったくまのこ 「あしたも よかった」 森山京文;渡辺洋二絵 小峰書店(こみねのえほん17) 1989年11月

くまの子 くまのこ
ひさしぶりにかえってきたとうさんとさんぽにでかけたくまの子 「ねえ とうさん」 佐野洋子作 小学館 2001年11月

くまのさん
カコちゃんのいえにきたあたらしいベビーシッターさん 「くいしんぼ くまのさん」 かしわばさちこ作;しもだともみ絵 偕成社(またきてね。1) 2005年9月

くまやとくまふ
かおもせなかもそっくりなのにいつもけんかばかりしているふたごのこぐま 「なかよしこぐま まんなかに」 おのりえん作;はたこうしろう絵 ポプラ社(絵本の時間21) 2003年2月

くまやとくまふ
かおもせなかもそっくりなのにいつもけんかばかりしているふたごのこぐま 「なかよしこぐま わけっこするのだいきらい」 おのりえん作;はたこうしろう絵 ポプラ社(絵本の時間29) 2003年8月

くみ
けんとひろしといつもいっしょのだいのなかよしさんにんぐみのひとり 「わんぱくだんのクリスマス」 ゆきのゆみこ;上野与志作;末崎茂樹絵 ひさかたチャイルド 2005年10月

くみ
けんとひろしといつもいっしょのだいのなかよしさんにんぐみのひとり 「わんぱくだんのきょうりゅうたんけん」 ゆきのゆみこ;上野与志作;末崎茂樹絵 ひさかたチャイルド 2005年8月

くみ
けんとひろしといつもいっしょのだいのなかよしさんにんぐみのひとり 「わんぱくだんのにんじゃごっこ」 ゆきのゆみこ;上野与志作;末崎茂樹絵 ひさかたチャイルド 2003年10月

くみ
けんとひろしといつもいっしょのだいのなかよしさんにんぐみのひとり 「わんぱくだんのはらっぱジャングル」 ゆきのゆみこ;上野与志作;末崎茂樹絵 ひさかたチャイルド 2001年3

くみ
けんとひろしといつもいっしょのだいのなかよしさんにんぐみのひとり 「わんぱくだんのゆきまつり」 ゆきのゆみこ;上野与志作;末崎茂樹絵 ひさかたチャイルド 1997年1月

くみ
けんとひろしといつもいっしょのだいのなかよしさんにんぐみのひとり 「わんぱくだんのロボットランド」 ゆきのゆみこ;上野与志作;末崎茂樹絵 ひさかたチャイルド 1995年4月

くみ
けんとひろしといつもいっしょのだいのなかよしさんにんぐみのひとり 「わんぱくだんのかいていたんけん」 ゆきのゆみこ;上野与志作;末崎茂樹絵 ひさかたチャイルド 1996年6月

くみ

くみ
けんとひろしといつもいっしょのだいのなかよしさんにんぐみのひとり「わんぱくだんのたからじま」ゆきのゆみこ；上野与志作；末崎茂樹絵　ひさかたチャイルド　1992年5月

くみ
けんとひろしといつもいっしょのだいのなかよしさんにんぐみのひとり「わんぱくだんはしれ！いちばんぼし」ゆきのゆみこ；上野与志作；末崎茂樹絵　チャイルド本社（大きな大きな絵本9）2006年3月；ひさかたチャイルド　1993年4月

くも
あめをふらそうとしてじぶんがそらからふってきたくも「くもがふってきた」赤川明作　ポプラ社（絵本のおもちゃばこ13）2005年9月

クモ
おじいさんクジラのおでこにのって南へ南へとたびをつづけたクモ「海のやくそく」山下明生作；しまだしほ絵　佼成出版社　2002年6月

くも
そらにういているくものおとこのこ「くもの日記ちょう」長新太作　ビリケン出版　2000年10月

くも（セカセカさん）
おおきなおおきなやなぎのきのしたにあったやなぎむらにむしさんたちみんなとすんでいたくも「きんいろあらし」カズコ・G.ストーン作　福音館書店（こどものとも傑作集）1998年11月

くも（セカセカさん）
おおきなおおきなやなぎのきのしたにあったやなぎむらにむしさんたちみんなとすんでいたくも「ほたるホテル」カズコ・G.ストーン作　福音館書店（こどものとも傑作集）1998年10月

くも（セカセカさん）
おおきなおおきなやなぎのきのしたにあったやなぎむらにむしさんたちみんなとすんでいたくも「ふわふわふとん」カズコ・G.ストーン作　福音館書店（こどものとも傑作集）1998年12月

くも（ニイド）
かぜをつかまえようとしてかぜぶくろをあんだくものすづくりのめいじんのくも「くものニイド」いとうひろし作　ポプラ社（いとうひろしの本11）2006年7月

くも（もすけ）
おじいさんゆずりの「生きものはなあ、くうか、くわれるかのたたかいじゃ」がくちぐせのくも「もすけ」かみやしん作・絵　くもん出版（くもんの絵童話）1992年8月

くもかいじゅう
あるひまちのうえにやってきてみるみるうちにかいじゅうになったおおきなくろいくも「くもかいじゅう」深見春夫作・絵　PHP研究所（PHPわたしのえほん）2004年11月

くもくん
いろんなものにへんしんできるがもうどれになるのもあきちゃってセーターにへんしんしたくもくん「そらとぶセーターくん」山脇恭作；中沢正人絵　偕成社　1994年2月

雲の子　くものこ
灰色にたなびく雲の髪を持つ雲の王のいちばん末のまだ髪が青い空の色の雲の子「雲の子　水の子」小川英子文；山田博之絵　フェリシモ　1992年3月

くものすおやぶん
むしのまちのみまわりをするくものすおやぶんことおにぐものあみぞう 「くものすおやぶんとりものちょう」 秋山あゆ子作　福音館書店(こどものとも傑作集)　2005年10月;福音館書店(こどものとも 563号)　2003年2月

クラウド
ならずもののクロッコダイルきょうだいのにいさん 「なんでもやのブラリ」 片平直樹作;山口マオ絵　教育画劇　2006年7月

くらげ
さるがいきぎもをとられるためにりゅうぐうじょうにつれてこられたことをおしゃべりしたもんばんのくらげ 「くらげの おつかい-日本昔話より」 矢崎節夫文;島田コージ絵　フレーベル館 (日本むかしばなしライブラリー4)　1995年7月

くらげくん
へんしんがだいすきなくらげのこ 「ゆかいなくらげくん へんしんだいすき」 山脇恭作;にしかわおさむ絵　PHP研究所(PHPわたしのえほんシリーズ)　1991年8月

くらげくん
さんごのはやしでみつけたドロップをたべてからだにいろんないろのぼつぼつができたくらげのこ 「ゆかいなくらげくん ドロップだいすき」 山脇恭作;にしかわおさむ絵　PHP研究所(PHPわたしのえほんシリーズ)　1991年8月

クラリ
赤いタテガミの心のやさしいオスライオン 「クラリとティン」 野村辰寿著　主婦と生活社　2004年5月

くりじいじ
えほん村のなかま 「くりじいじとうにばぁばのこと」 MAJODE MAJORA作・絵　ポプラ社(えほん村みんな物語2)　2001年10月

クリスチナ
ドイツ占領下のアムステルダムの運河ぞいの5階建ての1階に暮らしていた少女 「ねこの船」 こやま峰子文;渡辺あきお絵;スネル博子英訳　自由国民社　2002年5月

グリたろう
まよなかにいがぐりにそっくりなうちゅうせんにのっておちてきたやきあまぐりみたいなうちゅう人 「いがぐり星人グリたろう」 大島妙子作　あかね書房(あかね・新えほんシリーズ28)　2006年9月

くりちゃん
おおきなおにわのあるちいさなおうちにすんでいるひまわりのたねがだいこうぶつのハムスターのおんなのこ 「くりちゃんとひまわりのたね」 どいかや作　ポプラ社(くりちゃんのえほん1)　2004年8月

くりちゃん
おおきなおにわのあるちいさなおうちにすんでいるハムスターのおんなのこ 「くりちゃんとピーとナーとツー」 どいかや作　ポプラ社(くりちゃんのえほん2)　2005年4月

くりちゃん
おおきなおにわのあるちいさなおうちにすんでいるハムスターのおんなのこ 「くりちゃんとおとなりのエーメさん」 どいかや作　ポプラ社(くりちゃんのえほん3)　2006年3月

ぐりち

ぐりちゃん
おともだちのまつぼっちゃんといっしょにまぼろしのまつぼっくりをさがしにいくことになったどんぐりのおんなのこ 「どんちゃん ぐりちゃん まつぼっちゃん」 こじましほ作 文渓堂 2005年9月

ぐりちゃん
だいじなぼうしがなくなっちゃってどんちゃんといっしょにさがしにでかけたどんぐりおんなのこ 「どんちゃん ぐりちゃん」 こじましほ作 文渓堂 2003年6月

ぐりとぐら
クリスマスにまっかなオーバーをきたしろいひげのおじいさんのおきゃくさまがあったのねずみのおとこのこたち 「ぐりとぐらのおきゃくさま」 なかがわりえこ作；やまわきゆりこ絵 福音館書店（こどものとも劇場） 2003年11月

ぐりとぐら
のねずみのおとこのこたち 「ぐりとぐらとくるりくら」 なかがわりえこ作；やまわきゆりこ絵 福音館書店（こどものとも傑作集91） 1992年10月

ぐりとぐら
のねずみのおとこのこたち 「ぐりとぐらとすみれちゃん」 なかがわりえこ作；やまわきゆりこ絵 福音館書店（こどものとも傑作集） 2003年10月

ぐりとぐら
いいおてんきのひにおおそうじをしたのねずみのおとこのこたち 「ぐりとぐらのおおそうじ」 なかがわりえこ作；やまわきゆりこ絵 福音館書店（日本傑作絵本シリーズ） 2002年2月

くりのき
たかいたかいくりくりやまのてっぺんにたっていたいっぽんのとしよりのくりのき 「そっくりのくりのき」 やなせたかし作・絵 フレーベル館（やなせたかしの愛と勇気の絵本1） 1999年5月

くりん
ゆきがやんだので子いぬのコロンをさそってさんぽへいくことにしたおんなの子 「もりのおくりもの」 小比賀優子文；高林麻里絵 ほるぷ出版（くりんとコロンのおはなし） 1991年11月

くりん
クリスマスにうまれたから「くりん」というなまえがついたおんなの子 「おたんじょうびのクリスマス」 小比賀優子文；高林麻里絵 ほるぷ出版（くりんとコロンのおはなし） 1991年10月

くりん
だいすきなうみへ子いぬのコロンといったおんなのこ 「うみのひまわり」 小比賀優子文；高林麻里絵 ほるぷ出版（くりんとコロンのおはなし） 1991年6月

くりん
きもちのいいはるのひに子いぬのコロンとさんぽしたおんなの子 「ぎんいろのしゃぼんだま」 おびかゆうこ文；たかばやしまり絵 ほるぷ出版（くりんとコロンのおはなし） 1991年4月

くりん
かぜにとばされたはっぱを子いぬのコロンとおいかけたおんなの子 「はっぱのおちゃかい」 小比賀優子文；高林麻里絵 ほるぷ出版（くりんとコロンのおはなし） 1991年9月

グリーン＝グリはかせ
大きなおんしつで一日じゅう草や木のけんきゅうをしているはかせ 「グリーン・グリーン・ソング」 田中ゆかり作・絵 講談社 1994年3月

グルー
双子の男の子タフルとともだちになったムササビ 「とべグルー」 土田勇作 フレーベル館 (リトルツインズ11) 1994年5月

クルクル
かばのプルプルのくちのなかであたためられてうまれてきただちょうのこ 「プルプルのたまご」 塩田守男作・絵 教育画劇(スピカみんなのえほん11) 1990年9月

グルグル
ビスケットこうじょうでビスケットづくりをてつだったくろねこのこ 「こねこのきょうだいグルグルとゴロゴロ―ビスケットこうじょう」 江川智穂作 小学館 2005年12月

グルグル
もりのそばにあったながいことあきやだったふるいいえにすみついていたねこ 「ノックがとんとん」 にしかわおさむ作・絵 PHP研究所(PHPわたしのえほんシリーズ) 1988年10月

グルグル
しろねこのゴロゴロときょうだいのくろねこのこ 「こねこのきょうだいグルグルとゴロゴロ ふうせんおばけ」 江川智穂作 小学館 2006年5月

グルグル
しろねこのごろごろときょうだいのくろねこのこ 「こねこのきょうだいグルグルとゴロゴロ たからさがし」 江川智穂作 小学館 2006年3月

クルト
アルプスの山里にある教会の教会ネズミのアントンが行き倒れていたのを助けたネズミの親子の子ネズミ 「ひとりぼっちの気がする」 まつもとまちこ著 マルチモード 2005年11月;清流出版 2000年12月

くるりくら
のねずみのぐりとぐらをたかいきのてっぺんやそらのくもにのせてくれたてながうさぎ 「ぐりとぐらとくるりくら」 なかがわりえこ作;やまわきゆりこ絵 福音館書店(こどものとも傑作集91) 1992年10月

くるりーに
はずかしがりやのハリネズミのおんなのこ 「くるりんはじめてのおつかい―ハリネズミのくるりん2」 とりごえまり文・絵 文渓堂 2004年4月

くるりん
ドキドキするとすぐにクルリンとまあるくなってしまうハリネズミのおとこのこ 「くるりんはじめてのおつかい―ハリネズミのくるりん2」 とりごえまり文・絵 文渓堂 2004年4月

グルリンポン
いしからうまれたじゃんけんぽんのグーがすきなこ 「つよくてよわいぞじゃんけんぽん」 浅野ななみ文;米山永一絵 ポプラ社(絵本・おはなしのひろば25) 1989年7月

クルル
モンゴルの草原でキツネにおそわれた若いアネハヅルの群れの一羽 「風切る翼」 木村裕一作;黒田征太郎絵 講談社 2002年9月

グルル
うさぎのモモッチのおともだちでマイペースなきつねのおとこのこ 「たんじょうびのおきゃくさま」 松岡節作;いもとようこ絵 ひかりのくに 2002年10月

グレ
ゆうちゃんがあきちの材木置場ではじめて見てから毎日見に行ったこねこ 「こねこのグレ」 本多豊国絵・文 清流出版 2001年7月

グレー
スコットランドのエディンバラで巡査の仕事をしていた人で巡回に連れていた相棒の警察犬のボビーの飼い主 「エディンバラのボビー」 鷲塚貞長作;祖父江博史画 KTC中央出版 2002年4月

グレイス
いぬのジェイクがこうえんではじめてあったいぬのおんなのこ 「しあわせってなあに？ JAKE'S FRIENDS」 葉祥明絵・文;スネル博子英訳 自由国民社 2002年1月

グレッチン
ドイツのくにのあるむらにあったもりのはずれのちいさないえにおばあちゃんとなかよくくらしていたおんなのこ 「おばあちゃんのきぐつ」 金川幸子文;中村有希絵 中央出版社 1988年11月

クレモンティーヌ
うさぎのぬいぐるみララ・ローズのもちぬしでだいのなかよしのおんなのこ 「うさぎのララ・ローズ」 市川里美作 講談社（世界の絵本） 2005年6月

くれよん
「ぼくはまだまだ、やくにたつんだ」とくずかごのなかからでていったおれてみじかくなったきいろいくれよん 「ちいさなくれよん」 篠塚かをり作;安井淡絵 金の星社（読みきかせ大型絵本） 2002年5月

クレヨンぐみ
ゆかいな8しょくクレヨンのなかまたち 「ゆかいなクレヨンぐみ」 真木文絵作;石倉ヒロユキ絵 ひさかたチャイルド 2005年1月

クレヨンまる
クレヨンけんきゅうじょのクレヨンはかせがおくさんのハーブおばさんのためにつくったにんぎょうのこども 「ミラクルクレヨンのクレヨンまる-たいへん！かじだ」 有賀忍作 小学館 1998年7月

クレヨンまる
クレヨンけんきゅうじょのクレヨンはかせがおくさんのハーブおばさんのためにつくったにんぎょうのこども 「ミラクルクレヨンのクレヨンまる-スペシャルプレゼント」 有賀忍作 小学館 1998年7月

くろ
ねこのシャムちゃんにおてがみをだしたくろいねこ 「おへんじください。」 山脇恭作;小田桐昭絵 偕成社 2004年9月

クロ
いつもけんかでもいつもいっしょのさんびきねこのいっぴきののらねこがきらいなのらねこ 「さんびきねこの かいぞくごっこ」 上野与志作;礒みゆき絵 ひさかたチャイルド 2006年5

クロ
いわちゃんという男の子がかっていたこどものふくろう 「おとうさんの木」 最上一平作;長新太絵 教育画劇 2003年8月

クロ
おさくんのうちでかわれていてあかちゃんをうんだうし 「うし」 井戸田修作 評論社(児童図書館・絵本の部屋) 1990年11月

クロ
お婆さんのつくった熱いミソ汁をあわてて飲んで舌をやけどしてしまった野良猫 「ねこ舌」 宮川大助文;宮川花子絵 京都書院(大助・花子の日本昔ばなし) 1988年12月

クロ
日本が戦争にまけるすこしまえの広島市の舟入本町の家で小学生の真二にかわれることになったすてネコ 「絵本 クロがいた夏」 中沢啓治作・絵 汐文社 1990年7月

クロ
むれのボスのジロのなかまのくろいいぬ 「ジロがなく」 山下ケンジ作・絵 講談社 1996年8月

クロ
もうずいぶんとしをとっているけれどだいすけのうちのだいじないぬ 「クロは ぼくのいぬ」 宮川ひろ文;鈴木まもる絵 にっけん教育出版社 1998年7月

クロアシ
山の上の湖に引っこしてきて森の広場にはり紙を出して手紙をやりとりする友だちをぼしゅうしたぶたのズーフに手紙をよこしたヤマネ 「はいけい、たべちゃうぞ」 福島サトル作;はらだゆうこ絵 BL出版 2004年12月

くろいマントのおじさん(おじさん)
あるひおおきなカバンとちいさなカバンをてにもってまちのひろばにやってきたくろいマントのおじさん 「くろいマントのおじさん」 金森宰司作 福音館書店(日本傑作絵本シリーズ) 2000年6月

くろくん
10しょくこどもくれよんのくろくん 「くろくんとふしぎなともだち」 なかやみわ作・絵 童心社 2004年8月

くろくん
とらくんのともだちでベーコンをおとしたねこ 「まるごとたべたい」 山脇恭作;小田桐昭絵 偕成社 2006年9月

くろすけ
ささぶねにのりこんでいけのなかのこじまにいったはたらきあり 「ありのたからじま」 志茂田景樹作;早瀬賢絵 KIBA BOOK(よい子に読み聞かせ隊の絵本11) 2002年1月

くろずみ小太郎　くろずみこたろう
旅をする忍術使いの若者 「くろずみ小太郎旅日記 その5-吸血たがめ婆の恐怖の巻」 飯野和好作 クレヨンハウス 2005年3月

くろずみ小太郎　くろずみこたろう
旅をする忍術使いの若者 「くろずみ小太郎旅日記 その4-悲笛じょろうぐもの巻」 飯野和好作 クレヨンハウス(おはなし広場) 2001年4月

くろずみ小太郎　くろずみこたろう
旅をする忍術使いの若者 「くろずみ小太郎旅日記 その3-妖鬼アメフラシ姫の巻」 飯野和好作 クレヨンハウス 2000年8月

くろず

くろずみ小太郎　くろずみこたろう
旅をする忍術使いの若者「くろずみ小太郎旅日記 その1-おろち退治の巻」飯野和好作
　クレヨンハウス　1997年3月

くろずみ小太郎　くろずみこたろう
旅をする忍術使いの若者「くろずみ小太郎旅日記 その2-盗賊あぶのぶんべえ退治の
巻」飯野和好作　クレヨンハウス　1997年3月

くろぞう
あおぞうとすんでいたちいさすぎるもりをでてきたのもりにいったぞう「くろぞうとあおぞう」
石倉ヒロユキ作・絵　ひさかたチャイルド　2006年12月

クロちゃん
ちいさくてかわいいバイクのポッポちゃんのおむかいのうちにやってきたおおがたのくろい
らんぼうそうなバイク「バイク クロちゃんのおまじない」藤本四郎；鍋島よしつぐ作・絵　ポ
プラ社(アニメのりものえほん12)　1988年5月

クロード
森にとんできたぼうしとなかよしになって風の休みばしょをおしえてもらったフクロウ「クロー
ドの森-風の音楽会」福本智雄作　ほるぷ出版　1990年12月

クロード
とぶのがこわいフクロウのこども「まいごのクロード」ふくもとともお作　ほるぷ出版　1989年
3月

黒猫　くろねこ
とある港町の路地裏にある「バーネグロ」の看板猫「黒猫ナイト」山崎杉夫作　長崎出版
(cub label)　2006年10月

くろひげ
どろぼうがっこうをらくだいになったくろひげのおとこ「くろひげレストラン」西山直樹作・絵
　PHP研究所(PHPわたしのえほんシリーズ)　1993年10月

くろひげしょうぐん
ねこのこへいたとぞうのこがねまるをつれているめだまやきのだいすきなしょうぐん「さばく
のめだまやき」石橋正次作・絵　ブックローン出版　1995年3月

黒ぶし山　くろぶしやま
羽前の国の東根という小さな村にあったたいそうなかが悪いことで知られていた二つの山の
一つ「山のつなひき」花島美紀子再話；藤川秀之絵　新世研　2002年8月

くろべえ
くろべえいけにすんでまいにちさかなをつってたべていたがつれなくなったのでうみへさか
なつりにいったこ「くろべえのさかなつり」おおすみまさこ作・絵　ひかり出版　1996年5月

クロベエ
動物園の飼育係の松原さんが子ワニのときから育ててきた世界最大のナイルクロコダイルと
いうワニ「ワニ」桂三枝文；黒田征太郎絵　アートン　2006年4月

くろぼーぬー
ぼーぬーもりにすむふしぎないきもの「おおぼーぬーとちぃぼーぬー」冨樫義博絵；武内
直子文　講談社　2005年10月

くろまるちゃん
へんしんごっこしてあそんだまるのきょうだいのくろまるちゃん 「あかまるちゃんとくろまるちゃん」 上野与志作;村松カツ絵 ひさかたチャイルド 1996年9月

くろゆきひめ
あくのなかま、ばいきんまんのことがだいすきなおひめさま 「アンパンマンとくろゆきひめ」 やなせたかし作・絵 フレーベル館(アンパンマンのおはなしわくわく7) 2004年11月

グロリア
よじょうはんでくらしているこたつがこうえんであったおんなのこ 「こたつ1 こたつとともだち」 あまのよしたか作・絵 講談社 2001年8月

グロリア
よじょうはんにくらしているこたつのなかよしのおんなのこ 「こたつ2 こたつの1しゅうかん」 あまのよしたか作・絵 講談社 2001年8月

くわがた(がたくん)
よるになってのこぎりくわがたくんたちとちからくらべをしたくわがたのおとこのこ 「くわがたのがたくん」 高家博成;仲川道子作 童心社 2001年6月

くわがたうし
まめうしがあったくわがたむしみたいなちいさなうし 「まめうしのあついなつ」 あきやまただし作・絵 PHP研究所(PHPわたしのえほんシリーズ) 2005年7月

クンタ
うさぎのモモッチのおともだちでおもいやりいっぱいのくまのおとこのこ 「たんじょうびのおきゃくさま」 松岡節作;いもとようこ絵 ひかりのくに 2002年10月

クンタン
ちいさいしょうぼうじどうしゃのウータくんとなかよしのいぬ 「ちいさいしょうぼうじどうしゃウータくん」 なすだじゅん作;かさはらりえ絵 ひくまの出版 1992年6月

クンちゃん
いつもグーグーねてばかりいるのでおかあさんとはぐれてしまったじねずみのおとこのこ 「ねぼすけクンちゃん」 のらり&くらり作 アスラン書房(心の絵本) 2002年8月

くんちゃん
どうぶつがとてもかいたくなったおんなのこ 「くんちゃんはあきらめないもん」 つちだのぶこ作・絵 偕成社 2001年2月

【け】

けいがくおしょう
白ぎつねがおさない日々をともにすごしたもとのごしゅじんの若君で木曽の興禅寺のおしょう 「きつねのぼうさま」 松谷みよ子文;宮本忠夫絵 ポプラ社(えほんはともだち54) 1999年10月

けいくん
テレビのおねえさんがだしてくれたおとなジュースをのんでおおきくなったおとこのこ 「おとなジュース!」 山脇恭作;福田岩緒絵 フレーベル館 1993年4月

けいこ
===

けいこ
じぶんがわるいことをしたからきょうのおねえちゃんがこわかったおんなのこ 「けいことおねえちゃん」 ますだけいこ作 評論社(児童図書館・絵本の部屋-手づくり絵本の本棚) 1989年12月

ケイゾウ
盲学校にかよう目のみえない子 「雨のにおい 星の声」 赤座憲久文;鈴木義治絵 小峰書店(えほん・こどもとともに) 1987年12月

けいた
うまくボタンがはめられないおとこのこ 「けいたのボタン」 岩崎京子文;降矢なな絵 にっけん教育出版社 1999年5月

けいたくん
くろべえいけにすんでまいにちさかなをつってたべているくろべえのともだち 「くろべえのさかなつり」 おおすみまさこ作・絵 ひかり出版 1996年5月

けいちゃん
おふろやさんのうちのおんなのこ 「ふくのゆのけいちゃん」 秋山とも子作 福音館書店(こどものともセレクション) 2006年1月

けいちゃん
なんにでもよくきくすごーいくすりゆびをもっているおとこのこ 「けいちゃんのくすりゆび」 あきやまただし作 佼成出版社 2003年6月

けいとだま
いえをでてたびをしたこんがらかってこんがらかってなにがなんだかわからないけいとだま 「こんがらかって こんがらかって」 東民正利作;村田まり子絵 パロル舎 1989年4月

ケイトちゃん
地球へやってきたばかりの毛糸星のプリンセス 「ひつじちゃんはごきげんななめ」 高森共子著 ブロンズ新社(ケイトとバッチのあみぐるみ絵本) 2000年5月

ケーキ
コウくんのどんぐりでコウくんが「ケーキ」となまえをつけてくれたどんぐり 「まいごのどんぐり」 松成真理子作 童心社 2002年9月

ケケちゃん
おてつだいがだいすきなかえるのこ 「ケロちゃん ケケちゃん ケロロちゃん おてつだいおてつだい」 長野ヒデ子作・絵 ひさかたチャイルド 2005年6月

けけまる
じゅうべのたんじょうびパーティによばれてようへいとふたりでじゃんけんロードをとおっていったこ 「じゃんけんロード」 藤本ともひこ作 リブロポート(リブロの絵本) 1992年6月

ゲゲロ
田んぼの中の小さな池の家からはじめてのひとりたびにでた元気な子がえる 「川をこえて山をこえて 子がえるゲゲロのぼうけん」 清水達也作;小沢良吉絵 あかね書房(あかね創作えほん33) 1994年10月

けしゴムおばけ
まんがをよんでたひろしの目のまえに出たなんでもけしちゃうけしゴムおばけ 「けしゴムおばけ」 末吉暁子作;村上勉絵 小学館(小学館こども文庫-おはなしプレゼント5) 1987年7月

けしごむくん
けすのがだいすきでまちがったじやへんてこなえをみつけるとすぐにごしごしけすけしごむくん 「けしごむくん」 二宮由紀子作；矢島秀之絵　ひかりのくに（ひかりのくに傑作絵本集21）　2002年7月

ケチャップせんせい
チラホラもりのりすのはいしゃさん 「ケチャップせんせいありがとう」 舟崎克彦作；黒井健絵　ポプラ社（えほんとなかよし16-チラホラもりのはいしゃさん3）　1992年6月

ケチャップせんせい
チラホラもりにひっこしてきたりすのはいしゃさん 「チラホラもりのはいしゃさん」 舟崎克彦作；黒井健絵　ポプラ社（えほんとなかよし5）　1990年11月

ケチャップせんせい
チラホラもりのりすのはいしゃさん 「ゾウさんのハブラシ」 舟崎克彦作；黒井健絵　ポプラ社（えほんとなかよし7-チラホラもりのはいしゃさん2）　1991年3月

Kちゃん　けーちゃん
お腹に「K」の形をした傷があって尾びれにつり糸がからまった海のイルカ 「イルカのKちゃん」 田口周一；DOLPHIN CLUB文；大島良子絵　教育出版　2004年6月

ケチルさん
さんぞくとうげをこえたところのやまのてっぺんにたっているという「100ばいの木」をさがしにいったけちなおとこのひと 「ケチルさんのぼうけん」 たかどのほうこ作・絵　フレーベル館（フレーベル館の新秀作絵本8）　1998年7月

けっことこっこ
めーおばさんからおつかいをたのまれたふたりのあわてんぼうのにわとりのこ 「おつかいーけっことこっこ」 浅川じゅん作；橋本淳子絵　偕成社　1999年12月

ケトケト
わにのサバイとひよこのピリィがみずうみであったいきもの 「サバイとピリィ まほうのぼうし」 はぎのちなつ作・絵　ひさかたチャイルド　2005年4月

ケナゲナ
もりのちいさなおうさま 「ルフラン ルフラン」 荒井良二著　プチグラパブリッシング　2005年5月

ゲボネ
うちゅうせんにいたずらをするうちゅうかいぞく 「たこやきマントマン-うちゅうのぼうけんのまき」 高田ひろお作；中村泰敏絵　金の星社（新しいえほん）　1995年12月

けむりのこ
あるひあるおうちのえんとつからうまれたがじぶんのことをくもだとおもっているけむりのこ 「くもになったけむり」 入江ゆう作・絵　東京書店　2005年9月

けむりのまじょ
アンパンマンをけむりだまのなかへとじこめたまじょ 「アンパンマンとゆうきりんりん」 やなせたかし作・絵　フレーベル館（アンパンマンメルヘン5）　1991年12月

けやき
戦争で街はすっかり焼けてしまっても街の真ん中で戦争の前とまったく変わらず立っていてみんなをはげましたけやきの大木 「木のいのち」 立松和平文；山中桃子絵　くもん出版　2005年9月

けやき
二かいのどっちのまどからもけやきの木がみえるむかいあったアパートの子でむかいのおんなの子から「けやき」とよばれるおとこの子 「けやきとけやこ」阪田寛夫文;織茂恭子絵 童心社(絵本・ちいさななかまたち) 1988年11月

けやこ
二かいのどっちのまどからもけやきの木がみえるむかいあったアパートの子でむかいのおとこの子から「けやこ」とよばれるおんなの子 「けやきとけやこ」阪田寛夫文;織茂恭子絵 童心社(絵本・ちいさななかまたち) 1988年11月

けろ
おかあさんがびょうきになってくすりをさがしにでかけたあおがえる 「はなのしずく」椿宗介作;高畠純絵 フレーベル館(ペーパーバックえほん3) 2002年1月

ケロ
バムといっしょにひこうきにのっておじいちゃんちにあそびにいったかえる 「バムとケロのそらのたび」島田ゆか作・絵 文溪堂 1995年10月

ケロ
あめのにちようびにバムとほんをよむことにしたかえる 「バムとケロのにちようび」島田ゆか作・絵 文溪堂 1994年9月

ケロケ郎　けろけろう
かえるのかたちをしているみずのつぶでときどきあめといっしょにそらからふってくるつぶ 「あまつぶいっぴきくものうえ」いぐちゆうた文;すぎやまゆき絵 学習研究社 2005年3月

ケロケロがえる
うたったうたがどんどんそらへのぼっていってあめをふらせるカエル 「ケロケロがえるがなくときは」浅沼とおる作・絵 鈴木出版(チューリップえほんシリーズ) 2000年5月

ケロケロセブン
オランウータンのおうじさまオラウーちゃんをまもる7にんのゆうかんなカエル 「オウラーちゃん」工藤ノリコ著 文溪堂 2000年2月

ケロケロセブン
オランウータンのおうじさまオラウーちゃんをまもる7にんのゆうかんなカエル 「オラウーちゃんとまほうのやかた」工藤ノリコ作 文溪堂 2001年3月

ケロちゃん
おてつだいがだいすきなかえるのこ 「ケロちゃん ケケちゃん ケロロちゃん おてつだいおてつだい」長野ヒデ子作・絵 ひさかたチャイルド 2005年6月

ケロちゃん
おかいもののひにバムとくるまにのっていちばにでかけたかえる 「バムとケロのおかいもの」島田ゆか作・絵 文溪堂 1999年2月

ケロちゃん
とてもさむいひバムとスケートぐつをもってうらのいけにいってみたかえる 「バムとケロのさむいあさ」島田ゆか作・絵 文溪堂 1996年12月

ケロロちゃん
おてつだいがだいすきなかえるのこ 「ケロちゃん ケケちゃん ケロロちゃん おてつだいおてつだい」長野ヒデ子作・絵 ひさかたチャイルド 2005年6月

けん
ひろしとくみといつもいっしょのだいのなかよしさんにんぐみのひとり 「わんぱくだんのクリスマス」ゆきのゆみこ；上野与志作；末崎茂樹絵　ひさかたチャイルド　2005年10月

けん
ひろしとくみといつもいっしょのだいのなかよしさんにんぐみのひとり 「わんぱくだんのきょうりゅうたんけん」ゆきのゆみこ；上野与志作；末崎茂樹絵　ひさかたチャイルド　2005年8月

けん
ひろしとくみといつもいっしょのだいのなかよしさんにんぐみのひとり 「わんぱくだんのにんじゃごっこ」ゆきのゆみこ；上野与志作；末崎茂樹絵　ひさかたチャイルド　2003年10月

けん
おへそがえるのごんとともだちになったおとこのこ 「おへそがえる・ごん－ぽんこつやまのぽんたとこんたの巻」赤羽末吉作・絵　小学館（ちひろ美術館コレクション絵本4）　2001年3月

けん
ひろしとくみといつもいっしょのだいのなかよしさんにんぐみのひとり 「わんぱくだんのはらっぱジャングル」ゆきのゆみこ；上野与志作；末崎茂樹絵　ひさかたチャイルド　2001年3

ケン
うまれたときからのらいぬだったいぬ 「あしなが」あきやまただし作・絵　講談社　1999年9月

けん
ママからおもちゃばこのなかのいらないものをすてるようにいわれたおとこのこ 「ぼくと ママの たからもの」斉藤栄美作；狩野ふきこ絵　金の星社（こどものくに傑作絵本）　1999年3月

ケン
五年生のあづみとおなじ保健室登校をはじめた一年生の男の子 「あづみのひみつ基地」田中すみ子作；夏目尚吾絵　汐文社（登校拒否を考える絵本2）　1998年3月

けん
ひろしとくみといつもいっしょのだいのなかよしさんにんぐみのひとり 「わんぱくだんのゆきまつり」ゆきのゆみこ；上野与志作；末崎茂樹絵　ひさかたチャイルド　1997年1月

けん
ひろしとくみといつもいっしょのだいのなかよしさんにんぐみのひとり 「わんぱくだんのロボットランド」ゆきのゆみこ；上野与志作；末崎茂樹絵　ひさかたチャイルド　1995年4月

ケン
マキがおとうさんとうみにあそびにいってしりあったおとこのこ 「おとうさんとうみへいったんだよ」柴田晋吾；田村直巳絵　偕成社（創作えほん）　1994年6月

けん
ひろしとくみといつもいっしょのだいのなかよしさんにんぐみのひとり 「わんぱくだんのかいていたんけん」ゆきのゆみこ；上野与志作；末崎茂樹絵　ひさかたチャイルド　1996年6月

けん
ひろしとくみといつもいっしょのだいのなかよしさんにんぐみのひとり 「わんぱくだんのたからじま」ゆきのゆみこ；上野与志作；末崎茂樹絵　ひさかたチャイルド　1992年5月

けん

ケン
原爆で町がなくなってしまった日にまるゆでのじゃがいもだけを食べた男の子 「もえたじゃがいも」 入野忠芳作・絵 汐文社(原爆絵本シリーズ2) 1989年4月

ケン
いぬのジョンがだいすきなおとこのこ 「ジョンのふしぎなたび」 葉祥明文・絵 国土社 1999年12月

けん
ひろしとくみといつもいっしょのだいのなかよしさんにんぐみのひとり 「わんぱくだんはしれ！いちばんぼし」 ゆきのゆみこ；上野与志作 末崎茂樹絵 チャイルド本社(大きな大きな絵本9) 2006年3月；ひさかたチャイルド 1993年4月

けん
うちにまちがってとどいたにもつにかいてある「くまぞうさん」をさがしになかまたちとでかけたきつね 「くまぞうさあ～ん」 たかはしとおる文・絵 ぎょうせい(そうさくえほん館16) 1992年9月

けん
にちようびにおとうさんとあめのさんぽにでかけたおとこのこ 「あめのさんぽ」 竹下文子文；鈴木まもる絵 リブロポート(リブロの絵本) 1996年5月

ゲンキくん
まちはずれのこうじげんばでしっぱいばかりのパワーショベル 「パワーショベルのゲンキくん」 くにまつとしひで文；なかむらやすひろ絵 童心社(のりものシリーズ) 1989年11月

げんくん
あしたのうんどうかいがうれしくないうんどうがとくいじゃないおとこのこ 「びっくり かけっこ いっとうしょう」 西本鶏介作；西村達馬絵 佼成出版社(園児のすくすく絵本4) 1987年7月

けんご
つかまえたきのぼりとかげにとうさんのかまでとくべつなやきものをやいてプレゼントしたおとこのこ 「きのぼりとかげへのおくりもの」 今関信子作；西村繁男絵 朔北社 2001年4月

ケンゴ
くさむらにブルドーザーがやってきてにげだしたすずむし 「すずむしケンゴのうた」 柴田晋吾作；山崎匠絵 文研出版(えほんのもり30) 1996年6月

げんごろう
アラマせんせいのつれあい 「かばがおこった」 谷川俊太郎文；桑原伸之絵 国土社(やってきたアラマせんせい1) 1988年4月

げんごろう
いっしょにたびをしているアラマせんせいのつれあい 「あいうえおがすき」 谷川俊太郎文；桑原伸之絵 国土社(やってきたアラマせんせい3) 1988年11月

げんごろう
いっしょにたびをしているアラマせんせいのつれあい 「げんごろうをさがせ」 谷川俊太郎文；桑原伸之絵 国土社(やってきたアラマせんせい2) 1988年5月

げんごろうさん
あるひみちでふしぎなたいこをひろったおとこのひと 「ふしぎなたいこ」 西本鶏介文；若菜珪絵 フレーベル館(日本むかしばなしライブラリー6) 1995年9月

げんさ
かかみのにおおにゅうどうにばけてでるってうわさがたったおおだぬきをやっつけにいったさとのゆみのめいじん 「かかみのの おおだぬき」 赤座憲久文;石倉欣二絵 小峰書店（えほん・こどもとともに） 1991年4月

けんさん
だいふんかをおこしたみやけじまでいえをとびだしたままのねこやのらねこたちをたすけにいったおとこのひと 「かざんのしまからねこたちをすくえ」 木暮正夫文;篠崎三朗絵 教育画劇（絵本・ほんとうにあった動物のおはなし） 2002年5月

けんさん
ラーメンのおいしいおみせ「とんちんけん」のしゅじん 「ふしぎなおきゃく」 肥田美代子作;岡本颯子絵 ひさかたチャイルド 2006年12月

げんさん
戦争で南の島へいっているあいだにくうしゅうでおくさんもむすめのかなこもなくしてしまった男の人 「おはじきの木」 あまんきみこ作;上野紀子絵 あかね書房（あかね・新えほんシリーズ3） 1999年12月

げんさん
どうぶつえんのライオンのしいくがかりになったとしよりのひと 「おれはなにわのライオンや」 さねとうあきら文;長谷川知子絵 文溪堂（ぶんけい・絵本のひろば10） 1995年7月

げんさん
かわへなまずをとりにでかけてかっぱたちとすもうをとったむらのおとこ 「げんさんと100がっぱ」 さねとうあきら文;いしくらきんじ絵 佼成出版社（創作民話絵本） 1994年3月

げんさん
となりまちでひとりぐらしをしているゆうたのおじいちゃん 「おじいちゃんのまち」 野村たかあき作・絵 講談社 1989年11月

けんじ
おとうとがじてんしゃにのれるのにまだのれないおにいちゃん 「おーい ぼく風になったよ」 舟崎靖子文;梅田俊作絵 ベネッセコーポレーション（ベネッセのえほん） 1997年12月

ケンジ（ケンちゃん）
ふとんにもぐるのがだいすきなおとこのこ 「ふとんやまトンネル」 那須正幹作;長野ヒデ子絵 童心社 1994年12月

げんじいさん
日本れっとうにそってながれる海の川・黒潮のきしべにあったちいさな入江の浜でくらしていたりょうしのおじいさん 「魚をよぶ森」 斉藤きみ子作;津田櫓冬絵 佼成出版社（創作民話絵本） 1994年5月

げんじいさん
まちにすむまごのるかちゃんがあそびにきたむらのおじいさん 「じいちゃんのないしょのうみ」 山内満豊;梅田俊作;梅田佳子作・絵 佼成出版社（ひわさの四季） 1993年6月

げんじいさん
まちにすむまごのるかちゃんがあそびにきたむらのおじいさん 「じいちゃんのあかいバケツ-ひわさの四季」 山内満豊;梅田俊作;梅田佳子作・絵 佼成出版社 1992年9月

ゲンじいさん
村の炭やきごやのおじいさん 「村のお医者さん」 三芳悌吉作 福音館書店（日本傑作絵本シリーズ） 1989年11月

けんじ

虔十　けんじゅう
いつもなわのおびをしめてわらって杜のなかや畑のあいだをゆっくりあるいている少年「虔十公園林－宮沢賢治の童話絵本」宮沢賢治作;高田勲絵　にっけん教育出版社　2004年5月

虔十　けんじゅう
いつも縄の帯をしめてわらって杜の中や畑の間をゆっくりあるいている少年「虔十公園林」宮沢賢治作;伊藤亘絵　偕成社（日本の童話名作選）1987年3月

けんすけとたか子　けんすけとたかこ
森林てつどうの村のえきのしごとをしていたさだおばさんがだいすきな子どもたち「さだおばさん」原田泰治作・絵　講談社　1994年9月

げんぞうじいさま
「すがたかえ」というでだれでもはいったがさいごにてもにつかんすがたになって出てくるふしぎなぬけあながある村にすんでおったじいさま「あれからそれから」高田桂子作;木曽秀夫絵　文研出版（みるみる絵本－ぽっぽライブラリ）1995年1月

げんぞうじいさま
となりのいじわるばあさまをむらにあった"すがたかえ"とよばれておったふしぎなぬけあなにおいこんでしもうたじいさま「からからからが…」高田桂子作;木曽秀夫絵　文研出版（みるみる絵本－ぽっぽライブラリ）1995年1月

けんた
びょうきじゃないのにようちえんをおやすみしたひにへんそうしておばあちゃんのうちにいったうさぎのおとこのこ「こうさぎけんたのへんそう」松野正子文;かまたのぶこ絵　童心社　2006年4月

けんた
まゆちゃんともりのおくへとはいってはるをいわうどうぶつたちといっしょにおどったおとこのこ「くまくまうさぎ」土田義晴絵・文　福武書店　1987年4月

けんた
バスのまどからぼうしをかぜにとばされたおとこのこ「けんたのぼうし」やすいすえこ作;田頭よしたか絵　偕成社　1991年6月

けんた
おかあさんにぬってもらったたからぶくろをもってたからさがしにでかけたこうさぎ「こうさぎけんたのたからさがし」松野正子文;かまたのぶこ絵　童心社（絵本・ともだちあつまれ）2002年6月

けんた
じぶんが生まれたときにいなかのじいじいちゃんにかきの木をうえてもらったおとこの子「けんたのかきの木」いわさきさよみ作・絵　けやき書房（けやきの絵本）1999年5月

けんた
いえのちかくをながれるかわでほたるのようちゅうをたくさんみつけたおとこのこ「ひかりの二じゅうまる」志茂田景樹作;石川あゆみ絵　KIBA BOOK（よい子に読み聞かせ隊の絵本シリーズ2）1999年10月

けんた
なつやすみにうみにでかけてあさせにまよいこんでうごけなくなったいるかをたすけてやったおとこのこ「いるかのうみ」菅瞭三作　福音館書店（日本傑作絵本シリーズ）1997年9月

けんた
ようすけとざりがにとりにでかけたかえりみちみちばたにたおれているおじいさんをたすけたおとこのこ 「たけとんぼありがとう」 しみずみちを作;福田岩緒絵 教育画劇(スピカみんなのえほん7) 1989年11月

けんた
おひさまがかんかんてってるあついひベランダでみどりのホースによばれてホースをかたにかけてさんぽにでかけたおとこのこ 「みどりのホース」 安江リエ文;やぎゅうげんいちろう絵 福音館書店(こどものとも傑作集) 2006年7月

けん太　けんた
夏休みにこんちゅうをさがしにいったもりのなかで山どりのひなをみつけた男の子 「けん太と山どり」 小林しげる文;藤本四郎絵 文研出版(えほんのもり) 2006年9月

げんた
村はずれのからす山のくろいからすたちにとまり木からおいたてられてつきおとされた白いからすをたすけたおとこの子 「みさきがらす」 武田英子文;清水耕蔵絵 講談社 1987年10月

ゲンタ
世界一周したおんぼろヨットで港に帰ってきた男 「おんぼろヨット」 長谷川集平文;村上康成絵 ブックローン出版 1987年7月

源太　げんた
琵琶湖のほとり山梨子村の子ども、あやの兄 「やまなし村の風の音」 鈴木靖将画;谷口ミサヲ文 トモ企画 1987年6月

けんたとまゆちゃん
もりのどうぶつたちとあきのごちそうをたべたこどもたち 「もりで もぐもぐ」 土田義晴作 福武書店 1989年11月

ケンタロウ
死んでしまうことを考えるとねむれなくなってすいみんぶそくになった男の子 「すいみんぶそく」 長谷川集平作 童心社 1996年1月

けんちゃん
およぐのがにがてだからプールがきらいなおとこのこ 「けんちゃんともぐりん」 薄井理子文;夏目尚吾絵 くもん出版 2005年7月

けんちゃん
おばけの町ばけばけ町のねんにいちどのべろろんまつりにとらこちゃんとでかけたおとこのこ 「ばけばけ町のべろろんまつり」 たごもりのりこ作・絵 岩崎書店(カラフルえほん4) 2005年3月

けんちゃん
おばけの町ばけばけ町のうわさのどろぼうどろんちゅうのすけにおやつをぬすまれたおとこのこ 「ばけばけ町でどろんちゅう」 たごもりのりこ作・絵 岩崎書店(カラフルえほん18) 2006年6月

けんちゃん
けがをしたなかよしのゆうたのかわりにみどりさわへ国チョウのオオムラサキをみつけにいったおとこのこ 「ゆうたのオオムラサキ」 ふりやかよこ著 文研出版(えほんのもり) 2005年6月

けんち

けんちゃん
うちがちょっとへんてこな町ばけばけ町へひっこすことになったおとこのこ 「ばけばけ町へおひっこし」 たごもりのりこ作・絵 岩崎書店(えほんのマーチ16) 2004年5月

けんちゃん
ほしのくにからきたほしべソくんにまたあえたおとこのこ 「ほしべソくん ふたたびちきゅうへ」 おぐらひろかず文・絵 フレーベル館 2004年5月

けんちゃん
おねえちゃんのりえちゃんときつねのこたちとみんなでなわとびをしてあそんだおとこのこ 「きつねのかみさま」 あまんきみこ作;酒井駒子絵 ポプラ社(絵本・いつでもいっしょ9) 2003年12月

けんちゃん
ケンケンとびがだいすきでケンケンとびしてどこかへいってしまっていろいろなひとになってかえってくるおとこのこ 「ケンケンとびのけんちゃん」 角野栄子作;大島妙子絵 あかね書房(あかね創作えほん37) 1995年12月

けんちゃん
にんじんパイプをふくのがだいすきなウサギのおとこのこ 「けんちゃんとにんじんパイプ」 柴田晋吾作;垂石真子絵 借成社 1995年5月

ケンちゃん
ふとんにもぐるのがだいすきなおとこのこ 「ふとんやまトンネル」 那須正幹作;長野ヒデ子絵 童心社 1994年12月

けんちゃん
このはる一ねんせいになるこでランドセルをかってもらったおとこのこ 「ぼくは一ねんせいだぞ！」 福田岩緒作 童心社(絵本・ちいさななかまたち) 1991年2月

ケンちゃん
太平洋戦争がおわって一年がすぎた山のなかの小学校で戦争犯罪人をこらしめるねんど細工の神さまをつくった少年 「ねんどの神さま」 那須正幹作;武田美穂絵 ポプラ社(えほんはともだち27) 1992年12月

けんちゃん
おおきくなったらたいそうのおりんぴっくせんしゅになるおとこのこ 「おおきくなったらね」 菊地清作 大日本絵画(かわりんこえほん) 1989年12月

けんちゃん
日航ジャンボ機御巣鷹山墜落事故で逝った三年生の男の子 「いつまでもいっしょだよ-日航ジャンボ機御巣鷹山墜落事故で逝った健ちゃんへ」 美谷島邦子作・画 扶桑社 1988年8月

ケンちゃん
おじさんからもらったこいぬにゴロというなまえをつけてだいじにそだてているおとこのこ 「でていったゴロタ」 かこさとし絵・文 ポプラ社(かこさとし こころのほん3) 2005年10月

けんちゃん
でんしゃがだいすきででんしゃのうんてんしゅになろうとおもったおとこのこ 「けんちゃん でんしゃ」 神戸淳吉作;太田大八絵 借成社(のりものストーリー) 1987年3月

ケンちゃん
犬のタロウをかっていた男の子 「黄色いボール」 立松和平文;長新太絵 河出書房新社(立松和平との絵本集1) 1996年5月

けんちゃん
ねむれないよるはパパとおさんぽにでかけるおとこのこ 「よるの おさんぽ」 坂元純文；金斗鉉 講談社(講談社の創作絵本) 2004年6月

【こ】

コア
馬のきょうぎブズカシでとうさんがチョパンドスとよばれるチャンピオンだった男の子 「ぼくのチョパンドス」 小林豊作・絵 光村教育図書 1999年4月

コイ
ももぐみのこどもたちがおりがみをしてつくったこいのぼりのコイたち 「ちいさなこいのぼりのぼうけん」 岩崎京子作；長野ヒデ子絵 教育画劇(行事のえほん4) 1993年4月

こい
むかしちゅうごくのこうがというかわにあったそのたきをのぼればりゅうになってそらをとべるというりゅうもんというたきめがけておよぎはじめたこい 「りゅうもんのたき」 矢崎節夫文；村上豊絵 世界文化社(こどもの日に読む絵本) 1987年11月

ゴイサギ
よるがあけて池のそばのいつものえだにもどってきてねむりについたゴイサギ 「ゴイサギはみていたのかな」 かみやしん著 文研出版(えほんのもり) 2002年9月

吾一郎　ごいちろう
わるさばかりして村にいられなくなったバカ息子 「カラス」 桂三枝文；黒田征太郎絵 アートン(桂三枝の落語絵本シリーズ6) 2006年6月

ごいんきょさん
おばけやしきとうわさのたかい古いおやしきにひっこしてきたとある大きなお店のごいんきょさん 「落語絵本 ばけものつかい」 川端誠著 クレヨンハウス 1994年11月

公一　こういち
新聞に「逆立ちのできる馬、さがしています」という広告を出した子供 「逆立ちのできるロバ」 高木剛文；杉林恭雄絵 フェリシモ 1992年3月

こうきち
ほうらいじ山のふもとの村はずれにあったおじいさんとおばあさんのやどにおかあさんととまりにきたきつねのぼうや 「ことしさいごのおきゃくさま-ほうらい寺のおはなし4」 なつめりちこ作；なぐらなちこ絵 評論社(児童図書館・絵本の部屋-手づくり絵本の本棚) 1989年12月

コウくん
カバンのなかがどんぐりでいっぱいでどんぐりになまえをつけたおとこのこ 「まいごのどんぐり」 松成真理子作 童心社 2002年9月

ごうけつ
おそろしい女王のうつくしいむすめにけっこんをもうしこみにいった王子がけらいにした六人のごうけつ 「六にんの ごうけつ」 川村たかし文；井江栄絵 ひかりのくに(名作・昔話絵本) 1993年1月

コウスケくん
はっけつびょうになったもうすぐ6さいになるおとこのこ 「えほん いのちのあさがお」 あやのまさる作；まつもときょうこ画 ハート出版 2001年6月

幸助さん　こうすけさん
工場長の息子のアキラとバイクで権助山にいってタヌキに化かされ山の中のレストランにはいった男の人「峠の狸レストラン」桂三枝文;黒田征太郎絵　アートン(桂三枝の落語絵本シリーズ8)　2006年12月

こうた
ADHD(エーディーエイチディー)のおとこのこ「オチツケオチツケこうたオチツケーこうたはADHD」さとうとしなお作;みやもとただお絵　岩崎書店(いのちのえほん14)　2003年12月

こうた
ことしのてんぐまつりのじゅんびをするこどもたちのなかまにしんいりではいった小学1年生のおとこのこ「こうたのてんぐ山えにっき-埼玉県荒川村白久「てんぐまつり」」わたなべゆういち作・絵　リーブル(えほん・こどものまつり)　1992年10月

こうた
にんげんのこどもにばけておもちゃやのごんじいといっしょにむらのおまつりにいったきつねのこ「きつねをつれてむらまつり」こわせたまみ作;二俣英五郎絵　教育画劇(スピカみんなのえほん10)　1990年6月

コウタ
ケンちゃんのちゅうがくせいのおにいちゃんでふりょうのなかまとつきあっているおとこのこ「でていったゴロタ」かこさとし絵・文　ポプラ社(かこさとし こころのほん3)　2005年10月

こうた
はえなわぎょせんにのってとおいみなみのうみまでサメをとりにいってたとうさんがかえってきたこども「とうさんとサメ」彦一彦絵・文　福武書店　1990年5月

こうたろうくん
ねむれなくてさくをこえるぶたさんのかずをかぞえることにしたおとこのこ「はやくねてよ」あきやまただし作・絵　岩崎書店(えほん・ハートランド6)　1994年9月

こうちゃん
えかきのおじいちゃんからもらったたんけんぼうをもっていつもあそびにいくおとこのこ「こうちゃんのたんけんぼう」神田恵美子文;福田岩緒絵　てらいんく　2005年7月

コウちゃん
春になると親せき中が集まってご先祖さまのお墓参りをする島にやってきた男の子「いのちのまつり」草場一壽作;平安座資尚絵　サンマーク出版　2004年10月

こうちゃん
3ねんせいのなつやすみにりくとふたりでうみへいったおないどしのいとこのおとこのこ「きょうはすてきなくらげの日！」武田美穂作・絵　ポプラ社(えほんとなかよし55)　1998年7

こうちゃん
そらからおちてきたオニのこドンがたいこをたたいたのでまけじとたいこをたたいたおとこのこ「ドオン！」山下洋輔文;長新太絵　福音館書店(日本傑作絵本シリーズ)　1995年3月

こうちゃん
なつやすみにだいちゃんがうちにあそびにいったいとこ「だいちゃんとうみ」太田大八作・絵　福音館書店(こどものとも傑作集)　1992年4月

校長先生　こうちょうせんせい
一年生のひろしの学校のあたまがけがなくてだんだんエンピツみたいにとがっていく校長先生「校長先生のあたま」長新太作　くもん出版　2001年1月

校長先生　こうちょうせんせい
おまじないをかけられて学校できつねのおとうさんとこどもたちに字をおしえてやった校長先生「おまじないは ききますか」藤田勝治作　童心社（絵本・ちいさななかまたち）1994年9月

コウノトリ（レオン）
アルプスの山里にある教会にひとりぼっちで住んでいた教会ネズミのアントンの旧友のコウノトリ「ひとりぼっちの気がする」まつもとまちこ著　マルチモード 2005年11月；清流出版 2000年12月

こうへい
ひさしぶりのかぞくりょこうで幽霊船にとまったおとこの子「なんてこった！」藤本ともひこ作・絵　講談社　1993年11月

弘法大師　こうぼうだいし
まずしいいえにひとばんとめてくれて大きないえのはたけからだいこんをもってきてたべさせてくれたやさしいおばあさんのあしあとをかくしてやったおぼうさん「あとかくしの雪」谷真介文；赤坂三好絵　佼成出版社（行事むかしむかし 11月 大師講のはなし）1991年10月

こうもり（こもりくん）
やまのどうくつのおくでずっとさかさになってくらしていたからはなすこともぜんぶさかさまのこうもりのこども「さかさのこもりくん」あきやまただし作・絵　教育画劇　2006年4月

こうもり（ホラキュラ）
よるになるともりへでかけていってどうぶつたちがみているゆめをすいとっていたゆめすいこうもり「ゆめすいこうもり」近藤薫美子作・絵　ひさかたチャイルド（ひさかた絵本ランド）1991年6月

洋傘直し　こうもりなおし
チュウリップが一めんに咲いている農園の中へ入った一人の洋傘直し「チュウリップの幻術」宮沢賢治作；田原田鶴子絵　偕成社（宮沢賢治の傑作童話絵本）2003年4月

ゴエモンぐんだん
にんじゃのすむどんぐりじまでわるいことばかりしているにんじゃたち「たこやきマントマン－にんじゃじまのぼうけんのまき」高田ひろお作；中村泰敏絵　金の星社（新しいえほん）1996年7月

コオロギくん
一生に一度の恋をしたコオロギくん「コオロギくんの恋」のじましんじ；くろさきげん著　ワニブックス　2001年1月

こがねまる
くろひげしょうぐんのおとものぞう「さばくのめだまやき」石橋正次作・絵　ブックローン出版　1995年3月

こがねむし（ブンブンさん）
ひろいのはらのいいかおりのするしげみのなかにあったしげみむらにむしさんたちみんなとすんでいたこがねむし「しげみむら おいしいむら」カズコ・G・ストーン作　福音館書店（こどものとも傑作集）2004年3月

コキヘ・フカシーモ3世　こきへふかしーもさんせい
ドテラミン王国のおいものすきな王さま「コキヘ・フカシーモ3世－おいものすきな王さま」芭蕉みどり作・絵　ポプラ社（えほんはともだち32）1993年12月

こきん

コキンちゃん
ばいきんぼしからやってきたドキンちゃんのいもうと 「アンパンマンとあおいなみだ」 やなせたかし作・絵 フレーベル館(アンパンマンのおはなしわくわく8) 2005年10月

こぐま
ふゆのあいだあなにこもってくらすまえにぶどうをつぶしてりょうてのひらにぬっていたこぐま 「こりすのはつなめ」 浜田広介;いもとようこ絵 金の星社(大人になっても忘れたくないいもとようこ名作絵本) 2005年3月

こぐまくん
はやしにかこまれたはやしようちえんのうんどうかいにいったこぐま 「ともちゃんとこぐまくんのうんどうかい」 あまんきみこ作;西巻茅子絵 福音館書店(日本傑作絵本シリーズ) 1992年6月

こぐまくん
クリスマス・イブにりすのぬいぐるみのディディをポケットにいれそとにとびだしたこぐまくん 「ふしぎなゆきの日」 薫くみこ作;さとうゆうこ絵 ポプラ社(えほんとなかよし25) 1993年12

こぐまくん
うさぎさんやきつねくんやきりんさんがうらやましいこぐまくん 「よかったな」 矢崎節夫文;中村景児絵 ひかりのくに(思いやり絵本シリーズ5) 1996年5月

こぐまくん
ともちゃんのなかよし 「ようちえんにいった ともちゃんとこぐまくん」 あまんきみこ作;西巻茅子絵 福音館書店(日本傑作絵本シリーズ) 1988年3月

ごくらく鳥(コッコ) ごくらくちょう(こっこ)
アフリカの森にすむジャンボゴリラのデカタンとなかよしのごくらく鳥 「ジャンボゴリラとたけのこ」 こやま峰子文;渡辺あきお絵 ほるぷ出版 1988年6月

ごーくん
もうたまごからでていないといけないのにずっとたまごのままでいたにわとりのおとこのこ 「たまごにいちゃんぐみ」 あきやまただし作・絵 鈴木出版(ひまわりえほんシリーズ) 2006年7月

こけしめいじん(おじいさん)
あるところにいたこけしづくりのめいじんの80さいのおじいさん 「こけしめいじん」 みやかわけんじ作;むらおかみか絵 新世研 2001年8月

コケタン
ちょっぴりドジな4にんぐみのなんぎなたんけんたいのひげのたいちょう 「なんぎなたんけんたい」 佐々木マキ作 小学館(おひさまのほん) 1996年10月

コケタン
ちょっぴりドジな4にんぐみのなんぎなたんけんたいのひげのたいちょう 「なくな なんぎなたんけんたい」 佐々木マキ作 小学館(おひさまのほん) 1999年12月

ココ
よがあけると「ぼく」のうちのはたけにやってきてなんでもかんでもふんづけたりほじくりかえすわからずやのにわとり 「わからんちんのココ」 はたたかし作;長新太画 福音館書店(日本傑作絵本シリーズ) 1989年4月

ここ
まいにちはなたばをもってどこかへいくかめのたーとるのあとをつけたうさぎ 「なかに いるの だあれ」 飯島敏子作;水野二郎絵 ひさかたチャイルド 1987年6月

ココウモリくん
よじょうはんにくらしているこたつのともだち 「こたつ1 こたつとともだち」 あまのよしたか作・絵 講談社 2001年8月

ココウモリくん
よじょうはんにくらしているこたつのともだち 「こたつ2 こたつの1しゅうかん」 あまのよしたか作・絵 講談社 2001年8月

ココちゃん
おかあさんがかぜをひいたのでひとりでおばあちゃんのうちにいくことになったおんなのこ 「ごあいさつはすごいぞ」 きむらゆういち作；いそみゆき絵 国土社（えほん横町3） 1995年4月

ココモドオオトカゲくん
よじょうはんにくらしているこたつのともだち 「こたつ1 こたつとともだち」 あまのよしたか作・絵 講談社 2001年8月

ココモドオオトカゲくん
よじょうはんにくらしているこたつのともだち 「こたつ2 こたつの1しゅうかん」 あまのよしたか作・絵 講談社 2001年8月

ゴゴール
ともだちのヒューとジョジーナといっしょにうみにいったひつじ 「ひつじのコートはどこいった」 きたむらさとし絵・文 評論社（児童図書館・絵本の部屋） 1997年6月

コゴロウ
くつがぬげちゃったからそらからひろいにきたかみなりのおとこのこ 「かみなりコゴロウ」 本間正樹文；とよたかずひこ絵 佼成出版社（しつけ絵本シリーズ2） 2004年9月

こさむ
ゆきのひにそりあそびにでかけたきつねのきっこたちのまえにでてきたゆきぼうず 「おおさむこさむ」 こいでやすこ作 福音館書店（こどものとも傑作集） 2005年10月

コジさん
ビルのたにまにぽっつんとたっているおばあさんがおおやさんのちいさないえをかりてすんでいるひと 「おばあさんの青い空」 片山健作・絵 偕成社 1994年1月

こじっこ
もりのなかにあるちいさなおさいほうやさんにすむのんびりやでわすれんぼうのこじか 「こじかこじっこ—ボタンをさがして」 さかいさちえ絵・文 幻冬舎コミックス 2006年12月

ゴーシュ
町の活動写真館でセロをひくかかりだったあんまりじょうずでない楽手 「セロひきのゴーシュ」 宮沢賢治作；いもとようこ絵 金の星社（大人になっても忘れたくない いもとようこ名作絵本） 2005年12月

ゴーシュ
あんまり上手でないセロ弾き 「セロ弾きのゴーシュ」 宮沢賢治文；佐藤国男画 福武書店 1992年3月

ゴーシュ
あまり上手でないセロ弾き 「セロ弾きのゴーシュ」 宮沢賢治作；赤羽末吉絵 偕成社（日本の童話名作選） 1989年10月

こすけ

コースケ
もりのそばにあったながいことあきやだったふるいいえにすみついていたおんどり「ノックがとんとん」にしかわおさむ作・絵　PHP研究所（PHPわたしのえほんシリーズ）1988年10月

こづな
おおおににさらわれたむすめのうめがうんだおにのこども「おにのここづな」さねとうあきら文；かたやまけん画　教育画劇（日本の民話えほん）2000年5月

こづな
おににさらわれたむすめとおにとのあいだにうまれたこでおおきくなるにつれひとがたべたくなってじぶんをかめにいれてうめてくれるようにたのんだこども「おにの子こづな」松居直再話；安藤徳香絵　岩崎書店（絵本の泉3）1993年11月

こせき ゆうた
山形県羽黒町手向というところでおこなわれるサイの神のおまつりでいちばんだいじな役をする男の子「ふくの神どっさどっさどっさあり－羽黒町手向のサイの神」つちだよしはる作　リーブル（えほん・こどものまつり）2002年1月

こぞう
となり村のだんかにてがみをとどけにいって山道にまよってしまい鬼ばばにおいかけられたお寺のこぞう「三まいのおふだ」おざわとしお；まつもとなおこ文；たけとみまさえ絵　くもん出版（子どもとよむ日本の昔ばなし9）2005年11月

こぞう
うら山にくりひろいにいっておばばに食われそうになってにげだしたお寺のこぞう「あおい玉 あかい玉 しろい玉」稲田和子再話；太田大八絵　童話館出版　2006年4月

小ぞう　こぞう
金もちのだんなにはつゆめを聞かせておくれとたずねられたががんとしてことわったいちばんちびの小ぞう「ゆめみ こぞう」田島征三絵；神沢利子文　ひかりのくに（いつまでも伝えたい日本の民話6）1994年12月

こぞうさん
おてらのおしょうさんにいわれてしゅぎょうにでたこぞうさん「こぞうさんのおばけたいじ」川村たかし作・文；石部虎二絵　文研出版（ジョイフルえほん傑作集11）1995年1月

小ぞうさん　こぞうさん
山へくりひろいにいってやまんばにおいかけられて食われそうになったお寺の小ぞうさん「やまんばとこぞうさん」松岡節文；箕田源二郎絵　ひかりのくに（いつまでも伝えたい日本の民話）1994年11月

こぞっこ
和尚さまから三枚のお守りをもたせられて修行の旅にだされたいたずらもののこぞっこ「こぞっこまだだが」きたしょうすけ作；やまぐちせいおん絵　新世研　2001年8月

こぞっこ
やまおくのやまんばのうちへあそびにいってとってくわれそうになっておいかけられたてらのちいさなこぞっこ「さんまいのおふだ」松谷みよ子；遠藤てるよ著　童心社（松谷みよ子むかしばなし）1993年11月

こぞっこ
おきょうをよまないでねこのえばかりかいていたおてらのこぞっこ「えからとびだしたねこ」松谷みよ子作；ナメ川コーイチ絵　フレーベル館（むかしむかしばなし11）1991年6月

コータ
うみのくらしにあきてはじめくんのうちにあそびにきたたこ 「たこのコータ」 星野はしる作；西川おさむ絵 ひさかたチャイルド 2000年11月

ゴータくん
うちゅからおっこちてしまったあかちゃんかいじゅう 「ドロンマン1 なぞのたまごのまき」 古内ヨシ作 小学館 2000年8月

コーダじいさん
おしゃべりがだいすきでアーダじいさんとふたりでとくいのほらふきばなしをあーだこーだおしゃべりしているおじいさん 「アーダじいさんとコーダじいさん」 たたらなおき作 佼成出版社（創作絵本シリーズ） 1995年10月

こたつ
よじょうはんにくらしているおとこのこ 「こたつ1 こたつとともだち」 あまのよしたか作・絵 講談社 2001年8月

こたつ
よじょうはんにくらしているおとこのこ 「こたつ2 こたつの1しゅうかん」 あまのよしたか作・絵 講談社 2001年8月

こたろう
山にかこまれた村におったたいそうなのんきものであなをほってあなにはいってねていたわかもの 「あなぐまこたろう」 鶴見正夫作；太田大八絵 佼成出版社（創作民話絵本） 1992年8月

こちび
「ぼく」のいもうとのおてんばでいたずらなこいぬ 「ぼくのいもうと」 木村泰子絵・文 至光社（至光社ブッククラブ国際版絵本） 1987年6月

こちゃらさん
ひあたりおかに二けんならんでいるおうちの一けんのあさがおやしきのあちゃらさんにはまけてはいられないもう一けんのおしろいばなやしきのこちゃらさん 「あちゃらさんとこちゃらさん」 すとうあさえ作；前田まゆみ絵 岩崎書店（のびのび・えほん） 2002年7月

ごーちゃん
おおどろぼうになろうときめてさっそくどろぼうにでかけたおとこのこ 「おおどろぼうごーちゃん」 森野さかな作・絵 ひさかたチャイルド 1999年4月

コッキュウボウ
やまのさるどもがうらないをたのんだとしよりがえる 「てんにがんがん ちにどうどう」 松谷みよ子文；北島新平絵 フレーベル館（むかしむかしばなし19） 1993年8月

コック
こぶたのきょうだいのいもうとでぼうけんのたびをするふね「ドラゴンまる」のりょうりばん 「かいていかいぞくむら」 永井郁子作・絵 岩崎書店（ドラゴンまるのぼうけん2） 2005年2月

コック
こぶたのふたごのきょうだいのいもうとでぼうけんのたびをするふね「ドラゴンまる」のりょうりばん 「ひがしのムーンのティンカーベル」 永井郁子著 岩崎書店（ドラゴンまるのぼうけん4） 2006年9月

コック
こぶたのきょうだいのいもうとでぼうけんのたびをするふね「ドラゴンまる」のりょうりばん 「ブォオーン！くじらじま」 永井郁子作・絵 岩崎書店（ドラゴンまるのぼうけん1） 2003年6

こっく

コック
こぶたのきょうだいのいもうとでぼうけんのたびをするふね「ドラゴンまる」のりょうりばん 「レストランドラゴンまる」 永井郁子作・絵　岩崎書店(ドラゴンまるのぼうけん3)　2005年7月

コッコ
アフリカの森にすむジャンボゴリラのデカタンとなかよしのごくらく鳥 「ジャンボゴリラとたけのこ」 こやま峰子文;渡辺あきお絵　ほるぷ出版　1988年6月

コッコさん
あめふりがつづくのでふとんをしいててるてるぼうずをやすませてあげたおんなのこ 「コッコさんとあめふり」 片山健作・絵　福音館書店(幼児絵本シリーズ)　2003年5月

コッコさん
カレーやさんになっておにいちゃんとおとうさんとおかあさんにでまえをしたおんなのこ 「コッコさんのおみせ」 片山健作・絵　福音館書店(幼児絵本シリーズ)　1995年1月

コッコさん
ほいくえんでみんなとあそべなくてひとりぼっちのおんなのこ 「コッコさんのともだち」 片山健作・絵　福音館書店(幼児絵本シリーズ)　1991年4月

コッコさん
おひるねからめをさますとだーれもいなくてひとりぼっちだったおんなのこ 「だーれもいないだーれもいない」 片山健作・絵　福音館書店(幼児絵本シリーズ)　1990年1月

コッコさん
みーんなねむったよるにおきていたおんなのこ 「おやすみなさいコッコさん」 片山健作・絵　福音館書店(幼児絵本シリーズ)　1988年1月

コッコさん
おとうさんとおにいちゃんと3にんでかかしをつくってきんじょのはたけにもっていったおんなのこ 「コッコさんのかかし」 片山健作　福音館書店(日本傑作絵本シリーズ)　1996年4月

ゴッシ
りっぱなまものになるためにたびにでた二ひきのまものの一ぴき 「こぐまと二ひきのまもの」 西川おさむ作　童心社　2004年9月

コッテリ
人間の女の子になった人魚のニーナと友だちになった村の子ども 「ニーナのねがい み～んなともだち」 木田真穂子文;竹内永理亜絵　フォーラム・A　2002年8月

ゴットンくん
のうさぎやたぬきやくまたちがまいにちてをふっていたいちりょうだけのディーゼルしゃ 「ゴットンくんだいすき」 おぼまこと作　学習研究社(学研おはなし絵本)　2006年10月

こつぶひめ
おそろしいおににねらわれているのでこわくてちいさくなってくらしていたおんなのひと 「こつぶひめとふうせんおに」 やなせたかし作・絵　フレーベル館(おむすびまんたびにっき2)　1990年2月

こっぺくん
ふわふわほっぺのおとこのこ 「こっぺくん ほっぺ」 寮美千子作;田中四郎絵　鈴木出版(たんぽぽえほんシリーズ)　1989年5月

ことちゃん
せんたくがだーいすきなおんなのこ 「せっけんつけてぶくぶくぷわー」 岸田衿子文;山脇百合子絵 福音館書店(日本傑作絵本シリーズ) 1999年6月

琴姫　ことひめ
あるあらしの夜に石見の国の海べの村に琴といっしょにながれついたひとりのむすめ 「琴姫のなみだ」 村尾靖子文;永田萠絵 岩崎書店(えほん・ハートランド8) 1994年12月

子ども　こども
ある町にあらわれたりゅうをこわがるようすがないきみょうな子ども 「りゅうの目のなみだ」 浜田広介作;植田真絵 集英社 2005年11月

子ども　こども
冬のさなか原っぱで竹林をわたるという虎落笛(もがりぶえ)をきいた凧をもった子ども 「虎落笛(もがりぶえ)」 富安陽子作;梶山俊夫絵 あかね書房(あかね・新えほんシリーズ14) 2002年12月

子ども　こども
まっしろな雪といっしょにふってきたふしぎなあかいぼうしをかぶってみた5人の子ども 「ふしぎなあかいぼうし」 大鹿智子作・絵 ポプラ社(えほんはともだち30) 1993年10月

子ども　こども
九州の南のはしにちかい海べの学校の生徒ですみれの花たばを航空隊にとどけにいった子どもたち 「すみれ島」 今西祐行文;松本禎郎絵 偕成社(新編・絵本平和のために6) 1991年12月

こどももちゃん
こどものもも 「こどももちゃん」 たちばなはるか作・絵 偕成社 2005年6月

ことろのばんば
やまのおくにいてこどもをもっているつぼのなかにすいこんでしまうしらがのばあさま 「ことろのばんば」 長谷川摂子文;川上越子絵 福音館書店 1990年11月

五人衆(若者)　ごにんしゅう(わかもの)
むらをすくうために名のりでて役人に処刑された五人の若者 「いのちの花」 そのだひさこ文;丸木俊絵 解放出版社(エルくらぶ) 2003年6月

コネル
おしろにすんでいた100ぴきのねこたちのなかよしのむらのおとこのこ、アンチェのおにいちゃん 「100ぴきねことまほうつかい」 間瀬なおかた作・絵 ひさかたチャイルド(ひさかた絵本ランド) 1989年1月

こはる
いえでをしたしんちゃんにつれられていったいぬ 「ぼくきょうだけいえでする！」 福田岩緒作 童心社(絵本・ちいさななかまたち) 1995年7月

こはる(むかごのこはる)
忍術使いのくろずみ小太郎と旅をするくの一 「くろずみ小太郎旅日記 その4-悲笛じょろうぐもの巻」 飯野和好作 クレヨンハウス(おはなし広場) 2001年4月

こはる(むかごのこはる)
忍術使いのくろずみ小太郎と旅をするくの一 「くろずみ小太郎旅日記 その3-妖鬼アメフラシ姫の巻」 飯野和好作 クレヨンハウス 2000年8月

こばん

コバンザメ
なかよしのクジラからはなれて「せけん」をさがしにいったまだほんの子どものコバンザメ「コバンザメのぼうけん」灰谷健次郎文;村上康成絵　童心社　1996年7月

コバンちゃん
コバンツアーかぶしきがいしゃのしゃちょうのコバンザメ「コバンツアーかぶしきがいしゃ」工藤ノリコ作・絵　偕成社　1999年3月

こびと
ハートのだいすきなはなののびるおうさまのへやにまいばんあそびにやってきたのはらのたねまきこびとたち「こびとのおくりもの　はなののびるおうさま」横田稔絵・文　梧桐書院　2001年4月

こびと
こびとのむらのはずれにすんでいたはなのみつをあつめてうっているわかいこびと「こびとといもむし」肥塚彰原作;黒崎義介文・絵　フレーベル館（おはなしえほん13）　1987年3月

コビト
「僕」が草むらや森で捕まえた不思議な生きものコビト「こびとづかん」なばたとしたか作　長崎出版　2006年5月

五分次郎　ごぶじろう
おじいさんとおばあさんがまいにち観音さまにいのってさずかったおばあさんの指の中からうまれた小さな小さな男の子「五分次郎」谷真介文;高田勲絵　佼成出版社（民話こころのふるさとシリーズ）　1992年9月

昆布助　こぶすけ
きれをうるのがしごとの猫吉一家のこども「猫吉一家物語　秋冬」大島妙子作　金の星社　2003年9月

こぶた
おいしいものがだいすきななかよし5ひきのこぶた「いつでもおなかがペッコペコ」岡本颯子作・絵　ポプラ社（絵本のおもちゃばこ9）　2005年6月

ゴブリン
ひさしぶりのかぞくりょこうで幽霊船にとまったおとこの子「なんてこった！」藤本ともひこ作・絵　講談社　1993年11月

こへいた
くろひげしょうぐんのおとものねこ「さばくのめだまやき」石橋正次作・絵　ブックローン出版　1995年3月

ごぼう
にんじんとだいこんとおふろをわかしてはいろうということになったごぼう「にんじんとごぼうとだいこん」和歌山静子絵　鈴木出版（たんぽぽえほんシリーズ）　1991年4月

ごぼうさん
にんじんさんとだいこんさんといっしょにおふろへいったごぼうさん「にんじんさんがあかいわけ」松谷みよ子著;ひらやまえいぞう絵　童心社（あかちゃんのむかしむかし）　1989年1月

コーボくん
「レストラン・ムギ」のコックのムギッポのおりょうりをえいようまんてんにしてくれるコーボのおとこのこ「いっしょにコーボくん！ムギッポのまんぷくクレープ」やすいすえこ作;わたなべゆういち絵　岩崎書店（のびのび・えほん13）　2002年7月

こみこ
おばあさんに死なれて一人ぼっちになってたろうといっしょにたびにでた少女 「わらしべ王子-沖縄民話」 斎藤公子編集;儀間比呂志絵 創風社 1991年5月

ゴミラ
ゴミをたべるかいじゅう 「ゴミラのほし」 やなせたかし作・絵 フレーベル館(アンパンマンプチシアター) 2006年11月;フレーベル館(それいけ！アンパンマン) 2001年7月

こむすび
おむすびまんにあこがれるちいさなおむすび 「こむすびまんとすみれひめ」 やなせたかし作・絵 フレーベル館(おむすびまんたびにっき4) 1991年1月

こむすびまん
おむすびまんにあこがれるちいさなおむすび 「くらやみだにと ひかりひめ」 やなせたかし作・絵 フレーベル館(おむすびまんたびにっき5) 1991年9月

こめぶき
二人のきょうだいのなくなったまえのかあさんのこでしょんぼりとくらしていたむすめ 「こめぶき あわぶき」 川村たかし文;梶山俊夫画 教育画劇(日本の民話えほん) 2000年5月

こもも
おおきくなったのでおとうさんとおかあさんとわかれてじぶんのうちをつくることにしたもぐら 「こもものおうち」 小出保子作 福音館書店(もぐらのこもも1) 1993年11月

こもも
おおきくなったのでおとうさんとおかあさんとわかれてじぶんのうちをつくることにしたもぐら 「こもものふゆじたく」 小出保子作 福音館書店(もぐらのこもも2) 1993年11月

こもも
おおきくなったのでおとうさんとおかあさんとわかれてじぶんのうちをつくることにしたもぐら 「こもものともだち」 小出保子作 福音館書店(もぐらのこもも3) 1993年11月

こもりくん
やまのどうくつのおくでずっとさかさになってくらしていたからはなすこともぜんぶさかさまのこうもりのこども 「さかさのこもりくん」 あきやまただし作・絵 教育画劇 2006年4月

こもり まさや
がっこうをやすんでしまっていなかのおばあちゃんとけんだまばっかりしてた1ねんせいのおとこのこ 「けんだまめいじんおみやげに」 宮川ひろ文;浜田桂子絵 童心社(絵本・ちいさななかまたち) 1992年4月

こやぎくん
くものすにひっかかっているひとつぶのたねをみつけてうちのはたけのかたすみにうめたこやぎくん 「あしたまほうになあれ」 小野寺悦子作;黒井健絵 学習研究社(fanfanファンタジー) 1989年7月

ゴーヤーマン
はたけの中からとびだしたせいぎのみかた 「ゴーヤーマン オバアはめいたんてい」 浜野えつひろ文;荒木慎司絵;岡田恵和原案 長崎出版 2003年5月

ゴーヤーマン
はたけの中からとびだしたせいぎのみかた 「ゴーヤーマン」 浜野えつひろ文;荒木慎司絵 インターメディア出版 2001年7月

ごやま

ゴーヤーマン
はたけの中からとびだしたせいぎのみかた 「ゴーヤーマン 東京へ行く」 浜野えつひろ文；荒木慎司絵 インターメディア出版 2001年9月

ゴーヤーマン
はたけの中からとびだしたせいぎのみかた 「ゴーヤーマン ちゅらうみのたから」 浜野えつひろ文；荒木慎司絵；岡田惠和原案 長崎出版 2003年4月

コユキちゃん
タッくんがいつものってあそんでいるちかくのこうえんのきしゃのうんてんせきにすわっていたおんなのこ 「こんにちは」 本間正樹文；つちだよしはる絵 佼成出版社（しつけ絵本シリーズ10） 2004年11月

コヨーテ（キュウ）
いじわるでいたずらでもりのこまりもののコヨーテ 「いたずらコヨーテ キュウ」 どいかや作 BL出版 1999年1月

コラ
スイスのアルプスのゆきやまでひとのいのちをたすけるしごとをしているセントバーナードけんのおやこのこども 「セントバーナードとたびびと－アニーとコラ」 やなせたかし作・絵 フレーベル館（やなせたかしの愛と勇気の絵本3） 1999年12月

こらら
ひまわりとなかよしのいつもおこってばかりのコアラ 「ひまわにとこらら」 あきやまただし作・絵 PHP研究所（PHPわたしのえほんシリーズ） 2002年6月

コリ
カリやモルチンたちとサッカーたいかいにでたハムスターのこ 「カリ・コリ・モルチンの 1・2・3サッカー」 瀧原愛治作・絵 偕成社 1998年4月

コリオ
こおりのほしからやってきたこおり 「あたたかいこおり たこるくんとタコベエのえほん」 サカモトタカフミ絵・文 講談社 2004年8月

こりす
森の動物たちのがっこうごっこにしゅっせきしたいっぴきのこりす 「こりすのおかあさん」 浜田廣介；いもとようこ絵 金の星社（大人になっても忘れたくない いもとようこ名作絵本） 2005年12月

こりす
あなごもりのまえにこぐまがぶどうをつぶしてぬっていたりょうてのひらをなめさせてもらったこりす 「こりすのはつなめ」 浜田広介；いもとようこ絵 金の星社（大人になっても忘れたくない いもとようこ名作絵本） 2005年3月

ゴリタ
ひろいもりでゴリラのむれにうまれたみんなとちがういろのしろいゴリラ 「しろいゴリラとくろいゴリラ」 こやま峰子作；渡辺あきお絵 金の星社 2003年2月

ゴリタ
はみがきをわすれてはとはぐきさんににげられてしまったゴリラのこ 「コリゴリゴリタとはとはぐきさん」 ミミィ；ミーヤン作・絵 文渓堂 2006年4月

ゴリタン
三びきのねこたちといっしょにくらしているねこたちのおとうさんやくのゴリラ 「ジャンボゴリラとゆきだるま」 こやま峰子作；渡辺あきお絵 河合楽器製作所・出版事業部 1994年2月

ゴリタン
村のこどもたちがみつけた三匹のこねこのパパになったジャンボゴリラ 「ジャンボゴリラとねこたち」こやま峰子作；渡辺あきお絵　河合楽器製作所・出版事業部　1993年4月

ゴリタン
アフリカからたけのこをさがしににほんにきたジャンボゴリラ 「ジャンボゴリラとこどもたち」こやま峰子作；渡辺あきお絵　河合楽器製作所・出版事業部　1992年8月

コリちゃん
もりのみんなとでんしゃごっこをしてあそんだリス 「クマさんのトラック」篠塚かをり作；いしいじゅね絵　けやき書房（けやきの絵本）　2004年10月

ゴリラ
森でおとうさんゴリラやおかあさんゴリラとくらすちびゴリラ 「おはよう ちびっこゴリラ」山極寿一文；伏原納知子絵　新日本出版社（新日本動植物えほんⅡ-3）　1988年2月

ゴリラ
バナナをあたまにかぶっておさんぽするゴリラ 「バナナをかぶって」中川ひろたか文；あべ弘士絵　クレヨンハウス　1998年3月

ゴリラ
クッキーのなる木をさがしにひこうきにのってでかけたふたりのゴリラ 「プーワ島のそらのした」高畠純作・絵　ブックローン出版　1992年7月

ゴリラ
おかのうえにちいさなパンやをひらいたゴリラのおじさん 「ゴリラのパンやさん」白井三香子作；渡辺あきお絵　すずき出版　1991年11月

ゴリラ（ゴリタ）
ひろいもりでゴリラのむれにうまれたみんなとちがいいろのしろいゴリラ 「しろいゴリラとくろいゴリラ」こやま峰子作；渡辺あきお絵　金の星社　2003年2月

ゴリラ（ゴリタ）
はみがきをわすれてはとはぐきさんににげられてしまったゴリラのこ 「コリゴリゴリタとはとはぐきさん」ミミィ；ミーヤン作・絵　文溪堂　2006年4月

ゴリラ（ゴリタン）
三びきのねこたちといっしょにくらしているねこたちのおとうさんやくのゴリラ 「ジャンボゴリラとゆきだるま」こやま峰子作；渡辺あきお絵　河合楽器製作所・出版事業部　1994年2月

ゴリラ（ゴリタン）
村のこどもたちがみつけた三匹のこねこのパパになったジャンボゴリラ 「ジャンボゴリラとねこたち」こやま峰子作；渡辺あきお絵　河合楽器製作所・出版事業部　1993年4月

ゴリラ（ゴリタン）
アフリカからたけのこをさがしににほんにきたジャンボゴリラ 「ジャンボゴリラとこどもたち」こやま峰子作；渡辺あきお絵　河合楽器製作所・出版事業部　1992年8月

ゴリラ（ごんた）
きょうからにっきをつけようときめたゴリラ 「ゴリラ にっき」あべ弘士作　小学館　1998年8月

ごりら（ごんちゃん）
おおきななべをみつけてちいさなぞうさんとふたりであそんだごりらのこ 「ごんちゃんとぞうさん」馬場のぼる作　PHP研究所（PHPわたしのえほんシリーズ）　2004年1月

ごりら

ごりら（ごんちゃん）
さんぽにでかけてわなげのなかまにいれてもらったごりら 「ごりらのごんちゃん」 馬場のぼる作 PHP研究所（PHPわたしのえほんシリーズ） 2004年4月

ゴリラ（ジャングルジム）
もりにすむゴリラのむれのボス 「ムトトがきたよ ゴリラのジャングルジム」 きむらだいすけ作 ベネッセコーポレーション 1997年3月

ゴリラ（ジャングルジム）
もりにすむゴリラのむれのボス 「タムとトムのぼうけん ゴリラのジャングルジム」 木村大介作・絵 ベネッセコーポレーション 1995年7月

ゴリラ（ジャングルジム）
もりにすむゴリラのむれのボス 「ゴリラのジャングルジム」 木村大介作・絵 福武書店 1992年3月

ゴリラ（じゃんけんゴリラ）
じゃんけんがだいすきなゴリラ 「じゃんけんゴリラ」 矢崎節夫作；尾崎真吾絵 教育画劇（ユーモアえほん） 1995年9月

ゴリラ（タム）
もりにすむゴリラのむれのこども 「タムとトムのぼうけん ゴリラのジャングルジム」 木村大介作・絵 ベネッセコーポレーション 1995年7月

ゴリラ（タム）
もりにすむゴリラのむれのこども 「ゴリラのジャングルジム」 木村大介作・絵 福武書店 1992年3月

ゴリラ（デカタン）
アフリカの森にすむたけのこがだいすきなジャンボゴリラ 「ジャンボゴリラとたけのこ」 こやま峰子文；渡辺あきお絵 ほるぷ出版 1988年6月

ゴリラ（トム）
もりにすむゴリラのむれのこども 「タムとトムのぼうけん ゴリラのジャングルジム」 木村大介作・絵 ベネッセコーポレーション 1995年7月

ゴリラ（トム）
もりにすむゴリラのむれのこども 「ゴリラのジャングルジム」 木村大介作・絵 福武書店 1992年3月

ゴリラ（ドンドコ）
そらにあったおおきなバナナがいってしまったしまにいきたいとおもったくいしんぼうのゴリラ 「ゴリラのドンドコ」 田頭よしたか作・絵 フレーベル館（げんきわくわくえほん30） 1997年9月

ごりら（ぱぱごりたん）
ごりらのごりにいたんとごりねえたんとちびごりたんのおおきなぱぱ 「ぱぱごりたんのおおきなせなか」 戸田和代作；たかすかずみ絵 金の星社（新しいえほん） 1999年5月

ゴリラ（武蔵） ごりら（むさし）
動物園で人間に勝手に武蔵という名前をつけられたアフリカ生まれのウランジャート・ワンダ・ダンカリという名のゴリラ 「さよなら動物園」 桂三枝文；黒田征太郎絵 アートン 2006年8月

ゴリラ（ムトト）
もりにすむゴリラのむれにうまれたあかちゃんゴリラ 「ムトトがきたよ ゴリラのジャングルジム」 きむらだいすけ作 ベネッセコーポレーション 1997年3月

ゴリラ（モモタロウ）
東京の上野どうぶつえんで生まれたゴリラの男の子 「わんぱくゴリラのモモタロウ」 わしおとしこ作 くもん出版 2003年7月

ゴリラくん
しろくまのおうじさまがいっしょについていったいえでをしたゴリラのこ 「しあわせないえで」 礒みゆき作・絵 ポプラ社（ちいさなしろくまおうじ3） 2004年8月

ゴリラくん
もりのなかでうまれてみんなとなかよくあそんでおおきくなったがあいかわらずのゴリラくん 「あのころ」 ふくだすぐる作・絵 岩崎書店（えほん・ハートランド25） 1999年9月

こりん
もりのなかにおちていたぼうしをみつけた2ひきのこりすの1ぴき 「けんたのぼうし」 やすいすえこ作；田頭よしたか絵 偕成社 1991年6月

ごるり
いたずらっこであまえんぼのちいさなばけもののおとこのこ 「ぴちゃりちゃんうまれたよ」 松居スーザン文；堀川真絵 童心社（絵本・ちいさななかまたち） 1999年6月

ごるり
いたずらっこであまえんぼのちいさなばけもののおとこのこ 「ちいさなごるり」 松居スーザン文；堀川真絵 童心社（絵本・ちいさななかまたち） 1996年11月

コロ
あかちゃんのときにししょうがっこうにきてからずっといるみんなのいぬ 「コロにとどけみんなのこえ」 今関信子文；夏目尚吾絵 教育画劇（絵本・ほんとうにあった動物のおはなし） 2002年4月

ゴロ
ターちゃんちのいちにちじゅうねているおじいさんのいぬ 「ターちゃんのてぶくろ」 おおしまたえこ作 ポプラ社（絵本のおもちゃばこ5） 2004年12月

ゴロ
ケンちゃんがおじさんからもらってだいじにそだてているこいぬ 「でていったゴロタ」 かこさとし絵・文 ポプラ社（かこさとし こころのほん3） 2005年10月

ゴロウ
たくやのうちにいるとしとった大きないぬ 「がんばれゴロウ！」 福田岩緒作 文研出版（えほんのもり14） 1989年9月

ごろうじいちゃん
となりのとらきちさんといつもけんかをしているうちのおじいちゃん 「ごろうじいちゃんととらきちさん」 吉村竹彦作 佼成出版社（創作絵本シリーズ） 1995年5月

ゴロウ太　ごろうた
山おくの村に母さまとくらしていた五人兄弟のすえっ子でおしろでとのさまにおつかえすることになったイモみたいなひざこぞうをしたおとこのこ 「じぞう こぞう ひざこぞう」 しまだなおこ文；しまだしんたろう絵 新風舎 2005年11月

ころく

コロくん
はるがやってきたきたのうみにうかぶこおりのうえにちょっとだけのってみたらおきにながされてしまったキタキツネ 「あぶなかったコロくん」 高橋揆一郎作;高見八重子絵 サンリオ (サンリオ創作絵本シリーズ) 1988年7月

ごろくん
クローラ・ドリルがやまをくずしてうまれたいわのきょうだいのごろーんとしろいふつうのいわ 「ころちゃんとはたらくじどうしゃ」 関根榮一文;横溝英一絵 小峰書店 (のりものえほん) 1989年2月

ゴロゴロ
ビスケットこうじょうでビスケットづくりをてつだったしろねこのこ 「こねこのきょうだいグルグルとゴロゴロ ビスケットこうじょう」 江川智穂作 小学館 2005年12月

ゴロゴロ
くろねこのグルグルときょうだいのしろねこのこ 「こねこのきょうだいグルグルとゴロゴロ ふうせんおばけ」 江川智穂作 小学館 2006年5月

ゴロゴロ
くろねこのグルグルときょうだいのしろねこのこ 「こねこのきょうだいグルグルとゴロゴロ たからさがし」 江川智穂作 小学館 2006年3月

コロコロさん
ひろいのはらのいいかおりのするしげみのなかにあったしげみむらにむしさんたちみんなとすんでいただんごむし 「しげみむら おいしいむら」 カズコ・G・ストーン作 福音館書店 (こどものとも傑作集) 2004年3月

ゴロゴロせんせい
こじかのハリーがおちたアクマのたにのほらあなのおくにいたダルマのかたちのせんせい 「もりのヒーロー ハリーとマルタン3 ゴロゴロせんせいのまき」 やなせたかし作・絵 新日本出版社 2005年3月

ごろぞう
さんねんまえくものきれめからおちたときにあしのけががなおるまでとくべえにかんびょうしてもらったカミナリ 「とくべえとおへそ」 桂文我文;田島征彦絵 童心社 2004年5月

ころた
ねこのねねこちゃんのたんじょうびによばれてみんながでかけていくのにひとりだけのけものにされたとおもったこぶた 「あわてんぼ ころたの にちようび」 森山京文;木村かほる絵 講談社 1987年10月

ころちゃん
おさんぽにいってかまきりやもぐらにたべられそうになっただんごむし 「ころちゃんはだんごむし」 高家博成;仲川道子作 童心社 1998年6月

ころちゃん
クローラ・ドリルがやまをくずしてうまれたいわのきょうだいのころーんとあかいいしころ 「ころちゃんとはたらくじどうしゃ」 関根榮一文;横溝英一絵 小峰書店 (のりものえほん) 1989年2月

ごろったぎつね
いつももっくりやまにかわったものをもちこんできてはさわぎをおこすいたずらぎつね 「もっくりやまのごろったぎつね」 征矢清作;小沢良吉絵 小峰書店 2002年3月

五郎八　ごろはち
ある小さな村にいたほら吹きじいさん「ほら吹き爺さん」宮川大助文；宮川花子絵　京都書院（大助・花子の日本昔ばなし）1989年11月

ごろぴかさん
くものうえのうちにすんでいるかみなりのごろぴかとうさんとごろぴかかあさんとごろぴかぼうずたち「ごろぴかど〜ん」小野かおる作・絵　福音館書店　1999年7月

ゴロベ
やまおくのおじぞうさんがたっているはらっぱにやってきたいじわるぎつね「きつねはらっぱの おじぞうさん」清水達也作；石倉欣二絵　佼成出版社　1987年11月

ごろべえ
いたずらもののかっぱをつかまえてなわをといてやったおれいにかっぱのたかもののとっくりをもらった村のはたらきもの「かっぱどっくり」萩坂昇文；村上豊絵；鳥越信；松谷みよ子監修　童心社（ぼくとわたしのみんわ絵本）2000年7月

ごろべえ
ぱっとへんしんしていつもあやちゃんをたすけるおたすけにんじゃのいぬ「にんじゃ ごろべえ－うみへいく ぱっ！」矢崎節夫作；島田コージ絵　フレーベル館（げんきわくわくえほん29）1997年8月

ゴロリとピカリ
女の子のハルを雲の上のカミナリさまの村のへそまつりにしょうたいしたカミナリたち「ハルとカミナリ」ちばみなこ作・絵　BL出版　2006年12月

コロロ
もぐらのモグがあるあきのひにであったさむくてぶるぶるふるえているおともだち「モグとコロロ モグのおともだち」なだゆみこ文；おまたたかこ絵　ひさかたチャイルド　2006年9月

ころわん
おうちのむこうのそらにおさかなみたいなしろいくもをみつけたこいぬ「ころわんとしろいくも」間所ひさこ作；黒井健絵　チャイルド本社（大きな大きな絵本5）2005年5月；ひさかたチャイルド　1998年5月

ころわん
はやしのなかでどんぐりをいっぱいみつけたこいぬ「ころわんところころ」間所ひさこ作；黒井健絵　ひさかたチャイルド　2005年8月

ころわん
くさむらをはねまわっていたらくさのたねのちくちくもじょっていうものがいっぱいくっついたこいぬ「ころわんとちくちくもじょ」間所ひさこ作；黒井健絵　ひさかたチャイルド　2004年9月

ころわん
おともだちとみずたまりをひろげてプールにしてあそんだこいぬ「ころわんちゃぷちゃぷ」間所ひさこ作；黒井健絵　ひさかたチャイルド　2004年6月

ころわん
おかあさんがおうちのひととおでかけしたのでおるすばんをしたこいぬ「ころわんのおるすばん」間所ひさこ作；黒井健絵　ひさかたチャイルド　2003年3月

ころわん
おともだちのちょろわんとのはらじゅうのわたげをおもいっきりとばしてあそんだこいぬ「ころわんとふわふわ」間所ひさこ作；黒井健絵　ひさかたチャイルド　2003年4月

ころわ

ころわん
クリスマスのよるにまっかなとんがりぼうしをひろったこいぬ 「クリスマスのころわん」 間所ひさこ作;黒井健絵　ひさかたチャイルド　2003年11月

ころわん
まんげつのよるにこうえんでこおろぎさんにあったこいぬ 「ころわんとリーリー」 間所ひさこ作;黒井健絵　ひさかたチャイルド　2003年9月

ころわん
おともだちとかくれんぼをしてなかなかみつけられなかったこいぬ 「かくれんぼころわん」 間所ひさこ作;黒井健絵　ひさかたチャイルド　2001年1月

ころわん
おともだちのちょろわんとどんぐりばやしでおじいさんいぬのたからさがしをてつだったこいぬ 「ころわんのたからさがし」 間所ひさこ作;黒井健絵　ひさかたチャイルド　2001年9月

ころわん
かぜをひいておいしゃさんにちゅうしゃをされたこいぬ 「かぜひきころわん」 間所ひさこ作;黒井健絵　ひさかたチャイルド(プチころわん)　1999年1月

ころわん
こうえんでみつけたみさちゃんというおにんぎょうをおうちへつれてかえったこいぬ 「ころわんとおにんぎょう」 間所ひさこ作;黒井健絵　ひさかたチャイルド　1999年9月

ころわん
こうえんでまいごになったあかちゃんねこをみつけたこいぬ 「ころわんはおにいちゃん」 間所ひさこ作;黒井健絵　ひさかたチャイルド(プチころわん)　1999年1月

ころわん
かぜのつよいひにかけっこをしておちばといっしょにはしったこいぬ 「かぜのひのころわん」 間所ひさこ作;黒井健絵　ひさかたチャイルド(プチころわん)　1998年8月

ころわん
ふゆのひにやっこだこをもったこのあとをついていってまいごになったこいぬ 「まいごのころわん」 間所ひさこ作;黒井健絵　ひさかたチャイルド　1996年10月

ころわん
おともだちとががががたんけんたいになってこうえんのこうじのくるまをみにいったこいぬ 「ころわんと ががががが」 間所ひさこ作;黒井健絵　ひさかたチャイルド(ころわんシリーズ)　1995年8月

ころわん
こいのぼりのあるおうちにみにいったこいぬ 「ころわんとこいのぼり」 間所ひさこ作;黒井健絵　ひさかたチャイルド　1994年3月

ころわん
なつのよるにめがさめてちょっとだけよなかのおさんぽをしたこいぬ 「よなかのころわん」 間所ひさこ作;黒井健絵　ひさかたチャイルド　1991年8月

ころわん
ごろごろかみなりがやってきてにげおくれたちょうちょをおなかのしたにいれてあげたこいぬ 「ころわんとごろごろ」 間所ひさこ作;黒井健絵　ひさかたチャイルド　1989年8月

コロン
くりんのさんぽにはいつでもいっしょの子いぬ「もりのおくりもの」小比賀優子文;高林麻里絵 ほるぷ出版(くりんとコロンのおはなし) 1991年11月

コロン
くりんのさんぽにはいつでもいっしょの子いぬ「うみのひまわり」小比賀優子文;高林麻里絵 ほるぷ出版(くりんとコロンのおはなし) 1991年6月

コロン
くりんのさんぽにはいつでもいっしょの子いぬ「ぎんいろのしゃぼんだま」おびかゆうこ文;たかばやしまり絵 ほるぷ出版(くりんとコロンのおはなし) 1991年4月

コロン
くりんのさんぽにはいつでもいっしょの子いぬ「はっぱのおちゃかい」小比賀優子文;高林麻里絵 ほるぷ出版(くりんとコロンのおはなし) 1991年9月

コロン
もりのなかにあるおうちにふたりなかよくくらしているふたごのうさぎのいっぴき「カロンとコロン はるなつあきふゆ4つのおはなし」どいかや著 主婦と生活社 2005年7月

コロン
ビス・ビス・ビス星のある山のなかにすんでいたきこりのおやこのむすこ「ビス・ビス・ビス星ものがたり」手塚治虫著 河出書房新社(手塚治虫のえほん館 別巻2) 1990年6月

ゴロンゴラ
くちからこうせんをだしてなんでもいしにかえてしまういわのかいじゅう「きょうりゅうノッシーのだいぼうけん」やなせたかし作・絵 フレーベル館(それいけ!アンパンマン) 1993年6月

コロンタ
うさぎのモモッチのおともだちでげんきでゆかいなたぬきのおとこのこ「たんじょうびのおきゃくさま」松岡節作;いもとようこ絵 ひかりのくに 2002年10月

ころんちゃん
にわとりのたまごくらいのおおきさのちいさなりゅうのこども「ころんちゃん」あきやまただし作・絵 PHP研究所(PHPわたしのえほんシリーズ) 2006年7月

ゴロンちゃん
おうちがクリーニングやさんをしているカミナリのおとこのこ「ゴロンちゃんのどきどきクリーニングやさん」藤真知子作;いがわひろこ絵 PHP研究所(PHPにこにこえほん) 1994年5月

コーン
もりのみんながクリスマス・プレゼントになにをおねがいしたかしりたくてみてまわったきつねのこ「クリスマスに ほしいもの」星野はしる作;入山さとし絵 ひさかたチャイルド 2001年10月

こん
こんいろのくつしたからうまれたえっちゃんのこいぬのゆびにんぎょう「こいぬのこん」松成真理子著 学習研究社(学研おはなし絵本) 2005年7月

こん
みんなにしんせつにしてあげてもよろこんでもらえないきつね「あしたはてんき」小春久一郎作;杉浦範茂絵 ひかりのくに(ひかりのくに傑作絵本集22) 2003年2月

こん

こん
こぶたのぶうのつりざおをつかおうとしたこぎつね 「ぶうとこんのさかなつり」 吉本宗作・絵 PHP研究所(PHPわたしのえほんシリーズ) 1997年9月

こん
おばあちゃんにあかちゃんのおもりをたのまれてさきゅうまちからきたきつねのぬいぐるみ 「こんとあき」 林明子作 福音館書店(日本傑作絵本シリーズ) 1989年6月

ごん
山の中にひとりぼっちですんでいてあたりの村へ出てきていたずらばかりした小ぎつね 「ごんぎつね」 新美南吉作;いもとようこ絵 金の星社(大人になっても忘れたくない いもとようこ名作絵本) 2005年5月

ごん
山の中にひとりぼっちで住んでいてあたりの村へ出てきていたずらばかりした小ぎつね 「ごんぎつね」 新美南吉作;遠藤てるよ絵 大日本図書(絵本・新美南吉の世界) 2005年2月

ごん
ふた月も雨がふらねえときやっとひいてもらった用水の水を他の村にどろぼうされた村の百しょう 「水どろぼう」 野村昇司作;阿部公洋絵 ぬぷん児童図書出版(ぬぷん ふるさと絵本シリーズ13) 1989年1月

ゴン
おばあちゃんちにあずけられたわがままなヨウスケにまほうをかけてのみこんでしまったかいねこ 「ねこにのまれて」 本間正樹文;矢玉四郎絵 佼成出版社(しつけ絵本シリーズ6) 2004年10月

ごん
子ネコのあんこが森の中で知りあったノラネコ 「あんこ6 子ネコの「あんこ」里山の蔵」 清水達也文;松下優子絵 星の環会 2002年5月

ゴン
まほうつかいのジョジョさんのつくるスープをのみにやってくるくまのこ 「まほうよりもすごいもの」 さえぐさひろこ作;狩野富貴子絵 金の星社(新しいえほん) 2002年7月

ごん
おしボタンみたいなおへそがあるかえる 「おへそがえる・ごん―ぽんこつやまのぽんたとこんたの巻」 赤羽末吉作・絵 小学館(ちひろ美術館コレクション絵本4) 2001年3月

ゴン
すずめのチュンに"さよなら"ていううたをうたってきかせたどらねこ 「さよならのうた」 松岡節作;いもとようこ絵 ひかりのくに 2001年10月

ごん
漁師のおじいさんのかわりに讃岐のこんぴらさんへおまいりにいった犬 「走れゴン―こんぴら狗物語」 湯村輝彦絵;多田とし子文 フレーベル館 1994年1月

ごん
山の中にひとりぼっちですんでいてあたりの村へ出てきていたずらばかりした小ぎつね 「えほん ごんぎつね」 新美南吉文;金沢佑光絵 ささら書房 1987年6月

ゴン
アフリカのゆうかんなおうさまだったさいのこどもでことりがだいすきなさい 「さいのゴンはとりがすき」 武井博作;なかしま潔絵 フレーベル館(おはなしえほん11) 1987年1月

コンキチくん
やまのふもとのようちえんにおとこのこにばけてやってきたきつねさん 「きつねさんがあそびにきた」 なかのひろたか作;二俣英五郎絵 PHP研究所(PHPにこにこえほん) 1994年8月

こんくん
こぎつねたちがばけかたのけいこをするがっこうににゅうがくしたばかりでまだじょうずにばけることができないせいと 「ぴょーんととんでくるくるりん」 織茂恭子作・絵 教育画劇(スピカのおはなしえほん37) 1988年6月

コンくん
うさぎのモコのなかよしのきつねのこ 「とっくたっく とっくたっく」 神沢利子作;渡辺洋二絵 新日本出版社(うさぎのモコのおはなし2) 1993年4月

こんこ
てっぽううちがへたなりょうしのこぶたのぶうたをすきになったきつねのおんなのこ 「きつねのたんこぶ」 小沢正作;井上洋介絵 鈴木出版 1992年9月

コンコンマン
どんぐりむらのたぬきのドロンマンとかぼちゃをたかくつみあげるきょうそうをしたどんぐりむらのきつね 「ドロンマン2 かぼちゃたいけつのまき」 古内ヨシ作 小学館 2000年8月

紺三郎　こんざぶろう
村の子どもの四郎とかん子の兄妹をきつねの学校の幻灯会にまねいた森の子ぎつね 「雪わたり」 宮沢賢治作;いもとようこ絵 金の星社(大人になっても忘れたくない いもとようこ名作絵本) 2005年11月

紺三郎　こんざぶろう
白い小さなきつねの子 「雪わたり」 宮沢賢治作;いもとようこ絵 白泉社 2003年11月

紺三郎　こんざぶろう
白い小さな狐の子 「雪渡り」 宮沢賢治作;たかしたかこ絵 偕成社(日本の童話名作選) 1990年6月

ゴンさん
たんじょうびのミイさんにすきなさかなりょうりをつくってあげようとモンキチくんとりょうにでたゴンさん 「うみべでいただきます」 つちだよしはる作 小峰書店(ごちそうえほん) 1998年3月

ごんじい
きつねのこがばけたこうたというこどもをつれてむらのおまつりにいったおもちゃやさん 「きつねをつれてむらまつり」 こわせたまみ作;二俣英五郎絵 教育画劇(スピカみんなのえほん10) 1990年6月

こんぞ
ごじょうがわらのカンペぎつをだましてたからもののほうしゅのたまをとったおてらのこんぞ 「カンペぎつねのたからもの」 渡辺節子文;赤坂三好絵 フレーベル館(むかしむかしばなし5) 1989年2月

ごんぞうおじ
としをとったおかあとまずしくくらしていたむすこのかねもちのおじ 「たからげた」 香山美子文;長新太画 教育画劇(日本の民話えほん) 1998年6月

こんそ

コンソメ
カンタラむらにすんでいるこぶたのコンブータのともだちのこぎつね 「コンブーターみみだけぞうになる」 加藤圭子文;いしいじゅね絵 けやき書房(けやきの絵本) 2002年3月

こんた
ぽんこつやまのきつね 「おへそがえる・ごん－ぽんこつやまのぽんたとこんたの巻」 赤羽末吉作・絵 小学館(ちひろ美術館コレクション絵本4) 2001年3月

こんた
山かじをけそうとしょうぼうしゃにばけたちびっこのこぎつね 「きつねのしょうぼうしゃ」 しぶやいさお文;みやもとただお絵 にっけん教育出版社 1998年4月

こんた
ゆきのふるばんににんげんのこどものようにプレゼントがほしくてくつしたにばけたきつねのこ 「きつねいろの くつした」 こわせたまみ作;いもとようこ絵 ひかりのくに 1996年12月

ゴンタ
小学校2年生のカンタのにいちゃんで耳の聞こえにくいこどもたちの学校へかよっているくまの男の子 「ゴンタとカンター14の心をきいて」 つちだよしはる作 PHP研究所(PHPにこにこえほん) 2004年4月

ごんた
きょうからにっきをつけようときめたゴリラ 「ゴリラ にっき」 あべ弘士作 小学館 1998年8月

ゴンタ
耳の聞こえにくいこどもたちの学校に転校してきたくまの男の子 「14の心をきいて」 つちだよしはる作・絵 PHP研究所(PHPにこにこえほん) 2002年1月

権太　ごんた
猟師の喜作爺が鹿山で見たという大鹿を捕えてやろうと弓をもってでかけた村一番の大男 「鹿山物語」 宮川大助文;宮川花子絵 京都書院(大助・花子の日本昔ばなし) 1989年3月

こんたくん
おかあさんのおつかいでろばさんたちのところへおはなをとどけにでかけたきつねのこ 「こんたくんの えーと えーと」 香山美子作;末崎茂樹絵 すずき出版;金の星社(こどものくに傑作絵本) 1995年5月

コンタとコンコ
やまおくのおじぞうさんがたっていたはらっぱであそんでいたなかよしぎつね 「きつねはらっぱの おじぞうさん」 清水達也作;石倉欣二絵 佼成出版社 1987年11月

コンタン
うさぎのみみこちゃんにあこがれるきつね 「コンタンと みみこちゃん」 鈴木ひろ子作;岩本康之亮絵 ひさかたチャイルド 1987年2月

コンチキ
むかしむかしポリネシアというところにあった小さな島をつくった神 「鳥にんげん カワカワ」 木村昭平絵・文 福武書店 1988年4月

こんちゃん
むしがだいすきでカマキリをうちへつれてかえっていっしょにあそんだおとこのこ 「カマキリくん」 タダサトシ作 こぐま社 2002年6月

こんちゃん
もりでおおきなカブトムシのようちゅうをみつけていえにもってかえってそだてたおとこのこ「カブトくん」タダサトシ作　こぐま社　1999年7月

コンちゃん
くりくりやまのくりのきのねもとのあなにすんでいたきつねのこ「そっくりのくりのき」やなせたかし作・絵　フレーベル館（やなせたかしの愛と勇気の絵本1）1999年5月

ゴンちゃん
かってもらったばっかりのふうせんからてをはなしてしまったおとこのこ「せーのジャンプ！」深川直美作・絵　福音館書店（日本傑作絵本シリーズ）2006年9月

ごんちゃん
おおきななべをみつけてちいさなぞうさんとふたりであそんだごりらのこ「ごんちゃんとぞうさん」馬場のぼる作　PHP研究所（PHPわたしのえほんシリーズ）2004年1月

ごんちゃん
さんぽにでかけてわなげのなかまにいれてもらったごりら「ごりらのごんちゃん」馬場のぼる作　PHP研究所（PHPわたしのえほんシリーズ）2004年4月

ごんちゃん
みっちゃんのうちのいぬ「こっちむいて」宮本忠夫作　新日本出版社（宮本忠夫　みっちゃんのえほん3）1988年3月

ごんちゃん
みっちゃんのうちのいぬ「みっちゃんのくつはどこ」宮本忠夫作　新日本出版社（宮本忠夫　みっちゃんのえほん1）1988年3月

ごんちゃん
みっちゃんのうちのいぬ「ゆらゆらぶらんこ」宮本忠夫作　新日本出版社（宮本忠夫　みっちゃんのえほん2）1988年3月

コンニャク先生　こんにゃくせんせい
生まれたときにのうせいまひっていうのになったほいくえんのせんせい「ぼくたちのコンニャク先生」星川ひろこ写真・文　小学館　1996年2月

ごんのすけ
りょうくんのうちにいるつよくてうちじゅうでいちばんいばっているねこ「ねこのごんのすけ」竹下文子作；福田岩緒絵　ひかりのくに　1997年11月

こんびたろう
まずしいじいさまとばあさまがこんび（あか）をあつめてつくったこどもで大きくなってかなぼうをつくってもらってたびにでたちからもちのわかもの「ちからたろう」いまえよしとも文；たしませいぞう絵　ポプラ社（ポプラ社のよみきかせ大型絵本）2004年11月

コンブータ
カンタラむらにすんでいるなまいきでつよがりでぼうけんだいすきのこぶた「コンブーターみみだけぞうになる」加藤圭子文；いしいじゅね絵　けやき書房（けやきの絵本）2002年3月

ごんべ
むかしあるところにいたうでのいいてっぽううちでいっぱつのたまでかも二十五わといのししをとったおとこ「かもとりごんべ」松谷みよ子監修；水谷章三文；関屋敏隆絵　小学館（松谷みよ子の子どもに伝えたい日本昔話）2001年8月

ごんべえ
いけになわをはってつかまえた九十九わのかもにつるされとんでいったおとこ 「かもとりご
んべえ」 堀尾青史文；福田庄助絵 岩崎書店（復刊・日本の名作絵本6） 2002年4月

ごんべえさん
やまのおくのいけにかもうちにでかけていっていっぱつてっぽうをうっただけでたくさんのえ
ものをとったてっぽううちのめいじん 「かもとりごんべえ－日本昔話より」 香山美子文；村上
勉絵 フレーベル館（日本むかしばなしライブラリー15） 1999年12月

ごんべえさん
きつねのつねきちがともだちになりたいとおもったはたらきものでゆかいなおじいさん 「にじ
のきつね」 さくらともこ作；島田ユージ絵 ポプラ社（えほんとなかよし9） 1991年7月

ごんべえさん
いけにしかけたわなにかかった九十九わのかもにぶらさがったまま空へとびあがっていった
かもとり名人 「かもとりごんべえ」 かたおかしろう文；清水耕蔵絵 ひかりのくに（名作・昔話
絵本） 1993年4月

ごんべえだぬき
むかしへらこいぎつねとばけくらべをしたたぬき 「ばけくらべ」 松谷みよ子作；瀬川康男絵
福音館書店（こどものとも傑作集） 1989年9月

【さ】

さあちゃん
にわにいっぱいぶどうができてままにおおきくなるまでまとうねっていわれてずっとずっと
まったおんなのこ 「さあちゃんのぶどう」 みのしまさゆみ文；ふくだいわお絵 くもん出版
2001年2月

さあちゃん
かぜのふくひにかざぐるまをまわしたりたこをあげたりしてたのしくあそんだおんなのこ 「か
ぜのひのおはなし」 かこさとし作 小峰書店（かこさとしのちいさいこのえほん） 1998年1月

さあちゃん
くもりのひに「あしたのてんきなーんだ」とあしからくつをとばしたおんなのこ 「くもりのひの
おはなし」 かこさとし作 小峰書店（かこさとしのちいさいこのえほん） 1998年4月

さあちゃん
にねんせいのともちゃんのいもうとでようちえんにいっているこ 「トントンとうさんとガミガミか
あさん」 かこさとし絵・文 ポプラ社（かこさとし こころのほん4） 2005年10月

サイ
ゾウのこにおこってはしっていったのでゾウのおかあさんにきばできずつけられたサイのお
かあさん 「かんちがい」 吉田遠志絵・文 リブリオ出版（絵本アフリカのどうぶつたち第3
集・草原のなかま） 2002年1月

さい（ゴン）
アフリカのゆうかんなおうさまだったさいのこどもでことりがだいすきなさい 「さいのゴンはと
りがすき」 武井博作；なかしま潔絵 フレーベル館（おはなしえほん11） 1987年1月

さい（つのたくん）
ひっこしてきたばかりのはずかしがりやのさいのおとこのこ 「つのたくんのともだちできたよ」
 なかがわみちこ作 童心社 2005年8月

さかな

さい（つのたくん）
うさぎのうーちゃんとなかよしのさいのおとこのこ「つのたくんのなかなおり」なかがわみちこ作　童心社　2005年9月

ザイテック
いなかのねずみのラリーをあこがれのまちにつれてきたおおがねもちのねずみ「ねずみのラリーまちへいく」さくらともこ作；おぐらひろかず絵　金の星社（新しいえほん）1993年7月

サイドリ
いつもサイのせなかにとまっているとりできずついたサイのおかあさんのきずぐちをきれいにしてあげたサイドリ「かんちがい」吉田遠志絵・文　リブリオ出版（絵本アフリカのどうぶつたち第3集・草原のなかま）2002年1月

最明寺どの（修行僧）　さいみょうじどの（しゅぎょうそう）
上野の国は佐野の里で大雪のなか一夜の宿をたのんだ修行僧ならぬ幕府の執権「鉢の木」たかしよいち文；石倉欣二絵　ポプラ社（日本の物語絵本16）2005年11月

さえこちゃん
かうものをかいたメモをわすれてきちゃったおばあちゃんとかいものをしてかえったおんなのこ「おつかい さえこちゃん」伊東美貴作・絵　偕成社　1996年12月

さかぐち かつおさん
こうえんですてられてめをせっちゃくざいでふさがれたこいぬのさとおやきぼうしゃ「えほん　めをふさがれたいぬ じゅんぺい」関朝之作；日高康志画　ハート出版　2002年6月

さかさまじん
まちにやってきたたべるのもねるのもすべてさかさまじん「さかさまじん」赤川明作・絵　らくだ出版　2000年9月

坂田 金時　さかたの・きんとき
むかし足柄山の山おくにいたげんきな子どもで森へいってはまさかりをふりまわし大きな木をきってあそんでいた男の子「金太郎」米内穂豊画；千葉幹夫文・構成　講談社（新・講談社の絵本9）2002年2月

さかな
ねこがすきでときどきねこをじぶんのなかにいれてねこざかなになるさかな「まいごのねこざかな」わたなべゆういち作・絵　フレーベル館　2006年5月

さかな
ねこがすきでときどきねこをじぶんのなかにいれてねこざかなになるさかな「だっこだっこのねこざかな」わたなべゆういち作・絵　フレーベル館　2005年6月

さかな
あるひ少年がおとしたチョコレートをパクッとたべたさかな「チョコレートをたべた さかな」みやざきひろかず作・絵　ブックローン出版　1989年10月

さかな
つりいとのおいしそうなえさをたべようとしたさかなたち「まてまてー！」宮西達也作・絵　金の星社（こどものくに傑作絵本）2005年8月

さかな
ねこがすきでときどきじぶんのなかにねこをいれてねこざかなになるさかな「そらとぶ ねこざかな」わたなべゆういち作・絵　フレーベル館　2004年9月

さかな

さかな
ちきゅうじょうではじめてのねこのおなかのなかのわるものをたいじしたさかな 「ねこがさかなをすきになったわけ」 ひだのかな代作・絵 新風舎 2004年12月

さかな
よるになるとのはらのいけにあそびにやってくるいじわるなねこがだいきらいなさかな 「うまそうだな、ねこ—しんかしたさかなのおはなし」 松山美砂子著 架空社 2003年4月

さかな
ねこがすきでときどきじぶんのなかにねこをいれてねこざかなになるさかな 「ねむるねこざかな」 わたなべゆういち作・絵 フレーベル館 2003年6月

さかな
ねこがすきでときどきじぶんのなかにねこをいれてねこざかなになるさかな 「ねこざかなのクリスマス」 わたなべゆういち作・絵 フレーベル館 2003年10月

さかな
にんげんがみずうみのなかにたらすおいしそうなえさにどうすればなかまがくいつかずにすむのかかんがえたさかな 「にんげんにかったさかな」 みずのまさお作・絵;ふせまさこ文 新世研 2002年2月

さかな
ねこがすきでときどきじぶんのなかにねこをいれてねこざかなになるさかな 「おどるねこざかな」 わたなべゆういち作・絵 フレーベル館 2001年6月

さかな
ねこがすきでときどきじぶんのなかにねこをいれてねこざかなになるさかな 「ポップアップねこざかな」 わたなべゆういち作・絵 フレーベル館 2001年12月

さかな
くまくんがみずたまりがなくなったのはらでみつけたさかな 「どうしたの おさかなくん？」 檀晴子文;高瀬のぶえ絵 あすなろ書房(新しい絵本シリーズ) 1989年8月

さかな(クークー)
そらのほしをプランクトンだとおもってたべたさかな 「いねむりさかなクークー」 よこたみのる作 理論社 2001年7月

さかな(クークー)
くじらのふいたしおにふきあげられてそらのずっとむこうまでとんでいったさかな 「クークーとおおきなともだち」 よこたみのる作 理論社 2002年7月

魚(さんま)　さかな(さんま)
白い皿の上に焼かれてのったがたまらなく海が恋しくなって骨だらけになってもひたすら海へとむかった魚 「焼かれた魚」 小熊秀雄文;新田基子絵 創風社 1997年1月

さかな(とっぺくん)
みんなとさんごこうえんにいったおさかなぼうや 「おさかなぼうやとっぺくん」 わたりむつこ文;ましませつこ絵 講談社(講談社の幼児えほん) 1988年11月

魚(フロルちゃん)　さかな(ふろるちゃん)
ブンタくんの家のおふろにすんでいるとうめいな魚 「おひさまにキッス–お話の贈りもの」 谷山浩子作;高林麻里絵 小学館(おひさまのほんシリーズ) 1997年10月

さき
ひよこがうまれたのでみんなでとりごやへむかってえをかくことにしたすすむせんせいの1ねん2くみのおんなのこ 「にわとりの おっぱい」 山本省三作 講談社(講談社の創作絵本) 2005年6月

さきち
ざるにいれたおちゃとくりとかきとふをうりにそとにでかけたおとこ 「ちゃっくりがきぃふーらくご絵本」 桂文我話;梶山俊夫絵 福音館書店(日本傑作絵本シリーズ) 2002年11月

さきちゃん
しろくまがほしかったしゅんくんにこうえんでひろったこねこをおしつけたなかよしのおんなのこ 「ぼくのしろくま」 さえぐさひろこ文;西巻茅子絵 アリス館 2004年1月

さきちゃん
ちいさな川のながれる山すそのまちにうまれたおんなのこでおばあちゃんがまちこがれていたまご 「さきちゃんとおばあちゃん」 松田素子作;瀬戸口昌子絵 ポプラ社(えほんはともだち17) 1991年12月

作　さく
多摩川の河口にあった三本葭の常夜燈の火をたくのが仕事だった男の子 「あかりもり」 野村昇司作;阿部公洋絵 ぬぷん児童図書出版(ぬぷん ふるさと絵本シリーズ14) 1989年12月

さくじいちゃん
いつかふるさとにかえって木やくさやどうぶつたちのそばでくらすのがゆめでぬいばあちゃんといっしょにふるさとのうちにかえったおじいさん 「さくじいちゃんのふるさとへ」 鹿目佳代子作 福武書店 1987年5月

さくべえさん
はたけの土もりをしてくれたらむすめをよめにやるといのししにやくそくした村のおひゃくしょう 「いのこのまつり」 谷真介文;赤坂三好絵 佼成出版社(行事むかしむかし 10月 収穫、感謝のはなし) 1991年9月

さくら
飛騨高山の桜まつりの屋台にかざるじゅうたんをひきとるために父誠とイランの古都イスファハンへいった10歳の少女 「風のじゅうたん」 野村たかあき文・絵 講談社(講談社の創作絵本) 2003年4月

サクラ
ハナのいもうと 「ちょっとそこまで」 かべやふよう作 アスラン書房 2003年5月

さくら
お父さんがごみの回収の仕事をしている遼とおなじ団地に住んでいるおじいさんの犬 「行こさくら」 西田英二文;荒川のり子絵 解放出版社 2001年3月

さくら
山の中腹に立っていた大いちょうに抱かれるようにある庚申堂に堂守りのおじいさんと住んでいた女の子 「お葉つきいちょう」 森はな作;梅田俊作画 サンリード(創作えほん) 1987年10月

さくらこ
まんまるやまのこうさぎのぴょんことどんがりやまのこぐまのくうたがさくらひろばでいっしょにあそんだおんなのこ 「あしたも あそぼうね」 あまんきみこ作;いもとようこ絵 金の星社(こどものくに傑作絵本) 1987年5月

さくら

さくら子　さくらこ
二年生の夏休みに名前をもらった山のさくらの木にあいにいった女の子「さくら子のたんじょう日」宮川ひろ作；こみねゆら絵　童心社　2004年11月

さくらさひめ（さひめ）
おかあさんのことばをまもってともだちの赤がりにのってよいたねをつたえるたびにでたたねの神「さくらさひめの大しごと」古田足日文；福田岩緒絵　童心社（絵本・だいすきおはなし）2001年9月

さくらさん
はまべではじまるちからくらべたいかいにしょうたいされたサクラガイ「とってもいいこと」内田麟太郎文；荒井良二絵　クレヨンハウス　2005年9月

さくらさん
ほいくえんにおつとめしているワニのさくらせんせい「バルボンさんとさくらさん」とよたかずひこ作・絵　アリス館（ワニのバルボン4）1999年11月

さくらちゃん
いぬのうめ吉のかいぬしのおんなのこ「うめ吉わん」ゆざわなつき文；なかしまきよし絵　KABA書房（シリーズ・うめ吉ものがたり）1987年1月

さくらっこウララ
まいとしはるのくにからはるをつれてやってくるおんなのこ「ジロちゃんとさくらっこウララ」やすいすえこ作；田中四郎絵　フレーベル館（ウルトラジロちゃんシリーズ10）1998年2月

さくらのき
やまのてっぺんにあったとてもとしをとったおおきなさくらのき「さくらのさくひ」矢崎節夫作；福原ゆきお絵　フレーベル館（ペーパーバックえほん5）2002年3月

さくらの木　さくらのき
旅人が出会ったおさびし山の一本のさくらの木「おさびし山のさくらの木」宮内婦貴子文；奥田瑛二絵　あすなろ書房（あすなろ書房新しい絵本シリーズ）1987年3月

さくらんぼ
くだものむらのとてもなかよしのさくらんぼのおんなのことおとこのこ「すきすき さくらんぼ」じゃんぼかめ作・絵　国土社（えほん・くだものむら4）1991年7月

サーくん
箱さんといっしょに箱さんのふるさとのアマゾンへ旅にでたおとこのこ「サーくんと箱さんとアマゾンの旅」たにけいこ文・画　グリーン購入ネットワーク鹿児島　2002年12月

サーくん
一枚の紙さんの生まれたアフリカのケニアへ庭の11ぴきの動物たちと旅にでたおとこのこ「サーくんと紙さんと11ぴきの旅」たにけいこ文・画　グリーン購入ネットワーク鹿児島　2001年11月

さけ（おおすけ）
わしにさらわれたはっちぇもんというおとこをせなかにのせてやまがたのおぐにのむらにつれてってやったさけ「さけの おおすけ」水谷章三文；佐川美代太郎絵　フレーベル館（むかしむかしばなし18）1992年11月

さごじょう
てんじくにおきょうをいただきにいったさんぞうほうしというおぼうさんのさんにんのおとものひとり「さんぞうほうしのかえりみち」せなけいこ作・絵　鈴木出版（チューリップえほんシリーズ）1998年9月

サシバ(ピルバ)
さんごしょうの海にかこまれた島に暮らすタルタという少年がはじめて自分でつかまえた渡りのタカのサシバ 「サシバ舞う空」 石垣幸代文;秋野和子文;秋野亥左牟絵 福音館書店 2001年10月

サジマ
かわのどてまでぴくにっくにでかけることにしたちいさなサジマ 「ちいさなサジマのぴくにっく」 にしざとせんこ作;にしざとせい絵 燦葉出版社 1987年10月

サーシャ
サーカスだんのメンバーになったねこのきょうだいのいもうと 「もしもねこがサーカスにいったら」 石津ちひろ文;ささめやゆき絵 講談社(講談社の創作絵本) 2006年10月

さだおばさん
山あいをはしっていた森林てつどうの村のえきのえきちょうでみせもやっていたおばさん 「さだおばさん」 原田泰治作・絵 講談社 1994年9月

さだきちとかめきち
えんぎをかつぐことでゆうめいなだんなさんがいるおおきなごふくやのでっち 「えんぎかつぎのだんなさん」 桂文我話;梶山俊夫絵 福音館書店 2004年1月

さだこ
1945年8月6日に原爆が広島におとされてから10年目に12歳で原爆病でなくなった女の子 「おりづるの旅―さだこの祈りをのせて」 うみのしほ作;狩野富貴子絵 PHP研究所(PHPにこにこえほん) 2003年8月

さだ子　さだこ
広島におとされた原爆で放射能をあびて白血病で亡くなった少女 「さだ子と千羽づる」 SHANTI著 オーロラ自由アトリエ 1994年8月

サチ
一年に一日だけの市の立つ日に毎年漁師のユウタと会っていた山里の村のむすめ 「山と川と海と―サチとユウタの物語」 森山京文;太田大八絵 小峰書店 2005年12月

さち
あめがふってきたのではっぱのやねのおうちにはいったおんなのこ 「はっぱのおうち」 征矢清作;林明子絵 福音館書店(幼児絵本シリーズ) 1989年5月

さちこ
日本がアメリカをあいてにせんそうをしていたときにおきなわにすんでいたからだのふじゆうな女の子 「てっぽうをもったキジムナー」 たじまゆきひこ作 童心社(童心社の絵本) 1996年6月

ザッカ
夏休みにリョウが真っ黒なえんび服を着た男の人からもらったかぶとむしの卵からかえったようちゅうがかぶとむしになったにひきめの2号 「リョウのかぶとむし旅行」 花村カナ文;荒井良二絵;三輪誠之原案 ゼネラル・エンタテイメント 1994年9月

さつき
やまがたけんのやまのなかにあるたらのきだい分校の2年生 「いちばんまちどおしい日 たらのきだい分校の収穫祭」 土田義晴作・絵 ポプラ社(えほんはともだち36) 1994年11月

ざっく
もぐらのこももとけっこんしたあなほりめいじんのもぐら 「こももとのともだち」 小出保子作 福音館書店(もぐらのこもも3) 1993年11月

さっさ

サッサ
とてもふとったおじいさんのかいとうドチドチのとてもやせたおくさん 「かいとうドチドチ−雪のよるのプレゼント」柏葉幸子作;神山ますみ絵 講談社 1995年11月

サッサ
とてもふとったおじいさんのかいとうドチドチのとてもやせたおくさん 「かいとうドチドチ びじゅつかんへいく」柏葉幸子作;神山ますみ絵 講談社 1995年5月

サッサさん
ちらかってるのがだいっきらいでなんでもぱっぱとかたづけるシャキットまちのサッサさん 「おとしものしちゃった」中山千夏文;長新太絵 自由国民社 2005年3月

さっちゃん
なっちゃんとおとなりどうしでとしもおなじだけどぜんぜんちがうおんなのこ 「さっちゃんとなっちゃん」浜田桂子作・絵 教育画劇(教育画劇みんなのえほん) 2002年7月

サッちゃん
のら犬のラビが産んだ9匹の小犬のかいぬしをさがすおてがみをかいた女の子 「ラビと9匹の小犬たち。」小田桐昭文・絵 フジテレビ出版 2001年5月

さっちゃん
らいねんはるには一年生になるおんなのこ 「一年生になるんだもん」角野栄子文;大島妙子絵 文化出版局 1997年9月

さっちゃん
おにいさんのアーボさんのうちにもらわれてきた三びききょうだいのうさぎの一ぴき 「月夜の子うさぎ」いわむらかずお作 クレヨンハウス 1996年9月

さっちゃん
あたらしいみずいろのかさをかってもらったおんなのこ 「さっちゃんのかさ」金森三千雄作;鈴木博子絵 岩崎書店(えほん・おもしろランド6) 1987年6月

さっちゃん
おばあちゃんがいろんなことをわすれてしまうアルツハイマーっていうあたまのびょうきになってしまったおんなのこ 「おばあちゃん どこいくの」本間昭監修;やまとせいすい作;よりくにさとし絵 ワールドプランニング 1992年10月

さつまのおいも(おいも)
こどもたちとつなひきをしたさつまのおいもたち 「さつまのおいも」中川ひろたか文;村上康成絵 童心社 1995年6月

さと
むかしさむらいたちがいくさをしていたころあるむらにお父とお母をたすけてくらしていたおんなのこ 「光り堂」清水達也作;篠崎三朗絵 佼成出版社(創作民話絵本) 1993年7月

サト
山おくにすむやまんばがさとからかっさらってきたおんなのこのあかんぼう 「やまんばしみず」髙橋忠治作;高田勲絵 佼成出版社(創作民話絵本) 1993年11月

さとうくん
あるひうさぎになってそれからずっとうさぎとくらしているさとうはねるくん 「うさぎのさとうくん」濱宮郷詩絵・文 本の泉社 2006年8月

ざとうぼうさま
あらしでみずにながされてわたしもりにかわのそばにうめられたらでっかいきになったざとうぼうさま 「ぼうさまのき」 瀬川康男絵；松谷みよ子文 フレーベル館（日本むかし話4） 2002年12月

さとこ
とりになりたいなとゆめみているおんなのこ 「ことりだいすき」 なかがわちひろ作 偕成社 1999年6月

さとし
こうえんでだんボールのはこにはいったちいさなすてネコをみつけてしまったねこのきらいなおとこのこ 「さとしとすてネコ」 福田岩緒作・絵 ポプラ社（えほんはともだち38） 1995年4月

さとし
せつぶんにおにいちゃんががようしでつくったおにのおめんをかぶったおとこのこ 「おにのおめん-まめまきのおはなし」 神沢利子作；狩野富貴子絵 教育画劇（行事のえほん2） 1993年1月

さとし
山すその原っぱにとびこんだ紙ひこうきをさがしておくへおくへとすすんでいき山のような大男の手の中にかかえられた男の子 「かぐら山の大男」 富安陽子作；村上勉絵 あかね書房（あかね・新えほんシリーズ6） 2000年7月

さとしくん
中国地方の小さな町にすんでいるだいのやきゅうずきな小学生 「もくもくドーム」 岩国哲人作；土田義晴絵 女子パウロ会 1993年4月

さとみさん
おとしよりだけになってしまったしまのしんりょうじょをひとりでまもっているかんごふさん 「おばあちゃんのしまで」 ふりやかよこ作・絵 文研出版（えほんのもり28） 1995年9月

さとりくん
うまれつきさとっていてあわてずなやまずさわがずみだれないとり 「さとりくん」 五味太郎作 クレヨンハウス 1996年8月

さとる
はしってきたももこに「ともだちのともだちはともだちなんだよ」といわれたおとこのこ 「ともだちいっぱい」 新沢としひこ作；大島妙子絵 ひかりのくに（ひかりのくに傑作絵本集18） 2002年3月

サトル
おしりからとつぜんしっぽがはえてきた男の子 「しっぽにごようじん」 中尾三十里文；しろたにひでお絵 文化出版局 1993年8月

サトル
地球からロケットにのってビス・ビス・ビス星にやってきた男の子、井上博士のこども 「ビス・ビス・ビス星ものがたり」 手塚治虫著 河出書房新社（手塚治虫のえほん館 別巻2） 1990年6月

さとるくん
おばあちゃんからいなかのくらしをつづったてがみをもらったおとこのこ 「はいけいさとるくん」 大森真貴乃作 ベネッセコーポレーション（ベネッセのえほん） 1997年11月

さな

サナ
なかよしのルルとさんぽしていたらくさのなかにふしぎなこどものしろくまくんをみつけたおんなのこ 「はらぺこな しろくまくん」 なりたまさこ作・絵 ポプラ社(絵本の時間28) 2003年7月

サナ
はなのたねやなえをもらってじぶんのにわをつくったおんなのこ 「サナのゆめのにわ」 なりたまさこ作・絵 ポプラ社(絵本の時間40) 2004年8月

サナ
ゆきがふったよるにねこのルルとゆきのでんしゃをつくってせんろみたいな2ほんのせんのうえをはしったおんなのこ 「サナのゆきのでんしゃ」 なりたまさこ作・絵 ポプラ社(絵本の時間) 2003年11月

サナ
おばあちゃんからおくられてきたあかいセーターがちいさかったのでともだちのねこのルルとひっぱってみたおんなのこ 「サナのあかいセーター」 なりたまさこ作・絵 ポプラ社(絵本の時間18) 2002年11月

サナ
あめのひにこうえんにでかけてあまがっぱのこのポロポロにあったおんなのこ 「ポロポロのすてきなかさ」 なりたまさこ作・絵 ポプラ社(絵本の時間11) 2002年5月

サナ
ねこのルルやともだちといっしょにあめあがりのこうえんにあったどんどんおおきくなるあおいバケツにはいってあそんだおんなのこ 「ふしぎなあおいバケツ」 なりたまさこ作・絵 ポプラ社(絵本の時間5) 2001年6月

サナ
ねこのルルとどんぐりひろいをしていてちいさなふしぎなぼうしをみつけたおんなのこ 「サナとはやしのぼうしやさん」 なりたまさこ作・絵 ポプラ社(絵本の時間43) 2005年5月

サナ
ねこのルルとはらっぱでカイトをあげてあそんだおんなのこ 「サナとそらとぶおばけ」 なりたまさこ作・絵 ポプラ社(絵本の時間46) 2006年10月

サナ
ふたごのうさぎがひろげてくれたみずたまりのこおりのうえをねこのルルやともだちといっしょにすべっていったおんなのこ 「サナとはじめてのスケート」 なりたまさこ作・絵 ポプラ社(絵本の時間) 2006年1月

さなえさん
もりのくませんせいのしっかりもののかんごふのうさぎ 「くませんせいいそげいそげ」 おぐらひろかず作・絵 ひさかたチャイルド 1999年1月

さなえさん
もりのおいしゃさんのくませんせいのしっかりもののかんごふのうさぎ 「くませんせいーあらしのもりへ」 おぐらひろかず作・絵 ひさかたチャイルド 1998年7月

サニー
ずっと戦争がつづいてたくさんの地雷が埋められたままになっているアフガニスタンへいったサニーちゃん 「サニーアフガニスタンへ 心をこめて 地雷ではなく花をください」 葉祥明絵;柳瀬房子文 自由国民社 2002年5月

サニー
しょくぱんまんにほのかなこいごころをいだくにんぎょひめ「にんぎょひめのなみだ」やなせたかし作・絵　フレーベル館(アンパンマンプチシアター)　2006年9月;フレーベル館(それいけ!アンパンマン)　2000年7月

サニー
地球上に残った最後の対人地雷をこわす記念の日にスイッチを押したサニーちゃん「サニーのゆめ　ありがとう　地雷ではなく花をください」葉祥明絵;柳瀬房子文　自由国民社　1999年7月

サニー
ボスニア・ヘルツェゴビナにあるボスニア盲学校での地雷撤去を手伝ったサニーちゃん「サニー　ボスニア・ヘルツェゴビナへ　続々・地雷ではなく花をください」葉祥明絵;柳瀬房子文　自由国民社　1998年9月

サニー
紛争が終わってもいたるところに地雷が埋められているカンボジアにいったサニーちゃん「サニー、カンボジアへ　続・地雷ではなく花をください」葉祥明絵;柳瀬房子文　自由国民社　1997年7月

サニー
世界について考えるうさぎ「サニーのおねがい　地雷ではなく花をください」葉祥明絵;柳瀬房子文　自由国民社　1996年9月

佐野 源左衛門常世(常世)　さの・げんざえもんつねよ(つねよ)
上野の国は佐野の里で大雪のなか一夜の宿をたのんだ修行僧を秘蔵の鉢の木を薪がわりにもやしてもてなしたあるじ「鉢の木」たかしよいち文;石倉欣二絵　ポプラ社(日本の物語絵本16)　2005年11月

サバイ
ひよこのピリィとだいのなかよしのわに「サバイとピリィ　まほうのぼうし」はぎのちなつ作・絵　ひさかたチャイルド　2005年4月

サバイ
まちはずれのながぐついわにたったひとりですんでいたわに「サバイとピリィ　ふたりのたんじょうび」はぎのちなつ作・絵　ひさかたチャイルド　2003年8月

さばうりどん
ふぶきのやまのなかでみちにまよってたどりついたいえにいたやまんばにさばをみんなくわれてしまったさばうりどん「さばうりどん」長谷川摂子文;伊藤秀男絵　岩波書店(てのひらむかしばなし)　2004年10月

サバリコビレ
シリナバトブレやまにきてシュシナーナのでんきそーじきをうばったちからがつよいとりがおのいきもの「シュシナーナとサバリコビレ」松居友文;小林裕児絵　福武書店　1990年4月

さひめ
おかあさんのことばをまもってともだちの赤がりにのってよいたねをつたえるたびにでたたねの神「さくらさひめの大しごと」古田足日文;福田岩緒絵　童心社(絵本・だいすきおはなし)　2001年9月

サーブ
目の見えないしゅじんをこうつうじこからまもって大けがをして3本足になったもうどう犬「えらいぞサーブ!　主人をたすけた盲導犬」手島悠介文;徳田秀雄絵　講談社(どうぶつノンフィクションえほん)　2000年4月

さぶ

サブ
かいしゃをやめていなかにひっこしたくさんのどうぶつたちにかこまれてくらす「ぼく」のおじいちゃんのいえのさる 「おじいちゃんの どうぶつえん」 浅野庸子文;浅野輝雄絵　文化出版局　2002年9月

さぶ
やまのふもとのびんぼうないっけんやのさんにんむすこのひとりでかぜにとばされたにしきをさがしにでかけたおとこ 「にしきのむら」 武井武雄絵;山本和夫文　フレーベル館(武井武雄絵本美術館)　1998年4月

三郎　さぶろう
びょうきのははおやのためにまものがすむというぬまのほとりにあるならなしのみをとりにいった三人きょうだいの弟 「ならなしとり」 峠兵太文;井上洋介絵　佼成出版社(民話こころのふるさとシリーズ)　1993年4月

三郎　さぶろう
ずんと山おくの村にすんでおったちからじまんの三人のきょうだいの三ばんめ 「おぶさりてい」 川村たかし文;関屋敏隆画　教育画劇(日本の民話えほん)　1996年2月

三郎　さぶろう
麻美の家からいなくなっていちょうの木がしげる古いやしきを家にした猫 「いちょうやしきの三郎猫」 成田雅子作・絵　講談社　1996年10月

三郎次　さぶろうじ
おさないいもうとのおはなとくらしていた三人のきょうだいの一人 「ひなまつりにおひなさまをかざるわけ」 瀬尾七重作;岡本順絵　教育画劇(行事の由来えほん)　2001年5月

三郎じっちゃん　さぶろうじっちゃん
北海道の羅臼町でスケソウ漁の船長をしている人で孫の大介をさそって知床半島をスケッチ探検したじっちゃん 「楽園 知床に生きる人びとと生きものたち」 関屋敏隆作　くもん出版　2005年6月

三郎太　さぶろうた
むかし石見の国の海べの村にばあさまとふたりでくらしていたわかいりょうし 「琴姫のなみだ」 村尾靖子文;永田萠絵　岩崎書店(えほん・ハートランド8)　1994年12月

さぼてんくん
さぼてんおばさんのところからソマリーコにもらわれていったさぼてん 「さぼてん」 北見葉湖作・絵　講談社(講談社の創作絵本)　2002年3月

ざぼんじいさん
あまいかきをいつもひとりじめしてだれにもやらないおじいさん 「ざぼんじいさんのかきのき」 すとうあさえ文;織茂恭子絵　岩崎書店(のびのび・えほん4)　2000年9月

サミエル
あらしでだいじなりんごのきがおれてしまってサンタクロースにクリスマス・プレゼントにりんごのきをおねがいしたおとこのこ 「サンタクロースの そりに のって」 松岡節作;広野多珂子絵　ひかりのくに　2002年11月

サム
しろいおおきないえのペルシャねこのニーナとなかよしになったのらねこ 「のらねこサムのクリスマス」 こやま峰子文;宮本忠夫絵　アリス館　1988年11月

サム
お空に浮かぶ雲の子 「雲の子サム」 おおしまのぼる作・絵　JDC出版　2006年2月

サムくん
クリスマスイブのひにおねえさんのミクちゃんとふたりでかざったツリーをかいぶつにたべられてしまったおとこのこ 「せかいいち おおきな クリスマスツリー」 おおはらひでき作 PHP研究所(PHPにこにこえほん) 2000年11月

さむらい
いっしょにわたし舟にのった子どもたちが一つしかないあめだまをせがんでいたので刀をぬいて二つにわってやったさむらい 「あめだま」 新美南吉作;長野ヒデ子絵;保坂重政編 にっけん教育出版社 2003年4月

さめ(ガリピー)
ももいろさんごをかじっていたのこぎりざめ 「のこぎりざめガリピー」 高田ひろお作;中村泰敏絵 金の星社(たこやきマントマン・ミニえほん3) 1991年11月

サメジマせんちょう
ツトムのともだちのたのもしくてやさしいぎょせんのせんちょうさん 「大だこマストンとかいぞくせんのたから」 にしかわおさむ文・絵 ぎょうせい(そうさくえほん館7-空想の世界であそぼう) 1992年8月

さめ人　さめびと
あるつみのためにりゅうぐうをついほうされてせたの大はしの上でであったわかもののいえのいけにすまわせてもらうことになったさめ人 「さめびとのおんがえし」 ラフカディオ・ハーン原作;はなしまみきこ再話;ふじかわひでゆき絵　新世研　2001年8月

さやかさん
じっけんようのいぬでせなかのしんけいをきられたシロをしせつからそっとつれだしたひと 「星空のシロ」 井上夕香文;葉祥明絵　国土社　1998年7月

サーラ
空を飛んでみたいとおもっている猫のトビーのともだちの猫 「空飛ぶ猫」 森本和子作;木下純子絵　アースメディア　2004年2月

サラ
ふたごのねずみのこども 「ティモシーとサラともりのようせい-ティモシーとサラのえほん9」 芭蕉みどり作・絵　ポプラ社(えほんとなかよし)　2005年8月

サラ
ふたごのねずみのこども 「はながさくころに」 芭蕉みどり作・絵　ポプラ社(ティモシーとサラの絵本8)　2004年4月

サラ
ふたごののねずみのこども 「ティモシーとサラとたからのちず」 芭蕉みどり作・絵　ポプラ社(えほんとなかよし)　2002年4月

サラ
ふたごのねずみのこども 「ティモシーとサラのとりかえっこ」 芭蕉みどり作・絵　ポプラ社(えほんとなかよし61)　2000年10月

サラ
ふたごのねずみのこども 「なないろのキャンディー」 芭蕉みどり作・絵　ポプラ社(ティモシーとサラの絵本8)　2004年4月

サラ
ふたごのねずみのこども 「まほうつかいがやってきた」 芭蕉みどり作・絵　ポプラ社(ティモシーとサラの絵本7)　1999年1月

さら

サラ
ふたごのねずみのこども 「ティモシーのたからもの」 芭蕉みどり作・絵 ポプラ社(ティモシーとサラの絵本6) 1999年1月

サラ
ふるいおやしきにたつおおきなりんごのきのしたで「ぼく」があったうつくしいおんなのひと 「白い風とりんごの花」 熊谷まちこ作・絵 PHP研究所(PHPにこにこえほん) 1997年3月

サラ
ふたごののねずみのこども 「ティモシーとサラときのおうち-ティモシーとサラのえほん6」 芭蕉みどり作・絵 ポプラ社(えほんとなかよし52) 1997年12月

サラ
ふたごのねずみのこども 「ティモシーとサラのパーティー」 芭蕉みどり作・絵 ポプラ社(えほんとなかよし35) 1995年7月

サラ
ふたごののねずみのこども 「おじいちゃんのいす」 芭蕉みどり作・絵 ポプラ社(ティモシーとサラの絵本4) 1994年7月

サラ
ふたごののねずみのこども 「サラのやくそく」 芭蕉みどり作・絵 ポプラ社(ティモシーとサラの絵本5) 1994年7月

サラ
ふたごののねずみのこども 「ティモシーとサラのピクニック」 芭蕉みどり作・絵 ポプラ社(えほんとなかよし23) 1993年11月

サラ
ふたごのねずみのこども 「チューリップのにわ」 芭蕉みどり作 ポプラ社(ティモシーとサラの絵本1) 1992年11月

サラ
ふたごのねずみのこども 「おばあちゃんのかぼちゃパイ」 芭蕉みどり作・絵 ポプラ社(ティモシーとサラの絵本1) 1992年11月

サラ
ふたごののねずみのこども 「ゆうびんやさんのオーケストラ」 芭蕉みどり作・絵 ポプラ社(ティモシーとサラの絵本2) 1992年11月

サラ
ふたごののねずみのこども 「ふゆのよるのおくりもの」 芭蕉みどり作・絵 ポプラ社(ポプラ社のよみきかせ大型絵本) 2004年11月;ポプラ社(えほんとなかよし6-ティモシーとサラのえほん2) 1990年11月

サラ
ふたごののねずみのこども 「おたんじょうびのおくりもの」 芭蕉みどり作・絵 ポプラ社(えほんとなかよし1-ティモシーとサラのえほん1) 1989年11月

サラ
ふたごののねずみのこども 「ティモシーとサラとデイジーさん」 芭蕉みどり作・絵 ポプラ社(えほんとなかよし65) 2006年11月

サラレ
山をおさめる領主の金毛の羆を射とめに山へ分け入ったアイヌの二人の弓の名人の一人 「虹を駆ける羆」 上西晴治作;貝原浩絵 風濤社 1987年11月

さらんくん
おーけすとらのとらんぺっとがうまくふけないどうぶつえんのさる 「がんばれ さるのさらんくん」 中川正文作;長新太絵 福音館書店 2006年1月

サリー
ネコのラジオ局のパーソナリティのシロネコ 「ネコのラジオ局」 南部和也作;とりごえまり絵 教育画劇 2004年9月

さる
かにがそだてたかきをとってやるといってじぶんだけおいしい実を食べてかにに青いかきをなげつけたさる 「さるかにかっせん」 おざわとしお;むとうきよこ文;くすはらじゅんこ絵 くもん出版(子どもとよむ日本の昔ばなし11) 2005年11月

さる
かにがそだてたかきのきにのぼってあかいみをたらふくくってあおいかきをかにのせなかになげつけたさる 「さるかにがっせん」 常光徹文;瀧原愛治絵 世界文化社(ワンダー民話館) 2005年11月

サル
ほかのどうぶつたちとポケットくらべをしたサル 「ぽけっとくらべ」 今江祥智文;和田誠絵 文研出版(えほんのもり) 2005年12月

サル
森の中で生活するサル 「サルのいる森」 菊間かおる文;木村しゅうじ絵 新日本出版社 1989年10月

さる
町でしゃしんきをかって山へかえってきて子ざるたちのしゃしんをとったおさる 「おさるのしゃしんや」 奈街三郎文;茂田井武絵 銀貨社 2002年6月

さる
かにがそだてたかきの木のあまい実をぜんぶ食べてかたい青い実をなげつけてかにに大けがをさせたさる 「猿蟹合戦」 井川洗涯画;千葉幹夫文 講談社(新・講談社の絵本5) 2001年6月

さる
やまのてっぺんからとおくのはてにみえたうみをみにいったさる 「うみをみに」 もりやまみやこ作;ふくだいわお絵 ポプラ社(いろいろえほん9) 2000年3月

さる
いつもいつも山ばっかりみとるけえ海ばたへでかけた一ぴきのさる 「さるのひとりごと」 松谷みよ子文;司修絵 童心社(ぼくとわたしのみんわ絵本) 2001年3月

さる
おとひめさまのびょうきがなおるというさるのいきぎもをとられるのもしらずにかめにだまされてりゅうぐうじょうにつれてこられたさる 「くらげの おつかい-日本昔話より」 矢崎節夫文;島田コージ絵 フレーベル館(日本むかしばなしライブラリー4) 1995年7月

さる

さる
かにがそだてたかきのきのみをとってはたべとってはたべのひとりじめにしてかたいみをかにになげつけておおけがをさせたさる 「さるかにかっせん」 木暮正夫文;二俣英五郎絵 フレーベル館(日本むかしばなしライブラリー2) 1995年5月

さる
はたけでねたふりをしたじいさまをじぞうさまとまちがえてたからものをおそなえしてくれたさるども 「さるじぞう」 松岡節文;末崎茂樹絵 ひかりのくに(名作・昔話絵本) 1993年4月

サル(エゴちゃん)
エゴのはながすきなおかあさんになまえをつけてもらった幸島のサル 「エゴちゃんのいちにち」 井川ゆり子絵・文 汐文社(絵本 幸島のサル3) 1998年10月

サル(カミナリ)
九州・宮崎にある幸島のサルの群れをまとめるボスザル 「ボス猿カミナリ」 二宮勝憲絵・文 汐文社(絵本 幸島のサル) 2004年1月

さる(きき)
きつねのけんのうちにまちがってとどいたにもつにかいてある「くまぞうさん」をさがしにけんといっしょにでかけたさる 「くまぞうさあ〜ん」 たかはしとおる文・絵 ぎょうせい(そうさくえほん館16) 1992年9月

さる(きんた)
もりのゆうじゃぐみとつなひきをしたやまのいなずまぐみのさる 「つなひき」 たかはしとおる文・絵 ぎょうせい(そうさくえほん館4−なかまっていいな) 1992年6月

さる(サブ)
かいしゃをやめていなかにひっこしたくさんのどうぶつたちにかこまれてくらす「ぼく」のおじいちゃんのいえのさる 「おじいちゃんの どうぶつえん」 浅野庸子文;浅野輝雄絵 文化出版局 2002年9月

さる(サルサ)
やりたいことをしてみんなにおこられているおさるのこ 「だめだめ、おさるのサルサ」 竹内通雅作・絵 教育画劇 2004年11月

さる(てじ)
あるやまのむらにすんでいたもくべえどんとおはなさんというわかいふうふにそだてられたてがまっしろなふしぎなさるのこ 「てじろのさる」 もちたにやすこ文;かさいまり絵 にっけん教育出版社 1999年1月

サル(ポイ)
ヤッポ島にすんでる女の子プキプキとなかよしのヤッポザル 「不思議のヤッポ島 プキプキとポイ」 ヤーミー絵・文 小学館 2004年5月

さる(もんきち)
船のパーサーをしているおとうさんがかえってきたので横浜までむかえにいったしんちゃんがおみやげにもらったちいさいおさる 「おさる日記」 和田誠文;村上康成絵 偕成社 1994年12月

さる(モンキチくん)
たんじょうびのミイさんにすきなさかなりょうりをつくってあげようとりょうにでたモンキチくん 「うみべでいただきます」 つちだよしはる作 小峰書店(ごちそうえほん) 1998年3月

さる(モンキチくん)
きょうはたのしいクリスマスでいえでパーティーをひらくモンキチくん 「パーティーでいただきます-ごちそうえほん」 つちだよしはる作 小峰書店 1997年11月

さる(もんた)
バナナででんわをかけたたかしといっしょにあそんだバナナがすきなさる 「バナナででんわをかけました」 おだのぶお作・絵 鈴木出版(たんぽぽえほんシリーズ) 1996年5月

さる(モンチーせんせい)
もりのなかにあったちいさなしんりょうじょのおさるのおいしゃさん 「もりのしんりょうじょ」 しのざきみつお文・絵 ぎょうせい(そうさくえほん館2) 1992年8月

さる(モンちゃん)
タンポポの花がだいすきなさるのこ 「おばあちゃんの花」 内田麟太郎文;村上康成絵 佼成出版社 2005年9月

さる(モンちゃん)
おさるのおんなのこルサちゃんをすきになったおさるのこ 「ルサちゃんのさんぽみち」 内田麟太郎文;村上康成絵 佼成出版社 2006年4月

さる(モンちゃん)
じてんしゃをこいでうたをうたいながらおじいちゃんのおじいちゃんのおじいちゃんにあいにいったこざる 「おじいちゃんの木」 内田麟太郎文;村上康成絵 佼成出版社 2004年5月

サル(モンちゃん)
もりのみんなとでんしゃごっこをしてあそんだサル 「クマさんのトラック」 篠塚かをり作;いしいじゅね絵 けやき書房(けやきの絵本) 2004年10月

さる(ルサちゃん)
おさるのこモンちゃんがすきになったおさるのおんなのこ 「ルサちゃんのさんぽみち」 内田麟太郎文;村上康成絵 佼成出版社 2006年4月

猿神 さるがみ
美作の国の中山神社にまつられていて年に一度の祭りにいけにえのわかいむすめをころしてたべてしまうという巨大な猿のすがたをした神 「猿神退治」 那須正幹文;斎藤吾朗絵 ポプラ社(日本の物語絵本1) 2003年5月

サルサ
やりたいことをしてみんなにおこられているおさるのこ 「だめだめ、おさるのサルサ」 竹内通雅作・絵 教育画劇 2004年11月

さるせんせい
森の動物たちのがっこうごっこがだいすきでまいにちいちどはせんせいのまねをしたくてならないさる 「こりすのおかあさん」 浜田廣介作;いもとようこ絵 金の星社(大人になっても忘れたくない いもとようこ名作絵本) 2005年12月

さるどん
かにどんともちのはいったうすをやまのてっぺんからころがしてさきにひろったものがくうことにしたさるどん 「さるとかにのもちあらそい」 松谷みよ子監修;水谷章三文;二俣英五郎絵 小学館(松谷みよ子の子どもに伝えたい日本昔話) 2001年4月

さるのこ
ぶたのこととともだちになったキャッチボールのうまいさるのこ 「あそびましょ」 もりやまみやこ作;ミヤハラヨウコ絵 草炎社(そうえんしゃ・日本のえほん1) 2005年10月

さるの

さるのせんせい
いちにちだけかんごふさんになったどうぶつびょういんのさるのせんせい 「へびのせんせいと さるのかんごふさん」 穂高順也文；荒井良二絵 ビリケン出版 2002年6月

笊森　ざるもり
小岩井農場の北にある四つの黒い松の森の一人 「狼森と笊森、盗森」 宮沢賢治作；村上勉絵 偕成社（日本の童話名作選） 1996年11月

笊森　ざるもり
小岩井農場の北にある四つの黒い松の森の一人 「狼森と笊森、盗森」 宮沢賢治文；津田櫓冬絵 ほるぷ出版 1992年12月

さわだ　さわ
にこにこほいくえんにかよっている21にんのこどもたちのせわをしているおばあちゃん 「おおきくなったら なりたいなあ」 かこさとし絵・文 ポプラ社（かこさとし こころのほん5） 2005年10月

サン
夕日が丘で夕日をみていた「ぼく」のそばにすわっていたのを家につれかえってかうことになった白い小犬 「夕日が丘のサン」 鈴木ゆき江作；末崎茂樹絵 ひくまの出版 2003年10月

さんかく
いちにちじゅうぶりぶりはらをたてていたさんかく 「まるで てんで すみません」 佐野洋子文；長新太絵 偕成社 2006年9月

サンカクスキー
さんかくがだいすきなまほうつかい 「まほうつかいのサンカクスキー」 つちやゆみ著 文渓堂 2006年11月

さんきち
としよりの大工さん夫婦とすんでいたねこで大使館のねこのイボンヌをおっていったねこ 「イボンヌとさんきち」 小沢良吉作 小峰書店 1999年11月

さんきちくん
しろうまのみねこさんとやまのいっぽんすぎにオープンしたディスコにいったやぎ 「やまのディスコ」 スズキコージ作 架空社 1989年2月

サンサンマン
うつくしいちきゅうのしぜんをまもるみかた 「サンサンマンとジャマスルマン もぐもぐもくばでリサイクル」 櫻田のりこ文；やなせたかし絵 フレーベル館 2002年4月

さんしょっ子　さんしょっこ
サンショウの木の中に住んでいるそまつなみどりの着物をきたかわいい女の子 「さんしょっ子」 安房直子文；いもとようこ絵 小峰書店（絵本・感動のおくりもの1） 1989年7月

三四郎　さんしろう
村の子どもたちにいじめられると川原にやってきてキラキラ白銀色にかがやく木の葉をみつめる少年 「白銀色の友はどこへ」 蛍大介作；黒木ひろたか絵 七賢出版 1995年10月

さんぞうほうし
さんにんのおともをつれててんじくにおきょうをいただきにいったちゅうごくのりっぱなおぼうさん 「さんぞうほうしのかえりみち」 せなけいこ作・絵 鈴木出版（チューリップえほんシリーズ） 1998年9月

サンタ
せっせとはたらくひつじのトトとくらしていたぐうたらなサンタクロース 「ぐうたらサンタとはたらきもののひつじ」 うすいかなこ文・絵 ソニーマガジンズ(にいるぶっくす) 2005年10月

サンタ
かずよちゃんちでかわいがられているまほういぬ 「まほういぬサンタ」 なすだじゅん作;こんどうりえ絵 ひくまの出版 1998年11月

サンタ
きたのはてのうつくしいもりのなかになかよくくらしていたおおぜいのサンタ 「あのね、サンタの国ではね…」 黒井健絵;松本智年;一色恭子原案;嘉納純子文 偕成社 1990年12月

三太　さんた
クリスマスイブによいこにくばるプレゼントづくりでいそがしいサンタクロースのいえの男の子 「まほういぬサンタ」 なすだじゅん作;こんどうりえ絵 ひくまの出版 1998年11月

サンタおじいさん
ロンドンにすんでいるふたごのおんなの子にクッキーをつくってもらったサンタおじいさん 「サンタさんへのおくりもの」 ひろせまさよ文・絵 サンリオ 1989年11月

サンタ・クロース
クリスマスがくるまでまいにちサンタ・ハウスにくらしているサンタ・クロースたち 「サンタ・ハウスのサンタたち」 磯田和一作・絵 佼成出版社 1991年11月

サンタクロース
ばいきんまんにアイスガンでこおりづめにされたサンタクロース 「アンパンマンのクリスマス」 やなせたかし作・絵 フレーベル館 1988年11月

サンタクロース
クリスマス・イブなのにねすごした日本たんとうのサンタクロース 「ねすごしたサンタクロース」 垣内磯子文;宇野亜喜良絵 小学館 2001年12月

サンタクロース
ひきがえるのヘンリーが車にのせてあげたケーキが大こうぶつなおじいさん 「ぼくはあったよサンタクロース-ヘンリーとハリーの大冒険2」 おおともやすお作 ベネッセコーポレーション 1996年10月

サンタクロース
まいごになったサンタクロース 「まいごのサンタクロース」 佐々木潔作・絵 講談社 1994年11月

サンタクロース
クリスマスイヴのよるにひがしのいちばんはずれのくにへプレゼントをはこぶおじいさん 「サンタクロースは おおいそがし」 篠崎三朗作 草土文化 1993年10月

サンタクロース
クリスマスイブのよふけプレゼントをくばりおわってかえりをいそいでいたサンタクロース 「サンタクロースのさいごのプレゼント」 鈴木純子作・絵 ブックローン出版 1989年11月

サンタクロース
しろくまのみみのなかにおちたながれ星をてにいれたサンタクロース 「サンタクロースの星」 安房直子作;新野めぐみ絵 佼成出版社(創作絵本シリーズ) 1989年10月

さんた

サンタクロース
えんとつがふさがっていてもおばけならとおりぬけられるのでおばけになってプレゼントくばりをしたサンタクロース 「おばけになったサンタクロース」 安田浩作;磯田和一絵 ひさかたチャイルド 1988年11月

サンタクロース
クリスマスの前の夜にバスの運転手の大田さんがであったふしぎなサンタクロース 「ほしがりやのサンタさん」 福永令三作;松井しのぶ絵 サンリオ(サンリオ創作絵本シリーズ) 1988年11月

サンタクロース
れいちゃんをふくろのなかにいれてしまったサンタクロース 「サンタクロースとれいちゃん」 林明子作 福音館書店(クリスマスの三つのおくりもの) 1987年10月

サンタクロース
町からきた雪ばとに森をつれてきてとたのまれたサンタクロース 「世界一すてきなおくりもの」 薫くみこ作;えんどうひとみ絵 ポプラ社(絵本・いつでもいっしょ5) 2001年11月

サンタクロース
あかいかいすいパンツをはいていてしろどにあかのハイビスカスのはながらのアロハシャツをきているみなみのしまのサンタクロース 「みなみのしまのサンタクロース」 斉藤洋作;高畠純絵 佼成出版社 1993年11月

サンタクロース
とおいきたのくにのやまおくにあるいえにおきゃくさまをよんでおたんじょうパーティーをしたサンタクロース 「サンタクロースのたんじょうび」 たむらともこ作 ほるぷ出版 1993年10月

サンタクーロスのおばあさんとおじいさん
こどもたちにおくるプレゼントづくりでおおいそがしのサンタクロースのおばあさんとおじいさん 「みんなのクリスマス」 ナカシマミノル作 日本文学館 2005年12月

サンタさん
にせサンタにさきまわりされてプレゼントをくばられてしまったサンタさん 「ふたりのサンタ」 佐々木マキ作 福音館書店 1991年10月

サンタさん
こどもたちからもなにかもらうことにしようとおもったほしがりやのサンタさん 「ほしがりやのサンタさん2 サンタさんのふしぎなふくろ」 福永令三文;松井しのぶ絵 サンリオ(サンリオ創作絵本シリーズ) 1991年11月

サンタさん
くまさんのいえでグーグージュースをのんでぐっすりねむってしまったサンタさん 「めがねうさぎのクリスマスったらクリスマス」 せなけいこ作・絵 ポプラ社 2002年11月

サンタさん
こいぬにプレゼントをくばるのをてつだってもらったサンタさん 「サンタさんとこいぬ」 長尾玲子作 福音館書店(日本傑作絵本シリーズ) 2001年10月

サンタさん
いつものあかいふくではなくちがういろのふくがきたいといいだしたサンタさん 「きいろいふくきたサンタさん サンタのおくさんミセス・クロース」 磯田和一作・絵 佼成出版社(創作絵本シリーズ) 1989年10月

サンタさん
そりからいけにおちてかえるたちのうちにはいっていったサンタさん 「サンタさんだよかえるくん」 塩田守男絵・さくらともこ文 PHP研究所(PHPわたしのえほんシリーズ) 1988年12月

サンタさん
せかいじゅうのこどもたちにプレゼントをくばってじぶんのいえへかえってきたがただなんとなくとてもさみしかったサンタさん 「さみしがりやのサンタさん」 内田麟太郎作;沢田としき絵 岩崎書店(カラフルえほん1) 2004年11月

サンタさん
てがみをくれたしんちゃんのプレゼントにおしゃべりするおもちゃのくまさんをつくったサンタさん 「サンタさん ありがとう–ちいさなクリスマスのものがたり」 長尾玲子作 福音館書店(日本傑作絵本シリーズ) 1998年10月

サンタさん
神さまにサンタクロースのしごとをやめさせてくださいとおねがいしてサンタさんでなくなったサンタさん 「サンタさんのゆめ」 西島三重子文;はせがわゆうじ絵 サンリオ(サンリオ創作絵本シリーズ) 1990年11月

サンタさん
うつくしい森と湖がどこまでもつづくラップランドにすんでいるサンタさん 「サンタさんとトナカイクッピ」 ひろせまさよ文・絵 サンリオ(サンリオファンタジー絵本) 1990年11月

サンタさん
クリスマスにいちりんしゃにのってやってきたサンタさん 「いちりんしゃにのってきたサンタさん」 たなかつねこ文・絵 草土文化 1992年12月

サンタのおじいさん
ことしもゆきだるまづくりのてつだいにほっきょくにくるようルネくんにたのんできたサンタのおじいさん 「サンタのおもちゃ工場」 たむらしげる作 リブロポート 1997年10月;リブロポート(リブロの絵本) 1990年11月

さんたのおじいさん
ゆきがこんこんふってきてよろこんださんたのおじいさん 「ゆき こんこん あめ こんこん」 かこさとし;なかじままり作 偕成社 1987年12月

三太夫　さんだゆう
殿さまのけらい 「落語絵本 めぐろのさんま」 川端誠作 クレヨンハウス(落語絵本シリーズ6) 2001年12月

さんたろう
でっかくなってやろうとしてかわしもにむかっていったちいさなメダカ 「めだかさんたろう」 椎名誠文;村上康成絵 講談社 2000年8月

さんたろう
一升酒がぼってのんではひるまからねてばかりいるどうにもこうにもしょうのないあんけらこんけらなやつ 「あんけら こんけら さんたろう」 梶山俊夫文・絵 佼成出版社(創作民話絵本) 1992年7月

三太郎　さんたろう
いつもいつも沼の底でじいっととぐろを巻いていきをころしていた気のよわい龍の子 「龍」 今江祥智文;田島征三絵 BL出版 2004年2月

三太郎　さんたろう
まずしいお百姓のむすめのすずなの遊び相手の茶店の男の子「さんしょっ子」安房直子文；いもとようこ絵　小峰書店(絵本・感動のおくりもの1)　1989年7月

サンディ
ひとりであなをほるほるほるほるほるほるもぐら「もぐらのサンディ」くすのきしげのり文；清宮哲絵　岩崎書店(のびのび・えほん10)　2002年3月

サンディーさん
にわにばらの木があるいえにひっこしてきたおとこのひと「にちようびのばら」松成真理子著　白泉社　2006年4月

サンドイッチ
おにぎりとおいなりさんとまきずしとえんそくにいったサンドイッチ「おべんとうのえんそく」矢玉四郎作・絵　教育画劇(ユーモアえほん)　1995年5月

サンナン
もうすぐおひるで畑にいるとうさんにおべんとうをとどけるフーフー村のこぶた「サンナンこぶたとごごのそら」立野恵子作　ブックローン出版　1996年4月

3人兄弟(兄弟)　さんにんきょうだい(きょうだい)
夏のとうげみちをみちくさしながらのぼっていく3人兄弟の男の子たち「カッコー　すず風　とうげみち」梅田俊作；梅田佳子作・絵　岩崎書店(絵本の泉4)　1995年8月

3人姉妹(姉妹)　さんにんしまい(しまい)
夏のとうげみちをおしゃべりしながらのぼってくる3人姉妹のおばあさんたち「カッコー　すず風　とうげみち」梅田俊作；梅田佳子作・絵　岩崎書店(絵本の泉4)　1995年8月

サンポくん
おみやげのバナナをどっさりもっておじいさんのいえにいくことにしたおとこのこ「サンポくんのたび」多々良直樹作・絵　岩崎書店(えほん・ハートランド3)　1994年5月

さんま
白い皿の上に焼かれてのったがたまらなく海が恋しくなって骨だらけになってもひたすら海へとむかった魚「焼かれた魚」小熊秀雄文；新田基子絵　創風社　1997年1月

さんもと　ごろうざえもん
ばけものをこわがらないこどものさむらいのへいたろうのいえのざしきにはいってきたばけもののかしら「ぼくはへいたろう－「稲生物怪録」より」小沢正文；宇野亜喜良絵　ビリケン出版　2002年8月

三りん車　さんりんしゃ
くる日もくる日もたびをつづけてすっかり歳をとってしまった三りん車「だあいすき」岸川悦子作；味戸ケイコ絵　教育画劇(スピカ絵本の森4)　1991年5月

【し】

じい
お城へいって灰をまきかれ木に花をさかせてとのさまからほうびをもらったじい「花さかじい」おざわとしお；なかむらともこ文；ふくだいわお絵　くもん出版(子どもとよむ日本の昔ばなし3)　2005年11月

じい
山でおむすびがころがりおちたあなにとびこんでねずみのごてんにいってたからものをもらってかえってきたじい 「おむすびころりん」 松谷みよ子作;宮本忠夫絵 にっけん教育出版社 2002年12月

じい
はいをつかんでまくとかれきにはながひらいてとのさまからごほうびをもらったじい 「はなさかじい」 瀬川康男絵;松谷みよ子文 フレーベル館(日本むかし話1) 2002年11月

じいさとばあさ
あるときかわばたにあったもものきのももをたべてはたちのわかものになったじいさとあかごになったばあさ 「じいさとばあさ」 梶山俊夫文・絵 フレーベル館(フレーベル館の新秀作絵本5) 1994年6月

じいさとばあさ
ひとつだけのこったもちをだんまりくらべをしてかったほうがたべることになったじいさとばあさ 「だんまりくらべ」 遊子文・絵 鈴木出版(チューリップえほんシリーズ) 1992年9月

じいさま
やまでころがったむすびをおいかけてあなにおちてねずみのくににいきねずみたちにたんとごちそうになってみやげをもらったじいさま 「おむすびころりん」 望月正子文・村上豊絵 世界文化社(ワンダー民話館) 2005年11月

じいさま
おむすびがころげておっこちたあなにはいってついたねずみのくにでごちそうたべておみやげをもらってかえったじいさま 「おむすびころりん」 さくらともこ再話;にしうちとしお絵 PHP研究所(PHPわたしのえほんシリーズ) 2002年10月

じいさま
びんぼうだったがいぬとねこをたいそうかわいがっていたひとりぐらしのじいさま 「うろこだま」 長谷川摂子文;下田昌克絵 岩波書店(てのひらのむかしばなし) 2004年7月

じいさま
庭でたくさんのぼんさいをそだてていたじいさまでお迎えにきたひいらぎ少年に手をひかれてきえていったじいさま 「ぼんさいじいさま」 木葉井悦子文・絵 ビリケン出版 2004年4月

じいさま
むかしむかしあるところにいたほっぺたにこぶをつけたふたりのじいさま 「こぶとり」 瀬川康男絵;松谷みよ子文 フレーベル館(日本むかし話7) 2003年1月

じいさま
あるやまのむらにとなりあわせにくらしておったどういうわけかほっぺたにでっかいこぶがあったふたりのじいさま 「こぶとり」 松谷みよ子;村上康成著 童心社(松谷みよ子 むかしばなし) 1996年4月

じいさま
はたけでねたふりをしていたらさるどもにじぞうさまとまちがえられてたからものをおそなえしてもらったじいさま 「さるじぞう」 松岡節文;末崎茂樹絵 ひかりのくに(名作・昔話絵本) 1993年4月

じいさま
むかしいぬとねこをだいじにかわいがってくらしていたびんぼうなじいさま 「いぬとねことふしぎな玉」 鶴見正夫文;村上豊絵 佼成出版社(民話こころのふるさとシリーズ) 1993年3月

じいさ

じいさま
山でおむすびがころがっていったあなへおちてしまって中にいたねずみたちからなんでものぞみがかなうこづちをもらったじいさま 「おむすび ころりん」 飯島敏子文;林四郎絵 ひかりのくに(ひかりのくに名作・昔話絵本) 1991年12月

じいさま
むかしむかしあるやまのむらにおったどういうわけかふたりともほっぺたにでっかいこぶがあったふたりのじいさま 「こぶとり」 松谷みよ子作;村上康成絵 童心社(松谷みよ子むかしむかし) 2006年12月

じいさまとばあさま
おひさまぽかぽかてっているにわにおちていたまめっこひとつぶひろったじいさまとばあさま 「まめっこひろってポンポンポポーン」 津谷タズ子文;夏目尚吾絵 童心社(絵本・こどものひろば) 1994年2月

じいさまとばあさま
わなにしっぽをはさまれたきつねをたすけてやったおれいにきつねのけっこんしきによばれたじいさまとばあさま 「きりのきむらへおよめいり」 津谷タズ子作;梶山俊夫絵 佼成出版社(創作民話絵本) 1990年9月

じいさん
うみにつりにきてはりにあんぱんをつけてさおをふったじいさん 「うみのむにゃむにゃ」 内田麟太郎作;伊藤秀男絵 佼成出版社 2003年10月

じいさん
くるまのはかばのすみのばんごやにひとりですんで月夜のはまべでハーモニカをふくじいさん 「月夜のじどうしゃ」 渡辺茂男文;井上洋介絵 講談社(講談社の創作絵本BestSelection) 2002年4月

じいさん
やまでむすびをひとつおとしたあなからかおをだしたねずみにあんないされてねずみのいえにいきできたてのもちをごちそうになったじいさん 「てんぱたん てんぱたん－ねずみのもちつき」 梶山俊夫再話・絵 福音館書店 1995年4月

じいじ
「僕」のなんでも知っているじいじ 「こびとづかん」 なばたとしたか作 長崎出版 2006年5月

じいじ
うれしいことがあるたびにさくらをこっそりうえてさくら山をつくったちびすけのじいじ 「じいじのさくら山」 松成真理子著 白泉社 2005年3月

じいじいちゃん
1年生のけんたが生まれたときにかきの木をうえてくれただいすきないなかのじいじいちゃん 「けんたのかきの木」 いわさきさよみ作・絵 けやき書房(けやきの絵本) 1999年5月

しいちゃん
どんぐりのぼうしをほかのぼうしととりかえっこしたくなったどんぐりのおんなのこ 「どんぐりしいちゃん」 かとうまふみ作・絵 教育画劇 2005年9月

じいちゃん
「ぼく」がもっともっとおはなしがききたいだいすきなじいちゃん 「ふたりはだだっこ」 今村葦子文;降矢なな絵 童心社(絵本・こどものひろば) 1995年10月

じいちゃん
むかしからたけやをやっているふるいぼろやにすんでいるりょうたのじいちゃん 「じしんかみなりかじじいちゃん」岡田ゆたか作；篠原良隆絵　ポプラ社（絵本・子どものくに24）1987年5月

じいちゃん
大のなかよしのとらねこのミイが車にはねられてけんめいにかんびょうしたじいちゃん 「とらねことじいちゃん」梅田俊作作・絵　ポプラ社　2000年3月

ジェイ
なかよしのおやこペンギンのおとうさん 「おやこペンギンジェイとドゥ」片平直樹作；高畠純絵　ひさかたチャイルド　2005年5月

ジェイク
ちょうちょさんといっしょにそらをとんだいぬ 「ジェイクそらをとぶ」葉祥明絵・文　日本航空文化事業センター　1993年11月

ジェイク
サンタさんになってせかいじゅうのこどもたちのところにいったいぬ 「ジェイクのクリスマス」葉祥明絵・文；リッキー・ニノミヤ英訳　自由国民社　1997年12月

ジェイク
りすのキキといっしょにあそんだいぬ 「ジェイクのむぎわらぼうし」葉祥明絵・文；リッキー・ニノミヤ英訳　自由国民社　1997年6月

ジェイク
風の風船にのって大空の空気さんたちの国に案内してもらったいぬ 「空気はだれのもの？ジェイクのメッセージ」葉祥明絵・文；リッキー・ニノミヤ英訳　自由国民社　1997年12月

ジェイク
青い海に潜ってみたいぬ 「ジェイクと海のなかまたち　ジェイクのメッセージ」葉祥明絵・文；リッキー・ニノミヤ英訳　自由国民社　1998年12月

ジェイク
きょうもだいすきなこうえんのべんちにおひるねしにいくいぬ 「しあわせってなあに？ JAKE'S FRIENDS」葉祥明絵・文；スネル博子英訳　自由国民社　2002年1月

ジェイムズ
ほかのこたちがってオレンジいろのたまごからうまれてきたぜんしんオレンジいろのペンギン 「オレンジいろのペンギン」葉祥明絵・文　佼成出版社　2003年10月

シオマネキ（カニオ）
いさはやの海にすむシオマネキ 「海をかえして！」丘修三；長野ヒデ子作　童心社（絵本・こどものひろば）1997年8月

しおり
ようちえんでしんやとおなじゆりぐみのおんなのこ 「ぼくたちのいちょうの木」清水道尾文；福田岩緒絵　童心社（絵本・こどものひろば）2000年7月

しおんさん
猫のニケに家とごはんとあいじょうをくれる絵かきのひと 「ちえの実の木」緒方直青著　あすなろ書房　1989年11月

しか
 しか
 あめのふりつづく6つのことそっとむれをはなれたかあさんじかがもりのなかでうんだこじか「こじかーおかあさん、ぼくのことしってたの」森英明作 福武書店 1991年5月
 しか
 さむいふゆがやってきた北のしまでみどりの森をめざしてとうさんじかとかあさんじかとりゅうひょうの海をわたるこじか「海をわたるしかたち」本田哲也作 偕成社 1994年3月
 鹿 しか
 春とはどんなものだかよくわからない生まれてまだ一年にならないぼうやの鹿「里の春、山の春」新美南吉作;石倉欣二絵;保坂重政編 にっけん教育出版社 2002年3月
 鹿 しか
 村の猟師の喜作爺が鹿山で見たという角の大きさが小山ほどある大きな鹿「鹿山物語」宮川大助文;宮川花子絵 京都書院(大助・花子の日本昔ばなし) 1989年3月
 しか(カリンコ)
 うさぎのモッチのおともだちでとってもやさしいしかのおんなのこ「たんじょうびのおきゃくさま」松岡節作;いもとようこ絵 ひかりのくに 2002年10月
 しか(こじっこ)
 もりのなかにあるちいさなおさいほうやさんにすむのんびりやでわすれんぼうのこじか「こじかこじっこーボタンをさがして」さかいさちえ絵・文 幻冬舎コミックス 2006年12月
 しか(ブルーバック)
 むかしこのほしからあおいいろがうしなわれてしまったときにあらわれたでんせつのあおいしか「あおいしか」葉祥明絵・文 佼成出版社 2000年11月
 しか(ローベル)
 いつもミンクのチムをさそいにやってくるさんにんのうちのしか「ミンクのチム」なかのてるし作;ながしまよういち絵 フレーベル館 1987年9月
 しかく
 いちにちじゅうじっとうごかないでだまっていたしかく「まるで てんで すみません」佐野洋子文;長新太絵 偕成社 2006年9月
 シグナル
 本線のそばに立つシグナル「シグナルとシグナレス」宮沢賢治作;小林敏也画 パロル舎(画本 宮沢賢治) 1994年4月
 シグナレス
 軽便鉄道のそばに立つシグナル「シグナルとシグナレス」宮沢賢治作;小林敏也画 パロル舎(画本 宮沢賢治) 1994年4月
 ジーくん
 ゆうびんきょくのおてつだいがおわるとおにいちゃんたちとバケツをかぶってちかのたんけんにいくくじら村のぶたのかぞくのおとこのこ「ジーくんとバケツたんけんたいーくじら村ものがたり」かげやままき作・絵 岩崎書店(えほんのマーチ12) 2004年5月
 しげ
 日本が戦争に負けて羽田飛行場をひろげるため羽田鈴木町にあった家をたちのかされた男の子「羽田 九月二十一日」野村昇司作;阿部公洋絵 ぬぷん児童図書出版(ぬぷんふるさと絵本シリーズ12) 1988年12月

しげちゃん
あらたちゃんのうちのそばにひっこしてきたおしゃべりしない男の子 「となりのしげちゃん」 星川ひろ子写真・文　小学館　1999年9月

しげる
広島に原爆がおちた朝もってでたべんとうがまっ黒になってしんでいるのがみつかった中学1年生の生徒 「絵本 まっ黒なおべんとう」 児玉辰春文;長沢靖絵　新日本出版社　1995年4月

しげる
山おくのくに村に昔から伝わる子どもたちの行事「十日夜」にはじめてさんかした一年生のおとこのこ 「わらでっぽうとよるのみち−群馬県六合村「十日夜」」 なかむらひろし作;つだろとう絵　リーブル(えほん・こどものまつり)　1991年8月

ジーコ
おもちゃランドのあんないにん 「ぼくのダーナマン」 本間正樹文;末崎茂樹絵　佼成出版社(しつけ絵本シリーズ9)　2004年11月

じーご
むーちゃんのだいじなともだちでふゆのあるひゆきののこっているやねからおちてしんでしまったおすねこ 「天国からやってきたねこ」 河原まり子作・絵　岩崎書店(えほん・ハートランド)　2000年4月

じさ
おおみそかの日ふぶきのなかに立っていたじぞうさまにかさをかぶせてあげたおれいにお金をもらったじさ 「かさじぞう」 おざわとしお;むらたみちこ文;しのざきみつお絵　くもん出版(子どもとよむ日本の昔ばなし1)　2005年11月

じさ
ねずみをすりばちのおゆにいれてやったおれいにふくべっこをもらったじさ 「ねずみのくれたふくべっこ」 鳥越信監修;松谷みよ子監修・文;丸木俊絵　童心社(ぼくとわたしのみんわ絵本)　2000年4月

じさとばさ
あるところにいた子どものないじさとばさ 「かにかにではれ」 おざわとしお;ふじいいづみ文;なつめしょうご絵　くもん出版(子どもとよむ日本の昔ばなし5)　2005年11月

じさま
やまにいってころがったにぎりめしをおいかけてやまのしたまできてじぞうさまににぎりめしのきれいなところをさしあげたじさま 「にぎりめしごろごろ」 小林輝子再話;赤羽末吉画　福音館書店(こどものとも傑作集)　1994年1月

じさまとばさま
川のなかのりゅうじんさまにはなをさしあげたおれいになんでんねがいごとをきいてくださるはなこぞうさまをもらったじさまとばさま 「はなたれこぞうさま」 川村たかし文;梶山俊夫画　教育画劇(日本の民話えほん)　1998年5月

じさまとばさま
やまでわかがえりのみずをのんでわかものになったじさまとみずをのみつづけてあかんぼうまでもどってしまったばさま 「若がえりの水」 川村たかし文;梶山俊夫画　教育画劇(日本の民話えほん)　1996年1月

シシー
あっちとこっちのそっくりまどのこっちまどにすんでいるみしらぬどうしのあおいめのそっくりさん 「そっくり そらに」 西岡千晶作　長崎出版　2006年9月

じじ

ジジ
ピーナツ鳥の母鳥ブーブールの子ども 「ピーナツ鳥が飛ぶ夜」 山岸カフェ絵；鍬本良太郎文　新潮社　2002年11月

ジジ
ピーブルーのもりをぬけてはじめてのおつかいにでかけたピーナツどりのなかよしさんきょうだいのこども 「ピーナツどりのちいさなたび」 山岸カフェ絵・文　主婦と生活社　2002年12月

しじみ
ある日魔法使いが夕食に食べようとかってきたしじみたち 「うたうしじみ」 児島なおみ作・絵　偕成社　2005年4月

シジミ
あかんぼうのときこうえんにすてられていてしょうがっこうのショウちゃんにひろわれたねこ 「ねこのシジミ」 和田誠作　ほるぷ出版（イメージの森）　1996年9月

ししゃも
やなぎのはっぱがかわのなかへおちるとなるようになったさかな 「フルフル」 金井直作；柿本幸造絵　ひさかたチャイルド　2002年4月

ししゅうねずみ
こじまのもりのししゅうのせんせい 「こじまのもりのゆきのひのおみやげ」 あんびるやすこ作・絵　ひさかたチャイルド　2003年11月

しずく
遠い宇宙のはてから青い地球に向かって落ちて行って森の木の葉の上に着地した一つのしずく 「虹になったしずく」 かおかおパンダ絵；柴崎勉文　雄山閣（水の絵本シリーズ1）　2005年12月

しずくぼうや
おかのむこうのみずのしろをまもるしずくのかたちのしずくぼうや 「アンパンマンとみずのしろ」 やなせたかし作・絵　フレーベル館（アンパンマンのおはなしでてこい1）　1994年4月

しずちゃん
ふゆのあさめがさめたらなんだかしずかでもしかしてゆきだとおもったおんなのこ 「ふゆのあさ」 村上康成作　ひかりのくに　1997年11月

じぞうさま
ゆきのなかじいさまにかさをかぶせてもらったおれいにたからのやまをそりにのせておくったろくにんのじぞうさま 「かさじぞう」 松谷みよ子文；松永禎郎絵　世界文化社（ワンダー民話館）　2005年11月

じぞうさま
おおみそかのゆきののみちでじいさまにかさをかぶせてもらったおれいにとしこしのこめやらもちやらをもってきてくれたじぞうさま 「かさじぞう-日本昔話より」 武鹿悦子文；本多豊国絵　フレーベル館（日本むかしばなしライブラリー11）　1996年2月

じぞうさま
おおさむこさむのおおみそかのゆきのふるひにじいさまにあたまにかさをかぶせてもらったおれいにもちをもってきたじぞうさま 「かさじぞう」 織田道代文；木葉井悦子絵　鈴木出版（たんぽぽえほんシリーズ）　1995年9月

じぞうさん
おおみそかにおじいさんにゆきがつもったあたまにあみがさをかぶせてもらったおれいにたくさんのおくりものをくれた六人のじぞうさん 「かさじぞう」 谷真介文;赤坂三好絵 佼成出版社（行事むかしむかし 12月 年越のはなし） 1991年11月

じぞうさん
海のいわのうえでひるねをはじめたがしおがひいたためいわのうえにとりのこされた母くじらをたすけたじぞうさん 「くじらをたすけたじぞうさん」 谷真介文;赤坂三好絵 佼成出版社（民話こころのふるさとシリーズ） 1988年7月

舌ながばあさん　したながばあさん
オクヤマ岳のオクマタとうげにおにの朱のばんとすんでいたながくのびる舌をもつおばけ 「舌ながばあさん」 武建華絵;千葉幹夫文 小学館（ちひろ美術館コレクション絵本5） 2001年3月

ジタン
不思議の国わちふぃーるどに住む猫のダヤンの友だちの猫 「猫の島のなまけものの木」 池田あきこ著 ほるぷ出版（DAYAN'S COLLECTION BOOKS） 1998年9月

ジタン
不思議の国わちふぃーるどに住む猫のダヤンの友達の猫 「マージョリーノエルがやってきた」 池田あきこ著 ほるぷ出版（DAYAN'S COLLECTION BOOKS） 1994年10月

ジタン
不思議の国わちふぃーるどに住む猫のダヤンの友達の猫 「チビクロ・パーティ」 池田あきこ著 ほるぷ出版（DAYAN'S COLLECTION BOOKS） 1995年10月

ジタン
不思議の国わちふぃーるどに住む猫のダヤンの友だちの猫 「ヨールカの白いお客さん」 池田あきこ著 ほるぷ出版（DAYAN'S COLLECTION BOOKS） 1996年11月

7　しち
すうじの1に「ぼくにそっくりななまえして。まねしんぼ」といわれてけんかをしたすうじの7 「1と7」 二宮由紀子作;高畠純絵 ひかりのくに 2004年4月

しちどぎつね
むらでひょうばんのしちどぎつねというあだなの一どやられると七かいしかえしをするというきつね 「しちどぎつね」 岩崎京子文;二俣英五郎画 教育画劇（日本の民話えほん） 2003年6月

七ふくじん　しちふくじん
なつまつりの日にそらにうかんだたからぶねにのってじんじゃにきた七にんのふくのかみ 「七ふくじんとなつまつり」 山末やすえ作;伊東美貴絵 教育画劇 2002年6月

七べえさん　しちべえさん
ある村にすんでいたたいへんなけちんぼでめしをくわずによくはたらくというむすめをよめさんにしたおけやさん 「くわずにょうぼう」 谷真介文;赤坂三好絵 佼成出版社（行事むかしむかし 5月 節句のはなし） 1992年3月

じっくりおまめさん
陽気で歌とコーヒーがだいすきなコーヒー村のおまめさんたちみんなのなかでなにごともじっくりおこなうおまめさん 「じっくりおまめさん」 たちもとみちこ作 学習研究社 2005年11月

しっこ

しっこさん
かさまつゆいこのうしろのせきにいる子でおしっこもらしてばっかりいるから「しっこ」ってなまえにされちゃったおんなの子 「あのときすきになったよ」 薫くみこ作;飯野和好絵 教育画劇(みんなのえほん) 1998年4月

じっちゃ
いりまめをうんとたべたらはらがいたくなったのんきなじっちゃ 「おにを くった じっちゃ」 渡辺節子文;矢野徳絵 フレーベル館(むかしむかしばなし17) 1992年9月

しっぺいたろう
たんばのくににいたこうしのようなしろいおおきないぬ 「しっぺいたろう」 香山美子文;太田大八画 教育画劇(日本の民話えほん) 2000年3月

しっぽ
どんどんおおきくなってちぎれてどこかへとんでいってしまったたぬきのしっぽ 「どんどんしっぽ」 竹内通雅著 あかね書房(あかね・新えほんシリーズ25) 2005年11月

自転車 じてんしゃ
しらないところへいくバスをまっていたらやってきて「ぼく」をのせてくれた自転車 「たんぽぽ」 立野恵子作・絵 ブックローン出版 1988年12月

シド
ドレとミーファとソラとなかよし4にんの木ぼっくりのおんがくたい 「木ぼっくりのおんがくたい」 みずのまさお作 新世研 2001年10月

ジーナ
いぬのリュックのかいぬしでパンのコンクールにでることになったパンやさん 「リュック、コンクールへいく」 いちかわなつこ作・絵 ポプラ社(絵本の時間42) 2005年2月

ジーナ
いぬのリュックのかいぬしのパンやさん 「リュックのおしごと」 いちかわなつこ作・絵 ポプラ社(絵本の時間16) 2002年10月

ジーナ
いぬのリュックのかいぬしのパンやさん 「リュックのピクニック」 いちかわなつこ作・絵 ポプラ社(絵本の時間30) 2003年9月

しにがみ
えどのまちのおかねにこまっていたわかいふうふのおっとにいしゃのしごとをせわしてやったしにがみ 「しにがみさん」 野村たかあき作・絵 教育画劇 2004年3月

しのちゃん
にわのあるいえにひっこしてきてくまをかおうとしたおんなのこ 「しのちゃんと4ひきのともだち」 織茂恭子作・絵 岩崎書店(のびのび・えほん2) 2000年3月

しほちゃん
あしたがたなばたのひにたんざくにねがいをこめてほしぞらをみあげたおんなのこ 「ねがいぼし かなえぼし」 内田麟太郎作;山本孝絵 岩崎書店(えほんのマーチ14) 2004年6月

しほちゃん
やまんじいがなくしたききみみずきんをひろったたろうのなかよしのおんなのこ 「なきだしたやまんじい」 松谷みよ子文;司修絵 ベネッセコーポレーション(ベネッセのえほん) 1996年12月

姉妹　しまい
夏のとうげみちをおしゃべりしながらのぼってくる3人姉妹のおばあさんたち「カッコー　すず風　とうげみち」梅田俊作；梅田佳子作・絵　岩崎書店(絵本の泉4)　1995年8月

しまうま
もりのおくでうまれたそれはそれはきれいなにじいろのしまうま「にじいろのしまうま」こやま峰子作；やなせたかし絵　金の星社　1996年5月

しまうま(ストライプス)
ふゆのさむいよるにノーランさんがみつけてうちにつれてかえったあかちゃんしまうまでおおきくなってむすめのチャニングとレースにでたしまうま「しまうまストライプス」山川みか子；タミ・ヒロコ絵　ソニー・マガジンズ(にいるぶっくす)　2005年2月

しまうま(ゼブくん)
しまうまのおとこのこ「ジリーちゃんとちょうちょのあかちゃん」ロコ・まえだ作・絵　金の星社　2002年1月

しまうま(プンダ)
なにかがおきるまえにわかるようになったしまうま「なんでもぴたりあたりやプンダ」寺村輝夫文；村上康成絵　クレヨンハウス(おはなし広場)　2000年7月

しまうまくん
おいしいいずみをみーつけたしまうまくん「しまうまくん　ちいさないずみ」しろたにひでお作　文化出版局　1991年6月

しまうまくん
いいてんきでさんぽしたしまうまくん「しまうまくん　おおきなおしり」しろたにひでお作　文化出版局　1991年6月

シマシマ
海のそこにすんでいて高い空のてっぺんにのぼりたいさかな「ゴックン　ゴクリコ」やぎさとみ作；すぎもとかをり絵　太田出版　1989年6月

しましまちゃん
いえにあかちゃんねこが6ぴきうまれておにいちゃんになったこねこ「しましまちゃんは　おにいちゃん」白井三香子作；黒井健絵　学習研究社(学研fanfanファンタジー)　1988年10月

シマちゃん
8月6日のヒロシマの原爆で死んだきょうだいのおんなのこ「ヒロクンとエンコウさん」四国五郎作・絵　汐文社(原爆絵本シリーズ1)　1989年4月

しまふくろう
きたぐにのもりをえものをもとめてとびつづけるしまふくろう「しまふくろうとふゆのつき」手島圭三郎作　偕成社　1993年10月

しまぶくろさん
わにのスワニーのとなりにすんでいるしまふくろうのおじさん「わにのスワニー　しまぶくろさんとあそぶの巻」中川ひろたか作；あべ弘士絵　講談社(dandan books)　2001年9月

シーム
不思議の国わちふぃーるどに住むうさぎのぼうや「ダヤン、シームはどこ？」池田あきこ著　ほるぷ出版　2000年7月

しもぬ

シモーヌ
パリのエッフェルとうにのぼった「わたし」がかいだんをおりるとちゅうであった船長さんといっしょのまごむすめ 「エッフェルとうのあしおと」 前川康男文;南塚直子絵 小峰書店（えほん・こどもとともに） 1992年8月

シャインおうじ
ブラックまおうとたたかってけんのなかにとじこめられていたおうじ 「てのひらをたいように」 やなせたかし作・絵 フレーベル館（アンパンマンプチシアター） 2006年7月;フレーベル館（それいけ！アンパンマン） 1998年7月

シャチラさま
いそきち少年がつりあげた海のかいぶつカサゴンをやっつけてくれた海のまもり神 「海からきたカサゴン」 いとうじゅんいち作・絵 徳間書店 1998年7月

ジャッキー
くまのがっこうで11ひきのにいさんたちとくらすいちばんしたのおんなのこのくま 「ジャッキーのうんどうかい」 あだちなみ絵;あいはらひろゆき文 ブロンズ新社（くまのがっこうシリーズ） 2006年8月

ジャッキー
くまのがっこうで11ひきのにいさんたちとくらすいちばんしたのおんなのこのくま 「ジャッキーのおたんじょうび」 あだちなみ絵;あいはらひろゆき文 ブロンズ新社（くまのがっこうシリーズ） 2005年7月

ジャッキー
くまのがっこうで11ひきのにいさんたちとくらすいちばんしたのおんなのこのくま 「ジャッキーのおせんたく」 あだちなみ絵;あいはらひろゆき文 ブロンズ新社（くまのがっこうシリーズ） 2004年2月

ジャッキー
くまのがっこうで11ひきのにいさんたちとくらすいちばんしたのおんなのこのくま 「ジャッキーのパンやさん」 あだちなみ絵;あいはらひろゆき文 ブロンズ新社（くまのがっこうシリーズ） 2003年2月

ジャッキー
くまのがっこうで11ひきのにいさんたちとくらすいちばんしたのおんなのこ 「ジャッキーのじてんしゃりょこう」 あだちなみ絵;あいはらひろゆき文 ブロンズ新社（くまのがっこうシリーズ） 2003年7月

ジャッキー
くまのがっこうで11ひきのにいさんたちとくらすいちばんしたのおんなのこのくま 「くまのがっこう」 あだちなみ絵;あいはらひろゆき文 ブロンズ新社（くまのがっこうシリーズ） 2002年8月

ジャック
いつもミンクのチムをさそいにやってくるさんにんのうちのビーバー 「ミンクのチム」 なかのてるし作;ながしまよういち絵 フレーベル館 1987年9月

ジャック
人の会話や噂を盗み聞きして情報を町の人に売っている変わり者 「黒猫ナイト」 山崎杉夫作 長崎出版（cub label） 2006年10月

ジャック
ジャンプがとくいなのでかっとびジャックとよばれているイワトビペンギン 「かっとびジャック-おかねはこびのまき」 やましたはるお作;しまだしほ絵 ポプラ社(絵本カーニバル6) 2004年9月

ジャーニー
真夜中の動物園で檻からぬけだしてゴリラの檻にやってきたチンパンジー 「さよなら動物園」 桂三枝文;黒田征太郎絵 アートン 2006年8月

じゃぶじゃぶパパ
ひとりでゆっくりあたたかいおふろのおゆにつかるのがなによりすきなカバのパパ 「じゃぶじゃぶパパ」 よこやまみなこ作・絵 偕成社 1998年1月

ジャマスルマン
うつくしいちきゅうをまもるサンサンマンのてき 「サンサンマンとジャマスルマン もぐもぐもくばでリサイクル」 櫻田のりこ文;やなせたかし絵 フレーベル館 2002年4月

しゃみさま
うみのみえるおやまのうえにやくしさまをまつるためにふしぎなじゅつではちをとばしきふをあつめるぼんさん 「そらをとぶ こめだわら」 峠兵太文;太田大八絵 佼成出版社(民話こころのふるさとシリーズ) 1988年9月

ジャミジャミ
むかしむかしとおくのほしからやってきてちきゅうのおくのマントルにいってしまって5おくねんほどねたあとでマグマにのってそとにでてきたジャミジャミ星人 「ジャミジャミ星人」 スソアキコ絵;ミヤハラタカオ作 自由国民社 2000年1月

シャム
ねこのくろのともだちのねこ 「おへんじください。」 山脇恭作;小田桐昭絵 偕成社 2004年9月

ジャム
せなかにまるであんず色のジャムパンがのっかっているようなまっ白な子ねこ 「ジャムねこさん」 松谷みよ子作;渡辺享子絵 にっけん教育出版社 2005年6月

ジャム
いえをせなかにしょったかたつむりのようないきもの「ハウスネイル」のやんちゃなおとこのこ 「ジャム・ザ・ハウスネイル」 野村辰寿著 主婦と生活社 2000年12月

ジャリおじさん
ピンクいろのワニとふたりでいろいろみちをあるいていくことにしたはなのあたまにひげのあるおじさん 「ジャリおじさん」 大竹伸朗絵・文 福音館書店(日本傑作絵本シリーズ) 1994年11月

ジャングルジム
もりにすむゴリラのむれのボス 「ムトトがきたよ ゴリラのジャングルジム」 きむらだいすけ作 ベネッセコーポレーション 1997年3月

ジャングルジム
もりにすむゴリラのむれのボス 「タムとトムのぼうけん ゴリラのジャングルジム」 木村大介作・絵 ベネッセコーポレーション 1995年7月

ジャングルジム
もりにすむゴリラのむれのボス 「ゴリラのジャングルジム」 木村大介作・絵 福武書店 1992年3月

しゃん

じゃんけんゴリラ
じゃんけんがだいすきなゴリラ 「じゃんけんゴリラ」 矢崎節夫作；尾崎真吾絵　教育画劇
（ユーモアえほん）　1995年9月

シャンデリアひめ
あっかんソケットにさらわれたかわいいひめ 「ピッカリ王子とあっかんソケット」 宮本忠夫著
　ほるぷ出版　1987年11月

ジャンプ
羽にけがをしたちょうちょうをたすけてくださいとおおきな木におねがいしたうさぎのこ 「お
おきな木さん　おねがい」 立原えりか作；松永禎郎絵　ウオカーズカンパニー　1989年11月

ジャンボ
おうさまとさんにんのこくみんがすむちいさなしまへながれついたあかいはこからとびだして
きたぞう 「ちいさなジャンボ」 やなせたかし原作　サンリオ（サンリオファンタジー絵本）
1992年6月

ジャンボ
りんごがだいすきなぞう 「ジャンボとりんご」 さかざきちはる文・絵　ハッピーオウル社（おは
なしのほん）　2005年5月

ジャンボ
ちいさなくにのおうさまにとどいたおくりもののはこのなかからとびだしたぞう 「さよならジャン
ボ」 やなせたかし文・絵　フレーベル館（おはなしえほん14）　1987年3月

じゅうべえ
けけまるとようへいをたんじょうびパーティによんでじゃんけんロードをとおってくるようにおし
えたこ 「じゃんけんロード」 藤本ともひこ作　リブロポート（リブロの絵本）　1992年6月

シュガーちゃん
てんしのくにのおひめさまのねこ 「シュガーちゃんとだいじなたまご」 しみずゆうこ作　柳
原出版（エンジェル・キャット・シュガーのえほん）　2005年12月

シュガーちゃん
てんしのくにのおひめさまのねこ 「シュガーちゃんとこりすちゃん」 しみずゆうこ作　柳原出
版（エンジェル・キャット・シュガーのえほん）　2006年7月

シュガーちゃん
てんしのくにのおひめさまのねこ 「シュガーちゃんとふゆのおくりもの」 しみずゆうこ作　柳
原出版（エンジェル・キャット・シュガーのえほん）　2006年12月

修行僧　しゅぎょうそう
上野の国は佐野の里で大雪のなか一夜の宿をたのんだ修行僧ならぬ幕府の執権 「鉢の
木」 たかしよいち文；石倉欣二絵　ポプラ社（日本の物語絵本16）　2005年11月

ジュゴン（セレナ）
すいぞくかんにすんでいてアオウミガメのカメキチくんととってもなかよしのジュゴン 「ふたり
はいつもともだち」 もいちくみこ作；つちだよしはる絵　金の星社（絵本のおくりもの）　1999
年4月

シュシナーナ
でんそーじきでそらをとぶとりがおのいきもの 「シュシナーナとサバリコビレ」 松居友文；小
林裕児絵　福武書店　1990年4月

ジュゼッペさん
サンタクロースのまねをしてみたかったおじいさん 「サンタさんが二人いた」ひろせまさよ
文・絵　サンリオ　1989年11月

しゅてんどうじ
むかしむかしみやこでつぎつぎとうつくしいむすめをさらったいぶきやまにすむおに 「しゅ
てんどうじ」木島始構成・文　リブロポート(リブロの絵本)　1993年10月

酒呑童子　しゅてんどうじ
むかし丹波の国の大江山にすみついてみやこのひとびとにおそれられていた鬼 「酒呑童
子」川村たかし文;石倉欣二絵;西本鶏介監修　ポプラ社(日本の物語絵本3)　2003年9
月

酒呑童子　しゅてんどうじ
京の丹波の大江山にすんでいて夜になると都などをおそい女たちをさらって行く鬼 「酒呑
童子」下村良之介絵;舟崎克彦文　「京の絵本」刊行委員会　1999年10月

ジュニア
神戸の海をみおろす広場にあったクマ時計の1から12の数字のところについている12ひき
のテディベアのなかでもとくに人気があったパンダの子供 「えっ！パンダって熊とちゃう
ん!?」おかだゆかり絵・お話　IDC　2001年10月

朱のばん　しゅのばん
オクヤマ岳のオクマタとうげに舌ながばあさんとすんでいた小屋のまどより大きなかおをもつ
おばけ 「舌ながばあさん」武建華絵;千葉幹夫文　小学館(ちひろ美術館コレクション絵
本5)　2001年3月

しゅみくん
デパートからいえにとどいたあたらしいさんりんしゃの大きなかごにのせられたおとこのこ
「ぼくのきゅうきゅうしゃ」若谷和子文;長谷川知子絵　偕成社　1988年10月

シュレーゲル
もぐらのモグルにはるをみせてあげようとおもったカエルのおとこのこ 「シュレーゲルのプレ
ゼント」うめもとやすこ作・絵　新風舎　2005年11月

じゅん
両親が離婚してお父さんと別々に暮らすことになった二人の姉弟の男の子 「あしたてんき
になあれ」薩摩菜々作;永松美穂子絵　未知谷　2005年6月

じゅん
ひみつのもりへいってくちからひがでてドラゴンにへんしんするカレーをたべたおとこのこ
「ひみつのもりのドラゴンカレー」山末やすえ作;新野めぐみ絵　PHP研究所(PHPにこにこ
えほん)　1994年10月

ジュン
おとうさんとこんちゅうさいしゅうにでかけておおむかしのジュラ紀のじだいにきてしまいきょ
うりゅうたちにあったおとこのこ 「きょうりゅうとあそんだジュンくん」小野寺悦子作;宮崎耕
平絵;冨田幸光監修　教育画劇(きょうりゅうだいすき！)　1999年9月

しゅんくん
しろくまがほしかったがうちでしろくまというなまえをつけたこねこをかうことになったおとこ
のこ 「ぼくのしろくま」さえぐさひろこ文;西巻茅子絵　アリス館　2004年1月

しゅん

じゅんくん
すてきなどうぶつもようのあたらしいふとんをもらってひとりでねることにしたおとこのこ 「ぼくのふとんはともだちもよう」 清水朋子作;田頭よしたか絵　PHP研究所(PHPにこにこえほん) 1998年11月

しゅんたろう
こどもたちのあそびば「あそび島」でまいにちあそんでいるがくにぜっこうされたおとこのこ 「ぜっこう」 柴田愛子文;伊藤秀男絵　ポプラ社(からだとこころのえほん3) 2002年7月

しゅんちゃん
ランドセルせおってきょうもげんきにがっこうへいく1ねんせいのおとこのこ 「いちねんせいのいちにち」 丘修三作;藤田ひおこ絵　佼成出版社　2004年3月

ジュンペイ
なつやすみにいなかへつかまえたらこうふくになれるというしろへびをさがしにいった4にんのおとこのこのひとり 「しろへびでんせつ」 山下ケンジ作・絵　講談社　1995年2月

じゅんぺい
栃木県小山市のこうえんですてられてめをせっちゃくざいでふさがれたいぬ 「えほん　めをふさがれたいぬ　じゅんぺい」 関朝之作;日高康志画　ハート出版　2002年6月

しゅんぺいじいさん
山すそのーけんやにきてじぶんのなまえをよんでくれるキツネのこえをたのしみにまつようになった木こりのおじいさん 「キツネとしゅんぺいじいさん」 森はな作;梶山俊夫絵　教育画劇(スピカのおはなしえほん40) 1988年11月

ジョー
いつもクススわらうので"しんだふり"ができないポサムのおとこのこ 「わらっちゃだめジョー！」 カザ敬子文・絵　西村書店　2001年5月

ジョイ
クリスマスイブにママがやいたクッキーをおばあちゃんのうちにとどけることになったおとこの子 「クッキークリスマス-クリスマスイブのふしぎなおはなし」 うすいのりこ作;きたやまようこ絵　偕成社　1991年11月

しょうくん
森の木の精からあずかった小さな生き物ブーアをつれてかえった男の子 「ブーアの森」 忌野清四郎絵;せがわきり文　エフエム東京　2002年4月

しょうじょ
まいとしお正月になるとすいせんがさきみだれる村にあったわらぶきのいえにすんでねこをたくさんかっていたしょうじょ 「すいせん村のねこやしき」 丸橋賢作;剣持宏;剣持奈々絵 絵　ストーク　2004年5月

しょうじょ
あきのおわりのおどりをおどりながらふゆのうまのくるのをまっているかれはのしょうじょ 「ふゆのうま」 手島圭三郎絵・文　福武書店　1987年10月

少女　しょうじょ
地面に降りてきた月の光の中でブランコをしている少女 「月光公園」 東逸子絵;宙野素子文　三起商行　1993年11月

しょうた
くつがぬげちゃったからそらからひろいにきたかみなりのこゴロウをうちにあそびにつれてきたおとこのこ 「かみなりコゴロウ」 本間正樹文;とよたかずひこ絵 佼成出版社(しつけ絵本シリーズ2) 2004年9月

しょうた
まちはずれのちいさなぼくじょうのいえのおとこのこ 「すぐにともだちできるから」 清水達也作;狩野富貴子絵 PHP研究所(わたしのえほん) 1997年1月

ショウタちゃん
しんまちほいくえんのうさぎぐみにはいってきたちいさなこでびょうきのおとこのこ 「うさぎぐみとこぐまぐみ」 かこさとし絵・文 ポプラ社(かこさとし こころのほん1) 2005年10月

しょうちゃん
ねこのタロがかわれているうちのおとこのこ 「ずっとともだち」 本間正樹文;福田岩緒絵 佼成出版社(しつけ絵本シリーズ7) 2004年10月

少年 しょうねん
森のはずれにいた赤ちゃんをひつじの親子のおかあさんひつじがそだてた少年 「金のゆき」 梅宮英亮絵・文 福武書店 1987年10月

少年 しょうねん
月夜に海ぞいの国道を歩いていて水族館のおおきな水槽がまるごと移動しているようなふしぎなバスを見た少年 「月夜のバス」 杉みき子作;黒井健絵 偕成社 2002年10月

少年 しょうねん
いなかのおじいさんの村に出るという「黒い怪物」の正体をたしかめたくて一人で村へいった少年 「ポポと少年」 蛍大介作;橋本浩之絵 エフエー出版 1992年9月

少年 しょうねん
クジラ捕りだったおじいさんと小舟にのってマッコウクジラをさがしに海に出てきた少年 「マッコウの歌 しろいおおきなともだち」 水口博也写真・文 小学館 1999年12月

常念御坊 じょうねんごぼう
となり村のだん家へ法事でよばれてかえる途中でやせこけたのら犬にあとをつけられた和尚さん 「のら犬」 新美南吉作;鶴田陽子絵 大日本図書(絵本・新美南吉の世界) 2005年2月

しょうへい
でっかい7だんうんこの絵をかいた男の子 「うんこ日記」 村中李衣;川端誠作 BL出版 2004年7月

小兵衛さん しょうべえさん
昔ほうきの国の竹ノ内村を流れていたさぶ川に住んでいたかっぱを助けてやった漁師のおじいさん 「かっぱの恩がえし」 宮川大助文;宮川花子絵 京都書院(大助・花子の日本昔ばなし) 1989年2月

しょうやさん
やまのむらびとたちをつれておおさかけんぶつにでかけたしょうやさん 「いもごろごろ」 川村たかし文;村上豊画 教育画劇(日本の民話えほん) 1998年7月

しょうゆくん
へんしんマラソンたいかいでゆうしょうしたしょうゆのおとこのこ 「へんしんマラソン」 あきやまただし作・絵 金の星社 2005年9月

じょか

ジョーカー
けんちゃんのトランプからぬけだしてサーカスのピエロになったジョーカー 「ぬけだした ジョーカー」 武井武雄絵;こわせたまみ作 フレーベル館(武井武雄絵本美術館) 1998年

ショコマル
コショコマールやまのてっぺんにあらわれたショコラシビリとともだちになったおとこのこ 「ショコラシビリとぼく」 南椌椌著 フレーベル館(リーヴル・リーブル2) 1997年5月

ショコラシビリ
コショコマールやまのてっぺんにあらわれてショコマルのともだちになったこ 「ショコラシビリとぼく」 南椌椌著 フレーベル館(リーヴル・リーブル2) 1997年5月

ショコラちゃん
スキーじょうにやってきてプリンちゃんといっしょにスキーをしたおんなのこ 「ショコラちゃんのスキーだいすき」 中川ひろたか文;はたこうしろう絵 講談社(講談社の幼児えほん) 2005年11月

ショコラちゃん
かいすいよくにいったおんなのこ 「ショコラちゃんうみにいく」 中川ひろたか文;はたこうしろう絵 講談社(講談社の幼児えほん) 2005年7月

ショコラちゃん
おりょうりをつくりすぎてレストランをひらいたおんなのこ 「ショコラちゃんのレストラン」 中川ひろたか文;はたこうしろう絵 講談社(講談社の幼児えほん) 2004年1月

ショコラちゃん
どうぶつたちをたすけにアフリカにいってくすりをつくってあげたおんなのこ 「ショコラちゃんはおいしゃさん」 中川ひろたか文;はたこうしろう絵 講談社(講談社の幼児えほん) 2003年8月

ショコラちゃん
おおきなふねにのっておでかけしたおんなのこ 「ショコラちゃんふねにのる」 中川ひろたか文;はたこうしろう絵 講談社(講談社の幼児えほん) 2001年12月

ショコラちゃん
ほしてあったパジャマをとってったからすをひこうきにのっておいかけたおんなのこ 「ショコラちゃんのパジャマ」 中川ひろたか文;はたこうしろう絵 講談社(講談社の幼児えほん) 2001年12月

ショコラちゃん
あかいくるまでおでかけしたのにパンクしてこまってしまったおんなのこ 「ショコラちゃんのおでかけドライブ」 中川ひろたか文;はたこうしろう絵 講談社(講談社の幼児えほん) 2001年12月

ジョジーナ
ともだちのヒューとゴゴールといっしょにうみにいったひつじ 「ひつじのコートはどこいった」 きたむらさとし絵・文 評論社(児童図書館・絵本の部屋) 1997年6月

ジョジョさん
いまはまほうをつかわないまほうつかいのおばさん 「まほうよりもすごいもの」 さえぐさひろこ作;狩野富貴子絵 金の星社(新しいえほん) 2002年7月

ジョジョニ
町にすんでいるダンスがとくいなおんなのこ 「ユックリとジョジョニ」 荒井良二作 ほるぷ出版(イメージの森) 1991年3月

ジョニー
クリスマスプレゼントにもんくをいったのでママからクリスマスをとりあげられたおとこのこ 「ジョニーのクリスマス」 やまだうたこ文・絵 教育画劇 2005年10月

ジョニー
うみからひきあげられてめざしにされてやかれたけれどたべられずにすてられたいわしのこ 「めざしのジョニー」 福角幸子作；かわぐちいつこ絵 学習研究社 2001年9月

ジョン
だいすきだったかいぬしのゆうくんに頭にきて町のなかに走りでたいぬ 「あめあがり」 きむらゆういち文；梶山俊夫絵 小峰書店（えほん・こどもとともに） 1998年6月

じょん
たんぽぽようちえんのいぬ 「ちいさいみちこちゃん」 なかがわりえこ作；やまわきゆりこ絵 福音館書店 1994年1月

ジョン
ある日あたたかなひかりにみちたやさしい世界へふしぎなたびをしたいぬ 「ジョンのふしぎなたび」 葉祥明文・絵 国土社 1999年12月

白菊 しらぎく
白い菊のなかにすてられていたのをひろいあげられて心やさしい夫婦にそだてられた親孝行なむすめ 「孝女白菊」 富田千秋画；千葉幹夫文 講談社（新・講談社の絵本20） 2003年3月

白瀬 のぶ しらせ・のぶ
およそ100年前に南極を探検した探検家 「やまとゆきはらー白瀬南極探検隊」 関屋敏隆作 福音館書店（日本傑作絵本シリーズ） 2002年10月

次良長老 じらーちょうろう
百年あまりも昔のこと島の村がつなみにおそわれたときに生きのこった長老 「満月の百年」 立松和平文；坪谷令子絵 河出書房新社（立松和平との絵本集5） 1999年11月

シランさん
あめがふってもかさをささなかったのでみんなとちがうことをかんがえるべきだといわれてろうやにいれられたわかもの 「かさをささないシランさん」 谷川俊太郎；アムネスティ・インターナショナル作；いせひでこ絵 理論社 1991年3月

ジリーちゃん
ちょうちょのあかちゃんのすきなハートのはっぱをたくさんみつけてあげたきりんのおんなのこ 「ジリーちゃんとちょうちょのあかちゃん」 ロコ・まえだ作・絵 金の星社 2002年1月

ジリーちゃん
おたんじょうびにもらったおにんぎょうにトトというなまえをつけてみんなでおようふくやおうちをつくったきりんのおんなのこ 「ジリーちゃんとトト」 ロコ・まえだ作・絵 金の星社 2002年1月

ジリーちゃん
ちょっとのんきなきりんのおんなのこ 「ジリーちゃんのおたんじょうび」 ロコ・まえだ作・絵 金の星社 2001年8月

しろ
おじいちゃんがいなくなって「ぼく」とあさのさんぽにいったいぬ 「しろがはしる」 おぐらひろかず作・絵 ポプラ社（絵本カーニバル2） 2003年7月

しろ

シロ
だいすきだったかいぬしのみきちゃんがしんでしまったいぬ 「いつでも会える」 菊田まりこ著 学習研究社 1998年12月

シロ
しせつでせなかのしんけいをきられたじっけんようのいぬ 「星空のシロ」 井上夕香文；葉祥明絵 国土社 1998年7月

ジロ
けっしてなかないつよいいぬとしてむれのボスになったのらいぬ 「ジロがなく」 山下ケンジ作・絵 講談社 1996年8月

ジロー
「ぼく」がひろったこいぬでいつもいっしょにねていたけれどどんどんでっかくなったいぬ 「ジローとぼく」 大島妙子作・絵 偕成社 1999年6月

ジロー
ひとりでピクニックにいく「わたし」がおるすばんをいいつけたねこ 「わたしのまっかなバスケット」 川端誠作 講談社 1987年4月

ジロー
2ねんかんのさすらいのたびのはてにじぶんをあいしてくれたひとたちのもとにかえってきたいぬ 「えほん かえってきたジロー」 綾野まさる作；サンク画 ハート出版 2003年1月

白い馬（馬） しろいうま（うま）
モンゴル大草原の男の子がとおいとおい旅にでてさがした母親の白い馬 「モンゴルの白い馬」 原子修作；たかたのりこ絵 柏艪舎 2006年7月

しろう
なつのよるのえんがわでせみの子に話しかけられたさみしそうなしょうねん 「よるのにわ-よるのにわでおきたこときみにはなすよ」 鈴木翁二著 アスカ・コーポレーション 1992年9月

四郎 しろう
子ぎつねの紺三郎にまねかれてきつねの学校の幻灯会に妹のかん子とおもちを持って遊びに行った村の子ども 「雪わたり」 宮沢賢治作；いもとようこ絵 金の星社（大人になっても忘れたくない いもとようこ名作絵本） 2005年11月

四郎 しろう
雪ぐつをはいて野原に出かけた子ども 「雪わたり」 宮沢賢治作；いもとようこ絵 白泉社 2003年11月

四郎 しろう
雪ぐつをはいて野原に出かけた子供 「雪渡り」 宮沢賢治作；たかしたかこ絵 偕成社（日本の童話名作選） 1990年6月

じろう
たろうのうちのいぬ 「いつもとちがうさんぽみち」 間所ひさこ作；なかのひろたか絵 国土社（えほん横町シリーズ1） 1994年4月

次郎 じろう
ずんと山おくの村にすんでおったちからじまんの三人のきょうだいの二ばんめ 「おぶさりてい」 川村たかし文；関屋敏隆画 教育画劇（日本の民話えほん） 1996年2月

次郎　じろう
村のどえ寺にいたはたらきものの犬「どえ寺の次郎」宮川大助文;宮川花子絵　京都書院(大助・花子の日本昔ばなし)　1989年11月

しろくま
きたのうみのちいさなしまにすんでいたしろくまこ「うみのきらきら　やまのきらきら」花之内雅吉作・絵　鈴木出版(チューリップえほんシリーズ)　2006年11月

しろくま
しろくまがほしかったしゅんくんがうちでかうことになったしろくまというなまえをつけたこねこ「ぼくのしろくま」さえぐさひろこ文;西巻茅子絵　アリス館　2004年1月

しろくま(おうじさま)
ちいさなしまのちいさなおしろにすむちいさなしろくまのおうじ「だいすきのたね」礒みゆき作・絵　ポプラ社(ちいさなしろくまおうじ1)　2003年5月

しろくま(おうじさま)
ちいさなしまのちいさなおしろにすむちいさなしろくまのおうじ「しあわせないえで」礒みゆき作・絵　ポプラ社(ちいさなしろくまおうじ3)　2004年8月

しろくま(ボーボ)
ほっきょくでサンタさんのしごとをてつだってくらしているしろくま「ボーボだいすき」わたりむつこ作;ましませつこ絵　PHP研究所(PHPにこにこえほん)　2002年9月

しろくま(ボーボ)
ほっきょくからそらをすべってきてクッキーやさんのハルナさんのにわにおちてきたしろくま「そらからきたボーボ」わたりむつこ作;ましませつこ絵　PHP研究所(PHPにこにこえほん)　1998年10月

しろくまくん
サナとなかよしのルルがさんぽしていたらくさのなかにみつけたふしぎなこどものしろくまくん「はらぺこな　しろくまくん」なりたまさこ作・絵　ポプラ社(絵本の時間28)　2003年7月

しろくまパパ
ソフトクリームをかいにまちへでかけることにしたしろくまパパ「しろくまパパのソフトクリーム」とおやましげとし作・絵　金の星社(絵本のおくりもの)　2000年6月

しろちゃん
まっくろなおかあさんねこからうまれたじぶんだけがまっしろなねこ「しろねこしろちゃん」森佐智子文;MAYA MAXX絵　福音館書店(幼児絵本シリーズ)　2005年3月

しろちゃん
キャベツばたけでさなぎからちょうちょになってひらひらとんでいったちょうちょ「ちょうちょのしろちゃん」高家博成;仲川道子作　童心社　2001年6月

シロちゃん
ミケねこのミーちゃんのだいじなおともだちだったとなりのうちのいぬ「ありがとうシロちゃん」関屋敏隆作　文研出版(えほんのもり26)　1994年2月

ジロちゃん
にこにこやおやのひみつだけどウルトラねこになってそらをとぶねこ「ジロちゃんとさくらっこウララ」やすいすえこ作;田中四郎絵　フレーベル館(ウルトラジロちゃんシリーズ10)　1998年2月

じろち

ジロちゃん
にこにこやおやのひみつだけどウルトラねこになってそらをとぶねこ 「ジロちゃんとほしのピカリ」 やすいすえこ作；田中四郎絵　フレーベル館（ウルトラジロちゃんシリーズ9）1997年6月

ジロちゃん
にこにこやおやのひみつだけどウルトラねこになってそらをとぶねこ 「ジロちゃんとキャンプ」 やすいすえこ作；田中四郎絵　フレーベル館（ウルトラジロちゃんシリーズ8）1996年7

ジロちゃん
にこにこやおやのひみつだけどウルトラねこになってそらをとぶねこ 「ジロちゃんとつきまつり」 やすいすえこ作；田中四郎絵　フレーベル館（ウルトラジロちゃんシリーズ7）1995年10月

ジロちゃん
にこにこやおやのひみつだけどウルトラねこになってそらをとぶねこ 「ジロちゃんとゆめのおくりもの」 やすいすえこ作；田中四郎絵　フレーベル館（ウルトラジロちゃんシリーズ6）1994年12月

ジロちゃん
にこにこやおやのひみつだけどウルトラねこになってそらをとぶねこ 「ジロちゃんときかんしゃパポ」 やすいすえこ作；田中四郎絵　フレーベル館（ウルトラジロちゃんシリーズ5）1994年6月

ジロちゃん
にこにこやおやのひみつだけどウルトラねこになってそらをとぶねこ 「ジロちゃんとピコラザウルス」 やすいすえこ作；田中四郎絵　フレーベル館（ウルトラジロちゃんシリーズ41）1994年1月

ジロちゃん
にこにこやおやのひみつだけどウルトラねこになってそらをとぶねこ 「ジロちゃんとウルトラモモちゃん」 やすいすえこ作；田中四郎絵　フレーベル館（ウルトラジロちゃんシリーズ3）1993年8月

ジロちゃん
にこにこやおやのひみつだけどウルトラねこになってそらをとぶねこ 「ジロちゃんといるかのルーくん」 やすいすえこ作；田中四郎絵　フレーベル館（ウルトラジロちゃんシリーズ2）1993年4月

ジロちゃん
にこにこやおやのひみつだけどウルトラねこになってそらをとぶねこ 「ジロちゃんはウルトラねこ」 やすいすえこ作；田中四郎絵　フレーベル館（ウルトラジロちゃんシリーズ1）1992年11月

じろちょうけん
静岡県清水市のにほんだいらのやまでたった一ぴきだけいきのこったやけんのボス 「ひとのこころをもったいぬ」 遠藤初江作；日高康志画　ハート出版　2001年9月

しろとくろとしろくろ
ははのひにだいすきなかあさんねこになにかプレゼントをしたいとおもったしろとくろとしろくろの3びきのこねこ 「こねこのははのひ」 やすいすえこ作；しのざきみつお絵　教育画劇（行事の由来えほん）2001年4月

しろながぐつじら
ながぐつとしろながすくじらがくっついたふしぎないきもののどうぐつ 「まうてんばいぬ2」 ながたのぶやす作　自由国民社　1998年11月

しろふくろう
ともだちになったからすとじめんのオーロラをみるために大きな町にむかってぼうけんのたびにでたしろふくろう 「しろふくろうのぼうけん日記」 斉藤洋作；高畠純絵　ほるぷ出版　1995年10月

しろふくろう
ひょう山の上をとんでいたときいきなりあらしにまきこまれてまいごになってしまったしろふくろう 「しろふくろうのまいご日記」 斉藤洋作；高畠純絵　ほるぷ出版　1994年4月

じろりくん
のんびりやまのふもとをひとまわりするおやこマラソンたいかいにでたいじわるなおおかみのこども 「のんびりやまの マラソンたいかい」 木暮正夫作；夏目尚吾絵　フレーベル館（キンダーおはなしえほん）　1993年5月

じろろっぷ
ざっくざっくのおちばのやまでうまれそだったとてもよくばりなきつね 「よくばりぎつねのじろろっぷ」 おのりえん作；たるいしまこ絵　福音館書店（日本傑作絵本シリーズ）　1997年5月

伸一　しんいち
ひろしまのまちに原爆がおちた日にさんりんしゃとともにしんだ男の子 「伸ちゃんのさんりんしゃ」 児玉辰春作；おぼまこと絵　童心社　1992年6月

しんくん
のんきなリスののんちゃんがやくそくのじかんにこないのであめのなかをとびだしていったしんぱいしょうのリスのおとこのこ 「雨の日のふたりーしんくんとのんちゃん」 とりごえまり著　アリス館　2003年4月

しんくん
のんきなリスののんちゃんとまだみたことがないゆきがふってくるのをまっていたしんぱいしょうのリスのおとこのこ 「空からのてがみーしんくんとのんちゃん」 とりごえまり著　アリス館　2001年11月

しんくん
阪神淡路大震災で家が焼けて父ちゃんをなくした男の子 「父ちゃんのオカリナ」 岸本進一作；池内悦子絵　汐文社　1996年1月

しんくん
のんきなリスののんちゃんともりのなかでどんぐりがてんてんとおちているのをたどっていったしんぱいしょうのリスのおとこのこ 「かいぶつのおとしものーしんくんとのんちゃん」 とりごえまり著　アリス館　2001年1月

新伍　しんご
盆の魂送りの日の夜に海に入って海蛇と会って遊んだ若者 「海神の姫」 岡本敏子文；塩沢文男絵・原案　佼成出版社　2003年7月

ジンゴ
南の島にやってきた戦車兄弟の末っ子のタンクロウといつもいっしょの操車の若い兵隊さん 「9番目の戦車」 ときたひろし著　PHP研究所　2004年8月

しんさん（たが屋さん）　しんさん（たがやさん）
長屋のみんなと両国の花火見物にでかけることにした職人のたが屋さん　「落語絵本 たがや」川端誠作　クレヨンハウス（川端誠の落語絵本シリーズ）　2006年7月

紳士　しんし
山奥の西洋料理店に入った二人の若い紳士　「注文の多い料理店-画本 宮沢賢治」宮沢賢治作；小林敏也画　パロル舎　1989年7月

しんじ
おじいちゃんにつれられておさないころとうさんかあさんといっしょにくらしたよるのもりにやってきたひとりぼっちのおとこの子　「ふくふくろう」松田素子作；秋山巖絵　ポプラ社（えほんはともだち41）　1996年3月

真二　しんじ
日本が戦争にまけるすこしまえの広島市の舟入本町の家ですてネコをかってもらえることになった小学生の男の子　「絵本 クロがいた夏」中沢啓治作・絵　汐文社　1990年7月

ジンジャー
こねこのペッパーのガールフレンド　「カレーせんにんをさがせ」山本省三文；マスカワサエコ絵　PHP研究所（ペッパーとゆかいななかまたち）　1995年4月

しんじゅひめ
とてもわるいかいぞくにさらわれたおひめさま　「たこやきマントマン-はじめてのぼうけんのまき」高田ひろお作；中村泰敏絵　金の星社（新しいえほん）　1990年7月

しんた
かごにおきゃくをのせてかついではしるおえどのかごやのおとこ　「しんた、ちょうたのすっとびかごどうちゅう」飯野和好作　学習研究社（新しい日本の幼年童話）　2006年7月

しん太　しんた
お寺の和尚さんに昔なつかしい遊びを教えてもらった男の子　「しん太の昔遊び」安川眞慈絵・文　木耳社　2006年8月

じんたくん
くまのこマーくんのおともだちのうさぎのこ　「ぼくはマーくん くまのこです！」岩井田治行作・絵　ポプラ社（えへんごほんえほん7）　1998年2月

しんたろう
おかあさんやおとうさんもいないこどもたちだけのキャンプにみんなといかないことにしたおとこのこ　「ぼくはいかない」柴田愛子文；伊藤秀男絵　ポプラ社（からだとこころのえほん5）　2003年4月

しんちゃん
父子家庭の「ぼく」のおとうと　「4こうねんのぼく」ひぐちともこ作・絵　草炎社（そうえんしゃ・日本のえほん3）　2005年12月

しんちゃん
おかあさんから「ひつじはけのながいどうぶつよ」とおしえられたおとこのこ　「しんちゃんのひつじ」川村みどり文；すぎはらともこ絵　文化出版局　1999年12月

しんちゃん
みんながきらいになっていぬのこはるをつれていえでしたおとこのこ　「ぼくきょうだけいえでする！」福田岩緒作　童心社（絵本・ちいさななかまたち）　1995年7月

しんちゃん
船のパーサーをしているおとうさんがかえってきたので横浜までむかえにいっておみやげにちいさいおさるをもらった男の子 「おさる日記」 和田誠文;村上康成絵 偕成社 1994年12月

しんちゃん
いっしょにあそべてともだちになってくれるくまさんがほしいとサンタさんにてがみをかいたおとこのこ 「サンタさん ありがとう—ちいさなクリスマスのものがたり」 長尾玲子作 福音館書店(日本傑作絵本シリーズ) 1998年10月

シンちゃん
体のふじゆうな木村さんのおてつだいをしている介助犬 「ありがとうシンシア 介助犬シンちゃんのおはなし」 小田哲明写真;山本由花文;太田朋絵 講談社(どうぶつノンフィクションえほん) 1999年6月

しんばあちゃん
てんごくのおじいちゃんと40ねんぶりにあってダンスがしたいゆうきのおばあちゃん 「ひ・み・つ」 田畑精一著 童心社 2004年5月

しんぺい
おとうさんがみみがきこえない一ねんせいのおとこのこ 「せなかをとんとん」 最上一平作;長谷川知子絵 ポプラ社(えほんはともだち47) 1996年12月

しんぺいくん
うちのうしに子うしがうまれたおとこの子 「子うしのはなし」 花岡大学作;井口文秀絵 PHP研究所(PHPのえほん) 1987年1月

しんや
ようちえんのにわにある大いちょうの木をきられてしまうことになってみんなと「きらないでっ」とさけんだおとこのこ 「ぼくたちのいちょうの木」 清水道尾文;福田岩緒絵 童心社(絵本・こどものひろば) 2000年7月

【す】

スイカ
とおいむかしにしかぜといっしょのながいたびをしたあまーいスイカ 「スイカのたび」 大森翠作・絵 ひさかたチャイルド 1989年6月

すいかまる
くいしんぼうのさかなラムチャプッチャがたべちゃったすいかのようなおとこのこ 「ラムチャプッチャーともだちどんどんぶらこっこ！のまき」 ますだゆうこ文;竹内通雅絵 学習研究社 2005年7月

すいこみどり
なにもかもでんきそうじきのようにすいこんでいくおおきなとり 「アンパンマンとすいこみどり」 やなせたかし作・絵 フレーベル館(アンパンマンメルヘン4) 1991年10月

水しょう山　すいしょうざん
羽前の国の東根という小さな村にあったたいそうなかが悪いことで知られていた二つの山の一つ 「山のつなひき」 花島美紀子再話;藤川秀之絵 新世研 2002年8月

すいっ

スイッピ
5にんきょうだいの4ばんめのペンギンのこ 「ペンギンのおかいもの」 さかざきちはる著 幻冬舎 2005年11月

ずいとん
あるときおしょうさんがむらにでかけるようがあってるすばんしなくてはならんことになったやまでらのこぞうさん 「ずいとんさん」 日野十成再話;斎藤隆夫絵 福音館書店(こどものとも傑作集) 2005年11月

ずいとん先生　ずいとんせんせい
ある村にすんでいたうではたしかなのだがすこしばかりずるいところがあるというもっぱらのひょうばんだったお医者 「ずいとん先生と化けの玉」 那須正幹文;長谷川義史絵 童心社(絵本・だいすきおはなし) 2003年12月

すいようびくん
いっしゅうかんのまんなかのひにいろんないろをあつめてかえるこびと 「すいようびくんのげんきだま」 那須田淳文;エリック・パトゥー絵 講談社(講談社の創作絵本) 2006年2月

すえ
定期的に大水がくる多摩川ぞいにくらすのり屋のむすこ 「めいわくな客」 野村昇司作;阿部公洋絵 ぬぷん児童図書出版(ぬぷん ふるさと絵本シリーズ15) 1990年2月

すえ吉　すえきち
とうさんになしの木をもたせられてうめがおよめにいった糀谷の村のおとこ 「むこうさまでもしあわせに」 野村昇司作;阿部公洋絵 ぬぷん児童図書出版(ぬぷん ふるさと絵本シリーズ19) 1992年7月

スーおばさん
レストランバスをうんてんしてどこへでもでかけていくおりょうりがだいひょうばんのおばさん 「スーおばさんのレストランバス」 やすいすえこ作;土田義晴絵 フレーベル館(えほんあらかると3) 2000年3月

スキップ
おとこのこタックのいえのいぬ 「タックそらをゆく」 たむらしげる作 ブッキング 2006年10月

すーくん
おとうさんときんじょのこうえんにいっておとうさんにきになってもらったおとこのこ 「きは なんにも いわないの」 片山健作 学習研究社(学研おはなし絵本) 2005年10月

助　すけ
にんげんどもにわるさをするために山からやってきた鬼の子 「鬼の助」 畑中弘子作;辻恵子画 てらいんく 2005年10月

スケロウ
はねをむしりとられてとべなくなりからすたちにうたをきかせてえさをもらうようになったうたのすきなからす 「ぼくのうたをきいとくれ」 山下ケンジ作・絵 講談社(講談社の創作絵本) 2001年7月

スーザ
オリーブばたけにかこまれたちいさなむらにマリアおばさんとすんでいるねぼすけのおんなのこ 「ねぼすけスーザのおかいもの」 広野多珂子作 福音館書店(こどものとも傑作集) 1997年2月

すさのお
なつになるとこどもをたべにやってくる八つのあたまのあるおそろしいへびのやまたのおろちをたいじしたおとこ 「やまたのおろち」 羽仁進文；赤羽末吉絵　岩崎書店(復刊・日本の名作絵本1)　2002年4月

須佐之男の命　すさのおのみこと
天照大御神の弟で高天の原より下界におわれた命 「やまたのおろち」 赤羽末吉絵；舟崎克彦文　あかね書房(日本の神話 第三巻)　1995年10月

須佐之男の命　すさのおのみこと
大国主の命の先祖で黄泉の国にすむあらくれものの神 「すさのおとおおくにぬし」 赤羽末吉文；舟崎克彦文　あかね書房(日本の神話 第五巻)　1995年10月

須佐之男の命　すさのおのみこと
伊邪那岐の神の三人の子の末の子で海上を治めるあばれ者の神 「あまのいわと」 赤羽末吉絵；舟崎克彦文　あかね書房(日本の神話 第二巻)　1995年10月

スザンナ
ふるいはこのなかからたからの地図をみつけたノラといっしょにたからさがしにでかけたともだちのやぎ 「たからさがし」 市川里美作・絵　徳間書店　2000年10月

厨子王　ずしおう
筑紫国においやられた父に会うために旅にでた母親とふたりの子どもの弟で旅のとちゅうで人買いの手にかかり生き別れとなった男の子 「安寿姫と厨子王丸」 須藤重画；千葉幹夫文　講談社(新・講談社の絵本12)　2002年3月

厨子王　ずしおう
父のために京へ母と旅立ったふたりのきょうだいの弟で人売りの船に乗せられてしまい母とひきさかれた男の子 「安寿と厨子王」 堀泰明絵；森忠明文　「京の絵本」刊行委員会　1999年10月

スースー
あっちとこっちのそっくりまどのあっちまどにすんでいるみしらぬどうしのちゃいろめのそっくりさん 「そっくりそらに」 西岡千晶作　長崎出版　2006年9月

スズカ
大好きなママから離されて競走馬になったサラブレッド 「どこへ行くのーあるサラブレッドの物語」 安西美穂子文；山田梨絵絵　エムエイオフィス　2002年8月

すずき ウメ
おうちにあしがはえてみはらしのいいおかのうえまではこばれてハナさんというおばあさんのおとなりになったおばあさん 「たなかさんちのだいぼうけん」 大島妙子作　あかね書房(あかね・新えほんシリーズ16)　2003年9月

すずな
サンショウの木が畑のまん中にはえていたまずしいお百姓の家のむすめ 「さんしょっ子」 安房直子文；いもとようこ絵　小峰書店(絵本・感動のおくりもの1)　1989年7月

すずのすけ
いつもおそばやさんのおみせのかたすみでおきゃくさんをよんでいるまねきねこ 「そばやのまねきねこ」 村田エミコ作・絵　岩崎書店(えほんのマーチ8)　2003年10月

すすむ
せんそうちゅうにたいわんのちいさなまち(和美)にすんでいた1年生のおとこのこ 「ひでちゃんとよばないで」 おぼまこと作　小峰書店(えほんひろば)　2003年11月

すすむ

すすむ
小学校の子どもたちのなかにできたとてもなかがわるい二つのグループの一つのカギ団の団長 「ぼくの町」 岡田ゆたか作・絵 ポプラ社(名作絵本復刊シリーズ3) 2002年1月

すすむ
おとうさんががいこくこうろのふねではたらいているのでいつもきいろいほしをみてあいたいなあとおもうおとこのこ 「きいろいほしからきた おじさん」 おぼまこと作 くもん出版(くもんの創作絵本) 1993年12月

すずむし(ケンゴ)
くさむらにブルドーザーがやってきてにげだしたすずむし 「すずむしケンゴのうた」 柴田晋吾作;山崎匠絵 文研出版(えほんのもり30) 1996年6月

すすむせんせい
ひよこがうまれたのでみんなでとりごやへむかってえをかくことにした1ねん2くみのせんせい 「にわとりの おっぱい」 山本省三作 講談社(講談社の創作絵本) 2005年6月

すずめ
おじいさんが山にでかけているあいだにたいせつなのりをなめたからいじわるなおばあさんに舌をきられておいだされたこすずめ 「舌切雀」 鴨下晁湖画;千葉幹夫文 講談社(新・講談社の絵本8) 2001年7月

すずめ
はとにひろわれてひばりのすにいれられてそだったわかいすずめ 「はととみにくいひばりのこ」 志茂田景樹作;石川あゆみ絵 KIBA BOOK(よい子に読み聞かせ隊の絵本4) 2000年4月

すずめ
ほねをおってめんどうをみてもらった心やさしいおばあさんに一つぶのたねをおいていったすずめ 「腰おれすずめ」 清水達也文;村上幸一絵 佼成出版(民話こころのふるさとシリーズ) 1993年2月

すずめ(おちょん)
しょうじのはりかえをするのりをたべてしまっておばあさんにはさみでしたをちょんときられてしまったこすずめ 「したきりすずめ」 木暮正夫文;村上豊絵 世界文化社(ワンダー民話館) 2005年11月

すずめ(おちょん)
せんたくをするのりを食べてしまってばあにしたをきられておいだされたすずめ 「したきりすずめ」 小澤俊夫;小野佳子文;平きょうこ絵 くもん出版(子どもとよむ日本の昔ばなし6) 2005年11月

すずめ(おちょん)
ばあさまがこしらえたせんたくのりをなめてしまってしたをはさみできられてしまったすずめ 「したきりすずめ」 岩崎京子作;井上洋介絵 にっけん教育出版社 2003年4月

すずめ(チュン)
かあさんすずめのたまごからあかちゃんがうまれておにいちゃんになったすずめ 「さよならのうた」 松岡節作;いもとようこ絵 ひかりのくに 2001年10月

すずめ(ちょん)
きものにつけるのりをなめてしまってばあさまにしたをはさみでちょんぎられてそらにほうりなげられたすずめ 「したきりすずめ」 長谷川摂子文;ましませつこ絵 岩波書店(てのひらむかしばなし) 2004年7月

すずめ（ちょん）
ばあさまのたいせつなのりをなめてしまってはさみでしたをちょきんときられたいちわのすずめ 「したきりすずめ」 瀬川康男絵；松谷みよ子文 フレーベル館（日本むかし話8） 2003年1月

すずめ（ちょん）
あるひのことせんたくもののりをなめてばあさまにしたをきられておいだされたすずめ 「したきりすずめ」 松谷みよ子文；片山健画 童心社（松谷みよ子 むかしばなし） 1995年4月

すずめ（ちょん）
あるひのことせんたくものにつけるのりをなめてばあさまにしたをきられておいだされたすずめ 「したきりすずめ」 松谷みよ子作；片山健絵 童心社（松谷みよ子むかしむかし） 2006年12月

スセリヒメ
出雲の国を治めて黄泉国へ旅立っていったスサノオの娘 「オオクニヌシの宝」 川北亮司作；いそけんじ画 アスラン書房 1997年12月

須勢理姫　すせりひめ
黄泉の国にすむあらくれものの須佐之男の命のひとり娘 「すさのおとおおくにぬし」 赤羽末吉文；舟崎克彦文 あかね書房（日本の神話 第五巻） 1995年10月

ズー先生　ずーせんせい
カバのヒポポくんがカバンになれるひみつをしているどうぶつのおいしゃさん 「やっぱりカバのヒポポくん」 わしおとしこ作；岡本颯子絵 ひさかたチャイルド（ひさかた絵本傑作集） 1990年10月

ズー先生　ずーせんせい
どうぶつのおいしゃさん 「カバのヒポポくん」 わしおとしこ作；岡本颯子絵 ひさかたチャイルド（ひさかた傑作集26） 1988年8月

ズー先生　ずーせんせい
どうぶつのおいしゃさん 「カバでカバンのヒポポくん」 わしおとしこ作；岡本颯子絵 ひさかたチャイルド（ひさかた絵本傑作集） 1989年4月

すたすたかたつむり
あるひニョキッとあしがはえてきてすたすたあるくようになったかたつむり 「すたすたかたつむり」 あきやまただし作・絵 岩崎書店（えほん・ハートランド18） 1998年1月

すーちゃん
お母さんがいっしょでないりょこうにはじめていったおんなのこ 「すーちゃんのなつやすみ」 やまぐちすわこ作 アスラン書房（心の絵本） 2002年6月

スップ
くじらのかたちをしたくものうえにあるふしぎなせかいネポス・ナポスにおちたそらいろのたまごからうまれたはなどりのこども 「ネポス・ナポス ネポとそらいろのたまご」 郷司望作；城哲也絵 講談社（講談社の創作絵本） 2002年10月

すっぽんぽのすけ
おふろあがりにパンツをはかずにとびだしていくヒーローのおとこのこ 「すっぽんぽんのすけ」 もとしたいづみ作；荒井良二絵 鈴木出版（たんぽぽえほんシリーズ） 1999年11月

すっぽんぽんのすけ
せんとうにいったはだかのヒーローのおとこのこ 「すっぽんぽんのすけ せんとうへいくのまき」 もとしたいづみ作；荒井良二絵 鈴木出版（たんぽぽえほんシリーズ） 2002年1月

すっぽ

すっぽんぽんのすけ
はだかになってだいかつやくするヒーロー 「すっぽんぽんのすけ デパートへいく」 もとしたいづみ作；荒井良二絵　鈴木出版(たんぽぽえほんシリーズ)　2004年2月

ステゴザウルス
ずっとたまごのまんまでねむっててかあさんをさがしに地面の下からでてきたまいごのきょうりゅう 「ステゴザウルスはまいごです」 舟崎克彦作；スズキコージ絵　くもん出版(きょうりゅうがやってきた2)　1991年6月

ステゴッチー
きょうりゅうステゴサウルスのくいしんぼうのおとこのこ 「くいしんぼうのステゴッチー」 間所ひさこ作；秋里信子絵；冨田幸光監修　教育画劇(きょうりゅうだいすき！)　1999年9月

ステゴぼうや
ジュラ紀クレーターにいる恐竜ステゴサウルスのこども 「恐竜トリケラトプスのジュラ紀めいろ」 黒川みつひろ作・絵　小峰書店(たたかう恐竜たち 別巻)　2005年11月

ステゴぼうや
ジュラ紀の森でママとはぐれた恐竜ステゴサウルスのこども 「恐竜 トリケラトプスジュラ紀にいく 驚異のジュラ紀で大活躍の巻」 黒川みつひろ作・絵　小峰書店(恐竜の大陸)　1997年6月

すてまる
いそがしくてねこのてもかりたいおじいちゃんとおばあちゃんのさかなやさんにてをかしてやったのらねこ 「ねこのてかします」 宮本忠夫作・絵　ひさかたチャイルド(ひさかた傑作集24)　1988年3月

ステゴぼうや
ジュラ紀クレーターにいる恐竜ステゴサウルスのこども 「恐竜トリケラトプスとアロサウルス－再びジュラ紀へ行く巻」 黒川みつひろ作・絵　小峰書店(たたかう恐竜たち)　2003年7月

すとーぶ
なつじゅうものおきでくらすのがいやでまちへかけたはたらきもののすとーぶ 「もりへいったすとーぶ」 神沢利子文；片山健絵　ビリケン出版　1999年3月

ストライプス
ふゆのさむいよるにノーランさんがみつけてうちにつれてかえったあかちゃんしまうまでおおきくなってむすめのチャニングとレースにでたしまうま 「しまうまストライプス」 山川みか子；タミ・ヒロコ絵　ソニー・マガジンズ(にいるぶっくす)　2005年2月

ストローこうもり
りんごのくにのりんごをおそったこうもり 「アンパンマンとりんごのくに」 やなせたかし作・絵　フレーベル館(アンパンマンのふしぎなくに8)　1990年12月

すなつぶ
あつまっておおきないわになりさむらいたちのてでおしろのいしがきにされたすなつぶたち 「ぴかぴかぷつん」 川端誠作　BL出版(川端誠「ものがたり」三部作)　1997年11月；リブロポート　1994年9月

スニ
戦争をしていた異人さんたちのすむ異国へ島のみんなとつれていかれた少女 「赤いくつ」 郭充良文；はらみちを絵　子ども書房　1992年9月

スノーウィー
サンタクロースのすんでいるスターダストアイランドにいった「ぼく」をむかえにきてくれたゆきだるま 「サンタの国へのふしぎなたび」 まつむらちひで作;林恭三絵 ポプラ社(えほんはともだち16) 1991年11月

スノーク
るすばんをしていてソファーのうえでねむってしまったおんなのこをぬいぐるみの森へつれていったぬいぐるみたちのくま 「ソファーのうえで」 川端誠作・絵 講談社(講談社の創作絵本) 1991年7月

スノーじいさん
イタチにおそわれそうになったヤマメのピンクをたすけた大イワナのじいさん 「ピンクとスノーじいさん」 村上康成作・絵 徳間書店 2000年9月

スノーマン
サンタさんのおてつだいにきたスノーマンたち 「サンタさんが二人いた」 ひろせまさよ文・絵 サンリオ 1989年11月

スパゲティーおばけ
おばけのくにでみんなをいじめるらんぼうなおばけ 「たこやきマントマン-おばけのくにのぼうけんのまき」 高田ひろお作;中村泰敏絵 金の星社(新しいえほん) 1991年7月

ズーフ
山の上の湖のほとりにある家に引っこしてきて森の広場にはり紙を出して手紙をやりとりする友だちをぼしゅうしたぶた 「はいけい、たべちゃうぞ」 福島サトル作;はらだゆうこ絵 BL出版 2004年12月

図夫六　ずぶろく
50さいになったとき冒険の旅に出てたくさんのめずらしい生きものたちに出あった人 「ずぶろく園2」 みやざきひろかず作 BL出版 2005年4月

図夫六　ずぶろく
50さいになったとき冒険の旅に出てたくさんのめずらしい生きものたちに出あった人 「ずぶろく園」 みやさきひろかず作 BL出版 2003年7月

スポッキー
青いもようのついたうつくしいハチのブルー・ビーの友だちのてんとうむし 「ブルー・ビーとまほうのとびら」 はやましょうてい作;テイジ絵 学習研究社 2006年3月

すみ
むぎわらとそらまめとそろってたびにでることにしたすみ 「ノッポさんのえほん2 むぎわらとすみとまめ」 高見ノッポ文;谷口周郎絵 世界文化社 2000年11月

すみ
まめとわらと三人でおいせまいりにたびだったすみ 「まめとすみとわら」 つるたようこ再話・絵 アスラン書房 2002年4月

すみれちゃん
おおきなかぼちゃをおみやげにすみれはらっぱからぐりとぐらのうちへきたおんなのこ 「ぐりとぐらとすみれちゃん」 なかがわりえこ作;やまわきゆりこ絵 福音館書店(こどものとも傑作集) 2003年10月

すみれひめ
すみれむらのちいさなおんなのこ 「こむすびまんとすみれひめ」 やなせたかし作・絵 フレーベル館(おむすびまんたびにっき4) 1991年1月

すもう

スモウマン
せいぎのためにたたかうおすもうさん 「スモウマン」 中川ひろたか文;長谷川義史絵 講談社(講談社の創作絵本) 2002年12月

須利耶さま　すりやさま
沙車の人で天から降りてきた子供の雁の童子を自分の子にして育てた人 「雁の童子」 宮沢賢治作;司修絵　偕成社(日本の童話名作選) 2004年9月

スワニー
わにのこ 「わにのスワニー しまぶくろさんとあそぶの巻」 中川ひろたか作;あべ弘士絵 講談社(dandan books) 2001年9月

ズングリ
ピザやさんをはじめたかいじゅう 「かいじゅうズングリのピザやさん」 末吉暁子作;西川おさむ絵 ポプラ社(絵本のぼうけん8) 2002年10月

【せ】

ぜいあん
おさない日々をともにすごした若君のいるという寺へわかいぼうさまに化けていっしんにかけていった白ぎつね 「きつねのぼうさま」 松谷みよ子文;宮本忠夫絵 ポプラ社(えほんはともだち54) 1999年10月

静一　せいいち
夏に山奥の祖父の家にあずけられた男の子 「山のいのち」 立松和平作;伊勢英子絵 ポプラ社(えほんはともだち10-立松和平・心と感動の絵本1) 1990年9月

セイウチ
おやしきにまいこんできてにわしのむすめのおんなのことあそんだセイウチ 「あそぼうよセイウチ」 佐々木マキ作　絵本館 1993年5月

清吉　せいきち
昔花咲き村と呼ばれる里にいた桜の花が大好きなお花を妹のように可愛がっていた男の子 「花と風と子どもたち」 宮川大助文;宮川花子絵　京都書院(大助・花子の日本昔ばなし) 1990年11月

星魚　せいぎょ
からだの内部に点滅する星を持つ半透明の魚 「銀河の魚」 たむらしげる著　メディアファクトリー 1998年11月

清空　せいくう
本州の西はずれの浜にやってきて海で親をなくした女の子おてるをひきとったたびのぼうさん 「みさきのかがり火」 清水達也作;狩野富貴子絵　佼成出版社(創作民話絵本) 1991年11月

せいくん
となりのねこがものほしからいえのだいどころのさかなをねらっているのにきがついたおとこのこ 「せいくんとねこ」 矢崎節夫作;長新太絵　フレーベル館(ペーパーバックえほん1) 2002年1月

清さん(そば清)　せいさん(そばせい)
江戸時代にはやったそばの賭けでもりを四十くえるという人 「そばせい」 川端誠作 クレヨンハウス(落語絵本シリーズ その9) 2005年11月

清次郎　せいじろう
いちょうの木がしげる古いやしきで麻美のいなくなったかい猫の三郎とくらしていた男の人　「いちょうやしきの三郎猫」成田雅子作・絵　講談社　1996年10月

せいちゃん
いたずらっこ　「ドードーとせいちゃん1　おやすみせいちゃん」わたせせいぞう作　三起商行　2000年10月

せいちゃん
いたずらっこ　「ドードーとせいちゃん2　おかえりせいちゃん」わたせせいぞう作　三起商行　2001年3月

セイちゃん
しんまちほいくえんのこぐまぐみのなかでいちばんつよいおとこのこ　「うさぎぐみとこぐまぐみ」かこさとし絵・文　ポプラ社（かこさとし こころのほん1）2005年10月

せいちゃん
おんなじひにうまれておんなじいえにそだったふたごのひとり　「ふたりはふたご」田島征彦；田島征三作　くもん出版　1996年5月

生徒（子ども）　せいと（こども）
九州の南のはしにちかい海べの学校の生徒ですみれの花たばを航空隊にとどけにいった子どもたち　「すみれ島」今西祐行文；松本禎郎絵　偕成社（新編・絵本平和のために6）1991年12月

青年　せいねん
おおきなおおきな都会のかたすみにある「おもちゃのいえ」というちいさな店でひとりおもちゃをつくりうっていた青年　「ねじまき鳩がとぶ」青山邦彦作・画；多田敬一画　パロル舎　1998年5月

青年　せいねん
ベーリング行きの最大急行に乗った旅客の一人で帆布の上着を着た船乗りらしい青年　「氷河ねずみの毛皮」宮沢賢治文；木内達朗画　冨山房　1993年11月

セカセカさん
おおきなおおきなやなぎのきのしたにあったやなぎむらにむしさんたちみんなとすんでいたくも　「きんいろあらし」カズコ・G.ストーン作　福音館書店（こどものとも傑作集）1998年11月

セカセカさん
おおきなおおきなやなぎのきのしたにあったやなぎむらにむしさんたちみんなとすんでいたくも　「ほたるホテル」カズコ・G.ストーン作　福音館書店（こどものとも傑作集）1998年10月

セカセカさん
おおきなおおきなやなぎのきのしたにあったやなぎむらにむしさんたちみんなとすんでいたくも　「ふわふわふとん」カズコ・G.ストーン作　福音館書店（こどものとも傑作集）1998年12月

せつこ
おかあさんのひとみの中に小さなじぶんがうつっているのに気がついた女の子　「おかあさんの目」あまんきみこ作；くろいけん絵　あかね書房（あかね創作えほん27）1988年6月

セツコ
戦争でもえつきた焼けあとのなかでおにいちゃんとふたりだけになったおんなの子　「火垂るの墓」野坂昭如原作　徳間書店（徳間アニメ絵本5）1988年8月

せっせ

セッセかぞく
おおきなおおきなやなぎのきのしたにあったやなぎむらにむしさんたちみんなとすんでいたありのかぞく「きんいろあらし」カズコ・G.ストーン作　福音館書店(こどものとも傑作集)　1998年11月

セッセかぞく
おおきなおおきなやなぎのきのしたにあったやなぎむらにむしさんたちみんなとすんでいたありのかぞく「ほたるホテル」カズコ・G.ストーン作　福音館書店(こどものとも傑作集)　1998年10月

セッセかぞく
おおきなおおきなやなぎのきのしたにあったやなぎむらにむしさんたちみんなとすんでいたありのかぞく「ふわふわふとん」カズコ・G.ストーン作　福音館書店(こどものとも傑作集)　1998年12月

ゼブくん
しまうまのおとこのこ「ジリーちゃんとちょうちょのあかちゃん」ロコ・まえだ作・絵　金の星社　2002年1月

セブン
こうえんにすてられていたのを「ぼく」たちみんなでそだてたいぬ「おばあちゃんとセブン」山崎陽子文;鈴木まもる絵　女子パウロ会　1989年7月

セミくん
おうちからでてからをぬいでそらをとんだセミ「セミくんいよいよこんやです」工藤ノリコ作・絵　教育画劇　2004年6月

せみの子　せみのこ
なつのよるのにわでさみしそうなしょうねんに話しかけてきたよわそうなせみの子「よるのにわ-よるのにわでおきたこときみにはなすよ」鈴木翁二著　アスカ・コーポレーション　1992年9月

世良　せらー
百年あまりも昔のこと島の村がつなみにおそわれたときに生きのこったくじら見のこやのこや番の男「満月の百年」立松和平文;坪谷令子絵　河出書房新社(立松和平との絵本集5)　1999年11月

セレナ
すいぞくかんにすんでいてアオウミガメのカメキチくんととってもなかよしのジュゴン「ふたりはいつもともだち」もいちくみこ作;つちだよしはる絵　金の星社(絵本のおくりもの)　1999年4月

善コ　ぜんこ
東北の厳しい自然の中でくらす農家の子ども「十月の末」宮沢賢治原作;児玉房子絵　草の根出版会(ガラス絵の宮沢賢治6)　2006年4月

センシュちゃん
ウオットちゃんやマウスたちとなかよくくらしているちょっぴりよくばりでとってもくいしんぼうのこ「センシュちゃんとウオットちゃん」工藤ノリコ作　小学館(おひさまのほん)　2001年12月

先生(やたべ こうさく)　せんせい(やたべ・こうさく)
おきなわの島の学校にあたらしくきたかんさいべんの先生「先生はシマンチュ一年生」灰谷健次郎文;坪谷令子絵　童心社　2003年6月

ぞう

せんたくおばけ（おばけ）
どんなものでもあらってしまうせんたくだいすきのせんたくおばけ「せんたくおばけ」左近蘭子作；島田コージ絵　フレーベル館（おひざのうえで）　2002年3月

仙ちゃん　せんちゃん
ルイの野球の試合を見に来てくれた少年「ホームランを打ったことのない君に」長谷川集平作　理論社　2006年4月

船長さん　せんちょうさん
パリのエッフェルとうにのぼった「わたし」がかいだんをおりるとちゅうであったまごむすめといっしょの船長さん「エッフェルとうのあしおと」前川康男文；南塚直子絵　小峰書店（えほん・こどもとともに）　1992年8月

せんにん
やまのしたにむかってこいしをころりところがしたせんにん「こいしが どしーん」内田麟太郎文；長新太絵　童心社　1992年5月

せんにん
そらをとんでいってこめをもらってくるふしぎなはちをもっていたやまのせんにん「そらとぶはちの物語」馬場のぼる著　童心社　1992年2月

せんめんきとはぶらしとせっけん
めんどくさがりやのごろうちゃんのうちをでてのはらでせんたくやをはじめた3にん「のはらのせんたくやさん」神沢利子作；いもとようこ絵　ひかりのくに　2006年9月

善六　ぜんろく
むかし西伊豆は岩村のさとにいたからだは大きいがしごとがへたなのでみんなのわらいものだった木びき「木びきの善六」清水達也文；小沢良吉絵　佼成出版社（民話こころのふるさとシリーズ）　1988年10月

【そ】

ぞう
インドのおくちのジャングルを走っていたきかん車をお母さんと思いこんでいた子ぞう「かわいそうなぞう」手塚治虫著　河出書房新社（手塚治虫のえほん4）　1988年12月

ゾウ
よるのサバンナでバナナにみえるみかづきおつきさまをとろうとしたこゾウ「Banana Moon－バナナムーン」ふくはらしゅんじ著　ARTBOXインターナショナル（ART BOX GALLERYシリーズ）　2005年7月

ゾウ
みずをもとめてたびをつづけるひいおばあさんゾウひきいる11ぴきのゾウのむれ「おもいで」吉田遠志絵・文　リブリオ出版（絵本アフリカのどうぶつたち第2集）　2001年8月

ぞう
おおきななべをみつけたごりらのごんちゃんとふたりであそんだちいさなぞうさん「ごんちゃんとぞうさん」馬場のぼる作　PHP研究所（PHPわたしのえほんシリーズ）　2004年1月

ぞう
オリンピックにでて金メダルをとったぞう「ぞうの金メダル」斉藤洋作；高畠那生絵　偕成社　2004年7月

ぞう

ぞう
みわたすかぎりのそうげんでおかあさんとくらしていたあまえんぼうでなきむしのぞうのこども 「ぞうのこどもがみたゆめ」 志茂田景樹作;柴崎るり子絵 KIBA BOOK(よい子に読み聞かせ隊の絵本7) 2001年2月

ゾウ
みずをもとめてたびをつづけるひいおばあさんゾウひきいる12ひきのゾウのむれ 「ふるさと」 吉田遠志絵・文 リブリオ出版(絵本アフリカのどうぶつたち第2集) 2001年8月

ゾウ
みずをもとめてたびをつづけるひいおばあさんゾウひきいる12ひきのゾウのむれ 「かれえだ」 吉田遠志絵・文 リブリオ出版(絵本アフリカのどうぶつたち第2集) 2001年8月

ゾウ
みずをもとめてたびをつづけるひいおばあさんゾウひきいる12ひきのゾウのむれ 「よびごえ」 吉田遠志絵・文 リブリオ出版(絵本アフリカのどうぶつたち第2集) 2001年8月

ぞう
せんそうちゅうにころされることになったうえのどうぶつえんの三とうのぞう 「かわいそうなぞう-読みきかせ大型絵本」 土家由岐雄文;武部本一郎絵 金の星社 1999年4月

ゾウ
もりのなかでうまれてみんなとなかよくあそんでおおきくなってゾウらしくなったゾウ 「あのころ」 ふくだすぐる作・絵 岩崎書店(えほん・ハートランド25) 1999年9月

ぞう
ゆういちがうちへもってかえったしろいむしからできたまゆからうまれたひよこほどのちいさなまっしろいぞう 「ちいさなちいさなぞうのひみつ」 志茂田景樹作;石川あゆみ絵 KIBA BOOK(よい子に読み聞かせ隊の絵本3) 2000年1月

ゾウ
みずをもとめてたびをつづけるひいおばあさんゾウひきいる12ひきのゾウのむれ 「じひびき」 吉田遠志絵・文 リブリオ出版(絵本アフリカのどうぶつたち第2集 ゾウのかぞく) 1999年5月

ぞう
まいごになったぞうのあかちゃん 「まいごになったぞう」 寺村輝夫文;村上勉絵 偕成社 1989年1月

ゾウ
ケーキがじょうずにやけたので友だちのライオン君に半分持って行ってやることにした気のいいゾウ 「どこまでいってもはんぶんこ」 安東みきえ文 塩田守男絵 ひかりのくに(思いやり絵本シリーズ7) 1996年8月

ぞう
あるあさおならをプッとするとたましいがおしりからでてしまいからだがフワフワとういてしまったぞう 「ぞうのおなら」 宮本忠夫作 あすなろ書房 1990年12月

ぞう
いじめられたどうぶつたちが「ぞうのはな、なくなれっ。」というとはながみじかくなってしまったぞう 「いいことをしたぞう」 寺村輝夫文;村上勉絵 偕成社(はじめてよむ絵本) 1989年3月

ぞう

ぞう
アフリカの大草げんでおかあさんのあいじょうにつつまれて元気いっぱいにくらすこぞう「しあわせなこぞう」羽仁進文・写真；井上冬彦写真　ひかりのくに（羽仁進の愛情いっぱい動物記）1998年7月

象　ぞう
やり手の地主オツベルの稲扱小屋に現れた一頭の気のいい白い象「オツベルと象」宮沢賢治作；遠山繁年絵　偕成社（日本の童話名作選シリーズ）1997年9月

象　ぞう
主人のオッペルの稲扱小屋にやって来た白い象「オッペルと象」宮沢賢治文；本橋英正画　源流社　1991年10月

象　ぞう
主人のオッペルの稲扱小屋にやって来た白い象「オッペルと象」宮沢賢治文；木村昭平絵　福武書店　1991年11月

ぞう（あおぞう）
くろぞうとすんでいたちいさすぎるもりをでてみなみのさばくにいったぞう「くろぞうとあおぞう」石倉ヒロユキ作・絵　ひさかたチャイルド　2006年12月

ゾウ（アジザとサラ）
湾岸戦争でおなかをすかせてカメラを食べたクウェートの動物園のゾウ「カメラを食べたゾウ　もうひとつのかわいそうなゾウの物語」鎌田俊三文；大石容子絵　新日本出版社　2006年7月

ゾウ（アヌーラ）
びょうきになったがなかまの2とうのゾウにたすけられたたまどうぶつこうえんのインドゾウ「ともだちをたすけたゾウたち」わしおとしこ文；遠山繁年絵　教育画劇（絵本・ほんとうにあった動物のおはなし）2002年5月

ゾウ（アヌーラ）
たまどうぶつこうえんにいる3とうのインドゾウの1とうでびょうきになったゾウ「ともだちをたすけたゾウたち」わしおとしこ文；遠山繁年絵　教育画劇（絵本・ほんとうにあった動物のおはなし）2002年5月

ぞう（ウータン）
ひろいのはらをおもいきりかけまわったりおおきなかわでおもいきりみずあびをしたくてサーカスをにげだしたぞう「ぞうのウータン」おぼまこと作・絵　佼成出版社　1988年10月

ぞう（エル）
ひとりぼっちでさびしかったからともだちをさがしにきたぞう「おおきくなりすぎたエルくん」立原えりか作；薄久保友司絵　佼成出版社　1990年9月

象（エレナ）　ぞう（えれな）
密猟者たちにお母さん象を殺されて孤児になったアフリカ象の子象「エレナとダフニ」葉祥明絵；佐藤一優文；JWC英訳　自由国民社　2000年7月

ゾウ（ガチャコ）
びょうきになったなかまのゾウをたすけたたまどうぶつこうえんの2とうのインドゾウの1とう「ともだちをたすけたゾウたち」わしおとしこ文；遠山繁年絵　教育画劇（絵本・ほんとうにあった動物のおはなし）2002年5月

ぞう

ゾウ（ガチャコ）
たまどうぶつこうえんにいる3とうのインドゾウの1とうでびょうきになったなかまをたすけたゾウ「ともだちをたすけたゾウたち」わしおとしこ文；遠山繁年絵　教育画劇（絵本・ほんとうにあった動物のおはなし）2002年5月

ぞう（くろぞう）
あおぞうとすんでいたちいさすぎるもりをでてきたのもりにいったぞう「くろぞうとあおぞう」石倉ヒロユキ作・絵　ひさかたチャイルド　2006年12月

ぞう（こがねまる）
くろひげしょうぐんのおとものぞう「さばくのめだまやき」石橋正次作・絵　ブックローン出版　1995年3月

ぞう（ジャンボ）
おうさまと3にんのこくみんがすむちいさなしまへながれついたあかいはこからとびだしてきたぞう「ちいさなジャンボ」やなせたかし原作　サンリオ（サンリオファンタジー絵本）1992年6月

ぞう（ジャンボ）
りんごがだいすきなぞう「ジャンボとりんご」さかざきちはる文・絵　ハッピーオウル社（おはなしのほん）2005年5月

ぞう（ジャンボ）
ちいさなくにのおうさまにとどいたおくりもののはこのなかからとびだしたぞう「さよならジャンボ」やなせたかし文・絵　フレーベル館（おはなしえほん14）1987年3月

ゾウ（タカコ）
びょうきになったなかまのゾウをたすけたたまどうぶつこうえんの2とうのインドゾウの1とう「ともだちをたすけたゾウたち」わしおとしこ文；遠山繁年絵　教育画劇（絵本・ほんとうにあった動物のおはなし）2002年5月

ゾウ（タカコ）
たまどうぶつこうえんにいる3とうのインドゾウの1とうでびょうきになったなかまをたすけたゾウ「ともだちをたすけたゾウたち」わしおとしこ文；遠山繁年絵　教育画劇（絵本・ほんとうにあった動物のおはなし）2002年5月

ぞう（ターくん）
とてもはずかしがりやだった小さなぞう「はずかしがりやのぞう」つかさおさむ作　にっけん教育出版社　2002年8月

ぞう（ちびぞうさん）
おかのうえのおうちにすむパンプルちゃんのもりのともだち「ふむふむふーん」ふなこしゆり文；坂口知香絵　風涛社　2006年4月

ぞう（チビタ）
タータンのともだちのこぞう「アンパンマンとタータン」やなせたかし作・絵　フレーベル館（アンパンマンのぼうけん12）1989年4月

ゾウ（パオ）
東京の多摩どうぶつこうえんで生まれたアフリカゾウの男の子「いたずら子ゾウのパオ」わしおとしこ作　くもん出版（おはなしどうぶつえん）2002年2月

ぞう（パオちゃん）
こうえんでともだちとたいそうをはじめたぞうのおとこのこ「パオちゃんのみんなでたいそう」仲川道子作・絵　PHP研究所　2006年9月

ぞう(パオちゃん)
ともだちみんなとなつまつりにいったぞうのおとこのこ 「パオちゃんのなつまつり」 なかがわみちこ作・絵 PHP研究所 2003年6月

ぞう(パオちゃん)
ともだちとにわでおせんたくをはじめたぞうのおとこのこ 「パオちゃんのおせんたく」 なかがわみちこ作・絵 PHP研究所 2002年2月

ぞう(パオちゃん)
ともだちとこうえんへおさんぽにいってはっぱをいっぱいあつめてあそんだぞうのおとこのこ 「パオちゃんのたのしいおさんぽ」 なかがわみちこ作・絵 PHP研究所 2000年10月

ぞう(パオちゃん)
ともだちとつみきでうちをつくってあそんだぞうのおとこのこ 「パオちゃんのみんなでおかたづけ」 仲川道子作・絵 PHP研究所 1999年2月

ぞう(パオちゃん)
おたんじょうびのパーティーのひにともだちみんなとむかえにいったぞうのおとこのこ 「パオちゃんのおたんじようび」 仲川道子作・絵 PHP研究所 1997年8月

ぞう(パオちゃん)
おともだちをはいしゃさんへつれていったぞうのおとこのこ 「パオちゃんのみんなではみがき」 仲川道子作・絵 PHP研究所 1996年5月

ぞう(パオちゃん)
ともだちとおおきなはこでうちをつくったぞうのおとこのこ 「パオちゃんのなかよしハウス」 なかがわみちこ作・絵 PHP研究所 1995年10月

ぞう(パオちゃん)
ともだちとうちのにわでキャンプをしたぞうのおとこのこ 「パオちゃんのたのしいキャンプ」 仲川道子作・絵 PHP研究所 1993年7月

ぞう(パオちゃん)
ともだちとボールをもってのはらへいったぞうのおとこのこ 「パオちゃんのボールどこかな」 仲川道子作・絵 PHP研究所 1989年4月

ぞう(パオちゃん)
かぜをひいたぞうのおとこのこ 「パオちゃんのかぜひいちゃった」 仲川道子作・絵 PHP研究所 1988年10月

ぞう(パオちゃん)
ともだちともりへピクニックにいったぞうのおとこのこ 「パオちゃんのたのしいピクニック」 仲川道子作・絵 PHP研究所 1987年10月

ぞう(パオパオ)
もりのおともだちをおおきなからだにのせてあそんだぞう 「はい、こちらぞうのパオパオ ゆうえんちはぼくです」 木村裕一作・絵 ポプラ社(木村裕一のもしもしえほん4) 1990年6月

ゾウ(パオン)
アキちゃんがのはらをはしっておうちへかえるときにころんでバッグからころげおちたちいさなゾウのぬいぐるみ 「あいたいきもち」 本間正樹文;渡辺あきお絵 佼成出版社(しつけ絵本シリーズ4) 2004年9月

ぞう

ゾウ（パズー）
パパがうちへつれてきたとてもとてもちいさいからてのひらにのるてのりゾウ「てのりゾウの パズー」小泉吉宏作 ベネッセコーポレーション 1997年9月

ぞう（はちぞう）
はなからはなへととびまわりあまいみつがだいすきなてのひらにのるくらいにちっちゃなぞう 「ぼくは はちぞう HUMMING ELEPHANT」葉祥明絵・文 愛育社 2000年12月;U4出版 1996年11月

ぞう（はな子） ぞう（はなこ）
1949年9月にタイから上野動物園にやってきて日本のこどもたちのいちばんのにんきものに なったぞう「はな子、ありがとう」志茂田景樹作・絵 KIBABOOK（よい子に読み聞かせ 隊・隊長の絵本2） 2005年5月

ぞう（プリン）
サーカスのぞうのこ「ぬけだしたジョーカー」武井武雄絵;こわせたまみ作 フレーベル館 （武井武雄絵本美術館） 1998年4月

ゾウ（ものしり博士） ぞう（ものしりはかせ）
アフリカの森にすむ大きな耳のものしり博士のアフリカゾウ「ジャンボゴリラとたけのこ」こ やま峰子文;渡辺あきお絵 ほるぷ出版 1988年6月

ぞう（モモとタンタ）
どうぶつえんのぞうのおやこ「どうぶつえんにいったらね…」みぞぶちまさる作・絵 講談 社（講談社の創作絵本） 2003年11月

ぞう（レニ）
おおおとこのエルンストとうみへかいすいよくにいったともだちのピンクのぞう「おおおとこ エルンストーうみにいく」寮美千子作;篠崎正喜絵 小学館 1996年7月

ゾウガメどん
ゆっくりおっとりしているのでなかなかじぶんのすみかがみつけられないみなみのしまのゾ ウガメどん「あおいしま のゾウガメどん」かこさとし作 偕成社 1989年10月

ゾウくん
はじめてひとりでおさんぽにでかけたゾウのぼうや「へんだな？へんだな？」ひらのてつ お作・絵 ポプラ社（えへん ごほん えほん4） 1996年11月

ぞうくん
どうぶつむらのともだちのもぐらさんをてつだってはなばたけのたんぽぽをそだてたぞうくん 「やっぱり ぞうくん！」さくらともこ作;尾崎真吾絵 金の星社（新しいえほん） 1995年8月

ぞうくん
まちのびょうきのおばあさんのおみまいにりんごをもっていったぞうくん「ぞうくんのおみま い」おぼまこと作・絵 福音館書店（福音館のペーパーバック絵本） 1987年11月

ぞうくん
かぜをひいたサンタさんのかわりにみんなにプレゼントをとどけたぞうくん「ぞうくんの クリ スマス」おくむらりつこ作 自由国民社 1998年11月

ぞうさま
広南という国から船でやってきた長崎から江戸まで歩いていくぞう「ぞうさまお通り」野村 昇司作;阿部公洋絵 ぬぷん児童図書出版（ぬぷん ふるさと絵本シリーズ16） 1991年4月

ぞうさん
びんぼうになったおせんべいやのねずみたちにたべものをあげたサーカスのぞうさん 「ねずみのおなか」 長崎源之助作;長野ヒデ子絵 にっけん教育出版社 2005年8月

ぞうさん
のんびり森ののんびりやさんのどうぶつたちのなかでもいちばんののんびりやさんのぞうさん 「のんびり森のぞうさん」 かわきたりょうじ作;みやざきひろかず絵 岩崎書店(えほん・ハートランド13) 1996年7月

ぞうさん
のんびり森ののんびりやさんのどうぶつたちのなかでもいちばんののんびりやさんのぞうさん 「のんびり森のかいすいよく」 かわきたりょうじ作;みやざきひろかず絵 岩崎書店(のびのび・えほん15) 2002年6月

ぞうさん
のんびり森ののんびりやさんのどうぶつたちのなかでもいちばんののんびりやさんのぞうさん 「のんびり森はおおゆきです」 かわきたりょうじ作;みやざきひろかず絵 岩崎書店(のびのび・えほん1) 2000年2月

ぞうさん
あるにちようびに「ぼく」のいえのとなりにひっこしてきたぞうさんのかぞくたち 「ゆかいなおとなり」 あきもとかおり作 ひさかたチャイルド 2000年3月

ぞうさん
たかいきのうえにあるりんごをとろうとしてみんなにてつだってもらったぞうさん 「おなかいっぱいのしゅうかくさい」 城田ふみ作・絵 フレーベル館 1993年7月

ぞうさん
おかあさんにあたらしいあたたかいはんてんをぬってもらったあかちゃんのぞう 「はんてんをきたぞうさん」 村上博子文;富永秀夫絵 女子パウロ会 1987年1月

ぞうさん
オムレツをやいてもりのみんなとたべたぞうさん 「おおきなオムレツ」 もりやまみやこ作;ふくだいわお絵 ポプラ社(いろいろえほん1) 1999年9月

ぞうさんパパ
ぞうさんママがおでかけしたひにりょうりをしたぞうのパパ 「フライパンパパ」 高畠ひろき作・絵 フレーベル館(げんきわくわくえほん27) 1997年6月

そうすけ
やまのいけでみずあびをしておったてんにんのはごろもをぬすんだひゃくしょう 「てんにんのはごろも」 堀尾青史文;朝倉摂絵 岩崎書店(復刊・日本の名作絵本10) 2002年4月

ぞうのこ
おしりがすうすうするといってかばのなんでもやにやってきたぞうのこ 「すうすうすう」 佐野洋子作;広瀬弦絵 リブロポート(かばのなんでもや1) 1990年1月

ぞうのはな
ぞうのみみやしっぽよりもえらいんだっていばりだしたぞうのはな 「ぞうのはな」 矢崎節夫作;杉浦範茂絵 フレーベル館(おはなしえほん17) 2001年1月

そうべえ
かるわざし 「そうべえ まっくろけのけ」 田島征彦作 童心社(童心社の絵本) 1998年7月

そうべえ
かるわざし「そうべえ ごくらくへゆく」たじまゆきひこ作 童心社（童心社の絵本）1989年10月

そうべえさん
きつねにだまされてあたまのかみのけをのこらずむしられてしまったむらのおひゃくしょうさん「かみそりぎつね」小沢正文；野村たかあき画 教育画劇（日本の民話えほん）2000年2月

ぞうむし
はやしにいたぞうそっくりのおおきなぞうむしとちいさなぞうむし「ぞうむしくん がんばる」かみやしん作・絵 金の星社（絵本のおくりもの）1997年6月

ソウルくん
きゅうけつきのヒピラくんとともだちになったあしのはえていないようせい「ヒピラくん」大友克洋文；木村真二絵 主婦と生活社 2002年10月

曾我兄弟　そがきょうだい
源頼朝が富士山のすそ野で大巻き狩りをもよおしたときにころされた父の仇をうった兄弟「曾我兄弟」砂田弘文；太田大八絵 ポプラ社（日本の物語絵本17）2006年5月

曾我兄弟　そがきょうだい
将軍源頼朝が富士山のすそのでまき狩りをしたときに子どものころころされた父上のかたきをうったふたりの兄弟「曾我兄弟」布施長春画；千葉幹夫文 講談社（新・講談社の絵本16）2002年5月

ソケット
イモリのからあげがすきならんぼうもののあっかん「ピッカリ王子とあっかんソケット」宮本忠夫著 ほるぷ出版 1987年11月

ソニア
いつもさんぽにつれていってくれたおとうさんがしんでしまってからげんきがなくなりぜんしんがまっしろになった黒毛のラブラドール犬「白いソニア」渕上サトリーノ作；さわたりしげお絵 自由国民社 2006年7月

そばがきげんえもん
ねぎぼうずのあさたろうがしゅくばまちであったげいしゅうひろしまのろうにん「ねぎぼうずのあさたろう その5」飯野和好作 福音館書店（日本傑作絵本シリーズ）2005年6月

そば清　そばせい
江戸時代にはやったそばの賭けでもりを四十くえるという人「そばせい」川端誠作 クレヨンハウス（落語絵本シリーズ その9）2005年11月

ソマリーコ
さぼてんおばさんにもらったさぼてんをだいじにそだてたこ「さぼてん」北見葉湖作・絵 講談社（講談社の創作絵本）2002年3月

ソメコ
オニにさらわれて岩屋につれてこられた村の子ども「ソメコとオニ」斎藤隆介作；滝平二郎絵 岩崎書店（岩崎創作絵本11）1987年7月

そめごろう
からすとともだちになったひとりぼっちのろばのこ「そめごろうと からす」河原まり子絵；藤田圭雄文 至光社（ブッククラブ 国際版絵本）1989年6月

そよそよさん
はるになってねむっているもりをおこしにやってきたふしぎなそよそよさん 「そよそよさん」 仁科幸子作・絵 徳間書店 2006年2月

ソラ
ドレとミーファとシドとなかよし4にんの木ぼっくりのおんがくたい 「木ぼっくりのおんがくたい」 みずのまさお作 新世研 2001年10月

ソラジロウ
たこるくんとタコベエがみつけたそらいろのおもちゃのロボット 「そらいろのロボット たこるくんとタコベエのえほん2」 サカモトタカフミ絵・文 講談社 2005年7月

そらまめ
むぎわらとすみとそろってたびにでることにしたそらまめ 「ノッポさんのえほん2 むぎわらとすみとまめ」 高見ノッポ文；谷口周郎絵 世界文化社 2000年11月

そらまめくん
ふわふわでやわらかいベッドをたからものにしているそらまめのこ 「そらまめくんとめだかのこ」 なかやみわ作・絵 福音館書店（こどものとも傑作集） 2000年9月

そらまめくん
ふわふわでやわらかいベッドをたからものにしているそらまめのこ 「そらまめくんのベッド」 なかやみわ作・絵 福音館書店（こどものとも傑作集） 1999年9月

そらまめくん
ふわふわでやわらかいベッドをたからものにしているそらまめのこ 「そらまめくんのぼくのいちにち」 なかやみわ作・絵 小学館 2006年7月

そろり
ひとりぼっちのふゆはとてもさむいのでぬくもりをさがしにでかけることにしたいっぴきおおかみ 「いっぴきおおかみのそろり」 福田岩緒作・画 教育画劇（スピカみんなのえほん13） 1990年12月

ゾロリ
うみにすんでるだいかいじゅう 「だいかいじゅう ゾロリ」 末崎茂樹作・絵 PHP研究所（PHPわたしのえほんシリーズ） 1988年4月

そんごくう
てんじくにおきょうをいただきにいったさんぞうほうしというおぼうさんのさんにんのおとものひとり 「さんぞうほうしのかえりみち」 せなけいこ作・絵 鈴木出版（チューリップえほんシリーズ） 1998年9月

孫悟空　そんごくう
中国の花果山というたかいたかい山のてっぺんにあった大きな石がわれてうまれたたまごがわれてでてきた一ぴきのげんきでいたずらものの石ざる 「孫悟空」 本田庄太郎画；千葉幹夫文・構成 講談社（新・講談社の絵本13） 2002年4月

そんしたくん
やきゅうずきのおとこのひと 「そんしたくんの はなし」 さとうわきこ作 文研出版（えほんのもり18） 1991年9月

ゾンタ
もりのなかのいっけんやにすんでいた3びきのこねこたちの1ぴき 「3びきのこねこ はじめてのゆき」 もりつわかこ作 文化出版局 1987年11月

ぞんた

ゾンタ
みちおねえちゃんとひろいちゃんについてはるをさがしにでかけた3びきのこねこの1ぴき 「3びきのこねこ はるをさがしに」もりつわかこ作 文化出版局 1988年3月

【た】

たあくん
このごろなんでもききたがるおとこのこ 「ねえ ねえ」内田麟太郎作;長谷川義史絵 鈴木出版 2004年9月

たあくん
たべたあとはをみがかなかったおとこのこ 「むしばきんが やってきた」わたなべあきお作・絵 アリス館(けんこうえほん) 1988年4月

たあくん
いつもおもちゃのかいじゅうといっしょでにちようびにおかあさんときょうりゅうパークにあそびにいったおとこのこ 「ぼくのともだちきょうりゅうムスサウルス」やすいすえこ作;篠崎三朗絵;冨田幸光監修 教育画劇(きょうりゅうだいすき!) 1999年9月

タアタちゃん
びょうきになったアカネちゃんのかわりにのはらにちょうちょをとりにいったふたごのくつした 「ちょうちょホテル」松谷みよ子作;しのとおすみこ絵 にっけん教育出版社 2006年8月

たあちゃん
あるひおばあちゃんがたおれてびょういんににゅういんしたいっかのおんなのこ 「おばあちゃんと いつも いっしょ」池見宏子作;池見民子絵 岩崎書店(いのちのえほん4) 1997年9月

たい
いりうみのそこでじっとはるのくるのをまっていたたいのむれのこだいのぼうや 「はるのてがみはなにいろ?」生源寺美子作;二俣英五郎絵 教育画劇(みんなのえほん) 2002年4月

たい
こどものあそびば「あそび島」でまいにちあそんでいるおとこのこ 「けんかのきもち」柴田愛子文;伊藤秀男絵 ポプラ社(からだとこころのえほん2) 2001年12月

鯛　たい
あたごの浦の浜にあがってきたおたこと魚どもをあつめて演芸会をした鯛 「あたごの浦−讃岐のおはなし」脇和子;脇明子再話;大道あや画 福音館書店(こどものとも傑作集93) 1993年3月

鯛(ギンギロはん)　たい(ぎんぎろはん)
お客さんの目のまえでいけすからすくった魚を料理してだすお店のいけすの主の鯛 「鯛(たい)」桂三枝文;黒田征太郎絵 アートン(桂三枝の落語絵本シリーズ2) 2005年9月

タイ(たいこさん)
なんでもやってみたくてけっこんしきのパーティーにいったタイのおかあさん 「パーティー いきタイ せとうちたいこさん」長野ヒデ子作 童心社(せとうちたいこさんシリーズ) 2001年7月

タイ（たいこさん）
なんでもやってみたくてこだいちゃんのえんそくにいっしょにいったタイのおかあさん 「せとうちたいこさん えんそくいきタイ」 長野ヒデ子作　童心社（絵本・ちいさななかまたち）1999年10月

タイ（たいこさん）
なんでもやってみたくてデパートにいったタイのおくさん 「せとうちたいこさん デパートいきタイ」 長野ヒデ子作　童心社（絵本・ちいさななかまたち）1995年11月

鯛（ロク）　たい（ろく）
お客さんの目のまえでいけすからすくった魚を料理してだすお店のいけすの新入りの鯛 「鯛（たい）」 桂三枝文；黒田征太郎絵　アートン（桂三枝の落語絵本シリーズ2）2005年9

大応さま　だいおうさま
宋のくにから日本へかえるとちゅうでおおかみにおわれた白うさぎをたすけてふねにのせてやったぼうさま 「白うさぎのおんがえし」 たかしよいち文；高田勲絵　佼成出版社　1989年8月

だいく
ふたつのめんたまをやるかわりにかわにはしをかけてもらうやくそくをおにとしただいく 「だいくと おにろく」 小川洋文；井上洋介絵　鈴木出版（チューリップえほんシリーズ）1993年2月

だいこくちゃん
のぞみのしながでてくるうちでのこづちのおもちゃをもっていただいこくちゃん 「だるまちゃんとだいこくちゃん」 加古里子作　福音館書店（こどものとも傑作集）2001年1月

たいこさん
なんでもやってみたくてけっこんしきのパーティーにいったタイのおかあさん 「パーティーいきタイ せとうちたいこさん」 長野ヒデ子作　童心社（せとうちたいこさんシリーズ）2001年7月

たいこさん
なんでもやってみたくてこだいちゃんのえんそくにいっしょにいったタイのおかあさん 「せとうちたいこさん えんそくいきタイ」 長野ヒデ子作　童心社（絵本・ちいさななかまたち）1999年10月

たいこさん
なんでもやってみたくてデパートにいったタイのおくさん 「せとうちたいこさん デパートいきタイ」 長野ヒデ子作　童心社（絵本・ちいさななかまたち）1995年11月

第五福竜丸　だいごふくりゅうまる
1954年にアメリカがマーシャル諸島のビキニ・エニウェトク環礁でおこなった水爆実験で死の灰をあび被ばくした船 「わすれないで 第五福竜丸ものがたり」 赤坂三好文・絵　金の星社　1989年3月

だいこん
にんじんとごぼうとおふろをわかしてはいろうということになっただいこん 「にんじんとごぼうとだいこん」 和歌山静子絵　鈴木出版（たんぽぽえほんシリーズ）1991年4月

だいこんさん
にんじんさんとごぼうさんといっしょにおふろへいっただいこんさん 「にんじんさんがあかいわけ」 松谷みよ子著；ひらやまえいぞう絵　童心社（あかちゃんのむかしむかし）1989年1月

大作　だいさく
村びとたちからうすのろでバカと思われていた村いちばんの大男　「石になった男」蛍大介作；みのしまきぬよ絵　知玄舎　2000年8月

だいじゃ
村の十二のとしのおとこのこをのもうとおもってやってきただいじゃ　「にぎりめしのすきなだいじゃ」松谷みよ子文；長野ヒデ子絵　小学館（松谷みよ子の子どもに伝えたい日本昔話）2001年11月

だいすけ
にちようびにママがママをおやすみにしてこどもになってみんなでとりかえっこをすることになりパパになったおとこのこ　「とりかえっこのにちようび」いそみゆき作・絵　ひさかたチャイルド　1997年8月

だいすけ
むかしむかしくじらがまだやまにいたころあるやまにどうぶつたちみんなとすんでいたおおきなくじら　「くじらのだいすけ」天野祐吉作；梶山俊夫絵　福音館書店　1998年3月

だいすけ
もうずいぶんとしをとっているけれどだいじないぬがうちにいるおとこのこ　「クロは ぼくのいぬ」宮川ひろ文；鈴木まもる絵　にっけん教育出版社　1998年7月

大介　だいすけ
北海道の羅臼町でスケソウ漁の船長をしているじっちゃんにさそわれて知床半島をスケッチ探検した小学校5年生の男の子　「楽園 知床に生きる人びとと生きものたち」関屋敏隆作　くもん出版　2005年6月

大輔　だいすけ
姉が交通事故にあって重度のしょうがい児になってしまった男の子　「なっちゃん」小笠原大輔文；梅田俊作絵　女子パウロ会　1989年3月

だいすけくん
みんなでおしばいをしながらにほんじゅうをまわっているうちのこのうめすけとともだちになったおとこのこ　「しばいっこ」おぼまこと作　あかね書房（あかね創作えほん28）1989年5月

だいすけくん
うみのみえるやまのうえにあるいえにおとうさんとおかあさんとおじいちゃんのよにんぐらしのおとこのこ　「こだぬきの こいのぼり」西本鶏介作；長浜宏絵　佼成出版社（園児のすくすく絵本10）1988年4月

たいぞう
のんきなのっぽとちびのてんぐをだましてみせものにしたよくふかいおとこ　「のっぽてんぐとちびてんぐ」川村たかし作・文；村上豊絵　文研出版（ジョイフルえほん傑作集5）1995年1月

ダイダイ
ゆきがふったあくるあさいつものようにもりへあそびにでかけたこぎつね　「こぎつねダイダイのおはなし ゆきゆきどんどん」西内ミナミ作；和歌山静子絵　ポプラ社（絵本の時間22）2003年2月

ダイタラボッチ
むかし海辺の近くにすんでいたそこいらの山ぐらいならすんらりおぶって走りまわることなんかへいちゃらのちゃらの大きな子ども　「ダイダラボッチ」野村昇司作；阿部公洋絵　ぬぷん児童図書出版（ぬぷん ふるさと絵本シリーズ20）1996年6月

だいだらぼっち
かくれんぼのなかまにはいりたくてやってきたさみしがりやのだいだらぼっち 「ひとりぼっちのだいだらぼっち」 沢田としき作・絵 教育画劇(とびだす！妖怪のえほん) 2004年7月

大太郎　だいたろう
秋田の北のはずれのだいば山にすんでいる大男 「ふき」 斎藤隆介作;滝平二郎絵 岩崎書店(えほん・ハートランド) 1998年11月

タイチ
ベーリング行きの最大急行に乗った旅客の一人で毛皮をいっぱいに着こんだ紳士 「氷河ねずみの毛皮」 宮沢賢治文;木内達朗画 冨山房 1993年11月

太一　たいち
りょうしのげんじいさんのまご 「魚をよぶ森」 斉藤きみ子作;津田櫓冬絵 佼成出版社(創作民話絵本) 1994年5月

太一　たいち
下袋村のとうふ屋のむすこで朝晩飯台を天びん棒につるしてとうふをうってあるくぼてふりにでかける男の子 「ぼてふり物語」 野村昇司作;阿部公洋絵 ぬぷん児童図書出版(ぬぷん ふるさと絵本シリーズ17) 1991年4月

だいちゃん
なつやすみにいとこのこうちゃんのうちにあそびにきたおとこのこ 「だいちゃんとうみ」 太田大八作・絵 福音館書店(こどものとも傑作集) 1992年4月

だいちゃん
ゆみちゃんとなかよしのおんなのこ 「みてみておめめ」 梅田俊作;梅田佳子作 新日本出版社(新日本えほんのひろば5) 1990年10月

ダイちゃん
宮島管弦祭でこぎぶねのへさきにたってたいこにあわせてぼうをふるさいぶりにでた男の子 「さいぶりダイちゃん-宮島管絃祭」 はらみちを文・絵 小峰書店(えほん・こどもとともに) 1989年7月

ダイナ
せかいじゅうのどのねこよりふとっちょでまんまるなねこ 「まんまるねこダイナ」 西村香英作 小学館 2005年7月

タイニィ・トゥインクル
おかしの島の王さまにまねかれてパーティーにいったタイニィ・トゥインクル 「タイニイ・トゥインクルとおかしの島」 なぎともこ作;伊藤正道絵 ブックローン出版 1994年4月

だいふく
いつもおだんごたちをいじめているだいふくのおばけ 「あるくおだんごくん」 深見春夫作・絵 PHP研究所(PHPにこにこえほん) 2005年4月

だいふく
わがしやのわがしたちから「かっこわるいよ！」とからかわれていたやさしいだいふく 「かっこわるいよ！だいふくくん」 宇治勲絵・文 PHP研究所(PHPにこにこえほん) 2005年5月

だいぶつさん
海へいきたくていきたくてじっとしていられなくて立ちあがって海にあるいていっただいぶつさん 「だいぶつさん海へいく」 岡本信治郎;岡本黄子作 東京図書出版会 2005年9月

太陽さまとお月さま　たいようさまとおつきさま
わたしたちの住んでいる地球をまるでわが子のようにあたたかくみまもってくださる太陽さまとお月さま　「太陽さまとお月さまの涙」益田有希子絵・文　里文出版(有希子の絵本)1998年10月

平 清盛　たいらの・きよもり
天下を手中におさめてほしいものはどんなものでも手に入れようとしたさむらい　「祇王・仏」丹羽貴子絵；村中李衣文　京の絵本刊行委員会　1994年5月

大力童子　だいりきどうじ
むかし尾張にいたしんじんぶかい長四郎ふうふがらいじんさまからさずかったびっくりするほどのちからもちのおとこの子　「天からきた大力童子」高橋健文；福田庄助絵　佼成出版社(民話こころのふるさとシリーズ)1990年4月

たえこ
みどりにつつまれたとてもきれいなしまにすんでいる六にんかぞくのりょうしのいえのおんなのこ　「たいのしま」野村たかあき作・絵　講談社　1994年4月

たか
林のなかの大きなあかまつの木の上にあった巣のなかにいたおおたかというたか　「とびたて おおたか」室伏三喜男文・絵　新日本出版社(新日本動植物えほんⅡ-4)1988年11月

たか(はいたか)
たべものをもとめさむぞらをいっちょくせんにとんでいくちいさなたか　「はいたかのふゆ」手島圭三郎作・絵　リブリオ出版(極寒に生きる生きものたち)2002年1月

鷹(緑丸)　たか(みどりまる)
若くして大臣となり強弓をもって蒙古の大軍を博多でむかえうちしりぞけた百合若がかっていた鷹　「百合若大臣」たかしよいち文；太田大八絵；西本鶏介監修　ポプラ社(日本の物語絵本9)2004年9月

たかお
こうべのおうじどうぶつえんからふねでとおいちゅうごくのどうぶつえんへいくことになったきりんのこども　「うみをわたったキリン」亀井一成文；福田岩緒絵　PHP研究所(亀井一成のどうぶつえん日記5)1996年9月

高岡 正明　たかおか・まさあき
愛媛県の村の青年学校で先生をしていた人で戦争で死んだ教え子たちへの供養のため25年以上の年月をかけて桜づくりをした人　「桜物語」大西伝一郎作；たちようこ絵　文渓堂　2000年2月

たかぎ けん
山形県羽黒町手向というところでおこなわれるサイの神のおまつりで子どもの大将をする男の子　「ふくの神どっさどっさどっさぁりー羽黒町手向のサイの神」つちだよしはる作　リーブル(えほん・こどものまつり)2002年1月

タカくん
じてんしゃのペダルくんにのってうんてんのれんしゅうをしたおとこのこ　「タカくんとじてんしゃの ペダルくん-はじめてのじてんしゃこうつうルール」うちべけい作・絵　PHP研究所(PHPにこにこえほん)2005年1月

タカコ
びょうきになったなかまのゾウをたすけたたまどうぶつこうえんの2とうのインドゾウの1とう「ともだちをたすけたゾウたち」わしおとしこ文;遠山繁年絵　教育画劇(絵本・ほんとうにあった動物のおはなし) 2002年5月

タカコ
たまどうぶつこうえんにいる3とうのインドゾウの1とうでびょうきになったなかまをたすけたゾウ「ともだちをたすけたゾウたち」わしおとしこ文;遠山繁年絵　教育画劇(絵本・ほんとうにあった動物のおはなし) 2002年5月

タカサキさん
こぶたのブルトンといたちのアンドレといつもいっしょにいるあかいだるま「こぶたのブルトン あきはうんどうかい」中川ひろたか作;市居みか絵　アリス館　2006年9月

タカサキさん
こぶたのブルトンといたちのアンドレといつもいっしょにいるあかいだるま「こぶたのブルトン はるはおはなみ」中川ひろたか作;市居みか絵　アリス館　2006年3月

タカサキさん
こぶたのブルトンといたちのアンドレといつもいっしょにいるあかいだるま「こぶたのブルトン なつはプール」中川ひろたか作;市居みか絵　アリス館　2005年6月

タカサキさん
こぶたのブルトンといたちのアンドレといつもいっしょにいるあかいだるま「こぶたのブルトン ふゆはスキー」中川ひろたか作;市居みか絵　アリス館　2004年11月

タカさん
みなみのくにタイのなんみんキャンプではたらいている大学生「ちいさなチャンタラ」狩野富貴子絵;女子パウロ会文　女子パウロ会　1992年4月

たかし
ときどきくやしくてかなしくてだれかをげんこでたたいてしまうおとこのこ「げんこのキモチ」礒みゆき作・絵　ポプラ社(絵本のおもちゃばこ8) 2005年6月

たかし
たくちゃんのおじいさんにもらったりょこうけんでたくちゃんとふたりでじょうしゃけんをかって〈のぞみ700〉にのったいとこ「しんかんせん のぞみ700だいさくせん」横溝英一文・絵　小峰書店(のりものえほん) 2001年5月

たかし
おやつにバナナをたべたときバナナででんわをかけたおとこのこ「バナナででんわをかけました」おだのぶお作・絵　鈴木出版(たんぽぽえほんシリーズ) 1996年5月

たかしくん
もりのかみさまにフクロウにしてもらってみどりのクジラにのってよるのさんぽにでかけたおとこのこ「ぐっすりおやすみ」深見春夫作・絵　PHP研究所(PHPにこにこえほん) 2003年11月

タカちゃん
ミオがだいすきなおとこのこ「つるつる」正道かほる文;村上康成絵　童心社(絵本・ちいさなかまたち) 1994年3月

たかち

たかちゃん
足のびょうきでもうずいぶん長いことびょういんににゅういんしている男の子 「おばあちゃんに届いた花」 水上みのり絵；社団法人「小さな親切」運動本部監修 河出書房新社（「涙が出るほどいい話」の絵本） 2004年7月

タカちゃん
カコちゃんのおとうと 「カコちゃんのおてつだい」 山中恒文；樋泉雪子絵 偕成社 1990年6月

たが屋さん　たがやさん
長屋のみんなと両国の花火見物にでかけることにした職人のたが屋さん 「落語絵本 たがや」 川端誠作 クレヨンハウス（川端誠の落語絵本シリーズ） 2006年7月

高山 七蔵さん　たかやま・しちぞうさん
近江の山奥にある高山という村でいっしょうけんめい梅のはちうえをそだてた人 「よみがえった梅の木−盆梅のふるさと」 中島千恵子文；高田勲絵 岩崎書店（岩崎創作絵本18） 1991年1月

ダギー
もりのうさぎのタップのともだちのあひる 「ノッポさんのえほん3 ダギーとタップとぶちねこガブ」 高見ノッポ文；中村景児絵 世界文化社 2001年1月

タキワロ
小さな島の岬の観音堂の裏手にあった魂送りの石塚に架けられた赤い橋の番をしておる童子 「タキワロ」 岩崎千夏作 長崎出版（cub label） 2006年11月

タクじい
もう四十年もはたらいているがまだまだげんきなタクシー 「おばけタクシーのタクじい」 鈴木浩彦作；鈴木妙子絵 PHP研究所（PHPのりものえほん） 1993年7月

タクちゃん
マンションのおうちでかっている犬みたいなねこのブーにくびわをつけてさんぽにいった男の子 「散歩するねこ」 中山あい子作；入山さとし絵 サンリオ（サンリオ創作絵本シリーズ） 1988年7月

たくちゃん
おじいさんにもらったりょこうけんでいとことふたりでじょうしゃけんをかって〈のぞみ700〉にのったてつどうずきのおとこのこ 「しんかんせん のぞみ700だいさくせん」 横溝英一文・絵 小峰書店（のりものえほん） 2001年5月

タクちゃん
みどりまちでげんきにはたらくきいろいタクシー 「タクシータクちゃんとばけぎつね」 藤本四郎；鍋島よしつぐ作・絵 ポプラ社（アニメのりものえほん11） 1988年3月

ダグちゃん
もりのパトロールたいになったこいぬ 「もりのパトロール」 のっぽさん作；山本省三絵 小学館（心を育てるメッセージ絵本シリーズ） 1996年8月

ダグちゃん
ちいさないけにすんでいたあひるのこ 「ノッポさんのえほん10 ダグちゃんのおいけ」 高見ノッポ作；片桐慶子絵 世界文化社 2001年8月

たぐぼーと
いちにちじゅうおおきなふねをひっぱっていっしょうけんめいはたらくたぐぼーと 「たぐぼーとの いちにち」 小海永二作；柳原良平画 福音館書店 2004年4月

タグボート（とーとー）
おおきなかもつせんをみなとのそとまでひっぱっていくちからもちのタグボート 「ちからもちのタグボート とーとー」 小風さち文；山本忠敬絵　福音館書店　2002年4月

たくみ
医者だった九十五さいのひいおじいちゃんとだいのなかよしのおとこの子 「いつもみているよ」 松田もとこ作；遠藤てるよ絵　ポプラ社（絵本のおもちゃばこ16）　2006年2月

たくや
うちにいるゴロウというとしとった大きないぬとときどきさんぽにいくおとこのこ 「がんばれゴロウ！」 福田岩緒作　文研出版（えほんのもり14）　1989年9月

ターくん
とてもはずかしがりやだった小さなぞう 「はずかしがりやのぞう」 つかさおさむ作　にっけん教育出版社　2002年8月

タケ
もも の里でじぶんが生まれてから十年ぶりに生まれた太郎という男の子を里をおそってきた鬼どもからまもった男の子 「ももの里」 毛利まさみち文・絵　リブリオ出版　2005年7月

タケ
戦後まもなくの但馬の小さな町の家はびんぼうだが元気な悪ガキ 「悪ガキ絵日記」 村上勉著　フレーベル館　1995年7月

タケシ
宮古島の男の子、ハンセン病にかかって6才で療養所に入れられたツルの兄 「ツルとタケシ－沖縄へいくさ物語　宮古島編」 儀間比呂志著　清風堂書店　2005年9月

たけし
そらにむかってふえをふいていたおとこのこ 「たけしのくも」 木虎徹雄作・絵　福武書店　1992年5月

たけしくん
となりのうちにひっこしてきてがっこうではうしろのせきになったまきちゃんがきになるおとこのこ 「うしろのまきちゃん」 矢崎節夫作；高畠純絵　フレーベル館　1987年1月

たけちゃん
いえもしごともないおじさんがくらすかわのよこにあった青いテントごやのまえにすて犬のボクをひろってまたすてたおとこの子 「青いひこうせん」 宮本忠夫作・絵　ポプラ社（絵本の時間6）　2001年8月

たけちゃん
夏やすみにいなかのおじいちゃんたちのいえにいったひろしがあったとんぼとりもさかなつりもなんでもできるおとこの子 「おとうさんのいなか」 福田岩緒作・絵　ポプラ社（えほんはともだち6）　1989年12月

たける
小川でつかまえたヤゴがオニヤンマになったのでつかまえた風の谷公園にかえしてやった男の子 「オニヤンマ空へ」 最上一平作；市居みか絵　岩崎書店（のびのび・えほん16）　2002年7月

たけるおじさん
しまにすんでいるたえこのだいすきなりょうしのおじさんできょうけっこんしきをあげるひと 「たいのしま」 野村たかあき作・絵　講談社　1994年4月

たこ

たこ
みなみのうみのなかのおおきなさんごのあなふかくにすんでいてからだのいろをかえながらさんぽするたこ 「たこなんかじゃないよ」 秋野和子文；秋野亥左牟絵 福音館書店（こどものとも傑作集） 2005年6月

タコ
おみせにやってきてスパゲティをたべたタコ 「イカタコつるつる」 長新太作・絵 講談社（講談社の創作絵本） 2004年1月

たこ
さんぽにでたがとまらないさかなのむれでとおれなくなったたこのじいちゃんとまご 「たこしんごう」 赤川明作・絵 ひかりのくに（ひかりのくに傑作絵本集15） 2000年12月

たこ
あたごの浦の浜にあがってきた鯛と魚どもをあつめて演芸会をしたおたこ 「あたごの浦－讃岐のおはなし」 脇和子；脇明子再話；大道あや画 福音館書店（こどものとも傑作集93） 1993年3月

タコ
うみべをあるいていたブタのはなのあなにピューッととんできてはいったタコ 「ブタとタコのダンス」 長新太文・絵 学習研究社（学研おはなし絵本） 2005年6月

たこ
うたをうたってたらそらへまいあがったたこ 「ぶた たこ とんだ」 つるみまさお作；たたらなおき絵 岩崎書店（えほん・ハートランド4） 1994年7月

タコ（オクトくん）
タコとうさんとタコかあさんがむかしたべておいしかったというナスのみをとりにナスばたけをめざしてぼうけんにしゅっぱつしたタコのぼうや 「タコのオクトくん」 富安陽子文；高畠純絵 ポプラ社（みんなで絵本4） 2002年6月

たこ（おたこさん）
おたこまつりのひにすくいぬしになってうみからたすけにやってくるたこ 「おたこまつり」 吉村竹彦作・絵 草炎社（そうえんしゃ・日本のえほん5） 2006年8月

たこ（コータ）
うみのくらしにあきてはじめくんのうちにあそびにきたたこ 「たこのコータ」 星野はしる作；西川おさむ絵 ひさかたチャイルド 2000年11月

たこ（たこきち）
うみのみんなのかゆいせなかをかいてやったたこ 「せながかゆいの」 浅沼とおる作・絵 鈴木出版（チューリップえほんシリーズ） 2002年6月

たこ（ななちゃん）
海でさかなをとるふねのせんちょうさんのおとうさんからかなこがおみやげにもらった足を一本なくしたたこの子 「たこのななちゃん」 中川千尋作 徳間書店 1997年4月

タコ（8ちゃん） たこ（はっちゃん）
はまべへでかけてちからくらべたいかいにでたタコ 「とってもいいこと」 内田麟太郎文；荒井良二絵 クレヨンハウス 2005年9月

たこ（マストン）
ツトムとサメジマせんちょうのともだちのうみのおおだこ 「大だこマストンとかいぞくせんのたから」 にしかわおさむ文・絵 ぎょうせい（そうさくえほん館7－空想の世界であそぼう） 1992年8月

たこきち
うみのみんなのかゆいせなかをかいてやったたこ 「せなかがかゆいの」 浅沼とおる作・絵 鈴木出版(チューリップえほんシリーズ) 2002年6月

タコくん
うみのそこにあったももいろさんごのピアノをひいたタコくん 「タコがピアノをひいたとさ」 五木ひろし作;中村景児絵 金の星社(新しいえほん) 1995年12月

タコぞう
タコのおとうちゃんとぞうのおかあちゃんから生まれた水陸両用バッチリのタコぞう 「タコぞうくん」 フランクいながき著 フーコー 1999年9月

タコベエ
たこやきのたこるくんといっしょにたびをしているタコ 「そらいろのロボット たこるくんとタコベエのえほん2」 サカモトタカフミ絵・文 講談社 2005年7月

タコベエ
たこやきのたこるくんといっしょにたびをしているタコ 「あたたかいこおり たこるくんとタコベエのえほん」 サカモトタカフミ絵・文 講談社 2004年8月

たこやきマントマン
にぎやかもりのみんなにかぜをうつしたかぜひきこぞうとたたかったたこやき5にんきょうだいのいつつご 「たこやきマントマン-にぎやかもりのぼうけんのまき」 高田ひろお作;中村泰敏絵 金の星社(新しいえほん) 1994年2月

たこやきマントマン
やさいばたけをあらすもぐらぐんだんをやっつけたたこやき5にんきょうだいのいつつご 「たこやきマントマン-やさいばたけのぼうけんのまき」 高田ひろお作;中村泰敏絵 金の星社(新しいえほん) 1992年7月

たこやきマントマン
ぴこぴこぼしのぴこぴこじんをたすけにいったたこやき5にんきょうだいのいつつご 「うちゅうかいじゅうドンギャー」 高田ひろお作;中村泰敏絵 金の星社(たこやきマントマン・ミニえほん2) 1991年7月

たこやきマントマン
おばけのくにへいってわるいおばけをたいじしたたこやき5にんきょうだいのいつつご 「たこやきマントマン-おばけのくにのぼうけんのまき」 高田ひろお作;中村泰敏絵 金の星社(新しいえほん) 1991年7月

たこやきマントマン
いかさんのたんじょうかいにいったたこやき5にんきょうだいのいつつご 「のこぎりざめガリピー」 高田ひろお作;中村泰敏絵 金の星社(たこやきマントマン・ミニえほん3) 1991年11月

たこやきマントマン
ちいさなおみせのてっぱんのうえでうまれたたこやき5にんきょうだいのいつつご 「たこやきマントマン-はじめてのぼうけんのまき」 高田ひろお作;中村泰敏絵 金の星社(新しいえほん) 1990年7月

たこやきマントマン
あきかんやペットボトルのごみがいっぱいのマリンランドをきれいにしたたこやき5にんきょうだいのいつつご 「たこやきマントマン-マリンランドのぼうけんのまき」 高田ひろお作;中村泰敏絵 金の星社(新しいえほん) 1999年7月

たこや

たこやきマントマン
にんじゃのすむしまでわるいにんじゃをやっつけたたこやき5にんきょうだいのいつつご 「たこやきマントマン-にんじゃじまのぼうけんのまき」 高田ひろお作;中村泰敏絵 金の星社(新しいえほん) 1996年7月

たこやきマントマン
うちゅうのかいぞくとたたかってうちゅうせんをたすけたたこやき5にんきょうだいのいつつご 「たこやきマントマン-うちゅうのぼうけんのまき」 高田ひろお作;中村泰敏絵 金の星社(新しいえほん) 1995年12月

タゴリヒメ
アマテラスの娘で九州の玄海灘のはるかな沖の島をおさめる女神 「はるかな島のものがたり」 山下明生文;宇野亜喜良絵 童心社 2004年9月

たこるくん
いちにんまえのたこやきになるためにたびをしているたこやき 「そらいろのロボット たこるくんとタコベエのえほん2」 サカモトタカフミ絵・文 講談社 2005年7月

たこるくん
いちにんまえのたこやきになるためにたびをしているたこやき 「あたたかいこおり たこるくんとタコベエのえほん」 サカモトタカフミ絵・文 講談社 2004年8月

太三郎じさ(じさ) たさぶろうじさ(じさ)
おおみそかの日ふぶきのなかに立っていたじぞうさまにかさをかぶせてあげたおれいにお金をもらったじさ 「かさじぞう」 おざわとしお;むらたみちこ文;しのざきみつお絵 くもん出版(子どもとよむ日本の昔ばなし1) 2005年11月

タタ
キャラバンの親方ムサさんにひろわれて荷物をはこぶさばくの旅にでたみなし子のロバ 「タタはさばくのロバ」 小林豊作 童心社(絵本・こどものひろば) 2005年11月

忠 ただ
江戸時代に紀州和歌山藩にあった広村という小さな村の村人たちを稲に火をつけて津波から救った浜口五兵衛という長者さまの孫 「津波!!命を救った稲むらの火」 小泉八雲原作;高村忠範文・絵 汐文社 2005年4月

だだっこ
かあさんから「だだっこ」とよばれる「ぼく」とじいちゃん 「ふたりはだだっこ」 今村葦子文;降矢なな絵 童心社(絵本・こどものひろば) 1995年10月

タータン
アンパンマンのなかま、ターザンのまごのひまご 「アンパンマンとタータン」 やなせたかし作・絵 フレーベル館(アンパンマンのぼうけん12) 1989年4月

橘さん たちばなさん
おなじクラスの谷村くんにプロポーズされた女の子 「たにむらくん」 岡本けん作 リブロポート 1990年4月

ダーチャ
まどのまわりにレースのようなしろいかざりがついたおしゃれなあおいいえ 「ダーチャのいのり」 木崎さと子文;黒井健絵 女子パウロ会 2005年10月

ターちゃん
おかあさんにみぎてはおとこのこでひだりてはおんなのこのかおをしたかわいいてぶくろをつくってもらったおんなのこ 「ターちゃんのてぶくろ」 おおしまたえこ作 ポプラ社（絵本のおもちゃばこ5） 2004年12月

だちょう（エルフ）
ライオンとたたかってたいせつなあしのいっぽんをくいちぎられてしまっただちょう 「かたあしだちょうのエルフ」 おのきがく文・絵 ポプラ社（ポプラ社のよみきかせ大型絵本） 2004年11月

だちょう（クルクル）
かばのプルプルのくちのなかであたためられてうまれてきただちょうのこ 「プルプルのたまご」 塩田守男作・絵 教育画劇（スピカみんなのえほん11） 1990年9月

だちょう（プーイ）
だちょうのなかでもとびっきりあしのはやいだちょう 「だちょうのプーイ」 みやざきひろかず作・絵 ひかりのくに 2005年2月

タツオ
編み物がとてもじょうずなおばあさんの娘さんの小学一年生の子ども 「おばあさんの飛行機」 佐藤さとる作；村上勉絵 偕成社（日本の童話名作選） 1999年5月

たつおくん
タロといういぬをかっているおとこのこ 「おかあさんのおとしもの」 佐藤さとる文；しんしょうけん画 童心社（絵本・こどものひろば） 1993年5月

タック
たすけてやったとりのクックにのってそらをとんだおとこのこ 「タックそらをゆく」 たむらしげる作 ブッキング 2006年10月

タック
くすくすもりのおまつりでなかまたちとするげきをやめてしまったいじっぱりのきつね 「いじっぱりタックのほんとう？ぼくがいちばんなの？」 あべはじめ作・絵 くもん出版（くすくすもりのなかまたち3） 1992年4月

ダックス
おおうりだしにだされてかさやのオルノじいさんにかわれたぎんいろのじてんしゃ 「ぎんいろのじてんしゃ」 広野多珂子作 PHP研究所（PHPにこにこえほん） 1999年11月

たっくん
なんでもたべるげんきなこ 「たっくんごはん」 中川ひろたか文；石倉ヒロユキ絵 文渓堂 2005年3月

タッくん
きしゃがだいすきでいつもちかくのこうえんにあるきしゃにのってあそんでいるおとこのこ 「こんにちは」 本間正樹文；つちだよしはる絵 佼成出版社（しつけ絵本シリーズ10） 2004年11月

たっくん
となりの家の黒いスミで絵をかくゲージュツ家のグウさんのスミでいたずらをしてなんでもかんでもまっくろけにしてしまったおとこのこ 「まっくろけ」 北村想作；荒井良二絵 小峰書店（えほんひろば） 2004年11月

たっく

たっくん
まほうのトンネルをとおってイプーといっしょにアリさんちにいったおとこのこ 「イプーとまほうのトンネル」 片岡道子作;ふじしま青年絵 旺文社(イプーファンタジーワールド) 2000年4月

たっくん
ちちゅうたんけんにでかけたみみず 「みみずのたっくん さあ、にげろ!」 関屋敏隆作・絵 ポプラ社(えほんとなかよし17) 1992年7月

たっくん
いえのせんたくきからでたあわかいじゅうのぶくぶくとあそびにいったおとこのこ 「あわかいじゅう ぶくぶく」 山本省三作;鈴木博子絵 佼成出版社(創作絵本シリーズ) 1989年5月

たっくん
ボンネットバスのボンちゃんにのってまいにちやまのなかのいえから旭町しょうがっこうへかよっているおとこのこ 「がんばれ!ボンネットバス ボンちゃん」 藤本四郎;佐竹夕起子作・絵 ポプラ社(アニメのりものえほん9) 1988年1月

たっくん
もうたまごからでていないといけないのにずっとたまごのままでいたにわとりのおとこのこ 「たまごにいちゃんぐみ」 あきやまただし作・絵 鈴木出版(ひまわりえほんシリーズ) 2006年7月

たつくん
こうえんのまえにいたふうせんやさんにおみせばんをたのまれたおとこのこ 「たつくんのおみせばん」 松野正子作;西巻茅子絵 福音館書店 1999年5月

ダックん
いろいろなしゅるいのお花がさいているお花ばたけにいったあひるのこ 「ダックんお花ばたけへいく」 なかえよしを作;山崎ゆきこ絵 ポプラ社(絵本のぼうけん6) 2002年6月

たつ子　たつこ
観音さまのおつげの永遠に若く美しくいられるという森かげの泉の水をのみほして龍になった村のむすめ 「龍になったむすめ-日本のむかし話」 矢川澄子再話;堀江博子絵 福武書店 1988年11月

だっこちゃん
だっこするものさがしに7にんそろっておでかけしただっこちゃん 「だっこちゃんどこ?」 あんびるやすこ著 アリス館 2002年11月

タッタちゃん
びょうきになったアカネちゃんのかわりにのはらにちょうちょをとりにいったふたごのくつした 「ちょうちょホテル」 松谷みよ子作;しのとおすみこ絵 にっけん教育出版社 2006年8月

たっち
おとうとがほしくてもりへいってとらのこのぴっぴにおとうとになってもらったとらねこ 「とらねこたっち ととらのこぴっぴ」 藤島青年作・絵 PHP研究所(わたしのえほん) 1997年1月

タッチィ
山のいえにひとりでくらしているトムサおじいさんにクリスマスにしょうたいされたオコジョ 「ねんにいちどのおきゃくさま」 亀岡亜希子作・絵 文渓堂 2000年10月

タッチィ
山をおりてきしゃにのって南のほうへはるをさがしにいったオコジョ 「はるをさがしに」 亀岡亜希子作・絵 文渓堂 2004年2月

たてご

タッチィ
毛をかられるのがいやで小屋からにげだしたいっぴきのひつじとともだちになったオコジョ「なつのやくそく」亀岡亜希子作・絵 文渓堂 2006年6月

たっちゃん
おるすばんしていてゆめをみてもりのどうぶつたちがふゆごもりするポカポカホテルにいったおとこのこ「ポカポカホテル」松岡節作；いもとようこ絵 ひかりのくに（ひかりのくに傑作絵本集14）2000年10月

たっちゃん
じへいしょうのおとこのこ「たっちゃんぼくがきらいなの-たっちゃんはじへいしょう」さとうとしなお作；みやもとただお絵 岩崎書店（いのちのえほん2）1996年7月

たっちゃん
うみのなかまちサンゴどおりのいっちょうめさざなみようちえんのみんなのなかでおおきくなったらりゅうになりたいタツノオトシゴ「ゆめみるたっちゃん」工藤直子文；広瀬弦絵 クレヨンハウス（おはなし広場）1993年7月

たっちゃん
かいがんでんしゃのきーこくんのなかよしのおとこのこ「かいがんでんしゃは おおいそがし」杉山径一作；高橋透絵 PHP研究所（PHPのりものえほん）1992年9月

たつのおとしご
竜によくにているのでこんななまえがついたさかな「たつのおとしご」武田正倫文；渡辺可久絵 新日本出版社（新日本動植物えほんⅡ-2）1987年12月

タツノオトシゴ（たっちゃん）
うみのなかまちサンゴどおりのいっちょうめさざなみようちえんのみんなのなかでおおきくなったらりゅうになりたいタツノオトシゴ「ゆめみるたっちゃん」工藤直子文；広瀬弦絵 クレヨンハウス（おはなし広場）1993年7月

タップ
もりのあひるのダギーのともだちのうさぎ「ノッポさんのえほん3 ダギーとタップとぶちねこガブ」高見ノッポ文；中村景児絵 世界文化社 2001年1月

たつや
ひっこしてきたばかりのゆたかってなまえの子とともだちになってぼんおどりにいっしょにおどろうとやくそくしたおとこのこ「とおかおくれのぼんおどり」今関信子作；おぼまこと絵 朔北社 2005年7月

たつや
まなぶとふたりでかわらにいってクリスマスかいのプレゼントをつくったおとこのこ「ゆきだるまのプレゼント」いしいつとむ作 佑学社 1989年10月

達也　たつや
はじめてスケッチブックを買ってだいすきなワニの絵をかいた男の子「ぼくのスケッチブック」山下奈美作；ひろいのりこ絵 BL出版 2005年12月

タテゴトアザラシ
ほっきょくのうみからおよいできてカナダのりゅうひょうのうえであかちゃんをうんだタテゴトアザラシのおかあさん「タテゴトアザラシのおやこ」福田幸広写真；結城モイラ文 ポプラ社 2001年1月

たとる

たーとる
まいにちまいにちはなたばをもってどこかへいくかめ 「なかに いるの だあれ」 飯島敏子作;水野二郎絵 ひさかたチャイルド 1987年6月

ダナ
ソ連との国境ちかくにすんでいてチェルノブイリ原発事故のあと原爆症があらわれたポーランド人女性 「それから」 榎田伸子作・絵 汐文社(長崎平和絵本シリーズ3) 1992年1月

タナカ サブロー
お父さんがはたらいている星の工場をさがしあるいた男の子 「星の工場」 きむらよしお作・絵 白泉社 1992年5月

田中さん　たなかさん
タヌキのお客をのせたおじいさんのタクシードライバー 「花さき村のなんでもタクシー」 池川恵子作;村上勉絵 ひくまの出版 2001年12月

たなか ハナ
おうちにあしがはえてみはらしのいいおかのうえまではこばれてウメさんというおばあさんのおとなりになったおばあさん 「たなかさんちのだいぼうけん」 大島妙子作 あかね書房(あかね・新えほんシリーズ16) 2003年9月

ダニエルじいさん
つめたい雨の日にひとりぼっちのこねこのフーシカを家につれてかえったおじいさん 「こねこのフーシカ」 松居スーザン文;松成真理子絵 童心社(絵本・だいすきおはなし) 2001年9月

たにし
こどもがいないはたらきもののふうふがすいじんさまにおねがいしてさずかったたにしの子 「たにし長者」 岩崎京子文;長野ヒデ子画 教育画劇(日本の民話えほん) 1996年8月

たにし
こどものいないじさまとばさまがさずかったすいじんさまのもうしごですえにはちょうじゃさまになったたにしのこ 「たにしちょうじゃ」 高津美保子文;福原ゆきお絵 世界文化社(ワンダー民話館) 2006年2月

谷村くん　たにむらくん
おなじクラスの橘さんにプロポーズした男の子 「たにむらくん」 岡本けん作 リブロポート 1990年4月

たぬき
まごのたぬきにむかしおじいさんからちょうちんにばけるしかたをおしえられた話をしたたぬきのおじいさん 「たぬきのちょうちん」 浜田広介作;いもとようこ絵 金の星社 2005年7月;白泉社(大人になっても忘れたくない名作絵本) 1996年6月

たぬき
むらのしょうじきなふるどうぐやのおじいさんにたすけてもらったおれいにちゃがまにばけておてらのおしょうさんにかわれたたぬき 「ぶんぶくちゃがま」 望月正子文;二俣英五郎絵 世界文化社(ワンダー民話館) 2005年11月

タヌキ
バイクで権助山にやってきた幸助さんとアキラの2人を化かしたタヌキたち 「峠の狸レストラン」 桂三枝文;黒田征太郎絵 アートン(桂三枝の落語絵本シリーズ8) 2006年12月

たぬき
しっぽがどんどんおおきくなってどこかへとんでいってしまったたぬき 「どんどんしっぽ」 竹内通雅著 あかね書房(あかね・新えほんシリーズ25) 2005年11月

たぬき
ばあさまをだましてきねをたたきつけてころしたわるいたぬき 「かちかち山」 水谷章三文；村上勉絵 世界文化社(ワンダー民話館) 2005年11月

たぬき
ばあさまをきねでぶったたいてころしてくってしまったやまのわるだぬき 「かちかちやま」 長谷川摂子文；ささめやゆき絵 岩波書店(てのひらむかしばなし) 2004年7月

たぬき
山のふもとのおでんの屋台「雪窓」の助手になったたぬき 「雪窓」 安房直子作；山本孝絵 偕成社 2006年2月

タヌキ
とことことこうみへあるいていったタヌキ 「うみへいきたい」 内田麟太郎作；みやもとただお絵 佼成出版社 1997年6月

たぬき
おつきみのよるにおつきさんにほうさくのおれいをしたたぬきたち 「たぬきのおつきみ」 内田麟太郎作；山本孝絵 岩崎書店(えほんのマーチ7) 2003年9月

たぬき
じいさまにふじづるでしばられたがばあさまをだましてころしやまへにげていったたぬき 「かちかちやま」 瀬川康男絵；松谷みよ子文 フレーベル館(日本むかし話3) 2002年12月

タヌキ
いじめられてどこかのやまからにげてきたひとりぼっちのタヌキ 「さびしいは さびしくない」 内田麟太郎作；田頭よしたか絵 教育画劇(みんなのえほん) 2002年8月

たぬき
くるまのはかばのすみのばんごやにひとりですんでいるじいさんが月夜のはまべでハーモニカをふくとでてきたたぬきのおやこ 「月夜のじどうしゃ」 渡辺茂男文；井上洋介絵 講談社(講談社の創作絵本BestSelection) 2002年4月

たぬき
おばあさんをだましてきねでなぐりころしたわるい古だぬき 「かちかち山」 尾竹国観画；千葉幹夫文 講談社(新・講談社の絵本4) 2001年5月

たぬき
父さんがつくってくれた大きなたこにぶらさがって天まであがっていった五つ子の子だぬきたち 「父さんのたこはせかいいち」 あまんきみこ文；荒井良二絵 にっけん教育出版社 2001年7月

たぬき
ばさまをころしてじさまにばさまじるをくわせてにげてったたぬき 「かちかちやま-日本昔話より」 川崎洋文；梶山俊夫絵 フレーベル館(日本むかしばなしライブラリー) 1998年1月

たぬき
たてばやしのもりんじというおてらでちゃがまにばけておどりまわったたぬき 「ぶんぶくちゃがま」 香山美子文；篠崎三朗絵 教育画劇(日本の民話えほん) 1996年2月

たぬき

たぬき
りっぱなちゃがまにばけてまずしいおじいさんにおてらのおしょうさんにうるようにいったやまのたぬき 「ぶんぶくちゃがま」 岡本一郎文;村上豊絵 フレーベル館（日本むかしばなしライブラリー8） 1995年11月

たぬき
はらづつみをたたくおけいこをちっともしないたぬきのこどもたち 「ほんじつまんいん ぽんぽこじゅく」 さくらともこ作;中村景児絵 金の星社（新しいえほん） 1995年8月

たぬき
きんのちゃがまにばけてまんまとおしょうさんをだましたたぬき 「ぶんぶくちゃがま」 西本鶏介文;飯野和好絵 すずき出版（たんぽぽえほんシリーズ） 1994年5月

たぬき
もりでひろったたくさんのきのみでケーキをつくることにしたたぬき 「きのみのケーキ」 たるいしまこ作 福音館書店（もりのおくりもの2） 1992年10月

たぬき
なかよしのユミの家のいちごばたけのどろぼうをつかまえたたぬきたち 「いちごばたけでつかまえた」 清水達也作;土田義晴絵 教育画劇（スピカみんなのえほん12） 1990年10月

たぬき
かかみのにおおにゅうどうにばけてでるってうわさがたったおおだぬき 「かかみのの おおだぬき」 赤座憲久文;石倉欣二絵 小峰書店（えほん・こどもとともに） 1991年4月

たぬき
仲のわるいきつね村のきつねとどちらが化けるのがうまいか勝負することになったたぬき村のたぬき 「きつね村とたぬき村」 宮川大助文;宮川花子絵 京都書院（大助・花子の日本昔ばなし） 1989年11月

たぬき
こっちのやまのきつねをだましたむこうのやまのたぬき 「きつねとたぬきのばけくらべ」 松谷みよ子文;ひらやまえいぞう絵 童心社（あかねちゃんのむかしむかし） 1989年1月

たぬき
ばあさまをうちころしてばあじるにしてじいさまにたべさせたたぬき 「かちかちやま」 おざわとしお再話;赤羽末吉画 福音館書店（日本傑作絵本シリーズ） 1988年4月

たぬき
うさぎがだいきらいなとなりのたぬき 「となりのたぬき」 せなけいこ作・絵 鈴木出版（チューリップえほん） 1996年9月

たぬき
むらからまちへいくバスにのせてもらったおれいにかえりのバスがとおるとうげのみちのゆきかきをしてくれたたぬき 「いちにちにへんとおるバス」 中川正文作;梶山俊夫絵 ひかりのくに 1987年1月

たぬき
けがをしたたぬきの子を山へおくってあげたあっくんのパンクしてしまったじてん車をかついでくれたたぬきたち 「たぬきのちかみち」 武鹿悦子作;つちだよしはる絵 ひさかたチャイルド 1990年3月

たぬき
うみのみえるやまのうえにあるだいすけくんのいえによるになるとあそびにきてくれるこだぬきたち 「こだぬきの こいのぼり」 西本鶏介作；長浜宏絵 佼成出版社(園児のすくすく絵本10) 1988年4月

狸　たぬき
小さな古ぼけたお寺に住みついておにぎりほしさに仏様に化けて村人のねがいをききとどけた年老いた狸 「おにぎり地蔵」 宮川大助文；宮川花子絵 京都書院(大助・花子の日本昔ばなし) 1989年12月

たぬき(いつもんさん)
おくさんとふたりでちいさなもりのちいさなゆうびんきょくをやっているたぬき 「いつもんさんのたんじょうび」 すとうあさえ文；くまがいあつこ絵 ひくまの出版 1995年7月

たぬき(いつもんさん)
おくさんのはるさんとちいさなもりのちいさなゆうびんきょくをやっているたぬき 「いつもんさんのいちばんうれしい日」 すとうあさえ文；くまがいあつこ絵 ひくまの出版 1995年11月

たぬき(いつもんさん)
おくさんのはるさんとちいさなもりのちいさなゆうびんきょくをやっているたぬき 「いつもんさんのおつきみ」 すとうあさえ文；くまがいあつこ絵 ひくまの出版(たぬきのいつもんさんシリーズ) 1995年10月

たぬき(オーポンとチーポン)
にんげんのこどもとあそんでみたいとおもったたぬきのきょうだい 「たぬきのきょうだいオーポンとチーポン」 にしかわおさむ作 ベネッセコーポレーション(ベネッセのえほん) 1997年12月

たぬき(コロンタ)
うさぎのモモッチのおともだちでげんきでゆかいなたぬきのおとこのこ 「たんじょうびのおきゃくさま」 松岡節作；いもとようこ絵 ひかりのくに 2002年10月

たぬき(ごんべえだぬき)
むかしへらこいぎつねとばけくらべをしたたぬき 「ばけくらべ」 松谷みよ子作；瀬川康男絵 福音館書店(こどものとも傑作集) 1989年9月

たぬき(たぬきち)
やっとかさおばけにばけられるようになってだれかにみせようとでかけたたぬき 「たぬきちの ともだち」 せなけいこ作・絵 鈴木出版(チューリップえほんシリーズ) 1996年11月

たぬき(たぬきち)
一人前のたぬきになるためにおばけにばける方法をほんもののおばけの先生にならいにいったたぬきのこ 「たぬきち おばけになる」 せなけいこ作 童心社 1997年5月

たぬき(タベタ)
おまんじゅうにばけてあそんでいたところへやってきたたびのおじさんにふところにいれられてさらわれたこだぬき 「こだぬきタベタ」 いとうひろし作・絵 岩崎書店(えほん・おもしろランド15) 1989年12月

タヌキ(タンきち)
ブナの木山のふもとにあるちゃみせでばあちゃんとなかよくくらしているタヌキ 「こおりはじめます」 しみずみちを作；梶山俊夫絵 佼成出版社(創作絵本シリーズ) 1989年8月

たぬき

たぬき（タンゴ）
たぬきのおばあさんからおみやげをもらいそこねたかわりにつつんできたふろしきをもらったまごだぬき 「いいものもらった」 森山京文;村上勉絵 小峰書店（えほん・こどもとともに） 1987年12月

たぬき（タンタ）
しろいせいふくをきたピポのおじさんにばけてきゅうきゅうしゃにのったたぬき 「たぬきのタンタ きゅうきゅうしゃにのる」 高橋宏幸作・絵 岩崎書店（えほん・おもしろランド12） 1989年2月

たぬき（たんた）
むらのこどもらにいじめられていたところをうまかたにたすけられたおんがえしにこばんにばけたこだぬき 「うまかたとこだぬき」 香山美子文;野村たかあき画 教育画劇（日本の民話えほん） 2003年3月

たぬき（たんたん）
きつねのけんのうちにまちがってとどいたにもつにかいてある「くまぞうさん」をさがしにけんといっしょにでかけたたぬき 「くまぞうさあ～ん」 たかはしとおる文・絵 ぎょうせい（そうさくえほん館16） 1992年9月

たぬき（たんちとたんこ）
きつねのこんがしんせつにしてあげたたぬきのきょうだい 「あしたはてんき」 小春久一郎作;杉浦範茂絵 ひかりのくに（ひかりのくに傑作絵本集22） 2003年2月

たぬき（ドロンマン）
きのこむらのおかのうえにあるかがくしゃのピカピカはかせとすんでいるそらをとべるたぬき 「ドロンマン1 なぞのたまごのまき」 古内ヨシ作 小学館 2000年8月

たぬき（ドロンマン）
どんぐりむらのきつねのコンコンマンとかぼちゃをたかくつみあげるきょうそうをしたきのこむらのたぬき 「ドロンマン2 かぼちゃたいけつのまき」 古内ヨシ作 小学館 2000年8月

タヌキ（どんばらタヌキ）
ふもとでまいにちはたけをたがやすじいさんをこぶんのイタチとみまもっているやまのタヌキ 「やまのむにゃむにゃ」 内田麟太郎作;伊藤秀男絵 佼成出版社 2002年11月

たぬき（ぬくぬく）
のーんびりとひなたぼっこをしているところをからすのぺちゃくちゃにじゃまされたたぬき 「ぽかぽか ひなたぼっこ」 中沢正人作・絵 すずき出版;金の星社（こどものくに傑作絵本） 1989年6月

たぬき（ぱふぱふ）
むねにいしころがつかえてちくちくするたぬき 「おなかのいしころ」 みやもとただお作 フレーベル館 1996年6月

たぬき（はるさん）
ゆうびやさんのいつもんさんのおくさん 「いつもんさんのいちばんうれしい日」 すとうあさえ文;くまがいあつこ絵 ひくまの出版 1995年11月

たぬき（はるさん）
ゆうびんやさんのたぬきのいつもんさんのおくさん 「いつもんさんのおつきみ」 すとうあさえ文;くまがいあつこ絵 ひくまの出版（たぬきのいつもんさんシリーズ） 1995年10月

たぬき（ぽこぽこ）
ふかしいものパーティーでおつきさまもほしのかなあとおもっておいもをわたそうとしたたぬき　「おなかが ぽこぽこ」　塩田守男作・絵　PHP研究所（PHPのえほん）　1989年9月

タヌキ（ポリン）
とてもうらやましがりやのタヌキのおんなのこ　「ポリンはポリン」　本間正樹文；たかすかずみ絵　佼成出版社（しつけ絵本シリーズ5）　2004年10月

たぬき（ポン）
となり村の秋まつりによばれて山道をかえってくるとちゅうでだいじなしっぽをなくしたたぬき　「しっぽ5まんえん」　清水敏伯作；岡本颯子絵　ポプラ社　2001年6月

たぬき（ポンコ）
みかづきいけのカッパのこカワタロがきしべであったたぬきのこ　「みかづきいけのカッパ」　かわだあゆこ文；みやじまともみ絵　アスラン書房（心の絵本）　2002年11月

たぬき（ぽんこちゃん）
いろいろなものにばけるいたずらっこのたぬき　「ぽんこちゃんのどろろんぱ」　たかどのほうこ作　あかね書房（えほん、よんで！12）　2005年12月

たぬき（ポンジュー）
カンタラむらにすんでいるこぶたのコンブータのともだちのこだぬき　「コンブーターみみだけぞうになる」　加藤圭子文；いしいじゅね絵　けやき書房（けやきの絵本）　2002年3月

たぬき（ぽんぞう）
ほんとうはこそどろだったがむらのみんなのめをごまかすためにうらないけんきゅうかのふりをしていたたぬき　「ぽんぞうの のぞきだま」　たかどのほうこ文；さのようこ絵　ポプラ社（みんなで絵本2）　2002年1月

たぬき（ぽんた）
ぽんこつやまのたぬき　「おへそがえる・ごんーぽんこつやまのぽんたとこんたの巻」　赤羽末吉作・絵　小学館（ちひろ美術館コレクション絵本4）　2001年3月

たぬき（ポン太）　たぬき（ぽんた）
ぶんぶくちゃがまでゆうめいなたぬきのまごでマッサージチェアーにばけてあるいえに買われていった子だぬき　「ぶんぶくマッサージチェアー」　宮葉唯文；篠崎三朗絵　くもん出版　2006年9月

タヌキ（ポンちゃん）
もりのみんなとでんしゃごっこをしてあそんだタヌキ　「クマさんのトラック」　篠塚かをり作；いしいじゅね絵　けやき書房（けやきの絵本）　2004年10月

たぬき（ポンちゃん）
うさぎさんたちのすてきなダンスをみていっしょにおどりたくなったたぬき　「うさぎのダンス」　彩樹かれん作・絵　ひさかたチャイルド　1998年8月

たぬき（マンプクジン）
やまのさるどもがうらないをたのんだふるだぬき　「てんにがんがん ちにどうどう」　松谷みよ子文；北島新平絵　フレーベル館（むかしむかしばなし19）　1993年8月

たぬきくん
みんなのこころのこえがきこえるこころはっぱのきがだいすきなたぬきくん　「こころはっぱ」　やすいすえこ作；黒井健絵　佼成出版社　2003年6月

たぬき

たぬきくん
わくわくもりのどうぶつたちからきらわれていたたぬきくん 「たぬきくんなんてだいきらい」 木村裕一作;渡辺雅之絵　PHP研究所(PHPにこにこえほん)　1994年4月

たぬきち
やっとかさおばけにばけられるようになってだれかにみせようとでかけたたぬき 「たぬきちの ともだち」 せなけいこ作・絵　鈴木出版(チューリップえほんシリーズ)　1996年11月

たぬきち
一人前のたぬきになるためにおばけにばける方法をほんもののおばけの先生にならいにいったたぬきのこ 「たぬきち おばけになる」 せなけいこ作　童心社　1997年5月

たぬきちゃん
うさぎちゃんとたからもののみせっこをしたたぬきちゃん 「たからばこ」 もりやまみやこ作;ふくだいわお絵　ポプラ社(いろいろえほん5)　1999年11月

たぬきのおじさん
かわのなかからかえるのかいぶつがでてきておどろいたたぬきのおじさん 「たぬきの じどうしゃ」 長新太作　偕成社　1987年10月

タネゴロウ
くさはらにさいていたうたのじょうずな花の子どもでうたをきいてもらうたびにでたたねのぼうや 「タネゴロウのたび」 立岡月英作　福武書店　1990年2月

たのきゅう
阿波の田能村めざして旅にでて夜の山でうわばみにでられた芝居のとくいな人 「たのきゅう」 川端誠作　クレヨンハウス(落語絵本シリーズ7)　2003年6月

たのきゅう
ふるさとのむらへかえるとちゅうのくらいやまみちでうわばみにでくわしたしばいのやくしゃ 「たのきゅう」 小沢正文;太田大八画　教育画劇(日本の民話えほん)　1996年4月

タビ
ちいさな街の雑貨屋さんがすみかのねずみ 「タビの雑貨屋」 寺田順三作・絵　学習研究社　2005年11月

旅人　たびびと
おさびし山にあった一本のさくらの木に出会った旅人 「おさびし山のさくらの木」 宮内婦貴子文;奥田瑛二絵　あすなろ書房(あすなろ書房新しい絵本シリーズ)　1987年3月

旅人(六部)　たびびと(ろくぶ)
上州吾含山の山すそにあったそこなしの森に迷いこみ住みついた年をとった六部すがたの旅人 「そこなし森の話」 佐藤さとる作;中村道雄絵　偕成社(日本の童話名作選)　1989年3月

ターブー
ピーナツ鳥の母鳥ブーブールの子ども 「ピーナツ鳥が飛ぶ夜」 山岸カフエ絵;鍬本良太郎文　新潮社　2002年11月

ターブー
ピーブルーのもりをぬけてはじめてのおつかいにでかけたピーナツどりのなかよしさんきょうだいのこども 「ピーナツどりのちいさなたび」 山岸カフエ絵・文　主婦と生活社　2002年12月

タプ
ようせい、クプのおとうと 「トゥインクルと森のまおう」 岩田直己著　角川書店（星くずぼうやのぼうけんりょこう） 1994年8月

ダフニ
密猟者たちにお母さん象を殺されたアフリカ象の子象のエレナがつれてこられたツァボにある動物たちの孤児院の院長 「エレナとダフニ」 葉祥明絵；佐藤一優文；JWC英訳　自由国民社　2000年7月

タフル
身長13〜15cmたらずの小さい人たちが住んでいるコロックル島でとても珍しい双子の兄妹の男の子 「オスカがいえにやってきた」 土田勇作　フレーベル館（リトルツインズ12）　1994年10月

タフル
身長約13〜15cmたらずの小さい人たちが住んでいるコロックル島ではとても珍しい双子の兄妹の男の子 「とべグルー」 土田勇作　フレーベル館（リトルツインズ11）　1994年5月

タフル
身長13〜15cmたらずの小さい人たちが住んでいるコロックル島ではとても珍しい双子の兄妹の男の子 「ぼくらのなつがとんでいく」 土田勇作　フレーベル館（リトルツインズ13）　1994年6月

タフル
身長13〜15cmたらずの小さい人たちが住んでいるコロックル島にいたとても珍しい双子の兄妹の男の子 「あしたてんきになあれ」 土田勇作　フレーベル館（リトルツインズ10）　1993年12月

タフル
身長約13〜15cmたらずの小さい人たちが住んでいるコロックル島にいたとても珍しい双子の兄妹の男の子 「かんしゃさいのできごと」 土田勇作　フレーベル館（リトルツインズ9）　1993年10月

タフル
身長13〜15cmたらずの小さい人たちが住んでいるコロックル島にいたとても珍しい双子の兄妹の男の子 「なんてすてきなプレゼント」 土田勇作　フレーベル館（リトルツインズ7）　1993年4月

タフル
身長13〜15cmたらずの小さい人たちが住んでいるコロックル島にいたとても珍しい双子の兄妹の男の子 「まつりのよるオスカがよぶ」 土田勇作　フレーベル館（リトルツインズ8）　1993年7月

タフル
身長13〜15cmたらずの小さい人たちが住んでいるコロックル島にいたとても珍しい双子の兄妹の男の子 「もりのかみさまフォーラボー」 土田勇作　フレーベル館（リトルツインズ6）　1993年3月

タフル
身長約13〜15cmたらずの小さい人たちが住んでいるコロックル島ではとても珍しい双子の兄妹の男の子 「コロックルじまはおおさわぎ」 土田勇作　フレーベル館（リトルツインズ1）　1992年7月

タフル
身長約13〜15cmたらずの小さい人たちが住んでいるコロックル島にいたとても珍しい双子の兄妹の男の子 「さようならバーボー」 土田勇作 フレーベル館(リトルツインズ5) 1992年12月

タフル
身長約13〜15cmたらずの小さい人たちが住んでいるコロックル島ではとても珍しい双子の兄妹の男の子 「フェアリーリングのまんなかで」 土田勇作 フレーベル館(リトルツインズ4) 1992年11月

タフル
身長約13〜15cmたらずの小さい人たちが住んでいるコロックル島ではとても珍しい双子の兄妹の男の子 「ふえのねは あきかぜにのって」 土田勇作 フレーベル館(リトルツインズ3) 1992年10月

タフル
身長約13〜15cmたらずの小さい人たちが住んでいるコロックル島ではとても珍しい双子の兄妹の男の子 「みずうみがほえたひ」 つちだいさむ作 フレーベル館(リトルツインズ2) 1992年8月

太平　たへい
村のおばばがまちつづけたいくさからかえってこないわがこ 「にじをわたった おばば」 浜野卓也作;梅田俊作絵 佼成出版社(創作民話絵本) 1989年1月

タベタ
おまんじゅうにばけてあそんでいたところへやってきたたびのおじさんにふところにいれられてさらわれたこだぬき 「こだぬきタベタ」 いとうひろし作・絵 岩崎書店(えほん・おもしろランド15) 1989年12月

ダボちゃん
うちゅうしょうねん 「ダボちゃんとドドちゃん」 かみやひろ作;みやもときょうこ絵 コーチャル出版部 2002年6月

ダボちゃん
うちゅうしょうねん 「ダボちゃんとトマトン」 ちかみかずよ作・絵;やまおかじゅんこ作 コーチャル出版部 2002年7月

ダボちゃん
なかよしきょうだいのおにいちゃん 「ダボちゃんとメルちゃん」 みやもときょうこ作・絵 コーチャル出版部 2002年9月

ダボちゃん
うちゅうしょうねん 「ダボちゃんとみんなのレストラン」 きしもとけいじ作;やぎしげる;ちかみかずよ絵 コーチャル出版部 2000年8月

ダボラ
おしげばばさがとがくし山の鬼からあずかったむすこの鬼の子 「鬼の子ダボラ」 高橋忠治作;村上勉絵 佼成出版社(創作民話絵本) 1992年11月

タマ
もりのなかのいっけんやにすんでいた3びきのこねこたちの1ぴき 「3びきのこねこ はじめてのゆき」 もりつわかこ作 文化出版局 1987年11月

たま
三びきのこねずみのまえにたってにゃーごとさけんだ大きなねこ 「にゃーご」 宮西達也作・絵 鈴木出版(大きな絵本) 2003年1月;鈴木出版(ひまわりえほんシリーズ) 1997年2

タマ
うちをでてかいぞくになった「ぼく」のこぶん 「かいぞくのうた」 和田誠著 あかね書房(あかねピクチャーブックス4) 1996年4月

タマ
みちおねえちゃんとひろいちゃんについてはるをさがしにでかけた3びきのこねこの1ぴき 「3びきのこねこ はるをさがしに」 もりつわかこ作 文化出版局 1988年3月

たまこ
日之出の町にまごと三人くらしてるからだはちっちゃいけど肝っ玉はでっかいおばん 「おたまさんのおかいさん」 日之出の絵本制作実行委員会文;長谷川義史絵 解放出版社 2002年12月

たまご
「ぼく」がひろったたまごでこまったことがあると「ぼく」のみがわりになってくれるふしぎでべんりなたまご 「新装版 かぜひきたまご」 舟崎克彦文;杉浦範茂絵 講談社(講談社の創作絵本ベストセレクション) 2001年12月

たまご
かわをながれてきたくつのふねにのったたまご 「きゅうりさんととまとさんとたまごさん」 松谷みよ子文;ひらやまえいぞう絵 童心社(あかちゃんのおいしい本) 1999年10月

たまごこぞう
あるひたまねぎこぞうがみちをあるいていたらむこうからやってきたたまごあたまのたまごぞう 「たまねぎあたまのたまねぎこぞう」 二宮由紀子文;スズキコージ絵 ポプラ社(みんなで絵本7) 2002年12月

たまこさん
うさぎのうさむさんのうんそうてんにやってきたはたらきもののおてつだいさん 「たまごさんがきた」 すとうあさえ作;末崎茂樹絵 偕成社 2001年7月

たまごにいちゃん
たまごのままでいてもいいかなあとおもっておおきくなってもたまごのままでいたにわとりのこ 「こんにちはたまごにいちゃん」 あきやまただし作・絵 鈴木出版(ひまわりえほんシリーズ) 2004年7月

たまごにいちゃん
たくさんのおとうとやいもうとがいるけれどまたたまごにもどりたくなったにわとりのおとこのこ 「がんばる！たまごにいちゃん」 あきやまただし作・絵 鈴木出版(ひまわりえほんシリーズ) 2003年5月

たまごにいちゃん
ほんとうはもうたまごからでていないといけないのにでたくなくてずーっとたまごでいたいとおもっていたにわとりのおとこのこ 「たまごにいちゃん」 あきやまただし作・絵 鈴木出版 2001年9月

たまごにいちゃん(ごーくん)
もうたまごからでていないといけないのにずっとたまごのままでいたにわとりのおとこのこ 「たまごにいちゃんぐみ」 あきやまただし作・絵 鈴木出版(ひまわりえほんシリーズ) 2006年7月

たまご

たまごにいちゃん（たっくん）
もうたまごからでていないといけないのにずっとたまごのままでいたにわとりのおとこのこ「たまごにいちゃんぐみ」あきやまただし作・絵　鈴木出版（ひまわりえほんシリーズ）　2006年7月

たまごにいちゃん（まーくん）
もうたまごからでていないといけないのにずっとたまごのままでいたにわとりのおとこのこ「たまごにいちゃんぐみ」あきやまただし作・絵　鈴木出版（ひまわりえほんシリーズ）　2006年7月

たまごねえちゃん
ほうとうはもうたまごからでていないといけないのにずっとたまごのままでいたにわとりのおんなのこ「たまごねえちゃん」あきやまただし作・絵　鈴木出版（ひまわりえほんシリーズ）　2005年9月

たまごやき
めぐちゃんのうちのフライパンのなかでおおきくふくらんでとびあがったたまご20このたまごやき「そらをとんだたまごやき」落合恵子文；和田誠絵　クレヨンハウス（おはなし広場）　1993年11月

たまちゃん
ボウルさんのかぞくのおとなりにすんでいるおんなのこ「たまちゃんとボウルさん」やまだうたこ文・絵　文渓堂　2004年10月

たまちゃん
かさにあいていたあなをどうぶつたちにふさいでもらったおんなのこ「たまちゃんのすてきなかさ」かわかみたかこ作　偕成社　2001年4月

たまちゃん
ぶたをみつけるめいじんのおんなのこ「はれときどきこぶた−すなぶた・たまごぶた・はみがきぶた」矢玉四郎作　小学館（おひさまのほん）　1998年5月

たまな
とうたろうといわかものがこいをしたうつくしいむすめ「さめびとのおんがえし」ラフカディオ・ハーン原作；はなしまみきこ再話；ふじかわひでゆき絵　新世研　2001年8月

たまねぎこぞう
あるひみちをあるいていたらむこうからたまごあたまのたまごこぞうがやってくるのがみえたたまねぎあたまのたまねぎこぞう「たまねぎあたまのたまねぎこぞう」二宮由紀子文；スズキコージ絵　ポプラ社（みんなで絵本7）　2002年12月

タマネギぼうや
ベイナスおじさんといぬのテンをつれてきょうりゅうのくにへやってきたきょうりゅうのぼうや「きょうりゅうチャンピオンはだあれ？」多田ヒロシ作；冨田幸光監修　教育画劇（きょうりゅうだいすき！）　1999年7月

タマリン
「ねむりねこの涙」というくびかざりをぬすんだメス猫のどろぼう「タマリンのくびかざり」宮崎耕平作・絵　PHP研究所（PHPのえほん）　1991年3月

タミエちゃん
あかちゃんのときからうたやあやとりなどをおばあちゃんからおしえてもらったおんなのこ「ねんねしたおばあちゃん」かこさとし絵・文　ポプラ社（かこさとし こころのほん2）　2005年10月

たみぞうとごさく
くずのはやまのきつねがよめいりするとこめがいっぱいとれるときいてやまにはいっていったふもとのむらのきょうだい 「くずのはやまのきつね」 大友康夫作；西村繁男絵　福音館書店　2006年10月

民谷 伊右衛門　たみや・いえもん
江戸の雑司が谷四ッ谷町にすんでおった播州塩冶家の浪人者、岩の夫 「四谷怪談」 さねとうあきら文；岡田嘉夫絵（ポプラ社（日本の物語絵本14）　2005年8月

タム
もりにすむゴリラのむれのこども 「タムとトムのぼうけん ゴリラのジャングルジム」 木村大介作・絵　ベネッセコーポレーション　1995年7月

たむ
おくさんがおさんのためににゅういんしているうさぎのうさむさんのうちのおとこのこ 「たまごさんがきた」 すとうあさえ作；末崎茂樹絵　偕成社　2001年7月

タム
もりにすむゴリラのむれのこども 「ゴリラのジャングルジム」 木村大介作・絵　福武書店　1992年3月

タムタイム
キャラバンの親方ムサさんのところでみなし子のロバのタタと親子のようにくらしていた年老いたラクダ 「タタはさばくのロバ」 小林豊作　童心社（絵本・こどものひろば）　2005年11月

タメトモ
ヤギだけがすむむじん島のミドリ子島のノヤギの長老になったヤギ 「風になったヤギ」 漆原智良作；横松桃子絵　旺文社（旺文社創作童話）　2003年11月

ダヤン
不思議の国わちふぃーるどに住むねこ 「ダヤン、ふたたび赤ちゃんになる」 池田あきこ著　ほるぷ出版（DAYAN'S COLLECTION BOOKS）　1997年11月

ダヤン
不思議の国わちふぃーるどに住む猫 「なまずの駄菓子屋」 池田あきこ著　ほるぷ出版（DAYAN'S COLLECTION BOOKS）　1996年3月

ダヤン
不思議の国わちふぃーるどに住む猫 「猫の島のなまけものの木」 池田あきこ著　ほるぷ出版（DAYAN'S COLLECTION BOOKS）　1998年9月

ダヤン
不思議の国わちふぃーるどに住む猫 「雨の木曜パーティ」 池田あきこ著　ほるぷ出版（DAYAN'S COLLECTION BOOKS）　2001年6月

ダヤン
不思議の国わちふぃーるどに住む猫 「マージョリーノエルがやってきた」 池田あきこ著　ほるぷ出版（DAYAN'S COLLECTION BOOKS）　1994年10月

ダヤン
不思議の国わちふぃーるどに住む猫 「イワン、はじめてのたび」 池田あきこ　ほるぷ出版（DAYAN'S COLLECTION BOOKS）　1993年9月

だやん

ダヤン
不思議の国わちふぃーるどに住む猫 「チビクロ・パーティ」 池田あきこ著 ほるぷ出版 (DAYAN'S COLLECTION BOOKS) 1995年10月

ダヤン
不思議の国わちふぃーるどに住むねこ 「ダヤンと風こぞう」 池田あきこ著 ほるぷ出版 (DAYAN'S COLLECTION BOOKS) 2005年11月

ダヤン
不思議の国わちふぃーるどに住むねこ 「ダヤンと銀の道」 池田あきこ著 白泉社 2004年11月

ダヤン
動物たちが楽しくくらす世界わちふぃーるどの住人のひとりになったねこ 「ダヤンのおいしいゆめ」 池田あきこ作 ほるぷ出版 1988年2月

ダヤン
不思議の国わちふぃーるどに住むねこ 「ダヤン、シームはどこ？」 池田あきこ著 ほるぷ出版 2000年7月

ダヤン
不思議の国わちふぃーるどに住む猫 「ヨールカの白いお客さん」 池田あきこ著 ほるぷ出版 (DAYAN'S COLLECTION BOOKS) 1996年11月

ダヤン
不思議の国わちふぃーるどに住む猫 「魔女がひろった赤ん坊」 池田あきこ著 ほるぷ出版 (DAYAN'S COLLECTION BOOKS) 1995年3月

ダライフレグ
元内閣総理大臣の海部俊樹さんがモンゴルをおとずれたときに首相からプレゼントされたモンゴル競馬の優勝馬 「モンゴル馬ダライフレグの奇跡」 海部俊樹;志茂田景樹作;笹森識絵 KIBA BOOK 2006年7月

タルタ
さんごしょうの海にかこまれた島にやってきた渡りのタカのサシバをはじめてつかまえた少年 「サシバ舞う空」 石垣幸代;秋野和子文;秋野亥左牟絵 福音館書店 2001年10月

タルトくん
ケーキのたねをみつけにやまへいったおとこのこ 「タルトくんとケーキのたね」 おだしんいちろう作;こばようこ絵 偕成社 2006年6月

だるまちゃん
だいこくちゃんがもっていたうちでのこづちのようなすてきなおもちゃがほしくなっただるまちゃん 「だるまちゃんとだいこくちゃん」 加古里子作 福音館書店 (こどものとも傑作集) 2001年1月

だるまちゃん
ペンキやさんのうちのとらのこちゃんとペンキぬりをしてあそんだだるまちゃん 「だるまちゃんととらのこちゃん」 加古里子作・絵 福音館書店 (こどものとも傑作集73) 1987年1月

ダールン
夢は虹を渡ることでリュックサックをしょって旅に出たうさぎ 「ダールンの虹」 青島美幸作・絵 パロディ社 2006年6月;パロディ社 1990年11月

ダールン
リュックサックをしょって旅を続けるうさぎ 「ダールンの雲」 青島美幸作・絵 パロディ社 2006年6月；パロディ社 1992年11月

ダールン
リュックサックをしょって旅を続けるうさぎ 「ダールンの風」 青島美幸作・絵 パロディ社 2006年6月；パロディ社 1994年11月

ダールン
リュックサックをしょって旅を続けるうさぎ 「ダールンの波」 青島美幸作・絵 パロディ社 2006年6月；パロディ社 1996年10月

タロ
しょうちゃんちのかいねこでハムスターのムーくんとともだちになったねこ 「ずっとともだち」 本間正樹文；福田岩緒絵 佼成出版社（しつけ絵本シリーズ7） 2004年10月

タロ
たつおくんがかっているいぬ 「おかあさんのおとしもの」 佐藤さとる文；しんしょうけん画 童心社（絵本・こどものひろば） 1993年5月

タロ
夏休みに東京からいなかにきていとこのかんちゃんとまい日あそんだ男の子 「ぎんぎんあそべ かんかんあそぼ」 梅田俊作；梅田佳子作・絵 岩崎書店（岩崎創作絵本19） 1993年6月

タロー
お花がさくころになるととざんしゃたちが谷にやってくるのがまちどおしくてしかたがないうさぎのきょうだいのおにいちゃん 「エリカのお花ばたけ」 丸橋賢作；下田智美絵 ストーク 2005年2月

タロー
海で見つけたおおきなおおきな魚を毎日毎日たべつづけた男の子 「トトとタロー」 米倉斉加年絵；かの文 アートン 2003年7月

タロー
「ぼく」にいるせいかくがぜんぜんちがう「タロー」となまえをつけたもうひとりの「ぼく」 「ぼくとタロー」 森野さかな絵・文 自由国民社 2002年8月

たろう
山の家にひっこしてきたあいちゃんがあった子てんぐ 「子てんぐたろう」 松田もとこ作；ふりやかよこ絵 文研出版（えほんのもり） 1997年7月

たろう
こいぬのひなとあそんだてんぐ 「ひなとてんぐ」 瀬川康男作 童心社（こいぬのひな1） 2004年10月

たろう
やまんじいがやまんばにやろうとしてなくしてしまったききみみずきんをひろったおとこのこ 「なきだした やまんじい」 松谷みよ子文；司修絵 ベネッセコーポレーション（ベネッセのえほん） 1996年12月

たろう
やまぐにのちちぶのひゃくしょうのこども 「ちちぶ長者」 市川栄一文；吉本宗絵 幹書房（埼玉の民話絵本2） 1988年12月

たろう

たろう
わかいころがいこくへいくふねのせんちょうだったおじいちゃんのまご 「たろうとおじいちゃん」 としまさひろ作・絵 PHP研究所（PHPのえほん31） 1988年5月

たろう
やまでまいごになっておそろしいやまんじいにあったおとこのこ 「やまんじいとたろう」 松谷みよ子文；西山三郎絵 童心社（あかちゃんのむかしむかし） 1992年9月

たろう
にちようびのあさはパパといっしょにいぬのじろうをつれていつもおさんぽをするおとこのこ 「いつもとちがうさんぽみち」 間所ひさこ作；なかのひろたか絵 国土社（えほん横町シリーズ1） 1994年4月

タロウ
川原で黄色いボールをおっているあいだにケンちゃんとパパにおいていかれてしまった犬 「黄色いボール」 立松和平文；長新太絵 河出書房新社（立松和平との絵本集1） 1996年5月

太郎　たろう
もものの里でタケという男の子が生まれてから十年ぶりに生まれた男の子 「もものの里」 毛利まさみち文・絵 リブリオ出版 2005年7月

太郎　たろう
むかしむかし海と空がつづいていたころ堺の大浜を毎日掃除していた子ども 「空飛ぶ魚」 宮川大助文；宮川花子絵 東方出版（「大助・花子」絵本むかしばなし） 1993年9月

太郎　たろう
ずんと山おくの村にすんでおったちからじまんの三人のきょうだいの一ばんめ 「おぶさりてい」 川村たかし文；関屋敏隆画 教育画劇（日本の民話えほん） 1996年2月

太郎　たろう
りょうじゅうでうたれたツキノワグマの子であかちゃんのときから鳥獣保護員の東山さんにそだてられたクマ 「クマの子太郎」 今関信子作；岡本順絵 佼成出版社（ノンフィクション絵本いのちのゆりかごシリーズ） 1998年4月

たろう（ねしょんべんたろう）
ねしょんべんばかりしていたのでしょんべんぶとんをかついでいえからだされてやまんなかにまよいこんでしまったおとこのこ 「ねしょんべんたろう」 渋谷勲文；赤坂三好絵 フレーベル館（むかしむかしばなし6） 1989年4月

太郎（ものくさ太郎）　たろう（ものくさたろう）
信濃の国のあたらし村にいたなにもしないでねころがっているばかりのとんでもないなまけものの男 「ものくさ太郎」 林潤一絵；岡田淳文 「京の絵本」刊行委員会 1999年10月

たろう（わらしべ王子）　たろう（わらじおうじ）
お母さんに死なれて一人ぼっちになってふるいいねたばと一本の竹のつえをもってたびにでた少年 「わらしべ王子－沖縄民話」 斎藤公子編集；儀間比呂志絵 創風社 1991年5月

たろうちゃん
かさの「ぼく」がおきにいりでマジックでかおをかいてくれたおとこのこ 「ぼくはかさ」 せなけいこ作・絵 ポプラ社（せなけいこのえ・ほ・ん3） 2005年11月

たろうちゃん
9ひきのうさぎにはたけのキャベツをのこらずたべられたおとこのこ 「9ひきのうさぎ」 せなけいこ作・絵 ポプラ社（せなけいこのえ・ほ・ん1） 2004年6月

たろうとじろう
いたずらこぶたのぶうぶのなかよしのこぎつねきょうだい 「こぶたのぶうぶは こぶたのぶうぶ」 あまんきみこ文;福田岩緒絵　童心社 1987年3月

タローくん
はる・なつ・あきのいちねんに3かいいちにちずつ「カラクリずし」をかいてんするくまのおとうさんのこども 「くまのおすしやさん」 やまもとたかし作　佼成出版社 2003年4月

たろすけ
なまけもんが大すきじゃという小さい男がはいったつぼをひろって家においたわかもの 「ぶらぶらたろすけ」 飯島敏子文;田島征三絵　ひかりのくに(いつまでも伝えたい日本の民話2) 1994年12月

たろせんせい
いけのかえるもむしばのちりょうにくるほどじょうずなはいしゃさん 「あのねかずくん はいしゃさんはこわくない」 あまんきみこ作;渡辺有一絵　ポプラ社(えほんはともだち22) 1992年7月

タンガ
じぶんはそうげんおうさまだといばっていたライオン 「そうげんのおうさまタンガ」 藤島生子作・絵　文研出版(えほんのもり22) 1992年10月

タンきち
ブナの木山のふもとにあるちゃみせでばあちゃんとなかよくくらしているタヌキ 「こおりはじめます」 しみずみちを作;梶山俊夫絵　佼成出版社(創作絵本シリーズ) 1989年8月

タンクル
おかあさんのベッツといっしょにどうぶつびょういんでかんごふさんのしごとをしているラブラドルレトリーバーといういぬ 「いぬのかんごふさん ベッツとタンクル」 井上こみち文;広野多珂子絵　教育画劇(絵本・ほんとうにあった動物のおはなし) 2002年3月

タンクロウ
南の島にやってきた戦車兄弟の九番目の末っ子戦車 「9番目の戦車」 ときたひろし著　PHP研究所 2004年8月

タンゲくん
あるひ「わたし」のうちにのっそりはいってきたかたほうのめがけがでつぶれたねこ 「タンゲくん」 片山健文・絵　福音館書店(日本傑作絵本シリーズ) 1992年10月

タンゴ
たぬきのおばあさんからおみやげをもらいそこねたかわりにつつんできたふろしきをもらったまごだぬき 「いいものもらった」 森山京文;村上勉絵　小峰書店(えほん・こどもとともに) 1987年12月

だんご3兄弟　だんごさんきょうだい
いちばんうえの長男のいちろうと2ばんめの次男のじろうと3ばんめの三男のさぶろうのだんごの3兄弟 「だんご3兄弟 3時のけっとう」 佐藤雅彦;内野真澄作　メディアファクトリー 1999年6月

だんごむし
ガールフレンドのだんこちゃんといっしょにまいごの恐竜のレプトぼうやのかあさんをさがすぼうけんにでかけただんごむし 「だんごむしと恐竜のレプトぼうや」 松岡達英作　小学館 2003年8月

だんご

ダンゴムシ
きみのちかくにいるちいさなダンゴムシ 「ダンゴムシ みつけたよ」 皆越ようせい写真・文 ポプラ社（ふしぎいっぱい写真絵本1） 2002年7月

だんごむし
まいにちじめんのかれはばかりたべているのでそらをとびたいなっておもっただんごむし 「だんごむし そらを とぶ」 松岡達英作 小学館 2000年7月

だんごむし
ゆうきをだしてなかまさがしのぼうけんにでかけただんごむし 「だんごむし うみへ いく」 松岡達英作 小学館 2001年9月

だんごむし（コロコロさん）
ひろいのはらのいいかおりのするしげみのなかにあったしげみむらにむしさんたちみんなとすんでいただんごむし 「しげみむら おいしいむら」 カズコ・G・ストーン作 福音館書店（こどものとも傑作集） 2004年3月

だんごむし（ころちゃん）
おさんぽにいってかまきりやもぐらにたべられそうになっただんごむし 「ころちゃんはだんごむし」 高家博成；仲川道子作 童心社 1998年6月

タンタ
しろいせいふくをきたピポのおじさんにばけてきゅうきゅうしゃにのったたぬき 「たぬきのタンタ きゅうきゅうしゃにのる」 高橋宏幸作・絵 岩崎書店（えほん・おもしろランド12） 1989年2月

たんた
むらのこどもらにいじめられていたところをうまかたにたすけられたおんがえしにこばんにばけたこだぬき 「うまかたとこだぬき」 香山美子文；野村たかあき画 教育画劇（日本の民話えほん） 2003年3月

タンタ
いなかのおじいさんうさぎのいえにとまりがけであそびにいくことになったうさぎのきょうだいのしたのおとこのこ 「うさぎのゆきだるま」 佐藤さとる作；しんしょうけん絵 にっけん教育出版社 2002年11月

タンタラばあさん
ずっと東のまあるい山のてっぺんの一本のタラの木の下に住んでいる魔法をつかうおばあさん 「山のタンタラばあさん」 安房直子作；出久根育絵 小学館 2006年10月

たんたん
きつねのけんのうちにまちがってとどいたにもつにかいてある「くまぞうさん」をさがしにけんといっしょにでかけたたぬき 「くまぞうさあ～ん」 たかはしとおる文・絵 ぎょうせい（そうさくえほん館16） 1992年9月

タンチ
うさぎのモモッチのおともだちでおしゃべりだいすきないたちのおとこのこ 「たんじょうびのおきゃくさま」 松岡節作；いもとようこ絵 ひかりのくに 2002年10月

たんちとたんこ
きつねのこんがしんせつにしてあげたたぬきのきょうだい 「あしたはてんき」 小春久一郎作；杉浦範茂絵 ひかりのくに（ひかりのくに傑作絵本集22） 2003年2月

タンチョウ
北海道の湿原で毎年たべているヤチウグイから悪代官とうったえられたタンチョウ 「どうぶつさいばん タンチョウは悪代官か？」竹田津実作;あべ弘士絵 偕成社 2006年4月

たんちょうづる
しつげんに生きるたんちょうづるのふうふ 「たんちょうづるのそら」 手島圭三郎作・絵 リブリオ出版(版画絵本−極寒に生きる生きものたち) 1998年12月

だんつう
小学校にあがったばかりの「ぼく」がいっしょに暮らしていた毛並みがふわふわとしていた年老いた雌猫 「ふわふわ」 村上春樹文;安西水丸絵 講談社 1998年6月

だんでぃ・へび
かんとりぃ・へびのクラスにはいってきたてんこうせいのやけにはでなへび 「へびじまんのこと」 MAJODE MAJORA作・絵 ポプラ社(えほん村みんな物語・1) 2001年10月

タント
ひろいうみにかこまれたうつくしいしまぷかぷかランドにくらしているこども、ナナンのおとうと 「ぷかぷかランド すてきなおくりもの」 川北亮司作;門野真理子絵 理論社 2006年7月

だんなさん
おおきなごふくやのえんぎをかつぐことでゆうめいなだんなさん 「えんぎかつぎのだんなさん」 桂文我話;梶山俊夫絵 福音館書店 2004年1月

だんぶりちょうじゃ
くものすからたすけてやったとんぼにゆめでおさけのいずみを教えられて大金もちになりだんぶり(とんぼ)ちょうじゃとよばれるようになったお百しょうさん 「だんぶりちょうじゃ」 森いたる文;渡辺三郎絵 ひかりのくに 1994年11月

たんぽぽ
きりかぶのそばにさいたにくまれぐちばかりのたんぽぽ 「きりかぶのともだち」 なかやみわ作 偕成社 2003年10月

たんぽぽ
白いわたげのかさをひらいてとびたとうとしていたたんぽぽのこどもたち 「たんぽぽ ふわり」 須田貢正文;津田櫓冬絵 ほるぷ出版 1990年7月

【ち】

ちい
ゆきのひにきつねのきっことそりあそびにでかけたいたち 「おおさむこさむ」 こいでやすこ作 福音館書店(こどものとも傑作集) 2005年10月

ちいかみちゃん
3びきのこぶたがあずかることになったとなりのおおかみさんのあかちゃん 「3びきのこぶたとちいかみちゃん」 あさのななみ作;長浜宏絵 PHP研究所(わたしのえほん) 1999年7月

ちいくまちゃん
3びきのくまのきょうだいのちっちゃなくま 「ちいくまちゃんのキャンプ」 しまだけんじろう作 ベネッセコーポレーション(ちいくまちゃんシリーズ) 1998年6月

ちいく

ちいくまちゃん
3びきのくまのきょうだいのちっちゃなくま 「ちいくまちゃんのケーキづくり」 しまだけんじろう作 ベネッセコーポレーション(ちいくまちゃんシリーズ) 1997年7月

ちいくまちゃん
3びきのくまのきょうだいのちっちゃなくま 「ちいくまちゃんのようちえん」 しまだけんじろう作 ベネッセコーポレーション(ちいくまちゃんシリーズ) 1997年2月

ちいくまちゃん
おとうさんのおたんじょうびなのでおおきなさかなをつろうとしたちっちゃなくまのおとこのこ 「ちいくまちゃんのさかなつり」 嶋田健二郎作 ベネッセコーポレーション 1997年10月

ちいくまちゃん
きつねのコンちゃんにてぶくろをかしてあげたちっちゃなくまのおとこのこ 「ちいくまちゃんのてぶくろ」 嶋田健二郎作 ベネッセコーポレーション 1997年11月

ちいくまちゃん
もりでいちごをいっぱいつんでもってかえったちっちゃなくまのおとこのこ 「ちいくまちゃんのきいちごつみ」 嶋田健二郎作 ベネッセコーポレーション 1998年3月

ちいくまちゃん
えんのみんなとなつのキャンプにいったちっちゃなくまのおとこのこ 「ちいくまちゃんのキャンプ」 嶋田健二郎作 ベネッセコーポレーション 1998年6月

ちいくまちゃん
3びきのくまのきょうだいのちっちゃなくま 「ちいくまちゃんのきいちごつみ」 しまだけんじろう作 ベネッセコーポレーション(ちいくまちゃんシリーズ) 1998年3月

小さなサンタ　ちいさなさんた
ねつをだしたおとうさんのかわりにプレゼントをくばっていたおとこのこ 「イプーとまいごのサンタクロース」 片岡道子作;ふじしま青年絵　旺文社(イプーファンタジーワールド) 2000年4月

ちいちゃん
ゆきちゃんのいもうと 「ももいろのせっけん」 つつみちなつ文・絵　東京図書出版会 2004年8月

ちいちゃん
きょうが七・五・三のなかよしきょうだいの七さいのおねえさん 「七・五・三きょうだい」 なかえよしを作;上野紀子絵　教育画劇(行事のえほん9) 1992年9月

チイばあちゃん
ベレーぼうをあもうとかぎばりをさがしはじめてふるづくえのひきだしのとってをひっぱったおばあちゃん 「ひみつのひきだしあけた?」 あまんきみこ作;やまわきゆりこ絵　PHP研究所(PHPにこにこえほん) 1996年2月

ちいぶたちゃん
そとでおみせやさんごっこをすることになった3びきのこぶたの1ぴき 「3びきのこぶたのおみせやさんごっこ」 あさのななみ作;長浜宏絵　PHP研究所(PHPわたしのえほんシリーズ) 2002年7月

ちいぶたちゃん
あめふりのにちようびにおとうさんにおはなしをしてもらった3びきのこぶたの1ぴき 「3びきのこぶたとちいさなおうち」 あさのななみ作;長浜宏絵　PHP研究所(PHPわたしのえほんシリーズ) 2000年7月

ちいぶたちゃん
となりのおおかみさんのあかちゃんをあずかることになった3びきのこぶたの1ぴき 「3びきのこぶたとちいかみちゃん」 あさのななみ作;長浜宏絵 PHP研究所(わたしのえほん) 1999年7月

ちいぼーぬー
ぼーぬーやまにすむふしぎないきもの 「おおぼーぬーとちいぼーぬー」 冨樫義博絵;武内直子文 講談社 2005年10月

ちえちゃん
手足が不自由な六年生の女の子 「ちえちゃんの卒業式」 星川ひろ子写真・文 小学館 2000年10月

チェック
とうさんのしごとでひっこしばかりしているうさぎのこ 「いっぱいなかよし」 かさいまり著 岩崎書店(カラフルえほん10) 2005年7月

チェリー
おひるごはんのあとでおかしをつくるのがいちばんのたのしみでしゅうかくさいのおかしコンテストにでることにしたぶた 「ぶたのチェリーのおはなし」 やまだうたこ文・絵 偕成社(日本のえほん) 2002年9月

チェリー
こどもをうんだようちえんでかっているうま 「こうまがうまれたよ」 長崎源之助文;夏目尚吾絵 童心社(絵本・ちいさななかまたち) 1997年11月

チェリー
はりねずみのハリーのいもうと 「あたらしいともだち-はりねずみハリー」 木村泰子作・絵 世界文化社(ワンダーおはなし絵本) 2005年11月;世界文化社(はりねずみハリーのものがたり) 1991年5月

チェロくん
「おんがくはいかが」とどうぶつたちにきょくをきかせたチェロくん 「おんがくはいかが」 栗山邦正作・絵 講談社(講談社の幼児えほん) 2001年2月

チカチカひめ(女の子) ちかちかひめ(おんなのこ)
はくいきもこおるほどさむいよるにふくろうのてんもんだいにやってきたチカチカ星のおひめさま 「とおい星からのおきゃくさま」 もいちくみこ作;こみねゆら絵 岩崎書店(のびのび・えほん20) 2002年11月

ちかちゃん
いえじゅうでつるしがきをつくるひにおてつだいをしたおんなのこ 「かきのみいっぱい」 日高正子絵・文 福武書店 1990年3月

ちからたろう
おふろのきらいなじいさまとばあさまがあかをはいでつくったこどもでおおきくなってひゃっかんめのてつぼうをかついでたびにでたおとこのこ 「ちからたろう」 西本鶏介文;飯野和好絵 フレーベル館(日本むかしばなしライブラリー13) 1999年10月

ちからたろう(こんびたろう)
まずしいじいさまとばあさまがこんび(あか)をあつめてつくったこどもで大きくなってかなぼうをつくってもらってたびにでたちからもちのわかもの 「ちからたろう」 いまえよしとも文;たしませいぞう絵 ポプラ社(ポプラ社のよみきかせ大型絵本) 2004年11月

ちきん

チキンマスク
落ちこぼれでクラスに居場所なんてないとおもっていていやなことがあると校庭のすみにある樹木園に来てしまう男の子 「チキンマスク-やっぱりぼくはぼくでいい」 宇都木美帆作 汐文社 2006年7月

ちくあんせんせい
いしゃ 「そうべえ ごくらくへゆく」 たじまゆきひこ作 童心社(童心社の絵本) 1989年10月

ちくあん先生 ちくあんせんせい
いしゃ 「そうべえ まっくろけのけ」 田島征彦作 童心社(童心社の絵本) 1998年7月

チクチク
あーあー森にすんでいたはりねずみいっかのおとこのこ 「みんなおはよう」 つちだよしはる作 佼成出版社(あーあー森のはりねずみ一家1) 1996年4月

チクチク
あきになってあーあー森においしいものをとりにいったはりねずみ一家のおとこのこ 「ごちそうがいっぱい」 つちだよしはる作 佼成出版社(あーあー森のはりねずみ一家2) 1996年10月

チクチク
おとうさんにがっきをつくってもらってコンサートをしようとしたはりねずみ一家のおとこのこ 「ほしぞらでポロロン」 つちだよしはる作 佼成出版社(あーあー森のはりねずみ一家3) 1997年7月

チクチク
やくそくしていたふゆの日におこしてもらってクリスマスパーティーをしたはりねずみ一家のおとこのこ 「ゆきがしんしんしん」 つちだよしはる作 佼成出版社(あーあー森のはりねずみ一家4) 1997年11月

チクチク
ふしぎもりのみんなによくねむれるパジャマをつくってあげたようふくやさんのねずみ 「ねむねむパジャマ」 ささきようこ作・絵 ポプラ社(絵本のぼうけん7) 2002年9月

チクチク
ふしぎもりのなんでもつくれるようふくやさんのねずみ 「ふしぎもりのようふくやさん」 ささきようこ作 ポプラ社(絵本のぼうけん2) 2001年11月

チークリファミリー
ひろいのはらのいいかおりのするしげみのなかにあったしげみむらにむしさんたちみんなとすんでいたはちのかぞく 「しげみむら おいしいむら」 カズコ・G・ストーン作 福音館書店(こどものとも傑作集) 2004年3月

ちくりん
サボテンのとげとげのあくのなかま 「アンパンマンとちくりん」 やなせたかし作・絵 フレーベル館(アンパンマンのぼうけん10) 1988年10月

チコ
おにいちゃんとおばけのこといっしょにはこでんしゃにのってあそんだおんなのこ 「ぼくはおばけのおにいちゃん」 あまんきみこ作;武田美穂絵 教育画劇 2005年7月

チコタン
ダンプにひかれてしんだ「ぼく」のだいすきだったおんなのこ 「えほん チコタン-ぼくのおよめさん」 蓬莱泰三作 カワイ出版 1995年6月

チコちゃん
おばあちゃんがおもいびょうきでおふとんにねたきりになってしまったおんなのこ 「チコちゃんのあかいチョッキ」 ふりやかよこ作・絵 ポプラ社(絵本・子どものくに31) 1987年12月

チコちゃん
おにいちゃんとつみきでおうちをつくったおんなのこ 「おうちをつくろう」 角野栄子作；おざきえみ絵 学習研究社(学研おはなし絵本) 2006年6月

チーズ
アンパンマンたちせいぎのなかまのおてつだいをするいぬ 「アンパンマンとつみきのしろ」 やなせたかし作・絵 フレーベル館(アンパンマンのぼうけん5) 1988年1月

チーズ
アンパンマンたちせいぎのなかまをたすけるいぬ 「アンパンマンとみえないまん」 やなせたかし作・絵 フレーベル館(アンパンマンのぼうけん9) 1988年7月

ちづこさん
十六歳の高校生のときに家の近くに原爆が落とされて家族をみんななくしてしまったいわたくんちのおばあちゃん 「いわたくんちのおばあちゃん」 天野夏美作；はまのゆか絵 主婦の友社 2006年8月

チーチ
ひとりでうみをこえてみなみのしまにやってきたメジロのおとこのこ 「チリチリ チーチ―南の島のチーチ」 串井てつお作・絵 講談社(講談社の創作絵本) 2004年11月

父　ちち
戦争からもどった年の秋に朝鮮と中国の人びとの群れにりんご畑をおそわれた父 「紅玉」 後藤竜二文；高田三郎絵 新日本出版社 2005年9月

ちちぶ長者　ちちぶちょうじゃ
やまぐにのちちぶにいたいばりんぼのけちんぼでよくがふかいおおがねもち 「ちちぶ長者」 市川栄一文；吉本宗絵 幹書房(埼玉の民話絵本2) 1988年12月

チチャねこ
あばれんぼうのくまのムクバクにつかまえられたちいさなねこみたいないきもの 「つきよのメロディー―はりねずみハリー」 木村泰子作・絵 世界文化社(ワンダーおはなし絵本) 2005年10月

チチャねこ
あばれんぼうのくまのムクバクにつかまえられたちいさなねこみたいないきもの 「つきよのばんのものがたり」 木村泰子作・絵 世界文化社(はりねずみハリーのものがたり) 1991年5月

ちっさいちゃん
ピーナッくんのともだち 「ピーナッくんのたんじょうび」 つつみあれい作 小峰書店(世界の絵本コレクション) 2004年8月

ちっさいちゃん
ドーナッちゃんをつかまえてたべだしたちいさなちっさいちゃん 「ピーナッちゃんとドーナッちゃん」 つつみあれい作 小峰書店(世界の絵本コレクション) 2001年5月

チッチ
ともだちのくるまをあずかってともだちにはしらないってうそをついてしまったねずみのこ 「あのね」 かさいまり作・絵 ひさかたチャイルド 2002年10月

ちっち

チッチ
おおきなごちそうをみつけたありのこ 「ありの ごちそう なーに?」 得田之久作 童心社(とびだす虫のえほん) 2004年5月

チッチ
ビュンビュン谷のてっぺんからとびおりるあそびができなてこわがりのねずみのこ 「こわがりチッチのわあい、ぼくにだって できるんだよ」 あべはじめ作 くもん出版(くすくすねもりのなかまたち4) 1992年4月

ちっち
もりのゆうじゃぐみとつなひきをしたやまのいなずまぐみのねずみ 「つなひき」 たかはしとおる文・絵 ぎょうせい(そうさくえほん館4-なかまっていいな) 1992年6月

ちっちゃなおほしさま(おほしさま)
おともだちみんながじぶんよりおおきいいちばんちっちゃなおほしさま 「ちっちゃなおほしさま」 たたらいみさこ文・絵 らくだ出版 2003年5月

チップ
チャップとふたりでつくったスポーツカーでせかいいっしゅうのたびをすることにしたこねこ 「チップとチャップのわくわくじどうしゃ」 谷真介作;あかさかいっぽ絵 佼成出版社 1989年6月

チップ
おばけのけんきゅうをしているドロンはかせからかばんをもらったこりす 「ドロンはかせのおばけかばん」 長島克夫作・絵 岩崎書店(えほん・おもしろランド7) 1987年9月

チップ
こいぬのきょうだいのおにいさん 「チップとチョコのおでかけ」 どいかや作・絵 文渓堂 1996年4月

チップ
とらのトランプとなかよしのねずみ 「トランプのしょうぼうし」 山崎陽子作;渡辺あきお絵 佼成出版社 1988年10月

チップとチョコ
おかあさんにおるすばをたのまれたこいぬのきょうだい 「チップとチョコのおるすばん」 どいかや文・絵 文渓堂 2002年4月

チップとチョコ
おかあさんにおつかいをたのまれておみせにいったこいぬのきょうだい 「チップとチョコのおつかい」 どいかや文・絵 文渓堂 1999年4月

チップとチョコ
おばあちゃんがくれたマフラーをしておでかけしたこいぬのきょうだい 「チップとチョコのおでかけ」 どいかや作・絵 文渓堂 1996年4月

ちどり
原爆が落ちてヒロシマが燃えつづけていた夕方になって山鳩たちのいる川辺に足をひきずっておりてきた少女 「原爆の少女ちどり」 山下まさと作・絵 汐文社(原爆絵本シリーズ3) 1989年4月

チーばあさん
森のはずれの小さな家にとても大きいオーじいさんとすんでいたとても小さいおばあさん 「オーじいさんとチーばあさんの春・夏・秋・冬」 松居スーザン作;杉田比呂美絵 ひさかたチャイルド 2004年9月

ちばせんせい（まじょせんせい）
タンポポようちえんにきたちりちりパーマでまんまるっちいあたらしいせんせい「まじょまじょせんせいやってきた！」鶴岡千代子作；長谷川知子絵　カワイ出版　1993年5月

千春　ちはる
戦争ですっかり焼けてしまった街の真ん中で戦争の前とまったく変わらずに立っていたけやきの大木にはげまされて育った女の子「木のいのち」立松和平文；山中桃子絵　くもん出版　2005年9月

チビ
7匹のみなしごの動物たちと毎日オリの中で暮らしていた仔犬「こころの森」はせがわゆうじ作・絵　ウオカーズカンパニー　1990年4月

ちび
ニューヨーク郊外の森の中で生活していた灰色りすのおかあさんから生まれた5ひきのあかちゃんりすのなかでいちばん小さかったすえの子りす「おかあさんになった りすのちび」河本祥子絵・文　福武書店　1987年4月

ちび
やっくんがつれてるいぬ「やっくんとこいぬ」間所ひさこ作；福田岩緒絵　PHP研究所（PHPのえほん）　1987年6月

ちびうさぎ（うさぎ）
ともだちが生まれてくるというたまごをからすにもらったうさぎのおんなのこ「ともだちのたまご」さえぐさひろこ文；石井勉絵　童心社（絵本・だいすきおはなし）　2005年7月

ちびかばくん
しょうぼうしになったかばのおとこのこ「ちびかばくんしょうぼうしになる」正岡慧子文；山口みねやす絵　PHP研究所（PHPにこにこえほん）　2002年2月

ちびかばくん
かばくんのおとうとのかばのこ「たんじょうびだねちびかばくん」ひろかわさえこ作・絵　あかね書房（かばくんとちびかばくん3）　1999年11月

ちびかばくん
おにいちゃんのかばくんをおいかけてばかりいるかばのこ「ぼくのおとうとちびかばくん」ひろかわさえこ作・絵　あかね書房（かばくんとちびかばくん1）　1998年5月

ちびくまちゃん
くまのかぞくのこどもたちのちびちゃん「ちびくまちゃんちの さんたさんは だあれ」黒柳徹子文；紙谷元子人形・構成　ケイエス企画　1987年12月

チビクロ
おかあさんがつくったクロワッサンでおなかがいっぱいになったのでおひるねをすることにしたいぬのこ「チビクロひるね」森まりも絵・文　北大路書房　1998年7月

ちびすけ
じいじのつくったさくら山のさくらをふたりでみにいったおとこのこ「じいじのさくら山」松成真理子著　白泉社　2005年3月

ちびすけ
小さなみつばちをおともにしてドラゴンたいじにいったちびすけのくま「ドラゴンたいじ」津田直美作・絵　PHP研究所（PHPわたしのえほんシリーズ）　2005年9月

ちびぞ

ちびぞうくん
ばいきんまんにさらわれたぞうのこども 「アンパンマンとちびぞうくん」 やなせたかし作・絵 フレーベル館（アンパンマンのおはなしででこい12） 1997年1月

ちびぞうさん
おかのうえのおうちにすむパンプルちゃんのもりのともだち 「ふむふむふーん」 ふなこしゆり文；坂口知香絵 風涛社 2006年4月

チビタ
タータンのともだちのこぞう 「アンパンマンとタータン」 やなせたかし作・絵 フレーベル館（アンパンマンのぼうけん12） 1989年4月

ちびたやま
だあれもいないつくえのうえのぶんぼうぐたちの国でおすもうたいかいをしたえんぴつたちのなかでいちばんちいさいえんぴつ 「えんぴつのおすもう」 かとうまふみ作・絵 偕成社 2004年11月

チビチビ
おかあさんからはなれてひとりでいきていくことになったおこじょのユキとともだちになったおおきなくま 「おこじょの ユキ」 あんびるやすこ作；藤本四郎絵 鈴木出版 2004年11月

ちびっこザウルス
やぶのなかにあったおおきなたまごからでてきたきょうりゅう 「くいしんぼうのちびっこザウルス」 さくらともこ作；川野隆司絵 ポプラ社（えほんとなかよし21） 1993年7月

チビノリ
小学生ののりちゃんが買ってもらったとんでもなくかわったためざまし時計 「おやすみ時計」 山岡ひかる著 偕成社 2000年9月

チフル
身長13～15cmたらずの小さい人たちが住んでいるコロックル島ではとても珍しい双子の兄妹の女の子 「オスカがいえにやってきた」 土田勇作 フレーベル館（リトルツインズ12） 1994年10月

チフル
身長約13～15cmたらずの小さい人たちが住んでいるコロックル島ではとても珍しい双子の兄妹の女の子 「とべグルー」 土田勇作 フレーベル館（リトルツインズ11） 1994年5月

チフル
身長13～15cmたらずの小さい人たちが住んでいるコロックル島ではとても珍しい双子の兄妹の女の子 「ぼくらのなつがとんでいく」 土田勇作 フレーベル館（リトルツインズ13） 1994年6月

チフル
身長13～15cmたらずの小さい人たちが住んでいるコロックル島にいたとても珍しい双子の兄妹の女の子 「あしたてんきになあれ」 土田勇作 フレーベル館（リトルツインズ10） 1993年12月

チフル
身長約13～15cmたらずの小さい人たちが住んでいるコロックル島にいたとても珍しい双子の兄妹の女の子 「かんしゃさいのできごと」 土田勇作 フレーベル館（リトルツインズ9） 1993年10月

チフル
身長13〜15cmたらずの小さい人たちが住んでいるコロックル島にいたとても珍しい双子の兄妹の女の子 「なんてすてきなプレゼント」 土田勇作 フレーベル館(リトルツインズ7) 1993年4月

チフル
身長13〜15cmたらずの小さい人たちが住んでいるコロックル島にいたとても珍しい双子の兄妹の女の子 「まつりのよるオスカがよぶ」 土田勇作 フレーベル館(リトルツインズ8) 1993年7月

チフル
身長13〜15cmたらずの小さい人たちが住んでいるコロックル島にいたとても珍しい双子の兄妹の女の子 「もりのかみさまフォーラボー」 土田勇作 フレーベル館(リトルツインズ6) 1993年3月

チフル
身長約13〜15cmたらずの小さい人たちが住んでいるコロックル島ではとても珍しい双子の兄妹の女の子 「コロックルじまはおおさわぎ」 土田勇作 フレーベル館(リトルツインズ1) 1992年7月

チフル
身長約13〜15cmたらずの小さい人たちが住んでいるコロックル島にいたとても珍しい双子の兄妹の女の子 「さようならバーボー」 土田勇作 フレーベル館(リトルツインズ5) 1992年12月

チフル
身長約13〜15cmたらずの小さい人たちが住んでいるコロックル島ではとても珍しい双子の兄妹の女の子 「フェアリーリングのまんなかで」 土田勇作 フレーベル館(リトルツインズ4) 1992年11月

チフル
身長約13〜15cmたらずの小さい人たちが住んでいるコロックル島ではとても珍しい双子の兄妹の女の子 「ふえのねは あきかぜにのって」 土田勇作 フレーベル館(リトルツインズ3) 1992年10月

チフル
身長約13〜15cmたらずの小さい人たちが住んでいるコロックル島ではとても珍しい双子の兄妹の女の子 「みずうみがほえたひ」 つちだいさむ作 フレーベル館(リトルツインズ2) 1992年8月

チーボデー
モントン村の西にある丘にポツンと一軒建っていた《人殺しの家》に住んでいた人殺し3人兄弟のひとり 「丘の上の人殺しの家」 別役実作;スズキコージ画 ブッキング 2005年9月

チミ
あいがほしいなあっていつもおもっていたくろいすてられねこ 「チミ」 鈴木タカオ作・絵 ポプラ社 2002年5月

チム
いつもおがわにうつるじぶんすがたをながめてはうっとりしていたひとりあそびがだいすきなミンクのこ 「ミンクのチム」 なかのてるし作;ながしまよういち絵 フレーベル館 1987年9月

チムリ
かまきりがついてきてもげんきにおさんぽしているあおむしのこ 「あおむし チムリの おさんぽ」 得田之久作 童心社(とびだす虫のえほん) 2003年6月

ちゃい

チャイブス
りんごパーティーのひにりんごのおかしをつくったこぐま 「チャイブスとりんごパーティー–CHIVES' STORY2」 高野紀子作・絵 講談社 1999年2月

チャイブス
かあさんのたんじょうびにケーキをつくったこぐま 「チャイブスのとくせいケーキ–いっしょにつくれるよ」 高野紀子作・絵 講談社(CHIVES'STORY1) 1997年5月

チャチャ
飼い主の子を守ろうとしてトラックにひかれて死んだ犬 「そばにいるよ–ぶぶチャチャより」 おけやあきら文;おちしんじ絵 PHP研究所 2000年5月

チャチャ
「ぼく」をまもろうとしてトラックにひかれてしんでじどうしゃになったいぬ 「ぶぶチャチャ」 Iku;アミノテツロー作;にしだかんじ絵 講談社 1999年1月

チャック
モーターボートのいえでくらすのらねこ 「のはらのチャック」 やすいすえこ作;おぼまこと絵 フレーベル館(ペーパーバックえほん7) 2002年3月

チャッピー
まほうのがっこうのせんせいにあめをふらせるじゅもんをおしえてもらったまじょ 「あめあめふれふれ」 井上よう子作;滝原愛治絵 偕成社(まじょっこチャッピー4) 1994年7月

チャッピー
おかあさんのへやでみつけたまほうのクレヨンでいたずらをしたおんなのこ 「おえかきだいすき」 井上よう子作;滝原愛治絵 偕成社(まじょっこチャッピー5) 1994年10月

チャッピー
たまごをうえてたまごのみがなるまほうをつかったまじょのおんなのこ 「びっくりたねまき」 井上よう子作;滝原愛治絵 偕成社(まじょっこチャッピー2) 1993年6月

チャッピー
まほうのがっこうでまほうをおそわっているいたずらまじょのおんなのこ 「でかいぞちっちゃいぞ」 井上よう子作;滝原愛治絵 偕成社(まじょっこチャッピー1) 1993年7月

チャッピー
まほうのじゅもんでもうひとりのチャッピーをだしたまじょのおんなのこ 「かたづけやだもん」 井上ようこ作;滝原愛治絵 偕成社(まじょっこチャッピー3) 1993年8月

ちゃっぷ
なかむつまじくくらすぶたのかぞくの3びきのこぶたのきょうだいの1ぴき 「こぶたのみっぷちゃっぷやっぷ」 筒井頼子文;はたこうしろう絵 童心社(絵本・こどものひろば) 2005年

チャップ
チップとふたりでつくったスポーツカーでせかいいっしゅうのたびをすることにしたこねこ 「チップとチャップのわくわくじどうしゃ」 谷真介作;あかさかいっぽ絵 佼成出版社 1989年6月

チャップ
おかあさんにエプロンをつくってもらったねこのおとこのこ 「エプロンでおてつだい」 薫くみこ作;関岡麻由巳絵 ポプラ社(チャップとチュチュおとなりどうし2) 1997年2月

チャップ
つかわなくなったおもちゃをゴミおきばにすてにいったねこのおとこのこ「おくりものってうれしいな」薫くみこ作;関岡麻由巳絵　ポプラ社(チャップとチュチュおとなりどうし5)　1997年10月

ちゃっぷん
いつもなかよしのしまりすのぷっちんとはさみとわりばしとむしとりあみをもってふうせんりょこうにしゅっぱつしたあらいぐま「ぷっちんとちゃっぷん－ふうせんりょこう」藤城清治絵;舟崎克彦文　講談社(講談社の幼児えほん)　2001年4月

チャニング
ふゆのさむいよるにあかちゃんしまうまをみつけてうちにつれてかえったノーランさんのむすめでおおきくなったしまうまとレースにでたおんなのこ「しまうまストライプス」山川みか子;タミ・ヒロコ絵　ソニー・マガジンズ(にいるぶっくす)　2005年2月

ちゃーぼ
いつもねてばかりいるねぼすけのニワトリ「ねぼすけちゃーぼ」田原ウーコ作・絵　新風舎　2006年12月

ちゃみ
おかしをつくるのもたべるのもだいすきなこりす「ゆきの日のおかしのいえ」薫くみこ作;さとうゆうこ絵　ポプラ社(えほんとなかよし38)　1995年10月

チャーリー
かぞくのおてつだいがしたいとおもっていたけんちゃんのおうちのねこ「チャーリーのおてつだい」わたなべともこ作・絵　ポプラ社(えほんはともだち44)　1996年7月

チャンス
ハナ岬の小さな家で小さな哲学者あつぼうと暮らしている盲導犬に憧れる子犬「あつぼうのゆめ　名犬チャンス物語2」岡花見著　学習研究社　2001年11月

チャンス
ハナ岬の小さな家で暮らしている盲導犬に憧れる子犬「信じるきもち」岡花見著　学習研究社(名犬チャンス物語1)　2001年11月

チャンタラ
おとなりのくにカンボジアの小さな村からタイのなんみんキャンプににげてきた小さなおんなの子「ちいさなチャンタラ」狩野富貴子絵;女子パウロ会文　女子パウロ会　1992年4月

チュウ
たいようがだいすきだったがビルこうじでひなたぼっこのばしょをなくしたねずみ「ひなたぼっこの　すきなチュウ」長野博一文・絵　小峰書店(えほん・こどもとともに)　1989年10月

チュウタちゃん
なかまたちとペコタンじまをいっしゅうするハイキングにはじめてさんかしたねずみのこ「ペコタンじまはきょうもはれ」関屋敏隆作・絵　PHP研究所(PHPわたしのえほんシリーズ)　1989年5月

ちゅうのすけ
おばけの町ばけばけ町のうわさのどろぼうでけんちゃんのおやつをぬすんだすばしっこいやつ「ばけばけ町でどろんちゅう」たごもりのりこ作・絵　岩崎書店(カラフルえほん18)　2006年6月

ちゅう

ちゅうぶたちゃん
そとでおみせやさんごっこをすることになった3びきのこぶたの1ぴき 「3びきのこぶたのおみせやさんごっこ」 あさのななみ作;長浜宏絵　PHP研究所(PHPわたしのえほんシリーズ) 2002年7月

ちゅうぶたちゃん
あめふりのにちようびにおとうさんにおはなしをしてもらった3びきのこぶたの1ぴき 「3びきのこぶたとちいさなおうち」 あさのななみ作;長浜宏絵　PHP研究所(PHPわたしのえほんシリーズ) 2000年7月

ちゅうぶたちゃん
となりのおおかみさんのあかちゃんをあずかることになった3びきのこぶたの1ぴき 「3びきのこぶたとちいかみちゃん」 あさのななみ作;長浜宏絵　PHP研究所(わたしのえほん) 1999年7月

ちゅうべえ
あるところにあったこっとうやのちょっとたよりないばんとう 「よっぱらったゆうれい」 岩崎京子文;村上豊画　教育画劇(日本の民話えほん) 2003年5月

チュチュ
おにんぎょうさんがひとりでじっとすわっていたやねうらべやにあそびにきたのねずみのぼうや 「やねうらべやの おにんぎょうさん」 柳生まち子作　福音館書店(日本傑作絵本シリーズ) 2003年1月

チュチュ
こねこのチャップのおとなりにすむなかよしのねこのおんなのこ 「エプロンでおてつだい」 薫くみこ作;関岡麻由巳絵　ポプラ社(チャップとチュチュおとなりどうし2) 1997年2月

チュチュ
こねこのチャップのおとなりにすむなかよしのねこのおんなのこ 「おくりものってうれしいな」 薫くみこ作;関岡麻由巳絵　ポプラ社(チャップとチュチュおとなりどうし5) 1997年10月

チュチュ
ひなたぼっこのすきなねずみのチュウがであったかわいいめすのねずみ 「ひなたぼっこのすきなチュウ」 長野博一文・絵　小峰書店(えほん・こどもとともに) 1989年10月

チュッチュ
びょうきのおばあちゃんとふたりでくらしていたフウが山へ薬草をとりに行って出会ったあかいいろのあくまのおとこのこ 「やさしいあくま」 なかむらみつる著　幻冬舎 2000年4月

チューリップさん
だれかがくるのをまっているのがだいすきなチューリップさん 「チューリップさんのおきにいり」 五味太郎作　ブロンズ新社 2005年9月

ちゅるり
おかしをつくるのもたべるのもだいすきなこりす 「ゆきの日のおかしのいえ」 薫くみこ作;さとうゆうこ絵　ポプラ社(えほんとなかよし38) 1995年10月

チューローチュ
カンボジアのむらにすんでいたいたずらもののうさぎ 「いたずらうさぎチューローチュ」 たじまゆきひこ著　童心社(絵本・こどものひろば) 1999年10月

チュン
かあさんすずめのたまごからあかちゃんがうまれておにいちゃんになったすずめ 「さよならのうた」 松岡節作;いもとようこ絵　ひかりのくに 2001年10月

ちよ
ひでりでいえの井戸もかれたときやまみちであしのほねがおれたさぎをたすけてやったおれいにいずみをおしえてもらったむらのむすめ 「あめをよぶまつり」 清水耕蔵作・絵 佼成出版社(創作民話絵本) 1989年11月

千代　ちよ
あらしがおそったうみべのむらのはまべにうちあげられていた鬼のめんどうをみたむすめ 「鬼まつり」 峠兵太作;高田勲絵 佼成出版社(創作民話絵本) 1990年10月

ちょう
あたたかいはるのひかりをあびてたかくたかくまいあがったちょうたち 「はるのちょう」 手島圭三郎絵・文 福武書店 1991年8月

ちょう(フウ)
ちょうのやまとしじみのおす 「ちょうのフウ」 得田之久作 童心社(得田之久こん虫アルバム) 1988年2月

長者さま　ちょうじゃさま
余子の里におった百万長者で自慢の娘がおった長者さま 「余子の百万長者」 宮川大助文;宮川花子絵 京都書院(大助・花子の日本昔ばなし) 1989年11月

ちょうじゃさん
ぶつぞうをぬすまれてびんぼうになりいえにいたいぬとねこもかってやれなくなったちょうじゃさん 「いぬとねこのおんがえし」 太田大八絵 鈴木出版(チューリップえほんシリーズ) 2002年10月

鳥人　ちょうじん
こうもりのような羽を持つ生き物 「銀河の魚」 たむらしげる著 メディアファクトリー 1998年11月

長助　ちょうすけ
村はずれのふるいいちょうの木にたのまれてひとつぶの実を土にかえしてやった七つの子ども 「長助のいちょう」 小林けひこ作;吉村竹彦絵 ストーク 2003年2月

ちょうた
かごにおきゃくをのせてかついではしるおえどのかごやのおとこ 「しんた、ちょうたのすっとびかごどうちゅう」 飯野和好作 学習研究社(新しい日本の幼年童話) 2006年7月

ちょうちょ
キャベツばたけにすみうつくしくひかりかがやいているちょうちょ 「おおかみとキャベツばたけ」 ひだきょうこ作・絵 教育画劇 2006年4月

ちょうちょ(しろちゃん)
キャベツばたけでさなぎからちょうちょになってひらひらとんでいったちょうちょ 「ちょうちょのしろちゃん」 高家博成;仲川道子作 童心社 2001年6月

ちょうちょ(ナナ)
ねこのボッチとなかよしのちょうちょ 「ボッチとナナ」 かんのゆうこ作;南塚直子絵 佼成出版社 2005年6月

ちょうちょう
美しい花がさいた原っぱのまんなかの木のためにみんなで祭りをしてあげたちょうちょうたち 「木の祭り－新美南吉ようねん童話絵本」 新美南吉作;司修絵;保坂重政編 にっけん教育出版社 2002年10月

ちょう

ちょうべい
じさまとばあさまからいくらひっぱってもぬけないでかいだいこんをぬいてほしいとたのまれたおとこ 「すっとんだちょうべい」 ひがしおあやこ文;梅田俊作絵 ひかりのくに(ひかりのくに傑作絵本集23) 2003年5月

チョキチョキきょうだい
だあれもいないつくえのうえのぶんぼうぐたちの国でおすもうたいかいをしていたえんぴつたちにいじわるしたはさみのきょうだい 「えんぴつのおすもう」 かとうまふみ作・絵 偕成社 2004年11月

チョコ
こいぬのきょうだいのいもうと 「チップとチョコのおでかけ」 どいかや作・絵 文渓堂 1996年4月

チョッキーノ
ぼうぼうあたまにもじゃもじゃおひげをすっきりさっぱりするたびするとこや 「たびするとこやさん チョッキーノ」 杉田比呂美作・絵 偕成社 2002年6月

チョッキリさん
あたたかいおふとんをさがしにでかけたやなぎむらのみんなといっしょにがいものたねをさがしにいったはさみむし 「ふわふわふとん」 カズコ・G・ストーン作 福音館書店(こどものとも傑作集) 1998年12月

ちょっぴー
おかしをつくるのもたべるのもだいすきなこりす 「ゆきの日のおかしのいえ」 薫くみこ作;さとうゆうこ絵 ポプラ社(えほんとなかよし38) 1995年10月

ちょっぺいじいちゃん
もりのおくでひとりしずかにくらしていたがうさぎマガジンにしゃしんがのったためつぎつぎにひとがたずねてくるようになったうさぎのおじいさん 「ちょっぺいじいちゃん」 すとうあさえ作;アンヴィル奈宝子絵 文研出版(えほんのもり) 2003年10月

チョニル
島の少女スニとともに戦争をしていた異人さんたちのすむ異国へつれていかれたともだち 「赤いくつ」 郭充良文;はらみちを絵 子ども書房 1992年9月

ちょはっかい
てんじくにおきょうをいただきにいったさんぞうほうしというおぼうさんのさんにんのおとものひとり 「さんぞうほうしのかえりみち」 せなけいこ作・絵 鈴木出版(チューリップえほんシリーズ) 1998年9月

チョビコ
キヨシのうちにもらわれてきたちいさくてチョビっとしているメスのこいぬ 「おれんちのいぬ チョビコ」 那須田淳文;渡辺洋二絵 小峰書店(絵童話・しぜんのいのち6) 1994年9月

チョロ
たぬきのポンが山道でなくしたしっぽをひろったいたち 「しっぽ5まんえん」 清水敏伯作;岡本颯子絵 ポプラ社 2001年6月

ちょろりん
なつやすみにさんぼんいとすぎやまのおじさんのいえにあそびにいったとかげのこ 「ちょろりんととっけー」 降矢なな作 福音館書店(こどものとも傑作集) 1999年1月

ちょろりん
てがみをだしにおおどおりにやってきてようひんてんのガラスまどにあたたかそうなセーターをみつけたとかげのこ 「ちょろりんの すてきなセーター」 降矢なな作・絵 福音館書店(こどものとも傑作集) 1993年3月

チョロリンポン
はさみからうまれたじゃんけんぽんのチョキがすきなこ 「つよくてよわいぞ じゃんけんぽん」 浅野ななみ文;米山永一絵 ポプラ社(絵本・おはなしのひろば25) 1989年7月

ちょん
きものにつけるのりをなめてしまってばあさまにしたをはさみでちょんぎられてそらにほうりなげられたすずめ 「したきりすずめ」 長谷川摂子文;ましませつこ絵 岩波書店(てのひらむかしばなし) 2004年7月

ちょん
ばあさまのたいせつなのりをなめてしまってはさみでしたをちょきんときられたいちわのすずめ 「したきりすずめ」 瀬川康男絵;松谷みよ子文 フレーベル館(日本むかし話8) 2003年1月

ちょん
あるひのことせんたくもののりをなめてばあさまにしたをきられておいだされたすずめ 「したきりすずめ」 松谷みよ子文;片山健画 童心社(松谷みよ子 むかしばなし) 1995年4月

ちょん
あるひのことせんたくものにつけるのりをなめてばあさまにしたをきられておいだされたすずめ 「したきりすずめ」 松谷みよ子作;片山健絵 童心社(松谷みよ子むかしむかし) 2006年12月

ちょんまげとのさま
ちょんまげがとびきりおおきくてりっぱなのでみんなから「ちょんまげとのさま」とよばれてとてもいばっていたとのさま 「ちょんまげとのさま」 遠山繁年作・絵 鈴木出版(チューリップえほんシリーズ) 2000年10月

チリとチリリ
まちへじてんしゃででかけていったふたりのおんなのこ 「チリとチリリ まちのおはなし」 どいかや作 アリス館 2005年11月

チリとチリリ
うみのなかへじてんしゃででかけていったふたりのおんなのこ 「チリとチリリ うみのおはなし」 どいかや作 アリス館 2004年11月

チリとチリリ
もりのなかへじてんしゃででかけていったふたりのおんなのこ 「チリとチリリ」 どいかや作 アリス館 2003年5月

チリン
うさぎのモモッチのおともだちでなんでもがんばるりすのおんなのこ 「たんじょうびのおきゃくさま」 松岡節作;いもとようこ絵 ひかりのくに 2002年10月

ちりん
あかいやねとみどりのしばふがきれいなうちにかわれている六さいのぷーどる 「ぽんちとちりん」 志茂田景樹作;柴崎るり子絵 KIBA BOOK(よい子に読み聞かせ隊の絵本5) 2000年10月

ちる

チル
ことりがだいすきなさいのゴンととくになかよしだったことり「さいのゴンはとりがすき」武井博作;なかしま潔絵 フレーベル館(おはなしえほん11) 1987年1月

チロ
もりのみんながあそんでくれなくなったこびと「ともだちほしいな」まつやかずえ作・絵 タリーズコーヒージャパン 2006年2月

チロ
富士山のすそののもりのなかにすむひめねずみ「富士山とひめねずみのチロ」やなぎはらまさこ作・絵 PHP研究所(PHPにこにこえほん) 2000年12月

チロ
にちようびにだいすけのママがママをおやすみにしてかわりにママになったいぬ「とりかえっこのにちようび」いそみゆき作・絵 ひさかたチャイルド 1997年8月

チロ
おしろではたらくらんぼうもののブルとなかまたちにいじめられる小さい犬「いじめられっこチロ」武鹿悦子文;いそけんじ絵 ひかりのくに(思いやり絵本シリーズ2) 1994年3月

チワオ
「ぼくがあかんぼうのときからそばにいて14さいのおじいちゃんになったチワワ「さよならチワオ」なりゆきわかこ作;津金愛子絵 ポプラ社(絵本カーニバル9) 2006年5月

ちんちん
たぬきのぱふぱふのなかよし「おなかのいしころ」みやもとただお作 フレーベル館 1996年6月

ちんとんさん
あるやまのおてらにくいしんぼうのおしょうさんといやはったこぞうさん「ふうふうぽんぽんぽん」水谷章三文;杉浦範茂絵 童心社(ぼくとわたしのみんわ絵本) 2000年6月

チンパンジー(ジャーニー)
真夜中の動物園で檻からぬけだしてゴリラの檻にやってきたチンパンジー「さよなら動物園」桂三枝文;黒田征太郎絵 アートン 2006年8月

チンパンジー(ブブディ)
はぐれたママを見つけるために西アフリカ生まれの男の子ガスパといっしょに森をさがしにいったチンパンジーの子ども「森は、どこにあるの?」バンチハル作 くもん出版 2001年12月

【つ】

つき
ようちえんのプールにはいっていたつき「いっしょに およごう おつきさま」立原えりか作;こうのこのみ絵 佼成出版社(園児のすくすく絵本3) 1987年6月

月 つき
ある国にいた昼も夜もいねむりばかりしている月「いねむりのすきな月」石崎正次作・絵 ブックローン出版 1990年11月

つきおか たいぞう(ニカぞう)
てんこうせいでまちのけんこうランドでおしばいをしているおやまのなめかわくにおのクラスのいじわるな男の子 「さらば、ゆきひめ」 宮本忠夫文・絵　童心社(絵本・だいすきおはなし) 2002年7月

月のかけら　つきのかけら
海辺の小さな岩にささやいた月のかけら 「月のかけら」 かんのゆうこ作;みやざきひろかず絵　佼成出版社 2000年4月

つきのこ
つきからおっこちたつきのおとこのこ 「ロッコくん ジュースのまちへ」 にしまきかな作・絵　福音館書店(日本傑作絵本シリーズ) 2001年5月

月の番人　つきのばんにん
ブーブールというピーナツ鳥の母鳥に憧れている月の番人 「ピーナツ鳥が飛ぶ夜」 山岸カフェ絵;鍬本良太郎文　新潮社 2002年11月

月の姫(姫)　つきのひめ(ひめ)
竹とりのおきなが切った天をつく竹の中から生まれた赤んぼうで三月でまばゆいほどうつくしいむすめにそだった姫 「月の姫」 おのちよ作　冨山房 1993年10月

月のみはりばん　つきのみはりばん
きょうはまんまるお月さまをそらにうかべなければならないのでそのしたくにおおいそがしの月のみはりばんたち 「月のみはりばん」 とりごえまり作・絵　偕成社 1996年10月

ツグミくん
富士山がすきになってまいおりてきたわたりどりのツグミ 「富士山とひめねずみのチロ」 やなぎはらまさこ作・絵　PHP研究所(PHPにこにこえほん) 2000年12月

つちがえるくん
きれいでめずらしいものをあまがえるくんとどうじにみつけてひっぱりはじめたつちがえるくん 「はなすもんか!」 宮西達也作・絵　鈴木出版(チューリップえほんシリーズ) 1997年11月

土神　つちがみ
一本木の野原に立つきれいな女の樺の木に心を惹かれていた二人の友達の一人の粗野で乱暴な土地の神 「土神と狐」 宮沢賢治作;中村道雄絵　偕成社(日本の童話名作選) 1994年12月

つちぶた
アフリカのそうげんでひるまはつちにあなほってそこでじっとしていてよるになったらそとへさんぽにでかけるつちぶた 「つちぶたくん」 牧野雯作　小峰書店(えほん・こどもとともに) 2000年6月

ツチブタくん
ネズミのともだちのツチブタくん 「ねえ ツチブタくん」 木坂涼文;いちかわようこ絵　朔北社 2004年12月

土ん子さま　つちんこさま
土がすきで木がすきで草がすきでそのうえ子どもが大すきな小人さま 「土ん子さま」 山本斐子作;野村邦夫絵　佼成出版社(創作民話絵本) 1991年7月

ツッチー
イルカのラッキーの大好きなトレーナーの土屋くん 「ぼく、イルカのラッキー」 越水利江子作;福武忍絵　毎日新聞社 2006年12月

つつみ

ツツミさん
ひろいのはらのいいかおりのするしげみのなかにあったしげみむらにむしさんたちみんなとすんでいたおとしぶみ 「しげみむら おいしいむら」 カズコ・G・ストーン作 福音館書店（こどものとも傑作集） 2004年3月

ツーティ
熱帯の森にすむハナグマの子 「ツーティのちいさなぼうけん」 松岡達英絵；越智典子文 偕成社（ハナグマの森のものがたり） 1999年7月

ツトム
ふるどうぐやさんでかったブリキのボンネットバスにのってよなかのまちへでていったおとこのこ 「ツトムとまほうのバス」 にしかわおさむ作・絵 教育画劇（のりものえほん5） 1995年5月

ツトム
サメジマせんちょうと大だこマストンとなかよしのおとこのこ 「大だこマストンとかいぞくせんのたから」 にしかわおさむ文・絵 ぎょうせい（そうさくえほん館7-空想の世界であそぼう） 1992年8月

ツトム
はくぶつかんのこどものミイラとともだちになったおとこのこ 「ミイラくんあそぼうよ」 にしかわおさむ作・絵 PHP研究所（わたしのえほん） 2006年12月

ツトム君　つとむくん
沖縄の盆おどりエイサーを勇ましくおどり歩く東里村青年団の人気ものの小学二年生 「エイサーガーエー おきなわのえほん」 儀間比呂志文・絵 ルック 2004年9月

ツトムちゃん
よるパジャマにきがえているとふしぎなものがあそびにくるおとこのこ 「ぼくがパジャマにきがえていると」 にしかわおさむ作・絵 PHP研究所（PHPわたしのえほんシリーズ） 1999年11月

ツートン
ネコのラジオ局のプロデューサーでシロとクロのツートンのネコ 「ネコのラジオ局」 南部和也作；とりごえまり絵 教育画劇 2004年9月

常雄さん　つねおさん
北海道の砂で埋まったえりもの浜に五十年という年月をかけて森をよみがえらせたコンブ漁師たちの一人 「よみがえれ、えりもの森」 本木洋子文；高田三郎絵 新日本出版社 2003年9月

つねきち
けがをしたごんべえさんのためににじにばけたきつね 「にじのきつね」 さくらともこ作；島田コージ絵 ポプラ社（えほんとなかよし9） 1991年7月

つねこ
きつねがばけたたっきゅうびんやさんのばけかたみならい 「うみねこいわてのたっきゅうびん」 関根榮一文；横溝英一絵 小峰書店（のりものえほん） 1990年10月

ツネ子　つねこ
ある夜更けに山んどの一軒屋の仕立屋のおばあさんを訪ねてきて花嫁衣裳を仕立ててほしいと頼んだ母娘の狐の娘の狐 「狐の振袖」 山本ふさこ文；ワイルズ一美絵 アスラン書房 2005年11月

つねさん
十ねんまえにかじでおくさんをなくしていらいひのようじんのよまわりをはじめるようになっただいくさん「こぎつねのおねがい」鈴木清子作;ふりやかよこ絵　文研出版（えほんのもり31）1996年9月

常世　つねよ
上野の国は佐野の里で大雪のなか一夜の宿をたのんだ修行僧を秘蔵の鉢の木を薪がわりにもやしてもてなしたあるじ「鉢の木」たかしよいち文;石倉欣二絵　ポプラ社（日本の物語絵本16）2005年11月

つのたくん
ひっこしてきたばかりのはずかしがりやのさいのおとこのこ「つのたくんのともだちできたよ」なかがわみちこ作　童心社　2005年8月

つのたくん
うさぎのうーちゃんとなかよしのさいのおとこのこ「つのたくんのなかなおり」なかがわみちこ作　童心社　2005年9月

つばきひめ
うたがうまいもりのおひめさま「アンパンマンとつばきひめ」やなせたかし作・絵　フレーベル館（アンパンマンのふしぎなくに2）1990年6月

つばめ
おじいさんにたすけてもらったおんがえしにすいかのたねをおとしていったつばめ「つばめのおんがえし」かわだあゆこ再話;きづきすみよし絵　アスラン書房（心の絵本）2002年11月

ツバメ（ビジュー）
アフリカでふゆをすごしてうまれたくにへかえってきたオスのツバメ「ビジューとフルール－つばめたちのきせつ」亀岡亜希子作・絵　教育画劇　2005年6月

ツバメ（フルール）
オスのツバメのビジューといっしょにすづくりをしたメスのツバメ「ビジューとフルール－つばめたちのきせつ」亀岡亜希子作・絵　教育画劇　2005年6月

ツピティ
おとうさんやおかあさんのいうことをきかずにいえでしてしまったきかんぼひよこ「いやだいやだのきかんぼひよこ」かこさとし作　偕成社（かこさとし　おたのしみえほん1）1988年11月

つぶ
いばりんぼうのでっかい赤ぎつねとはしりっこした田んぼのつぶ「つぶときつねのはしりっこ」いしだとしこ文;みやじまともみ絵　アスラン書房　2005年4月

つぶたくん
まめうしのともだちのまめつぶくらいのちいさなこぶた「まめうしとつぶた」あきやまただし作・絵　PHP研究所（PHPわたしのえほんシリーズ）1999年3月

つぶたくん
まめうしのともだちのまめつぶくらいのちいさなこぶた「まめうしのまんまるいふゆ」あきやまただし作・絵　PHP研究所（PHPわたしのえほんシリーズ）2005年12月

つぶら
とりのドリルがひろってこっそりそだてることにしたちいさいりゅう「つぶらさん」菅野由貴子作・絵　ポプラ社（絵本のおもちゃばこ）2006年10月

つぼみ

つぼみ
うまやのまどのそとにはえていて花になるのをまっていたなたねのつぼみたち 「うまやのそばのなたね」 新美南吉作;かみやしん絵;保坂重政編 にっけん教育出版社 2001年12月

つぼみちゃん
森にまよいこんだどんな動物もいくつものこだまにおびえてちからつきてしまうという声の森というおそろしい森から生きてかえってきた小さな女の子 「声の森」 安房直子作;ひろかわさえこ絵 偕成社 2006年5月

つや
学校からかえって工事げんばのしごとばからもどってくるとうちゃんをまっているおんなのこ 「とうちゃん、おかえり」 村中李衣作;あべ弘士絵 ポプラ社 2005年8月

つる
きこりのわかものにいのちをたすけてもらったおれいにむすめのすがたになってよめさまになりじぶんのはねでぬのをおったつる 「つるのおんがえし」 櫻井美紀文;朝倉めぐみ絵 世界文化社(ワンダー民話館) 2005年11月

ツル
ハンセン病にかかって6才で療養所に入れられた宮古島の女の子、タケシの妹 「ツルとタケシ-沖縄へいくさ物語 宮古島編」 儀間比呂志著 清風堂書店 2005年9月

つる
ゆきのひにおじいさんにたすけてもらったおんがえしにむすめのすがたになっていえにやってきてうつくしいぬのをおってくれたつる 「つるのおんがえし」 長谷川摂子文;ながさわまさこ絵 岩波書店(てのひらむかしばなし) 2004年10月

つる
「おれはこのよのなかでいちばんおおきいのさ」といつもじまんしていたおおきなつる 「おおきさくらべ」 川村たかし文;遠山繁年画 教育画劇(日本の民話えほん) 2003年8月

つる
ゆきの日にじいにたすけてもらったおんがえしにむすめのすがたになってうちにきてじぶんのわた毛をぬいてはたをおったつる 「つるのおんがえし」 宮川ひろ作;太田大八絵 にっけん教育出版社 2003年10月

つる
おじいさんにたすけてもらったおんがえしにむすめのすがたになってやってきてじぶんのはねをぬいてははた織りをしたいち羽のつる 「つるのおんがえし」 アルノルフィーナ再話・絵 教育社 1994年12月

つる
わたりのちょくぜんにはねをいためたメスづるにオスづるがよりそってかんびょうしてやがてそろってたびだったつるのふうふ 「いちどいっしょ いつまでもいっしょ」 みやかわけんじ作;むらおかみか絵;さいだやすこ訳 新世研 2001年8月

つる
かめをせなかにのせてやってそらをとんだつる 「つるとかめ 日本民話」 梶山俊夫絵 鈴木出版(たんぽぽえほんシリーズ) 1989年5月

ツル(カララ)
モンゴルの草原でキツネにおそわれた若いアネハヅルの群れの一羽 「風切る翼」 木村裕一作;黒田征太郎絵 講談社 2002年9月

ツル（クルル）
モンゴルの草原でキツネにおそわれた若いアネハヅルの群れの一羽 「風切る翼」 木村裕一作；黒田征太郎絵 講談社 2002年9月

つる（たんちょうづる）
しつげんに生きるたんちょうづるのふうふ 「たんちょうづるのそら」 手島圭三郎作・絵 リブリオ出版（版画絵本-極寒に生きる生きものたち） 1998年12月

ツルイワタケ
ほっかいどうのつるいむらにあるたなかぼくじょうでこうまをうんですぐにかじでやけしんだうま 「なくな！ツルイワカタケ」 長谷川知子絵；ひろたみを文 講談社（どうぶつノンフィクションえほん） 2001年3月

つるちゃん
沖縄の戦争で南へ南へとにげて家族みんなが死んでひとりになってしまった七歳の女の子 「おきなわ・メッセージ つるちゃん」 金城明美文・絵 絵本『つるちゃん』を出版する会 1997年4月

つんつくせんせい
つんつくえんのみんなをつれてやまのいえにいこうとしてくまのつんくまえんのやまのいえにいってしまったせんせい 「つんつくせんせいとつんくまえんのくま」 たかどのほうこ作・絵 フレーベル館（えほんあらかると7） 2002年1月

つんつくせんせい
とんがりぼうしをつくってかぶってさんぽにでかけたつんつくえんのせんせい 「つんつくせんせいととんがりぼうし」 たかどのほうこ作・絵 フレーベル館（えほんあらかると6） 2002年1月

つんつくせんせい
つんつくえんのみんなをつれてまっかなりんごがなったおかのてっぺんのりんごのきのところまででかけていったせんせい 「つんつくせんせいとふしぎなりんご」 たかどのほうこ作・絵 フレーベル館（えほんあらかると8） 2002年9月

つんつくせんせい
どうぶつえんのどうぶつたちのわるくちをいうのでどうぶつたちにきらわれていたつんつくえんのせんせい 「つんつくせんせい どうぶつえんにいく」 たかどのほうこ作・絵 フレーベル館 1998年9月

つんつくせんせい
つんつくえんのみんなとさんぽにでかけてあるいてきたかめとばったりであったせんせい 「つんつくせんせい かめにのる」 たかどのほうこ作・絵 フレーベル館 2005年6月

【て】

て　て
ずっとずっとずうっとむかしせかいがすなとつちばかりだったときくもをつきぬけてあらわれたおおきなおおきなおおきなて 「おおきな おおきな おおきなて」 藤森久士作；中村英良撮影 福武書店 1987年2月

ディアギレフ
生まれた村へ帰る兵士のニジンスキーのところに老人にばけてやってきた悪魔 「兵士の物語」 中原佑介文；山本容子絵 評論社 1992年9月

ティコ(少女)　ていこ(しょうじょ)
地面に降りてきた月の光の中でブランコをしている少女　「月光公園」東逸子絵；宙野素子文　三起商行　1993年11月

デイジー
るすばんをしていてソファーのうえでねむってしまったおんなのこをぬいぐるみの森へつれていったぬいぐるみたちのにんぎょう　「ソファーのうえで」川端誠作・絵　講談社(講談社の創作絵本)　1991年7月

ティム
人間の女の子になった人魚のニーナと友だちになった村の子ども　「ニーナのねがい み〜んなともだち」木田真穂子文；竹内永理亜絵　フォーラム・A　2002年8月

ティモシー
ふたごのねずみのこども　「ティモシーとサラともりのようせい－ティモシーとサラのえほん9」芭蕉みどり作・絵　ポプラ社(えほんとなかよし)　2005年8月

ティモシー
ふたごのねずみのこども　「はながさくころに」芭蕉みどり作・絵　ポプラ社(ティモシーとサラの絵本8)　2004年4月

ティモシー
ふたごののねずみのこども　「ティモシーとサラとたからのちず」芭蕉みどり作・絵　ポプラ社(えほんとなかよし)　2002年4月

ティモシー
ふたごのねずみのこども　「ティモシーとサラのとりかえっこ」芭蕉みどり作・絵　ポプラ社(えほんとなかよし61)　2000年10月

ティモシー
ふたごのねずみのこども　「なないろのキャンディー」芭蕉みどり作・絵　ポプラ社(ティモシーとサラの絵本8)　2004年4月

ティモシー
ふたごのねずみのこども　「まほうつかいがやってきた」芭蕉みどり作・絵　ポプラ社(ティモシーとサラの絵本7)　1999年1月

ティモシー
ふたごのねずみのこども　「ティモシーのたからもの」芭蕉みどり作・絵　ポプラ社(ティモシーとサラの絵本6)　1999年1月

ティモシー
ふたごののねずみのこども　「ティモシーとサラときのおうち－ティモシーとサラのえほん6」芭蕉みどり作・絵　ポプラ社(えほんとなかよし52)　1997年12月

ティモシー
ふたごのねずみのこども　「ティモシーとサラのパーティー」芭蕉みどり作・絵　ポプラ社(えほんとなかよし35)　1995年7月

ティモシー
ふたごののねずみのこども　「おじいちゃんのいす」芭蕉みどり作・絵　ポプラ社(ティモシーとサラの絵本4)　1994年7月

ティモシー
ふたごののねずみのこども 「サラのやくそく」 芭蕉みどり作・絵 ポプラ社(ティモシーとサラの絵本5) 1994年7月

ティモシー
ふたごのねずみのこども 「ティモシーとサラのピクニック」 芭蕉みどり作・絵 ポプラ社(えほんとなかよし23) 1993年11月

ティモシー
ふたごのねずみのこども 「チューリップのにわ」 芭蕉みどり作 ポプラ社(ティモシーとサラの絵本1) 1992年11月

ティモシー
ふたごのねずみのこども 「おばあちゃんのかぼちゃパイ」 芭蕉みどり作・絵 ポプラ社(ティモシーとサラの絵本1) 1992年11月

ティモシー
ふたごのねずみのこども 「ゆうびんやさんのオーケストラ」 芭蕉みどり作・絵 ポプラ社(ティモシーとサラの絵本2) 1992年11月

ティモシー
ふたごののねずみのこども 「ふゆのよるのおくりもの」 芭蕉みどり作・絵 ポプラ社(ポプラ社のよみきかせ大型絵本) 2004年11月;ポプラ社(えほんとなかよし6-ティモシーとサラのえほん) 1990年11月

ティモシー
ふたごののねずみのこども 「おたんじょうびのおくりもの」 芭蕉みどり作・絵 ポプラ社(えほんとなかよし1-ティモシーとサラのえほん1) 1989年11月

ティモシー
ふたごののねずみのこども 「ティモシーとサラとデイジーさん」 芭蕉みどり作・絵 ポプラ社(えほんとなかよし65) 2006年11月

ティラノサウルス
うみにしずんだときにたすけてくれたエラスモサウルスとともだちになったティラノサウルス 「きみはほんとうにステキだね」 宮西達也作・絵 ポプラ社(絵本の時間41) 2004年9月

ティラノサウルス
けがをしてきょうりゅうプテラノドンのこにたすけてもらったあばれんぼうのティラノサウルス 「おれはティラノサウルスだ」 宮西達也作・絵 ポプラ社(絵本の時間36) 2004年1月

ティラノサウルス
マイアサウラのおかあさんにそだてられたティラノサウルスのこどものハートがはやしであったティラノサウルスのおじさん 「あなたをずっとずっとあいしてる」 宮西達也作・絵 ポプラ社(絵本の時間44) 2006年1月

ティラノサウルス
ひとりぼっちであるいていたアンキロサウルスのあかちゃんにとびかかろうとしたティラノサウルス 「おまえうまそうだな」 宮西達也作・絵 ポプラ社(ポプラ社のよみきかせ大型絵本) 2006年4月;ポプラ社(絵本の時間23) 2003年3月

ティラノサウルス
としをとってしっぽをかまれるけがをしたときにトリケラトプスのこどもにあったティラノサウルス 「ぼくにもそのあいをください」 宮西達也作・絵 ポプラ社(絵本の時間) 2006年10月

ティラノ大王　てぃらのだいおう
新天地にやってきた巨大な恐竜ティラノサウルスのティラノ軍団をひきいる大王「恐竜トリケラトプスと恐怖の大王 ティラノ軍団とたたかう巻」黒川みつひろ作・絵　小峰書店（たたかう恐竜たち）2002年3月

ティラン
今から6500万年前のアメリカ大陸で生活していた肉食恐竜ティラノサウルスの家族のやんちゃな男の子「ティラノサウルス物語」五来徹絵・文　新風舎　2003年8月

ティン
ライオンのクラリの友だちで空からおちてきたタマゴからうまれた鳥「クラリとティン」野村辰寿著　主婦と生活社　2004年5月

デカタン
アフリカの森にすむたけのこがだいすきなジャンボゴリラ「ジャンボゴリラとたけのこ」こやま峰子文；渡辺あきお絵　ほるぷ出版　1988年6月

でこちゃん
にちようびにかみのけをきってもらっておでこがはずかしくなったおんなのこ「でこちゃん」つちだのぶこ作・絵　PHP研究所（わたしのえほん）2000年1月

でこちゃん
ほんとうはてこちゃんというなまえのおでこのおんなのこ「でこちゃんとらすたくん」つちだのぶこ作・絵　PHP研究所（わたしのえほん）2001年10月

テコリンちゃん
なにごとにも好奇心をもって楽しんでしまうへんてこりんな女の子「テコリンちゃんとアイスクリーム」古内ヨシ作　フレーベル館（テコリンちゃん2）1996年4月

テコリンちゃん
なにごとにも好奇心をもって楽しんでしまうへんてこりんな女の子「テコリンちゃんとピエロ」古内ヨシ作　フレーベル館（テコリンちゃん1）1996年4月

てじ
あるやまのむらにすんでいたもくべえどんとおはなさんというわかいふうふにそだてられたてがまっしろなふしぎなさるのこ「てじろのさる」もちたにやすこ文；かさいまり絵　にっけん教育出版社　1999年1月

てじなし（おじさん）
こうえんにいたふたりにてじなをみせてくれたふしぎなおじさん「ふしぎなおじさん」谷内こうた絵・文　講談社（講談社の創作絵本）1997年9月

デジャ・ヴ
今は空き家になったホテルの新客の猫「夜猫ホテル」舟崎克彦文；落田洋子画　ウオカーズカンパニー　1989年12月

鉄　てつ
まちのはずれにある鉄くずおきばにあったもうやくにたたなくなった鉄たち「鉄のおもいで」篠原勝之作・絵　講談社　1997年7月

てっちゃん
アイスクリームを3つたべてママにおこられていえでしたおとこのこ「ぼくいえでするんだい」にしむらひろみ作；末崎茂樹絵　佼成出版社（創作絵本シリーズ）1989年9月

てっちゃん
はじめてのかていほうもんでだいすきなおんなのせんせいがうちにきてくれることになっている小学2年生のおとこのこ 「はじめてのかていほうもん」 福田岩緒作・絵　ポプラ社(えほんはともだち21)　1992年6月

てつなべじいちゃん
おなべちゃんのおじいちゃん 「でんきがまちゃんとおなべちゃん」 長野ヒデ子著　学習研究社(学研おはなし絵本)　2006年7月

デップおじさん
青い蜂のブルー・ビーのだいすきなあまい蜜がある青い花をそだてているおじさん 「ブルー・ビー」 葉山祥鼎作；TEI絵　作品社　2004年7月

テテ
つよいかぜにとばされていったなかよしのナナをさがしにいったてんとうむしのこ 「てんとうむし どーこ？」 得田之久作　童心社(とびだす虫のえほん)　2004年5月

ててっこうじ
わかい女にばけてびんぼうな男のにょうぼうになった山のきつねがうんだ男の子 「きつねにょうぼう」 長谷川摂子再話；片山健絵　福音館書店(日本傑作絵本シリーズ)　1997年12月

テト
森の奥ふかくにくらしているサンタクロースの兄弟のおとうと 「ブラザーサンタ」 小林ゆき子作・絵　岩崎書店(カラフルえほん12)　2005年10月

てぶくろくん
ゆびさきのけいとをどうぶつたちにわけてあげたてぶくろ 「てぶくろくん」 林ふみこ作；中村有希絵　フレーベル館(げんきわくわくえほん)　1998年2月

テムテム
バナナしかたべないワニらしくないワニ 「テムテムとなまえのないウサギ」 坂本のこ作；山田真奈未絵　ブックローン出版　1996年12月

テラシマくん
ひょんなことで小さな池にすんでいるナマズくんと知りあったカンガルウ 「テラシマくんのやさしい失敗」 所ジョージ絵・文　シンコー・ミュージック　1989年6月

テラシマくん
ちょっぴり好奇心が強いからいつでもちょっと勇み足のカンガルウ 「テラシマくんはカンガルウ」 所ジョージ絵・文　シンコー・ミュージック　1988年3月

テラシマくん
今日もブラブラ歩いていたこれといったしごとはないカンガルウ 「はたらくテラシマくん」 所ジョージ絵・文　シンコー・ミュージック(テラシマくんはカンガルウ2)　1988年12月

照子さん　てるこさん
八月六日広島に落とされた原子爆弾で家族を亡くしたとうちゃんの小学校四年の娘 「とうちゃんの涙」 下村仁一作・絵　汐文社(原爆絵本シリーズ4)　1989年4月

テルテル大王　てるてるだいおう
あしたは遠足にいく「ぼく」がつくったテルテルぼうずのおとうさん 「おこったテルテル大王」 中野幸隆作；宮本忠夫絵　ウオカーズカンパニー(創作絵本シリーズ)　1989年11月

てるり
　てるり
　ばけもののおとこのこのごるりのいもうと 「ぴちゃりちゃんうまれたよ」 松居スーザン文；堀川真絵　童心社（絵本・ちいさななかまたち）1999年6月

　てるり
　ばけもののおとこのこのごるりのいもうと 「ちいさなごるり」 松居スーザン文；堀川真絵　童心社（絵本・ちいさななかまたち）1996年11月

　テルル
　三人の男の子たちにいじめられていたエイズの男の子 「キリンのキリコ」 いのうえゆみこ文；さとうゆみ絵　構造社出版　1998年5月

　テレビさん
　おともだちがたくさんいるテレビさん 「テレビさんのおともだち」 五味太郎作　ブロンズ新社　2005年6月

　テン
　きょうりゅうがだいすきなベイナスおじさんとタマネギぼうやにつれられてきょうりゅうのくにへやってきたいぬ 「きょうりゅうチャンピオンはだあれ？」 多田ヒロシ作；冨田幸光監修　教育画劇（きょうりゅうだいすき！）1999年7月

　てん
　てんでみんなじぶんかってでめだちがりやでねんがらねんじゅうわめいていたてんたち 「まるで てんで すみません」 佐野洋子文；長新太絵　偕成社　2006年9月

　テン
　かげが10こもあっていつもじまんしていたうぬぼれやのとかげ 「とかげの テン」 近藤薫美子作・絵　ひさかたチャイルド　1989年2月

　デン
　たかしがこうえんからつれてきていえでかってもいいことになったすていぬ 「げんこのキモチ」 礒みゆき作・絵　ポプラ社（絵本のおもちゃばこ8）2005年6月

　でんきがまちゃん
　おなべちゃんととってもなかよしのでんきがまちゃん 「でんきがまちゃんとおなべちゃん」 長野ヒデ子著　学習研究社（学研おはなし絵本）2006年7月

　でんきちおじさん
　しでんのうんてんしゅになってしでんがなくなるひにはなでんしゃをうんてんしたおじさん 「はしれぼくらのしでんたち」 長崎源之助作；村上勉絵　偕成社（のりものストーリー7）1987年5月

　てんぐ
　ひこいちというちえのはたらくおとこにだまされててんぐのたからもののかくれみのをとられたこどものてんぐ 「てんぐのかくれみの」 さねとうあきら文；赤坂三好絵　世界文化社（ワンダー民話館）2005年11月

　てんぐ
　もんたというわかものにだまされててんぐのはうちわとざるをとりかえたてんぐ 「てんぐのはうちわ」 香山美子文；長新太画　教育画劇（日本の民話えほん）2000年3月

　てんぐ
　そらからおちてきたひかったたまごのなかからでてきたてんぐのこ 「てんぐさてんぐ」 せなけいこ作　童心社（せなけいこ・おばけえほん）1994年5月

てんぐ
せんにんからそらをとんでいってこめをもらってくるふしぎなはちをかしてもらったとなりのやまのてんぐ 「そらとぶはちの物語」 馬場のぼる著 童心社 1992年2月

てんぐ
そんしたくんがはたけでそだてたおおきなおいもをもっていったてんぐ 「そんしたくんの はなし」 さとうわきこ作 文研出版（えほんのもり18） 1991年9月

てんぐ
いけのりゅうをさらっていわのすきまにとじこめたいわやまのてんぐ 「さらわれたりゅう」 沼野正子作 福音館書店 1994年1月

てんぐ
山の中やお寺の境内や村はずれのふるい大木にすんでいるてんぐ 「てんぐ」 西本鶏介文;赤坂三好絵 佼成出版社（絵本メルヘン博物館シリーズ） 1996年7月

てんぐ（たろう）
こいぬのひなとあそんだてんぐ 「ひなとてんぐ」 瀬川康男作 童心社（こいぬのひな1） 2004年10月

てんぐ（のっぽとちび）
おおてんぐのめんをかぶったいぞうにだまされてみせものにされたのんきなのっぽとちびのてんぐ 「のっぽてんぐとちびてんぐ」 川村たかし作・文;村上豊絵 文研出版（ジョイフルえほん傑作集5） 1995年1月

てんぐちゃん
山のなかの池のそばにあった家にひとりですんでいたおばあさんがかったばく 「てんぐちゃん」 今江祥智文;宇野亜喜良絵 偕成社（日本の絵本） 2003年1月

てんぐちゃん
とおくはなれたむらのやしろまでおまつりをみにいったてんぐちゃん 「てんぐちゃんのおまつり」 もりやまみやこ作;かわかみたかこ絵 理論社 2006年11月

天鼓　てんこ
中国にいた子どもがいない夫婦がほとけさまにお願いをして天から鼓がふってきたゆめを見たあとに生まれてきた男の子 「天鼓－天からふってきた鼓」 片山清司文;小田切恵子絵 BL出版（能の絵本） 2005年5月

でんごろう
まめみそづくりの八丁村でやくざとみそやのふたまたかぎょうをしているわるいおやぶん 「ねぎぼうずのあさたろう その6」 飯野和好作 福音館書店（日本傑作絵本シリーズ） 2006年11月

てんし
おるすばんをしているとあらわれたこまったかおのてんしのおとこのこ 「てんしのおとしもの」 藤田ひおこ作・絵 PHP研究所（わたしのえほん） 1997年10月

天使　てんし
天国から地上にまいおりて神さまとの約束をわすれてひつじ飼いの娘のまえにすがたをあらわしてしまった一人の天使 「ほたるになった天使」 かんのゆうこ文;たなか鮎子絵 講談社（講談社の創作絵本） 2005年9月

てんしちゃん
てんしをやめることにしていえでをしたてんしのおんなのこ 「てんしちゃん」 石井睦美作;南塚直子画 小学館（おひさまのほん） 2005年12月

てんじ

でんしゃ
ガタンガタンゴトンゴトンのんびりはしるにこにこでんしゃ 「にこにこでんしゃ」 ふくだすぐる著　岩崎書店(カラフルえほん20)　2006年8月

天神さん　てんじんさん
日本中から大阪の天満の天神さんにきた一万一千八十八人の天神さん 「なんででんねん天満はん－天神祭」 今江祥智文；長新太絵　童心社　2003年6月

電信柱　でんしんばしら
夜になって町の中を独りでぶらぶら外を歩くのが好きな一人の妙な男といっしょに散歩した電信柱 「電信柱と妙な男」 小川未明作；石井聖岳絵　架空社　2004年7月

てんちゃん
はこからだされてこてんでちゃわんやはないれやみずさしのきょうだいたちとあったちゃわん 「わすれないよおとうさんのことば」 村上昭美文；どいかや絵　文渓堂　2001年9月

でんでん
ぼうしやさんのでんでんむし 「でんでんのぼうしやさん」 藤本ともひこ作・絵　教育画劇　2003年7月

てんてんちゃん
のはらであそんでいてかなへびにたべられそうになったてんとうむし 「てんとうむしのてんてんちゃん」 高家博成；仲川道子作　童心社　1999年6月

てんとうむし
からだからおれんじいろのみずをだしてこがねぐもをたいさんてんとうむしたち 「とべないほたる7」 小沢昭巳原作；関重信絵　ハート出版　2000年12月

てんとうむし(スポッキー)
青いもようのついたうつくしいハチのブルー・ビーの友だちのてんとうむし 「ブルー・ビーとまほうのとびら」 はやましょうてい作；テイジ絵　学習研究社　2006年3月

てんとうむし(テテ)
つよいかぜにとばされていったなかよしのナナをさがしにいったてんとうむしのこ 「てんとうむし どーこ？」 得田之久作　童心社(とびだす虫のえほん)　2004年5月

てんとうむし(てんてんちゃん)
のはらであそんでいてかなへびにたべられそうになったてんとうむし 「てんとうむしのてんてんちゃん」 高家博成；仲川道子作　童心社　1999年6月

てんとうむし(とん)
すいかずらのしげみからありまきのおいしそうなにおいがしてきてちかづいていったてんとうむし 「てんとうむしのとん」 得田之久作　福音館書店　1996年1月

てんとうむし(ナナ)
つよいかぜにとばされていったてんとうむしのこ 「てんとうむし どーこ？」 得田之久作　童心社(とびだす虫のえほん)　2004年5月

テントウムシ(マルメロ)
ながい旅をしているひげのテントウムシ 「マルメロ－この星のどこか森のはずれで」 はらだたけひで作　岩波書店　2004年11月

天女　てんにょ
水あびをするために地上にまいおりてきたがみかるという若者にはごろもをかくされて天にかえれなくなってみかるといっしょにくらすようになった天女「天人女房」立原えりか文；清水耕蔵絵　ポプラ社（日本の物語絵本5）　2003年11月

天女　てんにょ
天からおりて山おくのいけで水あびをしていてわかい木こりにはごろもをうばわれ天のくにへかえることができなくなって木こりのおよめさんになった天女「天人にょうぼう」谷真介文；赤坂三好絵　佼成出版社（行事むかしむかし 7月 七夕のはなし）　1991年6月

てんにん
やまのいけでみずあびをしておってひゃくしょうのそうすけにはごろもをぬすまれたてんにん「てんにんのはごろも」堀尾青史文；朝倉摂絵　岩崎書店（復刊・日本の名作絵本10）　2002年4月

てんにんにょうぼう
てんからおりてきてふえのじょうずなわかもののかかさまになったうつくしいあねさま「てんにんにょうぼう」渡辺節子文；梅田俊作絵　童心社（ぼくとわたしのみんわ絵本）　2000年7月

天王屋図夫六（図夫六）　てんのうやずぶろく（ずぶろく）
50さいになったとき冒険の旅に出てたくさんのめずらしい生きものたちに出あった人「ずぶろく園2」みやざきひろかず作　BL出版　2005年4月

天王屋図夫六（図夫六）　てんのうやずぶろく（ずぶろく）
50さいになったとき冒険の旅に出てたくさんのめずらしい生きものたちに出あった人「ずぶろく園」みやさきひろかず作　BL出版　2003年7月

【と】

ドゥ
なかよしのおやこペンギンのこども「おやこペンギンジェイとドゥ」片平直樹作；高畠純絵　ひさかたチャイルド　2005年5月

トゥイ
お母さんやお父さんとたんぼの仕事をするだいじなはたらき手でいそがしいので学校にはいけないベトナムの村の少女「夢につばさを−世界中の子どもたちに」こやま峰子作；葉祥明絵；リッキー・ニノミヤ英訳　金の星社　1997年12月

トゥインクル
星になるためにちじょうにおちた七つの星のかけらをもとめてたびだった星のこども「トゥインクルと森のまおう」岩田直己著　角川書店（星くずぼうやのぼうけんりょこう）　1994年8月

トゥインクル
星に生まれたのにひかることができなくてながれ星のかけらをもとめてちじょうにおりてきた星の子ども「星くずぼうやぼうやのぼうけんりょこう−ピーナッツ大せんそう」いわたなおみ著　角川書店　1993年12月

とうがん太郎　とうがんたろう
大きなとうがんからうまれた子で村人をたすけるためにん術をつかい悪い山ぞくに立ちむかっていった男の子「にん者 とうがん太郎」清水達也作；篠崎三朗絵　あかね書房（あかね・新えほんシリーズ11）　2001年12月

とうきち
むかしおったむじなやらうさぎやらをとってまいにちのおまんまをくうておったりょうし 「とうきちとむじな」 松谷みよ子作；村上勉絵 フレーベル館（おはなしえほん15） 1987年7月

とうさん
あるふゆのよるにとどいたはこのなかからことしのつきとほしのたねをとりだしてはたけにまいた「ぼく」のとうさん 「つきとうばん」 藤田雅矢作；梅田俊作絵 教育画劇 2006年6月

とうさん
はえなわぎょせんにのってとおいみなみのうみまでサメをとりにいってかえってきたこうたのとうさん 「とうさんとサメ」 彦一彦絵・文 福武書店 1990年5月

とうさん（くまとうさん）
ゆきの山の中でダウンジャケットをきこんでふくれあがっておしごとをしていたえいがかんとくのとうさん 「くまとうさん」 今江祥智文；村上康成絵 ひくまの出版 1991年11月

藤十郎　とうじゅうろう
備前水島のあみもとで竜王のつかいだというおとこのこに竜宮にあんないをしてもらったりょうし 「銀のつづら」 岩崎京子文；村上豊絵 佼成出版社（民話 こころのふるさとシリーズ） 1989年7月

とうすけさん
タヌキのタンきちとなかよくくらしているちゃみせのばあちゃんのおさななじみ 「こおりはじめます」 しみずみちを作；梶山俊夫絵 佼成出版社（創作絵本シリーズ） 1989年8月

藤造　とうぞう
よほどむかしのこと遠野の村にいたマタギのとうりょう 「ししおどり」 菊池敬一文；井口文秀絵 小峰書店（えほん・こどもとともに） 1987年9月

藤太　とうた
よほどむかしのこと遠野の村にいたマタギのとうりょう藤造のむすこ 「ししおどり」 菊池敬一文；井口文秀絵 小峰書店（えほん・こどもとともに） 1987年9月

とうたろう
せたの大はしの上でりゅうぐうをついほうされたさめ人にであいじぶんのいえのいけにすまわせることにしたわかもの 「さめびとのおんがえし」 ラフカディオ・ハーン原作；はなしまみきこ再話；ふじかわひでゆき絵 新世研 2001年8月

とうちゃん
父子家庭の「ぼく」のとうちゃん 「4こうねんのぼく」 ひぐちともこ作・絵 草炎社（そうえんしゃ・日本のえほん3） 2005年12月

とうちゃん
しきしゃのしごとをしているとうちゃん 「ひとつふたつみっつ」 いまえよしとも文；ちょうしんた絵 BL出版 2002年11月

とうちゃん
いろんなみせのかんばんをかくのがしごとの「ぼく」のとうちゃん 「とうちゃんはかんばんや」 平田昌広作；野村たかあき絵 教育画劇 2005年5月

とうちゃん
せとないかいのいえしまというしまのびょういんにたんしんふにんしているひでおのとうちゃん 「とうちゃんのしま」 関屋敏隆作・絵 フレーベル館（フレーベル館の新秀作絵本4） 1992年7月

とうちゃん
小学校四年の照子さんのとうちゃんで八月六日広島に落とされた原子爆弾で家族を亡くした人 「とうちゃんの涙」 下村仁一作・絵 汐文社(原爆絵本シリーズ4) 1989年4月

とうふこぞう
みこしにゅうどうのまごのばけもの 「とうふこぞう」 せなけいこ作 童心社(せなけいこ・おばけえほん) 2000年6月

どうぶつ
どうぶつえんがしばらくおやすみでうまれこきょうのサバンナへさとがえりをするどうぶつたち 「サバンナ列車」 田中正洋文;原野圭司絵 遊タイム出版 2005年10月

どうぶつ
一がつついたちのあさかみさまのやしきのまえにはやくきたものからいちねんずつとしをやるときいたどうぶつたち 「十二支のはじまり」 長谷川摂子文;山口マオ絵 岩波書店(てのひらむかしばなし) 2004年11月

どうぶつ
せいくらべをしながらおおきくなったらどんなことしたいかはなしてたどうぶつたち 「ぼくがおおきくなったらね」 きたやまようこ作 岩崎書店 1999年8月

どうぶつ
あいさつしてるどうぶつたち 「こんにちは！やあ、げんき？」 わしおとしこ文;藤本四郎絵 童心社(絵本・ふしぎはたのしい) 1998年7月

どうぶつ
ずしーんとなにかがおっこちておどろいたもりじゅうのどうぶつたち 「くるぞくるぞ」 内田麟太郎文;長新太絵 童心社 1988年11月

どうぶつ
道ばたに生えたたった一つの小さなみどりのめを見つけて大切に大切にそだてたどうぶつたち 「どんな 花が さくんだろう」 立原えりか文;門田俊明絵 ひかりのくに(思いやり絵本シリーズ6) 1996年5月

どうぶつ
ふしぎなことをするどうぶつたち 「なにしてルンバ」 斉藤洋おはなし;高畠純絵 フレーベル館 1997年4月

どうぶつ
はらっぱにかおをだしたいっぽんのきのめをみんなでちからをあわせてまもったもりのどうぶつたち 「いっぽんのきのめともりのなかま」 村山庄三文;瀬戸好子絵 ほるぷ出版 1989年3月

遠山 進之介　とおやま・しんのすけ
さらわれていた姫をたすけだし忍者たちにおわれている侍 「風来坊 危機一髪」 川端誠作・絵 ブッククローン出版 1996年12月

とおるくん
ころんでけがをしたおばあちゃんのあるくれんしゅうのおてつだいをしてあげたおとこのこ 「だいすきな おばあちゃん」 香山美子文;福田岩緒絵 女子パウロ会 1991年4月

とおるちゃん
このはる一ねんせいになるけんちゃんとなかよしのひとつとしうえのおとこのこ 「ぼくは一ねんせいだぞ！」 福田岩緒作 童心社(絵本・ちいさななかまたち) 1991年2月

とかげ

トカゲ
あるしまにたったひとりですんでいたとしとったトカゲ 「トカゲのすむしま」 串井てつお作 講談社 1998年6月

とかげ(ちょろりん)
なつやすみにさんぼんいとすぎやまのおじさんのいえにあそびにいったとかげのこ 「ちょろりんと とっけー」 降矢なな作 福音館書店(こどものとも傑作集) 1999年1月

とかげ(ちょろりん)
てがみをだしにおおどおりにやってきてようひんてんのガラスまどにあたかそうなセーターをみつけたとかげのこ 「ちょろりんの すてきなセーター」 降矢なな作・絵 福音館書店(こどものとも傑作集) 1993年3月

とかげ(テン)
かげが10こもあっていつもじまんしていたうぬぼれやのとかげ 「とかげの テン」 近藤薫美子作・絵 ひさかたチャイルド 1989年2月

とかげ(とっけー)
とかげのこちょろりんのおとうと 「ちょろりんと とっけー」 降矢なな作 福音館書店(こどものとも傑作集) 1999年1月

とかげ(とっぺん)
のはらでとけいを見つけたのでとけいあわせてじかんどおりにくらそうとおもったとかげのこ 「とっぺんの とけい」 井上よう子作;永井郁子絵 ひさかたチャイルド 1991年4月

トカゲ(ニニロ)
つちのなかでうごいていたミミズをおとしたしっぽだとおもってしっぽにゆわえたトカゲ 「ニニロのおとしもの」 いとうひろし作 教育画劇(スピカのみんなのえほん15) 1991年10月

トキ
にいがたけんのさどにいるぜつめつがしんぱいされているとり 「とべとべトキたち!」 わしおとしこ文;藤本四郎絵 教育画劇(絵本・ほんとうにあった動物のおはなし) 2002年1月

トキ
あるむらにあったまものがすむという森にやってきたむすめ 「いずみの森のカル」 いしいつとむ作 佑学社 1990年12月

トキ(キン)
さどがしまのたんぼにまよいでてトキほごセンターにうつされたトキ 「トキよおおぞらへ」 国松俊英文;鈴木まもる絵 金の星社(絵本のおくりもの) 2000年6月

トキ(キンちゃん)
ひとりぼっちで田んぼにあらわれて金太郎さんという人からどじょうをもらうようになったトキのこども 「トキのキンちゃん」 いもとようこ作・絵 岩崎書店(レインボーえほん1) 2006年8月

トキ(ユウユウ)
ちゅうごくからさどがしまのトキほごセンターにおくられたトキのふうふからうまれたトキのひな 「トキよおおぞらへ」 国松俊英文;鈴木まもる絵 金の星社(絵本のおくりもの) 2000年6月

ドギマギ
うつくしいおひめさまをみてポーッとなってしまったもりのぬしのまほうつかいのりゅう 「もりのドギマギ」 舟崎克彦文;橋本淳子絵 文渓堂(ぶんけい絵本のひろば2) 1992年5月

ドキン
ばいきんぼしからやってきたあくのなかま 「アンパンマンとドキン」 やなせたかし作・絵 フレーベル館(アンパンマンのぼうけん6) 1988年2月

ドキンちゃん
ばいきんぼしからやってきたあくのなかま、とてもわがままなおんなのこ 「そらとぶえほんとガラスのくつ」 やなせたかし作・絵 フレーベル館(アンパンマン プチシアター) 2006年5月;フレーベル館(それいけ！アンパンマン) 1996年7月

ドキンちゃん
ばいきんぼしからやってきたあくのなかま、とてもわがままなおんなのこ 「アンパンマンとすいこみどり」 やなせたかし作・絵 フレーベル館(アンパンマンメルヘン4) 1991年10月

ドキンちゃん
ばいきんぼしからやってきたあくのなかま、とてもわがままなおんなのこ 「アンパンマンとぱしぱしぱしーん」 やなせたかし作・絵 フレーベル館(アンパンマンのおはなしでてこい9) 1996年4月

ドキンちゃん
ばいきんぼしからやってきたあくのなかま、とてもわがままなおんなのこ 「リリカル☆マジカルまほうのがっこう」 やなせたかし作・絵 フレーベル館(それいけ！アンパンマン) 1994年7月

ドキンちゃん
ばいきんぼしからやってきたあくのなかま、とてもわがままなおんなのこ 「アンパンマンとペンキマン」 やなせたかし作・絵 フレーベル館(アンパンマンメルヘン7) 1992年4月

ドキンちゃん
ばいきんぼしからやってきたあくのなかま、とてもわがままなおんなのこ 「アンパンマンとみみせんせい」 やなせたかし作・絵 フレーベル館(アンパンマンメルヘン1) 1991年4月

ドキンちゃん
ばいきんぼしからやってきたあくのなかま、とてもわがままなおんなのこ 「アンパンマンとドキンちゃんのゆめ」 やなせたかし作・絵 フレーベル館(アンパンマンのおはなしわくわく5) 2002年7月

ドキンちゃん
ばいきんぼしからやってきたあくのなかま、とてもわがままなおんなのこ 「アンパンマンとまりもくん」 やなせたかし作・絵 フレーベル館(アンパンマンのおはなしでてこい6) 1995年7月

ドキンちゃん
ばいきんぼしからやってきたあくのなかま、とてもわがままなおんなのこ 「アンパンマンとかっぱのみず」 やなせたかし作・絵 フレーベル館(アンパンマンメルヘン3) 1991年8月

ドク
せんそうのときアメリカがベトナムじゅうにまいたかれはざいのせいでおなかがつながっていてふたりでひとつのからだでうまれたきょうだいのおとうと 「ベトちゃんドクちゃんからのてがみ」 松谷みよ子文;井口文秀画 童心社 1991年3月

ドクター・ジョン
自動車にひかれたりびょうきになってかいぬしにすてられたりした動物たちを家にひきとって飼っているおいしゃさん 「ドクター・ジョンの動物園」 市川里美作 偕成社 1990年7月

ドクター・ヒヤリ
あくのなかま「アンパンマンのひみつ」やなせたかし作・絵 フレーベル館(アンパンマンのおはなしわくわく1) 1999年7月

とくべえ
てんにのぼるおばけうなぎをつってくものうえまでのぼってきてしもたどろぼう「とくべえとおへそ」桂文我文;田島征彦絵 童心社 2004年5月

とけいくん
まちにすんでいたがサバンナのそうげんをはしるくるまからおっこちためざましどけいのとけいくん「サバンナのとけい」青山邦彦作 講談社(講談社の創作絵本) 2000年12月

トゲトゲぼうや
ともだちがほしくてほしくてたまらなくなったひとりぼっちのハリネズミの子「トゲトゲぼうや」今村葦子作;西村繁男絵 金の星社 2004年10月

トコ
みなみのくにのもりにすむおおきなくちばしのオニオオハシ「トコとグーグーとキキ」村山亜土作;柚木沙弥郎絵 福音館書店(日本傑作絵本シリーズ) 2004年10月

トコ
みなみのうみにうかんでいるトルトルじまというしまにくらしていたとてもいたずらっこのおとこのこ「オンロックがやってくる」小野かおる文・絵 福音館書店(日本傑作絵本シリーズ) 1995年9月

とこちゃん
こうえんでみつけてねこだとおもってライオンをそだてたおんなのこ「とこちゃんのライオン」うちのとくろう文;せとよしこ絵 らくだ出版 1987年11月

とこちゃん
おひさまえんのおばあさんにたのまれてかみをきりにむかったとこやさん「とこちゃんのしゅっちょうひきうけます」かわかみたかこ作・絵 フレーベル館(とこちゃんのえほん2) 2004年7月

とこちゃん
おみせにやってきたおばけのおきゃくさんにしゃんぷーをしたとこやさん「とこちゃんとおばけちゃん」かわかみたかこ作・絵 フレーベル館(とこちゃんのえほん1) 2003年6月

トコちゃん
イプーとなかよしのそとのあそびがにがてなおんなのこ「イプーと空とぶじてんしゃ」片岡道子作;ふじしま青年絵 旺文社(イプーファンタジーワールド) 1999年3月

トコちゃん
せつぶんのばんにおそろしいおにのあまめはぎがいえにきてなきだした村のおんなのこ「トコちゃんとあまめはぎ」鶴見正夫作;福田岩緒絵 ひさかたチャイルド(子どものまつり絵本) 1990年12月

トシ
沖縄戦のとき沖縄島のまん中にあった中城の村にアメリカ軍がやってきて生まれたばかりの赤ちゃんをだっこして逃げたお母さん「ちむどんどん 沖縄戦‒母から命へ」金城明美文・絵 金城明美;那覇出版社発売 1997年5月

としくん
ゆきのうえにうつったスキーをおしえてもらってかげにあやつられてどこまでもすべっていったおとこのこ 「スキーだ やっほう」 よしもとそう作・絵 PHP研究所（PHPわたしのえほんシリーズ） 1990年11月

杜子春　とししゅん
もとは金持ちの息子だったが今は財産をつかいつくしてあわれな身分になっている若者 「杜子春」 芥川龍之介作；藤川秀之絵　新世研　2003年12月

どじょう
かわのなかのうんどうかいにあつまったどじょう 「かわのなかのうんどうかい」 今井鑑三作；山戸亮子絵　文渓堂　2001年8月

トス
たけしがそらにむかってふいていたふえをきいていたかざぐも 「たけしのくも」 木虎徹雄作・絵　福武書店　1992年5月

ドチドチ
むかしかいとうドチドチとよばれたとてもかわったとりかえっこどろぼうだったとてもふとったおじいさん 「かいとうドチドチ−雪のよるのプレゼント」 柏葉幸子作；神山ますみ絵　講談社　1995年11月

ドチドチ
むかしかいとうドチドチとよばれたとてもかわったとりかえっこどろぼうだったとてもふとったおじいさん 「かいとうドチドチ びじゅつかんへいく」 柏葉幸子作；神山ますみ絵　講談社　1995年5月

とちのみこぞう
ねぎぼうずのあさたろうのたびのともをするにんにくのにきちのきょうだいぶんのぬすっと 「ねぎぼうずのあさたろう その5」 飯野和好作　福音館書店（日本傑作絵本シリーズ）　2005年6月

とっけー
とかげのこちょろりんのおとうと 「ちょろりんと とっけー」 降矢なな作　福音館書店（こどものとも傑作集）　1999年1月

トッチ
バザールのひにおもちゃのギターをかかえてうたをつくるおみせをやっていたおとこのこ 「ナッチのおかいもの」 新沢としひこ文；かわかみたかこ絵　ポプラ社（みんなで絵本5）　2002年7月

とっちー
「グッドドックファクトリー」でつくられただめロボット犬 「ロボット犬とっちーとライバル犬ペペ」 山下友弘作・絵　文渓堂　2002年5月

とっちー
「グッド・ドッグ・ファクトリー」でつくられただめロボット犬 「ロボット犬とっちー」 山下友弘作・絵　文渓堂　2001年3月

トッチオ
だいてんしさまにエンゼルランドからおいだされてしたのせかいにきたエンゼル 「てんしのトッチオ」 とりやまあきら作・絵　集英社　2003年1月

どっち

どっちーぬくん
みんなとあそぼうとおもってくまくんややぎさんやかばくんのところへいったいぬのおとこのこ 「どっちーぬくん」 あきやまただし作・絵 鈴木出版（ひまわりえほんシリーズ） 2002年9月

とっぺくん
みんなとさんごこうえんにいったおさかなぼうや 「おさかなぼうやとっぺくん」 わたりむつこ文；ましませつこ絵 講談社（講談社の幼児えほん） 1988年11月

とっぺん
のはらでとけいを見つけたのでとけいあわせてじかんどおりにくらそうとおもったとかげのこ 「とっぺんの とけい」 井上よう子作；永井郁子絵 ひさかたチャイルド 1991年4月

トーテンくん
あれはてた大地にひとりのこされてとくいだったえんそうもできなくなった木 「トーテンくんのオーケストラ」 ジミー大西著 講談社 2001年11月

とーとー
おおきなかもつせんをみなとのそとまでひっぱっていくちからもちのタグボート 「ちからもちのタグボート とーとー」 小風さち文；山本忠敬絵 福音館書店 2002年4月

トト
ねてばかりいるぐうたらなサンタクロースとくらしていたせっせとはたらくひつじ 「ぐうたらサンタとはたらきもののひつじ」 うすいかなこ文・絵 ソニーマガジンズ（にいるぶっくす） 2005年10月

トト
おおきな海にいたちいさな魚でおおきくなりたかった魚 「トトとタロー」 米倉斉加年絵；かの文 アートン 2003年7月

トト
子いぬのときからミカのうちに飼われていた年よりのいぬ 「秋空のトト」 那須正幹作；永田萠絵 ポプラ社（絵本の時間14） 2002年9月

トト
もりうさぎのアドロのちいさなおとうとでいつもうしろをついてあるくかわいいこ 「もうひとりのアドロ」 成田雅子作・絵 講談社（講談社の創作絵本） 2001年6月

トト
みなみのもりにつきがでてさんぽにやってきたオランウータンのおんなのこ 「つきよにさんぽ」 みやもとただお作・絵 佼成出版社（創作絵本シリーズ） 1992年4月

トト
イースターにたまごをなかまにとどけにいったうさぎのかぞくのおとうとうさぎ 「トトちゃんとたまご－イースターのおくりもの」 本間ナナ絵・文 中央出版社 1992年3月

トト
もりのなかのひみつのばしょにはなばたけをつくったこぐま 「ぼくの はな さいたけど…」 山崎陽子作；末崎茂樹絵 金の星社（こどものくに傑作絵本） 1990年6月

トト
かわにおちてびしょびしょになってガールフレンドのミミちゃんのようふくをかりておんなのこにへんしんしたこりす 「こりすのトトの へんしんだいすき」 あすかけん作 偕成社（こりすのトトの本） 1988年7月

トト
うさぎさんたちときのことりにでかけたらおべんとうがそらにとんでいってしまったこりす 「こりすのトトの おべんとう」あすかけん作 偕成社（こりすのトトの本） 1987年5月

トト
ねずみさんやうさぎさんやぶたさんたちみんなでもりにたんけんにいったこりす 「こりすのトトの たんけんたい」あすかけん作 偕成社（こりすのトトの本） 1991年10月

トド
山のふもとに力がつよいヒグマがいるときいて力くらべにいった海のたいしょうのトド 「エタシペカムイ－神々の物語」四宅ヤエ語り；藤村久和文；手島圭三郎絵 福武書店 1990年9月

ドード
おんちのとりのイゴールのうたをきいてすうひゃくねんぶりにめがさめたおおきなとり 「おんちのイゴール」きたむらさとし文・絵 小峰書店（世界の絵本コレクション） 2006年5月

ドードー
なぞのとり 「ドードーとせいちゃん1 おやすみせいちゃん」わたせせいぞう作 三起商行 2000年10月

ドードー
なぞのとり 「ドードーとせいちゃん2 おかえりせいちゃん」わたせせいぞう作 三起商行 2001年3月

ドド
アンパンマンがおっこちたしまにいたもうちきゅうにはいなくなったとおもわれているドドのこども 「アンパンマンとドド」やなせたかし作・絵 フレーベル館（アンパンマンのぼうけん11） 1989年4月

ドド・ガルガル
ウリのむらにすんでいるきょうだいのちょっぴりいばりんぼのおにいちゃん 「ドドとヒー こぶねのぼうけん」おだしんいちろう作；こばようこ絵 金の星社 2005年3月

ととさ
あるひきゅうにはらがいたくなっておてらのおしょうさんにどうしたらいいかききにいったととさ 「だんだんのみ」長谷川摂子文；福知伸夫絵 岩波書店（てのひらむかしばなし） 2004年11月

ドドちゃん
いじめっこ 「ダボちゃんとドドちゃん」かみやひろ作；みやもときょうこ絵 コーチャル出版部 2002年6月

トナカイ
あしにけがをしてあるけないのでひとりのこされてしまったトナカイのこ 「ダーチャのいのり」木崎さと子文；黒井健絵 女子パウロ会 2005年10月

トナカイ（グッドバイ）
ほしがりやのサンタさんの二とうのトナカイの一とう 「ほしがりやのサンタさん2 サンタさんのふしぎなふくろ」福永令三文；松井しのぶ絵 サンリオ（サンリオ創作絵本シリーズ） 1991年11月

トナカイ（クッピ）
サンタさんのクリスマスのソリをひきたくてトナカイたちのレースにでたこどものトナカイ 「サンタさんとトナカイクッピ」ひろせまさよ文・絵 サンリオ（サンリオファンタジー絵本） 1990年11月

となか

トナカイ（ハロー）
ほしがりやのサンタさんの二とうのトナカイの一とう 「ほしがりやのサンタさん2 サンタさんのふしぎなふくろ」 福永令三文;松井しのぶ絵 サンリオ（サンリオ創作絵本シリーズ） 1991年11月

トナカイさん
たいくつなのでひとりでしりとりでもしようとしたトナカイさん 「トトトのトナカイさん」 長谷川義史作 ブロンズ新社 2006年2月

ドーナッちゃん
マロンをしらないきのこたちにおしえてやろうとモンブラリンのあたまのマロンをとったドーナッちゃん 「ドーナツちゃんとモンブラリン」 つつみあれい作 小峰書店（世界の絵本コレクション） 2002年6月

ドーナッちゃん
ちいさなちっさいちゃんにつかまえられてもぐもぐはむはむたべられたドーナツちゃん 「ピーナッちゃんとドーナッちゃん」 つつみあれい作 小峰書店（世界の絵本コレクション） 2001年5月

トニー
あおいことりのピッチととってもなかよしのおとこのこ 「ピッチとあおいふく」 井川ゆり子作・絵 PHP研究所 2006年2月

とのさま
あるところにいたとてもいばりんぼうのとのさまでかおについていたひげがぴょんぴょんにげていったとのさま 「とのさまのひげ」 ますだゆうこ文;国松エリカ絵 偕成社 2004年2月

とのさま
おしろにももをうりにきたわかもののきものとじぶんのきものをとりかえさせてももうりになったとのさま 「ももうりとのさま」 松谷みよ子監修;小沢清子文;宮本忠夫絵 小学館（松谷みよ子の子どもに伝えたい日本昔話） 2001年4月

とのさま
いつもこどもとどうぶつたちやとりたちがあそぶふじみやまにおしろをつくらせたとのさま 「ふじみやまのとのさま」 福田庄助著 教育画劇（スピカ絵本の森3） 1991年2月

とのさま
がいこくのおきゃくさまにもらったおみやげのクリスマスのほんをよんでおしろでクリスマスのよういをしてまっていたとのさま 「とのさまサンタ」 本田カヨ子文;ながのひでこ絵 佑学社 1988年11月

殿さま とのさま
江戸・目黒の農家で町人のたべるさんまをはじめてたべた殿さま 「落語絵本 めぐろのさんま」 川端誠作 クレヨンハウス（落語絵本シリーズ6） 2001年12月

トービー
おにいちゃんのくるまをもちだしておにいちゃんにはしらないってうそをついてしまったねずみのこ 「あのね」 かさいまり作・絵 ひさかたチャイルド 2002年10月

トビー
空を飛んでみたいとおもっている猫 「空飛ぶ猫」 森本和子作;木下純子絵 アースメディア 2004年2月

トビー
サンサンマンのなかまのはねのあるいぬ 「サンサンマンとジャマスルマン もぐもぐもくばでリサイクル」 櫻田のりこ文;やなせたかし絵 フレーベル館 2002年4月

トビイせんちょう
あらしのよるにふねのようにうみにうかんだいえでせんちょうになったおとこのこ 「トビイせんちょう」 きたむらさとし作 平凡社 2005年8月

トビハネさん
おおきなおおきなやなぎのきのしたにあったやなぎむらにむしさんたちみんなとすんでいたばった 「きんいろあらし」 カズコ・G.ストーン作 福音館書店(こどものとも傑作集) 1998年11月

トビハネさん
おおきなおおきなやなぎのきのしたにあったやなぎむらにむしさんたちみんなとすんでいたばった 「ほたるホテル」 カズコ・G.ストーン作 福音館書店(こどものとも傑作集) 1998年10月

トビハネさん
おおきなおおきなやなぎのきのしたにあったやなぎむらにむしさんたちみんなとすんでいたばった 「ふわふわふとん」 カズコ・G・ストーン作 福音館書店(こどものとも傑作集) 1998年12月

とびまる
せなかにちいさなつばさがはえているがとうさんのようにそらをとぶことができないてんぐのこ 「がんばれ!とびまる」 本間正樹文;森田みちよ絵 佼成出版社(しつけ絵本シリーズ8) 2004年11月

トプス
きょうりゅうのトリケラトプスのこども 「きょうりゅうトプスのだいぼうけん」 にしかわおさむ文・絵 教育画劇(みんなのえほん) 1998年5月

とべないほたる(ほたる)
ちいさなかわのほとりでうまれたはねがひらかなくてとべないほたるのこ 「とべないほたる12」 小沢昭巳原作;関重信絵 ハート出版 2003年4月

とべないほたる(ほたる)
ちいさなかわのほとりでうまれたはねがひらかなくてとべないほたるのこ 「とべないほたる11」 小沢昭巳原作;関重信絵 ハート出版 2002年11月

とべないほたる(ほたる)
ちいさなかわのほとりでうまれたはねがひらかなくてとべないほたるのこ 「とべないほたる10」 小沢昭巳原作;関重信絵 ハート出版 2002年5月

とべないほたる(ほたる)
ちいさなかわのほとりでうまれたはねがひらかなくてとべないほたるのこ 「とべないほたる9」 小沢昭巳原作;関重信絵 ハート出版 2001年11月

とべないほたる(ほたる)
ちいさなかわのほとりでうまれたはねがひらかなくてとべないほたるのこ 「とべないほたる8」 小沢昭巳原作;関重信絵 ハート出版 2001年5月

とべないほたる(ほたる)
ちいさなかわのほとりでうまれたはねがひらかなくてとべないほたるのこ 「とべないほたる7」 小沢昭巳原作;関重信絵 ハート出版 2000年12月

とべな

とべないほたる(ほたる)
ちいさなかわのほとりでうまれたはねがひらかなくてとべないほたる 「とべないほたる6」 小沢昭巳原作;関重信画 ハート出版 2000年5月

とべないほたる(ほたる)
ちいさなかわのほとりでうまれたはねがひらかなくてとべないほたるのこ 「とべないほたる5」 小沢昭巳原作;関重信画 ハート出版 1999年11月

とべないほたる(ほたる)
ちいさなかわのほとりでうまれたはねがひらかなくてとべないほたるのこ 「とべないほたる4」 小沢昭巳原作;関重信画 ハート出版 1999年4月

とべないほたる(ほたる)
ちいさなかわのほとりでうまれたはねがひらかなくてとべないほたるのこ 「とべないほたる3」 小沢昭巳原作;関重信画 ハート出版 1998年12月

とべないほたる(ほたる)
ちいさなかわのほとりでうまれたはねがひらかなくてとべないほたるのこ 「とべないほたる2」 小沢昭巳原作;関重信画 ハート出版 1998年7月

とべないほたる(ほたる)
ちいさなかわのほとりでうまれたはねがひらかなくてとべないほたるのこ 「とべないほたる1」 小沢昭巳原作;吉田むねふみ画 ハート出版 1997年5月

トホくん
おとうさんといっしょに川へさかなつりに出かけた男の子 「川はたまげたことだらけ」 田島征三著 学習研究社 1997年10月

トーマ
おかあさんのびょうきをなおすくすりをつくってもらうためにとんがりやまのもりにすむまじょのところへいったおとこのこ 「ちいさな魔女リトラ」 広野多珂子作・絵 福音館書店(日本傑作絵本シリーズ) 2001年5月

トーマス
もくばにのるのがだいすきでようちえんのもくばをひとりじめしてうまになってしまったおとこのこ 「トーマスのもくば」 小風さち作;長新太絵 福音館書店(日本傑作絵本シリーズ) 1994年4月

とまと
かわをながれてきたくつのふねにのったとまと 「きゅうりさんととまとさんとたまごさん」 松谷みよ子文;ひらやまえいぞう絵 童心社(あかちゃんのおいしい本) 1999年10月

トマトひめ
はたけのむこうのうみへかいすいよくにいったやさいのくにのひめ 「やさいのかいいすよくおおさわぎ」 さくらともこ作;吉村司絵 PHP研究所(PHPわたしのえほんシリーズ) 1989年7月

トマトひめ
やさいばたけのまんなかにあるやさいのくにのちいさなおしろでくらすひめ 「やさいのパーティーおおさわぎ」 さくらともこ作;吉村司絵 PHP研究所(PHPわたしのえほんシリーズ) 1988年7月

トマトン
トマト星のおとこのこ 「ダボちゃんとトマトン」 ちかみかずよ作・絵;やまおかじゅんこ作 コーチャル出版部 2002年7月

トミー
ゆきあそびをしたふたごのこうさぎ 「きっとあしたもいいひなの-ふたごのこうさぎポリーとトミー3」 ふじおかきょうこ文;まえだなつき絵 パールネスコ・ジャパン 2000年5月

トミー
けっこんしきにいったふたごのこうさぎ 「どうしてきょうはすてきなの-ふたごのこうさぎポリーとトミー」 ふじおかきょうこ文;まえだなつき絵 パールネスコ・ジャパン 1999年7月

トミー
いちごのジャムがだいすきなふたごのこうさぎ 「きょうはとくべついいひなの-ふたごのこうさぎポリーとトミー」 ふじおかきょうこ文;まえだなつき絵 パールネスコ・ジャパン 1998年12月

トム
ある日博物館へ恐竜の化石をみにいった恐竜がだいすきな男の子 「トム君の恐竜大冒険」 法月幸子文・絵 汐文社 1996年10月

トム
すすむのうちのねこ 「きいろいほしからきた おじさん」 おぼまこと作 くもん出版(くもんの創作絵本) 1993年12月

トム
もりにすむゴリラのむれのこども 「タムとトムのぼうけん ゴリラのジャングルジム」 木村大介作・絵 ベネッセコーポレーション 1995年7月

トム
もりにすむゴリラのむれのこども 「ゴリラのジャングルジム」 木村大介作・絵 福武書店 1992年3月

トムくん
まじょまじょせんせいといっしょにとぶれんしゅうをしたはいいろうさぎ 「まじょまじょせんせいとんでみる!」 鶴岡千代子作;長谷川知子絵 カワイ出版 1995年7月

トムサおじいさん
オコジョのタッチィがすんでいる山のいえにひとりでくらしているおじいさん 「ねんにいちどのおきゃくさま」 亀岡亜希子作・絵 文渓堂 2000年10月

トムトム
おかあさんにあんでもらったふわふわセーターをきてあそびにいったこぐま 「ぼくのあき」 葉祥明作・絵 金の星社(こぐまのトムトム4) 1987年9月

とむとむじいさん
むらはずれにぽつんとあったあかいやねのうちにすんでいたおじいさん 「とむとむじいさんのともだちは」 としまさひろ作・絵 PHP研究所 1988年12月

トムベエ
ニイナちゃんのいえのいたずらがすきなねこ 「おいらはトムベエ」 中沢けい文;オリガ・ヤクトーヴィチ絵 福音館書店(世界傑作絵本シリーズ) 2003年10月

友江 ともえ
兵隊として戦争につれていかれる前に凧づくりが大すきな父に巴御前の凧をつくってもらった女の子 「とうちゃんの凧」 長崎源之助作;村上豊絵 ポプラ社(えほんはともだち26) 1992年12月

ともく

ともくん
ある朝テーブルにならんでいたのはお菓子の朝ごはんでしかも給食までがお菓子だったのでびっくりしたおとこのこ 「おかし・な・ごはん」 山岡ひかる作 偕成社(日本の絵本) 2002年4月

ともくん
えんのみんなとてるてるぼうずをいちまんこつくってかみなりぐもをおっぱらったおとこのこ 「てるてるぼうず いちまんこ」 さくらともこ作;三井小夜子絵 佼成出版社(園児のすくすく絵本2) 1987年5月

ともくん
マウンテンバイクでまだはしったことがない山みちをおとうさんといっしょにはしることになったおとこのこ 「はしれ!マウンテンバイク」 篠原良隆作・絵 ポプラ社(えほんはともだち35) 1994年6月

とも子 ともこ
だいすきなおばあちゃんが痴呆になってしまったおんなのこ 「おばあちゃんのさがしもの」 おちとよこ文;ひがしなな絵 岩崎書店(いのちのえほん8) 2000年3月

とも子 ともこ
新潟県の桑取谷という雪のふかい村の一年生の女の子 「とりおいの日-新潟県上越市桑取谷「とりおい」」 なかむらひろし作;わたなべきょうこ絵 リーブル(えほん・こどものまつり) 1993年11月

ともさ
かかみのにおおにゅうどうにばけてでるってうわさがたったおおだぬきをやっつけにいったさとのおとこ 「かかみの おおだぬき」 赤座憲久文;石倉欣二絵 小峰書店(えほん・こどもとともに) 1991年4月

ともちゃん
おにいちゃんのあっちゃんとおばあちゃんのいえにケーキをやいてもらいにいくこぐまのおとうと 「こぐまのともちゃん」 いまいみこ作 福音館書店(日本傑作絵本シリーズ) 2002年7月

ともちゃん
うまれてすぐに高熱のため左の手がうごかなくなったあつこがこうえんでともだちになったげんきのいいおんなのこ 「みんなで7だんね」 宮川ひろ作;長谷川知子絵 ポプラ社(絵本のおもちゃばこ1) 2004年5月

ともちゃん
はやしにかこまれたはやしようちえんのうんどうかいにいったおんなのこ 「ともちゃんとこぐまくんの うんどうかい」 あまんきみこ作;西巻茅子絵 福音館書店(日本傑作絵本シリーズ) 1992年6月

ともちゃん
いつもおこったりどなったりしているガミガミかあさんといつもドアをとんとんたたくトントンとうさんがいるにねんせいのおとこのこ 「トントンとうさんとガミガミかあさん」 かこさとし絵・文 ポプラ社(かこさとし こころのほん4) 2005年10月

ともちゃん
おかあさんのつくったクリスマス・ケーキをたくちゃんたちにごちそうしてあげたおんなのこ 「クリスマスのおきゃくさま」 武鹿悦子作;中村景児絵 佼成出版社 1987年11月

ともちゃん
とってもさむい日にふくろうにぽっかぽかしてくるおまじないをしてもらったおんなのこ「ぽっかぽかのおまじない」三枝三七子お話・絵 偕成社 2006年12月

ともちゃん
はじめてようちえんにいったおんなのこ「ようちえんにいった ともちゃんとこぐまくん」あまんきみこ作；西巻茅子絵 福音館書店(日本傑作絵本シリーズ) 1988年3月

とものりくん
こねこをひろってねこがだいきらいなおかあさんのいるうちにつれてかえったおとこのこ「ねぇ、いいでしょ おかあさん」おぼまこと作・絵 ぎょうせい(そうさくえほん館9-空想の世界であそぼう) 1992年9月

ともや
がっこうのおんがくかいで大だいこをやるようになった1ねんせいのおとこのこ「どきどきドンドンおんがくかい-音楽会」中島寿；高木あきこ作；長野博一絵 太平出版社(つくばシリーズ-はじめてのおんがく12) 1997年10月

ともゆき(ともちゃん)
いつもおこったりどなったりしているガミガミかあさんといつもドアをとんとんたたくトントンとうさんがいるにねんせいのおとこのこ「トントンとうさんとガミガミかあさん」かこさとし絵・文 ポプラ社(かこさとし こころのほん4) 2005年10月

トラ
山おくのとうげであきんどにたすけられたおんがえしにふねのわたしばで大きなスッポンにおそわれそうになったあきんどをすくったトラ「トラのおんがえし」谷真介文；赤坂三好絵 佼成出版社(十二支むかしむかしシリーズ) 2006年10月

とら
ねこのくろのともだちのねこ「おへんじください。」山脇恭作；小田桐昭絵 偕成社 2004年9月

どら
あっちゃんのうちのねこ「あっちゃんとむしばきんおう」こわせたまみ作；わたなべあきお絵 佼成出版社(園児のすくすく絵本1) 1987年5月

とら(とらた)
ゆきがふっておとうさんにそりをつくってもらったとらのこ「とらたとおおゆき」中川李枝子文；中川宗弥絵 福音館書店(幼児絵本シリーズ) 1993年2月

とら(とらたくん)
いつもうっかりのとらのおとこのこ「うっかりとらたくんの はるなつあきふゆ」宇田川幸子作・絵 ひかりのくに(くすくす生活絵本2) 2000年5月

とら(とらたくん)
いつもうっかりのとらのおとこのこ「うっかりとらたくんのいちにち」宇田川幸子作・絵 ひかりのくに(くすくす生活絵本1) 2000年5月

トラ(トラリーヌ)
おはながだいすきなトラのおんなのこ「トラリーヌとあおむしさん」どいかや作 偕成社 2002年7月

トラ(トラリーヌ)
おはながだいすきなトラのおんなのこ「おはなのすきなトラリーヌ」どいかや作 偕成社 2001年7月

とら

トラ(トラリーヌ)
おはながだいすきなトラのおんなのこ 「ふゆのひのトラリーヌ」 どいかや作 偕成社 2005年11月

とら(トランプ)
なまけもののはらぺこのとら 「とらのトランプ」 山崎陽子作;渡辺あきお絵 佼成出版社 1987年7月

とら(トランプ)
かじのときひをけすやくめのしょうぼうしになったとら 「トランプのしょうぼうし」 山崎陽子作;渡辺あきお絵 佼成出版社 1988年10月

トラ(はがね)
どうぶつえんでうまれてしいくがかりにそだてられたトラ 「さよなら!トラのはがね」 亀井一成文;福田岩緒絵 PHP研究所(亀井一成のどうぶつえん日記3) 1996年3月

とら(ぴっぴ)
おとうとがほしくてもりにやってきたとらねこのたっちのおとうとになってやったとらのこ 「とらねこたっち とらのこぴっぴ」 藤島青年作・絵 PHP研究所(わたしのえほん) 1997年1月

とらおばさん
たんぽぽようちえんにあそびにきたみちこちゃんをむかえにきたねこのおばさん 「ちいさいみちこちゃん」 なかがわりえこ作;やまわきゆりこ絵 福音館書店 1994年1月

とらきちさん
うちのおじいちゃんといつもけんかをしているとなりのおじいさん 「ごろうじいちゃんととらきちさん」 吉村竹彦作 佼成出版社(創作絵本シリーズ) 1995年5月

とらくん
くろくんのともだちでおとしもののベーコンをひろったねこ 「まるごとたべたい」 山脇恭作;小田桐昭絵 偕成社 2006年9月

トラくん
どんぐりむらのこどもたちにすべりだいをはこぶトラック 「トラック トラくん」 津田光郎文・絵 新日本出版社(のりものだいすき2) 1989年3月

とらくん
小さなねずみの「ぼく」とだいの親友のでっかくてつよいとらのおとこのこ 「とらくんとぼく」 カザ敬子文・絵 西村書店 1996年9月

とらこちゃん
おばけの町ばけばけ町のねんにいちどのべろろんまつりにけんちゃんとでかけたおんなのこ 「ばけばけ町のべろろんまつり」 たごもりのりこ作・絵 岩崎書店(カラフルえほん4) 2005年3月

とらこちゃん
おばけの町ばけばけ町のうわさのどろぼうどろんちゅうのすけにおやつをぬすまれたおんなのこ 「ばけばけ町でどろんちゅう」 たごもりのりこ作・絵 岩崎書店(カラフルえほん18) 2006年6月

とらこちゃん
ちょっとへんてこな町ばけばけ町へひっこしてきたけんちゃんちのおとなりさんのおんなのこ 「ばけばけ町へおひっこし」 たごもりのりこ作・絵 岩崎書店(えほんのマーチ16) 2004年5月

ドラゴン
のろいの山でまいばんゴーゴーとうなっていたドラゴン 「ドラゴンたいじ」 津田直美作・絵 PHP研究所（PHPわたしのえほんシリーズ） 2005年9月

トラジ
魔法使いの飼いネコ 「うたうしじみ」 児島なおみ作・絵 偕成社 2005年4月

とらすけ
いつもないてばかりいたけれどうごけなくなったおじいさんトラックのかわりにどうぶつえんにくすりをはこんだちいさなこがたトラック 「トラックとらすけ」 丹下進文；杉田圭司絵 ささら書房（ささら母と子の劇場えほん） 1988年2月

どらせんせい
いけでさかなをかうようになってからしょっちゅうのびのびえんにやってくるだぶだぶのふとっちょねこ 「どらせんせい-『どっちがすき？』のまき」 山下明生作；いもとようこ絵 ひさかたチャイルド 1997年8月

どらせんせい
のびのびえんのそばにいるだぶだぶののらねこ 「どらせんせい-『にげたさかなはおおきい』のまき」 山下明生作；いもとようこ絵 ひさかたチャイルド 1993年5月

どらせんせい
のびのびえんのちょっとかわったせんせいのふとっちょねこ 「どらせんせい-『たべちゃいたーい』のまき」 山下明生作；いもとようこ絵 チャイルド本社（おはなしチャイルドリクエストシリーズ38） 1994年5月；ひさかたチャイルド 1992年3月

とらた
ひとりぐらしのチイばあちゃんのいえのとらねこ 「ひみつのひきだしあけた？」 あまんきみこ作；やまわきゆりこ絵 PHP研究所（PHPにこにこえほん） 1996年2月

とらた
ゆきがふっておとうさんにそりをつくってもらったとらのこ 「とらたとおおゆき」 中川李枝子文；中川宗弥絵 福音館書店（幼児絵本シリーズ） 1993年2月

とらた
あさごはんのまえにたまごがひとつしかなかったからるることけんかをしたねこ 「あさごはんのまえに」 竹下文子作；牧野鈴子絵 ひかりのくに（ひかりのくにお話絵本） 1988年1月

とらたくん
いつもうっかりのとらのおとこのこ 「うっかりとらたくんの はるなつあきふゆ」 宇田川幸子作・絵 ひかりのくに（くすくす生活絵本2） 2000年5月

とらたくん
いつもうっかりのとらのおとこのこ 「うっかりとらたくんのいちにち」 宇田川幸子作・絵 ひかりのくに（くすくす生活絵本1） 2000年5月

とらちび
とびきりよわむしでこわがりなこねこ 「よわむしとらちび」 木村泰子作・絵 講談社 1991年10月

とらちゃん
ゆめでおいしいものによばれるとおしっこをしてしまうこねこ 「びしょびしょねこ」 間所ひさこ文；いわむらかずお絵 ひさかたチャイルド 2005年2月

ドラちゃんとミーちゃん
ながされたいかだにバナナのはっぱでつくったほをつけてかえってきたなかよしのねこたち 「えっへん！ぼくらのバナーナ号」 関屋敏隆作・絵　PHP研究所（PHPわたしのえほんシリーズ）1991年2月

トラトラちゃん
げんきなアコちゃんのあそびあいてのぬいぐるみ 「おひさまアコちゃん まいにちまいにち」 角野栄子作；黒井健絵　小学館（おひさまのほん）1996年4月

トラトラちゃん
アコちゃんとなかよしのトラのぬいぐるみ 「おひさまアコちゃん あそびましょ」 角野栄子作；黒井健絵　小学館　1999年1月

とらねこ
うみにさかなつりにでかけるとたつまきがちかづいてきてそらにまきあげられたとらねこ 「とらねこのしましまパンツ」 高木さんご作；渡辺有一絵　PHP研究所（PHPにこにこえほん）1998年10月

とらねこパパ
もりにすむとらねこのいっかのパパ 「とらねこのパパ」 渡辺有一作・絵　フレーベル館（げんきわくわくえほん）1997年1月

とらのこちゃん
とらのまちにすむペンキやさんのうちのとらのこども 「だるまちゃんととらのこちゃん」 加古里子作・絵　福音館書店（こどものとも傑作集73）1987年1月

とらやん
むかしおったひょうばんのなまけもの 「のらくら とらやん」 中村美佐子文；渡辺三郎絵　ひかりのくに（いつまでも伝えたい日本の民話）1994年11月

トラリーヌ
おはながだいすきなトラのおんなのこ 「トラリーヌとあおむしさん」 どいかや作　偕成社　2002年7月

トラリーヌ
おはながだいすきなトラのおんなのこ 「おはなのすきなトラリーヌ」 どいかや作　偕成社　2001年7月

トラリーヌ
おはながだいすきなトラのおんなのこ 「ふゆのひのトラリーヌ」 どいかや作　偕成社　2005年11月

トラン
みなみのしまののんきなむらにいた2ひきのこいぬのしましまもようのねえさんいぬ 「トランとブッチのぼうけん」 もとしたいづみ文；あべ弘士絵　ポプラ社（みんなで絵本6）2002年11月

ドラン
ノイジーひめのペット 「ぼくのペットはドラゴン？」 中村景児作・絵　岩崎書店（えほんのマーチ20）2004年10月

トランプ
なまけもののはらぺこのとら 「とらのトランプ」 山崎陽子作；渡辺あきお絵　佼成出版社　1987年7月

トランプ
かじのときひをけすやくめのしょうぼうしになったとら「トランプのしょうぼうし」山崎陽子作；渡辺あきお絵　佼成出版社　1988年10月

トリ
ヤギにいつもミルクをもらいにきていた森のどうぶつたちのなかのトリ「ヤギさんミルクはともだちじるし」はらだゆうこ作・絵；芳岡倫子英訳　旺文社（旺文社創作童話）2005年2月

とり
ふぶきのなかをとぶおおきなしろいとり「ふぶきのとり」手島圭三郎絵・文　福武書店　1989年7月

とり
あるひうさぎのみみたに「どうしておつきさまはちいさくかけていくの？」とたずねられてうそをついたいちわのことり「うそ・つき」木曽秀夫作・絵　フレーベル館（げんきわくわくえほん19）1996年10月

鳥　とり
事故にあい大けがをして手術をうけたあとなかなか目を覚まさなかった「ぼく」を起こしてくれた黒い小鳥「モーニングバード」蛍大介作；黒木ひろたか絵　知玄舎　2002年12月

鳥　とり
海のむこうにあこがれてとびたったいちわの鳥「鳥の島」川端誠作　BL出版　1997年11月

とり（赤がり）　とり（あかがり）
たねの神さくらさひめのともだちでひかりのようにはやくとぶことができるとり「さくらさひめの大しごと」古田足日文；福田岩緒絵　童心社（絵本・だいすきおはなし）2001年9月

とり（イゴール）
おんちなのでだれもいないだれもうたわないところへとびつづけていってすをつくったとり「おんちのイゴール」きたむらさとし文・絵　小峰書店（世界の絵本コレクション）2006年5

とり（カグー）
まるみちゃんのうちのさくらのきのえだにひっかかっていたのをたすけてもらったまほうをつかえるしろいとり「えほん　まるみちゃんの冒険」しかたしん文；高桑敏子絵　ささら書房　1987年5月

とり（クック）
おとこのこのタックにけがをなおしてもらっておおきくなったしろいとり「タックそらをゆく」たむらしげる作　ブッキング　2006年10月

とり（さとりくん）
うまれつきさとっていてあわてずなやまずさわがずみだれないとり「さとりくん」五味太郎作　クレヨンハウス　1996年8月

とり（チル）
ことりがだいすきなさいのゴンととくになかよしだったことり「さいのゴンはとりがすき」武井博作；なかしま潔絵　フレーベル館（おはなしえほん11）1987年1月

とり（ドード）
おんちのとりのイゴールのうたをきいてすうひゃくねんぶりにめがさめたおおきなとり「おんちのイゴール」きたむらさとし文・絵　小峰書店（世界の絵本コレクション）2006年5月

とり

とり（ピー）
とびたくないすえっこのエナガ 「ぼく、とびたくないんだ」 のらり＆くらり作 アスラン書房（心の絵本） 2003年1月

とり（ピーちゃん）
ほやほやのいちねんせいのとりのこ 「やったぞ いちねんせい」 黒沢高明作・絵 評論社（児童図書館・絵本の部屋） 1992年4月

とり（ピッチ）
トニーというおとこのこととってもなかよしのあおいことり 「ピッチとあおいふく」 井川ゆり子作・絵 PHP研究所 2006年2月

とり（ピッツ）
やねうらべやのおにんぎょうさんとともだちののねずみのぼうやチュチュのなかまになったことり 「やねうらべやの おにんぎょうさん」 柳生まち子作 福音館書店（日本傑作絵本シリーズ） 2003年1月

とり（モピ）
ふかいもりのなかにあるいっけんのペットショップでうられているとってもめずらしいとり 「ペットショップ・モピ」 はまのゆか絵・作 PHP研究所 2004年9月

とり（ワゾー）
あるひうちにかえるといなくなっていた「ぼく」のかっているとり 「きっとみずのそば」 石津ちひろ文；荒井良二絵 文化出版局 1999年4月

トリケ
くさがだいすきなきょうりゅうトリケラトプスのきょうだいのやさしいおにいちゃん 「なかよしきょうだいトリケとトリプ」 こわせたまみ作；伊東章夫絵；冨田幸光監修 教育画劇（きょうりゅうだいすき！） 1999年8月

トリケラトプス
としをとったティラノサウルスにあってきずついたしっぽをさすってあげたトリケラトプスのこども 「ぼくにもそのあいをください」 宮西達也作・絵 ポプラ社（絵本の時間） 2006年10月

トリゴラス
そらをびゅわんびゅわんととぶ鳥のかいじゅう 「トリゴラス」 長谷川集平作 文研出版（みるみる絵本-ぽっぽライブラリ） 1995年1月

とりちゃん
だいすきなひなちゃんといっしょにあそびたいのに「とりちゃんとなんか、あそばない」といわれてしまったおんなのこ 「とりちゃん」 長谷川知子作 文研出版 2006年3月

トリプ
くさがだいすきなきょうりゅうトリケラトプスのきょうだいのやんちゃなちいさいおとうと 「なかよしきょうだいトリケとトリプ」 こわせたまみ作；伊東章夫絵；冨田幸光監修 教育画劇（きょうりゅうだいすき！） 1999年8月

トルテ
おちゃがのめるおみせをひらいたプードル 「トルテのピンクケーキ」 やまだうたこ作 学習研究社（学研おはなし絵本） 2006年6月

ドレ
ミーファとソラとシドとなかよし4にんの木ぼっくりのおんがくたい 「木ぼっくりのおんがくたい」 みずのまさお作 新世研 2001年10月

どろちゃん
つちをコップに5はいみずをコップに2はいよくかきまぜてよくこねてできあがりのどろちゃん 「どろんこどろちゃん」 いとうひろし作 ポプラ社(いとうひろしの本8) 2003年7月

どろぼう
よるになるとでかけてひとさまのゆめをぬすむゆめどろぼう 「ゆめどろぼう」 みやざきひろかず作・絵 PHP研究所(PHPにこにこえほん) 1996年9月

どろぼう
だれがいちばんじょうずなどろぼうかうでくらべをすることになった三にんのどろぼう 「どろぼうたちのよる」 佐々木マキ作 絵本館 1988年10月

どろぼう
男がもって帰った月をかくした箱をぬすんだどろぼう 「ぬすまれた月」 和田誠著 岩崎書店 2006年10月

ドロンじいさん
あめのひにきいちゃんとこいぬのピッピがうらのはやしでであったドロンコにんげん 「きいちゃんとドロンじいさん」 おおしまたえこ作;かわかみたかこ絵 ポプラ社(きいちゃんのたからもの絵本5) 2004年7月

どろんちゅうのすけ(ちゅうのすけ)
おばけの町ばけばけ町のうわさのどろぼうでけんちゃんのおやつをぬすんだすばしっこいやつ 「ばけばけ町でどろんちゅう」 たごもりのりこ作・絵 岩崎書店(カラフルえほん18) 2006年6月

どろんどろん
いつもひとりぼっちでともだちがたくさんほしいおばけ 「おばけのどろんどろんとぽこぽこぽこ」 わかやまけん作・絵 ポプラ社(えほんはともだち3) 1989年11月

ドロンはかせ
おばけのけんきゅうをしているおじさん 「ドロンはかせのおばけかばん」 長島克夫作・絵 岩崎書店(えほん・おもしろランド7) 1987年9月

ドロンマン
きのこむらのおかのうえにあるかがくしゃのピカピカはかせとすんでいるそらをとべるたぬき 「ドロンマン1 なぞのたまごのまき」 古内ヨシ作 小学館 2000年8月

ドロンマン
どんぐりむらのきつねのコンコンマンとかぼちゃをたかくつみあげるきょうそうをしたきのこむらのたぬき 「ドロンマン2 かぼちゃたいけつのまき」 古内ヨシ作 小学館 2000年8月

ドワーフじいさん
みはらしだいのあるいえづくりをはじめたもりにすむきむずかしいおじいさん 「ドワーフじいさんのいえづくり」 青山邦彦作・絵 フレーベル館(フレーベル館の秀作えほん) 2003年10月

とん
すいかずらのしげみからありまきのおいしそうなにおいがしてきてちかづいていったてんとうむし 「てんとうむしのとん」 得田之久作 福音館書店 1996年1月

ドン
そらからこうちゃんのうえにおっこちてきてドン!ドン!とたいこをたたいたオニのこ 「ドオン!」 山下洋輔文;長新太絵 福音館書店(日本傑作絵本シリーズ) 1995年3月

トンガ
ひとりできいちごつみにでかけたのねずみのこ「トンガの きいちごつみ」広野多珂子作・絵 ひさかたチャイルド 2002年3月

トンカチぼうや
おとうさんがいなくなったすきにどうぐばこからトンカチをとりだしてとことこそとにでていきいろんなものをたたいてみたぼうや「トンカチぼうや」いとうひろし作・絵 クレヨンハウス 1994年9月

トンガリ
魔法使いの老人「銀河の魚」たむらしげる著 メディアファクトリー 1998年11月

トンガリさん
夜中のコーヒー屋さんのまよなかさんのお店にまいにちしんせんな牛乳をもってきてくれる人「まよなかさん」早川純子作 ゴブリン書房 2004年10月

ドンギャー
ぴこぴこぼしであばれていたうちゅうかいじゅう「うちゅうかいじゅうドンギャー」高田ひろお作;中村泰敏絵 金の星社(たこやきマントマン・ミニえほん2) 1991年7月

どんくまさん
まちにやってきたうさぎのサーカスのぎょうれつのあとからついていったくまさん「どんくまさんのらっぱ」武市八十雄案;柿本幸造絵;蔵冨千鶴子文 至光社(ブッククラブ 国際版絵本) 2006年2月

どんぐり(ケーキ)
コウくんのどんぐりでコウくんが「ケーキ」となまえをつけてくれたどんぐり「まいごのどんぐり」松成真理子作 童心社 2002年9月

飛子姫　とんこひめ
殿さんの青空晴高の娘で黒雲城のろうやにとじこめられてしまった姫「忍者にんにく丸」川端誠作 BL出版 2005年9月

トン助　とんすけ
ある養豚場にいる豚の仲間「考える豚」桂三枝文;黒田征太郎絵 アートン(桂三枝の落語絵本シリーズ4) 2006年1月

とんちゃん
ちょっと山の中にうちがあってよるはまっくらになるとちゅうのさかみちがこわいおとこのこ「くらやみのかみさま」長谷川知子文・絵 新日本出版社 2002年8月

どんちゃん
おともだちのまつぼっちゃんといっしょにまぼろしのまつぼっくりをさがしにいくことになったどんぐりのおとこのこ「どんちゃん ぐりちゃん まつぼっちゃん」こじましほ作 文渓堂 2005年9月

どんちゃん
ぐりちゃんのだいじなぼうしがなくなっちゃってぐりちゃんといっしょにぼうしをさがしにでかけたどんぐりのおとこのこ「どんちゃん ぐりちゃん」こじましほ作 文渓堂 2003年6月

ドンドコ
そらにあったおおきなバナナがいってしまったしまにいきたいとおもったくいしんぼうのゴリラ「ゴリラのドンドコ」田頭よしたか作・絵 フレーベル館(げんきわくわくえほん30) 1997年9月

とんとん
おたんじょうびにハーモニカをかってもらったこぶた 「こぶたのハーモニカ」 こわせたまみ文;奥田怜子絵　ひかりのくに(思いやり絵本シリーズ3)　1995年7月

トントン
かあさんにもほんとうのきもちをいえないほどやさしすぎるこぶたのおとこのこ 「やさしいトントン」 やまぐちすわこ作　アスラン書房(心の絵本)　2001年10月

とんとんみー
むらびとのしごとをてつだってたべものをもらってびょうきのかあさんとくらしていたちいさなこ 「とんとんみーときじむなー」 田島征彦作　童心社(絵本・ちいさななかまたち)　1987年3月

どんばらタヌキ
ふもとでまいにちはたけをたがやすじいさんをこぶんのイタチとみまもっているやまのタヌキ 「やまのむにゃむにゃ」 内田麟太郎作;伊藤秀男絵　佼成出版社　2002年11月

どんぶらちゃん
みっちゃんのくつをはいてっちゃったくじら 「みっちゃんのくつはどこ」 宮本忠夫作　新日本出版社(宮本忠夫 みっちゃんのえほん1)　1988年3月

どんぶらちゃん
みっちゃんたちみんなとぶらんこにのってあそんだくじら 「ゆらゆらぶらんこ」 宮本忠夫作　新日本出版社(宮本忠夫 みっちゃんのえほん2)　1988年3月

トンペイ
おとうさんにあおいミニ・カーのトラックをかってもらったおとこのこ 「トラックトラックだいすき」 鶴見正夫作;薄久保友司絵　佼成出版社(創作絵本シリーズ)　1988年7月

トン平　とんぺい
ある養豚場にいる豚の仲間 「考える豚」 桂三枝文;黒田征太郎絵　アートン(桂三枝の落語絵本シリーズ4)　2006年1月

どんべえさん
てっぽうがへたくそでまだいちどもえものにあたったことがないりょうし 「まのいいりょうし」 小沢正文;飯野和好画　教育画劇(日本の民話えほん)　1996年8月

トンボ
二かいのベランダからブリキのヒコーキにのってとんでいった「ぼく」といっしょにそらをとんだトンボ 「おはよう」 梶山俊夫作　小峰書店　2002年6月

とんぼ(あかねちゃん)
やごからとんぼになったあきあかねのこ 「とんぼのあかねちゃん」 高家博成;仲川道子作　童心社(かわいいむしのえほん)　2002年5月

トンボ(ミツビシトンボ)
せなかにひしがたが三つひかっているでっかいトンボ 「ミツビシトンボ」 江口学文;村上康成絵　講談社　1998年4月

トンマ
こじかのハリーがおちたアクマのたににいるコブタがおおきくなったアクマ 「もりのヒーローハリーとマルタン2 みずのアクマのまき」 やなせたかし作・絵　新日本出版社　2005年3月

【な】

なあくん
りんごのきをそだてているあなぐまのこ 「なあくんとりんごのき」 神沢利子作;山内ふじ江絵 あかね書房(あかね創作えほん29) 1990年4月

ナイタン
ちょっぴりドジな4にんぐみのなんぎなたんけんたいのねむいおめめのたいいん 「なんぎなたんけんたい」 佐々木マキ作 小学館(おひさまのほん) 1996年10月

ナイタン
ちょっぴりドジな4にんぐみのなんぎなたんけんたいのねむいおめめのたいいん 「なくな なんぎなたんけんたい」 佐々木マキ作 小学館(おひさまのほん) 1999年12月

なおと
ひできという男の子のおにいちゃんで生まれる前から頭の中にきずがあってみんなのおにいちゃんと少しちがっているおにいちゃん 「ぼくのおにいちゃん」 星川ひろ子写真・文;星川治雄写真 小学館 1997年7月

ナオミ
来る日も来る日も港にすわって歌ってる女の子 「おんぼろヨット」 長谷川集平文;村上康成絵 ブックローン出版 1987年7月

ながきち
ねぎぼうずのあさたろうのおとっつあんの旅人(たびにん) 「ねぎぼうずのあさたろう その4 火の玉おてつのあだうち」 飯野和好作 福音館書店(日本傑作絵本シリーズ) 2003年3月

ナガネギマン(ネギーおじさん)
アンパンマンのなかま、ふだんはネギをつくっているネギーおじさんだがへんしんするとかいけつナガネギマンになってかつやくするおじさん 「アンパンマンとナガネギマン」 やなせたかし作・絵 フレーベル館(アンパンマンのおはなしわくわく4) 2001年12月

中原 崇明　なかはら・たかあき
お父さんの仕事場がすぐ変わってしまうので転校が多くて友だちができない小学4年生の男の子 「ひみつのリレー」 鈴木久美子文;長野ヒデ子絵 アイキューブ 1996年11月

なかゆびひめ
あかとんぼにのったとてもちいさなおんなのこ 「アンパンマンとなかゆびひめ」 やなせたかし作・絵 フレーベル館(アンパンマンのふしぎなくに7) 1990年11月

ながれぼし
のねずみくんのおうちのそばにおっこちてきてけがをしたながれぼし 「わがままな ながれぼし」 間瀬なおかた作・絵 フレーベル館(げんきわくわくえほん11) 1996年2月

なぎさ
春の海の小さな入江の砂浜でおじいさんからむかし話をきいた女の子 「なぎさの小枝」 今村葦子作;降矢なな絵 ほるぷ出版 1997年5月

ナコちゃん
こうつうじこでにゅういんしてしまったママのかわりにおばあちゃんがいえにきたおんなのこ 「ばあちゃんママのなつやすみ」 ふりやかよこ作・絵 ポプラ社(絵本・子どものくに25) 1987年5月

ナスビ
ただのいぬじゃないいぬ 「ナスビだよーん」 舟崎克彦作・絵 ポプラ社(絵本のぼうけん10) 2003年1月

ナゾボー
アンパンマンのなかま、ふしぎなゆめのくにのこども 「アンパンマンとハテナのとう」 やなせたかし作・絵 フレーベル館(アンパンマンのおはなしわくわく9) 2006年4月

なだれおに
あくのなかま、くちからゆきあらしをはきだすおに 「アンパンマンのクリスマス・イブ」 やなせたかし作・絵 フレーベル館 2004年11月

ナッくん
ペットがほしくてたまらないおとこのこ 「ぼくのペットはドラゴン？」 中村景児作・絵 岩崎書店(えほんのマーチ20) 2004年10月

なっち
セミのあかちゃんをあさがおのたねといっしょにうえきばちにいれてそだてたおんなのこ 「セミのたね」 阿部夏丸文；とりごえまり絵 講談社 2005年8月

ナッチ
バザールのひにおかあさんからもらった100えんで「ナッチのうた」をかったおんなのこ 「ナッチのおかいもの」 新沢としひこ文；かわかみたかこ絵 ポプラ社(みんなで絵本5) 2002年7月

なっちゃん
おかあさんにきいろいかさをかってもらったおんなのこ 「ちいさなきいろいかさ」 にしまきかやこイラスト；もりひさしシナリオ 金の星社(よみきかせ大型絵本) 2003年10月；金の星社(きんのほしストーリー絵本) 2003年4月

なっちゃん
おかあさんのうなじにぽちっとおすとパワーぜんかいになるほくろスイッチをはっけんしたおんなのこ 「なっちゃんのほくろスイッチ」 平田昌広文；平田景絵 講談社(講談社の創作絵本) 2004年12月

なっちゃん
さっちゃんとおとなりどうしでとしもおなじだけどぜんぜんちがうおんなのこ 「さっちゃんとなっちゃん」 浜田桂子作・絵 教育画劇(教育画劇みんなのえほん) 2002年7月

なっちゃん
つゆのはれまの日の夜におばあちゃんと「ほたるをみる夕べ」をした女の子 「ほたるの星」 松田もとこ作；宮本忠夫絵 ポプラ社(絵本の時間13) 2002年6月

ナッちゃん
クリーニングやさんをしているカミナリのゴロンちゃんのおうちにいっしょにくもにのっていったおんなのこ 「ゴロンちゃんのどきどきクリーニングやさん」 藤真知子作；いがわひろこ絵 PHP研究所(PHPにこにこえほん) 1994年5月

なっちゃん
大輔の姉で交通事故にあって重度のしょうがい児になってしまった女の子 「なっちゃん」 小笠原大輔文；梅田俊作絵 女子パウロ会 1989年3月

ナッツ
くまのウーリー一家の5人の子どもたちの一番お兄さん 「ウーリー家のすてきなバースデー」 西村玲子文・絵 あすなろ書房(あすなろ書房 新しい絵本シリーズ) 1987年4月

なっつ

ナッツ
りっちゃんのうちのいぬ 「やきいもの日」 村上康成作・絵 徳間書店 2006年9月

ナッティ
水そうにとじこめられてカーニバルの見せものになっていたマナティ 「海のかいぶつをたすけだせ！」 おおともやすお作 ベネッセコーポレーション 1997年8月

なつみかん
おへそがない大おとこのおへそになってあげたなつみかん 「なつみかんのおへそ」 深見春夫作 福武書店 1988年8月

ナナ
ねこのボッチとなかよしのちょうちょ 「ボッチとナナ」 かんのゆうこ作；南塚直子絵 佼成出版社 2005年6月

ナナ
父さんと母さんの生まれこきょうのゆきさと村へひっこしてきたもうすぐ十さいになる女の子 「雪むかえの村」 竹内もと代文；西村繁男絵 アリス館 2004年9月

ナナ
すすきのはらでこぎつねとまりつきをしてあそんだおんなのこ 「てまりのき」 あまんきみこ文；大島妙子絵 講談社 2002年10月

ナナ
つよいかぜにとばされていったてんとうむしのこ 「てんとうむし どーこ？」 得田之久作 童心社(とびだす虫のえほん) 2004年5月

七重ちゃん　ななえちゃん
お父さんがごみの回収の仕事をしている遼とおなじ団地に住んでいる女の子 「行こさくら」 西田英二文；荒川のり子絵 解放出版社 2001年3月

ナナお嬢さん　ななおじょうさん
ばけることができないめす猫のモーを山猫病院につれていったお嬢さん 「モーの入院」 別役実文；朝倉摂絵 リブロポート(リブロの絵本) 1990年8月

ナナさん
なんでもあめるあみものやさん 「ナナさんはあみものやさんです」 角野栄子作；高林麻里絵 リブロポート(リブロの絵本) 1994年10月

ななちゃん
はるかぜがひゅーんとふいてあかいぼうしがとんでしまったおんなのこ 「すてきなぼうし」 あまんきみこ作；黒井健絵 あかね書房(えほん、よんで！4) 2003年3月

ななちゃん
あらしがくるというのででだいじなものをあつめたすえっこのおんなのこ 「だいじなものは？」 うめだよしこ文；うめだゆみ絵 新日本出版社(すえっこななちゃんシリーズ3) 2006年9月

ななちゃん
海でさかなをとるふねのせんちょうさんのおとうさんからかなごがおみやげにもらった足を一本なくしたたこの子 「たこのななちゃん」 中川千尋作 徳間書店 1997年4月

ナナばあさん
まほうつかいのかがみをつかってこどもたちをさらってきたまほうつかいのおばあさん 「まほうつかいナナばあさんのかがみのまほう」 ひらいたかこ作・絵 教育画劇(まほうつかいナナばあさんシリーズ) 1996年9月

ナナばあさん
まじょのスープにくわえるためにこどもたちをさらってきたまほうつかいのおばあさん 「まほうつかいナナばあさんのまじょスープ」 ひらいたかこ作・絵 教育画劇(まほうつかいナナばあさんシリーズ) 1996年9月

ナナばあさん
ふしぎなくすりをふりかけてこどもたちをどうぶつにかえていったまほうつかいのおばあさん 「まほうつかいのナナばあさん」 ひらいたかこ作・絵 教育画劇(まほうつかいナナばあさんシリーズ) 1996年9月

ななふし(ノッポさん)
ひろいのはらのたけやぶのなかにあったしのだけむらにむしさんたちみんなとすんでいたななふし 「しのだけむらのやぶがっこう」 カズコ・G・ストーン作 福音館書店(こどものとも傑作集) 2006年6月

ななみちゃん
しあわせの木の実から生まれたふしぎな精 「ななみのここち」 稲葉卓也作 主婦と生活社 2005年5月

ナナン
やさしいおにいちゃんがいるあらいぐまのおんなのこ 「ナナンの いっぱい たのしいこと」 岡田名奈子原作・絵 ポプラ社(えほんとなかよし50) 1997年9月

ナナン
やさしいおにいちゃんがいるちいさいあらいぐまのおんなのこ 「ナナンの いっぱい たのしいこと」 岡田名奈子原作・絵 ポプラ社(えほんとなかよし50) 1997年9月

ナナン
ひろいうみにかこまれたうつくしいしまぷかぷかランドにくらしているこども 「ぷかぷかランド すてきなおくりもの」 川北亮司作;門野真理子絵 理論社 2006年7月

ナマ
こじかのハリーがおちたアクマのたにのぬまにすむナマズのアクマ 「もりのヒーロー ハリーとマルタン2 みずのアクマのまき」 やなせたかし作・絵 新日本出版社 2005年3月

なまけもの
べんとうおろすのもてをふところからだすのもいやなふたりのなまけもの 「ふたりのなまけもの」 かわだあゆこ再話;きづきすみよし絵 アスラン書房 2003年6月

なまけもの
「へんてこりん!」とみんなによばれてだれもあそんでくれないのでいつもひとりぼっちのなまけもの 「あそぼう」 さいとうやすひさ作・画 教育画劇(スピカみんなのえほん5) 1989年9月

ナマケモノ(グーグー)
みなみのくにのもりにすむナマケモノ 「トコとグーグーとキキ」 村山亜土作;柚木沙弥郎絵 福音館書店(日本傑作絵本シリーズ) 2004年10月

なまず
にしやまのやくしどうのしたにあったいけにすんでいてまいとしあくびしてはもっとおおきくなりたいととなえていたおおきななまず 「なまずのおやま」 梶山俊夫文・絵 フレーベル館(フレーベル館の新秀作絵本3) 1992年2月

なまず

なまず(ボンちゃん)
くまのゴンのつりばりにひっかかりおこってゴンたちをのみこんでしまったみどりがいけのなまず 「なまずのボンちゃん」高木信之作・絵 金の星社(新しいえほん) 1996年7月

ナマズくん
森の中にある小さな池にすんでいたいっぴきのナマズくん 「テラシマくんのやさしい失敗」所ジョージ絵・文 シンコー・ミュージック 1989年6月

なまずのおばさん
川岸の駄菓子屋のなまずのおばさん 「なまずの駄菓子屋」池田あきこ著 ほるぷ出版 (DAYAN'S COLLECTION BOOKS) 1996年3月

ナミ
うみのみえるおかのまんなかに「わたし」のうちができたおいわいにともだちがもってきてくれたこいぬ 「わたしのかわいいナミちゃん」加古里子写真・文 ポプラ社(かこさとし こころのほん10) 1987年2月

なみちゃん
ひわさでじいちゃんとふたりぐらしのるかちゃんといっしょにあそんだ三人しまいのおおきいおねえちゃん 「るかちゃんとなみちゃんゆきちゃんかおりちゃん」梅田俊作;梅田佳子;山内満豊作・絵 佼成出版社 1994年11月

ナミとナギ
そらからおりてきたふねにのってたびをしたふたりのきょうだい 「ほしになったふね」武宮秀鵬作・絵 金の星社(絵本のおくりもの) 1997年5月

なめかわ くにお
てんこうせいでまちのけんこうランドでおしばいをしているなめかわきくのじょういちざのおやまの男の子 「さらば、ゆきひめ」宮本忠夫文・絵 童心社(絵本・だいすきおはなし) 2002年7月

ナメクジ
カタツムリのからをすてて新天地をもとめた冒険野郎のナメクジ 「ガンバレ!!まけるな!!ナメクジくん」三輪一雄作・絵 偕成社 2004年11月

なめれおんくん
なんでもなめちゃうかめれおん 「なめれおん」あきやまただし作 佼成出版社 2002年11月

楢やん ならやん
沼にひっそりとかくれていた気のよわい龍の子三太郎を見つけた村の釣りてんぐの一人の木こり 「龍」今江祥智文;田島征三絵 BL出版 2004年2月

なりちゃん
大きくなったらバレリーナになってパパみたいな人とおどるんだとゆめみているおませな女の子 「なりちゃんのブル太さん」高橋三千綱作;宮崎博和絵 サンリオ(サンリオ創作絵本シリーズ) 1988年7月

ナン
ひろいうちゅうのかたすみにあったあおいほしにくらしているちいさなおとこのこ 「リュウのたからもの―ナンとあおいほしのなかまたち」たちのけいこ作・絵 PHP研究所(わたしのえほん) 1997年6月

ナン
ひろいうちゅうのかたすみにあったあおいほしにくらしているちいさなおとこのこ 「サーカスのすいせい-ナンとあおいほしのなかまたち」 たちのけいこ作・絵 PHP研究所(PHPわたしのえほんシリーズ) 1994年11月

ナン
ひろいうちゅうのかたすみにあったあおいほしにくらしているちいさなおとこのこ 「なんでものたね-ナンとあおいほしのなかまたち」 たちのけいこ作・絵 PHP研究所(PHPわたしのえほんシリーズ) 1993年10月

ナンナノヨ
じいさんがはりにつけたぼろてぬぐいのえさにつられてあがってきたへんなもの 「うみのむにゃむにゃ」 内田麟太郎作;伊藤秀男絵 佼成出版社 2003年10月

ナンニモとナンデモ
なんにもかかれていないまっしろいほんをよんでいるふたご 「ルフランルフラン2 本のあいだのくにへ」 荒井良二著 プチグラパブリッシング 2006年5月

【に】

にい
ゆきのひにきつねのきっことそりあそびにでかけたいたち 「おおさむこさむ」 こいでやすこ作 福音館書店(こどものとも傑作集) 2005年10月

ニイド
かぜをつかまえようとしてかぜぶくろをあんだくものすづくりのめいじんのくも 「くものニイド」 いとうひろし作 ポプラ社(いとうひろしの本11) 2006年7月

ニイナちゃん
いたずらがすきなねこのトムベエのかいぬしのいえのおんなのこ 「おいらはトムベエ」 中沢けい文;オリガ・ヤクトーヴィチ絵 福音館書店(世界傑作絵本シリーズ) 2003年10月

におくん
えんにきてこどもたちとやきゅうをしたおにのこ 「おにはうち！」 中川ひろたか文;村上康成絵 童心社(ピーマン村の絵本たち) 2000年11月

ニカぞう
てんこうせいでまちのけんこうランドでおしばいをしているおやまのなめかわくにおのクラスのいじわるな男の子 「さらば、ゆきひめ」 宮本忠夫文・絵 童心社(絵本・だいすきおはなし) 2002年7月

ニケ
ちえの木がおまつりしてあるちえの実の寺院をねどこにしている猫 「ちえの実の木」 緒方直青著 あすなろ書房 1989年11月

ニコラス
あるばんおそくへやのまどからとんがりぼうしのおばあさんがはいってきてよくあさおきてみるとネコになっていたおとこのこ 「ぼくネコになる」 きたむらさとし作 小峰書店(世界の絵本コレクション) 2003年5月

ニコラス(ニッキー)
エレファンツの4番バッターでたくさんホームランを打つガボンバの大ファンのおとこのこ 「ガボンバのバット」 牛窪良太作・絵 講談社 2000年4月

にこら

ニコラスさん
ミュラというまちでかみさまのおしえにしたがってくらしにこまっているひとたちをたすけたおとこのひと 「クリスマスにくつしたをさげるわけ」 間所ひさこ作；ふりやかよこ絵　教育画劇 (行事の由来えほん) 2000年10月

にこりん
みんなのこころのなかにすんでいるこ 「にこりん」 えんどうゆき作・絵　カゼット出版　2006年6月

虹　にじ
丘の上の小さなめくらぶどうがただの一言でもことばをかわしたい美しい虹 「めくらぶどうと虹」 宮沢賢治文；近藤弘明絵　福武書店　1987年10月

にじのこ
ミオのジョーロからうまれたなないろのブラウスをきたにじのこ 「にじものがたり あめあがりのやくそく」 いわぶちけいぞう作・絵　PHP研究所 (PHPにこにこえほん) 1993年8月

ニジンスキー
二週間の休みをもらったので宝もののヴァイオリンをもって生まれた村へ帰る兵士 「兵士の物語」 中原佑介文；山本容子絵　評論社　1992年9月

ニッキー
リリィのいえのこいぬ 「リリィのさんぽ」 きたむらさとし作・絵　平凡社　2005年7月；大日本絵画　1989年7月

ニッキー
エレファンツの4番バッターでたくさんホームランを打つガボンバの大ファンのおとこのこ 「ガボンバのバット」 牛窪良太作・絵　講談社　2000年4月

にっこりおまめさん
陽気で歌とコーヒーがだいすきなコーヒー村のおまめさんのなかでいつも笑顔がすてきなおまめさん 「じっくりおまめさん」 たちもとみちこ作　学習研究社　2005年11月

ニーナ
人間の女の子になって村の子どもたちと友だちになった人魚 「ニーナのねがい み〜んなともだち」 木田真穂子文；竹内永理亜絵　フォーラム・A　2002年8月

ニーナ
のらねこのサムとなかよしになったしろいおおきないえのペルシャねこ 「のらねこサムのクリスマス」 こやま峰子文；宮本忠夫絵　アリス館　1988年11月

ニーニャ
フィリピン・パヤタスでゴミをひろってお金にかえる仕事をして生きている12才の女の子 「神の子たち－パヤタスに吹く風」 葉祥明絵・文　中央法規出版　2002年3月

ニニロ
つちのなかでうごいていたミミズをおとしたしっぽだとおもってしっぽにゆわえたトカゲ 「ニニロのおとしもの」 いとうひろし作　教育画劇 (スピカのみんなのえほん15) 1991年10月

ニビー
てんきのいいあさにもりへでかけてさんびきのクマのおうちにはいってしまったちいさなおんなのこ 「ニビーとちいさなクマ」 大鹿知子作・絵　ポプラ社 (絵本のおもちゃばこ3) 2004年8月

にゃあジロ
ひとりぼっちでま冬のこうえんにすてられていた子ネコ 「にゃあジロとおじいさん」 門山幸恵再話 ; 鈴木周作絵　新世研　2003年12月

ニャアニャア
とつぜんの大じしんでつぶれたうちのなかにとじこめられてしまったみどりさんをあたためにきてくれたねこ 「ありがとうニャアニャア」 高浜直子作 ; はたよしこ絵　岩崎書店（えほん・ハートランド10）　1995年12月

にゃお
こうえんにすんでいるのらねこでまりちゃんとからすのかんたがいちばんすきなねこ 「かんたはつよい！」 おりもきょうこ作　童心社（絵本・ちいさななかまたち）　1987年7月

ニャッピー
わらうのがだいすきでたのしいことがあるとすぐわらってしまうねこ 「ニャッピーのがまんできなかったひ」 あきひろ作 ; もも絵　鈴木出版　2006年6月

ニヤニヤ
大ざらの大ダイをいただこうとしてタイヤキににおいかけられたくろねこ 「くろねこニヤニヤ」 内田麟太郎文 ; かわむらふゆみ絵　ルック　1995年1月

にゃんきちとうさん
ぐうぜんつりあげたきんのつぼにちずがかかれていたたからじまをめざしてしゅっぱつしたにゃんきちいっかのおとうさん 「にゃんきちいっかの だいぼうけん」 岡本一郎作 ; 中沢正人絵　金の星社　2006年7月

にゃんごろおうさま
くにじゅうのでんわをひとりじめしようとしたねこのおうさま 「にゃんごろおうさまのでんわ」 こわせたまみ文 ; いもとようこ絵　偕成社　1993年3月

ニャンタ
いつもけんかでもいつもいっしょのさんびきねこのいっぴきのかいねこがすきなのらねこ 「さんびきねこの かいぞくごっこ」 上野与志作 ; 礒みゆき絵　ひさかたチャイルド　2006年5

にわとり
となりにだれかがひっこしてきたとしってわくわく！うれしくなったにわとり 「おとなりさん」 きしらまゆこ作 ; 高畠純絵　BL出版　2006年3月

にわとり
ちいさなたまごがおおきくなるようにじめんにうめたおんどり 「おおきなたまご」 寺村輝夫作 ; 和歌山静子絵　あかね書房（たまごのほん）　2003年12月

にわとり
おおかみから100まいのホットケーキや100このドーナッツをもらった100わのひよこのおかあさんのにわとり 「おおかみのチキンシチュー」 カザ敬子文・絵　西村書店　1995年4月

にわとり
そらたかくとべてたびをするにわとり 「ふしぎなカーニバル」 秋山匡作・絵　講談社　1993年3月

にわとり
あさになって「コケコッコオー！」とないて「うるさいなあ」とふくろうにおこられたにわとり 「プーワ島のそらのした」 高畠純作・絵　ブックローン出版　1992年7月

にわと

にわとり
ねずみとねこといたちとみんなしてあそんでいるうちに二かいにかざってあるおそなえもちをたべようということになったにわとり 「ねずみ にわとり ねこ いたち」 望月新三郎作；二俣英五郎絵 ポプラ社（絵本・子どものくに32） 1988年2月

にわとり（けっことこっこ）
めーおばさんからおつかいをたのまれたふたりのあわてんぼうのにわとりのこ 「おつかい－けっことこっこ」 浅川じゅん作；橋本淳子絵 偕成社 1999年12月

にわとり（ココ）
よがあけると「ぼく」のうちのはたけにやってきてなんでもかんでもふんづけたりほじくりかえすわからずやのにわとり 「わからんちんのココ」 はたたかし作；長新太画 福音館書店（日本傑作絵本シリーズ） 1989年4月

にわとり（コースケ）
もりのそばにあったながいことあきやだったふるいいえにすみついていたおんどり 「ノックがとんとん」 にしかわおさむ作・絵 PHP研究所（PHPわたしのえほんシリーズ） 1988年10月

ニワトリ（ちゃーぼ）
いつもねてばかりいるねぼすけのニワトリ 「ねぼすけちゃーぼ」 田原ウーコ作・絵 新風舎 2006年12月

にわとり（ノンコ）
おばあちゃんになってたまごをうめなくなったにわとり 「にわとりさんはネ…」 福井達雨編；止揚学園園生絵 偕成社 1989年7月

ニワトリ（ピー太）　にわとり（ぴーた）
「ぼく」がヒヨコのときからエサをやって大きくしたニワトリ 「さようなら、ピー太」 西村文作；佐々玲子絵 BL出版 2001年12月

にんぎょう
おおきなもりのきのしたにすわっていたぼろぼろのにんぎょう 「もりのにんぎょう」 朝比奈かおる作・絵 文渓堂 2005年9月

にんぎょう（デイジー）
るすばんをしていてソファーのうえでねむってしまったおんなのこをぬいぐるみの森へつれていったぬいぐるみたちのにんぎょう 「ソファーのうえで」 川端誠作・絵 講談社（講談社の創作絵本） 1991年7月

にんげん
それはそれはむかしのことてんにふたつあったたいようのひとつをゆみやでいおとそうとかんがえたにんげんたち 「ふたつのたいよう」 井野史子作・絵 学習研究社（world picture book） 2003年8月

にんじゃ（いぬのにんじゃ）
すっぽんぽんのすけのてきのわるもののいぬのにんじゃ 「すっぽんぽんのすけ せんとうへいくのまき」 もとしたいづみ作；荒井良二絵 鈴木出版（たんぽぽえほんシリーズ） 2002年1月

にんじゃ（いぬのにんじゃ）
すっぽんぽんのすけのてきのわるもののいぬのにんじゃ 「すっぽんぽんのすけ デパートへいく」 もとしたいづみ作；荒井良二絵 鈴木出版（たんぽぽえほんシリーズ） 2004年2月

にんじゃ（いぬのにんじゃ）
はだかのヒーローすっぽんぽんのすけのてきのわるもののいぬのにんじゃ 「すっぽんぽんのすけ」 もとしたいづみ作；荒井良二絵　鈴木出版（たんぽぽえほんシリーズ）1999年11月

にんじん
ごぼうとだいこんとおふろをわかしてはいろうということになったにんじん 「にんじんと ごぼう と だいこん」 和歌山静子絵　鈴木出版（たんぽぽえほんシリーズ）1991年4月

にんじんさん
ごぼうさんとだいこんさんといっしょにおふろへいったにんじんさん 「にんじんさんがあかいわけ」 松谷みよ子著；ひらやまえいぞう絵　童心社（あかちゃんのむかしむかし）1989年1月

にんにくのにきち
ぬすっとをやめてねぎぼうずのあさたろうのたびのともをすることになったにんにく 「ねぎぼうずのあさたろう その5」 飯野和好作　福音館書店（日本傑作絵本シリーズ）2005年6月

にんにくのにきち
ぬすっとをやめてねぎぼうずのあさたろうのたびのともをすることになったにんにく 「ねぎぼうずのあさたろう その4 火の玉おてつのあだうち」 飯野和好作　福音館書店（日本傑作絵本シリーズ）2003年3月

にんにくのにきち
ぬすっとをやめてねぎぼうずのあさたろうのたびのともをすることになったにんにく 「ねぎぼうずのあさたろう その3」 飯野和好著　福音館書店（日本傑作絵本シリーズ）2001年3月

にんにくのにきち
ぬすっとをやめてねぎぼうずのあさたろうのたびのともをすることになったにんにく 「ねぎぼうずのあさたろう その2」 飯野和好作　福音館書店（日本傑作絵本シリーズ）2000年4月

にんにくのにきち
ぬすっとをやめてねぎぼうずのあさたろうのたびのともをすることになったにんにく 「ねぎぼうずのあさたろう その6」 飯野和好作　福音館書店（日本傑作絵本シリーズ）2006年11月

にんにく丸　にんにくまる
黒雲城のろうやにとじこめられた飛子姫きゅうしゅつのため城にさしむけられた忍者 「忍者にんにく丸」 川端誠作　BL出版　2005年9月

【ぬ】

ヌー
ライオンにおいかけられておかあさんヌーとはなれてまいごになってしまっためすのあかちゃんヌー 「まいご」 吉田遠志絵・文　リブリオ出版（絵本アフリカのどうぶつたち第3集・草原のなかま）2002年1月

ヌー
ながいたびのとちゅうでかわをわたっていくヌーのむれ 「まがったかわ」 吉田遠志絵・文　リブリオ出版（絵本アフリカのどうぶつたち第3集・草原のなかま）2002年1月

ぬいば

ヌー（がくしゃヌー）
30ぴきのヌーのむれのせんとうにたちチーターにくいつかれためすのヌーをたすけたヌー 「あたらしいいのち」吉田遠志絵・文 リブリオ出版（絵本アフリカのどうぶつたち第3集・草原のなかま）2002年1月

ヌー（がくしゃヌー）
ヌーのおおきなむれのせんとうをあるくむずかしいかおのがくしゃのようなヌー 「いなびかり」吉田遠志絵・文 リブリオ出版（絵本アフリカのどうぶつたち第3集・草原のなかま）2002年1月

ぬいばあちゃん
いつかふるさとにかえって木やくさやどうぶつたちのそばでくらすのがゆめだったさくじいちゃんといっしょにふるさとのうちにきたおくさん 「さくじいちゃんのふるさとへ」鹿目佳代子作 福武書店 1987年5月

ぬくぬく
のーんびりとひなたぼっこをしているところをからすのぺちゃくちゃにじゃまされたたぬき 「ぽかぽか ひなたぼっこ」中沢正人作・絵 すずき出版；金の星社（こどものくに傑作絵本）1989年6月

ぬさ
むかしむかしむらにあった"すがたかえ"とよばれておったふしぎなぬけあなのちかくにすんでおったこわげなばあさま 「からからからが…」高田桂子作；木曽秀夫絵 文研出版（ぽっぽライブラリ みるみる絵本）2002年5月

ぬさばあさま
村にあった「すがたかえ」というてだれでもはいったがさいごにてもにつかんすがたになって出てくるふしぎなぬけあなにはいったいじわるばあさま 「あれからそれから」高田桂子作；木曽秀夫絵 文研出版（みるみる絵本-ぽっぽライブラリ）1995年1月

ぬさばあさま
となりのじいさまにむらにあった"すがたかえ"とよばれておったふしぎなぬけあなにおいこまれてしもうたいじわるばあさま 「からからからが…」高田桂子作；木曽秀夫絵 文研出版（みるみる絵本-ぽっぽライブラリ）1995年1月

盗森 ぬすともり
小岩井農場の北にある四つの黒い松の森の一人 「狼森と笊森、盗森」宮沢賢治作；村上勉絵 偕成社（日本の童話名作選）1996年11月

盗森 ぬすともり
小岩井農場の北にある四つの黒い松の森の一人 「狼森と笊森、盗森」宮沢賢治文；津田櫓冬絵 ほるぷ出版 1992年12月

盗人 ぬすびと
あるとこにあった貧乏な家の馬っこぬすんでいぎてと思って馬屋の陰っこさ隠れていた盗人 「ふるやのもり」鈴木サツ語り；堀越千秋絵 瑞雲舎（読み聞かせ絵本シリーズ4）1996年8月

盗人のかしら ぬすびとのかしら
花のき村にやってきた五人組の盗人のうちのかしら 「花のき村と盗人たち」新美南吉作；さいとうよしみ絵 小学館（新美南吉名作絵本）2005年7月

ヌバ
ひげを切られたので家出した「私」の家の大きなオスネコ 「ネコひげアンテナ」屋島みどり作；青木貴子絵 BL出版 2003年12月

ねこ

ヌマ
こじかのハリーがおちたアクマのたににいるよごれたみずのアクマ 「もりのヒーロー ハリーとマルタン2 みずのアクマのまき」 やなせたかし作・絵 新日本出版社 2005年3月

ヌラ
うずまきまんのおじさんのうみぼうず 「アンパンマンとうずまきまん」 やなせたかし作・絵 フレーベル館(アンパンマンのふしぎなくに5) 1990年9月

【ね】

ネイル
イルカプールでいちばんのスターの女の子のバンドウイルカ 「ぼく、イルカのラッキー」 越水利江子作;福武忍絵 毎日新聞社 2006年12月

ネギ
なんでもできるけどやってみせないだけのねこ 「ネギでちゅ」 舟崎克彦作・絵 ポプラ社(絵本のぼうけん11) 2003年5月

ネギーおじさん
アンパンマンのなかま、ふだんはネギをつくっているネギーおじさんだがへんしんするとかいけつナガネギマンになってかつやくするおじさん 「アンパンマンとナガネギマン」 やなせたかし作・絵 フレーベル館(アンパンマンのおはなしわくわく4) 2001年12月

ねこ
かみさまのところへいくひをわすれてしまってねずみにわざといちにちちがえておしえられて12しにはいれなかったねこ 「ねこどんとねずみどん—十二しのおはなし」 水谷章三文;中沢正人絵 世界文化社(ワンダー民話館) 2005年11月

ねこ
さかながすきでときどきさかなのなかにはいってねこざかなになるねこ 「まいごのねこざかな」 わたなべゆういち作・絵 フレーベル館 2006年5月

ねこ
たいくつなたいくつなねこ 「ネンネコ ごろごろ」 梅田俊作;梅田佳子作・絵 ポプラ社(絵本の時間25) 2003年5月

ネコ
しっぽがきいろくなってしまったくろいネコ 「しっぽのきらいなネコ」 南部和也文;いまきみち絵 福音館書店(日本傑作絵本シリーズ) 2005年4月

ねこ
さかながすきでときどきさかなのなかにはいってねこざかなになるねこ 「だっこだっこのねこざかな」 わたなべゆういち作・絵 フレーベル館 2005年6月

ねこ
ゆみちゃんちでかわれている5ひきのねこ 「ゆみちゃんちの5ひきのねこ」 横塚法子著 ヨルダン社 1988年8月

ねこ
ママがおしごとでおるすできょうはゆうたんのおかあさんのねこ 「ねこかあさん」 小野千世作・絵 講談社 1988年11月

ねこ

ねこ
まことくんにこうつうルールをおしえてもらったこうえんのねこたち 「ねこくん、みぎみてひだりみて」 田中秀幸作・絵 岩崎書店（えほん・おもしろランド10） 1988年9月

ねこ
12ひきのいたずらこねこちゃん 「こねこちゃん こねこちゃん」 長野ヒデ子作・絵 ひさかたチャイルド 2006年11月

ネコ
だれのかわからないたまごをじゅんばんきめてあたためたどうぶつたちの十日めの番のネコ 「とうとう 十日め、ネコの番！」 遠山繁年作・絵 偕成社（おもしろおかしえほん1） 1987年4月

ねこ
おにいちゃんとおねえちゃんのまねっこのすきなすえっこのおとうとこねこ 「まねっこだいすき」 森山京文；いもとようこ絵 ベネッセコーポレーション 1998年3月

ねこ
へんなみずたまもようのねこのあとをつけていった11ぴきのねこ 「11ぴきのねことへんなねこ」 馬場のぼる作 こぐま社 1989年12月

ねこ
おばあさんのいえからどろぼうにぬすみだされてサーカスへうりとばされたおしゃべりするねこ 「サーカスへいったねこ」 曽田文子作・絵 講談社 1989年8月

ネコ
イヌにまちをおわれてふかいやまのおくでやっとやすめたふたりのすてネコ 「うみのしっぽ」 内田麟太郎文；長新太絵 童心社 1991年1月

ねこ
おしょうがつにかみさまのいえへいくひをねずみにきいてうそをおしえられてじゅうにしにはいれなかったねこ 「十二支のはじまり」 荒井良二絵；やまちかずひろ文 小学館（おひさまのほん） 2006年12月

ねこ
さかながすきでときどきさかなのなかにはいってねこざかなになるねこ 「そらとぶ ねこざかな」 わたなべゆういち作・絵 フレーベル館 2004年9月

ねこ
月夜にあき地にずらりとねこの夜店が出ているひみつのねこ市のキャンディ屋のブチねこ 「月夜のねこいち」 越水利江子文；はたよしこ絵 毎日新聞社 2004年11月

ねこ
あるひネクタイやくつやうわぎをもらいにやってきたむかいのいえのねこ 「ねこだまし」 斉藤洋作；高畠那生絵 理論社 2004年10月

ねこ
ずうっとむかしにそらからおしろのおうさまのところにおちてきたちきゅうじょうではじめてのねこ 「ねこがさかなをすきになったわけ」 ひだのかな代作・絵 新風舎 2004年12月

ねこ
よるになるとのはらのいけにあそびにやってくるさかながだいすきないじわるなねこ 「うまそうだな、ねこ―しんかしたさかなのおはなし」 松山美砂子著 架空社 2003年4月

ねこ
なかよしのいぬとこわれないようにそーっとしゃぼんだまをおおきくしたねこ 「なかよし」 さとうわきこ作・絵 PHP研究所(わたしのえほん) 2003年11月

ねこ
さかながすきでときどきさかなのなかにはいってねこざかなになるねこ 「ねむるねこざかな」 わたなべゆういち作・絵 フレーベル館 2003年6月

ねこ
さかながすきでときどきさかなのなかにはいってねこざかなになるねこ 「ねこざかなのクリスマス」 わたなべゆういち作・絵 フレーベル館 2003年10月

ねこ
せいくんのいえのだいどころのさかなをものほしからねらっていたとなりのねこ 「せいくんとねこ」 矢崎節夫作;長新太絵 フレーベル館(ペーパーバックえほん1) 2002年1月

ねこ
うでのいいだいくさんのねこ 「ねこのだいくさん」 鈴木タカオ作・絵 ポプラ社 2002年12月

ねこ
かみさまにしん年のあいさつにいく日をねずみにきいてだまされて十二支にはいれなかったねこ 「十二支のおはなし」 内田麟太郎文;山本孝絵 岩崎書店(えほんのマーチ1) 2002年11月

ねこ
そらからきてかえっていったあおいねこ 「あおいねこ」 谷内こうた作・絵 講談社(講談社の創作絵本) 2001年5月

ねこ
こわーいばけねこになりたいとおもってばけねこのおやぶんにあいにはかべへいったちいさなねこ 「ばけねこになりたい」 せなけいこ作 童心社(せなけいこ・おばけえほん) 2001年7月

ねこ
さかながすきでときどきさかなのなかにはいってねこざかなになるねこ 「おどるねこざかな」 わたなべゆういち作・絵 フレーベル館 2001年6月

ねこ
ふるーいとしょかんがすみかのどくしょがだいすきでぼうけんをゆめみていたねこ 「としょかんのねこ」 みやかわけんじ作;たばたごろう絵;おのみちよ文 新世研 2001年9月

ねこ
うみのはなびたいかいでなつのよぞらにドドーンとはなびをうちあげるはなびやのねこたち 「ねこのはなびや」 渡辺有一作 フレーベル館(えほんあらかると5) 2001年6月

ねこ
ケンカでひどいけがをしてきた「ぼく」のたいせつなあいぼうのねこ 「ねこは わがとも」 みやかわけんじ作;たばたごろう絵;ほりいけつこ文 新世研 2001年9月

ねこ
さかながすきでときどきさかなのなかにはいってねこざかなになるねこ 「ポップアップねこざかな」 わたなべゆういち作・絵 フレーベル館 2001年12月

ねこ
「わたし」のうちでかうことになったねこ 「あしたうちにねこがくるの」 石津ちひろ文；ささめやゆき絵　講談社（講談社の創作絵本）　2000年12月

ねこ
おやまのねこやしきにすむさんにんのきれいなおんなのひとにばけたねこたち 「やまのねこやしき」 さねとうあきら文；いのうえようすけ画　教育画劇（日本の民話えほん）　1999年12月

ねこ
はたらきもののねずみがすんでいたちいさなおかのちいさないえにやってきたおきゃくのねこ 「ねずみのごちそう」 杉田豊絵・文　講談社　1998年3月

ねこ
しょうがつのあさにかみさまのところにあいさつにいくのにねずみにうその日をおしえられて十二支にはいれなかったねこ 「十二支のはじまり」 岩崎京子文；二俣英五郎画　教育画劇（日本の民話えほん）　1997年11月

ねこ
天じょううらのねずみに手がみをかいてそうじをさせたおしゃれできれいずきなねこ 「おしゃれねこ」 なかのひろたか作・絵　ひさかたチャイルド　1991年5月

ねこ
丘のうえの白い家にひとりぼっちですんでいたピアノをひくのがじょうずなおばあさんから招待状をもらったどらねこ 「今夜の招待状」 福永真由美文；渡辺あきお絵　PHP研究所（PHPにこにこえほん）　1997年12月

ねこ
あなのあいたぼうしをつかってとりのたまごをてにいれたねこ 「またよくばりすぎたねこ」 さとうわきこ作・絵　PHP研究所（わたしのえほん）　2003年8月

ねこ
きつねのぱんやのほうがおいしいときいてしんしにばけてきつねのぱんやへいってぱんをたべてみたねこのぱんや 「きつねのぱんとねこのぱん」 小沢正文；藤枝リュウジ絵　国土社（絵本といっしょ2）　1996年12月

ねこ
海に浮かぶ小さな島に白い母ねこと住んでいた花のすきな青い子ねこ 「スマトラ島の洋服屋さん」 華子作・絵　タリーズコーヒージャパン　2005年11月

ネコ
「ぼく」がふくクラリネットをきいてどんどんおおきくなっていえよりもおおきくなったネコ 「ネコとクラリネットふき」 岡田淳作　クレヨンハウス　1996年4月

ねこ
はなのすきなおばあさんのおれんじいろのながいしっぽのねこ 「ねこのき」 長田弘作；大橋歩絵　クレヨンハウス　1996年6月

ネコ
こうえんでねこのきらいなさとしがみつけてしまっただんボールのはこにはいったちいさなすてネコ 「さとしとすてネコ」 福田岩緒作・絵　ポプラ社（えほんはともだち38）　1995年4月

ねこ
しろいくもをたくさんおいこんでそらにういたとらねこのママ 「とらねこのママ」 渡辺有一作・絵　フレーベル館（げんきわくわくえほん）　1995年10月

ねこ
あたらしくつくったへいにペンキをぬることになったねこむらのねこたさんちのねこたち 「ねこのペンキぬり」 間所ひさこ作；渡辺有一絵 フレーベル館（おはなしメルヘン9） 1994年12月

ねこ
かぜがふくとてびょうしをするのでこうえんのにんきものになったこねこ 「てびょうしこねこ」 牧島敏乃作・絵 金の星社 1994年8月

ねこ
ちゅうしゃがきらいなねこたさんちのねこ 「ねこのちゅうしゃ」 間所ひさこ作；渡辺有一絵 フレーベル館（おはなしメルヘン8） 1994年10月

ねこ
谷ではたけをやってるイチのうちからはぐれてひとり山へはいったはぐれねこ 「花のくる道」 筒井敬介文；太田大八絵 小峰書店（えほん・こどもとともに） 1992年3月

ねこ
ねこがだいすきおてらのこぞっこがかいたえからとびだしてこぞっこをばけものからたすけたねこたち 「えからとびだしたねこ」 松谷みよ子作；ナメ川コーイチ絵 フレーベル館（むかしむかしばなし11） 1991年6月

ねこ
こどもたちがかえったあとのようちえんにあつまってきたのらねこたち 「のらねこようちえん」 久保喬文；渡辺あきお絵 ほるぷ出版 1990年7月

ねこ
うみべのむらのねんにいちどのよぼうちゅうしゃのひにみんないっしょににげだしたねこのかぞく 「ねこのちゅうしゃ」 間所ひさこ作；渡辺有一絵 フレーベル館（おはなしメルヘン8） 1994年10月

ねこ
よちよちあるきのこねこだったころからたかいところがすきだったつなわたりのすきなねこ 「つなわたりのすきなねこ」 竹下文子文；南塚直子絵 佼成出版社 1993年4月

ねこ
まちのはずれてきのあうおばあさんとのんびりくらしていたいねむりのすきなねこ 「のんびりおばあさんといねむりぼうや」 にしかわはるこ作；にしかわおさむ絵 フレーベル館（フレーベル館の新秀作絵本1） 1988年12月

ねこ
いつもおんなのこといっしょのなかよしのこねこ 「まっかないちごがまってるよ」 森津和嘉子作・絵 金の星社（絵本のおくりもの） 1987年9月

ねこ
ねずみとにわとりといたちとみんなしてあそんでいるうちに二かいにかざってあるおそなえもちをたべようということになったねこ 「ねずみ にわとり ねこ いたち」 望月新三郎作；二俣英五郎絵 ポプラ社（絵本・子どものくに32） 1988年2月

ねこ
りっぱなたてがみをしたライオンとしんせきだったのでいっしょにくらしていたねこたち 「空とぶライオン」 佐野洋子作・絵 講談社 1993年10月

ねこ

ねこ
クリスマス・イブのことゆきのなかをひとりぼっちであるいていた小さなすてねこ 「こねこのクリスマス」 なかえよしを作;上野紀子絵　教育画劇(スピカみんなのえほん1)　1988年10月

ねこ
かいぞくになろうとふねをつくった6ぴきの山のねこたち 「やっぱり 山ぞくになったねこたち」 槇ひろし作;前川欣三画　教育画劇(スピカみんなのえほん16)　1992年3月

ねこ
いつもしあわせなあしたがやってくるとおもっているやせっぽちのすてられたこねこ 「あしたのねこ」 きむらゆういち文;エムナマエ絵　金の星社　2006年6月

ねこ
7にんのこどもたちといっしょにおがわにでかけた1ぴきのこねこ 「こねこと7にんのこどもたち」 森津和嘉子作・絵　金の星社(絵本のおくりもの)　1988年7月

ねこ
むかしあるところにあったおおきなおしろにすんでいた100ぴきのねこ 「100ぴきねことまほうつかい」 間瀬なおかた作・絵　ひさかたチャイルド(ひさかた絵本ランド)　1989年1月

ねこ
るすばんがだーいすきなねこ 「るすばん だいすき」 岡本颯子作・絵　PHP研究所(PHPにこにこえほん)　1993年2月

猫　ねこ
アラカブ町のはくぶつかんでみはりをしていた12ひきの猫たち 「タマリンのくびかざり」 宮崎耕平作・絵　PHP研究所(PHPのえほん)　1991年3月

ねこ(あき)
おばあちゃんのたんじょうかいにかぞくでがっきのえんそうをすることになったねこのおんなのこ 「たんじょうかいがはじまるよ」 みやざきこうへい作・絵　PHP研究所(わたしのえほんシリーズ)　1995年3月

ネコ(あんこ)
飼い主のマリにつれられていなかのしんせきの家に行くことになった子ネコ 「あんこ4 子ネコの「あんこ」里山でびっくり」 清水達也文;松下優子絵　星の環会　2002年5月

ネコ(あんこ)
飼い主のマリにいなかのしんせきの家につれて来られた子ネコ 「あんこ5 子ネコの「あんこ」里山の森」 清水達也文;松下優子絵　星の環会　2002年5月

ネコ(あんこ)
飼い主のマリにいなかのしんせきの家につれて来られた子ネコ 「あんこ6 子ネコの「あんこ」里山の蔵」 清水達也文;松下優子絵　星の環会　2002年5月

ネコ(あんこ)
マリというおねえさんに飼われることになっていっしょにいなかの家へいった子ネコ 「あんこ1 子ネコの「あんこ」里山へ」 清水達也文;松下優子絵　星の環会　2001年10月

ネコ(あんこ)
飼い主のマリに街からいなかの家につれて来られた子ネコ 「あんこ3 子ネコの「あんこ」里山の朝」 清水達也文;松下優子絵　星の環会　2001年12月

ネコ(あんこ)
飼い主のマリに街からいなかの家につれて来られた子ネコ 「あんこ2 子ネコの「あんこ」里山の夜」 清水達也文;松下優子絵 星の環会 2001年11月

ねこ(イボンヌ)
としよりの大工さん夫婦とすんでいたねこのさんきちがあった大使館の白いかわいいねこ 「イボンヌとさんきち」 小沢良吉作 小峰書店 1999年11月

ねこ(おじろ)
おばあちゃんとはじめてきのことりにいったみほといっしょにいったねこ 「みほといのはなぼうず」 筒井頼子作;山内ふじ江絵 福音館書店 2001年4月

猫(お茶目)　ねこ(おちゃめ)
きれをうるのがしごとの猫吉一家のおかあさん 「猫吉一家物語 秋冬」 大島妙子作 金の星社 2003年9月

ねこ(ガブ)
もりのあひるのダギーとうさぎのタップのふたりをつかまえようとするぶちねこ 「ノッポさんのえほん3 ダギーとタップとぶちねこガブ」 高見ノッポ文;中村景児絵 世界文化社 2001年1月

猫(ガラ)　ねこ(がら)
今は空き家になったホテルの客のカラス猫 「夜猫ホテル」 舟崎克彦文;落田洋子画 ウオーカーズカンパニー 1989年12月

ねこ(ガリ)
にわのあるいえにひっこしてきたしのちゃんのともだちになったのらねこ 「しのちゃんと4ひきのともだち」 織茂恭子作・絵 岩崎書店 (のびのび・えほん2) 2000年3月

ねこ(カンタ)
もりのなかのいっけんやにすんでいた3びきのこねこたちの1ぴき 「3びきのこねこ はじめてのゆき」 もりつわかこ作 文化出版局 1987年11月

ねこ(カンタ)
みちおねえちゃんとひろいちゃんについてはるをさがしにでかけた3びきのこねこの1ぴき 「3びきのこねこ はるをさがしに」 もりつわかこ作 文化出版局 1988年3月

ねこ(キャラコ)
みけねこのおんなのこ 「みけねこキャラコ」 土井香弥作・絵 偕成社 1998年11月

ネコ(キンジロウ)
とこやさんのうちのひるまはねてばかりいるネコ 「ネコのとこやさん」 いもとようこ絵;多田朋子作 金の星社 1999年2月

ねこ(グルグル)
ビスケットこうじょうでビスケットづくりをてつだったくろねこのこ 「こねこのきょうだいグルグルとゴロゴロ-ビスケットこうじょう」 江川智穂作 小学館 2005年12月

ねこ(グルグル)
もりのそばにあったながいことあきやだったふるいいえにすみついていたねこ 「ノックがとんとん」 にしかわおさむ作・絵 PHP研究所(PHPわたしのえほんシリーズ) 1988年10月

ねこ(グルグル)
しろねこのゴロゴロときょうだいのくろねこのこ 「こねこのきょうだいグルグルとゴロゴロ ふうせんおばけ」 江川智穂作 小学館 2006年5月

ねこ

ねこ（グルグル）
しろねこのごろごろときょうだいのくろねこのこ 「こねこのきょうだいグルグルとゴロゴロ たからさがし」 江川智穂作 小学館 2006年3月

ねこ（グレ）
ゆうちゃんがあきちの材木置場ではじめて見てから毎日見に行ったこねこ 「こねこのグレ」 本多豊国絵・文 清流出版 2001年7月

ねこ（くろ）
ねこのシャムちゃんにおてがみをだしたくろいねこ 「おへんじください。」 山脇恭作；小田桐昭絵 偕成社 2004年9月

ねこ（クロ）
いつもけんかでもいつもいっしょのさんびきねこのいっぴきののらねこがきらいなのらねこ 「さんびきねこの かいぞくごっこ」 上野与志作；礒みゆき絵 ひさかたチャイルド 2006年5

ネコ（クロ）
日本が戦争にまけるすこしまえの広島市の舟入本町の家で小学生の真二にかわれることになったすてネコ 「絵本 クロがいた夏」 中沢啓治作・絵 汐文社 1990年7月

猫（クロ） ねこ（くろ）
お婆さんのつくった熱いミソ汁をあわてて飲んで舌をやけどしてしまった野良猫 「ねこ舌」 宮川大助文；宮川花子絵 京都書院（大助・花子の日本昔ばなし） 1988年12月

ねこ（くろくん）
とらくんのともだちでベーコンをおとしたねこ 「まるごとたべたい」 山脇恭作；小田桐昭絵 偕成社 2006年9月

猫（黒猫） ねこ（くろねこ）
とある港町の路地裏にある「バーネグロ」の看板猫 「黒猫ナイト」 山崎杉夫作 長崎出版（cub label） 2006年10月

猫（昆布助） ねこ（こぶすけ）
きれをうるのがしごとの猫吉一家のこども 「猫吉一家物語 秋冬」 大島妙子作 金の星社 2003年9月

ねこ（こへいた）
くろひげしょうぐんのおとものねこ 「さばくのめだまやき」 石橋正次作・絵 ブックローン出版 1995年3月

ねこ（ゴロゴロ）
ビスケットこうじょうでビスケットづくりをてつだったしろねこのこ 「こねこのきょうだいグルグルとゴロゴロ ビスケットこうじょう」 江川智穂作 小学館 2005年12月

ねこ（ゴロゴロ）
くろねこのグルグルときょうだいのしろねこのこ 「こねこのきょうだいグルグルとゴロゴロ ふうせんおばけ」 江川智穂作 小学館 2006年5月

ねこ（ゴロゴロ）
くろねこのグルグルときょうだいのしろねこのこ 「こねこのきょうだいグルグルとゴロゴロ たからさがし」 江川智穂作 小学館 2006年3月

ねこ(ゴン)
おばあちゃんちにあずけられたわがままなヨウスケにまほうをかけてのみこんでしまったかいねこ 「ねこにのまれて」本間正樹文;矢玉四郎絵 佼成出版社(しつけ絵本シリーズ6) 2004年10月

ネコ(ごん)
子ネコのあんこが森の中で知りあったノラネコ 「あんこ6 子ネコの「あんこ」里山の蔵」清水達也文;松下優子絵 星の環会 2002年5月

ねこ(ゴン)
すずめのチュンに"さよなら"ていううたをうたってきかせたどらねこ 「さよならのうた」松岡節作;いもとようこ絵 ひかりのくに 2001年10月

ねこ(ごんのすけ)
りょうくんのうちにいるつよくてうちじゅうでいちばんいばっているねこ 「ねこのごんのすけ」竹下文子作;福田岩緒絵 ひかりのくに 1997年11月

ねこ(サーシャ)
サーカスだんのメンバーになったねこのきょうだいのいもうと 「もしもねこがサーカスにいったら」石津ちひろ文;ささめやゆき絵 講談社(講談社の創作絵本) 2006年10月

猫(三郎) ねこ(さぶろう)
麻美の家からいなくなっていちょうの木がしげる古いやしきを家にした猫 「いちょうやしきの三郎猫」成田雅子作・絵 講談社 1996年10月

ねこ(サム)
しろいおおきないえのペルシャねこのニーナとなかよしになったのらねこ 「のらねこサムのクリスマス」こやま峰子文;宮本忠夫絵 アリス館 1988年11月

猫(サーラ) ねこ(さーら)
空を飛んでみたいとおもっている猫のトビーのともだちの猫 「空飛ぶ猫」森本和子作;木下純子絵 アースメディア 2004年2月

ネコ(サリー)
ネコのラジオ局のパーソナリティのシロネコ 「ネコのラジオ局」南部和也作;とりごえまり絵 教育画劇 2004年9月

ねこ(さんきち)
としよりの大工さん夫婦とすんでいたねこで大使館のねこのイボンヌをおっていったねこ 「イボンヌとさんきち」小沢良吉作 小峰書店 1999年11月

ねこ(じーご)
むーちゃんのだいじなともだちでふゆのあるひゆきののこっているやねからおちてしんでしまったおすねこ 「天国からやってきたねこ」河原まり子作・絵 岩崎書店(えほん・ハートランド) 2000年4月

ねこ(シジミ)
あかんぼうのとき こうえんにすてられていてしょうがっこうのショウちゃんにひろわれたねこ 「ねこのシジミ」和田誠作 ほるぷ出版(イメージの森) 1996年9月

猫(ジタン) ねこ(じたん)
不思議の国わちふぃーるどに住む猫のダヤンの友だちの猫 「猫の島のなまけものの木」池田あきこ著 ほるぷ出版(DAYAN'S COLLECTION BOOKS) 1998年9月

ねこ

猫（ジタン）　ねこ（じたん）
不思議の国わちふぃーるどに住む猫のダヤンの友達の猫「マージョリーノエルがやってきた」池田あきこ著　ほるぷ出版（DAYAN'S COLLECTION BOOKS）1994年10月

猫（ジタン）　ねこ（じたん）
不思議の国わちふぃーるどに住む猫のダヤンの友達の猫「チビクロ・パーティ」池田あきこ著　ほるぷ出版（DAYAN'S COLLECTION BOOKS）1995年10月

猫（ジタン）　ねこ（じたん）
不思議の国わちふぃーるどに住む猫のダヤンの友だちの猫「ヨールカの白いお客さん」池田あきこ著　ほるぷ出版（DAYAN'S COLLECTION BOOKS）1996年11月

ねこ（しましまちゃん）
いえにあかちゃんねこが6ぴきうまれておにいちゃんになったこねこ「しましまちゃんは おにいちゃん」白井三香子作；黒井健絵　学習研究社（学研fanfanファンタジー）1988年10月

ねこ（シャム）
ねこのくろのともだちのねこ「おへんじください。」山脇恭作；小田桐昭絵　偕成社　2004年9月

ねこ（ジャム）
せなかにまるであんず色のジャムパンがのっかっているようなまっ白な子ねこ「ジャムねこさん」松谷みよ子作；渡辺享子絵　にっけん教育出版社　2005年6月

ねこ（シュガーちゃん）
てんしのくにのおひめさまのねこ「シュガーちゃんとだいじなたまご」しみずゆうこ作　柳原出版（エンジェル・キャット・シュガーのえほん）2005年12月

ねこ（シュガーちゃん）
てんしのくにのおひめさまのねこ「シュガーちゃんとこりすちゃん」しみずゆうこ作　柳原出版（エンジェル・キャット・シュガーのえほん）2006年7月

ねこ（シュガーちゃん）
てんしのくにのおひめさまのねこ「シュガーちゃんとふゆのおくりもの」しみずゆうこ作　柳原出版（エンジェル・キャット・シュガーのえほん）2006年12月

ねこ（ジロー）
ひとりでピクニックにいく「わたし」がるすばんをいいつけたねこ「わたしのまっかなバスケット」川端誠作　講談社　1987年4月

ねこ（しろくま）
しろくまがほしかったしゅんくんがうちでかうことになったしろくまというなまえをつけたこねこ「ぼくのしろくま」さえぐさひろこ文；西巻茅子絵　アリス館　2004年1月

ねこ（しろちゃん）
まっくろなおかあさんねこからうまれたじぶんだけがまっしろなねこ「しろねこしろちゃん」森佐智子文；MAYA MAXX絵　福音館書店（幼児絵本シリーズ）2005年3月

ねこ（ジロちゃん）
にこにこやおやのひみつだけどウルトラねこになってそらをとぶねこ「ジロちゃんとさくらっこウララ」やすいすえこ作；田中四郎絵　フレーベル館（ウルトラジロちゃんシリーズ10）1998年2月

ねこ（ジロちゃん）
にこにこやおやのひみつだけどウルトラねこになってそらをとぶねこ 「ジロちゃんとほしのピカリ」 やすいすえこ作；田中四郎絵 フレーベル館（ウルトラジロちゃんシリーズ9） 1997年6月

ねこ（ジロちゃん）
にこにこやおやのひみつだけどウルトラねこになってそらをとぶねこ 「ジロちゃんとキャンプ」 やすいすえこ作；田中四郎絵 フレーベル館（ウルトラジロちゃんシリーズ8） 1996年7

ねこ（ジロちゃん）
にこにこやおやのひみつだけどウルトラねこになってそらをとぶねこ 「ジロちゃんとつきまつり」 やすいすえこ作；田中四郎絵 フレーベル館（ウルトラジロちゃんシリーズ7） 1995年10月

ねこ（ジロちゃん）
にこにこやおやのひみつだけどウルトラねこになってそらをとぶねこ 「ジロちゃんとゆめのおくりもの」 やすいすえこ作；田中四郎絵 フレーベル館（ウルトラジロちゃんシリーズ6） 1994年12月

ねこ（ジロちゃん）
にこにこやおやのひみつだけどウルトラねこになってそらをとぶねこ 「ジロちゃんときかんしゃパポ」 やすいすえこ作；田中四郎絵 フレーベル館（ウルトラジロちゃんシリーズ5） 1994年6月

ねこ（ジロちゃん）
にこにこやおやのひみつだけどウルトラねこになってそらをとぶねこ 「ジロちゃんとピコラザウルス」 やすいすえこ作；田中四郎絵 フレーベル館（ウルトラジロちゃんシリーズ41） 1994年1月

ねこ（ジロちゃん）
にこにこやおやのひみつだけどウルトラねこになってそらをとぶねこ 「ジロちゃんとウルトラモモちゃん」 やすいすえこ作；田中四郎絵 フレーベル館（ウルトラジロちゃんシリーズ3） 1993年8月

ねこ（ジロちゃん）
にこにこやおやのひみつだけどウルトラねこになってそらをとぶねこ 「ジロちゃんといるかのルーくん」 やすいすえこ作；田中四郎絵 フレーベル館（ウルトラジロちゃんシリーズ2） 1993年4月

ねこ（ジロちゃん）
にこにこやおやのひみつだけどウルトラねこになってそらをとぶねこ 「ジロちゃんはウルトラねこ」 やすいすえこ作；田中四郎絵 フレーベル館（ウルトラジロちゃんシリーズ1） 1992年11月

ねこ（しろとくろとしろくろ）
ははのひにだいすきなかあさんねこになにかプレゼントをしたいとおもったしろとくろとしろくろの3びきのこねこ 「こねこのははのひ」 やすいすえこ作；しのざきみつお絵 教育画劇（行事の由来えほん） 2001年4月

ねこ（ジンジャー）
こねこのペッパーのガールフレンド 「カレーせんにんをさがせ」 山本省三文；マスカワサエコ絵 PHP研究所（ペッパーとゆかいななかまたち） 1995年4月

ねこ

ねこ(すずのすけ)
いつもおそばやさんのおみせのかたすみでおきゃくさんをよんでいるまねきねこ 「そばやのまねきねこ」 村田エミコ作・絵 岩崎書店(えほんのマーチ8) 2003年10月

ねこ(すてまる)
いそがしくてねこのてもかりたいおじいちゃんとおばあちゃんのさかなやさんにてをかしてやったのらねこ 「ねこのてかします」 宮本忠夫作・絵 ひさかたチャイルド(ひさかた傑作集24) 1988年3月

ねこ(ゾンタ)
もりのなかのいっけんやにすんでいた3びきのこねこたちの1ぴき 「3びきのこねこ はじめてのゆき」 もりつわかこ作 文化出版局 1987年11月

ねこ(ゾンタ)
みちおねえちゃんとひろいちゃんについてはるをさがしにでかけた3びきのこねこの1ぴき 「3びきのこねこ はるをさがしに」 もりつわかこ作 文化出版局 1988年3月

ねこ(ダイナ)
せかいじゅうのどのねこよりふとっちょでまんまるなねこ 「まんまるねこダイナ」 西村香英作 小学館 2005年7月

ねこ(たっち)
おとうとがほしくてもりへいってとらのこのぴっぴにおとうとになってもらったとらねこ 「とらねこたっち と とらのこぴっぴ」 藤島青年作・絵 PHP研究所(わたしのえほん) 1997年1月

ねこ(タマ)
もりのなかのいっけんやにすんでいた3びきのこねこたちの1ぴき 「3びきのこねこ はじめてのゆき」 もりつわかこ作 文化出版局 1987年11月

ねこ(たま)
三びきのこねずみのまえにたってにゃーごとさけんだ大きなねこ 「にゃーご」 宮西達也作・絵 鈴木出版(大きな絵本) 2003年1月;鈴木出版(ひまわりえほんシリーズ) 1997年2

ねこ(タマ)
うちをでてかいぞくになった「ぼく」のこぶん 「かいぞくのうた」 和田誠著 あかね書房(あかねピクチャーブックス4) 1996年4月

ねこ(タマ)
みちおねえちゃんとひろいちゃんについてはるをさがしにでかけた3びきのこねこの1ぴき 「3びきのこねこ はるをさがしに」 もりつわかこ作 文化出版局 1988年3月

猫(タマリン)　ねこ(たまりん)
「ねむりねこの涙」というくびかざりをぬすんだメス猫のどろぼう 「タマリンのくびかざり」 宮崎耕平作・絵 PHP研究所(PHPのえほん) 1991年3月

ねこ(ダヤン)
不思議の国わちふぃーるどに住むねこ 「ダヤン、ふたたび赤ちゃんになる」 池田あきこ著 ほるぷ出版(DAYAN'S COLLECTION BOOKS) 1997年11月

ねこ(ダヤン)
不思議の国わちふぃーるどに住むねこ 「ダヤンと風こぞう」 池田あきこ著 ほるぷ出版(DAYAN'S COLLECTION BOOKS) 2005年11月

ねこ(ダヤン)
不思議の国わちふぃーるどに住むねこ「ダヤンと銀の道」池田あきこ著 白泉社 2004年11月

ねこ(ダヤン)
動物たちが楽しくくらす世界わちふぃーるどの住人のひとりになったねこ「ダヤンのおいしいゆめ」池田あきこ作 ほるぷ出版 1988年2月

ねこ(ダヤン)
不思議の国わちふぃーるどに住むねこ「ダヤン、シームはどこ?」池田あきこ著 ほるぷ出版 2000年7月

猫(ダヤン) ねこ(だやん)
不思議の国わちふぃーるどに住む猫「なまずの駄菓子屋」池田あきこ著 ほるぷ出版(DAYAN'S COLLECTION BOOKS) 1996年3月

猫(ダヤン) ねこ(だやん)
不思議の国わちふぃーるどに住む猫「猫の島のなまけものの木」池田あきこ著 ほるぷ出版(DAYAN'S COLLECTION BOOKS) 1998年9月

猫(ダヤン) ねこ(だやん)
不思議の国わちふぃーるどに住む猫「雨の木曜パーティ」池田あきこ著 ほるぷ出版(DAYAN'S COLLECTION BOOKS) 2001年6月

猫(ダヤン) ねこ(だやん)
不思議の国わちふぃーるどに住む猫「マージョリーノエルがやってきた」池田あきこ著 ほるぷ出版(DAYAN'S COLLECTION BOOKS) 1994年10月

猫(ダヤン) ねこ(だやん)
不思議の国わちふぃーるどに住む猫「イワン、はじめてのたび」池田あきこ ほるぷ出版(DAYAN'S COLLECTION BOOKS) 1993年9月

猫(ダヤン) ねこ(だやん)
不思議の国わちふぃーるどに住む猫「チビクロ・パーティ」池田あきこ著 ほるぷ出版(DAYAN'S COLLECTION BOOKS) 1995年10月

猫(ダヤン) ねこ(だやん)
不思議の国わちふぃーるどに住む猫「ヨールカの白いお客さん」池田あきこ著 ほるぷ出版(DAYAN'S COLLECTION BOOKS) 1996年11月

猫(ダヤン) ねこ(だやん)
不思議の国わちふぃーるどに住む猫「魔女がひろった赤ん坊」池田あきこ著 ほるぷ出版(DAYAN'S COLLECTION BOOKS) 1995年3月

ねこ(タロ)
しょうちゃんちのかいねこでハムスターのムーくんとともだちになったねこ「ずっとともだち」本間正樹文;福田岩緒絵 佼成出版社(しつけ絵本シリーズ7) 2004年10月

ねこ(タンゲくん)
あるひ「わたし」のうちにのっそりはいってきたかたほうのめがけがでつぶれたねこ「タンゲくん」片山健文・絵 福音館書店(日本傑作絵本シリーズ) 1992年10月

猫(だんつう) ねこ(だんつう)
小学校にあがったばかりの「ぼく」がいっしょに暮らしていた毛並みがふわふわとしていた年老いた雌猫「ふわふわ」村上春樹文;安西水丸絵 講談社 1998年6月

ねこ

ねこ(チップ)
チャップとふたりでつくったスポーツカーでせかいいっしゅうのたびをすることにしたこねこ 「チップとチャップのわくわくじどうしゃ」 谷真介作;あかさかいっぽ絵 佼成出版社 1989年6月

ねこ(チミ)
あいがほしいなあっていつもおもっていたくろいすてられねこ 「チミ」 鈴木タカオ作・絵 ポプラ社 2002年5月

ねこ(チャック)
モーターボートのいえでくらすのらねこ 「のはらのチャック」 やすいすえこ作;おぼまこと絵 フレーベル館(ペーパーバックえほん7) 2002年3月

ねこ(チャップ)
チャップとふたりでつくったスポーツカーでせかいいっしゅうのたびをすることにしたこねこ 「チップとチャップのわくわくじどうしゃ」 谷真介作;あかさかいっぽ絵 佼成出版社 1989年6月

ねこ(チャップ)
おかあさんにエプロンをつくってもらったねこのおとこのこ 「エプロンでおてつだい」 薫くみこ作;関岡麻由巳絵 ポプラ社(チャップとチュチュおとなりどうし2) 1997年2月

ねこ(チャップ)
つかわなくなったおもちゃをゴミおきばにすてにいったねこのおとこのこ 「おくりものってうれしいな」 薫くみこ作;関岡麻由巳絵 ポプラ社(チャップとチュチュおとなりどうし5) 1997年10月

ねこ(チャーリー)
かぞくのおてつだいがしたいとおもっていたけんちゃんのおうちのねこ 「チャーリーのおてつだい」 わたなべともこ作・絵 ポプラ社(えほんはともだち44) 1996年7月

ねこ(チュチュ)
こねこのチャップのおとなりにすむなかよしのねこのおんなのこ 「エプロンでおてつだい」 薫くみこ作;関岡麻由巳絵 ポプラ社(チャップとチュチュおとなりどうし2) 1997年2月

ねこ(チュチュ)
こねこのチャップのおとなりにすむなかよしのねこのおんなのこ 「おくりものってうれしいな」 薫くみこ作;関岡麻由巳絵 ポプラ社(チャップとチュチュおとなりどうし5) 1997年10月

ネコ(ツートン)
ネコのラジオ局のプロデューサーでシロとクロのツートンのネコ 「ネコのラジオ局」 南部和也作;とりごえまり絵 教育画劇 2004年9月

猫(デジャ・ヴ)　ねこ(でじゃぶ)
今は空き家になったホテルの新客の猫 「夜猫ホテル」 舟崎克彦文;落田洋子画 ウオーカーズカンパニー 1989年12月

猫(トビー)　ねこ(とびー)
空を飛んでみたいとおもっている猫 「空飛ぶ猫」 森本和子作;木下純子絵 アースメディア 2004年2月

ねこ(トム)
すすむのうちのねこ 「きいろいほしからきた おじさん」 おぼまこと作 くもん出版(くもんの創作絵本) 1993年12月

ねこ(トムベエ)
ニイナちゃんのいえのいたずらがすきなねこ 「おいらはトムベエ」 中沢けい文；オリガ・ヤクトーヴィチ絵 福音館書店(世界傑作絵本シリーズ) 2003年10月

ねこ(とら)
ねこのくろのともだちのねこ 「おへんじください。」 山脇恭作；小田桐昭絵 偕成社 2004年9月

ねこ(どら)
あっちゃんのうちのねこ 「あっちゃんとむしばきんおう」 こわせたまみ作；わたなべあきお絵 佼成出版社(園児のすくすく絵本1) 1987年5月

ねこ(とらおばさん)
たんぽぽようちえんにあそびにきたみちこちゃんをむかえにきたねこのおばさん 「ちいさいみちこちゃん」 なかがわりえこ作；やまわきゆりこ絵 福音館書店 1994年1月

ねこ(とらくん)
くろくんのともだちでおとしもののベーコンをひろったねこ 「まるごとたべたい」 山脇恭作；小田桐昭絵 偕成社 2006年9月

ネコ(トラジ)
魔法使いの飼いネコ 「うたうしじみ」 児島なおみ作・絵 偕成社 2005年4月

ねこ(どらせんせい)
いけでさかなをかうようになってからしょっちゅうのびのびえんにやってくるだぶだぶのふとっちょねこ 「どらせんせい-『どっちがすき？』のまき」 山下明生作；いもとようこ絵 ひさかたチャイルド 1997年8月

ねこ(どらせんせい)
のびのびえんのそばにいるだぶだぶののらねこ 「どらせんせい-『にげたさかなはおおきい』のまき」 山下明生作；いもとようこ絵 ひさかたチャイルド 1993年5月

ねこ(どらせんせい)
のびのびえんのちょっとかわったせんせいのふとっちょねこ 「どらせんせい-『たべちゃいたーい』のまき」 山下明生作；いもとようこ絵 チャイルド本社(おはなしチャイルドリクエストシリーズ38) 1994年5月；ひさかたチャイルド 1992年3月

ねこ(とらた)
ひとりぐらしのチイばあちゃんのいえのとらねこ 「ひみつのひきだしあけた？」 あまんきみこ作；やまわきゆりこ絵 PHP研究所(PHPにこにこえほん) 1996年2月

ねこ(とらた)
あさごはんのまえにたまごがひとつしかなかったからるることけんかをしたねこ 「あさごはんのまえに」 竹下文子作；牧野鈴子絵 ひかりのくに(ひかりのくにお話絵本) 1988年1月

ねこ(とらちび)
とびきりよわむしでこわがりなこねこ 「よわむしとらちび」 木村泰子作・絵 講談社 1991年10月

ねこ(とらちゃん)
ゆめでおいしいものによばれるとおしっこをしてしまうこねこ 「びしょびしょねこ」 間所ひさこ文；いわむらかずお絵 ひさかたチャイルド 2005年2月

ねこ

ねこ(ドラちゃんとミーちゃん)
ながされたいかだにバナナのはっぱでつくったほをつけてかえってきたなかよしのねこたち 「えっへん!ぼくらのバナーナ号」関屋敏隆作・絵 PHP研究所(PHPわたしのえほんシリーズ) 1991年2月

ねこ(とらねこ)
うみにさかなつりにでかけるとたつまきがちかづいてきてそらにまきあげられたとらねこ 「とらねこのしましまパンツ」高木さんご作;渡辺有一絵 PHP研究所(PHPにこにこえほん) 1998年10月

ねこ(とらねこパパ)
もりにすむとらねこのいっかのパパ 「とらねこのパパ」渡辺有一作・絵 フレーベル館(げんきわくわくえほん) 1997年1月

猫(ニケ) ねこ(にけ)
ちえの木がおまつりしてあるちえの実の寺院をねどこにしている猫 「ちえの実の木」緒方直青著 あすなろ書房 1989年11月

ねこ(ニーナ)
のらねこのサムとなかよしになったしろいおおきないえのペルシャねこ 「のらねこサムのクリスマス」こやま峰子文;宮本忠夫絵 アリス館 1988年11月

ネコ(にゃあジロ)
ひとりぼっちでま冬のこうえんにすてられていた子ネコ 「にゃあジロとおじいさん」門山幸恵再話;鈴木周作絵 新世研 2003年12月

ねこ(ニャアニャア)
とつぜんの大じしんでつぶれたうちのなかにとじこめられてしまったみどりさんをあたためにきてくれたねこ 「ありがとうニャアニャア」高浜直子作;はたよしこ絵 岩崎書店(えほん・ハートランド10) 1995年12月

ねこ(にゃお)
こうえんにすんでいるのらねこでまりちゃんとからすのかんたがいちばんすきなねこ 「かんたはつよい!」おりもきょうこ作 童心社(絵本・ちいさななかまたち) 1987年7月

ねこ(ニャッピー)
わらうのがだいすきでたのしいことがあるとすぐわらってしまうねこ 「ニャッピーのがまんできなかったひ」あきひろ作;もも絵 鈴木出版 2006年6月

ねこ(ニヤニヤ)
大ざらの大ダイをいただこうとしてタイヤキにおいかけられたくろねこ 「くろねこニヤニヤ」内田麟太郎文;かわむらふゆみ絵 ルック 1995年1月

ねこ(にゃんきちとうさん)
ぐうぜんつりあげたきんのつぼにちずがかかれていたたからじまをめざしてしゅっぱつしたにゃんきちいっかのおとうさん 「にゃんきちいっかの だいぼうけん」岡本一郎作;中沢正人絵 金の星社 2006年7月

ねこ(にゃんごろおうさま)
くにじゅうのでんわをひとりじめしようとしたねこのおうさま 「にゃんごろおうさまのでんわ」こわせたまみ文;いもとようこ絵 偕成社 1993年3月

ねこ(ニャンタ)
いつもけんかでもいつもいっしょのさんびきねこのいっぴきのかいねこがすきなのらねこ 「さんびきねこの かいぞくごっこ」上野与志作;礒みゆき絵 ひさかたチャイルド 2006年5

ネコ(ヌバ)
ひげを切られたので家出した「私」の家の大きなオスネコ 「ネコひげアンテナ」屋島みどり作;青木貴子絵 BL出版 2003年12月

ねこ(ネギ)
なんでもできるけどやってみせないだけのねこ 「ネギでちゅ」舟崎克彦作・絵 ポプラ社(絵本のぼうけん11) 2003年5月

猫(猫吉)　ねこ(ねこきち)
きれをうるのがしごとの猫吉一家のおとうさん 「猫吉一家物語 秋冬」大島妙子作 金の星社 2003年9月

ねこ(ねこた)
海でボーっとしているといきなり大きなさかなにまるのみされてしまったねこ 「ねこたププピピ海のなか」菅野由貴子作・絵 ポプラ社(絵本の時間27) 2003年6月

ねこ(ねねこちゃん)
きょうがたんじょうびのねこのおんなのこ 「あわてんぼ ころたの にちようび」森山京文;木村かほる絵 講談社 1987年10月

ねこ(ネロくん)
ビーバーのムーくんにできたあたらしいともだちのくろねこ 「ともだちのネロ」いもとようこ絵;新井真弓作 小学館(ビーバーのムーくんシリーズ2) 1998年12月

ねこ(ノーラ)
あるはるのよるにえかきのおじいさんちのものおきごやで五ひきのこねこをうんだのらねこ 「のらねこノーラと5ひきのこねこ」磯田和一作・絵 PHP研究所(PHPわたしのえほんシリーズ) 1989年5月

ねこ(ノラ)
がっこうのおんがくしつへこっそりはいってみたおんがくが大すきなねこ 「ねこのおんがくしつたんけん」熊木眞見子;竹野栄作;大久保宏昭絵 太平出版社(はじめてのおんがく11) 1997年7月

ネコ(ノラ)
ヴァイオリンがすきでヴァイオリンを演奏するようになったネコ 「ヴァイオリンをひくネコ」小沢良吉作・絵 岩崎書店(えほん・ハートランド17) 1997年12月

ねこ(のら)
にんげんごっこをしてもりのどうぶつたちににんげんのようすをきかせたのらねこ 「にんげんごっこ」木村裕一作;長新太絵 講談社 1997年4月

ねこ(バジル)
"さかなのおいしいレストラン"のコックのねこ 「さかなのおいしいレストラン」さんじまりこ作・絵 ポプラ社(えほんはともだち53) 1999年5月

猫(ハスカップ)　ねこ(はすかっぷ)
年とったご婦人に飼われていた西洋館をでてピンクの壁のあるモンテロッソへ旅をした猫 「モンテロッソのピンクの壁」江国香織作;荒井良二絵 ほるぷ出版 1992年12月

ねこ(ハチ)
いつもりえぽんにイジめられているペットのねこ 「ひよこ組のいんちきりえぽん」まつざわりえ著 オデッセウス 2000年6月

ねこ

ネコ（ハル）
ネコのラジオ局のエンジニアでブラウンタビーのネコ 「ネコのラジオ局」 南部和也作；とりごえまり絵 教育画劇 2004年9月

猫（ビータ）　ねこ（びーた）
赤ちゃんのころひろわれておねえちゃんの家のいっぱいいる猫のなかに入れてもらって大きくなった猫 「子猫の気持ちは？」 森津和嘉子作・絵 文渓堂 1998年5月

ねこ（ピッケ）
ポッケのおねえさんでいつもおすましているねこ 「ピッケとポッケ」 とりごえまり作 佼成出版社 2002年8月

ねこ（ピッケ）
ポッケのおねえさんでいつもおすましているねこ 「ピッケとポッケのおとなりさん」 とりごえまり作 佼成出版社 2003年12月

ねこ（ヒミコ）
ねこのヤマトといっしょにいいものをさがしにいったのらねこ 「ぼくのさがしもの」 溝渕優絵；立原えりか作 講談社 1991年11月

ねこ（ブー）
マンションのタクちゃんのおうちでかっている犬みたいなねこでくびわをつけてさんぽにいくねこ 「散歩するねこ」 中山あい子作；入山さとし絵 サンリオ（サンリオ創作絵本シリーズ） 1988年7月

ねこ（プー）
ばらの花のかげでうとうとしていたまっくろくろの黒ねこ 「ジャムねこさん」 松谷みよ子作；渡辺享子絵 にっけん教育出版社 2005年6月

ねこ（ふうた）
やきゅうがだいすきなふうたくん 「ふうた どんまい」 村上康成作 文化出版局 1987年4月

ねこ（ふうた）
じてんしゃがだいすきなふうたくん 「ふうた みちくさ」 村上康成作 文化出版局 1987年4月

猫（フーガ）　ねこ（ふーが）
今は空き家になったホテルの客のブチ猫 「夜猫ホテル」 舟崎克彦文；落田洋子画 ウオーカーズカンパニー 1989年12月

ねこ（フーシカ）
つめたい雨の日にダニエルじいさんが家につれてかえったいつもフーとおこってばかりのひとりぼっちのこねこ 「こねこのフーシカ」 松居スーザン文；松成真理子絵 童心社（絵本・だいすきおはなし） 2001年9月

ネコ（ブーツ）
へいの上でひるねをしたいのにほかのネコたちでいっぱいではいれなかったネコ 「ブーツのぼうけん」 きたむらさとし作 小峰書店 2004年6月

ねこ（ブーツ）
おふろがだいっきらいなねこ 「ブーツのおふろ」 きたむらさとし絵・文 評論社（児童図書館・絵本の部屋） 1999年3月

ねこ(ブーツ)
ともだちにおはようをいったねこ「ブーツのともだち」きたむらさとし絵・文 評論社(児童図書館・絵本の部屋) 1999年3月

ねこ(フニャラ)
いつもけんかでもいつもいっしょのさんびきねこのいっぴきののらねこがすきなかいねこ「さんびきねこの かいぞくごっこ」上野与志作;礒みゆき絵 ひさかたチャイルド 2006年5

ねこ(ふゆ)
おばあちゃんのたんじょうかいにかぞくでがっきのえんそうをすることになったねこのおとこのこ、あきのおとうと「たんじょうかいがはじまるよ」みやざきこうへい作・絵 PHP研究所(わたしのえほんシリーズ) 1995年3月

ねこ(ブリ)
きょうからひとりでねることになったゆうくんとねたねこ「へんしんでんしゃ デンデコデーン」みやもとただお作・絵 あかね書房(あかね・新えほんシリーズ18) 2004年4月

ネコ(ブリ)
マオの森はずれにすむただひとりのネコで百年にいちどのまつりのために虹のほのおをさがすやくめになったネコ「ブリと虹のほのお 猫の森のブリ」阿部行夫作・絵 文渓堂 2004年12月

ねこ(フロラ)
ドイツ占領下のアムステルダムの橋の真中でであった2匹のねこのめすねこ「ねこの船」こやま峰子文;渡辺あきお絵;スネル博子英訳 自由国民社 2002年5月

ねこ(ブン)
まちにあらわれた〝わるねこだん〟というねこのなかまのおやぶんのはいいろねこ「おばあさんのねこになったねこ」岡本一郎作;いもとようこ絵 金の星社(新しいえほん) 1997年7月

ねこ(ペッパー)
ぼうけんのだいすきなげんきなねこのおとこのこ「カレーせんにんをさがせ」山本省三文;マスカワサエコ絵 PHP研究所(ペッパーとゆかいななかまたち) 1995年4月

ねこ(ベル)
かぜのふきぬけるまちのとおりをかえるところもなくとぼとぼとあるいていたねこ「かぜがはこんだクリスマス」つるみゆき文・絵 サン パウロ 2003年10月

ねこ(ポカリナ)
ひなたぼっこがだいすきなこねこ「こねこのポカリナ」どいかや作・絵 偕成社 2000年9月

ねこ(ポッケ)
ピッケのおとうとであまえんぼうのねこ「ピッケとポッケ」とりごえまり作 佼成出版社 2002年8月

ねこ(ポッケ)
ピッケのおとうとであまえんぼうのねこ「ピッケとポッケのおとなりさん」とりごえまり作 佼成出版社 2003年12月

ねこ(ボッチ)
ちょうちょのナナとなかよしのねこ「ボッチとナナ」かんのゆうこ作;南塚直子絵 佼成出版社 2005年6月

ねこ

ねこ(ボビン)
いらないものをこうかんするボンボンバザーをひらいたアンティークやさんのねこ 「ボビンとプッチのアンティークやさん あしたはバザーのひ」 スズキタカオ作・絵 ポプラ社(ボビンとプッチのアンティークやさん3) 2006年3月

ねこ(ボビン)
ねずみのプッチとアンティークやさんをはじめたしっかりもののねこ 「ボビンとプッチのアンティークやさん1」 スズキタカオ作・絵 ポプラ社 2004年8月

ねこ(ボビン)
アップルタウンにやってきたサーカスをみにいったアンティークやさんのねこ 「ボビンとプッチのアンティークやさん2」 スズキタカオ作・絵 ポプラ社 2005年5月

ねこ(ポポ)
やさしいかぞくにひろわれてとてもしあわせなネコ 「ポポの青い空」 すいとぴい著;はらのけいじ絵 遊タイム出版 2003年6月

ネコ(ホルス)
森でであった一ぴきのノミに血をすわせてあげたとてもおひとよしのネコ 「ひとのいいネコ」 田島征三絵;南部和也文 小学館 2001年1月

ねこ(マァ)
カンタの家でかっているくろねこ 「月夜のねこいち」 越水利江子文;はたよしこ絵 毎日新聞社 2004年11月

ねこ(マイティ)
どこからかおちてきたこのかえるばしょをいっしょにさがしてあげたねこ 「マイティとお月さま」 ロコ・サトシ作 ナナ・コーポレート・コミュニケーション(ナナのえほん) 2002年2月

ねこ(マルテ)
中学生の大くんとようご学校小学部にかようハートくんのいるいえでかわれることになったグレーのねこ 「マルテの冒険」 おざきたけひろ作;おざきゆきこ絵 ARTBOXインターナショナル(ART/GALLERYシリーズ) 2006年6月

ねこ(マロン)
ちいさいおんなのこのはるちゃんのだいすきなねこ 「まてまてマロン」 おおのきょうこ文;わたなべたかこ絵 アスラン書房(心の絵本) 2001年12月

ねこ(みー)
みっちゃんのうちのねこ 「こっちむいて」 宮本忠夫作 新日本出版社(宮本忠夫 みっちゃんのえほん3) 1988年3月

ねこ(みー)
みっちゃんのうちのねこ 「みっちゃんのくつはどこ」 宮本忠夫作 新日本出版社(宮本忠夫 みっちゃんのえほん1) 1988年3月

ねこ(みー)
みっちゃんのうちのねこ 「ゆらゆらぶらんこ」 宮本忠夫作 新日本出版社(宮本忠夫 みっちゃんのえほん2) 1988年3月

ねこ(ミイ)
こうえんのせわをしているのぼさんとこうえんのすみっこのかわいいおうちにいっしょにすんでいるねこ 「のぼさんのクリスマスツリー」 蔵冨千鶴子文;いしなべふさこ絵 女子パウロ会 2003年10月

ねこ(ミイ)
ある日車にはねられてしまったじいちゃんと大のなかよしのとらねこ 「とらねことじいちゃん」 梅田俊作作・絵 ポプラ社 2000年3月

ねこ(ミイさん)
たんじょうびにみんなにりょうりをつくってもらったミイさん 「うみべでいただきます」 つちだよしはる作 小峰書店(ごちそうえほん) 1998年3月

ねこ(みけ)
じいさとばあさがかっているおかいこさまをねずみからまもるためにやまねこさまににらみのじゅつをおそわりにいった子ねこ 「八方にらみねこ」 武田英子文;清水耕蔵絵 講談社(講談社の創作絵本Best Selection) 2003年1月

ねこ(ミーコ)
ひとりでおばあちゃんのうちへおみまいにいったこねこ 「ひとりでおみまい」 木村かほる絵;木村文子作 国土社(そよかぜ絵本シリーズ2) 1991年5月

ねこ(ミーコ)
だいすきなおばあちゃんのおみまいにひとりででかけたこねこ 「ひとりで おみまい」 木村文子作;木村かほる絵 国土社(そよかぜ絵本シリーズ2) 1991年5月

ねこ(ミーシャ)
エマおばあさんの家のとらねこ 「エマおばあさんとモミの木－アルザスのファンタジー」 こやま峰子作;花房葉子絵 平凡社 2005年11月

ねこ(ミーシャ)
サーカスだんのメンバーになったねこのきょうだいのおにいちゃん 「もしもねこがサーカスにいったら」 石津ちひろ文;ささめやゆき絵 講談社(講談社の創作絵本) 2006年10月

ねこ(ミーちゃん)
となりのうちのいぬのシロちゃんとおともだちだったねこ 「ありがとうシロちゃん」 関屋敏隆作 文研出版(えほんのもり26) 1994年2月

ねこ(ミーちゃん)
やすおくんのおうちでかっているしろいおんなのこのねこ 「ミーちゃんですヨ!」 なかややすひこ作 講談社(講談社の創作絵本) 2004年7月

ねこ(ミドリ)
たつおくんのいえのにわにときどきはいってくるのらねこ 「おかあさんのおとしもの」 佐藤さとる文;しんしょうけん画 童心社(絵本・こどものひろば) 1993年5月

ねこ(ミドリちゃん)
わらうのがだいすきなねこのニャッピーのともだちのねこ 「ニャッピーのがまんできなかったひ」 あきひろ作;もも絵 鈴木出版 2006年6月

ねこ(ミーニャ)
おとなになってどこかにいっていてもかえってくる「わたしたち」のうちのねこ 「ミーニャ」 かさいりょう文・絵 新樹社 1992年6月

ねこ(ミーノ)
ミケノロスじいさんのためにまちまでおさかなをかいにいくことになったねこ 「ミーノのおつかい」 石津ちひろ文;広瀬弦絵 ポプラ社(みんなで絵本8) 2003年8月

ねこ

ねこ（ミャゴネリア）
ねこずきの王さまがすきになってしまったかわいいめすねこ 「王さまのねこ」 宇野亜喜良作 文化出版局 1988年3月

ねこ（ミュウ）
めがおおきくてかわいかったかおにきずあとができてしまったぬいぐるみのねこ 「えがおってかわいいね」 かづきれいこ作；るくれしお絵 PHP研究所（PHPわたしのえほん） 2005年5月

ねこ（ミュウ）
ねこのきょうだいのピッケとポッケのうちのおとなりにひっこしてきたくろねこのおんなのこ 「ピッケとポッケのおとなりさん」 とりごえまり作 佼成出版社 2003年12月

ねこ（ミュウ）
えっちゃんのうちのこねこ 「ストーブのまえで」 あまんきみこ作；鈴木まもる絵 フレーベル館（こねこのミュウ4） 1990年4月

ねこ（ミュウ）
えっちゃんのうちのこねこ 「サンタさんといっしょに」 あまんきみこ作；秋里信子絵 教育画劇（行事のえほん10） 1992年10月

ねこ（ミュウ）
えっちゃんのうちのこねこ 「ミュウのいえ」 あまんきみこ作；鈴木まもる絵 フレーベル館（こねこのミュウ2） 1989年5月

ねこ（ミュウ）
えっちゃんのうちのこねこ 「スキップスキップ」 あまんきみこ作；鈴木まもる絵 フレーベル館（こねこのミュウ3） 1989年5月

ねこ（ミュウ）
えっちゃんのうちのこねこ 「はるのよるのおきゃくさん」 あまんきみこ作；鈴木まもる絵 フレーベル館（こねこのミュウ5） 1990年5月

ねこ（ミュウ）
えっちゃんのうちのこねこようちえんにかよっているこねこ 「シャムねこせんせい おげんき？」 あまんきみこ作；鈴木まもる絵 フレーベル館（こねこのミュウ6） 1990年6月

ねこ（ミューン）
ほしをつくるオルゴールをもりのなかにおとしてしまったほしをつくるのがしごとのねこ 「星ねこミューンのオルゴール」 飯田正美原案・絵；寮美千子文 小学館 1995年12月

ネコ（ミルク）
ふるぼけたアパートにまよいこんだノラネコ 「ミルク」 大村えつこ作 新風舎 2005年12月

ねこ（ミント）
"さかなのおいしいレストラン"のコックのおくさんのねこ 「さかなのおいしいレストラン」 さんじまりこ作・絵 ポプラ社（えほんはともだち53） 1999年5月

ねこ（ムーン）
とものりくんがひろってきてうちでかってもいいことになったこねこ 「ねぇ、いいでしょ おかあさん」 おぼまこと作・絵 ぎょうせい（そうさくえほん館9-空想の世界であそぼう） 1992年9月

ねこ（メイティ）
つきがまあるくなるよるになかまのぬいぐるみたちといあんりょこうにいったピソカのなかよしのこねこのぬいぐるみ　「つきがまあるくなるよるに ぬいぐるみいあんりょこう」　大坪奈古作・画　新風舎　2005年9月

ねこ（めんどうじゃん）
もりのいりぐちののはらにすんでいためんどうじゃんというなまえのものぐさなねこ　「どこへいったの？めんどうじゃん」　福島妙子作；北山葉子絵　こずえ（おはなしのえほん1）　1989年1月

猫（モー）　ねこ（もー）
ばけることができない病気で山猫病院に入院したナナお嬢さんのうちのめす猫　「モーの入院」　別役実文；朝倉摂絵　リブロポート（リブロの絵本）　1990年8月

ねこ（ヤマト）
まちへいいものをさがしにきたねこ　「ぼくのさがしもの」　溝渕優絵；立原えりか作　講談社　1991年11月

猫（山猫博士）　ねこ（やまねこはかせ）
山猫病院の猫のお医者さん　「モーの入院」　別役実文；朝倉摂絵　リブロポート（リブロの絵本）　1990年8月

ねこ（よも）
だいすきなゆうじさんとちいさないえにいっしょにすんでいるねこ　「やくそく」　成田雅子著　講談社（講談社の創作絵本）　2004年4月

猫（夜猫又衛門）　ねこ（よるねこまたえもん）
花も盛りの上野の山であだうちを演じた猫　「花ふぶき江戸のあだうち」　舟崎克彦文；橋本淳子絵　文渓堂（絵本のひろば7）　1994年4月

ねこ（ラッキー）
道でずぶぬれになっていたのをひろわれてルイとアイのかぞくのいちいんになったこねこ　「こねこのラッキー物語」　みなみらんぼう作；磯田和一絵　PHP研究所（PHPわたしのえほんシリーズ）　1996年11月

ねこ（ラーラ）
おつきさまにかみついたこねこ　「おひさまにキッス−お話の贈りもの」　谷山浩子作；高林麻里絵　小学館（おひさまのほんシリーズ）　1997年10月

猫（ルイ・ルイ）　ねこ（るいるい）
今は空き家になったホテルの客の縞猫　「夜猫ホテル」　舟崎克彦文；落田洋子画　ウオーカーズカンパニー　1989年12月

ねこ（ルウ）
おさじさんといつもいっしょのまみちゃんのうちのおとなりにかわれているこねこ　「おさじさんのたび」　松谷みよ子作；ささめやゆき画　にっけん教育出版社　1997年12月

ねこ（ルル）
サナとなかよしのねこ　「はらぺこな しろくまくん」　なりたまさこ作・絵　ポプラ社（絵本の時間28）　2003年7月

ねこ（ルル）
サナのなかよしのねこ　「サナとはやしのぼうしやさん」　なりたまさこ作・絵　ポプラ社（絵本の時間43）　2005年5月

ねこ

ねこ（レイモン）
ドイツ占領下のアムステルダムの橋の真中でであった2匹のねこのおすねこ 「ねこの船」 こやま峰子文；渡辺あきお絵；スネル博子英訳　自由国民社　2002年5月

ねこ（レオ）
だいふんかをおこしたみやけじまでおびえていえからにげだしたねこ 「かざんのしまからねこたちをすくえ」 木暮正夫文；篠崎三朗絵　教育画劇（絵本・ほんとうにあった動物のおはなし）2002年5月

ネコ（レオナルド）
ニコラスのいえのネコ 「ぼくネコになる」 きたむらさとし作　小峰書店（世界の絵本コレクション）2003年5月

猫吉　ねこきち
きれをうるのがしごとの猫吉一家のおとうさん 「猫吉一家物語 秋冬」 大島妙子作　金の星社　2003年9月

ねここちゃん
おたんじょうびにおじさんからへんな時計をもらったおんなのこ 「おひさまにキッス-お話の贈りもの」 谷山浩子作；高林麻里絵　小学館（おひさまのほんシリーズ）1997年10月

ねこさん
はとさんにぼうしをみせられてかみぶくろでおおきなぼうしをつくったねこさん 「おおきなおおきなぼうし」 香山美子作；上野紀子絵　教育画劇（スピカのおはなしえほん33）1987年7月

ねこた
海でボーっとしているといきなり大きなさかなにまるのみされてしまったねこ 「ねこたプププピピ海のなか」 菅野由貴子作・絵　ポプラ社（絵本の時間27）2003年6月

ねこたつ
ねことこたつがくっついたふしぎないきもののどうぐつ 「まうてんばいぬ2」 ながたのぶやす作　自由国民社　1998年11月

ネコダルマン
ルンパッパとうにたからさがしのぼうけんにいったせんちょう 「ネコダルマンの宝島」 たかいよしかず作・絵　青心社　2003年10月

ねこちゃん
なにかのそばをとおったらちょっとまねするまねっこねこちゃん 「まねっこねこちゃん」 長新太文・絵　文渓堂　2003年7月；ベネッセコーポレーション　1996年11月

ねしょんべんたろう
ねしょんべんばかりしていたのでしょんべんぶとんをかついでいえからだされてやまんなかにまよいこんでしまったおとこのこ 「ねしょんべんたろう」 渋谷勲文；赤坂三好絵　フレーベル館（むかしむかしばなし6）1989年4月

ねずみ
けいとのせんろのうえにならんでねずみのちゅうがっこうまでいったねずみの7つごたち 「ねずみのでんしゃ」 山下明生作；いわむらかずお絵　チャイルド本社　2005年2月

ねずみ
かみさまのところへいくひをわすれてしまったねこにわざといちにちちがえておしえてやってじぶんがいちばんのりをしたねずみ 「ねこどんとねずみどん-十二しのおはなし」 水谷章三文；中沢正人絵　世界文化社（ワンダー民話館）2005年11月

ねずみ
山ですもうをとっていた長者どんのふとったねずみと木こりのおじいさんのうちのやせたねずみ 「ねずみのすもう」 おざわとしお文;ふじもとしろう絵 くもん出版(子どもとよむ日本の昔ばなし12) 2005年11月

ネズミ
トラとキツネとネコからおうさまをおしつけられてかいぶつとしょうぶしたネズミ 「おうさまになったネズミ」 風木一人作;せべまさゆき絵 PHP研究所(PHPわたしのえほん) 2005年5

ネズミ
年ごろになったかわいいむすめのためにせかい一のおむこさんさがしをはじめたネズミのふうふ 「ネズミのよめいり」 谷真介文;赤坂三好絵 佼成出版社(十二支むかしむかしシリーズ) 2006年9月

ねずみ
つなひきがつよいライオンとつなひきしたねずみ 「つなひきライオン」 まどみちお作;北田卓史絵 ひさかたチャイルド 2005年11月

ねずみ
サーカスのぞうさんにたべものをもらったびんぼうなおせんべいやのねずみ 「ねずみのおなか」 長崎源之助作;長野ヒデ子絵 にっけん教育出版社 2005年8月

ねずみ
おむすびがころげておっこちたあなにじいさまがはいってついたねずみのくにのねずみたち 「おむすびころりん」 さくらともこ再話;にしうちとしお絵 PHP研究所(PHPわたしのえほんシリーズ) 2002年10月

ねずみ
おしょうがつにかみさまのいえへいくひをねこにきかれてうそをおしえたねずみ 「十二支のはじまり」 荒井良二絵;やまちかずひろ文 小学館(おひさまのほん) 2006年12月

ネズミ
もりのおおきなカシワのきのねもとでなかよくくらしていたがちいさなことでけんかをしてしまったしろいネズミとくろいネズミ 「クローバーのくれたなかなおり」 仁科幸子作・絵 フレーベル館(フレーベル館の秀作絵本) 2003年4月

ねずみ
じまんのむすめにこの世でいちばんのおむこさんを見つけてやろうとしたねずみ夫婦 「鼠の嫁入と文福茶釜」 米内穂豊;石井滴水画;千葉幹夫文 講談社(新・講談社の絵本14) 2002年4月

ねずみ
かみさまにしん年のあいさつにいく日をねこにきかれてだましてじぶんは一ばんのりしたねずみ 「十二支のおはなし」 内田麟太郎文;山本孝絵 岩崎書店(えほんのマーチ1) 2002年11月

ねずみ
じさにすりばちのおゆにいれてもらったおれいにふくべっこをくれたねずみ 「ねずみのくれたふくべっこ」 鳥越信監修;松谷みよ子監修・文;丸木俊絵 童心社(ぼくとわたしのみんわ絵本) 2000年4月

ねずみ
やまですもうをとっていたおじいさんちのやせねずみとちょうじゃさんちのふとったねずみ 「ねずみのすもう」 いもとようこ文・絵 岩崎書店(はじめてのめいさくえほん5) 2000年5月

ねずみ

ねずみ
やまでおむすびをおとしてくれたあなにおっこちたおじいさんにおれいにおもちをごちそうしたたくさんのねずみ「おむすびころりん」せなけいこ絵・文 小学館（ふぁーすとぶっく名作シリーズ3） 1999年4月

ねずみ
ちいさなおかのちいさないえにやってきたおきゃくのねことふくろうにごちそうしたはたらきもののねずみ「ねずみのごちそう」杉田豊絵・文 講談社 1998年3月

ねずみ
やまですもうをとっておったやせたねずみとふとったねずみ「ねずみのすもう-日本民話」わたなべさもじろう絵 鈴木出版（たんぽぽえほんシリーズ） 1998年1月

ねずみ
しょうがつのあさにかみさまのところにあいさつにいくのにねこにうその日をおしえてじぶんはーばんのりしたねずみ「十二支のはじまり」岩崎京子文;二俣英五郎画 教育画劇（日本の民話えほん） 1997年11月

ねずみ
にゃーごとさけんででてきた大きなねこをしらないおじさんだとおもった三びきのこねずみ「にゃーご」宮西達也作・絵 鈴木出版（大きな絵本） 2003年1月;鈴木出版（ひまわりえほんシリーズ） 1997年2月

ねずみ
かがみもちをわけてくれたおじいさんにおれいにふくのかみのふくのみちの山みちをおしえたねずみ「ふっくらふしぎなおくりもの」佐藤さとる作;岡本順絵 ポプラ社（えほんはともだち） 1997年3月

ねずみ
かわいいひとりむすめをせかいでいちばんえれえむこどのによめにやろうとしたねずみのおとっつぁんとおっかさん「ねずみのよめいり」岩崎京子文;二俣英五郎画 教育画劇（日本の民話えほん） 1996年5月

ねずみ
やまであなにむすびをひとつおとしてくれたじいさんをいえにあんないしてできたてのもちをごちそうしたねずみ「てんぱたん てんぱたん-ねずみのもちつき」梶山俊夫再話・絵 福音館書店 1995年4月

ねずみ
きりょうよしのむすめにせかいでいちばんえらいおむこさんをみつけようとしたねずみのおかあさんとおとうさん「ねずみのよめいり」こわせたまみ文;蓬田やすひろ絵 フレーベル館（げんきわくわくえほん5） 1995年8月

ねずみ
こおりのはったみずうみにさかなつりをしにいった7つごのねずみたち「ねずみのさかなつり」山下明生作;いわむらかずお絵 チャイルド本社（おはなしチャイルドリクエストシリーズ47） 1995年2月

ネズミ
おもちゃのヒコーキがとびはじめたのでそれにのってつきをめざしていったネズミ「ネズミのヒコーキ」たむらしげる著 あかね書房（あかねピクチャーブックス1） 1994年11月

ねずみ
森のひめりんごの木の下にある家にすんでいたねずみのお母さんと子どもたち「ひめりんごの木の下で」安房直子文;伊藤正道絵 クレヨンハウス（おはなし広場） 1993年12月

ねずみ
うつくしいむすめに日本一りっぱなおむこさんをさがそうとしたねずみのふうふ「ねずみのよめいり」中島和子文;塩田守男絵 ひかりのくに(名作・昔話絵本) 1992年5月

ねずみ
なつやすみにうみにいったねずみの7つごたち「ねずみのかいすいよく」山下明生作;いわむらかずお絵 チャイルド本社 1992年7月

ねずみ
とてもあついひにだれかにもっていかれたぶらんことておしぐるまのあとをつけていった三びきのねずみ「とてもとてもあついひ」こいでたん文;こいでやすこ絵 福音館書店 1990年6月

ねずみ
ベランダからかぜでとんでったぴんちゃんのしろいハンカチをひろったちいさなのねずみ「ぴんちゃんのハンカチ」林原玉枝作;清重伸之絵 こずえ(おはなしのえほん2) 1989年1月

ねずみ
かぜをひいたゆうびんうさぎさんのかわりにゆうびんはいたつにでかけた三びきのねずみ「ゆきのひのゆうびんやさん」こいでたん文;こいでやすこ絵 福音館書店(福音館のペーパーバック絵本) 1987年11月

ねずみ
あるひのことおでんをたべようとしてからしをつくってやろうとかんがえたいっぴきのねずみ「ねずみのしっぱい」小沢正作;井上洋介絵 すずき出版;アリス館 1989年2月

ねずみ
あさからとってもよいおてんきでピクニックへいくことにした4ひきのこねずみたち「しっぽのでんしゃ」平塚ウタ子作;田頭よしたか絵 フレーベル館(げんきわくわくえほん24) 1997年3月

ねずみ
よのなかでいちばんつよくてりっぱなあいてがみつかるまでおよめにいかないというねずみのなぬしどんのむすめ「ねずみの よめいり」木暮正夫文;朝倉めぐみ絵 世界文化社(ワンダー民話館) 2006年2月

ねずみ
ねことにわとりといたちとみんなしてあそんでいるうちに二かいにかざってあるおそなえもちをたべようということになったねずみ「ねずみ にわとり ねこ いたち」望月新三郎作;二俣英五郎絵 ポプラ社(絵本・子どものくに32) 1988年2月

ねずみ
サンタさんからてがみがきたねずみのゆうびんやさん「サンタさんからきたてがみ」たんのゆきこ作;垂石眞子絵 福音館書店 1989年12月

ねずみ
いちごばたけをまもるパトロールたいのげんきなのねずみたち「いちごばたけのパトロールたい」竹下文子文;鈴木まもる絵 偕成社 1992年7月

ねずみ
ふゆのあいだにもりのねずみのふうふのいえにうまれた12ひきのちびねずみたち「はれぎをきた12ひきのちびねずみ」白井三香子作;黒井健絵 学習研究社(学研fanfanファンタジー) 1988年10月

ねずみ

ねずみ
いもほりたいかいにいっておおきなおいもをほったねずみの7つごたち 「ねずみのいもほり」 山下明生作;いわむらかずお絵 チャイルド本社 2006年1月

ねずみ
やまですもうをとっていたびんぼうなおじいさんのうちのやせねずみとちょうじゃどんのうちのふとったねずみ 「ねずみのすもう-お餅つきに読む絵本」 鶴見正夫文;奥田怜子絵 世界文化社(子供と読む行事の絵本) 1988年1月

ネズミ(アントン)
アルプスの美しい山里にある小さな小さな教会にひとりぼっちで住んでいた教会ネズミ 「ひとりぼっちの気がする」 まつもとまちこ著 マルチモード 2005年11月;清流出版 2000年12月

ねずみ(エト)
つくづくねずみがいやになってまほうのあかいみをかじってうまれかわったねずみ 「ねずみのエトとまほうのあかいみ」 志茂田景樹文;藤井智子絵 KIBA BOOK(よい子に読み聞かせ隊の絵本スペシャル) 2004年1月

ねずみ(カリカリさん)
どんなあたまのかたちをしたおきゃくさまにでもぴったりのてづくりのぼうしをつくるはりねずみのぼうしやさん 「カリカリのぼうしやさん」 つちだのぶこ作・絵 偕成社 1998年1月

ねずみ(ぐりとぐら)
クリスマスにまっかなオーバーをきたしろいひげのおじいさんのおきゃくさまがあったのねずみのおとこのこたち 「ぐりとぐらのおきゃくさま」 なかがわりえこ作;やまわきゆりこ絵 福音館書店(こどものとも劇場) 2003年11月

ねずみ(ぐりとぐら)
のねずみのおとこのこたち 「ぐりとぐらとくるりくら」 なかがわりえこ作;やまわきゆりこ絵 福音館書店(こどものとも傑作集91) 1992年10月

ねずみ(ぐりとぐら)
のねずみのおとこのこたち 「ぐりとぐらとすみれちゃん」 なかがわりえこ作;やまわきゆりこ絵 福音館書店(こどものとも傑作集) 2003年10月

ねずみ(ぐりとぐら)
いいおてんきのひにおおそうじをしたのねずみのおとこのこたち 「ぐりとぐらのおおそうじ」 なかがわりえこ作;やまわきゆりこ絵 福音館書店(日本傑作絵本シリーズ) 2002年2月

ネズミ(クルト)
アルプスの山里にある教会の教会ネズミのアントンが行き倒れていたのを助けたネズミの親子の子ネズミ 「ひとりぼっちの気がする」 まつもとまちこ著 マルチモード 2005年11月;清流出版 2000年12月

ねずみ(クンちゃん)
いつもグーグーねてばかりいるのでおかあさんとはぐれてしまったじねずみのおとこのこ 「ねぼすけクンちゃん」 のらり&くらり作 アスラン書房(心の絵本) 2002年8月

ねずみ(ザイテック)
いなかのねずみのラリーをあこがれのまちにつれてきたおおがねもちのねずみ 「ねずみのラリーまちへいく」 さくらともこ作;おぐらひろかず絵 金の星社(新しいえほん) 1993年7月

ねずみ(サラ)
ふたごのねずみのこども 「ティモシーとサラともりのようせい-ティモシーとサラのえほん9」 芭蕉みどり作・絵 ポプラ社(えほんとなかよし) 2005年8月

ねずみ(サラ)
ふたごのねずみのこども 「はながさくころに」 芭蕉みどり作・絵 ポプラ社(ティモシーとサラの絵本8) 2004年4月

ねずみ(サラ)
ふたごののねずみのこども 「ティモシーとサラとたからのちず」 芭蕉みどり作・絵 ポプラ社(えほんとなかよし) 2002年4月

ねずみ(サラ)
ふたごのねずみのこども 「ティモシーとサラのとりかえっこ」 芭蕉みどり作・絵 ポプラ社(えほんとなかよし61) 2000年10月

ねずみ(サラ)
ふたごのねずみのこども 「なないろのキャンディー」 芭蕉みどり作・絵 ポプラ社(ティモシーとサラの絵本8) 2004年4月

ねずみ(サラ)
ふたごのねずみのこども 「まほうつかいがやってきた」 芭蕉みどり作・絵 ポプラ社(ティモシーとサラの絵本7) 1999年1月

ねずみ(サラ)
ふたごのねずみのこども 「ティモシーのたからもの」 芭蕉みどり作・絵 ポプラ社(ティモシーとサラの絵本6) 1999年1月

ねずみ(サラ)
ふたごののねずみのこども 「ティモシーとサラときのおうち-ティモシーとサラのえほん6」 芭蕉みどり作・絵 ポプラ社(えほんとなかよし52) 1997年12月

ねずみ(サラ)
ふたごのねずみのこども 「ティモシーとサラのパーティー」 芭蕉みどり作・絵 ポプラ社(えほんとなかよし35) 1995年7月

ねずみ(サラ)
ふたごののねずみのこども 「おじいちゃんのいす」 芭蕉みどり作・絵 ポプラ社(ティモシーとサラの絵本4) 1994年7月

ねずみ(サラ)
ふたごののねずみのこども 「サラのやくそく」 芭蕉みどり作・絵 ポプラ社(ティモシーとサラの絵本5) 1994年7月

ねずみ(サラ)
ふたごのねずみのこども 「ティモシーとサラのピクニック」 芭蕉みどり作・絵 ポプラ社(えほんとなかよし23) 1993年11月

ねずみ(サラ)
ふたごのねずみのこども 「チューリップのにわ」 芭蕉みどり作 ポプラ社(ティモシーとサラの絵本1) 1992年11月

ねずみ(サラ)
ふたごのねずみのこども 「おばあちゃんのかぼちゃパイ」 芭蕉みどり作・絵 ポプラ社(ティモシーとサラの絵本1) 1992年11月

ねずみ

ねずみ（サラ）
ふたごのねずみのこども 「ゆうびんやさんのオーケストラ」 芭蕉みどり作・絵 ポプラ社
（ティモシーとサラの絵本2） 1992年11月

ねずみ（サラ）
ふたごののねずみのこども 「ふゆのよるのおくりもの」 芭蕉みどり作・絵 ポプラ社(ポプラ社のよみかかせ大型絵本) 2004年11月；ポプラ社（えほんとなかよし6-ティモシーとサラのえほん2） 1990年11月

ねずみ（サラ）
ふたごののねずみのこども 「おたんじょうびのおくりもの」 芭蕉みどり作・絵 ポプラ社（えほんとなかよし1-ティモシーとサラのえほん1） 1989年11月

ネズミ（サラ）
ふたごののねずみのこども 「ティモシーとサラとデイジーさん」 芭蕉みどり作・絵 ポプラ社（えほんとなかよし65） 2006年11月

ねずみ（ししゅうねずみ）
こじまのもりのししゅうのせんせい 「こじまのもりのゆきのひのおみやげ」 あんびるやすこ作・絵 ひさかたチャイルド 2003年11月

ねずみ（タビ）
ちいさな街の雑貨屋さんがすみかのねずみ 「タビの雑貨屋」 寺田順三作・絵 学習研究社 2005年11月

ねずみ（チェリー）
はりねずみのハリーのいもうと 「あたらしいともだち-はりねずみハリー」 木村泰子作・絵 世界文化社（ワンダーおはなし絵本） 2005年11月；世界文化社（はりねずみハリーのものがたり） 1991年5月

ねずみ（チクチク）
ふしぎもりのみんなによくねむれるパジャマをつくってあげたようふくやさんのねずみ 「ねむねむパジャマ」 ささきようこ作・絵 ポプラ社（絵本のぼうけん7） 2002年9月

ねずみ（チクチク）
ふしぎもりのなんでもつくれるようふくやさんのねずみ 「ふしぎもりのようふくやさん」 ささきようこ作 ポプラ社（絵本のぼうけん2） 2001年11月

ねずみ（チッチ）
ともだちのくるまをあずかってともだちにはしらないってうそをついてしまったねずみのこ 「あのね」 かさいまり作・絵 ひさかたチャイルド 2002年10月

ねずみ（チッチ）
ビュンビュン谷のてっぺんからとびおりるあそびができなてこわがりのねずみのこ 「こわがりチッチのわあい、ぼくにだって できるんだよ」 あべはじめ作 くもん出版（くすくすねもりのなかまたち4） 1992年4月

ねずみ（ちっち）
もりのゆうじゃぐみとつなひきをしたやまのいなずまぐみのねずみ 「つなひき」 たかはしとおる文・絵 ぎょうせい（そうさくえほん館4-なかまっていいな） 1992年6月

ねずみ（チップ）
とらのトランプとなかよしのねずみ 「トランプのしょうぼうし」 山崎陽子作；渡辺あきお絵 佼成出版社 1988年10月

ねずみ（チュウ）
たいようがだいすきだったがビルこうじでひなたぼっこのばしょをなくしたねずみ「ひなたぼっこの すきなチュウ」長野博一文・絵 小峰書店（えほん・こどもとともに） 1989年10月

ねずみ（チュウタちゃん）
なかまたちとペコタンじまをいっしゅうするハイキングにはじめてさんかしたねずみのこ「ペコタンじまはきょうもはれ」関屋敏隆作・絵 PHP研究所（PHPわたしのえほんシリーズ） 1989年5月

ねずみ（チュチュ）
おにんぎょうさんがひとりでじっとすわっていたやねうらべやにあそびにきたのねずみのぼうや「やねうらべやの おにんぎょうさん」柳生まち子作 福音館書店（日本傑作絵本シリーズ） 2003年1月

ねずみ（チュチュ）
ひなたぼっこのすきなねずみのチュウがであったかわいいめすのねずみ「ひなたぼっこの すきなチュウ」長野博一文・絵 小峰書店（えほん・こどもとともに） 1989年10月

ねずみ（チロ）
富士山のすそののもりのなかにすむひめねずみ「富士山とひめねずみのチロ」やなぎはらまさこ作・絵 PHP研究所（PHPにこにこえほん） 2000年12月

ねずみ（ちんちん）
たぬきのぱふぱふのなかよし「おなかのいしころ」みやもとただお作 フレーベル館 1996年6月

ねずみ（ティモシー）
ふたごのねずみのこども「ティモシーとサラともりのようせい－ティモシーとサラのえほん9」芭蕉みどり作・絵 ポプラ社（えほんとなかよし） 2005年8月

ねずみ（ティモシー）
ふたごのねずみのこども「はながさくころに」芭蕉みどり作・絵 ポプラ社（ティモシーとサラの絵本8） 2004年4月

ねずみ（ティモシー）
ふたごののねずみのこども「ティモシーとサラとたからのちず」芭蕉みどり作・絵 ポプラ社（えほんとなかよし） 2002年4月

ねずみ（ティモシー）
ふたごのねずみのこども「ティモシーとサラのとりかえっこ」芭蕉みどり作・絵 ポプラ社（えほんとなかよし61） 2000年10月

ねずみ（ティモシー）
ふたごのねずみのこども「なないろのキャンディー」芭蕉みどり作・絵 ポプラ社（ティモシーとサラの絵本8） 2004年4月

ねずみ（ティモシー）
ふたごのねずみのこども「まほうつかいがやってきた」芭蕉みどり作・絵 ポプラ社（ティモシーとサラの絵本7） 1999年1月

ねずみ（ティモシー）
ふたごのねずみのこども「ティモシーのたからもの」芭蕉みどり作・絵 ポプラ社（ティモシーとサラの絵本6） 1999年1月

ねずみ

ねずみ（ティモシー）
ふたごののねずみのこども 「ティモシーとサラときのおうち-ティモシーとサラのえほん6」 芭蕉みどり作・絵 ポプラ社（えほんとなかよし52） 1997年12月

ねずみ（ティモシー）
ふたごのねずみのこども 「ティモシーとサラのパーティー」 芭蕉みどり作・絵 ポプラ社（えほんとなかよし35） 1995年7月

ねずみ（ティモシー）
ふたごののねずみのこども 「おじいちゃんのいす」 芭蕉みどり作・絵 ポプラ社（ティモシーとサラの絵本4） 1994年7月

ねずみ（ティモシー）
ふたごののねずみのこども 「サラのやくそく」 芭蕉みどり作・絵 ポプラ社（ティモシーとサラの絵本5） 1994年7月

ねずみ（ティモシー）
ふたごのねずみのこども 「ティモシーとサラのピクニック」 芭蕉みどり作・絵 ポプラ社（えほんとなかよし23） 1993年11月

ねずみ（ティモシー）
ふたごのねずみのこども 「チューリップのにわ」 芭蕉みどり作 ポプラ社（ティモシーとサラの絵本1） 1992年11月

ねずみ（ティモシー）
ふたごのねずみのこども 「おばあちゃんのかぼちゃパイ」 芭蕉みどり作・絵 ポプラ社（ティモシーとサラの絵本1） 1992年11月

ねずみ（ティモシー）
ふたごのねずみのこども 「ゆうびんやさんのオーケストラ」 芭蕉みどり作・絵 ポプラ社（ティモシーとサラの絵本2） 1992年11月

ねずみ（ティモシー）
ふたごののねずみのこども 「ふゆのよるのおくりもの」 芭蕉みどり作・絵 ポプラ社（ポプラ社のよみきかせ大型絵本） 2004年11月；ポプラ社（えほんとなかよし6-ティモシーとサラのえほん2） 1990年11月

ねずみ（ティモシー）
ふたごののねずみのこども 「おたんじょうびのおくりもの」 芭蕉みどり作・絵 ポプラ社（えほんとなかよし1-ティモシーとサラのえほん1） 1989年11月

ねずみ（ティモシー）
ふたごののねずみのこども 「ティモシーとサラとデイジーさん」 芭蕉みどり作・絵 ポプラ社（えほんとなかよし65） 2006年11月

ねずみ（トービー）
おにいちゃんのくるまをもちだしておにいちゃんにはしらないってうそをついてしまったねずみのこ 「あのね」 かさいまり作・絵 ひさかたチャイルド 2002年10月

ねずみ（トンガ）
ひとりできいちごつみにでかけたのねずみのこ 「トンガの きいちごつみ」 広野多珂子作・絵 ひさかたチャイルド 2002年3月

ねずみ(ネミーさん)
みなみの森の大きな木のねっこのいえにすむのねずみ 「いちばんすてきなひーはなはなみんみのはる」 わたりむつこ文;本庄ひさ子絵 リブリオ出版(えほんはなはなみんみの森) 2002年4月

ねずみ(ネミーさん)
みなみの森の大きな木のねっこのいえにすむのねずみ 「おつきみパーティーーはなはなみんみのあき」 わたりむつこ文;本庄ひさ子絵 リブリオ出版(えほんはなはなみんみの森) 2002年4月

ねずみ(ネミーさん)
みなみの森の大きな木のねっこのいえにすむのねずみ 「ふゆごもりのひまでーはなはなみんみのふゆ」 わたりむつこ文;本庄ひさ子絵 リブリオ出版(えほんはなはなみんみの森) 2002年4月

ねずみ(ネミーさん)
みなみの森の大きな木のねっこのいえにすむのねずみ 「なつのぼうけんーはなはなみんみのなつ」 わたりむつこ文;本庄ひさ子絵 リブリオ出版(えほんはなはなみんみの森) 2002年4月

ねずみ(ねみちゃん)
ねずみくんにチョッキをあんでくれたねずみのおんなのこ 「ねみちゃんとねずみくん」 なかえよしお作;上野紀子絵 ポプラ社(ねずみくんの小さな絵本3) 2004年3月

ねずみ(ねみちゃん)
おともだちにホットケーキをつくってあげたねずみのおんなのこ 「また！ねずみくんのホットケーキ」 なかえよしを作;上野紀子絵 ポプラ社(ねずみくんの絵本18) 2003年7月

ねずみ(ねみちゃん)
おともだちにホットケーキをつくってあげたねずみのおんなのこ 「ねずみくんとホットケーキ」 なかえよしを作;上野紀子絵 ポプラ社(ねずみくんの絵本14) 2000年9月

ねずみ(ねみちゃん)
ねずみくんとあした1じにバスのりばにいくやくそくをしたねずみのおんなのこ 「ねずみくんのおやくそくーねみちゃんとねずみくんのえほん」 なかえよしを作;上野紀子絵 ポプラ社(えほんはともだち7) 1990年6月

ねずみ(ねみちゃん)
ねずみくんにともだちとおりょうりをたべにくるようにいったねずみのおんなのこ 「ねずみくんのおともだちーねみちゃんとねずみくんのえほん」 なかえよしを作;上野紀子絵 ポプラ社(えほんはともだち1) 1989年9月

ねずみ(ねみちゃん)
どうぶつたちのおんがくかいにさんかしたねずみのおんなのこ 「ねずみくんとおんがくかい」 なかえよしを作;上野紀子絵 ポプラ社(ねずみくんの絵本12) 1987年1月

ねずみ(のねずみくん)
さんぽちゅうにそらからふってきたたねをにわにまいてみたのねずみのおとこのこ 「のねずみくんのたねまき」 武鹿悦子作;末崎茂樹絵 フレーベル館(おはなしえほんシリーズ2) 2006年7月

ねずみ(のねずみくん)
さんぽがだいすきでそらからふってきたちいさいたねをうちへかえってまいたのねずみのおとこのこ 「のねずみくんのたねまき」 武鹿悦子作;末崎茂樹絵 フレーベル館(ペーパーバックえほん7) 2002年3月

ねずみ

ねずみ(のねずみくん)
いままでだれもみたことのないようなマフラーをつくろうとおもったのねずみのこ「のねずみくんのすてきなマフラー」間瀬なおかた作・絵　フレーベル館(げんきわくわくえほん21)　1996年12月

ねずみ(のねみちゃん)
のねずみくんがだいすきなのねずみのおんなのこ「のねずみくんのたねまき」武鹿悦子作;末崎茂樹絵　フレーベル館(おはなしえほんシリーズ2)　2006年7月

ねずみ(ハリー)
いえがとなりどうしのねずみのマットのたいせつなともだち「ほんとは ちがうよ」かさいまり作・絵　岩崎書店(えほんのマーチ17)　2004年6月

ねずみ(ハリー)
カーニバルの見せものになっていたマナティをたすけて海へかえしてやったのねずみ「海のかいぶつをたすけだせ！」おおともやすお作　ベネッセコーポレーション　1997年8月

ねずみ(ハリー)
たびに出てひきがえるのヘンリーにであったのねずみのハリーマウス「とうぞくかうウそだん-ヘンリーとハリーの大冒険1」おおともやすお作　ベネッセコーポレーション　1996年10月

ねずみ(ハリー)
ひきがえるのヘンリーのともだちののねずみ「ぼくはあったよサンタクロース-ヘンリーとハリーの大冒険2」おおともやすお作　ベネッセコーポレーション　1996年10月

ねずみ(ハリー)
もりのなかにすんでいるはりねずみ「つきよのメロディー-はりねずみハリー」木村泰子作・絵　世界文化社(ワンダーおはなし絵本)　2005年10月

ねずみ(ハリー)
もりのなかにすんでるはりねずみ「みどりがいけのひみつ-はりねずみハリー」木村泰子作・絵　世界文化社(ワンダーおはなし絵本)　2005年11月;世界文化社(はりねずみハリーのものがたり)　1991年5月

ねずみ(ハリー)
もりのなかにすんでるはりねずみ「あたらしいともだち-はりねずみハリー」木村泰子作・絵　世界文化社(ワンダーおはなし絵本)　2005年11月;世界文化社(はりねずみハリーのものがたり)　1991年5月

ねずみ(ハリー)
もりのなかにすんでるはりねずみ「つきよのばんのものがたり」木村泰子作・絵　世界文化社(はりねずみハリーのものがたり)　1991年5月

ねずみ(ぴっぴ)
あなにおちてしまったさんたさんをみんなとたすけたねずみ「ぴっぴのあしあと」おざきしんご絵;あきしまのぶひで文　サンパウロ　1998年11月

ねずみ(プッチ)
いらないものをこうかんするボンボンバザーをひらいたアンティークやさんのねずみ「ボビンとプッチのアンティークやさん あしたはバザーのひ」スズキタカオ作・絵　ポプラ社(ボビンとプッチのアンティークやさん3)　2006年3月

ねずみ(プッチ)
ねこのボビンとアンティークやさんをはじめたのんびりやのねずみ 「ボビンとプッチのアンティークやさん1」 スズキタカオ作・絵 ポプラ社 2004年8月

ねずみ(プッチ)
アップルタウンにやってきたサーカスをみにいったアンティークやさんのねずみ 「ボビンとプッチのアンティークやさん2」 スズキタカオ作・絵 ポプラ社 2005年5月

ねずみ(マット)
いえがとなりどうしのねずみのハリーのたいせつなともだち 「ほんとは ちがうよ」 かさいまり作・絵 岩崎書店(えほんのマーチ17) 2004年6月

ネズミ(ヨハンナ)
アルプスの山里にある教会の教会ネズミのアントンが行き倒れていたのを助けたネズミの親子の母ネズミ 「ひとりぼっちの気がする」 まつもとまちこ著 マルチモード 2005年11月;清流出版 2000年12月

ねずみ(ラリー)
あこがれのまちにつれてきてもらったいなかのねずみ 「ねずみのラリーまちへいく」 さくらともこ作;おぐらひろかず絵 金の星社(新しいえほん) 1993年7月

ねずみくん
ぞうさんとシーソーであそびたいねずみのおとこのこ 「ねずみくんとシーソー」 なかえよしを作;上野紀子絵 ポプラ社(ねずみくんの絵本23) 2006年9月

ねずみくん
おともだちとかくれんぼしたねずみのおとこのこ 「ねずみくんとかくれんぼ」 なかえよしを作;上野紀子絵 ポプラ社(ねずみくんの絵本22) 2005年9月

ねずみくん
ねみちゃんにチョッキをあんでもらったねずみのおとこのこ 「ねみちゃんとねずみくん」 なかえよしお作;上野紀子絵 ポプラ社(ねずみくんの小さな絵本3) 2004年3月

ねずみくん
おかあさんがあんでくれた赤いチョッキをみんなにかしたねずみのおとこのこ 「ねずみくんのチョッキ」 なかえよしを作;上野紀子絵 ポプラ社(ポプラ社のよみきかせ大型絵本) 2004年4月;ポプラ社(ねずみくんの小さな絵本1) 2004年3月

ねずみくん
きになったあかいりんごがたべたいねずみくん 「りんごがたべたいねずみくん」 なかえよしを作;上野紀子絵 ポプラ社(ねずみくんの小さな絵本2) 2004年10月

ねずみくん
ねみちゃんにみせようとクリスマスツリーをつくったねずみのおとこのこ 「ねずみくんのクリスマス」 なかえよしを作;上野紀子絵 ポプラ社(ねずみくんの絵本19) 2003年10月

ねずみくん
ぼんやりあるいているねずみくん 「だいじょうぶかしらねずみくん」 五味太郎著 偕成社(五味太郎の絵本) 2002年11月

ねずみくん
どうぶつむらのみんなにたんじょうびをおいわいしてもらったねずみくん 「ねずみくんのたんじょうかい」 あさのななみ作;中村景児絵 PHP研究所(わたしのえほん) 2001年7月

ねずみ

ねずみくん
ゆきがふっておおよろこびのねずみくん 「ねずみくんとゆきだるま」 なかえよしを作；上野紀子絵 ポプラ社（ねずみくんの絵本15） 2001年10月

ねずみくん
じぶんのチョッキとあひるくんのふうせんをとりかえっこしたねずみくん 「とりかえっこ！ねずみくんのチョッキ」 なかえよしを作；上野紀子絵 ポプラ社（ねずみくんの絵本13） 1999年9月

ねずみくん
おんがくかいでおおきながっきがやりたいといってなきだしたねずみくん 「ねずみくんのおんがくかい」 あさのななみ作；中村景児絵 PHP研究所（わたしのえほん） 1999年5月

ねずみくん
きょうこそはやっつけてやるとチャンスをうかがういじわるねこにさきまわりされたねずみくん 「いじわるねことねずみくん」 なかえよしを作；上野紀子絵 ポプラ社（ねずみくんのしかけ絵本3） 1998年2月

ねずみくん
いじわるねこににおいかけられることがいやなねずみくん 「ブルくんとねずみくん」 なかえよしを作；上野紀子絵 ポプラ社（ねずみくんのしかけ絵本2） 1997年9月

ねずみくん
おかあさんがあんでくれたおそろいのチョッキをねみちゃんにとどけにいったねずみくん 「それいけ！ねずみくんのチョッキ」 なかえよしを作；上野紀子絵 ポプラ社（ねずみくんのしかけ絵本1） 1997年7月

ねずみくん
ねみちゃんのあんでくれたすてきなチョッキをきたねずみくん 「やっぱりねずみくんのチョッキ-ねみちゃんとねずみくんのえほん」 なかえよしを作；上野紀子絵 ポプラ社（えほんはともだち28） 1993年5月

ねずみくん
ねみちゃんとあした1じにバスのりばにいくやくそくをしたねずみのおとこのこ 「ねずみくんのおやくそく-ねみちゃんとねずみくんのえほん」 なかえよしを作；上野紀子絵 ポプラ社（えほんはともだち7） 1990年6月

ねずみくん
ねみちゃんのおりょうりをともだちとたべにいったねずみのおとこのこ 「ねずみくんのおともだち-ねみちゃんとねずみくんのえほん」 なかえよしを作；上野紀子絵 ポプラ社（えほんはともだち1） 1989年9月

ねずみくん
どうぶつたちのおんがくかいにさんかしたねずみのおとこのこ 「ねずみくんとおんがくかい」 なかえよしを作；上野紀子絵 ポプラ社（ねずみくんの絵本12） 1987年1月

ねずみくん
しゅくだいをわすれたねずみくん 「きのうの よるの できごと」 左近蘭子作；ひらのてつお絵 PHP研究所（PHPにこにこえほん） 1994年3月

ねずみくん
どうぶつむらのクリスマスにたくさんのおかしのプレゼントをサンタさんにおねがいしたねずみくん 「ねずみくんのクリスマス」 さくらともこ作；中村景児絵 PHP研究所（PHPわたしのえほんシリーズ） 2000年11月

ねずみくん
どうぶつむらのひろばになかよしハウスをつくることになってみんなのしごとをてつだったねずみくん「がんばれ！ねずみのおてつだい」浅野ななみ作；中村景児絵　金の星社（新しいえほん）1992年7月

ねずみくん
もぐらくんとともだちになってうちへいったねずみくん「うちへおいで」もりやまみやこ作；ふくだいわお絵　ポプラ社（いろいろえほん7）2000年1月

ねずみさん
むすめにせかいいちえらいおむこさんをさがそうとおもったねずみさん「ねずみの よめいり」小林与志絵　鈴木出版（たんぽぽえほんシリーズ）1993年2月

ねずみさん
さんぽをしていてどこのこかわからないきいろいこをみつけたねずみさん「きいろちゃん」塩田守男作・絵　ひかりのくに（ひかりのくにお話絵本）1988年1月

ねずみちゃん
りすちゃんととってもきのあうともだちどうしのねずみのおんなのこ「ねずみちゃんとりすちゃん なかよしの巻」どいかや作　学習研究社（学研おはなし絵本）2006年3月

ねずみちゃん
りすちゃんととってもきのあうともだちどうしのねずみのおんなのこ「ねずみちゃんとりすちゃん おしゃべりの巻」どいかや著　学習研究社（学研おはなし絵本）2004年10月

ねずみちゃん
なんでもでてくるふしぎなポシェットをもっているねずみちゃん「おばけと あそぼう」あすかけん作・絵　金の星社（ねずみちゃんのポシェット3）1989年9月

ねずみちゃん
なんでもでてくるふしぎなポシェットをもっているねずみちゃん「おさかな いっぱい」あすかけん作・絵　金の星社（ねずみちゃんのポシェット4）1991年8月

ねずみちゃん
「でてこい！」っていうとなんでもとびだすふしぎなポシェットをもっているねずみちゃん「ともだちでてこい」あすかけん作・絵　金の星社（ねずみちゃんのポシェット2）1988年12月

ねずみちゃん
「でてこい！」っていうとなんでもとびだすふしぎなポシェットをもっているねずみちゃん「ふしぎなポシェット」あすかけん作・絵　金の星社（ねずみちゃんのポシェット1）1988年12月

ねずみのきょうだい
ぞうのパオパオのもりのおともだち「はい、こちらぞうのパオパオ ゆうえんちはぼくです」木村裕一作・絵　ポプラ社（木村裕一のもしもしえほん4）1990年6月

ねずみのきょうだい
いじわるねこをまかしたねずみのきょうだいいち・に・さん・し・ご「ねずみのきょうだい」なかえよしを作；上野紀子絵　ひさかたチャイルド　1990年5月

ねずみばあさん
くらのなかのおひなさまたちをつれてのねずみこどもかいのひなまつりにいったねずみのおばあさん「もりのひなまつり」こいでやすこ作　福音館書店（こどものとも傑作集）2000年2月

ねねこ

ねねこちゃん
きょうがたんじょうびのねこのおんなのこ 「あわてんぼ ころたの にちようび」 森山京文；木村かほる絵 講談社 1987年10月

ねねり
おばけかぼちゃからうまれたふたりのおばけのひとり 「おばけのくねりと おばけのねねり」 三浦園子作 福武書店 1992年9月

ネポ
くじらのかたちをしたくものうえにあるふしぎなせかいネポス・ナポスにかぞくとすんでいるおとこのこ 「ネポス・ナポス ネポとそらいろのたまご」 郷司望作；城哲也絵 講談社（講談社の創作絵本） 2002年10月

ネポ
くじらのかたちをしたくものうえにあるふしぎなせかいネポス・ナポスにかぞくとすんでいるおとこのこ、リモのおにいちゃん 「ネポス・ナポス リモのたからもの」 チームネポス作；城哲也絵 講談社 2001年7月

ネポ
くじらのかたちをしたくものうえにあるふしぎなせかいネポス・ナポスにかぞくとすんでいるおとこのこ 「ネポス・ナポス まよいぐものおくりもの」 チームネポス作；城哲也絵 講談社 2000年7月

ネミーさん
みなみの森の大きな木のねっこのいえにすむのねずみ 「いちばんすてきなひー はなはなみんみのはる」 わたりむつこ文；本庄ひさ子絵 リブリオ出版（えほんはなはなみんみの森） 2002年4月

ネミーさん
みなみの森の大きな木のねっこのいえにすむのねずみ 「おつきみパーティー-はなはなみんみのあき」 わたりむつこ文；本庄ひさ子絵 リブリオ出版（えほんはなはなみんみの森） 2002年4月

ネミーさん
みなみの森の大きな木のねっこのいえにすむのねずみ 「ふゆごもりのひまで-はなはなみんみのふゆ」 わたりむつこ文；本庄ひさ子絵 リブリオ出版（えほんはなはなみんみの森） 2002年4月

ネミーさん
みなみの森の大きな木のねっこのいえにすむのねずみ 「なつのぼうけん-はなはなみんみのなつ」 わたりむつこ文；本庄ひさ子絵 リブリオ出版（えほんはなはなみんみの森） 2002年4月

ねみちゃん
ねずみくんにチョッキをあんでくれたねずみのおんなのこ 「ねみちゃんとねずみくん」 なかえよしお作；上野紀子絵 ポプラ社（ねずみくんの小さな絵本3） 2004年3月

ねみちゃん
おともだちにホットケーキをつくってあげたねずみのおんなのこ 「また！ねずみくんのホットケーキ」 なかえよしを作；上野紀子絵 ポプラ社（ねずみくんの絵本18） 2003年7月

ねみちゃん
おともだちにホットケーキをつくってあげたねずみのおんなのこ 「ねずみくんとホットケーキ」 なかえよしを作；上野紀子絵 ポプラ社（ねずみくんの絵本14） 2000年9月

ねみちゃん
ねずみくんとあした1じにバスのりばにいくやくそくをしたねずみのおんなのこ 「ねずみくんのおやくそく-ねみちゃんとねずみくんのえほん」 なかえよしを作;上野紀子絵 ポプラ社（えほんはともだち7） 1990年6月

ねみちゃん
ねずみくんにともだちとおりょうりをたべにくるようにいったねずみのおんなのこ 「ねずみくんのおともだち-ねみちゃんとねずみくんのえほん」 なかえよしを作;上野紀子絵 ポプラ社（えほんはともだち1） 1989年9月

ねみちゃん
どうぶつたちのおんがくかいにさんかしたねずみのおんなのこ 「ねずみくんとおんがくかい」 なかえよしを作;上野紀子絵 ポプラ社（ねずみくんの絵本12） 1987年1月

ネルおじさん
じぶんでつくったパンやきじどうしゃにのってまいにちパンをうりにいくパンやさん 「へんてこパン」 小沢正作;国井節絵 ポプラ社（絵本カーニバル） 2006年11月

ネルダ
まほうつかいのパパのバンダさんがゆりかごをなおしてスキーをつけたそりにみんなとのってすべりにいったふたごのこ 「まほうつかいの そりあそび」 西山直樹作・絵 福武書店 1990年11月

ネルダ
まほうつかいのバンダさんのふたごのこども 「まほうつかいのにちようび」 西山直樹作・絵 福武書店 1989年11月

ネルダとオキルダ
まほうつかいのバンダさんのこどものふたごのきょうだい 「パパはまほうつかい」 西山直樹作・絵 福武書店 1988年11月

ネロくん
ビーバーのムーくんにできたあたらしいともだちのくろねこ 「ともだちのネロ」 いもとようこ絵;新井真弓作 小学館（ビーバーのムーくんシリーズ2） 1998年12月

ネンネ
きのあなのなかではるまでまんまるになってねているやまねのこ 「やまねのネンネ」 どいかや作・絵 BL出版 2002年2月

【の】

ノアおじさん
あるひのことそらのむこうからかみさまのこえがきこえてどうぶつたちとはこぶねをつくったおじさん 「ノアおじさん」 つるみゆき絵・文 至光社（ブッククラブ 国際版絵本） 1999年1月

のあさん
アフリカのどうぶつほごくにきちのあるどうぶつきゅうじょたいのたいちょう 「のあさんとそらとぶきゅうじょたい」 おおともやすお文・絵 福音館書店 1990年3月

のあさん
さかなとりのふね「あほうどりごう」のせんちょう 「のあさんとおおきなおおきなさかな」 おおともやすお文・絵 福音館書店（日本傑作絵本シリーズ） 1988年11月

のいじ

ノイジーひめ
ペットのドランのかいぬしのひめ 「ぼくのペットはドラゴン?」 中村景児作・絵 岩崎書店(えほんのマーチ20) 2004年10月

ノエ
すこしふるびたそれでいてたからばこのようにすてきなオルゴールをひろったおんなのこ 「カノン」 かんのゆうこ文;北見葉胡絵 講談社(講談社の創作絵本) 2006年2月

ノコギリザメ
うみのそこで「ノコギリがボロボロなのよ」といってなみだをながしたノコギリザメのオジイサン 「ノコギリザメのなみだ」 長新太著 フレーベル館(リーヴル・リーブル3) 1999年5月

のこちゃん
じぶんがうまれたひにママがのぶこがいいかかなこがいいかまよったのできょうからかなこのかなちゃんにしたおんなのこ 「あなたは、だあれ?」 あまんきみこ作;武田美穂絵 小学館 2005年10月

のぞみ
ともだちをさがしにきたぞうのエルとあそんだおんなのこ 「おおきくなりすぎたエルくん」 立原えりか作;薄久保友司絵 佼成出版社 1990年9月

のぞみちゃん
エリちゃんのおとなりにすんでいるぜんぜん目が見えないルミさんとすこしは目が見えるアキラさん夫妻に生まれた赤ちゃん 「いのちは見えるよ」 及川和男作;長野ヒデ子絵 岩崎書店(いのちのえほん11) 2002年2月

ノッシー
アンパンマンたちをきょうりゅうのまちへあんないしたきょうりゅうのこども 「きょうりゅうノッシーのだいぼうけん」 やなせたかし作・絵 フレーベル館(それいけ!アンパンマン) 1993年6月

ノッシー
ひなたむらいちばんのちからもちのいのしし 「きてきて!ノッシー」 やすいすえこ作;みやもとただお絵 PHP研究所(PHPのえほん) 1992年3月

ノッポさん
ひろいのはらのたけやぶのなかにあったしのだけむらにむしさんたちみんなとすんでいたななふし 「しのだけむらのやぶがっこう」 カズコ・G・ストーン作 福音館書店(こどものとも傑作集) 2006年6月

のっぽとちび
おおてんぐのめんをかぶったたいぞうにだまされてみせものにされたのんきなのっぽとちびのてんぐ 「のっぽてんぐとちびてんぐ」 川村たかし作・文;村上豊絵 文研出版(ジョイフルえほん傑作集5) 1995年1月

のねずみくん
さんぽちゅうにそらからふってきたたねをにわにまいてみたのねずみのおとこのこ 「のねずみくんのたねまき」 武鹿悦子作;末崎茂樹絵 フレーベル館(おはなしえほんシリーズ2) 2006年7月

のねずみくん
さんぽがだいすきでそらからふってきたちいさいたねをうちへかえってまいたのねずみのおとこのこ 「のねずみくんのたねまき」 武鹿悦子作;末崎茂樹絵 フレーベル館(ペーパーバックえほん7) 2002年3月

のねずみくん
いままでだれもみたことのないようなマフラーをつくろうとおもったのねずみのこ 「のねずみくんのすてきなマフラー」 間瀬なおかた作・絵 フレーベル館(げんきわくわくえほん21) 1996年12月

のねずみくん
おうちのそばにおっこちてきてけがをしたながれぼしにしんせつにしてあげたのねずみくん 「わがままな ながれぼし」 間瀬なおかた作・絵 フレーベル館(げんきわくわくえほん11) 1996年2月

のねみちゃん
のねずみくんがだいすきなのねずみのおんなのこ 「のねずみくんのたねまき」 武鹿悦子作;末崎茂樹絵 フレーベル館(おはなしえほんシリーズ2) 2006年7月

ののちゃん
ゆきがどっさりふったひにおとなりのまあばあさんとゆきのひピクニックにいったおんなのこ 「まあばあさんのゆきのひピクニック」 すとうあさえ文;織茂恭子絵 岩崎書店(えほんのマーチ2) 2002年12月

のはら うさぎ
げんきなおんなのこ 「のはらうさぎでございます」 山花郁子作;とりごえまり絵 佼成出版社(創作絵本シリーズ) 1997年5月

のぶ
のうせいまひというしょうがいをもっていてからだをうまくうごかすことができない8さいのおとこのこ 「きょう のぶに あったよ」 いとうえみこ;伊藤泰寛作 ポプラ社 2005年12月

のぶお
小学校の子どもたちのなかにできたとてもなかがわるい二つのグループの一つのシャッポ団のおやぶん 「ぼくの町」 岡田ゆたか作・絵 ポプラ社(名作絵本復刊シリーズ3) 2002年1月

のぶくん
クリスマスツリーをとりにいったおとうさんをまっていたおとこのこ 「のぶくんのくりすます」 丸山明子作・画 中央出版社 1990年9月

のぶくん
いもうとのえりちゃんとさんたさんになってどうぶつたちにぷれぜんとをくばったおとこのこ 「ちいさな さんた」 丸山明子絵・文 中央出版社 1992年11月

のぶこ(のこちゃん)
じぶんがうまれたひにママがのぶこがいいかかなこがいいかまよったのできょうからかなこのかなちゃんにしたおんなのこ 「あなたは、だあれ?」 あまんきみこ作;武田美穂絵 小学館 2005年10月

のぼさん
こうえんのせわをしているひとでまいとしこどもたちのためにこうえんにクリスマスツリーをかざったおじいさん 「のぼさんのクリスマスツリー」 蔵冨千鶴子文;いしなべふさこ絵 女子パウロ会 2003年10月

ノボル
戦後まもなくの但馬の小さな町の家はびんぼうだが元気な悪ガキ 「悪ガキ絵日記」 村上勉著 フレーベル館 1995年7月

のら

ノーラ
フィリピン・パヤタスでゴミをひろってお金にかえる仕事をして生きている女の人 「神の子たち―パヤタスに吹く風」 葉祥明絵・文　中央法規出版　2002年3月

ノーラ
あるはるのよるにえかきのおじいさんちのものおきごやで五ひきのこねこをうんだのらねこ 「のらねこノーラと5ひきのこねこ」 磯田和一作・絵　PHP研究所（PHPわたしのえほんシリーズ）1989年5月

ノラ
がっこうのおんがくしつへこっそりはいってみたおんがくが大すきなねこ 「ねこのおんがくしつたんけん」 熊木眞見子；竹野栄作；大久保宏昭絵　太平出版社（はじめてのおんがく11）1997年7月

ノラ
ヴァイオリンがすきでヴァイオリンを演奏するようになったネコ 「ヴァイオリンをひくネコ」 小沢良吉作・絵　岩崎書店（えほん・ハートランド17）1997年12月

ノラ
ひつじのベンジーをはじめてまきばのそとへだしておかのいえのパーティーにつれていってあげたおんなのこ 「ぼくのせなかにのせてってあげる！」 市川里美作・絵；堀内紅子訳　徳間書店　1997年12月

ノラ
まどのそとにさいたバラのはなのなかにとびこんでバラのせかいのパーティーにいったおんなのこ 「バラがさいた」 市川里美作　偕成社　1991年6月

ノラ
あるひのことふるいはこのなかからたからの地図をみつけてともだちの動物たちみんなとたからさがしにでかけた女の子 「たからさがし」 市川里美作・絵　徳間書店　2000年10月

ノラ
南の国の丘の上にあるおばあちゃんの家を訪れて古いトランクのなかからとびだしてきたおもちゃたちと不思議な夏の一夜をすごした女の子 「お星さまのいるところ　ノラとおもちゃとお星さま」 市川里美作　偕成社　1988年5月

ノラ
気をうしなっていたあひるの子をドクター・ジョンの家につれていった女の子 「ドクター・ジョンの動物園」 市川里美作　偕成社　1990年7月

ノラ
がちょうさんからしょうたいされたお茶のかいでひつじのベンジーにあったおんなのこ 「ベンジーのおくりもの　ノラとくいしんぼうのひつじ」 市川里美作　偕成社　1992年7月

のら
にんげんごっこをしてもりのどうぶつたちににんげんのようすをきかせたのらねこ 「にんげんごっこ」 木村裕一作；長新太絵　講談社　1997年4月

のりお
カレンダーをくるくるくるっとまるめてつくったぼうえんきょうをのぞいたおとこのこ 「のりおのふしぎなぼうえんきょう」 平田昌広文；平田景絵　講談社（講談社の創作絵本）2006年11月

のりちゃん
とんでもなくかわっためざまし時計を買ってもらった小学生 「おやすみ時計」 山岡ひかる著 偕成社 2000年9月

ノロリ
カエルのシュレーゲルのともだちのカタツムリのこ 「シュレーゲルのプレゼント」 うめもとやすこ作・絵 新風舎 2005年11月

ノンコ
おばあちゃんになってたまごをうめなくなったにわとり 「にわとりさんはネ…」 福井達雨編；止揚学園園生絵 偕成社 1989年7月

のんちゃん
こうがいのアパートにひっこしてきてだぶだぶのセーターをきたとなりのおばさんとなかよくなったおんなのこ 「おばさんはいつ空をとぶの」 長谷川知子作・絵 ポプラ社（絵本のおもちゃばこ） 2005年9月

のんちゃん
しんぱいしょうのリスのしんくんとなかよしののんきなリスのおんなのこ 「雨の日のふたりーしんくんとのんちゃん」 とりごえまり著 アリス館 2003年4月

のんちゃん
しんぱいしょうのリスのしんくんとまだみたことがないゆきがふってくるのをまっていたのんきなリスのおんなのこ 「空からのてがみーしんくんとのんちゃん」 とりごえまり著 アリス館 2001年11月

のんちゃん
あめがふってきたのでげんきにおさんぽにいったかたつむり 「かたつむりののんちゃん」 高家博成；仲川道子作 童心社 1999年6月

のんちゃん
はなまるえんの年長くまぐみのおんなのこ 「のんちゃんはおとうばんです」 今関信子文；垂石真子絵 童心社（だいすきはなまるえん） 1999年12月

のんちゃん
信州伊那谷の子どもできんじょのおない年の女の子とふたりでおかっさま（およめさん）ごっこをしてあそんだ男の子 「おかっさまごっこ－小さい小さいこいものがたり」 代田昇文；二俣英五郎絵 童心社（絵本・こどものひろば） 1996年3月

のんちゃん
学校のクラスのみんなのなかででしょうがいをもっているおとこのこ 「のんちゃん」 ただのゆみこ作 小峰書店（えほん・こどもとともに） 1996年10月

のんちゃん
しんぱいしょうのリスのしんくんともりのなかでどんぐりがてんてんとおちているのをたどっていったのんきなリスのおんなのこ 「かいぶつのおとしもの－しんくんとのんちゃん」 とりごえまり著 アリス館 2001年1月

【は】

ばあさ

ばあさま
おきょうなんかぜんぜんしらないにせもののぼうさんからならったねずみのおきょうをまいあさまいばんあげていたばあさま 「ねずみきょう」 香山美子文;遠藤てるよ画 教育画劇(日本の民話えほん) 2003年5月

ばあさま
どまのすみっこのあなにおちただんごをおいかけてあなへとびこんでおじぞうさまにあったばあさま 「だんごころころ」 松谷みよ子文;和歌山静子絵 童心社(あかちゃんのむかしむかし) 1992年9月

ばあさん
わるさをしておにどもにえんまのところにひったてられてきたばあさん 「えんまとおっかさん」 内田麟太郎作;山本孝絵 岩崎書店(カラフルえほん9) 2005年7月

ばあさん
じいさんがたべようとしたらころがっていっただごをおいかけてあなのなかへはいっていったらあかおににであったばあさん 「だごだご ころころ」 石黒渼子;梶山俊夫再話;梶山俊夫絵 福音館書店 1993年9月

ばあさん
おにのふんどしをぬってやっておおいばりしたのでじごくからかえされてきたおせっかいばあさん 「おにのふんどし ちょっとぬえるかい」 ちばえみこ作 評論社(児童図書館・絵本の部屋-手づくり絵本の本棚) 1991年12月

ハイエナ
いっぽんのバオバブの木のちかくにあったうちでるすばんをしていたこどものヤンポのめのまえにあらわれたハイエナ 「ふしぎな ふしぎな バオバブの木」 妹尾猶文;ユノセイイチ絵 童心社(絵本・ちいさななかまたち) 1989年5月

ハイエナ(ロク)
いたずらもののコヨーテのキュウとしょっちゅうけんかをしているハイエナ 「いたずらコヨーテ キュウ」 どいかや作 BL出版 1999年1月

はいおに
なんでももやしてはいにしてしまうはいだらけのおに 「アンパンマンとはいおに」 やなせたかし作・絵 フレーベル館(アンパンマンのふしぎなくに12) 1991年4月

ばいきんまん
ばいきんぼしからやってきたあくのなかま 「そらとぶえほんとガラスのくつ」 やなせたかし作・絵 フレーベル館(アンパンマン プチシアター) 2006年5月;フレーベル館(それいけ!アンパンマン) 1996年7月

ばいきんまん
ばいきんぼしからやってきたあくのなかま 「アンパンマンとポットちゃん」 やなせたかし作・絵 フレーベル館(アンパンマンのぼうけん3) 1987年9月

ばいきんまん
ぱいきんぼしからやってきたあくのなかま 「アンパンマンとカレンのもり」 やなせたかし作・絵 フレーベル館(アンパンマンのぼうけん14) 1989年9月

ばいきんまん
ばいきんぼしからやってきたあくのなかま 「アンパンマンとちくりん」 やなせたかし作・絵 フレーベル館(アンパンマンのぼうけん10) 1988年10月

ばいきんまん
ばいきんぼしからやってきたあくのなかま「アンパンマンとみかづきまん」やなせたかし作・絵 フレーベル館(アンパンマンのぼうけん13) 1989年5月

ばいきんまん
ばいきんぼしからやってきたあくのなかま「アンパンマンとぴいちくもり」やなせたかし作・絵 フレーベル館(アンパンマンのぼうけん2) 1987年9月

ばいきんまん
ばいきんぼしからやってきたあくのなかま「アンパンマンとぽんぽんじま」やなせたかし作・絵 フレーベル館(アンパンマンのぼうけん8) 1988年6月

ばいきんまん
ばいきんぼしからやってきたあくのなかま「アンパンマンのクリスマス」やなせたかし作・絵 フレーベル館 1988年11月

ばいきんまん
ばいきんぼしからやってきたあくのなかま「アンパンマンとすいこみどり」やなせたかし作・絵 フレーベル館(アンパンマンメルヘン4) 1991年10月

バイキンマン
ばいきんぼしからやってきたあくのなかま「アンパンマンともえるほし」やなせたかし作・絵 フレーベル館 1989年10月

ばいきんまん
ばいきんぼしからやってきたあくのなかま「アンパンマンとみえないまん」やなせたかし作・絵 フレーベル館(アンパンマンのぼうけん9) 1988年7月

ばいきんまん
ばいきんぼしからやってきたあくのなかま「アンパンマンとびいだまん」やなせたかし作・絵 フレーベル館(アンパンマンのおはなしでてこい8) 1996年1月

ばいきんまん
ばいきんぼしからやってきたあくのなかま「アンパンマンとゆめのくに」やなせたかし作・絵 フレーベル館(アンパンマンのおはなしでてこい7) 1995年11月

ばいきんまん
ばいきんぼしからやってきたあくのなかま「アンパンマンとゆうきりんりん」やなせたかし作・絵 フレーベル館(アンパンマンメルヘン5) 1991年12月

ばいきんまん
ばいきんぼしからやってきたあくのなかま「アンパンマンとぱしぱしぱしーん」やなせたかし作・絵 フレーベル館(アンパンマンのおはなしでてこい9) 1996年4月

ばいきんまん
ばいきんぼしからやってきたあくのなかま「リリカル☆マジカルまほうのがっこう」やなせたかし作・絵 フレーベル館(それいけ!アンパンマン) 1994年7月

ばいきんまん
ばいきんぼしからやってきたあくのなかま「アンパンマンとペンキマン」やなせたかし作・絵 フレーベル館(アンパンマンメルヘン7) 1992年4月

ばいきんまん
ばいきんぼしからやってきたあくのなかま「アンパンマンとえんぴつじま」やなせたかし作・絵 フレーベル館(アンパンマンメルヘン11) 1992年12月

ばいき

ばいきんまん
ばいきんぼしからやってきたあくのなかま 「アンパンマンとゆきだるまん」 やなせたかし作・絵 フレーベル館(アンパンマンのふしぎなくに11) 1991年3月

ばいきんまん
ばいきんぼしからやってきたあくのなかま 「アンパンマンとみみせんせい」 やなせたかし作・絵 フレーベル館(アンパンマンメルヘン1) 1991年4月

ばいきんまん
ばんきんぼしからやってきたあくのなかま 「アンパンマンとりんごのくに」 やなせたかし作・絵 フレーベル館(アンパンマンのふしぎなくに8) 1990年12月

ばいきんまん
ばいきんぼしからやってきたあくのなかま 「アンパンマンとバナナマン」 やなせたかし作・絵 フレーベル館(アンパンマンのふしぎなくに4) 1990年8月

ばいきんまん
ばいきんぼしからやってきたあくのなかま 「アンパンマンといわおとこ」 やなせたかし作・絵 フレーベル館(アンパンマンのふしぎなくに10) 1991年2月

ばいきんまん
ばいきんぼしからやってきたあくのなかま 「アンパンマンとなかゆびひめ」 やなせたかし作・絵 フレーベル館(アンパンマンのふしぎなくに7) 1990年11月

ばいきんまん
ばいきんぼしからやってきたあくのなかま 「アンパンマンとうずまきまん」 やなせたかし作・絵 フレーベル館(アンパンマンのふしぎなくに5) 1990年9月

ばいきんまん
ばいきんぼしからやってきたあくのなかま 「アンパンマンとぎんいろまん」 やなせたかし作・絵 フレーベル館(アンパンマンのふしぎなくに6) 1990年10月

ばいきんまん
ばいきんぼしからやってきたあくのなかま 「アンパンマンともぐりん」 やなせたかし作・絵 フレーベル館(アンパンマンのぼうけん4) 1987年12月

ばいきんまん
ばいきんぼしからやってきたあくのなかま 「アンパンマンのひみつ」 やなせたかし作・絵 フレーベル館(アンパンマンのおはなしわくわく1) 1999年7月

ばいきんまん
ばいきんぼしからやってきたあくのなかま 「アンパンマンとにじおばけ」 やなせたかし作・絵 フレーベル館(アンパンマンのおはなしわくわく2) 1999年12月

ばいきんまん
ばいきんぼしからやってきたあくのなかま 「アンパンマンとさばくのたから」 やなせたかし作・絵 フレーベル館(アンパンマンのおはなしわくわく6) 2004年3月

ばいきんまん
ばいきんぼしからやってきたあくのなかま 「アンパンマンとくろゆきひめ」 やなせたかし作・絵 フレーベル館(アンパンマンのおはなしわくわく7) 2004年11月

ばいきんまん
ばいきんぼしからやってきたあくのなかま 「アンパンマンとハテナのとう」 やなせたかし作・絵 フレーベル館(アンパンマンのおはなしわくわく9) 2006年4月

ばいきんまん
ばいきんぼしからやってきたあくのなかま 「アンパンマンとそらとぶうめのみ」 やなせたかし作・絵 フレーベル館(アンパンマンのおはなしわくわく10) 2006年9月

ばいきんまん
ばいきんぼしからやってきたあくのなかま 「アンパンマンのクリスマス・イブ」 やなせたかし作・絵 フレーベル館 2004年11月

ばいきんまん
ばいきんぼしからやってきたあくのなかま 「アンパンマンとまりもくん」 やなせたかし作・絵 フレーベル館(アンパンマンのおはなしでてこい6) 1995年7月

ばいきんまん
ばいきんぼしからやってきたあくのなかま 「アンパンマンとまほうのふで」 やなせたかし作・絵 フレーベル館(アンパンマンのおはなしでてこい11) 1996年10月

ばいきんまん
ばいきんぼしからやってきたあくのなかま 「アンパンマンとかっぱのみず」 やなせたかし作・絵 フレーベル館(アンパンマンメルヘン3) 1991年8月

バイキンロボット
ばいきんぼしからやってきたロボット 「アンパンマンともえるほし」 やなせたかし作・絵 フレーベル館 1989年10月

はいたか
たべものをもとめさむぞらをいっちょくせんにとんでいくちいさなたか 「はいたかのふゆ」 手島圭三郎作・絵 リブリオ出版(極寒に生きる生きものたち) 2002年1月

ハウエル
みんな黒いぼうしをかぶっていたぼうし族の村のはずれにある森に住んでいた男 「ハウエルのぼうし」 新月紫紺大作・絵 講談社(講談社の創作絵本) 2003年3月

バウバウ
あおいほしにくらしているナンのなかま 「リュウのたからもの-ナンとあおいほしのなかまたち」 たちのけいこ作・絵 PHP研究所(わたしのえほん) 1997年6月

バウバウ
あおいほしにくらしているナンのなかま 「サーカスのすいせい-ナンとあおいほしのなかまたち」 たちのけいこ作・絵 PHP研究所(PHPわたしのえほんシリーズ) 1994年11月

バウバウ
あおいほしにくらしているナンのなかま 「なんでものたね-ナンとあおいほしのなかまたち」 たちのけいこ作・絵 PHP研究所(PHPわたしのえほんシリーズ) 1993年10月

パウル
はたけでスイカを山のようにつくったおひゃくしょう 「なんでもやのブラリ」 片平直樹作;山口マオ絵 教育画劇 2006年7月

パオ
東京の多摩どうぶつこうえんで生まれたアフリカゾウの男の子 「いたずら子ゾウのパオ」 わしおとしこ作 くもん出版(おはなしどうぶつえん) 2002年2月

パオちゃん
こうえんでともだちとたいそうをはじめたぞうのおとこのこ 「パオちゃんのみんなでたいそう」 仲川道子作・絵 PHP研究所 2006年9月

ぱおち

パオちゃん
ともだちみんなとなつまつりにいったぞうのおとこのこ 「パオちゃんのなつまつり」 なかがわみちこ作・絵 PHP研究所 2003年6月

パオちゃん
ともだちとにわでおせんたくをはじめたぞうのおとこのこ 「パオちゃんのおせんたく」 なかがわみちこ作・絵 PHP研究所 2002年2月

パオちゃん
ともだちとこうえんへおさんぽにいってはっぱをいっぱいあつめてあそんだぞうのおとこのこ 「パオちゃんのたのしいおさんぽ」 なかがわみちこ作・絵 PHP研究所 2000年10月

パオちゃん
ともだちとつみきでうちをつくってあそんだぞうのおとこのこ 「パオちゃんのみんなでおかたづけ」 仲川道子作・絵 PHP研究所 1999年2月

パオちゃん
おたんじょうびのパーティーのひにともだちみんなとむかえにいったぞうのおとこのこ 「パオちゃんのおたんじようび」 仲川道子作・絵 PHP研究所 1997年8月

パオちゃん
おともだちをはいしゃさんへつれていったぞうのおとこのこ 「パオちゃんのみんなではみがき」 仲川道子作・絵 PHP研究所 1996年5月

パオちゃん
ともだちとおおきなはこでうちをつくったぞうのおとこのこ 「パオちゃんのなかよしハウス」 なかがわみちこ作・絵 PHP研究所 1995年10月

パオちゃん
ともだちとうちのにわでキャンプをしたぞうのおとこのこ 「パオちゃんのたのしいキャンプ」 仲川道子作・絵 PHP研究所 1993年7月

パオちゃん
ともだちとボールをもってのはらへいったぞうのおとこのこ 「パオちゃんのボールどこかな」 仲川道子作・絵 PHP研究所 1989年4月

パオちゃん
かぜをひいたぞうのおとこのこ 「パオちゃんのかぜひいちゃった」 仲川道子作・絵 PHP研究所 1988年10月

パオちゃん
ともだちともりへピクニックにいったぞうのおとこのこ 「パオちゃんのたのしいピクニック」 仲川道子作・絵 PHP研究所 1987年10月

パオパオ
もりのおともだちをおおきなからだにのせてあそんだぞう 「はい、こちらぞうのパオパオ ゆうえんちはぼくです」 木村裕一作・絵 ポプラ社（木村裕一のもしもしえほん4） 1990年6月

パオン
アキちゃんがのはらをはしっておうちへかえるときにころんでバッグからころげおちたちいさなゾウのぬいぐるみ 「あいたいきもち」 本間正樹文；渡辺あきお絵 佼成出版社（しつけ絵本シリーズ4） 2004年9月

はかせ
モンスターをつくってめしつかいにしようとかんがえたかわりもののはかせ 「ゴリラおとこ・ブタおとこ・ワニおとこ」巻左千夫文;西内としお絵 ソニーマガジンズ 2005年7月

はかせ
まさるが手にとるとかってにうごいてこたえをかいてしゅくだいをやってくれるはかせというなまえのえんぴつ 「えんぴつはかせ」山岡ひかる作 偕成社 2004年7月

ハカセ
親友から借りた古い磁石をなくしてしまった3年生の男の子 「こわれたガラス箱」小林時子絵・文;松井智原案 新風舎 2001年4月

はがね
どうぶつえんでうまれてしいくがかりにそだてられたトラ 「さよなら！トラのはがね」亀井一成文;福田岩緒絵 PHP研究所(亀井一成のどうぶつえん日記3) 1996年3月

はかまだれ
都にやってきた男が羅生門であったとうぞくのたいしょう 「羅生門」竹内浩一絵;小沢章友文 「京の絵本」刊行委員会 1999年10月

ばかんばかんぶー
まだたまごからうまれたばかりのちいさなこ 「ばかんばかんぶー」のぶみ作 絵本館 2006年6月

ばく
森へひるねにでかけたダヤンのまえにあらわれたゆめをたべるというばく 「ダヤンのおいしいゆめ」池田あきこ作 ほるぷ出版 1988年2月

バク
ラクダとふたりで森のおくにいるゆめの妖精をさがしにいったバク 「またふたりで」小林治子作・絵 BL出版 1997年12月

パグ
かわいいいもうとがうまれておにいちゃんになったこぐま 「こぐまのパグはおにいちゃん」沢井いづみ作;新野めぐみ絵 PHP研究所(わたしのえほんシリーズ) 1995年11月

ばく(てんぐちゃん)
山のなかの池のそばにあった家にひとりですんでいたおばあさんがかったばく 「てんぐちゃん」今江祥智文;宇野亜喜良絵 偕成社(日本の絵本) 2003年1月

ばく(ムー)
こわくてひとりでねむれないポロンをせなかにのせてよるのおさんぽにでかけたばく 「まっくらなよると ばくのムー」むらかみひとみ作 ソニー・マガジンズ(にいるぶっくす) 2005年10月

バク(ムー)
こひつじのポーの夢をたべてしまったバク 「ポーのロマンス」野村辰寿著 主婦と生活社 (ね〜ね〜絵本) 1999年11月

バクくん
はじめてひとりでおさんぽにでかけたバクのぼうや 「へんだな？へんだな？」ひらのてつお作・絵 ポプラ社(えへん ごほん えほん4) 1996年11月

はくち

ぱくちゃん
なんでもぱくっぱくったべるぱくちゃん 「ぱくっ」 せきゆうこ作 小学館（おひさまのほん） 2005年10月

ぱくちゃん
なんでもぱくっぱくったべるぱくちゃん 「もっとぱくっ」 せきゆうこ作 小学館（おひさまのほん） 2006年10月

はくちょう
きしべにひろがるあしのはらにすてられたふねのなかでおかあさんとすんでいたはくちょうのぼうや 「つきとはくちょうのこ」 志茂田景樹作；石川あゆみ絵 KIBA BOOK 1999年9月

はくちょう
とおいきたぐにへむかってみんなとびたったのにいけにいちわだけいたきつねにはねをかまれきずついたはくちょう 「はくちょう」 内田麟太郎文；いせひでこ絵 講談社（講談社の創作絵本） 2003年7月

はくちょう（バーボー）
小さな双子の兄妹のタフルとチフルのとうさんがともだちになったかたあしのはくちょう 「さようならバーボー」 土田勇作 フレーベル館（リトルツインズ5） 1992年12月

パクンちゃん
すてられたきかんしゃくんとふたりでごみあつめのかこいをぬけだしてゆうえんちへでかけていくことにしたごみぶくろ 「ノッポさんのえほん12 ごみぶくろのパクンちゃん」 高見ノッポ作；枝常弘絵 世界文化社 2001年10月

パクンパクン
それぞれの木を森にさがしにいった三びきの一ぴき 「もりへ さがしに」 村田清司絵；田島征三文 偕成社 1991年10月

ばけもの
むらびとがとめるのもきかずにたびのぼうさまがとまったてらにでたばけものたち 「ばけものでら」 岩崎京子文；田島征三絵 教育画劇（日本の民話えほん） 2000年2月

ばけもの
とってもひとづかいのあらいおじいさんのいえにでてようじをいっぱいさせられたばけものたち 「ばけものづかい」 せなけいこ作 童心社（せなけいこ・おばけえほん） 1999年6月

箱さん　はこさん
サーくんといっしょにじぶんのふるさとのアマゾンへ旅にでた箱さん 「サーくんと箱さんとアマゾンの旅」 たにけいこ文・画 グリーン購入ネットワーク鹿児島 2002年12月

バーコさん
すてねこのポポをひろってくれたやさしいかぞくのおばあさん 「ポポの青い空」 すいとぴい著；はらのけいじ絵 遊タイム出版 2003年6月

はこ忍者　はこにんじゃ
忍者しけんのとっくん中のライバルふたりのひとりではこの中にすんでいる忍者こぞう 「はこ忍者あな忍者」 うえずめぐみ；まつださちこ作 ARTBOXインターナショナル（ARTBOX GALLERYシリーズ） 2004年1月

ハコフグ（プクプク）
とっても青い海の中なかよしみんなであそんでるハコフグ 「プクプクのかくれんぼ-さかなクンのイラストストーリー」 さかなクン作 小学館 2002年9月

はさみ（チョキチョキきょうだい）
だあれもいないつくえのうえのぶんぼうぐたちの国でおすもうたいかいをしていたえんぴつたちにいじわるしたはさみのきょうだい 「えんぴつのおすもう」 かとうまふみ作・絵 偕成社 2004年11月

はさみむし（チョッキリさん）
あたたかいおふとんをさがしにでかけたやなぎむらのみんなといっしょににがいものたねをさがしにいったはさみむし 「ふわふわふとん」 カズコ・G・ストーン作 福音館書店（こどものとも傑作集） 1998年12月

はしごくん
しょうぼうしょのはしごしゃ 「しょうぼうじどうしゃはしごくん」 砂田弘作；倉石琢也絵 PHP研究所（PHPのりものえほん） 1992年9月

一　はじめ
大すきなきょうりゅうをよびよせるために中にわでシダをそだてはじめた男の子 「ぼくだけのきょうりゅう」 今江祥智文；太田大八絵 ベネッセコーポレーション（ベネッセの絵本） 1998年3月

馬車別当　ばしゃべっとう
山猫の馬車別当 「どんぐりと山猫」 宮沢賢治文；佐藤国男絵 福武書店 1989年4月

馬車別当　ばしゃべっとう
山猫の馬車別当 「どんぐりと山猫」 宮沢賢治作；高野玲子絵 偕成社（日本の童話名作選） 1989年2月

馬車別当　ばしゃべっとう
山猫の馬車別当 「どんぐりと山猫」 宮沢賢治作；田島征三絵 三起商行 2006年10月

バシュラム
クリスマスにもりでミアネックときょうのひにささげるうたをプレゼントするつもりのバシュラム 「クリスマスには とおまわり」 長崎夏海作；小倉正巳絵 文渓堂（まいにちがだいすきシリーズ3） 1993年11月

バシュラム
きのうえにのぼってきのまたにすわってめをとじてみみをすませたバシュラム 「なつのおしゃべり」 長崎夏海作；小倉正巳絵 文渓堂（まいにちがだいすきシリーズ2） 1993年8月

パシュラル先生　ぱしゅらるせんせい
ふんわか白いひげのふしぎな先生 「マルメローこの星のどこか森のはずれで」 はらだたけひで作 岩波書店 2004年11月

パシュラル先生　ぱしゅらるせんせい
いつもむずかしい本をよんでいる先生 「パシュラル先生」 はらだたけひで作・絵 すえもりブックス 1989年10月

バジル
"さかなのおいしいレストラン"のコックのねこ 「さかなのおいしいレストラン」 さんじまりこ作・絵 ポプラ社（えほんはともだち53） 1999年5月

バス
みんなをのせてどこまでもいったしゃべるバス 「いただきバス」 藤本ともひこ作・絵 鈴木出版（チューリップえほんシリーズ） 2005年9月

バス
「ベエーベエー」とブザーのおとをだしてはるかかなたよりやってきたムニャムニャゆきのバス 「ムニャムニャゆきのバス」長新太作 ほるぷ出版(イメージの森) 1991年9月

パズー
ハパがうちへつれてきたとてもとてもちいさいからてのひらにのるてのりゾウ 「てのりゾウのパズー」小泉吉宏作 ベネッセコーポレーション 1997年9月

ハスカップ
年とったご婦人に飼われていた西洋館をでてピンクの壁のあるモンテロッソへ旅をした猫 「モンテロッソのピンクの壁」江国香織作;荒井良二絵 ほるぷ出版 1992年12月

ばすくん
ふるくなったのでやまおくのばすがいしゃへうられてしまったろせんばす 「ばすくん」みゆきりか作;なかやみわ絵 教育画劇 2005年10月

長谷川くん　はせがわくん
赤ちゃんの時ヒ素という毒のはいったミルクを飲んでから体をこわしてしまった子ども 「はせがわくんきらいや」長谷川集平著 温羅書房 1994年6月

バゾー
ちょっと変わったサーカス団ベイビーサーカスの食いしん坊で力持ちのなぞのキノコ星人 「星のベイビーサーカス フルーツ島のわんぱくパイレーツ」きのひなた文;yaku絵 星の環会 2006年3月

パタパタさんいちぞく
ひろいのはらのたけやぶのなかにあったしのだけむらにむしさんたちみんなとすんでいたがのいちぞく 「しのだけむらのやぶがっこう」カズコ・G・ストーン作 福音館書店(こどものとも傑作集) 2006年6月

ハチ
しんでしまったごしゅじんのせんせいを渋谷のえきでまちつづけた秋田犬 「えほん ほんとうのハチこうものがたり―も・い・ち・ど・あ・い・た・い」あやのまさる作;ひだかやすし画 ハート出版 2002年10月

ハチ
海のむこうのブンブン島にすんでいたなかまのハチの10ばいも100ばいもたべてたべてたべまくるくいしんぼのハチ 「くいしんぼのハチ」本多豊国絵・文 清流出版 2001年7月

ハチ
いつもりえぽんにイジメられているペットのねこ 「ひよこ組のいんちきりえぽん」まつざわりえ著 オデッセウス 2000年6月

はち(チークリファミリー)
ひろいのはらのいいかおりのするしげみのなかにあったしげみむらにむしさんたちみんなとすんでいたはちのかぞく 「しげみむら おいしいむら」カズコ・G・ストーン作 福音館書店(こどものとも傑作集) 2004年3月

ハチ(ブルー・ビー)
森の中のとてもきれいなお花ばたけにすんでいる青いもようのついたうつくしいハチ 「ブルー・ビーとまほうのとびら」はやましょうてい作;テイジ絵 学習研究社 2006年3月

蜂(ブルー・ビー)　はち(ぶるーびー)
青い花のあまい蜜がだいすきな青い蜂 「ブルー・ビー」葉山祥鼎作;TEI絵 作品社 2004年7月

鉢かづき　はちかづき
河内の国の交野にいた備中の守さねかたという大臣のむすめで亡き母にあたまに大きな鉢をかぶせられて鉢かづきとよばれるようになった姫「鉢かづき」あまんきみこ文;狩野富貴子絵　ポプラ社（日本の物語絵本6）2004年1月

はちかつぎひめ
かわちのくににいたかわいいひめでおかあさんにきのはちをあたまにかぶせられてはちかつぎひめとよばれるようになったひめ「はちかつぎひめ」香山美子文;赤坂三好画　教育画劇（日本の民話えほん）1996年3月

鉢かつぎ姫　はちかつぎひめ
河内国にいたお金もちのさむらいが観音さまにおねがいしてさずかった女の子でおかあさんにかぶせた木の鉢がとれなくなった姫「鉢かつぎ姫」広川操一画;千葉幹夫文　講談社（新・講談社の絵本10）2002年10月

はちぞう
しずかなしずかなほしのよるにほたるとともだちになったはちぞう「STARRY NIGHT ほしにいのりを」葉祥明絵・文　U4出版　1996年12月

はちぞう
はなからはなへととびまわりあまいみつがだいすきなてのひらにのるくらいにちっちゃなぞう「ぼくは はちぞう HUMMING ELEPHANT」葉祥明絵・文　愛育社　2000年12月;U4出版　1996年11月

はちべえ
ふねからおとしたさいふをさがすためうみのなかへはいってきがつけばりゅうぐうじょうにおったよくふかなたこや「たこやはちべえりゅうぐうのたび」さねとうあきら文;スズキコージ画　教育画劇（日本の民話えほん）2003年5月

はちろう
かにさされてかゆいせなかをたこのたこきちにかいてもらったかもめ「せなかがかゆいの」浅沼とおる作・絵　鈴木出版（チューリップえほんシリーズ）2002年6月

八郎太　はちろうた
いくさがいやになりにげてきた雑兵で村の人たちにうつくしいふえの音をきかせた男「笛の八郎太」高田勲作・絵　PHP研究所（PHPにこにこえほん）1995年9月

はつえさん
静岡県清水市のにほんだいらのやまでたった一ぴきだけいきのこったやけんのボスをかいいぬにしたおんなのひと「ひとのこころをもったいぬ」遠藤初江作;日高康志画　ハート出版　2001年9月

ぱっくんおおかみ
あなのなかにころがっていったにわとりさんのたまごをおいかけて大むかしのきょうりゅうたちのくにへいったおおかみのおとこのこ「ぱっくんのおおかみときょうりゅうたち」木村泰子作・絵　ポプラ社（ポプラ社のよみきかせ大型絵本）2005年11月

ぱっくんおおかみ
おとうさんのおおかみににてるといわれたおおかみのおとこのこ「ぱっくんおおかみ おとうさんににてる」木村泰子作・絵　ポプラ社（えほんはともだち2）1989年9月

ハッサン
コンスタンチノープルのまちにおりました魔法の羊をかっていた三人の兄弟のいちばん上ののっぽ「ふしぎな三人兄弟」高橋真理子絵;さいとう陽子文　リブロポート（リブロの絵本）1991年6月

パッサン
コンスタンチノープルのまちにおりました魔法の羊をかっていた三人の兄弟のまんなかのふとっちょ 「ふしぎな三人兄弟」 高橋真理子絵；さいとう陽子文 リブロポート（リブロの絵本） 1991年6月

バッタ
二かいのベランダからブリキのヒコーキにのってとんでいった「ぼく」といっしょにそらをとんだバッタ 「おはよう」 梶山俊夫作 小峰書店 2002年6月

バッタ（キック）
ぼうけんのたびをするふね「ドラゴンまる」にのっているとのさまバッタのこどもでてんきあてのめいじん 「かいていかいぞくむら」 永井郁子作・絵 岩崎書店（ドラゴンまるのぼうけん2） 2005年2月

バッタ（キック）
ぼうけんのたびをするふね「ドラゴンまる」にのっているとのさまバッタのこどもでてんきあてのめいじん 「ひがしのムーンのティンカーベル」 永井郁子著 岩崎書店（ドラゴンまるのぼうけん4） 2006年9月

バッタ（キック）
ぼうけんのたびをするふね「ドラゴンまる」にのっているとのさまバッタのこどもでてんきあてのめいじん 「ブォーン！くじらじま」 永井郁子作・絵 岩崎書店（ドラゴンまるのぼうけん1） 2003年6月

バッタ（キック）
ぼうけんのたびをするふね「ドラゴンまる」にのっているとのさまバッタのこどもでてんきあてのめいじん 「レストランドラゴンまる」 永井郁子作・絵 岩崎書店（ドラゴンまるのぼうけん3） 2005年7月

ばった（トビハネさん）
おおきなおおきなやなぎのきのしたにあったやなぎむらにむしさんたちみんなとすんでいたばった 「きんいろあらし」 カズコ・G.ストーン作 福音館書店（こどものとも傑作集） 1998年11月

ばった（トビハネさん）
おおきなおおきなやなぎのきのしたにあったやなぎむらにむしさんたちみんなとすんでいたばった 「ほたるホテル」 カズコ・G.ストーン作 福音館書店（こどものとも傑作集） 1998年10月

ばった（トビハネさん）
おおきなおおきなやなぎのきのしたにあったやなぎむらにむしさんたちみんなとすんでいたばった 「ふわふわふとん」 カズコ・G・ストーン作 福音館書店（こどものとも傑作集） 1998年12月

ばった（ぴょんこちゃん）
くさむらでとんでいてくものすにひっかかっちゃったとのさまばったのおんなのこ 「ばったのぴょんこちゃん」 高家博成；仲川道子作 童心社 2000年6月

ハッチ
妖精のユカの友だち 「ユカの花ものがたり たすけあう、植物と動物たち」 河合雅雄作；永田萌絵 小学館 2000年4月

パッチ
滝つぼでひろったオオカミのちょきん箱をオオカミのすむ森にとどけにいったかわうその子ども 「かわうそがひろったちょきん箱」 みなみらんぼう作；黒井健絵　学習研究社（fanfanファンタジー）　1997年7月

はっちぇもん
わしにさらわれてさけのおおすけのせなかにのせてもらってやまがたのおぐにのむらにかえってきたおとこ 「さけの おおすけ」 水谷章三文；佐川美代太郎絵　フレーベル館（むかしむかしばなし18）　1992年11月

バッチくん
毛糸星のプリンセスのケイトちゃんのお友だち 「ひつじちゃんはごきげんななめ」 高森共子著　ブロンズ新社（ケイトとバッチのあみぐるみ絵本）　2000年5月

8ちゃん　はっちゃん
はまべへでかけてちからくらべたいかいにでたタコ 「とってもいいこと」 内田麟太郎文；荒井良二絵　クレヨンハウス　2005年9月

はっぱ
すずしそうにおよいでいるかえるがうらやましくていけにとびこんだもりの木のはっぱ 「あだなは かっぱ かっぱっぱ」 こやま峰子文；渡辺あきお絵　アリス館　1988年7月

はっぱ
むかしむかしはじめてやまをおつくりになったかみさまにかわいがられてじめんにおちたあとにことりにしてもらったはっぱたち 「とりになったはっぱのはなし」 今西祐行作；しのとおすみこ絵　ポプラ社　2006年12月

はっぴぃさん
やまのうえのおおきないしのうえにときどきてこまったことやねがいごとをきいてくれるはっぴぃさん 「はっぴぃさん」 荒井良二作　偕成社　2003年9月

ハテナ
おてあらいのドアあけたらいきなり「ぼく」のまえにあらわれてつぎつぎになぞなぞをだしたへんてこなかみさま 「かいじんハテナ？」 舟崎克彦作；スズキコージ絵　小学館　1999年2月

ハテナひめ
アンパンマンのなかま、ふしぎなゆめのくにのひめ 「アンパンマンとハテナのとう」 やなせたかし作・絵　フレーベル館（アンパンマンのおはなしわくわく9）　2006年4月

ハート
こころのやさしいマイアサウラのおかあさんにひろわれてそだてられたたまごからうまれたティラノサウルスのこども 「あなたをずっとずっとあいしてる」 宮西達也作・絵　ポプラ社（絵本の時間44）　2006年1月

はと
まいにちいろいろなひとがやってくるえきでくらすはと 「えきばとのいちにち」 みやかわけんじ作；むらおかみか絵　新世研　2001年10月

はと
からすがおとしたすずめのひなをひばりのすのなかへいれてやったはと 「はととみにくいひばりのこ」 志茂田景樹作；石川あゆみ絵　KIBA BOOK（よい子に読み聞かせ隊の絵本4）　2000年4月

はと

ハト（ポッポ）
まちのはずれのちいさなおやしろにすんでいた5わのこバトのきょうだいの1ばんちいさいこバト 「パピプペポッポ」 たなかゆうこ作　中央公論事業出版　2002年4月

はと（ポポおばさん）
たくさんのことりのかぞくがくらしているとても大きな木にすんでいるやまばと 「ポポおばさんとことりたち」 おおしまりえ作　大日本図書　2006年11月

はと（ミチル号）　はと（みちるごう）
1945年8月6日原爆がおとされた直後の広島の町の空をかいぬしの少年をさがしてひっしにとんだ1わのはと 「アニメ版 はとよひろしまの空を」 大川悦生原作；大川弘子；大川富美文　ポプラ社　1999年7月

パトくん
ひるもよるもはしりまわってまちのあんぜんをまもるパトロールカー 「パトロールカーの パトくん」 砂田弘作；草間俊行絵　PHP研究所（PHPのりものえほん）　2000年3月

ハナ
おかあさんのおしゃべりのあいだうばぐるまをおしていもうとのサクラとおさんぽしたおんなのこ 「ちょっとそこまで」 かべやふよう作　アスラン書房　2003年5月

ハナ
ようちえんにいってる6さいのおんなのこ 「だったらいいな」 かべやふよう作　アスラン書房（心の絵本）　2001年12月

はな
はるのやまでさいたはなたち 「はるのやまで」 ひらやまかずこ作　童心社（おかあさんのひざぶんこ）　1987年3月

はな（ひるがお）
くさのめがのびてつるになってなかまたちといっしょにかなあみにからまってさいたひるがおのはな 「なーんのはながひーらいた？」 香山美子文；かすや昌宏絵　童心社（絵本・ちいさななかまたち）　1989年4月

はなかっぱ
やまびこむらのかっぱいけにすみあたまのうえにはおさらのかわりにきれいなおはながさいているかっぱのおとこのこ 「はなかっぱ」 あきやまただし著　メディアファクトリー　2006年7月

はなかっぱくん
やまびこむらにすんでいてあたまにはおさらのかわりにおはながさくかっぱのおとこのこ 「はなかっぱとグチャットン」 あきやまただし著　メディアファクトリー　2006年10月

花草さん　はなくささん
素敵な家にベイツという従僕と住んでいるたいした物識りの生意気ウサギ 「生意気ウサギ」 高柳佐知子作・絵　ウオカーズカンパニー　1990年5月

ハナグマ（ツーテイ）
熱帯の森にすむハナグマの子 「ツーティのちいさなぼうけん」 松岡達英絵；越智典子文　偕成社（ハナグマの森のものがたり）　1999年7月

はな子　はなこ
1949年9月にタイから上野動物園にやってきて日本のこどもたちのいちばんのにんきものになったぞう 「はな子、ありがとう」 志茂田景樹作・絵　KIBABOOK（よい子に読み聞かせ隊・隊長の絵本2）　2005年5月

はなこちゃん
超わがままないとこのももかちゃんといっしょにすむことになった女の子 「となりのモモゴン」 玖保キリコ作・絵 岩崎書店(モモゴンシリーズ) 2002年11月

はなさかじい
はいをまいてかれきにはなをさかせてとのさまからほうびをもらったじさま 「はなさかじい」 渡辺節子文;岩本康之亮絵 世界文化社(ワンダー民話館) 2006年2月

花さかじい(おじいさん) はなさかじい(おじいさん)
さくらの木にのぼってはいをまきかれ木に花をさかせてとのさまからごほうびをもらったおじいさん 「花咲爺」 鰭崎英朋画;千葉幹夫文 講談社(新・講談社の絵本6) 2001年6月

はなさかじい(じい)
はいをつかんでまくとかれきにはながひらいてとのさまからごほうびをもらったじい 「はなさかじい」 瀬川康男絵;松谷みよ子文 フレーベル館(日本むかし話1) 2002年11月

花さかじい(じい) はなさかじい(じい)
お城へいって灰をまきかれ木に花をさかせてとのさまからほうびをもらったじい 「花さかじい」 おざわとしお;なかむらともこ文;ふくだいわお絵 くもん出版(子どもとよむ日本の昔ばなし3) 2005年11月

はなさかじいさん(おじいさん)
かれきにはいをかけてはなをさかせてとのさまからほうびをもらったおじいさん 「はなさかじいさん」 いもとようこ文・絵 岩崎書店(はじめてのめいさくえほん8) 2000年9月

ハナさん(たなか ハナ)
おうちにあしがはえてみはらしのいいおかのうえまではこばれてウメさんというおばあさんのおとなりになったおばあさん 「たなかさんちのだいぼうけん」 大島妙子作 あかね書房(あかね・新えほんシリーズ16) 2003年9月

はなじろう
やまのなかのちいさなぼくじょうにおじいさんとすんでいたはながしろいじゃめうま(だだっこうま) 「じゃめうまはなじろう」 井上正治作・絵 岩崎書店(えほん・おもしろランド14) 1989年9月

はなづくりのまろ(まろ)
いたずらもののはるかぜにおはなばたけをめちゃめちゃにされたうえぼうしまでふきとばされてしまったはなづくりのまろ 「はなづくりのまろ」 小出保子文・絵 ぎょうせい(そうさくえほん館11-空想の世界であそぼう) 1992年10月

はなたれこぞうさま
花売りのおとこがいつも花を川へながしてやってりゅうぐうのおとひめさまにあげたおれいにさずかったのぞみごとはなんでもかなえてくれる子ども 「はなたれこぞうさま」 川崎大治文;太田大八絵 童話館出版 2000年7月

はなたれこぞうさま
なんでんねがいごとをきいてくださるふしぎなおとこの子 「はなたれこぞうさま」 川村たかし文;梶山俊夫画 教育画劇(日本の民話えほん) 1998年5月

ばなな
あつくきていたばななのかわをぬぎすてたくだもののむらのばななのおやこ 「はだかんぼばなな」 じゃんぼかめ作・絵 国土社(えほん・くだものむら2) 1990年9月

ばなな

バナナマン
バナナのかたちのバナナじまにすむバナナマン 「アンパンマンとバナナマン」 やなせたかし作・絵 フレーベル館(アンパンマンのふしぎなくに4) 1990年8月

はなねこ
さかなみたいなはっぱがついていてすうっとねこになったはな 「はなねこさん」 長新太作・絵 ポプラ社(絵本のぼうけん5) 2002年5月

はなはなみんみ
みなみの森の大きな木のみきの中のいえにすむふたごのこびとのきょうだい 「いちばんすてきなひーはなはなみんみのはる」 わたりむつこ文;本庄ひさ子絵 リブリオ出版(えほんはなはなみんみの森) 2002年4月

はなはなみんみ
みなみの森の大きな木のみきの中のいえにすむふたごのこびとのきょうだい 「おつきみパーティーーはなはなみんみのあき」 わたりむつこ文;本庄ひさ子絵 リブリオ出版(えほんはなはなみんみの森) 2002年4月

はなはなみんみ
みなみの森の大きな木のみきの中のいえにすむふたごのこびとのきょうだい 「ふゆごもりのひまでーはなはなみんみのふゆ」 わたりむつこ文;本庄ひさ子絵 リブリオ出版(えほんはなはなみんみの森) 2002年4月

はなはなみんみ
みなみの森の大きな木のみきの中のいえにすむふたごのこびとのきょうだい 「なつのぼうけんーはなはなみんみのなつ」 わたりむつこ文;本庄ひさ子絵 リブリオ出版(えほんはなはなみんみの森) 2002年4月

はなまる
まちはずれのやまのなかにあるにんじゃじゅくにかよっているしょうねん 「ヤドカリの マイホーム」 太田英博作;山口みねやす絵 大日本図書(地球にやさしくするえほん5) 1993年2月

ハナマン(H)　はなまん(えっち)
捨て犬の「ボク」のところに突然迷い込んできたヤツ 「いぬとハナマン」 濱口優作・絵 主婦と生活社 2005年8月

はなめんちゃん
きょうこそうらにわのおがわをとびこえようとおもったおんなのこ 「おがわのおとをきいていました」 スズキコージ著 学習研究社(学研おはなし絵本) 2005年8月

花守 信吉　はなもり・しんきち
およそ100年前に白瀬のぶを隊長とする南極探検隊に犬係としてくわわったアイヌの人 「やまとゆきはらー白瀬南極探検隊」 関屋敏隆作 福音館書店(日本傑作絵本シリーズ) 2002年10月

花代おばさん　はなよおばさん
戦争があった子どものころに母さんに大豆をいれてもらったお手玉をもって集団疎開にいったおばさん 「お手玉いくつ」 長崎源之助作;山中冬児絵 教育画劇(みんなのえほん) 1996年12月

パナンペ
むかしアイヌのくににすんでいたふたりのじいさまのひとりで川下のもの 「パナンペ ペナンペむかしがたりーアイヌのウウェペケレより」 中村欽一作;西山三郎絵 童心社(絵本・ちいさななかまたち) 1992年7月

ハニー
ゆうかんなみつばちのけんし 「アンパンマンとカレンのもり」 やなせたかし作・絵 フレーベル館(アンパンマンのぼうけん14) 1989年9月

はねこ
うさぎのおとこのこはねーるのいもうと 「はねーるのたんじょうび」 村山桂子作;柿本幸造絵 フレーベル館(おはなしえほんシリーズ4) 2006年11月

はねーる
きょうがたんじょうびだがケーキをかいにいったおかあさんをまつあいだにたいへんなことがおこってしまったうさぎのおとこのこ 「はねーるのたんじょうび」 村山桂子作;柿本幸造絵 フレーベル館(おはなしえほんシリーズ4) 2006年11月

ばば
盃山のふもとのいちょうの木のとごろさあった家に八重というやさしいむすめとくらしていた占い屋のばば 「八重のいちょう」 小林けひこ作;吉村竹彦絵 ストーク 2004年9月

パパ
いっしょにおさんぽするのがだいすきな「ぼく」のパパ 「パパとおさんぽ」 よこやまみなこ作・絵 鈴木出版(たんぽぽえほんシリーズ) 2002年4月

パパ
ときどきねるまえにおはなしをきかせてくれるよっちんのだいすきなパパ 「パパのはなしじゃねむれない」 武谷千保美作;赤川明絵 PHP研究所(PHPにこにこえほん) 2002年3

パパ
とつぜん死んだテレビのディレクターだった「ぼくたち」のパパ 「パパにはともだちがたくさんいた」 末盛千枝子作;津尾美智子絵 すえもりブックス 1995年4月

ぱぱごりたん
ごりらのごりにいたんとごりねえたんとちびごりたんのおおきなぱぱ 「ぱぱごりたんのおおきなせなか」 戸田和代作;たかすかずみ絵 金の星社(新しいえほん) 1999年5月

ばばちゃん
まいにちがみがみすっごくうるさい「おれ」のばばちゃん 「ばばちゃんやさいがいっぱいだ！」 長谷川知子著 文研出版(えほんのもり) 1998年9月

ババッチ
てをあらわないこやうがいしないこもだいすきなバイキン 「さよなら バイキンくん」 わらべきみか作 ひさかたチャイルド(あかちゃんからのステップアップ絵本) 2000年7月

ばばばあちゃん
あひるのたまごをあたためたばばばあちゃん 「あひるのたまご-ばばちゃんのおはなし」 さとうわきこ作・絵 福音館書店(こどものとも傑作集) 1997年8月

ばばばあちゃん
おつきさんにマフラーをあんであげたばばばあちゃん 「ばばばあちゃんのマフラー」 さとうわきこ文・絵 福音館書店(日本傑作絵本シリーズ) 1997年10月

ばばばあちゃん
ベッドでそりをつくってどうぶつたちとそりあそびをしたおばあちゃん 「そりあそび-ばばばぁちゃんのおはなし」 さとうわきこ作・絵 福音館書店(「こどものとも」傑作集102) 1994年10月

ばばば

ばばばあちゃん
おおきくてへんてこなとりにおおきなすをつくってやったおばあちゃん 「ことりのうち」 さとうわきこ作・絵 福音館書店 2006年10月

ばばばあちゃん
おうちのやねにカーテンをかけてやまをつくってやまのぼりをしてあそんだおばあちゃん 「やまのぼり-ばばばあちゃんのおはなし」 さとうわきこ作・絵 福音館書店(こどものとも傑作集103) 1992年9月

ばばばあちゃん
どうぶつたちがどろまみれになってけんかしているのをみてどろんこあそびをはじめたおばあちゃん 「どろんこおそうじ」 さとうわきこ作・絵 福音館書店(こどものとも傑作集83) 1990年3月

ばばばあちゃん
ずっとあめがふっているのでいえのえんとつからからいけむりをだしてかみなりたちにくしゃみをさせたおばあちゃん 「あめふり」 さとうわきこ作・絵 福音館書店(こどものとも傑作集78) 1987年9月

ばばばあちゃん
おほしさまがきれいなよるににわにベッドをおいてねようとしたおばあちゃん 「いそがしいよる」 さとうわきこ作・絵 福音館書店(こどものとも傑作集) 1987年9月

ばばばあちゃん
4がつだというのにいつまでもいるふゆをおっぱらってはるをよんだおばあちゃん 「たいへんなひるね」 さとうわきこ作・絵 福音館書店(こどものとも傑作集84) 1990年3月

ババロワ・サンダラボッチ
かりゅうどの「ぼく」にせかいいちどうもうなけものをいけどりにしてほしいとたのんできたひと 「ババロワさんこんばんは」 舟崎克彦作;古川タク画 童心社(おはなしの花たば) 1992年2月

パピ
ようふくをつくるのがしごとのしたてやさんのいもむし 「いもむしパピはしたてやさん」 前田まゆみ作・絵 PHP研究所(PHPにこにこえほん) 1998年3月

バビちゃん
ごしゅじんのマリちゃんがあそんでくれなくなってなんどのおもちゃばこにしまわれてしまったおにんぎょう 「バビちゃんのおひっこし」 木村かほる作 偕成社(おにんぎょうのえほん1) 1997年2月

ぱぴぷぺぽい
おもちゃのほしのおもちゃであそぶのがだいすきなこ 「おもちゃの ほしの ぱぴぷぺぽい」 さくらともこ作;米山氷一絵 PHP研究所(わたしのえほん) 1994年7月

ハーブおばさん
クレヨンけんきゅうじょのクレヨンはかせのおくさんでにんぎょうのクレヨンまるをこどものようにかわいがっているおばさん 「ミラクルクレヨンのクレヨンまる-たいへん！かじだ」 有賀忍作 小学館 1998年7月

ハーブおばさん
クレヨンけんきゅうじょのクレヨンはかせのおくさんでにんぎょうのクレヨンまるをこどものようにかわいがっているおばさん 「ミラクルクレヨンのクレヨンまる-スペシャルプレゼント」 有賀忍作 小学館 1998年7月

ぱふぱふ
むねにいしころがつかえてちくちくするたぬき 「おなかのいしころ」 みやもとただお作 フレーベル館 1996年6月

バーボー
小さな双子の兄妹のタフルとチフルのとうさんがともだちになったかたあしのはくちょう 「さようならバーボー」 土田勇作 フレーベル館(リトルツインズ5) 1992年12月

パポ
ウルトラねこのジロちゃんがあったふるいきかんしゃ 「ジロちゃんときかんしゃパポ」 やすいすえこ作;田中四郎絵 フレーベル館(ウルトラジロちゃんシリーズ5) 1994年6月

浜口 五兵衛　はまぐち・ごへえ
江戸時代に紀州和歌山藩にあった広村という小さな村に住んでいた長者さまで稲に火をつけて村人たちを津波から救った人 「津波!!命を救った稲むらの火」 小泉八雲原作;高村忠範文・絵 汐文社 2005年4月

はみがきまん
アンパンマンをやっつけるはみがきやまのはみがきまん 「アンパンマンとはみがきやま」 やなせたかし作・絵 フレーベル館(アンパンマンのおはなしででこい5) 1995年4月

バム
おかいもののひにケロちゃんとくるまにのっていちばにでかけたいぬ 「バムとケロのおかいもの」 島田ゆか作・絵 文渓堂 1999年2月

バム
とてもさむいひケロちゃんとスケートぐつをもってうらのいけにいってみたいぬ 「バムとケロのさむいあさ」 島田ゆか作・絵 文渓堂 1996年12月

バム
ケロちゃんといっしょにひこうきにのっておじいちゃんちにあそびにいったいぬ 「バムとケロのそらのたび」 島田ゆか作・絵 文渓堂 1995年10月

バム
あめのにちようびにケロちゃんとほんをよむことにしたいぬ 「バムとケロのにちようび」 島田ゆか作・絵 文渓堂 1994年9月

パム
海につづくさかみちにあったちいさなペットのお店にきて町のにんきものになったインコ 「きたかぜにのって」 はるなまき文;いしくらきんじ絵 小峰書店(えほんひろば) 2005年5

パム
大きなぽたらの木でたくさんのちいさなどうぶつたちとなかよくくらしていたリス 「パムとポム－ぽたらの木のものがたり」 北田稔原案・画;岩片烈著 ソフトバンクパブリッシング 2005年8月

ハムスター(カリ)
コリやモルチンたちとサッカーたいかいにでたハムスターのこ 「カリ・コリ・モルチンの1・2・3サッカー」 瀧原愛治作・絵 偕成社 1998年4月

ハムスター(くりちゃん)
おおきなおにわのあるちいさなおうちにすんでいるひまわりのたねがだいこうぶつのハムスターのおんなのこ 「くりちゃんとひまわりのたね」 どいかや作 ポプラ社(くりちゃんのえほん1) 2004年8月

はむす

ハムスター（くりちゃん）
おおきなおにわのあるちいさなおうちにすんでいるハムスターのおんなのこ 「くりちゃんとピーとナーとツー」 どいかや作 ポプラ社（くりちゃんのえほん2） 2005年4月

ハムスター（くりちゃん）
おおきなおにわのあるちいさなおうちにすんでいるハムスターのおんなのこ 「くりちゃんとおとなりのエーメさん」 どいかや作 ポプラ社（くりちゃんのえほん3） 2006年3月

ハムスター（コリ）
カリやモルチンたちとサッカーたいかいにでたハムスターのこ 「カリ・コリ・モルチンの1・2・3サッカー」 瀧原愛治作・絵 偕成社 1998年4月

ハムスター（ハモ）
ケージからでてたんけんをしたハムスター 「ハムスターのハモ」 たかおゆうこ作 福音館書店（日本傑作絵本シリーズ） 2004年10月

ハムスター（ムーくん）
しょうちゃんちのかいねこのタロとともだちになったハムスター 「ずっとともだち」 本間正樹文；福田岩緒絵 佼成出版社（しつけ絵本シリーズ7） 2004年10月

ハモ
ケージからでてたんけんをしたハムスター 「ハムスターのハモ」 たかおゆうこ作 福音館書店（日本傑作絵本シリーズ） 2004年10月

パーヤ
くじらのかたちをしたくものうえにあるふしぎなせかいネポス・ナポスにすんでいるかぞくのおとうさん 「ネポス・ナポス リモのたからもの」 チームネポス作；城哲也絵 講談社 2001年7月

はやおきくん
まいあさはやくやまのふもとのちいさなまちをしゅっぱつするいちばんバス 「いちばんバスのはやおきくん」 三田村信行作；高橋透絵 PHP研究所（PHPのりものえほん） 1999年7月

林 てつお（てっちゃん）　はやし・てつお（てっちゃん）
はじめてのかていほうもんでだいすきなおんなのせんせいがうちにきてくれることになっている小学2年生のおとこのこ 「はじめてのかていほうもん」 福田岩緒作・絵 ポプラ社（えほんはともだち21） 1992年6月

林 大貴くん　はやし・ひろたかくん
平成10年7月25日に和歌山市園部で起きた事件で10歳で命を奪われた男の子 「彼岸花（ひがんばな）」 林有加著；長田智佐子画 日本短波放送 1999年1月

はやし まこと（まことくん）
おかあさんにおこられてばかりでじぶんのなまえがちゃんとかけないおとこのこ 「まことくんて、だあれ」 吉田秀樹作；山口みねやす絵 ほるぷ出版（ほるぷ創作絵本） 1990年11月

はやたろう
まいとしむらのまつりのよるにむすめをさらっていくばけものをたいじしたえちごたかだのいぬ 「はやたろう」 松谷みよ子監修；小沢清子文；太田大八絵 小学館（松谷みよ子の子どもに伝えたい日本昔話） 2001年8月

ハヤミさん
まちのなかのにわのあるいっけんやにひとりぐらししているわかいおとこのひと 「わがままなおにわ」 角野栄子作；メグホソキ絵 文渓堂 2006年3月

パヨカカムイ
アイヌの村にやってきた病気をまきちらす神 「パヨカカムイーユカラで村をすくったアイヌのはなし」かやのしげる文;いしくらきんじ絵 小峰書店（アイヌの絵本） 2000年12月

ばら
春のあさだれもいないいえのにわでめをさましたばらの木 「にちようびのばら」 松成真理子著 白泉社 2006年4月

はらぺこゆうれい（ゆうれい）
はらぺこでふらふらになってたおれたゆうれい 「はらぺこゆうれい」 せなけいこ作 童心社（せなけいこ・おばけえほん） 1999年6月

ハラ・ヘリオさん（ヘリオさん）
こっとうやで見つけたおかしなあなあきなべの絵をかったびんぼうな絵かき 「ヘリオさんとふしぎななべ」 市居みか著 アリス館 2001年10月

原 ゆうき（ハカセ） はら・ゆうき（はかせ）
親友から借りた古い磁石をなくしてしまった3年生の男の子 「こわれたガラス箱」 小林時子絵・文;松井智原案 新風舎 2001年4月

バラランサ
やねうらべやにすんでいるみずやりがかり 「そっくり そらに」 西岡千晶作 長崎出版 2006年9月

パラリンポン
かみからうまれたじゃんけんぽんのパーがすきなこ 「つよくてよわいぞじゃんけんぽん」 浅野ななみ文;米山永一絵 ポプラ社（絵本・おはなしのひろば25） 1989年7月

ハリー
いえがとなりどうしのねずみのマットのたいせつなともだち 「ほんとは ちがうよ」 かさいまり作・絵 岩崎書店（えほんのマーチ17） 2004年6月

ハリー
カーニバルの見せものになっていたマナティをたすけて海へかえしてやったのねずみ 「海のかいぶつをたすけだせ！」 おおともやすお作 ベネッセコーポレーション 1997年8月

ハリー
たびに出てひきがえるのヘンリーにであったのねずみのハリーマウス 「とうぞくかうそだんーヘンリーとハリーの大冒険1」 おおともやすお作 ベネッセコーポレーション 1996年10月

ハリー
ひきがえるのヘンリーのともだちののねずみ 「ぼくはあったよサンタクロースーヘンリーとハリーの大冒険2」 おおともやすお作 ベネッセコーポレーション 1996年10月

ハリー
だいすきなはりねずみのポーちゃんのたんじょうびによばれたとってもわすれんぼうのはりねずみのおとこのこ 「わすれんぼうのはりねずみ」 竹下文子作;ミヤハラヨウコ絵 あかね書房（あかね・新えほんシリーズ23） 2005年5月

ハリー
もりのなかにおとされてしまったおにんぎょうのミミをたすけてくれたハリネズミ 「わたしはレナのおにんぎょう」 たかばやしまり作 朔北社 2006年7月

はり

ハリー
もりのなかにすんでいるはりねずみ 「つきよのメロディー−はりねずみハリー」 木村泰子作・絵 世界文化社（ワンダーおはなし絵本） 2005年10月

ハリー
もりのなかにすんでるはりねずみ 「みどりがいけのひみつ−はりねずみハリー」 木村泰子作・絵 世界文化社（ワンダーおはなし絵本） 2005年11月；世界文化社（はりねずみハリーのものがたり） 1991年5月

ハリー
もりのなかにすんでるはりねずみ 「あたらしいともだち−はりねずみハリー」 木村泰子作・絵 世界文化社（ワンダーおはなし絵本） 2005年11月；世界文化社（はりねずみハリーのものがたり） 1991年5月

ハリー
もりのなかにすんでるはりねずみ 「つきよのばんのものがたり」 木村泰子作・絵 世界文化社（はりねずみハリーのものがたり） 1991年5月

ハリー
アクマがいっぱいのアクマのたににおちてしまったこじかのおとこのこ 「もりのヒーロー ハリーとマルタン1 アクマのたにのまき」 やなせたかし作・絵 新日本出版社 2005年3月

ハリー
アクマがいっぱいのアクマのたににおちてしまったこじかのおとこのこ 「もりのヒーロー ハリーとマルタン2 みずのアクマのまき」 やなせたかし作・絵 新日本出版社 2005年3月

ハリー
アクマがいっぱいのアクマのたににおちてしまったこじかのおとこのこ 「もりのヒーロー ハリーとマルタン3 ゴロゴロせんせいのまき」 やなせたかし作・絵 新日本出版社 2005年3月

ハリー
もりのわるものとたたかうこじかのおとこのこ 「もりのヒーロー ハリーとマルタン4 マキマキマンのまき」 やなせたかし作・絵 新日本出版社 2005年12月

ハリー
もりのわるものとたたかうこじかのおとこのこ 「もりのヒーロー ハリーとマルタン5 ドクラのたにのまき」 やなせたかし作・絵 新日本出版社 2005年12月

ハリー
もりのわるものとたたかうこじかのおとこのこ 「もりのヒーロー ハリーとマルタン6 なみだのもりのまき」 やなせたかし作・絵 新日本出版社 2006年3月

はりこ
もりのようふくやテーラーはりはりでおばあさんのしごとをてつだっているはりねずみ 「はりねずみのはりこ」 なかやみわ作・絵 福音館書店（日本傑作絵本シリーズ） 1998年10月

はりっこ
むかしむかしそらにまるてんじょうがかかっていたころにゆるんだてんのくぎをうちにいったはりねずみのこ 「てんのくぎをうちにいったはりっこ」 かんざわとしこ作；ほりうちせいいち画 福音館書店（こどものとも傑作集） 2003年3月

はりねずみ
はるがきてめをさましたこじまのもりにすむはりねずみ 「こじまのもりのはるになったらしたいこと」 あんびるやすこ作・絵 ひさかたチャイルド 2006年2月

ハリネズミ
はるのさいてんで森のまもりがみさまにささげるうたをうたうためにえらばれた四ひきの合唱団の団員のハリネズミのこ 「もりのがっしょうだん」 たかどのほうこ作；飯野和好絵 教育画劇 2003年5月

ハリネズミ(くるりーに)
はずかしがりやのハリネズミのおんなのこ 「くるりんはじめてのおつかいーハリネズミのくるりん2」 とりごえまり文・絵 文渓堂 2004年4月

ハリネズミ(くるりん)
ドキドキするとすぐにクルリンとまあるくなってしまうハリネズミのおとこのこ 「くるりんはじめてのおつかいーハリネズミのくるりん2」 とりごえまり文・絵 文渓堂 2004年4月

はりねずみ(チクチク)
あーあー森にすんでいたはりねずみいっかのおとこのこ 「みんなおはよう」 つちだよしはる作 佼成出版社(あーあー森のはりねずみ一家1) 1996年4月

はりねずみ(チクチク)
あきになってあーあー森においしいものをとりにいったはりねずみ一家のおとこのこ 「ごちそうがいっぱい」 つちだよしはる作 佼成出版社(あーあー森のはりねずみ一家2) 1996年10月

はりねずみ(チクチク)
おとうさんにがっきをつくってもらってコンサートをしようとしたはりねずみ一家のおとこのこ 「ほしぞらでポロロン」 つちだよしはる作 佼成出版社(あーあー森のはりねずみ一家3) 1997年7月

はりねずみ(チクチク)
やくそくしていたふゆの日におこしてもらってクリスマスパーティーをしたはりねずみ一家のおとこのこ 「ゆきがしんしんしん」 つちだよしはる作 佼成出版社(あーあー森のはりねずみ一家4) 1997年11月

ハリネズミ(トゲトゲぼうや)
ともだちがほしくてほしくてたまらなくなったひとりぼっちのハリネズミの子 「トゲトゲぼうや」 今村葦子作；西村繁男絵 金の星社 2004年10月

はりねずみ(ハリー)
だいすきなはりねずみのポーちゃんのたんじょうびによばれたとってもわすれんぼうのはりねずみのおとこのこ 「わすれんぼうのはりねずみ」 竹下文子作；ミヤハラヨウコ絵 あかね書房(あかね・新えほんシリーズ23) 2005年5月

ハリネズミ(ハリー)
もりのなかにおとされてしまったおにんぎょうのミミをたすけてくれたハリネズミ 「わたしはレナのおにんぎょう」 たかばやしまり作 朔北社 2006年7月

はりねずみ(はりこ)
もりのようふくやテーラーはりはりでおばあさんのしごとをてつだっているはりねずみ 「はりねずみのはりこ」 なかやみわ作・絵 福音館書店(日本傑作絵本シリーズ) 1998年10月

はりねずみ(はりっこ)
むかしむかしそらにまるてんじょうがかかっていたころにゆるんだてんのくぎをうちにいったはりねずみのこ 「てんのくぎをうちにいったはりっこ」 かんざわとしこ作；ほりうちせいいち画 福音館書店(こどものとも傑作集) 2003年3月

はりね

はりねずみ（ピックル）
うまれたときからはりだらけでいつもいつでもひとりぼっちのはりねずみのおとこのこ 「はりねずみのピックル」 山崎陽子文；いもとようこ絵　女子パウロ会　1988年10月

はりねずみ（ポーちゃん）
とってもわすれんぼうのはりねずみのハリーのだいすきなはりねずみのおんなのこ 「わすれんぼうのはりねずみ」 竹下文子作；ミヤハラヨウコ絵　あかね書房（あかね・新えほんシリーズ23）　2005年5月

ハリネズミさん
かえるのかさやさんのおとくいさんのハリネズミ 「かえるのかさやさん」 戸田和代作；よしおかひろこ絵　岩崎書店（えほんのマーチ3）　2003年5月

ハル
15のときせんそうでとうさんがしんでまもなくかあさんまでもなくなってきような手でせっせとはたらいたおんなのこ 「ハルばあちゃんの手」 山中恒文；木下晋絵　福音館書店（日本傑作絵本シリーズ）　2005年6月

ハル
ネコのラジオ局のエンジニアでブラウンタビーのネコ 「ネコのラジオ局」 南部和也作；とりごえまり絵　教育画劇　2004年9月

はる
宿場の旅籠家で年季奉公中の少女 「天の虫」 友川かずき画；立松和平文　読売新聞社　1994年12月

ハル
雲の上のカミナリさまの村のへそまつりにしょうたいされた女の子 「ハルとカミナリ」 ちばみなこ作・絵　BL出版　2006年12月

バルー
おうさまとさんにんのこくみんがすむちいさなしまへながれついたあかいはこからとびだしてきたぞうつかい 「ちいさなジャンボ」 やなせたかし原作　サンリオ（サンリオファンタジー絵本）　1992年6月

バルー
ちいさなくにのおうさまにとどいたおくりもののはこのなかからとびだしたぞうつかいのこども 「さよならジャンボ」 やなせたかし文・絵　フレーベル館（おはなしえほん14）　1987年3月

パール
うまれた川にのぼっていくヤマメのピンクのこいびと 「ピンク！パール！」 村上康成作・絵　徳間書店　2000年10月

ハルウララ
高知競馬場の競走馬で負けても負けてもいっしょうけんめいずっと走り続けた馬 「ハルウララ」 那須田稔文；小坂茂絵　ひくまの出版　2004年5月

ハルおばあさん
森の中のふしぎなオルガンがある音楽図書館の館長のおばあさん 「ハルおばあさんのオルガン」 なるみやますみ作；高畠純絵　ひくまの出版　1997年9月

はるか
阪神・淡路大震災でなくなった女の子 「あの日をわすれない はるかのひまわり」 指田和子作；鈴木びんこ絵　PHP研究所（PHPにこにこえほん）　2005年1月

はるか
小学二年生のなつやすみにはじめてうみにきたおんなのこ 「きらきらひりひり」 薫くみこ作;川上越子絵 ポプラ社(絵本カーニバル1) 2003年6月

はるかちゃん
きゅうしょくのやさいをぜんぶのこしただいのやさいぎらいのおんなのこ 「やさいさんごめんね」 志茂田景樹;石川あゆみ絵 KIBA BOOK(よい子に読み聞かせ隊の絵本8) 2001年3月

はるくん
中国山地のクマのちょうさをしているおじいちゃんがワナにかかったのをたすけたクマのモモにあいに山へいった一年生の男の子 「クマはどこへいくの」 松田もとこ作;ふりやかよこ絵 ポプラ社(絵本のおもちゃばこ6) 2005年9月

はるさん
ゆうびやさんのいつもんさんのおくさん 「いつもんさんのいちばんうれしい日」 すとうあさえ文;くまがいあつこ絵 ひくまの出版 1995年11月

ハルさん
マンションがたつことになった福岡市のふくろうの森をまごのうららや「ふくろうの森を守る会」のメンバーみんなで守ろうとはたらきかけをしたおばあちゃん 「ふくろうの森」 金子章作;土田義晴絵 PHP研究所 2001年4月

はるさん
ゆうびんやさんのたぬきのいつもんさんのおくさん 「いつもんさんのおつきみ」 すとうあさえ文;くまがいあつこ絵 ひくまの出版(たぬきのいつもんさんシリーズ) 1995年10月

パルーシャ
戦争をしている国で生まれて市場で兵士に撃たれて右足を失くしドイツの平和村に来た女の子 「マリアンナとパルーシャ」 東ちづる絵・文 主婦と生活社 2001年6月

バルタン星人　ばるたんせいじん
いつもたたかっているバルタン星人のおとうさん 「帰ってきたおとうさんはウルトラマン」 みやにしたつや作・絵 学習研究社 1997年6月

はるちゃん
なんでもひとりでできるおんなのこ 「はるちゃん、ね」 さいとうしのぶ作・絵 ひさかたチャイルド 2002年5月

バルードン
なつやすみにふるさとのかいじゅうじまにかえってきたかいじゅう 「かいじゅうじまのなつやすみ」 風木一人作;早川純子絵 ポプラ社(絵本カーニバル10) 2006年7月

ハルナさん
こんもりやまのふもとでクッキーやさんをひらいたおんなのひと 「そらからきたボーボ」 わたりむつこ作;ましませつこ絵 PHP研究所(PHPにこにこえほん) 1998年10月

バルボンさん
どうぶつえんにおつとめしているワニ 「バルボンさんのおうち」 とよたかずひこ作・絵 アリス館(ワニのバルボン2) 1999年1月

バルボンさん
どうぶつえんにおつとめしているワニ 「バルボンさんのおさんぽ」 とよたかずひこ作・絵 アリス館(ワニのバルボン5) 2000年3月

ばるぼ

バルボンさん
どうぶつえんにおつとめしているワニ 「バルボンさんとさくらさん」 とよたかずひこ作・絵 アリス館(ワニのバルボン4) 1999年11月

バルボンさん
どうぶつえんにおつとめしているワニ 「バルボンさんのおしごと」 とよたかずひこ作・絵 アリス館(ワニのバルボン3) 1999年7月

バルボンさん
どうぶつえんにおつとめしているワニ 「バルボンさんのおでかけ」 とよたかずひこ作・絵 アリス館(ワニのバルボン1) 1998年10月

バレーナ
さかなのクークーをせなかにのせてそらのさんぽをしたくじら 「クークーとおおきなともだち」 よこたみのる作 理論社 2002年7月

ハロー
ほしがりやのサンタさんの二とうのトナカイの一とう 「ほしがりやのサンタさん2 サンタさんのふしぎなふくろ」 福永令三文;松井しのぶ絵 サンリオ(サンリオ創作絵本シリーズ) 1991年11月

ぱろ
げんきなこりす 「ゆうだちのともだち」 いわむらかずお絵・文 至光社(こりすのシリーズ) 2002年7月

パンがし
かまからすたこらにげだしたこんがりやけたパンがし 「ノッポさんのえほん4 にげだしたパンがし」 髙見ノッポ文;瀧原愛治絵 世界文化社 2001年1月

パンケーキ
おなべのなかでとびはねてくるくるまわりながらとぐちからそとへはしっていったパンケーキ 「パンケーキのおはなし」 岸田衿子作;おおば比呂司絵 ひかりのくに(ひかりのくに傑作絵本集16) 2002年1月

ハンター
てっぽうでライオンをねらっていたハンター 「ドシン!でズドン!」 椿宗介作;なかのひろたか絵 フレーベル館(ペーパーバックえほん8) 2002年3月

パンタ
サンサン村のパンが大すきな男の子 「パンタのパンの木」 そがまい作 小峰書店(えほんひろば) 2004年9月

パンダ(ジュニア)
神戸の海をみおろす広場にあったクマ時計の1から12の数字のところについている12ひきのテディベアのなかでもとくに人気があったパンダの子供 「えっ!パンダって熊とちゃうん!?」 おかだゆかり絵・お話 IDC 2001年10月

パンダ(パンちゃん)
でんぐりがえしがとくいのパンダのこ 「パンちゃんのおさんぽ」 どいかや作・絵 ブックローン出版 1997年4月

パンダさん
ゆりかごをなおしてスキーをつけたそりにこどもたちをのせてすべりにいったまほうつかいのパパ 「まほうつかいの そりあそび」 西山直樹作・絵 福武書店 1990年11月

バンダさん
ふたごのネルダとオキルダのまほうつかいのパパ「まほうつかいのにちようび」西山直樹作・絵 福武書店 1989年11月

バンダさん
まほうつかい、ふたごのきょうだいネルダとオキルダのパパ「パパはまほうつかい」西山直樹作・絵 福武書店 1988年11月

パンちゃん
でんぐりがえしがとくいのパンダのこ「パンちゃんのおさんぽ」どいかや作・絵 ブックローン出版 1997年4月

パンナ
くじらのかたちをしたくものうえにあるふしぎなせかいネポス・ナポスにすんでいるおんなのこ、ネポのガールフレンド「ネポス・ナポス まよいぐものおくりもの」チームネポス作；城哲也 講談社 2000年7月

ハンネリおじさん
子うさぎのミトがだいすきな目がみえず耳もひとつしかないうさぎのおじさん「ハンネリおじさん」きどのりこ文；鈴木靖将絵 日本基督教団出版局 1994年4月

パンプルちゃん
もりのみんながとってもすきなおんなのこ「ふむふむふーん」ふなこしゆり文；坂口知香絵 風涛社 2006年4月

バンボ
人間の国で犬生をおえてから犬の国へ行ったフレンチドッグの男の子「犬の国ピタワン」松井雄功絵；田中マルコ絵 ブロンズ新社 2006年6月

はんみょう（あまのじゃく）
地面のあないっぱいにふしぎな顔を出す「あまのじゃく」ってみんな呼ぶはんみょうという虫の幼虫「あまのじゃく」青井芳美作・絵 ブックローン出版 1987年11月

【ひ】

ピー
とびたくないすえっこのエナガ「ぼく、とびたくないんだ」のらり＆くらり作 アスラン書房（心の絵本）2003年1月

びいこ
わがままでいたずらみつばちのこども「びいこちゃん」手塚治虫著 河出書房新社（手塚治虫のえほん館 別巻1）1990年6月

びいだまん
ガラスのみずをかけてみんなビーだまにしてしまうびいだまん「アンパンマンとびいだまん」やなせたかし作・絵 フレーベル館（アンパンマンのおはなしでてこい8）1996年1月

ひいひいおじいちゃん
「ぼく」とくらしている106さいのひいひいおじいちゃん「おじいちゃんは106さい」松田もとこ作；菅野由貴子絵 ポプラ社（えほんとなかよし）1999年2月

ひいらぎ少年　ひいらぎしょうねん
庭でたくさんのぼんさいをそだてていたぼんさいじいさまをお迎えにきたひいらぎのかんむりをつけた小さな小さな少年　「ぼんさいじいさま」木葉井悦子文・絵　ビリケン出版　2004年4月

ひいらぎはかせ
せかいいちゆうめいなはつめいのてんさいのはかせ　「ひいらぎはかせとフロストマン」たむらしげる作・絵　フレーベル館（おはなしメルヘン12）　2001年10月

ひいらぎはかせ
せかいいちゆうめいなはつめいのてんさいのはかせ　「ひいらぎはかせのデジタルこうせん」たむらしげる作・絵　フレーベル館（おはなしメルヘン7）　1992年12月

ひいらぎはかせ
せかいいちゆうめいなはつめいのてんさいのはかせ　「ひいらぎはかせとおおたつまき」たむらしげる作・絵　フレーベル館（おはなしメルヘン4）　1990年12月

ひいらぎはかせ
せかいいちゆうめいなはつめいのてんさいのはかせ　「ひいらぎはかせのバイキンたいじ」たむらしげる作・絵　フレーベル館（おはなしメルヘン2）　1990年9月

ピエル
森のカエルのようせい　「キリンのキリコ」いのうえゆみこ文；さとうゆみ絵　構造社出版　1998年5月

ピエロ
生まれてこのかた笑ったことのない怖い王様に王宮へ招かれたバイオリンを弾くピエロ　「ピエロになった王様」おかべぶんめい文・絵　小学館　2003年11月

ピエロ
ともだちのまどかちゃんがびょうきでサーカスをいっしょにみられなかったゆうきくんにとくべつのおみやげをくれたピエロ　「ピエロのかがみ」大内曜子作；永田萠絵　岩崎書店（えほん・ワンダーランド30）　1994年4月

東山さん　ひがしやまさん
りょうじゅうでうたれたかあさんグマのかわりにあかちゃんグマの太郎をそだてた鳥獣保護員の男の人　「クマの子太郎」今関信子作；岡本順絵　佼成出版社（ノンフィクション絵本いのちのゆりかごシリーズ）　1998年4月

ピカタカムイ
アイヌの村にわるさをした神の国の風の女神　「風の神とオキクルミ」萱野茂文；斎藤博之絵　小峰書店（アイヌの民話）　2002年4月

ピカドン
1945年8月9日のあさ長崎におとされてみんなみんなけしてしまったばくだん　「ピカドン」小崎侃作・版画　汐文社（長崎平和絵本シリーズ1）　1991年8月

ピカピカ
すてられてないていたところをたすけられてアフリカにいったじてんしゃ　「ピカピカ」たばたせいいち作　偕成社　1998年12月

ピカリ
ウルトラねこのジロちゃんがあったほしのこども　「ジロちゃんとほしのピカリ」やすいすえこ作；田中四郎絵　フレーベル館（ウルトラジロちゃんシリーズ9）　1997年6月

ひかりひめ
やさいたちのまもりがみ 「くらやみだにと ひかりひめ」 やなせたかし作・絵 フレーベル館 （おむすびまんたびにっき5） 1991年9月

ヒー・ガルガル
ウリのむらにすんでいるきょうだいののんびりやのいもうと 「ドドとヒー こぶねのぼうけん」 おだしんいちろう作；こばようこ絵 金の星社 2005年3月

光源氏　ひかるげんじ
かがやくばかりに美しく世の中のひとびとから「光る君」と呼ばれるようになった皇子 「桐壺-「源氏物語」より」 畠中光享絵；石井睦美文 「京の絵本」刊行委員会 1999年10月

ヒグマ
力くらべにやってきた海のたいしょうのトドとけんかをした山のたいしょうのヒグマ 「エタシペカムイ-神々の物語」 四宅ヤエ語り；藤村久和文；手島圭三郎絵 福武書店 1990年9月

ぴーくん
たまごからうまれたふたごのひよこ 「ふたごのたまご」 寺村輝夫作；和歌山静子絵 あかね書房（たまごのほん） 2003年12月

ひげ
あるところにいたとてもいばりんぼうのとのさまのかおについていたがぴょんぴょんにげていったひげ 「とのさまのひげ」 ますだゆうこ文；国松エリカ絵 偕成社 2004年2月

ヒゲおじさん
くじらクンをみにきたおじさん 「くじらクンがでたぞ！」 古川タク作・絵 教育画劇（ユーモアえほん） 1995年7月

ひげはち
まちへおりてケーキやパイづくりのべんきょうをしてのんびりやまにもどっておかしのみせをひらいたきつね 「のんびりやまのひげはちぎつね」 木暮正夫作；柿本幸造絵 教育画劇（スピカのおはなしえほん31） 1987年10月

ピーコ
ぼくんちからにげだしておおきなにわのあるいえでポンチャンとよばれていたいぬ 「ピーコ ポンチャン」 ねじめ正一作；あべ弘士絵 鈴木出版（ひまわりえほんシリーズ） 2001年10月

ピーコ
しんで人間もどうぶつも虫も魚もみんないる光のせかいにいる犬 「ピーコ 光の地図」 濱井千恵文；久条めぐ絵 エフエー出版 2002年7月

ピーコ
すからおちてどうぶつえんにとどけられたヒヨドリのひな 「とべ！ヒヨドリのピーコ」 亀井一成文；福田岩緒絵 PHP研究所（亀井一成のどうぶつえん日記4） 1996年5月

ぴこ
げんきなこりす 「ゆうだちのともだち」 いわむらかずお絵・文 至光社（こりすのシリーズ） 2002年7月

ひこいち
こどものてんぐをだましててんぐのたからもののかくれみのをてにいれたちえのはたらくおとこ 「てんぐのかくれみの」 さねとうあきら文；赤坂三好絵 世界文化社（ワンダー民話館） 2005年11月

ひこい

彦市じいさん　ひこいちじいさん
流氷にとざされる知床半島の海べの番屋とよばれる小屋でたったひとりで冬をこす老人「オホーツクの海に生きる-彦市じいさんの話」戸川幸夫原作；戸川文文；関屋敏隆型染版画　ポプラ社(自然とにんげんの絵本1)　1996年7月

ひこうき
うみちゃんちのまどからはいってきてうみちゃんをのせてとんでくれたよくしゃべるひこうき「うみちゃんのまど」中川ひろたか文；長新太絵　偕成社　1997年7月

ひこぼし
一ねんに一どだけたなばたにあまのがわであいしあうおりひめとあえるわかもの「ねがいぼしかなえぼし」内田麟太郎作；山本孝絵　岩崎書店(えほんのマーチ14)　2004年6月

ひこぼし
あまのがわのかわぎしでおりひめといっしょにすごすたのしさにしごとをわすれててんていのいかりにふれはなればなれにされたうしかい「おりひめとひこぼし」矢部美智代文；新野めぐみ絵　世界文化社(七夕に読む絵本)　1987年5月

ピコラザウルス
ふかいおとしあなにおちて6500まんねんまえからずっとたすけをよんでいたきょうりゅう「ジロちゃんとピコラザウルス」やすいすえこ作；田中四郎絵　フレーベル館(ウルトラジロちゃんシリーズ41)　1994年1月

ひさ
むかし秋田のかづのというところにおったむくちなおなごわらし「ひさの里」斎藤隆介作；岩崎ちひろ絵　岩崎書店(よみきかせ大型絵本)　2004年2月

ビジュー
アフリカでふゆをすごしてうまれたくにへかえってきたオスのツバメ「ビジューとフルール─つばめたちのきせつ」亀岡亜希子作・絵　教育画劇　2005年6月

ピーすけ
とつぜんあめがふってこうえんのすなばにおいてけぼりにされたゆっくんのパトカーのおもちゃ「パトカーのピーすけ」相良敦子文；柳生弦一郎絵　福音館書店(日本傑作絵本シリーズ)　1992年11月

ピスケ
じぶんのうちをじぶんできめるたびにでた小さなどうぶつ「小さなピスケのはじめてのたび」二木真希子作・絵　ポプラ社(えほんはともだち33)　1993年12月

ピソカ
こねこのぬいぐるみのメイティといつだっていっしょのなかよしのおんなのこ「つきがまあるくなるよるに　ぬいぐるみいあんりょこう」大坪奈古作・画　新風舎　2005年9月

ビータ
赤ちゃんのころひろわれておねえちゃんの家のいっぱいいる猫のなかに入れてもらって大きくなった猫「子猫の気持ちは？」森津和嘉子作・絵　文渓堂　1998年5月

ピー太　ぴーた
「ぼく」がヒヨコのときからエサをやって大きくしたニワトリ「さようなら、ピー太」西村文作；佐々玲子絵　BL出版　2001年12月

ぴちゃり
そらからおちてきたしずくからうまれたばけもののあかちゃんでごるりとてるりのいもうと 「ぴちゃりちゃんうまれたよ」 松居スーザン文；堀川真絵　童心社（絵本・ちいさななかまたち）1999年6月

ピーちゃん
ほやほやのいちねんせいのとりのこ 「やったぞ いちねんせい」 黒沢高明作・絵　評論社（児童図書館・絵本の部屋）1992年4月

ピッカリ王子　ぴっかりおうじ
シャンデリアひめのためならなんでもするせいぎの王子 「ピッカリ王子とあっかんソケット」 宮本忠夫著　ほるぷ出版　1987年11月

ピッカリさん
まいとしなつのあいだやなぎむらのむしさんたちみんなといっしょに「ほたるホテル」をひらいたほたるいけのほたる 「ほたるホテル」 カズコ・G．ストーン作　福音館書店（こどものとも傑作集）1998年10月

ピッカル
かみさまのいうこともきかずちきゅうにおちてきたてんのくにのほしのこ 「ほしのこピッカル」 佐野語郎作；中村景児絵　ひさかたチャイルド　1989年6月

ピック
こぶたのきょうだいのおにいちゃんでぼうけんのたびをするふね「ドラゴンまる」のキャプテン 「かいていかいぞくむら」 永井郁子作・絵　岩崎書店（ドラゴンまるのぼうけん2）2005年2月

ピック
こぶたのふたごのきょうだいのおにいちゃんでぼうけんのたびをするふね「ドラゴンまる」のキャプテン 「ひがしのムーンのティンカーベル」 永井郁子著　岩崎書店（ドラゴンまるのぼうけん4）2006年9月

ピック
こぶたのきょうだいのおにいちゃんでぼうけんのたびをするふね「ドラゴンまる」のキャプテン 「ブォーン！くじらじま」 永井郁子作・絵　岩崎書店（ドラゴンまるのぼうけん1）2003年6月

ピック
こぶたのきょうだいのおにいちゃんでぼうけんのたびをするふね「ドラゴンまる」のキャプテン 「レストランドラゴンまる」 永井郁子作・絵　岩崎書店（ドラゴンまるのぼうけん3）2005年7月

ビッグホーン
病気で動けなくなった草食恐竜ブラキオサウルスをたすけるためジュラ紀クレーターにきたトリケラトプスのリーダー 「恐竜トリケラトプスのジュラ紀めいろ」 黒川みつひろ作・絵　小峰書店（たたかう恐竜たち 別巻）2005年11月

ビッグホーン
あたたかい南へ新天地をもとめて長い旅に出る恐竜トリケラトプスのリーダー 「たたかえ恐竜トリケラトプス 旅立ち前夜の巻」 黒川みつひろ作・絵　小峰書店（恐竜の大陸）1992年6月

ビッグホーン
新天地をあとにしてジュラ紀クレーターへと旅だった恐竜トリケラトプスのリーダー 「恐竜トリケラトプスとアロサウルス－再びジュラ紀へ行く巻」 黒川みつひろ作・絵 小峰書店(たたかう恐竜たち) 2003年7月

ビッグホーン
冒険の旅をつづけたのちようやく新天地にたどりついたトリケラトプスのリーダー 「恐竜トリケラトプスの大逆襲－再び肉食恐竜軍団とたたかう巻」 黒川みつひろ作・絵 小峰書店(たたかう恐竜たち) 2000年7月

ビッグホーン
みどりゆたかな新天地をもとめて南へ長い旅をつづけている恐竜トリケラトプスのリーダー 「恐竜 トリケラトプスの大決戦 肉食恐竜軍団と戦う巻」 黒川みつひろ作・絵 小峰書店(恐竜の大陸) 1998年3月

ビッグホーン
みどりゆたかな新天地をもとめて南へ長い旅をつづけている恐竜トリケラトプスのリーダー 「恐竜 トリケラトプスジュラ紀にいく 驚異のジュラ紀で大活躍の巻」 黒川みつひろ作・絵 小峰書店(恐竜の大陸) 1997年6月

ビッグホーン
みどりゆたかな新天地をもとめて南へ長い旅をつづけている恐竜トリケラトプスのリーダー 「恐竜トリケラトプスと巨大ガメ アーケロンの海岸の巻」 黒川みつひろ作・絵 小峰書店(恐竜の大陸) 1996年10月

ビッグホーン
みどりゆたかな新天地をもとめて南へ長い旅をつづけている恐竜トリケラトプスのリーダー 「恐竜トリケラトプスとティラノサウルス 最大の敵現れるの巻」 黒川みつひろ作・絵 小峰書店(恐竜の大陸) 1995年12月

ビッグホーン
みどりゆたかな新天地をもとめて南へ長い旅をつづけている恐竜トリケラトプスのリーダー 「恐竜トリケラトプスと巨大ワニ 危険な川を渡る巻」 黒川みつひろ作・絵 小峰書店(恐竜の大陸) 1993年6月

ビッグホーン
冒険の旅をつづけて新天地にたどりついた恐竜トリケラトプスのリーダー 「恐竜トリケラトプスと恐怖の大王 ティラノ軍団とたたかう巻」 黒川みつひろ作・絵 小峰書店(たたかう恐竜たち) 2002年3月

ビッグホーン
冒険の旅をつづけたのちようやく新天地にたどりついた恐竜トリケラトプスのリーダー 「恐竜トリケラトプスと大空の敵 プテラノドンとたたかう巻」 黒川みつひろ作・絵 小峰書店(たたかう恐竜たち) 2001年4月

ピックル
うまれたときからはりだらけでいつもいつもひとりぼっちのはりねずみのおとこのこ 「はりねずみのピックル」 山崎陽子文;いもとようこ絵 女子パウロ会 1988年10月

ピッケ
ポッケのおねえさんでいつもおすましているねこ 「ピッケとポッケ」 とりごえまり作 佼成出版社 2002年8月

ピッケ
ポッケのおねえさんでいつもおすましているねこ「ピッケとポッケのおとなりさん」とりごえまり作　佼成出版社　2003年12月

ピッコイ
ヤッポ島にすんでる女の子プキプキとなかよしのヤッポザルのポイが虹の浜にたおれていたのを見つけた女の子　「不思議のヤッポ島　プキプキとポイ」ヤーミー絵・文　小学館　2004年5月

ひつじ（ウーリィ）
あるばんのことちっともねむれないのでさんぽをすることにしてのはらをぶらぶらあるきはじめたひつじ　「ねむれないひつじのよる　かずのほん」きたむらさとし文・絵　小峰書店（世界の絵本コレクション）2003年5月

ひつじ（オットー）
ひつじのジョジーナのいとこでまちでたんていじむしょをやっているひつじ「ひつじのコートはどこいった」きたむらさとし絵・文　評論社（児童図書館・絵本の部屋）1997年6月

ひつじ（ゴゴール）
ともだちのヒューとジョジーナといっしょにうみにいったひつじ　「ひつじのコートはどこいった」きたむらさとし絵・文　評論社（児童図書館・絵本の部屋）1997年6月

ひつじ（ジョジーナ）
ともだちのヒューとゴゴールといっしょにうみにいったひつじ　「ひつじのコートはどこいった」きたむらさとし絵・文　評論社（児童図書館・絵本の部屋）1997年6月

ひつじ（トト）
ねてばかりいるぐうたらなサンタクロースとくらしていたせっせとはたらくひつじ　「ぐうたらサンタとはたらきもののひつじ」うすいかなこ文・絵　ソニーマガジンズ（にいるぶっくす）2005年10月

ひつじ（ヒュー）
ともだちのジョジーナとゴゴールといっしょにうみにいったひつじ　「ひつじのコートはどこいった」きたむらさとし絵・文　評論社（児童図書館・絵本の部屋）1997年6月

ひつじ（ベンジー）
はじめてまきばのそとへでてともだちのノラにおかのいえのパーティーにつれていってもらったひつじ　「ぼくのせなかにのせてってあげる！」市川里美作・絵；堀内紅子訳　徳間書店　1997年12月

ひつじ（ベンジー）
ふるいはこのなかからたからの地図をみつけたノラといっしょにたからさがしにでかけたともだちのひつじ　「たからさがし」市川里美作・絵　徳間書店　2000年10月

ひつじ（ベンジー）
くいしんぼうでなにをやってもヘマばかりのふとっちょのひつじ　「ベンジーのおくりもの　ノラとくいしんぼうのひつじ」市川里美作　偕成社　1992年7月

ひつじ（ポー）
クリスマスの日にこひつじのメリーと月にいった夢を見たこひつじ　「ポーとメリーのクリスマス」野村辰寿著　主婦と生活社（ね〜ね〜絵本）2001年11月

ひつじ（ポー）
こひつじのメリーをさがしているこひつじ　「ポーの子どもたち」野村辰寿著　主婦と生活社（ね〜ね〜絵本）2000年11月

ひつじ

ひつじ（ポー）
夢で見ていたこひつじのメリーにほんとうに会ったこひつじ 「ポーのロマンス」 野村辰寿著 主婦と生活社（ね〜ね〜絵本） 1999年11月

ひつじ（ポー）
夢の中でこひつじのメリーに出会ったこひつじ 「ポーとメリー」 野村辰寿著 主婦と生活社（ね〜ね〜絵本） 1998年11月

ひつじ（ポー）
ねむっている間にあるいてしまうこまったくせがあるこひつじ 「ポーのクリスマス」 野村辰寿著 主婦と生活社（ね〜ね〜絵本） 1996年11月

ひつじ（マニマニさん）
ひるまはいつもいねむりしてよるはなかなかねむれないみんなをねむらせてあげるおやすみやさんのひつじ 「マニマニのおやすみやさん」 つちだのぶこ作・絵 偕成社 1999年5月

ひつじ（メイ）
どうしてパパとママはけっこんしたのかな？とかんがえごとをしているひつじのこ 「ひつじのメイ ぼくのパパとママ」 穂高順也文；沢田としき絵 キッズメイト 2002年9月

ひつじ（めえこせんせい）
みんなにおうちのひとにだっこしてもらう"だっこ"のしゅくだいをだしたひつじのせんせい 「しゅくだい」 宗正美子原案；いもとようこ文・絵 岩崎書店（えほんのマーチ5） 2003年9月

ひつじ（メメール）
毛をかられるのがいやで小屋からにげだしてオコジョのタッチィとともだちになったいっぴきのひつじ 「なつのやくそく」 亀岡亜希子作・絵 文渓堂 2006年6月

ひつじ（メリー）
クリスマスの日にこひつじのポーと月にいった夢を見たこひつじ 「ポーとメリーのクリスマス」 野村辰寿著 主婦と生活社（ね〜ね〜絵本） 2001年11月

ひつじ（メリー）
ひつじのポーとはなればなれになったこひつじ 「ポーの子どもたち」 野村辰寿著 主婦と生活社（ね〜ね〜絵本） 2000年11月

ひつじ（メリー）
夢で見ていたこひつじのポーにほんとうに会ったこひつじ 「ポーのロマンス」 野村辰寿著 主婦と生活社（ね〜ね〜絵本） 1999年11月

ひつじ（メリー）
夢の中でこひつじのポーが出会ったおんなのこのひつじ 「ポーとメリー」 野村辰寿著 主婦と生活社（ね〜ね〜絵本） 1998年11月

ひつじ（メリーさん）
ネクタイをしめたおおかみがこいをしたひつじ 「おおかみのネクタイ」 ふじはらなるみ著 RTBOXインターナショナル 2005年7月

ひつじ（モクモク）
どろんこあそびがだいすきなひつじのこ 「あわぶくかいじゅうモクモクだい！」 浅野ななみ作；米山永一絵 金の星社（新しいえほん） 1991年7月

ひつじ（モコモコちゃん）
アイウエ動物園から家出してセーター屋のひつじになったひつじのおじょうさん 「モコモコちゃん家出する」角野栄子文；にしかわおさむ絵 クレヨンハウス（おはなし広場）1993年7月

ひつじ（リント）
まいごのふわふわ毛玉の子ひつじ 「アルフレッドとまいごの子ひつじ－ベリーベアシリーズ」ふじおかきょうこ文；まえだなつき絵 パールネスコ・ジャパン 2000年5月

ひつじおばさん
おりょうりだいすきのひつじおばさん 「ライオンのかくれんぼ」やすいすえこ作；黒井健絵 ひかりのくに（ひかりのくに傑作絵本集12）2000年5月

ヒツジくん
じぶんはまっ白なのできれいな色をしているほかの動物さんたちをいつもうらやましく思っていたヒツジ 「ひつじくんのほしいもの」柳瀬智子作・絵 タリーズコーヒージャパン 2005年11月

ひつじくん
くまこうちょうせんせいにおおきなこえでおはようがいえないひつじくん 「くまのこうちょうせんせい」こんのひとみ作；いもとようこ絵 金の星社 2004年6月

ひつじちゃん
ケイトちゃんの家に遊びにきたお友だち 「ひつじちゃんはごきげんななめ」高森共子著 ブロンズ新社（ケイトとバッチのあみぐるみ絵本）2000年5月

ピッチ
トニーというおとこのこととってもなかよしのあおいことり 「ピッチとあおいふく」井川ゆり子作・絵 PHP研究所 2006年2月

ビッチィ
山をおさめる領主の金毛の羆を射とめに山へ分け入ったアイヌの二人の弓の名人の一人 「虹を駈ける羆」上西晴治作；貝原浩絵 風濤社 1987年11月

ピッツ
やねうらべやのおにんぎょうさんとともだちののねずみのぼうやチュチュのなかまになったことり 「やねうらべやの おにんぎょうさん」柳生まち子作 福音館書店（日本傑作絵本シリーズ）2003年1月

ピッピ
きいちゃんのあいぼうのこいぬ 「きいちゃんのひまわり」おおしまたえこ作；かわかみたかこ絵 ポプラ社（きいちゃんのたからもの絵本4）2001年7月

ピッピ
にわにトンネルをほってきいちゃんにいろんなプレゼントをはこんできてくれたこいぬ 「きいちゃんとどろんこピッピ」おおしまたえこ作；かわかみたかこ絵 ポプラ社（きいちゃんのたからもの絵本2）2000年3月

ぴっぴ
おとうとがほしくてもりにやってきたとらねこのたっちのおとうとになってやったとらのこ 「とらねこたっちと とらのこぴっぴ」藤島青年作・絵 PHP研究所（わたしのえほん）1997年1月

ピッピ
きいちゃんのあいぼうのこいぬ 「きいちゃんとドロンじいさん」おおしまたえこ作；かわかみたかこ絵 ポプラ社（きいちゃんのたからもの絵本5）2004年7月

ぴっぴ
あなにおちてしまったさんたさんをみんなとたすけたねずみ 「ぴっぴのあしあと」 おざきしんご絵；あきしまのぶひで文 サンパウロ 1998年11月

ぴっぴかりん
おすなばぼしにすんでいるおすなばあそびがだいすきなこ 「おすなばぼしのぴっぴかりん」 さくらともこ作；米山永一絵 PHP研究所（PHPわたしのえほんシリーズ） 2002年7月

ヒッポ・ヒッポ・ルー
やんちゃなおとうとが7人いるかばのおんなのこ 「みずぼうそうだよヤンダヤンダ」 おのりえん作；国松エリカ絵 偕成社（偕成社の創作絵本） 1999年7月

ヒッポ・ヒッポ・ルー
あるひのことおとうとのひとりヤンダヤンダをつれておばあちゃんちにいくことになったおしゃれなかば 「おしゃれなかばのヒッポ・ヒッポ・ルー」 おのりえん作；国松エリカ絵 偕成社 1998年3月

ヒッポ・ヒッポ・ルー
かおもこえもそっくりなやんちゃなおとうとが7人いるかば 「むしばがいたいヤンダヤンダ」 おのりえん作；国松エリカ絵 偕成社 1998年12月

ひでお
しまのびょういんにたんしんふにんしているとうちゃんのいるせとないかいのいえしまへなつやすみにあそびにいったおとこのこ 「とうちゃんのしま」 関屋敏隆作・絵 フレーベル館（フレーベル館の新秀作絵本4） 1992年7月

ひでき
生まれる前から頭の中にきずがあってみんなのおにいちゃんと少しちがっているおにちゃんがいる男の子 「ぼくのおにいちゃん」 星川ひろ子写真・文；星川治雄写真 小学館 1997年7月

ひでくん
デパートでおしっこがもっちゃいそうになったおとこのこ 「もっちゃうもっちゃうもうもっちゃう」 土屋富士夫作・絵 徳間書店 2000年1月

ひでちゃん
せんそうちゅうにたいわんのちいさなまち（和美）にすんでいたおとうさんがたいわんじんのおんなのこ 「ひでちゃんとよばないで」 おぼまこと作 小峰書店（えほんひろば） 2003年11月

ピート
もりのみんながクリスマス・プレゼントになにをおねがいしたかしりたくてみてまわっていたきつねのコーンとともだちになったうさぎのこ 「クリスマスに ほしいもの」 星野はしる作；入山さとし絵 ひさかたチャイルド 2001年10月

ピート
はなさかうさぎのポッポがともだちになったやさしいうさぎ 「はなさかうさぎのポッポ」 はまちゆりこ作・絵 ポプラ社（ポッポのえほん1） 2002年1月

ピート
はなさかうさぎのポッポがともだちになったやさしいうさぎ 「はなさかうさぎのポッポ きみがいなくちゃ」 はまちゆりこ作・絵 ポプラ社（ポッポのえほん2） 2002年7月

ピート
はなさかうさぎのポッポがともだちになったやさしいうさぎ 「はなさかうさぎのポッポ おばあちゃんのひみつ」 はまちゆりこ作・絵 ポプラ社(ポッポのえほん3) 2002年11月

ピート
はなさかうさぎのポッポがともだちになったやさしいうさぎ 「はなさかうさぎのポッポ ママみててね」 はまちゆりこ作・絵 ポプラ社(ポッポのえほん4) 2003年7月

ピート
はなさかうさぎのポッポがいっしょにくらしているなかよしのうさぎ 「はなさかうさぎのポッポ あえてよかった」 はまちゆりこ作・絵 ポプラ社(ポッポのえほん5) 2004年1月

一つ目小娘　ひとつめこむすめ
江戸から西へ西へとあるいていった杉林をぬけたところにいた一つ目の女の子 「いちがんこく」 川端誠作 クレヨンハウス(落語絵本シリーズ8) 2004年1月

ピートリィ
くわの畑のまんまん中の家にすんでいるまほう使いせんもんのほうきやさん 「マジョマジョの まほうのほうきのつくり方」 松村雅子作・絵 ブックローン出版(マジョマジョシリーズ) 1992年5月

ひな
てんぐとあそんだこいぬ 「ひなとてんぐ」 瀬川康男作 童心社(こいぬのひな1) 2004年10月

ひな
なんでもしりたいこいぬ 「ひな」 瀬川康男作 童心社(こいぬのひな1) 2004年10月

ひなこ(おばさん)
「ぼく」のだいすきなとてもやさしいふとっちょおばさん 「ぼくの おばさん」 椿宗介作;さとうわきこ絵 フレーベル館(キンダーおはなしえほん) 1988年11月

ピーナッくん
きょうがたんじょうびでともだちがたくさんおいわいにくるよていのピーナッくん 「ピーナッくんのたんじょうび」 つつみあれい作 小峰書店(世界の絵本コレクション) 2004年8月

ピーナッちゃん
ピーナッくんのともだち 「ピーナッくんのたんじょうび」 つつみあれい作 小峰書店(世界の絵本コレクション) 2004年8月

ピーナッちゃん
かべにげきとつぱっくりわれてなかからふたごがとびだしたピーナッちゃん 「ピーナッちゃんとドーナッちゃん」 つつみあれい作 小峰書店(世界の絵本コレクション) 2001年5月

ピーナツどり(ジジ)
ピーブルーのもりをぬけてはじめてのおつかいにでかけたピーナツどりのなかよしさんきょうだいのこども 「ピーナツどりのちいさなたび」 山岸カフェ絵・文 主婦と生活社 2002年12月

ピーナツどり(タブー)
ピーブルーのもりをぬけてはじめてのおつかいにでかけたピーナツどりのなかよしさんきょうだいのこども 「ピーナツどりのちいさなたび」 山岸カフェ絵・文 主婦と生活社 2002年12月

ぴなつ

ピーナツどり（ブーオ）
ピーブルーのもりをぬけてはじめてのおつかいにでかけたピーナツどりのなかよしさんきょうだいのこども「ピーナツどりのちいさなたび」山岸カフェ絵・文　主婦と生活社　2002年12月

ピナリ
世界のはてのハルカ森から世界中へクリスマスのおくりものをとどける旅に出発した7人のサンタの1人のふとっちょ「七人のサンタの物語」なかもとはじめ文；たかはしあきら絵　ポプラ社　2000年11月

ピノ
きょうがはじめてのおるすばんのロボット「PINO－ピノのおるすばん」くろいけん絵；もきかずこ文　フレーベル館　2002年6月

ビーバー（ジャック）
いつもミンクのチムをさそいにやってくるさんにんのうちのビーバー「ミンクのチム」なかのてるし作；ながしまよういち絵　フレーベル館　1987年9月

ビーバー（ムーくん）
あたらしいともだちができたビーバーのこ「ともだちのネロ」いもとようこ絵；新井真弓作　小学館（ビーバーのムーくんシリーズ2）　1998年12月

ビーバー（ムーくん）
おうちはおもちゃやさんのビーバーのこ「おもいでがいっぱい」いもとようこ絵；新井真弓作　小学館（ビーバーのムーくん1）　1998年8月

ビーバーくん
まいごのひよこをおうちにつれていってあげたきのいいビーバーくん「まいごだピィ きのいいビーバー」かみやしん作・絵　佼成出版社　1988年11月

ひばりのこ
川のふちでくまくんがあったまいごになったひばりのこ「あしたも よかった」森山京文；渡辺洋二絵　小峰書店（こみねのえほん17）　1989年11月

ビビ
ハルおばあさんのふしぎなオルガンをぬすみだそうとしたふたりのどろぼうのアニキぶん「ハルおばあさんのオルガン」なるみやますみ作；高畠純絵　ひくまの出版　1997年9月

ピピ
はねをたたんでとぶヒヨドリのほんしきのとびかたでとぶのがこわかったヒヨドリのこども「ヒヨドリのピピのおはなし」松野正子作；降矢なな絵　教育画劇　2005年4月

ピピちゃん
かんたろうがきょねんかってもらったインコ「いぬかって！」のぶみ作・絵　岩崎書店（レインボーえほん5）　2006年11月

ピピとミミ
からだのおおきさもみみのながさもけのいろもそっくりなふたごのウサギ「ピピとミミとミドリオバケ」しげつらまさよし文・絵　キャロットステージ　2006年10月

ヒピラくん
きゅうけつきのおとこのこ「ヒピラくん」大友克洋文；木村真二絵　主婦と生活社　2002年10月

ピペ
いえをせなかにしょったかたつむりのようないきもの「ハウスネイル」のおとこのこ、ジャムのおとうと 「ジャム・ザ・ハウスネイル」 野村辰寿著 主婦と生活社 2000年12月

ピーボデー
モントン村の西にある丘にポツンと一軒建っていた《人殺しの家》に住んでいた人殺し3人兄弟のひとり 「丘の上の人殺しの家」 別役実作；スズキコージ画 ブッキング 2005年9月

ヒポヒポ
ハコフグのプクのなかよしのタツノオトシゴ 「プクプクのかくれんぼ-さかなクンのイラストストーリー」 さかなクン作 小学館 2002年9月

ヒポポくん
どうぶつえんのカバンになれるふしぎなカバ 「やっぱりカバのヒポポくん」 わしおとしこ作；岡本颯子絵 ひさかたチャイルド（ひさかた絵本傑作集） 1990年10月

ヒポポくん
どうぶつえんのカバンになれる赤ちゃんカバ 「カバのヒポポくん」 わしおとしこ作；岡本颯子絵 ひさかたチャイルド（ひさかた傑作集26） 1988年8月

ヒポポくん
どうぶつえんのカバンのなれるふしぎなカバ 「カバでカバンのヒポポくん」 わしおとしこ作；岡本颯子絵 ひさかたチャイルド（ひさかた絵本傑作集） 1989年4月

ひまわに
ひまわりみたいなわに 「ひまわにとこらら」 あきやまただし作・絵 PHP研究所（PHPわたしのえほんシリーズ） 2002年6月

ひまわに
ひまわりみたいなわに 「ひまわに」 あきやまただし作・絵 PHP研究所（PHPわたしのえほんシリーズ） 1999年5月

ひまわに
たまごからかえってもそとのせかいがこわくてはなびらをひらくことができないあかちゃんのひまわに 「あかちゃんひまわに」 あきやまただし作・絵 PHP研究所（PHPわたしのえほんシリーズ） 2002年11月

ピーマン王　ぴーまんおう
七人の家来や大ぜいのともびとをつれてのどの鳴るうまいたべものをさがす旅に出たピーマン王国の応 「ピーマン大王」 住井すゑ作；ラヨス・コンドル絵 ブッキング（住井すゑとの絵本集2） 2006年12月

ピーマンマン
マントをつければそらをとぶこともできるピーマンからうまれたピーマンマン 「ピーマンマンのありがとうっていえるかな」 さくらともこ作；中村景児絵 PHP研究所（まほうのP・P・Pランプ） 2004年3月

ピーマンマン
マントをつければそらをとぶこともできるピーマンからうまれたピーマンマン 「ピーマンマンのあ・そ・ぼっていえるかな」 さくらともこ作；中村景児絵 PHP研究所（まほうのP・P・Pランプ） 2003年6月

ピーマンマン
マントをつければそらをとぶこともできるピーマンからうまれたピーマンマン 「ピーマンマンのごめんなさいっていえるかな」 さくらともこ作；中村景児絵 PHP研究所(まほうのP・P・Pランプ) 2003年11月

ピーマンマン
ピーマン・パワーをもつげんきなピーマン 「ピーマンマンとよふかし大まおう」 さくらともこ作；中村景児絵 岩崎書店(えほん・ハートランド22-ピーマンマンシリーズ) 1998年9月

ピーマンマン
みどりのマントをきてわるいバイキンをやっつけるげんきなピーマン 「ピーマンマンとかぜひきキン」 さくらともこ作；中村景児絵 岩崎書店(えほん・ハートランド5) 1994年7月

ヒミコ
ねこのヤマトといっしょにいいものをさがしにいったのらねこ 「ぼくのさがしもの」 溝渕優絵；立原えりか作 講談社 1991年11月

ひめ
かわいくてとってもおしゃれでなんでもできちゃうみんなのにんきもののおんなのこ 「おばけのかんづめ ぽぽのだいさくせん」 なかやみわ作 ブロンズ新社 2005年5月

姫　ひめ
竹とりのおきなが切った天をつく竹の中から生まれた赤んぼうで三月でまばゆいほどうつくしいむすめにそだった姫 「月の姫」 おのちよ作 冨山房 1993年10月

ひめうしちゃん
まめうしのいもうとのすごーくちいさなこうし 「まめうしとひめうし」 あきやまただし作・絵 PHP研究所(PHPわたしのえほんシリーズ) 2005年3月

姫ぎみ　ひめぎみ
ある大納言にいらっしゃいましたなによりも虫がだいすきでさまざまな虫をこばこにあつめていらっしゃいました姫ぎみ 「虫めづる姫ぎみ(むしめづるひめぎみ)」 森山京文；村上豊絵 ポプラ社(日本の物語絵本2) 2003年5月

ひめこちゃん
だるまのマーくんのなかよしのおひめさまだるま 「だるまのマーくんとはいたのおばけ」 小沢正作；片山健絵 ポプラ社(絵本カーニバル8) 2005年11月

ビモ
ワタルの家のいぬ 「よわむしワタル」 川滝かおり作；林静一絵 ウオカーズカンパニー(創作絵本シリーズ) 1989年9月

ヒヤシンスちゃん
かだんでまいごになってないていたヒヤシンスちゃん 「ポットくんのおしり」 真木文絵文；石倉ヒロユキ絵 福音館書店 1998年4月

ヒュー
ともだちのジョジーナとゴゴールといっしょにうみにいったひつじ 「ひつじのコートはどこいった」 きたむらさとし絵・文 評論社(児童図書館・絵本の部屋) 1997年6月

ピューイ
なつやすみにうみにでかけたけんたがあさせにまよいこんでうごけなくなっているのをたすけてやったいるか 「いるかのうみ」 菅瞭三作 福音館書店(日本傑作絵本シリーズ) 1997年9月

ピーヨ
わたりどりたちにセーターやぼうしをつくるあみものやさんのひよどり「あみものやさんピーヨのプレゼント」おおしまりえ作・絵　岩崎書店（カラフルえほん）2005年11月

ひょう
さばくをあるきつづける少年をたすけてあげたひょう「風とひょう」葉祥明作・絵　愛育社1998年6月;ウオカーズカンパニー（創作絵本シリーズ）1989年12月

兵治　ひょうじ
近江の山奥にある高山という村で梅のはちうえをそだてた高山七蔵さんをてつだったむすこ「よみがえった梅の木-盆梅のふるさと」中島千恵子文;高田勲絵　岩崎書店（岩崎創作絵本18）1991年1月

兵十　ひょうじゅう
おっかあが死んでしまってひとりぼっちの村のお百しょう「ごんぎつね」新美南吉作;いもとようこ絵　金の星社（大人になっても忘れたくない いもとようこ名作絵本）2005年5月

兵十　ひょうじゅう
お母が死んでしまってひとりぼっちの村のおひゃくしょう「ごんぎつね」新美南吉作;遠藤てるよ絵　大日本図書（絵本・新美南吉の世界）2005年2月

兵十　ひょうじゅう
おっかあが死んでしまってひとりぼっちの村のお百姓「えほん ごんぎつね」新美南吉文;金沢佑光絵　ささら書房　1987年6月

ひよこ
ビーバーくんがもりのいりぐちであったまいごのひよこ「まいごだピィ きのいいビーバー」かみやしん作・絵　佼成出版社　1988年11月

ひよこ（ツピティ）
おとうさんやおかあさんのいうことをきかずにいえでしてしまったきかんぼひよこ「いやだいやだのきかんぼひよこ」かこさとし作　偕成社（かこさとし おたのしみえほん1）1988年11月

ひよこ（ぴーくん）
たまごからうまれたふたごのひよこ「ふたごのたまご」寺村輝夫作;和歌山静子絵　あかね書房（たまごのほん）2003年12月

ひよこ（ピリィ）
わにのサバイとだいのなかよしのひよこ「サバイとピリィ まほうのぼうし」はぎのちなつ作・絵　ひさかたチャイルド　2005年4月

ひよこ（ピリィ）
わにのサバイがひろってきたたまごからうまれてきたひよこ「サバイとピリィ ふたりのたんじょうび」はぎのちなつ作・絵　ひさかたチャイルド　2003年8月

ひよこ（ぺーくん）
たまごからうまれたふたごのひよこ「ふたごのたまご」寺村輝夫作;和歌山静子絵　あかね書房（たまごのほん）2003年12月

ひよこ3きょうだい　ひよこさんきょうだい
ななみちゃんのともだちのひよこの3きょうだい「ななみのここち」稲葉卓也作　主婦と生活社　2005年5月

ひよこ

ひよこちゃん
あるはれたひたまごからうまれたじぶんをなめてくれたわにくんをママとまちがえたひよこちゃん「おれはママじゃない！」宮本忠夫作　童心社（絵本・こどものひろば）1990年6月

ひよちゃん
うさぎのパーティーにしょうたいされたおんなのこ「うさぎのしるし」ひだきょうこ作　あかね書房（えほん、よんで！13）2006年7月

ヒヨドリ（ピーコ）
すからおちてどうぶつえんにとどけられたヒヨドリのひな「とべ！ヒヨドリのピーコ」亀井一成文；福田岩緒絵　PHP研究所（亀井一成のどうぶつえん日記4）1996年5月

ヒヨドリ（ピピ）
はねをたたんでとぶヒヨドリのほんしきのとびかたでとぶのがこわかったヒヨドリのこども「ヒヨドリのピピのおはなし」松野正子作；降矢なな絵　教育画劇　2005年4月

ひよどり（ピーヨ）
わたりどりたちにセーターやぼうしをつくるあみものやさんのひよどり「あみものやさんピーヨのプレゼント」おおしまりえ作・絵　岩崎書店（カラフルえほん）2005年11月

ひよみったちゃん
ひよひよおうこくのおひめさま「ひよみったちゃん」ひよみこ作・画　ABC出版　2002年4月

ひよみったちゃん
ひよひよおうこくのおひめさま「ひよみったちゃん　よるのくにへいく」ひよみこ作・画　ABC出版　2002年12月

ピョン
それぞれの木を森にさがしにいった三びきの一ぴき「もりへ　さがしに」村田清司絵；田島征三文　偕成社　1991年10月

ピョン
おたまじゃくしからかえるになったばかりちいさなかえる「ちいさなピョン」串井てつお作・絵　講談社（講談社の創作絵本）2002年5月

ひょんくん
おばあちゃんからクリスマスをまつカレンダーをもらったこうさぎ「ゆきの日のさがしもの」薫くみこ作；さとうゆうこ絵　ポプラ社（えほんとなかよし30）1994年10月

ぴょんこ
まんまるやまにパパとママとくらしていてともだちがいないこうさぎ「あしたも　あそぼうね」あまんきみこ作；いもとようこ絵　金の星社（こどものくに傑作絵本）1987年5月

ぴょんこ
いたずらこぶたのぶうぶのなかよしこうさぎ「こぶたのぶうぶは　こぶたのぶうぶ」あまんきみこ文；福田岩緒絵　童心社　1987年3月

ぴょんこちゃん
くさむらでとんでいてくものすにひっかかっちゃったとのさまばったのおんなのこ「ばったのぴょんこちゃん」高家博成；仲川道子作　童心社　2000年6月

ぴょんこちゃん
まいごのふくろうのおうちをさがしてあげたうさぎのこ「まいごのふくろうくん」しのざきみつお作・絵　ぎょうせい（そうさくえほん館14　やさしさをもって）1992年5月

ぴょんた
あおのやまほいくしょにきたうさぎでけがをしてこしもうしろのあしもうごかなくなってしまったうさぎ 「がんばれ！くるまいすのうさぎぴょんた」 岩崎京子文;渡辺有一絵 教育画劇（絵本・ほんとうにあった動物のおはなし） 2002年5月

ぴょんた
しあわせむらへこづつみをとどけにいったうさぎのゆうびんやさん 「あかいリボンのおくりもの」 藤田良子作;末崎茂樹絵 金の星社（新しいえほん） 1991年7月

ぴょんちゃん
おばあちゃんからクリスマスをまつカレンダーをもらったこうさぎ 「ゆきの日のさがしもの」 薫くみこ作;さとうゆうこ絵 ポプラ社（えほんとなかよし30） 1994年10月

ピョンちゃん
もりのみんなとでんしゃごっこをしてあそんだウサギ 「クマさんのトラック」 篠塚かをり作;いしいじゅね絵 けやき書房（けやきの絵本） 2004年10月

ぴょん八 ぴょんはち
ちいさくてもさむらいの子うさたろうのともだち 「うさたろうのばけもの日記」 せなけいこ作 童心社 1995年12月

ピョンピョン
じぶんのレストランにおんなのこがやってきてほしのブローチをなくしたとなきだしたのでこまってしまったうさぎ 「きらきらぼしのふるよるは」 山口みねやす作 小峰書店（こみねのえほん13） 1987年4月

ひらた おでん
ひとよんでへんてこざむらい 「おでんさむらい－こぶまきのまき」 内田麟太郎文;西村繁男絵 くもん出版 2006年1月

ピラニアちゃん
へんなかいじゅうに「つよいのだれだ？」ってきかれたピラニアのおんなのこ 「つよいのだれだ？」 森野さかな作・絵 岩崎書店（えほん・ハートランド12） 1996年6月

ビリー
12さいのにんげんでいうと70さいくらいのいぬ 「ビリーは12さい」 相馬公平作;梶山俊夫絵 佼成出版社（創作絵本シリーズ） 2001年4月

ビリー
あらしのよるにとばされてしまったやねのうえのかざみどりさんをさがしにいったおとこのこ 「ビリーとなかまたち」 はるなまき文;いしくらきんじ絵 小峰書店（えほんひろば） 2006年11月

ピリィ
わにのサバイとだいのなかよしのひよこ 「サバイとピリィ まほうのぼうし」 はぎのちなつ作・絵 ひさかたチャイルド 2005年4月

ピリィ
わにのサバイがひろってきたたまごからうまれてきたひよこ 「サバイとピリィ ふたりのたんじょうび」 はぎのちなつ作・絵 ひさかたチャイルド 2003年8月

ひるがお
くさのめがのびてつるになってなかまたちといっしょにかなあみにからまってさいたひるがおのはな 「なーんのはながひーらいた？」 香山美子文;かすや昌宏絵 童心社（絵本・ちいさななかまたち） 1989年4月

ひるだ

ヒルダさん
まほうつかいのパンダさんのおくさん 「パパはまほうつかい」 西山直樹作・絵 福武書店 1988年11月

ビル人間　びるにんげん
自分の意思で歩くことを覚えたビルディング 「銀河の魚」 たむらしげる著 メディアファクトリー　1998年11月

ひるねむし
もりのおくのずーっとおくのまだまだおくのうーんとおくにすんでいるひるねむし 「ひるねむし」 みやざきひろかず作・絵　ひかりのくに(ひかりのくに傑作絵本集10)　1998年7月

ピルバ
さんごしょうの海にかこまれた島に暮らすタルタという少年がはじめて自分でつかまえた渡りのタカのサシバ 「サシバ舞う空」 石垣幸代；秋野和子文；秋野亥左牟絵　福音館書店 2001年10月

ヒロ
おかあさんにテレビのスイッチをけされておこってねんねしたらテレビでみたヒョウにたべられそうになったおんなのこ 「だれかたすけて」 角野栄子文；宇野亜喜良絵　国土社(絵本といっしょ1)　1996年12月

ひろいちゃん
タマとゾンタとカンタの3びきのこねこがかわれているうちのしたのおんなのこ 「3びきのこねこ　はじめてのゆき」 もりつわかこ作　文化出版局　1987年11月

ひろいちゃん
タマとゾンタとカンタの3びきのこねこがかわれているうちのしたのおんなのこ 「3びきのこねこ　はるをさがしに」 もりつわかこ作　文化出版局　1988年3月

ひろくん
うごけないでいつもいろんなことをかんがえているくるまいすのおとこのこ 「どんなかんじかなあ」 中山千夏文；和田誠絵　自由国民社　2005年7月

ひろくん
おばあちゃんが小さいころからいってみたかったごうら山へいっしょにいったおとこのこ 「もうあきたなんていわないよ」 松田もとこ作；織茂恭子絵　ポプラ社(絵本の時間3)　2000年11月

ヒロくん
8月6日のヒロシマの原爆で死んだきょうだいのおとこのこ 「ヒロクンとエンコウさん」 四国五郎作・絵　汐文社(原爆絵本シリーズ1)　1989年4月

ひろくん
「わたし」とふたりであそんだおとこのこ 「ひろくんとわたし」 土田義晴絵；小比賀優子文 福武書店　1989年6月

ひろくん
いぬのムクとのはらにいってママがつくってくれたくまさんのまくらでおひるねしたおとこのこ 「おひるね いっぱい」 いしなべふさこ作　偕成社(はじめてよむ絵本8)　1988年7月

ひろくん
はなれのおばあちゃんのうちへとまりにいったおとこのこ 「こまったおきゃくさん」 山本まつ子作・絵　岩崎書店(えほん・おもしろランド8)　1988年1月

ひろこさん
そとであそべないさむいふゆのひにもりのともだちにてがみをかいたおんなのこ 「もりのてがみ」 片山令子作;片山健絵 福音館書店(こどものとも傑作集) 2006年11月

ひろし
けんとくみといつもいっしょのだいのなかよしさんにんぐみのひとり 「わんぱくだんのクリスマス」 ゆきのゆみこ;上野与志作;末崎茂樹絵 ひさかたチャイルド 2005年10月

ひろし
けんとくみといつもいっしょのだいのなかよしさんにんぐみのひとり 「わんぱくだんのきょうりゅうたんけん」 ゆきのゆみこ;上野与志作;末崎茂樹絵 ひさかたチャイルド 2005年8月

ひろし
けんとくみといつもいっしょのだいのなかよしさんにんぐみのひとり 「わんぱくだんのにんじゃごっこ」 ゆきのゆみこ;上野与志作;末崎茂樹絵 ひさかたチャイルド 2003年10月

ひろし
おかあさんとふたりだけでくらしているおとこのこ 「ぼくはほしのこ」 志茂田景樹作;柴崎るり子絵 KIBA BOOK(よい子に読み聞かせ隊の絵本6) 2001年1月

ひろし
けんとくみといつもいっしょのだいのなかよしさんにんぐみのひとり 「わんぱくだんのはらっぱジャングル」 ゆきのゆみこ;上野与志作;末崎茂樹絵 ひさかたチャイルド 2001年3月

ひろし
校長先生のあたまがけがなくてだんだんエンピツみたいにとがっていくのがしんぱいな一年生 「校長先生のあたま」 長新太作 くもん出版 2001年1月

ヒロシ
「ぼく」のクラスのいじめっこ 「すみっこのおばけ」 武田美穂作・絵 ポプラ社(絵本・いつでもいっしょ1) 2000年7月

ひろし
けんとくみといつもいっしょのだいのなかよしさんにんぐみのひとり 「わんぱくだんのゆきまつり」 ゆきのゆみこ;上野与志作;末崎茂樹絵 ひさかたチャイルド 1997年1月

ひろし
けんとくみといつもいっしょのだいのなかよしさんにんぐみのひとり 「わんぱくだんのロボットランド」 ゆきのゆみこ;上野与志作;末崎茂樹絵 ひさかたチャイルド 1995年4月

ひろし
けんとくみといつもいっしょのだいのなかよしさんにんぐみのひとり 「わんぱくだんのかいていたんけん」 ゆきのゆみこ;上野与志作;末崎茂樹絵 ひさかたチャイルド 1996年6月

ひろし
けんとくみといつもいっしょのだいのなかよしさんにんぐみのひとり 「わんぱくだんのたからじま」 ゆきのゆみこ;上野与志作;末崎茂樹絵 ひさかたチャイルド 1992年5月

ひろし
夏やすみにおかあさんといなかのおじいちゃんたちのいえにいったおとこの子 「おとうさんのいなか」 福田岩緒作・絵 ポプラ社(えほんはともだち6) 1989年12月

ひろし

ひろし
学校からかえってずうっとまんがをよんでたらパパとママからいちどにがみがみおこられてしまったおとこのこ 「けしゴムおばけ」 末吉暁子作;村上勉絵 小学館(小学館こども文庫-おはなしプレゼント5) 1987年7月

ひろし
しょうがっこうの一ねんせいのクラスでいちばんのちびでじてんしゃにもまだのれなかったおとこのこ 「じてんしゃにのれたよ！」 国松俊英作;長谷川知子絵 ポプラ社(絵本・子どものくに26) 1987年7月

ひろし
そとあそびからかえってきてだれもいないのをいいことにつまみぐいしたおとこのこ 「きょうりゅうでたぞ！」 桜井信夫作;西村達馬絵 あすなろ書房(マナーとルールの絵本2・食事のマナーの巻) 1987年10月

ひろし
けんとくみといつもいっしょのだいのなかよしさんにんぐみのひとり 「わんぱくだんはしれ！いちばんぼし」 ゆきのゆみこ;上野与志作;末崎茂樹絵 チャイルド本社(大きな大きな絵本9) 2006年3月;ひさかたチャイルド 1993年4月

ひろしくん
あおい空やふわふわの雲やひろい海がすきなおとこのこ 「ひろしくんは空がすき」 木下小夜子作;木下蓮三絵 ウオーカーズカンパニー(創作絵本シリーズ) 1989年7月

広瀬 はつよさん　ひろせ・はつよさん
ダムの底に沈むことになっている岐阜県の徳山村に戻って小さな物置小屋にひとりで暮らしていたおばあちゃん 「おばあちゃんは木になった」 大西暢夫写真・文 ポプラ社(シリーズ自然 いのち ひと4) 2002年5月

ひろ たかなり(えんちょうせんせい)
えんにきたおばあちゃんのこどもだったえんちょうせんせい 「おばあちゃんすごい！」 中川ひろたか文;村上康成絵 童心社(ピーマン村のおともだち) 2002年6月

ひろみせんせい
えんのみんなときもだめしをしたせんせい 「おばけなんてこわくない」 中川ひろたか文;村上康成絵 童心社(ピーマン村の絵本たち) 1999年5月

ひろむ
ケチャップをかいにいったかえりにオムライスをたべてるおばけのうちへつれていかれたおとこのこ 「こわくておいしいオムライス」 山末やすえ作;大沢幸子絵 PHP研究所(PHPにこにこえほん) 1993年5月

ひろる
おねえさんのみちるともりにあそびにいってふたりのちいさなおうちをつくったおんなのこ 「ちいさな ちいさなひみつのおうち」 森津和嘉子作・絵 PHP研究所(PHPのえほん) 1989年10月

ピンク
はじめてのふゆをむかえたヤマメのこども 「ピンクとスノーじいさん」 村上康成作・絵 徳間書店 2000年9月

ピンク
ピンクのひれがじまんのヤマメの子 「ピンクのいる山」 村上康成作・絵 徳間書店 2000年7月

ピンク
こいびとのパールをつれてうまれた川にのぼっていくヤマメの子 「ピンク！パール！」 村上康成作・絵　徳間書店　2000年10月

ピンク
やまのおくのかわのなかでむしをねらっているおなかがぺこぺこのヤマメのこども 「ピンク、ぺっこん」 村上康成作・絵　徳間書店　2000年8月

ぴんちゃん
あかいかさをかってもらったおんなのこ 「ぴんちゃんのかさ」 林原玉枝作；清重伸之絵　こずえ（おはなしのえほん）　1989年5月

ぴんちゃん
ベランダからかぜでとんでったしろいハンカチをおいかけたおんなのこ 「ぴんちゃんのハンカチ」 林原玉枝作；清重伸之絵　こずえ（おはなしのえほん2）　1989年1月

ピンチョス
まちをまもるほあんかんヨハンソンのあいぼうのこぐま 「ここだよ」 西村博子作・絵　タリーズコーヒージャパン　2006年1月

ピンピキ
あるばん「ぼく」のうちにやってきたゆめをみるとふしぎなことをおこすいきもの 「ゆめみるピンピキ」 深見春夫作・絵　岩崎書店（えほん・おもしろランド16）　1990年2月

びんぼうがみ
よめさまがくることになったびんぼうなあにさのいえにずうっとむかしからすみついていたびんぼうがみ 「すもうにかったびんぼうがみ」 松谷みよ子再話；斎藤真成画　福音館書店　2005年4月

びんぼうがみ
よめさまがくることになったびんぼうなあにさのふるいぶっこわれたいえのてんじょううらにいたびんぼうがみ 「はっけよいのびんぼうがみ」 松谷みよ子文；長野ヒデ子絵　フレーベル館（むかしむかしばなし20）　1994年4月

びんぼう神　びんぼうがみ
ある年の大晦日のばんのことはたらきものの夫婦のまえにやねうらからあらわれたよぼよぼのびんぼう神 「びんぼう神とふくの神」 木暮正夫文；梶山俊夫絵　佼成出版社（民話こころのふるさとシリーズ）　1992年11月

【ふ】

フー
とんがりやまのもりのなかにずっとひとりぼっちでくらしていておともだちがいないくま 「おともだちに　なってね」 岡本一郎作；つちだよしはる絵　金の星社（新しいえほん）　1999年7月

ブー
マンションのタクちゃんのおうちでかっている犬みたいなねこでくびわをつけてさんぽにいくねこ 「散歩するねこ」 中山あい子作；入山さとし絵　サンリオ（サンリオ創作絵本シリーズ）　1988年7月

ふ

プー
ばらの花のかげでうとうとしていたまっくろくろの黒ねこ 「ジャムねこさん」 松谷みよ子作；渡辺享子絵 にっけん教育出版社 2005年6月

ブーア
木のぼりのすきなしょうくんが森の木の精からあずかった小さな生き物 「ブーアの森」 忌野清四郎絵；せがわきり文 エフエム東京 2002年4月

ファービー
女の子がお父さんからもらった不思議なお友達で真っ白の可愛いコ 「ファービーの絵本」 鵜川薫作 ソニー・マガジンズ 1999年9月

ファンファ
はなさかうさぎのポッポとなかよしのピートがたずねていったやさしいおんなのこのうさぎ 「はなさかうさぎのポッポ あえてよかった」 はまちゆりこ作・絵 ポプラ社（ポッポのえほん5） 2004年1月

プイ
くしゃみがとまらなくなってもぐらくんにちゅっとキスをしてなおったこぶた 「こぶたくんにキスキスキス」 わたなべゆういち文・絵 ぎょうせい（そうさくえほん館18） 1993年1月

プイ
スケートボードであそんでいてすいかばたけのすいかをわってしまいわれたすいかをおもわずたべてしまったこぶた 「こぶたくんのすいかじけん」 わたなべゆういち文・絵 ぎょうせい（そうさくえほん館12） 1992年11月

プイ
またおねしょをしちゃったこぶた 「こぶたくんのおしっこ」 わたなべゆういち文・絵 ぎょうせい（そうさくえほん館6） 1992年7月

プーイ
だちょうのなかでもとびっきりあしのはやいだちょう 「だちょうのプーイ」 みやざきひろかず作・絵 ひかりのくに 2005年2月

フィフィ
おかあさんたちとはぐれてひとりぼっちになってしまったかるがものあかちゃん 「フィフィのそら」 村上康成作 ひさかたチャイルド 2005年3月

フィンフィン
青いもようのついたうつくしいハチのブルー・ビーの友だちの森のようせい 「ブルー・ビーとまほうのとびら」 はやましようてい作；テイジ絵 学習研究社 2006年3月

フウ
びょうきのおばあちゃんとふたりでくらしていたこで山へ薬草をとりに行ってあかいいろのあくまのおとのこと出会ったおとのこ 「やさしいあくま」 なかむらみつる著 幻冬舎 2000年4月

フウ
ちょうのやまとしじみのおす 「ちょうのフウ」 得田之久作 童心社（得田之久こん虫アルバム） 1988年2月

ふう
いぬのおびをよんであそんだおんなのこ 「だれかがよんだ」 瀬川康男作 福音館書店 1992年6月

風　ふう
せんじょうになってもえる村で風来坊のお坊さんが火のなかからつれだしてあずかった子ども　「風来坊の子守歌がきこえる」川端誠作　教育画劇（スピカ絵本の森5）1991年11月

ぶう
さかなつりをしようとおもったこぶた　「ぶうとこんのさかなつり」吉本宗作・絵　PHP研究所（PHPわたしのえほんシリーズ）1997年9月

ぷう
おばあちゃんのいえにひとりでおつかいにいったこぶた　「ぷうのおつかい」木暮正夫作；原ゆたか絵　PHP研究所　2003年9月

ぶうくん
おふろがきらいなこぶた　「おふろの きらいな ぶうくん」小沢正作；いもとようこ絵　ひかりのくに（ひかりのくに傑作絵本集11）2000年5月

ふうこ
ひっこしてきたばかりでともだちがいないのでいつもひとりでほんをよんでいたおんなのこ　「ともだちがほしいの」柴田愛子文；長野ヒデ子絵　ポプラ社（からだとこころのえほん6）2004年3月

ふうせんおに
いくらでもおおきくふくらむがふうせんのようになかみのないおに　「こつぶひめとふうせんおに」やなせたかし作・絵　フレーベル館（おむすびまんたびにっき2）1990年2月

ふうせんくまくん
びっくりしたりおこったりするとふうせんみたいにふくれてしまうくまのこ　「ふうせんくまくん」あきやまただし作・絵　金の星社（新しいえほん）2000年4月

ふうた
やきゅうがだいすきなふうたくん　「ふうた どんまい」村上康成作　文化出版局　1987年4月

ふうた
じてんしゃがだいすきなふうたくん　「ふうた みちくさ」村上康成作　文化出版局　1987年4月

ぶうた
てっぽううちがとてもへたなりょうしのこぶた　「きつねのたんこぶ」小沢正作；井上洋介絵　鈴木出版　1992年9月

ブウタくん
こぶたのブブコさんとけんかしたなかよしのこぶたのおとこのこ　「いかりのギョーザ」苅田澄子作；大島妙子絵　佼成出版社　2006年12月

ぷうたくん
のんびりやまのふもとをひとまわりするおやこマラソンたいかいにおとうさんとでたこぶた　「のんびりやまの マラソンたいかい」木暮正夫作；夏目尚吾絵　フレーベル館（キンダーおはなしえほん）1993年5月

ふうちゃん
大きなじしんにあったあとあなぼこからはい出してくるじしんかいじゅうにおっかけられるゆめをみた女の子　「ふうちゃんとじしんかいじゅう」やまがみえいこ絵・文　小さな出合いの家　1995年12月

ふうちゃん
かわらでおかゆをたくむらのひなまつりにいった女の子 「ひなまつりのおきゃくさま」 高木あきこ作；つちだよしはる絵 ひさかたチャイルド（子どものまつり絵本） 1991年1月

ふうちゃん
まいにちせんどうさんのむーやんのふねにのってがっこうにかよっていたむらのおんなのこ 「せんどうじいさん むーやん」 ふりやかよこ作・絵 PHP研究所（PHPのえほん） 1989年12月

ブウちゃん
なかまたちとペコタンじまをいっしゅうするハイキングにでかけたくまのこ 「ペコタンじまはきょうもはれ」 関屋敏隆作・絵 PHP研究所（PHPわたしのえほんシリーズ） 1989年5月

ブウとトンとヤン
おかあさんにおこられていえでしたこぶたのきょうだい 「いえでだブヒブヒ」 柳生まち子作 福音館書店 1997年4月

夫婦　ふうふ
びわ湖のほとりでヨシを育てヨシですだれを作って生活していたそれはそれは仲のいい夫婦 「ヨシものがたり－水と共に生きる暮らしの中で」 ばんますえ文；なかじまひろゆき絵 遊タイム出版 2002年7月

ぶうぶ
よもぎのはらのまんなかでどろんこあそびをしたいたずらこぶた 「こぶたのぶうぶは こぶたのぶうぶ」 あまんきみこ文；福田岩緒絵 童心社 1987年3月

フウフウ
はたはたぱたぱたシーツがゆれてゆれてシーツからとびだしたシーツうさぎ 「シーツうさぎフウフウ」 やすいすえこ作；長野ひろかず絵 佼成出版社 2002年11月

ふうふう
こぶたのとんとんのハーモニカをとりあげたおおかみ 「こぶたのハーモニカ」 こわせたまみ文；奥田怜子絵 ひかりのくに（思いやり絵本シリーズ3） 1995年7月

ぶうぶさん
はこをおとしたあかいくるまをさがしたくるまがだいすきなぶうぶさん 「あかいくるまをさがせ」 岡村好文作・絵 岩崎書店（ぶうぶさん1） 2004年1月

ぶうぶさん
おおきなポンプしゃをつくったくるまがだいすきなぶうぶさん 「あつまれ しょうぼうしゃ」 岡村好文作・絵 岩崎書店（ぶうぶさん3） 2004年3月

風来坊　ふうらいぼう
かってきままなひとり旅をつづけているが木彫にかけては天下一品で「木彫りの風来坊」とよばれるお坊さん 「風来坊」 川端誠作・絵 BL出版 1998年6月

風来坊　ふうらいぼう
かってきままな旅をつづけているが木彫にかけては天下一品で「木彫りの風来坊」とよばれるお坊さん 「さくらの里の風来坊」 川端誠作・絵 ブックローン出版（時代活劇絵本「風来坊しりーず」） 1997年4月

風来坊　ふうらいぼう
かってきままなひとり旅をつづけているが木彫にかけては天下一品で「木彫りの風来坊」とよばれるお坊さん 「風来坊 危機一髪」 川端誠作・絵 ブックローン出版 1996年12月

風来坊　ふうらいぼう
かってきままなひとり旅をつづけているが木ぼりにかけては天下一品で「木ぼりの風来坊」とよばれるお坊さん　「風来坊の子守歌がきこえる」川端誠作　教育画劇(スピカ絵本の森5)　1991年11月

風来坊　ふうらいぼう
かってきままなひとり旅をつづけているが木ぼりにかけては天下一品で「木ぼりの風来坊」とよばれるお坊さん　「かえってきた風来坊」川端誠作・絵　教育画劇(スピカ絵本の森1)　1989年9月

プゥーンさんいちぞく
ひろいのはらのたけやぶのなかにあったしのだけむらにむしさんたちみんなとすんでいたかのいちぞく　「しのだけむらのやぶがっこう」カズコ・G・ストーン作　福音館書店(こどものとも傑作集)　2006年6月

ブーオ
ピーナツ鳥の母鳥ブーブールの子ども　「ピーナツ鳥が飛ぶ夜」山岸カフェ絵;鍬本良太郎文　新潮社　2002年11月

ブーオ
ピーブルーのもりをぬけてはじめてのおつかいにでかけたピーナツどりのなかよしさんきょうだいのこども　「ピーナツどりのちいさなたび」山岸カフェ絵・文　主婦と生活社　2002年12月

フォーラボー
小さな双子の兄妹タフルとチフルがもりのなかでみたもりのかみさまのフクロウ　「もりのかみさまフォーラボー」土田勇作　フレーベル館(リトルツインズ6)　1993年3月

フーガ
今は空き家になったホテルの客のブチ猫　「夜猫ホテル」舟崎克彦文;落田洋子画　ウオカーズカンパニー　1989年12月

プカー
コックさんのスタイルででてくるシーパラダイスのあしか　「ノッポさんのえほん11 あしかのコックさん」高見ノッポ作;冬野いちこ絵　世界文化社　2001年10月

ふき
秋田の北のはずれのだいば山にすんでいる大男の大太郎が大すきでふたりであそんだ木こりのむすめ　「ふき」斎藤隆介作;滝平二郎絵　岩崎書店(えほん・ハートランド)　1998年11月

プキプキ
海にうかんでいる小さな島ヤッポ島にすんでる女の子　「不思議のヤッポ島 プキプキとポイ」ヤーミー絵・文　小学館　2004年5月

福ジロー　ふくじろー
森にすむみんなのためにしあわせ探しの旅に出たふくろう　「星になった福ジロー」安川眞慈絵・文　木耳社　2006年8月

福留 美奈子　ふくとめ・みなこ
一九四五年八月九日の長崎の原爆で死んで晴着を着せられて火葬された二人の少女の一人　「ふりそでの少女」松添博作・絵　汐文社(長崎平和絵本シリーズ6)　1992年2月

ぶくぶく
たっくんのいえのせんたくきからでたあわかいじゅう「あわかいじゅう ぶくぶく」山本省三作;鈴木博子絵 佼成出版社(創作絵本シリーズ) 1989年5月

プクプク
とっても青い海の中なかよしみんなであそんでるハコフグ「プクプクのかくれんぼ-さかなクンのイラストストーリー」さかなクン作 小学館 2002年9月

ふくろう
ひとりでままなくらしをしていたにわとりのとなりのいえにひっこしてきたふくろう「おとなりさん」きしらまゆこ作;高畠純絵 BL出版 2006年3月

ふくろう
さむいきたのくにシベリアからこおりをつたってほっかいどうにたどりついたしろふくろう「しろふくろうのやま」手島圭三郎作・絵 リブリオ出版(極寒に生きる生きものたち) 2000年10月

ふくろう
山のうえのてんもんだいにひとりですんでいてぼうえんきょうで空の星をかんさつするしごとをしていたふくろう「とおい星からのおきゃくさま」もいちくみこ作;こみねゆら絵 岩崎書店(のびのび・えほん20) 2002年11月

ふくろう
むかしはまっしろなとりだったからすをまっくろけのからだにしたそめものやのふくろう「ふくろうのそめものや」山口マオ絵 鈴木出版(たんぽぽえほんシリーズ) 2001年1月

ふくろう
はたらきもののねずみがすんでいたちいさなおかのちいさないえにやってきたおきゃくのふくろう「ねずみのごちそう」杉田豊絵・文 講談社 1998年3月

ふくろう
よるになって「ホーホーホーホー」とないて「うるさいなあ」とにわとりにおこられたふくろう「プーワ島のそらのした」高畠純作・絵 ブッククローン出版 1992年7月

ふくろう(クロ)
いわちゃんという男の子がかっていたこどものふくろう「おとうさんの木」最上一平作;長新太絵 教育画劇 2003年8月

フクロウ(クロード)
森にとんできたぼうしとなかよしになって風の休みばしょをおしえてもらったフクロウ「クロードの森-風の音楽会」福本智雄作 ほるぷ出版 1990年12月

フクロウ(クロード)
とぶのがこわいフクロウのこども「まいごのクロード」ふくもとともお作 ほるぷ出版 1989年3月

ふくろう(しまぶくろさん)
わにのスワニーのとなりにすんでいるしまふくろうのおじさん「わにのスワニー しまぶくろさんとあそぶの巻」中川ひろたか作;あべ弘士絵 講談社(dandan books) 2001年9月

ふくろう(しろふくろう)
ともだちになったからすとじめんのオーロラをみるために大きな町にむかってぼうけんのたびにでたしろふくろう「しろふくろうのぼうけん日記」斉藤洋作;高畠純絵 ほるぷ出版 1995年10月

フクロウ(フォーラボー)
小さな双子の兄妹タフルとチフルがもりのなかでみたもりのかみさまのフクロウ 「もりのかみさまフォーラボー」 土田勇作 フレーベル館(リトルツインズ6) 1993年3月

ふくろう(福ジロー)　ふくろう(ふくじろー)
森にすむみんなのためにしあわせ探しの旅に出たふくろう 「星になった福ジロー」 安川眞慈絵・文 木耳社 2006年8月

ふくろう(ホロン)
まいばんこうもりくんをうっとりさせるうたをうたっているもりのふくろう 「ホロンのうたのかい」 ひだきょうこ作・絵 偕成社 1999年9月

ふくろう(ヤン)
まほうつかいのジョジョさんのつくるスープをのみにやってくるふくろうのこ 「まほうよりもすごいもの」 さえぐさひろこ作；狩野富貴子絵 金の星社(新しいえほん) 2002年7月

フクロウじいさん
ひとみしりのモグラのこがいつもあいにいく年よりのフクロウ 「ありがとうフクロウじいさん」 武鹿悦子作；中村悦子絵 教育画劇(みんなのえほん) 2000年7月

フーシカ
つめたい雨の日にダニエルじいさんが家につれてかえったいつもフーとおこってばかりのひとりぼっちのこねこ 「こねこのフーシカ」 松居スーザン文；松成真理子絵 童心社(絵本・だいすきおはなし) 2001年9月

富士号　ふじごう
山の中にすてられて首輪のクサリを木にまきつけられてちゅうづりのようになっていたところをたすけられた犬 「いのち輝け 富士号」 角谷智恵子文；滝波明生画 河合楽器製作所・出版事業部 1995年1月

伏見 コン助　ふしみ・こんすけ
妖術つかい鬼面法師につづみにかえられたおとうはんをさがすため人形づくりの名人に化けてお城にやってきたきつねの子 「あっぱれ！コン助」 藤川智子作・絵 講談社(講談社の創作絵本) 2005年4月

ブタ
ほかのどうぶつたちとポケットくらべをしたブタ 「ぽけっとくらべ」 今江祥智文；和田誠絵 文研出版(えほんのもり) 2005年12月

ぶた
なきむしのこぶた 「なみだ どこ どこ？」 左近蘭子作；童きみか絵 フレーベル館(げんきわくわくえほん26) 1997年5月

ぶた
たまちゃんちにあらわれたかわいくってふしぎなこぶたたち 「はれときどきこぶた-すなぶた・たまごぶた・はみがきぶた」 矢玉四郎作 小学館(おひさまのほん) 1998年5月

ぶた
ぶたのまちにはいってきたおおかみのまわりにあつまってきたたいぐんのぶた 「はらぺこおおかみとぶたのまち」 宮西達也作・絵 鈴木出版(ひまわりえほんシリーズ) 1994年10月

ブタ
うみべでタコがピューッととんできてはなのあなにはいったブタ 「ブタとタコのダンス」 長新太文・絵 学習研究社(学研おはなし絵本) 2005年6月

ぶた
　ぶた
　おなかがからっぽならふうせんこぶたになってとんでいけばいいといってきつねにだまされたこぶた 「ふうせんこぶた」 宇野克彦作;渡辺有一絵　ひさかたチャイルド　1990年4月
　ぶた
　いつでもいっしょの5ひきのこぶたのきょうだい 「ごひきの こぶた ビービーブゥ！」 こみまさやす作・絵　鈴木出版(ひまわりえほんシリーズ)　1998年6月
　ぶた
　はしるのがとてもおそいおおかみがまだいちどもつかまえたことがないぶたたち 「ぶたのたね」 佐々木マキ作　絵本館　1989年10月
　ぶた
　うたをうたってたらそらへまいあがったぶた 「ぶた たこ とんだ」 つるみまさお作;たたらなおき絵　岩崎書店(えほん・ハートランド4)　1994年7月
　ぶた
　あしたはクリスマスというひにもりのなかでたのしそうにうたをうたっていた12ひきのこぶたたち 「メリークリスマスおおかみさん」 宮西達也作・絵　女子パウロ会　2000年10月
　ぶた
　おおかみに恋したぶたのおんなのこ 「どきっ！恋するってこんなこと」 みやにしたつや作・絵　岩崎書店(フレンド・ブック3)　1998年9月
　ブタ(イノブタくん)
　きたのまちのぼくじょうにいたイノシシのようなかたいけがせなかいちめんにはえていたのでイノブタくんとよばれていた子ブタ 「イノブタくんの父さんさがし」 牧島敏乃作;中原陽子絵　ほるぷ出版　1988年6月
　ぶた(おおぶたちゃん)
　そとでおみせやさんごっこをすることになった3びきのこぶたの1ぴき 「3びきのこぶたのおみせやさんごっこ」 あさのななみ作;長浜宏絵　PHP研究所(PHPわたしのえほんシリーズ)　2002年7月
　ぶた(おおぶたちゃん)
　あめふりのにちようびにおとうさんにおはなしをしてもらった3びきのこぶたの1ぴき 「3びきのこぶたとちいさなおうち」 あさのななみ作;長浜宏絵　PHP研究所(PHPわたしのえほんシリーズ)　2000年7月
　ぶた(おおぶたちゃん)
　となりのおおかみさんのあかちゃんをあずかることになった3びきのこぶたの1ぴき 「3びきのこぶたとちいかみちゃん」 あさのななみ作;長浜宏絵　PHP研究所(わたしのえほん)　1999年7月
　ブタ(カマカニ)
　ハワイの小さな島でヤギのアロハとウマのカイリとずっといっしょにくらしていたブタ 「ハワイの3にんぐみ」 笹尾俊一画・文　講談社　1997年6月
　ぶた(コック)
　こぶたのきょうだいのいもうとでぼうけんのたびをするふね「ドラゴンまる」のりょうりばん 「かいていかいぞくむら」 永井郁子作・絵　岩崎書店(ドラゴンまるのぼうけん2)　2005年2月

ぶた（コック）
こぶたのふたごのきょうだいのいもうとでぼうけんのたびをするふね「ドラゴンまる」のりょうりばん 「ひがしのムーンのティンカーベル」永井郁子著 岩崎書店（ドラゴンまるのぼうけん4） 2006年9月

ぶた（コック）
こぶたのきょうだいのいもうとでぼうけんのたびをするふね「ドラゴンまる」のりょうりばん 「ブォーン！くじらじま」永井郁子作・絵 岩崎書店（ドラゴンまるのぼうけん1） 2003年6

ぶた（コック）
こぶたのきょうだいのいもうとでぼうけんのたびをするふね「ドラゴンまる」のりょうりばん 「レストランドラゴンまる」永井郁子作・絵 岩崎書店（ドラゴンまるのぼうけん3） 2005年7月

ぶた（ころた）
ねこのねねこちゃんのたんじょうびによばれてみんながでかけていくのにひとりだけのけものにされたとおもったこぶた 「あわてんぼ ころたの にちようび」森山京文；木村かほる絵 講談社 1987年10月

ぶた（コンブータ）
カンタラむらにすんでいるなまいきでつよがりでぼうけんだいすきのこぶた 「コンブーターみみだけぞうになる」加藤圭子文；いしいじゅね絵 けやき書房（けやきの絵本） 2002年3月

ぶた（サンナン）
もうすぐおひるで畑にいるとうさんにおべんとうをとどけるフーフー村のこぶた 「サンナンこぶたとごごのそら」立野恵子作 ブックローン出版 1996年4月

ぶた（ジーくん）
ゆうびんきょくのおてつだいがおわるとおにいちゃんたちとバケツをかぶってちかのたんけんにいくくじら村のぶたのかぞくのおとこのこ 「ジーくんとバケツたんけんたいーくじら村ものがたり」かげやままき作・絵 岩崎書店（えほんのマーチ12） 2004年5月

ぶた（ズーフ）
山の上の湖のほとりにある家に引っこしてきて森の広場にはり紙を出して手紙をやりとりする友だちをぼしゅうしたぶた 「はいけい、たべちゃうぞ」福島サトル作；はらだゆうこ絵 BL出版 2004年12月

ぶた（ちいぶたちゃん）
そとでおみせやさんごっこをすることになった3びきのこぶたの1ぴき 「3びきのこぶたのおみせやさんごっこ」あさのななみ作；長浜宏絵 PHP研究所（PHPわたしのえほんシリーズ） 2002年7月

ぶた（ちいぶたちゃん）
あめふりのにちようびにおとうさんにおはなしをしてもらった3びきのこぶたの1ぴき 「3びきのこぶたとちいさなおうち」あさのななみ作；長浜宏絵 PHP研究所（PHPわたしのえほんシリーズ） 2000年7月

ぶた（ちいぶたちゃん）
となりのおおかみさんのあかちゃんをあずかることになった3びきのこぶたの1ぴき 「3びきのこぶたとちいかみちゃん」あさのななみ作；長浜宏絵 PHP研究所（わたしのえほん） 1999年7月

ぶた

ぶた（チェリー）
おひるごはんのあとでおかしをつくるのがいちばんのたのしみでしゅうかくさいのおかしコンテストにでることにしたぶた「ぶたのチェリーのおはなし」やまだうたこ文・絵　偕成社（日本のえほん）2002年9月

ぶた（ちゃっぷ）
なかむつまじくくらすぶたのかぞくの3びきのこぶたのきょうだいの1ぴき「こぶたのみっぷちゃっぷやっぷ」筒井頼子文；はたこうしろう絵　童心社（絵本・こどものひろば）2005年7

ぶた（ちゅうぶたちゃん）
そとでおみせやさんごっこをすることになった3びきのこぶたの1ぴき「3びきのこぶたのおみせやさんごっこ」あさのななみ作；長浜宏絵　PHP研究所（PHPわたしのえほんシリーズ）2002年7月

ぶた（ちゅうぶたちゃん）
あめふりのにちようびにおとうさんにおはなしをしてもらった3びきのこぶたの1ぴき「3びきのこぶたとちいさなおうち」あさのななみ作；長浜宏絵　PHP研究所（PHPわたしのえほんシリーズ）2000年7月

ぶた（ちゅうぶたちゃん）
となりのおおかみさんのあかちゃんをあずかることになった3びきのこぶたの1ぴき「3びきのこぶたとちいかみちゃん」あさのななみ作；長浜宏絵　PHP研究所（わたしのえほん）1999年7月

豚（トン助）　ぶた（とんすけ）
ある養豚場にいる豚の仲間「考える豚」桂三枝文；黒田征太郎絵　アートン（桂三枝の落語絵本シリーズ4）2006年1月

ぶた（とんとん）
おたんじょうびにハーモニカをかってもらったこぶた「こぶたのハーモニカ」こわせたまみ文；奥田怜子絵　ひかりのくに（思いやり絵本シリーズ3）1995年7月

ぶた（トントン）
かあさんにもほんとうのきもちをいえないほどやさしすぎるこぶたのおとこのこ「やさしいトントン」やまぐちすわこ作　アスラン書房（心の絵本）2001年10月

豚（トン平）　ぶた（とんぺい）
ある養豚場にいる豚の仲間「考える豚」桂三枝文；黒田征太郎絵　アートン（桂三枝の落語絵本シリーズ4）2006年1月

ぶた（ピック）
こぶたのきょうだいのおにいちゃんでぼうけんのたびをするふね「ドラゴンまる」のキャプテン「かいていかいぞくむら」永井郁子作・絵　岩崎書店（ドラゴンまるのぼうけん2）2005年2月

ぶた（ピック）
こぶたのふたごのきょうだいのおにいちゃんでぼうけんのたびをするふね「ドラゴンまる」のキャプテン「ひがしのムーンのティンカーベル」永井郁子著　岩崎書店（ドラゴンまるのぼうけん4）2006年9月

ぶた（ピック）
こぶたのきょうだいのおにいちゃんでぼうけんのたびをするふね「ドラゴンまる」のキャプテン「ブォォーン！くじらじま」永井郁子作・絵　岩崎書店（ドラゴンまるのぼうけん1）2003年6月

ぶた（ピック）
こぶたのきょうだいのおにいちゃんでぼうけんのたびをするふね「ドラゴンまる」のキャプテン　「レストランドラゴンまる」　永井郁子作・絵　岩崎書店（ドラゴンまるのぼうけん3）　2005年7月

ぶた（プイ）
くしゃみがとまらなくなってもぐらくんにちゅっとキスをしてなおったこぶた　「こぶたくんにキスキスキス」　わたなべゆういち文・絵　ぎょうせい（そうさくえほん館18）　1993年1月

ぶた（プイ）
スケートボードであそんでいてすいかばたけのすいかをわってしまいわれたすいかをおもわずたべてしまったこぶた　「こぶたくんのすいかじけん」　わたなべゆういち文・絵　ぎょうせい（そうさくえほん館12）　1992年11月

ぶた（プイ）
またおねしょをしちゃったこぶた　「こぶたくんのおしっこ」　わたなべゆういち文・絵　ぎょうせい（そうさくえほん館6）　1992年7月

ぶた（ぷう）
さかなつりをしようとおもったこぶた　「ぷうとこんのさかなつり」　吉本宗作・絵　PHP研究所（PHPわたしのえほんシリーズ）　1997年9月

ぶた（ぷう）
おばあちゃんのいえにひとりでおつかいにいったこぶた　「ぷうのおつかい」　木暮正夫作；原ゆたか絵　PHP研究所　2003年9月

ぶた（ぷうくん）
おふろがきらいなこぶた　「おふろの　きらいな　ぷうくん」　小沢正作；いもとようこ絵　ひかりのくに（ひかりのくに傑作絵本集11）　2000年5月

ぶた（ぷうた）
てっぽううちがとてもへたなりょうしのこぶた　「きつねのたんこぶ」　小沢正作；井上洋介絵　鈴木出版　1992年9月

ぶた（ブウタくん）
こぶたのブブコさんとけんかしたなかよしのこぶたのおとこのこ　「いかりのギョーザ」　苅田澄子作；大島妙子絵　佼成出版社　2006年12月

ぶた（ぷうたくん）
のんびりやまのふもとをひとまわりするおやこマラソンたいかいにおとうさんとでたこぶた　「のんびりやまの　マラソンたいかい」　木暮正夫作；夏目尚吾絵　フレーベル館（キンダーおはなしえほん）　1993年5月

ぶた（ブウとトンとヤン）
おかあさんにおこられていえでしたこぶたのきょうだい　「いえでだブヒブヒ」　柳生まち子作　福音館書店　1997年4月

ぶた（ぶうぶ）
よもぎのはらのまんなかでどろんこあそびをしたいたずらこぶた　「こぶたのぶうぶは　こぶたのぶうぶ」　あまんきみこ文；福田岩緒絵　童心社　1987年3月

ぶた（ぶたぬきくん）
たぬきさんにばけかたをならってかおはぶたのままでいろいろなものにばけるぶた　「ぶたぬきくんおまわりさんになっちゃった」　斉藤洋作；森田みちよ絵　佼成出版社　2005年7月

ぶた

ぶた（ぶたぬきくん）
たぬきさんにばけかたをならってかおはぶたのままでいろいろなものにばけるぶた 「ぶたぬきくんほっきょくへいく」 斉藤洋作；森田みちよ絵 佼成出版社 2001年8月

ぶた（ぶたぬきくん）
たぬきさんにばけかたをならってかおはぶたのままでいろいろなものにばけるぶた 「ぶたぬきくんしまへいく」 斉藤洋作；森田みちよ絵 佼成出版社 2000年7月

ぶた（ぶたぬきくん）
たぬきさんにばけかたをならってかおはぶたのままでいろいろなものにばけるぶた 「ぶたぬきくんうみへいく」 斉藤洋作；森田みちよ絵 佼成出版社 1999年8月

ぶた（ぶたぬきくん）
たぬきさんにばけかたをならってかおはぶたのままでいろいろなものにばけるぶた 「ぶたぬきくんまちへいく」 斉藤洋作；森田みちよ絵 佼成出版社 1999年4月

ぶた（ぶたぬきくん）
たぬきさんにばけかたをならってかおはぶたのままでいろいろなものにばけるぶた 「ぶたぬきくんもりへいく」 斉藤洋作；森田みちよ絵 佼成出版社 1999年4月

ぶた（ブタノくん）
そらでほしみがきのしごとをすることになったぶた 「ブタノくんのほしみがき」 小沢正文；にしかわおさむ絵 にっけん教育出版社 2002年3月

ブタ（ブタヤマさん）
チョウをとるのにむちゅうでうしろからなにがきてもわからなかったブタさん 「ブタヤマさんたらブタヤマさん」 長新太作 文研出版（えほんのもり） 2005年2月

ブタ（ブタヤマさん）
ブタがまるごとトンカツにされたおおきなトンカツをみとこわくなってしまったブタさん 「つきよのキャベツくん」 長新太作 文研出版（えほんのもり） 2003年8月

ブタ（ブタヤマさん）
キャベツくんといっしょに「おいしいものがありますよー」とてまねきする大きなネコたちについていったブタさん 「キャベツくんのにちようび」 長新太作 文研出版（えほんのもり21） 1992年5月

ブタ（ブタヤマさん）
やまのなかのたかいつりばしのうえでしたのかわからかおをだしたおおきなサカナにたべられそうになったブタさん 「キャベツくんとブタヤマさん」 長新太作 文研出版（えほんのもり17） 1990年7月

ぶた（フータロー）
ぶたのなかまのなかでただ1ぴきやせていてばかにされていたぶた 「やせたぶた」 木島始作；本田克己絵 リブロポート（リブロの絵本） 1991年7月

ぶた（ぶーぶー）
たぬきのぱふぱふのなかよし 「おなかのいしころ」 みやもとただお作 フレーベル館 1996年6月

ぶた（ブブコさん）
フライパンをみつけてギョーザをやいたこぶたのおんなのこ 「いかりのギョーザ」 苅田澄子作；大島妙子絵 佼成出版社 2006年12月

ぶた(プリンくん)
まちへいってくまさんアイスのおやつをかってかえってきたこぶたのおとこのこ 「くまさんアイス」 とりごえまり著 アリス館 2003年11月

ぶた(ブルトン)
いたちのアンドレのともだちのこぶた 「こぶたのブルトン あきはうんどうかい」 中川ひろたか作;市居みか絵 アリス館 2006年9月

ぶた(ブルトン)
いたちのアンドレのともだちのこぶた 「こぶたのブルトン はるはおはなみ」 中川ひろたか作;市居みか絵 アリス館 2006年3月

ぶた(ブルトン)
いたちのアンドレのともだちのこぶた 「こぶたのブルトン なつはプール」 中川ひろたか作;市居みか絵 アリス館 2005年6月

ぶた(ブルトン)
いたちのアンドレのともだちのこぶた 「こぶたのブルトン ふゆはスキー」 中川ひろたか作;市居みか絵 アリス館 2004年11月

ぶた(ブン)
みんなのまえでときどきいいふりこぶたになってしまうがんばりこぶた 「がんばりこぶたのブン」 たかどのほうこ作 あかね書房(えほん、よんで!8) 2003年11月

ぶた(フンガくん)
くいしんぼのこぶた 「くいしんぼフンガくん」 国松エリカ作 小学館(おひさまのほん) 2005年9月

ぶた(フンガくん)
べそっかきのこぶた 「べそっかきフンガくん」 国松エリカ作 小学館 2004年4月

ぶた(フンガくん)
おこりんぼのこぶた 「おこりんぼフンガくん」 国松エリカ作 小学館 2003年6月

ぶた(ポーくん)
くいしんぼうなこぶたのおとこのこ 「こぶたのポーくん1 おやつがいっぱい」 きむらゆういち作・絵 講談社 2000年2月

ぶた(ポーくん)
くいしんぼうなこぶたのおとこのこ 「こぶたのポーくん2 おおかみがでた!」 きむらゆういち作・絵 講談社 2000年2月

ぶた(ぽこぽん)
まいにちはなたばをもってどこかへいくかめのたーとるのあとをつけたこぶた 「なかに いるの だあれ」 飯島敏子作;水野二郎絵 ひさかたチャイルド 1987年6月

ぶた(ボリーとポリー)
のいちごえんにかようふたごのこぶた 「ボリーとポリーのたからさがし」 クリハラヤスト;山田花菜著 学習研究社(学研おはなし絵本) 2006年3月

ぶた(ホルモ)
とくいのまほうでみんなをたすけてあげるぶたの天使 「とんでけホルモ」 エム・ナマエ著 小学館 2004年11月

ぶた

ぶた（まきおとはなことぶんた）
おかあさんとこぶたほいくえんへいった三びきのこぶた 「こぶたほいくえん」 中川李枝子文；山脇百合子絵 福音館書店（幼児絵本シリーズ） 2001年3月

ぶた（みっぷ）
なかむつまじくくらすぶたのかぞくの3びきのこぶたのきょうだいの1ぴき 「こぶたのみっぷちゃっぷやっぷ」 筒井頼子文；はたこうしろう絵 童心社（絵本・こどものひろば） 2005年7月

ぶた（モモコ）
アンナ・バレーだんの新進バレリーナのぶた 「ぶたのモモコとフルーツパーラー」 森山京作；黒井健絵 小峰書店（プチえほん） 1993年6月

ぶた（やっぷ）
なかむつまじくくらすぶたのかぞくの3びきのこぶたのきょうだいの1ぴき 「こぶたのみっぷちゃっぷやっぷ」 筒井頼子文；はたこうしろう絵 童心社（絵本・こどものひろば） 2005年7月

ぶたくん
きょうがたんじょうびのぶたくん 「ぶたくんのたんじょうび」 あきやまただし作・絵 ポプラ社（えへんごほんえほん5） 1997年4月

ぶたくん
100ぴきのおおかみにとりかこまれてたべられそうになったぶたくん 「ぶたくんと100ぴきのおおかみ」 宮西達也作・絵 鈴木出版（チューリップえほんシリーズ） 1991年10月

ぶたさん
あるひどこからかとても大きなプレゼントのはこがとどいたどうぶつたちのなかのぶたさん 「すてきなプレゼント」 またのあつこ作・絵 文渓堂 2004年11月

ぶたさん
ブルドッグさんのおみせでまいにちパンをやいているパンをやくのがだいすきなぶたさん 「ぶたのほかほかパンやさん」 正岡慧子文；神山ますみ絵 PHP研究所（PHPにこにこえほん） 2002年7月

ぶたさん
ねこさんにぼうしをみせられてかごのなかのきれでおおきなたくさんのひらひらのついたぼうしをつくったぶたさん 「おおきな おおきなぼうし」 香山美子作；上野紀子絵 教育画劇（スピカのおはなしえほん33） 1987年7月

ぶたさんいっか
リュックにたくさんのおやつとおべんとうをいれてやまのぼりにやってきたぶたさんいっか 「ぶたさんいっかの やまのぼり」 浅沼とおる作・絵 鈴木出版 1996年9月

ブタちゃん
はずかしがりやのカバくんがひとめですきになってしまったブタちゃん 「はずかしがりやのカバくん」 肥田美代子作；藤本四郎絵 教育画劇（スピカのおはなしえほん32） 1987年3月

ぶたぬきくん
たぬきさんにばけかたをならってかおはぶたのままでいろいろなものにばけるぶた 「ぶたぬきくんおまわりさんになっちゃった」 斉藤洋作；森田みちよ絵 佼成出版社 2005年7月

ぶたぬきくん
たぬきさんにばけかたをならってかおはぶたのままでいろいろなものにばけるぶた 「ぶたぬきくんほっきょくへいく」 斉藤洋作；森田みちよ絵 佼成出版社 2001年8月

ぶたぬきくん
たぬきさんにばけかたをならってかおはぶたのままでいろいろなものにばけるぶた 「ぶたぬきくんしまへいく」 斉藤洋作；森田みちよ絵 佼成出版社 2000年7月

ぶたぬきくん
たぬきさんにばけかたをならってかおはぶたのままでいろいろなものにばけるぶた 「ぶたぬきくんうみへいく」 斉藤洋作；森田みちよ絵 佼成出版社 1999年8月

ぶたぬきくん
たぬきさんにばけかたをならってかおはぶたのままでいろいろなものにばけるぶた 「ぶたぬきくんまちへいく」 斉藤洋作；森田みちよ絵 佼成出版社 1999年4月

ぶたぬきくん
たぬきさんにばけかたをならってかおはぶたのままでいろいろなものにばけるぶた 「ぶたぬきくんもりへいく」 斉藤洋作；森田みちよ絵 佼成出版社 1999年4月

ブタノくん
そらでほしみがきのしごとをすることになったぶた 「ブタノくんのほしみがき」 小沢正文；にしかわおさむ絵 にっけん教育出版社 2002年3月

ぶたのこ
ひっこしてきたばかりのさるのこととともだちになったぶたのこ 「あそびましょ」 もりやまみやこ作；ミヤハラヨウコ絵 草炎社（そうえんしゃ・日本のえほん1） 2005年10月

ぶたのとのさま
ぶたのおしろのおもちがだいすきなぶたのとのさま 「おもちぶとん」 わたなべゆういち作 あかね書房（えほん、よんで！11） 2005年11月

ぶたぶたさん
いつもおならでへんじをするぶたぶたさんちのおとうさん 「ぶたぶたさんのおなら」 角野栄子文；佐々木洋子絵 ポプラ社（ぴょんぴょんえほん8） 1990年12月

ブタヤマさん
チョウをとるのにむちゅうでうしろからなにがきてもわからなかったブタさん 「ブタヤマさんたらブタヤマさん」 長新太作 文研出版（えほんのもり） 2005年2月

ブタヤマさん
ブタがまるごとトンカツにされたおおきなトンカツをみとこわくなってしまったブタさん 「つきよのキャベツくん」 長新太作 文研出版（えほんのもり） 2003年8月

ブタヤマさん
キャベツくんといっしょに「おいしいものがありますよー」とてまねきする大きなネコたちについていったブタさん 「キャベツくんのにちようび」 長新太作 文研出版（えほんのもり21） 1992年5月

ブタヤマさん
やまのなかのたかいつりばしのうえでしたのかわからかおをだしたおおきなサカナにたべられそうになったブタさん 「キャベツくんとブタヤマさん」 長新太作 文研出版（えほんのもり17） 1990年7月

ブターラとクマーラ
なみをのりこえてみなみのしまへやってきたブタとクマ 「ドッキドキーブターラとクマーラ」 高畠純著 フレーベル館 2002年2月

ぶたら

ブターラとクマーラ
ペンキやさんをはじめたブタとクマ 「ベッタベター ブターラとクマーラ」 高畠純作 フレーベル館 2003年3月

ブターラとクマーラ
木のうえの家でまいにちたのしくくらしているとなりどうしのブタとクマ 「ウッキウキー ブターラとクマーラ」 高畠純作 フレーベル館 2000年12月

二人の若い紳士（紳士）　ふたりのわかいしんし（しんし）
山奥の西洋料理店に入った二人の若い紳士 「注文の多い料理店-画本 宮沢賢治」 宮沢賢治作；小林敏也画 パロル舎 1989年7月

フータロー
ぶたのなかまのなかでただ1ぴきやせていてばかにされていたぶた 「やせたぶた」 木島始作；本田克己絵 リブロポート(リブロの絵本) 1991年7月

プチキュー
みたことないものをみようとしてあるきだしたちいさなちいさな貝の子ども 「貝の子プチキュー」 茨木のり子作；山内ふじ江絵 福音館書店(日本傑作絵本シリーズ) 2006年6月

淵沢 小十郎　ふちざわ・こじゅうろう
熊捕りの名人 「なめとこ山の熊」 宮沢賢治文；彦一彦画 福武書店 1992年3月

プチファン
もりにくらしていたモンスターのともだちのおとこのこ 「モンスターのなみだ」 おぼまこと作・絵 教育画劇(スピカみんなのえほん18) 1992年12月

フーちゃん
きんぎょのアカさんのかいぬし 「きんぎょのうんどうかい」 高部晴市著 フレーベル館(フレーベル館の秀作絵本29) 2001年6月

フーちゃん
きんぎょのアカさんのかいぬし 「きんぎょのおまつり」 高部晴市作 フレーベル館 2000年6月

フーちゃん
きんぎょのあかさんのかいぬし 「きんぎょのかいすいよく」 高部晴市著 フレーベル館 1999年6月

プーチン
「ぼく」が学校へいくと家を脱出してしまって車にはねられてた子犬 「がんばれプーチン」 おぼまこと作・絵 カワイ出版 1998年6月

ブーツ
へいの上でひるねをしたいのにほかのネコたちでいっぱいではいれなかったネコ 「ブーツのぼうけん」 きたむらさとし作 小峰書店 2004年6月

ブーツ
おふろがだいっきらいなねこ 「ブーツのおふろ」 きたむらさとし絵・文 評論社(児童図書館・絵本の部屋) 1999年3月

ブーツ
ともだちにおはようをいったねこ 「ブーツのともだち」 きたむらさとし絵・文 評論社(児童図書館・絵本の部屋) 1999年3月

ふっかい
やまぶし 「そうべえ まっくろけのけ」 田島征彦作 童心社(童心社の絵本) 1998年7月

ふっかい
やまぶし 「そうべえ ごくらくへゆく」 たじまゆきひこ作 童心社(童心社の絵本) 1989年10月

プック
きたのうみでうまれたラッコのふたごのあかちゃんのいもうと 「ふたごのラッコ」 岡野薫子文・絵 ポプラ社(絵本・おはなしのひろば20) 1987年2月

プックン
まいごになってしまったこぐま 「まいごのプックン」 おおともやすおみ作 あかね書房(こぐまのプックン1) 1993年11月

ブッチ
みなみのしまののんきなむらにいた2ひきのこいぬのしろくろもようのおとうといぬ 「トランとブッチのぼうけん」 もとしたいづみ文;あべ弘士絵 ポプラ社(みんなで絵本6) 2002年11月

プッチ
いらないものをこうかんするボンボンバザーをひらいたアンティークやさんのねずみ 「ボビンとプッチのアンティークやさん あしたはバザーのひ」 スズキタカオ作・絵 ポプラ社(ボビンとプッチのアンティークやさん3) 2006年3月

プッチ
ねこのボビンとアンティークやさんをはじめたのんびりやのねずみ 「ボビンとプッチのアンティークやさん1」 スズキタカオ作・絵 ポプラ社 2004年8月

プッチ
アップルタウンにやってきたサーカスをみにいったアンティークやさんのねずみ 「ボビンとプッチのアンティークやさん2」 スズキタカオ作・絵 ポプラ社 2005年5月

ぷっちん
いつもなかよしのあらいぐまのちゃっぷんとはさみとわりばしとむしとりあみをもってふうせんりょこうにしゅっぱつしたしまりす 「ぷっちんとちゃっぷん－ふうせんりょこう」 藤城清治絵;舟崎克彦文 講談社(講談社の幼児えほん) 2001年4月

ふでこぞう
つきのひかりがさしたよるにつくえのうえからうごきだしてそとへあそびにいったふで 「ふでこぞう」 せなけいこ作 童心社(せなけいこ・おばけえほん) 2002年7月

プテラノドン
そらとぶタクシーをはじめたきょうりゅうのプテラノドン 「ぷてらのタクシー」 斉藤洋作;森田みちよ絵 講談社 1994年3月

プテラノドン
けがをしたらんぼうもののきょうりゅうティラノサウルスをたすけてあげたプテラノドンのこ 「おれはティラノサウルスだ」 宮西達也作・絵 ポプラ社(絵本の時間36) 2004年1月

プトゥ
みなみのしまにたくさんのかぞくといっしょにすんでいるうまれて10かげつのおとこのこ 「みなみのしまのプトゥ」 むらまつたみこ著 アリス館 2003年7月

ブトーおばさん
西アフリカのナイジェリアのアバディのパンやのおばさん 「アバディのパン」 木葉井悦子作 ほるぷ出版 2005年8月

フトッチーニ
あるところにいたどろぼうのきょうだいのにいさんでとってもふとっちょ 「フトッチーニとホソッチーニ-なつ・バカンスの巻」 ケロポンズ作；にしむらあつこ絵 教育画劇 2006年6月

ふな
かわのなかのうんどうかいにあつまったふな 「かわのなかのうんどうかい」 今井鑑三作；山戸亮子絵 文渓堂 2001年8月

フニャラ
いつもけんかでもいつもいっしょのさんびきねこのいっぴきののらねこがすきなかいねこ 「さんびきねこの かいぞくごっこ」 上野与志作；礒みゆき絵 ひさかたチャイルド 2006年5

ふね
げんきにわくわくひとりでしゅっぱつしたちいさいふね 「ちいさいふねのぼうけん」 高木あきこ作；田頭よしたか絵 ひさかたチャイルド（えほんとともだちシリーズ） 2005年4月

ぶーぶー
たぬきのぱふぱふのなかよし 「おなかのいしころ」 みやもとただお作 フレーベル館 1996年6月

ブブコさん
フライパンをみつけてギョーザをやいたこぶたのおんなのこ 「いかりのギョーザ」 苅田澄子作；大島妙子絵 佼成出版社 2006年12月

ブブディ
はぐれたママを見つけるために西アフリカ生まれの男の子ガスパといっしょに森をさがしにいったチンパンジーの子ども 「森は、どこにあるの？」 バンチハル作 くもん出版 2001年12月

ブブノワさん
ポッケが10こもあるワンピースをつくってもらったおんなのこ 「ポッケのワンピース」 つちだのぶこ著 学習研究社（学研おはなし絵本） 2005年2月

ブーブール
ピーナツ鳥親子の母鳥 「ピーナツ鳥が飛ぶ夜」 山岸カフェ絵；鍬本良太郎文 新潮社 2002年11月

文ちゃん　ふみちゃん
信州伊那谷の子どもののんちゃんがふたりでおかっさま（およめさん）ごっこをしてあそんだきんじょのおない年の女の子 「おかっさまごっこ-小さい小さいこいものがたり」 代田昇文；二俣英五郎絵 童心社（絵本・こどものひろば） 1996年3月

ふみや
うちにもうすぐあかちゃんがうまれるのでおじいちゃんのいえにあずけられたおとこのこ 「うみのひかり」 緒島英二作；土田義晴絵 教育画劇（みんなのえほん） 1997年6月

フムフム
ハコフグのプクのなかよしのムラサメモンガラ 「プクプクのかくれんぼ-さかなクンのイラストストーリー」 さかなクン作 小学館 2002年9月

ふゆ
おばあちゃんのたんじょうかいにかぞくでがっきのえんそうをすることになったねこのおとこのこ、あきのおとうと 「たんじょうかいがはじまるよ」みやざきこうへい作・絵 PHP研究所（わたしのえほんシリーズ）1995年3月

ふよこちゃん
さとやまのぞうきばやしのなかにすんでいるふようどのだいかぞくのおんなのこ 「ふようどのふよこちゃん」飯野和好作 理論社 2005年10月

フライパン
火がなくてもやけるしゃべるいかりのフライパン 「いかりのギョーザ」苅田澄子作；大島妙子絵 佼成出版社 2006年12月

フライパン
おるすばんのちーちゃんのおりょうりをてつだってくれたまんまるのかおをしたおじさん 「まんまるひみつのおじさん」のぶみ作・絵 草炎社（そうえんしゃ・日本のえほん4）2006年4月

ブラウニー
よごれているものをみるとなんでもあらいたくなってしまうせんたくやさんのあらいぐま 「せんたくやのブラウニー」とりごえまり作・絵 偕成社 1999年10月

ブラウンさん
けっこんゆびわをなくしたこなひきごやのくま 「ポイントさんは めいたんてい」多田ヒロシ作・絵 PHP研究所（PHPわたしのえほんシリーズ）1987年8月

ブラックの親分　ぶらっくのおやぶん
大阪の繁華街キタで生きる野良犬のボス 「悲しい犬やねん」桂三枝文；黒田征太郎絵 アートン（桂三枝の落語絵本シリーズ3）2005年11月

フラップ
ゆうびんやにもつをはこぶちいさなひこうき 「ちいさなひこうきフラップ」松本州平作・絵 徳間書店 2002年3月

ぶらぶらばあさん
まほうでにんげんにかえてやったフンころがしのフンたろうとふたりでたびをつづけるへちまのかみさまのおばあさん 「ぶらぶらばあさん－やまからうみへ」馬渕公介作；西村繁男絵 小学館（「おひさまのほん」シリーズ）1999年5月

ぶらぶらばあさん
みなしごのフンコロガシのフンたろうとであいじゅもんをとなえてフンたろうをにんげんにかえてやってたびにつれていくことにしたおばあさん 「ぶらぶらばあさん」馬渕公介作；西村繁男絵 小学館（おひさまのほん）1996年11月

ブラリ
たびをしながらおきゃくさんにふさわしいものをとりそろえる大きな白いふくろをしょったなんでもや 「なんでもやのブラリ」片平直樹作；山口マオ絵 教育画劇 2006年7月

フランシスコ
キリストさまとおなじようになにももたないでひとびとにかみさまのことをおしえるためまちからむらへとたびをしていたひと 「フランシスコとおおかみ」かすや昌宏絵；石井健吾文 至光社（ブッククラブ 国際版絵本1994）

ふらん

フランツ
おおきなピアノを「くじらくん」とよんでたいせつにたいせつにしていたピアニスト 「ぼくの く じらピアノ」 よねやままえいいち作・絵　PHP研究所(PHPのえほん)　1992年2月

ブリ
きょうからひとりでねることになったゆうくんとねたねこ 「へんしんでんしゃ デンデコダーン」 みやもとただお作・絵　あかね書房(あかね・新えほんシリーズ18)　2004年4月

ブリ
マオの森はずれにすむただひとりのネコで百年にいちどのまつりのために虹のほのおをさがすやくめになったネコ 「ブリと虹のほのお 猫の森のブリ」 阿部行夫・絵　文溪堂　2004年12月

フリオ・フトッチーニ(フトッチーニ)
あるところにいたどろぼうのきょうだいのにいさんでとってもふとっちょ 「フトッチーニとホソッチーニ—なつ・バカンスの巻」 ケロポンズ作；にしむらあつこ絵　教育画劇　2006年6月

フリオ・ホソッチーニ(ホソッチーニ)
あるところにいたどろぼうのきょうだいのおとうとでとってもやせっぽっち 「フトッチーニとホソッチーニ—なつ・バカンスの巻」 ケロポンズ作；にしむらあつこ絵　教育画劇　2006年6月

フリーダ
空を飛ぼうとして高い木からおちた猫のトビーをたすけてくれたカラス 「空飛ぶ猫」 森本和子作；木下純子絵　アースメディア　2004年2月

フリル
うまれつきこえがおおきいのでみんなのめいわくにならないようにいつもしずかにしているおんなのこ 「しずかなフリル」 長谷川直子著　学習研究社(学研おはなし絵本)　2006年2月

プリン
サーカスのぞうのこ 「ぬけだしたジョーカー」 武井武雄絵；こわせたまみ作　フレーベル館(武井武雄絵本美術館)　1998年4月

プリン
どんぐりむらにすむうさぎ 「うさぎさんのたんじょうび」 若山雪江作・絵　ポプラ社(どんぐりむらのおはなし1)　1995年11月

プリンくん
まちへいってくまさんアイスのおやつをかってかえってきたこぶたのおとこのこ 「くまさんアイス」 とりごえまり著　アリス館　2003年11月

プリンちゃん
ショコラちゃんとなかよしのおんなのこ 「ショコラちゃんうみにいく」 中川ひろたか文；はたこうしろう絵　講談社(講談社の幼児えほん)　2005年7月

プリンちゃん
はらっぱにいたへびのぼうやをうんちだとおもったうさぎのおんなのこ 「プリンちゃんのにげだしたうんち」 ささきようこ作・絵　ポプラ社(プリンちゃんシリーズ5)　2001年11月

プリンちゃん
おともだちとパンづくりをしたうさぎのおんなのこ 「プリンちゃんのかいじゅうパンだよっ」 ささきようこ作・絵　ポプラ社(プリンちゃんシリーズ)　2001年4月

プリンちゃん
またおねしょしちゃったうさぎのおんなのこ 「プリンちゃんのおねしょおばけ」 ささきようこ作・絵 ポプラ社(プリンちゃんシリーズ3) 2001年2月

プリンちゃん
ショコラちゃんとなかよしのぼくじょうのおんなのこ 「ショコラちゃんのおでかけドライブ」 中川ひろたか文;はたこうしろう絵 講談社(講談社の幼児えほん) 2001年12月

プリンちゃん
おかあさんによそゆきのワンピースをつくってもらったうさぎのおんなのこ 「プリンちゃんのワンピース」 ささきようこ作・絵 ポプラ社(プリンちゃんシリーズ1) 2000年11月

プリンちゃん
おともだちとかくれんぼしてあそんだうさぎのおんなのこ 「プリンちゃんのかくれんぼ」 ささきようこ作・絵 ポプラ社(プリンちゃんシリーズ2) 2000年11月

ブル
おしろで小さい犬のチロをいじめるらんぼうものの犬 「いじめられっこ チロ」 武鹿悦子文;いそけんじ絵 ひかりのくに(思いやり絵本シリーズ2) 1994年3月

ブル
夏休みにリョウが真っ黒なえんび服を着た男の人からもらったかぶとしむしの卵からかえったようちゅうがかぶとむしになったいっぴきめの1号 「リョウのかぶとむし旅行」 花村カナ文;荒井良二絵;三輪誠之原案 ゼネラル・エンタテイメント 1994年9月

ブルくん
どしゃくずれではしれなくなったでんしゃをたすけるためにやまのげんばにむかったパワーショベル 「パワーショベルのブルくん」 横溝英一作・絵 PHP研究所(PHPのりものえほん) 1999年3月

ブルくん
ママがおでかけでひとりでおるすばんをしたばんけん 「ばんけんブルくん」 うちべけい作・絵 PHP研究所(PHPにこにこえほんシリーズ) 1994年8月

ブル太さん　ぶるたさん
おませな女の子なりちゃんのボティガードのパグ犬 「なりちゃんのブル太さん」 高橋三千綱作;宮崎博和絵 サンリオ(サンリオ創作絵本シリーズ) 1988年7月

ブルッチ
「グッド・ドッグ・ファクトリー」でつくられたただめロボット犬 「ロボット犬とっちー」 山下友弘作・絵 文渓堂 2001年3月

ブルトン
いたちのアンドレのともだちのこぶた 「こぶたのブルトン あきはうんどうかい」 中川ひろたか作;市居みか絵 アリス館 2006年9月

ブルトン
いたちのアンドレのともだちのこぶた 「こぶたのブルトン はるはおはなみ」 中川ひろたか作;市居みか絵 アリス館 2006年3月

ブルトン
いたちのアンドレのともだちのこぶた 「こぶたのブルトン なつはプール」 中川ひろたか作;市居みか絵 アリス館 2005年6月

ブルトン
いたちのアンドレのともだちのこぶた 「こぶたのブルトン ふゆはスキー」 中川ひろたか作；市居みか絵 アリス館 2004年11月

ブルーバック
むかしこのほしからあおいいろがうしなわれてしまったときにあらわれたでんせつのあおいしか 「あおいしか」 葉祥明絵・文 佼成出版社 2000年11月

ブルー・ビー
青い花のあまい蜜がだいすきな青い蜂 「ブルー・ビー」 葉山祥鼎作；TEI絵 作品社 2004年7月

ブルー・ビー
森の中のとてもきれいなお花ばたけにすんでいる青いもようのついたうつくしいハチ 「ブルー・ビーとまほうのとびら」 はやましょうてい作；テイジ絵 学習研究社 2006年3月

ブルブル
どうぶつえんでおかあさんのかわりをしめすいぬムクムクにそだてられたみなしごのライオン 「やさしいライオン」 やなせたかし作・絵 フレーベル館(フレーベル館の大型えほん) 2006年4月

プルプル
ころがってきたたまごをじぶんがうんだのだとおもいこんでくちのなかであたためたかば 「プルプルのたまご」 塩田守男作・絵 教育画劇(スピカみんなのえほん11) 1990年9月

フルール
オスのツバメのビジューといっしょにすづくりをしたメスのツバメ 「ビジューとフルール―つばめたちのきせつ」 亀岡亜希子作・絵 教育画劇 2005年6月

プレト
みどり豊かな新天地にすんでいた肉食恐竜ダスプレトサウルスのこども 「恐竜トリケラトプスとひみつの湖 水生恐竜とたたかう巻」 黒川みつひろ作・絵 小峰書店(たたかう恐竜たち) 2006年7月

フレーミー
そうじきにはなをすいこまれてしまったいぬ 「フレーミーとそうじき」 ユーフラテス；うちのますみ作 ポプラ社(ピタゴラブック2) 2006年11月

プレーリー
街にある人数がたった3人の会社のみんなに飼われることになったプレーリードッグ 「プレーリーちゃん、いらっしゃーい！」 みやかわけんじ作；たばたごろう絵 新世研 2001年12月

フロストマン
いきをはくとたちまちみんなをこおりつかせてしまうこおりのおおおとこ 「ひいらぎはかせとフロストマン」 たむらしげる作・絵 フレーベル館(おはなしメルヘン12) 2001年10月

ブロッ子　ぶろっこ
お野菜ステーションのにんじん娘キャロラインの親友 「お野菜戦争」 デハラユキノリ作 長崎出版 2006年7月

フローラ
はりねずみのピックルとなかのよいともだちになったいもむしのおんなのこ 「はりねずみのピックル」 山崎陽子文；いもとようこ絵 女子パウロ会 1988年10月

フロラ
ドイツ占領下のアムステルダムの橋の真中でであった2匹のねこのめすねこ 「ねこの船」 こやま峰子文;渡辺あきお絵;スネル博子英訳 自由国民社 2002年5月

フロルちゃん
ブンタくんの家のおふろにすんでいるとうめいな魚 「おひさまにキッス―お話の贈りもの」 谷山浩子作;高林麻里絵 小学館(おひさまのほんシリーズ) 1997年10月

フロレンチン
フランスのもりのおくでいつもみんなのしあわせをいのってくらしていたひと 「フロレンチンと もりのなかま」 かなながわさちこ文;なかむらゆき絵 中央出版社 1991年11月

プワプワ
ゆうくんとなかよくなったおかあさんにしなれたあかちゃんくじら 「くじらのプワプワ」 わしおとしこ作;しのざきみつお絵 佼成出版社(創作絵本シリーズ) 1991年7月

フワリちゃん
おばけやしきにすんでいるおばけのかぞくのおねえさんおばけ 「よるのおるすばん」 ひろかわさえこ作・絵 アリス館(おばけのフワリちゃんポワリちゃん1) 1998年12月

ブン
おぼれているこびとのおじいさんをたすけたおれいにすてきなまほうをもらったしっぽじまんのきつね 「ブンの はなしっぽ」 南里たい子作;水野二郎絵 ひさかたチャイルド 1987年1月

ブン
みんなのまえでときどきいいふりこぶたになってしまうがんばりこぶた 「がんばりこぶたのブン」 たかどのほうこ作 あかね書房(えほん、よんで!8) 2003年11月

ブン
まちにあらわれた"わるねこだん"というねこのなかまのおやぶんのはいいろねこ 「おばあさんのねこになったねこ」 岡本一郎作;いもとようこ絵 金の星社(新しいえほん) 1997年7月

ブン
くぬぎのきのじゅえきをのみにやってきたかぶとむし 「かぶとむしのブン」 得田之久作 童心社(得田之久こん虫アルバム) 1988年5月

ブンガ
妖精のユカのボルネオ島の友だち 「ユカの花ものがたり たすけあう、植物と動物たち」 河合雅雄作;永田萠絵 小学館 2000年4月

フンガくん
くいしんぼのこぶた 「くいしんぼフンガくん」 国松エリカ作 小学館(おひさまのほん) 2005年9月

フンガくん
べそっかきのこぶた 「べそっかきフンガくん」 国松エリカ作 小学館 2004年4月

フンガくん
おこりんぼのこぶた 「おこりんぼフンガくん」 国松エリカ作 小学館 2003年6月

ふんころがし
みんなのふんをころがしてもっていくむし 「うんぽっとん」 みうらしーまる作・絵 金の星社 (こどものくに傑作絵本) 2003年11月

ふんた

プンダ
なにかがおきるまえにわかるようになったしまうま 「なんでもぴたりあたりやプンダ」 寺村輝夫文;村上康成絵 クレヨンハウス(おはなし広場) 2000年7月

ブンタくん
おひさまから手紙がとどいたおとこのこ 「おひさまにキッス-お話の贈りもの」 谷山浩子作;高林麻里絵 小学館(おひさまのほんシリーズ) 1997年10月

フンたろう
へちまのかみさまのぶらぶらばあさんにまほうでにんげんにかえてもらってふたりでたびをつづけるフンころがし 「ぶらぶらばあさん-やまからうみへ」 馬渕公介作;西村繁男絵 小学館(「おひさまのほん」シリーズ) 1999年5月

フンたろう
ふしぎなおばあさんとであいじゅもんをとなえられてにんげんにかえてもらってたびにつれていってもらうことになったみなしごのフンコロガシ 「ぶらぶらばあさん」 馬渕公介作;西村繁男絵 小学館(おひさまのほん) 1996年11月

ぶんちゃん
よるになるとつちのなかからでてきてきのみつをのみにいくおすのかぶとむし 「かぶとむしのぶんちゃん」 高家博成;仲川道子作 童心社 2000年6月

プンちゃん
ともだちとピクニックにいっただだっ子こぐま 「だから おむすび だいすき!!」 浅野知寿子作・絵 偕成社(だだっ子プンちゃん1) 1987年6月

ぶんぶん
ばいきんまんのつくったむしロボットとたたかったぶんぶんじまのぶんぶんもりのむし 「アンパンマンとぶんぶんぶん」 やなせたかし作・絵 フレーベル館(アンパンマンメルヘン12) 1993年1月

ブンブン
ブンタッタ星の王子さま 「ブンブンききいっぱつ-さらわれたママをすくいだせ!のまき」 むらやまゆか作;せとまさこ絵 文渓堂 1992年9月

ブンブンさん
ひろいのはらのいいかおりのするしげみのなかにあったしげみむらにむしさんたちみんなとすんでいたこがねむし 「しげみむら おいしいむら」 カズコ・G・ストーン作 福音館書店(こどものとも傑作集) 2004年3月

プンプンペリーニョ
おこったひとがだすぷんぷんゆげがだいこうぶつのおばけ 「プンプンペリーニョ」 ひだきょうこ著 学習研究社(学研おはなし絵本) 2005年6月

フンリイ
あおいほしにくらしているナンのなかま 「リュウのたからもの-ナンとあおいほしのなかまたち」 たちのけいこ作・絵 PHP研究所(わたしのえほん) 1997年6月

フンリイ
あおいほしにくらしているナンのなかま 「サーカスのすいせい-ナンとあおいほしのなかまたち」 たちのけいこ作・絵 PHP研究所(PHPわたしのえほんシリーズ) 1994年11月

フンリイ
あおいほしにくらしているナンのなかま 「なんでものたね-ナンとあおいほしのなかまたち」 たちのけいこ作・絵 PHP研究所(PHPわたしのえほんシリーズ) 1993年10月

文六ちゃん　ぶんろくちゃん
小さい村から半里ばかりはなれた本郷へほかの子どもたちと夜のお祭りをみにいったたる屋の清さの子ども　「きつね」　新美南吉作；鎌田暢子絵　大日本図書（絵本・新美南吉の世界）　2005年2月

文六ちゃん　ぶんろくちゃん
小さい村から半里ばかりはなれた本郷へほかの子供達と夜のお祭りを見にいった樽屋の清さの子供　「狐（きつね）」　新美南吉作；長野ヒデ子絵　偕成社　1999年3月

【へ】

ヘイザくん
おばけたからくじの一等賞のスポーツカーが大あたりしてガールフレンドと山おくのカッパ池までドライブにでかけたヘイザくん　「おばけドライブ」　スズキコージ作　ビリケン出版　2003年8月

兵士　へいし
あらあらしい足どりで森の中に入ってきて大きな木のねもとにドカッとこしをおろしたひとりのわかい兵士　「木からのおくりもの」　佐草一優作；アグネス・チャン絵　学習研究社　1999年4月

兵士　へいし
戦争にいった中国の紫金山のふもとからむらさきの花のたねをもち帰って日本で咲かせた兵士の若者　「むらさき花だいこん」　大門高子文；松永禎郎絵　新日本出版社　1999年7月

平二　へいじ
野原の北がわに畑をもっている農夫　「虔十公園林－宮沢賢治の童話絵本」　宮沢賢治作；高田勲絵　にっけん教育出版社　2004年5月

平二　へいじ
野原の北側に畑を有（も）っている農夫　「虔十公園林」　宮沢賢治作；伊藤亘絵　偕成社（日本の童話名作選）　1987年3月

へいたい
せんじょうのねんどでふえをつくった北の国のわかいへいたいと南の国のわかいへいたい　「土のふえ」　今西祐行作；沢田としき絵　岩崎書店（えほん・ハートランド20）　1998年4月

へいたろう
ばけものがまいばんやしきにでてきてもこわがらなかったこどものさむらい　「ぼくはへいたろう－「稲生物怪録」より」　小沢正文；宇野亜喜良絵　ビリケン出版　2002年8月

ベイツ
生意気ウサギの花草さんの家の従僕のウサギ　「生意気ウサギ」　高柳佐知子作・絵　ウオカーズカンパニー　1990年5月

ベイナスおじさん
タマネギぼうやといぬのテンをつれてきょうりゅうのくにへやってきたきょうりゅうがだいすきなおじさん　「きょうりゅうチャンピオンはだあれ？」　多田ヒロシ作；冨田幸光監修　教育画劇（きょうりゅうだいすき！）　1999年7月

ベイビー王子　べいびーおうじ
サーカス団のベイビーサーカスのピエロの男の子　「パジャマどろぼう　パン大作戦！」　きのひなた文；yaku絵　星の環会（星のベイビーサーカス）　2006年1月

べいび

ベイビー王子　べいびーおうじ
サーカス団のベイビーサーカスのピエロの男の子「ポップコーン☆パニック」きのひなた文;yaku絵　星の環会(星のベイビーサーカス)　2005年11月

ベイビー王子　べいびーおうじ
ちょっと変わったサーカス団ベイビーサーカスのおっちょこちょいのわがままピエロ「星のベイビーサーカス フルーツ島のわんぱくパイレーツ」きのひなた文;yaku絵　星の環会　2006年3月

ベイビー王子　べいびーおうじ
サーカス団のベイビーサーカスのピエロの男の子「フルーツ島のわんぱくパイレーツ」きのひなた文;yaku絵　星の環会(星のベイビーサーカス)　2006年3月

ベイビー王子　べいびーおうじ
サーカス団のベイビーサーカスのピエロの男の子「恋のシチューはキスの味」きのひなた文;yaku絵　星の環会(星のベイビーサーカス)　2006年5月

ぺーくん
たまごからうまれたふたごのひよこ「ふたごのたまご」寺村輝夫作;和歌山静子絵　あかね書房(たまごのほん)　2003年12月

ぺこかま
あざやかな赤紫の花の上でじっと虫を待っていたいつもお腹がぺこぺこのかまきり「ずっと、らりるれれ−花になったかまきり」美原紀華作;サリエ・マーシャ絵　芳賀書店　2000年7月

ペコペコ
ハコフグのプクのなかよしのメガネウオ「プクプクのかくれんぼ−さかなクンのイラストストーリー」さかなクン作　小学館　2002年9月

ペコペコ
はらぺこになってだいこんばたけにやってきてだいこんをたべながらうさぎとかにわとりをたべてみたいとおもったおおかみ「おおかみペコペコ」宮西達也作・絵　学習研究社(学研おはなしセレクションシリーズ)　1996年11月

ペス
ツトムちゃんのうちのいぬ「ぼくがパジャマにきがえていると」にしかわおさむ作・絵　PHP研究所(PHPわたしのえほんシリーズ)　1999年11月

ペス
ツトムのうちのいぬ「ミイラくんあそぼうよ」にしかわおさむ作・絵　PHP研究所(わたしのえほん)　2006年12月

ベソ
ハルおばあさんのふしぎなオルガンをぬすみだそうとしたふたりのどろぼうのオトウトぶん「ハルおばあさんのオルガン」なるみやますみ作;高畠純絵　ひくまの出版　1997年9月

ペーター
みなみのくにへいったしろくまのこ「しろくまのペーター」にしかわおさむ文・絵　教育画劇　2003年7月

ペーター
もりのそばにあったながいことあきやだったふるいいえにすみついていたやもり「ノックがとんとん」にしかわおさむ作・絵　PHP研究所(PHPわたしのえほんシリーズ)　1988年10月

ペタラ
もりのきやくさをネバネバのヨダレでよごしていたナメクジのばけもの 「もりのヒーロー ハリーとマルタン6 なみだのもりのまき」 やなせたかし作・絵 新日本出版社 2006年3月

ペダルくん
タカくんがのってうんてんのれんしゅうをしたじてんしゃ 「タカくんとじてんしゃの ペダルくん-はじめてのじてんしゃこうつうルール」 うちべけい作・絵 PHP研究所(PHPにこにこえほん) 2005年1月

ぺちゃくちゃ
たぬきのぬくぬくがのーんびりとひなたぼっこをしているところをじゃましたからす 「ぽかぽか ひなたぼっこ」 中沢正人作・絵 すずき出版;金の星社(こどものくに傑作絵本) 1989年6月

へっこきあねさ(あねさ)
ばあさがふっとばされててんじょうまでまいあがってしまうほどでっかいへをこいたよめのあねさ 「へっこきあねさ」 長谷川摂子作;荒井良二絵 岩波書店(てのひらむかしばなし) 2004年9月

へっこきよめさん(よめさん)
おっかさんがふきとばされてうらのはたけまでとんでいってしまったほどすごいへをしたよめさん 「へっこきよめさん」 おざわとしお;からさわかおり文;はなのうちまさよし絵 くもん出版(子どもとよむ日本の昔ばなし10) 2005年11月

ぺっこん
おなかがぺこぺこなのでおさらにばけたこぎつね 「はらぺこぺっこん」 織茂恭子作 あかね書房(あかね創作えほん35) 1995年3月

ベッシー
こいぬのマイロがともだちになったベンジャミンこでくらすかいじゅうのこども 「まいごのマイロ」 大島妙子作 あかね書房(あかね・新えほんシリーズ24) 2005年10月

ベッツ
むすめのタンクルといっしょにどうぶつびょういんでかんごふさんのしごとをしているラブラドルレトリーバーといういぬ 「いぬのかんごふさん ベッツとタンクル」 井上こみち文;広野多珂子絵 教育画劇(絵本・ほんとうにあった動物のおはなし) 2002年3月

ペッパー
ぼうけんのだいすきなげんきなねこのおとこのこ 「カレーせんにんをさがせ」 山本省三文;マスカワサエコ絵 PHP研究所(ペッパーとゆかいななかまたち) 1995年4月

へっぷりむすこ
はまべの村におったへっぷりしてはおどけてみせるむすこ 「へっぷりむすこ」 梶山俊夫絵;ふじかおる文 童心社(ぼくとわたしのみんわ絵本) 2000年6月;第一法規出版(日本の民話絵本8) 1981年6月

ベト
せんそうのときアメリカがベトナムじゅうにまいたかれはざいのせいでおなかがつながっていてふたりでひとつのからだでうまれたきょうだいのおにいちゃん 「ベトちゃんドクちゃんからのてがみ」 松谷みよ子文;井口文秀画 童心社 1991年3月

ペトロ
ガリラヤのまちにすんでいたりょうしでイエスさまとさかなをとりにいってふしぎなたいりょうにおどろきイエスさまのおでしになったひと 「ふしぎなたいりょう」 河村員子文;小野かおる絵 女子パウロ会 1993年10月

ぺなん

ペナンペ
むかしアイヌのくににすんでいたふたりのじいさまのひとりで川上のもの 「パナンペ ペナンペむかしがたり-アイヌのウウエペケレより」 中村欽一作;西山三郎絵 童心社(絵本・ちいさななかまたち) 1992年7月

へび
しっぽのさきがかゆくなったせかいいちながいへび 「せかいいちながいへび」 みやざきひろかず作・絵 教育画劇 2005年11月

ヘビ
キツネとオオカミとともだちになったヘビ 「あいつもともだち」 内田麟太郎作;降矢なな絵 偕成社 2004年10月

ヘビ
二かいのベランダからブリキのヒコーキにのってとんでいった「ぼく」といっしょにそらをとんだヘビ 「おはよう」 梶山俊夫作 小峰書店 2002年6月

へび
ソースがなめたくてモモちゃんちにいったへびのぼうや 「ソースなんてこわくない」 松谷みよ子文;武田美穂絵 講談社(ちいさいモモちゃんえほん12) 1997年1月

ヘビ(おふじ)
村人にきらわれたのでおじいさんとおばあさんがなくなく山へすてたおふじと名づけた大きなヘビ 「おもちのすきなヘビのおふじ」 谷真介文;赤坂三好絵 佼成出版社(十二支むかしむかしシリーズ) 2006年12月

へび(かんとりぃ・へび)
じまんすることがなにもないのがじまんのへび 「へびじまんのこと」 MAJODE MAJORA作・絵 ポプラ社(えほん村みんな物語・1) 2001年10月

へび(だんでぃ・へび)
かんとりぃ・へびのクラスにはいってきたてんこうせいのやけにはでなへび 「へびじまんのこと」 MAJODE MAJORA作・絵 ポプラ社(えほん村みんな物語・1) 2001年10月

ヘビくん
なんでもぱくぱくたべちゃうはらぺこなヘビくん 「はらぺこヘビくん」 みやにしたつや作・絵 ポプラ社(みやにしたつやのえほん1) 2006年4月

へびのかんごふさん
いちにちだけおいしゃさんになったどうぶつびょういんのへびのかんごふさん 「へびのせんせいとさるのかんごふさん」 穂高順也文;荒井良二絵 ビリケン出版 2002年6月

ぺぺ
おかあさんとおとうさんについてとおくのもりへたびをするきょうりゅうのこども 「なかまとであう」 ヒサクニヒコ作・絵 草炎社(きょうりゅうぺぺのぼうけん3) 2006年3月

ぺぺ
だめロボット犬とっちーのライバルのほんものの犬 「ロボット犬とっちーとライバル犬ぺぺ」 山下友弘作・絵 文渓堂 2002年5月

ぺぺ
7匹きょうだいのすえっこのきょうりゅうのあかちゃん 「おなかがすいた」 ヒサクニヒコ作・絵 草炎社(きょうりゅうぺぺのぼうけん1) 2006年1月

ペペ
おかあさんにつれられてすからそとに出られるようになったきょうりゅうのこども 「もりにでかける」 ヒサクニヒコ作・絵 草炎社 (きょうりゅうペペのぼうけん2) 2006年1月

ペペ
おかあさんとおとうさんについてとおくのもりへたびをするきょうりゅうのこども 「川をわたるペペ」 ヒサクニヒコ作・絵 草炎社 (きょうりゅうペペのぼうけん4) 2006年6月

ペペ
川をわたってあたらしいもりについたきょうりゅうたちのリーダー 「ペペがたたかう」 ヒサクニヒコ作・絵 草炎社 (きょうりゅうペペのぼうけん5) 2006年10月

ベベちゃん
けがわのふくをぬいだりきたりのきせかえくまちゃん 「おしゃれなベベちゃん」 末吉暁子作; 藤田三歩絵 偕成社 1988年11月

ベム
ある日博物館へ恐竜の化石をみにいったトムを恐竜見学ツアーにつれていってくれた恐竜 「トム君の恐竜大冒険」 法月幸子文・絵 汐文社 1996年10月

へらこいぎつね
むかしごんべえだぬきとばけくらべをしたきつね 「ばけくらべ」 松谷みよ子作; 瀬川康男絵 福音館書店 (こどものとも傑作集) 1989年9月

ベラドンナ
そらをとべるだけのまじょ 「カレーせんにんをさがせ」 山本省三文; マスカワサエコ絵 PHP研究所 (ペッパーとゆかいななかまたち) 1995年4月

ヘリオさん
こっとうやで見つけたおかしなあなあきなべの絵をかったびんぼうな絵かき 「ヘリオさんとふしぎななべ」 市居みか著 アリス館 2001年10月

ペリカン(カッタくん)
にほんではじめてひとのてでうまれてそだてられたペリカンのこ 「よかったねカッタくん」 白須道徳文; 長野博一絵 らくだ出版 1990年12月

ベル
かぜのふきぬけるまちのとおりをかえるところもなくとぼとぼとあるいていたねこ 「かぜがはこんだクリスマス」 つるみゆき文・絵 サン パウロ 2003年10月

ベルナ
みきたくんのめのみえないおかあさんのもうどうけん 「ベルナとみっつのさようなら」 ぐんじななえ作; ひだかやすし画 ハート出版 (えほん盲導犬ベルナ5) 2004年6月

ベルナ
みきたくんのめのみえないおかあさんのもうどうけん 「ベルナとなみだのホットケーキ」 ぐんじななえ作; ひだかやすし画 ハート出版 (えほん盲導犬ベルナ3) 2003年6月

ベルナ
みきたくんのめのみえないおかあさんのもうどうけん 「ボクがベルナのめになるよ！」 ぐんじななえ作; ひだかやすし画 ハート出版 (えほん盲導犬ベルナ4) 2003年12月

ベルナ
みきたくんのめのみえないおかあさんのもうどうけん 「ベルナのおねえさんきねんび」 ぐんじななえ作; ひだかやすし画 ハート出版 (えほん盲導犬ベルナ1) 2002年9月

ベルナ
みきたくんのめのみえないおかあさんのもうどうけん 「ベルナもほいくえんにいくよ!」 ぐんじななえ作;ひだかやすし画 ハート出版(えほん盲導犬ベルナ2) 2002年12月

ベルナール
早春の川辺で見つけたオルガンのふたをあけると現れた黄色いふわっとしたみみみと仲良くなった男の子 「春風のみみみ」 小豆沢ゆう子文;永田萠絵 白泉社 1987年5月

ベルン
ナーガラ町のモルゼ丘の上で代々天気を見ている空見官 「ナーガラ町の物語」 すやまたけし作;黒井健絵 サンリオ 1988年11月

ヘレン
車にはねられて目も耳も不自由になった子ぎつね 「子ぎつねヘレンの10のおくりもの」 いまいまさこ作;田中伸介画 文芸社 2006年3月

ぺろ
まこととどろんこあそびをしたいぬ 「まことは どろんこぶた」 おおともやすお作 偕成社(げんきなまこと2) 1989年10月

ペロちゃん
ばけばけもりにすむおばけのおとこのこ 「おばけのペロちゃん ひえひえゆきだるまランド」 なかがわみちこ作・絵 教育画劇 2003年11月

べろべろりん
村びとがつくったでっかいやさいをみんなたべてしまった空のむこうのでっかいもの 「べろりん べろりん」 福田庄助作・絵 佼成出版社(創作民話絵本) 1992年5月

ぺろりんライオン
どうぶつをぺろりんとのみこんでしまうライオン 「うたっておどっておなかでラピコ」 やすいすえこ作;なかのひろたか絵 フレーベル館(げんきわくわくえほん17) 1996年8月

ベロン
りっぱなまものになるためにたびにでた二ひきのまものの一ぴき 「こぐまと二ひきのまもの」 西川おさむ作 童心社 2004年9月

ペロン
もりのなかであそぶのにあきてまちへあそびにいったおばけ 「まちへ いった おばけ」 藤島生子著 文研出版(えほんのもり10) 1991年10月

べんおじさん
きつねのこんがしんせつにしてあげたくま 「あしたはてんき」 小春久一郎作;杉浦範茂絵 ひかりのくに(ひかりのくに傑作絵本集22) 2003年2月

ペンキマン
ペンキやさんのペンタがいくらきれいに色をぬってもすぐに変な色をぬってしまうロボット 「アンパンマンとペンキマン」 やなせたかし作・絵 フレーベル館(アンパンマンメルヘン7) 1992年4月

ぺんぎん
さむくてふるえて「きてよきてよはやくきてー」とよんだぺんぎんのこ 「きてよ きてよ はやくきてー」 かこさとし作・絵 ポプラ社(350シリーズ おはなしえほん17) 2002年4月

ペンギン
ゆきだるまのともだちのペンギン 「ゆきの おじさん ありがとう」 高畠純作 ひかりのくに 1997年11月

ペンギン
ともだちのくまときたのくににすむしろくまとあざらしにあそびにくるようにてがみをかいたペンギン 「パーティーはこれから」 高畠純作 佼成出版社 1991年11月

ぺんぎん
「ぼく」につれられてどうぶつえんをぬけだしたぺんぎんのちび 「ぺんぎんのちび」 高野健二作 福武書店 1988年6月

ペンギン
ふたつのたまごのひとつからなかなかうまれないペンギン 「ペンギンのたまご」 桑原伸之著 小峰書店(リトルブック) 1998年5月

ペンギン(ギンちゃん)
とってもなかよしでなにをするのもいつもふたりのペンギンのきいろいぼうしのこ 「ペんちゃんギンちゃん おおきいのをつりたいね！」 宮西達也作 ポプラ社(絵本のおもちゃばこ7) 2005年4月

ペンギン(クーちゃん)
おるすばんをたのまれてちいさいおかあさんになったペンギンのこ 「ちいさい おかあさん」 矢崎節夫文;高畠純絵 小峰書店(こみねのえほん16) 1988年5月

ペンギン(ジェイ)
なかよしのおやこペンギンのおとうさん 「おやこペンギンジェイとドゥ」 片平直樹作;高畠純絵 ひさかたチャイルド 2005年5月

ペンギン(ジェイムズ)
ほかのこちがってオレンジいろのたまごからうまれてきたぜんしんオレンジいろのペンギン 「オレンジいろのペンギン」 葉祥明絵・文 佼成出版社 2003年10月

ペンギン(ジャック)
ジャンプがとくいなのでかっとびジャックとよばれているイワトビペンギン 「かっとびジャック-おかねはこびのまき」 やましたはるお作;しまだしほ絵 ポプラ社(絵本カーニバル6) 2004年9月

ペンギン(スイッピ)
5にんきょうだいの4ばんめのペンギンのこ 「ペンギンのおかいもの」 さかざきちはる著 幻冬舎 2005年11月

ペンギン(ドゥ)
なかよしのおやこペンギンのこども 「おやこペンギンジェイとドゥ」 片平直樹作;高畠純絵 ひさかたチャイルド 2005年5月

ペンギン(ペンちゃん)
とってもなかよしでなにをするのもいつもふたりのペンギンのあかいぼうしのこ 「ペんちゃんギンちゃん おおきいのをつりたいね！」 宮西達也作 ポプラ社(絵本のおもちゃばこ7) 2005年4月

ペンギンくん
はいたついがいのものもはこんでしまうこころやさしいゆうびんやのペンギン 「ぼくたちなかよしゆうびんともだち-がんばるぺんぎんくんのおはなし」 水野はるみ絵;正岡慧子文 PHP研究所(PHPにこにこえほん) 1997年5月

ペンギンくん
はいたついがいのものもはこんでしまうこころやさしいゆうびんやのペンギン 「ぼくのしごとはゆうびんやーがんばるペンギンくんのおはなし」 水野はるみ絵；正岡慧子文　PHP研究所（PHPにこにこえほん）　1996年5月

ペンギン博士　ぺんぎんはかせ
ちきゅうがまるいのをしょうめいしてみせるとなにがあってもまっすぐすすんだペンギン博士 「ペンギン博士」 なかえよしを作；上野紀子絵　くもん出版（くもんの絵童話シリーズ）　1992年12月

へんぐり
すこしなまけもののごみせいそうしゃ 「あんぐりとへんぐり」 なかのひろたか作　童心社（のりものシリーズ）　1989年6月

弁慶　べんけい
みやこでさむらいたちの太刀をうばいとっていたてんぐ法師とよばれるならず者で源義経の家来になった大男 「義経と弁慶」 谷真介文；赤坂三好絵　ポプラ社（日本の物語絵本11）　2005年5月

ベンジー
はじめてまきばのそとへでてともだちのノラにおかのいえのパーティーにつれていってもらったひつじ 「ぼくのせなかにのせてってあげる！」 市川里美作・絵；堀内紅子訳　徳間書店　1997年12月

ベンジー
ふるいはこのなかからたからの地図をみつけたノラといっしょにたからさがしにでかけたともだちのひつじ 「たからさがし」 市川里美作・絵　徳間書店　2000年10月

ベンジー
くいしんぼうでなにをやってもヘマばかりのふとっちょのひつじ 「ベンジーのおくりもの　ノラとくいしんぼうのひつじ」 市川里美作　偕成社　1992年7月

ヘンダ
まほうつかいのパパのバンダさんがゆりかごをなおしてスキーをつけたそりにみんなとのってすべりにいったちいさいこ 「まほうつかいの そりあそび」 西山直樹作・絵　福武書店　1990年11月

ヘンダ
まほうつかいのバンダさんのこどものあかんぼう 「パパはまほうつかい」 西山直樹作・絵　福武書店　1988年11月

ペンタ
ペンキもりのペンキやさん 「アンパンマンとペンキマン」 やなせたかし作・絵　フレーベル館（アンパンマンメルヘン7）　1992年4月

ペンちゃん
とってもなかよしでなにをするのもいつもふたりのペンギンのあかいぼうしのこ 「ペンちゃんギンちゃん おおきいのをつりたいね！」 宮西達也作　ポプラ社（絵本のおもちゃばこ7）　2005年4月

へんてこむしさん
こびとのチロとなかよしになったむし 「ともだちほしいな」 まつやかずえ作・絵　タリーズコーヒージャパン　2006年2月

ペンペン
うさぎの町にお父さんとお母さんとなかよく暮らしていたちょっぴりへんてこな顔をした男のこ 「ペンペンのなやみごと」オオサワチカ作・画 フーコー 1999年11月

ヘンリー
ものおきべやにいれられたぬいぐるみのかめ 「かめのヘンリー」ゆもとかずみ作;ほりかわりまこ絵 福音館書店 2003年4月

ヘンリー
カーニバルの見せものになっていたマナティをたすけて海へかえしてやったひきがえる 「海のかいぶつをたすけだせ!」おおともやすお作 ベネッセコーポレーション 1997年8

ヘンリー
のねずみのハリーに車をなおしてもらったひきがえるのヘンリービッキー3せい 「とうぞくかわうそだん-ヘンリーとハリーの大冒険1」おおともやすお作 ベネッセコーポレーション 1996年10月

ヘンリー
クリスマスにのねずみのハリーのおばさんにケーキを届けようとしたひきがえる 「ぼくはあったよサンタクロース-ヘンリーとハリーの大冒険2」おおともやすお作 ベネッセコーポレーション 1996年10月

【ほ】

ボー
きんちゃんとぎんちゃんのふたりのおばあちゃんが小さかったころ新海の池におったくじら 「きんちゃんとぎんちゃん-くじらのボーのはなし」松本礼児作;大久保としひこ絵 扶桑社 1992年4月

ポー
クリスマスの日にこひつじのメリーと月にいった夢を見たこひつじ 「ポーとメリーのクリスマス」野村辰寿著 主婦と生活社(ね~ね~絵本) 2001年11月

ポー
こひつじのメリーをさがしているこひつじ 「ポーの子どもたち」野村辰寿著 主婦と生活社(ね~ね~絵本) 2000年11月

ポー
夢で見ていたこひつじのメリーにほんとうに会ったこひつじ 「ポーのロマンス」野村辰寿著 主婦と生活社(ね~ね~絵本) 1999年11月

ポー
夢の中でこひつじのメリーに出会ったこひつじ 「ポーとメリー」野村辰寿著 主婦と生活社(ね~ね~絵本) 1998年11月

ポー
ねむっている間にあるいてしまうこまったくせがあるこひつじ 「ポーのクリスマス」野村辰寿著 主婦と生活社(ね~ね~絵本) 1996年11月

ポー
クリスマスはおとうさんとおかあさんがくつしたをあむしごとででてんてこまいでいちどもプレゼントをもらったことがないきょうだいのおとうと 「クウとポーのクリスマス」松井雪子著 平凡社 2004年11月

ポイ
ヤッポ島にすんでる女の子プキプキとなかよしのヤッポザル 「不思議のヤッポ島 プキプキとポイ」 ヤーミー絵・文 小学館 2004年5月

ポイすてかいじゅう
あきかんとペットボトルのかいじゅう 「たこやきマントマン-マリンランドのぼうけんのまき」 高田ひろお作;中村泰敏絵 金の星社(新しいえほん) 1999年7月

ホイップ
ひなげし村のみんなときいちごつみにでかけたくまのこ 「ホイップベアーときいちご」 ロコ・まえだ絵・文 柳原出版 2006年7月

ホイップ
ひなげし村のふゆがすぐそこまできていてふゆじたくをはじめたくまのこ 「ホイップベアーのふゆじたく」 ロコ・まえだ絵・文 柳原出版 2006年12月

ホイップ
ひなげし村のくまさんのおうちに生まれたまるでホイップクリームのようなかわいい赤ちゃんぐま 「ホイップベアー」 ロコ・まえだ絵・文 柳原出版 2005年6月

ホイップ
なつがはじまったひなげし村でとうさんとかあさんのかえりをまつひとりぼっちのこぐま 「ホイップベアーのおせんたく」 ロコ・まえだ絵・文 柳原出版 2005年12月

ポイポイ
おもちゃをポイポイたべるかいじゅう 「かいじゅうポイポイ」 わらべきみか作 ひさかたチャイルド(あかちゃんからのステップアップ絵本) 2000年11月

ポイントさん
どうぶつまちのめいたんていのいぬ 「ポイントさんは めいたんてい」 多田ヒロシ作・絵 PHP研究所(PHPわたしのえほんシリーズ) 1987年8月

芳一(耳なし芳一)　ほういち(みみなしほういち)
赤間ケ関の阿弥陀寺に住んでいた盲人の琵琶法師で平家の悪霊に魅入られて耳をもぎ取られた若者 「耳なし芳一」 小泉八雲原作;船木裕文;さいとうよしみ絵 小学館 2006年3月

ほういんさま
とうげのみちでねていたきつねをほらがいをふいておどかしてやってかたきをうたれたほういんさま 「ほういんさまときつね」 樋口淳文;赤坂三好絵 フレーベル館(むかしむかしばなし7) 1989年4月

ぼうさま
むらびとがとめるのもきかずにばけものがでるてらにとまったたびのぼうさま 「ばけものでら」 岩崎京子文;田島征三絵 教育画劇(日本の民話えほん) 2000年2月

ぼうさま(ざとうぼうさま)
あらしでみずにながされてわたしもりにかわのそばにうめられたらでっかいきになったざとうぼうさま 「ぼうさまのき」 瀬川康男絵;松谷みよ子文 フレーベル館(日本むかし話4) 2002年12月

ぼうさん
ゆきのふるばんのことやまおくのさびしいむらにやってきて一夜のやどをたのんだぼうさん 「かぜよけじぞう」 清水達也作;阿部隆夫絵 フレーベル館 1987年5月

ポゥさん
グリーンヴァレーでおじいさんと一緒に木のおいしゃさんをしているポゥ・ダンネルという名のもぐら 「ポゥさんと秋風 グリーンヴァレーものがたり－谷のドクター・ポゥさんシリーズ 秋編」 ふくもとともお作 小池書院 1996年11月

ポゥさん
グリーンヴァレーでおじいさんと一緒に木のおいしゃさんをしているポゥ・ダンネルという名のもぐら 「ポゥさんのカヌー－グリーンヴァレーものがたり」 福本智雄作 小池書院 1996年8月

ポゥさん
グリーンヴァレーでおじいさんと一緒に木のおいしゃさんをしているポゥ・ダンネルという名のもぐら 「空をとんだポゥさん－グリーンヴァレーものがたり」 福本智雄作 スタジオ・シップ(谷のドクター・ポゥさんシリーズ) 1994年4月

ポゥさん
グリーンヴァレーでおじいさんと一緒に木のおいしゃさんをしているポゥ・ダンネルという名のもぐら 「ポゥさんの雪だるま－グリーンヴァレーものがたり」 福本智雄作 スタジオ・シップ(谷のドクター・ポゥさんシリーズ) 1993年12月

ぼうし
フクロウのクロードの森にとんできてクロードとなかよしになって風の休みばしょをおしえてくれたぼうし 「クロードの森－風の音楽会」 福本智雄作 ほるぷ出版 1990年12月

ぼうしや
ライオンおうさまがすむちいさなまちにうちゅうせんにのってやってきたぼうしや 「ぼうしや」 米山氷一作・絵 フレーベル館(げんきわくわくえほん9) 1995年12月

ぼうしやさん
ことし70のげんきにわらうぼうしやさんのおばあさん 「わたしはおしゃれなぼうしやさん」 山下夕美子作;北田卓史絵 教育画劇(スピカのおはなしえほん35) 1988年4月

ほうすけ
むらはずれのほらあなにひとりですんでいたおとこ 「ほうすけのひよこ」 谷川俊太郎作;梶山俊夫絵 解放出版社 1999年11月

ボウルさん
たまちゃんのおとなりにかぞくですんでいるボウルたち 「たまちゃんとボウルさん」 やまだうたこ文・絵 文溪堂 2004年10月

ホオリノミコト
はるかにとおい昔にいたきょうだいの神さまの弟で山のけものをとる男 「海幸彦 山幸彦」 西本鶏介文;藤川秀之絵 ポプラ社(日本の物語絵本10) 2004年9月

火遠理の命　ほおりのみこと
日の神の御子でけものをとる仕事をしていた若者、海幸の弟 「うみさち やまさち」 赤羽末吉絵;舟崎克彦文 あかね書房(日本の神話 第六巻) 1995年10月

ポカリナ
ひなたぼっこがだいすきなこねこ 「こねこのポカリナ」 どいかや作・絵 偕成社 2000年9月

ボク
たけちゃんがいえもしごともないおじさんがくらすかわのよこにあった青いテントごやのまえにひろってまたすてた犬 「青いひこうせん」 宮本忠夫作・絵 ポプラ社(絵本の時間6) 2001年8月

ポク
三びきのきょうだいのうさぎがもらわれてきたおにいさんのアーボさんのうちのいぬ 「月夜の子うさぎ」 いわむらかずお作 クレヨンハウス 1996年9月

ボクくん
いねむりおじさんと空にうかんだふしぎな島アップクプ島へいったおとこのこ 「アップクプ島のぼうけん—いねむりおじさんとボクくん」 やなせたかし作・絵 ウオカーズカンパニー(創作絵本シリーズ) 1989年7月

ポクさん
くるまのついたいえにすむひっこしがだいすきなおじさん 「ポクさんのひっこし」 深見春夫作・絵 PHP研究所(PHPにこにこえほん) 1994年10月

ポーくん
くいしんぼうなこぶたのおとこのこ 「こぶたのポーくん1 おやつがいっぱい」 きむらゆういち作・絵 講談社 2000年2月

ポーくん
くいしんぼうなこぶたのおとこのこ 「こぶたのポーくん2 おおかみがでた！」 きむらゆういち作・絵 講談社 2000年2月

ぽこぽこ
ふかしいものパーティーでおつきさまもほしのかなあとおもっておいもをわたそうとしたたぬき 「おなかが ぽこぽこ」 塩田守男作・絵 PHP研究所(PHPのえほん) 1989年9月

ぽこぽん
まいにちはなたばをもってどこかへいくかめのたーとるのあとをつけたこぶた 「なかに いるの だあれ」 飯島敏子作；水野二郎絵 ひさかたチャイルド 1987年6月

ぽこ・るり・みよ
ヒロシマの比治山をねぐらにしていたぽこ・るり・みよという三羽の山鳩 「原爆の少女ちどり」 山下まさと作・絵 汐文社(原爆絵本シリーズ3) 1989年4月

ポサム(ジョー)
いつもクスクスわらうので"しんだふり"ができないポサムのおとこのこ 「わらっちゃだめジョー！」 カザ敬子文・絵 西村書店 2001年5月

星　ほし
天の川のほとりにちかくならんでいた三つの星のいちばん小さくて色もまるでないようなよわい光であった三つめの星 「光の星」 浜田広介作；メリンダ・パイノ絵 集英社(ひろすけ童話絵本) 2005年7月

星うさぎ　ほしうさぎ
星の国で星たちをみがくしごとをしているうさぎ 「星うさぎと月のふね」 かんのゆうこ文；田中鮎子絵 講談社 2003年10月

星砂のぼうや　ほしすなのぼうや
海の中でホンダワラさんにしっかりつかまっている星砂のぼうや 「星砂のぼうや」 灰谷健次郎文；坪谷令子絵 童心社(童心社の絵本) 1993年6月

ほしの げんき
ひょんなことからおとうさんがじぶんと同じ小学生の時代にタイムスリップした男の子 「おとうさんは同・級・生」 なかのうくにお著 ブイツーソリューション 2004年6月

ほしのこ
すばるがてんからたけとみじまのみなみのうみにおりてきてうんだほしのこども 「ほしずなのうた」 かわだあゆこ再話;あんどうともこ絵 アスラン書房(心の絵本) 2002年5月

ほしのこ
こんやのたなばたまつりにだれかのおねがいをひとつかなえてあげないと一にんまえのほしになれないほしのこ 「ほしにおねがい」 武鹿悦子作;新野めぐみ絵 教育画劇(行事のえほん6) 1993年6月

星の子 ほしのこ
ちきゅうにとんできて山ねことともだちになったちいさな星の子ども 「ちいさな星の子と山ねこ」 にしまきかやこ作・絵 こぐま社 1987年6月

ほしべソくん
けんちゃんにあうためにほしのくにからちきゅうにきたほしのこ 「ほしべソくん ふたたびちきゅうへ」 おぐらひろかず文・絵 フレーベル館 2004年5月

ほしべソくん
まいごになってけんちゃんのうちにやってきたほしのこ 「ほしべソくん－はじめてのおともだち」 おぐらひろかず文・絵 フレーベル館 2003年11月

ホース
おひさまがかんかんてってるあついひベランダでけんたをよんでかたにかけられてさんぽにでかけたみどりのホース 「みどりのホース」 安江リエ文;やぎゅうげんいちろう絵 福音館書店(こどものとも傑作集) 2006年7月

ぼーすけ
ぼうしぼしからちきゅうにきたいたずらぼうず 「ぼうしおばけは おばけじゃない」 今井弓子作 文研出版(えほんのもり11) 1988年5月

ポストマン
まいにちてがみをわたしたりポストになったりしているポストマン 「ポストマン」 あんどうともこ作 アスラン書房(心の絵本) 2002年1月

ホセファおばあさん
スペインのくにのみなみのまちのまちはずれにすんでいるおばあさん 「マヌエルのクリスマス」 なかむらゆき絵;ひらいうらら文 サンパウロ 1998年11月

ホセ・マツオ
メラネシアからポリネシアの東にあった小さな島にきて大きな石の像モアイをつくったわかもの 「大きな石のモアイ」 木村昭平絵・文 福武書店 1989年4月

ホソッチーニ
あるところにいたどろぼうのきょうだいのおとうでとってもやせっぽっち 「フトッチーニとホソッチーニ－なつ・バカンスの巻」 ケロポンズ作;にしむらあつこ絵 教育画劇 2006年6月

ほたる
ちいさなかわのほとりでうまれたはねがひらかなくてとべないほたるのこ 「とべないほたる12」 小沢昭巳原作;関重信絵 ハート出版 2003年4月

ほたる
ちいさなかわのほとりでうまれたはねがひらかなくてとべないほたるのこ 「とべないほたる11」 小沢昭巳原作;関重信絵 ハート出版 2002年11月

ほたる

ほたる
ちいさなかわのほとりでうまれたはねがひらかなくてとべないほたるのこ 「とべないほたる10」 小沢昭巳原作;関重信絵 ハート出版 2002年5月

ほたる
ちいさなかわのほとりでうまれたはねがひらかなくてとべないほたるのこ 「とべないほたる9」 小沢昭巳原作;関重信絵 ハート出版 2001年11月

ほたる
ちいさなかわのほとりでうまれたはねがひらかなくてとべないほたるのこ 「とべないほたる8」 小沢昭巳原作;関重信絵 ハート出版 2001年5月

ほたる
ちいさなかわのほとりでうまれたはねがひらかなくてとべないほたるのこ 「とべないほたる7」 小沢昭巳原作;関重信絵 ハート出版 2000年12月

ほたる
ちいさなかわのほとりでうまれたはねがひらかなくてとべないほたる 「とべないほたる6」 小沢昭巳原作;関重信画 ハート出版 2000年5月

ほたる
ちいさなかわのほとりでうまれたはねがひらかなくてとべないほたるのこ 「とべないほたる5」 小沢昭巳原作;関重信画 ハート出版 1999年11月

ほたる
ちいさなかわのほとりでうまれたはねがひらかなくてとべないほたるのこ 「とべないほたる4」 小沢昭巳原作;関重信画 ハート出版 1999年4月

ほたる
ちいさなかわのほとりでうまれたはねがひらかなくてとべないほたるのこ 「とべないほたる3」 小沢昭巳原作;関重信画 ハート出版 1998年12月

ほたる
ちいさなかわのほとりでうまれたはねがひらかなくてとべないほたるのこ 「とべないほたる2」 小沢昭巳原作;関重信画 ハート出版 1998年7月

ほたる
ちいさなかわのほとりでうまれたはねがひらかなくてとべないほたるのこ 「とべないほたる1」 小沢昭巳原作;吉田むねふみ画 ハート出版 1997年5月

ほたる（ピッカリさん）
まいとしなつのあいだやなぎむらのむしさんたちみんなといっしょに「ほたるホテル」をひらいたほたるいけのほたる 「ほたるホテル」 カズコ・G.ストーン作 福音館書店（こどものとも傑作集） 1998年10月

ボタンちゃん
あるうちにあったやねうらべやにずいぶんむかしからひとりでじっとすわっていたおにんぎょうさん 「やねうらべやの おにんぎょうさん」 柳生まち子作 福音館書店（日本傑作絵本シリーズ） 2003年1月

ポチ
主人公「ぼく」のうちのいぬ 「12カ月のおてつだい」 きたやまようこ作 理論社（ぼくとポチのシリーズ） 2005年3月

ポチ
「ぼく」んちにいるくいしんぼうでさんぽがすきないぬ 「ぼくんちのポチ」 長崎さゆり作・絵 講談社 1988年9月

ポチ
主人公「ぼく」のうちのいぬ 「ぼくとポチのたんてい手帳」 きたやまようこ作 理論社 2001年4月

ポチポチ
ドアのむこうのどうぶつのレストランに「わたし」をつれていってくれたこいぬ 「ポチポチのレストラン」 井川ゆり子文・絵 文渓堂 2005年12月

ポチポチ
もりのおくのどうぶつのとしょかんに「ぼく」をつれていってくれたこいぬ 「ポチポチのとしょかん」 井川ゆり子文・絵 文渓堂 2003年11月

ポーちゃん
とってもわすれんぼうのはりねずみのハリーのだいすきなはりねずみのおんなのこ 「わすれんぼうのはりねずみ」 竹下文子作;ミヤハラヨウコ絵 あかね書房(あかね・新えほんシリーズ23) 2005年5月

ポチョ
したのまちからおかのうえのおみせにパンややさいやビールをはこぶわかいロバ 「おかではたらくロバのポチョ」 浅野庸子文;浅野輝雄絵 文化出版局 1987年11月

ポッケ
ピッケのおとうとであまえんぼうのねこ 「ピッケとポッケ」 とりごえまり作 佼成出版社 2002年8月

ポッケ
ピッケのおとうとであまえんぼうのねこ 「ピッケとポッケのおとなりさん」 とりごえまり作 佼成出版社 2003年12月

ぽっけちゃん
おはなをつんでおばあちゃんのおうちにいったいぬのおとこのこ 「ぽっけちゃんのおでかけ」 那須田淳作;黒井健絵 ひくまの出版 2003年3月

ぽっこらんらん
おさんぽがだあいすきなかいじゅう 「おさんぽかいじゅう ぽっこらんらん」 今井弓子作・絵 岩崎書店(えほん・おもしろランド4) 1987年1月

ぽっころん
みなみのしまのくじらたちによばれてはじめてのたびにでたひこうせん 「ひこうせんぽっころん」 かわきたりょうじ文;ありもりまさみち絵 童心社(のりものシリーズ) 1989年6月

ホッタ
くまのこミンのものしりのちっちゃいおにいちゃん 「くまのこミンのおうち」 あいはらひろゆき文;あだちなみ絵 ソニー・マガジンズ(にいるぶっくす) 2004年4月

ホッタ
くまのこミンのものしりのちっちゃいおにいちゃん 「くまのこミンのふゆじたく」 あいはらひろゆき文;あだちなみ絵 ソニー・マガジンズ(にいるぶっくす) 2004年11月

ほった

ホッタ
くまのこミンのものしりのちっちゃいおにいちゃん 「くまのこミンのおはなばたけ」 あいはらひろゆき文;あだちなみ絵 ソニー・マガジンズ(にいるぶっくす) 2005年4月

ホッタ
くまのこミンのものしりのちっちゃいおにいちゃん 「くまのこミンのクリスマス」 あいはらひろゆき文;あだちなみ絵 ソニー・マガジンズ(にいるぶっくす) 2005年10月

ポッタ
くまのこミンのちからもちのおっきいおにいちゃん 「くまのこミンのおうち」 あいはらひろゆき文;あだちなみ絵 ソニー・マガジンズ(にいるぶっくす) 2004年4月

ポッタ
くまのこミンのちからもちのおっきいおにいちゃん 「くまのこミンのふゆじたく」 あいはらひろゆき文;あだちなみ絵 ソニー・マガジンズ(にいるぶっくす) 2004年11月

ポッタ
くまのこミンのちからもちのおっきいおにいちゃん 「くまのこミンのおはなばたけ」 あいはらひろゆき文;あだちなみ絵 ソニー・マガジンズ(にいるぶっくす) 2005年4月

ポッタ
くまのこミンのちからもちのおっきいおにいちゃん 「くまのこミンのクリスマス」 あいはらひろゆき文;あだちなみ絵 ソニー・マガジンズ(にいるぶっくす) 2005年10月

ボッチ
ちょうちょのナナとなかよしのねこ 「ボッチとナナ」 かんのゆうこ作;南塚直子絵 佼成出版社 2005年6月

ポットくん
そらをとんでいくたんぽぽのわたげをみおくったにわのうえきばち 「ポットくんとわたげちゃん」 真木文絵文;石倉ヒロユキ絵 福音館書店(福音館のかがくのほん) 2003年5月

ポットくん
じぶんのおしりになんであながあいているのかきになるポットくん 「ポットくんのおしり」 真木文絵文;石倉ヒロユキ絵 福音館書店 1998年4月

ポットちゃん
アンパンマンのなかま 「アンパンマンとポットちゃん」 やなせたかし作・絵 フレーベル館(アンパンマンのぼうけん3) 1987年9月

ほっぷとすてっぷ
ぽかぽかとあたたかいひのはらへでかけたのうさぎ2ひき 「かくれんぼおに」 こいでやすこ作・絵 ぎょうせい(そうさくえほん館5-なかまっていいな) 1992年7月

ほっぷとすてっぷ
いたずらもののはるかぜにふきとばされたはなづくりのまろのぼうしをひろったのうさぎ2ひき 「はなづくりのまろ」 小出保子文・絵 ぎょうせい(そうさくえほん館11-空想の世界であそぼう) 1992年10月

ポッポ
つきからやってきたすてきなはなをさかせるのがしごとのようせいのはなさかうさぎ 「はなさかうさぎのポッポ いちばんのたからもの」 はまちゆりこ作・絵 ポプラ社(ポッポのえほん7) 2005年11月

ぽっぽ
かっちゃんのおばあちゃんちのいぬ 「うみにあいに」 いわさゆうこ著 アリス館 2003年5月

ポッポ
まちのはずれのちいさなおやしろにすんでいた5わのこバトのきょうだいの1ばんちいさいこバト 「パピプペポッポ」 たなかゆうこ作 中央公論事業出版 2002年4月

ポッポ
つきからやってきたすてきなはなをさかせるのがしごとのようせいのはなさかうさぎ 「はなさかうさぎのポッポ」 はまちゆりこ作・絵 ポプラ社(ポッポのえほん1) 2002年1月

ポッポ
つきからやってきたすてきなはなをさかせるのがしごとのようせいのはなさかうさぎ 「はなさかうさぎのポッポ きみがいなくちゃ」 はまちゆりこ作・絵 ポプラ社(ポッポのえほん2) 2002年7月

ポッポ
つきからやってきたすてきなはなをさかせるのがしごとのようせいのはなさかうさぎ 「はなさかうさぎのポッポ おばあちゃんのひみつ」 はまちゆりこ作・絵 ポプラ社(ポッポのえほん3) 2002年11月

ポッポ
つきからやってきたすてきなはなをさかせるのがしごとのようせいのはなさかうさぎ 「はなさかうさぎのポッポ ママみててね」 はまちゆりこ作・絵 ポプラ社(ポッポのえほん4) 2003年7月

ポッポ
つきからやってきたすてきなはなをさかせるのがしごとのようせいのはなさかうさぎ 「はなさかうさぎのポッポ あえてよかった」 はまちゆりこ作・絵 ポプラ社(ポッポのえほん5) 2004年1月

ポッポ
つきからやってきたすてきなはなをさかせるのがしごとのようせいのはなさかうさぎ 「はなさかうさぎのポッポ うれしいゆきのひ」 はまちゆりこ作・絵 ポプラ社(ポッポのえほん6) 2004年12月

ポッポちゃん
きむらさんのうちにあるポッポちゃんというなまえのちいさくてかわいいバイク 「バイク クロちゃんのおまじない」 藤本四郎;鍋島よしつぐ作・絵 ポプラ社(アニメのりものえほん12) 1988年5月

ホデリノミコト
はるかにとおい昔にいたきょうだいの神さまの兄で海のさかなをとる男 「海幸彦 山幸彦」 西本鶏介文;藤川秀之絵 ポプラ社(日本の物語絵本10) 2004年9月

火照の命　ほでりのみこと
日の神の御子で海の魚を釣る仕事をしていた若者、山幸の兄 「うみさち やまさち」 赤羽末吉絵;舟崎克彦文 あかね書房(日本の神話 第六巻) 1995年10月

仏　ほとけ
加賀の国からみやこへのぼり祇王を追い出して平清盛のやしきにはいった白びょうしの女 「祇王・仏」 丹羽貴子絵;村中李衣文 京の絵本刊行委員会 1994年5月

ぽどけ

ポドケザウルス
ぽちの地下で水ばっかりのんでてふやけてしまいはか石をもちあげてあらわれたきょうりゅう 「ポドケザウルスなんまいだ」 舟崎克彦作；スズキコージ絵　くもん出版（きょうりゅうがやってきた3）　1991年10月

ボトル
海辺の酒場「金の魚」の主人 「お月さまにげた」 谷川晃一作・絵　毎日新聞社　2005年8月

ポニー
夜になるとあっくんといつもいっしょにいたボロボロのぬいぐるみのくま 「きっと、まにあうよ-Akkun & Pony」 山本多夏詩作；はらひ絵　EH出版　2006年10月

ホネホネさん
ゆきのひにスキーをはいてすべりながらはいたつをするゆうびんやさん 「ゆきのひのホネホネさん」 にしむらあつこ作・絵　福音館書店（こどものとも傑作集）　2005年12月

ホネホネさん
ギコギコキーッてじてんしゃにのってげんきにはいたつするゆうびんやさん 「ゆうびんやさんのホネホネさん」 にしむらあつこ作・絵　福音館書店（こどものとも傑作集）　2003年4月

ほのおのライオン
あおいほしにくらしているナンのなかま 「リュウのたからもの-ナンとあおいほしのなかまたち」 たちのけいこ作・絵　PHP研究所（わたしのえほん）　1997年6月

ほのおのライオン
あおいほしにくらしているナンのなかま 「サーカスのすいせい-ナンとあおいほしのなかまたち」 たちのけいこ作・絵　PHP研究所（PHPわたしのえほんシリーズ）　1994年11月

ほのおのライオン
あおいほしにくらしているナンのなかま 「なんでものたね-ナンとあおいほしのなかまたち」 たちのけいこ作・絵　PHP研究所（PHPわたしのえほんシリーズ）　1993年10月

ぼのぼの
クリスマスに森のなかまたちとらい年のじぶんたちの運をたしかめることになったラッコの子 「クリスマスのこと」 いがらしみきお作　竹書房（いがらしみきお・ぼのぼのえほん）　1998年11月

ぼのぼの
ともだちのシマリスくんとアライグマくんとあそんでいて石にばけていたツワイオというしょくぶつを見つけた子どものラッコ 「ツワイオのこと」 いがらしみきお作　竹書房（いがらしみきお・ぼのぼのえほん）　2006年7月

ボビー
スコットランドのエディンバラで巡査をしていた主人のグレーの死後14年間その墓を守りつづけた献身的な犬 「エディンバラのボビー」 鷲塚貞長作；祖父江博史画　KTC中央出版　2002年4月

ボビン
いらないものをこうかんするボンボンバザーをひらいたアンティークやさんのねこ 「ボビンとプッチのアンティークやさん あしたはバザーのひ」 スズキタカオ作・絵　ポプラ社（ボビンとプッチのアンティークやさん3）　2006年3月

ボビン
ねずみのプッチとアンティークやさんをはじめたしっかりもののねこ「ボビンとプッチのアンティークやさん1」スズキタカオ作・絵 ポプラ社 2004年8月

ボビン
アップルタウンにやってきたサーカスをみにいったアンティークやさんのねこ「ボビンとプッチのアンティークやさん2」スズキタカオ作・絵 ポプラ社 2005年5月

ボブル
三人のいじめっこの男の子たちのなかで一ばんからだの大きな子「キリンのキリコ」いのうえゆみこ文;さとうゆみ絵 構造社出版 1998年5月

ボーボ
ほっきょくでサンタさんのしごとをてつだってくらしているしろくま「ボーボだいすき」わたりむつこ作;ましませつこ絵 PHP研究所(PHPにこにこえほん) 2002年9月

ボーボ
ほっきょくからそらをすべってきてクッキーやさんのハルナさんのにわにおちてきたしろくま「そらからきたボーボ」わたりむつこ作;ましませつこ絵 PHP研究所(PHPにこにこえほん) 1998年10月

ボーボー
もりのそばにあったながいことあきやだったふるいいえにすみついていたおばけ「ノックがとんとん」にしかわおさむ作・絵 PHP研究所(PHPわたしのえほんシリーズ) 1988年10月

ぽぽ
みんなのにんきもののひめがおみせでかった「おばけのかんづめ」からとびだしたおばけ「おばけのかんづめ ぽぽのだいさくせん」なかやみわ作 ブロンズ新社 2005年5月

ポポ
やさしいかぞくにひろわれてとてもしあわせなネコ「ポポの青い空」すいとぴい著;はらのけいじ絵 遊タイム出版 2003年6月

ポポ
少年のいなかのおじいさんの村にいた白い大きなわたぼうしのような生きもの「ポポと少年」蛍大介作;橋本浩之絵 エフエー出版 1992年9月

ポポ
まほうのケーキをつくるざいりょうをさがしにいったまほうつかいのおんなのこ「まほうのケーキをつくりましょ」北川チハル作;ひだきょうこ絵 岩崎書店(カラフルえほん) 2006年4月

ポポおばさん
たくさんのことりのかぞくがくらしているとても大きな木にすんでいるやまばと「ポポおばさんとことりたち」おおしまりえ作 大日本図書 2006年11月

ポポちゃん
ぽっかりぬまではじまるパーティーへじぶんもいきたくなったまほうつかいのおんなのこ「パーティーがはじまるよ」北川チハル作;ひだきょうこ絵 岩崎書店(カラフルえほん5) 2005年4月

ポポちゃん
カゼをひいたサンタクロースのおじいちゃんのかわりに世界のみんなにプレゼントをとどけにいくことになった女の子「サンタクロースな女の子」さかてしんこ絵・文 新風舎 2004年11月

ぽぽろ

ポポロさん
まちはずれのおかのうえにできたせんたくやさんのしゅじん 「ポポロくんの せんたくやさん」 寮美千子作;宮本忠夫絵 鈴木出版 1991年11月

ポム
大きなぽたらの木でたくさんのちいさなどうぶつたちとなかよくくらしていたリス 「パムとポムーぽたらの木のものがたり」 北田稔原案・画;岩片烈著 ソフトバンクパブリッシング 2005年8月

ボムちゃん
ポケットからぎんのスプーンをだしてあめをおそらにかえしてくれたこびと 「ゆうやけいろのかさ」 岸川悦子作;上野紀子絵 教育画劇(スピカみんなのえほん9) 1990年6月

ホラキュラ
よるになるともりへでかけていってどうぶつたちがみているゆめをすいとっていたゆめすいこうもり 「ゆめすいこうもり」 近藤薫美子作・絵 ひさかたチャイルド(ひさかた絵本ランド) 1991年6月

ホーリー
まいごのフクロウのクロードとなかよしになったカモのこども 「まいごのクロード」 ふくもとともお作 ほるぷ出版 1989年3月

ホリー
たべるものをさがしてトンネルをほっていてひとりぼっちのおいもとなかよくなったもぐら 「もぐらのホリーともぐらいも」 あさみいくよ作 偕成社 2005年9月

ポリー
ゆきあそびをしたふたごのこうさぎ 「きっとあしたもいいひなの-ふたごのこうさぎポリーとトミー3」 ふじおかきょうこ文;まえだなつき絵 パールネスコ・ジャパン 2000年5月

ポリー
けっこんしきにいったふたごのこうさぎ 「どうしてきょうはすてきなの-ふたごのこうさぎポリーとトミー」 ふじおかきょうこ文;まえだなつき絵 パールネスコ・ジャパン 1999年7月

ポリー
いちごのジャムがだいすきなふたごのこうさぎ 「きょうはとくべついいひなの-ふたごのこうさぎポリーとトミー」 ふじおかきょうこ文;まえだなつき絵 パールネスコ・ジャパン 1998年12月

ボリーとポリー
のいちごえんにかようふたごのこぶた 「ボリーとポリーのたからさがし」 クリハラヤスト;山田花菜著 学習研究社(学研おはなし絵本) 2006年3月

ポリン
とてもうらやましがりやのタヌキのおんなのこ 「ポリンはポリン」 本間正樹文;たかすかずみ絵 佼成出版社(しつけ絵本シリーズ5) 2004年10月

ボール
くさむらのなかにとびこんだボール 「くさむら」 田島征三作 偕成社 1989年5月

ポルカちゃん
もりのなかにすんでいたまじょのおんなのこ 「まじょのケーキ」 たむらしげる作 あかね書房(あかね・新えほんシリーズ13) 2002年11月

ホルス
森でであった一ぴきのノミに血をすわせてあげたとてもおひとよしのネコ 「ひとのいいネコ」 田島征三絵；南部和也文 小学館 2001年1月

ボルス
むかしたにまの村にすんでいたがあまり体が大きいので村からおいだされてしまった大男 「大男ボルス」 松居スーザン文；佐藤国男絵 北水 2001年4月

ホルモ
とくいのまほうでみんなをたすけてあげるぶたの天使 「とんでけホルモ」 エム・ナマエ著 小学館 2004年11月

ボレル
世界のはてのハルカ森から世界中へクリスマスのおくりものをとどける旅に出発した7人のサンタの1人の青年サンタ 「七人のサンタの物語」 なかもとはじめ文；たかはしあきら絵 ポプラ社 2000年11月

ボロ
学校にいたはいいろのモップのような大きなのらいぬ 「ボロ」 いそみゆき作；長新太絵 ポプラ社（えほんとなかよし） 1998年11月

ぽろ
げんきなこりす 「ゆうだちのともだち」 いわむらかずお絵・文 至光社（こりすのシリーズ） 2002年7月

ボロド
へんそうめいじんのどろぼう 「つかまえろ！へんそうどろぼう」 松村雅子作；松村太三郎絵 岩崎書店（えほん・ワンダーランド10） 1987年8月

ポロポロ
あめのひにサナをかさのふねにのせてくれたあまがっぱのこ 「ポロポロのすてきなかさ」 なりたまさこ作・絵 ポプラ社（絵本の時間11） 2002年5月

ホロン
まいばんこうもりくんをうっとりさせるうたをうたっているもりのふくろう 「ホロンのうたのかい」 ひだきょうこ作・絵 偕成社 1999年9月

ポロン
こんやからひとりでねることになったがこわくてねむれないおとこのこ 「まっくらなよると ばくのムー」 むらかみひとみ作 ソニー・マガジンズ（にいるぶっくす） 2005年10月

ほわほわちゃん
天国のわたぼうしがおおきくなっておめめやおててがあるこ 「ほわほわちゃんの"ひとりじゃないよ"」 原琴乃絵・文；水戸岡鋭治色のデザイン 福武書店（ほわほわちゃん絵本2） 1988年12月

ほわほわちゃん
天国のわたぼうしがおおきくなっておめめやおててがあるこ 「ほわほわちゃんのみどりはんかち」 原琴乃絵・文；水戸岡鋭治色のデザイン 福武書店（ほわほわちゃん絵本3） 1988年12月

ほわほわちゃん
天国のわたぼうしがおおきくなっておめめやおててがあるこ 「まねする まねする ほわほわちゃん」 原琴乃絵・文；水戸岡鋭治色のデザイン 福武書店（ほわほわちゃん絵本1） 1988年12月

ぽわり

ポワリちゃん
おばけやしきにすんでいるおばけのかぞくのいもうとおばけ「よるのおるすばん」ひろかわさえこ作・絵　アリス館（おばけのフワリちゃんポワリちゃん1）1998年12月

ボン
おまつりのふうせんをつぎつぎにのみこんでおなかがふくれてそらにうかんだクジラのこ「ふうせんクジラ」わたなべゆういち作・絵　佼成出版社　1989年7月

ポン
となり村の秋まつりによばれて山道をかえってくるとちゅうでだいじなしっぽをなくしたたぬき「しっぽ5まんえん」清水敏伯作；岡本颯子絵　ポプラ社　2001年6月

ポンコ
みかづきいけのカッパのこカワタロがきしべであったたぬきのこ「みかづきいけのカッパ」かわだあゆこ文；みやじまともみ絵　アスラン書房（心の絵本）2002年11月

ぽんこちゃん
いろいろなものにばけるいたずらっこのたぬき「ぽんこちゃんのどろろんぱ」たかどのほうこ作　あかね書房（えほん、よんで！12）2005年12月

ボン・ゴホン
にぎやかもりのどうぶつさんたちにかぜをうつしたかぜひきこぞう「たこやきマントマン−にぎやかもりのぼうけんのまき」高田ひろお作；中村泰敏絵　金の星社（新しいえほん）1994年2月

ぼんさいじいさま（じいさま）
庭でたくさんのぼんさいをそだてていたじいさまでお迎えにきたひいらぎ少年に手をひかれてきえていったじいさま「ぼんさいじいさま」木葉井悦子文・絵　ビリケン出版　2004年4月

ぽんさん（しゃみさま）
うみのみえるおやまのうえにやくしさまをまつるためにふしぎなじゅつではちをとばしきふをあつめるぽんさん「そらをとぶ こめだわら」峠兵太文；太田大八絵　佼成出版社（民話こころのふるさとシリーズ）1988年9月

ポンシイク
ふねをかってせかいじゅうをたべあるくたびにでた山ねこホテルのしゅじん「山ねこせんちょう」しばのたみぞう文；もたいたけし絵　銀貨社　2000年12月

ポンジュー
カンタラむらにすんでいるこぶたのコンブータのともだちのこだぬき「コンブーターみみだけぞうになる」加藤圭子文；いしいじゅね絵　けやき書房（けやきの絵本）2002年3月

ポンス
もりのそばにあったながいことあきやだったふるいいえにすみついていたいぬ「ノックがとんとん」にしかわおさむ作・絵　PHP研究所（PHPわたしのえほんシリーズ）1988年10月

ぽんぞう
ほんとうはこそどろだったがむらのみんなのめをごまかすためにうらないけんきゅうかのふりをしていたたぬき「ぼんぞうの のぞきだま」たかどのほうこ文；さのようこ絵　ポプラ社（みんなで絵本2）2002年1月

ぽんた
ぽんこつやまのたぬき「おへそがえる・ごん−ぽんこつやまのぽんたとこんたの巻」赤羽末吉作・絵　小学館（ちひろ美術館コレクション絵本4）2001年3月

ポン太　ぽんた
ぶんぶくちゃがまでゆうめいなたぬきのまごでマッサージチェアーにばけてあるいえに買われていった子だぬき　「ぶんぶくマッサージチェアー」　宮葉唯文；篠崎三朗絵　くもん出版　2006年9月

ポンたろう
いろいろなものにぶつかってボールのようにとんでいくあたまがゴムでできているおとこのこ　「ゴムあたまポンたろう」　長新太作　童心社（絵本・こどものひろば）　1998年3月

ぽんち
あかいやねとみどりのしばふがきれいなうちにかわれている十六さいになるせんとばーなーどけん　「ぽんちとちりん」　志茂田景樹作；柴崎るり子絵　KIBA BOOK（よい子に読み聞かせ隊の絵本5）　2000年10月

ボンちゃん
くまのゴンのつりばりにひっかかりおこってゴンたちをのみこんでしまったみどりがいけのなまず　「なまずのボンちゃん」　高木信之作・絵　金の星社（新しいえほん）　1996年7月

ボンちゃん
たんぼのひろがるまち「おく沢」からおおきなまちの「旭町」までのやまみちをおうふくしているボンネットバス　「がんばれ！ボンネットバス　ボンちゃん」　藤本四郎；佐竹夕起子作・絵　ポプラ社（アニメのりものえほん9）　1988年1月

ぼんちゃん
もりでアイスクリームやさんをしているおばけ　「おばけのアイスクリームやさん」　安西水丸作・絵　教育画劇　2006年6月

ポンちゃん
もりのみんなとでんしゃごっこをしてあそんだタヌキ　「クマさんのトラック」　篠塚かをり作；いしいじゅね絵　けやき書房（けやきの絵本）　2004年10月

ポンちゃん
ブルートレインのしらかばごうに1りょうふやされたあたらしいきゃくしゃ　「うたえブルートレイン」　柴田晋吾作；野坂勇作絵　金の星社　1999年12月

ポンちゃん
うさぎさんたちのすてきなダンスをみていっしょにおどりたくなったたぬき　「うさぎのダンス」　彩樹かれん作・絵　ひさかたチャイルド　1998年8月

【ま】

マア
カンタの家でかっているくろねこ　「月夜のねこいち」　越水利江子文；はたよしこ絵　毎日新聞社　2004年11月

まあくん
いろんなことがしりたくてたまらないおとこのこ　「おやおや、まあくん」　西島三重子文；黒井健絵　サンリオ（サンリオ創作絵本シリーズ）　1992年7月

まあくん
おねえちゃんとかくれんぼをしたおとこのこ　「かくれんぼぞろぞろ」　木村裕一；礒みゆき作・絵　PHP研究所（PHPにこにこえほん）　1994年8月

まあちゃん
まほうのほんをよんでおかあさんをタヌキにかえたおんなのこ 「まあちゃんのまほう」 たかどのほうこ作 福音館書店(こどものとも傑作集) 2003年4月

まあちゃん
うちのうらにある野原のむこうにある一本のまっかな木にのぼってみたいと思った男の子 「まっかなまっかな木」 みうらあやこ文;おかもとよしこ絵 北海道新聞社 2002年4月

マアちゃん
おすもうさんみたいにじめんをとんとふんで「でんかしょっ」とやるのがだいすきななおとこのこ 「トカゲがぴこん ベンチがぶんっ」 水谷章三文;藤田勝治絵 にっけん教育出版社 1998年6月

まあばあさん
ゆきがどっさりふったひにおとなりののちゃんをゆきのひのピクニックにさそったおばあさん 「まあばあさんのゆきのひピクニック」 すとうあさえ文;織茂恭子絵 岩崎書店(えほんのマーチ2) 2002年12月

まあばあさん
あまいかきをひとりじめするざぼんじいさんのとなりにひっこしてきたおばあさん 「ざぼんじいさんのかきのき」 すとうあさえ文;織茂恭子絵 岩崎書店(のびのび・えほん4) 2000年9月

マイケル
クリスマスイブにママがやいたクッキーをおばあちゃんのうちにとどけることになったジョイといっしょの仲よしの犬 「クッキークリスマス-クリスマスイブのふしぎなおはなし」 うすいのりこ作;きたやまようこ絵 偕成社 1991年11月

マイケルさん
こうえんですてられてめをせっちゃくざいでふさがれたこいぬをはっけんしたアメリカじん 「えほん めをふさがれたいぬ じゅんぺい」 関朝之作;日高康志画 ハート出版 2002年6

まいちゃん
おかあさんがつくってくれたあかいくまのぬいぐるみがだいすきなおんなのこ 「あかいくまくんこんにちは!」 わたりむつこ作;つおみちこ絵 国土社(あかいくまくんシリーズ1) 1993年4月

まいちゃん
おかあさんがつくってくれたあかいくまのぬいぐるみがだいすきなおんなのこ 「じゃんけんぽんでかくれんぼ!」 わたりむつこ作;つおみちこ絵 国土社(あかいくまくんシリーズ2) 1993年6月

まいちゃん
おかあさんがつくってくれたあかいくまのぬいぐるみがだいすきなおんなのこ 「あかいくまくんいいにおい!」 わたりむつこ作;つおみちこ絵 国土社(あかいくまくんシリーズ3) 1993年9月

マイちゃん
ゆめのなかでだいすきなきょうりゅうになっちゃったおんなのこ 「わたしきょうりゅう!?マイちゃんよ!」 塩田守男作;冨田幸光監修 教育画劇(きょうりゅうだいすき!) 1999年8月

まいちゃん
うんどうかいのまえのひにうんどうぐつをあらったおんなのこ 「あしたはうれしいうんどうかい」 いなつぐかつら作;むかいながまさ絵 金の星社(こどものくに傑作絵本) 1998年4月

まいちゃん
おかあさんにたのまれてえほんを見ながらおるすばんをしていたおんなのこ「きょうはへんな日」末吉暁子文;村上勉絵　ベネッセコーポレーション（ベネッセの絵本）1998年3月

マイちゃん
まいにちみんなをのせてはしるたんぽぽようちえんのにんきもののマイクロバス「ようちえんバスマイちゃん どうぶつえんにいく」藤本四郎;鍋島よしつぐ作・絵　ポプラ社（アニメのりものえほん14）1988年10月

マイティ
どこからかおちてきたこのかえるばしょをいっしょにさがしてあげたねこ「マイティとお月さま」ロコ・サトシ作　ナナ・コーポレート・コミュニケーション（ナナのえほん）2002年2月

マイネ
いえでしてたびをしたなかよしさんにんのひとり「となりのイカン」中山千夏文;長谷川義史絵　自由国民社　2004年10月

マイロ
ベンジャミンこのほとりにすむミーシャおばさんのいえのいぬがうんだ7ひきのこいぬのなかでいちばんちいさいこわがりのいぬ「まいごのマイロ」大島妙子作　あかね書房（あかね・新えほんシリーズ24）2005年10月

まえだ うめすけ
みんなでおしばいをしながらにほんじゅうをまわっているうちのおとこのこ「しばいっこ」おぽまこと作　あかね書房（あかね創作えほん28）1989年5月

マエちゃんとマキちゃん
おとうさんのせっけいした山のペンションにおばあちゃんたちと一家でりょこうにいくことになったきょうだい「みんなで りょこうにいきました」いせひでこ作　偕成社（おばあちゃんだいすき2）1992年4月

マエちゃんとマキちゃん
おかあさんがしごとでほっかいどうへいくことになっておるすばんをたのまれたなかよしきょうだい「ふたりで るすばん できるかな」いせひでこ作　偕成社（おばあちゃんだいすき1）1990年9月

まおう
森にすんでいるおそろしいまおう「トゥインクルと森のまおう」岩田直己著　角川書店（星くずぼうやのぼうけんりょこう）1994年8月

まおちゃん
うまれたばかりのあかちゃん「まおちゃんのうまれたひ」神沢利子作;加藤チャコ絵　のら書店　2003年10月

マキ
おとうさんとうみにあそびにいったおんなのこ「おとうさんとうみへいったんだよ」柴田晋吾作;田村直巳絵　偕成社（創作えほん）1994年6月

まきおとはなことぶんた
おかあさんとぶたほいくえんへいった三びきのこぶた「こぶたほいくえん」中川李枝子文;山脇百合子絵　福音館書店（幼児絵本シリーズ）2001年3月

まきずし
おにぎりとおいなりさんとサンドイッチとえんそくにいったまきずし「おべんとうのえんそく」矢玉四郎作・絵　教育画劇（ユーモアえほん）1995年5月

まきち

まきちゃん
ようちえんふね「とびうお号」にのってようちえんにかよったおんなのこ 「えんふねにのって」 ひがしちから作 ビリケン出版 2006年3月

まきちゃん
村の小学校にかようりょうくんのなかよしの女の子 「金のりす」 江崎雪子作；永田治子絵 ポプラ社 2006年2月

まきちゃん
森にいってくまのかあさんのあなにおっこちてしまった女の子 「こぐまをあらう雨」 松居友作；土田義晴絵 国土社（そよかぜ絵本シリーズ5） 1992年2月

まきちゃん
たけしくんのうちのとなりにひっこしてきてがっこうではうしろのせきになったおんなのこ 「うしろのまきちゃん」 矢崎節夫作；高畠純絵 フレーベル館 1987年1月

マキマキマン
ねばねばのいとをだしてもりのみんなをぐるぐるまきにしてしまうクモのばけもの 「もりのヒーロー ハリーとマルタン4 マキマキマンのまき」 やなせたかし作・絵 新日本出版社 2005年12月

マーくん
もりにでるばいきんみたいなかたちをしてやりみたいなものをもってるはいたのおばけをたいじしにいっただるま 「だるまのマーくんとはいたのおばけ」 小沢正作；片山健絵 ポプラ社（絵本カーニバル8） 2005年11月

マーくん
くまのこ 「ぼくはマーくん くまのこです！」 岩井田治行作・絵 ポプラ社（えへんごほんえほん7） 1998年2月

まーくん
もうたまごからでていないといけないのにずっとたまごのままでいたにわとりのおとこのこ 「たまごにいちゃんぐみ」 あきやまただし作・絵 鈴木出版（ひまわりえほんシリーズ） 2006年7月

マコくん
おばあちゃんがペチュニアのはなかげのいれものにビールをついでビヤホールをかいてんしたおとこのこ 「おばあちゃんのビヤホールはこわいよ」 松谷みよ子作；宮本忠夫絵 ポプラ社（絵本の時間1） 2000年8月

孫七　まごしち
清水観音に七日七ばんのおこもりをした正直者のおじいさんがひろったひょうたんの中からとびだしてきた二人の男の子のひとり 「宝ふくべ」 長崎源之助文；石倉欣二絵 佼成出版社（民話こころのふるさとシリーズ） 1992年11月

まこちゃん
にゅうえんしきからかえっておひさまえんにいかないっていいだしたおんなのこ 「おひさまえんの さくらのき」 あまんきみこ作；石井勉絵 あかね書房 2005年11月

まこちゃん
そよかぜえんのにんじんがきらいなおんなのこ 「まこちゃんのおべんとう」 こわせたまみ作；尾崎真吾絵 佼成出版社（園児のすくすく絵本9） 1988年4月

マコチン
なつやすみにいなかへつかまえたらこうふくになれるというしろへびをさがしにいった4にんのおとこのこのひとり 「しろへびでんせつ」 山下ケンジ作・絵 講談社 1995年2月

マコちん
戦後まもなくの但馬の小さな町の家はびんぼうだが元気な悪ガキ 「悪ガキ絵日記」 村上勉著 フレーベル館 1995年7月

まこと
はるやすみにねえちゃんとふたりでじょうえつしんかんせんにのってとうきょうへいったおとこのこ 「ぼくとじょうえつしんかんせん」 関根榮一文；横溝英一絵 小峰書店 (のりものえほん) 1988年3月

まこと
たんじょうびにおじいさんからあかいじゅうじのついたかばんをもらいおいしゃさんになることにきめたおとこのこ 「まことは おいしゃさん」 おおともやすお作 偕成社 (げんきなまこと1) 1989年7月

まこと
おじいさんにどろんこあそびがすきなこぶたのはなしをよんでもらったどろんこあそびがだいすきなおとこのこ 「まことは どろんこぶた」 おおともやすお作 偕成社 (げんきなまこと2) 1989年10月

まこと
おじいさんのスポーツカー「くまんばちごう」にのってドライブにでかけたおとこのこ 「まことのドライブ」 おおともやすお作 偕成社 (げんきなまこと4) 1990年4月

まことくん
こうえんのねこたちにこうつうルールをおしえたおとこのこ 「ねこくん、みぎみてひだりみて」 田中秀幸作・絵 岩崎書店 (えほん・おもしろランド10) 1988年9月

まことくん
おかあさんにおこられてばかりでじぶんのなまえがちゃんとかけないおとこのこ 「まことくんて、だあれ」 吉田秀樹作；山口みねやす絵 ほるぷ出版 (ほるぷ創作絵本) 1990年11月

まことちゃん
1945年8月6日の原爆でお家にいた金魚がいっしゅんに消えてしまうのを見た男の子 「金魚がきえた」 山本美次；吉野和子作・絵 汐文社 (原爆絵本シリーズ6) 1989年4月

孫兵衛さん　まごべえさん
ふた月も雨がふらねえときやっとひいてもらった用水の水を他の村にどろぼうされた村の名主 「水どろぼう」 野村昇司作；阿部公洋絵 ぬぷん児童図書出版 (ぬぷん ふるさと絵本シリーズ13) 1989年1月

まさお
そらとおなじいろをしたなんでもかんでもたべちゃうほうとうにくいしんぼうなあおむしをみつけたおとこのこ 「くいしんぼうのあおむしくん」 槇ひろし作；前川欣三画 福音館書店 (こどものとも傑作集) 2000年9月

まさこせんせい
小学2年生のてっちゃんのはじめてのかていほうもんでうちにきてくれることになっているだいすきなせんせい 「はじめてのかていほうもん」 福田岩緒作・絵 ポプラ社 (えほんはともだち21) 1992年6月

マザー・テレサ
インドのまちでめぐまれないこどもたちのためにはたらいたひと「マザー・テレサ」間所ひさこ文;たかはしきよし絵;沖守弘監修　フレーベル館（おはなしえほん16）1998年2月

マサヒコ
ママがおいなりさんをつくったのでおばあちゃんちにとどけることになったおとこのこ「ふしぎのおうちはドキドキなのだ」武田美穂作・絵　ポプラ社（えほんとなかよし8）1991年4月

まさぼう
村ではばんどりというむささびがてんじょううらにすみついているうちのおとこのこ「まさぼうのうちのばんどり」赤座憲久作;石倉欣二絵　教育画劇（スピカのおはなしえほん39）1988年9月

マサ坊　まさぼう
戦後まもなくの但馬の小さな町の家はびんぼうだが元気な悪ガキ「悪ガキ絵日記」村上勉著　フレーベル館　1995年7月

まさる
はかせというなまえのえんぴつを手にとるとかってにうごいてこたえをかいてくれるのでしゅくだいをやってもらうことにしたおとこのこ「えんぴつはかせ」山岡ひかる作　偕成社　2004年7月

まさる
ようちえんではのけんしんがあってオニバをいっぽんぬくことになったおとこのこ「ぼくはオニじゃない！」福田岩緒作　童心社　2002年9月

マサル
雪のみちを馬のアオのひくそりで山のなかの家から町まではじめてひとりでいった男の子「はるふぶき」加藤多一文;小林豊絵　童心社　1999年3月

まさる
そのあさめがさめるとスーパー仮面になっていたしょうがくせいのおとこのこ「スーパー化面はつよいのだ」武田美穂作・絵　ポプラ社（えほんとなかよし2）1989年12月

まさるくんとまもるくん
くうしゅうの夜に歩かれへんもも子がのっていたうばぐるまをおしてくれたふたごの男の子「ななしのごんべさん」田島征彦;吉村敬子作　童心社　2003年6月

マーシィ
不思議の国わちふぃーるどに住むねこのダヤンの友だちのうさぎの女の子「ダヤン、ふたたび赤ちゃんになる」池田あきこ著　ほるぷ出版（DAYAN'S COLLECTION BOOKS）1997年11月

マーシィ
不思議の国わちふぃーるどに住むしっかり者のうさぎの女の子「マーシィとおとうさん」池田あきこ著　ほるぷ出版（DAYAN'S COLLECTION BOOKS）1993年10月

マシオ
盲学校にかよう目のみえない子「雨のにおい　星の声」赤座憲久文;鈴木義治絵　小峰書店（えほん・こどもとともに）1987年12月

マジさん
まほうのおべんきょうでいつもおおいそがしのまじょ「まじょさんまたあした」小野寺悦子作;新野めぐみ絵　教育画劇（ユーモアえほん）1997年8月

マジムン
ふる道具の精 「マジムンのうた おきなわのえほん」儀間比呂志作 ルック（おきなわのえほん）1997年4月

まじょ
おがわのそばにぬぎすてたくつをどうぶつたちにひろわれたまじょ 「まじょのくつ」さとうめぐみ文・絵 ハッピーオウル社（おはなしのほん）2005年4月

まじょ
そらからおちてきてこわれたほうきをきりかぶのうえにおいてもりのなかへでかけていったまじょ 「まじょのほうき」さとうめぐみ文・絵 ハッピーオウル社（おはなしのほん）2004年5月

まじょ
おんなのこといぬをまほうでかんづめにしたわるいまじょ 「まじょのかんづめ」佐々木マキ作 福音館書店（こどものとも傑作集）1999年4月

魔女　まじょ
人間の赤ん坊をひろったカシガリ山の3人の魔女 「魔女がひろった赤ん坊」池田あきこ著 ほるぷ出版（DAYAN'S COLLECTION BOOKS）1995年3月

まじょおばさん
おかのうえのにわにおおきなきが1ぽんあるうちのなかからでてきたまじょおばさん 「ノッポさんのえほん9 おかのうえのき」高見ノッポ作；田中恒子絵 世界文化社 2001年8月

マジョさん
えほん村のなかま 「くりじぃじとうにばぁばのこと」MAJODE MAJORA作・絵 ポプラ社（えほん村みんな物語2）2001年10月

まじょせんせい
タンポポようちえんにきたちりちりパーマでまんまるっちいあたらしいせんせい 「まじょまじょせんせいやってきた！」鶴岡千代子作；長谷川知子絵 カワイ出版 1993年5月

魔女ばあさん　まじょばあさん
「ぼく」のおじいちゃんが仲良しになっておばけのような魚の絵をもらった魔女ばあさん 「つきよに魔女がとんできた」清水達也文；熊谷厚子絵 教育画劇（スピカみんなのえほん）1995年12月

マジョマジョ
ある山のふところ5050本のもみの木のある小さな森にあった家にすんでいたまじょ 「マジョマジョ 春の色のつくり方」松村雅子作・絵 ブックローン出版（マジョマジョシリーズ）1992年2月

マジョマジョ
自分の大切なまほうのほうきがずいぶん古くなって作りなおしたまじょ 「マジョマジョの まほうのほうきのつくり方」松村雅子作・絵 ブックローン出版（マジョマジョシリーズ）1992年5月

まじょまじょせんせい
なにをやってもしっぱいばかりのそらもとべないおちこぼれのまじょ 「まじょまじょせんせいとんでみる！」鶴岡千代子作；長谷川知子絵 カワイ出版 1995年7月

ますだくん
せきがえしたのにいっつもみほちゃんのとなりにすわっているおとこのこ 「ますだくんとまいごのみほちゃん」武田美穂作・絵 ポプラ社（えほんとなかよし53）1997年12月

ますだ

ますだくん
みほちゃんのとなりのせきのいじわるなおとこのこ 「ますだくんとはじめてのせきがえ」 武田美穂作・絵 ポプラ社(えほんとなかよし46) 1996年12月

ますだくん
みほちゃんのとなりのせきのいじわるなおとこのこ 「となりのせきの ますだくん」 武田美穂作・絵 ポプラ社(えほんとなかよし12) 1991年11月

ますだくん
がっこうがだいすきなしょうがっこういちねんせい 「ますだくんの1ねんせい日記」 武田美穂作・絵 ポプラ社(えほんとなかよし43) 1996年4月

マストン
ツトムとサメジマせんちょうのともだちのうみのおおだこ 「大だこマストンとかいぞくせんのたから」 にしかわおさむ文・絵 ぎょうせい(そうさくえほん館7-空想の世界であそぼう) 1992年8月

又野 末春 またの・すえはる
鹿児島県の出水市でツルのせわをして43ねんになる人 「とべ！出水のツル」 関口シュン作・絵 佼成出版社(ノンフィクション絵本 いのちのゆりかごシリーズ) 1996年11月

マダラ
ジロがひきいるむれになかまいりしたちいさなマダラもようのいぬ 「ジロがなく」 山下ケンジ作・絵 講談社 1996年8月

まちこ
べんきょういちばんにんきもいちばんのおんなのこ 「まちこちゃん」 ふりやかよこ作・絵 ポプラ社(えほんはともだち52) 1998年7月

マチャー
ごうつくばりなかいぬしから年とったものをいう赤牛をたすけた村のわかもの 「赤牛モウサ 沖縄の絵本」 儀間比呂志作・絵 岩崎書店(絵本の泉1) 1991年11月

まつ
はるの先輩の年季が明けても故郷に帰らず蚕家で養蚕をする少女 「天の虫」 友川かずき画；立松和平文 読売新聞社 1994年12月

まっくらさん
夜になってもくらくならない白い白い町にやってきた森のおくに住む人 「まっくら森」 本橋靖昭絵；利光晋世文 サンマーク出版 2004年2月

マツさん
沖縄の戦争でマブニのガマ(ほらあな)のなかでなくなったむすこの骨をさがしにまいにちガマにかよったおかあさん 「マブニのアンマー－おきなわの母」 赤座憲久文；北島新平絵 ほるぷ出版 2005年8月

まっすぐなせん
ぐにゃぐにゃのせんといっしょにすんでいたまっすぐなせん 「まるで てんで すみません」 佐野洋子文；長新太絵 偕成社 2006年9月

まつだくん
組でいちばん図画がとくいだった子で大きくなってやっぱり絵の道にすすんだ人 「ともだち」 太田大八作・絵 講談社(講談社の創作絵本Best Selection) 2004年10月

松つぁん　まっつぁん
町内のわかいもんがえんかいでそれぞれじぶんきらいなものをいいあおうということになってじぶんはまんじゅうがきらいといったひと「落語絵本 まんじゅうこわい」川端誠作　クレヨンハウス　1996年3月

マット
いえがとなりどうしのねずみのハリーのたいせつなともだち「ほんとは ちがうよ」かさいまり作・絵　岩崎書店(えほんのマーチ17)　2004年6月

まつのき
うみへあるいていくタヌキをこっそりつけたまつのき「うみへいきたい」内田麟太郎作；みやもとただお絵　佼成出版社　1997年6月

まつぼっちゃん
どんぐりのどんちゃんとぐりちゃんのおともだちのまつぼっくりのおとこのこ「どんちゃん ぐりちゃん まつぼっちゃん」こじましほ作　文溪堂　2005年9月

まどかちゃん
ゆうきくんのともだちでびょうきでサーカスにこられなかったおんなのこ「ピエロのかがみ」大内曜子作；永田萠絵　岩崎書店(えほん・ワンダーランド30)　1994年4月

マトリョーナ
おたんじょうびにリセルがパパとママからもらったマトリョーシカというロシアのお人形でいちばんちいさなお人形「星うさぎと月のふね」かんのゆうこ文；田中鮎子絵　講談社　2003年10月

マナティ(ナッティ)
水そうにとじこめられてカーニバルの見せものになっていたマナティ「海のかいぶつをたすけだせ！」おおともやすお作　ベネッセコーポレーション　1997年8月

まなぶ
たつやとふたりでかわらにいってクリスマスかいのプレゼントをつくったおとこのこ「ゆきだるまのプレゼント」いしいつとむ作　佑学社　1989年10月

マニマニさん
ひるまはいつもいねむりしてよるはなかなかねむれないみんなをねむらせてあげるおやすみやさんのひつじ「マニマニのおやすみやさん」つちだのぶこ作・絵　偕成社　1999年5月

マヌエル
スペインのくにのこどもでいえがなくおかあさんおとうさんをしらないこ「マヌエルのクリスマス」なかむらゆき絵；ひらいうらら文　サンパウロ　1998年11月

マーバジ
さくらの母で画家の絹絵がデザインしたペルシャじゅうたんを完成させてくれたイランのモラドハンのじゅうたん工場の工場長の女の人「風のじゅうたん」野村たかあき文・絵　講談社(講談社の創作絵本)　2003年4月

まーふぁ　まーふぁ
むかし川のほとりにすんでいたうたのじょうずな村のはたおりむすめ「まーふぁのはたおりうた」小野かおる文・絵　福音館書店(日本傑作絵本シリーズ)　1988年10月

まぷる

マープルさん
ある町の小さな家にたったひとりでくらしていてごしゅじんがなくなってからというものようすがすっかりかわってしまったおばあさん 「おばあさんとかげぼうし」 正岡慧子作;横川ジョアンナ絵　PHP研究所(わたしのえほん)　1997年7月

まほうおばば
せかいのてんきをきめているまじょ 「まほうおばばのカレンダー」 山口由紀作;垂石眞子絵　フレーベル館(ペーパーバックえほん4)　2002年1月

まほうつかい
どうぶつたちがだいすきなおおきなきをおひるねのばしょにしたいじわるなまほうつかい 「まほうつかいはおひるねちゅう」 白井三香子作;神山ますみ絵　鈴木出版(チューリップえほんシリーズ)　2004年6月

まほうつかい
ひるでもくらいまっくら森にずっとむかしからすんでいたこわいまほうつかい 「あらいぐまとまほうつかいのせんたくや」 さくらともこ作;中村景児絵　ポプラ社(えほんとなかよし26)　1994年4月

まほうつかい
くろいねこをぼしゅうしたのにやってきたしろねこをとめてやったまほうつかい 「まほうつかいと ねこ」 せなけいこ作・絵　鈴木出版(チューリップえほんシリーズ)　1995年11月

まほうつかい
ゆかがあったまほうつかいのおじさん 「いちばんすごいまほうつかい」 岡田淳文;高見八重子絵　ひかりのくに(ひかりのくにお話絵本)　1988年6月

まほうつかい
こどもたちににんきのあるサンタクロースがとてもうらやましくなってサンタのじゃまをしたくなったまほうつかいのおばあさん 「まほうつかいのクリスマス」 森山京作;佐野洋子絵　あかね書房(あかね創作えほん38)　1997年11月

魔法使い　まほうつかい
ある日夕食に食べようとしじみをかってきた魔法使い 「うたうしじみ」 児島なおみ作・絵　偕成社　2005年4月

まほうのもくば
やまのきをまもるもくもくせんにんがのっていたまほうのもくば 「アンパンマンとまほうのもくば」 やなせたかし作・絵　フレーベル館(アンパンマンのおはなしでてこい3)　1994年10月

ママ
みんなのげんきのもとになっているつよいママ 「パパはウルトラセブン・ママだってウルトラセブン」 みやにしたつや作・絵　学習研究社　2001年5月

ママ
とってもおこりんぼうなママ 「理想のママのつくりかた」 森野さかな絵・文　自由国民社　2002年8月

まみ
ようちえんのあきのえんそくにいってくまのあんないでたからさがしをしたおんなのこ 「あきのえんそくはたからさがし」 立原えりか作;薄久保友司絵　佼成出版社(園児のすくすく絵本5)　1987年7月

まみちゃん
あかちゃんのときからなかよしのもうふくんをえんにつれていったおんなのこ 「もうふくん」 山脇恭作;西巻茅子絵 ひさかたチャイルド 2005年10月

まみちゃん
ガラスケースからにげだしたぎんざいくの小さなおさじさんが町であったかわいい女の子 「おさじさんのたび」 松谷みよ子作;ささめやゆき画 にっけん教育出版社 1997年12月

間宮 林蔵　まみや・りんぞう
江戸幕府よりカラフト奥地の調査を命じられて北方探検の旅に出かけた測量家の若者 「まぼろしのデレン 間宮林蔵の北方探検」 関屋敏隆作 福音館書店（日本傑作絵本シリーズ） 2005年1月

まめ
すみとわらと三人でおいせまいりにたびだったまめ 「まめとすみとわら」 つるたようこ再話・絵 アスラン書房 2002年4月

まめうし
まめつぶくらいのちいさいこうし 「まめうしのおかあさん」 あきやまただし作・絵 PHP研究所（PHPわたしのえほんシリーズ） 2001年3月

まめうし
まめつぶくらいのちいさいこうし 「まめうしとつぶた」 あきやまただし作・絵 PHP研究所（PHPわたしのえほんシリーズ） 1999年3月

まめうし
まめつぶくらいのちいさいこうし 「まめうしとまめじい」 あきやまただし作・絵 PHP研究所（PHPわたしのえほんシリーズ） 1999年9月

まめうし
まめつぶくらいのちいさいこうし 「まめうしとありす」 あきやまただし作・絵 PHP研究所（PHPわたしのえほんシリーズ） 1998年2月

まめうし
まめつぶくらいのちいさいこうし 「まめうし」 あきやまただし作・絵 PHP研究所（わたしのえほん） 1997年9月

まめうし
まめつぶくらいのちいさいこうし 「まめうしのおとうさん」 あきやまただし作・絵 PHP研究所（PHPわたしのえほんシリーズ） 1998年9月

まめうし
まめつぶくらいのちいさいこうし 「まめうしとひめうし」 あきやまただし作・絵 PHP研究所（PHPわたしのえほんシリーズ） 2005年3月

まめうし
まめつぶくらいのちいさいこうし 「まめうしとまめばあ」 あきやまただし作・絵 PHP研究所（PHPわたしのえほんシリーズ） 2006年6月

まめうし
まめつぶくらいのちいさいこうし 「まめうしのあついなつ」 あきやまただし作・絵 PHP研究所（PHPわたしのえほんシリーズ） 2005年7月

まめう

まめうし
まめつぶくらいのちいさいこうし 「まめうしのまんまるいふゆ」 あきやまただし作・絵 PHP研究所(PHPわたしのえほんシリーズ) 2005年12月

まめじいちゃん
まめうしくんとおなじくらいのおおきさのとてもちいさなうしのおじいちゃん 「まめうしとまめじい」 あきやまただし作・絵 PHP研究所(PHPわたしのえほんシリーズ) 1999年9月

まめぞう(はなさかじい)
はいをまいてかれきにはなをさかせてとのさまからほうびをもらったじさま 「はなさかじい」 渡辺節子文;岩本康之亮絵 世界文化社(ワンダー民話館) 2006年2月

まめばあ
まめうしのいつもこわいかおをしているおばあさん 「まめうしとまめばあ」 あきやまただし作・絵 PHP研究所(PHPわたしのえほんシリーズ) 2006年6月

マメンチザウルス
なかまがいるっていううわさをきいてマメ畑にやってきたきょうりゅう 「マメンチザウルスはわたしんち」 舟崎克彦作;スズキコージ絵 くもん出版(きょうりゅうがやってきた4) 1991年10月

まもたん
こまっているこどもをたすけるためにとんできてくれるえんじぇる 「ピーマンなんてこわくないーえんじぇるまもたん」 リサ・オーバー絵;比良凛文 アリス館 2002年11月

マーヤ
くじらのかたちをしたくものうえにあるふしぎなせかいネポス・ナポスにすんでいるかぞくのおかあさん 「ネポス・ナポス リモのたからもの」 チームネポス作;城哲也絵 講談社 2001年7月

マヤ
きゅうれきの3がつ3かをサニツといってはまうりをするさんごしょうのうみにかこまれたしまにくらすおんなのこ 「はまうり」 石垣幸代;秋野和子文;秋野亥佐牟絵 福音館書店(こどものとも傑作集) 1999年4月

まゆ
あるひぞうきばやしのおくでとんでもなくおおきなおににあったやまんばのむすめ 「まゆとおにーやまんばのむすめ まゆのおはなし」 富安陽子文;降矢なな絵 福音館書店(こどものとも傑作集) 2004年3月

まゆ
おしろいをふりかけるたびにふえていいことがおこるてんさらばさらをたいせつにもっていたむらのむすめ 「てんさらばさら てんさらばさら」 わたりむつこ作;ましませつこ絵 福音館書店(こどものとも傑作集80) 1988年9月

まゆちゃん
けんたともりのおくへとはいってはるをいわうどうぶつたちといっしょにおどったおんなのこ 「くまくまうさぎ」 土田義晴絵・文 福武書店 1987年4月

まゆみ
冬休みにひとりっきりでおばあちゃんのしまへいくことにしたおんなのこ 「おばあちゃんのしまで」 ふりやかよこ作・絵 文研出版(えほんのもり28) 1995年9月

まよなかさん
夜中のコーヒー屋さん 「まよなかさん」 早川純子作 ゴブリン書房 2004年10月

マリ
子ネコのあんこをつれていなかのしんせきの家に来た飼い主のおねえさん 「あんこ4 子ネコの「あんこ」里山でびっくり」 清水達也文;松下優子絵 星の環会 2002年5月

マリ
ノラの子ネコを飼うことにしてあんこという名前をつけていなかの家へいっしょにつれて行ったたおねえさん 「あんこ1 子ネコの「あんこ」里山へ」 清水達也文;松下優子絵 星の環会 2001年10月

マリ
子ネコのあんこをつれて街からいなかの家に来た飼い主のおねえさん 「あんこ3 子ネコの「あんこ」里山の朝」 清水達也文;松下優子絵 星の環会 2001年12月

マリ
子ネコのあんこをつれて街からいなかの家に来た飼い主のおねえさん 「あんこ2 子ネコの「あんこ」里山の夜」 清水達也文;松下優子絵 星の環会 2001年11月

まり
おひめさまになりたいといつもおもっていたらある日「おひめさま城」からおむかえの馬車がやってきた女の子 「のはらひめ-おひめさま城のひみつ」 中川千尋作 徳間書店 1995年5月

マリ
交通事故でバラバラになったが十二月九日の"しょうがいしゃの日"のためにうまれかわったクッピーとなかよしになったおんなの子 「それゆけクッピー」 はらみちを作・絵 岩崎書店(えほん・ワンダーランド23) 1992年6月

マリー
フランスのもりのおくでくらしていたフロレンチンのかわいいなかま 「フロレンチンともりのなかま」 かながわさちこ文;なかむらゆき絵 中央出版社 1991年11月

万里　まり
誕生日の夜にカワウソによばれて月蝕のお誕生会にいった女の子 「月夜の誕生日」 岩瀬成子作;味戸ケイコ絵 金の星社 2004年3月

マリアさま
タイムマシンにのってベツレヘムのうまやにやってきたふたりのこどもからインタビューをうけたマリアさま 「クリスマスのインタビュー」 土屋富士夫絵;吉池好高文 女子パウロ会 2003年10月

まりあさま
いえすさまのおかあさん 「まりあさまといっしょ」 すずきえつろう絵;はせがわまさこ文 女子パウロ会 1987年1月

マリアンナ
戦争をしている国で生まれて地雷をふんで左足がまがらなくなってしまいドイツの平和村に来た女の子 「マリアンナとパルーシャ」 東ちづる絵・文 主婦と生活社 2001年6月

マリウド
谷川にちょきん箱を落としたオオカミの子ども 「かわうそがひろったちょきん箱」 みなみらんぼう作;黒井健絵 学習研究社(fanfanファンタジー) 1997年7月

まりこ

まりこ
原爆でこわされた長崎浦上の天主堂の入り口に立つマリアさまにいつもお祈りをしていた女の子 「悲しい顔のマリア」 原之夫作・絵 汐文社(長崎平和絵本シリーズ2) 1991年11月

マリコ
よくふとったげんきなくまの女の子 「となりのモリタ」 神沢利子文;片山健絵 クレヨンハウス(おはなし広場) 1993年9月

マリーさん
クリスマスのよるにまいごになったこねこのかいぬしのおばあさん 「ゆきだるまのクリスマス」 佐々木マキ作 福音館書店 1991年10月

まりちゃん
ともだちのゆきとくんと3じのおちゃにいったおんなのこ 「3じのおちゃにきてください」 こだまともこ作;なかのひろたか絵 福音館書店 2006年1月

まりちゃん
こうえんにすんでいるのらねこのにゃおがいちばんすきなおんなのこ 「かんたはつよい!」 おりもきょうこ作 童心社(絵本・ちいさななかまたち) 1987年7月

マリちゃん
クリスマスにペロペロキャンディーをなめながらさんぽにでかけたおんなのこ 「サンタクロースの くる ひ」 西巻茅子作・絵 福音館書店(日本傑作絵本シリーズ) 1990年10月

マリモ
みかちゃんが飼っていた犬 「ねえ、マリモ」 やまだけいた文;さかざきちはる絵 講談社 2005年3月

まりもくん
からからにかわいたみずうみのそこでないていたふたりのまりもくん 「アンパンマンとまりもくん」 やなせたかし作・絵 フレーベル館(アンパンマンのおはなしでてこい6) 1995年7月

まりもちゃん
ワタルのなかよしで自転車のけいこをしている女の子 「よわむしワタル」 川滝かおり作;林静一絵 ウオカーズカンパニー(創作絵本シリーズ) 1989年9月

マリヤ
だいくさんのヨセフとけんこんしてかみさまのコイエスさまをうんだひと 「マリヤとヨセフ」 みやしたはんな絵;宮西いづみ文 シーアール企画 1992年10月

マリリン
くまのウーリー一家の5人の子どもたちの女の子 「ウーリー家のすてきなバースデー」 西村玲子文・絵 あすなろ書房(あすなろ書房 新しい絵本シリーズ) 1987年4月

マリン
故郷のカムラ町から出てきて砂時計工場で働くモーリのおさななじみの娘 「ナーガラ町の物語」 すやまたけし作;黒井健絵 サンリオ 1988年11月

マリン
まいにちきまったところをいったりきたりしておきゃくさんをはこぶしまのちいさなれんらくせん 「れんらくせんちびっこマリンくん」 藤本四郎;鍋島よしつぐ作・絵 ポプラ社(アニメのりものえほん13) 1988年7月

丸木 スマ　まるき・すま
1945年8月6日に広島におとされた原爆で被爆したおばあさん 「ピカドン」 丸木位里；丸木俊作；ナンシー・H.ツニソン；石川保夫英訳　小峰書店　1987年7月

マルくん
でん車にのってきたおとうさんと男の子のおかや林のはなしをきいてあそびにいきたくなったつりかわ 「つりかわマルくん」 松岡節作；末崎茂樹絵　ひさかたチャイルド（ひさかた傑作集23）　1987年9月

マルタン
アクマのたにでアクマとたたかうこじかのハリーをたすけにきてくれるふしぎなひと 「もりのヒーロー ハリーとマルタン1 アクマのたにのまき」 やなせたかし作・絵　新日本出版社　2005年3月

マルタン
アクマのたにでアクマとたたかうこじかのハリーをたすけにきてくれるふしぎなひと 「もりのヒーロー ハリーとマルタン2 みずのアクマのまき」 やなせたかし作・絵　新日本出版社　2005年3月

マルタン
アクマのたにでアクマとたたかうこじかのハリーをたすけにきてくれるふしぎなひと 「もりのヒーロー ハリーとマルタン3 ゴロゴロせんせいのまき」 やなせたかし作・絵　新日本出版社　2005年3月

マルタン
もりのわるものとたたかうこじかのハリーをたすけにきてくれるひと 「もりのヒーロー ハリーとマルタン4 マキマキマンのまき」 やなせたかし作・絵　新日本出版社　2005年12月

マルタン
もりのわるものとたたかうこじかのハリーをたすけにきてくれるひと 「もりのヒーロー ハリーとマルタン5 ドクラのたにのまき」 やなせたかし作・絵　新日本出版社　2005年12月

マルタン
もりのわるものとたたかうこじかのハリーをたすけにきてくれるひと 「もりのヒーロー ハリーとマルタン6 なみだのもりのまき」 やなせたかし作・絵　新日本出版社　2006年3月

まるちゃん
ふしぎなくるまをもっているこ 「ふしぎなくるま」 まついのりこ作・絵　偕成社（まるちゃんのたからもの1）　1988年8月

マルテ
中学生の大くんとようご学校小学部にかようハートくんのいるいえでかわれることになったグレーのねこ 「マルテの冒険」 おざきたけひろ作；おざきゆきこ絵　ARTBOXインターナショナル（ART/GALLERYシリーズ）　2006年6月

マルティ
大温室のなかにいるエキノプシスマルティプレックスというサボテン 「サボテンマルティ 大あらしがやってくる」 川端誠作・絵　BL出版　2000年10月

マルティ
大温室のなかにいるエキノプシスマルティプレックスというサボテン 「サボテンたちのゆきあそび」 川端誠作・絵　ブックローン出版　1996年2月

まるて

マルティ
きせつは秋だというのにうっかり花をさかせてしまい温室からそとへでてうたいおどりだしたサボテン 「おどるサボテン」 川端誠作 ブックローン出版 1992年3月

マルヒゲさん
にんげんとこびとがいっしょにすむいえをせっけいしたかわりもののけんちくか 「こびとのまち」 青山邦彦作・画 パロル舎 1996年11月

まるみちゃん
うちのさくらのきにひっかかっていたしろいとりをおにいちゃんとたすけてやったおんなのこ 「えほん まるみちゃんの冒険」 しかたしん文;高桑敏子絵 ささら書房 1987年5月

マルメロ
ながい旅をしているひげのテントウムシ 「マルメローこの星のどこか森のはずれで」 はらだたけひで作 岩波書店 2004年11月

マルルおばさん
きょうはほかけぶねでつりにいったバナンナじまのつりがだいすきなおばさん 「マルルおばさんのとんだいちにち」 久我通世作・絵 講談社 1994年4月

マルルおばさん
あおいうみにかこまれてバナナとやしのみがいっぱいなってるバナンナじまにすんでいるおばさん 「マルルおばさんのたまげたいちにち」 久我通世作・絵 講談社(講談社の創作絵本シリーズ) 1987年7月

まろ
いたずらもののはるかぜにおはなばたけをめちゃめちゃにされたうえぼうしまでふきとばされてしまったはなづくりのまろ 「はなづくりのまろ」 小出保子文・絵 ぎょうせい(そうさくえほん館11-空想の世界であそぼう) 1992年10月

まろりんさん
クリスマスにひげのないサンタになったおんなのひと 「ことしのサンタはひげがない」 鬼藤あかね作・絵 金の星社 1988年12月

マロン
ちいさいおんなのこのはるちゃんのだいすきなねこ 「まてまてマロン」 おおのきょうこ文;わたなべたかこ絵 アスラン書房(心の絵本) 2001年12月

まんだらの安　まんだらのやす
大阪の繁華街ミナミで生きる野良犬のボス 「悲しい犬やねん」 桂三枝文;黒田征太郎絵 アートン(桂三枝の落語絵本シリーズ3) 2005年11月

マンティス
しろいらんのはなにあうからだになりたいとねがったらんぼうもののかまきり 「あした花になる」 いもとようこ作・絵 岩崎書店(のびのびえほん9) 2002年9月

まんねんくじら
なん万年も生きるそれは大きな大きなあらあらしいくじら 「まんねんくじら」 志茂田景樹作・絵 KIBA BOOk 2002年6月

マンプクジン
やまのさるどもがうらないをたのんだふるだぬき 「てんにがんがん ちにどうどう」 松谷みよ子文;北島新平絵 フレーベル館(むかしむかしばなし19) 1993年8月

まんぼう
海でついうとうとしてしまうまんぼう 「うとうとまんぼう」 斉藤洋文;森田みちよ絵 講談社 1991年4月

まんまる
まんまるいいえのなかをころころころげまわってわらいころげていたふたつのまんまるたち 「まるで てんで すみません」 佐野洋子文;長新太絵 偕成社 2006年9月

マンモス
まっくろいものが大好物でみつけるとむしゃむしゃたべてしまうマンモス 「むしゃむしゃマンモス」 阿部真理子作 講談社 1995年4月

【み】

みー
みっちゃんのうちのねこ 「こっちむいて」 宮本忠夫作 新日本出版社(宮本忠夫 みっちゃんのえほん3) 1988年3月

みー
みっちゃんのうちのねこ 「みっちゃんのくつはどこ」 宮本忠夫作 新日本出版社(宮本忠夫 みっちゃんのえほん1) 1988年3月

みー
みっちゃんのうちのねこ 「ゆらゆらぶらんこ」 宮本忠夫作 新日本出版社(宮本忠夫 みっちゃんのえほん2) 1988年3月

ミアネック
クリスマスプレゼントにゆきでできょうりゅうのちょうこくをつくったミアネック 「クリスマスにはとおまわり」 長崎夏海作;小倉正巳絵 文渓堂(まいにちがだいすきシリーズ3) 1993年11月

ミアネック
かわにとびこんでおよいであそんだミアネック 「なつのおしゃべり」 長崎夏海作;小倉正巳絵 文渓堂(まいにちがだいすきシリーズ2) 1993年8月

ミィ
いなかのおじいさんうさぎのいえにとまりがけであそびにいくことになったうさぎのきょうだいのおねえちゃん 「うさぎのゆきだるま」 佐藤さとる作;しんしょうけん絵 にっけん教育出版社 2002年11月

ミイ
こうえんのせわをしているのぼさんとこうえんのすみっこのかわいいおうちにいっしょにすんでいるねこ 「のぼさんのクリスマスツリー」 蔵冨千鶴子文;いしなべふさこ絵 女子パウロ会 2003年10月

ミイ
ある日車にはねられてしまったじいちゃんと大のなかよしのとらねこ 「とらねことじいちゃん」 梅田俊作作・絵 ポプラ社 2000年3月

ミイコ
盲学校にかよう目のみえない子 「雨のにおい 星の声」 赤座憲久文;鈴木義治絵 小峰書店(えほん・こどもとともに) 1987年12月

ミイさん
たんじょうびにみんなにりょうりをつくってもらったミイさん 「うみべでいただきます」 つちだよしはる作 小峰書店(ごちそうえほん) 1998年3月

みいみ
ゆきのふるばんきつねのこんたがプレゼントがほしくてばけたくつしたのなかにもぐりこんできたうさぎのおんなのこ 「きつねいろの くつした」 こわせたまみ作;いもとようこ絵 ひかりのくに 1996年12月

みいみい
こぶたのとんとんのともだちのうさぎ 「こぶたのハーモニカ」 こわせたまみ文;奥田怜子絵 ひかりのくに(思いやり絵本シリーズ3) 1995年7月

ミイラくん
はくぶつかんのこどものミイラ 「ミイラくんあそぼうよ」 にしかわおさむ作・絵 PHP研究所 (わたしのえほん) 2006年12月

ミエル
まだちいさいのでおやつのクッキーがひとつしかもらえないおんなのこ 「ミエルのクッキー」 池田まり子作 佼成出版社 2002年10月

ミオ
タカちゃんがだいすきでとこやさんにいってタカちゃんみたいにあたまをつるつるにしてもらったおんなのこ 「つるつる」 正道かほる文;村上康成絵 童心社(絵本・ちいさななかまたち) 1994年3月

ミオ
ジョーロをかたむけるとあらわれたきれいなにじがとつぜんうごきだしてはなしかけられたおとこのこ 「にじものがたり あめあがりのやくそく」 いわぶちけいぞう作・絵 PHP研究所 (PHPにこにこえほん) 1993年8月

ミカ
飼っているいぬのトトが年よりでくさいのできらいになったおんなのこ 「秋空のトト」 那須正幹作;永田萠絵 ポプラ社(絵本の時間14) 2002年9月

ミカ
なかよしのよしみちゃんとふたりで学校で先生のいっていた春の足音をさがすことにした女の子 「春の足音」 那須正幹作;永田萠絵 ポプラ社(絵本の時間10) 2002年2月

ミカ
なかよしのよしみちゃんがじゅくにかよいはじめてじぶんもじゅくにいくことにした小学一年生の女の子 「もうすぐ夏休み」 那須正幹作;永田萠絵 ポプラ社(絵本の時間26) 2003年6月

ミカエル
ちいさなくにのちいさなまちベツレヘムのおとこのこ 「みたみたほんとのクリスマス」 江口まひろ絵;わきたあきこ文 女子パウロ会 1988年10月

みかづきまん
クロワッサンぼしのほしくずたいのたいちょう 「アンパンマンとみかづきまん」 やなせたかし作・絵 フレーベル館(アンパンマンのぼうけん13) 1989年5月

みかる
水あびをするために地上にまいおりてきた天女のはごろもをかくして天にかえれなくなったむすめといっしょにくらすようになった若者 「天人女房」 立原えりか文;清水耕蔵絵 ポプラ社(日本の物語絵本5) 2003年11月

みかん
くだもののむらのはりきりやのこどもみかん 「はりきりみかん」 じゃんぼかめ作・絵 国土社(えほん・くだもののむら6) 1991年11月

みかんちゃん
パズルのなかのせかいへいってかわいいおんなのこのりんごちゃんにあったおんなのこ 「みかんちゃんとりんごちゃん」 しばたこうじ作・絵 フーコー 2000年5月

ミキ
ジャングルジムからおっこって車いすにのってようご学校にかよう女の子 「あの子はだあれ」 日野多香子作;味戸ケイコ絵 岩崎書店(いのちのえほん16) 2005年2月

ミキオくん
まいにちにわとりのせわをしているおとこのこ 「にわとりさんはネ…」 福井達雨編;止揚学園園生絵 偕成社 1989年7月

みきたくん
めのみえないおかあさんをもつおとこのこ 「ベルナとみっつのさようなら」 ぐんじななえ作;ひだかやすし画 ハート出版(えほん盲導犬ベルナ5) 2004年6月

みきたくん
めのみえないおかあさんをもつおとこのこ 「ベルナとなみだのホットケーキ」 ぐんじななえ作;ひだかやすし画 ハート出版(えほん盲導犬ベルナ3) 2003年6月

みきたくん
めのみえないおかあさんをもつおとこのこ 「ボクがベルナのめになるよ！」 ぐんじななえ作;ひだかやすし画 ハート出版(えほん盲導犬ベルナ4) 2003年12月

みきたくん
めのみえないおかあさんをもつおとこのこ 「ベルナのおねえさんきねんび」 ぐんじななえ作;ひだかやすし画 ハート出版(えほん盲導犬ベルナ1) 2002年9月

みきたくん
めのみえないおかあさんをもつおとこのこ 「ベルナもほいくえんにいくよ！」 ぐんじななえ作;ひだかやすし画 ハート出版(えほん盲導犬ベルナ2) 2002年12月

みきちゃん
おかあさんにかみのけをきられるのがいやでおしいれにかくれてしまったおんなのこ 「かみのけ ちょっきん」 松竹いね子作;織茂恭子絵 福音館書店(こどものとも傑作集) 2005年11月

みきちゃん
まめまきたいかいのオニのやくにくじびきであたったくみでいちばんちいさいおんなのこ 「がったいオニだぞ つよいんだい」 さくらともこ作;二本柳泉絵 佼成出版社(園児のすくすく絵本7) 1988年1月

ミクちゃん
クリスマスイブのひにおとうとのサムくんとふたりでかざったツリーをかいぶつにたべられてしまったおんなのこ 「せかいいち おおきな クリスマスツリー」 おおはらひでき作 PHP研究所(PHPにこにこえほん) 2000年11月

みけ

みけ
じいさとばあさがかっているおかいこさまをねずみからまもるためにやまねこさまににらみのじゅつをおそわりにいった子ねこ 「八方にらみねこ」 武田英子文;清水耕蔵絵 講談社 (講談社の創作絵本Best Selection) 2003年1月

ミケノロスじいさん
ねこのミーノにまちまでおさかなをかいにいってほしいとたのんだおじいさん 「ミーノのおつかい」 石津ちひろ文;広瀬弦絵 ポプラ社(みんなで絵本8) 2003年8月

みーこ
だーいすきなキリンのきぐるみをきてげんきにそとへとび出していった女の子 「キリンのキリコ」 いのうえゆみこ文;さとうゆみ絵 構造社出版 1998年5月

ミーコ
ひとりでおばあちゃんのうちへおみまいにいったこねこ 「ひとりでおみまい」 木村かほる絵;木村文子作 国土社(そよかぜ絵本シリーズ2) 1991年5月

ミーコ
だいすきなおばあちゃんのおみまいにひとりででかけたこねこ 「ひとりで おみまい」 木村文子作;木村かほる絵 国土社(そよかぜ絵本シリーズ2) 1991年5月

みさき
両親が離婚してお父さんと別々に暮らすことになった二人の姉弟の女の子 「あしたてんきになあれ」 薩摩菜々作;永松美穂子絵 未知谷 2005年6月

みさちゃん
がっこうとようちえんにすみついたふたごのおばけをみつけてけらいにしたこども 「ふたごのおばけ」 大川悦生作;藤本四郎絵 ポプラ社(絵本・子どものくに28) 1987年9月

ミーシャ
エマおばあさんの家のとらねこ 「エマおばあさんとモミの木—アルザスのファンタジー」 こやま峰子作;花房葉子絵 平凡社 2005年11月

ミーシャ
サーカスだんのメンバーになったねこのきょうだいのおにいちゃん 「もしもねこがサーカスにいったら」 石津ちひろ文;ささめやゆき絵 講談社(講談社の創作絵本) 2006年10月

ミシュカ
大好きな家族がある日じぶんの目の前から突然いなくなったこぐまのぬいぐるみ 「ずっとつながってるよ こぐまのミシュカのおはなし」 入江杏絵・文 くもん出版 2006年5月

みずおに
やまのうえのふるいどのなかにすんでいるおに 「あぶくちゃんとみずおに」 やなせたかし作・絵 フレーベル館(おむすびまんたびにっき3) 1990年4月

みずたまり
うまれてはじめてうみをみたおじいさんについてきたみずたまりのうみのぼうや 「おじいさんとうみ」 赤川明作・絵 ひさかたチャイルド 2006年6月

水の子　みずのこ
青い湖の底にいた青みがかった透明なからだの水の子 「雲の子 水の子」 小川英子文;山田博之絵 フェリシモ 1992年3月

ミズラ
王さまをだましてこうのとりにしたまほうつかい 「こうのとりに なった おうさま」 香山美子文；井江栄絵 ひかりのくに(名作・昔話絵本) 1993年2月

ミセス・クロース
クリスマスがちかづくとおおいそがしのサンタのおくさん 「きいろいふくきたサンタさん サンタのおくさんミセス・クロース」 磯田和一作・絵 佼成出版社(創作絵本シリーズ) 1989年10月

みちおねえちゃん
タマとゾンタとカンタの3びきのこねこがかわれているうちのうえのおんなのこ 「3びきのこねこ はじめてのゆき」 もりつわかこ作 文化出版局 1987年11月

みちおねえちゃん
タマとゾンタとカンタの3びきのこねこがかわれているうちのうえのおんなのこ 「3びきのこねこ はるをさがしに」 もりつわかこ作 文化出版局 1988年3月

ミチコ
きもちのいいあさにびんのなかにそらからおひさまのおいしいひかりをもらったおんなのこ 「ふしぎ ふしぎ」 片山令子文；長新太絵 国土社(絵本といっしょ3) 1997年7月

みちこ
ちゃわんをわってしまっておとうさんにしかられるのがこわくてえんのしたにかくれたおんなのこ 「えんのしたのみっちゃん」 清水道尾作；梅田俊作絵 ポプラ社(絵本・子どものくに23) 1987年3月

みち子　みちこ
森のひめりんごの木の下にあるねずみの家に遊びに行った女の子 「ひめりんごの木の下で」 安房直子文；伊藤正道絵 クレヨンハウス(おはなし広場) 1993年12月

みちこちゃん
おねえさんがいるたんぽぽようちえんにあそびにきたみっつのおんなのこ 「ちいさいみちこちゃん」 なかがわりえこ作；やまわきゆりこ絵 福音館書店 1994年1月

ミーちゃん
となりのうちのいぬのシロちゃんとおともだちだったねこ 「ありがとうシロちゃん」 関屋敏隆作 文研出版(えほんのもり26) 1994年2月

ミーちゃん
やすおくんのおうちでかっているしろいおんなのこのねこ 「ミーちゃんですヨ！」 なかややすひこ作 講談社(講談社の創作絵本) 2004年7月

みちる
はしってきたももこに「ともだちのともだちはともだちなんだよ」といわれたおんなのこ 「ともだちいっぱい」 新沢としひこ作；大島妙子絵 ひかりのくに(ひかりのくに傑作絵本集18) 2002年3月

みちる
いもうとのひろるともりにあそびにいってふたりのちいさなおうちをつくったおんなのこ 「ちいさな ちいさなひみつのおうち」 森津和嘉子作・絵 PHP研究所(PHPのえほん) 1989年10月

みちる

ミチル号　みちるごう
1945年8月6日原爆がおとされた直後の広島の町の空をかいぬしの少年をさがしてひっしにとんだ1わのはと　「アニメ版　はとよひろしまの空を」　大川悦生原作；大川弘子；大川富美文　ポプラ社　1999年7月

みっくん
としよりのサンタクロースのかわりによよちゃんとプレゼントをくばったなかよしのおとこのこ　「よよちゃんの おつかれサンタ」　広みどり作　早稲田出版　1990年12月

みつこ
あるひおとうさんとでんしゃにのってかばをみにいったおんなのこ　「かばさん」　やべみつのり作　こぐま社　2001年11月

ミッシャ
「ぼく」がすむみなとのあるまちに海のむこうの国からきた女の子　「ぼくの家から海がみえた」　小林豊作・絵　岩崎書店（カラフル絵本6）　2005年4月

みっちゃん
あめをふらせようとするくもをおうえんしたおんなのこ　「くもがふってきた」　赤川明作　ポプラ社（絵本のおもちゃばこ13）　2005年9月

みっちゃん
きょうも大きなイチイの木の下に「なんでもそうだんじょ」をひらいているみならい天使　「うんどうかいのスター」　みくりみゆう作　日本テレビ放送網（みならい天使みっちゃんの冒険3）　2002年6月

みっちゃん
きょう大きなイチイの木の下に「なんでもそうだんじょ」をひらいたみならい天使　「バナナのおとどけもの」　みくりみゆう作　日本テレビ放送網（みならい天使みっちゃんの冒険1）　2002年6月

みっちゃん
せーたーをあむことにしたおんなのこ　「こっちむいて」　宮本忠夫作　新日本出版社（宮本忠夫 みっちゃんのえほん3）　1988年3月

みっちゃん
だいすきなあかいくつがなくなったおんなのこ　「みっちゃんのくつはどこ」　宮本忠夫作　新日本出版社（宮本忠夫 みっちゃんのえほん1）　1988年3月

みっちゃん
ぶらんこにのってみんなとあそんだおんなのこ　「ゆらゆらぶらんこ」　宮本忠夫作　新日本出版社（宮本忠夫 みっちゃんのえほん2）　1988年3月

みっちゃん
としょかんバスあすなろ号にのって北海道の根室半島のノサップみさきをめぐるしんまい司書　「みさきめぐりのとしょかんバス」　松永伊知子作；梅田俊作絵　岩崎書店（絵本の泉5）　1996年6月

みっちゃん
うんどうかいのふたりでするたいそうもかけっこもげんくんといっしょのとなりのおんなのこ　「びっくり かけっこ いっとうしょう」　西本鶏介作；西村達馬絵　佼成出版社（園児のすくすく絵本4）　1987年7月

みっちゃん
大きなイチイの木の下に「なんでもそうだんじょ」をひらいているみならい天使 「かっぱのすいえいれんしゅう」 みくりみゆう作 日本テレビ放送網（みならい天使みっちゃんの冒険2） 2002年6月

みつばち（びいこ）
わがままでいたずらみつばちのこども 「びいこちゃん」 手塚治虫著 河出書房新社（手塚治虫のえほん館 別巻1） 1990年6月

みつばちのおうじょ
したてやさんのいもむしのパピにウエディングドレスをつくってくださいとたのんだみつばちのおうじょ 「いもむしパピはしたてやさん」 前田まゆみ作・絵 PHP研究所（PHPにこにこえほん） 1998年3月

ミツビシトンボ
せなかにひしがたが三つひかっているでっかいトンボ 「ミツビシトンボ」 江口学文；村上康成絵 講談社 1998年4月

みっぷ
なかむつまじくくらすぶたのかぞくの3びきのこぶたのきょうだいの1ぴき 「こぶたのみっぷちゃっぷやっぷ」 筒井頼子文；はたこうしろ絵 童心社（絵本・こどものひろば） 2005年7

ミト
目がみえず耳もひとつしかないうさぎのハンネリおじさんがだいすきな子うさぎ 「ハンネリおじさん」 きどのりこ文；鈴木靖将絵 日本基督教団出版局 1994年4月

みどうっこたろう
ちからたろうといっしょにたびをした大きなみどうをかついだちからもち 「ちからたろう」 いまえよしとも文；たしませいぞう絵 ポプラ社（ポプラ社のよみきかせ大型絵本） 2004年11月

三戸 サツヱさん　みと・さつえさん
宮崎県の南のはしにある幸島で毎日毎日サルを見て記録をつけていった人 「おばあちゃんとサル」 TAMAO；KUMIKO絵・文 汐文社（幸島のサル1） 2004年1月

ミドリ
たつおくんのいえのにわにときどきはいってくるのらねこ 「おかあさんのおとしもの」 佐藤さとる文；しんしょうけん画 童心社（絵本・こどものひろば） 1993年5月

ミドリオバケ
ウサギのピピとミミのおうちのにわにいたオバケ 「ピピとミミとミドリオバケ」 しげつらまさよし文・絵 キャロットステージ 2006年10月

みどりがめ（ゆうゆう）
おおきないけにうかぶちいさなしまにおとうさんとおかあさんとおねえさんといっしょにすんでいるわがままなみどりがめのこども 「みどりがめ ゆうゆうのびっくりおさんぽ」 志茂田景樹作；藤井景絵 KIBA BOOk 2002年4月

ミドリさん
ひろいのはらのいいかおりのするしげみのなかにあったしげみむらにむしさんたちみんなとすんでいたくさかげろう 「しげみむら おいしいむら」 カズコ・G・ストーン作 福音館書店（こどものとも傑作集） 2004年3月

みどりさん
とつぜんの大じしんでつぶれたうちのなかにとじこめられてしまったおんなの人 「ありがとうニャアニャア」 高浜直子作；はたよしこ絵 岩崎書店（えほん・ハートランド10） 1995年12月

みどり

みどりジャイアント
地球にあるミックスベジタブル社がお野菜ステーションに送り込んできた巨人 「お野菜戦争」 デハラユキノリ作 長崎出版 2006年7月

ミドリちゃん
わらうのがだいすきなねこのニャッピーのともだちのねこ 「ニャッピーのがまんできなかったひ」 あきひろ作;もも絵 鈴木出版 2006年6月

ミドリちゃん
おばあちゃんのへやからころがっていったけいとをおいかけていったおんなのこ 「ミドリちゃんとよっつのけいと」 おおしまたえこ作・絵 ポプラ社(絵本の時間17) 2002年11月

みどりちゃん
えんでかうことになったアマガエル 「かえってきたカエル」 中川ひろたか文;村上康成絵 童心社(ピーマン村の絵本たち) 2000年4月

みどりちゃん
あたらしいサンダルをはいてきんじょのひとたちにみせてあるいたおんなのこ 「あかいサンダル」 米田かよ作・絵 偕成社(はじめてよむ絵本4) 1987年4月

みどりのホース(ホース)
おひさまがかんかんてってるあついひベランダでけんたをよんでかたにかけられてさんぽにでかけたみどりのホース 「みどりのホース」 安江リエ文;やぎゅうげんいちろう絵 福音館書店(こどものとも傑作集) 2006年7月

みどりのみどり
3じのおちゃにけーきをつくってみんなをまっていたかえる 「3じのおちゃにきてください」 こだまともこ作;なかのひろたか絵 福音館書店 2006年1月

緑丸　みどりまる
若くして大臣となり強弓をもって蒙古の大軍を博多でむかえうちしりぞけた百合若がかっていた鷹 「百合若大臣」 たかしよいち文;太田大八絵;西本鶏介監修 ポプラ社(日本の物語絵本9) 2004年9月

ミナ
お父さんとお母さんと3人で湖のほとりにキャンプした女の子 「星空キャンプ」 村上康成作 講談社(講談社の創作絵本ベストセレクション) 2005年7月

みなちゃん
おえかききょうしつにいくとちゅうともだちのあいだでまほうつかいとうわさのおばあさんにであってしまったおんなのこ 「おばあちゃんの ありがとう」 ふりやかよこ作 文研出版(えほんのもり16) 1990年4月

ミナとリナ
おかあさんとデパートにいってまいごになったふたごのおんなのこ 「ミナとリナのデパートたんけんごっこ」 鈴木路可作・絵 ポプラ社(えほんはともだち34) 1994年3月

みなみちゃん
おにいちゃんをびょうきでなくしたおんなのこ 「おにいちゃんがいてよかった」 細谷亮太作;永井泰子絵 岩崎書店(いのちのえほん) 2003年9月

源 義経　みなもとの・よしつね
平家にやぶれた源氏の大将源義朝の若君 「牛若丸」 近藤紫雲画;千葉幹夫文 講談社(新・講談社の絵本11) 2002年3月

源 義経　みなもとの・よしつね
都の北のはずれ鞍馬山の寺にあずけられた源氏の大将源義朝の子　「牛若丸」箱崎睦昌絵；牧村則村文　「京の絵本」刊行委員会　1999年10月

源 義経(牛若)　みなもとの・よしつね(うしわか)
源氏の若君、平治の乱で平家と天下をあらそってやぶれた源義朝の子　「義経と弁慶」谷真介文；赤坂三好絵　ポプラ社(日本の物語絵本11)　2005年5月

源 頼光　みなもとの・よりみつ
丹波の国の大江山にすみついてわざわいをなす酒呑童子とよばれる鬼のたいじをめいじられた六人の豪傑の大将　「酒呑童子」川村たかし文；石倉欣二絵；西本鶏介監修　ポプラ社(日本の物語絵本3)　2003年9月

源 頼光　みなもとの・らいこう
足柄山の山おくにいた金太郎というげんきな子どもを都につれていってさむらいにした日本一つよい大将といわれていたさむらい　「金太郎」米内穂豊画；千葉幹夫文・構成　講談社(新・講談社の絵本9)　2002年2月

源 頼光　みなもとの・らいこう
京の丹波の大江山にすむ酒呑童子とよばれる鬼をたいじしに行ったごうけつ　「酒呑童子」下村良之介絵；舟崎克彦文　「京の絵本」刊行委員会　1999年10月

源 頼光　みなもとの・らいこう
いぶきやまにすむしゅてんどうじというおにたいじのためにとえらばれたさむらい　「しゅてんどうじ」木島始構成・文　リブロポート(リブロの絵本)　1993年10月

ミニホーン
恐竜トリケラトプスのリーダーのビッグホーンのむすめでリトルホーンのいもうと　「恐竜トリケラトプスのジュラ紀めいろ」黒川みつひろ作・絵　小峰書店(たたかう恐竜たち 別巻)　2005年11月

ミニホーン
恐竜トリケラトプスのリーダーのビッグホーンのむすめでリトルホーンのいもうと　「恐竜トリケラトプスとアロサウルス−再びジュラ紀へ行く巻」黒川みつひろ作・絵　小峰書店(たたかう恐竜たち)　2003年7月

ミニホーン
恐竜トリケラトプスのリーダーのビッグホーンのむすめでリトルホーンのいもうと　「恐竜トリケラトプスの大逆襲−再び肉食恐竜軍団とたたかう巻」黒川みつひろ作・絵　小峰書店(たたかう恐竜たち)　2000年7月

ミニホーン
恐竜トリケラトプスのリーダーのビッグホーンのむすめでリトルホーンのいもうと　「恐竜トリケラトプスと大空の敵 プテラノドンとたたかう巻」黒川みつひろ作・絵　小峰書店(たたかう恐竜たち)　2001年4月

ミーニャ
おとなになってどこかにいっていてもかえってくる「わたしたち」のうちのねこ　「ミーニャ」かさいりょう文・絵　新樹社　1992年6月

みねこさん
やぎのさんきちくんとやまのいっぽんすぎにオープンしたディスコにいったしろうま　「やまのディスコ」スズキコージ作　架空社　1989年2月

みの

ミーノ
ミケノロスじいさんのためにまちまでおさかなをかいにいくことになったねこ 「ミーノのおつかい」 石津ちひろ文；広瀬弦絵　ポプラ社（みんなで絵本8）　2003年8月

みのきち
おおゆきのばんのこと一人ずまいのいえにとめてやったうつくしいむすめのゆきおんなをよめさんにしたりょうしのわかもの 「ゆきおんな」 川村たかし文；宇野亜喜良画　教育画劇（日本の民話えほん）　2000年2月

ミーファ
ドレとソラとシドとなかよし4にんの木ぼっくりのおんがくたい 「木ぼっくりのおんがくたい」 みずのまさお作　新世研　2001年10月

みふで
クリスマス・イブにサンタさんにプレゼントをあげたくてすいどうやまにおちたながれぼしをひろいにいったおんなのこ 「ながれぼしをひろいに」 筒井頼子作；片山健絵　福音館書店（こどものとも傑作集）　1999年10月

みほ
なおらないガンの病気になってしまったお父さんとウェディングドレスをきてバージンロードを歩いた小学2年生の女の子 「バージンロード」 高橋まり著；作山優希絵　北水　2005年7月

みほ
おばあちゃんとはじめてきのことりにいってやぶからちゅうがえりをしながらでてきたいのはなぼうずにあったおんなのこ 「みほといのはなぼうず」 筒井頼子作；山内ふじ江絵　福音館書店　2001年4月

みほちゃん
はじめておるすばんをすることになった三つのおんなのこ 「はじめてのおるすばん」 しみずみちを作；山本まつ子絵　岩崎書店（ビッグ・えほん）　2004年9月

みほちゃん
まいごになったいちねんせいのおんなのこ 「ますだくんとまいごのみほちゃん」 武田美穂作・絵　ポプラ社（えほんとなかよし53）　1997年12月

みほちゃん
となりのせきのますだくんにいじわるされるいちねんせいのおんなのこ 「ますだくんとはじめてのせきがえ」 武田美穂作・絵　ポプラ社（えほんとなかよし46）　1996年12月

みほちゃん
となりのせきのますだくんにいじわるされるいちねんせいのおんなのこ 「となりのせきのますだくん」 武田美穂作・絵　ポプラ社（えほんとなかよし12）　1991年11月

みほちゃん
いちねんせいのますだくんのとなりのせきのちょっとたよりないおんなのこ 「ますだくんの1ねんせい日記」 武田美穂作・絵　ポプラ社（えほんとなかよし43）　1996年4月

ミミ
きつねのこんがしんせつにしてあげたうさぎ 「あしたはてんき」 小春久一郎作；杉浦範茂絵　ひかりのくに（ひかりのくに傑作絵本集22）　2003年2月

ミミ
うさぎのモコちゃんのなかよしのうさぎのおんなのこ 「いちごがうれた」 神沢利子作；渡辺洋二絵　新日本出版社（うさぎのモコのおはなし4）　1994年3月

ミミ
なかよしのレナにもりのなかにおとされてしまったおにんぎょう 「わたしはレナのおにんぎょう」 たかばやしまり作 朔北社 2006年7月

ミミィちゃん
サンタおじいさんのためにクッキーをつくったふたごのおんなの子の一人 「サンタさんへのおくりもの」 ひろせまさよ文・絵 サンリオ 1989年11月

みみこ
かあさんがだいじにしているおさらをわってしまったうさぎのおんなのこ 「ないしょにしといて」 間所ひさこ作;田沢梨枝子絵 PHP研究所(わたしのえほん) 2003年7月

みみこちゃん
きつねのコンタンがあこがれるうさぎのおんなのこ 「コンタンとみみこちゃん」 鈴木ひろ子作;岩本康之亮絵 ひさかたチャイルド 1987年2月

みみさん
アフリカのどうぶつほごくにきちのあるどうぶつきゅうじょたいのたいいん 「のあさんとそらとぶきゅうじょたい」 おおともやすお文・絵 福音館書店 1990年3月

ミミズ
トカゲのニニロにおとしたしっぽだとおもわれてしっぽにゆわえつけられたミミズ 「ニニロのおとしもの」 いとうひろし作 教育画劇(スピカのみんなのえほん15) 1991年10月

みみず(ウド)
みんな黒いぼうしをかぶっていたぼうし族の村に住んでいたハウエルの友だちのみみず 「ハウエルのぼうし」 新月紫紺大作・絵 講談社(講談社の創作絵本) 2003年3月

ミミズ(オッサン)
ぼくはつしたこうじょうからでてきたペンキとえのぐとクレヨンをどんどんたべてきれいなどろにしてだしたミミズ 「みみずのオッサン」 長新太作 童心社 2003年9月

みみず(かんたろう)
おちばのなかからはいだしてともだちにあいにでかけたやまみみず 「みみずの かんたろう」 田島征彦作 くもん出版 1992年6月

みみず(たっくん)
ちちゅうたんけんにでかけたみみず 「みみずのたっくん さあ、にげろ!」 関屋敏隆作・絵 ポプラ社(えほんとなかよし17) 1992年7月

ミミズク(キスタルはかせ)
森のまんまるめがねをかけたなんでもわかる大ミミズク 「キリンのキリコ」 いのうえゆみこ文;さとうゆみ絵 構造社出版 1998年5月

みみずくおばちゃん(おばちゃん)
鬼子母神さまの近くにすんでいて戦争でふたごの息子をなくしてからくる日もくる日もススキのみみずくをつくりつづけたおばちゃん 「ほっほっほー」 長崎源之助作;高田勲絵 佼成出版社(大型絵本シリーズ) 1994年5月

みみせんせい
やさしいうさぎのせんせい 「アンパンマンとみみせんせい」 やなせたかし作・絵 フレーベル館(アンパンマンメルヘン1) 1991年4月

みみた

みみた
あるひいちわのことりに「どうしておつきさまはちいさくかけていくの？」とたずねたうさぎ「うそ・つき」木曽秀夫作・絵 フレーベル館（げんきわくわくえほん19） 1996年10月

みみたん
のんびりやまのおせっかいうさぎ「のんびりやまのひげはちぎつね」木暮正夫作；柿本幸造絵 教育画劇（スピカのおはなしえほん31） 1987年10月

みみちゃん
まどのそとにははるがきているのにびょうきでねているおんなのこ「みみちゃんの まど」西内ミナミ作；黒井健絵 ひさかたチャイルド 1987年4月

ミミちゃん
こりすのトトのガールフレンドのうさぎ「こりすのトトの へんしんだいすき」あすかけん作 偕成社（こりすのトトの本） 1988年7月

みみちゃん
うちにあかちゃんがうまれてからおかあさんとちっともあそんでもらえないうさぎのおんなのこ「みみちゃんといもうと」貴志真理作 福武書店 1988年4月

みみちゃん
おとうさんとおるすばんしたうさぎのこ、ももちゃんのおねえちゃん「おとうさんとおるすばん」きしまり作・絵 福武書店 1989年4月

ミミッチ
おねしょをさせるめいじんのおねしょんがよくやってくるこ「おねしょんが やってきた」わらべきみか作 ひさかたチャイルド（あかちゃんからのステップアップえほん） 2000年11月

ミミッチ
めんどうくさいことはしないこ「さよなら バイキンくん」わらべきみか作 ひさかたチャイルド（あかちゃんからのステップアップ絵本） 2000年7月

ミミッチ
あとかたづけしてなかったからおもちゃをポイポイたべるかいじゅうポイポイがやってきたこ「かいじゅうポイポイ」わらべきみか作 ひさかたチャイルド（あかちゃんからのステップアップ絵本） 2000年11月

耳なし芳一　みみなしほういち
赤間ケ関の阿弥陀寺に住んでいた盲人の琵琶法師で平家の悪霊に魅入られて耳をもぎ取られた若者「耳なし芳一」小泉八雲原作；船木裕文；さいとうよしみ絵 小学館 2006年3月

みみみ
早春の川辺でオルガンを見つけたベルナールがふたをあけると「ミミミ」と声がして現れた黄色いふわっとしたもの「春風のみみみ」小豆沢ゆう子文；永田萌絵 白泉社 1987年5月

ミミヨッポ
水をくみにいった古いいどのそこにおちて海へいったうさぎ「ミミヨッポ」広井法子作・絵 BL出版 2002年12月

ミャゴネリア
ねこずきの王さまがすきになってしまったかわいいめすねこ「王さまのねこ」宇野亜喜良作 文化出版局 1988年3月

宮本 武蔵　みやもと・むさし
刀を二本つかってたたかう二刀流をあみだした剣の名人「宮本武蔵」石井滴水絵；千葉幹夫文　講談社(新・講談社の絵本17)　2002年12月

ミュウ
めがおおきくてかわいかったかおにきずあとができてしまったぬいぐるみのねこ「えがおってかわいいね」かづきれいこ作；るくれしお絵　PHP研究所(PHPわたしのえほん)　2005年5月

ミュウ
ねこのきょうだいのピッケとポッケのうちのおとなりにひっこしてきたくろねこのおんなのこ「ピッケとポッケのおとなりさん」とりごえまり作　佼成出版社　2003年12月

ミュウ
えっちゃんのうちのこねこ「ストーブのまえで」あまんきみこ作；鈴木まもる絵　フレーベル館(こねこのミュウ4)　1990年4月

ミュウ
えっちゃんのうちのこねこ「サンタさんといっしょに」あまんきみこ作；秋里信子絵　教育画劇(行事のえほん10)　1992年10月

ミュウ
えっちゃんのうちのこねこ「ミュウのいえ」あまんきみこ作；鈴木まもる絵　フレーベル館(こねこのミュウ2)　1989年5月

ミュウ
えっちゃんのうちのこねこ「スキップスキップ」あまんきみこ作；鈴木まもる絵　フレーベル館(こねこのミュウ3)　1989年5月

ミュウ
えっちゃんのうちのこねこ「はるのよるのおきゃくさん」あまんきみこ作；鈴木まもる絵　フレーベル館(こねこのミュウ5)　1990年5月

ミュウ
えっちゃんのうちのこねこようちえんにかよっているこねこ「シャムねこせんせい おげんき？」あまんきみこ作；鈴木まもる絵　フレーベル館(こねこのミュウ6)　1990年6月

ミューン
ほしをつくるオルゴールをもりのなかにおとしてしまったほしをつくるのがしごとのねこ「星ねこミューンのオルゴール」飯田正美原案・絵；寮美千子文　小学館　1995年12月

美代　みよ
山のふもとのおでんの屋台「雪窓」のおやじさんの死んだむすめ「雪窓」安房直子作；山本孝絵　偕成社　2006年2月

妙な男(男)　みょうなおとこ(おとこ)
夜になって町の中を独りでぶらぶら外を歩くのが好きな一人の妙な男「電信柱と妙な男」小川未明作；石井聖岳絵　架空社　2004年7月

ミラ
人間の女の子になった人魚のニーナと友だちになった村の子ども「ニーナのねがい み〜んなともだち」木田真穂子文；竹内永理亜絵　フォーラム・A　2002年8月

みらど

ミラドー
サーカスのふえふきをやめてアフガニスタンのパグマンの村にかえった男の子 「せかいいちうつくしい村へかえる」 小林豊作・絵 ポプラ社(えほんはともだち) 2003年8月

ミラドー
ヤモのなかよしでサーカスのひとたちといっしょにたびにでた村の男の子 「ぼくの村にサーカスがきた」 小林豊作・絵 ポプラ社(えほんはともだち45) 1996年11月

ミルカちゃん
おさんぽにいってはちがはなのなかでやってるはちみつおためしかいをのぞいたおんなのこ 「ミルカちゃんとはちみつおためしかい」 令丈ヒロ子文;高林麻里絵 講談社(講談社の創作絵本) 2005年5月

ミルク
ふるぼけたアパートにまよいこんだノラネコ 「ミルク」 大村えつこ作 新風舎 2005年12月

ミルク
くまのウーリー一家の5人の子どもたちの女の子 「ウーリー家のすてきなバースデー」 西村玲子文・絵 あすなろ書房(あすなろ書房 新しい絵本シリーズ) 1987年4月

ミレ
ゆきのかみさまのいちばんしたのおんなのこ 「ゆきのこミレ」 金沢一彦絵・文 福武書店 1992年1月

ミン
おにいちゃんのポッタとホッタと3にんでくらしているくまのおんなのこ 「くまのこミンのおうち」 あいはらひろゆき文;あだちなみ絵 ソニー・マガジンズ(にいるぶっくす) 2004年4月

ミン
おにいちゃんのポッタとホッタと3にんでくらしているくまのおんなのこ 「くまのこミンのふゆじたく」 あいはらひろゆき文;あだちなみ絵 ソニー・マガジンズ(にいるぶっくす) 2004年11月

ミン
おにいちゃんのポッタとホッタと3にんでくらしているくまのおんなのこ 「くまのこミンのおはなばたけ」 あいはらひろゆき文;あだちなみ絵 ソニー・マガジンズ(にいるぶっくす) 2005年4月

ミン
おにいちゃんのポッタとホッタと3にんでくらしているくまのおんなのこ 「くまのこミンのクリスマス」 あいはらひろゆき文;あだちなみ絵 ソニー・マガジンズ(にいるぶっくす) 2005年10月

ミンク(チム)
いつもおがわにうつるじぶんすがたをながめてはうっとりしていたひとりあそびがだいすきなミンクのこ 「ミンクのチム」 なかのてるし作;ながしまよういち絵 フレーベル館 1987年9月

ミント
"さかなのおいしいレストラン"のコックのおくさんのねこ 「さかなのおいしいレストラン」 さんじまりこ作・絵 ポプラ社(えほんはともだち53) 1999年5月

ミントくん
とてもはやおきをしたいいつもはおねぼうのおとこのこ 「おはようミントくん」 かわかみたかこ作・絵 偕成社 2002年3月

みんみちゃん
まいごになったうさぎのおんなのこ 「ひなたむらのしんまいおまわりさん」 すとうあさえ作；上條滝子絵 PHP研究所（PHPにこにこえほん） 2004年9月

【む】

ムー
こわくてひとりでねむれないポロンをせなかにのせてよるのおさんぽにでかけたぼく 「まっくらなよると ぼくのムー」 むらかみひとみ作 ソニー・マガジンズ（にいるぶっくす） 2005年10月

ムー
おとしごろのももちゃんとけっこんすることになったカバ 「モモとムー」 あいしずか文；ますだちさこ絵 北水 2000年6月

ムー
こひつじのポーの夢をたべてしまったバク 「ポーのロマンス」 野村辰寿著 主婦と生活社（ね〜ね〜絵本） 1999年11月

むかごのこはる
忍術使いのくろずみ小太郎と旅をするくのー 「くろずみ小太郎旅日記 その4-悲笛じょろうぐもの巻」 飯野和好作 クレヨンハウス（おはなし広場） 2001年4月

むかごのこはる
忍術使いのくろずみ小太郎と旅をするくのー 「くろずみ小太郎旅日記 その3-妖鬼アメフラシ姫の巻」 飯野和好作 クレヨンハウス 2000年8月

ムガタ
人間の女の子になった人魚のニーナと友だちになった村の子ども 「ニーナのねがい み〜んなともだち」 木田真穂子文；竹内永理亜絵 フォーラム・A 2002年8月

むかで
くつをいっぱいはくからあしがはやいんだといばっていたむかで 「くつがじまんのむかでさん」 松谷みよ子文；ひらやまえいぞう絵 童心社（あかちゃんのむかしむかし） 1990年2月

ムカデ（モジャとモジョ）
もりにすむくつやのおじいさんにくつをちゅうもんしたムカデのふたり 「プチプチパンパン100のくつ」 板倉美代子作；谷川五男絵 金の星社（絵本のおくりもの） 1989年8月

ムギッポ
らんらんむらのらんらんひろばにある「レストラン・ムギ」のコックのおとこのこ 「いっしょにコーボくん！ムギッポのまんぷくクレープ」 やすいすえこ作；わたなべゆういち絵 岩崎書店（のびのび・えほん13） 2002年7月

むぎわら
すみとそらまめとそろってたびにでることにしたむぎわら 「ノッポさんのえほん2 むぎわらとすみとまめ」 高見ノッポ文；谷口周郎絵 世界文化社 2000年11月

ムク
ひろくんとのはらにいってくまさんのまくらでおひるねしたいぬ 「おひるね いっぱい」 いしなべふさこ作 偕成社（はじめてよむ絵本8） 1988年7月

むくどり
クリの木のほらにとうさんどりとすんでこのよにいなくなっていたかあさんどりのかえりをまっていたむくどりの子「むくどりのゆめ」浜田広介作;いもとようこ絵 金の星社(大人になっても忘れたくない いもとようこ名作絵本) 2005年9月

むく鳥 むくどり
くりの木のほらにとうさん鳥とすんでこの世にいなくなっていたかあさん鳥のかえりをまっていたむく鳥の子「むく鳥のゆめ」浜田広介作;網中いづる絵 集英社(ひろすけ童話絵本) 2004年12月

ムクバク
はりねずみのハリーがすんでいるもりのなかにいたあばれんぼうのくま「つきよのメロディーーはりねずみハリー」木村泰子作・絵 世界文化社(ワンダーおはなし絵本) 2005年10月

ムクバク
はりねずみのハリーがすんでるもりのなかにいたあばれんぼうのくま「つきよのばんのものがたり」木村泰子作・絵 世界文化社(はりねずみハリーのものがたり) 1991年5月

ムクムク
どうぶつえんにいたみなしごのライオンのブルブルをおかあさんのかわりをしてそだてためすいぬ「やさしいライオン」やなせたかし作・絵 フレーベル館(フレーベル館の大型えほん) 2006年4月

ムーくん
しょうちゃんちのかいねこのタロとともだちになったハムスター「ずっとともだち」本間正樹文;福田岩緒絵 佼成出版社(しつけ絵本シリーズ7) 2004年10月

ムーくん
あたらしいともだちができたビーバーのこ「ともだちのネロ」いもとようこ絵;新井真弓作 小学館(ビーバーのムーくんシリーズ2) 1998年12月

ムーくん
おうちはおもちゃやさんのビーバーのこ「おもいでがいっぱい」いもとようこ絵;新井真弓作 小学館(ビーバーのムーくん1) 1998年8月

ムササビ(グルー)
双子の男の子タフルとともだちになったムササビ「とべグルー」土田勇作 フレーベル館(リトルツインズ11) 1994年5月

ムサシ
グレーのねこのマルテがかわれることになったいえにいたせんぱいの紀州犬「マルテの冒険」おざきたけひろ作;おざきゆきこ絵 ARTBOXインターナショナル(ART/GALLERYシリーズ) 2006年6月

むさし
いぬのがっこうにいってじぶんもなにかやくにたちたいなとおもったのんびりけん「もしもぼくがいぬのがっこうにいったら」きたやまようこ作 小学館 1995年1月

武蔵 むさし
動物園で人間に勝手に武蔵という名前をつけられたアフリカ生まれのウランジャート・ワンダ・ダンカリという名のゴリラ「さよなら動物園」桂三枝文;黒田征太郎絵 アートン 2006年8月

ムサじい
新しい季節とともに渡りのタカのサシバがやってくる島にタルタという少年とふたりで暮らしていたじい 「サシバ舞う空」 石垣幸代;秋野和子文;秋野亥左牟絵 福音館書店 2001年10月

むし
もりのなかですてきなコンサートをはじめたスズムシくんやコオロギくんのむしたち 「むしのチロリンコンサート」 菅野由貴子作・絵 教育画劇 2004年8月

むし
サッカーのはらっぱカップでゆうしょうをあらそったクロッコとミドリスのむしたち 「むしサッカー はらっぱカップ」 杵川希文;近藤薫美子絵 教育画劇 2006年5月

むじな
りょうしのとうきちをだましてべんとうをとったむじな 「とうきちとむじな」 松谷みよ子作;村上勉絵 フレーベル館(おはなしえほん15) 1987年7月

むしばきんおう
はみがきがだいきらいなこのむしばのばいきんをふやすのがだいすきなむしばきんおう 「あっちゃんとむしばきんおう」 こわせたまみ作;わたなべあきお絵 佼成出版社(園児のすくすく絵本1) 1987年5月

虫めづる姫(姫ぎみ) むしめずるひめ(ひめぎみ)
ある大納言にいらっしゃいましたなによりも虫がだいすきでさまざまな虫をこばこにあつめていらっしゃいました姫ぎみ 「虫めづる姫ぎみ(むしめづるひめぎみ)」 森山京文;村上豊絵 ポプラ社(日本の物語絵本2) 2003年5月

武者 むしゃ
けんかのすきなくににやってきてくにじゅうのものをのみこんだなぞのはらぺこ武者 「むしゃむしゃ武者」 藤川智子絵・文 講談社(講談社の創作絵本) 2003年10月

むすこ
ふしぎなじいさまからころんだかずだけこばんがでるげたをもらったまずしいいえのむすこ 「たからげた」 香山美子文;長新太画 教育画劇(日本の民話えほん) 1998年6月

ムスサウルス
たあくんのおもちゃのかいじゅうでとつぜん「ぼくはかいじゅうじゃない」としゃべりだしたきょうりゅうのこども 「ぼくのともだちきょうりゅうムスサウルス」 やすいすえこ作;篠崎三朗絵;富田幸光監修 教育画劇(きょうりゅうだいすき!) 1999年9月

むーちゃん
だいじなともだちのおすねこのじーごがふゆのあるひゆきののこっているやねからおちてしんでしまったおんなのこ 「天国からやってきたねこ」 河原まり子作・絵 岩崎書店(えほん・ハートランド) 2000年4月

むつ
となりの町にすんでるおばあちゃんがバスでやってくることになってうれしくて大さわぎした女の子 「おばあちゃんの日」 くりたさおり作 偕成社(日本の絵本) 2002年3月

ムックリ
はるがきたのでふゆのあいだつちのなかでねむっているともだちをおこしにいったもぐら 「もぐらのムックリ」 舟崎克彦作;黒井健絵 ひさかたチャイルド 2002年2月

むつご

ムツゴロウ（むっちゃん）
いさはやの海にすむムツゴロウ「海をかえして！」丘修三；長野ヒデ子作　童心社（絵本・こどものひろば）1997年8月

ムッシュ・ムニエル
やぎのまじゅつし「ムッシュ・ムニエルをごしょうかいします」佐々木マキ著　福音館書店（日本傑作絵本シリーズ）1989年11月

むっちゃん
アレルギーだからたまごとぎゅうにゅうがたべられないおとこのこ「むっちゃんのしょくどうしゃ」国本りか絵・文　芽ばえ社（アトピーっ子絵本）2002年4月

むっちゃん
いさはやの海にすむムツゴロウ「海をかえして！」丘修三；長野ヒデ子作　童心社（絵本・こどものひろば）1997年8月

ムッピ
おともだちのカモンビーやカーメンといつもあそんでいるむしのこども「ムッピ、なにしてあそぶ？」たはらともみ作　ポプラ社（ムッピのえほん1）2006年7月

ムトト
もりにすむゴリラのむれにうまれたあかちゃんゴリラ「ムトトがきたよ　ゴリラのジャングルジム」きむらだいすけ作　ベネッセコーポレーション　1997年3月

ムニムニ
もりでうまれたひとりぼっちのうさぎのおばけ「おばけのムニムニ」古内ヨシ作　あかね書房（えほん、よんで！3）2002年6月

ムニュ
じょうずにすがたをかえてこころのままにいきているいきもの「ムニュ」みやざきひろかず作・絵　PHP研究所（PHPにこにこえほん）2000年5月

むーにょ
とこちゃんがこうえんでみつけてねこだとおもってそだてたライオン「とこちゃんのライオン」うちのとくろう文；せとよしこ絵　らくだ出版　1987年11月

ムーバウ
ひっこしをしたくなってふどうさんやさんにでかけたいぬ「いぬのムーバウ　いいねいいね」高島那生作・絵　講談社（講談社の創作絵本）2004年9月

むーやん
あっちのきしとこっちのきしをかぞえきれないほどゆききしたむらのわたしぶねのせんどうのおじいさん「せんどうじいさん　むーやん」ふりやかよこ作・絵　PHP研究所（PHPのえほん）1989年12月

村の人　むらのひと
あるまずしい村の人のまねばかりしていた村の人たち「ひとまね　まねっこ　とりだらけ」井上正治作・絵　岩崎書店（のびのび・えほん5）2000年11月

むらびと
しょうやさんにつれられておおさかけんぶつにでかけたやまのむらびとたち「いもごろごろ」川村たかし文；村上豊画　教育画劇（日本の民話えほん）1998年7月

村びと　むらびと
はるがやってくるとてにてに花をもってくさはらにあつまり花のサーカスをはじめるボル村の村びとたち「ボルむらのはる」横田稔絵・文　梧桐書院　2001年6月

村人　むらびと
昔あるところにとなり合わせにあった犬山村と猿田村の大変仲が悪かった村人たち「犬山村と猿田村」宮川大助文；宮川花子絵　京都書院（大助・花子の日本昔ばなし）1989年1月

ムーン
とものりくんがひろってきてうちでかってもいいことになったこねこ「ねぇ、いいでしょ　おかあさん」おぼまこと作・絵　ぎょうせい（そうさくえほん館9-空想の世界であそぼう）1992年9月

ムンシー
こどもたちがたくさんいる止揚学園にもらわれてきた一ぴきの子犬「はしれムンシー！」福井達雨編；止揚学園園生絵　偕成社　1989年9月

ムンバ星人　むんばせいじん
この星のモノをちょうさしにきたムンバ星人「ムンバ星人いただきます」花くまゆうさく著　マガジンハウス　2003年4月

【め】

メイ
ふぶきのよるにともだちのオオカミのガブといっしょにゆきのあなにとじこめられていままでのことをおもいだしていたヤギ「しろいやみのはてで－あらしのよるに特別編」きむらゆういち作；あべ弘士絵　講談社　2004年10月

メイ
オオカミのガブのともだちのヤギ「ふぶきのあした」きむらゆういち作；あべ弘士絵　講談社（大型版あらしのよるにシリーズ6）2003年1月；講談社（ちいさな絵童話　りとる27）2002年2月

メイ
オオカミのガブのともだちのヤギ「きりのなかで」きむらゆういち作；あべ弘士絵　講談社（大型版あらしのよるにシリーズ4）2002年12月；講談社（ちいさな絵童話　りとる25）1999年3月

メイ
オオカミのガブのともだちのヤギ「くものきれまに」きむらゆういち作；あべ弘士絵　講談社（大型版あらしのよるにシリーズ3）2002年12月；講談社（ちいさな絵童話　りとる24）1997年10月

メイ
どうしてパパとママはけっこんしたのかな？とかんがえごとをしているひつじのこ「ひつじのメイ　ぼくのパパとママ」穂高順也文；沢田としき絵　キッズメイト　2002年9月

メイ
オオカミのガブのともだちのヤギ「あるはれたひに」きむらゆういち作；あべ弘士絵　講談社（大型版あらしのよるにシリーズ2）2003年1月；講談社（ちいさな絵童話　りとる20）1996年6月

めい

メイ
オオカミのガブのともだちのメイ 「どしゃぶりのひに」 木村裕一作;あべ弘士絵 講談社（大型版あらしのよるにシリーズ） 2003年1月;講談社（ちいさな絵童話 りとる26） 2000年5

メイ
あらしのよるにちいさなこやでオオカミのガブにあってともだちになったヤギ 「あらしのよるに」 木村裕一作;あべ弘士絵 講談社（大型版あらしのよるにシリーズ1） 2003年1月;講談社（ちいさな絵童話 りとる2） 1994年10月

メイ
ふぶきのよるにわかれてしまったともだちのオオカミのガブとミドリがはらであったヤギ 「まんげつのよるに」 きむらゆういち作;あべ弘士絵 講談社（大型版 あらしのよるにシリーズ7） 2006年2月;講談社（シリーズあらしのよるに7） 2005年11月

めいこ
ぽぷりんむらにひっこしてきたばかりのやぎのおんなのこ 「なかよし！おえかきクッキング」 すとうあさえ作;秋里信子絵 金の星社（新しいえほん） 2001年7月

メイティ
つきがまあるくなるよるになかまのぬいぐるみたちといあんりょこうにいったピソカのなかよしのこねこのぬいぐるみ 「つきがまあるくなるよる ぬいぐるみいあんりょこう」 大坪奈古作・画 新風舎 2005年9月

めえこせんせい
みんなにおうちのひとにだっこしてもらう"だっこ"のしゅくだいをだしたひつじのせんせい 「しゅくだい」 宗正美子原案;いもとようこ文・絵 岩崎書店（えほんのマーチ5） 2003年9月

メエメエさん
はらぺこがはらにすむやぎさん 「メエメエさんのゆうびんやさん」 ささやすゆき作・絵 金の星社（こどものくに傑作絵本） 1990年5月

メエメエさん
はらぺこがはらにすむやぎさん 「メエメエさんのやまのぼり」 ささやすゆき作・絵 金の星社（こどものくに傑作絵本） 1989年8月

メエメエさん
はらぺこがはらにすむやぎさん 「メエメエさんのおんがくかい」 ささやすゆき作・絵 すずき出版 1988年10月

メエメエさん
はらぺこがはらにすむやぎさん 「メエメエさんとくろやぎくん」 ささやすゆき作・絵 金の星社（こどものくに傑作絵本） 1987年7月

めおちゃん
こぎつねのこんくんがだいすきなおんなのこ 「ぴょーんととんでくるくるりん」 織茂恭子作・絵 教育画劇（スピカのおはなしえほん37） 1988年6月

メガネヤマネくん
「ボク」がその日森を歩いていたら会ったメガネヤマネくん 「メガネヤマネくんのこと」 いがらしみきお作 竹書房（ほのぼの絵木3） 1989年5月

めぐちゃん
おおきなフライパンでたまご20このたまごやきをやこうとしたおんなのこ 「そらをとんだたまごやき」 落合恵子文;和田誠絵 クレヨンハウス（おはなし広場） 1993年11月

めくらぶどう
ただの一言でも虹とことばをかわしたい丘の上の小さなめくらぶどう 「めくらぶどうと虹」 宮沢賢治文;近藤弘明絵 福武書店 1987年10月

めざましくん
きもちのいい春のあさにめをさましてみんなをおこしためざましどけいのおとこのこ 「めざましくん」 深見春夫作 福武書店 1990年1月

メジロ(チーチ)
ひとりでうみをこえてみなみのしまにやってきたメジロのおとこのこ 「チリチリ チーチー 南の島のチーチ」 串井てつお作・絵 講談社(講談社の創作絵本) 2004年11月

めだか
かわのなかのうんどうかいにあつまっためだか 「かわのなかのうんどうかい」 今井鑑三作;山戸亮子絵 文渓堂 2001年8月

メダカ(さんたろう)
でっかくなってやろうとしてかわしもにむかっていったちいさなメダカ 「めだかさんたろう」 椎名誠文;村上康成絵 講談社 2000年8月

メダカくん
アマガエルくんがみずたまりにみつけたひとりぼっちのメダカくん 「みずたまりのメダカくん－アマガエルくんとなかまたち」 ふくざわゆみこ作・絵 PHP研究所(PHPにこにこえほん) 1998年4月

めちゃくちゃひめ
めちゃくちゃらんどというくにおりましたいそうめちゃくちゃなおひめさま 「めちゃくちゃひめのプールあそび プールのまえに読む絵本」 いとういずみ文;廣川沙映子絵 世界文化社 1988年4月

メト
アフリカのサバンナのまんなかのちいさなむらにすんでいるおとこのこ 「アフリカへいったクマ」 市川里美作・絵 徳間書店 1999年10月

メープルひめ
アクマのノロイをかけられていてこじかのハリーにたすけられたカエデのきのせいのひめ 「もりのヒーロー ハリーとマルタン3 ゴロゴロせんせいのまき」 やなせたかし作・絵 新日本出版社 2005年3月

めめめんたま
あかいいろがすきであかいものならなんでもみんなくっちまうめのおばけ 「めめめんたま」 西郷竹彦作;樋口智子絵 ひかりのくに(ひかりのくに傑作絵本集17) 2002年1月

メメール
毛をかられるのがいやで小屋からにげだしてオコジョのタッチィとともだちになったいっぴきのひつじ 「なつのやくそく」 亀岡亜希子作・絵 文渓堂 2006年6月

メリー
クリスマスの日にこひつじのポーと月にいった夢を見たこひつじ 「ポーとメリーのクリスマス」 野村辰寿著 主婦と生活社(ね～ね～絵本) 2001年11月

メリー
ひつじのポーとはなればなれになったこひつじ 「ポーの子どもたち」 野村辰寿著 主婦と生活社(ね～ね～絵本) 2000年11月

メリー
夢で見ていたこひつじのポーにほんとうに会ったこひつじ 「ポーのロマンス」 野村辰寿著 主婦と生活社(ね～ね～絵本) 1999年11月

メリー
夢の中でこひつじのポーが出会ったおんなのこひつじ 「ポーとメリー」 野村辰寿著 主婦と生活社(ね～ね～絵本) 1998年11月

メリーさん
ネクタイをしめたおおかみがこいをしたひつじ 「おおかみのネクタイ」 ふじはらなるみ著 RTBOXインターナショナル 2005年7月

メリーちゃん
おかあさんにいちばまでおつかいをたのまれたおんなのこ 「メリーちゃんのみちくさ」 立岡月英絵・文 福武書店 1988年4月

メルくん
ぬいぐるみのくまのツキハギをつれてようちえんにいったあなぐまのこ 「メルくんようちえんにいく」 おおともやすお作 福音館書店(日本傑作絵本シリーズ) 2000年3月

メルくん
うちにあかちゃんがうまれておにいさんになったあなぐまのおとこのこ 「あなぐまメルくん」 おおともやすお作・絵 福音館書店(日本傑作絵本シリーズ) 1999年3月

メルちゃん
なかよしきょうだいのちいさないもうと 「ダボちゃんとメルちゃん」 みやもときょうこ作・絵 コーチャル出版部 2002年9月

めろりん
くいしんぼうのさかなラムチャプッチャがたべちゃっためろんのようなおんなのこ 「ラムチャプッチャーともだちどんどんぶらこっこ！のまき」 ますだゆうこ文；竹内通雅絵 学習研究社 2005年7月

メロンパンナちゃん
アンパンマンのなかま、ロールパンナのいもうと 「アンパンマンとさばくのたから」 やなせたかし作・絵 フレーベル館(アンパンマンのおはなしわくわく6) 2004年3月

メロンパンナちゃん
アンパンマンのなかま、ロールパンナのいもうと 「アンパンマンとまりもくん」 やなせたかし作・絵 フレーベル館(アンパンマンのおはなしでてこい6) 1995年7月

メロンパンナちゃん
ロールパンナのいもうと 「ロールとローラ うきぐもじょうのひみつ」 やなせたかし作・絵 フレーベル館(アンパンマンプチシアター) 2006年11月

めんどうじゃん
もりのいりぐちののはらにすんでいためんどうじゃんというなまえのものぐさなねこ 「どこへいったの？めんどうじゃん」 福島妙子作；北山葉子絵 こずえ(おはなしのえほん1) 1989年1月

【も】

モー
ばけることができない病気で山猫病院に入院したナナお嬢さんのうちのめす猫「モーの入院」別役実文;朝倉摂絵 リブロポート(リブロの絵本) 1990年8月

モイラ
こぐまのトトがもりのなかのひみつのばしょにつくったはなばたけからはなをとっていったもぐらのおんなのこ「ぼくの はな さいたけど…」山崎陽子作;末崎茂樹絵 金の星社(こどものくに傑作絵本) 1990年6月

モウサー
村のわかものマチャーがごうつくばりなかいぬしからたすけた年とったものをいう赤牛「赤牛モウサ 沖縄の絵本」儀間比呂志作・絵 岩崎書店(絵本の泉) 1991年11月

もうどう犬(サーブ) もうどうけん(さーぶ)
目の見えないしゅじんをこうつうじこからまもって大けがをして3本足になったもうどう犬「えらいぞサーブ！主人をたすけた盲導犬」手島悠介文;徳田秀雄絵 講談社(どうぶつノンフィクションえほん) 2000年4月

もうどうけん(ベルナ)
みきたくんのめのみえないおかあさんのもうどうけん「ベルナとみっつのさようなら」ぐんじななえ作;ひだかやすし画 ハート出版(えほん盲導犬ベルナ5) 2004年6月

もうどうけん(ベルナ)
みきたくんのめのみえないおかあさんのもうどうけん「ベルナとなみだのホットケーキ」ぐんじななえ作;ひだかやすし画 ハート出版(えほん盲導犬ベルナ3) 2003年6月

もうどうけん(ベルナ)
みきたくんのめのみえないおかあさんのもうどうけん「ボクがベルナのめになるよ！」ぐんじななえ作;ひだかやすし画 ハート出版(えほん盲導犬ベルナ4) 2003年12月

もうどうけん(ベルナ)
みきたくんのめのみえないおかあさんのもうどうけん「ベルナのおねえさんきねんび」ぐんじななえ作;ひだかやすし画 ハート出版(えほん盲導犬ベルナ1) 2002年9月

もうどうけん(ベルナ)
みきたくんのめのみえないおかあさんのもうどうけん「ベルナもほいくえんにいくよ！」ぐんじななえ作;ひだかやすし画 ハート出版(えほん盲導犬ベルナ2) 2002年12月

もうふくん
まみちゃんがあかちゃんのときからなかよしのもうふ「もうふくん」山脇恭作;西巻茅子絵 ひさかたチャイルド 2005年10月

もえこ
しゃべりだしたポタージュスープのなかにはいっていったおんなのこ「ウポポ ウポポポ ポタージュスープ」越智のりこ作;みうらしーまる絵 鈴木出版(ひまわりえほんシリーズ) 2006年9月

モーガン船長 もーがんせんちょう
夏休みに海のちかくにあるおばあちゃんの家にひとりででかけた洋一がゆめの中でのった海賊船の船長「海賊モーガンはぼくの友だち」那須正幹作;関屋敏隆絵 ポプラ社(那須正幹の絵本1) 1993年7月

モク
木のなかにすんでいる木の精「森の木」川端誠作 BL出版(川端誠「ものがたり」三部作) 1997年11月;リブロポート(リブロの絵本) 1993年7月

もぐ

モグ
かぜがすこしつめたくなったあるあきのひにさむくてぶるぶるふるえているおともだちにで
あったもぐら 「モグとコロロ モグのおともだち」 なだゆみこ文；おまたたかこ絵 ひさかた
チャイルド 2006年9月

モグ
おかあさんにおつかいをたのまれてまぶしいのでゆびのあいだからちらっととんねるのそと
をみてすすんだモグラ 「ちらっと みて おつかいに」 宮本忠夫作・絵 ひさかたチャイルド
1990年7月

もぐおばさん
おおきなすもものきのしたにすんではるになるとすももジャムのみせをひらくもぐらのおばさ
ん 「もぐおばさんのすももジャム」 吉田道子作 童心社 (絵本・こどものひろば) 1998年7
月

もぐくん
めえこせんせいからおうちのひとにだっこしてもらう"だっこ"のしゅくだいをだされておうち
にかえったもぐらのこ 「しゅくだい」 宗正美子原案；いもとようこ文・絵 岩崎書店 (えほんの
マーチ5) 2003年9月

モグさん
あなほりをやめてまいにちそらをとぶことばかりかんがえたモグラ 「モグさんとそらとぶえん
ばん」 八木信治作・絵 岩崎書店 (えほん・おもしろランド11) 1988年12月

木人　もくじん
言葉を喋る年をとった木 「銀河の魚」 たむらしげる著 メディアファクトリー 1998年11月

もくちゃん
はじめてのようちえんでうさぎのもこちゃんとおともだちになったもぐらのおとこのこ 「もく
ちゃん もこちゃんの はじめてのようちえん」 神沢利子作；多田ヒロシ絵 PHP研究所 (PHP
にこにこえほん) 2005年3月

モグちゃん
フクロウじいさんとしかはなしをしないひとみしりのモグラのこ 「ありがとうフクロウじいさん」
武鹿悦子作；中村悦子絵 教育画劇 (みんなのえほん) 2000年7月

もくば
まちのスーパーマーケットのみせさきにおかれたひとりぼっちのくろいもくば 「ぼく、いって
くるよ！」 江崎雪子作；永田治子絵 ポプラ社 (絵本の時間15) 2002年10月

もくば
やまのふもとのおおきなきのしたにすてられていたふるくなったもくば 「よかったね もくば」
南本樹作 文化出版局 1993年11月

もくべえ
にゅるにゅるにげだしたうなぎをおいかけておいかけててんのうえにたどりついたおとこ 「も
くべえのうなぎのぼり」 さねとうあきら文；いのうえようすけ画 教育画劇 (日本の民話えほ
ん) 2003年5月

もくべえどんとおはなさん
あるやまのむらにすんでいたわかいふうふでふたつのてがまっしろなふしぎなさるのこをそ
だてたふたり 「てじろのさる」 もちたにやすこ文；かさいまり絵 にっけん教育出版社 1999
年1月

モクモク
それぞれの木を森にさがしにいった三びきの一ぴき 「もりへ さがしに」 村田清司絵;田島征三文 偕成社 1991年10月

モクモク
どろんこあそびがだいすきなひつじのこ 「あわぶくかいじゅうモクモクだい！」 浅野ななみ作;米山永一絵 金の星社(新しいえほん) 1991年7月

モグモグ
チゴユリのさくもりへはるのパーティーにゆくとちゅうであかちゃんのこねこをみつけたうさぎ 「チゴユリのこねこちゃん」 森津和嘉子作・絵 PHP研究所(PHPのえほん) 1991年3月

もぐもぐ
とんがりやまのすぐそばにくらしていたもぐらのいっかのおとこのこ 「もぐもぐ とんねる」 しらたにゆきこ著 アリス館 2005年2月

もくもくおじさん
あるところにいたおかねもちでだいのたばこずきの「もくもくおじさん」とよばれていたおじさん 「もくもくおじさん」 こばやしひろこ絵・文 遊タイム出版 2000年9月

もぐら
やまのてっぺんにあったとてもとしをとったおおきなさくらのきのしたにすんでいたもぐら 「さくらのさくひ」 矢崎節夫作;福原ゆきお絵 フレーベル館(ペーパーバックえほん5) 2002年3月

もぐら
ちかのとんねるせいかつにあきてちじょうのせかいへいこうとしたわかいもぐら 「でたがりもぐら」 志茂田景樹作;柴崎るり子絵 KIBA BOOk(よい子に読み聞かせ隊の絵本9) 2001年6月

もぐら(こもも)
おおきくなったのでおとうさんとおかあさんとわかれてじぶんのうちをつくることにしたもぐら 「こもものおうち」 小出保子作 福音館書店(もぐらのこもも1) 1993年11月

もぐら(こもも)
おおきくなったのでおとうさんとおかあさんとわかれてじぶんのうちをつくることにしたもぐら 「こもものふゆじたく」 小出保子作 福音館書店(もぐらのこもも2) 1993年11月

もぐら(こもも)
おおきくなったのでおとうさんとおかあさんとわかれてじぶんのうちをつくることにしたもぐら 「こもものともだち」 小出保子作 福音館書店(もぐらのこもも3) 1993年11月

もぐら(ざっく)
もぐらのこももとけっこんしたあなほりめいじんのもぐら 「こもものともだち」 小出保子作 福音館書店(もぐらのこもも3) 1993年11月

もぐら(サンディ)
ひとりであなをほるほるほるほるほるほるもぐら 「もぐらのサンディ」 くすのきしげのり文;清宮哲絵 岩崎書店(のびのび・えほん10) 2002年3月

もぐら(ポゥさん)
グリーンヴァレーでおじいさんと一緒に木のおいしゃさんをしているポゥ・ダンネルという名のもぐら 「ポゥさんと秋風 グリーンヴァレーものがたり-谷のドクター・ポゥさんシリーズ 秋編」 ふくもとともお作 小池書院 1996年11月

もぐら

もぐら(ポゥさん)
グリーンヴァレーでおじいさんと一緒に木のおいしゃさんをしているポゥ・ダンネルという名のもぐら 「ポゥさんのカヌー-グリーンヴァレーものがたり」 福本智雄作 小池書院 1996年8月

もぐら(ポゥさん)
グリーンヴァレーでおじいさんと一緒に木のおいしゃさんをしているポゥ・ダンネルという名のもぐら 「空をとんだポゥさん-グリーンヴァレーものがたり」 福本智雄作 スタジオ・シップ (谷のドクター・ポゥさんシリーズ) 1994年4月

もぐら(ポゥさん)
グリーンヴァレーでおじいさんと一緒に木のおいしゃさんをしているポゥ・ダンネルという名のもぐら 「ポゥさんの雪だるま-グリーンヴァレーものがたり」 福本智雄作 スタジオ・シップ (谷のドクター・ポゥさんシリーズ) 1993年12月

もぐら(ホリー)
たべるものをさがしてトンネルをほっていてひとりぼっちのおいもとなかよくなったもぐら 「もぐらのホリーともぐらいも」 あさみいくよ作 偕成社 2005年9月

もぐら(ムックリ)
はるがきたのでふゆのあいだつちのなかでねむっているともだちをおこしにいったもぐら 「もぐらのムックリ」 舟崎克彦作;黒井健絵 ひさかたチャイルド 2002年2月

もぐら(モイラ)
こぐまのトトがもりのなかのひみつのばしょにつくったはなばたけからはなをとっていったもぐらのおんなのこ 「ぼくの はな さいたけど…」 山崎陽子作;末崎茂樹絵 金の星社(こどものくに傑作絵本) 1990年6月

もぐら(モグ)
かぜがすこしつめたくなったあるあきのひにさむくてぶるぶるふるえているおともだちにであったもぐら 「モグとコロロ モグのおともだち」 なだゆみこ文;おまたたかこ絵 ひさかたチャイルド 2006年9月

モグラ(モグ)
おかあさんにおつかいをたのまれてまぶしいのでゆびのあいだからちらっととんねるのそとをみてすすんだモグラ 「ちらっと みて おつかいに」 宮本忠夫作・絵 ひさかたチャイルド 1990年7月

もぐら(もぐおばさん)
おおきなすもものきのしたにすんではるになるとすももジャムのみせをひらくもぐらのおばさん 「もぐおばさんのすももジャム」 吉田道子作 童心社(絵本・こどものひろば) 1998年7月

もぐら(もぐくん)
めえこせんせいからおうちのひとにだっこしてもらう"だっこ"のしゅくだいをだされておうちにかえったもぐらのこ 「しゅくだい」 宗正美子原案;いもとようこ文・絵 岩崎書店(えほんのマーチ5) 2003年9月

モグラ(モグさん)
あなほりをやめてまいにちそらをとぶことばかりかんがえたモグラ 「モグさんとそらとぶえんばん」 八木信治作・絵 岩崎書店(えほん・おもしろランド11) 1988年12月

もぐら(もくちゃん)
はじめてのようちえんでうさぎのもこちゃんとおともだちになったもぐらのおとこのこ 「もくちゃん もこちゃんの はじめてのようちえん」 神沢利子作；多田ヒロシ絵 PHP研究所(PHPにこにこえほん) 2005年3月

モグラ(モグちゃん)
フクロウじいさんとしかはなしをしないひとみしりのモグラのこ 「ありがとうフクロウじいさん」 武鹿悦子作；中村悦子絵 教育画劇(みんなのえほん) 2000年7月

もぐら(もぐもぐ)
とんがりやまのすぐそばにくらしていたもぐらのいっかのおとこのこ 「もぐもぐ とんねる」 しらたにゆきこ著 アリス館 2005年2月

モグラ(モグル)
カエルのシュレーゲルのともだちのモグラのこ 「シュレーゲルのプレゼント」 うめもとやすこ作・絵 新風舎 2005年11月

もぐらいも
もぐらのホリーがなかよくなったもぐらにそっくりなひとりぼっちのおいも 「もぐらのホリーともぐらいも」 あさみいくよ作 偕成社 2005年9月

もぐらくん
ねずみくんとともだちになってうちへいったもぐらくん 「うちへおいで」 もりやまみやこ作；ふくだいわお絵 ポプラ社(いろいろえほん7) 2000年1月

もぐらぐんだん
やさいばたけをあらすのがだいすきなもぐらたち 「たこやきマントマン–やさいばたけのぼうけんのまき」 高田ひろお作；中村泰敏絵 金の星社(新しいえほん) 1992年7月

もぐらさん
どうぶつむらのぞうくんのともだち 「やっぱり ぞうくん！」 さくらともこ作；尾崎真吾絵 金の星社(新しいえほん) 1995年8月

モグラさん
カエルさんとなんでもかんでもはんたいだがトランプあそびがだいすきなことだけがいっしょのモグラさん 「モグラさんとカエルさんのおはなしです」 舟崎靖子作；かみやしん絵 小峰書店(プチえほん8) 1988年11月

もぐらちゃん
あかちゃんみたいにみんなおててておっぱいしてる五つごのもぐらちゃんたち 「もぐらちゃんのおてておっぱい」 角野栄子文；佐々木洋子絵 ポプラ社(ぴょんぴょんえほん10) 1994年9月

もぐらちゃん
みんなおそろいの三さいの五つごのもぐらちゃん 「もぐらちゃんのおねしょ」 角野栄子文；佐々木洋子絵 ポプラ社(ぴょんぴょんえほん6) 1988年12月

もぐらのおじいちゃん
もぐらのみつごちゃんたちにあうためにいそいでまあっすぐにやってきたおじいちゃん 「いそがなくっちゃ」 かさいまり作・絵 ひさかたチャイルド 2004年1月

もぐらのおじさん
ちちゅうたんけんにでかけたみみずのたっくんがしょうめんしょうとつしたもぐらのおじさん 「みみずのたっくん さあ、にげろ！」 関屋敏隆作・絵 ポプラ社(えほんとなかよし17) 1992年7月

もぐり

もぐりん
ある日けんちゃんがおふろにはいるとなんとそこにおよいでいた水もぐら 「けんちゃんともぐりん」 薄井理子文；夏目尚吾絵 くもん出版 2005年7月

もぐりん
もりをあらすちていせんしゃ 「アンパンマンともぐりん」 やなせたかし作・絵 フレーベル館（アンパンマンのぼうけん4） 1987年12月

モグル
カエルのシュレーゲルのともだちのモグラのこ 「シュレーゲルのプレゼント」 うめもとやすこ作・絵 新風舎 2005年11月

モコ
ケーキやさんのパパといっしょにクリスマスをしたいおとこのこ 「ブラザーサンタ」 小林ゆき子作・絵 岩崎書店（カラフルえほん12） 2005年10月

モコ
ミミちゃんちのはたけのいちごがうれたのでいっしょにいちごつみにいったうさぎのおとこのこ 「いちごがうれた」 神沢利子作；渡辺洋二絵 新日本出版社（うさぎのモコのおはなし4） 1994年3月

モコ
川原でこちどりのたまごをみつけたしりたがりやの子うさぎ 「うさぎのたまごは夕やけいろ」 神沢利子作；渡辺洋二絵 新日本出版社（うさぎのモコのおはなし3） 1993年7月

モコ
夜ひとりで森にいったうさぎのおとこのこ 「つかまらない つかまらない」 神沢利子作；渡辺洋二絵 新日本出版社（うさぎのモコのおはなし1） 1992年10月

モコ
とつぜんむねがとっくたっくとっくたっくなりだしたうさぎのこ 「とっくたっく とっくたっく」 神沢利子作；渡辺洋二絵 新日本出版社（うさぎのモコのおはなし2） 1993年4月

もこちゃん
はじめてのようちえんでもぐらのもくちゃんとおともだちになったうさぎのおんなのこ 「もくちゃん もこちゃんの はじめてのようちえん」 神沢利子作；多田ヒロシ絵 PHP研究所（PHPにこにこえほん） 2005年3月

モコちゃん
どうしよう！がいっぱいいっぱいでいつもドキドキドキドキのかいじゅうのこども 「ドキドキかいじゅうモコちゃん」 わだことみ作；あきやまただし絵 岩崎書店（のびのび・えほん） 2002年4月

もこちゃん
めいろがいっぱいのおばけのもりにいってみたおんなのこ 「おばけのもりはめいろがいっぱい」 長島克夫作・絵 フレーベル館（げんきわくわくえほん6） 1995年9月

モコモコちゃん
アイウエ動物園から家出してセーター屋のひつじになったひつじのおじょうさん 「モコモコちゃん家出する」 角野栄子文；にしかわおさむ絵 クレヨンハウス（おはなし広場） 1993年7月

モーじいさん
おかあさんたちとはぐれてしまったかるがものあかちゃんのフィフィをみまもるうしがえる 「フィフィのそら」 村上康成作 ひさかたチャイルド 2005年3月

モシャおばさん
アフリカにいったじてんしゃのピカピカをむかえてくれたむらのほけんじょのじょさんぷさん「ピカピカ」たばたせいいち作　偕成社　1998年12月

モジャとモジョ
もりにすむくつやのおじいさんにくつをちゅうもんしたムカデのふたり「プチプチパンパン100のくつ」板倉美代子作；谷川五男絵　金の星社（絵本のおくりもの）1989年8月

もず
えものをまえに「ぼくは、なんてざんこくなことをするのだろう」ともうしわけなさそうにないたもず「もずがなくとき」かみやしん著　ほるぷ出版　1988年11月

もすけ
おじいさんゆずりの「生きものはなあ、くうか、くわれるかのたたかいじゃ」がくちぐせのくも「もすけ」かみやしん作・絵　くもん出版（くもんの絵童話）1992年8月

茂助　もすけ
下界へくだったかみなりむすめのおシカとあそんでくれた村の男の子「かみなりむすめ」斎藤隆介作；滝平二郎絵　岩崎書店（岩崎創作絵本13）1988年7月

もちづきくん
おもちつきのでまえサービスをするおもちつきやさん「もちづきくん」中川ひろたか作；長野ヒデ子絵　ひさかたチャイルド　2005年12月

モック
きたのうみでうまれたラッコのふたごのあかちゃんのおにいちゃん「ふたごのラッコ」岡野薫子文・絵　ポプラ社（絵本・おはなしのひろば20）1987年2月

もっくん
いつもそらのうえであそんでいるげんきなくものこ「もくもくもっくん」やすいすえこ作；島田コージ絵　ひかりのくに（ひかりのくに傑作絵本集9）1998年7月

もっくん
かぞくでクリスマスパーティーにでかけるのにズボンをはかないであそんでいたおとこのこ「ズボンのクリスマス」林明子作　福音館書店（クリスマスの三つのおくりもの）1987年10月

モットしゃちょう
モットモットのくにからズートのくににやってきてもりをきりひらいておおもうけをかんがえたレストランのしゃちょう「モットしゃちょうとモリバーバのもり」藤真知子作；こばようこ絵　ポプラ社　2005年7月

モップ
みーちゃんとおさんぽにいってまいごになってしまったいぬ「まいごになったモップ」鹿目佳代子作　福武書店　1989年2月

ものぐさ太郎　ものぐさたろう
信濃の国のあたらし村にいたなにもしないでねころがっているばかりのとんでもないなまけもの男「ものぐさ太郎」林潤一絵；岡田淳文　「京の絵本」刊行委員会　1999年10月

ものぐさ太郎　ものぐさたろう
信濃の国のあたらしの里にすんでいたうまれつきのなまけ者でまい日ねてばかりいた若者「ものぐさ太郎」肥田美代子文；井上洋介絵　ポプラ社（日本の物語絵本15）2005年10月

ものし

ものしりねこ
こどもたちに「きょうはみんなまつりモラモラのひだよ」とおしえたものしりねこ 「みんなまつりモラモラ」久我通世作・絵 講談社 1990年3月

ものしり博士　ものしりはかせ
アフリカの森にすむ大きな耳のものしり博士のアフリカゾウ 「ジャンボゴリラとたけのこ」こやま峰子文；渡辺あきお絵 ほるぷ出版 1988年6月

モピ
ふかいもりのなかにあるいっけんのペットショップでうられているとってもめずらしいとり 「ペットショップ・モピ」はまのゆか絵・作 PHP研究所 2004年9月

もへえ
大きな木をきろうとしておくから出てきたてんぐにたのまれて木をきらなかったかわりにふしぎなうちわをもらった村のきこり 「てんぐのうちわ」松岡節文；水沢研絵 ひかりのくに（ひかりのくに名作・昔話絵本） 1991年12月

もみちゃん
おとしものをよくするおっちょこちょいの女の子 「もみちゃんともみの木」たかどのほうこ作；いちかわなつこ絵 あかね書房 2004年10月

もみのき
ノルウェーのひろいもりのおおきなきのなかにいっぽんしょんぼりたっていたちいさなちいさなもみのき 「クリスマスのき」金川幸子文；中村有希絵 中央出版社（クリスマス伝説シリーズ） 1990年11月

もみの木　もみのき
もみの木通りの下を通る人たちからものをかすめとってあつめていたもみの木たち 「もみちゃんともみの木」たかどのほうこ作；いちかわなつこ絵 あかね書房 2004年10月

もみの木　もみのき
きれいな町でクリスマスツリーになりたくて根っこを土からひきぬいて走っていったぞうきばやしの中のもみの木 「わたしクリスマスツリー」佐野洋子作・絵 講談社 1990年11月

モモ
中国山地のクマのちょうさをしているはるくんのおじいちゃんがワナにかかったのをたすけて山にかえしたクマ 「クマはどこへいくの」松田もとこ作；ふりやかよこ絵 ポプラ社（絵本のおもちゃばこ6） 2005年9月

モモ
2さいとしした のムーくんとけっこんすることになったカバ 「モモとムー」あいしずか文；ますだちさこ絵 北水 2000年6月

もも
おとうさんにおこられてやねのうえにのぼったおんなのこ 「やねのうえのもも」織茂恭子作 童心社（絵本・こどものひろば） 2002年3月

モモ
ながさきにあるどうぶつえんバイオパークでうまれていくがかりにそだてられておおきくなったカバ 「カバのモモがママになった！」中村翔子文；塩田守男絵 教育画劇（絵本・ほんとうにあった動物のおはなし） 2002年4月

もも
ゆうたがケーキやさんにつれていった4さいになるなきむしのいもうと 「せかいでひとつだけのケーキ」あいはらひろゆき作；あだちなみ絵 教育画劇 2006年4月

ももか
いとこのはなちゃんちでくらしているわがままなおんなのこ 「モモゴンのクリスマス」 玖保キリコ作・絵 岩崎書店 2003年11月

ももかちゃん
となりのはなこちゃんちにすむことになった超わがままないとこの女の子 「となりのモモゴン」 玖保キリコ作・絵 岩崎書店(モモゴンシリーズ) 2002年11月

ももこ
はしってきてみちるとさとるに「ともだちのともだちはともだちなんだよ」といったおんなのこ 「ともだち いっぱい」 新沢としひこ作;大島妙子絵 ひかりのくに(ひかりのくに傑作絵本集18) 2002年3月

モモコ
アンナ・バレーだんの新進バレリーナのぶた 「ぶたのモモコとフルーツパーラー」 森山京作;黒井健絵 小峰書店(プチえほん) 1993年6月

ももこ
おにまるのヘリコプターにのってうみへいったおんなのこ 「おにまるとももこ うみへ」 岸田衿子作;堀内誠一絵 文化出版局 1987年7月

ももこ
おにのこのおにまるがいもうとにすることにしたかわいいおんなのこ 「おにまるの ヘリコプター」 岸田衿子作;堀内誠一絵 文化出版局 1987年7月

ももこ
さんがつみっかのもものせっくにうまれてなまえもももものはなのももこのおんなのこ 「ももこのひなまつり」 森山京作;ふりやかよこ絵 教育画劇(行事のえほん3) 1993年2月

もも子 ももこ
くうしゅうの夜にうばぐるまで外ににげたのうせいまひの女の子 「ななしのごんべさん」 田島征彦;吉村敬子作 童心社 2003年6月

モモゴン(ももか)
いとこのはなちゃんちでくらしているわがままなおんなのこ 「モモゴンのクリスマス」 玖保キリコ作・絵 岩崎書店 2003年11月

モモゴン(ももかちゃん)
となりのはなこちゃんちにすむことになった超わがままないとこの女の子 「となりのモモゴン」 玖保キリコ作・絵 岩崎書店(モモゴンシリーズ) 2002年11月

ももたろう
ばっさまがかわでせんたくをしていたらばながれてきたももからうまれたおとこのこでおおきくなっておにがしまへおにたいじにいったわかもの 「ももたろう」 代田昇文;箕田源二郎絵 講談社(講談社の創作絵本ベストセレクション) 2005年1月

ももたろう
おばばがかわでせんたくをしておるとながれてきたももからうまれたこでおおきくなっておにがしまへおにたいじにいったおとこのこ 「ももたろう」 水谷章三文;杉田豊絵 世界文化社(ワンダー民話館) 2005年11月

モモタロウ
東京の上野どうぶつえんで生まれたゴリラの男の子 「わんぱくゴリラのモモタロウ」 わしおとしこ作 くもん出版 2003年7月

ももた

ももたろう
くいしんぼうのさかなラムチャプッチャがたべちゃったもものようなおとこのこ「ラムチャプッチャーともだちどんどんぶらこっこ！のまき」ますだゆうこ文；竹内通雅絵　学習研究社　2005年7月

ももたろう
ばあさまがかわへせんたくにいってひろいあげたももからうまれたこでおおきくなっておにがしまへおにたいじにいったおとこのこ「ももたろう」長谷川摂子文；はたこうしろう絵　岩波書店（てのひらむかしばなし）　2004年7月

ももたろう
おにがしまのおにたちをやっつけてからのももたろう「それからのおにがしま」川崎洋作；国松エリカ絵　岩崎書店（えほんのマーチ4）　2004年2月

ももたろう
おばばが川でせんたくをしておるとながれてきたももからうまれた子どもで大きくなっておにがしまへおにたいじにいったおとこの子「ももたろう」水谷章三作；スズキコージ絵　にっけん教育出版社　2003年5月

ももたろう
ばあさまが川でひろってきたももからうまれた子どもでりっぱになっておにがしまへおにたいじにいった男の子「ももたろう」松岡節文；二俣英五郎絵　ひかりのくに（子どもと読みたいおはなし1）　2002年10月

ももたろう
ばあさまがかわへせんたくにいってひろってきたももからうまれたげんきなこでおおきくなっておにがしまへおにたいじにいったおとこのこ「ももたろう」瀬川康男絵；松谷みよ子文　フレーベル館（日本むかし話5）　2002年12月

ももたろう
ばさまがかわへせんたくにいってひろったももからうまれたこでおおきくなっておにがしまへおにたいじにでかけたおとこのこ「ももたろう」馬場のぼる文・絵　こぐま社　1999年12月

ももたろう
ばあさまがかわへせんたくにいってひろってきたももからうまれたこどもでおおきくなっておにがしまへおにたいじにいったおとこのこ「ももたろう」松谷みよ子文；和歌山静子画　童心社（松谷みよ子　むかしばなし）　1993年11月

ももたろう
ばあさまがかわへせんたくにいってひろっきたももからうまれたこでおおきくなっておにがしまへおにたいじにいったおとこのこ「ももたろう」松谷みよ子作；和歌山静子絵　童心社（松谷みよ子むかしむかし）　2006年12月

桃太郎　ももたろう
おばあさんが川でひろいあげた大きなももからうまれた子どもでりっぱなわかものになって鬼が島に鬼たいじにいった男の子「桃太郎」斎藤五百枝画；千葉幹夫文　講談社（新・講談社の絵本3）　2001年5月

ももちゃん
お月さまのなかにいるうさぎさんをみるのがだいすきなおんなのこ「月うさぎ」奥田瑛二絵；安藤和津文　あすなろ書房　1988年4月

ももちゃん
つぎつぎにやってくるおきゃくさまたちにやねうらべやのおそうじをてつだってもらったおんなのこ 「ももちゃんのおきゃくさま」 かわかみたかこ著 学習研究社(学研おはなし絵本) 2005年4月

ももちゃん
おかあさんとおばあちゃんとむかしからつたわるながしびなを川にながしたおんなのこ 「わたしのおひなさま」 内田麟太郎作;山本孝絵 岩崎書店(カラフルえほん2) 2005年1月

ももちゃん
だいすきなおさかなアップリケのおズボンがちいさくなってないたおんなのこ 「ももちゃんのおさかなズボン」 メグ・ホソキ著 佼成出版社(メグホソキのももちゃんシリーズ) 2003年1月

ももちゃん
だいすきないちごのおやつをおとうとのようへいくんにもあげたおんなのこ 「ももちゃんといちご」 メグホソキ作・絵 佼成出版社 2001年7月

モモちゃん
へびがきたらソースかけちゃおうといっていたおんなのこ 「ソースなんてこわくない」 松谷みよ子文;武田美穂絵 講談社(ちいさいモモちゃんえほん12) 1997年1月

モモちゃん
おもちゃのくまのルウをほうりだしたおんなのこ 「ルウのおうち」 松谷みよ子文;武田美穂絵 講談社(ちいさいモモちゃんえほん11) 1996年11月

モモちゃん
おじぞうさまととこやさんごっこをしたおんなのこ 「モモちゃんとこや」 松谷みよ子文;武田美穂絵 講談社(ちいさいモモちゃんえほん10) 1996年10月

モモちゃん
カーテンをしめてよるごっこをしてあそんだおんなのこ 「よるですよう」 松谷みよ子文;武田美穂絵 講談社(ちいさいモモちゃんえほん9) 1996年7月

モモちゃん
かぜをひいたぬいぐるみのくまちゃんにベッドにはいってこられたおんなのこ 「ぽんぽのいたいくまさん」 松谷みよ子文;武田美穂絵 講談社(ちいさいモモちゃんえほん8) 1996年5月

モモちゃん
わたあめがなめられますようにとかみさまにおいのりをしたおんなのこ 「モモちゃんのおいのり」 松谷みよ子文;武田美穂絵 講談社(ちいさいモモちゃんえほん7) 1996年2月

モモちゃん
まっかなかさにまっかなながぐつをかってもらったおんなのこ 「あめこんこん」 松谷みよ子文;武田美穂絵 講談社(ちいさいモモちゃんえほん1) 1995年6月

モモちゃん
おばけがほしくてちょきんばこから10えんだしておばけをかいにいったおんなのこ 「おばけとモモちゃん」 松谷みよ子文;武田美穂絵 講談社(ちいさいモモちゃんえほん4) 1995年8月

モモちゃん
すずのようになるあおぎりのみがついたえだをとってコウちゃんというおとこのこにあげたおんなのこ 「モモちゃんのおくりもの」 松谷みよ子文;武田美穂絵 講談社(ちいさいモモちゃんえほん5) 1995年10月

ももち

モモちゃん
かいたものがなんでもほんものになっちゃうまほうのインキでくじらをかいたおんなのこ 「モモちゃんのまほう」 松谷みよ子文;武田美穂絵 講談社(ちいさいモモちゃんえほん2) 1995年6月

モモちゃん
もりのなかにすむおいしいものがだいすきなくまさんのいえにいったおんなのこ 「おいしいもののすきなくまさん」 松谷みよ子文;武田美穂絵 講談社(ちいさいモモちゃんえほん6) 1995年12月

モモちゃん
うみがなげてよこしたかにやひとでとじゃんけんぽんをしたおんなのこ 「うみとモモちゃん」 松谷みよ子文;武田美穂絵 講談社(ちいさいモモちゃんえほん3) 1995年7月

ももちゃん
おとうさんとおるすばんしたうさぎのこ、みみちゃんのいもうと 「おとうさんとおるすばん」 きしまり作・絵 福武書店 1989年4月

モモッチ
たんじょうびパーティーのしょうたいじょうをおともだちにかくことにしたうさぎのおんなのこ 「たんじょうびのおきゃくさま」 松岡節作;いもとようこ絵 ひかりのくに 2002年10月

モモとタンタ
どうぶつえんのぞうのおやこ 「どうぶつえんにいったらね…」 みぞぶちまさる作・絵 講談社(講談社の創作絵本) 2003年11月

ものすけ
「しょもう！」といえばなんでもかんでもほんとうになってしまうとんがりあたまのおとこのこ 「もものすけのおさんぽ」 やまちかずひろ作;荒井良二絵 小学館(おひさまのほん) 2001年3月

ももみちゃん
くだものむらにすんでいたはずかしがりやのもも 「ももでげんき」 じゃんぼかめ作・絵 国土社(えほん・くだものむら5) 1991年9月

ももんが(モンちゃん)
まだいちどもとんだことがないちいさなももんがのおとこのこ 「ももんがモンちゃん」 とりごえまり作 学習研究社(学研おはなし絵本) 2006年2月

ももんちゃん
おひるねしているときになきながらやってきたひよこさんをなでなでしてあげたあかちゃん 「ももんちゃんえーんえーん」 とよたかずひこ作・絵 童心社(ももんちゃんあそぼう) 2005年5月

ももんちゃん
あとからはいってきたきんぎょさんやさぼてんさんといっしょにおふろにはいったあかちゃん 「ごくらくももんちゃん－ももんちゃんあそぼう」 とよたかずひこ作・絵 童心社 2004年4月

ももんちゃん
おふねさんやくるまさんたちとかくれんぼしているあかちゃん 「かくれんぼももんちゃん」 とよたかずひこ作・絵 童心社(ももんちゃんあそぼう) 2003年4月

ももんちゃん
ひよこさんやねずみさんがすりすりしてくるいーいにおいのあかちゃん 「すりすりももんちゃん」 とよたかずひこ作・絵 童心社(ももんちゃんあそぼう) 2002年5月

ももんちゃん
おおきなうしさんがやってきたのでさんぽにつれていってあげたあかちゃん 「ももんちゃんのっしのっし」 とよたかずひこ作・絵 童心社(ももんちゃんあそぼう) 2002年11月

ももんちゃん
ひとりでどすこーいとおすもうとっていたあかちゃん 「ももんちゃんどすこーい」 とよたかずひこ作・絵 童心社(ももんちゃんあそぼう) 2001年9月

ももんちゃん
どんどこどんどこいそいでいるあかちゃん 「どんどこももんちゃん」 とよたかずひこ作・絵 童心社(ももんちゃんあそぼう) 2001年9月

ももんちゃん
きしゃごっこをしているあかちゃん 「ももんちゃんぽっぽー」 とよたかずひこ作・絵 童心社(ももんちゃんあそぼう) 2006年4月

モーリ
ナーガラ町の南に広がる青い砂丘の近くにある砂時計工場で働く青年 「ナーガラ町の物語」 すやまたけし作;黒井健絵 サンリオ 1988年11月

もりおとこ
じめんのしたにすんでいてちきゅうぜんぶのもりをそだてているおとこ 「もりおとこのしごと」 あきやまただし作・絵 講談社 1996年12月

もりさん
みどりまちでげんきにはたらくきいろいタクシーのタクちゃんのうんてんしゅ 「タクシータクちゃんとばけぎつね」 藤本四郎;鍋島よしつぐ作・絵 ポプラ社(アニメのりものえほん11) 1988年3月

モリタ
くまの女の子マリコのうちのむこうにうちをたててこしてきた小さなくまの男の子 「となりのモリタ」 神沢利子文;片山健絵 クレヨンハウス(おはなし広場) 1993年9月

もりた さちえ(さっちゃん)
らいねんはるには一年生になるおんなのこ 「一年生になるんだもん」 角野栄子文;大島妙子絵 文化出版局 1997年9月

森田 三郎　もりた・さぶろう
谷津ひがたをまもろうとしんぶんはいたつのしごとのあいまにあめのひもかぜのひもひがたのごみをひろったおじさん 「いきかえった 谷津ひがた」 木暮正夫作;渡辺あきお絵 佼成出版社(いのちのゆりかごシリーズ) 1996年3月

もりのおうさま
もりにいるヨットずきなもりのおうさま 「ヨットがおしえてくれること」 みやざきこうへい作・絵 岩崎書店(えほん・ハートランド15) 1997年10月

もりハ　もりはち
むかし九州は小倉のさとにいたはやわざむすめのおぎんとはやわざくらべをした木地師のはやわざじまんのおとこ 「はやわざむこどん」 竹崎有斐文;赤坂三好絵 佼成出版社(民話こころのふるさとシリーズ) 1993年9月

モリバーバ
ズーットのくにのひとがもりでいちばんおおきなきにいるとしんじているもりのかみさま 「モットしゃちょうとモリバーバのもり」 藤真知子作;こばようこ絵 ポプラ社 2005年7月

もりん

モリンさん
あるコーヒーショップのみせさきにあったちいさなはなやさんのおんなのひと「わがままなおにわ」角野栄子作;メグホソキ絵　文渓堂　2006年3月

モル
ねずみのタビのすみかの雑貨屋さんでいつまでたっても売れない犬のぬいぐるみ「タビの雑貨屋」寺田順三作・絵　学習研究社　2005年11月

モルチン
カリやコリたちとサッカーたいかいにでたモルモットのこ「カリ・コリ・モルチンの1・2・3サッカー」瀧原愛治作・絵　偕成社　1998年4月

モルモット(モルチン)
カリやコリたちとサッカーたいかいにでたモルモットのこ「カリ・コリ・モルチンの1・2・3サッカー」瀧原愛治作・絵　偕成社　1998年4月

もんきち
船のパーサーをしているおとうさんがかえってきたので横浜までむかえにいったしんちゃんがおみやげにもらったちいさいおさる「おさる日記」和田誠文;村上康成絵　偕成社　1994年12月

モンキチくん
たんじょうびのミイさんにすきなさかなりょうりをつくってあげようとりょうにでたモンキチくん「うみべでいただきます」つちだよしはる作　小峰書店(ごちそうえほん)　1998年3月

モンキチくん
きょうはたのしいクリスマスでいえでパーティーをひらくモンキチくん「パーティーでいただきます-ごちそうえほん」つちだよしはる作　小峰書店　1997年11月

モンスター
もりにとりやけものとげんきにくらしていたモンスター「モンスターのなみだ」おぼまこと作・絵　教育画劇(スピカみんなのえほん18)　1992年12月

モンスター・ムッシュ
もりのどうぶつたちにこわがられていてともだちのいないモンスター「ひとりぽっちのモンスター」おぼまこと作　ベネッセコーポレーション(ベネッセのえほん)　1997年10月

もんた
てんぐをだましてざるとてんぐのはうちわをとりかえたわかもの「てんぐのはうちわ」香山美子文;長新太画　教育画劇(日本の民話えほん)　2000年3月

もんた
バナナででんわをかけたたかしといっしょにあそんだバナナがすきなさる「バナナででんわをかけました」おだのぶお作・絵　鈴木出版(たんぽぽえほんシリーズ)　1996年5月

モンチーせんせい
もりのなかにあったちいさなしんりょうじょのおさるのおいしゃさん「もりのしんりょうじょ」しのざきみつお文・絵　ぎょうせい(そうさくえほん館2)　1992年8月

モンちゃん
まだいちどもとんだことがないちいさなももんがのおとこのこ「ももんがモンちゃん」とりごえまり作　学習研究社(学研おはなし絵本)　2006年2月

モンちゃん
タンポポの花がだいすきなさるのこ 「おばあちゃんの花」 内田麟太郎文;村上康成絵 佼成出版社 2005年9月

モンちゃん
おさるのおんなのこルサちゃんをすきになったおさるのこ 「ルサちゃんのさんぽみち」 内田麟太郎文;村上康成絵 佼成出版社 2006年4月

モンちゃん
じてんしゃをこいでうたをうたいながらおじいちゃんのおじいちゃんのおじいちゃんにあいにいったこざる 「おじいちゃんの木」 内田麟太郎文;村上康成絵 佼成出版社 2004年5月

モンちゃん
もりのみんなとでんしゃごっこをしてあそんだサル 「クマさんのトラック」 篠塚かをり作;いしいじゅね絵 けやき書房(けやきの絵本) 2004年10月

モンド
ならずもののクロッコダイルきょうだいのおとうと 「なんでもやのブラリ」 片平直樹作;山口マオ絵 教育画劇 2006年7月

モンブラリン
ピーナッくんのともだち 「ピーナッくんのたんじょうび」 つつみあれい作 小峰書店(世界の絵本コレクション) 2004年8月

モンブラリン
ドーナッちゃんにあたまのマロンをとられたモンブラリン 「ドーナッツちゃんとモンブラリン」 つつみあれい作 小峰書店(世界の絵本コレクション) 2002年6月

モンブラリン
ドーナッちゃんにいたずらしようとそらたかくなげちゃったモンブラリン 「ピーナッちゃんとドーナッちゃん」 つつみあれい作 小峰書店(世界の絵本コレクション) 2001年5月

【や】

八重　やえ
盃山のふもとのいちょうの木のとごろさあった家に占い屋のばばとくらしていたやさしいむすめ 「八重のいちょう」 小林けひこ作;吉村竹彦絵 ストーク 2004年9月

やかた
おかねもちのきぞくがすんでいるりっぱなやかたなのでとてもまんぞくしていたおおきなやかた 「おおきなやかたのものがたり」 青山邦彦作・絵 PHP研究所 2006年10月

ヤギ
森のどうぶつたちにいつもミルクをあげていたがミルクがでなくなってしまったヤギ 「ヤギさんミルクは ともだちじるし」 はらだゆうこ作・絵;芳岡倫子英訳 旺文社(旺文社創作童話) 2005年2月

ヤギ(アロハ)
ハワイの小さな島でブタのカマカニとウマのカイリとずっといっしょにくらしていたヤギ 「ハワイの3にんぐみ」 笹尾俊一画・文 講談社 1997年6月

やぎ

やぎ(エーメさん)
ハムスターのくりちゃんのおとなりさんでやさいづくりのめいじんのやぎさん 「くりちゃんとおとなりのエーメさん」 どいかや作 ポプラ社(くりちゃんのえほん3) 2006年3月

やぎ(おおやぎさん)
こやぎくんのうちのとなりのおおやぎさん 「あしたまほうになあれ」 小野寺悦子作;黒井健絵 学習研究社(fanfanファンタジー) 1989年7月

やぎ(こやぎくん)
くものすにひっかかっているひとつぶのたねをみつけてうちのはたけのかたすみにうめたこやぎくん 「あしたまほうになあれ」 小野寺悦子作;黒井健絵 学習研究社(fanfanファンタジー) 1989年7月

やぎ(さんきちくん)
しろうまのみねこさんとやまのいっぽんすぎにオープンしたディスコにいったやぎ 「やまのディスコ」 スズキコージ作 架空社 1989年2月

やぎ(スザンナ)
ふるいはこのなかからたからの地図をみつけたノラといっしょにたからさがしにでかけたともだちのやぎ 「たからさがし」 市川里美作・絵 徳間書店 2000年10月

ヤギ(タメトモ)
ヤギだけがすむむじん島のミドリ子島のノヤギの長老になったヤギ 「風になったヤギ」 漆原智良作;横松桃子絵 旺文社(旺文社創作童話) 2003年11月

やぎ(ムッシュ・ムニエル)
やぎのまじゅつし 「ムッシュ・ムニエルをごしょうかいします」 佐々木マキ著 福音館書店(日本傑作絵本シリーズ) 1989年11月

ヤギ(メイ)
ふぶきのよるにともだちのオオカミのガブといっしょにゆきのあなにとじこめられていままでのことをおもいだしていたヤギ 「しろいやみのはてで-あらしのよるに特別編」 きむらゆういち作;あべ弘士絵 講談社 2004年10月

ヤギ(メイ)
オオカミのガブのともだちのヤギ 「ふぶきのあした」 きむらゆういち作;あべ弘士絵 講談社(大型版あらしのよるにシリーズ6) 2003年1月;講談社(ちいさな絵童話 りとる27) 2002年2月

ヤギ(メイ)
オオカミのガブのともだちのヤギ 「きりのなかで」 きむらゆういち作;あべ弘士絵 講談社(大型版あらしのよるにシリーズ4) 2002年12月;講談社(ちいさな絵童話 りとる25) 1999年3月

ヤギ(メイ)
オオカミのガブのともだちのヤギ 「くものきれまに」 きむらゆういち作;あべ弘士絵 講談社(大型版あらしのよるにシリーズ3) 2002年12月;講談社(ちいさな絵童話 りとる24) 1997年10月

ヤギ(メイ)
オオカミのガブのともだちのヤギ 「あるはれたひに」 きむらゆういち作;あべ弘士絵 講談社(大型版あらしのよるにシリーズ2) 2003年1月;講談社(ちいさな絵童話 りとる20) 1996年6月

ヤギ（メイ）
オオカミのガブのともだちのメイ 「どしゃぶりのひに」 木村裕一作；あべ弘士絵 講談社（大型版あらしのよるにシリーズ） 2003年1月；講談社（ちいさな絵童話 りとる26） 2000年5

ヤギ（メイ）
あらしのよるにちいさなこやでオオカミのガブにあってともだちになったヤギ 「あらしのよるに」 木村裕一作；あべ弘士絵 講談社（大型版あらしのよるにシリーズ1） 2003年1月；講談社（ちいさな絵童話 りとる2） 1994年10月

ヤギ（メイ）
ふぶきのよるにわかれてしまったともだちのオオカミのガブとミドリがはらであったヤギ 「まんげつのよるに」 きむらゆういち作；あべ弘士絵 講談社（大型版 あらしのよるにシリーズ7） 2006年2月；講談社（シリーズあらしのよるに7） 2005年11月

やぎ（めいこ）
ぽぷりんむらにひっこしてきたばかりのやぎのおんなのこ 「なかよし！おえかきクッキング」 すとうあさえ作；秋里信子絵 金の星社（新しいえほん） 2001年7月

やぎ（メエメエさん）
はらぺこがはらにすむやぎさん 「メエメエさんのゆうびんやさん」 ささやすゆき作・絵 金の星社（こどものくに傑作絵本） 1990年5月

やぎ（メエメエさん）
はらぺこがはらにすむやぎさん 「メエメエさんのやまのぼり」 ささやすゆき作・絵 金の星社（こどものくに傑作絵本） 1989年8月

やぎ（メエメエさん）
はらぺこがはらにすむやぎさん 「メエメエさんのおんがくかい」 ささやすゆき作・絵 すずき出版 1988年10月

やぎ（メエメエさん）
はらぺこがはらにすむやぎさん 「メエメエさんとくろやぎくん」 ささやすゆき作・絵 金の星社（こどものくに傑作絵本） 1987年7月

ヤギ（ヨシツネ）
ヤギだけがすむむじん島のミドリ子島の長老ヤギのタメトモのなかまのヤギ 「風になったヤギ」 漆原智良作；横松桃子絵 旺文社（旺文社創作童話） 2003年11月

やぎさん
だれもいなくなったおじいちゃんのいえにおいてあったアコーディオンをひいてもりのなかまたちにきかせてあげたやぎさん 「おじいちゃんのアコーディオン」 おぼまこと作 佼成出版社 2003年12月

やきそばかすちゃん
アンパンマンのなかま、やきそばパンマンのいもうと 「アンパンマンとさばくのたから」 やなせたかし作・絵 フレーベル館（アンパンマンのおはなしわくわく6） 2004年3月

やきそばパンマン
アンパンマンのなかま 「アンパンマンとさばくのたから」 やなせたかし作・絵 フレーベル館（アンパンマンのおはなしわくわく6） 2004年3月

やぎのさん
だれかがなくとすぐなきたくなるなきむしのベビーシッターのやぎ 「なきむし やぎのさん」 かしわばさちこ作；しもだともみ絵 偕成社（またきてね2） 2005年9月

やくし

やくしまるせんせい
のびのびえんのせんせい 「どらせんせい-『どっちがすき?』のまき」 山下明生作;いもとようこ絵 ひさかたチャイルド 1997年8月

やくしまるせんせい
のびのびえんのせんせい 「どらせんせい-『にげたさかなはおおきい』のまき」 山下明生作;いもとようこ絵 ひさかたチャイルド 1993年5月

やくしまるせんせい
のびのびえんのおんなのせんせい 「どらせんせい-『たべちゃいたーい』のまき」 山下明生作;いもとようこ絵 チャイルド本社(おはなしチャイルドリクエストシリーズ38) 1994年5月;ひさかたチャイルド 1992年3月

ヤーコポ
山のいえにひとりでくらしているトムサおじいさんにまいとしクリスマスになるとあいにくるまごの少年 「ねんにいちどのおきゃくさま」 亀岡亜希子作・絵 文溪堂 2000年10月

やさい
サンタさんをまっているやさいのおしろのやさいたち 「やさいのクリスマスおおさわぎ」 さくらともこ作;米山永一絵 PHP研究所(PHPわたしのえほんシリーズ) 2002年11月

やさい
みんながねしずまったあとにれいぞうこからでてきててーぶるにあがってたのしくおどっていたやさいたち 「やさいさんごめんね」 志茂田景樹;石川あゆみ絵 KIBA BOOK(よい子に読み聞かせ隊の絵本8) 2001年3月

やさい
やさいのくにのたまねぎえんのこどもたち 「なきむしえんは おおさわぎ」 さくらともこ作;吉村司絵 PHP研究所(PHPわたしのえほんシリーズ) 1990年2月

やさい
やさいのくにでひょうばんのがっしょうだんのやさいたち 「やさいのくにがっしょうだん」 おかとしふみ作;せべまさゆき絵 フレーベル館(おはなしメルヘン1) 1990年8月

やさい
はたけのむこうのうみへかいすいよくにいったやさいのくにのやさいたち 「やさいのかいいすよくおおさわぎ」 さくらともこ作;吉村司絵 PHP研究所(PHPわたしのえほんシリーズ) 1989年7月

やさい
やさいばたけのまんなかにあるやさいのくにのちいさなおしろでくらすやさいたち 「やさいのパーティーおおさわぎ」 さくらともこ作;吉村司絵 PHP研究所(PHPわたしのえほんシリーズ) 1988年7月

やさい
もえこがはいっていったポタージュスープのなかでうたっていたやさいたち 「ウポポ ウポポポ ポタージュスープ」 越智のりこ作;みうらしーまる絵 鈴木出版(ひまわりえほんシリーズ) 2006年9月

やさいたち
やさいばたけのまんなかにあるやさいのくにのちいさなおしろでくらすやさいたち 「やさいのえんそくおおさわぎ」 さくらともこ作;米山永一絵 PHP研究所(PHPわたしのえほんシリーズ) 2006年3月

ヤシノミ
うみにおちてなつのうみへたびだったヤシノミ 「ぼうけんヤシノミどこへいく」 菅原たくや文；藤枝リュウジ絵 文化出版局 1993年4月

夜叉の女（鬼子母神）　やしゃのおんな（きしぼじん）
毎日町の子をさらって食ってきたがその後おしゃかさまの教えにしたがい「鬼子母神」とよばれるようになった女 「絵本 鬼子母神のはなし」 中村真男文；貝原浩絵 風涛社 1988年5月

安　やす
広南という国から船でやってきて長崎から江戸まで歩いていくぞうが川をわたるのに六郷の渡しに舟橋をかけた羽田浦の漁師 「ぞうさまお通り」 野村昇司作；阿部公洋絵 ぬぷん児童図書出版（ぬぷん ふるさと絵本シリーズ16） 1991年4月

やすおくん
おうちでミーちゃんというしろいおんなのこのねこをかっているおとこのこ 「ミーちゃんですヨ！」 なかややすひこ作 講談社（講談社の創作絵本） 2004年7月

やすけ
だちんにもらったこぶたがたべられなくなって名まえをつけてはなしてやったおとこ 「どうしてもたべたい」 高田桂子作；宮本忠夫絵 PHP研究所（PHPわたしのえほんシリーズ） 1990年12月

やすべえまる
おなじぞうせんじょでうまれたきゃくせんのパシフィックごうとなかよしのタグボート 「たんたん タグボート」 谷真介作；水木連絵 偕成社（のりものストーリー） 1987年4月

ヤーダひめ
ヤーダせいからアンパンマンにあいにやってきたおんなのこ 「ゴミラのほし」 やなせたかし作・絵 フレーベル館（アンパンマン プチシアター） 2006年11月；フレーベル館（それいけ！アンパンマン） 2001年7月

やたべ こうさく
おきなわの島の学校にあたらしくきたかんさいべんの先生 「先生はシマンチュ一年生」 灰谷健次郎文；坪谷令子絵 童心社 2003年6月

やつがしらのごんべえ
ねぎぼうずのあさたろうにやっつけられたわるいおやぶん 「ねぎぼうずのあさたろう その5」 飯野和好作 福音館書店（日本傑作絵本シリーズ） 2005年6月

やつがしらのごんべえ
ねぎぼうずのあさたろうにやっつけられたわるいおやぶん 「ねぎぼうずのあさたろう その3」 飯野和好著 福音館書店（日本傑作絵本シリーズ） 2001年3月

やつがしらのごんべえ
ねぎぼうずのあさたろうにやっつけられたわるいおやぶん 「ねぎぼうずのあさたろう その2」 飯野和好作 福音館書店（日本傑作絵本シリーズ） 2000年4月

やつがしらのごんべえ
ねぎぼうずのあさたろうにやっつけられたわるいおやぶん 「ねぎぼうずのあさたろう その1 とうげのまちぶせ」 飯野和好作 福音館書店（日本傑作絵本シリーズ） 1999年11月

やっくん
こいぬをつれてるおとこのこ 「やっくんとこいぬ」 間所ひさこ作；福田岩緒絵 PHP研究所（PHPのえほん） 1987年6月

やっちゃん
父さんと母さんの生まれこきょうのゆきさと村へひっこしてきたナナといちばんになかよしになった女の子 「雪むかえの村」 竹内もと代文;西村繁男絵　アリス館　2004年9月

やっぷ
なかむつまじくくらすぶたのかぞくの3びきのこぶたのきょうだいの1ぴき 「こぶたのみっぷ ちゃっぷやっぷ」 筒井頼子文;はたこうしろう絵　童心社(絵本・こどものひろば)　2005年7

ヤドカリ
おきゃくさまにぴったりのうちをみつけてしょうかいするしごとをしているヤドカシふどうさんのヤドカリ 「ヤドカシ不動産」 穂高順也文;石井聖岳絵　講談社(講談社の創作絵本)　2003年11月

ヤドカリ
にんじゃじゅくにかようはなまるしょうねんがうみべであったヤドカリ 「ヤドカリの マイホーム」 太田英博作;山口みねやす絵　大日本図書(地球にやさしくするえほん5)　1993年2月

やなぎざわさんのおじいちゃん
ありの子のギータがそのしたにすんでいるむくげの木がにわにあるやなぎざわさんのうちのおじいちゃん 「ありの子ギータ」 渡辺一枝文;杉浦範茂絵　クレヨンハウス(おはなし広場)　1993年12月

ヤノシュ
いつもミンクのチムをさそいにやってくるさんにんのうちのくま 「ミンクのチム」 なかのてるし作;ながしまよういち絵　フレーベル館　1987年9月

弥平　やへい
ふぶきの山で助けてくれた金色のキツネに三人のむすめのひとりをよめにやるとやくそくしたりょうし 「キツネとのやくそく」 立松和平文;黒井健絵　河出書房新社(立松和平との絵本集4)　1998年3月

やまいぬ
おなかがすいたらいおんがまっているほらあなにもどってきたやまいぬ 「へんじをした ほらあな」 西本鶏介文;宮本忠夫絵　鈴木出版(たんぽぽえほんシリーズ)　1992年5月

やまいぬ
おやまのあかいわのてっぺんにすんでいたげんきなやまいぬ 「ガオ」 田島征三作　福音館書店(こどものとも傑作集)　2005年2月

やまぐち　よしはる
組でいちばん小さかった子で大きくなって小学校の先生をしている人 「ともだち」 太田大八作・絵　講談社(講談社の創作絵本Best Selection)　2004年10月

山幸(火遠理の命)　やまさち(ほおりのみこと)
日の神の御子でけものをとる仕事をしていた若者、海幸の弟 「うみさち やまさち」 赤羽末吉絵;舟崎克彦文　あかね書房(日本の神話 第六巻)　1995年10月

山幸彦(ホオリノミコト)　やまさちびこ(ほおりのみこと)
はるかにとおい昔にいたきょうだいの神さまの弟で山のけものをとる男 「海幸彦 山幸彦」 西本鶏介文;藤川秀之絵　ポプラ社(日本の物語絵本10)　2004年9月

ヤマセミ
かわのじょうりゅうのがけのあなにすをつくっていたヤマセミ 「ヤマセミのうた」 菊池日出夫著　童心社(絵本・ちいさななかまたち)　1994年4月

やまださん
おじいちゃんおばあちゃんとおとうさんおかあさんとおとこのことねこのやまださんちのかぞく「やまださんちのてんきよほう」長谷川義史作　絵本館　2005年3月

山田さん　やまださん
美容院に青年のすがたでやってきたきつねに結婚のやくそくをした恋人におくる美しいかんむりを考えてほしいとたのまれた美容師さん「春のかんむり」門林真由美作；岡本万里子絵　ブックローン出版　1993年11月

やまたのおろち
なつになるとこどもをたべにやってくる八つのあたまのあるおそろしいへび「やまたのおろち」羽仁進文；赤羽末吉絵　岩崎書店（復刊・日本の名作絵本1）　2002年4月

やまたのおろち
出雲の国の村に毎年のようにやってきて娘をのんでしまう八つの頭のおろち「やまたのおろち」赤羽末吉絵；舟崎克彦文　あかね書房（日本の神話　第三巻）　1995年10月

ヤマト
まちへいいものをさがしにきたねこ「ぼくのさがしもの」溝渕優絵；立原えりか作　講談社　1991年11月

ヤマトタケル（ヲウスノミコト）
大和の国纏向（まきむく）の日代宮（ひしろのみや）で政治をおこなっていたオホタラシヒコオシロワケ天皇の太子「ヤマトタケル」那須正幹文；清水耕蔵絵　ポプラ社（日本の物語絵本13）　2005年7月

やまね
はるになるまえにめがさめてしまったこじまのもりのまだちいさいふたごのやまね「こじまのもりのゆきのひのおみやげ」あんびるやすこ作・絵　ひさかたチャイルド　2003年11月

ヤマネ（クロアシ）
山の上の湖に引っこしてきて森の広場にはり紙を出して手紙をやりとりする友だちをぼしゅうしたぶたのズーフに手紙をよこしたヤマネ「はいけい、たべちゃうぞ」福島サトル作；はらだゆうこ絵　BL出版　2004年12月

やまね（ネンネ）
きのあなのなかではるまでまんまるになってねているやまねのこ「やまねのネンネ」どいかや作・絵　BL出版　2002年2月

ヤマネくん
おおきなクマさんともりでいちばんなかよしのちいさなヤマネくん「あめのもりのおくりもの」ふくざわゆみこ作　福音館書店（日本傑作絵本シリーズ）　2006年4月

ヤマネくん
おおきなクマさんともりでいちばんのなかよしのちいさなヤマネ「もりいちばんのおともだちーおおきなクマさんとちいさなヤマネくん」ふくざわゆみこ作　福音館書店（日本傑作絵本シリーズ）　2002年10月

ヤマネくん
ふゆのあいだずっとねむっていたがはるがきてめをさましゆきどけのもりへかけだしたヤマネくん「めざめのもりのいちだいじ　おおきなクマさんとちいさなヤマネくん」ふくざわゆみこ作　福音館書店（日本傑作絵本シリーズ）　2005年1月

やまね

やまねこ
でんでんでんしゃのうんてんしゅさん 「でんでんでんしゃがやってくる」 古舘綾子作；葉祥明絵　岩崎書店（のびのび・えほん17）　2002年7月

山ネコ　やまねこ
にんげんのまちでにんげんがつかっていたポケットをみてかんしんした山ネコ 「ぽけっとくらべ」 今江祥智文；和田誠絵　文研出版（えほんのもり）　2005年12月

山ねこ　やまねこ
ちきゅうにとんできたちいさな星の子どもとともだちになった山ねこ 「ちいさな星の子と山ねこ」 にしまきかやこ作・絵　こぐま社　1987年6月

山猫　やまねこ
裁判所の判事 「どんぐりと山猫」 宮沢賢治文；佐藤国男絵　福武書店　1989年4月

山猫　やまねこ
裁判所の判事 「どんぐりと山猫」 宮沢賢治作；高野玲子絵　偕成社（日本の童話名作選）　1989年2月

山猫　やまねこ
裁判所の判事 「どんぐりと山猫」 宮沢賢治作；田島征三絵　三起商行　2006年10月

山ネコ（ピートリィ）　やまねこ（ぴーとりぃ）
くわの畑のまんまん中の家にすんでいるまほう使いせんもんのほうきやさん 「マジョマジョの まほうのほうきのつくり方」 松村雅子作・絵　ブックローン出版（マジョマジョシリーズ）　1992年5月

山ねこ（ボンシイク）　やまねこ（ぼんしいく）
ふねをかってせかいじゅうをたべあるくたびにでた山ねこホテルのしゅじん 「山ねこせんちょう」 しばのたみぞう文；もたいたけし絵　銀貨社　2000年12月

やまねこせんせい
みどりがはらのおおきなきのしたにあるやまねこびょういんのおいしゃさんのやまねこ 「やまねこせんせいの いそがしいいちにち」 末崎茂樹作・絵　PHP研究所（PHPのえほん）　1991年4月

やまねこせんせい
おなかがいたいくじらくんのおなかのなかにはいってしらべあげたおいしゃさんのやまねこ 「やまねこせんせいのはまべでキャンプ」 末崎茂樹作・絵　PHP研究所（PHPにこにこえほん－やまねこせんせいシリーズ）　1993年4月

山猫博士　やまねこはかせ
山猫病院の猫のお医者さん 「モーの入院」 別役実文；朝倉摂絵　リブロポート（リブロの絵本）　1990年8月

やまねこぼうや
かほごなかあさんのもとでかぜひいたやまねこぼうや 「やまねこぼうや」 かんざわとしこ文；スズキコージ絵　童心社（絵本・ちいさななかまたち）　1994年4月

やまのおばけ
ノコギリザメにやまをけずられてやまのなかからでてきたおばけ 「おばけじま」 長新太著　あかね書房（あかねピクチャーブックス3）　1995年6月

やまのすけ
やまんば山のやまおくにすんでおったやまんばにそだてられたおとこの子 「やまんばの木」 木暮正夫作；井上洋介絵 佼成出版社（創作民話絵本シリーズ） 1989年11月

やまの やまこ
にこにこほいくえんにかよっている21にんのこどもたちのせわをしているせんせい 「おおきくなったら なりたいなあ」 かこさとし絵・文 ポプラ社（かこさとし こころのほん5） 2005年10月

山鳩（ぽこ・るり・みよ）　やまばと（ぽこるりみよ）
ヒロシマの比治山をねぐらにしていたぽこ・るり・みよという三羽の山鳩 「原爆の少女ちどり」 山下まさと作・絵 汐文社（原爆絵本シリーズ3） 1989年4月

やまひこ
むかしむかしいたふたりのきょうだいのやまでとりやけものをとってくらしたおとうと 「うみひこ やまひこ」 与田準一文；渡辺学絵 岩崎書店（復刊・日本の名作絵本8） 2002年4月

やまびこ
おだんごやまのてっぺんにすんでいてどうぶつたちの「やっほー」のやまびこをいっているやまのかみさま 「やまのやまびこ」 つちだのぶこ文・絵 偕成社 2002年10月

山辺 安之助　やまべ・やすのすけ
およそ100年前に白瀬のぶを隊長とする南極探検隊に犬係としてくわわったアイヌの人 「やまとゆきはら－白瀬南極探検隊」 関屋敏隆作 福音館書店（日本傑作絵本シリーズ） 2002年10月

ヤマメ（パール）
うまれた川にのぼっていくヤマメのピンクのこいびと 「ピンク！パール！」 村上康成作・絵 徳間書店 2000年10月

ヤマメ（ピンク）
はじめてのふゆをむかえたヤマメのこども 「ピンクとスノーじいさん」 村上康成作・絵 徳間書店 2000年9月

ヤマメ（ピンク）
ピンクのひれがじまんのヤマメの子 「ピンクのいる山」 村上康成作・絵 徳間書店 2000年7月

ヤマメ（ピンク）
こいびとのパールをつれてうまれた川にのぼっていくヤマメの子 「ピンク！パール！」 村上康成作・絵 徳間書店 2000年10月

ヤマメ（ピンク）
やまのおくのかわのなかでむしをねらっているおなかがぺこぺこのヤマメのこども 「ピンク、ぺっこん」 村上康成作・絵 徳間書店 2000年8月

山本さん　やまもとさん
広島の原爆の火を故郷へ持って帰ってまもりつづけた人 「原爆の火」 岩崎京子文；毛利まさみち絵 新日本出版社 2000年8月

やまんじい
だいすきなやまんばにききみみずきんをやろうとしたがかぜにとばされてなくしてしまったやまんじい 「なきだした やまんじい」 松谷みよ子文；司修絵 ベネッセコーポレーション（ベネッセのえほん） 1996年12月

やまん

やまんじい
やまでまいごになったたろうのまえにあらわれたおそろしいやまんじい 「やまんじいとたろう」 松谷みよ子文;西山三郎絵 童心社(あかちゃんのむかしむかし) 1992年9月

やまんば
ふぶきのやまのなかでみちにまよっていえにきたさばうりどんのさばをみんなくってしまったやまんば 「さばうりどん」 長谷川摂子文;伊藤秀男絵 岩波書店(てのひらむかしばなし) 2004年10月

やまんば
こどもをうんだちょうふくやまのやまんば 「やまんばとがら」 長谷川摂子文;沼野正子絵 岩波書店(てのひらむかしばなし) 2004年11月

やまんば
そらをとぶことができないてんぐのこのとびまるをあずかったやまんば 「がんばれ!とびまる」 本間正樹文;森田みちよ絵 佼成出版社(しつけ絵本シリーズ8) 2004年11月

やまんば
田んぼの村と海の村のまんなかにある社のうらのほらあなにすんでいたにまいの舌をもつやまんば 「にまい舌のやまんば」 江口百合子作;赤坂三好絵 新生出版 2004年1月

やまんば
やまへくりひろいにきたおてらのこんぞをくおうとしたやまんば 「たべられたやまんば」 瀬川康男絵;松谷みよ子文 フレーベル館(日本むかし話6) 2002年12月

やまんば
山にくりひろいにきたお寺の小ぞうさんをつかまえて食おうとしたやまんば 「やまんばとこぞうさん」 松岡節文;箕田源二郎絵 ひかりのくに(いつまでも伝えたい日本の民話) 1994年11月

やまんば
やまおくのうちにあそびにきたてらのちいさなこぞっこをとってくおうとしておいかけたやまんば 「さんまいのおふだ」 松谷みよ子;遠藤てるよ著 童心社(松谷みよ子むかしばなし) 1993年11月

やまんば
山おくからさとへやってきてあかんぼうをかっさらってじぶんのこにしてそだてたやまんば 「やまんばしみず」 高橋忠治作;高田勲絵 佼成出版社(創作民話絵本) 1993年11月

やまんば
やまんば山のやまおくのとうげみちでたおれたおんなのひとのあかんぼうをそだてたやまんば 「やまんばの木」 木暮正夫作;井上洋介絵 佼成出版社(創作民話絵本シリーズ) 1989年11月

やまんば
とうげのやまみちでうまかたのまえにぬうっとでてきてうまのせにつけたさかなをぜんぶくってうまもくってしまったやまんば 「うまかたやまんば」 おざわとしお再話;赤羽末吉画 福音館書店(日本傑作絵本シリーズ) 1988年10月

山ンば　やまんば
山に山菜をとりにきたあやに花さき山のはなしをした山ンば 「花さき山」 斎藤隆介作;滝平二郎絵 岩崎書店 2003年3月

山んば(よめさん)　やまんば(よめさん)
ある村にすんでいたいへんなけちんぼのおけやさんの家へむすめのすがたでやってきてめしをくわずによくはたらくといってよめさんになった山んば 「くわずにょうぼう」 谷真介文;赤坂三好絵　佼成出版社(行事むかしむかし 5月 節句のはなし)　1992年3月

ヤメタン
ちょっぴりドジな4にんぐみのなんぎなたんけんたいのちびのたいいん 「なんぎなたんけんたい」 佐々木マキ作　小学館(おひさまのほん)　1996年10月

ヤメタン
ちょっぴりドジな4にんぐみのなんぎなたんけんたいのちびのたいいん 「なくな なんぎなたんけんたい」 佐々木マキ作　小学館(おひさまのほん)　1999年12月

ヤモ
せんそうでこわされたアフガニスタンのパグマンの村をでてまちにいた男の子 「せかいいちうつくしい村へかえる」 小林豊作・絵　ポプラ社(えほんはともだち)　2003年8月

ヤモ
せんそうにいったにいさんのかわりにロバのポンパーとまちへくだものをうりにいったパグマンの村の男の子 「せかいいちうつくしいぼくの村」 小林豊作・絵　ポプラ社(えほんはともだち40)　1995年12月

ヤモ
パグマンの村の男の子 「ぼくの村にサーカスがきた」 小林豊作・絵　ポプラ社(えほんはともだち45)　1996年11月

やもり(ペーター)
もりのそばにあったながいことあきやだったふるいいえにすみついていたやもり 「ノックがとんとん」 にしかわおさむ作・絵　PHP研究所(PHPわたしのえほんシリーズ)　1988年10月

ヤン
まほうつかいのジョジョさんのつくるスープをのみにやってくるふくろうのこ 「まほうよりもすごいもの」 さえぐさひろこ作;狩野富貴子絵　金の星社(新しいえほん)　2002年7月

ヤンダヤンダ
かばのヒッポ・ヒッポ・ルーの7人いるやんちゃなおとうとのひとり 「みずぼうそうだよヤンダヤンダ」 おのりえん作;国松エリカ絵　偕成社(偕成社の創作絵本)　1999年7月

ヤンダヤンダ
おしゃれなかばのヒッポ・ヒッポ・ルーの7人いるやんちゃなおとうとのひとり 「おしゃれなかばのヒッポ・ヒッポ・ルー」 おのりえん作;国松エリカ絵　偕成社　1998年3月

ヤンダヤンダ
かばのヒッポ・ヒッポ・ルーの7人いるかおもこえもそっくりなやんちゃなおとうとのひとり 「むしばがいたいヤンダヤンダ」 おのりえん作;国松エリカ絵　偕成社　1998年12月

ヤンプン
あおいほしにくらしているナンのなかま 「リュウのたからもの-ナンとあおいほしのなかまたち」 たちのけいこ作・絵　PHP研究所(わたしのえほん)　1997年6月

ヤンプン
あおいほしにくらしているナンのなかま 「サーカスのすいせい-ナンとあおいほしのなかまたち」 たちのけいこ作・絵　PHP研究所(PHPわたしのえほんシリーズ)　1994年11月

やんぷ

ヤンプン
あおいほしにくらしているナンのなかま 「なんでものたね-ナンとあおいほしのなかまたち」 たちのけいこ作・絵 PHP研究所(PHPわたしのえほんシリーズ) 1993年10月

ヤンポ
アフリカのいっぽんのバオバブの木のちかくにあったちいさなうちにおとうさんとおかあさんとすんでいたこども 「ふしぎな ふしぎな バオバブの木」 妹尾猶文;ユノセイイチ絵 童心社(絵本・ちいさななかまたち) 1989年5月

【ゆ】

ゆい
大雪の日にひとりで学校から家にかえった1年生の男の子 「雪のかえりみち」 藤原一枝作;はたこうしろう絵 岩崎書店(えほん・ハートランド28) 2000年1月

ゆい子　ゆいこ
沖縄の小学校5年生の明美の同級生でアメリカ軍の基地の兵隊につれさられて乱暴された女の子 「ゆい子のゆうき」 宮里きみよ文;米田晴彦絵 汐文社(沖縄平和絵本シリーズ5) 1998年3月

ゆういち
うちへもってかえったしろいむしからできたまゆからうまれたひよこほどのちいさなぞうをへやでかったおとこのこ 「ちいさなちいさなぞうのひみつ」 志茂田景樹作;石川あゆみ絵 KIBA BOOK(よい子に読み聞かせ隊の絵本3) 2000年1月

勇一　ゆういち
四年生のわたるがじぶんだけがしっているひみつの草原にトノサマバッタをとりにつれていったクラスメイトの男の子 「おばけバッタ」 最上一平作;石井勉絵 ポプラ社(絵本の時間37) 2003年12月

ゆうき
ちいさなあかいジーゼルきかんしゃにのっておとうさんのはたらくやまおくのダムへいったおとこのこ 「ちいさなあかいきかんしゃ」 鶴見正夫文;高橋透絵 小峰書店(のりものえほん) 1989年2月

ゆうき
だいすきなしんばあちゃんからたったひとつのひみつのねがいをおしえてもらったおとこのこ 「ひ・み・つ」 田畑精一著 童心社 2004年5月

ゆうきくん
ともだちのまどかちゃんがびょうきでサーカスをいっしょにみられなかったのでピエロからとくべつおみやげをもらったおとこのこ 「ピエロのかがみ」 大内曜子作;永田萠絵 岩崎書店(えほん・ワンダーランド30) 1994年4月

ユウキチ
手のきようなハルにはなかごをつくってもらったおとこのこ 「ハルばあちゃんの手」 山中恒文;木下晋絵 福音館書店(日本傑作絵本シリーズ) 2005年6月

ゆうくん
きょうからひとりでねることになってだいすきなでんしゃになったゆめをみたおとこのこ 「へんしんでんしゃ デンデコデーン」 みやもとただお作・絵 あかね書房(あかね・新えほんシリーズ18) 2004年4月

ゆうくん
いぬのジョンのかいぬしの男の子 「あめあがり」 きむらゆういち文；梶山俊夫絵　小峰書店（えほん・こどもとともに）　1998年6月

ゆうくん
おかあさんがおしごとにいくようになっていっぱいいっぱいがまんしてたおとこのこ 「ゆうくんだいすき」 朝川照雄作；長谷川知子絵　岩崎書店（わくわくえほん12）　2006年9月

ゆうくん
おかあさんにしなれたあかちゃんくじらのプワプワをたすけてやったおとこのこ 「くじらのプワプワ」 わしおとしこ作；しのざきみつお絵　佼成出版社（創作絵本シリーズ）　1991年7月

ゆうくん
まめまきたいかいのオニのやくにくじびきであたったちょっぴりなきむしのおとこのこ 「がったいオニだぞ つよいんだい」 さくらともこ作；二本柳泉絵　佼成出版社（園児のすくすく絵本7）　1988年1月

ゆうくん
ひなまつりにおりがみでおひなさまをつくって「しいちゃんのびょうきがなおりますように」とかわへながしたおとこのこ 「ゆうくんのおひなさま」 武鹿悦子作；土田義晴絵　佼成出版社（園児のすくすく絵本8）　1988年2月

ユウくん
こうえんにあそびにいったきりまいごになったおとこのこ 「パトロールカーの パトくん」 砂田弘作；草間俊行絵　PHP研究所（PHPのりものえほん）　2000年3月

ゆうこちゃん
戦争中に長崎で原爆をうけたおとうさんの子ども 「それから」 榎田伸子作・絵　汐文社（長崎平和絵本シリーズ3）　1992年1月

ゆうこちゃん
このはる一ねんせいになるけんちゃんとなかよしのようちえんじのおんなのこ 「ぼくは一ねんせいだぞ！」 福田岩緒作　童心社（絵本・ちいさななかまたち）　1991年2月

ゆうじ
父さんとふたりだけで森の中のひみつの場所にキャンプにいった男の子 「ふたりだけのキャンプ」 松居友文；高田知之写真；西山史真子絵　童心社　2001年3月

ゆうじさん
ねこのよもがちいさないえにいっしょにすんでいるだいすきなひと 「やくそく」 成田雅子著　講談社（講談社の創作絵本）　2004年4月

ゆうすけ
学校へ行くのが嫌になって山形の庄内の海で漁師をしているおじさんのところへ行った5年生の男の子 「ゆうすけの海」 江口百合子作；赤坂三好絵　新生出版　2006年5月

ユウタ
一年に一日だけの市の立つ日に山里の村のむすめサチと会っていた漁師の少年 「山と川と海と―サチとユウタの物語」 森山京文；太田大八絵　小峰書店　2005年12月

ゆうた
けんちゃんのなかよしでひとりでみどりさわへ国チョウのオオムラサキをみつけにいってけがをしたおとこのこ 「ゆうたのオオムラサキ」 ふりやかよこ著　文研出版（えほんのもり）　2005年6月

ゆうた
　おふろにはいるのもねるのもだいすきなおじいちゃんといっしょのおとこのこ「おじいちゃんのごくらくごくらく」西本鶏介作；長谷川義史絵　鈴木出版（ひまわりえほんシリーズ）2006年2月

ゆうた
　おとうさんとおかあさんがかわらでひろってきたくるみの実が芽をだしてそだったくるみの木とともに大きくなったおとこのこ「くるみ」阿部肇作　あすなろ書房　2003年10月

ゆうた
　やさいのペットをさんぽさせたやおやさんのおとこのこ「やさいペット」宮本えつよし作・絵　教育画劇（ゆかいなたべものえほん1）1995年5月

ゆうた
　おしょうがつにおねえさんとちかくのてんじんさまにはつもうでにいってぼうけんだいきちのおみくじをひいたおとこのこ「ふくねずみ　すごろくばなし」わたりむつこ作；ましませつこ絵　福音館書店　1999年4月

ゆうた
　ママのたんじょうびにおおきなケーキをかってあげようとおもったおとこのこ「せかいでひとつだけのケーキ」あいはらひろゆき作；あだちなみ絵　教育画劇　2006年4月

ゆう太　ゆうた
　父さんがすきなてっぺんの枝がゆったりとこしをかけられるりんごの木がだいすきになったおとこの子「てっぺんいすの木」山本斐子文；吉本宗絵　評論社（児童図書館・絵本の部屋）1995年6月

ゆうたくん
　きょうが七・五・三のなかよしきょうだいの五さいのおにいさん「七・五・三きょうだい」なかえよしを作；上野紀子絵　教育画劇（行事のえほん9）1992年9月

ゆうたくん
　しょうぼうしょのはしごしゃがだいすきな五さいのおとこのこ「しょうぼうじどうしゃはしごくん」砂田弘作；倉石琢也絵　PHP研究所（PHPのりものえほん）1992年9月

ゆうたん
　ママがおしごとでおるすできょうはねこがおかあさんのこ「ねこかあさん」小野千世作・絵　講談社　1988年11月

ゆうちゃん
　ピーマン・にんじん・たまねぎがたべられてもトマトがどうしてもたべられないおんなのこ「ピーマン　にんじん　たまねぎ　トマト！」平田昌広文；平田景絵　文化出版局　2005年10月

ゆうちゃん
　あさかわほいくえんにあるおおきなくりのきをきるのをやめさせようとしたおとこのこ「くりの木のこと」島本一男作；ひろかわさえこ絵　アリス館　2004年10月

ゆうちゃん
　おかあさんとふたりでクリスマス・ツリーのかざりつけをしたおとこのこ「クリスマスまだかな？」こわせたまみ作；秋里信子絵　PHP研究所（PHPわたしのえほんシリーズ）1995年

ゆうちゃん
　いもうとがうまれておにいちゃんになったおとこのこ「やったね！ぼくおにいちゃんだ」こわせたまみ作；秋里信子絵　PHP研究所（PHPわたしのえほんシリーズ）2003年1月

ゆうちゃん
あきちの材木置場ではじめてこねこのグレを見てから毎日見に行った女の子 「こねこのグレ」 本多豊国絵・文 清流出版 2001年7月

ゆうちゃん
かけっこがおそいのでうんどんかいがいやだなあとおもっているようちえんのおとこのこ 「もうすぐどきどきうんどうかい」 こわせたまみ作;秋里信子絵 PHP研究所 (わたしのえほん) 2001年9月

ゆうちゃん
いえのなかにはいってきたおにのこくんにわるいむしをもっていってもらったおとこのこ 「おにのこくんがやってきた！」 こわせたまみ作;秋里信子絵 PHP研究所 (PHPわたしのえほんシリーズ) 2000年1月

ゆうちゃん
ほいくえんでバザーごっこをしたおとこのこ 「いらっしゃいいらっしゃーい」 とくながまり;みやざわはるこ作 アリス館 (ゆうちゃんは3さい 3) 1999年11月

ゆうちゃん
はじめてうみにいってくじらのことともだちになったおとこのこ 「うみだよざっぶーん！」 こわせたまみ作;秋里信子絵 PHP研究所 (わたしのえほん) 1999年6月

ゆうちゃん
あめのひにそらからふるあめのあめやさんをみつけたおとこのこ 「あめのひのおかいもの」 こわせたまみ作;秋里信子絵 PHP研究所 (PHPわたしのえほんシリーズ) 1998年5月

ゆうちゃん
かぜのふくひにかざぐるまをまわしたりたこをあげたりしてたのしくあそんだおとこのこ 「かぜのひのおはなし」 かこさとし作 小峰書店 (かこさとしのちいさいこのえほん) 1998年1月

ゆうちゃん
くもりのひに「あしたのてんきなーんだ」とあしからくつをとばしたおとこのこ 「くもりのひのおはなし」 かこさとし作 小峰書店 (かこさとしのちいさいこのえほん) 1998年4月

ゆうちゃん
あおばようちえんのえんそくにいってきつねのことあそんだおとこのこ 「きつねえんでおべんとう」 こわせたまみ作;秋里信子絵 PHP研究所 (わたしのえほん) 1996年9月

ゆうちゃん
なつやすみにひとりでおばあちゃんのいえにきたようちえんのおとこのこ 「じゅりじゅりのなつやすみ！」 こわせたまみ作;秋里信子絵 PHP研究所 (PHPわたしのえほん) 1994年5月

ゆうちゃん
ようちえんでゆきうさぎをいっぱいつくったおとこのこ 「ゆきのひのようちえん」 こわせたまみ作;秋里信子絵 PHP研究所 (ゆうちゃんのえほん) 1994年12月

ゆうちゃん
あおばようちえんにはいったばかりのおとこのこ 「ようちえんがまってるよ！」 こわせたまみ作;秋里信子絵 PHP研究所 (PHPわたしのえほん) 1993年2月

ゆうちゃん
たんぽぽようちえんのすみれぐみのおとこのこ 「ようちえんバスマイちゃん どうぶつえんにいく」 藤本四郎;鍋島よしつぐ作・絵 ポプラ社 (アニメのりものえほん14) 1988年10月

ゆうち

ゆうちゃん
どろだんごをつくってあそんだゆうちゃん 「どろだんご つくろ」 とくながまり；みやざわはるこ作 アリス館（ゆうちゃんは3さいシリーズ2） 1999年8月

ゆうちゃん
ほいくえんできょうからおはしをもったおとこのこ 「きょうから おはし」 とくながまり；みやざわはるこ作 アリス館（ゆうちゃんは3さいシリーズ1） 1999年1月

ゆうびんうさぎ
ふたつやまゆうびんきょくのきょくちょうさんのはやあしじまんのうさぎ 「ゆうびんやさん うみへいく」 木暮正夫作；黒井健絵 ひさかたチャイルド（ひさかた傑作集22） 1987年5月

ゆうびんやさん
バイクにのってどんなところにもゆうびんをとどけるやまおくむらのゆうびんやさん 「ゆうびんでーす！」 間瀬なおかた作・絵 ひさかたチャイルド 2005年12月

ユウユウ
ちゅうごくからさどがしまのトキほごセンターにおくられたトキのふうふからうまれたトキのひな 「トキよおおぞらへ」 国松俊英文；鈴木まもる絵 金の星社（絵本のおくりもの） 2000年6月

ゆうゆう
おおきないけにうかぶちいさなしまにおとうさんとおかあさんとおねえさんといっしょにすんでいるわがままなみどりがめのこども 「みどりがめ ゆうゆうのびっくりおさんぽ」 志茂田景樹作；藤井景絵 KIBA BOOk 2002年4月

ゆうれい
はがいたくてないているこをおばけのくにのはいしゃへつれていったゆうれい 「ゆうれいとなきむし」 くろだかおる作；せなけいこ絵 ひかりのくに 2005年6月

ゆうれい
まるやまおうきょのかけじくのえからでてきてさけをのんでよっぱらったおんなのゆうれい 「よっぱらったゆうれい」 岩崎京子文；村上豊画 教育画劇（日本の民話えほん） 2003年5月

ゆうれい
はらぺこでふらふらになってたおれたゆうれい 「はらぺこゆうれい」 せなけいこ作 童心社（せなけいこ・おばけえほん） 1999年6月

ゆうれい
よなかにでてきていどのなかのすいかをたべたゆうれい 「ゆうれいとすいか」 くろだかおる作；せなけいこ絵 ひかりのくに 1997年6月

ゆうれい
おはかのあかんぼのためにまいばんおてらのそばのあめやにあめをかいにきたおんなのひとのゆうれい 「こそだてゆうれい」 さねとうあきら文；いのうえようすけ画 教育画劇（日本の民話えほん） 1996年7月

ゆうれい
たまごからとびだしたちいさなゆうれい 「ゆうれいのたまご」 瀬名恵子著 童心社（せなけいこ・おばけえほん） 1992年6月

ゆうれい(男の子)　ゆうれい(おとこのこ)
町のはずれのがけのうえにたっていた洋館にひとりぼっちですんでいたゆうれいの男の子　「サンタさんにあっちゃった」薫くみこ作;colobockle絵　ポプラ社(絵本・いつでもいっしょ11)　2004年10月

ゆか
まほうつかいをさがしにいったおんなのこ　「いちばんすごいまほうつかい」岡田淳文;高見八重子絵　ひかりのくに(ひかりのくにお話絵本)　1988年6月

ユカ
妖精　「ユカの花ものがたり たすけあう、植物と動物たち」河合雅雄作;永田萠絵　小学館　2000年4月

ゆかちゃん
まっくらやみのなかおにいちゃんとえほんをさがしにいったおんなのこ　「ぴかぴかドキドキ」あきやまただし作・絵　金の星社(新しいえほん)　1998年11月

ゆかちゃん
ピアノのおけいこにかよっていてもうすぐはじめてのはっぴょう会がくるおんなのこ　「はっぴょう会なんか こわくない！」高瀬義昌文;あかまあきこ絵　佼成出版社　1993年3月

ゆかりちゃん
一がつ十五にちにこどもたちがかみさまのおつかいになってむらじゅうにしあわせをとどけるはつうまのおまつりをするやまおくのむらのおんなのこ　「トントコはるかぜ」金沢佑光作・絵　ひさかたチャイルド　1988年12月

ユキ
おかあさんから「もうひとりでいきていきなさい」といわれひとりぼっちになったまだちいさいおこじょ　「おこじょの ユキ」あんびるやすこ作;藤本四郎絵　鈴木出版　2004年11月

ゆき
「はるさんはまだですか？」とうえのゆきにきいしたにつもったゆきたち　「はるさんがきた」越智のりこ作;出久根育絵　鈴木出版(ひまわりえほんシリーズ)　2004年1月

ユキ
夏とか冬の休みにしか遊びにいけないとおい北のはずれにある村に大おばあちゃんがいる男の子　「ほろづき−月になった大きいおばあちゃん」沢田としき作・絵　岩崎書店　2001年8月

ゆきうさぎ
ほっかいどうのふかいやまのくまざさのなかでうまれたゆきうさぎのこども　「ゆきうさぎのちえ」手島圭三郎作・絵　リブリオ出版(北に生きるかしこい動物たち)　2003年4月

ゆきえ
「おれ」といっしょにかわのひみつのばしょでヤマセミをみたおさななじみのおんなのこ　「ヤマセミのうた」菊池日出夫著　童心社(絵本・ちいさななかまたち)　1994年4月

ゆきえもん
えかき　「そうべえ ごくらくへゆく」たじまゆきひこ作　童心社(童心社の絵本)　1989年10月

雪狼　ゆきおいの
大雪をふらす狼の妖精　「水仙月の四日」宮沢賢治作;黒井健絵　三起商行　1999年11月

ゆきお

雪狼　ゆきおいの
大雪をふらすオオカミの妖精　「水仙月の四日」　宮沢賢治作；伊勢英子絵　偕成社（日本の童話名作選）　1995年9月

ゆきおとこ
いちどでいいからなつをみたいとなつにむかってあるきはじめたゆきおとこ　「ゆきおとこのバカンス」　白鳥洋一著　BL出版　2001年12月

ゆきおんな
おおゆきのばんのこと一人ずまいのりょうしのみのきちのいえにとめてもらってみのきちのよめさんになったうつくしいむすめのゆきおんな　「ゆきおんな」　川村たかし文；宇野亜喜良画　教育画劇（日本の民話えほん）　2000年2月

ゆきだるま
クリスマスのよるにうずくまってふるえているこねこをみつけたさんにんのゆきだるまたち　「ゆきだるまのクリスマス」　佐々木マキ作　福音館書店　1991年10月

ゆきだるま
ゆきのよるにサナとねこのルルがあったゆきのやまみたいなおおきなゆきだるま　「サナのゆきのでんしゃ」　なりたまさこ作・絵　ポプラ社（絵本の時間）　2003年11月

ゆきだるま
ゆきのおじさんにつぎのとしのあたらしいゆきがふるまでとけないまほうをかけてもらったゆきだるま　「ゆきの　おじさん　ありがとう」　高畠純作　ひかりのくに　1997年11月

ゆきだるま
うみにいってみたいといってなきだしたりこちゃんとだいくんのつくったゆきだるま　「およぎたいゆきだるま」　くぼりえ作・絵　ひさかたチャイルド　2006年7月

ゆきだるまくん
ひえひえゆきだるまランドからやってきたゆきだるまのおとこのこ　「おばけのペロちゃん　ひえひえゆきだるまランド」　なかがわみちこ作・絵　教育画劇　2003年11月

ゆきだるまさん
ゆきがこんこんふってきてよろこんだゆきだるまさん　「ゆき　こんこん　あめ　こんこん」　かこさとし；なかじままり作　偕成社　1987年12月

ゆきだるまさん
ゆきがふっているやまのなかでわいているおゆにはいったゆきだるまさんいっか　「やまのおふろやさん」　とよたかずひこ著　ひさかたチャイルド（ぽかぽかおふろシリーズ）　2006年11月

ゆきだるまん
やまのゆきのうつくしさをまもるしごとをしているゆきだるまん　「アンパンマンとゆきだるまん」　やなせたかし作・絵　フレーベル館（アンパンマンのふしぎなくに11）　1991年3月

ゆきちゃん
いっかでやまおくのおんせんにでかけてももいろのせっけんでからだをあらったらどうぶつになってしまったおんなのこ　「ももいろのせっけん」　つつみちなつ文・絵　東京図書出版会　2004年8月

ゆきちゃん
すてられてないていたじてんしゃのピカピカをたすけたおんなのこ　「ピカピカ」　たばたせいいち作　偕成社　1998年12月

ゆきちゃん
ひわさでじいちゃんとふたりぐらしのるかちゃんといっしょにあそんだ三人しまいのちいさいおねえちゃん 「るかちゃんとなみちゃんゆきちゃんかおりちゃん」 梅田俊作;梅田佳子;山内満豊作・絵　佼成出版社　1994年11月

ゆきちゃん
おしごとでずっとかえってこないとうさんをみにゆきの山へいった女の子 「くまとうさん」 今江祥智文;村上康成絵　ひくまの出版　1991年11月

ゆきちゃん
新潟県の桑取谷という雪のふかい村の一年生の男の子 「とりおいの日-新潟県上越市桑取谷「とりおい」」 なかむらひろし作;わたなべきょうこ絵　リーブル(えほん・こどものまつり)　1993年11月

ゆきちゃん
おんなじひにうまれておんなじいえにそだったふたごのひとり 「ふたりはふたご」 田島征彦;田島征三作　くもん出版　1996年5月

ゆきとくん
まりちゃんといっしょに3じのおちゃにいったともだちのおとこのこ 「3じのおちゃにきてください」 こだまともこ作;なかのひろたか絵　福音館書店　2006年1月

雪ばと　ゆきばと
サンタクロースのところにおねがいをしにきた雪がかたちをかえてはとになった雪ばと 「世界一すてきなおくりもの」 薫くみこ作;えんどうひとみ絵　ポプラ社(絵本・いつでもいっしょ5)　2001年11月

雪婆んご　ゆきばんご
大雪をふらす老婆の妖精 「水仙月の四日」 宮沢賢治作;黒井健絵　三起商行　1999年11月

雪婆んご　ゆきばんご
大雪をふらす老婆の妖精 「水仙月の四日」 宮沢賢治作;伊勢英子絵　偕成社(日本の童話名作選)　1995年9月

雪姫　ゆきひめ
さらわれていたのを侍にたすけだされ忍者たちにおわれている岡田藩の姫 「風来坊 危機一髪」 川端誠作・絵　ブックローン出版　1996年12月

ゆきむすめ
やまのおくへきをとりにはいってみちにまようてしもうたむらのヨヘイがみたゆきのようにしろいむすめ 「ゆきむすめ」 木島始文;朝倉摂絵　岩崎書店(復刊・日本の名作絵本9)　2002年4月

雪童子　ゆきわらす
大雪をふらす子供の妖精 「水仙月の四日」 宮沢賢治作;黒井健絵　三起商行　1999年11月

雪童子　ゆきわらす
大雪をふらす子どもの妖精 「水仙月の四日」 宮沢賢治作;伊勢英子絵　偕成社(日本の童話名作選)　1995年9月

ゆーくん
こうえんにいってみんなといっしょにいろいろないろをみつけたおとこのこ 「きょうのいろはなあに」 中村宜世文;近藤理恵絵　ひくまの出版　1995年8月

ゆずち

ゆずちゃん
じしんでいえの下じきになって死んでしもた女の子 「ゆずちゃん」 肥田美代子作;石倉欣二絵 ポプラ社(えほんとなかよし34) 1995年5月

ゆたか
ひっこしてきたばかりの子でたつやとともだちになってぼんおどりにいっしょにおどろうとやくそくしたおとこのこ 「とおかおくれのぼんおどり」 今関信子作;おぼまこと絵 朔北社 2005年7月

ユタカ
タンポポようちえんのおとこのこ 「まじょまじょせんせいやってきた！」 鶴岡千代子作;長谷川知子絵 カワイ出版 1993年5月

ゆーたん
ピーマンがこわいというおとこのこ 「ピーマンなんてこわくない－えんじぇるまもたん」 リサ・オーバー絵;比良凛文 アリス館 2002年11月

ユックリ
森にすんでいる歌がじょうずなおとこのこ 「ユックリとジョジョニ」 荒井良二作 ほるぷ出版(イメージの森) 1991年3月

ゆっくりむし
おかのうえのきからゆっくりおりてゆっくりゆっくりあるきだしたゆっくりむし 「ゆっくりむし」 みやざきひろかず作・絵 ひかりのくに 2003年8月

ゆっくん
パトカーのおもちゃのピーすけとあかちゃんのときからいっしょにいるおとこのこ 「パトカーのピーすけ」 相良敦子文;柳生弦一郎絵 福音館書店(日本傑作絵本シリーズ) 1992年11月

ユミ
家のいちごばたけで子だぬきとなかよくなった女の子 「いちごばたけでつかまえた」 清水達也作;土田義晴絵 教育画劇(スピカみんなのえほん12) 1990年10月

ユミ
こぐまのユメにふうせんにつけててがみとハートのたねをとどけてくれたおんなのこ 「ハートのはな」 TakiTaro作・絵 キッズネット 2005年8月

ゆみこ
おとうさんはおとこのこのほうがすきでじぶんはおんなのこだからじぶんのこときらいなのかなあとおもったこ 「きらいっていわないで-ゆみこのアルバム」 阿部はじめ;阿部みきこ作 佼成出版社 1989年6月

ゆみちゃん
おうちで5ひきのねこをかっているおんなのこ 「ゆみちゃんちの5ひきのねこ」 横塚法子著 ヨルダン社 1988年8月

ユミちゃん
ふとんにもぐるのがだいすきなケンちゃんのともだち 「ふとんやまトンネル」 那須正幹作;長野ヒデ子絵 童心社 1994年12月

ゆみちゃん
だいちゃんとなかよしのおんなのこ 「みてみておめめ」 梅田俊作;梅田佳子作 新日本出版社(新日本えほんのひろば5) 1990年10月

ユメ（くま）
ハートのはなのたねをとどけてくれたユミというおんなのこにあうためにはなのたねをもってたびにでることにしたこぐま 「ハートのはな」TakiTaro作・絵 キッズネット 2005年8月

ゆめどろぼう（どろぼう）
よるになるとでかけてひとさまのゆめをぬすむゆめどろぼう 「ゆめどろぼう」みやざきひろかず作・絵 PHP研究所（PHPにこにこえほん） 1996年9月

夢のひとみ　ゆめのひとみ
むかしむかしある村に住んでいた夢みるような瞳を空にむけていろいろなことを想像するのが大好きな娘 「夢のひとみ」永田萠絵；港かおり文 日本テレビ放送網 1993年7月

ユメミンクジラ
そらをとぶことがゆめのクジラ 「マルルおばさんのとんだいちにち」久我通世作・絵 講談社 1994年4月

ユーリー
天文学者の老人のまご 「銀河の魚」たむらしげる著 メディアファクトリー 1998年11月

ユリア
ハンガリーのちいさなむらでことしはじめてクリスマスげきにさんかするおんなのこ 「ユリアのクリスマス」南塚直子作；石井睦美文 小学館（おひさまのほん） 2000年11月

ユリカメ
イワミサの嫁さんでサザエ採りに海に入って死んでしまった若い女 「タキワロ」岩崎千夏作 長崎出版（cub label） 2006年11月

ゆりちゃん
小学二年生のはるかがなつやすみにうみでいっしょにあそんだ三年生の女の子 「きらきらひりひり」薫くみこ作；川上越子絵 ポプラ社（絵本カーニバル1） 2003年6月

百合若　ゆりわか
若くして大臣となり強弓をもって蒙古の大軍を博多でむかえうちしりぞけたがけらいのうらぎりで玄海島にとりのこされてしまったさむらい 「百合若大臣」たかしよいち文；太田大八絵；西本鶏介監修 ポプラ社（日本の物語絵本9） 2004年9月

【よ】

よあけの星　よあけのほし
夢みるような瞳を空にむけていろいろなことを想像するのが大好きな村の娘〈夢のひとみ〉を天の星の国へつれて行った若者 「夢のひとみ」永田萠絵；港かおり文 日本テレビ放送網 1993年7月

洋一　よういち
夏休みに海のちかくにあるおばあちゃんの家にひとりででかけてゆめの中で海賊船にのった3年生の男の子 「海賊モーガンはぼくの友だち」那須正幹作；関屋敏隆絵 ポプラ社（那須正幹の絵本1） 1993年7月

妖怪　ようかい
年に一度の妖怪のおまつりの夜にいっせいに奥山をめざしてうごきだした妖怪たち 「妖怪絵巻」常光徹文；飯野和好絵 童心社 1997年6月

ようこ

ようこちゃん
いちねんせいのみほちゃんのいちばんのおともだち 「ますだくんとまいごのみほちゃん」 武田美穂作・絵 ポプラ社（えほんとなかよし53） 1997年12月

ヨウスケ
おばあちゃんちにあずけられたがかいねこのゴンにまほうをかけられてのみこまれてしまったわがままおとこのこ 「ねこにのまれて」 本間正樹文；矢玉四郎絵 佼成出版社（しつけ絵本シリーズ6） 2004年10月

ようすけ
パゴパゴとうのうみでプレシオザウルスのあかちゃんクーをみつけたおとこのこ 「きょうりゅうぼうやCoo（クー）」 立原えりか文；松井しのぶ絵 角川書店（角川の絵本） 1993年11月

ようすけ
けんたとざりがにとりにでかけたかえりみちみちばたにたおれているおじいさんをたすけたおとこのこ 「たけとんぼありがとう」 しみずみちを作；福田岩緒絵 教育画劇（スピカみんなのえほん7） 1989年11月

ようせい
モミの木の森でイモムシとふたりでさみしくクリスマスイブをいわっていたようせい 「サンタクロースのさいごのプレゼント」 鈴木純子作・絵 ブックローン出版 1989年11月

妖精　ようせい
妖精村にある夢工場とよばれるちいさな工場ではたらいている三人の夢つくりの妖精たち 「妖精村の夢工場」 永田萠文・絵 フジテレビ出版 1987年7月

ようちゃん
もうすぐ2さいでばいばいのめいじんの「わたし」のおとうと 「ばいばいようちゃん」 山下明生文；渡辺洋二絵 童心社 1994年7月

ようへい
日本でいちばん大きなみずうみびわこにうかぶ島にある沖島小学校にかようりょうしの子 「ぎんのなみ おどる」 今関信子作；飯野和好絵 朔北社 2003年7月

ようへい
じゅうべえのたんじょうびパーティによばれてけけまるとふたりでじゃんけんロードをとおっていったこ 「じゃんけんロード」 藤本ともひこ作 リブロポート（リブロの絵本） 1992年6月

ヨーコさん
すてねこのポポをひろってくれたやさしいかぞくの車いすのおんなのひと 「ポポの青い空」 すいとぴい著；はらのけいじ絵 遊タイム出版 2003年6月

ヨゴスンダー
あくのなかま、にじからうまれたおばけでなんでもよごすおばけ 「アンパンマンとにじおばけ」 やなせたかし作・絵 フレーベル館（アンパンマンのおはなしわくわく2） 1999年12月

よさく
まちからきたこどもにからすのこをつかまえてやって2わのからすにこどもをさらわれたわかいふうふのむらびと 「からすじぞう」 田島征彦作 くもん出版 1996年5月

ヨーサクさん
「おれ」たちとなかよしのおしげばあさんちのほおずきばたけのてつだいをしているひと 「ほおずき ならそ」 おおつかのぶゆき作 童心社 1987年6月

吉岡 公子　よしおか・きみこ
戦争中に佐賀県の鳥栖の小学校で先生をしていたひとで学校にきた目達原基地の特攻隊の隊員に出撃前にピアノをひかせてほしいとたのまれた女性　「ピアノは知っている 月光の夏」　毛利恒之原作・文；山本静護絵　自由国民社　2004年8月

よしくん
「わたし」ときょうともだちになれたおとこのこ　「たんぽぽのこと」　竹内敏晴文；長谷川集平文・絵　温羅書房　1996年6月

よしさん
10歳の夏にひとりで南太平洋のフィジーをおとずれたりょうのしりあいでダイビングショップではたらいている人　「ディロの樹の下で アピのいた海」　尾崎真澄文；川上越子絵　架空社　2001年2月

よしだ くるみさん
こうえんですてられてめをせっちゃくざいでふさがれたこいぬをはっけんしたアメリカじんのマイケルさんのともだち　「えほん めをふさがれたいぬ じゅんぺい」　関朝之作；日高康志画　ハート出版　2002年6月

ヨシツネ
ヤギだけがすむむじん島のミドリ子島の長老ヤギのタメトモのなかまのヤギ　「風になったヤギ」　漆原智良作；横松桃子絵　旺文社（旺文社創作童話）　2003年11月

よしのり（のりちゃん）
とんでもなくかわっためざまし時計を買ってもらった小学生　「おやすみ時計」　山岡ひかる著　偕成社　2000年9月

良兵衛さん　よしべえさん
食べるものにこまって女性にばけて家をたずねてきたきつねに食べものをもたせてやったお百姓のおじいさん　「良兵衛と日本きつね」　宮川大助文；宮川花子絵　京都書院（大助・花子の日本昔ばなし）　1991年4月

よしみ
おにいちゃんからえのぐをかりてがようしにいろをぬったおんなのこ　「まほうのえのぐ」　林明子作　福音館書店（こどものとも傑作集）　1997年8月

よしみちゃん
ミカとふたりで学校で先生のいっていた春の足音をさがすことにしたなかよしの女の子　「春の足音」　那須正幹作；永田萠絵　ポプラ社（絵本の時間10）　2002年2月

よしみちゃん
小学一年生のミカのほいくえんのころからのなかよしでじゅくにかよいはじめた女の子　「もうすぐ夏休み」　那須正幹作；永田萠絵　ポプラ社（絵本の時間26）　2003年6月

ヨセフ
マリヤとけっこんしただいくさん　「マリヤとヨセフ」　みやしたはんな絵；宮西いづみ文　シーアール企画　1992年10月

ヨセフさま
タイムマシンにのってベツレヘムのうまやにやってきたふたりのこどもからインタビューをうけたヨセフさま　「クリスマスのインタビュー」　土屋富士夫絵；吉池好高文　女子パウロ会　2003年10月

よそう

四十右エ門　よそうえもん
日向国のうみのほとりにすんでいた一人もののりょうしであみでさかなにのったかんのんぞうをひきあげたおとこ「魚にのったかんのんさま」西本鶏介文；石倉欣二絵　佼成出版社（民話こころのふるさとシリーズ）1989年10月

余曽田 けん　よそだ・けん
小学3年生の宇知しょうたのともだち「しょうたのケンカ」柴門ふみ作　主婦と生活社（宇知んちものがたり1）1995年10月

よだか
実にみにくい鳥「よだかの星」宮沢賢治作；小林敏也画　パロル舎　1995年4月

よだか
実にみにくい鳥「よだかの星」宮沢賢治作；玉井司絵　リブロポート　1991年5月

よだか
実にみにくい鳥「よだかの星」宮沢賢治作；中村道雄絵　偕成社（日本の童話名作選）1987年12月

ヨック
世界のはてのハルカ森から世界中へクリスマスのおくりものをとどける旅に出発した7人のサンタの1人の見ならい少年サンタ「七人のサンタの物語」なかもとはじめ文；たかはしあきら絵　ポプラ社　2000年11月

よっこ
生まれてすぐに脳性小児麻痺という病気にかかってしまい小学校へ入学できなくてお勉強はお母さんからぜんぶ教えてもらうことになった女の子「おかあさん先生」竹村陽子作；じゅうりかおり絵　メリー出版　1998年10月

よっちゃん
おばあちゃんがカメラを買ってうまれるのをいまかいまかとまっていたあかちゃん「おばあちゃんのカメラ」ひろせよしこ文；かみたにひろこ絵　遊タイム出版　2001年5月

よっちゃん
いつもりえぽんにたたかれている弟「ひよこ組のいんちきりえぽん」まつざわりえ著　オデッセウス　2000年6月

よっちん
ときどきねるまえにおはなしをきかせてくれるパパがだいすきなおとこのこ「パパのはなしじゃねむれない」武谷千保美作；赤川明絵　PHP研究所（PHPにこにこえほん）2002年3

ヨネ
じぶんはひとくちもくわねえで山おくのいえからいもうとのカヤにごちそうをはこんでくれたやさしいねえちゃ「ほうちょかけたか」さねとうあきら文；井上洋介絵　文溪堂（ぶんけい　絵本のひろば5）1993年6月

ヨハン
フランスのもりのおくでくらしていたフロレンチンのかわいいなかま「フロレンチンともりのなかま」かながわさちこ文；なかむらゆき絵　中央出版社　1991年11月

ヨハンソン
まちをまもるほあんかん「ここだよ」西村博子作・絵　タリーズコーヒージャパン　2006年1月

ヨハンナ
アルプスの山里にある教会の教会ネズミのアントンが行き倒れていたのを助けたネズミの親子の母ネズミ 「ひとりぼっちの気がする」 まつもとまちこ著 マルチモード 2005年11月；清流出版 2000年12月

ヨヘイ
やまのおくへきをとりにはいってみちにまようてしもうてゆきのようにしろいむすめをみたむらのおとこ 「ゆきむすめ」 木島始文；朝倉摂絵 岩崎書店(復刊・日本の名作絵本9) 2002年4月

与平　よへい
むかしさむらいたちがいくさをしていたころあるむらにお父とお母をたすけてくらしていたさとの年のはなれたあに 「光り堂」 清水達也作；篠崎三朗絵 佼成出版社(創作民話絵本) 1993年7月

与兵衛さん　よへえさん
山の主と人々に恐れられたばけもののオバンバーを背中にかついだ村人 「与兵衛とオバンバー」 宮川大助文；宮川花子絵 京都書院(大助・花子の日本昔ばなし) 1988年12月

ヨーマ
天気を見る空見官の仕事に憧れている少年 「ナーガラ町の物語」 すやまたけし作；黒井健絵 サンリオ 1988年11月

よめご
おっかさんをてんじょうまでふきとばすほどでっかいへをぶっぱなしたよめご 「へっぴりよめご」 剣持弘子文；赤坂三好絵 世界文化社(ワンダー民話館) 2006年2月

よめさん
おっかさんがふきとばされてうらのはたけまでとんでいってしまったほどすごいへをしたよめさん 「へっこきよめさん」 おざわとしお；からさわかおり文；はなのうちまさよし絵 くもん出版(子どもとよむ日本の昔ばなし10) 2005年11月

よめさん
ある村にすんでいたたいへんなけちんぼのおけやさんの家へむすめのすがたでやってきてめしをくわずによくはたらくといってよめさんになった山んば 「くわずにょうぼう」 谷真介文；赤坂三好絵 佼成出版社(行事むかしむかし 5月 節句のはなし) 1992年3月

よも
だいすきなゆうじさんとちいさないえにいっしょにすんでいるねこ 「やくそく」 成田雅子著 講談社(講談社の創作絵本) 2004年4月

よもだバア
がっこうがおわると「ぼくら」がいつもあつまる「よもだや」のみせのおくにいるおばあさん 「ちゃんがら町」 山本孝作・絵 岩崎書店(えほんのマーチ19) 2004年10月

ヨーヨ
滝つぼでひろったオオカミのちょきん箱をオオカミのすむ森にとどけにいったかわうその子ども 「かわうそがひろったちょきん箱」 みなみらんぼう作；黒井健絵 学習研究社(fanfanファンタジー) 1997年7月

よよちゃん
としよりのサンタクロースのかわりになかよしのみっくんとプレゼントをくばったおんなのこ 「よよちゃんの おつかれサンタ」 広みどり作 早稲田出版 1990年12月

よるく

よるくま
よるみたいにくろくってむねにはおつきさまがひかってるとってもかわいい「ぼく」のともだち
「よるくま クリスマスのまえのよる」酒井駒子著 白泉社 2000年10月

よるくん
よるなんかきらい！といわれておこってつちのなかにひっこんじゃったまっくろなよるくん
「でてこーい！ よるくん」山脇恭文；梶山俊夫絵 PHP研究所（PHPにこにこえほんシリーズ）1993年4月

夜猫又衛門　よるねこまたえもん
花も盛りの上野の山であだうちを演じた猫 「花ふぶき江戸のあだうち」舟崎克彦文；橋本淳子絵 文渓堂（絵本のひろば7）1994年4月

4864くん　よわむしくん
きしゃのだんちからこどもゆうえんちにいってジェットコースターのせんろにはいってしまったきかんしゃ 「きかんしゃ4864（よわむし）くんと189（わんぱく）くん」たにしんすけ文；あかさかみよし絵 ポプラ社（絵本・おはなしのひろば21）1987年4月

【ら】

ライオン
おとうさんがしごとにいっちゃったのでひとりでどうぶつえんにでかけた「ぼく」をジーッとみつめていたライオン 「ライオンとうさん」しらきのぶあき作 佼成出版社 2006年3月

ライオン
つなひきがつよいライオン 「つなひきライオン」まどみちお作；北田卓史絵 ひさかたチャイルド 2005年11月

ライオン
しんくんやゆうちゃんがあったへんしんするへんてこなライオン 「ありがとう へんてこライオン」長新太作 小学館（おひさまのほん）2005年12月

ライオン
タンザニアの草原でヌーのおかあさんをころしてたべたのでさいばんかけられたライオン 「どうぶつさいばん ライオンのしごと」竹田津実作；あべ弘士絵 偕成社 2004年9月

ライオン
しんくんやゆうちゃんがあったへんしんするへんてこなライオン 「こんにちは！へんてこライオン」長新太作 小学館（おひさまのほん）2004年11月

らいおん
「ぼく」がうみにいったらはまべでまっていたらいおん 「あわてんぼらいおん」八木田宜子文；長新太絵 徳間書店（らいおんえほん2）2002年6月

ライオン
にぎやかどおりにひっこしてきたさっきょくかのライオン 「うるさいゴミの日ーにぎやか通りのゆかいなお話」伊藤充子文；ふじしま青年絵 カワイ出版 2002年10月

らいおん
「ぼく」があさめをさましたらとなりにねていたらいおん 「よわむし らいおん」八木田宜子絵；長新太絵 徳間書店（らいおんえほん1）2002年4月

らいおん
「ぼく」があそんでいたこうえんにぬうっとでてきたらいおん 「たかいたかいらいおん」 八木田宜子文;長新太絵 徳間書店(らいおんえほん3) 2002年7月

らいおん
「ぼく」のたんじょうびにいっしょにおたんじょうかいをしたらいおん 「くいしんぼらいおん」 八木田宜子作;長新太絵 徳間書店(らいおんえほん4) 2003年1月

ライオン
しんくんやゆうちゃんがあったへんしんするへんてこなライオン 「へんてこライオンがいっぱい」 長新太作 小学館(おひさまのほん) 2002年7月

ライオン
ひさしぶりにひとりででかけたライオン 「ライオンのへんないちにち」 あべ弘士作 佼成出版社 2002年7月

ライオン
すみよいところをみつけてわかいめすライオンとあたらしいテリトリーをつくろうとおもってうちをでたライオン 「たびだち」 吉田遠志絵・文 リブリオ出版(絵本アフリカのどうぶつたち第1集・ライオンのかぞく) 2001年4月

ライオン
3びきだけではじめてかりにでかけることにしたねえさんとおとうといもうとのライオン 「はじめてのかり」 吉田遠志絵・文 リブリオ出版(絵本アフリカのどうぶつたち第1集・ライオンのかぞく) 2001年4月

ライオン
ハイエナがたおしたトムソンガゼルをよこどりしたライオンたち 「おみやげ」 吉田遠志絵・文 リブリオ出版(絵本アフリカのどうぶつたち第1集・ライオンのかぞく) 2001年4月

ライオン
1ぴきだけでかりにでかけてだちょうのおかあさんにけりあげられてしんだいもうとライオン 「きえたにじ」 吉田遠志絵・文 リブリオ出版(絵本アフリカのどうぶつたち第1集・ライオンのかぞく) 2001年4月

ライオン
ひとりになってうまれてはじめてえもののガゼルをつかまえたライオン 「あしおと」 吉田遠志絵・文 リブリオ出版(絵本アフリカのどうぶつたち第1集・ライオンのかぞく) 2001年4月

ライオン
おかあさんライオンといっしょにかりのけいこをはじめたねえさんライオンとおとうとライオンといもうとライオン 「かりのけいこ」 吉田遠志絵・文 リブリオ出版(絵本アフリカのどうぶつたち第1集・ライオンのかぞく) 2001年4月

ライオン
ねてばかりいるのでせなかにくさがはえていつもなにかをぼーっとみていたライオン 「もりになったライオン」 松原裕子作・絵 ポプラ社(絵本の時間8) 2001年12月

ライオン
たびするくいしんぼうライオン 「ライオンのかくれんぼ」 やすいすえこ作;黒井健絵 ひかりのくに(ひかりのくに傑作絵本集12) 2000年5月

ライオン
もりのなかでうまれてみんなとなかよくあそんでおおきくなってライオンらしくなったライオン 「あのころ」 ふくだすぐる作・絵 岩崎書店(えほん・ハートランド25) 1999年9月

ライオン
ゆうちゃんやしんくんがあったへんしんするへんてこライオン 「ゆうちゃんとしんくんとへんてこライオン」 長新太作 小学館（おひさまのほん） 1998年12月

ライオン
せんそうちゅうにおおさかのどうぶつえんにおったはらぺこやけどごっつうきばったライオン 「おれはなにわのライオンや」 さねとうあきら文；長谷川知子絵 文渓堂（ぶんけい・絵本のひろば10） 1995年7月

ライオン
しんくんがあったへんしんするへんてこなライオン 「しんくんとへんてこライオン」 長新太作 小学館（おひさまのほん） 1995年12月

ライオン
ゆうちゃんがあったへんしんするへんてこなライオン 「ゆうちゃんとへんてこライオン」 長新太作 小学館（おひさまのほん） 1995年12月

らいおん
おなかがすいてほらあなのなかでやまいぬがもどってくるのをまったらいおん 「へんじをしたほらあな」 西本鶏介文；宮本忠夫絵 鈴木出版（たんぽぽえほんシリーズ） 1992年5月

ライオン
こどもたちとさんぽにでかけたライオンのとうさん 「ライオンのよいいちにち」 あべ弘士作 佼成出版社 2001年1月

ライオン
こどもたちといっしょにさんぽにでかけたライオンのとうさん 「ライオンのながいいちにち」 あべ弘士作 佼成出版社 2004年1月

ライオン
ねことしんせきだったのでいっしょにくらしていたりっぱなたてがみをしたライオン 「空とぶライオン」 佐野洋子作・絵 講談社 1993年10月

ライオン
むれをはなれてたびをしているおとうとライオン 「いなびかり」 吉田遠志絵・文 リブリオ出版（絵本アフリカのどうぶつたち第3集・草原のなかま） 2002年1月

ライオン
しんくんやゆうちゃんがあったへんしんするへんてこなライオン 「どうしたの？へんてこライオン」 長新太作 小学館（おひさまのほん） 2006年3月

ライオン
しんくんやゆうちゃんがあったへんしんするへんてこなライオン 「やったね！へんてこライオン」 長新太作 小学館（おひさまのほん） 2006年5月

ライオン（ウィリー）
どうすればおとなになれるかみんなにききにいったライオンのこ 「ライオンのこ ウィリー」 浅沼とおる作・絵 鈴木出版（チューリップえほんシリーズ） 1993年9月

ライオン（オーレ）
どうぶつのサーカスだんにはいることになっただめライオン 「おかしなおかしなライオンのオーレ」 山本省三作；塩田守男絵 金の星社 1996年7月

ライオン(クラリ)
赤いタテガミの心のやさしいオスライオン 「クラリとティン」 野村辰寿著 主婦と生活社 2004年5月

ライオン(タンガ)
じぶんはそうげんおうさまだといばっていたライオン 「そうげんのおうさまタンガ」 藤島生子作・絵 文研出版(えほんのもり22) 1992年10月

ライオン(ブルブル)
どうぶつえんでおかあさんのかわりをしためすいぬムクムクにそだてられたみなしごのライオン 「やさしいライオン」 やなせたかし作・絵 フレーベル館(フレーベル館の大型えほん) 2006年4月

ライオン(ぺろりんライオン)
どうぶつをぺろりんとのみこんでしまうライオン 「うたっておどっておなかでラビコ」 やすいすえこ作;なかのひろたか絵 フレーベル館(げんきわくわくえほん17) 1996年8月

ライオン(ほのおのライオン)
あおいほしにくらしているナンのなかま 「リュウのたからもの-ナンとあおいほしのなかまたち」 たちのけいこ作・絵 PHP研究所(わたしのえほん) 1997年6月

ライオン(ほのおのライオン)
あおいほしにくらしているナンのなかま 「サーカスのすいせい-ナンとあおいほしのなかまたち」 たちのけいこ作・絵 PHP研究所(PHPわたしのえほんシリーズ) 1994年11月

ライオン(ほのおのライオン)
あおいほしにくらしているナンのなかま 「なんでものたね-ナンとあおいほしのなかまたち」 たちのけいこ作・絵 PHP研究所(PHPわたしのえほんシリーズ) 1993年10月

ライオン(むーにょ)
とこちゃんがこうえんでみつけてねこだとおもってそだてたライオン 「とこちゃんのライオン」 うちのとくろう文;せとよしこ絵 らくだ出版 1987年11月

ライオン(ラララ)
たてがみのかわりのきいろのスカーフをあたまにしているライオンのおんなのこ 「おひさまライオン」 薫くみこ作;北住ユキ絵 ポプラ社(えほんとなかよし42) 1996年3月

ライオンさん
だいじなえんびふくをあなぐまのクリーニングやさんのところにもってきたしきしゃのライオンさん 「あなぐまのクリーニングやさん」 正岡慧子文;三井小夜子絵 PHP研究所(PHPにこにこえほん) 2001年8月

ライオンのこ
かばのなんでもやにやってきたなんにもいわないライオンのこ 「それでね それでね」 佐野洋子作;広瀬弦絵 リブロポート(かばのなんでもや3) 1990年8月

ライギョ
あるいけにすんでいたわるそうなかおのライギョ 「らんぼうライギョ」 黒沢高明作・絵 評論社(児童図書館・絵本の部屋) 1989年8月

らいたち
らいたーといたちがくっついたふしぎないきもののどうぐつ 「まうてんばいぬ2」 ながたのぶやす作 自由国民社 1998年11月

ライチョウ
おおむかしから立山のきよらかなしぜんのなかで生きつづけてきたとり 「ライチョウは生きる」 遠藤和子文;井口文秀絵　小峰書店(えほん・こどもとともに) 1989年7月

ライト
こころのやさしいマイアサウラのおかあさんがひろったティラノサウルスのたまごといっしょにうまれたマイアサウルスのこども 「あなたをずっとずっとあいしてる」 宮西達也作・絵 ポプラ社(絵本の時間44) 2006年1月

ライラおばあちゃん
パンをやくのがだいすきだったのにかなしいことをおもいだしてへんてこパンしかやけなくなってしまったむらのおばあちゃん 「わーいおばあちゃんのパン」 つるみゆき絵・文　至光社(至光社ブッククラブ 国際版絵本) 2005年1月

ラクダ
モンゴルの大草原にくらす遊牧民のむすめオトゴンの家でかっているラクダの親子 「ラクダのなみだ—モンゴルに伝わるいのちの物語」 宮田修文;タブハイン・スフバートル絵 KIBA BOOK 2001年8月

ラクダ
ボクとふたりで森のおくにいるゆめの妖精をさがしにいったラクダ 「またふたりで」 小林治子作・絵　BL出版 1997年12月

ラクダ(タムタイム)
キャラバンの親方ムサさんのところでみなし子のロバのタタと親子のようにくらしていた年老いたラクダ 「タタはさばくのロバ」 小林豊作　童心社(絵本・こどものひろば) 2005年11月

ラジ
クリスマスの日にこひつじのポーとメリーのところに月からとばされてきたウサギ 「ポーとメリーのクリスマス」 野村辰寿著　主婦と生活社(ね〜ね〜絵本) 2001年11月

ラージャ
みなみの島のカレー屋さん 「ラージャのカレー」 国松エリカ作・絵　偕成社 1993年9月

ラズー
くじらのかたちをしたくものうえにあるふしぎなせかいネポス・ナポスにすんでいるおとこのこ、ネポのしんゆう 「ネポス・ナポス まよいぐものおくりもの」 チームネポス作;城哲也　講談社 2000年7月

ラスコちゃん
クリスマスがとってもたのしみなウサギのこ 「ラスコちゃんの クリスマス」 まきむらけいこ作 ひさかたチャイルド 2004年11月

らすたくん
でこちゃんのいえにおとまりしにきたいとこのおとこのこ 「でこちゃんとらすたくん」 つちだのぶこ作・絵　PHP研究所(わたしのえほん) 2001年10月

ラッキー
イルカプールでジャンプを見せる男の子のカマイルカ 「ぼく、イルカのラッキー」 越水利江子作;福武忍絵　毎日新聞社 2006年12月

ラッキー
道でずぶぬれになっていたのをひろわれてルイとアイのかぞくのいちいんになったこねこ 「こねこのラッキー物語」 みなみらんぼう作;磯田和一絵　PHP研究所(PHPわたしのえほんシリーズ) 1996年11月

らっこ
かいそうがたくさんはえているあさいうみにすむらっこのおやこ 「らっこのうみ」 手島圭三郎作・絵 リブリオ出版(北に生きるかしこい動物たち) 2006年2月

ラッコ(ブック)
きたのうみでうまれたラッコのふたごのあかちゃんのいもうと 「ふたごのラッコ」 岡野薫子文・絵 ポプラ社(絵本・おはなしのひろば20) 1987年2月

ラッコ(ぼのぼの)
クリスマスに森のなかまたちとらい年のじぶんたちの運をたしかめることになったラッコの子 「クリスマスのこと」 いがらしみきお作 竹書房(いがらしみきお・ぼのぼのえほん) 1998年11月

ラッコ(ぼのぼの)
ともだちのシマリスくんとアライグマくんとあそんでいて石にばけていたツワイオというしょくつを見つけた子どものラッコ 「ツワイオのこと」 いがらしみきお作 竹書房(いがらしみきお・ぼのぼのえほん) 2006年7月

ラッコ(モック)
きたのうみでうまれたラッコのふたごのあかちゃんのおにいちゃん 「ふたごのラッコ」 岡野薫子文・絵 ポプラ社(絵本・おはなしのひろば20) 1987年2月

ラッコ(ろっこちゃん)
海草にくるまっておひるねしていてまいごになったラッコのこ 「ラッコのろっこちゃん」 かわだあゆこ文;まなかきょうこ絵 アスラン書房 2002年6月

ラッタちゃん
ひなたむらにひっこしてきたいのししのおんなのこ 「きてきて!ノッシー」 やすいすえこ作;みやもとただお絵 PHP研究所(PHPのえほん) 1992年3月

ラビ
サッちゃんの家の近くの原っぱに住んでいてこどもを産んだのら犬 「ラビと9匹の小犬たち。」 小田桐昭文・絵 フジテレビ出版 2001年5月

ラビ
ふしぎなおじいさんにしっぽをあげたかわりに空をとべるようにしてもらった森の小うさぎ 「空とぶラビ」 手塚治虫著 河出書房新社(手塚治虫のえほん館3) 1988年12月

ラビコ
ぺろりんライオンにのみこまれてしまったでたらめうたがだいすきなうさぎ 「うたっておどっておなかでラビコ」 やすいすえこ作;なかのひろたか絵 フレーベル館(げんきわくわくえほん17) 1996年8月

ラビせんせい
モグラのモグさんのともだちでもりのおいしゃさんのうさぎ 「モグさんとそらとぶえんばん」 八木信治作・絵 岩崎書店(えほん・おもしろランド11) 1988年12月

ラブリン
虫たちの森でたったいまたまごのなかから生まれてお日さまに「ラブリン」というかわいい名前をつけてもらったあおむし 「ないものねだりのあおむしラブリン」 つかさじゅん作;かわくぼみさと絵 グリーンキャット 2006年12月

ラムチャプッチャ
いつでもおなかがぺっこぺこなとってもくいしんぼうのさかな 「ラムチャプッチャーともだちどんどんぶらこっこ!のまき」 ますだゆう文;竹内通雅絵 学習研究社 2005年7月

らら

ラーラ
おつきさまにかみついたこねこ 「おひさまにキッス-お話の贈りもの」 谷山浩子作;高林麻里絵 小学館(おひさまのほんシリーズ) 1997年10月

ララ
はちみつがだいすきなふたごのこぐま 「はちみつだいすき」 片山令子作;ましませつこ絵 PHP研究所(PHPにこにこえほん) 2005年2月

ラララ
たてがみのかわりのきいろのスカーフをあたまにしているライオンのおんなのこ 「おひさまライオン」 薫くみこ作;北住ユキ絵 ポプラ社(えほんとなかよし42) 1996年3月

ララ・ローズ
こうえんのなかでもちぬしのおんなのことはぐれてひとりぼっちになったうさぎのぬいぐるみ 「うさぎのララ・ローズ」 市川里美作 講談社(世界の絵本) 2005年6月

ラリー
あこがれのまちにつれてきてもらったいなかのねずみ 「ねずみのラリーまちへいく」 さくらともこ作;おぐらひろかず絵 金の星社(新しいえほん) 1993年7月

ラン
まほうつかいのジョジョさんのつくるスープをのみにやってくるきつねのこ 「まほうよりもすごいもの」 さえぐさひろこ作;狩野富貴子絵 金の星社(新しいえほん) 2002年7月

ラン
うさぎのおんなのこロロのおにいちゃん 「うさぎのロロ かぜとびごっこ」 正道かほる作;渡辺洋二絵 PHP研究所(PHPわたしのえほんシリーズ) 2000年3月

ランコ
ヒロシマの原爆で死んだおじいちゃんに結婚記念の銀時計を託されてがんばってバレリーナになった孫娘 「おじいちゃんの銀時計」 はらみちを作・絵 らくだ出版 1995年6月

ランスロット
きのいいロボット 「ながれ星のよる」 たむらしげる作 ブッキング 2005年4月;リブロポート 1996年6月

ランスロット
きのいいロボット 「ランスロットのはちみつケーキ－ロボットのランスロット」 たむらしげる作 偕成社 2005年10月

ランスロット
きのいいロボット 「ランスロットのきのこがり－ロボットのランスロット」 たむらしげる作 偕成社 2004年10月

ランスロット
きのいいロボット 「ランスロットとパブロくん－ロボットのランスロット」 たむらしげる作 偕成社 2003年10月

ランちゃん
ママがおともだちのおひっこしのおてつだいにいくのではじめておるすばんをするおんなのこ 「へんてこりんなおるすばん」 角野栄子作;かわかみたかこ絵 教育画劇 2006年3月

【り】

りえちゃん
おとうとのけんちゃんときつねのこたちとみんなでなわとびをしてあそんだおんなのこ 「きつねのかみさま」 あまんきみこ作;酒井駒子絵 ポプラ社(絵本・いつでもいっしょ9) 2003年12月

りえぽん
いつもインチキばかりしているお絵描きが大好きな女の子 「ひよこ組のいんちきりえぽん」 まつざわりえ著 オデッセウス 2000年6月

リカオン
トムソンガゼルをつかまえておなかいっぱいたべたリカオンたち 「おみやげ」 吉田遠志絵・文 リブリオ出版(絵本アフリカのどうぶつたち第1集・ライオンのかぞく) 2001年4月

りく
3ねんせいのなつやすみにおないどしのいとこのこうちゃんとふたりでうみへいったおとこのこ 「きょうはすてきなくらげの日!」 武田美穂作・絵 ポプラ社(えほんとなかよし55) 1998年7月

りこ
おひさまようちえんにかよっているおんなのこ 「おひさまようちえんのひみつのともだち」 斉藤栄美文;岡本順絵 ポプラ社(絵本・いつでもいっしょ12) 2005年5月

リコちゃん
ママにはこをもらってじぶんだけのおうちをつくったおんなのこ 「リコちゃんのおうち」 さかいこまこ作・絵 偕成社 1998年10月

りす
山の畑におちていたたまごをひろってひなをそだてた一ぴきのりす 「よぶこどり」 浜田広介作;いもとようこ絵 金の星社(大人になっても忘れたくない いもとようこ名作絵本) 2005年11月

りす
きんいろのてがみがとどくのをまっているまだいちどもあきをみたことがないこりす 「こじまのもりのきんいろのてがみ」 あんびるやすこ作・絵 ひさかたチャイルド 2004年9月

りす
とてもあついひに三びきのねずみのぶらんこやておしぐるまをもっていったしまりすたち 「とてもとてもあついひ」 こいでたん文;こいでやすこ絵 福音館書店 1990年6月

りす
星がふるというちいさな森でランプやさんをしているりすのおとうさんがながいことびょうきでねている子りす 「星のふる森」 渡洋子文;かすや昌宏絵 あすなろ書房 1989年12月

りす
ボールのうえでねていてボールをさがしにきた子にはっぱのふとんをかけてもらった2ひきのこりす 「はっぱのふとん」 南本樹作 福武書店 1987年11月

リス
高原の森にくらす写真家の「わたし」が森ではじめて見つけた子リス 「子リスをそだてた森」 増田戻樹写真・文 あかね書房(あかね・新えほんシリーズ7) 2000年10月

リズ
ちょっと変わったサーカス団ベイビーサーカスのウサギの耳でフーワフワ空飛ぶ不思議ちゃん 「星のベイビーサーカス フルーツ島のわんぱくパイレーツ」 きのひなた文;yaku絵 星の環会 2006年3月

りす

りす(えぞりす)
ほっかいどうのおくふかいやまのなかでいきるえぞりすのこどもたち 「えぞりすのあさ」 手島圭三郎作・絵 リブリオ出版(北に生きるかしこい動物たち) 2002年10月

リス(エゾリス)
ほっかいどうのもりにすむクルミがだいすきなエゾリス 「エゾリス」 瀬戸波たいら文;浅野俊一絵 くもん出版(えほん 森のちいさないきもの1) 1998年3月

りす(かりん)
もりのなかにおちていたぼうしをみつけた2ひきのこりすの1ぴき 「けんたのぼうし」 やすいすえこ作;田頭よしたか絵 偕成社 1991年6月

りす(キキ)
いぬのジェイクといっしょにあそんだりす 「ジェイクのむぎわらぼうし」 葉祥明絵・文;リッキー・ニノミヤ英訳 自由国民社 1997年6月

リス(キッキ)
ぶな森にやってきた木の実のみのらない「からっぽの秋」に長老リスによばれたリス 「ぶな森のなかまたち」 今村葦子作;遠藤てるよ絵 童心社(絵本・ちいさななかまたち) 1995年9月

リス(キッキ)
大あらしのつぎの日ぶな森のなかまのリスたちがはなしかけてもぷっとふくれたようにだまりこんでいたリス 「ぶな森のキッキ」 今村葦子作;遠藤てるよ絵 童心社(絵本・ちいさななかまたち) 1991年5月

リス(キッキ)
ぶな森の長老リスとのやくそくで小枝をくわえて森のおくへすすんでいったリス 「ぶな森の子」 今村葦子作;遠藤てるよ絵;西尾誠写真 童心社(絵本・ちいさななかまたち) 1997年6月

りす(ケチャップせんせい)
チラホラもりのりすのはいしゃさん 「ケチャップせんせいありがとう」 舟崎克彦作;黒井健絵 ポプラ社(えほんとなかよし16-チラホラもりのはいしゃさん3) 1992年6月

りす(ケチャップせんせい)
チラホラもりにひっこしてきたりすのはいしゃさん 「チラホラもりのはいしゃさん」 舟崎克彦作;黒井健絵 ポプラ社(えほんとなかよし5) 1990年11月

りす(ケチャップせんせい)
チラホラもりのりすのはいしゃさん 「ゾウさんのハブラシ」 舟崎克彦作;黒井健絵 ポプラ社(えほんとなかよし7-チラホラもりのはいしゃさん2) 1991年3月

リス(コリちゃん)
もりのみんなとでんしゃごっこをしてあそんだリス 「クマさんのトラック」 篠塚かをり作;いしいじゅね絵 けやき書房(けやきの絵本) 2004年10月

りす(こりん)
もりのなかにおちていたぼうしをみつけた2ひきのこりすの1ぴき 「けんたのぼうし」 やすいすえこ作;田頭よしたか絵 偕成社 1991年6月

リス(しんくん)
のんきなリスののんちゃんがやくそくのじかんにこないのであめのなかをとびだしていったしんぱいしょうのリスのおとこのこ 「雨の日のふたり－しんくんとのんちゃん」 とりごえまり著 アリス館 2003年4月

リス（しんくん）
のんきなリスののんちゃんとまだみたことがないゆきがふってくるのをまっていたしんぱいしょうのリスのおとこのこ「空からのてがみ-しんくんとのんちゃん」とりごえまり著　アリス館　2001年11月

リス（しんくん）
のんきなリスののんちゃんともりのなかでどんぐりがてんてんとおちているのをたどっていったしんぱいしょうのリスのおとこのこ「かいぶつのおとしもの-しんくんとのんちゃん」とりごえまり著　アリス館　2001年1月

りす（チップ）
おばけのけんきゅうをしているドロンはかせからかばんをもらったこりす「ドロンはかせのおばけかばん」長島克夫作・絵　岩崎書店（えほん・おもしろランド7）　1987年9月

りす（ちび）
ニューヨーク郊外の森の中で生活していた灰色りすのおかあさんから生まれた5ひきのあかちゃんりすのなかでいちばん小さかったすえの子りす「おかあさんになった りすのちび」河本祥子絵・文　福武書店　1987年4月

りす（ちゃみ）
おかしをつくるのもたべるのもだいすきなこりす「ゆきの日のおかしのいえ」薫くみこ作;さとうゆうこ絵　ポプラ社（えほんとなかよし38）　1995年10月

りす（ちゅるり）
おかしをつくるのもたべるのもだいすきなこりす「ゆきの日のおかしのいえ」薫くみこ作;さとうゆうこ絵　ポプラ社（えほんとなかよし38）　1995年10月

りす（ちょっぴー）
おかしをつくるのもたべるのもだいすきなこりす「ゆきの日のおかしのいえ」薫くみこ作;さとうゆうこ絵　ポプラ社（えほんとなかよし38）　1995年10月

りす（チリン）
うさぎのモモッチのおともだちでなんでもがんばるりすのおんなのこ「たんじょうびのおきゃくさま」松岡節作;いもとようこ絵　ひかりのくに　2002年10月

りす（トト）
かわにおちてびしょびしょになってガールフレンドのミミちゃんのようふくをかりておんなのこにへんしんしたこりす「こりすのトトの へんしんだいすき」あすかけん作　偕成社（こりすのトトの本）　1988年7月

りす（トト）
うさぎさんたちときのことりにでかけたらおべんとうがそらにとんでいってしまったこりす「こりすのトトの おべんとう」あすかけん作　偕成社（こりすのトトの本）　1987年5月

りす（トト）
ねずみさんやうさぎさんやぶたさんたちみんなでもりにたんけんにいったこりす「こりすのトトの たんけんたい」あすかけん作　偕成社（こりすのトトの本）　1991年10月

リス（のんちゃん）
しんぱいしょうのリスのしんくんとなかよしののんきなリスのおんなのこ「雨の日のふたり-しんくんとのんちゃん」とりごえまり著　アリス館　2003年4月

りす

リス(のんちゃん)
しんぱいしょうのリスのしんくんとまだみたことがないゆきがふってくるのをまっていたのんきなリスのおんなのこ 「空からのてがみ-しんくんとのんちゃん」 とりごえまり著 アリス館 2001年11月

リス(のんちゃん)
しんぱいしょうのリスのしんくんともりのなかでどんぐりがてんてんとおちているのをたどっていったのんきなリスのおんなのこ 「かいぶつのおとしもの-しんくんとのんちゃん」 とりごえまり著 アリス館 2001年1月

リス(パム)
大きなぽたらの木でたくさんのちいさなどうぶつたちとなかよくくらしていたリス 「パムとポム-ぽたらの木のものがたり」 北田稔原案・画;岩片烈著 ソフトバンクパブリッシング 2005年8月

りす(ぱろ)
げんきなこりす 「ゆうだちのともだち」 いわむらかずお絵・文 至光社(こりすのシリーズ) 2002年7月

りす(ぴこ)
げんきなこりす 「ゆうだちのともだち」 いわむらかずお絵・文 至光社(こりすのシリーズ) 2002年7月

りす(ぷっちん)
いつもなかよしのあらいぐまのちゃっぷんとはさみとわりばしとむしとりあみをもってふうせんりょこうにしゅっぱつしたしまりす 「ぷっちんとちゃっぷん-ふうせんりょこう」 藤城清治絵;舟崎克彦文 講談社(講談社の幼児えほん) 2001年4月

リス(ポム)
大きなぽたらの木でたくさんのちいさなどうぶつたちとなかよくくらしていたリス 「パムとポム-ぽたらの木のものがたり」 北田稔原案・画;岩片烈著 ソフトバンクパブリッシング 2005年8月

りす(ぽろ)
げんきなこりす 「ゆうだちのともだち」 いわむらかずお絵・文 至光社(こりすのシリーズ) 2002年7月

りす(リンタ)
しっぱいばかりしているだめだめりすのこ 「ありがとうにありがとう」 やすいすえこ作;つちだよしはる絵 金の星社 2004年7月

りすちゃん
ねずみちゃんととってもきのあうともだちどうしのりすのおんなのこ 「ねずみちゃんとりすちゃん なかよしの巻」 どいかや作 学習研究社(学研おはなし絵本) 2006年3月

りすちゃん
ねずみちゃんととってもきのあうともだちどうしのりすのおんなのこ 「ねずみちゃんとりすちゃん おしゃべりの巻」 どいかや著 学習研究社(学研おはなし絵本) 2004年10月

りすちゃん
なくとおかあさんがだっこしてくれるのでいっつもなきたいなきべそびょうになってしまったりすのおんなのこ 「りすちゃんのなみだ」 角野栄子文;佐々木洋子絵 ポプラ社(ぴょんぴょんえほん7) 1989年7月

りすのおばあさん
じぶんのひざかけをあんだのこりのけいとでえりまきやてぶくろをあんでみんなにあげたりすのおばさん 「あたたかいおくりもの」もりやまみやこ作；ふくだいわお絵 ポプラ社（いろいろえほん8） 2000年3月

リセル
おたんじょうびにパパとママからもらったマトリョーシカというロシアのお人形にねがいごとをした女の子 「星うさぎと月のふね」かんのゆうこ文；田中鮎子絵 講談社 2003年10月

りっちゃん
おかあさんがびょうきなのでおいしいサラダをつくってあげたおんなのこ 「サラダでげんき」 角野栄子作；長新太絵 福音館書店 1992年1月

りっちゃん
なかよしのれいちゃんと大げんかをしてしまったおんなのこ 「やきいもの日」村上康成作・絵 徳間書店 2006年9月

リトラ
とんがりやまのもりにすむくすりをつくるのがとってもじょうずなちいさなまじょ 「ちいさな魔女リトラ」広野多珂子作・絵 福音館書店（日本傑作絵本シリーズ） 2001年5月

リトルホーン
恐竜トリケラトプスのリーダーのビッグホーンのむすこ 「恐竜トリケラトプスのジュラ紀めいろ」黒川みつひろ作・絵 小峰書店（たたかう恐竜たち 別巻） 2005年11月

リトルホーン
みどり豊かな新天地にすんでいた恐竜トリケラトプスのこども 「恐竜トリケラトプスとひみつの湖 水生恐竜とたたかう巻」黒川みつひろ作・絵 小峰書店（たたかう恐竜たち） 2006年7月

リトルホーン
恐竜トリケラトプスのリーダーのビッグホーンのむすこ 「たたかえ恐竜トリケラトプス 旅立ち前夜の巻」黒川みつひろ作・絵 小峰書店（恐竜の大陸） 1992年6月

リトルホーン
恐竜トリケラトプスのリーダーのビッグホーンのむすこ 「恐竜トリケラトプスとアロサウルス−再びジュラ紀へ行く巻」黒川みつひろ作・絵 小峰書店（たたかう恐竜たち） 2003年7月

リトルホーン
恐竜トリケラトプスのリーダーのビッグホーンのむすこ 「恐竜トリケラトプスの大逆襲−再び肉食恐竜軍団とたたかう巻」黒川みつひろ作・絵 小峰書店（たたかう恐竜たち） 2000年7月

リトルホーン
恐竜トリケラトプスのリーダーのビッグホーンのむすこ 「恐竜 トリケラトプスの大決戦 肉食恐竜軍団と戦う巻」黒川みつひろ作・絵 小峰書店（恐竜の大陸） 1998年3月

リトルホーン
恐竜トリケラトプスのリーダーのビッグホーンのむすこ 「恐竜 トリケラトプスジュラ紀にいく 驚異のジュラ紀で大活躍の巻」黒川みつひろ作・絵 小峰書店（恐竜の大陸） 1997年6月

リトルホーン
恐竜トリケラトプスのリーダーのビッグホーンのむすこ 「恐竜トリケラトプスと巨大ガメ アーケロンの海岸の巻」黒川みつひろ作・絵 小峰書店（恐竜の大陸） 1996年10月

りとる

リトルホーン
恐竜トリケラトプスのリーダーのビッグホーンのむすこ 「恐竜トリケラトプスとティラノサウルス 最大の敵現れるの巻」 黒川みつひろ作・絵 小峰書店(恐竜の大陸) 1995年12月

リトルホーン
恐竜トリケラトプスのリーダーのビッグホーンのむすこ 「恐竜トリケラトプスと巨大ワニ 危険な川を渡る巻」 黒川みつひろ作・絵 小峰書店(恐竜の大陸) 1993年6月

リトルホーン
恐竜トリケラトプスのリーダーのビッグホーンのむすこ 「恐竜トリケラトプスと恐怖の大王 ティラノ軍団とたたかう巻」 黒川みつひろ作・絵 小峰書店(たたかう恐竜たち) 2002年3月

リトルホーン
恐竜トリケラトプスのリーダーのビッグホーンのむすこ 「恐竜トリケラトプスと大空の敵 プテラノドンとたたかう巻」 黒川みつひろ作・絵 小峰書店(たたかう恐竜たち) 2001年4月

リナ
くさむらのなかののはらのおみせでどうぶつたちとあそんだおんなのこ 「のはらのおみせ」 やすいすえこ作;ほりかわまこ絵 岩崎書店(えほんのマーチ9) 2003年12月

リナ
だいこんやくしゃのいちざでオカリナをふくおんなのこ 「てのひらをたいように」 やなせたかし作・絵 フレーベル館(アンパンマンプチシアター) 2006年7月;フレーベル館(それいけ!アンパンマン) 1998年7月

リモ
くじらのかたちをしたくものうえにあるふしぎなせかいネポス・ナポスにかぞくとすんでいるおんなのこ、ネポのいもうと 「ネポス・ナポス リモのたからもの」 チームネポス作;城哲也絵 講談社 2001年7月

りゅう
南の国の山の中にすまっているといわれていた目はらんらんと光って口は耳までさけていて人からおそれられていた大きなりゅう 「りゅうの目のなみだ」 浜田広介作;植田真絵 集英社 2005年11月

りゅう
海のくにからむすめのすがたでやってきてわかい男のよめじょになりあかごをうんだりゅう 「海からきたむすめ」 あまんきみこ文;石倉欣二絵 偕成社(創作えほん) 1988年5月

りゅう
いわやまのてんぐにさらわれていわのすきまにとじこめられたいけのりゅう 「さらわれたりゅう」 沼野正子作 福音館書店 1994年1月

りゅう
わるいりゅうのお父さんのぜんぜんわるいことをしない子どものりゅう 「もえよドラゴン」 手塚治虫著 河出書房新社(手塚治虫のえほん館1) 1988年11月

竜　りゅう
むさしの国一ばんの大沼に古くからすんでいた一ぴきのたいへん気のやさしい竜 「見沼の竜」 宮田正治文;吉本宗絵 幹書房(埼玉の民話絵本1) 1988年6月

りゅう(ころんちゃん)
にわとりのたまごくらいのおおきさのちいさなりゅうのこども 「ころんちゃん」 あきやまただし作・絵 PHP研究所(PHPわたしのえほんシリーズ) 2006年7月

龍（三太郎）　りゅう（さんたろう）
いつもいつも沼の底でじいっととぐろを巻いていきをころしていた気のよわい龍の子「龍」今江祥智文；田島征三絵　BL出版　2004年2月

りゅう（つぶら）
とりのドリルがひろってこっそりそだてることにしたちいさいりゅう「つぶらさん」菅野由貴子作・絵　ポプラ社（絵本のおもちゃばこ）2006年10月

りゅう（ドギマギ）
うつくしいおひめさまをみてポーッとなってしまったもりのぬしのまほうつかいのりゅう「もりのドギマギ」舟崎克彦文；橋本淳子絵　文渓堂（ぶんけい絵本のひろば2）1992年5月

龍介　りゅうすけ
こどものときにくものかいだんをふみはずしてそらからおちてむらのきぬおねえさんと太郎のいえでそだったあかおに「あかおにのつのかざり」蛍大介作；わしづかただよし絵　エフエー出版　1990年12月

りゅうちゃん
ひとりでおばあちゃんちにおおきなはこをとどけにいったおとこのこ「へへへのへいき」正道かほる文；村上康成絵　ひさかたチャイルド　1997年4月

りゅうのむすめ
ある夜どうぶつとはなしができるおいしゃさんをたずねてきた病にくるしむりゅうのむすめ「リュウのむすめとおいしゃさん」谷真介文；赤坂三好絵　佼成出版社（十二支むかしむかしシリーズ）2006年11月

リュータ
目立つことがとてもすきな恐竜ミエハリザウルスのこども「ミエハリザウルスのリュータ」そだふみこ作　汐文社　2001年8月

リュック
パンやのジーナさんのいぬ「リュック、コンクールへいく」いちかわなつこ作・絵　ポプラ社（絵本の時間42）2005年2月

リュック
パンやのジーナさんのいぬ「リュックのおしごと」いちかわなつこ作・絵　ポプラ社（絵本の時間16）2002年10月

リュック
パンやのジーナさんのいぬ「リュックのピクニック」いちかわなつこ作・絵　ポプラ社（絵本の時間30）2003年9月

りょう
そそっかしいそんなかあちゃんがすきなおとこのこ「これが、ぼくのかあちゃん」長谷川知子作　童心社（絵本・ちいさななかまたち）1995年11月

リョウ
夏休みに公園で真っ黒なえんび服を着た男の人からかぶとむしの卵といっしょに大きな砂時計がはいった箱をもらった男の子「リョウのかぶとむし旅行」花村カナ文；荒井良二絵；三輪誠之原案　ゼネラル・エンタテイメント　1994年9月

りょう
10歳の夏にひとりで南太平洋のフィジーをおとずれた男の子「ディロの樹の下で アピのいた海」尾崎真澄文；川上越子絵　架空社　2001年2月

りょう

遼　りょう
お父さんがパッカー車でごみの回収の仕事をしている男の子　「行こさくら」　西田英二文；荒川のり子絵　解放出版社　2001年3月

りょうくん
村の小学校から山の家までかえる山道で空をとべる金色のりすを見た男の子　「金のりす」　江崎雪子作；永田治子絵　ポプラ社　2006年2月

りょうくん
おとうさんみたいにだんじりのうえでたいこをたたきたいなとおもっている3さいのおとこのこ　「だんじりまつり」　はまのゆか作　ポプラ社（絵本のおもちゃばこ11）　2005年8月

りょうくん
うちにつよくてうちじゅうでいばっているごんのすけというなまえのねこがいるおとこのこ　「ねこのごんのすけ」　竹下文子作；福田岩緒絵　ひかりのくに　1997年11月

りょうくん
あわててでんしゃにとびのったらドアがしまってしまいすぐうしろにいるとおもっていたおかあさんがいなかったおとこのこ　「ひとりだって かえれるもん」　篠原良隆作・絵　ポプラ社（えほんはともだち20）　1992年2月

りょうし
中国に晋というくにがあったころふねでかわをさかのぼってゆき桃源郷へまよいこんだひとりのまずしいりょうし　「桃源郷ものがたり」　松居直文；蔡皋画　福音館書店（世界傑作絵本シリーズ）　2002年2月

亮二　りょうじ
山の神の秋の祭の晩に見世物小屋にでかけて祭を見に来た山男に出会った村の少年　「祭の晩」　宮沢賢治文；荻野宏幸絵　福武書店　1991年10月

りょうた
とりちゃんのおとうと　「とりちゃん」　長谷川知子作　文研出版　2006年3月

りょうた
おきなわけんにあるリュウキュウアユセンターでおとうさんがリュウキュウアユをそだてるしごとをしている小学4ねんせい　「リュウキュウアユ、かえってきてね」　真鍋和子文；土田義晴絵　教育画劇（絵本・ほんとうにあった動物のおはなし）　2002年3月

リョウタ
なつやすみにいなかへつかまえたらこうふくになれるというしろへびをさがしにいった4にんのおとこのこのひとり　「しろへびでんせつ」　山下ケンジ作・絵　講談社　1995年2月

りょうた
さかみちでにぐるまをおしていてほとけさまにたすけられたおとこのこ　「木仏（きぼとけ）」　玉井司絵；柳沢桂子文　リブロポート（リブロの絵本）　1987年10月

りょうた
むかしからたけやをやっているふるいぼろやにすんでいるおとこのこ　「じしんかみなりかじじいちゃん」　岡田ゆたか作；篠原良隆絵　ポプラ社（絵本・子どものくに24）　1987年5月

稜太　りょうた
マリのいなかの家の近所の小学生　「あんこ3 子ネコの「あんこ」里山の朝」　清水達也文；松下優子絵　星の環会　2001年12月

良太くん　りょうたくん
俊也が夏休みに静岡の海で会った男の子で片足でも泳ぎのじょうずな子　「水色の足ひれ」佐藤まどか作;大西ひろみ絵　BL出版　2006年12月

りょうへい
おもちゃやのおじさんがほいくえんにとどけてくれたぬいぐるみのキリンとあそんでまえあしをおってしまったおとこのこ　「おかえりなさい キリンさん」遠藤邦夫作;近藤理恵絵　ポプラ社(絵本の時間19)　2002年12月

りょうへいくん
いぬのむさしがかわれているうちのおとこのこ　「もしもぼくがいぬのがっこうにいったら」きたやまようこ作　小学館　1995年1月

リリ
おかあさんのいないあひるのたまごをほかのたまごといっしょにあたためてくれたかるがものおかあさん　「あひるのアレックス」三浦貞子;森喜朗作;藤本四郎絵　フレーベル館　2005年2月

リリ
あるうちにやってきたまっくろのこいぬ　「リリ」はらだゆうこ作・絵　BL出版　1998年11月

リリィ
こいぬのニッキーとさんぽするのがだいすきなおんなのこ　「リリィのさんぽ」きたむらさとし作・絵　平凡社　2005年7月;大日本絵画　1989年7月

リリカ
もりのなかにあるおうちにすんでいる3びきのろしありすの1ぴき　「3びきの ろしありす」計良ふき子文;きたがわめぐみ絵　教育画劇　2005年10月

リリカ
まほうがっこうのせいとのおんなのこ　「リリカル☆マジカルまほうのがっこう」やなせたかし作・絵　フレーベル館(それいけ!アンパンマン)　1994年7月

りりこ
いつもいいこにしているようちえんじのおんなのこ　「あたしいいこなの」井上林子作・絵　岩崎書店(カラフルえほん3)　2005年3月

リリ子　りりこ
しょうがっこうでまさるとおなじくみのおんなのこ　「スーパー化面はつよいのだ」武田美穂作・絵　ポプラ社(えほんとなかよし2)　1989年12月

リン
沖縄の森と海のそばの村に住んでいておじいとやんばるの森を守ろうとしている少年　「やんばるの森がざわめく」本木洋子文;高田三郎絵　新日本出版社　2001年3月

りんご
おかのうえのきのえだからおちてポムポムポンムとおかをくだっていったひとつのりんご　「ポムポムポンムりんごのたび」遠山繁年作　偕成社　1998年4月

りんご
くだものむらのあわてんぼのりんごのおかあさん　「あわてんぼりんご」じゃんぼかめ作・絵　国土社(えほん・くだものむら1)　1990年7月

りんご

りんごちゃん
みかんちゃんがつくったパズルのなかのせかいにいたかわいいこ 「みかんちゃんとりんごちゃん」 しばたこうじ作・絵 フーコー 2000年5月

りんごの木　りんごのき
ガシッと根をはって台風にもまけなかったりんごの木 「りんごの木」 後藤竜二作;佐藤真紀子絵 ポプラ社(えほんとなかよし60) 2000年3月

りんごの木(木)　りんごのき(き)
じぶんが何の木なのかわからないりんごのこどもの木 「りんご」 三木卓文;スーザン・バーレイ絵・訳　かまくら春夏社　2000年10月

リンタ
しっぱいばかりしているだめだめりすのこ 「ありがとうにありがとう」 やすいすえこ作;つちだよしはる絵　金の星社　2004年7月

リント
まいごのふわふわ毛玉の子ひつじ 「アルフレッドとまいごの子ひつじ–ベリーベアシリーズ」　ふじおかきょうこ文;まえだなつき絵　パールネスコ・ジャパン　2000年5月

リンペイ
さくじいちゃんのおさななじみのタロじいちゃんのまご 「さくじいちゃんのふるさとへ」 鹿目佳代子作　福武書店　1987年5月

りんりん
ジングルやまのけむりのなかでそだったこども 「アンパンマンとゆうきりんりん」 やなせたかし作・絵　フレーベル館(アンパンマンメルヘン5)　1991年12月

りんりん
きょうりゅうのとうさんとかあさんにうまれたあかちゃん 「なまえはなあに？」 かさいまり文・絵　アリス館(きょうりゅうのあかちゃん2)　2006年8月

【る】

ルー
ちいさないけでちいさなレストランをひらいているかえる 「かえるのレストラン」 松岡節作;いもとようこ絵　ひかりのくに　2001年7月

ルイ
野球の試合でまだホームランを打ったことがない男の子 「ホームランを打ったことのない君に」 長谷川集平作　理論社　2006年4月

ルイ
道でずぶぬれになっていたすてねこをうちでかってもらえることになったふたりのむすめのひとり 「こねこのラッキー物語」 みなみらんぼう作;磯田和一絵 PHP研究所(PHPわたしのえほんシリーズ)　1996年11月

ルイ・ルイ
今は空き家になったホテルの客の縞猫 「夜猫ホテル」 舟崎克彦文;落田洋子画　ウオーカーズカンパニー　1989年12月

ルウ
おさじさんといつもいっしょのまみちゃんのうちのおとなりにかわれているこねこ 「おさじさんのたび」 松谷みよ子作；ささめやゆき画 にっけん教育出版社 1997年12月

ルウ
こぐまのパグのはいはいができるようになったばかりのいもうと 「こぐまのパグはおにいちゃん」 沢井いづみ作；新野めぐみ絵 PHP研究所（わたしのえほんシリーズ） 1995年11月

ルーカス
「わたし」とパートナー氏の海辺の家で飼われることになったきつねのような小犬 「犬のルーカス」 山本容子作 ほるぷ出版（イメージの森） 1994年4月

るかちゃん
おかあさんにあかちゃんがうまれるのをまってひわさでじいちゃんとふたりぐらししているおんなのこ 「るかちゃんとなみちゃんゆきちゃんかおりちゃん」 梅田俊作；梅田佳子；山内満豊作・絵 佼成出版社 1994年11月

るかちゃん
げんじいさんのむらにあそびにきたまちにすむまごのおんなのこ 「じいちゃんのないしょのうみ」 山内満豊；梅田俊作；梅田佳子作・絵 佼成出版社（ひわさの四季） 1993年6月

るかちゃん
げんじいさんのむらにあそびにきたまちにすむまごのおんなのこ 「じいちゃんのあかいバケツ－ひわさの四季」 山内満豊；梅田俊作；梅田佳子作・絵 佼成出版社 1992年9月

ルーくん
ウルトラねこのジロちゃんがあったまいごになったいるかのこ 「ジロちゃんといるかのルーくん」 やすいすえこ作；田中四郎絵 フレーベル館（ウルトラジロちゃんシリーズ2） 1993年4月

ルサちゃん
おさるのこモンちゃんがすきになったおさるのおんなのこ 「ルサちゃんのさんぽみち」 内田麟太郎文；村上康成絵 佼成出版社 2006年4月

ルーズベ
ペルシャじゅうたんをひきとるために父誠とイランのイスファハンへいったさくらが会った10歳の馬車使いの少年 「風のじゅうたん」 野村たかあき文・絵 講談社（講談社の創作絵本） 2003年4月

ルーとミー
くすくすもりにすむよわむしのうさぎのきょうだい 「よわむしルーとミーのあらしの ひってたのしいな」 あべはじめ作 くもん出版（くすくすもりのなかまたち2） 1992年4月

ルナ
山のふもとの村でクリスマスをまっている女の子 「クリスマスの花」 立原えりか文；江口あさ子絵 サンリオ（サンリオ創作絵本シリーズ） 1990年10月

ルネくん
ほっきょくちほうにながれ星がふってサンタのおもちゃ工場にひがいがあったのでれっしゃにのってサンタのおじいさんをたすけにいったおとこのこ 「サンタとふしぎなながれ星」 たむらしげる作 メディアファクトリー 1998年12月；リブロポート 1997年10月

ルネくん
サンタのおじいさんからことしもゆきだるまづくりのてつだいをたのまれてほっきょくへいったおとこのこ 「サンタのおもちゃ工場」 たむらしげる作 リブロポート 1997年10月;リブロポート(リブロの絵本) 1990年11月

るーぱくん
あしたのえんそくのおべんとうのざいりょうをかいにいったおとこのこ 「るーぱくんのおべんとう」 もりたかず作 アスラン書房(心の絵本) 2002年5月

ルビー
オーロラのくにからおいだされたオーロラむすめ 「ルビーのねがい」 やなせたかし作・絵 フレーベル館(それいけ!アンパンマン) 2003年7月

ループッチ
ちょうちょがうつくしくひかりかがやいているわけをしりたくてキャベツばたけにいったおおかみ 「おおかみとキャベツばたけ」 ひだきょうこ作・絵 教育画劇 2006年4月

ルフラン
ひっこしがだいすきなおんなのこ 「ルフラン ルフラン」 荒井良二著 プチグラパブリッシング 2005年5月

ルフラン
ひっこしがだいすきなおんなのこ 「ルフランルフラン2 本のあいだのくにへ」 荒井良二著 プチグラパブリッシング 2006年5月

ルミさん
エリちゃんのおとなりにすこしは目が見える夫のアキラさんとすんでいるぜんぜん目が見えない女の人 「いのちは見えるよ」 及川和男作;長野ヒデ子絵 岩崎書店(いのちのえほん11) 2002年2月

ルミヤ
世界のはてのハルカ森から世界中へクリスマスのおくりものをとどける旅に出発した7人のサンタの1人の女の子サンタ 「七人のサンタの物語」 なかもとはじめ文;たかはしあきら絵 ポプラ社 2000年11月

ルラルさん
どうぶつたちとちかのせかいのぼうけんにいったおじさん 「ルラルさんのほんだな」 いとうひろし作 ポプラ社(いとうひろしの本10) 2005年9月

ルラルさん
よくはれたにちようびにじてんしゃででかけたおじさん 「ルラルさんのじてんしゃ」 いとうひろし作 ポプラ社(いとうひろしの本7) 2002年4月

ルラルさん
どようびだけはごちそうをつくるりょうりのうではちょっとしたもののおじさん 「ルラルさんのごちそう」 いとうひろし著 ほるぷ出版 1994年12月

ルラルさん
しばふのにわをじまんにしているおじさん 「ルラルさんのにわ」 いとうひろし作 ほるぷ出版 1990年8月

ルル
はちみつがだいすきなふたごのこぐま 「はちみつだいすき」 片山令子作;ましませつこ絵 PHP研究所(PHPにこにこえほん) 2005年2月

ルル
サナとなかよしのねこ 「はらぺこな しろくまくん」 なりたまさこ作・絵 ポプラ社(絵本の時間28) 2003年7月

ルル
サナのなかよしのねこ 「サナとはやしのぼうしやさん」 なりたまさこ作・絵 ポプラ社(絵本の時間43) 2005年5月

ルルカ
もりのなかにあるおうちにすんでいる3びきのろしありすのいちばんちっちゃな1ぴき 「3びきの ろしありす」 計良ふき子文;きたがわめぐみ絵 教育画劇 2005年10月

るるこ
あきなのになつのむぎわらぼうしをかぶっていこうとおもったおんなのこ 「むぎわらぼうし」 竹下文子作;いせひでこ絵 講談社(講談社の創作絵本) 2006年7月

るるこ
あさごはんのまえにたまごがひとつしかなかったからねこのとらたとけんかをしたおんなのこ 「あさごはんのまえに」 竹下文子作;牧野鈴子絵 ひかりのくに(ひかりのくにお話絵本) 1988年1月

るるださんいっか
いえをたてようとひろいあきちをかったいっか 「そっとしておいて」 井上よう子作;ひだきょうこ絵 佼成出版社 2005年1月

るるちゃん
まいごになったちいさなおばけをおうちまでおくってあげたおんなのこ 「ちいさなおばけ」 すどうめぐみ作;スドウピウ絵 学習研究社(学研おはなし絵本) 2005年8月

るるちゃん
あきいろのやまへおさんぽにいったおんなのこ 「あきいろおさんぽ」 村上康成作・絵 ひかりのくに 2002年9月

ルルとララ
はだかんぼのきのためにセーターをあんであげることにしたもりのふたごのこぐま 「もりのセーター」 片山令子作;ましませつこ絵 PHP研究所(PHPにこにこえほん) 2000年10月

るん
どんなところもげんきにはしる四りんくどうのくるま 「ぶるるんるんるん」 筒井頼子文;原マスミ画 童心社(絵本・ちいさななかまたち) 2000年4月

【れ】

れいちゃん
きゅうりのきらいなおんなのこ 「やさいのおしゃべり」 泉なほ作;いもとようこ絵 金の星社 2005年5月

れいちゃん
サンタクロースのふくろのなかにいれられてしまったおんなのこ 「サンタクロースとれいちゃん」 林明子作 福音館書店(クリスマスの三つのおくりもの) 1987年10月

れいちゃん
りっちゃんが大げんかをしてしまったなかよしのおんなのこ 「やきいもの日」 村上康成作・絵 徳間書店 2006年9月

レイモン
ドイツ占領下のアムステルダムの橋の真中でであった2匹のねこのおすねこ 「ねこの船」 こやま峰子文;渡辺あきお絵;スネル博子英訳 自由国民社 2002年5月

レインボーおうじ
にじのほしのきゅうでんでにじをつくるおうじ 「にじのピラミッド」 やなせたかし作・絵 フレーベル館(アンパンマン プチシアター) 2006年7月;フレーベル館(それいけ！アンパンマン) 1997年7月

レオ
だいふんかをおこしたみやけじまでおびえていえからにげだしたねこ 「かざんのしまからねこたちをすくえ」 木暮正夫文;篠崎三朗絵 教育画劇(絵本・ほんとうにあった動物のおはなし) 2002年5月

レオナルド
ニコラスのいえのネコ 「ぼくネコになる」 きたむらさとし作 小峰書店(世界の絵本コレクション) 2003年5月

レオン
アルプスの山里にある教会にひとりぼっちで住んでいた教会ネズミのアントンの旧友のコウノトリ 「ひとりぼっちの気がする」 まつもとまちこ著 マルチモード 2005年11月;清流出版 2000年12月

レタス姫　れたすひめ
キッチンの野菜の中のレタスから生まれた妖精のお姫さま 「眠れるレタス姫」 天野喜孝著 主婦の友社 2005年6月

レックスぼうや
たまごのときにまいごになってきょうりゅうエドモントサウルスのおかあさんにそだてられたティラノサウルスのぼうや 「まいごのたまごはだれだろうな」 山脇恭作;藤本四郎絵;冨田幸光監修 教育画劇(きょうりゅうだいすき！) 1999年7月

レッド
サンサンマンのなかまのゆうひのいろのうま 「サンサンマンとジャマスルマン もぐもぐもくばでリサイクル」 櫻田のりこ文;やなせたかし絵 フレーベル館 2002年4月

レニ
おおおとこのエルンストとうみへかいすいよくにいったともだちのピンクのぞう 「おおおとこエルンストーうみにいく」 寮美千子作;篠崎正喜絵 小学館 1996年7月

レプトぼうや
だんごむしたちのあとをついてきたまいごの恐竜のこども 「だんごむしと恐竜のレプトぼうや」 松岡達英作 小学館 2003年8月

れみ
さんかくがだいすきなまほうつかいのサンカクスキーとあそんだおんなのこ 「まほうつかいのサンカクスキー」 つちやゆみ著 文渓堂 2006年11月

れん(おれんさま)
近江の国林村の長吏頭の娘で蓮如さまをうんだ人 「おれんさま」 遠藤幸子文;早川和子絵 明石書店 1988年8月

蓮如さま　れんにょさま
近江の国林村の長吏頭の娘れんがうんだ子でのちの本願寺の法主「おれんさま」遠藤幸子文；早川和子絵　明石書店　1988年8月

【ろ】

老人　ろうじん
天文学者「銀河の魚」たむらしげる著　メディアファクトリー　1998年11月

ロカ
おうちはパンやさんだがちいさなみせでメニューもくるみパンだけだからちょっときにいらないおんなのこ「ちいさなパンや」いそべひとし作・絵　鹿砦社　1996年9月

ロク
お客さんの目のまえでいけすからすくった魚を料理してだすお店のいけすの新入りの鯛「鯛（たい）」桂三枝文；黒田征太郎絵　アートン（桂三枝の落語絵本シリーズ2）　2005年9

ロク
いたずらもののコヨーテのキュウとしょっちゅうけんかをしているハイエナ「いたずらコヨーテキュウ」どいかや作　BL出版　1999年1月

ろくざえもん
羽田のわたしのせんどうさんのひとりぐらしのおじいさん「羽田のわたし」野村昇司作；阿部公洋絵　ぬぷん児童図書出版（ぬぷん　ふるさと絵本シリーズ18）　1992年7月

ろくちゃん
しょうてんがいのパンやのいつもげんきでかおがパンパンなおとこのこ「パンやのろくちゃん」長谷川義史作　小学館（おひさまのほん）　2006年10月

六部　ろくぶ
上州吾含山の山すそにあったそこなしの森に迷いこみ住みついた年をとった六部すがたの旅人「そこなし森の話」佐藤さとる作；中村道雄絵　偕成社（日本の童話名作選）　1989年3月

ろしありす（リリカ）
もりのなかにあるおうちにすんでいる3びきのろしありすの1ぴき「3びきの　ろしありす」計良ふき子文；きたがわめぐみ絵　教育画劇　2005年10月

ろしありす（ルルカ）
もりのなかにあるおうちにすんでいる3びきのろしありすのいちばんちっちゃな1ぴき「3びきの　ろしありす」計良ふき子文；きたがわめぐみ絵　教育画劇　2005年10月

ろしありす（ロロカ）
もりのなかにあるおうちにすんでいる3びきのろしありすの1ぴき「3びきの　ろしありす」計良ふき子文；きたがわめぐみ絵　教育画劇　2005年10月

ローズ
あさねぼうでのろまでなまけもののおんなのこ「ローズとアイリス」メグ・ホソキ文・絵　文溪堂　2003年9月

ローズ
じぶんをさがすためにへんてこながくたいとかぜのことともにさばくをたびしたまじょのむすめのおんなのこ 「あかい さばくの まじょ」 山口節子作;おぼまこと絵 佼成出版社 2002年11月

ロッコくん
つきからおっこちたつきのことジュースのまちにいったおとこのこ 「ロッコくん ジュースのまちへ」 にしまきかな作・絵 福音館書店(日本傑作絵本シリーズ) 2001年5月

ろっこちゃん
海草にくるまっておひるねしていてまいごになったラッコのこ 「ラッコのろっこちゃん」 かわだあゆこ文;まなかきょうこ絵 アスラン書房 2002年6月

ロットさん
きずついたりおなかをすかせたどうぶつたちをやさしくてあてしてスープをのませてくれるもりのおいしゃさん 「ガルーからのおくりもの」 葉月きらら作・絵 サンパウロ 1997年11月

ロップ
るすばんをしていてソファーのうえでねむってしまったおんなのこをぬいぐるみの森へつれていったぬいぐるみたちのうさぎ 「ソファーのうえで」 川端誠作・絵 講談社(講談社の創作絵本) 1991年7月

ろっぺいちゃん
おかのうえにあったおおきなおおきないちょうの木のしたでみんなとかくれんぼをしてあそんだおとこのこ 「いちょうかくれんぼ」 久野陽子文;梶山俊夫絵 童心社(絵本・ちいさななかまたち) 1999年11月

ロバ
新聞に「逆立ちのできる馬、さがしています」という広告を出した子供をたずねることにしたロバ 「逆立ちのできるロバ」 高木剛文;杉林恭雄絵 フェリシモ 1992年3月

ろば
ナザレ村のだいくさんヨセフさまのろばでせかい一うんのいいろば 「クリスマスのろば」 山田哲也絵;蛯名啓文 女子パウロ会 1993年10月

ろば(そめごろう)
からすとともだちになったひとりぼっちのろばのこ 「そめごろうと からす」 河原まり子絵;藤田圭雄文 至光社(ブッククラブ 国際版絵本) 1989年6月

ロバ(タタ)
キャラバンの親方ムサさんにひろわれて荷物をはこぶさばくの旅にでたみなし子のロバ 「タタはさばくのロバ」 小林豊作 童心社(絵本・こどものひろば) 2005年11月

ロバ(ポチョ)
したのまちからおかのうえのおみせにパンややさいやビールをはこぶわかいロバ 「おかではたらくロバのポチョ」 浅野庸子文;浅野輝雄絵 文化出版局 1987年11月

ろばさん
ゆきがふったりやんだりするひにそりをひいてりすさんたちのいえにいったろばさん 「ちょうど そのころ ろばさんは?」 香山美子作;夏目尚吾絵 鈴木出版(チューリップえほんシリーズ) 2001年10月

ろばさん
かわいいバッグをつくってみんなにあげたろばさん 「ろばさんのかわいいバッグ」 香山美子絵;柿本幸造絵 ひさかたチャイルド 1999年3月

ろばさん
ぶたさんにぼうしをみせられてむぎわらでおおきなテントみたいなぼうしをつくったろばさん 「おおきな おおきなぼうし」香山美子作;上野紀子絵 教育画劇(スピカのおはなしえほん33) 1987年7月

ロビン
かいぬしにすてられてじどうこうえんにいた犬 「だいじょうぶロビン」おぼまこと作・絵 カワイ出版 1999年10月

ロビン
スイレンのはながみたくていけのあるにわへやってきたはやおきのとり「はやおきのロビン」真木文絵文;石倉ヒロユキ絵 福音館書店(福音館のかがくのほん) 1999年4月

ロペスおじさん
おかではたらくロバのポチョのかいぬしのおじさん 「おかではたらくロバのポチョ」浅野庸子文;浅野輝雄絵 文化出版局 1987年11月

ローベル
いつもミンクのチムをさそいにやってくるさんにんのうちのしか 「ミンクのチム」なかのてるし作;ながしまよういち絵 フレーベル館 1987年9月

ロベルタ
「わたし」のいなくなってしまったいとしのロベルタ 「いとしのロベルタ」佐々木マキ作 ほるぷ出版(イメージの森) 1991年8月

ロボットおに
せつぶんのまめまきたいかいでこどもたちにかつためにおにたちがつくったロボットおに 「ロボットおに」浅沼とおる作・絵 フレーベル館(げんきわくわくえほん23) 1997年2月

ロボット灯台　ろぼっととうだい
天の河に立っているロボット型の灯台 「銀河の魚」たむらしげる著 メディアファクトリー 1998年11月

ロマン
あるところにいたとてもこころがやさしくておひとよしなおとこ 「おつきさまがみてた」いわはしあさこ作 アスラン書房(心の絵本) 2002年8月

ロモ
森の奥ふかくにくらしているサンタクロースの兄弟のあに 「ブラザーサンタ」小林ゆき子作・絵 岩崎書店(カラフルえほん12) 2005年10月

ローラ
くものなかのうきぐもじょうでくうきをきれいにするしごとをしているおんなのこ 「ロールとローラ うきぐもじょうのひみつ」やなせたかし作・絵 フレーベル館(アンパンマンプチシアター) 2006年11月

ロルさん
ひろいうみにかこまれたうつくしいしまぷかぷかランドでいつでもめずらしいものをさがしているひと 「ぷかぷかランド すてきなおくりもの」川北亮司作;門野真理子絵 理論社 2006年7月

ロールパンナ
ジャムおじさんがつくったパンのおんなのこ、メロンパンナちゃんのおねえちゃん 「アンパンマンとロールパンナ」やなせたかし作・絵 フレーベル館(アンパンマンのおはなしでてこい4) 1995年1月

ろるぱ

ロールパンナ
アンパンマンのなかま、メロンパンナちゃんのおねえちゃん 「アンパンマンとさばくのたから」 やなせたかし作・絵 フレーベル館（アンパンマンのおはなしわくわく6） 2004年3月

ロールパンナ
ジャムおじさんがつくったパンのおんなのこ、メロンパンナちゃんのおねえちゃん 「ロールとローラ うきぐもじょうのひみつ」 やなせたかし作・絵 フレーベル館（アンパンマンプチシアター） 2006年11月

ロロ
うさぎのおんなこ 「うさぎのロロ かぜとびごっこ」 正道かほる作；渡辺洋二絵 PHP研究所（わたしのえほん） 2000年3月

ロロ
つきまつりのよるにのはらにあそびにいったうさぎのおんなのこ 「うさぎのロロ つきまつりのよる」 正道かほる作；渡辺洋二絵 PHP研究所（PHPわたしのえほんシリーズ） 2002年8月

ロロ
みんなでおはなみにいって「かぜとびごっこ」をしたうさぎのおんなのこ 「うさぎのロロ かぜとびごっこ」 正道かほる作；渡辺洋二絵 PHP研究所（PHPわたしのえほんシリーズ） 2000年3月

ロロカ
もりのなかにあるおうちにすんでいる3びきのろしありすの1ぴき 「3びきの ろしありす」 計良ふき子文；きたがわめぐみ絵 教育画劇 2005年10月

ロロちゃん
ばけばけもりにすむおばけのおんなのこ、ペロちゃんのいもうと 「おばけのペロちゃん ひえひえゆきだるまランド」 なかがわみちこ作・絵 教育画劇 2003年11月

ロン
しんじゃった「ぼく」のうちのうさぎ 「はじめてのおわかれ」 河原まり子作 佼成出版社 2003年5月

ロング先生　ろんぐせんせい
お医者さんをやめて犬のシロと車のブスカといっしょに南の島へたびにでることにしたおじいさん 「ロング先生と犬のシロくん南の島へいく」 関屋敏隆作・絵 ポプラ社（えほんはともだち9） 1990年7月

ロンロン
うさぎの男のこペンペンのともだち 「ペンペンのなやみごと」 オオサワチカ作・画 フーコー 1999年11月

【わ】

ワイワイさん
いえのはたけでやさいをこころをこめてそだてているおじいさん 「ワイワイばたけはおおさわぎ」 つちだよしはる作 PHP研究所（PHPにこにこえほん） 1998年8月

わかもの
あかいほうでおしりをなでるとおならがとびだしてくろいほうでおしりをなでるとおならがとまるふたつのしゃもじをひろったわかもの 「おならのしゃもじ」 小沢正文；田島征三画 教育画劇（日本の民話えほん） 2003年9月

わかもの
むかしむかしちょうじゃどんのむすことふたりそろってたびにでかけたびんぼうなわかもの「たびびとうま」小沢正文;石倉欣二画 教育画劇(日本の民話えほん) 2000年4月

わかもの
すなはまでたいになったりゅうぐうのおひめさまをたすけてやったおれいにとりやけもののことばがわかるききみみずきんをもらったわかもの「ききみみずきん」こわせたまみ文;馬場のぼる絵 フレーベル館(日本むかしばなしライブラリー12) 1996年3月

わかもの
むかしあるくにのとのさまが「としよりは山へすてろ」とおふれをだしたが六十になったちちおやをいえのゆかしたにかくしたおやこうこうのわかもの「おやすて山」岩崎京子文;田代三善絵 佼成出版社(民話こころのふるさとシリーズ) 1993年5月

わかもの
やまみちでよめさまをさるどもにつれていかれてたすけにいったわかもの「てんにがんがんちにどうどう」松谷みよ子文;北島新平絵 フレーベル館(むかしむかしばなし19) 1993年8月

わかもの
むらのちんじゅさまにしびとよめごをせわしてもらったわかもの「しびとの よめさん」吉沢和夫文;赤坂三好絵 フレーベル館(松谷みよ子監修 むかしむかしばなし3) 1988年10月

わかもの
こぎつねをたすけてやったおれいにおやぎつねからききみみずきんというたからものをもらったはたらきもののわかもの「ききみみずきん」木暮正夫文;梶山俊夫絵 世界文化社(ワンダー民話館) 2006年2月

若者　わかもの
美作の国の中山神社にまつられていて年に一度の祭りにいけにえのわかいむすめをころしてたべてしまう猿神を退治した猟師の若者「猿神退治」那須正幹文;斎藤吾朗絵 ポプラ社(日本の物語絵本1) 2003年5月

若者　わかもの
むらをすくうために名のりでて役人に処刑された五人の若者「いのちの花」そのだひさこ文;丸木俊絵 解放出版社(エルくらぶ) 2003年6月

ワクさん
夏になると北海道の羅臼町の子どもたちが知床半島の探検にでかける「ふるさと少年探検隊」の隊長「ぼくらは知床探検隊」関屋敏隆文・型染版画 岩崎書店(絵本の泉11) 2000年7月

ワゾー
あるひうちにかえるといなくなっていた「ぼく」のかっているとり「きっとみずのそば」石津ちひろ文;荒井良二絵 文化出版局 1999年4月

わたげちゃん
あさのかぜにのってしゅっぱつするのにおくれた3つのわたげ「ポットくんとわたげちゃん」真木文絵文;石倉ヒロユキ絵 福音館書店(福音館のかがくのほん) 2003年5月

わたる
じぶんだけがしっているひみつの草原にクラスメイトの勇一をつれてトノサマバッタをとりにいった四年生の男の子「おばけバッタ」最上一平作;石井勉絵 ポプラ社(絵本の時間37) 2003年12月

わたる

ワタル
野球チームにはいってまい朝海でとっくんをすることにきめた男の子 「海をかっとばせ」 山下明生作;杉浦範茂絵 偕成社 2000年7月

ワタル
じぶんの思ったことがちゃんと言えないだんまりむしの男の子 「よわむしワタル」 川滝かおり作;林静一絵 ウオカーズカンパニー(創作絵本シリーズ) 1989年9月

わたるくん
小学二年生のはるかがなつやすみにうみでいっしょにあそんだ四年生の男の子 「きらきらひりひり」 薫くみこ作;川上越子絵 ポプラ社(絵本カーニバル1) 2003年6月

ワタルくん
あおいバスタオルがかぜにとばされておかあさんともりへさがしにいったおとこのこ 「うみをあげるよ」 山下明生作;村上勉絵 偕成社 1999年6月

ワニ
はなのあたまにひげのあるジャリおじさんとふたりでいろいろみちをあるいていくことにしたピンクいろのワニ 「ジャリおじさん」 大竹伸朗絵・文 福音館書店(日本傑作絵本シリーズ) 1994年11月

ワニ
あるなつのごごにしびがさしつづけてあつくてがまんできなくなってひるねのできるおおきいかわをみつけようとえのなかからでたワニ 「一まいのえ」 木葉井悦子作・絵 フレーベル館 1987年3月

ワニ
ジャングルににげてきた銀行ごうとうがさげていたワニ皮のもようのかばんをほしがったワニの子 「ワニとごうとう」 藤本たか子作;みやざきひろかず絵 ブックローン出版 1991年11月

ワニ(イワン)
エバーストーンの森に住むきこりのワニ 「イワン、はじめてのたび」 池田あきこ ほるぷ出版(DAYAN'S COLLECTION BOOKS) 1993年9月

ワニ(ガブリ)
達也がスケッチブックにかいたワニでスケッチブックのほかの絵を食べてしまうくいしんぼうのワニ 「ぼくのスケッチブック」 山下奈美作;ひろいのりこ絵 BL出版 2005年12月

ワニ(クロベエ)
動物園の飼育係の松原さんが子ワニのときから育ててきた世界最大のナイルクロコダイルというワニ 「ワニ」 桂三枝文;黒田征太郎絵 アートン 2006年4月

ワニ(さくらさん)
ほいくえんにおつとめしているワニのさくらせんせい 「バルボンさんとさくらさん」 とよたかずひこ作・絵 アリス館(ワニのバルボン4) 1999年11月

わに(サバイ)
ひよこのピリィとだいのなかよしのわに 「サバイとピリィ まほうのぼうし」 はぎのちなつ作・絵 ひさかたチャイルド 2005年4月

わに(サバイ)
まちはずれのながぐついわにたったひとりですんでいたわに 「サバイとピリィ ふたりのたんじょうび」 はぎのちなつ作・絵 ひさかたチャイルド 2003年8月

わに(スワニー)
わにのこ「わにのスワニー しまぶくろさんとあそぶの巻」中川ひろたか作;あべ弘士絵 講談社(dandan books) 2001年9月

ワニ(テムテム)
バナナしかたべないワニらしくないワニ「テムテムとなまえのないウサギ」坂本のこ作;山田真奈未絵 ブックローン出版 1996年12月

ワニ(バルボンさん)
どうぶつえんにおつとめしているワニ「バルボンさんのおうち」とよたかずひこ作・絵 アリス館(ワニのバルボン2) 1999年1月

ワニ(バルボンさん)
どうぶつえんにおつとめしているワニ「バルボンさんのおさんぽ」とよたかずひこ作・絵 アリス館(ワニのバルボン5) 2000年3月

ワニ(バルボンさん)
どうぶつえんにおつとめしているワニ「バルボンさんとさくらさん」とよたかずひこ作・絵 アリス館(ワニのバルボン4) 1999年11月

ワニ(バルボンさん)
どうぶつえんにおつとめしているワニ「バルボンさんのおしごと」とよたかずひこ作・絵 アリス館(ワニのバルボン3) 1999年7月

ワニ(バルボンさん)
どうぶつえんにおつとめしているワニ「バルボンさんのおでかけ」とよたかずひこ作・絵 アリス館(ワニのバルボン1) 1998年10月

わに(ワニタ)
アフリカのジャングルのおくにあったおおきなかわにかあさんわにとすんでいたわにのこども「ワニタのぼうけん」さいとうけいこ文・絵 らくだ出版 1987年11月

ワニ(ワニタン王) わに(わにたんおう)
かみなりがだいきらいなワニの王さま「ごろごろはきらい」多田ヒロシ著 文化出版局(ワニタン王のきらいシリーズ3) 1987年7月

ワニ夫 わにお
いじめっ子の大きなかいじゅう「ワニ夫のなみだ」戒田節子作;青木のりあき絵 創風社出版 2000年6月

ワニくん
いえのなかにうちゅうじんがはいってきたワニのおとこのこ「ワニくんのふしぎなよる」みやざきひろかず作・絵 BL出版 2002年8月

ワニくん
みずうみにうつっているバナナをみんなにあげなかったワニ「ワニくんのバナナ」やすいすえこ作;中村景児絵 佼成出版社 1991年6月

わにくん
あるはれたひたまごからうまれたひよこちゃんをなめてママだとまちがえられたわにくん「おれはママじゃない!」宮本忠夫作 童心社(絵本・こどものひろば) 1990年6月

ワニくん
すきなTシャツをかうためにいろんなおみせにさがしにいったワニのおとこのこ「ワニくんのTシャツ」みやざきひろかず作・絵 BL出版 1999年7月

わにく

ワニくん
どういうわけかみんなよりずっとおおきいあしのワニのおとこのこ 「ワニくんのおおきなあし」 みやざきひろかず作・絵 ブックローン出版 1996年12月

ワニくん
ことりがあたまのうえにとまってはなれなくなったワニのおとこのこ 「ワニくんのめざましどけい」 みやざきひろかず作・絵 ブックローン出版 1997年5月

ワニくん
レインコートをかってもらったワニのおとこのこ 「ワニくんのレインコート」 みやざきひろかず作・絵 ブックローン出版 1989年6月

ワニくん
ゆかのすきまからでてきた木のめをおおきくしてやったワニのおとこのこ 「ワニくんとかわいい木」 みやざきひろかず作・絵 ブックローン出版 1990年6月

ワニくん
こわーいえいがをみてしまったワニのおとこのこ 「ワニくんのなが〜いよる」 みやざきひろかず作・絵 ブックローン出版 1991年7月

ワニくん
がっこうがながーいおやすみになったのでふねをつくったかわのうえですごそうとおもったワニのおとこのこ 「ワニくんのえにっき」 みやざきひろかず作・絵 ブックローン出版 1992年7月

ワニくん
いつもおひるねしていた木をぬかれてもっていかれてしまったワニのおとこのこ 「ワニくんのひるねの木」 みやざきひろかず作・絵 ブックローン出版 1993年7月

ワニくん
ゆめのようなすわりごこちの木のイスをつくったワニのおとこのこ 「ワニくんのイス」 みやざきひろかず作・絵 ブックローン出版 1995年11月

ワニくん
せなかにツノがはえてきてじぶんはリュウだったのかとおもったワニのおとこのこ 「ワニくんのむかしばなし」 みやざきひろかず作・絵 ブックローン出版 1994年8月

わにくん
あめがふってきてもりのどうぶつたちをじぶんのくちのなかであまやどりさせたわにくん 「もごもご わにくん」 ひらのてつお作・絵 ポプラ社 (えへんごほんえほん6) 1997年5月

ワニくん
ケーキのすきなおんなのこをたべたいくいしんぼうのワニくん 「ワニがケーキになっちゃった」 岡本颯子文・絵 ポプラ社 (絵本・おはなしのひろば24) 1988年6月

わにさん
けがをしたサンタさんとトナカイさんのかわりにわんちゃんとこどもたちにプレゼントをとどけたわにさん 「おくれてきた サンタさん」 木村泰子絵・文 至光社 (ブッククラブ 国際版絵本) 1991年6月

ワニタ
アフリカのジャングルのおくにあったおおきなかわにかあさんわにとすんでいたわにのこども 「ワニタのぼうけん」 さいとうけいこ文・絵 らくだ出版 1987年11月

ワニタン王　わにたんおう
かみなりがだいきらいなワニの王さま「ごろごろはきらい」多田ヒロシ著　文化出版局(ワニタン王のきらいシリーズ3)　1987年7月

わにのこ
なにがほしいかわかんないのにかばのなんでもやにやってきたわにのこ「ふぁああん」佐野洋子作；広瀬弦絵　リブロポート(かばのなんでもや2)　1990年1月

ワニぼう
ワニのおとこのこ「ワニぼうのかいすいよく」内田麟太郎文；高畠純絵　文渓堂　2003年6月

ワニぼう
ワニのおとこのこ「ワニぼうのこいのぼり」内田麟太郎文；高畠純絵　文渓堂　2002年5月

わにわに
おふろがだいすきなわに「わにわにのおふろ」小風さち文；山口マオ絵　福音館書店(幼児絵本シリーズ)　2004年10月

わにわに
だいどころにはいってきてれいぞうこをあけてにくをやいてたべたわに「わにわにのごちそう」小風さち文　福音館書店　2002年9月

わら
まめとすみと三人でおいせまいりにたびだったわら「まめとすみとわら」つるたようこ再話・絵　アスラン書房　2002年4月

わらしべ王子　わらじおうじ
お母さんに死なれて一人ぼっちになってふるいいねたばと一本の竹のつえをもってたびにでた少年「わらしべ王子-沖縄民話」斎藤公子編集；儀間比呂志絵　創風社　1991年5月

わらしべちょうじゃ(あんちゃん)
わら一本をもとでに大金もうけをしてちょうじゃのむすめをよめにもらってちょうじゃどんになったあんちゃん「わらしべちょうじゃ」かたおかしろう文；水沢研絵　ひかりのくに(名作・昔話絵本)　1993年2月

ワレタン
ちょっぴりドジな4にんぐみのなんぎなたんけんたいのおおおとこのたいいん「なんぎなたんけんたい」佐々木マキ作　小学館(おひさまのほん)　1996年10月

ワレタン
ちょっぴりドジな4にんぐみのなんぎなたんけんたいのおおおとこのたいいん「なくな なんぎなたんけんたい」佐々木マキ作　小学館(おひさまのほん)　1999年12月

わんたくん
ふじみちょう6ちょうめするめだんちにすんでいるいぬ「わんたくんとカラス」いたやゆきえ作　アスラン書房(心の絵本)　2002年1月

わんたくん
ふじみちょう6ちょうめするめだんちにすんでいるいぬ「6ちょうめのわんたくん」いたやゆきえ作　アスラン書房　2001年10月

わんち

わんちゃん
けがをしたサンタさんとトナカイさんのかわりにわにさんとこどもたちにプレゼントをとどけたわんちゃん 「おくれてきた サンタさん」 木村泰子絵・文 至光社(ブッククラブ 国際版絵本) 1991年6月

189くん　わんぱくくん
きしゃのだんちからこどもゆうえんちにいってジェットコースターのせんろにはいってしまったきかんしゃ 「きかんしゃ4864(よわむし)くんと189(わんぱく)くん」 たにしんすけ文;あかさかみよし絵 ポプラ社(絵本・おはなしのひろば21) 1987年4月

名前から引く登場人物名索引

【あ】

明穂 あきほ→柏田 明穂

【い】

伊右衛門 いえもん→民谷 伊右衛門

【う】

うさぎ→のはら うさぎ
牛若丸 うしわかまる→牛若丸（源 義経）
うみこ→うみの うみこ
ウメさん→ウメさん（すずき ウメ）
うめすけ→まえだ うめすけ

【え】

えつこ→うめだ えつこ（えっちゃん）

【お】

おでん→ひらた おでん

【か】

かつおさん→さかぐち かつおさん

【き】

きつね きつね→きつね（伏見 コン助）
公子 きみこ→吉岡 公子
清盛 きよもり→平 清盛
きんたろう→うじ きんたろう
金太郎 きんたろう→金太郎（坂田 金時）

【く】

くにお→なめかわ くにお
くるみさん→よしだ くるみさん

【け】

けん→たかぎ けん
けん けん→余曽田 けん

健一 けんいち→大迫 健一（ケンちゃん）
げんき→ほしの げんき
源左衛門常世 げんざえもんつねよ→佐野 源左衛門常世（常世）

【こ】

小十郎 こじゅうろう→淵沢 小十郎
五兵衛 ごへえ→浜口 五兵衛
ごろうざえもん→さんもと ごろうざえもん

【さ】

さちえ→もりた さちえ（さっちゃん）
サツヱさん さつえさん→三戸 サツヱさん
サブロー→タナカ サブロー
三郎 さぶろう→森田 三郎
さわ→さわだ さわ

【し】

七蔵さん しちぞうさん→高山 七蔵さん
しょうた しょうた→宇知 しょうた
信吉 しんきち→花守 信吉
森介 しんすけ→風間 森介
しんのすけ→おだぎり しんのすけ
進之介 しんのすけ→遠山 進之介

【す】

末春 すえはる→又野 末春
スマ すま→丸木 スマ

【せ】

先生 せんせい→先生（やたべ こうさく）

【た】

大輝くん だいきくん→石川 大輝くん
たいぞう→つきおか たいぞう（ニカぞう）
崇明 たかあき→中原 崇明
たかなり→ひろ たかなり（えんちょうせんせい）

【ち】

史子 ちかこ→大島 史子

【て】

てつお てつお→林 てつお(てっちゃん)
哲也 てつや→大林 哲也

【と】

俊樹 としき→海部 俊樹

【の】

のぶ のぶ→白瀬 のぶ

【は】

はじめ→うみの はじめ
はつよさん はつよさん→広瀬 はつよさん
ハナさん→ハナさん(たなか ハナ)

【ひ】

大貴くん ひろたかくん→林 大貴くん

【ま】

まこと→はやし まこと(まことくん)
正明 まさあき→高岡 正明
まさや→こもり まさや
正義 まさよし→尾崎 正義
まりか→きくち まりか(しっこさん)

【み】

みずほ→あだち みずほ
光彦 みつひこ→海野 光彦
美奈子 みなこ→福留 美奈子

【む】

武蔵 むさし→宮本 武蔵

【や】

保名 やすな→安倍の 保名

安之助 やすのすけ→山辺 安之助
やまこ→やまの やまこ

【ゆ】

ゆいこ→かさまつ ゆいこ
ゆうき ゆうき→原 ゆうき(ハカセ)
ゆうた→こせき ゆうた

【よ】

ようこ→きむら ようこ(よっこ)
良雄 よしお→大石 良雄
義経 よしつね→源 義経(牛若)
よしはる→やまぐち よしはる
頼光 よりみつ→源 頼光

【ら】

頼光 らいこう→源 頼光

【り】

りょうくん→おおた りょうくん
林蔵 りんぞう→間宮 林蔵

日本の物語・お話絵本登場人物索引

2007年8月10日　初版第一刷発行
2023年1月31日　初版第二刷発行

発行者/道家佳織

編集・発行/株式会社DBジャパン

〒151-0053　東京都渋谷区代々木2-23-1
　　　　　　ニューステイトメナー865

電話 03-6304-2431　FAX 03-6369-3686

https://www.db-japan.co.jp/

E-mail:books@db-japan.co.jp

表紙デザイン/中村丈夫

電算漢字処理/DBジャパン

印刷・製本/大日本法令印刷株式会社

不許複製・禁無断転載

〈落丁・乱丁本はお取替えいたします〉

ISBN 978-4-86140-009-4　　Printed in Japan